GRUNDRISSE DES RECHTS

Rudolf Rengier · Strafrecht

Allgemeiner Teil

Strafrecht
Allgemeiner Teil

von

Dr. Rudolf Rengier
o. Professor an der Universität Konstanz

7., neu bearbeitete Auflage 2015

C.H.BECK

www.beck.de

ISBN 978 3 406 68026 7

© 2015 Verlag C. H. Beck oHG
Wilhelmstraße 9, 80801 München
Druck: Druckerei C. H. Beck, Nördlingen
(Adresse wie Verlag)

Satz: Thomas Schäfer, www.schaefer-buchsatz.de

Gedruckt auf säurefreiem, alterungsbeständigem Papier
(hergestellt aus chlorfrei gebleichtem Zellstoff)

Vorwort zur 7. Auflage

Das Lehrbuch zum Allgemeinen Teil wird weiterhin so freundlich aufgenommen, dass nach weniger als sechs Jahren die 7. Auflage erscheinen kann. Das Buch richtet sich wie die beiden Bände zum Besonderen Teil (BT I, 17. Aufl., 2015; BT II, 16. Aufl., 2015) in erster Linie an Studierende und eignet sich für Anfangssemester genauso wie für Examenskandidaten. Ebenso will es Referendaren eine Wiederholung des Stoffes ermöglichen.

Das AT-Lehrbuch knüpft an die bewährte didaktisch orientierte Mischung zwischen systematischer und fallorientierter Darstellung in den Büchern zum Besonderen Teil an. Teilweise ist der Fallbezug noch stärker gewichtet worden, weil der Studierende in der Regel im Rahmen des Allgemeinen Teils erstmals mit den Fragen der Fallbearbeitung konfrontiert wird. Insoweit seien an dieser Stelle das 2. Kapitel zur Fallbearbeitung, das auch die Musterlösung eines Klausurfalles enthält, die zahlreichen Aufbauschemata sowie die den Paragrafen vorangestellten und durch Lösungsskizzen ergänzten Fälle hervorgehoben.

Das Lehrbuch konzentriert sich auf den erfahrungsgemäß prüfungs- und examensrelevanten Pflichtfachstoff. Dabei ist es bestrebt, einerseits dem Bedürfnis des Studierenden nach einer überschaubaren Darstellung zu entsprechen, andererseits aber auch dem berechtigten Anspruch auf eine vollständige und Verständnis fördernde Erörterung aller wichtigen Fragen zu genügen. Dazu sollen auch die immer wieder hergestellten Bezüge zum Besonderen Teil beitragen. Hinweise zur Benutzung werden in § 1 Rn. 5 ff. gegeben.

Die vorliegende Neuauflage ist überarbeitet und aktualisiert worden. Schwerpunkte liegen namentlich bei Fragen der Notwehr, des Versuchs und Rücktritts sowie der Unterlassungsdelikte. Darüber hinaus habe ich wie stets großen Wert auf die Einarbeitung aktueller und ausbildungsrelevanter Entscheidungen und die Aspekte der Fallbearbeitung gelegt.

Literatur und Rechtsprechung sind bis Juni 2015 berücksichtigt. Soweit vereinzelt BGH-Entscheidungen nur mit Aktenzeichen zitiert werden, sind diese (noch) nicht gedruckt publiziert, aber im Internet unter www.bundesgerichtshof.de abrufbar.

Über alle Äußerungen aus dem Leserkreis habe ich mich sehr gefreut. Hinweise, Kritik und Anregungen nehme ich auch weiterhin gerne per E-Mail entgegen (Rudolf.Rengier@uni-konstanz.de).

Meinen Mitarbeiterinnen und Mitarbeitern, insbesondere *Dr. Christian Brand,* sowie ferner *Dominik Hotz, Mirko Kraft, Shahin Rahimi-Azar, Annabella Seeland, Christian Sperling* und *Samuel Strauß,* danke ich für die Unterstützung und alle Anregungen, die in diese Neuauflage eingeflossen sind. Besonderer Dank gebührt erneut meiner Sekretärin, Frau *Silvia Lehmann,* die insbesondere die Schreib- und Computerarbeiten mit großer Zuverlässigkeit erledigt hat.

Konstanz, im Juli 2015   *Rudolf Rengier*

Aus dem Vorwort zur 1. Auflage

Der Erfolg meiner beiden Lehrbücher zum Besonderen Teil, deren erste Auflagen 1997 bzw. 1998 erschienen sind, und viele Wünsche aus dem Leserkreis haben mich angespornt, das strafrechtliche Werk durch ein Lehrbuch zum Allgemeinen Teil zu vervollständigen.

Meinen früheren und jetzigen Mitarbeiterinnen und Mitarbeitern, insbesondere *Dr. Christian Brand* und *Dr. Björn Jesse, Martin Lotz* und *Dennis Reschke* (die beide zudem dankenswerterweise das Stichwortverzeichnis erstellt haben) sowie ferner *Erika Beyerle, Sandra Braun, Stephan Elsner, Alexander Herrmann, Oliver Kanzler, Isabelle Röchner, Elisabeth Schaupp, Christian Sperling, Dr. Bianca Vogt* und *Thomas Wostry,* danke ich für zahlreiche wertvolle Anregungen, die sie vor allem in die Diskussionsrunden eingebracht und die dieses Buch mit geformt haben.

Ein unentbehrlicher Baustein war und ist auch meine Sekretärin, Frau *Silvia Lehmann,* die mit sicherer Hand meine unzähligen Vorlagen in die endgültige Form gebracht hat; ihr gebührt ein ganz besonderer Dank.

Konstanz, im August 2009   *Rudolf Rengier*

Inhaltsverzeichnis

Abkürzungs- und Literaturverzeichnis XXIII

§ 1. Einführung 1

    I. Strukturen des Allgemeinen Teils 1
    II. Insbesondere die Lehre von der Straftat 1
    III. Insbesondere die Rechtsfolgen der Straftat 2
    IV. Zur Benutzung des Lehrbuchs 2

1. Kapitel. Strafrechtliche Grundlagen

§ 2. Einführung in das Strafrecht 4

    I. Das materielle Strafrecht des StGB 4
    II. Materielles Strafrecht außerhalb des StGB 6
    III. Das formelle Strafrecht (Strafprozessrecht) 6
    IV. Ordnungswidrigkeitenrecht 7
    V. Weitere Gebiete des Strafrechts 7
    VI. Pflichtfachstoff und Schwerpunktbereiche 8

§ 3. Aufgabe des Strafrechts und Strafzwecke (Straftheorien) 8

    I. Aufgabe des Strafrechts 8
        1. Rechtsgüterschutz 8
        2. Das Strafrecht als ultima ratio 9
    II. Strafzwecke (Straftheorien) 10
        1. Absolute Straftheorien 10
        2. Relative Straftheorien 11
        3. Vereinigungstheorien 12

§ 4. Gesetzlichkeitsprinzip (Garantiefunktion des Strafgesetzes) 13

    I. Grundlagen 13
    II. Schutzbereich 15
    III. Die vier Einzelprinzipien 15
        1. Grundlagen 15
        2. Verbot von (belastendem) Gewohnheitsrecht 16
        3. Rückwirkungsverbot 17
        4. Verbot unbestimmter Strafgesetze (Bestimmtheitsgebot) 19
        5. Analogieverbot 21

§ 5. Methoden der Auslegung 23

    I. Grundlagen 23
    II. Die vier klassischen Auslegungsmethoden 23
        1. Die grammatische oder Wortlautauslegung 24

VIII Inhaltsverzeichnis

2. Die historische Auslegung		25
3. Die systematische Auslegung		25
4. Die teleologische Auslegung		26
5. Beispiele		26
6. Zur Rangfolge der Auslegungsmethoden		28
III. Ergänzende methodische Aspekte		28
1. Die verfassungskonforme Auslegung		28
2. Die unionsrechtskonforme Auslegung		29
3. Die teleologische Reduktion		29
4. Erst-recht-Schluss		30

§ 6. Geltungsbereich des deutschen Strafrecht (§§ 3–7, 9) ... 30

I. Grundlagen und Aufbaufragen ... 30
II. Die §§ 3–7, 9 als Anknüpfungspunkt ... 32
   1. Grundlagen ... 32
   2. Territorialitätsprinzip ... 33
   3. Sonstige Prinzipien ... 36
   4. Exterritorialität ... 38
III. Schutzbereich der deutschen Straftatbestände ... 38

§ 7. Handlungslehren und Handlungsbegriff ... 40

I. Grundlagen ... 40
II. Nicht-Handlungen ... 41

§ 8. Aufbau und Inhalt der Tatbestände ... 44

I. Zum Begriff des Tatbestandes ... 44
II. Inhalt des objektiven Tatbestandes ... 44
III. Inhalt des subjektiven Tatbestandes ... 46
IV. Sonstiges ... 47

§ 9. Einteilung der Delikte in Verbrechen und Vergehen ... 48

I. Grundlagen ... 48
II. Bedeutung des § 12 I und II ... 48
III. Bedeutung des § 12 III ... 49

§ 10. Einteilung der Delikte nach Deliktstypen ... 50

I. Erfolgs- und Tätigkeitsdelikte ... 50
   1. Erfolgsdelikte ... 50
   2. Tätigkeitsdelikte ... 51
II. Verletzungs- und Gefährdungsdelikte ... 51
   1. Verletzungsdelikte ... 51
   2. Konkrete Gefährdungsdelikte ... 51
   3. Abstrakte Gefährdungsdelikte ... 52
   4. Potentielle Gefährdungsdelikte ... 53
III. Begehungs- und Unterlassungsdelikte ... 53
IV. Dauer- und Zustandsdelikte ... 54

Inhaltsverzeichnis IX

1. Dauerdelikte	54
2. Zustandsdelikte	54
V. Allgemein-, Sonder- und eigenhändige Delikte	54
1. Allgemeindelikte	54
2. Sonderdelikte	55
3. Eigenhändige Delikte	55
VI. Sonstiges	56

2. Kapitel. Einführung in die strafrechtliche Fallbearbeitung

§ 11. Methodik der Fallbearbeitung	57
I. Grundlagen	57
II. Formale Hinweise zur genauen Zitierweise	60
III. Zum Gutachten- und Urteilsstil	60
IV. Vertiefung	62
1. Definitionen und Streitfragen	62
2. Musterlösung eines kurzen Klausurfalles	62
3. Ergänzende Hinweise	65
V. Sonstiges	66

§ 12. Aufbauschema zum vollendeten vorsätzlichen Begehungsdelikt	67
I. Grundlagen und Aufbaufragen	67
II. Ergänzende Hinweise zum Aufbauschema	69

**3. Kapitel. Das vollendete vorsätzliche Begehungsdelikt:
Die Tatbestandsmäßigkeit**

§ 13. Objektiver Tatbestand: Kausalität und objektive Zurechnung	73
I. Grundlagen	73
II. Kausalitätstheorien	74
1. Äquivalenz- oder Bedingungstheorie	74
2. Andere Kausalitätstheorien	75
III. Kausalitätsprobleme	77
1. Hypothetische Ersatz- und Reserveursachen	77
2. Unterbrechung des Kausalzusammenhangs	78
3. Fortwirkende Kausalität	79
4. Alternative Kausalität	79
5. Kumulative Kausalität	81
6. Kausalität bei Gremienentscheidungen	81
IV. Objektive Zurechnung: Grundlagen und Aufbaufragen	82
1. Grundlagen	82
2. Grundformel, Leitlinien und Aufbaufragen	85
V. Objektive Zurechnung: Schaffung einer rechtlich missbilligten Gefahr	87
1. Erlaubtes Risiko	87
2. Risikoverringerung	88

VI. Objektive Zurechnung: Realisierung der Gefahr im Erfolg 89
1. Grundlagen 89
2. Objektive Voraussehbarkeit des Kausalverlaufs und Erfolgseintritts 90
3. Schutzzweckzusammenhang 93
4. Abgrenzung nach Verantwortungsbereichen: Verantwortungsbereich des Opfers 94
5. Abgrenzung nach Verantwortungsbereichen: Verantwortungsbereich Dritter 96

§ 14. Subjektiver Tatbestand: Der Vorsatz 99

I. Grundlagen 99
II. Begriff des Vorsatzes und Vorsatzformen 100
1. Begriff 100
2. Vorsatzformen 100
III. Abgrenzung zwischen Eventualvorsatz und bewusster Fahrlässigkeit 103
1. Grundlagen 103
2. Abgrenzungstheorien 104
3. Fallbearbeitung 107
IV. Gegenstand des Vorsatzes 108
V. Zum Wissenselement 109
VI. Dolus cumulativus und dolus alternativus 110
1. Dolus cumulativus 110
2. Dolus alternativus 111
VII. Zeitpunkt des Vorsatzes 112

§ 15. Der Tatbestandsirrtum und seine Grenzen 114

I. Grundlagen 115
1. Tatsachenirrtum 115
2. Subsumtionsirrtum 116
II. Sonderfälle 118
1. Irrtum über den Kausalverlauf 118
2. Error in persona vel obiecto 120
3. Aberratio ictus 121
4. Grenzfälle 124
5. Die dolus generalis-Fälle 126
6. Irrtum über Tatbestandsvarianten 130

§ 16. Besondere subjektive Tatbestandsmerkmale 131

I. Grundlagen 131
II. Zur Vorsatzform bei Absichtsmerkmalen 132
III. Sonstige subjektive Tatbestandsmerkmale 133

4. Kapitel. Das vollendete vorsätzliche Begehungsdelikt: Die Rechtswidrigkeit

§ 17. Allgemeine Fragen	135
I. Grundlagen	135
II. Überblick über die Rechtfertigungsgründe	135
III. Konkurrierende Rechtfertigungsgründe in der Fallbearbeitung	136
IV. Strukturen der Rechtfertigungsgründe	137
V. Inhalt des subjektiven Rechtfertigungselements	138
VI. Handeln in Unkenntnis der Rechtfertigungssituation	138
§ 18. Notwehr	140
I. Grundlagen	141
II. Aufbaufragen	141
III. Notwehrlage	142
1. Angriff	143
2. Gegenwärtigkeit des Angriffs	146
3. Rechtswidrigkeit des Angriffs	147
IV. Notwehrhandlung	148
1. Verteidigung nur gegen Rechtsgüter des Angreifers	148
2. Erforderlichkeit der Verteidigungshandlung	149
3. Antizipierte Notwehr	154
V. Gebotenheit der Notwehr	155
1. Grundlagen	155
2. Die vier klassischen Fallgruppen	155
3. Weitere Fallgruppen	165
4. Abwehrprovokation	168
VI. Subjektives Rechtfertigungselement	168
VII. Nothilfe	170
VIII. Sonstiges	171
§ 19. Rechtfertigender Notstand	172
I. Grundlagen	173
II. Aufbaufragen	174
III. Notstandslage	176
1. Gefahr für irgendein Rechtsgut	176
2. Gegenwärtigkeit der Gefahr	176
3. Die gerechtfertigt geschaffene Notstandslage	178
IV. Notstandshandlung	178
V. Interessenabwägung	180
1. Abwägung der betroffenen Rechtsgüter nach ihrem abstrakten Rangverhältnis	180
2. Abwägung nach dem Grad der drohenden Gefahren	181
3. Ausmaß der drohenden Rechtsgutverletzungen	181
4. Weitere Abwägungsfaktoren	182

XII Inhaltsverzeichnis

5. Wesentliches Überwiegen	184
6. Interessenkollisionen bei demselben Rechtsgutsträger	184
7. Falllösungen	184
VI. Angemessenheit des Mittels	185
1. Grundlagen	185
2. Fallgruppen	186
VII. Subjektives Rechtfertigungselement	190
VIII. Sonstiges	191

§ 20. Die zivilrechtlichen Notstände (§§ 904, 228 BGB) ... 191

I. Grundlagen	191
II. Der Aggressivnotstand (§ 904 BGB)	192
III. Der Defensivnotstand (§ 228 BGB)	194
IV. Falllösungen	195

§ 21. Die zivilrechtlichen Selbsthilferechte ... 196

I. Das Selbsthilferecht der §§ 229, 230 BGB	196
1. Grundlagen und Aufbaufragen	196
2. Selbsthilfelage	197
3. Selbsthilfehandlung	199
4. Subjektives Rechtfertigungselement	201
II. Die Selbsthilferechte des § 859 BGB	201

§ 22. Das Recht auf vorläufige Festnahme (§ 127 I 1 StPO) ... 204

I. Grundlagen und Aufbaufragen	204
II. Festnahmelage	205
1. Betreffen oder Verfolgen auf frischer Tat	205
2. Festnahmegrund	207
III. Festnahmehandlung	208
IV. Subjektives Rechtfertigungselement	209
V. Falllösungen	210

§ 23. Einwilligung und Einverständnis ... 211

I. Grundlagen	211
II. Die rechtfertigende Einwilligung	213
1. Grundlagen und Aufbaufragen	213
2. Verfügbarkeit des geschützten Rechtsgutes	214
3. Verfügungsbefugnis	214
4. Einwilligungsfähigkeit	215
5. Einwilligungserklärung	216
6. Freiheit von Willensmängeln	216
7. Subjektives Rechtfertigungselement	219
8. Einverständliche Fremdgefährdung	220
III. Das tatbestandsausschließende Einverständnis	220
1. Willensmängel	221
2. Einwilligungsfähigkeit	221

Inhaltsverzeichnis XIII

3. Einverständniserklärung 221
IV. Die mutmaßliche Einwilligung 222
1. Grundlagen und Aufbaufragen 222
2. Erscheinungsformen 223
3. Subsidiarität 224
4. Ermittlung des mutmaßlichen Willens 225
5. Subjektives Rechtfertigungselement 225
V. Die hypothetische Einwilligung 226

5. Kapitel. Das vollendete vorsätzliche Begehungsdelikt: Die Schuld

§ 24. Grundlagen 227
I. Schuldprinzip und Schuldbegriff 227
II. Schuldfähigkeit 228
III. Die Schuldstufe in der Fallbearbeitung 229

§ 25. Actio libera in causa 230
I. Grundlagen 231
II. Die vorsätzliche actio libera in causa 232
1. Bei Erfolgsdelikten 232
2. Bei verhaltensgebundenen Delikten 235
3. Einzelfragen 236
III. Die fahrlässige actio libera in causa 237
IV. Aufbaufragen 238
V. Actio libera in causa und § 21 240

§ 26. Entschuldigender Notstand (§ 35) 241
I. Grundlagen und Aufbaufragen 241
II. Voraussetzungen (§ 35 I 1) 243
1. Notstandslage 243
2. Notstandshandlung 243
3. Rettungsabsicht 244
4. Beispiele 244
III. Zumutbarkeit der Gefahrhinnahme (§ 35 I 2) 245
1. Selbstverursachung der Gefahr 245
2. Bestehen eines besonderen Rechtsverhältnisses 246
3. Sonstige Fälle 247
4. Probleme der Notstandshilfe 248
IV. Irrtum (§ 35 II) 249
V. Übergesetzlicher entschuldigender Notstand 249

§ 27. Notwehrexzess (§ 33) 251
I. Grundlagen und Aufbaufragen 252
II. Der intensive Notwehrexzess 253
III. Der extensive Notwehrexzess 256
IV. Asthenische Affekte 258

V. Zum bewussten Notwehrexzess	259
VI. Verteidigungswille	259
VII. Der Putativnotwehrexzess	260

§ 28. Weitere Entschuldigungsgründe 261

I. Unzumutbarkeit normgemäßen Verhaltens	261
II. Glaubens- und Gewissensfreiheit (Art. 4 I GG)	261

6. Kapitel. Irrtum

§ 29. Grundlagen 263

§ 30. Der Erlaubnistatbestandsirrtum 264

I. Grundlagen und Aufbaufragen	265
II. Die strenge Schuldtheorie	268
III. Die eingeschränkten Schuldtheorien	269
1. Die Lehre von den negativen Tatbestandsmerkmalen	269
2. Die vorsatzunrechtverneinende eingeschränkte Schuldtheorie	269
3. Die rechtsfolgenverweisende oder vorsatzschuldverneinende eingeschränkte Schuldtheorie	270
4. Stellungnahme	270
IV. Falllösungen	271

§ 31. Verbotsirrtum 273

I. Grundlagen	273
II. Fehlen des Unrechtsbewusstseins	274
III. Erscheinungsformen des Verbotsirrtums	276
IV. Vermeidbarkeit des Verbotsirrtums	277

§ 32. Sonstige Irrtümer 280

I. Irrtum über Entschuldigungsgründe	281
II. Weitere Irrtümer	282

7. Kapitel. Versuch und Rücktritt

§ 33. Grundlagen 284

I. Einführung	284
II. Verwirklichungsstufen des Vorsatzdelikts	285

§ 34. Der Versuch des Einzeltäters 287

I. Aufbaufragen	287
II. Zur Vorprüfung	289
III. Subjektiver Tatbestand (Tatentschluss)	289
1. Endgültiger Tatentschluss	289
2. Zur Prüfung in der Fallbearbeitung	290
IV. Objektiver Tatbestand (§ 22)	292

1. Der Versuchsbeginn – Grundlagen	292
2. Beispielhafte Vertiefung	293
3. Insbesondere Handlungen im Vorfeld der tatbestand-	
lichen Ausführungshandlung	294
4. Der Versuchsbeginn beim Stellen von Fallen und bei	
Distanzdelikten	297
5. Zusammengesetzte Delikte, Qualifikationen und Regel-	
beispiele	300

§ 35. Untauglicher Versuch und Wahndelikt 301

I. Untauglicher Versuch 301
II. Grob unverständiger und abergläubischer Versuch 303
  1. Grober Unverstand (§ 23 III) 303
  2. Abergläubischer Versuch 303
III. Wahndelikt 304
IV. Irrtümer im Vorfeld des Tatbestandes 304

§ 36. Der Versuch: Sonderfälle 307

I. Versuchsbeginn bei mittelbarer Täterschaft 308
  1. Einführung 308
  2. Meinungsgruppen 309
II. Versuchsbeginn bei Mittäterschaft 312
III. Versuchsbeginn bei vermeintlicher Mittäterschaft 314
IV. Versuchsbeginn beim unechten Unterlassungsdelikt 316
V. Sonstige Fälle 317

§ 37. Der Rücktritt des Einzeltäters (§ 24 I) 318

I. Grundlagen und Aufbaufragen 319
  1. Grundlagen 319
  2. Aufbaufragen 321
II. Fehlgeschlagener Versuch 322
III. Abgrenzung zwischen unbeendetem und beendetem Ver- | |
  such 326
IV. Einzel- oder Gesamtbetrachtungslehre 328
  1. Grundlagen 328
  2. Rücktrittsmöglichkeit trotz außertatbestandlicher Ziel- | |
    erreichung 332
  3. Grenzen der Gesamtbetrachtung 335
  4. Aufbaufragen in der Fallbearbeitung 335
V. Rücktritt vom unbeendeten Versuch (§ 24 I 1 1. Var.) 337
  1. Aufgabe der weiteren Ausführung der Tat 337
  2. Merkmal der Freiwilligkeit 339
VI. Rücktritt vom beendeten Versuch durch Verhindern der | |
  Vollendung (§ 24 I 1 2. Var.) 343
  1. Grundlagen 343
  2. Verhindern der Vollendung 343
  3. Der „halbherzige" Rücktritt 346

4. Der „antizipierte" Rücktritt		348
5. Freiwilligkeit		348
VII. Rücktritt vom beendeten Versuch durch ernsthaftes Sichbemühen (§ 24 I 2)		348
1. Grundlagen		348
2. Nichtvollendung der Tat ohne Zutun		349
3. Sichbemühen		350
4. Ernsthaftigkeit des Sichbemühens		351
5. Freiwilligkeit		353
VIII. Teilrücktritt		353

§ 38. Der Rücktritt des Beteiligten (§ 24 II) 354

    I. Grundlagen und Aufbaufragen 354
    II. Anwendungsbereich 356
        1. Keine versuchte (Haupt-)Tat 356
        2. „Rücktritt" im Vorbereitungsstadium 356
        3. Fortwirkung des Tatbeitrags bis zur Vollendung der Haupttat 357
    III. Die Rücktrittsfälle des § 24 II 358
        1. Verhindern der Vollendung (§ 24 II 1) 358
        2. Ernsthaftes Bemühen (§ 24 II 2 1. Var.) 360
        3. Begehung der Tat unabhängig vom früheren Tatbeitrag (§ 24 II 2 2. Var.) 360

§ 39. Tätige Reue 361

8. Kapitel. Täterschaft und Teilnahme

§ 40. Grundlagen 363

§ 41. Abgrenzung von Täterschaft und Teilnahme 364

    I. Tatbestände mit besonderen Täterqualitäten 365
    II. Abgrenzungstheorien 365
        1. Überholte Theorien 366
        2. Tatherrschaftslehre versus gemäßigte subjektive Theorie 366
        3. Der Streit um die Notwendigkeit einer objektiven Mitwirkung im Ausführungsstadium der Tat 369

§ 42. Unmittelbare Täterschaft (§ 25 I 1. Var.) 371

    I. Alleintäterschaft 371
    II. Nebentäterschaft 372
    III. Handeln für einen anderen (§ 14) 372
        1. Grundlagen 372
        2. Einzelheiten 373

§ 43. Mittelbare Täterschaft (§ 25 I 2. Var.) 375

    I. Grundlagen und Aufbaufragen 375

II. Die Fälle des deliktischen Minus beim Werkzeug 377
   1. Deliktisches Minus auf der Ebene der Tatbestands-
      mäßigkeit 377
   2. Deliktisches Minus auf der Ebene der Rechtswidrigkeit 381
   3. Deliktisches Minus auf der Ebene der Schuld 382
III. Die Fälle des „Täters hinter dem Täter" 384
   1. Grundlagen 384
   2. Vermeidbarer Verbotsirrtum beim Werkzeug 384
   3. Ausübung von Zwang unterhalb der Schwelle des § 35 .. 385
   4. Irrtümer über den konkreten Handlungssinn 386
   5. Organisationsherrschaft 388
IV. Irrtumsfragen 391
   1. Exzess und error in persona 391
   2. Irrtümer über das deliktische Minus 392
V. Sonstiges und weitere Aufbaufragen 393

§ 44. Mittäterschaft (§ 25 II) 395

I. Grundlagen 396
II. Aufbaufragen 397
III. Gemeinsamer Tatentschluss/Tatplan 400
   1. Verabredung 400
   2. Abstandnahme vom gemeinsamen Tatentschluss 401
   3. Exzessfragen 403
   4. Sukzessive Mittäterschaft 407
IV. Gemeinsame Tatausführung 408
V. Falllösungen 410
VI. Die Fälle der additiven und alternativen Mittäterschaft 412
VII. Sonstiges 413

§ 45. Teilnahme: Anstiftung (§ 26) und Beihilfe (§ 27) 413

I. Grundlagen 414
II. Aufbaufragen 416
III. Die vorsätzliche rechtswidrige Haupttat 418
   1. Die limitierte Akzessorietät 418
   2. Unterscheidung zwischen erfolgreicher und bloß ver-
      suchter (erfolgloser) Teilnahme 418
IV. Anstiftung (§ 26) 419
   1. Objektiver Tatbestand: Bestimmen 419
   2. Bestimmen bei einem schon zur Tat entschlossenen
      Täter 421
   3. Subjektiver Tatbestand: Vorsatz 424
   4. Der error in persona des Haupttäters 426
   5. Vorsatz zur Begehung einer vollendeten Haupttat 429
   6. Die problematische Agent-provocateur-Konstellation ... 430
   7. Beteiligung an der Anstiftung 431
V. Beihilfe (§ 27) 432

XVIII   Inhaltsverzeichnis

    1. Objektiver Tatbestand: Hilfeleisten 432
    2. Die Problematik der neutralen Beihilfe 435
    3. Subjektiver Tatbestand: Vorsatz 438
    4. Vorsatz zur Begehung einer vollendeten Haupttat 440
    5. Sukzessive Beihilfe 440
  VI. Sonstiges zu §§ 26 und 27 441

§ 46. Besondere persönliche Merkmale (§ 28) 442

  I. Grundlagen 442
    1. Grundgedanke 442
    2. Strafrahmenverschiebung gemäß § 28 I 442
    3. Tatbestandsverschiebung gemäß § 28 II 443
    4. Die Beteiligten 444
  II. Die besonderen persönlichen Merkmale im Einzelnen 444

§ 47. Versuch der Beteiligung (§§ 30, 31) 446

  I. Grundlagen 447
  II. Die versuchte Anstiftung (§ 30 I) 448
    1. Grundlagen und Aufbaufragen 448
    2. Subjektiver Tatbestand: Vorsatz 449
    3. Objektiver Tatbestand: Unmittelbares Ansetzen 451
  III. Die Verbrechensverabredung (§ 30 II 3. Var.) 452
  IV. Das Sich-Bereiterklären (§ 30 II 1. Var.) 453
  V. Die Annahme des Erbietens (§ 30 II 2. Var.) 454
  VI. Rücktritt (§ 31) 454
    1. Von der versuchten Anstiftung (§ 31 I Nr. 1) 454
    2. Von der Bereiterklärung (§ 31 I Nr. 2) 455
    3. Von der Verbrechensverabredung und der Annahme des
       Erbietens (§ 31 I Nr. 3) 455
    4. Freiwilliges und ernsthaftes Bemühen (§ 31 II) 455
  VII. Konkurrenzfragen 456

9. Kapitel. Das Unterlassungsdelikt

§ 48. Grundlagen 458

  I. Echte und unechte Unterlassungsdelikte 458
  II. Abgrenzung von Tun und Unterlassen 460
    1. Bedeutung 460
    2. Abgrenzungskriterien 460
    3. Abgrenzung bei Fahrlässigkeitsdelikten 461
    4. Abbruch fremder Rettungsbemühungen 462
    5. Abbruch eigener Rettungsbemühungen 462

§ 49. Das vorsätzliche unechte Unterlassungsdelikt 463

  I. Grundlagen 464
  II. Aufbaufragen 464

Inhaltsverzeichnis XIX

III. Objektiver Tatbestand 466
  1. Tatbestandsmäßige Situation: Vorliegen des Tatbestandes
    eines Erfolgsdelikts 466
  2. Unterlassung einer Verhinderungshandlung trotz Hand-
    lungsmöglichkeit 466
  3. (Hypothetische) Kausalität 467
  4. Objektive Zurechnung 471
  5. Garantenstellung 471
  6. Entsprechungsklausel 472
IV. Vorsatz 473
V. Rechtfertigende Pflichtenkollision 474
VI. Schuld 476
  1. Unzumutbarkeit normgemäßen Verhaltens 476
  2. Verbotsirrtum bzw. Gebotsirrtum 477
VII. Versuch und Rücktritt 477
  1. Versuch 477
  2. Rücktritt 479

§ 50. Die Garantenstellungen 481

I. Grundlagen 482
II. Beschützergaranten 484
  1. Familiäre Verbundenheit 484
  2. Enge persönliche Lebensbeziehungen 487
  3. Gefahrengemeinschaften 487
  4. Vertrag und tatsächliche Übernahme 488
  5. Weitere Beschützergaranten, insbesondere Amtsträger .. 489
  6. Reichweite der Schutzpflicht 490
III. Überwachungsgaranten 491
  1. Grundlagen 491
  2. Verantwortlichkeit für Sachen als Gefahrenquellen 491
  3. Verantwortlichkeit für Personen als Gefahrenquellen 496
  4. Vorangegangenes gefährdendes Tun (Ingerenz) 498

§ 51. Täterschaft und Teilnahme beim Unterlassungsdelikt 505

I. Mehrere Unterlassende 506
II. Mittelbare Täterschaft 506
III. Beteiligung eines Nichtgaranten durch aktives Tun am un-
    echten Unterlassungsdelikt 507
IV. Beteiligung eines Garanten durch Unterlassen an einem Be-
    gehungsdelikt 508
  1. Grundlagen 508
  2. Abgrenzung zwischen Täterschaft und Beihilfe durch
    Unterlassen 510
V. Anstiftung durch Unterlassen 513

10. Kapitel. Das Fahrlässigkeitsdelikt

§ 52. Das fahrlässige Begehungsdelikt 515

    I. Grundlagen 515
        1. Einführung 515
        2. Erscheinungsformen der Fahrlässigkeit 517
    II. Aufbaufragen 518
    III. Objektive Sorgfaltspflichtverletzung 520
        1. Grundlagen 520
        2. Sonderwissen und Sonderkönnen 521
        3. Vertrauensgrundsatz 522
        4. Übernahmefahrlässigkeit 522
    IV. Objektive Voraussehbarkeit des Kausalverlaufs und Erfolgs-
        eintritts 522
    V. Pflichtwidrigkeitszusammenhang 523
    VI. Schutzzweckzusammenhang 525
    VII. Abgrenzung nach Verantwortungsbereichen 527
        1. Grundlagen 527
        2. Verantwortungsbereich des Opfers 527
        3. Verantwortungsbereich Dritter 530
    VIII. Rechtswidrigkeit 534
        1. Rechtfertigungssituationen 534
        2. Subjektives Rechtfertigungselement 535
    IX. Schuld 536

§ 53. Täterschaft und Teilnahme beim Fahrlässigkeitsdelikt 538

    I. Der Teilnehmer als möglicher Nebentäter 538
    II. Fahrlässige Mittäterschaft 539

§ 54. Das fahrlässige unechte Unterlassungsdelikt 541

    I. Aufbaufragen 541
    II. Fahrlässigkeitskonstellationen 542

§ 55. Erfolgsqualifizierte Delikte und andere Vorsatz-Fahrlässigkeits-
Kombinationen 543

    I. Erfolgsqualifizierte Delikte 543
    II. Andere Vorsatz-Fahrlässigkeits-Kombinationen 545

11. Kapitel. Konkurrenzlehre

§ 56. Konkurrenzen 546

    I. Grundlagen 546
    II. Fallbearbeitung 547
    III. Handlungseinheit 550
        1. Eine Handlung im natürlichen Sinn (Willensbetätigung in
        einem Akt) 550

Inhaltsverzeichnis XXI

2. Handlungseinheit bei iterativer und sukzessiver Tatbe- standsverwirklichung	550
3. Rechtliche Handlungseinheit	552
IV. Gesetzeskonkurrenz	552
1. Grundlagen	552
2. Bereich der Handlungseinheit	553
3. Bereich der Handlungsmehrheit	555
V. Tateinheit (§ 52)	555
1. Grundlagen	555
2. Tateinheit in Fällen rechtlicher Handlungseinheiten	556
3. Speziell das Prinzip der Verklammerung	559
4. Speziell die natürliche Handlungseinheit	560
VI. Tatmehrheit (§ 53)	562
VII. Beteiligung und Unterlassung	562
1. Beteiligung	562
2. Unterlassung	563
VIII. Zur Tenorierung des Schuldspruchs	564
§ 57. Konkurrenzfragen bei tatsächlichen Zweifeln	564
I. Grundsatz in dubio pro reo	565
II. Fallbearbeitung	565
III. Stufenverhältnisse	566
IV. Wahlfeststellung	567
1. Grundlagen	567
2. Gleichartige Wahlfeststellung	568
3. Ungleichartige Wahlfeststellung	568
V. Postpendenz und Präpendenz	571
Stichwortverzeichnis	573

Abkürzungs- und Literaturverzeichnis

a. A.	anderer Ansicht
a. a. O.	am angegebenen Ort
abl.	ablehnend
Abs.	Absatz
a. F.	alte Fassung
Alt.	Alternative
Ambos, IntStR	*Ambos*, Internationales Strafrecht, 4. Aufl., 2014
Anm.	Anmerkung
AnwK/*Bearbeiter*	*Leipold/Tsambikakis/Zöller*, AnwaltKommentar StGB, 2. Aufl., 2015
AO	Abgabenordnung
Art.	Artikel
AT	Allgemeiner Teil
Aufl.	Auflage
Baumann/Weber/	
Mitsch, AT	*Baumann/Weber/Mitsch*, Strafrecht, Allgemeiner Teil, 11. Aufl., 2003
BayObLG	Bayerisches Oberstes Landesgericht
Bd.	Band
BeckRS	Beck-Rechtsprechung (abrufbar unter www.beck.de, beck-online)
Beulke I, II und III .	*Beulke*, Klausurenkurs im Strafrecht: Bd. I, 6. Aufl., 2013; Bd. II, 3. Aufl., 2014; Bd. III, 4. Aufl., 2013
BGB	Bürgerliches Gesetzbuch
BGBl.	Bundesgesetzblatt
BGH	Bundesgerichtshof
BGH-FG	50 Jahre Bundesgerichtshof, Festgabe aus der Wissenschaft
BGHSt	Entscheidungen des Bundesgerichtshofes in Strafsachen
BGH StR (mit Aktenzeichen)	Entscheidung des Bundesgerichtshofes in Strafsachen (ungedruckt, unter www.bundesgerichtshof.de abrufbar)
BGHZ	Entscheidungen des Bundesgerichtshofes in Zivilsachen
BR-Drs.	Drucksache des Bundesrates
Bspr.	Besprechung
BT	Besonderer Teil

BT-Drs.	Drucksache des Deutschen Bundestages
BtMG	Betäubungsmittelgesetz
BVerfG	Bundesverfassungsgericht
BVerfGE	Entscheidungen des Bundesverfassungsgerichts
bzw.	beziehungsweise
DAR	Deutsches Autorecht
ders.	derselbe
d. h.	das heißt
DRiG	Deutsches Richtergesetz
EGBGB	Einführungsgesetz zum Bürgerlichen Gesetzbuch
EGMR	Europäischer Gerichtshof für Menschenrechte
EGStGB	Einführungsgesetz zum Strafgesetzbuch
Eisele, BT I	*Eisele*, Strafrecht – Besonderer Teil I, Straftaten gegen die Person und die Allgemeinheit, 2. Aufl., 2012
EMRK	Konvention zum Schutz der Menschenrechte und Grundfreiheiten (Europäische Menschenrechtskonvention)
erg.	ergänzend
EuGRZ	Europäische Grundrechte-Zeitschrift
f.	folgende Seite/Randnummer
ff.	folgende Seiten/Randnummern
FG	Festgabe
Fischer	*Fischer*, Strafgesetzbuch, 62. Aufl., 2015
Fn.	Fußnote
Freund, AT	*Freund*, Strafrecht, Allgemeiner Teil, 2. Aufl., 2009
Frister, AT	*Frister*, Strafrecht, Allgemeiner Teil, 6. Aufl., 2013
FS	Festschrift
GA	Goldammer's Archiv für Strafrecht
GG	Grundgesetz
ggf.	gegebenenfalls
Gropp, AT	*Gropp*, Strafrecht, Allgemeiner Teil, 3. Aufl., 2005
GS	Gedächtnisschrift
Halbs.	Halbsatz
Hecker, EuStR	*Hecker*, Europäisches Strafrecht, 4. Aufl., 2012
Heinrich, AT	*Heinrich*, Strafrecht – Allgemeiner Teil, 4. Aufl., 2014
Hilgendorf/Valerius, AT	*Hilgendorf/Valerius*, Strafrecht, Allgemeiner Teil, 2013
Hillenkamp, AT	*Hillenkamp*, 32 Probleme aus dem Strafrecht, Allgemeiner Teil, 14. Aufl., 2012

HK-GS/*Bearbeiter* ..	*Dölling/Duttge/Rössner*, Gesamtes Strafrecht, 3. Aufl., 2013
h. M.	herrschende Meinung
HRRS	Höchstrichterliche Rechtsprechung Strafrecht (Online-Zeitschrift, abrufbar unter www.hrr-strafrecht.de)
Hrsg.	Herausgeber
i. A.	im Auftrag
i. V. m.	in Verbindung mit
JA	Juristische Arbeitsblätter
Jäger, AT	*Jäger*, Strafrecht, Allgemeiner Teil, 7. Aufl., 2015
Jakobs, AT	*Jakobs*, Strafrecht, Allgemeiner Teil, 2. Aufl., 1991
Jescheck/Weigend, AT	*Jescheck/Weigend*, Lehrbuch des Strafrechts, Allgemeiner Teil, 5. Aufl., 1996
JGG	Jugendgerichtsgesetz
JK	Jura-Kartei
Joecks	*Joecks*, Strafgesetzbuch-Studienkommentar, 11. Aufl., 2014
JR	Juristische Rundschau
Jura	Juristische Ausbildung
JuS	Juristische Schulung
JZ	Juristenzeitung
Kap.	Kapitel
Kaspar, AT	*Kaspar*, Strafrecht, Allgemeiner Teil, 2015
KG	Kammergericht
Kindhäuser, AT	*Kindhäuser*, Strafrecht, Allgemeiner Teil, 7. Aufl., 2015
Kindhäuser, LPK-StGB	*Kindhäuser*, Strafgesetzbuch, Lehr- und Praxiskommentar, 6. Aufl., 2015
KK-OWiG/*Bearbeiter*	Karlsruher Kommentar zum Gesetz über Ordnungswidrigkeiten, 4. Aufl., 2014
Krey/Esser, AT	*Krey/Esser*, Deutsches Strafrecht, Allgemeiner Teil, 5. Aufl., 2012
Krey/Hellmann/ Heinrich, BT 2	*Krey/Hellmann/Heinrich*, Strafrecht, Besonderer Teil, Bd. 2, Vermögensdelikte, 16. Aufl., 2012
Kudlich, AT	*Kudlich*, Strafrecht, Allgemeiner Teil, 4. Aufl., 2013
Kudlich, Fälle AT	*Kudlich*, Fälle zum Strafrecht, Allgemeiner Teil, 2. Aufl., 2014

Kühl, AT	*Kühl,* Strafrecht, Allgemeiner Teil, 7. Aufl., 2012
Lackner/Kühl	*Lackner/Kühl,* Strafgesetzbuch, 28. Aufl., 2014
Lfg.	Lieferung
LG	Landgericht
LK/*Bearbeiter,* 11. Aufl.	Strafgesetzbuch, Leipziger Kommentar, 11. Aufl., 1992 ff.
LK/*Bearbeiter,* 12. Aufl.	Strafgesetzbuch, Leipziger Kommentar, 12. Aufl., 2006 ff.
M/G/Z/*Bearbeiter,* AT 2	*Maurach/Gössel/Zipf,* Strafrecht, Allgemeiner Teil, Teilband 2, Erscheinungsformen des Verbrechens und Rechtsfolgen der Tat, 8. Aufl., 2014
Maurach/Zipf, AT 1	*Maurach/Zipf,* Strafrecht, Allgemeiner Teil, Teilband 1, Grundlehren des Strafrechts und Aufbau der Straftat, 8. Aufl., 1992
MDR/D	*Dallinger,* Aus der Rechtsprechung des Bundesgerichtshofs in Strafsachen, Monatsschrift für Deutsches Recht
MDR/H	*Holtz,* Aus der Rechtsprechung des Bundesgerichtshofs in Strafsachen, Monatsschrift für Deutsches Recht
M/R/*Bearbeiter*	*Matt/Renzikowski,* Strafgesetzbuch, 2013
MüKo/*Bearbeiter*	Münchener Kommentar zum Strafgesetzbuch, 2. Aufl., 2011 ff.
MüKo-BGB/*Bearbeiter*	Münchener Kommentar zum Bürgerlichen Gesetzbuch, 6. Aufl., 2012 ff.
Murmann, GK	*Murmann,* Grundkurs Strafrecht, Allgemeiner Teil, Tötungsdelikte, Körperverletzungsdelikte, 2. Aufl., 2013
m. w. N.	mit weiteren Nachweisen
NJW	Neue Juristische Wochenschrift
NK/*Bearbeiter*	Nomos Kommentar Strafgesetzbuch, 4. Aufl., 2013
Nr.	Nummer
NStZ	Neue Zeitschrift für Strafrecht
NStZ-RR	NStZ-Rechtsprechungs-Report Strafrecht
NZV	Neue Zeitschrift für Verkehrsrecht
NZWiSt	Neue Zeitschrift für Wirtschafts-, Steuer- und Unternehmensstrafrecht

OLG	Oberlandesgericht
Otto, AT	*Otto,* Grundkurs Strafrecht, Allgemeine Strafrechts-lehre, 7. Aufl., 2004
OWiG	Ordnungswidrigkeitengesetz
Palandt/*Bearbeiter*	*Palandt,* Bürgerliches Gesetzbuch, 74. Aufl., 2015
Rengier, BT I und BT II	*Rengier,* Strafrecht, Besonderer Teil: Bd. I, Vermö-gensdelikte, 17. Aufl., 2015; Bd. II, Delikte gegen die Person und die Allgemeinheit, 16. Aufl., 2015
RGSt	Entscheidungen des Reichsgerichts in Strafsachen
Rn.	Randnummer
Roxin, AT I und AT II	*Roxin,* Strafrecht, Allgemeiner Teil: Bd. I, Grundla-gen, Der Aufbau der Verbrechenslehre, 4. Aufl., 2006; Bd. II, Besondere Erscheinungsformen der Straftat, 2003
Roxin, Täterschaft	*Roxin,* Täterschaft und Tatherrschaft, 8. Aufl., 2006
S.	Seite
Safferling, IntStR	*Safferling,* Internationales Strafrecht, 2011
Satzger, IntStR	*Satzger,* Internationales und Europäisches Strafrecht, 6. Aufl., 2013
Schramm, IntStR	*Schramm,* Internationales Strafrecht, 2011
Sch/Sch/*Bearbeiter*	*Schönke/Schröder,* Strafgesetzbuch, 29. Aufl., 2014
SK/*Bearbeiter*	Systematischer Kommentar zum Strafgesetzbuch, Loseblattausgabe: Stand 146. Lfg., 2014
sog.	sogenannte
SSW/*Bearbeiter*	*Satzger/Schluckebier/Widmaier,* Strafgesetzbuch, 2. Aufl., 2014
StGB	Strafgesetzbuch
StPO	Strafprozessordnung
str.	streitig
StraFo	StrafverteidigerForum
StrÄndG	Strafrechtsänderungsgesetz
Stratenwerth/Kuhlen, AT	*Stratenwerth/Kuhlen,* Strafrecht, Allgemeiner Teil, 6. Aufl., 2011
StrRG	Gesetz zur Reform des Strafrechts
StudZR	Studentische Zeitschrift für Rechtswissenschaft Hei-delberg
StV	Strafverteidiger
StVG	Straßenverkehrsgesetz
StVO	Straßenverkehrs-Ordnung

XXVIII   Abkürzungs- und Literaturverzeichnis

StVZO ....   Straßenverkehrs-Zulassungs-Ordnung

TierSchG ....   Tierschutzgesetz

u. a. ....   unter anderem
u. Ä. ....   und Ähnliches
UrhG ....   Urheberrechtsgesetz
usw. ....   und so weiter
UWG ....   Gesetz gegen den unlauteren Wettbewerb

Valerius, Einführung   *Valerius,* Einführung in den Gutachtenstil, 3. Aufl.,
                          2009
Var. ....   Variante
vgl. ....   vergleiche
VRS ....   Verkehrsrechts-Sammlung

W/Beulke/Satzger,
AT ....   *Wessels/Beulke/Satzger,* Strafrecht, Allgemeiner Teil,
                          44. Aufl., 2014
wistra ....   Zeitschrift für Wirtschaft, Steuer, Strafrecht bzw.
                          Wirtschafts- und Steuerstrafrecht (seit 1997)

z. B. ....   zum Beispiel
ZGR ....   Zeitschrift für Unternehmens- und Gesellschaftsrecht
Zieschang, AT ....   *Zieschang,* Strafrecht, Allgemeiner Teil, 3. Aufl., 2012
ZIS ....   Zeitschrift für Internationale Strafrechtsdogmatik
                          (Online-Zeitschrift, abrufbar unter www.zis-online.
                          com)
ZIP ....   Zeitschrift für Wirtschaftsrecht
ZJS ....   Zeitschrift für das Juristische Studium (Online-Zeit-
                          schrift, abrufbar unter www.zjs-online.com)
ZStrR ....   Schweizerische Zeitschrift für Strafrecht
ZStW ....   Zeitschrift für die gesamte Strafrechtswissenschaft
zust. ....   zustimmend

Paragrafen ohne Gesetzesangabe sind solche des StGB.

§ 1. Einführung

I. Strukturen des Allgemeinen Teils

Das Strafgesetzbuch (StGB) enthält einen Allgemeinen und einen 1
Besonderen Teil. Im Besonderen Teil (§§ 80–358) findet man konkrete Straftatbestände (z. B. Mord, Körperverletzung, Diebstahl, Betrug), die Gegenstand eigener Vorlesungen und Lehrbücher zum
„Strafrecht Besonderer Teil" sind (z. B. *Rengier*, BT I und BT II).

Der Allgemeine Teil greift – genauso wie z. B. der Allgemeine Teil 2
des BGB – die Kodifikationsidee auf, allgemeine Regelungen gleichsam vor die Klammer zu ziehen und dadurch die Gesetzgebungstechnik zu vereinfachen. Dementsprechend enthält der Allgemeine Teil
des StGB die Vorschriften, die grundsätzlich für alle Delikte des Besonderen Teils gemeinsam gelten (z. B. Notwehr, Schuldfähigkeit,
Versuch, Täterschaft und Teilnahme, Strafen und Maßregeln). Im
Mittelpunkt des „Allgemeinen Teils" und dieses Lehrbuchs steht der
für den Studierenden wichtige Abschnitt über „Die Tat" (§§ 13–35).
Als weiteres großes Rechtsgebiet sind die Rechtsfolgen der Straftat
zu nennen (§§ 38 ff., z. B. Strafen sowie Maßregeln der Besserung
und Sicherung).

II. Insbesondere die Lehre von der Straftat

Wenn in der universitären Ausbildung von „Strafrecht Allgemeiner 3
Teil" die Rede ist, so bezieht sich dies in erster Linie auf die Lehre
von der Straftat mit dem zentralen Prüfungsstoff der §§ 13–35 und
nicht – durchaus ungenau – auf die Rechtsfolgenlehre. Der Grund
dafür liegt darin, dass in der strafrechtlichen Fallbearbeitung der Studierende grundsätzlich nur zur Strafbarkeit als solcher Stellung zu
nehmen hat und von daher für ihn die etwaigen Rechtsfolgen (z. B.
Strafart, Strafmaß) normalerweise ohne Bedeutung sind (zu gewissen
Ausnahmen unten § 2 Rn. 5 ff.). Der Lehre von der Straftat fällt die
Aufgabe zu, eine Antwort auf die Frage zu geben, *ob* die Verhängung
einer Strafe in Betracht kommt.

III. Insbesondere die Rechtsfolgen der Straftat

4 Ist die Strafbarkeit als solche zu bejahen, so fällt der Lehre von den Rechtsfolgen die Aufgabe zu, die konkret zu verhängende Sanktion zu bestimmen (siehe die §§ 38 ff. im Abschnitt „Rechtsfolgen der Tat"). Freiheitsstrafe und Geldstrafe sind die Hauptstrafen (siehe §§ 38 ff.). Welche Strafen und welcher Strafrahmen in Betracht kommen, regeln die Straftatbestände auf der Rechtsfolgenseite („... wird ... bestraft"). Wie Art und Höhe der Strafe im Einzelnen festgelegt werden, ist eine Frage des Strafzumessungsrechts (§§ 46 ff.). Von den Strafen sind die Maßregeln der Besserung und Sicherung (§ 61) zu unterscheiden, die statt einer Strafe oder neben ihr verhängt werden können.

IV. Zur Benutzung des Lehrbuchs

5 Das vorliegende Lehrbuch zum Allgemeinen Teil knüpft an die bewährte systematische und fallorientierte Darstellung in meinen beiden Lehrbüchern zum Besonderen Teil an. Die Fallbezogenheit ist im Allgemeinen Teil noch wichtiger, weil dieser am Anfang des Studiums gelehrt und der Studierende hier zuerst mit den Fragen der Fallbearbeitung konfrontiert wird. Aus diesem Grunde enthält das Lehrbuch ein eigenes Kapitel mit einer Einführung in die strafrechtliche Fallbearbeitung (unten §§ 11, 12), in dem man sich auch mit den technischen Fragen vertraut machen kann, die eher in den vorlesungsbegleitenden Arbeitsgemeinschaften zur Sprache kommen. Die fallorientierte Darstellung unterstreichen ferner die zahlreichen in das Buch aufgenommenen Aufbauschemata sowie die den einzelnen Paragrafen vorangestellten Fälle.

6 Diese Fälle dienen u. a. dem Zweck, fortgeschrittenen Studierenden die Möglichkeit zu bieten, die Sachverhalte übungshalber erst selbst zu bearbeiten, bevor die Ergebnisse mit den im Text angebotenen Lösungsskizzen (auf die bei den Fällen verwiesen wird) verglichen werden. Je nach Lernmethode kann man die Fälle aber auch erst dann lesen, wenn man zu den Lösungsskizzen gelangt. Dieser Weg dürfte namentlich für Anfänger sinnvoller sein.

7 Die Erörterung des typischen fallrelevanten Stoffes beginnt im 3. Kapitel mit den Fragen der Kausalität und objektiven Zurechnung

§ 1. Einführung 3

(unten § 13). Demgegenüber befasst sich das 1. Kapitel mit den strafrechtlichen Grundlagen, die für das Verständnis des gesamten Strafrechts und strafrechtlicher Denkweisen unentbehrlich sind. Die Bedeutung dieser Grundlagenfragen für die Fallbearbeitung ist unterschiedlich; entsprechende Hinweise werden gegeben. Soweit sich bei der Stoffvermittlung lehrreiche Bezüge zu den Grundlagen ergeben, wird darauf verwiesen. Besonders wichtig scheinen mir das aus Art. 103 II GG abgeleitete Analogieverbot (unten § 4 Rn. 31 ff.) und die Methoden der Auslegung zu sein (unten § 5). Denn hier geht es um das „Argumentieren lernen" und damit um das Rüstzeug des Juristen.

Nicht oft genug kann die Aufforderung erfolgen, zitierte Gesetzesbestimmungen unbedingt stets nachzulesen. In der genauen Arbeit mit dem Gesetzestext liegt ein entscheidender Schlüssel zum Erfolg. In Übungsarbeiten vermeiden präzise Zitate Ungenauigkeiten und Missverständnisse. **8**

Schließlich seien dem Studierenden noch meine „Empfehlungen zur vertiefenden Lektüre" ans Herz gelegt, die sich in der Regel an jeden Paragrafen anschließen. Diese Empfehlungen sollen nicht, was den für Studium und Examen relevanten Stoff anbelangt, Lücken im Text schließen; insoweit habe ich darauf geachtet, dem berechtigten Anspruch des Studierenden auf ein „vollständiges" Lehrbuch zu genügen. Bei den Empfehlungen habe ich bewusst eine Auswahl allein unter didaktischen Aspekten getroffen und lediglich solche Entscheidungen bzw. Beiträge ausgesucht, die aus der Sicht des Lernenden zum Vertiefungsstudium besonders geeignet erscheinen und auch den Anfänger nicht überfordern. Dem Leser kann nur dringend geraten werden, von dem Lektüreangebot zumindest teilweise Gebrauch zu machen; denn ein solches ergänzendes Studium eröffnet andere Perspektiven, schult die Diskussionsfähigkeit und fördert maßgeblich das Verständnis. **9**

Den richtigen Umgang mit Rechtsprechung und Literatur lernt der Studierende nicht zuletzt bei der gewissenhaften Anfertigung von Hausarbeiten. Als kleine Hilfe können von meiner Homepage „Hinweise zu den Formalia rechtswissenschaftlicher Hausarbeiten am Beispiel des Strafrechts" abgerufen werden (www.jura.uni-konstanz.de/rengier/). **10**

1. Kapitel. Strafrechtliche Grundlagen

§ 2. Einführung in das Strafrecht

I. Das materielle Strafrecht des StGB

1 Das Strafrecht gehört – als verselbstständigtes Teilgebiet – zum Gebiet des öffentlichen Rechts, da der Staat seine Strafgewalt über den Bürger nach dem Prinzip der Über- und Unterordnung ausübt.

2 Wenn man in der universitären Ausbildung von „Strafrecht" spricht, so versteht man darunter normalerweise das *materielle* Strafrecht, dessen sog. Kernbereich im StGB geregelt ist. Die diversen Strafvorschriften findet man im Besonderen Teil, den der Gesetzgeber nach bestimmten Deliktsgruppen und Rechtsgütern gegliedert hat (vgl. die jeweiligen „Abschnitte" des StGB).

3 Die einzelnen Straftatbestände sind in der Regel so aufgebaut, dass sie zuerst die Strafbarkeitsvoraussetzungen und dann die Rechtsfolgenseite normieren. Dazu als

Beispiele die §§ 223 I, 303 I: „Wer eine andere Person körperlich misshandelt oder an der Gesundheit schädigt" bzw. „Wer rechtswidrig eine fremde Sache beschädigt oder zerstört" (Strafbarkeitsvoraussetzungen), „wird mit Freiheitsstrafe bis zu fünf (zwei) Jahren oder mit Geldstrafe bestraft" (Rechtsfolgenseite).

Hinweis: Die römische Ziffer „I" steht für „Absatz 1" bzw. „Abs. 1", im Gesetz mit „(1)" gekennzeichnet. Zur genauen Zitierweise unten § 11 Rn. 16.

4 Die Prüfung der Strafbarkeit beginnt typischerweise so, dass man mit Bezug auf das zu beurteilende tatsächliche Geschehen (= den Sachverhalt) zunächst im Besonderen Teil des StGB nach einem Straftatbestand sucht, der einschlägig sein könnte. Dann erörtert man, ob dessen objektive Tatbestandsmerkmale und die weiteren im Allgemeinen Teil geregelten Strafbarkeitsvoraussetzungen vorliegen. Kurz zusammengefasst sind dabei die drei Stufen der Tatbestandsmäßigkeit, Rechtswidrigkeit und Schuld zu durchlaufen, welche die zentralen Bausteine „der Straftat" darstellen. Einzelheiten gehören in das Kapitel zur Fallbearbeitung (näher unten §§ 11, 12).

§ 2. Einführung in das Strafrecht

Ist danach eine Strafbarkeit zu bejahen, so spielen in der strafrecht- 5
lichen Fallbearbeitung Fragen der Rechtsfolgenseite grundsätzlich
keine Rolle (§ 1 Rn. 3). Doch gibt es gewisse Ausnahmen, mit denen
der fortgeschrittene Studierende vertraut sein sollte:

So sind erstens die benannten Strafzumessungsbeispiele wegen ih- 6
res tatbestandsnahen Charakters stets zu erörtern. Dabei handelt es
sich insbesondere um alle Vorschriften mit straferschwerenden Regelbeispielen, die unbenannte besonders schwere Fälle konkretisieren.
Insoweit kommt dem § 243 die größte Bedeutung zu (näher *Rengier*,
BT I, § 3). Daneben ist als benannter Strafmilderungsgrund die – selten fallrelevante – Provokationsalternative des § 213 zu nennen (näher *Rengier*, BT II, § 3 Rn. 14 f.). Zum Standort der benannten Strafzumessungsbeispiele in der Fallbearbeitung siehe das Aufbauschema
unten in § 12 Rn. 6.

Zweitens sollte der Fortgeschrittene sehen, dass in bestimmten Fäl- 7
len die Strafandrohung Bedeutung erlangt:

(1) An erster Stelle ist die in § 12 geregelte und von der Strafandrohung abhängige Abgrenzung zwischen Verbrechen und Vergehen zu
nennen (näher unten § 9). Desgleichen richten sich die Verjährungsfristen des § 78 nach dem Strafrahmen.

(2) Beim rechtfertigenden Notstand (§ 34) spielen im Rahmen der 8
Interessenabwägung die betroffenen Rechtsgüter eine Rolle. Dabei
kann die Höhe der für die Rechtsgutsverletzung angedrohten Strafe
ein Indiz für das Gewicht eines betroffenen Rechtsguts sein (siehe
unten § 19 Rn. 28).

(3) Besondere Probleme bereitet der Mordtatbestand (§ 211), der, 9
wenn der Täter ein Mordmerkmal erfüllt, zwingend die Verhängung
der lebenslangen Freiheitsstrafe vorschreibt. Insoweit muss, um un-
gerechte Konsequenzen zu vermeiden, aus dem Schuldprinzip (§ 24
Rn. 1 f.) und dem Gebot verfassungskonformer Auslegung (§ 5
Rn. 24 f.) u. a. die Leitlinie abgeleitet werden, die Mordmerkmale in
der Tendenz restriktiv zu interpretieren (*Rengier*, BT II, § 4 Rn. 3 ff.,
15, 32 ff., 66 f.).

(4) Auch in anderen Fällen kann sich aus hohen angedrohten Min- 10
deststrafen ein Grund für die restriktive Interpretation eines Tatbestandes ergeben (vgl. *Rengier*, BT I, § 4 Rn. 68 ff. zu Scheinwerkzeu-
gen im Rahmen der §§ 244 I Nr. 1b, 250 I Nr. 1b; *Rengier*, BT II, § 14
Rn. 33 zu § 224 I Nr. 2; § 16 Rn. 4 ff. zum erfolgsqualifizierten Delikt;
§ 40 Rn. 6, 29 ff. zu den §§ 306, 306a; erg. unten § 5 Rn. 27 f. zur teleologischen Reduktion).

II. Materielles Strafrecht außerhalb des StGB

11   Auch außerhalb des im StGB geregelten Kernbereichs gibt es wichtige Straftatbestände, für welche die Regeln des Allgemeinen Teils entsprechend gelten (Art. 1 EGStGB). Man spricht von strafrechtlichen Sondergebieten und vom Nebenstrafrecht. So ist das gesamte Betäubungsmittelstrafrecht in einem besonderen Betäubungsmittelgesetz enthalten. Der Tatbestand der vorsätzlichen Steuerhinterziehung findet sich in der Abgabenordnung (§ 370 AO). Das Fahren ohne Führerschein bestraft § 21 StVG. Weite Teile des Wirtschaftsstrafrechts sind in die einschlägigen Wirtschaftsgesetze integriert (siehe z. B. § 16 UWG zur irreführenden Werbung; §§ 106 i. V. m. 69a ff. UrhG zum Schutz von Computerprogrammen).

III. Das formelle Strafrecht (Strafprozessrecht)

12   In Abgrenzung zum materiellen Strafrecht versteht man unter dem *formellen* Strafrecht das Strafprozess- oder Strafverfahrensrecht, das hauptsächlich in der Strafprozessordnung (StPO) geregelt ist. Dieses Rechtsgebiet befasst sich mit der Frage, *wie* das materielle Recht verfahrensmäßig durchgesetzt werden kann. Gegenstand des Strafverfahrensrechts ist die formelle Ordnung, die den *Weg* regelt, wie eine Person, der die Begehung einer bestimmten Straftat vorgeworfen wird, in rechtsstaatlich einwandfreien Bahnen überführt werden kann.

Beispiele: Aus § 136 I 2 StPO ergibt sich, dass ein Beschuldigter schweigen darf und vor der Vernehmung über sein Schweigerecht belehrt werden muss. Bestimmte Zeugen wie Angehörige und Ärzte dürfen die Aussage verweigern (§§ 52 ff. StPO). Eine Antwort auf die Frage, inwieweit die Telekommunikation abgehört werden darf, findet sich in § 100a StPO.

13   Polizei und Staatsanwaltschaft sind grundsätzlich verpflichtet, wegen aller verfolgbaren Straftaten einzuschreiten, sofern zureichende tatsächliche Anhaltspunkte vorliegen (§ 152 II StPO). Dies ist der Inhalt des elementaren strafprozessualen Legalitätsprinzips. Von diesem Prinzip gibt es in den §§ 153 ff. StPO normierte wichtige Ausnahmen (sog. Opportunitätsprinzip), deren Bedeutung in den letzten Jahrzehnten erheblich zugenommen hat. So kann die Staatsanwaltschaft – teils mit Zustimmung des zuständigen Gerichts – in Fällen mit ge-

ringer Schuld und fehlendem öffentlichen Interesse von der Strafverfolgung absehen (§ 153 StPO). Ferner kann die Strafverfolgung daran scheitern, dass ein erforderlicher Strafantrag nicht gestellt wurde (z. B. §§ 230, 248a, 303c). Die Hinweise auf die Opportunitäts- und Antragsvorschriften sollen den Blick auch darauf lenken, dass die Bejahung der Strafbarkeit nicht unbedingt eine tatsächliche Bestrafung zur Folge haben muss.

IV. Ordnungswidrigkeitenrecht

Angesichts der ultima-ratio-Funktion des Strafrechts (§ 3 Rn. 5 ff.) **14** fällt dem Ordnungswidrigkeitenrecht die Funktion zu, als gleichsam „kleines Strafrecht" bestimmte Handlungen zu sanktionieren, die das Gemeinschaftsleben stören, aber nicht so gravierend sind, dass sie eine Kriminalstrafe verdienen. Typisch sind Verstöße gegen die Straßenverkehrsordnung (vgl. § 24 StVG i. V. m. § 49 StVO). Man erkennt Ordnungswidrigkeiten- oder Bußgeldtatbestände spätestens daran, dass sie (stets) nur eine Geld*buße* (§ 1 OWiG) und niemals eine Geld*strafe* und erst recht nie eine Freiheitsstrafe androhen (vgl. etwa §§ 111 ff. OWiG).

In der Struktur sind Bußgeld- und Straftatbestände vergleichbar. **15** Im Bereich der allgemeinen Lehren entsprechen die §§ 8–16 OWiG weitgehend den §§ 13–35 StGB. Eine wichtige Ausnahme stellt allerdings § 14 OWiG mit dem Einheitstäterprinzip dar (vgl. demgegenüber die §§ 25–27 StGB; erg. unten § 40). Erhebliche Unterschiede finden sich im Verfahrensrecht (vgl. §§ 35 ff. OWiG).

V. Weitere Gebiete des Strafrechts

Es gibt zahlreiche weitere strafrechtliche Teilgebiete, die man zum **16** Strafrecht im weiteren Sinn zählen oder auch unter dem Dach der „Kriminalwissenschaften" bzw. „gesamten Strafrechtswissenschaft" zusammenfassen kann. Im Einzelnen lassen sich nennen: Jugendstrafrecht; Kriminologie; Strafvollzug; Internationales Strafrecht; Europäisches Strafrecht; Völkerstrafrecht; Kriminalpolitik; Kriminalistik; Forensische Psychiatrie; Strafrechtsgeschichte; Strafrechtsvergleichung.

8   1. Kapitel. Strafrechtliche Grundlagen

VI. Pflichtfachstoff und Schwerpunktbereiche

17   Zum strafrechtlichen Pflichtfachstoff der Ersten juristischen Staatsprüfung gehören in der Regel aus dem Allgemeinen Teil die Lehre von der Straftat mit den §§ 13–35, eine große Zahl ausgewählter Delikte des Besonderen Teils und bestimmte Bereiche des Strafprozessrechts. Da es sich um eine Länderangelegenheit handelt, können sich je nach Bundesland Unterschiede ergeben. Der Studierende muss sich natürlich mit der für ihn aktuell geltenden Prüfungsordnung vertraut machen, die er in der Regel etwa über die Internetseiten des zuständigen Landesjustizprüfungsamtes oder seiner Fakultät finden kann.

18   Die Gebiete außerhalb des typischen Pflichtfachstoffs sind mit unterschiedlichen Akzenten Bestandteile der von den Universitäten angebotenen strafrechtlichen Schwerpunktbereiche. Deshalb wird man mit solchen Gebieten (z. B. Rechtsfolgen der Tat) normalerweise näher nur konfrontiert werden, wenn man sich hinsichtlich der universitären Schwerpunktbereichsprüfung für einen strafrechtlichen Schwerpunktbereich entscheidet.

§ 3. Aufgabe des Strafrechts und Strafzwecke (Straftheorien)

I. Aufgabe des Strafrechts

1. Rechtsgüterschutz

1   Mit dem Begriff Rechtsgut werden die ideellen Werte bezeichnet, die hinter den Straftatbeständen stecken, z. B. das Leben (§§ 211 ff.), die körperliche Unversehrtheit (§§ 223 ff.), die Freiheit (§§ 239 ff.), das Eigentum (§§ 242 ff.) und die Rechtspflege (§§ 153 ff.). Das Rechtsgut steht also nicht ausdrücklich im Straftatbestand und darf nicht mit dem Tatobjekt verwechselt werden (z. B. Mensch in § 212 I).

2   In den Ver- und Gebotsnormen des Besonderen Teils wird die zentrale Funktion des Strafrechts sichtbar, dem Rechtsgüterschutz zu dienen (siehe auch die Überschriften der §§ 5 und 6, ferner § 34 sowie § 184 f Nr. 1). Dementsprechend sind die Tatbestände des Besonderen

§ 3. Aufgabe des Strafrechts und Strafzwecke (Straftheorien)   9

Teils zwar nicht konsequent, aber doch größtenteils nach den geschützten Rechtsgütern geordnet.

Zwei Gruppen von Rechtsgütern lassen sich unterscheiden: Zum **3**
einen sind die Individualrechtsgüter oder Rechtsgüter des Einzelnen
zu nennen, zu denen z.B. Leben, Leib, Freiheit, Eigentum und Vermögen gehören. Zur anderen Gruppe zählen die Universalrechtsgüter oder Rechtsgüter der Allgemeinheit (z.B. die Rechtspflege, die Sicherheit des Straßenverkehrs und die Umwelt).

Das Rechtsgut des jeweiligen Tatbestandes ist nicht immer einfach **4**
zu ermitteln. Es spielt vor allem bei der teleologischen Auslegung
von Tatbeständen des Besonderen Teils eine erhebliche Rolle (näher
§ 5 Rn. 14), kann aber auch im Bereich des Allgemeinen Teils Bedeutung erlangen.

Beispiele: Eine rechtfertigende Einwilligung kommt nur bei der Verletzung
von Individualrechtsgütern in Betracht (§ 23 Rn. 9 ff.). Beispiele aus dem Besonderen Teil wird man spätestens bei dessen Studium kennen lernen. Insoweit sei hier nur verwiesen auf *Rengier*, BT I, § 4 Rn. 82 ff. (zu § 244 I Nr. 3);
§ 13 Rn. 155 ff., 176 ff. (zu Fragen des § 263); § 20 Rn. 1 f., 6 ff., 10 f. (zu § 257);
§ 22 Rn. 1, 18 ff., 35 (zu § 259); *Rengier*, BT II, § 22 Rn. 2 ff. (zu § 239); § 44
Rn. 1, 18 ff. (zu § 315c); § 46 Rn. 1, 13 ff., 20 (zu § 142).

2. Das Strafrecht als ultima ratio

Das Strafrecht stellt das schärfste Machtinstrument dar, über das **5**
die Staatsgewalt verfügt. Daher darf staatliche Strafgewalt nicht in be-
liebiger Weise, sondern nur als **ultima ratio**, d.h. als äußerstes Mittel
oder letztmöglicher Weg, eingesetzt werden. Der Vorrang milderer
anderer Mittel ergibt sich aus dem Grundsatz der Verhältnismäßig-
keit, der seinerseits im Rechtsstaatsprinzip wurzelt (Art. 20 III GG).
Wo andere – z.B. zivil-, polizei- oder verwaltungsrechtliche – Maßnahmen und Möglichkeiten einen ausreichenden Rechtsgüterschutz
gewähren, tritt der Schutz durch das Strafrecht zurück.

Mit Blick auf diese Nachrangigkeit des strafrechtlichen Rechtsgü- **6**
terschutzes spricht man auch von der **Subsidiarität** des Strafrechts:
Dem Strafrecht fällt allein die Aufgabe zu, besonders sozialschädliche
Verhaltensweisen zu bekämpfen, d.h. solche Störungen, die für das
geordnete Zusammenleben der Menschen unerträglich sind und deren Verhinderung daher besonders dringlich ist (BVerfGE 88, 203,
258; 96, 245, 249).

Im Zusammenhang mit dem ultima-ratio-Gedanken fällt ferner im- **7**
mer wieder der Hinweis auf den **fragmentarischen Charakter** des

10 1. Kapitel. Strafrechtliche Grundlagen

Strafrechts. Damit soll hervorgehoben werden, dass das Strafrecht nur bruchstückhaft bestimmte besonders sozialschädliche Angriffe auf Rechtsgüter erfasst. – Zum Ganzen die folgenden

8 **Beispiele:** Grundsätzlich ist es nicht die Aufgabe des Straf-, sondern des Zivilrechts, Vertragsverletzungen zu pönalisieren. Um – straflosen (vgl. §§ 303, 15) – fahrlässigen Sachbeschädigungen zu begegnen, reicht der zivilrechtliche Schadensersatzanspruch des § 823 Abs. 1 BGB aus. Um gegen ruhestörende Veranstaltungen einschreiten zu können, braucht man als letzte Möglichkeit nicht unbedingt das Strafrecht, sondern es genügen polizeiliche Maßnahmen und ggf. die Verhängung von Bußgeldern gemäß § 117 OWiG. Überhaupt stellt das gesamte Ordnungswidrigkeitenrecht eine Ausprägung des ultima-ratio-Gedankens dar (vgl. bereits § 2 Rn. 14). Ein dem Rechtsgüterschutz verpflichtetes Strafrecht muss sich aus der Bekämpfung bloßer Moralwidrigkeiten zurückziehen. In diesem Sinne wurde in den 1960er- und 1970er-Jahren die Abschaffung der Strafbarkeit des Ehebruchs (1969), der Homosexualität unter Männern (1975) und der Sodomie (1969) mit der bloßen Unmoralität solcher Verhaltensweisen begründet. Heute beurteilt man das teilweise anders und verneint schon die Moralwidrigkeit (vgl. zur Homosexualität das Lebenspartnerschaftsgesetz, zur Sodomie aber § 18 I Nr. 4 i. V. m. § 3 Satz 1 Nr. 13 TierSchG). Ferner kann bei geringfügigen Rechtsgutsverletzungen das erforderliche Maß an Sozialschädlichkeit nicht erreicht sein. Von daher erklärt es sich, dass man in Tatbestände wie § 142, § 223 I, § 239 I und § 303 I gewisse Erheblichkeitsschwellen hineininterpretiert (vgl. *Rengier*, BT I, § 24 Rn. 8, 11 ff.; BT II, § 13 Rn. 7 ff., 11 f.; § 22 Rn. 13; § 46 Rn. 2, 7). – Vertiefend *Hefendehl*, JA 2011, 401 ff.

II. Strafzwecke (Straftheorien)

9   Vorstellungen über Sinn und Zweck der Strafe gehören zum Grundwissen und tragen zum Verständnis strafrechtlicher Zusammenhänge bei, auch wenn im Rahmen der universitären Fallbearbeitung die praktische Bedeutung gering bleibt. Auf der Rechtsfolgenseite ist die Bedeutung größer.

1. Absolute Straftheorien

10   Die absoluten Straftheorien gehen auf *Immanuel Kant* (1724–1804) und *Georg Wilhelm Friedrich Hegel* (1770–1831) zurück und sehen den Sinn der Strafe losgelöst (lat. „absolutus") von irgendwelchen gesellschaftlichen Zwecken. Die Strafe wirkt rein repressiv in die Vergangenheit gerichtet. Nach der einflussreichen – da sozialpsychologischen Bedürfnissen Rechnung tragenden – **Vergeltungstheorie** wird

§ 3. Aufgabe des Strafrechts und Strafzwecke (Straftheorien)   11

die Strafe als Vergeltung für das begangene Unrecht verhängt; zugleich dient sie dem Schuldausgleich und stellt auf diese Weise die Gerechtigkeit wieder her.

Berühmt ist das Inselbeispiel von *Kant*: „Selbst, wenn sich die bürgerliche **11** Gesellschaft mit aller Glieder Einstimmung auflösete (z. B. das eine Insel bewohnende Volk beschlösse, auseinanderzugehen und sich in alle Welt zu zerstreuen), müßte der letzte im Gefängnis befindliche Mörder vorher hingerichtet werden, damit jedermann das widerfahre, was seine Taten wert sind …" (zitiert bei *Jescheck/Weigend*, AT, § 8 III 1; *Baumann/Weber/Mitsch*, AT, § 3 Rn. 51; *Murmann*, GK, § 8 Rn. 20; *Roxin*, GA 2015, 187 ff.).

Der in der Vergeltungstheorie steckende, unverändert aktuelle Ge- **12** rechtigkeitsgedanke liefert ein Maßprinzip und steht etwa der Verhängung einer drastischen Strafe bei geringem Verschulden entgegen.

Zu den absoluten Straftheorien gehört auch die **Sühnetheorie**. **13** Nach ihr soll die Strafe den Täter mit der Rechtsordnung wieder versöhnen.

2. Relative Straftheorien

a) **Einführung.** Die relativen Straftheorien heißen „relativ", weil **14** sie den Sinn der Strafe auf den präventiven Zweck der künftigen Verhütung von Straftaten beziehen (abgeleitet von lat. „relatus" = bezogen auf). Dabei geht es bei der **Theorie der Generalprävention** um die Allgemeinheit als Adressaten und bei der **Theorie der Spezialprävention** um den Täter. Weiter muss jeweils zwischen einem negativen und einem positiven Aspekt unterschieden werden.

b) **Generalprävention.** Die **negative Generalprävention**, für die **15** historisch vor allem der Name *Paul Johann Anselm von Feuerbach* (1775–1833) steht, sieht den Zweck der Strafe in der Abschreckung der Allgemeinheit. Androhung, Verhängung und Vollzug der Strafe sollen Furcht vor dem Strafübel erzeugen und so die Bevölkerung von der Begehung strafbarer Handlungen abhalten.

Stärker wird heute der Gedanke der **positiven Generalprävention** **16** betont: Danach dient die Strafe der Erhaltung und Stärkung des Vertrauens der Allgemeinheit in die Bestands- und Durchsetzungskraft der Rechtsordnung. Die Bestrafung des Täters führt dem Bürger im Sinne einer Normbestätigung vor Augen, dass sich die Begehung von Straftaten nicht rentiert und rechtstreues Verhalten lohnt.

12   1. Kapitel. Strafrechtliche Grundlagen

17   Zur **Kritik:** Gegenüber der negativen Generalprävention ist insbesondere einzuwenden, dass der Abschreckungsgedanke dazu verleitet, nach oben hin maßlose Strafen anzudrohen und zu verhängen. Die positive Generalprävention hebt zutreffend einen sehr wichtigen Aspekt hervor; doch bleibt bei ihr die individuelle Persönlichkeit des Straftäters unberücksichtigt.

18   c) **Spezialprävention.** Die Lehre der Spezialprävention hat maßgeblich der Kriminalpolitiker *Franz von Liszt* (1851–1919) geprägt. Der Aspekt der **negativen Spezialprävention** betont den Gedanken, dass die Gesellschaft vor dem nicht besserungsfähigen Straftäter durch dessen Einsperren geschützt werden muss.

19   Für die **positive Spezialprävention** liegt das Anliegen der Strafe darin, den besserungsfähigen Straftäter zu bessern, also durch Resozialisierung wieder in die Gesellschaft einzugliedern. Der nicht besserungsbedürftige Gelegenheitstäter soll von der Begehung weiterer Straftaten abgeschreckt werden.

20   Zur **Kritik:** Aus dem Blickwinkel der negativen Spezialprävention müssten Wiederholungstäter wie nicht besserungsfähige Schwarzfahrer und Ladendiebe durch die Verhängung unverhältnismäßig hoher Freiheitsstrafen aus dem Verkehr gezogen werden. Mit dem Gedanken der positiven Spezialprävention könnte man kaum die Verhängung von Strafen gegen Konflikttäter legitimieren, die in einer einmaligen Lebenssituation jemanden umbringen oder vor Gericht falsch aussagen. Auch die Bestrafung von längst in die Gesellschaft integrierten nationalsozialistischen Gewaltverbrechern ließe sich auf dem Boden eines spezialpräventiven Ansatzes nicht befriedigend erklären.

3. Vereinigungstheorien

21   Die erwähnte Kritik (Rn. 17, 20) dürfte deutlich gemacht haben, dass keine Straftheorie, für sich allein betrachtet, zu überzeugen vermag. Vor diesem Hintergrund sind mit unterschiedlichen Akzenten vermittelnde Vereinigungstheorien entstanden, die versuchen, die Strafzwecke in ein ausgewogenes Verhältnis zu bringen.

22   Dabei lässt sich der Standpunkt namentlich der Rechtsprechung als **vergeltende Vereinigungstheorie** bezeichnen. Diese Lehre stützt sich, was die Vergeltungsidee betrifft, auf § 46 I 1 und sieht in der Strafe im Ausgangspunkt eine repressive Übelzufügung, die dem gerechten Schuldausgleich dient. Das Maß der individuellen Schuld bildet dann den Rahmen für die Strafzumessung, bei der allen Präventionszwecken Raum gegeben wird.

Vgl. BVerfGE 45, 187, 253 ff.; 64, 261, 271; 109, 133, 167, 172 ff.; BGHSt 20, 264, 266 f.; 24, 132, 133 f.; 28, 318, 326 f.; 34, 150, 151; zust. *Krey/Esser*, AT, Rn. 146 ff.

§ 4. Gesetzlichkeitsprinzip (Garantiefunktion des Strafgesetzes)　　13

Im StGB nimmt die Formulierung „Verteidigung der Rechtsord- **23**
nung" Gedankengut der Generalprävention auf (§§ 47 I, 56 III), während die §§ 46 I 2, 47 I, 56 I 2, soweit sie von Wirkungen und Einwirkungen auf den Täter sprechen, die Spezialprävention im
Blickfeld haben.

Im Unterschied zur Rechtsprechung erkennt die im Schrifttum **24**
verbreitete **präventive Vereinigungstheorie** die Vergeltung als besonderen Strafzweck mit der Begründung nicht an, ein der Bekämpfung sozialschädlichen Verhaltens und dem Rechtsgüterschutz verpflichtetes Strafrecht dürfe keine von sozialen Zwecken losgelöste
Strafe verhängen (*Roxin*, AT I, § 3 Rn. 8 ff., 37 ff.; *Meier*, Strafrechtliche Sanktionen, 4. Aufl., 2015, S. 35 ff.).

In der universitären **Fallbearbeitung** kommt es nur selten zu Berührungs- **25**
punkten mit den Strafzwecken und Straftheorien: So spielt beim Rücktritt die
Strafzwecktheorie als Erklärung für den Strafgrund des § 24 eine zentrale
Rolle (§ 37 Rn. 8). Beim Betrug begründet man die Verneinung des Vermö-
genscharakters von Geldsanktionen mit deren repressiven und präventiven
Zwecken (*Rengier*, BT I, § 13 Rn. 126). Schließlich spielen die Strafzwecke in
der Diskussion eine Rolle, ob die rückwirkende Verlängerung von Verjährungsfristen gegen Art. 103 II GG verstößt (§ 4 Rn. 20 ff.).

Zu den Straftheorien *Roxin*, AT I, § 3 Rn. 1 ff.; *ders.*, GA 2015, 185 ff.; *Je*- **26**
scheck/Weigend, AT, § 8 II-V; *Baumann/Weber/Mitsch*, AT, § 3 Rn. 24 ff.;
Krey/Esser, AT, Rn. 130 ff.; *Lackner/Kühl*, § 46 Rn. 1 ff.; *Murmann*, GK, § 8
Rn. 16 ff.; MüKo/*Joecks*, Einl. vor § 1 Rn. 47 ff.; LK/*Weigend*, 12. Aufl., Einl.
Rn. 58 ff.; *Gropp*, AT, § 1 Rn. 98 ff.; *Streng*, Strafrechtliche Sanktionen,
3. Aufl., 2012, Rn. 10 ff.; *Meier* (Rn. 24), S. 17 ff.; *Momsen/Rackow*, JA 2004,
336 ff.

Empfehlungen zur vertiefenden Lektüre:
Literatur: *Hefendehl*, Der fragmentarische Charakter des Strafrechts, JA
2011, 401 ff.; *Momsen/Rackow*, Die Straftheorien, JA 2004, 336 ff.

§ 4. Gesetzlichkeitsprinzip
(Garantiefunktion des Strafgesetzes)

I. Grundlagen

„Eine Tat kann nur bestraft werden, wenn die Strafbarkeit gesetz- **1**
lich bestimmt war, bevor die Tat begangen wurde." So lautet die in
der Verfassung verankerte (Art. 103 II GG) und für das Strafrecht

grundlegende Norm, die § 1 StGB an plakativer Stelle wiederholt. Gegenüber der deutschen Kurzformel in der amtlichen Überschrift des § 1 („Keine Strafe ohne Gesetz") ist die lateinische Kurzformel „nullum crimen, nulla poena sine lege" (kein Verbrechen, keine Strafe ohne Gesetz) präziser. Dabei darf freilich der Begriff „crimen" nicht im Sinne des formellen Verbrechensbegriffs des § 12 I (unten § 9 Rn. 2) missverstanden werden. Gemeint ist vielmehr das Verbrechen in einem materiellen Sinn als kriminelle Tat, als Straftat. Ein „crimen", d. h. eine im juristischen Sinne kriminelle und strafbare Handlung kann nur das sein, was der Gesetzgeber zuvor in einem Gesetz für strafbar erklärt hat. Entsprechendes gilt für die Strafe („poena"). Auch diese muss der Gesetzgeber vorher nach Art (Geldstrafe, Freiheitsstrafe) und Höhe (Strafrahmen) festgelegt haben.

2   Das strafrechtliche Gesetzlichkeitsprinzip konkretisiert insoweit den Vorbehalt des Gesetzes, der im Rechtsstaatsprinzip wurzelt (Art. 20 III GG) und den Gesetzgeber verpflichtet, grundrechtsrelevante belastende Akte öffentlicher Gewalt durch Gesetz selbst zu regeln. Dem Bürger garantiert das Gesetzlichkeitsprinzip – und deshalb spricht man auch von der Garantiefunktion des Strafgesetzes –, dass sich die Strafbarkeit einer bestimmten Verhaltensweise nur aus einem vor der Tat erlassenen Gesetz ergeben kann.

3   In Art. 103 II GG liegt der rechtsstaatlich bedeutende Grund für alle im Besonderen Teil oder anderswo normierten Straftatbestände mit ihrer Trennung zwischen dem „crimen" (Strafbarkeitsvoraussetzungen) und der „poena" (Rechtsfolgenseite). Das Gesetzlichkeitsprinzip schützt den Bürger vor willkürlicher und unberechenbarer Strafverfolgung und soll ihm die Möglichkeit geben, im Bereich des Strafrechts sein Verhalten eigenverantwortlich so einzurichten, dass eine Strafbarkeit vermieden werden kann (BVerfGE 95, 96, 131; 109, 133, 171).

4   Das Gesetzlichkeitsprinzip geht zurück auf *Feuerbach* (§ 3 Rn. 15), der dem Prinzip mit der Aufnahme in das von ihm maßgeblich geprägte Bayerische StGB von 1813 zum Durchbruch verhalf. Von dort gelangte es über das Preußische StGB von 1851 in das Reichsstrafgesetzbuch von 1871 und so in unser heutiges StGB. Verfassungsrechtlich war das Prinzip schon durch Art. 116 WRV geschützt, bevor es in Art. 103 II GG Grundrechtsrang erhielt (zur Geschichte BVerfGE 25, 269, 287 ff.; *Roxin*, AT I, § 5 Rn. 12 ff.; *Jescheck/Weigend*, AT, § 15 II; LK/*Dannecker*, 12. Aufl., § 1 vor Rn. 1).

II. Schutzbereich

Der Schutzbereich des Art. 103 II GG beschränkt sich auf die **5**
Strafbarkeit, d. h. das *materielle* Strafrecht. Er erstreckt sich also nur
auf staatliche Maßnahmen, die als repressive Reaktion auf ein tatbestandsmäßiges, rechtswidriges und schuldhaftes Verhalten eine Strafe
verhängen (BVerfGE 109, 133, 167 ff.). Verboten ist damit etwa auch
die rückwirkende Beseitigung eines bei Begehung der Tat gesetzlich
geregelten Rechtfertigungsgrundes (BVerfGE 95, 96, 131 f.).

Außerhalb des Schutzbereichs liegen die Maßregeln der Besserung **6**
und Sicherung (§ 61) wie die Sicherungsverwahrung.

BVerfGE 109, 133, 167 ff.; 128, 326, 392 f.; *Lackner/Kühl*, § 1 Rn. 8; siehe
auch § 2 VI; h. M.; a. A. MüKo/*Schmitz*, § 2 Rn. 61 ff. – Was speziell die Sicherungsverwahrung betrifft, so sieht der *EGMR* (NJW 2010, 2495, 2497 ff.) in
ihr eine Strafe im Sinne des Art. 7 I EMRK. Das *BVerfG* folgt dem mit Blick
auf Art. 103 II GG zwar nicht, leitet aber aus Art. 2 II 2 i. V. m. Art. 20 III GG
und dem Vertrauensschutzgebot ab, dass eine rückwirkende Anordnung/Ver-
längerung der Sicherungsverwahrung nur in sehr engen Grenzen, nämlich insbesondere bei einer hochgradigen Gefahr schwerster Gewalt- oder Sexual-
straftaten in Betracht kommt (BVerGE 128, 326, 388 ff.; zur Diskussion
Kinzig, StraFo 2011, 429 ff.; *Streng*, JZ 2011, 827 ff.; *Schöch*, GA 2012, 14 ff.;
zum Rückwirkungsverbot des Art. 103 II GG unten Rn. 16 ff.).

Weiter nicht erfasst wird das *formelle* Strafrecht (vgl. § 2 Rn. 12 f.). **7**
Gewisse Zweifel bestehen, inwieweit die Verjährungsfristen und die
Vorschriften über den Strafantrag zum Strafverfahrensrecht oder
zum materiellen Strafrecht gehören (näher unten Rn. 22 ff.).

Verletzungen des Art. 103 GG kann jeder Betroffene – in der Regel **8**
erst nach Erschöpfung des Rechtswegs – im Wege der Verfassungsbeschwerde geltend machen (Art. 93 I Nr. 4a GG, §§ 13 Nr. 8a, 90 I, II
BVerfGG).

III. Die vier Einzelprinzipien

1. Grundlagen

Aus dem Gesetzlichkeitsprinzip des Art. 103 II GG ergeben sich **9**
vier Einzelprinzipien, die in der ergänzten lateinischen Formel „nullum crimen, nulla poena sine lege scripta, praevia, certa, stricta" sichtbar werden:

16   1. Kapitel. Strafrechtliche Grundlagen

10   (1) Verbot von Gewohnheitsrecht („sine lege scripta" = ohne ge-
schriebenes Gesetz; Schriftlichkeitsgebot);
(2) Rückwirkungsverbot („sine lege praevia" = ohne vorheriges
Gesetz);
(3) Verbot unbestimmter Strafgesetze oder Bestimmtheitsgebot
(„sine lege certa" = ohne sicheres/bestimmtes Gesetz);
(4) Analogieverbot („sine lege stricta" = ohne strenges/streng zu
beachtendes Gesetz).

11   Das Rückwirkungsverbot lässt sich aus dem zweiten – mit „bevor"
beginnenden – Halbsatz des Art. 103 II GG ableiten, während die an-
deren Prinzipien im ersten Halbsatz geregelt sind. Maßgebend ist der
Zeitpunkt der Tatbegehung; insoweit stellt der ergänzende § 8 im
Sinne der sog. Tätigkeitstheorie auf die Handlung und nicht auf den
Erfolg ab.

2. Verbot von (belastendem) Gewohnheitsrecht

12   Gewohnheitsrecht kann durch eine langdauernde Rechtsausübung
entstehen, die von einer allgemein anerkannten Rechtsüberzeugung
getragen wird. Strafrechtliche Unrechtsfolgen dürfen aber nur aus einem geschriebenen Gesetz abgeleitet werden. Daher ist es nicht
denkbar, dass gewohnheitsrechtlich neue Straftatbestände (z. B. „Unerlaubtes Rauchen") oder neue Sanktionen (z. B. „Prügelstrafe") entstehen.

13   Schwieriger liegt die Frage, inwieweit das Gewohnheitsrechtsverbot auch im **Allgemeinen Teil** gilt. Richtigerweise ist dies grundsätzlich und insbesondere insoweit zu bejahen, als im Allgemeinen Teil
tatbestandsähnliche Normen existieren (z. B. §§ 19, 20, 22, 30). Dies
hat gerade die jüngere Diskussion um die Rechtsfigur der actio libera
in causa gezeigt, auf deren gewohnheitsrechtliche Anerkennung man
sich heute kaum noch stützt (unten § 25 Rn. 8 ff.). Eingeräumt werden muss allerdings, dass der Gesetzgeber im Bereich der allgemeinen
Lehren den der Rechtsprechung und Wissenschaft überantworteten
Regelungsrahmen wesentlich weiter als im Besonderen Teil gesteckt
hat. Man denke an gesetzlich (mehr oder weniger klar) verankerte
Begriffe wie Vorsatz, Fahrlässigkeit, Kausalität, Unterlassung, mittelbare Täterschaft, Irrtum usw.

14   Manche Stimmen nehmen an, dass hier Rechtsprechung und Lehre
viele Bereiche durch (auch belastendes) Gewohnheitsrecht ausgefüllt
haben und insoweit das Gewohnheitsrechtsverbot nicht gilt (*Schmitt*,

Jescheck-FS, 1985, S. 224 ff.; *Maurach/Zipf*, AT 1, § 8 Rn. 41). Dagegen spricht schon, dass viele allgemeine Lehren umstritten sind. Außerdem: Auch wenn es teilweise zu gewohnheitsrechtlichen Verfestigungen gekommen sein mag, so ist dabei doch nur ein vorhandener gesetzlicher Regelungsrahmen präzisiert und nicht gesetzesgleiches Gewohnheitsrecht geschaffen worden, das die Rechtsprechung nicht ändern könnte (*Roxin*, AT I, § 5 Rn. 46 f.; *Krey/Esser*, AT, Rn. 99; *Stratenwerth/Kuhlen*, AT I, § 3 Rn. 26).

Da das Gesetzlichkeitsprinzip den Bürger schützen soll, steht es 15 der Herausbildung von Gewohnheitsrecht zugunsten des Täters nicht entgegen. Ein klassisches Beispiel ist der Rechtfertigungsgrund der Einwilligung (unten § 23 Rn. 1). Gewohnheitsrecht kann sich auch zurückbilden; ein Beispiel stellt das früher anerkannte Züchtigungsrecht des Lehrers dar.

3. Rückwirkungsverbot

a) Beschränkung auf den Bereich der Strafbarkeit. Dem Wort- 16 laut des Art. 103 II GG entsprechend verbietet das Rückwirkungsverbot, im Bereich der *Strafbarkeit* strafrechtliche Unrechtsfolgen auf ein zur Zeit der Tatbegehung noch nicht geltendes Gesetz zu stützen (zum Schutzbereich schon Rn. 5 ff.). Der Bürger ist also umfassend davor geschützt, dass zu seinen Lasten rückwirkend gesetzliche Regelungen erlassen werden, die in irgendeiner Weise die materielle Strafbarkeit eines Verhaltens betreffen, sei es auf der Tatbestands-, Rechtswidrigkeits- oder Schuldebene, sei es bei persönlichen Strafausschließungs- und Strafaufhebungsgründen oder sei es auf der Rechtsfolgenseite bei der Strafzumessung und den Strafen.

b) Rückwirkende Änderung der Rechtsprechung. Da sich die 17 Garantie des Art. 103 II GG nur auf die *gesetzliche* Bestimmung der Strafbarkeit erstreckt, ist der Straftäter nicht davor geschützt, dass die Rechtsprechung ihre Meinung zu seinen Ungunsten ändert und ihn insoweit rückwirkend belastet.

Beispiel: Am 1.5.1990 führte F im Straßenverkehr sein Fahrzeug mit einer Blutalkoholkonzentration von 1,2 Promille. Zum Tatzeitpunkt lag nach der Rechtsprechung der die Fahruntüchtigkeit im Sinne des § 316 begründende Grenzwert bei 1,3 Promille. Mit Urteil vom 28.6.1990 setzte der *BGH* den Grenzwert auf 1,1 Promille herab (BGHSt 37, 89). Im September 1990 wurde F bezüglich seiner Tat vom 1.5.1990 durch das Amtsgericht X wegen Trunkenheit im Verkehr gemäß § 316 verurteilt. Berufung und Revision hatten kei-

18   1. Kapitel. Strafrechtliche Grundlagen

nen Erfolg (vgl. §§ 312, 333 StPO). Nunmehr legte F Verfassungsbeschwerde ein und rügte eine Verletzung des Art. 103 II GG (vgl. Rn. 8).

18   Die Verfassungsbeschwerde ist unbegründet. Die Gerichtsentscheidungen verletzen nicht Art. 103 II GG. Das Gesetz, nämlich § 316, ist zwischen der Tat des F und dem erstinstanzlichen Urteil unverändert geblieben. Für F nachteilig geändert hat sich nur die Auslegung des gesetzlichen Tatbestandsmerkmals „nicht in der Lage ist, das Fahrzeug sicher zu führen". Art. 103 II GG garantiert dem Bürger nicht, dass die Rechtsprechung eine zur Tatzeit für ihn günstige Gesetzesinterpretation bis zur Aburteilung unverändert lässt, und zwar auch dann nicht, wenn die Rechtsprechung – wie teilweise bezüglich der Promillegrenzen gesagt wird – gesetzesergänzenden Charakter hat.

BVerfG NJW 1990, 3140; *BayObLG* NJW 1990, 2833; *Satzger,* Jura 2013, 350 ff.; *Roxin,* AT I, § 3 Rn. 61; Sch/Sch/*Eser/Hecker,* § 2 Rn. 7; h. M. – A. A. LK/*Dannecker,* 12. Aufl., § 1 Rn. 438 ff.; *Baumann/Weber/Mitsch,* AT, § 9 Rn. 38; *Krahl,* NJW 1991, 808 f.

19   Im Einzelfall kann das Vertrauen in die bisherige Rechtsprechung lediglich zu einem (auch unvermeidbaren) Verbotsirrtum führen (vgl. § 31 Rn. 23).

20   **c) Rückwirkende Verlängerung von Verjährungsfristen.** Diese Frage ist insbesondere im Zusammenhang mit der Verfolgung von nationalsozialistischen Gewaltverbrechern wegen Mordes intensiv diskutiert worden. Mord verjährt heute nicht mehr (§ 78 II). Zur Zeit des Nationalsozialismus verjährte Mord noch in 20 Jahren. Die Mordtaten aus der NS-Zeit drohten also spätestens 1965 zu verjähren (bis 1945 nahm man ein Ruhen der Verjährung gemäß § 78b I Nr. 2 an; vgl. BGHSt 56, 11, 16 ff.). Wegen vieler noch laufender Verfahren und unentdeckter Taten war dies kriminalpolitisch höchst unerwünscht. Der Gesetzgeber reagierte vor Ablauf der 20-Jahresfrist zunächst in der Weise, dass er die Zeit von 1945 bis 1949 für verjährungsirrelevant erklärte. Damit hatte er sich aber nur wenig Luft verschafft. 1969 wurde dann die Verjährungsfrist für Mord von 20 auf 30 Jahre verlängert, bevor sie 1979 endgültig aufgehoben wurde (*Maihofer,* ZRP 1979, 81; *Baumann,* ZRP 1979, 150).

21   Die Problematik hat sich in den 1990er Jahren nach der Wiedervereinigung Deutschlands erneut gestellt, als die Verjährungsfristen für bestimmte in der DDR begangene Straftaten rückwirkend faktisch verlängert wurden (vgl. *Fischer,* vor § 78 Rn. 5 ff.; SK/*Rudolphi/Wolter,* vor § 78 Rn. 13 ff.).

§ 4. Gesetzlichkeitsprinzip (Garantiefunktion des Strafgesetzes) 19

Das *BVerfG* und die h. M. halten die rückwirkende Verlängerung 22
von Verjährungsfristen für zulässig, sofern die Frist noch nicht abge-
laufen ist. Dies verdient Zustimmung, da die Vorschriften über die
Verjährungsfristen dem Verfahrensrecht zuzuordnen sind, das nicht
in den Schutzbereich des Art. 103 II GG fällt. Denn die Fragen der
Verjährung betreffen hauptsächlich die Verfolgbarkeit und nicht die
Strafbarkeit. Der Sinn des Gesetzlichkeitsprinzips liegt nicht darin,
dem Straftäter eine Garantie dafür zu geben, dass er nach Ablauf einer bestimmten Frist nicht mehr verfolgt werden und unbehelligt an
die Öffentlichkeit treten kann. Auch das Rechtsstaatsprinzip steht einer Rückwirkung, die in noch laufende Fristen eingreift, nicht entgegen. Unzulässig ist nur eine Wiedereröffnung bereits abgelaufener
Verjährungsfristen (dazu BVerfGE 25, 269, 284 ff.; *BVerfG* NJW
1995, 1145; NStZ 2000, 251; *Satzger*, Jura 2012, 435 f., 442).

Bedenken lassen sich daraus ableiten, dass das Verjährungsinstitut zumin- 23
dest auch materiellrechtlichen Charakter hat. Dafür wird man zwar nicht die
Stellung der Vorschriften im Allgemeinen Teil des StGB anführen können
(§§ 78 ff.), doch sind die im Laufe der Zeit abnehmenden general- und spezialpräventiven Strafbarkeitsbedürfnisse nicht zu übersehen (vgl. § 3 Rn. 14 ff.). –
Zur Gegenmeinung vgl. *Otto*, AT, § 2 Rn. 10 ff.; *Schünemann*, JR 1979, 177 ff.;
LK/*Dannecker*, 12. Aufl., § 1 Rn. 428. – Ergänzend SK/*Rudolphi/Wolter*, vor
§ 78 Rn. 1 ff., 8 ff.

d) Rückwirkende Änderung von Strafantragserfordernissen. 24
Eine ähnliche Diskussion kreist um die Frage, ob Art. 103 II GG
Rückwirkungen im Bereich von Antragserfordernissen im Wege
steht.

Verneinend BGHSt 46, 310, 315 ff.; *Krey/Esser*, AT, Rn. 69. – Bejahend *Roxin*, AT I, § 3 Rn. 59; *Sch/Sch/Eser/Hecker*, § 2 Rn. 6; LK/*Dannecker*,
12. Aufl., § 1 Rn. 426, 430.

e) Konkretisierungen durch § 2. Nach § 2 I ist die Rechtslage 25
maßgebend, die zur Zeit der Tat gilt. § 2 III knüpft daran an, dass
Art. 103 II GG einer Rückwirkung zugunsten des Täters nicht im
Wege steht, und schreibt vor, das mildeste Gesetz anzuwenden,
wenn es zwischen Tatbegehung und Aburteilung geändert wird.
Eine Ausnahme gilt für sog. Zeitgesetze, z. B. Notstands- und
Kriegsgesetze (§ 2 IV).

4. Verbot unbestimmter Strafgesetze (Bestimmtheitsgebot)

Mit den Worten des *BVerfG* verpflichtet das Bestimmtheitsgebot 26
den Gesetzgeber,

„die Voraussetzungen der Strafbarkeit so genau zu umschreiben, dass Tragweite und Anwendungsbereich der Straftatbestände für den Normadressaten schon aus dem Gesetz selbst zu erkennen sind und sich durch Auslegung ermitteln und konkretisieren lassen. Das Grundgesetz will sicherstellen, dass jeder vorhersehen kann, welches Verhalten verboten und mit Strafe bedroht ist, damit er sein Tun oder Unterlassen auf die Strafrechtslage eigenverantwortlich einrichten kann und willkürliche staatliche Reaktionen nicht befürchten muss. Art. 103 II GG sorgt zugleich dafür, dass im Bereich des Strafrechts mit seinen weit reichenden Folgen für den Einzelnen allein der Gesetzgeber abstrakt-generell über die Strafbarkeit entscheidet. Er darf diese Entscheidung nicht der Strafjustiz überlassen. Das Verfassungsgebot der Gesetzesbestimmtheit schließt allerdings die Verwendung von Begriffen, die in besonderem Maße der Deutung durch den Richter bedürfen, nicht generell aus. Auch im Strafrecht steht der Gesetzgeber vor der Notwendigkeit, der Vielgestaltigkeit des Lebens Rechnung tragen zu müssen. Generalklauseln oder unbestimmte, wertausfüllungsbedürftige Begriffe sind im Strafrecht allerdings nur dann verfassungsrechtlich unbedenklich, wenn die Norm eine zuverlässige Grundlage für ihre Auslegung und Anwendung bietet oder wenn sie eine gefestigte Rechtsprechung übernimmt und damit aus dieser Rechtsprechung hinreichende Bestimmtheit gewinnt" (*BVerfG* NJW 2003, 1030). Der Normadressat muss im Regelfall „anhand der gesetzlichen Vorschrift voraussehen können, ob ein Verhalten strafbar ist. In Grenzfällen ist auf diese Weise wenigstens das Risiko einer Bestrafung erkennbar" (BVerfGE 92, 1, 12). Dabei muss der Gesetzgeber die Strafbarkeitsvoraussetzungen „umso genauer festlegen und präziser bestimmen, je schwerer die von ihm angedrohte Strafe ist. Das Gebot der Bestimmtheit des Gesetzes darf indes auch dann nicht übersteigert werden; die Gesetze würden sonst zu starr und kasuistisch und könnten dem Wandel der Verhältnisse oder der Besonderheit des Einzelfalles nicht mehr gerecht werden. Diese Gefahr läge nahe, wenn der Gesetzgeber stets jeden Straftatbestand bis ins letzte ausführen müsste" (BVerfGE 75, 329, 342 f.). – Mit Blick auf den Untreuetatbestand zusammenfassend und bestätigend BVerfGE 126, 170, 194 ff.

27   Das Bestimmtheitsgebot gilt nicht nur für die Strafbarkeitsvoraussetzungen, sondern auch für die Strafandrohung (BVerfGE 20, 269, 285 f.; 105, 135, 153 ff.). Verfassungswidrig wären **generalklauselartige Straftatbestände** etwa nach dem Vorbild der §§ 138, 242, 826 BGB, z. B. in der Art „Wer gegen die guten Sitten oder gegen die öffentliche Ordnung verstößt, ..." oder „Wer sich sozialschädlich verhält, wird ... bestraft." Auf der Rechtsfolgenseite zu unbestimmt wäre ein grenzenloser Strafrahmen, der von der geringsten Geldstrafe bis zur lebenslangen Freiheitsstrafe reicht (*Roxin*, AT I, § 5 Rn. 80 f.; SK/*Rudolphi/Jäger*, § 1 Rn. 15; a. A. wohl BGHSt 13, 190, 191 f.).

28   Im Übrigen stellt aber das *BVerfG* an die Bestimmtheit der Strafnormen keine hohen Anforderungen. So hat es sogar den früheren

Straftatbestand über den groben Unfug („Mit … wird bestraft, wer groben Unfug verübt") für verfassungsgemäß gehalten (BVerfGE 26, 41 ff.; a. A. *Krey/Esser*, AT, Rn. 106; SK/*Rudolphi/Jäger*, § 1 Rn. 14). Außerdem legitimiert es bedenklich weite Vorschriften immer wieder unter Hinweis darauf, dass sie im Laufe der Zeit eine hinreichende Präzisierung durch eine gefestigte Rechtsprechung erfahren haben (BVerfGE 26, 41, 43; 73, 206, 243). Das Argument ist fragwürdig, weil das *Gesetz* hinreichend präzise sein muss, und zwar von Anfang an.

Im Einzelnen bereitet der Tatbestand des § 240 erhebliche Probleme (vgl. **29** BVerfGE 73, 206, 233 ff.; 92, 1, 11 ff.; 104, 92, 101 ff.; *Rengier*, BT II, § 23 Rn. 7 ff., 14 ff.). Eine Vorschrift wie § 228, die an den Begriff der guten Sitten anknüpft, ist problematisch. Da sie aber in einem bestimmten Umfeld steht, kann und muss sie in verfassungskonformer Weise (§ 5 Rn. 24 f.) restriktiv so interpretiert werden, dass sie einen fassbaren Kern aufweist (dazu *Rengier*, BT II, § 20 Rn. 3 ff.).

Ähnlich wie beim Gewohnheitsrechtsverbot (Rn. 12 ff.) bestehen **30** Unklarheiten, inwieweit das Bestimmtheitsgebot auch im – teilweise recht knapp und auch lückenhaft geregelten – **Allgemeinen Teil** gilt. Das *BVerfG* scheint die Frage grundsätzlich zu bejahen und hat jedenfalls die Regelung des unechten Unterlassungsdelikts in § 13 unter dem Aspekt des Art. 103 II GG für bestimmt genug gehalten (BVerfGE 96, 68, 97 ff.; *BVerfG* NJW 2003, 1030; a. A. *Seebode*, JZ 2004, 305 ff.; MüKo/*Schmitz*, § 1 Rn. 47 f.).

Beachte: In der normalen **Fallbearbeitung** besteht kein Anlass, anerkannte allgemeine Lehren oder etwa eine Vorschrift wie § 13 aus verfassungsrechtlicher Sicht anzuzweifeln oder sogar nicht anzuwenden.

5. Analogieverbot

Das an den Gesetzgeber gerichtete Bestimmtheitsgebot korrespon- **31** diert mit dem an die Rechtsprechung gerichteten Verbot analoger oder gewohnheitsrechtlicher Strafbegründung oder Strafverschärfung. Unter einer Analogie versteht man die Ausdehnung eines Merkmals oder Rechtssatzes auf einen nach dem möglichen Wortsinn des Gesetzes nicht mehr erfassten, vergleichbaren Fall. Insoweit setzt die Analogie eine gesetzliche Regelungslücke voraus; aus strafrechtlicher Sicht handelt es sich um eine Strafbarkeitslücke. Art. 103 II GG verbietet der Rechtsprechung, solche Strafbarkeitslücken zuungunsten des Täters durch eine den Wortlaut verlassende Auslegung von

1. Kapitel. Strafrechtliche Grundlagen

Strafgesetzen zu schließen. Ausgeschlossen ist damit jede Rechtsanwendung, „die über den Inhalt einer gesetzlichen Sanktionsnorm hinausgeht. Da Gegenstand der Auslegung gesetzlicher Bestimmungen immer nur der Gesetzestext sein kann, erweist dieser sich als maßgebendes Kriterium: Der mögliche Wortsinn des Gesetzes markiert die äußerste Grenze zulässiger richterlicher Interpretation." Dabei muss die Grenze aus der Sicht des Normadressaten bestimmt werden.

Hierzu BVerfGE 92, 1, 12 (Zitat); 126, 170, 197; *BVerfG* NJW 1995, 2776, 2777; 1998, 1135, 1136; 2003, 1030.

32 **Beispiele:** (1) Strom ist kein körperlicher Gegenstand und damit keine Sache (RGSt 29, 111; 32, 165; h. M.). Daher kann ein „Stromdiebstahl" nicht etwa mit der Begründung nach § 242 I bestraft werden, es handle sich um einen mit dem Sachdiebstahl vergleichbaren Fall. Um die früher bestehende Strafbarkeitslücke zu schließen, hat der Gesetzgeber im Jahre 1900 eine besondere, 1953 ins StGB übernommene Strafvorschrift geschaffen (§ 248c). – (2) A wirft einen geliehenen goldenen Ring ins Meer oder unauffindbar weg. Die Tat ist straflos, da § 303 I mangels Beschädigung nicht eingreift (bei einem korrodierenden Gegenstand wäre anders zu entscheiden). – (3) Zum „halbherzigen" Rücktritt siehe § 37 Rn. 123 ff.

33 Soweit das Strafrecht auf außerstrafrechtliche Rechtsbegriffe wie z. B. das Eigentum verweist, beinhaltet eine solche gesetzlich angeordnete Zivilrechtsakzessorietät auch die Einbeziehung zivilrechtlich begründeter Analogien (Sch/Sch/*Eser/Hecker*, § 1 Rn. 33; *Krey/Hellmann/Heinrich*, BT 2, Rn. 1; h. M.; erg. *Rengier*, BT I, § 2 Rn. 7 zum Tier als Sache).

34 Analogien *zugunsten* des Täters steht Art. 103 II GG nicht entgegen (vgl. bereits Rn. 15). So wird immer wieder die analoge Anwendung von Vorschriften über die tätige Reue auf bestimmte Straftatbestände diskutiert (§ 39 Rn. 4 f.). Bei den §§ 157, 258 VI, deren Wortlaut sich nur auf Angehörige erstreckt, ist die analoge Erweiterung auf nahestehende Personen im Sinne des § 35 I diskutabel, richtigerweise aber abzulehnen (*Rengier*, BT I, § 21 Rn. 26; BT II, § 49 Rn. 43). Weitere Diskussionen kreisen um die Frage, inwieweit § 258 V, VI im Rahmen der §§ 257, 145d, 164 entsprechend gelten soll (dazu *Rengier*, BT I, § 21 Rn. 28 f.; BT II, § 50 Rn. 26; § 51 Rn. 20).

35 Die Grenze zwischen noch zulässiger Auslegung und verbotener Analogie ist nicht immer leicht zu ziehen. Zudem liegt in der Wortlautfrage nicht das einzige Auslegungsproblem. Daher muss die Thematik insbesondere mit Blick auf die klassischen Auslegungsmethoden im anschließenden § 5 weiter vertieft werden.

§ 5. Methoden der Auslegung

I. Grundlagen

In der universitären Fallbearbeitung wird dem Studierenden in der **1** Regel ein Sachverhalt mit der Aufgabe vorgelegt, die Strafbarkeit der Beteiligten zu prüfen. Dann muss er als erstes den Sachverhalt bzw. einen Ausschnitt davon unter die objektiven Tatbestandsmerkmale einer in Betracht kommenden Strafnorm subsumieren. Oft stellen sich dabei keine besonderen Auslegungsprobleme, weil die Bedeutung der objektiven Tatbestandsmerkmale auf der Hand liegt oder anerkannte Definitionen – mitunter auch Legaldefinitionen (§§ 11, 248b IV) – helfen.

Anders liegt es in nicht so eindeutigen Fällen. Hier liefern die Aus- **2** legungsmethoden ein Instrumentarium dafür, juristische Argumente zu finden und zu ordnen, um am Ende zu einer gut begründeten Lösung zu finden. Methodenlehre heißt stets auch Argumentationslehre. Zu beachten ist, dass die Methodenlehre nur die Auslegung des Rechts und nicht des Sachverhalts zum Gegenstand hat. Im Ganzen geht es darum, das – hier aus strafrechtlicher Sicht dargestellte – Handwerkszeug für die Rechtsauslegung und für das juristische Argumentieren kennen und im Laufe der Zeit richtig anwenden zu lernen. Dabei handelt es sich um einen ständigen Lernprozess, der dem Studierenden immer wieder Anlass geben sollte, sich das methodische Instrumentarium vor Augen zu führen.

Literatur zum Folgenden: SK/*Rudolphi/Jäger*, § 1 Rn. 22 ff.; Sch/Sch/*Eser/* **3** *Hecker*, § 1 Rn. 25 ff.; MüKo/*Schmitz*, § 1 Rn. 60 ff.; *Baumann/Weber/Mitsch*, AT, § 9 Rn. 55 ff.; *Jescheck/Weigend*, AT, § 17; *Rüthers/Fischer/Birk*, Rechtstheorie, 8. Aufl., 2015, §§ 20 ff.; *Steinberg*, Angewandte juristische Methodenlehre für Anfänger, 2006, Rn. 113 ff.; *Vogel*, Juristische Methodik, 1998, S. 95 ff.

II. Die vier klassischen Auslegungsmethoden

Der klassische Kanon der vier Auslegungsarten geht auf *Friedrich* **4** *Carl von Savigny* (1779–1861) zurück (*Rüthers/Fischer/Birk*, wie Rn. 3, Rn. 698 ff.; *Saueressig*, Jura 2005, 526).

24   1. Kapitel. Strafrechtliche Grundlagen

1. Die grammatische oder Wortlautauslegung

5   Jede Auslegung beginnt beim Gesetzeswortlaut. Dabei markiert
der noch mögliche umgangssprachliche Wortsinn des Gesetzes die
äußerste Grenze extensiver zulässiger Interpretation. Jenseits dieser
Grenze beginnt das Feld der im Strafrecht verbotenen Analogie (§ 4
Rn. 31 ff.). Da sich die Wortlautgrenzen nicht immer begrifflich exakt
erfassen lassen, sind sie in zahlreichen Fällen umstritten. So ist z. B.
fraglich, ob das Wort „betroffen" (§ 252) ein Bemerktwerden voraussetzt, ob in § 259 das „absetzt" einen Absatzerfolg verlangt, ob unbewegbare Gegenstände Werkzeuge im Sinne des § 224 I Nr. 2 sind,
und ob eine Niere unter das Merkmal „Glied" (§ 226 I Nr. 2 1. Var.)
subsumiert werden kann (näher zu diesen Beispielen unten in
Rn. 17 ff.).

6   In der **Fallbearbeitung** sollte in „Wortlautstreitfällen" darauf geachtet werden, dass man, sofern man die tatbestandsverneinende enge Interpretation für
richtig hält, die Diskussion nicht zu schnell unter Berufung auf den Wortlaut
beendet. Es wirkt überzeugender, eine umstrittene Wortlautinterpretation mit
weiteren Argumenten abzusichern.

7   Innerhalb der Wortlautgrenzen kann sich der Rechtsanwender
grundsätzlich frei bewegen. Er darf sich bei mehreren Auslegungsmöglichkeiten sowohl für eine einschränkende oder restriktive als
auch für eine ausdehnende oder extensive und insoweit für den Täter
ungünstigere Wortlautauslegung entscheiden. Freilich bedarf bei solchen Entscheidungsprozessen die grammatische Auslegung der Ergänzung durch die anderen Auslegungsmethoden.

8   Keinesfalls verletzt eine den Täter benachteiligende *Rechts*auslegung den Grundsatz „in dubio pro reo", der nur bei Zweifeln im *tatsächlichen* Bereich gilt (erg. unten § 57 Rn. 1 ff.). Für *Rechtsfragen*
gibt es keine Auslegungsregel, die den Richter – bzw. den Studierenden – verpflichtet, sich für eine günstigere Interpretation zu entscheiden. Vielmehr hat er mit Hilfe der anerkannten Auslegungsmethoden
die richtige Auslegung zu wählen.

9   **Beispiel:** Wenn T den O schwer verletzt, aber nicht geklärt werden kann, ob
er dabei ein gefährliches Werkzeug (Schlagring, Knüppel, Messer usw.) verwendet hat, muss zugunsten des Täters die tatsächliche Nichtanwendung unterstellt und daher § 224 I Nr. 2 verneint werden (erg. unten § 57 Rn. 1 ff.).
Steht aber fest, dass T den Kopf des O gegen eine Wand geknallt hat, so darf
der Richter (der Studierende) bei der Subsumtion unter § 224 I Nr. 2 der für
den Täter ungünstigeren Rechtsansicht folgen, die meint, die Erstreckung des

§ 5. Methoden der Auslegung   25

Werkzeugbegriffs auf unbewegbare Sachen sei dem Wortlaut nach möglich (erg. unten § 11 Rn. 30 f. mit Falllösung).

2. Die historische Auslegung

Bei der historischen Auslegung geht es darum, die Entstehungsge- 10 schichte der Vorschrift und den historischen Willen des Gesetzgebers bzw. der an der Gesetzgebung beteiligten Personen zu erforschen. Dafür sind die Gesetzgebungsmaterialien heranzuziehen (z. B. Bundestags- und Bundesrats-Drucksachen, Protokolle, Entwürfe, Motive). Aus der Entstehungsgeschichte können sich z. B. wichtige Erkenntnisse für den Regelungszweck einer Norm ergeben. Insoweit ergänzt die historische Auslegung die teleologische Auslegung.

Umstritten ist, welchen Stellenwert die historische Auslegung hat, 11 wenn die historische und die teleologische Interpretation zu unterschiedlichen Ergebnissen gelangen. Nach der subjektiven Theorie soll die Ansicht des historischen Gesetzgebers Vorrang haben und letztlich maßgebend sein. Dem widerspricht die herrschende objektive Theorie, die den in der Gesetzesvorschrift zum Ausdruck kommenden objektiven Gesetzeswillen, also den Willen und Sinn des Gesetzes aus heutiger Sicht, für ausschlaggebend hält. Für die objektive Theorie spricht, dass mit ihr das Gesetz flexibel bleibt und gewandelten Verhältnissen angepasst werden kann. Von daher hat bei einem Konflikt zwischen historischer und teleologischer Auslegung grundsätzlich die teleologische Interpretation Vorrang. Allerdings wird man im Sinne der subjektiven Theorie sagen können, dass bei neueren Rechtsvorschriften und unveränderten sozialen Verhältnissen die Ansicht des historischen Gesetzgebers erheblich an Gewicht gewinnt.

In Klausuren kann die historische Auslegung naturgemäß kaum eine Rolle 12 spielen. Ein **Beispiel** stellt die Erfassung von Scheinwaffen durch die §§ 244 I Nr. 1b, 250 I Nr. 1b dar, deren Einbeziehung der Gesetzgeber des 6. StrRG 1998 ausdrücklich gewollt hat (dazu *Rengier*, BT I, § 4 Rn. 64 ff., 67, 68).

3. Die systematische Auslegung

Die systematische Auslegung knüpft daran an, dass sich viele Tat- 13 bestände aus ihrer Stellung im Gesetz erklären, und fragt deshalb nach dem Gesetzeszusammenhang. Dabei kann sich der Blick auf andere Absätze, Sätze und Varianten derselben Vorschrift, auf eine benachbarte Vorschrift, auf die Stellung im Gesetzesabschnitt und auf das Verhältnis zu ähnlichen Tatbeständen richten. Möglicherweise hilft auch die Einbeziehung außerstrafrechtlicher Rechtsgebiete (Zivilrecht, öffentliches Recht). Stets ist zu beachten, dass ein und derselbe Begriff (z. B. Mensch, Sache, Wegnahme) in Abhängigkeit von seiner konkreten Stellung nicht nur je nach Rechtsgebiet (Strafrecht, Zivilrecht, öffentliches Recht), sondern auch innerhalb desselben Gebietes unterschiedliche Bedeutung haben kann (sog. Relativität von Rechtsbegriffen). Im Ergebnis erhält unter dem Aspekt der systematischen Auslegung von mehreren, dem Wortsinn nach möglichen Deutungen diejenige Interpretation den Vorzug, die sich am besten in den Gesetzeszusammenhang einfügt.

4. Die teleologische Auslegung

14   In der teleologischen Auslegung sieht man vielfach die Krone der Auslegungsmethoden. Damit soll gesagt werden, dass dieser Methode, solange die Wortlautgrenzen nicht überschritten sind, eine für das Ergebnis herausragende Bedeutung zukommt, und zwar nicht nur dann, wenn die historische oder systematische Auslegung unergiebig ist. Das Wort teleologisch leitet sich vom griechischen télos (= Ziel, Zweck) ab. Demnach fragt die teleologische Auslegung nach dem Sinn und Zweck der Norm und zieht von der Schutzrichtung her Schlussfolgerungen auf den Regelungsbereich des Tatbestandes. Dabei kann die Frage nach dem geschützten Rechtsgut eine wichtige Rolle spielen. Weitere Aufschlüsse können sich etwa aus der Höhe des Strafrahmens ergeben (vgl. schon oben § 2 Rn. 7 ff.). Ferner haben kriminalpolitische Erwägungen hier ihren Standort. Überschneidungen insbesondere mit der systematischen Auslegung sind möglich.

15   Speziell zur verfassungs- und unionsrechtskonformen Auslegung sowie zur teleologischen Reduktion unten Rn. 24 ff.

5. Beispiele

16   (1) Die Bestrafung der fahrlässigen Abtötung einer z. B. acht Monate alten Leibesfrucht als fahrlässige Tötung scheitert nicht unbedingt am Wortlaut des § 222, da als „Mensch" auch der werdende Mensch begriffen werden kann. Systematisch ergibt sich aber aus den §§ 218 ff., dass die Leibesfrucht nur durch diese Vorschriften und lediglich gegen vorsätzliche Abtötung strafrechtlich geschützt wird (*Rengier*, BT II, § 3 Rn. 2, 4; § 11 Rn. 6 ff.).

§ 5. Methoden der Auslegung   27

(2) Im Rahmen des § 252 ist umstritten, ob mit dem Wort „betrof- 17
fen" auch ein Täter erfasst werden kann, der nach einem Diebstahl
durch schnelles Zuschlagen dem Bemerktwerden zuvorkommt. Hält
man dies mit der h. M. im Sinne eines „Zusammentreffens" für möglich, so führt die anschließende teleologische Auslegung den Interpre-
ten zur Bejahung des § 252, weil es dem Zweck des raubähnlichen
§ 252 entspricht, die Verteidigung des ungesicherten Gewahrsams
mit Raubmitteln zu bekämpfen (BGHSt 26, 95; *Rengier*, BT I, § 10
Rn. 8 ff.).

(3) Ein anderer bekannter Streit kreist um die Frage, ob in § 259 I 18
das Wort „absetzt" so verstanden werden muss, dass es einen Absatzerfolg voraussetzt. Dies muss richtigerweise bejaht werden. Denn der
sich aus dem allgemeinen Sprachverständnis ergebende Wortsinn
beinhaltet einen Erfolg. Dieses Wortlautergebnis lässt sich zudem unter teleologischen Aspekten aus dem Unrecht der Hehlerei ableiten
(*Rengier*, BT I, § 22 Rn. 33 ff.). Die Gegenansicht, die meint, man
könne unter „absetzt" auch ein bloßes Tätigwerden beim Absatz
subsumieren, beruft sich vor allem auf historische und kriminalpolitische Argumente (BGHSt 27, 45 ff.; 43, 110 f.).

(4) Nach einer verbreiteten Ansicht soll der Gesetzeswortlaut des 19
§ 224 I Nr. 2 der Subsumtion von unbewegbaren Gegenständen unter
das Merkmal „Werkzeug" entgegenstehen (BGHSt 22, 235; MüKo/
Hardtung, § 224 Rn. 15). Widerspricht man dem auf dem Boden einer noch möglichen extensiven Wortlautauslegung, so kann man
sich der teleologischen Ebene zuwenden und dort die Entscheidung
suchen (erg. unten § 11 Rn. 30 f. mit Falllösung; ferner *Rengier*, BT
II, § 14 Rn. 37 ff.).

(5) Zuletzt sei der Streitpunkt genannt, ob man ein inneres Organ 20
wie eine Niere noch unter den Begriff „Glied" des § 226 I Nr. 2
1. Var. subsumieren kann. Dies soll vor allem nach Ansicht der
Rechtsprechung nicht mit dem Wortlaut vereinbar sein (BGHSt 28,
100). Dagegen ist zu erwidern, dass sich die Niere durchaus als (Kör-
per-)Glied im Sinne eines Körperteils bezeichnen lässt. Eher für die
Rechtsprechung streitet – und darauf stützt sie sich auch zusätzlich
– der systematische Einwand, dass § 226 I Nr. 1 abschließend regele,
inwieweit Organe geschützt seien. Für die Einbeziehung der Niere
spricht aber schließlich das (teleologische) Ziel der Vorschrift, Körperverletzungen mit bestimmten besonders schweren Folgen zu erfassen (*Rengier*, BT II, § 15 Rn. 8 f.).

28   1. Kapitel. Strafrechtliche Grundlagen

21   (6) Alle bisherigen Beispiele sind nicht zufällig dem Besonderen
Teil entnommen. Natürlich stellen sich ebenfalls im Allgemeinen
Teil Interpretationsprobleme, die mit Hilfe der üblichen Auslegungs-
methoden zu lösen sind. Diese Probleme können auch Wortlautfra-
gen und das Analogieverbot betreffen (zur Geltung des Art. 103 II
GG im Allgemeinen Teil siehe § 4 Rn. 13 f., 30). Nur sind einschlägige
Beispiele eher selten (vgl. unten § 25 Rn. 8 ff.; § 37 Rn. 124; § 53
Rn. 3).

6. Zur Rangfolge der Auslegungsmethoden

22   Inwieweit zwischen bestimmten Auslegungsregeln eine Rangfolge
besteht, ist in Einzelheiten umstritten. Man kann Folgendes festhalten: Im Ausgangspunkt existiert kein festes Rangverhältnis, doch ist
der Wortlaut der erste Anknüpfungspunkt. Grundsätzlich sind alle
Methoden gleichwertig und in ihrer Gesamtheit, also nicht vereinzelt,
zu sehen. Soweit sich auf den Auslegungsebenen divergierende Wertungen ergeben, kommt es zu einem Abwägungsprozess. Dabei wird
die teleologische Auslegung oft ausschlaggebende Bedeutung erlangen und von daher einen gewissen Vorrang haben. Zwingend ist dies
aber nicht. Argumente von anderen Ebenen können auch stärker sein
und teleologische Aspekte in den Hintergrund drängen (zum Gewicht der historischen Auslegung siehe bereits Rn. 11).

Zur Frage der Rangfolge vgl. insbesondere MüKo/*Schmitz*, § 1 Rn. 90 ff.;
Sch/Sch/*Eser/Hecker*, § 1 Rn. 36, 43 f., 52; *Rüthers/Höpfner*, JZ 2005, 21 ff.;
Herzberg, JuS 2005, 1 ff.

23   In der **Fallbearbeitung** geht man, wie es auch Rechtsprechung und h. M.
tun, von der Wortlautauslegung aus. Eröffnen sich dabei mehrere Interpreta-
tionsmöglichkeiten, so stellt sich die Aufgabe, über die historische Auslegung
(selten klausurrelevant) insbesondere mit Hilfe der systematischen und teleologischen Interpretation zu Präzisierungen zu gelangen. Zur Behandlung
von „Wortlautstreitfällen" siehe erg. Rn. 6.

III. Ergänzende methodische Aspekte

1. Die verfassungskonforme Auslegung

24   Die verfassungskonforme Auslegung kann man als Unterfall der
teleologischen oder systematischen Auslegung einstufen. Danach
darf eine Norm nicht so interpretiert werden, dass das Ergebnis der

Verfassung widerspricht. Sind nach dem Wortlaut mehrere Auslegungen möglich, so muss eine gewählt werden, die mit der Verfassung in Einklang steht.

Beispiele: Fragen der verfassungskonformen Auslegung spielen insbesondere bei der Interpretation des § 211 sowie beim Gewaltbegriff im Zusammenhang mit § 240 eine Rolle (dazu *Rengier*, BT II, § 4 Rn. 3 ff., 32 ff.; § 23 Rn. 12 ff.). Ferner können Grundrechte die Strafbarkeit einschränken. So ist das Recht auf Privatsphäre (Art. 2 I i. V. m. Art. 1 I GG) der Grund dafür, dass man im Rahmen der §§ 185, 186 gewisse beleidigungsfreie Sphären anerkennt (*Rengier*, BT II, § 28 Rn. 23 ff.). Auf der Ebene des § 193 sind immer wieder die verfassungsrechtlichen Ausstrahlungen der Meinungs-, Presse- und Kunstfreiheit (Art. 5 I, III 1 GG) zu berücksichtigen (vgl. *Rengier*, BT II, § 29 Rn. 40, 43 ff.). Der Schutzbereich des Art. 4 GG kann bei Tätern Bedeutung erlangen, die sich auf Glaubens- und Gewissensentscheidungen berufen (dazu unten § 28 Rn. 3 ff.; *Roxin*, AT I, § 22 Rn. 100 ff.; *Kühl*, AT, § 12 Rn. 109 ff.). 25

2. Die unionsrechtskonforme Auslegung

Die unionsrechtskonforme – praktisch in der Regel eine richtlinienkonforme – Auslegung gewinnt an Bedeutung. Die Vorgehensweise kann mit der verfassungskonformen Interpretation verglichen werden. Bei mehreren vertretbaren Auslegungsmöglichkeiten muss diejenige gewählt werden, welche der europarechtlichen Vorgabe am besten entspricht. 26

Ausführlich *Hecker*, EuStR, § 10; *ders.,* JuS 2014, 385 ff.; *Satzger*, IntStR, § 9 Rn. 89 ff.; *Dannecker*, Jura 2006, 175 f. – In der strafrechtlichen **Fallbearbeitung** hat der europarechtliche Bezug jedenfalls außerhalb spezieller Schwerpunktbereiche bisher keine Rolle gespielt. Inzwischen hat aber auch den *BGH* die § 263 betreffende Diskussion erreicht, inwieweit das grundsätzlich auf den Durchschnittsverbraucher abstellende europäische Verbraucherleitbild Einfluss auf die Auslegung des Täuschungs- und Irrtumsmerkmals hat (*BGH* NJW 2014, 2595 ff.; *Rengier*, BT I, § 13 Rn. 52a/b).

3. Die teleologische Reduktion

Es kann Gründe geben, eine Norm restriktiv so zu interpretieren, dass sie auf bestimmte Fälle, die der Wortlaut erfasst, nicht angewendet wird. Solche Gründe können sich allgemein aus der historischen, systematischen und teleologischen Auslegung und speziell etwa aus der Höhe der Strafdrohung (vgl. § 2 Rn. 7 ff.) sowie aus der Verfassung (vgl. Rn. 24 f.) ergeben. Dominieren, wie es in der Regel der Fall ist, teleologische Aspekte, so spricht man von teleologischer Reduktion. 27

30   1. Kapitel. Strafrechtliche Grundlagen

28   **Beispiele:** Zu nennen ist etwa die einschränkende Interpretation der
§§ 239a/b im Rahmen von Zwei-Personen-Verhältnissen sowie der §§ 186,
187 bei Äußerungen insbesondere im engsten Familienkreis (dazu *Rengier*,
BT II, § 24 Rn. 16 ff., 31 f.; § 28 Rn. 23 ff.). Desgleichen werden im Bereich
der Brandstiftungsdelikte an verschiedenen Stellen Restriktionen diskutiert
(dazu *Rengier*, BT II, § 40 Rn. 5 f., 29 ff., 49 ff.). Auch das – aus der ultima-ratio-Funktion des Strafrechts folgende – Hineininterpretieren von Erheblichkeitsschwellen in bestimmte Tatbestände lässt sich hier einordnen (vgl. bereits
§ 3 Rn. 8).

4. Erst-recht-Schluss

29   Der Erst-recht-Schluss (argumentum a fortiori) kommt zum einen
in der Form des „argumentum a maiore ad minus" vor. Hier wird
vom Größeren auf das Kleinere geschlossen.

Beispiel: Aus § 212 I ergibt sich, dass die Selbsttötung nicht tatbestandsmäßig und daher auch die Teilnahme an einer freiverantwortlichen Selbsttötung nicht strafbar ist (vgl. §§ 26, 27). Dann können Tatbeiträge wie das
Überlassen eines Gifts, die als aktive vorsätzliche Teilnahme an einer freiverantwortlichen Selbsttötung straflos wären, „erst recht" nicht bei einer bloßen
(vorsätzlichen oder fahrlässigen) Mitwirkung an einer freiverantwortlichen
bewussten Selbstgefährdung mit tödlichen Folgen bestraft werden. Daher
kann nicht wegen fahrlässiger Tötung strafbar sein, wer einem anderen Heroin überlässt, das dieser mit für ihn tödlichen Folgen eigenverantwortlich
konsumiert. – Hierzu BGHSt 32, 262; *Rengier*, BT II, § 8 Rn. 21 ff.; erg. unten
§ 13 Rn. 77 ff.

30   Beim Erst-recht-Schluss in der umgekehrten Form des „argumentum a minore ad maius" wird vom Kleineren auf das Größere geschlossen.

Beispiel: Die Qualifikationstatbestände der §§ 244 I Nr. 1b, 250 I Nr. 1b setzen die Absicht voraus, ein Werkzeug oder Mittel in einer bestimmten Weise
zu verwenden. Mit dieser Verwendungsabsicht handelt „erst recht", wer das
Werkzeug oder Mittel tatsächlich einsetzt (*Rengier*, BT I, § 4 Rn. 75).

§ 6. Geltungsbereich des deutschen Strafrechts (§§ 3–7, 9)

I. Grundlagen und Aufbaufragen

1   Die §§ 3–7 und 9 geben eine Antwort auf die Frage, wie weit die
deutsche Strafgewalt in Fällen mit Auslandsberührung reicht. Die ge-

§ 6. Geltungsbereich des deutschen Strafrechts 31

bräuchliche Bezeichnung dieser Materie als „internationales Strafrecht" ist missverständlich, weil es weder um länderübergreifendes
supranationales Strafrecht noch um Kollisionsrecht im Sinne des internationalen Privatrechts geht. So regeln die Art. 3 ff. EGBGB, welche nationalen Rechtsordnungen anzuwenden sind. Demgegenüber
handelt es sich bei den §§ 3 ff. um schlichtes innerstaatliches Recht,
das die Anwendbarkeit und den Geltungsbereich des deutschen Strafrechts regelt (sog. **Strafanwendungsrecht**).

Die §§ 3–7, 9 gehören als Bestandteil des strafrechtlichen „Allgemeinen   2
Teils" in der Regel zum offiziellen Prüfungsstoff und werden auch vielfach in
den AT-Vorlesungen gelehrt. Für den Anfänger handelt es sich um eine
schwierige Materie, da sie teilweise ein bestimmtes Grundwissen voraussetzt.
Die Prüfungsrelevanz im ersten Staatsexamen ist bisher gering. Anders liegt es
in der Regel in den strafrechtlichen Schwerpunktbereichen. – Ausführlichere
Darstellungen bei *Hecker*, EuStR, § 2 Rn. 2 ff.; *Schramm*, IntStR, Kap. 1; *Satzger*, IntStR, §§ 3–6; *ders.*, Jura 2010, 108 ff., 190 ff.; *Werle/Jeßberger*, JuS 2001,
35 ff., 141 ff.; *Walter*, JuS 2006, 870 ff., 967 ff. Ergänzend ferner die Kommen-
tierungen etwa von MüKo/*Ambos* und Sch/Sch/*Eser*.

In der **Fallbearbeitung** stellen sich zwei Aufbaufragen: 3
(1) Soweit nach dem Sachverhalt ein Auslandsbezug vorliegt, muss
– als Prozessvoraussetzung (BGHSt 34, 1, 3 f.) – auf die Frage des
Strafanwendungsrechts eingegangen werden. Da es widersinnig erscheint, deutsches Strafrecht zu erörtern, bevor dessen Anwendbarkeit feststeht, ist es in der Regel sachgerecht, die Fragen der §§ 3–7,
9 vor dem Eintritt in die übliche Prüfung des Straftatbestandes zu erörtern (*W/Beulke/Satzger*, AT, Rn. 74; *Werle/Jeßberger*, JuS 2001,
38).
(2) Weiter muss, was leicht übersehen wird, unabhängig von den   4
§§ 3 ff. festgestellt werden, ob die konkrete Tat überhaupt in den
Schutzbereich des deutschen Straftatbestandes fällt (näher Rn. 31 ff.).
Nach wohl h. M. ist diese Schutzbereichsbestimmung vorrangig und
also vor den §§ 3 ff. zu prüfen. Begründet wird dies damit, dass der
Schutzbereich zum Merkmal „Tat" im Sinne der §§ 3 ff. gehört.
Nach der Gegenmeinung betrifft die Schutzbereichsfrage die Auslegung des deutschen Straftatbestandes und kann daher erst aufgeworfen werden, wenn vorab die Anwendbarkeit des deutschen Strafrechts festgestellt worden ist.

Zur h. M. BGHSt 29, 85, 88; 40, 79, 81; Sch/Sch/*Eser*, vor § 3 Rn. 31; *Walter*, JuS 2006, 870; LK/*Werle/Jeßberger*, 12. Aufl., vor § 3 Rn. 273. – Zur Gegenmeinung SK/*Hoyer*, vor § 3 Rn. 31; *Satzger*, IntStR, § 3 Rn. 12 f.;

32   1. Kapitel. Strafrechtliche Grundlagen

Schramm, IntStR, Rn. 12 ff.; *W/Beulke/Satzger*, AT, Rn. 72, 74; *Murmann*, GK, § 11 Rn. 16; *Safferling*, IntStR, § 3 Rn. 12.

5   Ganz im Sinne der Gegenmeinung prüfen auch die Entscheidungen *OLG Karlsruhe* NJW 1985, 2905 (bezüglich § 316) und *OLG Düsseldorf* NJW 1982, 1242 (bezüglich § 145 d) zuerst § 7 II Nr. 1 (vgl. Rn. 20 ff.) und dann an zweiter Stelle den Schutzbereich des § 316 (Rn. 34) bzw. § 145d (Rn. 32). Dies zeigt, dass der Aufbau eine gewisse Flexibilität gestattet und aus praktischer Sicht zweitrangige Bedeutung hat (erg. MüKo/*Ambos*, vor § 3 Rn. 81 f.). Im Ergebnis empfiehlt es sich, der Gegenmeinung zu folgen, weil sich eine verständlichere Prüfungsstruktur ergibt.

Von dieser Position aus – die man in der Fallbearbeitung nicht begründen muss – gelangt man zu folgendem **Aufbau:** (1) Erwähnung des in Frage kommenden Straftatbestandes; (2) Feststellung des Auslandsbezuges; (3) Prüfung der in Frage kommenden Anknüpfungspunkte der §§ 3 ff.; (4) Schutzbereichsfrage; (5) Prüfung des Straftatbestandes. – Alternativ kann die Schutzbereichsfrage auch in die Prüfung des Straftatbestandes integriert werden, und zwar in den objektiven Tatbestand, da es um den Schutzbereich der Norm geht.

II. Die §§ 3–7, 9 als Anknüpfungspunkt

1. Grundlagen

6   In Fällen mit Auslandsberührung muss gefragt werden, ob sich aus den §§ 3–7, 9 ein Anknüpfungspunkt für die Begründung der deutschen Gerichtsbarkeit ergibt. Aus dem völkerrechtlichen Nichteinmischungsprinzip folgt, dass ein Staat nicht das Recht hat, bei Auslandsbezügen seine Strafgewalt beliebig auszudehnen, dass er vielmehr eines **„legitimierenden"** bzw. **„sinnvollen" Anknüpfungspunktes** bedarf, der einen unmittelbaren Bezug zwischen der Strafsache und dem Inland herstellt.

BVerfG EuGRZ 2001, 76, 81; BGHSt 34, 334, 336; 45, 64, 66; 46, 212, 224; *BayObLG* NJW 1998, 393.; *Satzger*, Jura 2010, 109.

7   Als solche völkerrechtlich anerkannten Anknüpfungspunkte dienen die sog. **Prinzipien des internationalen Strafrechts,** an denen sich – teils in kombinierter Form – auch die §§ 3 ff. orientieren. Im Einzelnen:

§ 6. Geltungsbereich des deutschen Strafrechts

2. Territorialitätsprinzip

a) **Grundlagen.** Das **Territorialitätsprinzip** knüpft unabhängig 8 von der Staatsangehörigkeit an den Begehungsort der Tat im eigenen Staatsgebiet an. Die zentrale Norm des § 3 wird durch das Flaggenprinzip des § 4 ergänzt. Die Reichweite des Territorialitätsprinzips erschließt sich über § 9 I, wonach für Tun wie Unterlassen sowohl der Handlungsort als auch der – ggf. nur vorgestellte – Erfolgsort als Tatort gilt (**Ubiquitätsprinzip**).

Beispiele: (1) Schießt ein Schweizer T in der Schweiz auf einen Schweizer 9 O, der aber in Deutschland stirbt, z. B. weil er dorthin flieht oder dort in ein Krankenhaus eingeliefert wird, so unterliegt T wegen des *Erfolgs*ortes der deutschen Strafgerichtsbarkeit. Wegen des *Handlungs*ortes ist dies der Fall, wenn T von deutschem Territorium aus auf den in der Schweiz befindlichen O schießt.

(2) Welche Distanzen zwischen Handlungs- und Erfolgsort überwunden werden, spielt keine Rolle. So ist deutsches Strafrecht auf einen Täter anwendbar, der eine tödliche Zeitbombe oder einen beleidigenden Brief von Deutschland aus in ein fernes Land oder in dem umgekehrten Richtung nach Deutschland geschickt hat. Erreicht die Bombe unser Land nicht, weil sie noch in der Ferne entdeckt wird, so ändert dies am inländischen Tatort nichts, weil der Erfolg in Deutschland eintreten sollte (§ 9 I 4. Var.).

Im Falle der **Mittäterschaft** und **mittelbaren Täterschaft** ist die 10 Tat für jeden Beteiligten an dem Ort begangen, an dem auch nur ein Beteiligter einen Tatort gemäß § 9 I begründet hat.

BGHSt 39, 88; *BGH* wistra 1991, 135; NStZ-RR 2009, 197; *Hecker*, EuStR, § 2 Rn. 16 ff.; *Satzger*, IntStR, § 5 Rn. 19 f.; h. M.; a. A. SK/*Hoyer*, § 9 Rn. 5.

§ 9 II regelt den **Tatort in Teilnahmefällen.** So unterliegt ein italie- 11 nischer Bandenchef C, der ein italienisches Bandenmitglied M anstiftet, in Deutschland räuberische Erpressungen zu begehen, selbst dann deutscher Strafgewalt, wenn M an der Grenze festgenommen wird und C von daher nur die §§ 255, 30 I erfüllt (§ 9 II 1 4. Var.). Wer im Inland den Schwangerschaftsabbruch einer gemäß § 218a IV 1 privilegierten Schwangeren fördert, erfüllt auch dann die §§ 218 I, 27, wenn der Abbruch im Ausland erfolgt und dort straflos ist (§ 9 II 2; vgl. *OLG Oldenburg* BeckRS 2013, 04777 mit Bspr. *Kudlich*, JA 2013, 791 ff.; Falllösung bei *Bürger*, JA 2015, 271 ff.; erg. *Rengier*, BT II, § 11 Rn. 17).

b) **Erfolgsbegriff des § 9 I.** Zu den intensiv diskutierten Problemen 12 des Strafanwendungsrechts gehört die Frage, was man unter dem

34   1. Kapitel. Strafrechtliche Grundlagen

zum Tatbestand gehörenden Erfolg (§ 9 I 3. Var.) zu verstehen hat.
Dabei besteht im Ausgangspunkt Einigkeit darüber, dass darunter
alle Erfolge im Sinne der klassischen **Erfolgsdelikte**, d. h. derjenigen
Tatbestände fallen, die den Eintritt einer von der Tathandlung abtrennbaren Außenweltsveränderung verlangen. Gemeint sind damit
die Verletzungs- und konkreten Gefährdungsdelikte (vgl. § 10
Rn. 8 ff.). Bei ihnen ist der Erfolgsort unproblematisch und liegt
dort, wo der Verletzungserfolg (Tod, Körperverletzung, Beschädigung, Ehrverletzung) bzw. der konkrete Gefahrerfolg von Tatbeständen wie den §§ 250 I Nr. 1c, II Nr. 3b, 306a II, 315c I eingetreten ist.

13   Zu den Erfolgsdelikten gehören auch die **Beleidigungsdelikte** (vgl.
Rengier, BT II, § 28 Rn. 20). Insoweit scheint ein inländischer Tatort
für jede Beleidigung begründet zu sein, die irgendwo auf der Welt
unter Ausländern im Internet begangen und in Deutschland zur
Kenntnis genommen wird (= Kundgabeerfolg). Das Gleiche müsste
für die Liveübertragung von beleidigenden Auslandstaten im deutschen Fernsehen gelten. Indes geriete eine solche Ausdehnung deutscher Strafgewalt mit dem völkerrechtlichen Nichteinmischungsprinzip in Konflikt. Richtigerweise ist es hier nach allgemeinen
Grundsätzen des Völkerrechts geboten, für die Begründung deutscher Strafgewalt zusätzlich zum Erfolgseintritt in Deutschland einen
speziellen Inlandsbezug vorauszusetzen (Rn. 6). Dieser verlangt einen
legitimierenden Anknüpfungspunkt, der etwa in der Verwendung der
deutschen Sprache oder in dem Zweck liegen kann, auf deutsches
Territorium einzuwirken (*Hilgendorf*, ZStW 2001, 668 ff.; *Werle/Jeß-
berger*, JuS 2001, 39).

14   **c) Verbreitungs- und Äußerungsdelikte.** Besonders umstritten ist
die Einordnung bestimmter Verbreitungs- und Äußerungsdelikte, bei
denen der **Tatort im Internet** liegt. Dabei geht es um auf ausländi-
schem Boden agierende Täter, die aus deutscher Sicht insbesondere
Propagandamittel und Kennzeichen verfassungswidriger Organisationen verbreiten (§§ 86, 86a), einen der Tatbestände des § 130 erfüllen oder pornografische Schriften ins Netz stellen (§ 184). Dogmatisch betrachtet stellt sich die Frage, ob auch die §§ 86, 86a, 130, 184
einen „Erfolg" im Sinne des § 9 I 3. Var. enthalten. Eine verbreitete
Meinung verneint das unter Hinweis darauf, dass es sich bei den genannten Tatbeständen um abstrakte oder abstrakt-konkrete bzw. potentielle Gefährdungsdelikte (vgl. § 10 Rn. 11 ff., 16) und eben nicht
um (Erfolgs-)Delikte mit einem tatbestandlich relevanten Erfolg

§ 6. Geltungsbereich des deutschen Strafrechts   35

handle. Diese Ansicht beschränkt § 9 I 3. Var. auf die klassischen Erfolgsdelikte.

Hilgendorf, ZStW 2001, 660 ff.; *Kudlich*, StV 2001, 398 f.; *Satzger*, Jura
2010, 112 ff.; erg. MüKo/*Ambos*, § 9 Rn. 26 ff.

Einer solchen engen Auslegung hat BGHSt 46, 212 zu Recht wi-   15
dersprochen. In der Entscheidung ging es um einen Australier, der
in seinem Land Publikationen mit gemäß § 130 I, III volksverhetzen-
dem Inhalt („Auschwitzlüge") ins Internet gestellt hatte und während
einer Deutschlandreise verhaftet worden war. Der *BGH* betont, dass
bei abstrakt-konkreten bzw. potentiellen Gefährdungsdelikten wie
§ 130 I, III ein Erfolg im Sinne des § 9 dort eintrete, wo die konkrete
Tat ihre Gefährlichkeit im Hinblick auf das im Tatbestand umschriebene Rechtsgut entfalten könne; bei der Volksverhetzung sei das die
konkrete Eignung zur Friedensstörung in Deutschland. Dabei beruft
sich die Entscheidung zutreffend auf den Erfolgsbegriff des § 13, der
sich nach h. M. auch auf abstrakte Gefährdungsdelikte erstreckt (§ 49
Rn. 7) und insoweit ein instruktives Beispiel für eine nicht am klassischen Erfolgsdelikt orientierte Interpretation des Erfolgsmerkmals
liefert.

Richtigerweise ist als zum Tatbestand gehörender Erfolg auch die   16
(Außenwelt-)Wirkung zu zählen, die von dem tatbestandlichen Er-
eignis ausgeht. Diese Wirkung kann auch als Tathandlungserfolg ge-
kennzeichnet werden. Sie liegt in dem Hervorrufen der abstrakten
Gefahrenlage, d. h. in der (Möglichkeit der) Wahrnehmung in
Deutschland.

Vgl. dazu KK-OWiG/*Rengier*, § 8 Rn. 10; *Hecker*, EuStR, § 2 Rn. 36 ff.;
ders., ZStW 2003, 885 ff.; *Heinrich*, GA 1999, 77 ff.; *ders.*, NStZ 2000, 534;
MüKo/*Hörnle*, § 184 Rn. 108.

Vor diesem Hintergrund ist die vom *BGH* offen gelassene Frage,   17
ob auch **rein abstrakte Gefährdungsdelikte** wie die §§ 86, 86a, 184,
298 einen zum Tatbestand gehörenden Erfolg aufweisen, zu bejahen.
Damit vermeidet man zudem den auf dem Boden eines engen Er-
folgsbegriffs auftretenden Wertungswiderspruch, dass die etwaige Ersetzung von Erfolgs- durch abstrakte Gefährdungsdelikte auf natio-
naler Ebene den Rechtsgüterschutz erweitern, bei ausländischen
Bezügen hingegen einschränken würde (*Heinrich*, GA 1999, 81; *Hecker*, EuStR, § 2 Rn. 41).

Kritikern der Entscheidung BGHSt 46, 212 ist zuzugeben, dass   18
eine weite Erfolgsortbestimmung nicht dem Ziel dienen sollte, einen

36   1. Kapitel. Strafrechtliche Grundlagen

globalen deutschen Strafverfolgungsanspruch für bestimmte Delikte zu begründen. Solchen Gefahren lässt sich erstens begegnen, indem man das aus allgemeinen völkerrechtlichen Grundsätzen folgende und auch von BGHSt 46, 212, 224 betonte einschränkende Kriterium des legitimierenden Anknüpfungspunktes aufgreift (vgl. bereits Rn. 6) und weiter konkretisiert. Zweitens kann die Möglichkeit der Einstellung nach dem Opportunitätsprinzip genutzt werden (§ 153c StPO).

19   Wie hier etwa *Hörnle*, NStZ 2001, 310; *Heinrich*, Weber-FS, 2004, S. 108; *Hecker*, ZStW 2003, 885 ff. (mit Blick auf § 325); LK/*Werle/Jeßberger*, 12. Aufl., § 9 Rn. 29 ff., 86 ff. – Zur Kritik an BGHSt 46, 212 vgl. *Fischer*, § 9 Rn. 8 ff.; *Kudlich*, StV 2001, 398 f.; *Jeßberger*, JR 2001, 432 ff.; *Koch*, JuS 2002, 123 ff.; *Satzger*, IntStR, § 5 Rn. 43 ff.; *ders.*, Jura 2010, 115 f.; *Schramm*, IntStR, Rn. 46 ff. – Dazu, dass in den diskutierten Fällen richtigerweise kein Handlungsort in Deutschland vorliegt, vgl. BGHSt 46, 212, 224 f.; *Heinrich*, NStZ 2000, 534 (gegen *KG* NJW 1999, 3500); *ders.*, Weber-FS, 2004, S. 91 ff.

3. Sonstige Prinzipien

20   **a) Aktives Personalitätsprinzip.** Bei diesem Prinzip liegt der Anknüpfungspunkt in der deutschen Staatsangehörigkeit des Täters, der grundsätzlich auch bei Auslandstaten der deutschen Strafgewalt unterworfen ist (siehe § 5 Nr. 3a, 5b, 8, 9, 11a, 12, 14a, 15; § 7 II Nr. 1).

21   Die Anwendung des § 7 II Nr. 1 setzt allerdings im Regelfall weiter voraus, dass „die Tat am Tatort mit *Strafe* bedroht ist". Ordnungswidrigkeiten und damit vergleichbare Sanktionen genügen insoweit nicht. Im Übrigen reicht es nach h. M. aus, wenn die Tat am Ort ihrer Begehung unter irgendeinem rechtlichen Gesichtspunkt strafbar ist, wobei etwaige Rechtfertigungs- und Entschuldigungsgründe zu berücksichtigen sind (*BGH* NJW 1997, 334; *OLG Celle* NJW 2001, 2734; MüKo/*Ambos*, § 7 Rn. 6 ff.; *Satzger*, IntStR, § 5 Rn. 89 ff.). Dagegen sind tatsächliche Verfolgungshindernisse des Tatortrechts wie die Verjährung nach h. M. jedenfalls im Rahmen des § 7 II Nr. 1 unbeachtlich (*BGH* NStZ-RR 2000, 208; 2011, 245; *Lackner/Kühl*, § 7 Rn. 2; MüKo/*Ambos*, § 7 Rn. 12 ff.; a. A. *Satzger*, IntStR, § 5 Rn. 97 ff.).

22   Zur Schutzbereichsfrage, die meistens im Zusammenhang mit § 7 II Nr. 1 aktuell wird, siehe unten Rn. 31 ff.

23   **b) Passives Personalitätsprinzip.** Bei ihm wird unabhängig vom Tatort an das inländische Opfer angeknüpft (siehe § 5 Nr. 6, 7, 8a, 14a; § 7 I).

24   § 7 I verlangt neben der Tatortstrafbarkeit, dass sich die Tat „gegen einen Deutschen" richtet. Insoweit muss es sich um eine bestimmte oder jedenfalls bestimmbare einzelne Person und um eine Straftat handeln, die zumindest

§ 6. Geltungsbereich des deutschen Strafrechts 37

auch ein Individualrechtsgut schützt, das sich bei Anschlussstraftaten wie § 261 aus der Vortat ergeben kann (vgl. BGHSt 18, 283, 284; *BGH* NStZ-RR 2013, 253; *Fischer*, § 7 Rn. 6; MüKo/*Ambos*, § 7 Rn. 25). Daher hilft § 7 I im Bereich der oben angesprochenen Verbreitungs- und Äußerungsdelikte im Internet (Rn. 14 ff.) allenfalls bei Beleidigungen. Auslandstaten gegen juristische Personen mit Sitz im Inland können nach dem Wortlaut („einen Deutschen") nicht erfasst werden (*OLG Stuttgart* NStZ 2004, 402 ff.; *KG* NJW 2006, 3016, 3017; Sch/Sch/*Eser*, § 7 Rn. 6).

c) **Schutzprinzip.** Nach seinem Gedanken darf die Staatsgewalt ihr 25 Strafrecht auf den Schutz bestimmter inländischer Rechtsgüter erstrecken. Es kommt in zwei Ausprägungen vor: In der Form des **Staatsschutzprinzips** (oder Realprinzips) betrifft der Grundsatz bestimmte staatliche Interessen und erfasst auch Ausländer bei Aktivitäten im Ausland (siehe § 5 Nr. 1–5, 10–11a, 14, 14a). In der individualrechtlichen Form handelt es sich um das schon genannte **passive Personalitätsprinzip** (siehe § 5 Nr. 6, 7, 8a, 14a; § 7 I).

d) **Weltrechtsprinzip.** Dieses Prinzip, auch Universalitätsprinzip 26 genannt, beruht auf dem Gedanken, dass jeder Staat seine Strafgewalt unabhängig von der Nationalität des Täters und vom Tatort auf bestimmte Rechtsgüter erstrecken kann, an deren Schutz ein weltweites gemeinsames Interesse aller Staaten besteht (neben § 6 siehe § 1 VStGB i. V. m. den Straftatbeständen des VStGB).

e) **Prinzip der stellvertretenden Strafrechtspflege.** Dazu siehe § 7 27 II Nr. 2.

f) **Kompetenzverteilungsprinzip.** In der neueren Zeit werden die 28 herkömmlichen Prinzipien des internationalen Strafrechts um das Kompetenzverteilungsprinzip ergänzt. Dessen Grundidee liegt darin, bei Taten, die der Strafgewalt mehrerer Staaten unterliegen, durch völkerrechtliche Vereinbarungen Strafverfolgungskompetenzen zu regeln und dadurch Jurisdiktionskonflikte sowie Doppelverfolgungen und -bestrafungen zu vermeiden.

Das Doppelbestrafungsverbot des Art. 103 III GG gilt nur für die deut- 29 schen Gerichte und steht einer doppelten Bestrafung im Aus- und Inland wegen derselben Tat nicht entgegen. Immerhin normiert Art. 54 des Schengener Durchführungsübereinkommens (SDÜ), dem sich insbesondere die Mitgliedstaaten der Europäischen Union angeschlossen haben, für weite Teile Europas ein transnationales Verbot der Doppelbestrafung (dazu *Hecker*, EuStR, § 13). Im Übrigen bieten jedenfalls aus deutscher Sicht Art. 16 II GG (Auslieferungsverbot), § 153c StPO (Einstellung des Strafverfahrens nach dem Oppor-

38   1. Kapitel. Strafrechtliche Grundlagen

tunitätsprinzip) und die Anrechnung einer Auslandsstrafe gemäß § 51 III einen gewissen Schutz vor unbilligen Mehrfachbestrafungen.

4. Exterritorialität

30   Nach den §§ 18 ff. GVG sind namentlich Mitglieder von diplomatischen und konsularischen Vertretungen nicht der deutschen Gerichtsbarkeit unterworfen. Diese sog. „Exterritorialen" sind durch Immunität geschützt, die nach h. M. ein Verfahrenshindernis darstellt (ausführlich MüKo/*Ambos*, vor § 3 Rn. 97 ff., 114 ff.).

III. Schutzbereich der deutschen Straftatbestände

31   Neben einem sich aus den §§ 3–7, 9 ergebenden Anknüpfungspunkt setzt die Anwendung der deutschen Strafgewalt auf Fälle mit Auslandsberührung ein Verhalten voraus, das den inländischen Rechtsgüterschutz auslöst. Dies ist nicht nur bei Auslandstaten gegen inländische Rechtsgüter (vgl. § 5), sondern auch dann der Fall, wenn die einschlägige deutsche Strafnorm nach ihrem Sinn und Zweck den Schutz ausländischer Rechtsgüter und Interessen mit umfasst und sich nicht tatbestandsimmanent auf den Schutz inländischer Rechtsgüter beschränkt (zum Standort der Schutzbereichsfrage in der Fallbearbeitung siehe schon Rn. 3 ff.).

32   **Beispiele:** (1) Die Staatsschutzdelikte (§§ 80 ff.), § 113 und § 145d stellen typische Tatbestände dar, die nur die inländische Staatsordnung, Staatsgewalt bzw. Rechtspflege schützen. Daher unterfällt ein Deutscher, der im Ausland z. B. einem Vollstreckungsbeamten Widerstand im Sinne des § 113 leistet, nicht deutschem Strafrecht, auch wenn die Tat am Tatort im Sinne des § 7 II Nr. 1 mit Strafe bedroht ist.

33   (2) Andererseits erstrecken sich alle deutschen Strafnormen, die (auch) dem Individualschutz dienen, auf entsprechende Straftaten von Deutschen im Ausland gegen ausländische Individualrechtsgutsträger. Dahinter steckt die völkerrechtliche Grundidee, dass Rechtsgüter wie Leib, Leben, Freiheit, Eigentum und Ehre „als gemeinsame Rechtswerte der zivilisierten Welt allgemeinen Schutz verdienen" (BGHSt 21, 277, 281; 29, 85, 88; MüKo/*Ambos*, vor § 3 Rn. 78). Beispielhaft zu nennen sind nicht nur die §§ 211 ff., 222, 223 ff., 229 und die Freiheits- und Vermögensdelikte, sondern auch Verkehrsstraftaten wie die §§ 142, 315b/c, die das private Feststellungsinteresse bzw. in Form eines zumindest konkreten Gefahrerfolges Leib, Leben und Eigentum schützen (vgl. *Rengier*, BT II, § 46 Rn. 1; § 44 Rn. 1; § 45 Rn. 1). Daher kann ein Deutscher, der in Portugal bei einem Verkehrsunfall aus Unachtsamkeit einen Portugiesen verletzt und sofort weiterfährt, in Deutschland gemäß den

§§ 229, 142 I bestraft werden, falls die weiteren Voraussetzungen des § 7 II Nr. 1 erfüllt sind (Tatortstrafbarkeit). Zu § 164 siehe *Rengier*, BT II, § 50 Rn. 1 f.

Was den für die Einbeziehung in den Schutzbereich erforderlichen **34** Individualbezug betrifft, so muss dieser nicht unbedingt zentraler Schutzzweck des Tatbestandes, sondern kann auch Schutzreflex sein. So findet auf Trunkenheitsfahrten Deutscher im Ausland nicht nur § 315c, sondern auch § 316 Anwendung; es genügt, dass § 316 Verhaltensweisen mit Strafe bedroht, die für die Individualrechtsgüter Leib und Leben abstrakt gefährlich sind. Außerdem stellt die Sicherheit des Straßenverkehrs nicht nur eine innerstaatliche Angelegenheit, sondern ein gemeinsames Anliegen aller zivilisierten Staaten dar (BGHSt 21, 277, 281 f.; *OLG Karlsruhe* NJW 1985, 2905; *Rengier*, JR 1996, 35). – Umstritten sind die beiden folgenden

Beispiele: (1) Bei den – eigentlich die inländische Rechtspflege schützenden **35** – Aussagedelikten (§§ 153 ff.) soll es für den Individualbezug ausreichen, wenn die vor einem ausländischen Gericht erfolgende Falschaussage für einen Beteiligten einen individuellen Nachteil wie die Verhängung einer Sanktion zur Folge hat (*BGH* LM § 3 StGB Nr. 2; *OLG Düsseldorf* NJW 1982, 1242, 1243; kritisch *Eser*, BGH-FG IV, 2000, S. 8 ff.; a. A. LK/*Werle/Jeßberger*, 12. Aufl., vor § 3 Rn. 301). Auf jeden Fall erstreckt sich der Schutzbereich der §§ 153 ff. auf die gemäß § 162 I erfassten internationalen Gerichte (SSW/ *Sinn*, § 162 Rn. 10 f.).

(2) Andererseits sollen im Rahmen des § 170 die §§ 3, 9 nicht gelten, wenn **36** ein im Inland lebender Deutscher oder Ausländer seine Unterhaltspflicht gegenüber einem im Ausland lebenden Ausländer verletzt. Begründet wird dies damit, dass insoweit nur die Gefahr der Inanspruchnahme ausländischer öffentlicher Mittel bestehe und der Individualbezug zu schwach sei (BGHSt 29, 85; *BayObLG* NJW 1982, 1243; SK/*Günther*, § 170b Rn. 13 m. w. N.; MüKo/*Ritscher*, § 170 Rn. 6; a. A. *Kunz*, NJW 1995, 1519 f.; MüKo/*Ambos*, vor § 3 Rn. 80).

Empfehlungen zur vertiefenden Lektüre:
Rechtsprechung: BGHSt 46, 212 (Erfolgsort bei Internetstraftaten).
Literatur: *Satzger*, Das deutsche Strafanwendungsrecht (§§ 3 ff. StGB), Jura 2010, 108 ff., 190 f.; *Walter*, Einführung in das internationale Strafrecht, JuS 2006, 870 ff., 967 ff.; *Werle/Jeßberger*, Grundfälle zum Strafanwendungsrecht, JuS 2001, 35 ff., 141 ff.

§ 7. Handlungslehren und Handlungsbegriff

I. Grundlagen

1 Unter einer Straftat ist eine tatbestandsmäßige, rechtswidrige und schuldhafte Handlung zu verstehen. Dabei umschreiben die Stufen der Tatbestandsmäßigkeit und Rechtswidrigkeit die Unrechtsmaterie und die Stufe der Schuld die persönliche Verantwortlichkeit. Daran knüpft der übliche dreistufige Verbrechensaufbau an.

2 Die Einordnung des Vorsatzes liegt damit noch nicht fest. Nach der zutreffenden und heute ganz h. M. charakterisiert (auch) der Vorsatz maßgeblich das Unrecht. Daher stellt er bereits ein Tatbestands- und nicht nur ein Schuldelement dar.

Die daraus folgende Einordnung des Vorsatzes in den subjektiven Tatbestand darf und sollte der Studierende in der **Fallbearbeitung** ohne Begründung übernehmen (entsprechend dem Aufbauschema unten § 12 Rn. 6).

3 Die „Wanderung" des Vorsatzes von der Schuld in den Tatbestand geht auf die finale Handlungslehre zurück, die nach dem Zweiten Weltkrieg an Einfluss gewann. Zuvor dominierte die **kausale Handlungslehre**, die unter einer Handlung eine auf einem willensgetragenen Verhalten beruhende Veränderung der Außenwelt versteht. Die klassische kausale Lehre wies noch alles Subjektive der Schuldstufe zu. Die spätere Entdeckung der besonderen subjektiven Tatbestandsmerkmale veranlasste die „neoklassische" kausale Handlungslehre, nur noch den Vorsatz bei der Schuld zu belassen.

4 Für die **finale Handlungslehre** und den finalen Handlungsbegriff ist der Wille das Maßgebliche. Daher wird die Handlung definiert als Ausübung menschlicher Zwecktätigkeit. Nach dieser Lehre gehört der Vorsatz zum (subjektiven) Tatbestand. Dadurch macht sie in überzeugender Weise deutlich, dass sich beispielsweise eine vorsätzliche und eine fahrlässige Tötung schon im Unrechts- und nicht erst im Schuldbereich unterscheiden, und dass deshalb eine Tötung aus Unachtsamkeit etwa im Straßenverkehr dem Unrechtstyp des § 212 I nicht entspricht. Andererseits hat die finale Handlungslehre Schwierigkeiten, die Unterlassung und die Fahrlässigkeit zu erklären. Infolgedessen hat sie sich nicht durchgesetzt.

§ 7. Handlungslehren und Handlungsbegriff   41

Vielmehr haben vermittelnde, insbesondere **soziale Handlungsleh-** 5
ren an Boden gewonnen, die pragmatisch unter einer Handlung jedes
vom menschlichen Willen beherrschte oder beherrschbare sozial erhebliche Verhalten (Tun oder Unterlassen) verstehen. Am Standort
des Vorsatzes im subjektiven Tatbestand halten diese Lehren fest.

Zum Ganzen – als Vertreter sozialer Handlungslehren – ausführlich *Je-* 6
scheck/Weigend, AT, §§ 21–23 VI; *W/Beulke/Satzger*, AT, Rn. 85 ff. Siehe ferner *Gropp*, AT, § 4 Rn. 27 ff.; *Krey/Esser*, AT, Rn. 285 ff.; *Murmann*, GK, § 13;
Werle, JuS 2001, L 34 f., 42 ff.; *Raddatz/Krüger*, JA-Übungsblätter 1982,
101 ff. – *Baumann/Weber/Mitsch*, AT, § 12 Rn. 5; § 13 Rn. 22 ff. vertreten
noch den „neoklassischen" kausalen Straftataufbau.

II. Nicht-Handlungen

Unabhängig von den Meinungsverschiedenheiten erkennen alle 7
Handlungslehren die negative Funktion des Handlungsbegriffs an:
Sie besteht darin, Verhaltensweisen ohne Handlungsqualität als Anknüpfungspunkt für ein strafrechtlich relevantes Verhalten von vornherein auszuscheiden.

Für die **Fallbearbeitung** genügt die Kenntnis dieser unstreitigen negativen
Funktion. Im Übrigen kommt es selten vor, dass schon eine „Handlung" entfällt. Im Regelfall erwähnt man das Merkmal überhaupt nicht.

Eine **Handlung** setzt ein willentliches Verhalten, d. h. ein vom 8
menschlichen Willen beherrschtes oder beherrschbares Verhalten
(Tun oder Unterlassen), mit anderen Worten: die Möglichkeit zu einer willentlichen Kontrolle voraus (*Frister*, AT, 8/3 ff.). Daraus folgt:
(1) Da es um menschliches Verhalten geht, können nur natürliche 9
Personen – und nicht Tiere – handeln. Nach h. M. sind auch juristische Personen (z. B. GmbH, Verein) nicht handlungsfähig.

Zu dieser Frage *Roxin*, AT I, § 8 Rn. 4, 12, 59 ff.; *Jescheck/Weigend*, AT, § 23
VII 1. Die fehlende Handlungsfähigkeit von juristischen Personen ließe sich
mit der Konstruktion überwinden, dass die Verbände durch ihre Organe handeln (*Baumann/Weber/Mitsch*, AT, § 13 Rn. 15). Zur damit zusammenhängenden umfangreichen rechtspolitischen Diskussion um eine eigene strafrechtliche Verantwortlichkeit von Verbänden siehe Sch/Sch/*Heine/Weißer*, vor § 25
Rn. 120 ff.; MüKo/*Joecks*, vor § 25 Rn. 16 ff.; *Roxin*, AT I, § 8 Rn. 58 ff.; KK-
OWiG/*Rogall*, § 30 Rn. 1 ff.; *Laue*, Jura 2010, 344 ff.; *Trüg*, wistra 2010,
241 ff.; *Rogall*, GA 2015, 260 ff.; *Schünemann*, GA 2015, 279 ff.; erg. unten
§ 24 Rn. 3 zur Frage der Schuldfähigkeit.

42   1. Kapitel. Strafrechtliche Grundlagen

10   (2) Nur ein sozial erhebliches, d. h. ein äußerliches Verhalten kann
eine Handlung sein. Keine Handlungen stellen daher Vorgänge dar,
die sich – wie Gedanken, Gesinnungen, Gefühle und Absichten –
ausschließlich im Inneren des Menschen abspielen. Beim Unterlassen
kommt es darauf an, ob das gebotene Verhalten „Außenwirkung" gehabt hätte (*Jescheck/Weigend*, AT, § 23 VI 2d; *Roxin*, AT I, § 8
Rn. 64).

11   (3) Nicht-Handlungen sind ferner Verhaltensweisen, die durch äußere unwiderstehliche Gewalt erzwungen werden (**vis absoluta**).

> **Beispiel:** A stößt den O gegen die Schaufensterscheibe des E, die dadurch
> zerbricht, oder gegen den M, der deshalb stürzt und sich verletzt. Eine Straf-
> barkeit des O bezüglich § 303 I bzw. § 229 entfällt schon mangels einer Hand-
> lung.

12   Soweit der Wille, auch nach körperlich wirkendem Zwang, nur ge-
beugt wird (**vis compulsiva**), bleibt die Handlungsqualität unberührt.

> **Beispiel:** A zwingt den O mit vorgehaltener Schusswaffe oder unter An-
> wendung von Schlägen, eine bestimmte Straftat zu begehen. – Hier liegt eine
> Handlung des O vor, der zwar nicht freiwillig, aber doch willentlich reagiert.
> Auf einem anderen Blatt steht, inwieweit die abgenötigte Handlung gemäß
> § 34 gerechtfertigt oder nach § 35 entschuldigt ist (vgl. vor allem unten § 19
> Rn. 51 ff.; § 26 Rn. 15 f.).

13   (4) Als Nicht-Handlungen hervorzuheben sind alle **Bewegungs-
vorgänge**, die **ohne Mitwirkung der Geisteskräfte**, also ohne Zwi-
schenschaltung irgendeiner willentlichen Steuerung ablaufen und deshalb der Beherrschbarkeit durch den Willen entzogen sind. Typische

> **Beispiele** stellen Körperbewegungen im Zustand des Schlafs und der Ohn-
> macht dar: Man denke an einen am Steuer eingeschlafenen Lkw-Fahrer, der
> den Tod eines anderen Verkehrsteilnehmers verursacht, an eine Mutter, die
> im Schlaf ihren Säugling erstickt, oder an jemanden, der – jeweils mit verhee-
> renden Folgen – im Schlaf eine brennende Kerze umstößt oder mit brennen-
> der Zigarette einschläft. – Praktisch relevant ist auch der Krampfanfall: Ein
> Epileptiker erleidet am Steuer eines Pkw einen solchen Anfall und fährt des-
> halb in eine Fußgängergruppe oder in ein anderes Fahrzeug (BGHSt 40, 341,
> 343; *OLG Schleswig* VRS 64, 429, 430 f.).

14   In derartigen Fällen ist zunächst festzustellen, dass eine Strafbarkeit wegen fahrlässiger Tötung (§ 222), fahrlässiger Körperverletzung
(§ 229) oder fahrlässiger Brandstiftung (§ 306d I) mangels Handlung
nicht an die den tatbestandlichen Erfolg unmittelbar herbeiführenden
Bewegungen anknüpfen kann. Freilich muss dann weiter geprüft

§ 7. Handlungslehren und Handlungsbegriff 43

werden, ob sich die Strafbarkeit auf ein davor liegendes vorwerfbares Verhalten mit Handlungsqualität stützen lässt.

Beispiele: Fortsetzung der Fahrt trotz spürbarer Ermüdungserscheinungen; Nichtlöschen der Kerze neben dem Bett vor dem Einschlafen; Rauchen im Bett; Autofahren trotz der Gefahr unkontrollierbarer epileptischer Anfälle.

(5) Zu den Nicht-Handlungen, die ohne Einschaltung der Geistes- 15 kräfte erfolgen, zählen auch die bloßen **Reflexbewegungen**, die durch einen das Nervensystem treffenden Reiz ausgelöst werden und unwillkürlich und regelhaft ablaufen.

Beispiele: Kniesehnenreflex; Niesreflex; Erbrechen.

(6) Von den unwillentlich ablaufenden Bewegungsvorgängen müs- 16 sen die sog. **automatisierten Verhaltensweisen** unterschieden werden (Spontanreaktionen, Kurzschlusshandlungen). Derartige Steuerungsvorgänge sind in der Regel Handlungen, weil sie dadurch gekennzeichnet sind, dass ein gegebener Reiz bestimmte Verhaltensmuster zwar mehr oder weniger automatisch, aber nicht zwangsläufig auslöst. Insoweit kann man auch von „halbautomatisierten" Verhaltensweisen sprechen.

Beispiele: Ein Kraftfahrer verursacht dadurch einen Unfall, dass er nachts 17 vor einem plötzlich auftauchenden Hindernis wie einem Tier impulsiv ausweicht oder eine Vollbremsung macht (vgl. *OLG Frankfurt* VRS 28, 364; 66, 372). Eine Autofahrerin stößt mit einem entgegenkommenden Fahrzeug zusammen, weil sie eine Fliege, die gegen ihr Auge geflogen ist, mit einer instinktiven ruckartigen, sich auf das Lenkrad übertragenden, Bewegung abgewehrt hat (*OLG Hamm* NJW 1975, 657).

In diesen Fällen liegt eine Handlung des jeweiligen Kfz-Führers 18 vor, so dass die §§ 222, 229 grundsätzlich eingreifen können. Für die Handlungsqualität der Verhaltensweisen spricht, dass die (impulsive) Reaktion dem regulierenden Zugriff des steuernden Bewusstseins offen bleibt. Die Beherrschbarkeit solcher Abläufe erkennt man daran, dass sich sachgerechte Reaktionen im Wege einer gewissen Selbstbeherrschung einüben lassen.

§ 8. Aufbau und Inhalt der Tatbestände

I. Zum Begriff des Tatbestandes

1 Der Begriff des Tatbestandes hat verschiedene Bedeutungen:
(1) Wenn man in der Fallbearbeitung einen bestimmten (Straf-) „Tatbestand" sucht, so geht es zunächst um das Delikt in einem allgemeinen Sinn.

2 (2) Sofern dann der einschlägige Tatbestand durchgeprüft und am Ende die Strafbarkeit verneint oder bejaht wird, hat man es mit dem Tatbestand in einem weiteren Sinn zu tun. Dieser umfasst alle Strafbarkeitsvoraussetzungen, auf die sich die Garantiefunktion des Art. 103 II GG erstreckt (siehe § 4 Rn. 5 ff.), also insbesondere die Stufen der Tatbestandsmäßigkeit, Rechtswidrigkeit und Schuld.

3 (3) In einem engeren Sinn bezeichnet der Begriff des Tatbestandes die Stufe der Tatbestandsmäßigkeit mit dem objektiven und subjektiven Tatbestand. Diesem Tatbestand fällt die Funktion zu, die – unrechtsbegründenden – Merkmale zu beschreiben, die den typischen Unrechtsgehalt der Tat verkörpern.

II. Inhalt des objektiven Tatbestandes

4 Die Prüfung der Strafbarkeit bezüglich eines bestimmten Delikts beginnt in der Regel mit dem objektiven Tatbestand. Dieser setzt sich aus verschiedenen objektiven Tatbestandsmerkmalen zusammen, deren Funktion in erster Linie darin liegt, das äußere Erscheinungsbild der Tat zu umschreiben. Die objektiven Merkmale sind in der Regel leicht zu erkennen und typischerweise in den die Strafbarkeitsvoraussetzungen regelnden Konditionalsätzen „Wer einen Menschen tötet" (§ 212 I), „Wer eine andere Person körperlich misshandelt" (§ 223 I), „Wer eine fremde bewegliche Sache einem anderen wegnimmt" (§ 242 I) usw. enthalten (erg. § 11 Rn. 6). – Im Einzelnen stößt man im objektiven Tatbestand immer wieder auf die folgenden übereinstimmenden Elemente:

5 (1) **Tatsubjekt:** Der objektive Tatbestand legt fest, wer tauglicher Täter sein kann. Bei Allgemeindelikten, die man in der Regel an dem unbestimmten „Wer ..." erkennt, kommt jedermann als Täter

§ 8. Aufbau und Inhalt der Tatbestände   45

in Betracht, bei Sonderdelikten nur ein bestimmter Personenkreis wie
z. B. Ärzte oder Amtsträger (§§ 203 I Nr. 1, 331 f.; erg. § 10 Rn. 23 ff.).

(2) **Tatobjekt** (auch Handlungsobjekt): Tatobjekte werden mit 6
Worten wie „Mensch", „Urkunde", „Sache", „Gebäude" gekennzeichnet (vgl. §§ 212 I, 267 I, 303 I, 306 I Nr. 1).

(3) **Tathandlung**: Diese umschreibt das strafbare Verhalten, z. B. 7
„töten", „wegnehmen", „beschädigen" (vgl. §§ 212 I, 242 I, 303 I).

(4) Das aus Tatsubjekt, Tatobjekt und Tathandlung bestehende ty- 8
pische Gerüst wird durch **weitere Tatbestandsmerkmale** ergänzt, die
vor allem

– an besondere Begehungsweisen anknüpfen (z. B. § 211 II: „heimtückisch", „grausam"; § 224 I Nr. 3: „hinterlistiger Überfall"),
– bestimmte Tatmittel hervorheben (z. B. § 224 I Nr. 2: „gefährliches
   Werkzeug"; § 244 I Nr. 1a 1. Var.: „Waffe") oder
– Tatobjekte konkretisierend beschreiben (z. B. „wehrlos" in § 225 I;
   „fremd" und „beweglich" in § 242 I).

Ferner gibt es neben den geschriebenen – also den im Gesetz aus- 9
drücklich genannten – Tatbestandsmerkmalen auch **ungeschriebene
Tatbestandsmerkmale**. Dazu gehören im Bereich des Allgemeinen
Teils die für Erfolgsdelikte (§ 10 Rn. 3 ff.) relevanten Fragen der Kausalität und objektiven Zurechnung (unten § 13). Das bekannteste Beispiel aus dem Besonderen Teil ist das Tatbestandsmerkmal der Vermögensverfügung beim Betrugstatbestand (dazu *Rengier*, BT I, § 13
Rn. 61 ff.).

Außerdem wird zwischen **deskriptiven** und **normativen Tatbe- 10
standsmerkmalen** unterschieden. Die Differenzierung ist nicht sehr
bedeutend, trägt aber zum Verständnis gewisser Irrtumsfragen bei
(vgl. unten § 15 Rn. 4 ff., 7).

Deskriptive Tatbestandsmerkmale sind dem Grundgedanken nach 11
solche, die einer Tatsachenfeststellung zugänglich sind und sich insoweit durch Beschreibung und ohne Wertung erfassen lassen:

Beispiele: Alter einer Person (§§ 174 I Nr. 1, 2, 176 I); „Mensch" (§ 212 I);
„wegnehmen" (§ 242 I); „Kraftfahrzeug" (§ 248b IV); „elektrische Energie"
(§ 248c I); „Sache" (§ 303 I).

Normative Tatbestandsmerkmale bedürfen demgegenüber stets ei- 12
ner ergänzenden juristischen Wertung. Sie sind „wertausfüllungsbe-
dürftig" und nicht oder nur eingeschränkt real erfassbar.

Beispiele: „Beleidigung" (§ 185); „fremd" (§ 242 I); „Urkunde" (§ 267 I);
„bedeutender Wert" (§ 315c I).

46 1. Kapitel. Strafrechtliche Grundlagen

13   Die Grenzen zwischen deskriptiven und normativen Merkmalen
sind teilweise fließend: Auch bei deskriptiven Merkmalen kann sich
außerhalb ihres mehr oder weniger eindeutigen Kerns die Notwendigkeit einer ergänzenden wertenden Betrachtung ergeben. Man
denke etwa an den Beginn des Menschseins (*Rengier*, BT II, § 3
Rn. 2 ff.) oder die Frage, ob Tiere zu den Sachen gehören (*Rengier*,
BT I, § 2 Rn. 7).

14   Zahlreiche gesetzliche Straftatbestände enthalten die Merkmale
„rechtswidrig" (z. B. §§ 303 I, 303a I) und **„unbefugt"** (z. B. §§ 263a
I 3. und 4. Var., 324 I). Oft ist darin bloß ein überflüssiger Hinweis auf
die allgemeine Stufe der Rechtswidrigkeit zu sehen. Es kann sich aber
auch um ein Tatbestandsmerkmal handeln, wenn der Tatbestand ohne
dieses Merkmal kein ausreichendes Unrecht verkörpert (vgl. Rn. 3).
Einzelheiten erschließen sich nur im Zusammenhang mit den Straftatbeständen und sind daher im Besonderen Teil zu erörtern. Um ein allgemeines Rechtswidrigkeitsmerkmal geht es z. B. in den §§ 303 I, 324
I, 326 I, um ein Tatbestandsmerkmal in § 263a I 3. und 4. Var. und
nach h. M. auch in § 303a I (*Rengier*, BT I, § 26 Rn. 7).

15   Außerhalb des objektiven Tatbestandes liegen die – seltenen – **objektiven
Bedingungen der Strafbarkeit.** Man findet sie insbesondere noch in den
§§ 186, 231, 323a. Solche Bedingungen geraten mit dem Schuldprinzip (§ 24
Rn. 1 f.) in Konflikt, weil von ihrem Eintritt – z. B. Tod eines Menschen in
§ 231 – zwar die Strafbarkeit abhängt, doch weder Vorsatz noch Fahrlässigkeit
die Bedingung erfassen muss (h. M.). Die Erörterung der damit zusammenhängenden Probleme erfolgt auch hier am besten in Verbindung mit den einschlägigen Straftatbeständen (*Rengier*, BT II, § 18 Rn. 6 ff.; § 29 Rn. 9 ff.; § 41
Rn. 13 ff.; erg. unten § 12 Rn. 13).

III. Inhalt des subjektiven Tatbestandes

16   Der subjektive Tatbestand besteht aus subjektiven Tatbestandsmerkmalen. Sie beziehen sich auf die innere Haltung, Einstellung
und Gedankenwelt des Täters (Vorstellungen, Absichten, Motive,
Gesinnungen).

17   Festzuhalten ist zunächst, dass beim Vorsatzdelikt – zur Aussage
des § 15 siehe unten § 11 Rn. 8 f. – auf jeden Fall der Vorsatz als Bestandteil des Tatunrechts zum subjektiven Tatbestand gehört (§ 7
Rn. 2 ff.).

18   Darüber hinaus enthalten zahlreiche Vorsatzdelikte „besondere"
subjektive Tatbestandsmerkmale, die ebenfalls das Unrecht der Tat

§ 8. Aufbau und Inhalt der Tatbestände

prägen, aber im Unterschied zum Vorsatz keinen Bezugspunkt im objektiven Tatbestand haben. Dabei geht es um die sog. Absichtsdelikte und bestimmte verwerfliche innere Einstellungen und Gesinnungen (näher unten § 12 Rn. 6, 12; § 16 Rn. 1f., 9).

IV. Sonstiges

Bei vielen Tatbeständen gibt es **tatbestandliche Abwandlungen**, die die Strafe meistens schärfen. Soweit eine solche Abwandlung alle Merkmale des anderen Tatbestandes voraussetzt und dessen Strafe beim Vorliegen bestimmter zusätzlicher Tatbestandsmerkmale zwingend schärft, spricht man von einem qualifizierenden Tatbestand oder kurz von einer Qualifikation. Konkurrenzrechtlich betrachtet ist die Qualifikation der speziellere Tatbestand und der in der Qualifikation enthaltene Tatbestand der Grundtatbestand oder das Grunddelikt (zur Spezialität unten § 56 Rn. 29). 19

Soweit eine tatbestandliche Abwandlung – wie § 216 im Verhältnis zu § 212 – die Strafe zwingend mildert, spricht man von einem privilegierenden Tatbestand bzw. einer Privilegierung (erg. unten § 9 Rn. 8). 20

Oft listet das Gesetz mehrere Möglichkeiten auf, die zur Tatbestandsverwirklichung ausreichen. Man spricht dann von **Alternativen, Varianten** oder **Tatmodalitäten**. Solche Auflistungen sind bei aufmerksamer Gesetzeslektüre unschwer an der Verbindung durch das Wort „oder" zu erkennen. 21

Beispiele: Für den Schritt von § 212 I zu § 211 genügt die Verwirklichung eines der neun Mordmerkmale. Ein ähnliches Spektrum an Möglichkeiten eröffnet § 226 I (Spezialdelikt zu § 223 I). § 224 I kennt fünf Begehungsarten, die eine Körperverletzung gemäß § 223 I qualifizieren. Die §§ 223 I, 303 I führen jeweils zwei, § 303a I vier verschiedene Tathandlungen auf.

Beachte: In der **Fallbearbeitung** sind grundsätzlich alle potenziell einschlägigen Varianten und Modalitäten zu prüfen. 22

Zum Ganzen vgl. auch *Jescheck/Weigend*, AT, §§ 26 IV, 27; *Roxin*, AT I, § 10 Rn. 54 ff.; *W/Beulke/Satzger*, AT, Rn. 116 ff.; *Heinrich*, AT, Rn. 110 ff.; *Kindhäuser*, AT, § 9.

§ 9. Einteilung der Delikte in Verbrechen und Vergehen

I. Grundlagen

1   Das deutsche Strafrecht kennt heute nur noch zwei Kategorien von strafbaren Handlungen, nämlich die Zweiteilung (Dichotomie) in Verbrechen und Vergehen (§ 12). Die frühere Dreiteilung (Trichotomie) mit den Übertretungen als dritter Kategorie ist seit 1975 entfallen.

2   Dem § 12 liegt ein formaler Verbrechensbegriff zugrunde. Dieser darf auf keinen Fall mit dem Begriff des Verbrechens in einem weiteren Sinne verwechselt werden. Denn das Wort Verbrechen wird in der Strafrechtsdogmatik und Kriminologie auch verwendet, um ganz allgemein die Straftat und strafbares Verhalten zu kennzeichnen. So spricht man der allgemeinen Verbrechenslehre und dem dreistufigen Verbrechensaufbau. Ein ähnlich weites Verständnis findet man in der Umgangssprache („So ein Verbrecher!“).

II. Bedeutung des § 12 I und II

3   Die formale Unterscheidung zwischen Verbrechen und Vergehen erfolgt nach der abstrakt angedrohten Strafdrohung: Gemäß § 12 I sind Verbrechen rechtswidrige Taten, die im *Mindest*maß mit Freiheitsstrafe von einem Jahr oder darüber bedroht sind. Vergehen sind alle mit einer geringeren Freiheitsstrafe oder mit Geldstrafe bedrohten, d. h. alle übrigen Taten (§ 12 II).

Beispiele: *Verbrechen* sind die §§ 212 I, 226 I, 249 I, 306 I, 306a I. *Vergehen* sind die §§ 221 I, 223 I, 224 I, 242 I, 244 I, 253 I, 303 I.

4   Die Einteilung nach formalen Kriterien vereinfacht die Gesetzgebungstechnik und ist im materiellen Strafrecht vor allem bei den §§ 23 I, 30, 45 I, 241, 261 I 2 Nr. 1 von Bedeutung.

Beispiele: (1) Als Folge des § 23 I wird die Versuchsstrafbarkeit etwa in den §§ 223 II, 242 II, 244 II, 303 III angeordnet. Bei Vergehen wie den §§ 221 I, 241, 266 I, 331 I, 333 I ist der Versuch nicht strafbar. Bei Verbrechen (z. B. §§ 212 I, 249 I, 306 I) folgt die Versuchsstrafbarkeit aus § 23 I. – (2) Die vor dem Versuchsstadium des § 22 liegende feste Verabredung zu einem Bankraub ist strafbar (§§ 249 I, 30 II, 12 I), aber nicht eine solche zu einem Wohnungs-

§ 9. Einteilung der Delikte in Verbrechen und Vergehen   49

einbruchdiebstahl (§ 244 I Nr. 3 ist gemäß § 12 II nur ein Vergehen). – (3) Bei Redewendungen wie „Ich bringe dich noch um!" muss bezüglich § 241 I gefragt werden, ob im Kern ernstlich eine vorsätzliche Tötung und damit ein Verbrechen angedroht wird (erg. *Rengier*, BT II, § 27 Rn. 2).

Im prozessualen Bereich spielt die Einteilung z. B. bei den §§ 140 I **5**
Nr. 2, 153, 153a, 407 StPO und den §§ 25, 74 GVG eine Rolle.

III. Bedeutung des § 12 III

Nach § 12 III bleiben für die Einteilung außer Betracht: **6**
(1) Zum einen Milderungen, die nach den Vorschriften des Allgemeinen Teils vorgesehen sind (Schärfungen gibt es zurzeit nicht). Im Einzelnen handelt es sich etwa um die §§ 13 II, 17 Satz 2, 21, 23 II, III, 27 II 2, 28 I.

Beispiel (*Roxin*, AT I, § 9 Rn. 10): Bei einem Täter, der einen Raub in verminderter Schuldfähigkeit (§ 21) begeht, kann die Mindeststrafe des § 249 I auf drei Monate gesenkt (§ 21 i. V. m. § 49 I Nr. 3) und sogar in eine Geldstrafe umgewandelt werden (§ 47 II). Die Tat bleibt in jedem Fall ein Verbrechen.

(2) Zum anderen Schärfungen oder Milderungen, die für besonders **7**
schwere oder minder schwere Fälle vorgesehen sind. Die Fälle sind anhand des gesetzlichen Sprachgebrauchs leicht zu erkennen.

Beispiele: Die §§ 106 I, 253 I bleiben Vergehen, auch wenn besonders schwere Fälle gemäß §§ 106 III, 253 IV vorliegen. Die §§ 226 I, 249 I, 306 I, 306a I bleiben unabhängig davon Verbrechen, ob zugunsten des Täters ein minder schwerer Fall nach §§ 226 III, 249 II, 306 II, 306a III eingreift.

Von den unbeachtlichen besonders und minder schweren Fällen **8**
müssen tatbestandliche Abwandlungen unterschieden werden, bei denen durch zusätzliche Tatbestandsmerkmale ein neuer selbstständiger Straftatbestand entsteht, der den Deliktscharakter zwingend und abschließend verändert. Sofern derartige Straftatbestände die Strafe schärfen, spricht man von Qualifikationen, sofern sie die Strafe mildern, von Privilegierungen (erg. § 8 Rn. 22).

Beispiele: Die §§ 221 I, 223 I, 239 I sind Vergehen, die Qualifikationen der §§ 221 II, 226 I, 239 III Verbrechen. § 212 I ist ein Verbrechen, § 216 I als Privilegierung ein Vergehen; von daher muss der Gesetzgeber, will er den Versuch des § 216 I bestrafen, die Versuchsstrafbarkeit besonders anordnen (§§ 23 I, 216 II).

50   1. Kapitel. Strafrechtliche Grundlagen

§ 10. Einteilung der Delikte nach Deliktstypen

1   Beim Studium des Allgemeinen und Besonderen Teils wird man
immer wieder mit bestimmten Kategorisierungen und Deliktsarten
konfrontiert. Die folgenden Ausführungen sollen helfen, sich im Be-
darfsfall zu orientieren. Es handelt sich nicht um einen in sich geschlossenen Stoff, den man schon am Anfang kennen und durchar-
beiten muss.

I. Erfolgs- und Tätigkeitsdelikte

2   Die Unterscheidung zwischen Erfolgs- und Tätigkeitsdelikten
knüpft an die etwaige Verbindung der Tathandlung mit einem davon
getrennten tatbestandsmäßigen Erfolg an (näher zu diesen Delikten
Rönnau, JuS 2010, 961 ff.).

1. Erfolgsdelikte

3   Die klassischen Erfolgsdelikte sind dadurch gekennzeichnet, dass
sie den Eintritt eines von der Tathandlung abtrennbaren sichtbaren
Außenwelterfolges voraussetzen. Typische Beispiele für vorsätzliche
Erfolgsdelikte (vgl. § 15) sind die §§ 212 I, 223 I, 303 I mit den Erfolgen Tod, Körperverletzung und Beschädigung. Fahrlässige Erfolgsdelikte findet man etwa in den §§ 222, 229.
4   Nur bei den Erfolgsdelikten stellen sich die Fragen der Kausalität
und objektiven Zurechnung (unten § 13 mit Aufbauschema in
Rn. 50).
5   Der Begriff des Erfolges hat aber nicht überall die gleiche Bedeutung. So ist umstritten, ob er in der Vorschrift des § 9 I 3. Var. eng
im klassischen Sinn verstanden werden muss (dazu bereits § 6
Rn. 12 ff.). Ein vergleichbares Problem stellt sich bei der Auslegung
des § 13 I (unten § 49 Rn. 7).
6   Eine schwierige und wichtige Sondergruppe der Erfolgsdelikte bilden die sog. erfolgsqualifizierten Delikte (unten § 55 Rn. 1 ff.). Zu den
Erfolgsdelikten zählen auch die konkreten Gefährdungsdelikte, bei
denen als Erfolg der Eintritt einer konkreten Gefahr genügt (unten
Rn. 10).

2. Tätigkeitsdelikte

Bei den (schlichten) Tätigkeitsdelikten fehlt die Beziehung zwi- 7
schen Handlung und Erfolg. Bei ihnen ist der Tatbestand mit dem
Vollzug einer bestimmten tatbestandsmäßigen Handlung unabhängig
von einer Außenwirkung vollendet. Typische Tätigkeitsdelikte sind
die §§ 153, 154, 316. Für die Vollendung spielt es überhaupt keine
Rolle, ob das Gericht die falsche Aussage ernst nimmt, oder ob der
betrunkene Autofahrer völlig unproblematisch nach Hause kommt.
Tätigkeitsdelikte sind typischerweise abstrakte Gefährdungsdelikte
und eigenhändige Delikte (erg. Rn. 11 ff., 29 f.).

II. Verletzungs- und Gefährdungsdelikte

Die Unterscheidung zwischen Verletzungs- und Gefährdungsde- 8
likten stellt auf die Wirkung der Tathandlung für das Handlungsobjekt (oder Tatobjekt) und das geschützte Rechtsgut ab.

1. Verletzungsdelikte

Bei den Verletzungsdelikten setzt der Tatbestand eine tatsächliche 9
Schädigung des geschützten Objekts voraus. Verletzungsdelikte sind
die §§ 212, 223, 303 I, ferner Vermögensdelikte wie die §§ 253, 263,
266, die die Herbeiführung eines Vermögensschadens voraussetzen.

2. Konkrete Gefährdungsdelikte

Der Tatbestand eines konkreten Gefährdungsdelikts verlangt als 10
Erfolg den Eintritt einer konkreten Gefahr für das geschützte Tatobjekt. Wichtige einschlägige Delikte sind die §§ 221 I, 315b, 315c. Bei
ihnen handelt es sich zwar um Erfolgsdelikte (Rn. 6), aber nicht um
Verletzungsdelikte, weil es nicht zu einer sichtbaren Schädigung
kommen muss. Doch muss das Tatobjekt als Folge der Tathandlung
an einer Verletzung, bildlich gesprochen, „nahe dran" gewesen, d. h.
juristisch betrachtet in konkrete Gefahr gebracht worden sein. Damit
wiederum ist der Zustand einer akuten und insoweit sichtbaren Exis-
tenzkrise gemeint, in der die Rechtsgutsverletzung nur noch vom Zufall abhing (zum Begriff der konkreten Gefahr sowie zur Kausalität
und Zurechnung näher *Rengier*, BT II, § 10 Rn. 13 ff.; § 44 Rn. 10 ff.,
23 ff.; § 45 Rn. 1).

52   1. Kapitel. Strafrechtliche Grundlagen

3. Abstrakte Gefährdungsdelikte

11   Die abstrakten Gefährdungsdelikte sind typischerweise Tätigkeitsdelikte, bei denen es auf eine sichtbare Wirkung der Tathandlung für
konkrete Schutzobjekte nicht ankommt. Der Gesetzgeber lässt sich
allein von dem Gedanken leiten, dass bestimmte Verhaltensweisen erfahrungsgemäß für bestimmte Rechtsgüter allgemein, eben abstrakt
gefährlich sind. Anders als bei den konkreten Gefährdungsdelikten
ist hier der Eintritt einer Gefahr kein Tatbestandsmerkmal.

12   **Beispiele** für abstrakte Gefährdungsdelikte: §§ 153, 154, 186, 244 I Nr. 1a
1. Alt., 306a, 316, 323a. Wer vor Gericht falsch aussagt, schafft eine abstrakte
Gefahr für die geschützte Rechtspflege und erfüllt die §§ 153, 154 auch dann,
wenn das Gericht die Falschheit sofort erkennt. Für die Erfüllung des § 306a I
Nr. 1 (abstraktes Lebensgefährdungsdelikt) spielt es grundsätzlich keine Rolle,
ob sich ein Mensch in der Wohnung aufhält; die allgemeine Möglichkeit genügt und ist gesetzgeberisches Motiv für den strengen Strafrahmen. § 316
schützt die Sicherheit des Straßenverkehrs und insoweit abstrakt Leib, Leben
und Eigentum anderer Verkehrsteilnehmer; die Vorschrift muss auch dann bejaht werden, wenn der alkoholbedingt fahruntüchtige Fahrer äußerlich völlig
normal fährt.

13   Bei abstrakten Gefährdungsdelikten, insbesondere solchen mit hohen Mindeststrafen, stellt sich immer wieder das Problem, inwieweit
Verhaltensweisen, die formal den Tatbestand erfüllen, auch dann bestraft werden dürfen, wenn eine Realisierung der Gefahr ausgeschlossen ist. Der Sache nach geht es um Fragen der teleologischen Reduktion (vgl. § 5 Rn. 27 f.). Der wichtigste Fall betrifft § 306a I Nr. 1 und
das Inbrandsetzen von überprüft menschenleeren Wohnungen (*Rengier*, BT II, § 40 Rn. 29 ff.). Als weiteres Beispiel lässt sich die Frage
nennen, ob § 244 I Nr. 1a 1. Var. auch bei einem Diebstahl durch
zum Waffentragen verpflichtete Täter zur Anwendung kommt (*Rengier*, BT I, § 4 Rn. 54 ff.).

14   Für abstrakte Gefährdungsdelikte ist weiter typisch, dass sie verhältnismäßig früh vollendet sind. Ein Rücktritt gemäß § 24 scheidet
dann aus. Immerhin sorgen insoweit vielfach Sondervorschriften
über die tätige Reue für einen gewissen Ausgleich (siehe z. B. zu den
§§ 239a IV, 306e *Rengier*, BT II, § 24 Rn. 39; § 40 Rn. 64 ff.).

15   Abstrakte Gefährdungsdelikte müssen nicht unbedingt Tätigkeitsdelikte sein. Es kann sich auch um Erfolgsdelikte handeln.

Beispiele: § 306a I verlangt als Erfolg ein Inbrandsetzen oder eine teilweise
Zerstörung, stellt aber mit Blick auf das gesetzgeberische Motiv, die sich in

§ 10. Einteilung der Delikte nach Deliktstypen   53

den Räumlichkeiten potentiell aufhaltenden Menschen zu schützen, ein abstraktes Lebensgefährdungsdelikt dar. § 323a I setzt als Erfolg die Herbeiführung eines Rauschzustandes voraus; abstrakt geschützt wird die Allgemeinheit vor der Unberechenbarkeit des Rauschtäters (näher zur Deliktsnatur des § 323a *Rengier*, BT II, § 41 Rn. 5 ff.).

4. Potentielle Gefährdungsdelikte

Als Untergruppe der abstrakten Gefährdungsdelikte (BGHSt 46, 212, 218) sind die potentiellen Gefährdungsdelikte anzusehen (auch abstrakt-konkrete Gefährdungsdelikte oder Eignungsdelikte genannt). Während bei den abstrakten Gefährdungsdelikten der Gesetzgeber die Kriterien für die generelle Gefährlichkeit im Gesetz abschließend normiert hat, muss bei den potentiellen Gefährdungsdelikten der Richter bzw. Rechtsanwender prüfen, ob nach den konkreten Umständen des Falles die Tathandlung bei genereller Betrachtung gefahrengeeignet ist (*BGH* NJW 1999, 2129). Typische Beispiele findet man im Umweltstrafrecht (§§ 324a I Nr. 1, 325 I, 326 I Nr. 4a). Weiter können die §§ 130 I, 311 I genannt werden. Auch die lebensgefährdende Behandlung des § 224 I Nr. 5 lässt sich hier einordnen (vgl. *Rengier*, BT II, § 14 Rn. 50).

III. Begehungs- und Unterlassungsdelikte

Die Gegenüberstellung von Begehungs- und Unterlassungsdelikten bezieht sich auf die beiden Grundformen menschlichen Verhaltens, die Aktivität und Passivität. Die Straftatbestände sind in der Regel als **Begehungsdelikte** so formuliert, dass sie an ein aktives Tun anknüpfen (z. B. § 212 I: „Wer … tötet").

§ 212 I kann aber nicht nur durch aktives Tun, sondern auch durch Untätigbleiben unter der Voraussetzung verwirklicht werden, dass der Täter Garant im Sinne des § 13 ist. So wird eine Mutter, die ihr Kind verhungern lässt, wegen Totschlags durch Unterlassen bestraft (zum sog. **unechten Unterlassungsdelikt** näher unten §§ 48 ff.).

Von den unechten Unterlassungsdelikten sind die im Kernstrafrecht seltenen **echten Unterlassungsdelikte** zu unterscheiden, bei denen das Gesetz selbst die Voraussetzungen für die Strafbarkeit bloßen Untätigbleibens regelt (z. B. §§ 138, 323c).

IV. Dauer- und Zustandsdelikte

1. Dauerdelikte

20 Als Dauerdelikte bezeichnet man Straftaten, bei denen der Täter einen Zustand, den er durch eine tatbestandsmäßige Handlung herbeigeführt hat, über einen gewissen Zeitraum aufrechterhält oder fortdauern lässt. Mit dem Herbeiführen des Zustandes ist die Straftat vollendet, aber erst mit dessen Beseitigung beendet.

21 **Beispiele** sind die §§ 123, 239, 248b, 316. Bedeutung hat der Dauerdeliktscharakter für die Verjährung, die erst mit der Beendigung beginnt (§ 78a Satz 1). Ferner ist bei Dauerdelikten bis zur Beendigung eine Beteiligung als Täter oder Teilnehmer möglich (unten § 44 Rn. 36 f.; § 45 Rn. 124). Im Bereich der Konkurrenzen können Dauerdelikte wie die §§ 239, 248b real konkurrierende Taten unter Umständen zu einer Tateinheit verklammern (unten § 56 Rn. 62 ff.). Straftaten, die durch das Dauerdelikt ermöglicht werden, stehen mit dem Dauerdelikt grundsätzlich in Tatmehrheit (unten § 56 Rn. 59 f.).

2. Zustandsdelikte

22 Bei Zustandsdelikten führt der Täter zwar auch einen möglicherweise dauerhaften Zustand herbei, doch ist mit der Einwirkung auf das Tatobjekt die Tat vollendet und beendet zugleich.

Beispiele sind die Körperverletzung (§ 223 I) und die Sachbeschädigung (§ 303 I). Für die Verjährung einer Körperverletzung spielt es keine Rolle, wie lange der Heilungsprozess dauert. Nur wenn infolge der Körperverletzung ein anderer tatbestandsmäßiger Erfolg eintritt (schwere Folge gemäß § 226 I oder Tod), beginnt die Verjährung später (§ 78a Satz 2). Eine Beteiligung am Zustandsdelikt ist nach dem Eintritt des Zustandes nicht mehr möglich.

V. Allgemein-, Sonder- und eigenhändige Delikte

23 Diesen Deliktsgruppen ist gemeinsam, dass sie etwas über den möglichen Täterkreis, d. h. über das Tatsubjekt oder die Täterqualität, aussagen.

1. Allgemeindelikte

24 Das Allgemeindelikt stellt die Normalform dar, die man in der Regel an dem unbestimmten „Wer ..." der meisten Straftatbestände er-

kennt. Allgemeindelikte können von jedermann verwirklicht werden und werden deshalb auch Jedermannsdelikte genannt.

2. Sonderdelikte

Bei Sonderdelikten kommen als taugliche Täter nur Personen mit 25 einer bestimmten Subjektsqualität in Betracht. Die Einschränkung des Täterkreises ist leicht zu erkennen, wenn das Gesetz ihn auf den Arzt, Zahnarzt usw. (§ 203 I), auf den Arbeitgeber (§ 266a I) oder auf Amtsträger (§§ 331 f., 339 ff.) beschränkt. Etwas schwieriger als Sonderdelikt zu erkennen ist § 266 I; Täter kann allein sein, wem die untreuespezifische Vermögensbetreuungspflicht obliegt (*Rengier*, BT I, § 18 Rn. 66). Auch die unechten Unterlassungsdelikte sind Sonderdelikte, bei denen ausschließlich Garanten als Täter in Frage kommen (§ 49 Rn. 26).

Von **echten** Sonderdelikten spricht man, wenn die Subjektsqualität 26 strafbarkeitsbegründenden Charakter hat (z. B. §§ 203 I, 266 I, 339). Um **unechte** Sonderdelikte handelt es sich, wenn die besondere Tätereigenschaft die Strafe schärft (z. B. §§ 258a I, 340 I).

Die Einstufung als Sonderdelikt hat zur Folge, dass Täter, mittel- 27 barer Täter oder Mittäter eines solchen Delikts nur sein kann, wer selbst die spezielle Subjektsqualität aufweist (unten § 41 Rn. 1). Tatbeteiligte ohne diese Tätereigenschaft können daher lediglich als Anstifter oder Gehilfen erfasst werden; außerdem kommt ihnen dabei in der Regel § 28 I zugute (unten § 46 Rn. 2 f., 17). Etwaige Strafbarkeitslücken namentlich im Bereich der mittelbaren Täterschaft lassen sich allein mit Sondervorschriften wie § 271 überwinden (dazu *Rengier*, BT II, § 37 Rn. 1 ff.).

Zur umstrittenen Kategorie der **Pflichtdelikte** und ihrer Funktion 28 bei den Sonderdelikten siehe unten § 43 Rn. 19 f.; § 51 Rn. 16.

3. Eigenhändige Delikte

Von eigenhändigen Delikten (ausführlich *Satzger*, Jura 2011, 29 103 ff.) spricht man bei Straftaten, bei denen der Tatunwert eine höchstpersönliche Vornahme der Tatbestandsverwirklichung voraussetzt. Anerkannte Fälle sind die Aussagedelikte (§§ 153 ff.) sowie die §§ 173, 323a. Nach ganz h. M. zählt auch § 316 dazu (*Rengier*, BT II, § 43 Rn. 1). Keine eigenhändigen Delikte stellen das Herstellen einer unechten Urkunde gemäß § 267 I 1. Var. (*BGH* NStZ 2010, 342, 343) und § 123 dar (*Rengier*, BT II, § 30 Rn. 1).

56   1. Kapitel. Strafrechtliche Grundlagen

30   Parallel zu den Sonderdelikten können Tatbeteiligte, die nicht eigenhändig agieren, nur Anstifter oder Gehilfen, aber niemals mittelbare Täter oder Mittäter sein (unten § 41 Rn. 1). Bei den §§ 153 ff. schließt insoweit § 160 im Bereich der mittelbaren Täterschaft bestehende Strafbarkeitslücken (*Rengier*, BT II, § 49 Rn. 53 ff.).

VI. Sonstiges

31   Wenn das Gesetz von einer **rechtswidrigen Tat** spricht, so kommt nur eine solche in Betracht, die den Tatbestand eines Strafgesetzes verwirklicht (§ 11 I Nr. 5), also nicht eine Ordnungswidrigkeit (vgl. § 2 Rn. 14 f.). Das hat etwa für die §§ 145d I Nr. 1, 164 I Bedeutung. Im Übrigen meint der Begriff rechtswidrige Tat nach dem gesetzlichen Zusammenhang in der Regel eine tatbestandsmäßige und rechtswidrige, aber nicht unbedingt schuldhafte Tat (z. B. §§ 26, 27, 35 I, 63, 64, 257 I, 259 I). Muss die Tat auch schuldhaft begangen sein, so verwendet das Gesetz den Terminus **Straftat** (§§ 44, 66, 211).

32   Zum Begriff der **Unternehmensdelikte** unten § 39 Rn. 2.

Empfehlungen zur vertiefenden Lektüre:
Literatur: *Rönnau*, Grundwissen – Strafrecht: Erfolgs- und Tätigkeitsdelikte, JuS 2010, 961 ff.; *Satzger*, Die eigenhändigen Delikte, Jura 2011, 103 ff.

2. Kapitel. Einführung in die strafrechtliche Fallbearbeitung

§ 11. Methodik der Fallbearbeitung

I. Grundlagen

In Übungsfällen, Prüfungsklausuren und Hausarbeiten wird dem Studierenden in der Regel in Form eines „Falles" ein konkreter Sachverhalt mit der Frage vorgelegt, ob und nach welchen Vorschriften sich die Beteiligten strafbar gemacht haben. Bei der Ausarbeitung müssen bestimmte Formen, Regeln und Methoden beachtet werden. Insoweit sind die juristischen Methoden der Auslegung schon erörtert worden (oben § 5). Was die sprachliche Form betrifft, so ist grundsätzlich der Gutachten- und nicht der Urteilsstil zu wählen (unten Rn. 17 ff.). Weiter gibt es gewisse Aufbauregeln. Aufbauschemata helfen, die richtige Prüfungsstruktur einzuhalten und keine wesentlichen Punkte zu übersehen. – Zum Ganzen ein einführendes einfaches

Beispiel mit folgendem Sachverhalt (Uhr-Fall): Aus Rache zertrümmert A mit einem Hammer die Uhr des Eigentümers E. Strafbarkeit des A?

Die Prüfung beginnt damit, dass man im Besonderen Teil des StGB nach einem Straftatbestand sucht, der für das zu beurteilende tatsächliche Geschehen einschlägig sein könnte (hier Sachbeschädigung gemäß § 303 I). Im Gutachten wird dieser erste Schritt grundsätzlich in die Form eines *Einleitungs-* oder auch *Obersatzes* gekleidet, der den Prüfungsgegenstand fixieren und deutlich machen soll, durch welche konkrete im Sachverhalt genannte Handlung der Täter welchen Straftatbestand erfüllt haben könnte. Der Einleitungs- bzw. Obersatz wird umso wichtiger, je umfangreicher der Sachverhalt ist und je mehr Personen, namentlich als mögliche Opfer, beteiligt sind.

Auf den Uhr-Fall bezogen lautet der Einleitungssatz schulmäßig etwa so: „Indem A die Uhr des E zertrümmert hat, könnte er § 303 I erfüllt haben." Oder: „Durch das Zertrümmern der Uhr könnte A eine Sachbeschädigung begangen haben." Weitere Formu-

58   2. Kapitel. Einführung in die strafrechtliche Fallbearbeitung

lierungsmöglichkeiten: „… könnte A sich wegen einer Sachbeschädigung gemäß § 303 I strafbar gemacht haben", oder „… könnte A sich einer Sachbeschädigung schuldig gemacht haben".

4   **Beachte:** Grammatikalisch falsch sind die immer wieder anzutreffenden Formulierungen: „A könnte sich *einer Sachbeschädigung strafbar*" bzw. *„wegen einer Sachbeschädigung schuldig* gemacht haben". Man macht sich *wegen einer Tat* (z. B. wegen Mordes) *strafbar* bzw. ist *einer Tat* (z. B. eines Mordes) *schuldig.*

5   Im Anschluss an den Einleitungssatz muss gefragt werden, ob A nach dem konkreten Sachverhalt den objektiven Tatbestand des § 303 I erfüllt.

6   Jede Strafvorschrift enthält einen objektiven Tatbestand, der die Strafbarkeitsvoraussetzungen in einer allgemeineren Form umschreibt und sich aus objektiven Tatbestandsmerkmalen zusammensetzt. Der objektive Tatbestand des § 303 I lautet: „Wer eine fremde Sache beschädigt oder zerstört" (das „rechtswidrig" hat keine selbstständige Bedeutung und verweist nur auf die Stufe der Rechtswidrigkeit; erg. oben § 8 Rn. 14). Objektive Tatbestandsmerkmale sind „Wer", „fremd", „Sache" und – alternativ – „beschädigt" oder „zerstört". Nach dem gleichen Muster sind die meisten Strafvorschriften konstruiert, so dass man in der Regel in dem Halbsatz „Wer sich so und so verhält" den objektiven Tatbestand mit seinen objektiven Tatbestandsmerkmalen leicht finden kann.

7   Die Prüfung, ob die objektiven Tatbestandsmerkmale vorliegen, geschieht im Wege der Subsumtion. Bei diesem Vorgang wird gefragt, ob das im Sachverhalt geschilderte Geschehen unter die objektiven Tatbestandsmerkmale mit ihren konkretisierenden Definitionen *untergeordnet,* d. h. unter sie *subsumiert* werden kann (von lat. subsumere; vertiefend unten Rn. 22 ff.). Im Beispielsfall ist zu prüfen, ob sich die Sachverhaltsangabe „Uhr" unter das Merkmal „Sache", die Angabe „des E" unter „fremd" und das „zertrümmert" unter „zerstört" subsumieren lässt. Da dies jeweils zu bejahen ist, hat A den objektiven Tatbestand des § 303 I erfüllt.

8   Mit der Bejahung des objektiven Tatbestandes einer Strafvorschrift des Besonderen Teils ist (nur) die erste Voraussetzung für das Vorliegen einer strafbaren Handlung erfüllt. Allein die Erfüllung des objektiven Tatbestandes genügt aber nicht. Vielmehr sind weitere Strafbarkeitsvoraussetzungen zu beachten. Insoweit folgt zunächst aus der allgemeinen Regel des § 15, dass § 303 I im subjektiven Tatbestand vorsätzliches Handeln, d. h. eine bewusste und gewollte Verwirkli

§ 11. Methodik der Fallbearbeitung   59

chung aller objektiven Tatbestandsmerkmale, voraussetzt. Im Beispielsfall ist der Vorsatz des A unproblematisch zu bejahen.

Zur Verdeutlichung der Aussage des § 15 vgl. § 212 I (Fall der vorsätzlichen **9** Tötung) und § 222 (fahrlässige Tötung); § 223 I (Fall der vorsätzlichen Körperverletzung) und § 229 (fahrlässige Körperverletzung); § 324 I (Fall der vorsätzlichen Gewässerverunreinigung) und § 324 III (fahrlässige Gewässerverunreinigung); § 303 I (Fall der vorsätzlichen Sachbeschädigung). Der Fall der fahrlässigen Sachbeschädigung ist nirgendwo ausdrücklich geregelt, also straflos.

Von der Straflosigkeit der fahrlässigen Sachbeschädigung muss die zivil- **10** rechtliche Frage unterschieden werden, ob der Geschädigte im Fahrlässigkeitsfall Schadensersatz verlangen kann. Dies ist gemäß § 823 I BGB zu bejahen, aber nicht Gegenstand der strafrechtlichen Fallbearbeitung. In der unterschiedlichen straf- und zivilrechtlichen Haftungslage spiegelt sich die ultima-ratio-Funktion des Strafrechts wider (vgl. § 3 Rn. 5 ff.).

Objektiver und subjektiver Tatbestand bilden bei einem Vorsatzde- **11** likt wie § 303 die erste Strafbarkeitsstufe der „Tatbestandsmäßigkeit". Weiter hängt die Strafbarkeit davon ab, dass der Täter rechtswidrig handelt (zweite Stufe). Die Rechtswidrigkeit folgt normalerweise aus der Tatbestandsmäßigkeit. Nur wenn Rechtfertigungsgründe wie die Notwehr (§ 32) oder der rechtfertigende Notstand (§ 34) eingreifen, entfällt die Rechtswidrigkeit der Tat. Zusammen bilden die beiden Stufen der Tatbestandsmäßigkeit und Rechtswidrigkeit das Unrecht der Tat: Auf der Tatbestandsebene sind die unrechtsbegründenden Merkmale und auf der Ebene der Rechtswidrigkeit etwaige unrechtsausschließende, d. h. rechtfertigende Gründe festzustellen.

Wenn im Uhr-Fall (Rn. 2) E das zerstörerische Werk im letzten Moment **12** durch einen A verletzenden Faustschlag verhindern kann, handelt E bezüglich § 223 I zwar tatbestandsmäßig, ist aber gemäß § 32 gerechtfertigt.

Auf der dritten Strafbarkeitsstufe schließlich muss die Schuld fest- **13** gestellt werden. Hier geht es um die persönliche Vorwerfbarkeit der Tat. Auch die Schuld entfällt nur ausnahmsweise: Ohne Schuld handelt insbesondere, wer schuldunfähig ist (§§ 19, 20) oder sich auf einen Entschuldigungsgrund berufen kann (z. B. § 35).

Beispielhaft denke man daran, dass in dem Uhr-Fall der A erst 13 Jahre alt und deshalb gemäß § 19 schuldunfähig ist.

Die drei Stufen der Tatbestandsmäßigkeit, Rechtswidrigkeit und **14** Schuld stellen die zentralen Bausteine „der Straftat" dar (sog. dreistufiger Verbrechensaufbau). Daher sind in der Fallbearbeitung bei jeder

60   2. Kapitel. Einführung in die strafrechtliche Fallbearbeitung

Prüfung eines Straftatbestandes diese drei Stufen zu durchlaufen und anzusprechen, solange sich bejahende Antworten ergeben. Ist dies durchgehend der Fall, so wird das positive Ergebnis der Strafbarkeit festgehalten. Ansonsten bricht man die Prüfung dort ab, wo eine Strafbarkeitsvoraussetzung entfällt, und stellt die Verneinung der Strafbarkeit fest.

15   Zum Aufbau und zu den Prüfungspunkten vertiefend mit einem umfassenden Aufbauschema zum vollendeten vorsätzlichen Begehungsdelikt unten § 12 (mit dem Schema in Rn. 6).

II. Formale Hinweise zur genauen Zitierweise

16   Der mehrfach angesprochene § 303 enthält drei Absätze, die im Gesetz mit „(1)", „(2)" und „(3)" gekennzeichnet sind. Die Zitierweise „§ 303 (1)" ist aber nicht üblich. Korrekt zitiert werden die einzelnen Absätze entweder mit der Abkürzung „Abs." und arabischen Ziffern (also z. B. „§ 303 Abs. 1") oder mit römischen Ziffern (also z. B. „§ 303 I" oder „§ 303 II"). Enthält ein Absatz mehrere Sätze, so wird hinter die Absatzbezeichnung „Satz 1", „Satz 2" usw. oder auch abgekürzt „S. 1" usw. angefügt; bei der Verwendung römischer Ziffern folgt nur die der Stellung des Satzes entsprechende arabische Ziffer (Beispiele: § 24 Abs. 1 Satz 1; § 24 Abs. 2 S. 2; § 24 I 2; § 24 II 1). Soweit bestimmte Alternativen oder Varianten einschlägig sind, müssen auch diese exakt zitiert werden (z. B. § 24 I 1 1. Var.; § 224 I Nr. 5; § 226 I Nr. 3 1. Var.).

III. Zum Gutachten- und Urteilsstil

17   In der Fallbearbeitung hat der Studierende ein Gutachten zur Strafbarkeit der Beteiligten zu erstellen und dabei grundsätzlich den **Gutachtenstil** zu verwenden. Dieser ist dadurch gekennzeichnet, dass er den Leser zum Ergebnis hinführt, also stets den späteren Schritt aus dem vorherigen ableitet. Demzufolge sind die Sätze jedenfalls gedanklich typischerweise mit Adverbien wie „daher", „deshalb", „also", „folglich" und „damit" verbunden. Im Einzelnen kennzeichnen den Gutachtenstil vier Schritte: (1) Aufwerfen der Frage; (2) Definition (z. B. eines objektiven Tatbestandsmerkmals); (3) Subsumtion unter die Definition; (4) Ergebnis.

18   Die Schritte seien anhand des Uhr-Falles (Rn. 2) und beschränkt auf die objektiven Tatbestandsmerkmale „fremde Sache" – schulmäßig ausformuliert – verdeutlicht: Es müsste sich um eine fremde Sache handeln (*Aufwerfen der Frage*). Sachen sind körperliche Gegenstände im Sinne des § 90 BGB (*Defini-*

§ 11. Methodik der Fallbearbeitung   61

tion). Die Uhr ist als abgrenz- und greifbares Objekt ein körperlicher Gegenstand (*Subsumtion*), also stellt sie auch eine Sache dar (*Ergebnis*). Weiter müsste die Sache „fremd" sein (*Aufwerfen der Frage*). Fremd ist eine Sache, die zumindest auch im Eigentum eines anderen steht (*Definition*). Die Uhr gehört dem E (*Subsumtion*). Also ist sie für A fremd (*Ergebnis*).

Demgegenüber steht beim **Urteilsstil** das Ergebnis am Anfang und anschließend erfolgt die Begründung. Im Prinzip ist der Urteilsstil ein Spiegelbild des Gutachtenstils. Für den Urteilsstil charakteristisch sind Begründungen, die mit einem (auch ungeschriebenen) „denn", „da", „weil" und „indem" an den vorherigen Satz anknüpfen.   **19**

Beispielhaft verdeutlicht: Die Uhr ist eine Sache, weil es sich um einen körperlichen Gegenstand im Sinne des § 90 BGB handelt. Sie ist auch für A fremd. Denn sie steht im Eigentum des E.

Die Frage stellt sich, inwieweit der Studierende in seinem Gutachten den Urteilsstil verwenden darf. Eine sklavische Verwendung des Gutachtenstils auch bei unproblematischen Punkten würde zu umständlichen und langatmigen Darstellungen führen und vor allem bei der Bearbeitung von Klausuren die oft bestehende Zeitnot erheblich verschärfen. Demgegenüber ist der Urteilsstil kürzer und prägnanter. Als Faustregel gilt: Unproblematische Fragen, die keiner näheren Begründung bedürfen, sollten im Urteilsstil behandelt werden. Ansonsten ist grundsätzlich der Gutachtenstil zu verwenden (*Beulke* I, Rn. 17; *Valerius*, Einführung, S. 21 f.).   **20**

Für die Folgefrage, was in diesem Sinne „unproblematisch" ist, gibt es keine Faustregel, wohl aber den Ratschlag, das dafür erforderliche Gespür durch Übung und selbstständiges Falltraining zu entwickeln. Im Uhr-Fall wurde, um die Technik des Gutachtenstils zu verdeutlichen, in Rn. 18 schulmäßig unter die Merkmale „Sache" und „fremd" subsumiert. Als Klausurlösung gedacht wäre eine solche Ausarbeitung angesichts des unproblematischen Falles zu langatmig. Demgegenüber ist eine Falllösung mit teilweisem Urteilsstil besser und klarer, etwa so: Im Zertrümmern der Uhr könnte eine Sachbeschädigung gemäß § 303 I liegen. Die Uhr des E ist eine für A fremde Sache. Durch das Zertrümmern hat A sie zerstört. Er handelt vorsätzlich, rechtswidrig und schuldhaft. Also macht er sich gemäß § 303 I strafbar.   **21**

62   2. Kapitel. Einführung in die strafrechtliche Fallbearbeitung

IV. Vertiefung

1. Definitionen und Streitfragen

22   Beim Gutachtenstil bilden der Einleitungs- bzw. Obersatz sowie das Aufwerfen der Frage am Anfang und die Feststellung des Ergebnisses am Ende den Rahmen, innerhalb dessen die eigentliche Aufgabe stattfindet, im Wege des Definierens und Subsumierens die einschlägigen Merkmale und Rechtsfragen zu erörtern. Da die gesetzlichen Begriffe oft allgemeiner(er) Natur und nicht eindeutig sind, müssen sie ausgelegt und definiert werden. Aus Definitionen können sich wieder Unterdefinitionen ergeben. Solche Definitionen stellen ein wichtiges Handwerkszeug dar. Sie gehen häufig auf Entscheidungen der Rechtsprechung zurück, können aber auch aus der Literatur herrühren. Auf jeden Fall muss man sich bestimmte Definitionen einprägen und mehr oder weniger (verstehend) auswendig lernen.

23   In der Natur der Sache liegt es, dass man Begriffe oft unterschiedlich interpretieren kann. So entstehen Meinungsverschiedenheiten und „Streitfragen", mit denen man sich auch in der Fallbearbeitung unbedingt auseinandersetzen muss. Der Studierende macht einen großen Fehler, wenn er glaubt, bei wichtigen Streitpunkten sich auf das Studium nur einer Meinung, insbesondere der „herrschenden" Meinung und/oder der (etwaigen) Rechtsprechung beschränken zu können. Juristisches Argumentieren lernt man vor allem durch Auseinandersetzungen mit verschiedenen zu einem Problem vertretenen Standpunkten. Dabei ist das schon vorgestellte methodische Instrumentarium eine unentbehrliche Hilfe (oben § 5). In der Fallbearbeitung lassen sich gerade durch gute Darstellungen von Streitfragen Punkte sammeln. Ob man sich dann am Ende der „herrschenden" Meinung, der Rechtsprechung oder vielleicht einer dritten Ansicht anschließt, spielt keine Rolle. Entscheidend ist die Begründung, die sich natürlich mit wichtigen (Gegen-)Stimmen wie der h. M. und Rechtsprechung auseinandersetzen muss. – Später in der Praxis verschieben sich die Gewichte naturgemäß zugunsten der Rechtsprechung.

2. Musterlösung eines kurzen Klausurfalles

24   Im Folgenden wird anhand eines kleinen Klausurfalles die Gutachten- und Fallbearbeitungstechnik in Form einer „idealen" Lösung

§ 11. Methodik der Fallbearbeitung   63

verdeutlicht. Die kursiv gesetzten Hinweise gehören natürlich nicht in die Ausarbeitung, sondern sollen nur auf den jeweiligen gedanklichen Schritt aufmerksam machen.

Sachverhalt: A sieht den X zufällig in einem Bierzelt. Spontan geht er von **25** hinten auf den X zu und wuchtet dessen Kopf ohne Tötungsvorsatz gegen einen fest montierten Zeltpfosten. Als Folge entstehen eine Beule und ein Bluterguss. Nach welchen Vorschriften des Strafgesetzbuches hat sich A strafbar gemacht?

Strafbarkeit des A
I. § 223 I
1. Objektiver Tatbestand
A könnte sich dadurch, dass er den Kopf des X gegen den Zeltpfosten **26** wuchtete, wegen Körperverletzung gemäß § 223 I strafbar gemacht haben *(Einleitungs-* bzw. *Obersatz)*. Der objektive Tatbestand setzt eine körperliche Misshandlung oder Gesundheitsschädigung voraus *(Aufwerfen der Frage)*. Unter einer körperlichen Misshandlung versteht man eine üble, unangemessene Behandlung, durch die das körperliche Wohlbefinden oder die körperliche Unversehrtheit nicht nur unerheblich beeinträchtigt wird *(Definition)*. Bei dem Kopf handelt es sich um einen empfindlichen Körperbereich. Durch das Wuchten des Kopfes gegen den Pfosten hat A dem X nicht nur belanglose körperliche Schmerzen zugefügt. Das Wuchten stellt auch eine üble, unangemessene Behandlung dar *(Subsumtion)*. Also hat A den X im Sinne des § 223 I 1. Var. körperlich misshandelt *(Ergebnis)*.

Darüber hinaus könnte eine Gesundheitsschädigung vorliegen *(Aufwerfen* **27** *der Frage)*. Unter einer Gesundheitsschädigung versteht man das Hervorrufen oder Steigern eines – nicht nur unerheblichen – krankhaften, d. h. pathologischen Zustandes. Krankhaft ist ein vom Normalzustand der körperlichen Funktionen des Opfers nachteilig abweichender Zustand *(Definition)*. Hier hat das Wuchten eine Beule und einen Bluterguss zur Folge gehabt. Dies stellt einen anormalen körperlichen Zustand dar *(Subsumtion)*. Damit ist auch eine Gesundheitsschädigung gemäß § 223 I 2. Var. gegeben *(Ergebnis)*.

2. Subjektiver Tatbestand
A begeht die Körperverletzung wissentlich und willentlich, also mit Vor- **28** satz.

3. Rechtswidrigkeit, Schuld, Ergebnis
A handelt auch rechtswidrig und schuldhaft. Demnach ist er einer Körperverletzung gemäß § 223 I schuldig *(Endergebnis)*.

II. § 224 I
A könnte ferner eine gefährliche Körperverletzung gemäß § 224 I begangen **29** haben *(Einleitungssatz)*. In Betracht kommt die Erfüllung der Nr. 2, 3 und 5 *(Aufwerfen der Frage)*.

1. Objektiver Tatbestand
a) Nr. 2. Fraglich ist, ob es sich bei dem Zeltpfosten um ein gefährliches **30** Werkzeug gemäß § 224 I Nr. 2 2. Var. handelt *(Aufwerfen der Frage)*. Unter

64   2. Kapitel. Einführung in die strafrechtliche Fallbearbeitung

einem gefährlichen Werkzeug versteht man jeden Gegenstand, der nach seiner objektiven Beschaffenheit und der Art seiner Benutzung im konkreten Fall erhebliche Verletzungen hervorrufen kann *(Definition)*. *(Im Folgenden Subsumtion mit Diskussion der Streitfrage:)* Grundsätzlich ist ein heftiger Stoß eines Kopfes gegen einen fest montierten Zeltpfosten geeignet, größere Schädelverletzungen herbeizuführen, zumal ein solcher Pfosten in der Regel aus Metall oder Hartholz besteht. Doch handelt es sich um einen unbewegbaren Gegenstand. Nach einer verbreiteten und insbesondere von der Rechtsprechung vertretenen Ansicht soll der Begriff des „Werkzeugs" nur bewegliche Objekte erfassen. Begründet wird diese Auffassung damit, dass die Einbeziehung unbewegbarer Gegenstände gegen den Gesetzeswortlaut verstoße und sich eine Auslegung, die über den allgemeinen Sprachgebrauch hinausgehe, gemäß Art. 103 II GG verbiete *(Wortlautargument)*. Außerdem bestehe für eine extensive Auslegung kein Bedürfnis, da in den meisten Fällen eine das Leben gefährdende Behandlung gemäß der Nr. 5 vorliege *(systematische Auslegung)*.

31   Demgegenüber hält eine andere Meinung es für möglich, in den Werkzeugbegriff auch unbewegliche Gegenstände einzubeziehen. Sie macht geltend, dass der Begriff weit auszulegen sei und mit dem Wort Werkzeug auch jeder Gegenstand erfasst werden könne, der be- oder ausgenutzt werde. Diese Ansicht ist vorzugswürdig. Im konkreten Fall lässt sich der Zeltpfosten durchaus als Verletzungswerkzeug bezeichnen *(Widerlegung des Wortlautarguments)*. *(Im Folgenden teleologische Argumente:)* Außerdem liegt der Zweck der Vorschrift darin, die gefährliche Instrumentalisierung gegenständlicher Objekte zu Körperverletzungszwecken schärfer zu bestrafen. Insoweit ist die Bewegbarkeit von sekundärer Bedeutung. Auch führt das Kriterium der Beweglichkeit zu zufälligen und widersprüchlichen Ergebnissen: So wäre zwar der geworfene Stein als Werkzeug anzusehen, aber nicht der – ab welchem Gewicht? – unbewegbare Felsbrocken, gegen den das Opfer gestoßen wird. Demnach stellt der Zeltpfosten ein gefährliches Werkzeug dar *(Ergebnis)*.

32   b) Nr. 3. Weiter könnte in dem Angriff von hinten und anschließenden Wuchten des Kopfes gegen den Pfosten ein hinterlistiger Überfall zu sehen sein *(Aufwerfen der Frage)*. Ein Überfall ist jeder plötzliche, unerwartete Angriff auf einen Ahnungslosen *(Definition)*. Ein Überraschungsangriff auf X liegt vor *(Subsumtion)*. Weiterhin müsste sich dieser Überraschungsangriff als hinterlistig darstellen *(Aufwerfen der Frage)*. Hinterlistig ist ein Überfall, wenn der Täter seine wahre Absicht planmäßig berechnend verdeckt, um gerade dadurch dem Angegriffenen die Abwehr zu erschweren *(Definition)*. Allein in dem bloßen spontanen Ausnutzen eines Überraschungsmoments liegt kein planmäßiges Vorgehen, also keine Hinterlist *(Subsumtion)*. Demnach muss § 224 I Nr. 3 verneint werden *(Ergebnis)*.

33   c) Nr. 5. Schließlich kommt § 224 I Nr. 5 in Betracht *(Aufwerfen der Frage)*. Eine lebensgefährdende Behandlung verlangt eine Begehungsweise, die nach den Umständen des konkreten Falles objektiv generell geeignet ist, das Opfer in Lebensgefahr zu bringen *(Definition)*. Wer in so empfindliches Körperteil wie den Kopf wuchtig gegen einen Pfosten stößt, führt die Gefahr eines Schädelbruchs oder innerer Schädelverletzungen herbei. Solche Verletzungen sind

§ 11. Methodik der Fallbearbeitung   65

generell geeignet, das Leben des Opfers zu gefährden *(Subsumtion)*. Also ist das Merkmal der lebensgefährdenden Behandlung erfüllt *(Ergebnis)*.

2. Subjektiver Tatbestand

Der Vorsatz des A erstreckt sich auf die Verwendung des Pfostens als ge- **34** fährliches Werkzeug. Außerdem weiß er, dass diese Behandlung das Leben des X gefährden kann.

3. Rechtswidrigkeit, Schuld, Ergebnis

Da A ferner rechtswidrig und schuldhaft handelt, hat er sich wegen gefährlicher Körperverletzung gemäß § 224 I strafbar gemacht *(Ergebnis)*.

III. Konkurrenzen

§ 223 tritt hinter § 224 im Wege der Spezialität zurück.

Rechtsprechung und Literatur zu diesem Fall: BGHSt 36, 1, 9; *BGH* **35** MDR/H 1979, 987; NStZ 2004, 93; *Rengier*, BT II, § 13 Rn. 7 ff., 11 f.; § 14 Rn. 27, 37 ff., 44 f., 50 ff.; LK/*Lilie*, 11. Aufl., § 224 Rn. 27, 31.

3. Ergänzende Hinweise

Im Rechtsgutachten müssen, wenn nach der Strafbarkeit eines oder **36** der Beteiligten gefragt ist, immer alle potentiell einschlägigen Straftatbestände (hier §§ 223, 224) mit allen (möglicherweise) eingreifenden Tatbestandsvarianten (hier des § 223 I wie des § 224 I) geprüft werden. Es wäre also insbesondere verfehlt, im Rahmen des § 224 I die Prüfung nach der Bejahung des gefährlichen Werkzeugs (Nr. 2) abzubrechen, ohne noch auf den hinterlistigen Überfall (Nr. 3) und die lebensgefährdende Behandlung (Nr. 5) einzugehen. Angesprochen wird aber nur das, was vorliegen könnte. Man weist nicht negativ darauf hin, dass von den Tatvarianten des § 224 I die Nr. 1 und 4 nicht in Betracht kommen. Die Prüfung der beiden Varianten des § 223 I in der Musterlösung könnte auch kürzer ausfallen.

Bei der Feststellung des Endergebnisses (I.3, II.3) ist wieder – wie **37** beim Einleitungssatz (Rn. 4) – auf den korrekten Sprachgebrauch zu achten, soweit die Formulierungen „wegen … strafbar" und „einer Tat schuldig" verwendet werden. Anders und knapper formuliert lässt sich das Endergebnis etwa auch so feststellen: „Demnach hat A § 223 I erfüllt" oder „ist A gemäß (nach, aus) § 223 I strafbar".

Sind bei einer Person mehrere Straftatbestände zu bejahen, so muss **38** am Ende geklärt werden, in welchem Verhältnis die Tatbestände zueinander stehen. Antworten darauf gibt die Lehre von den Konkurrenzen (näher unten §§ 56, 57). Insoweit stehen § 223 und § 224 im Verhältnis von Grunddelikt und Qualifikation. Mit anderen Worten: § 224 ist ein Spezialtatbestand, der zwingend die Erfüllung des § 223 voraussetzt (zu den Begriffen vgl. § 56 Rn. 29). A wird nur aus § 224 I

66   2. Kapitel. Einführung in die strafrechtliche Fallbearbeitung

bestraft. In der Fallbearbeitung genügt es, die Spezialität des § 224 kurz festzustellen.

39   In der vorstehenden Musterlösung werden die §§ 223, 224 getrennt geprüft. Tatbestände, die im Verhältnis von Grunddelikt und Qualifikation stehen, kann man grundsätzlich auch gemeinsam prüfen. Jedenfalls bei den §§ 223, 224 ist dieser Weg zumindest dem Fortgeschrittenen eher zu empfehlen (dazu *Rengier*, BT II, § 14 Rn. 1).

40   Es kann sinnvoll sein, in die Ausarbeitung Zwischenüberschriften insbesondere für den objektiven und subjektiven Tatbestand sowie die Rechtswidrigkeit und Schuld einzufügen. Zwar spricht grundsätzlich der Aufbau für sich, doch können Überschriften vor allem bei umfangreicheren Prüfungen den Ablauf – auch dem Bearbeiter selbst – verdeutlichen. Eine gewisse Flexibilität ist erlaubt. In einfachen Fällen wie dem Uhr-Fall von Rn. 2 verursachen Zwischenüberschriften nur mehr Schreibarbeit.

41   Überschriften können auch den Vorteil haben, dass man auf den Einleitungssatz und das Aufwerfen der Frage (leichter) verzichten kann, soweit die Überschrift deutlich genug zeigt, worum es geht. So sind in der Musterlösung bei I.1 und II die ersten Zeilen mit dem Einleitungssatz und dem Aufwerfen der Frage durchaus entbehrlich. Entsprechendes gilt für das Aufwerfen der Frage bei II.1.c.

V. Sonstiges

42   Die vorstehende Einführung in die Methodik der Fallbearbeitung findet im folgenden Paragrafen mit der Vorstellung und Besprechung des Aufbauschemas zum vollendeten vorsätzlichen Begehungsdelikt eine gewisse Vertiefung.

43   **Ergänzende Literatur** zur Methodik der Fallbearbeitung und zum dazugehörenden Umfeld (Sprache und Stil; Lernen im Jurastudium): *Beulke* I, Rn. 1 ff.; *Er/Erler/Kreutz*, Probieren gehört zum Studieren: Gut vorbereitet in die erste Strafrechtsklausur, JA 2014, 749 ff.; *Hilgendorf*, Fälle zum Strafrecht für Anfänger, 2. Aufl., 2013, Rn. 1 ff.; *Hilgendorf/Valerius*, AT, § 3 Rn. 18 ff.; *Hillenkamp*, 30 Fehler bei der Subsumtion: Ohne sie wird's besser!, StudZR 2015, 123 ff.; *Klaas/Scheinfeld*, Die Strafrechtsklausur, Jura 2010, 542 ff.; *Lammers*, Lernen im Jurastudium und in der Examensvorbereitung, JuS 2015, 289 ff.; *Murmann*, Darstellungsprobleme in der Strafrechtsklausur, JA 2012, 728 ff.; *Otto/Bosch*, Übungen im Strafrecht, 7. Aufl., 2010, S. 3 ff.; *Putzke*, Juristische Arbeiten erfolgreich schreiben, 5. Aufl., 2014; *Rengier*, Hinweise für die Formalia rechtswissenschaftlicher Hausarbeiten am Beispiel des Strafrechts,

insbesondere IV.8 und IV.9 zu Sprache und Stil (www.jura.uni-konstanz.de/ren gier/); *Valerius*, Einführung, S. 3 ff.; *Wieduwilt*, Die Sprache des Gutachtens, JuS 2010, 288 ff.; *Wohlers/Schuhr/Kudlich*, Klausuren und Hausarbeiten im Strafrecht, 4. Aufl., 2014.

44 In den in Rn. 43 genannten Büchern findet man ferner – teilweise ausschließlich – Anfängerklausuren und Anfängerhausarbeiten, die zudem in stilistischer Hinsicht und ebenso für den Fortgeschrittenen lehrreich sind. Weiteres Fallmaterial wird laufend in den Ausbildungszeitschriften JuS, Jura und JA veröffentlicht (eine Zusammenstellung von Anfängerarbeiten bei *Beulke* I, nach Rn. 426 und in Rn. 435). Wer – insbesondere erstmals – eine Hausarbeit zu schreiben hat, kann von meiner Homepage die in Rn. 43 bereits erwähnten „Hinweise zu den Formalia …" abrufen.

45 Die Anfänger- und Semesterabschlussklausuren von *Rengier/Jesse*, JuS 2008, 42 ff., *Rengier/Brand*, JuS 2008, 514 ff. und *Rengier/Braun*, JuS 2012, 999 ff. sind im Stile einer „perfekten" Bearbeitung gehalten und wollen in formalen und Darstellungsfragen als Vorbild dienen (ebenso etwa die Anfängerklausur von *Bergmann*, ZJS 2011, 260 ff.).

§ 12. Aufbauschema zum vollendeten vorsätzlichen Begehungsdelikt

I. Grundlagen und Aufbaufragen

1 Nach dem dreistufigen Verbrechensaufbau setzt die Strafbarkeit ein tatbestandsmäßiges, rechtswidriges und schuldhaftes Verhalten voraus. Innerhalb dieser Stufen sind bestimmte Prüfungspunkte zu beachten. Außerdem kann die Strafbarkeit noch von weiteren Fragen abhängen. Im Folgenden wird das alles in einem Aufbauschema zum vollendeten vorsätzlichen Begehungsdelikt in der Form des häufigen Erfolgsdelikts zusammengefasst. Dabei sollte man sehen, dass sich die Bedeutung des Aufbauschemas nicht auf diesen Deliktstyp beschränkt; vielmehr bildet es auch die Basis für die Aufbauschemata zu anderen Deliktsarten.

2 Vgl. insoweit insbesondere die Aufbauschemata zum versuchten Begehungsdelikt in § 34 Rn. 2; zum vollendeten vorsätzlichen unechten Unterlassungsdelikt in § 49 Rn. 5; zum fahrlässigen Begehungsdelikt in § 52 Rn. 12; zum fahrlässigen unechten Unterlassungsdelikt in § 54 Rn. 2.

3 Das Schema hat einen gewissen Umfang, der verständlich wird, wenn man sich die Funktion eines Aufbauschemas deutlich macht: Ein Schema hat Orientierungs- und Erinnerungsfunktion. Es soll hel-

68   2. Kapitel. Einführung in die strafrechtliche Fallbearbeitung

fen, bei jeder Tatbestandsprüfung einen Standort für die Punkte zu haben, die einschlägig sein könnten.

4   Den Kern der Straftat bilden die Stufen der Tatbestandsmäßigkeit, Rechtswidrigkeit und Schuld. Diese müssen daher in der Fallbearbeitung bei jeder Tatbestandsprüfung angesprochen und festgestellt werden. Dazu ein das vorsätzliche Erfolgsdelikt des § 212 I betreffendes

Beispiel: Wird im Sachverhalt geschildert, dass im Rahmen einer tätlichen Auseinandersetzung T dem O gezielt mit tödlicher Wirkung in den Kopf schießt, so hat man es mit einer unproblematischen vorsätzlichen Tötung zu tun und die Ausarbeitung bezüglich § 212 I könnte etwa so aussehen: In Betracht kommt eine vorsätzliche Tötung gemäß § 212 I. Indem T auf den O geschossen und diesen mit tödlichen Folgen getroffen hat, hat er dessen Tod verursacht. T hat gezielt auf den Kopf geschossen, also vorsätzlich gehandelt. Die Tat ist rechtswidrig und schuldhaft. Demnach hat sich T wegen Totschlags strafbar gemacht (erg. das Beispiel zu § 303 I oben in § 11 Rn. 21).

5   Zu allen übrigen Schemapunkten ist lediglich dann etwas zu sagen, wenn vom Tatbestand und/oder Sachverhalt her dazu Anlass besteht. So sind besondere subjektive Tatbestandsmerkmale allein bei Tatbeständen anzusprechen, die solche Merkmale kennen (Punkt I.2.b). In entsprechender Weise stellen die Schemapunkte IV.–VI. reine Merkposten dar, auf die man nur zurückgreift, soweit nach dem Sachverhalt ein Punkt einschlägig sein könnte.

6   Mit diesem Vorwissen ausgestattet ist das folgende Schema zu studieren:

Aufbauschema zum vollendeten vorsätzlichen Begehungsdelikt (Erfolgsdelikt)

I. **Tatbestandsmäßigkeit**
   1. **Objektiver Tatbestand**
      a) Vorliegen einer Handlung (= willentliches Verhalten) und Verwirklichung aller deliktsspezifischen objektiven Tatbestandsmerkmale einschließlich des tatbestandlichen Erfolges (z. B. Tod)
      b) Kausalität: Verursachung des Erfolges im Sinne der Äquivalenztheorie
      c) Objektive Zurechnung: Schaffung einer rechtlich missbilligten Gefahr, die sich zurechenbar im tatbestandlichen Erfolg realisiert (ergänzendes Schema in § 13 Rn. 50)

§ 12. Aufbauschema zum vollendeten vorsätzlichen Begehungsdelikt   69

2. **Subjektiver Tatbestand**
   a) Vorsatz bezüglich aller objektiven Tatbestandsmerkmale bei Begehung der Tat
   b) Besondere subjektive Tatbestandsmerkmale (z. B. Mordmerkmale der 1. und 3. Gruppe des § 211 II; Zueignungsabsicht bei § 242 I)

II. **Rechtswidrigkeit**
   1. Objektive Merkmale eines etwaigen Rechtfertigungsgrundes (z. B. §§ 32, 34)
   2. Subjektive Merkmale (ganz h. M.; Rechtfertigungsvorsatz)

III. **Schuld**
   1. Schuldfähigkeit (§§ 19, 20)
   2. Vorsatzschuld (streitig; *nur* relevant beim sog. Erlaubnistatbestandsirrtum)
   3. Entschuldigungsgründe (z. B. §§ 33, 35)
   4. Aktuelles oder potentielles Unrechtsbewusstsein (§ 17)

IV. **Strafzumessung**
   Benannte Strafzumessungsbeispiele (insbesondere Regelbeispiele z. B. des § 243, ferner § 213)

V. **Persönliche Strafmilderungs-, Strafausschließungs- und Strafaufhebungsgründe**
   1. Vorschriften wie §§ 157, 218 III, 257 III, 258 V, VI
   2. Tätige Reue (z. B. §§ 239a IV, 306e I, II)

VI. **Prozessvoraussetzungen**
   Insbesondere Strafantrag (z. B. §§ 230, 248a, 303c), ferner Verjährung

II. Ergänzende Hinweise zum Aufbauschema

Zu I.1: Für **Tätigkeitsdelikte** wie die §§ 153, 316 I (vgl. § 10 Rn. 7)   7
gilt das Schema entsprechend. Im objektiven Tatbestand entfallen die
Punkte Erfolgseintritt, Kausalität und objektive Zurechnung.

Zu I.1.a: Das Vorliegen einer Handlung entfällt sehr selten (dazu   8
§ 7 Rn. 7 ff.) und braucht im Normalfall nicht besonders angesprochen zu werden. Festzustellen sind alle objektiven Tatbestandsmerkmale. Dazu gehört auch die Täterqualität, die bei Allgemeindelikten
völlig unproblematisch ist, bei Sonderdelikten aber besonderer Be-

70   2. Kapitel. Einführung in die strafrechtliche Fallbearbeitung

achtung bedarf (erg. § 10 Rn. 25 ff.). Zur Einordnung der Merkmale „rechtswidrig" und „unbefugt" siehe oben § 8 Rn. 14.

9   **Zu I.1.b:** Die Kausalität ist bei den Erfolgsdelikten ein ungeschriebenes objektives Tatbestandsmerkmal, das auch unter I.1.a verortet werden kann (zu den einschlägigen Fragen unten § 13 Rn. 3 ff.).

10   **Zu I.1.c:** Bezüglich der objektiven Zurechnung enthält das Schema nur die Grundformel, deren Auswirkungen – mit einem präzisierenden Aufbauschema – noch erörtert werden (§ 13 Rn. 38 ff., 50). Kriterien der objektiven Zurechnung sind nur zu erörtern, wenn der Sachverhalt dazu Anlass gibt. Ist sie unproblematisch, so braucht sie im strafrechtlichen Gutachten nicht eigens erwähnt zu werden, weil sie die Haftung einschränkt (*Kindhäuser*, AT, § 11 Rn. 62). Man kann aber auch, vor allem bei Tötungsdelikten, eine Formulierung der Art „... in objektiv zurechenbarer Weise verursacht" verwenden.

11   **Zu I.2.a:** Nach heute ganz h. M. gehört die Prüfung des Vorsatzes als Bestandteil des subjektiven Tatbestandes in die Stufe der Tatbestandsmäßigkeit (zu den Gründen § 7 Rn. 2 ff.). Hier sind z. B. Abgrenzungsfragen zur Fahrlässigkeit und Tatbestandsirrtümer zu erörtern. Näher zu den Vorsatzfragen siehe unten §§ 14, 15.

12   **Zu I.2.b:** Zu den besonderen subjektiven Tatbestandsmerkmalen gehören ferner etwa die Absichten der §§ 252, 253, 259, 265. Zu nennen sind weiter Gesinnungsmerkmale wie „böswillig" in § 225 I und „rücksichtslos" in § 315c I Nr. 2 (erg. unten § 16 Rn. 1 f., 9).

13   **Zu I.3** (im Aufbauschema weggelassen): Manche fügen nach dem subjektiven Tatbestand noch einen weiteren Punkt „Tatbestandsannex: Objektive Bedingungen der Strafbarkeit" in das Aufbauschema ein. Man kann das der Vollständigkeit halber machen, doch wird hier darauf verzichtet: Denn dieser Punkt spielt für den Studierenden in der Regel nur bei den §§ 186, 231, 323a eine Rolle. Außerdem ist es bezüglich § 323a geschickter, die objektive Bedingung erst nach der Schuld zu erörtern. Daher sei an dieser Stelle auf die für die §§ 186, 231, 323a vorgeschlagenen Aufbauschemata verwiesen (*Rengier*, BT II, § 18 Rn. 2; § 29 Rn. 1; § 41 Rn. 4).

14   **Zu II:** Der Täter handelt rechtswidrig, wenn die Tat tatbestandsmäßig ist und keine Rechtfertigungsgründe eingreifen. Dem objektiven und subjektiven Tatbestand entspricht auf der Rechtfertigungsebene ein objektiver und subjektiver Rechtfertigungstatbestand. Diesem fällt die Funktion zu, den objektiven Erfolgsunwert des objektiven Tatbestandes und den subjektiven Handlungsunwert des subjektiven Tatbestandes zu kompensieren (erg. § 17 Rn. 9, 18).

§ 12. Aufbauschema zum vollendeten vorsätzlichen Begehungsdelikt   71

Gibt es keine Anhaltspunkte für das Eingreifen irgendeines Recht- 15 fertigungsgrundes, gibt es also keine Hinweise etwa auf eine Verteidigungs- oder Gefahrenlage, so müssen weder § 32 noch § 34 erwähnt werden. Es genügt dann die Feststellung: „Rechtfertigungsgründe greifen nicht ein. Daher ist die Tat rechtswidrig." Kürzer noch: „Die Tat ist rechtswidrig."

Immer wieder stößt man auch auf die fragliche Formulierung, dass die Ver- 16 wirklichung des Tatbestandes die Rechtswidrigkeit „indiziere" (W/Beulke/ Satzger, AT, Rn. 115). Inhaltlich soll damit nichts anderes gesagt werden. Doch kann man die Redeweise vom Indiz für verfehlt halten (und deshalb darauf verzichten), weil sie dahingehend missverstanden werden könnte, als ob der Täter das Eingreifen von Rechtfertigungsgründen nachweisen müsste, und weil tatbestandsmäßiges Verhalten kein Beleg dafür ist, dass im konkreten Fall kein Rechtfertigungsgrund eingreift (vgl. Kindhäuser, AT, § 8 Rn. 4; Freund, AT, § 3 Rn. 2 f.). Näher zu den Rechtfertigungsfragen und Rechtfertigungsgründen unten §§ 17 ff.

Zu III: Liegen keine Anhaltspunkte dafür vor, dass die Schuld in- 17 folge eines der genannten Unterpunkte ausgeschlossen oder vermindert sein könnte, genügt im Gutachten die Feststellung: „Die Tat ist schuldhaft." Zur Frage spezieller Schuldmerkmale vgl. unten § 16 Rn. 9 f.

Zu IV: An dieser Stelle geht es insbesondere um die straferschwe- 18 renden Regelbeispiele. Der Studierende wird mit ihnen spätestens im Rahmen der Vermögensdelikte konfrontiert werden (zu § 243 siehe Rengier, BT I, § 3). Die Vorschrift des § 213 wird nur selten fallrelevant (dazu Rengier, BT II, § 3 Rn. 14 f.).

Zu V: Die zu diesem Punkt genannten Vorschriften sollten gelesen 19 werden. Im Einzelnen werden sie im Zusammenhang mit den Tatbeständen des Besonderen Teils erörtert. Bei den Vorschriften über die tätige Reue ist zu beachten, dass sie teilweise nur strafmildernde, teilweise strafaufhebende Wirkung haben.

Zu VI: Antragsdelikte, die in der Fallbearbeitung verhältnismäßig 20 oft vorkommen, sind z. B.: § 123 I, II; §§ 223, 229, 230 I; §§ 242, 246 i. V. m. 248a; § 248b I, III; §§ 263 IV, 263a II, 265a III, 266 II i. V. m. 248a; §§ 303, 303c. All diese Tatbestände müssen unabhängig davon durchgeprüft werden, ob nach dem Sachverhalt ein Strafantrag gestellt worden ist oder nicht. Ist er noch nicht gestellt, so gehört zur vollständigen Prüfung auch der Hinweis (aufbaumäßig nach der Schuld): „Der erforderliche Strafantrag (z. B. gemäß §§ 123 II, 230 I, 248a, 303c) muss noch gestellt oder das besondere öffentliche Inte-

72   2. Kapitel. Einführung in die strafrechtliche Fallbearbeitung

resse (z. B. in den Fällen der §§ 230 I, 248a) noch bejaht werden."
Heißt es im Sachverhalt, dass alle erforderlichen Strafanträge gestellt
sind, so ist der Hinweis vielleicht unwichtiger, aber doch nicht überflüssig, weil ein Strafantrag wieder zurückgenommen werden kann
(§ 77d). Man formuliert dann etwa so: „Der nach § 123 II usw. erforderliche Strafantrag ist gestellt."

21   Wenn Antragsvorschriften wie die §§ 247, 248a besondere Merkmale enthalten (z. B. Geringwertigkeit), sind diese zu prüfen. Soweit
bei Antragsdelikten wie § 223 und § 242 i. V. m. § 248a Qualifikationen oder Straferschwerungen eingreifen (§§ 224 ff., 243 f.), erübrigt
sich der Hinweis auf die §§ 230 I, 248a.

3. Kapitel. Das vollendete vorsätzliche Begehungsdelikt: Die Tatbestandsmäßigkeit

Am Anfang der Prüfung der Tatbestandsmäßigkeit stehen im objektiven Tatbestand die im Aufbauschema von § 12 Rn. 6 unter I.1.a aufgeführten und in § 12 Rn. 8 bereits erläuterten Punkte. In diesem Kapitel geht es um die zentralen Fragen des objektiven und subjektiven Tatbestandes.

§ 13. Objektiver Tatbestand: Kausalität und objektive Zurechnung

Fall 1: Als künftiger Erbe will T den Tod des X herbeiführen. Daher überredet er den X, Flugreisen zu machen mit dem Ziel, dass X durch einen Flugzeugabsturz umkommt. Das Ereignis tritt tatsächlich ein. → Rn. 5, 40, 52

Fall 2: T hat den O mit Tötungsvorsatz lebensgefährlich verletzt. O stirbt aber nur deshalb, weil a) im Krankenhaus ein Brand ausbricht, b) ein Dritter dem normal fahrenden Krankenwagen die Vorfahrt nimmt, c) der Krankenwagen, da sich O in akuter Lebensgefahr befindet, mit durch Blaulicht und Einsatzhorn gerechtfertigtem erhöhten Risiko fährt und gerade dieses Risiko zu einem für O tödlichen Verkehrsunfall führt. → Rn. 5, 64, 66

Fall 3: X hat den Belastungszeugen Z so vergiftet, dass dessen Tod sicher eintreten wird. Bevor Z stirbt, tritt Y auf den Plan, der Z entweder erschießt oder durch ein anderes Gift tötet, das schneller als das des X wirkt. → Rn. 22

Fall 4: Die T sticht der O in deren Wohnung mit Tötungsabsicht mehrmals wuchtig mit einem Messer ins Gesicht. O lebt noch, T hält aber die übel Zugerichtete für tot. Danach läuft T zu ihrem Freund F und berichtet, sie habe O erstochen. Gemeinsam kehren sie zu dem Tatort zurück, um die Spuren der Tat zu beseitigen. Während T draußen wartet, geht F allein zu O. F bemerkt, dass O stöhnt und noch lebt. Er will nun die – wie er annimmt – bereits Sterbende töten und tut dies auch mit schweren Schlägen gegen ihren Kopf (nach *BGH* NStZ 2001, 29). → Rn. 24, 89

I. Grundlagen

Es gibt viele Tatbestände, bei denen die Strafbarkeit an den Eintritt eines bestimmten Erfolges geknüpft ist. Es handelt sich um die sog. 1

74   3. Kapitel. Die Tatbestandsmäßigkeit

Erfolgsdelikte (vgl. § 10 Rn. 3 ff.). Nur bei dieser (großen) Deliktsgruppe spielen die Fragen der Kausalität und objektiven Zurechnung
eine Rolle. Hierbei geht es um Antworten darauf, welcher Art die
Verbindung zwischen der Täterhandlung und dem Erfolg sein muss,
um den ersten wichtigen Anknüpfungspunkt für die Strafbarkeit eines bestimmten Täterverhaltens zu erlangen.

2   Am Anfang der Prüfung steht die Feststellung der Kausalität. Dieser Stufe fällt die Aufgabe zu, die naturgesetzliche Verbindung zwischen der Täterhandlung und dem Erfolg herzustellen. Der näheren
Erläuterung bedürfen insoweit bestimmte Kausalitätstheorien (unten
Rn. 3 ff.) und Kausalitätsprobleme (unten Rn. 14 ff.). Da man freilich
auf der bloßen Kausalitätsebene zu einer zu weiten Haftung gelangt,
müssen einschränkende Kriterien gefunden werden. Solche stellt
heute die moderne Lehre von der objektiven Zurechnung bereit, die
auf einer zweiten Stufe wertend fragt, ob dem Täter der von ihm verursachte Erfolg auch als sein Werk zugerechnet werden kann. Danach
entfällt die Zurechnung insbesondere bei objektiv unvoraussehbaren
Kausalverläufen sowie dann, wenn der Erfolgseintritt letztlich in den
Verantwortungsbereich des Opfers oder Dritter fällt (zur ersten Orientierung siehe den Überblick im Schema unten Rn. 50).

II. Kausalitätstheorien

1. Äquivalenz- oder Bedingungstheorie

3   Die Erfüllung des objektiven Tatbestandes eines Erfolgsdelikts
setzt voraus, dass der Täter durch eine Handlung den tatbestandlichen Erfolg verursacht. Mit anderen Worten: Die Täterhandlung
muss für den Erfolg ursächlich sein. Diese Kausalität – man spricht
auch vom Kausal- bzw. Ursachenzusammenhang – ist ein ungeschriebenes Tatbestandsmerkmal und stellt das Bindeglied zwischen Handlung und Erfolg dar. Die Feststellung der Kausalität geschieht mit
Hilfe der **Äquivalenz- oder Bedingungstheorie:** Danach ist *Ursache
jede Bedingung, d. h. jede Handlung, die nicht hinweggedacht werden kann, ohne dass der Erfolg in seiner konkreten Gestalt entfiele*
(sog. conditio-sine-qua-non-Formel; wörtlich übersetzt: „Bedingung,
ohne die nicht"). „Äquivalenz"-Theorie heißt diese Lehre mit Blick
darauf, dass alle Bedingungen gleichwertig sind.

4   In der **Fallbearbeitung** geschieht die Prüfung im Wege eines hypothetischen Eliminationsverfahrens: Man denkt die Handlung weg und fragt, ob

§ 13. Kausalität und objektive Zurechnung 75

ohne die Handlung der Erfolgseintritt – in seiner konkreten Gestalt (dazu unten Rn. 15 ff.) – ausgeblieben wäre. Muss die Frage bejaht werden, so ist die Handlung kausal. Muss die Frage verneint werden, wäre also der Erfolg dennoch eingetreten, so ist die Handlung nicht ursächlich.

Auf den **Fall 1** bezogen heißt das: Wenn T den X nicht zu der Flugreise **5** überredet hätte, wäre X nicht geflogen und dann auch nicht durch den Absturz umgekommen. Also hat T den Tod des X verursacht. Auch im **Fall 2a** wäre O ohne die Verletzung nicht in das Krankenhaus eingeliefert worden und dort bei dem Brand gestorben. Genauso hat T in den **Fällen 2b und 2c** für den Tod des O während des verletzungsbedingten Krankentransports eine nicht hinwegdenkbare Ursache gesetzt. – Damit ist aber in allen Fällen nur der erste Anknüpfungspunkt, die Kausalität, festgestellt. Ob die Erfolge dem T auch als tatbestandsmäßiges Unrecht zuzurechnen sind, muss noch auf der zweiten Ebene der objektiven Zurechnung geprüft werden (näher unten Rn. 52, 64, 66).

Auf dem Boden der Äquivalenztheorie sind selbst die Eltern und **6** Großeltern des T für den Tod von X oder O kausal. Denn wenn die Eltern nicht den T und die Großeltern nicht T bzw. die Eltern gezeugt hätten, hätte T auch nicht geboren werden und später den X überreden bzw. O verletzen können.

Diese Weite, ja Uferlosigkeit der Äquivalenztheorie hat viel Kritik **7** hervorgerufen. Indes besteht kein Anlass, von dieser Kausalitätstheorie abzurücken. Vielmehr hat sie sich in der Fallbearbeitung und Praxis als Anknüpfungspunkt bewährt. Man muss nur sehen, dass damit die Prüfung der Tatbestandsmäßigkeit des Handelns noch nicht abgeschlossen ist. Denn die „moderne" Lehre von der objektiven Zurechnung bietet auf einer anschließenden zweiten Zurechnungsstufe ein sachgerechtes Instrumentarium auch dafür an, fragliche Konsequenzen der Bedingungstheorie zu korrigieren.

2. Andere Kausalitätstheorien

Die Notwendigkeit, gegenüber der Weite der Äquivalenztheorie **8** korrigierend einzugreifen, wurde schon früh erkannt. Bevor der Gedanke der objektiven Zurechnung die Oberhand gewann, haben als einschränkende strafrechtliche Kausallehren die (im Zivilrecht herrschende) Adäquanztheorie sowie die Relevanztheorie eine gewisse Bedeutung gehabt. Auch wenn sich diese beiden Theorien im Strafrecht nicht durchgesetzt haben, so hat ihr Gedankengut doch teilweise den Weg für die objektive Zurechnungslehre bereitet.

76 3. Kapitel. Die Tatbestandsmäßigkeit

9   Nach der **Adäquanztheorie** kommt als Ursache nur eine adäquate (= ange-
messene) Bedingung in Betracht. Adäquat sind solche Bedingungen, bei denen
eine gewisse Wahrscheinlichkeit besteht, dass der Erfolg eintritt. In diesem
Sinn muss die Bedingung allgemein und erfahrungsgemäß geeignet sein, den
Erfolg herbeizuführen. Insoweit sind atypische, der allgemeinen Lebenserfahrung widersprechende Kausalverläufe nicht mehr adäquat. Die Lehre von der
objektiven Zurechnung hat das Gedankengut der Adäquanztheorie im Rahmen der objektiven Voraussehbarkeit aufgenommen (vgl. unten Rn. 62). Die
Rechtsprechung verortet es im subjektiven Tatbestand beim Vorsatz (vgl. unten Rn. 63).

10   Im Gegensatz zur Adäquanztheorie unterscheidet die **Relevanztheorie**
dogmatisch überzeugender – und insoweit schon im Einklang mit der objektiven Zurechnungslehre – zwischen der Kausalität im Sinne der Äquivalenztheorie und der Erfolgszurechnung, für die auf die strafrechtliche Relevanz
des Kausalgeschehens abgestellt wird. Dabei wiederum werden Adäquanz-
und auch bereits Schutzzweckkriterien berücksichtigt.

11   Zum Ganzen etwa *Roxin*, AT I, § 11 Rn. 39 ff.; Sch/Sch/*Eisele*, vor § 13
Rn. 87 ff.; *Jescheck/Weigend*, AT, § 28 III; W/*Beulke/Satzger*, AT, Rn. 169 ff.;
Heinrich, AT, Rn. 224 f.; *Frisch*, JuS 2011, 20 ff.

12   Größere Bedeutung kommt heute noch der **Lehre von der gesetzmäßigen Bedingung** zu, die im Schrifttum verhältnismäßig viele Anhänger hat. Auch nach dieser Lehre sind im Ausgangspunkt alle Bedingungen gleichwertig. Sie fragt, ob zwischen der Handlung und
dem Erfolg ein nach bekannten Naturgesetzen erklärbarer Zusammenhang besteht, und prüft demnach, ob die konkrete Handlung im
konkreten Erfolg tatsächlich wirksam geworden ist. Die Stärke der
Lehre von der gesetzmäßigen Bedingung liegt darin, dass sie gewisse
mit dem Hinwegdenken der Tathandlung verbundene Schwächen der
Äquivalenztheorie nicht aufweist (dazu noch unten Rn. 15 ff.). Andererseits kann man mit Naturgesetzen schwerlich die psychische Kausalität, insbesondere also die Anstiftung, erklären. Im Übrigen führt
die Formel von der gesetzmäßigen Bedingung kaum zu anderen Ergebnissen als die conditio-Formel.

13   Bezogen auf die **Fallbearbeitung** gibt es keinen Grund, bei der Kausalitätsprüfung von der griffigeren Bedingungstheorie abzuweichen. Immerhin ist
der Gedanke der gesetzmäßigen Bedingung in vielen Fällen gut geeignet, das
mit Hilfe der conditio-sine-qua-non-Formel gefundene Ergebnis zu stützen.
Von daher kann man empfehlen, in bestimmten Problemfällen die Lehre von
der gesetzmäßigen Bedingung ergänzend heranzuziehen (vgl. Rn. 17, 37). – Zu
dieser Lehre *Jescheck/Weigend*, AT, § 28 II 4; *Kühl*, AT, § 4 Rn. 22 ff.; Sch/Sch/
Eisele, vor § 13 Rn. 75 ff.; W/*Beulke/Satzger*, AT, Rn. 168a; *Satzger*, Jura 2014,
188 ff.

§ 13. Kausalität und objektive Zurechnung

III. Kausalitätsprobleme

In der Diskussion um die Äquivalenz- oder Bedingungstheorie **14** spielen bestimmte Fallgruppen eine Rolle, die in der Regel schlagwortartig charakterisiert und im Folgenden auch aufgegriffen werden. Der Studierende, den diese Schlagworte eher verwirren, sollte wissen, dass es auf die richtige Erfassung der Sachprobleme ankommt.

1. Hypothetische Ersatz- und Reserveursachen

a) Erfolg in seiner konkreten Gestalt. Bei der Anwendung der **15** Äquivalenztheorie muss man immer fragen, ob der Erfolg in seiner konkreten Gestalt ausgeblieben wäre. Dann besteht nicht die Gefahr, dass man hypothetische Ersatz- oder Reserveursachen hinzudenkt und so zu wenig plausiblen Ergebnissen gelangt. Daher sollte man auch, wie es in Rn. 3 geschehen ist, die conditio-sine-qua-non-Formel stets mit dieser Ergänzung formulieren.

Beispiele: T erschießt O, der gerade als letzter Passagier in das Flugzeug **16** steigen will. Unmittelbar nach dem Start stürzt das Flugzeug ab. Niemand überlebt das Unglück. – T erschießt O, kurz bevor dieser mit seinem Auto losfahren will. In das Auto war eine Bombe eingebaut, die beim Anlassen explodiert wäre und O getötet hätte. – Arzt A injiziert dem tödlich erkrankten und schwer leidenden P eine den Tod sofort herbeiführende Spritze. Eine halbe Stunde später wäre P von alleine gestorben.

In derartigen Fällen darf man die Kausalität nicht mit der Begrün- **17** dung verneinen, dass O bzw. P auch ohne die Handlung des T bzw. A gestorben wäre. Denn mit einer solchen Begründung könnte man bei Tötungen letztlich immer die Kausalität verneinen, da der Tod so oder so irgendwann eintritt. Entscheidend ist die Verursachung des Todes in seiner konkreten Gestalt (zu diesem Zeitpunkt, mit diesem Mittel usw.). Auf dem Boden der Lehre von der gesetzmäßigen Bedingung – die man hier deshalb ergänzend heranziehen kann – lässt sich das Ergebnis vielleicht etwas einleuchtender begründen: Der naturgesetzliche Tod ist der Tod durch Erschießen bzw. durch die Spritze (und nicht durch den Absturz, die Bombe oder einen natürlichen Tod).

b) Abbruch rettender Kausalverläufe. Im Zusammenhang mit **18** hypothetischen Kausalverläufen wird oft auch die Fallgruppe des Ab-

78   3. Kapitel. Die Tatbestandsmäßigkeit

bruchs rettender Kausalverläufe angesprochen und vor dem Hintergrund der Äquivalenztheorie teilweise als problematisch eingestuft (*Kühl*, AT, § 4 Rn. 17 f.; *Roxin*, AT I, § 11 Rn. 33 f.).

19   **Beispiele:** Auf den Ertrinkenden E treibt ein Brett, Reifen oder anderer Gegenstand zu, den er in rettender Weise hätte ergreifen können; doch bevor es dazu kommt, stößt T den Gegenstand weg oder zerstört ihn, so dass E ertrinkt. – T versteckt oder zerstört ein für O lebenswichtiges Medikament oder verhindert, dass O es kaufen kann; O stirbt.

20   In den Beispielsfällen kann T, sofern er vorsätzlich handelt, als Täter eines Totschlags durch aktives Tun bestraft werden. Darüber besteht weitgehend Einigkeit. Die Strafbarkeit setzt voraus, dass der Täter einen konkreten, auf das Opfer zulaufenden Kausalverlauf unterbricht, der mit an Sicherheit grenzender Wahrscheinlichkeit Rettung gebracht hätte. Auch wenn insoweit die Beurteilung der Kausalität von einer hypothetischen Entwicklung abhängt, so widerspricht dies nicht dem Verbot, Reserveursachen hinzuzudenken. Denn man kann sagen, dass die Beseitigung einer in der realen Welt vorhandenen rettenden Bedingung eine gesetzmäßige Bedingung für den infolge des Wegfalls der Bedingung eingetretenen Erfolg darstellt (*Kühl*, AT, § 4 Rn. 26; dazu ferner *Roxin*, AT I, § 11 Rn. 33 f.). Demgegenüber ist das Verbot, Reserveursachen hinzuzudenken, auf Fälle gemünzt, bei denen die strafrechtliche Haftung des Täters für einen von ihm zuvor konkret verursachten Erfolg nicht deshalb entfällt, weil der Erfolg später auch auf andere Weise eingetreten wäre (*Kudlich*, AT, Nr. 44). – Ergänzend unten § 48 Rn. 18 ff.

2. Unterbrechung des Kausalzusammenhangs

21   Die Fälle der Unterbrechung des Kausalzusammenhangs sind dadurch gekennzeichnet, dass ein Täter A zunächst eine zum Erfolg führende Ursache gesetzt hat, ein Täter B dann aber vor dem Erfolgseintritt eine neue Bedingung setzt, die unabhängig von der ersten Bedingung den Erfolg herbeiführt. Anders formuliert: Die Wirkung der ersten Handlung wird durch eine Zweithandlung beseitigt, die ihrerseits einen neuen Kausalverlauf auslöst. Im Zusammenhang mit dieser Fallgruppe spricht man auch von überholender oder **abgebrochener Kausalität**.

22   Im **Fall 3** hat Y, den man als Tatnächsten zuerst prüft, die konkrete Todesursache – Tod durch Erschießen bzw. durch das andere Gift – gesetzt; dass Z so oder so gestorben wäre, spielt als hypothetische Ursache keine Rolle. Y ist

§ 13. Kausalität und objektive Zurechnung 79

daher gemäß § 212 I, ggf. auch nach § 211, strafbar. – Was die Strafbarkeit des X betrifft, so hat er zwar einen tödlichen Kausalverlauf in Gang gesetzt, aber es ist nicht das Gift des X, das den Z tötet. Y knüpft seine Handlung auch nicht an die Giftbeibringung durch X an. Vielmehr setzt Y eine völlig neue Todesursache. Insoweit kann man den Tod des Z in seiner konkreten Gestalt ganz ohne die Ersthandlung des X erklären. Somit entfällt für X § 212 I. X begeht nur einen versuchten Totschlag (Mord) in Tateinheit mit § 224 I Nr. 1, 2, 5.

3. Fortwirkende Kausalität

Wie soeben zu Fall 3 schon angedeutet, muss man von der Unter- **23** brechung des Kausalzusammenhangs Konstellationen unterscheiden, bei denen ein später handelnder Dritter an die Ersthandlung **anknüpft**, diese also eine nicht hinwegdenkbare Bedingung für das Eingreifen des Dritten darstellt. Insoweit kann man von einer fortwirkenden Kausalität sprechen. Hier greift der Zweithandelnde deshalb in das Geschehen ein, weil er eine bestimmte, von dem Ersttäter gesetzte, Ursache vorfindet, ohne die er nicht gehandelt hätte.

Im **Fall 4** hat F den Tod der O zu dem konkreten Zeitpunkt verursacht; in- **24** soweit genügt die durch die Beschleunigung des Todeseintritts eingetretene Lebensverkürzung. F erfüllt also § 212 I. Bezüglich T und ihrer Strafbarkeit gemäß § 212 I ist festzustellen, dass sie im Lichte der Äquivalenztheorie den Tod der O ebenfalls verursacht hat. Denn ohne die Vortat der T hätte sich F nicht zum Eingreifen veranlasst gesehen. – Parallel liegt der „Gnadentod-Fall" *BGH* MDR/D 1956, 526: T hat mit Tötungsvorsatz auf O geschossen, der daraufhin zu anderen Toten gelegt wird; der Anblick des noch lebenden und röchelnden O veranlasst D, dem O den „Gnadenschuss" zu geben. – Zu beachten bleibt, dass in beiden Fällen noch die objektive Zurechnung geprüft werden muss (unten Rn. 89).

Häufiger sind es Handlungen im Fahrlässigkeitsbereich, an die ein **25** Zweittäter insbesondere im Zusammenhang mit der Verletzung von Sicherheitsvorschriften anknüpft. Auch hier ist nicht der Ursachenzusammenhang problematisch, wohl aber bedarf die Frage der objektiven Zurechnung besonderer Aufmerksamkeit (näher unten § 52 Rn. 57 ff.).

4. Alternative Kausalität

Die Fälle der alternativen Kausalität – auch: Mehrfach- oder Dop- **26** pelkausalität – sind dadurch gekennzeichnet, dass zwei unabhängig voneinander gesetzte Bedingungen gleichzeitig den Erfolg verursachen und jede für sich zur Erfolgsverursachung ausgereicht hätte.

80   3. Kapitel. Die Tatbestandsmäßigkeit

27   **Beispiele:** A und B schütten unabhängig voneinander eine jeweils tödliche
Dosis des gleichen Gifts Z in das Weinglas der X, die trinkt und stirbt. –
Ohne voneinander zu wissen, injizieren die Krankenschwestern S und T eine
jeweils tödliche Menge des Gifts A in die für den Patienten P bestimmte Infu-
sionsflasche. P stirbt während der Infusion (vgl. *Kudlich*, AT, Nr. 38).

28   In solchen konstruierbaren Fällen führt die schlichte Anwendung
der Bedingungstheorie zu unbefriedigenden Ergebnissen. Man kann
nämlich bei jedem Täter seine Handlung hinwegdenken, und dennoch wäre der Erfolg in seiner konkreten Gestalt eingetreten. So betrachtet könnte man jeden Täter, obwohl er eine ausreichende Handlung gesetzt hat, nur wegen versuchter Tat bestrafen. Um dieses
schwer nachvollziehbare Ergebnis zu vermeiden, modifiziert die
h. M. die conditio-Formel wie folgt: Von mehreren Bedingungen,
die zwar alternativ, aber nicht kumulativ hinweggedacht werden können, ohne dass der Erfolg in seiner konkreten Gestalt entfiele, ist jede
für den Erfolg ursächlich (*W/Beulke/Satzger*, AT, Rn. 157; *Heinrich*,
AT, Rn. 228 f.).

29   Auf dem Boden der so korrigierten Bedingungs-Formel gelangt die h. M. in
beiden Beispielsfällen zur Strafbarkeit von A, B, S und T wegen vollendeter
Tat. Kritiker lehnen die Korrektur als dogmatisch inkonsequent ab und verlangen im Lichte der Lehre von der gesetzmäßigen Bedingung die Feststellung, dass das Mittel real wirksam geworden ist, dass also etwa beide Gift-
substanzen zusammen den Tod verursacht haben oder die doppelte Menge
den Todeseintritt beschleunigt hat; ansonsten komme nur eine Versuchsstrafbarkeit in Betracht (*Roxin*, AT I, § 11 Rn. 25 f.; *Kudlich*, JA 2010, 683; vgl. ferner *Gropp*, AT, § 5 Rn. 25 f.).

30   Die Fallgruppe der alternativen Kausalität liegt lediglich dann vor,
wenn die Alternative in einem gleichen Tod zum gleichen Zeitpunkt
besteht, insoweit also auch die alternative „konkrete Gestalt" übereinstimmt. In den Giftfällen (Rn. 27) setzt dies, was nicht immer genau genug gesagt wird, die Verwendung des gleichen Gifts voraus.
Wenn das nicht der Fall ist, so haftet der Täter bei mehreren möglichen tödlichen Kausalverläufen nur, soweit feststeht, dass gerade sein
Tatbeitrag den Tod (mit) verursacht hat. – Weitere

31   **Beispiele:** (1) Wenn A und B unabhängig voneinander mit Tötungsvorsatz
auf den O schießen, so müssen, damit ein Fall alternativer Kausalität vorliegt,
beide gleichzeitig mit jeweils tödlicher Wirkung ins Herz treffen. – (2) Treffen
demgegenüber die Schüsse zeitlich versetzt ins Herz und lässt sich nicht klären, ob der erste oder zweite Schuss den Tod verursacht hat, so muss nach
dem Grundsatz in dubio pro reo sowohl bei A wie bei B angenommen wer-

§ 13. Kausalität und objektive Zurechnung 81

den, dass jeweils die Kugel des anderen tödlich gewesen ist. Folge: A wie B kann nur wegen versuchten Totschlags (Mords) bestraft werden. Ist freilich die Feststellung möglich, dass etwa die Kugel des A den Tod herbeigeführt hat, so wird A wegen vollendeter und B wegen versuchter Tat bestraft. – (3) Parallel zu (2) verläuft die Abwandlung, dass die Kugeln von A und B mit an sich jeweils tödlicher Wirkung verschiedene Ziele treffen (Kopf, Herz), nachträglich aber niemand mehr sagen kann, ob der Kopf- oder Herzschuss den Tod verursacht hat.

Vergleichbare Fälle können auch in der Form vorkommen, dass *ein* **32** Täter mehrere Ursachen setzt.

Beispiel (BGHSt 39, 195): T schoss zuerst vorsätzlich und dann noch einmal fahrlässig auf O. Jeder Schuss hätte auch allein zum Tod geführt. O starb an den vielfachen, durch die beiden Schüsse entstandenen Organverletzungen.

In diesem teilweise kontrovers beurteilten Fall ist der Tod in seiner **33** konkreten Gestalt auf das Zusammentreffen der Verletzungsfolgen beider Schüsse zurückzuführen. Daher sind beide Schüsse für den Erfolg ursächlich. Die im zweiten Schuss liegende fahrlässige Tötung tritt gegenüber der vorsätzlichen Tötung als subsidiär zurück (BGHSt 39, 195; *Roxin*, AT I, § 11 Rn. 26; *Rogall*, JZ 1993, 1066 ff.; *Toepel*, JuS 1994, 1014; erg. *Kühl*, AT, § 4 Rn. 20a m. w. N.).

5. Kumulative Kausalität

Bei dieser – begrifflich leicht mit der alternativen Kausalität ver- **34** wechselbaren – Konstellation setzen mehrere Täter unabhängig voneinander Bedingungen, die für sich betrachtet nicht, aber im Zusammenwirken geeignet sind, den Erfolg herbeizuführen.

Beispiele: In den Fällen zur alternativen Kausalität (Rn. 27) reicht die von A und B bzw. S und T jeweils verabreichte Giftdosis für sich betrachtet entgegen den Tätervorstellungen nicht aus, um tödlich zu wirken. Nur das Zusammenwirken der Giftdosen A/B bzw. S/T führt den Tod von X bzw. P herbei. – Hier sind alle Täter in unproblematischer Weise für den tödlichen Erfolg kausal. Doch verneint man überwiegend die objektive Zurechnung (dazu unten Rn. 94).

6. Kausalität bei Gremienentscheidungen

Im Grenzbereich zwischen den herkömmlichen Fällen der alterna- **35** tiven und kumulativen Kausalität liegen die Kausalitätsprobleme, die sich bei der Mitwirkung an Mehrheitsentscheidungen ergeben können.

82   3. Kapitel. Die Tatbestandsmäßigkeit

Beispiele: Die Politbüromitglieder der ehemaligen DDR erlassen einstimmig den Schießbefehl an der Mauer (vgl. BGHSt 45, 270 ff., 294 f.). Fünf gemeinsam verantwortliche Geschäftsführer beschließen mit 4:1 Stimmen, ein gefährliches Produkt weiter zu vertreiben (vgl. BGHSt 37, 106 ff.). Der Gemeinderat der Stadt X fasst mit einer klaren Mehrheit den Beschluss, Geld in einer Weise auszugeben, die § 266 I erfüllt (vgl. *Kühl*, AT, § 4 Rn. 20b).

36   Im Ergebnis ist man sich weitgehend einig, dass alle Personen, die im Sinne der Mehrheit abgestimmt haben, für den etwaigen Erfolg (Tod, Körperverletzung, Schaden) strafrechtlich zur Verantwortung gezogen werden können. Dabei ergeben sich überhaupt keine Kausalitätsprobleme, wenn der Beschluss als mittäterschaftlicher Akt qualifiziert werden kann, weil dann alle Stimmen gegenseitig zugerechnet werden und damit das Gewicht der einzelnen Stimme keine Rolle spielt (vgl. erg. unten § 44 Rn. 4 zu Beispiel 2; § 53 Rn. 6 ff.).

37   Schwerer fällt die Bejahung der Kausalität, soweit eine mittäterschaftliche Abrede fehlt: Jetzt liegt der mit Blick auf die Äquivalenztheorie formulierte Einwand eines jeden Mitstimmenden nahe, auf seine Stimme sei es überhaupt nicht angekommen, weil auch ohne sein Votum eine Mehrheitsentscheidung getroffen worden wäre. Indes schließt ein solcher Einwand die Kausalität nicht aus. Der Erfolg in seiner konkreten Gestalt beruht auf dem tatsächlich gefassten Beschluss mit der konkreten positiven Stimmenanzahl. Jede Stimme ist Teil des ganzen Beschlusses und hat insoweit eine gesetzmäßige Bedingung für seine Wirksamkeit gesetzt. Also fließen alle Ja-Stimmen in die positive Entscheidung ein und haben sie demgemäß auch verursacht.

Vgl. *Roxin*, AT I, § 11 Rn. 19; *Kühl*, AT, § 4 Rn. 20b, 27a; stärker auf den Gedanken der alternativen Kausalität abstellend *Kindhäuser*, AT, § 10 Rn. 39 ff.; *Satzger*, Jura 2014, 192 ff. – Zur Unterlassungsebene unten § 49 Rn. 20 ff.

IV. Objektive Zurechnung: Grundlagen und Aufbaufragen

1. Grundlagen

38   Die „Geburtsstunde" (*Schünemann*, GA 1999, 212) der „modernen" Lehre von der objektiven Zurechnung kann man in den 1970 von *Roxin* veröffentlichten „Gedanken zur Problematik der Zurechnung im Strafrecht" sehen (Honig-FS, 1970, S. 133 ff.). Dieser Zurechnungsstufe fällt die Funktion zu, schon auf der objektiven Tatbestandsebene die Weite der Bedingungstheorie nach bestimmten

§ 13. Kausalität und objektive Zurechnung 83

normativen, d. h. wertenden Kriterien einzuschränken. Die Lehre beruht auf der Einsicht, dass es zahlreiche Konstellationen gibt, bei denen die Feststellung der Kausalität im Sinne der Äquivalenztheorie nicht ausreicht, um das Unrecht des objektiven Tatbestandes zu umschreiben. Nicht jeder, der den Tod eines anderen durch irgendeine Bedingung verursacht, hat damit automatisch den objektiven Tatbestand des § 212 I erfüllt. Vielmehr muss auf einer zweiten Wertungsstufe gefragt werden, ob dem Täter der verursachte Erfolg auch objektiv als sein Werk zugerechnet werden kann.

Wie schon erwähnt (Rn. 7 ff.), ist die Einsicht, dass die Äquivalenztheorie **39** der Einschränkung bedarf, älter und liegt bereits früher vertretenen Kausalitätstheorien wie der Adäquanz- und Relevanztheorie zugrunde. Diese Theorien sind als „Vorläufer einer umfassenden Zurechnungskonzeption" in die moderne Zurechnungslehre eingegangen (*Roxin*, AT I, § 11 Rn. 43; vgl. schon oben Rn. 8).

In der Debatte um die moderne Zurechnungslehre stehen weniger **40** die Ergebnisse als der dogmatisch richtige Weg zur Diskussion. Für die auch hier vertretene Lehre von der objektiven Zurechnung spricht, dass mit ihrer Hilfe besonders plausibel etwa begründet werden kann, weshalb z. B. der Erzeuger des späteren (tötenden, verletzenden) Straftäters schon nicht den objektiven Tatbestand der §§ 212, 223 erfüllt (vgl. unten Rn. 52). Wenn man demgegenüber zumindest teilweise erst den Vorsatz verneint, so befriedigt das aus dogmatischer Sicht aus zwei Gründen nicht (*Roxin*, ZStW 2004, 934 ff.): Erstens würde dies die Aussage beinhalten, der Vater habe den objektiven Tatbestand und insoweit das Tatunrecht des § 212 oder § 223 verwirklicht. Zweitens lässt sich, wie **Fall 1** belegt, das erstrebte Ergebnis der Straflosigkeit nicht immer mit Hilfe des Vorsatzes erreichen (vgl. erg. Rn. 52 f.).

Die Lehre von der objektiven Zurechnung ist im Schrifttum und **41** im akademischen Unterricht so verbreitet, dass sie als eindeutig h. M. bezeichnet werden kann. Entstehungsgeschichtlich haben zentrale Elemente wie die objektive (Un-)Voraussehbarkeit des Erfolges und der Schutzbereichsgedanke zuerst in der Fahrlässigkeitsdogmatik Fuß gefasst. Dies hängt damit zusammen, dass man beim Fahrlässigkeitsdelikt insbesondere den einleuchtenden und im Voraussehbarkeitskriterium steckenden Adäquanzgedanken nicht bei einem subjektiven Tatbestandsmerkmal wie dem Vorsatz unterbringen konnte. Erst später gewann die Einsicht die Oberhand, dass es sich bei der objektiven Voraussehbarkeit um Gedankengut handelt, das auch für Vorsatzdelikte Geltung beansprucht.

84   3. Kapitel. Die Tatbestandsmäßigkeit

42   Die Rechtsprechung hat bisher bei den Vorsatzdelikten eine Anerkennung der objektiven Zurechnungslehre weitgehend vermieden.
Ein Grund dafür dürfte darin liegen, dass sie den Adäquanzgedanken
im subjektiven Tatbestand verankert hat und dort mit Hilfe der allgemeinen Lehre von der wesentlichen Abweichung des Kausalverlaufs
im Wesentlichen zu gleichen Ergebnissen gelangt. Immerhin hat die
Rechtsprechung bei der wichtigen Fallgruppe der freiverantwortlichen Selbstschädigung ganz im Sinne der modernen Lehre anerkannt,
dass es sich um ein Problem des objektiven Tatbestandes handelt
(BGHSt 32, 262; 46, 279, 288 f.; 49, 34, 39; erg. Rn. 77 ff.).

43   Eine Minderheitsmeinung hält die Lehre von der objektiven Zurechnung im Bereich der Vorsatzdelikte für überflüssig und wirft ihr
insbesondere mangelnde Bestimmtheit vor: Kriterien wie die Frage,
ob der Erfolg dem Täter „als sein Werk zurechenbar" sei oder in seinen Verantwortungsbereich falle, eröffneten beliebige Wertungsspiel-
räume, um intuitiv als richtig empfundene Ergebnisse zu begründen.
Dabei stimmt man dem sachlichen Anliegen der objektiven Zurechnungslehre durchaus zu, bevorzugt jedoch Lösungen mit Hilfe des
klassischen Instrumentariums, d. h. insbesondere auf den Ebenen des
Vorsatzes und der Rechtswidrigkeit.

44   Es ist richtig, dass die von der Rechtsprechung praktizierte und
von Kritikern der Zurechnungslehre befürwortete Einordnung diver-
ser Zurechnungsprobleme (erst) auf der Vorsatzebene kaum zu unterschiedlichen Ergebnissen führt. Freilich ist der Behauptung zu widersprechen, dass diese Einordnung die Tatbestände bestimmter
mache. Denn die im Vorsatzbereich insbesondere relevante Frage,
ob bei einem Irrtum über den Kausalverlauf die Abweichung wesentlich ist und außerhalb aller Lebenserfahrung liegt, nimmt die objektive Zurechnungslehre im Bereich der objektiven Voraussehbarkeit
nicht nur auf, sondern ergänzt sie noch um weitere Kriterien wie
den Aspekt der Verantwortungsbereiche. Von daher liefert eher der
Gedanke der objektiven Zurechnung berechenbarere Antworten.
Insgesamt spricht für die moderne Zurechnungslehre, dass sie einen
überzeugende(re)n Standort für viele Fallkonstellationen anbietet,
bei denen, beschränkte man sich auf die Äquivalenztheorie, das objektive Tatunrecht zu weit umschrieben wäre.

45   **Literatur zur h. M.:** *Roxin,* AT I, § 11 Rn. 44 ff.; Sch/Sch/*Eisele,* vor § 13
Rn. 90 ff.; W/*Beulke/Satzger,* AT, Rn. 176 ff.; *Kühl,* AT, § 4 Rn. 36 ff.; *Heinrich,* AT, Rn. 239 ff.; *Kindhäuser,* AT, § 11; *Satzger,* Jura 2014, 695 ff.; *Schünemann,* GA 1999, 207 ff. – Zur Kritik etwa *Zieschang,* AT, S. 33 ff.; *Baumann/*

Weber/Mitsch, AT, § 14 Rn. 51 ff.; *Hilgendorf*, Weber-FS, 2004, S. 33 ff.; *Hirsch*, Lenckner-FS, 1998, S. 119 ff.

2. Grundformel, Leitlinien und Aufbaufragen

Nach der anerkannten **Grundformel** – oder Ausgangsformel – ist **46** dem Täter ein von ihm verursachter Taterfolg zuzurechnen, wenn er eine rechtlich missbilligte Gefahr geschaffen hat, die sich im tatbestandlichen Erfolg realisiert hat.

Statt von einer „rechtlich missbilligten Gefahr" wird auch von einer „recht- **47** lich unerlaubten" oder „rechtlich relevanten Gefahr" oder einem „rechtlich verbotenen Verhalten" gesprochen (vgl. *Kühl*, AT, § 4 Rn. 43). In der Sache gibt es keine Unterschiede. Man muss nur sehen, dass es bei der „rechtlichen Missbilligung" nicht um ein Unwerturteil über die gesamte Tat, sondern allein darum geht, ob der Täter mit Blick auf den tatbestandlichen Erfolg ein grundsätzlich missbilligtes/unerlaubtes Risiko gesetzt hat. In diesem Sinne schafft auch derjenige eine rechtlich missbilligte Gefahr, der in Notwehr handelt (vgl. unten § 52 Rn. 74; Sch/Sch/*Eisele*, vor § 13 Rn. 92a; *Seher*, Jura 2001, 815).

Als die Grundformel präzisierende **Leitlinie** kann die Frage die- **48** nen, ob der Erfolgseintritt noch als **Werk des Täters** oder als **Werk des Zufalls** bzw. als **Werk des Opfers oder Dritter** einzustufen ist. Anders formuliert: Im Erfolg muss sich noch die vom Täter gesetzte Ausgangsgefahr realisieren und nicht ein völlig anderes Risiko, das dem allgemeinen Lebensrisiko entspringt, auf Zufall beruht oder mit einem eigenständigen, die Ausgangsgefahr verdrängenden Verhalten anderer Personen zusammenhängt. Im Kern geht es also um die **Abgrenzung von Verantwortungsbereichen**.

Im Einzelnen lassen sich, an die Grundformel anknüpfend, zwei **49** Fallgruppen unterscheiden. Erstens handelt es sich um – in der Fallbearbeitung eher seltene – Konstellationen, bei denen der Täter überhaupt keine rechtlich missbilligte Gefahr schafft (unten Rn. 51 ff.). Erheblich bedeutender ist die zweite Fallgruppe mit ihren Untergruppen, in der die objektive Zurechnung an der fehlenden Gefahrrealisierung scheitert (unten Rn. 60 ff.). Eine Orientierung ermöglicht der folgende

Überblick Kausalität und objektive Zurechnung

A. Kausalität: Verursachung des Erfolges im Sinne der Äquivalenztheorie (Rn. 3 ff.)

B. Objektive Zurechnung: Schaffung einer rechtlich missbilligten Gefahr, die sich im tatbestandlichen Erfolg realisiert

   I. Schaffung einer rechtlich missbilligten Gefahr
     1. Erlaubtes Risiko (Rn. 51 ff.)
     2. Risikoverringerung (Rn. 56 ff.)
  II. Realisierung der Gefahr im Erfolg (Rn. 60 ff.)
     1. Objektive Voraussehbarkeit des Kausalverlaufs und Erfolgseintritts (Rn. 62 ff.)
     2. Schutzzweckzusammenhang: Erfolgseintritt muss im Schutzbereich der verletzten Norm liegen (Rn. 75 f.)
     3. Abgrenzung nach Verantwortungsbereichen
       a) Verantwortungsbereich des Opfers infolge
         aa) freiverantwortlicher Selbstschädigung oder Selbstgefährdung (Rn. 77 ff.)
         bb) grob fahrlässigen Opferverhaltens (Rn. 84 ff.)
       b) Verantwortungsbereich Dritter durch ein die Ausgangsgefahr verdrängendes Dazwischentreten (Rn. 87 ff.)

Wie bereits erwähnt (§ 12 Rn. 10), ist in der Fallbearbeitung beim Vorsatzdelikt die einschränkende Stufe der objektiven Zurechnung nur anzusprechen, wenn der Sachverhalt dazu Anlass gibt. Dabei sollte man beachten, dass es bezüglich der Fallgruppen und Kategorisierungen Unterschiede im Sprachgebrauch gibt und außerdem Überschneidungen möglich sind. Von daher sind Einordnungsfragen zweitrangig. Auf jeden Fall ist diese Lehre so verbreitet, dass sich ihr der Studierende ohne weiteres anschließen kann und sollte.

Unabhängig davon ist festzuhalten, dass es in der Diskussion um die „moderne" Lehre von der objektiven Zurechnung in erster Linie um Standort- und Begründungsfragen und weniger um unterschiedliche Ergebnisse geht (vgl. Rn. 40). Möglicherweise auch deshalb hat die Rechtsprechung, die noch weitgehend mit dem herkömmlichen Instrumentarium arbeitet, bisher keinen Anlass gesehen, beim Vorsatzdelikt die Zurechnungslehre über den Bereich der freiverantwortlichen Selbstschädigung und Selbstgefährdung des Opfers hinaus aufzugreifen.

V. Objektive Zurechnung: Schaffung einer rechtlich missbilligten Gefahr

1. Erlaubtes Risiko

Kein relevantes Risiko geht von – typischerweise als **sozialadäquat** 51 eingestuften (näher *Rönnau*, JuS 2011, 311 ff.) – Verhaltensweisen aus, die vollkommen legal sind, allgemein toleriert werden, sich im Rahmen des allgemeinen Lebensrisikos bewegen oder Risiken bloß in rechtlich unbeachtlicher Weise erhöhen.

Beispiele: Hier einzuordnen sind der Flugreise-Fall **(Fall 1)** sowie der Fall 52 der Erzeugung des späteren Straftäters (vgl. schon Rn. 40). Wer ein Kind erzeugt oder jemanden zu einer Flugreise mit einem normalen Flugzeug veranlasst, schafft aus rechtlicher Sicht nichts, was unerlaubt ist oder das allgemeine Lebensrisiko erhöht. – Andere erlaubte Risiken: Autos und Flugzeuge darf man bauen, obwohl man weiß, dass Unglücke unvermeidbar sind. Ferner toleriert es die Gesellschaft, wenn man sich trotz Erkältung oder (leichter) Grippe in die Öffentlichkeit begibt (vgl. BGHSt 36, 1, 16 f.). Erlaubt sind auch bestimmte Schutzvorrichtungen, die dem Selbstschutz dienen (unten § 18 Rn. 53). Parallel zum Flugreise-Fall wird meist der **Gewitter-Fall** gelöst: T überredet den X, bei Gewittergefahr spazieren zu gehen, damit X von einem Blitz 53 tödlich getroffen wird, wie es dann geschieht. – Im Gewitter-Fall wird deutlicher als im Flugreise-Fall, dass die in der Regel gegebene Straflosigkeit des T nicht nur auf dem Gedanken des erlaubten Risikos beruht, sondern dabei auch die zurechnungsverlagernde freiverantwortliche Selbstgefährdung des X eine Rolle spielt (vgl. unten Rn. 77 ff.; *W/Beulke/Satzger*, AT, Rn. 183; *Kühl*, AT, § 4 Rn. 47, 97; *Zieschang*, AT, S. 35). Von daher sollte man sehen, dass in atypischen Gewitter-Fällen das erlaubte Risiko seine Grenzen haben und eine Zurechnung in Betracht kommen kann, so wenn der Hintermann überlegenes Wissen bezüglich der von Gewittern ausgehenden Gefahren hat und z. B. ein Kind losschickt.

Weiter stellt sich die Frage, von welchem Standpunkt aus die Frage 54 der unerlaubten Gefahrschaffung beurteilt werden muss. Zugrunde zu legen ist eine objektiv-nachträgliche Prognose: Der „nachträgliche" Rechtsanwender muss sich in die Rolle eines aus der ex ante-Perspektive des Täters urteilenden einsichtigen Menschen versetzen, der ggf. auch über ein etwaiges spezielles Sonderwissen des Täters verfügt.

Beispiele: Im Flugreise-Fall weiß der Täter, dass sich an Bord eines Flug- 55 zeuges eine Bombe befindet, die explodieren könnte. Der Täter empfiehlt ei-

88 3. Kapitel. Die Tatbestandsmäßigkeit

nen Spazierweg, von dem er weiß, dass er über eine einsturzgefährdete Brücke führt. In beiden Fällen schafft der Täter ein rechtlich missbilligtes Risiko und haftet für etwaige Erfolgseintritte. Eine freiverantwortliche Selbstgefährdung scheidet aus, weil das Opfer über das Sonderwissen nicht verfügt. Hierzu *Roxin*, AT I, § 11 Rn. 40, 56 f.; Sch/Sch/*Eisele*, vor § 13 Rn. 92a, 93; erg. unten Rn. 74.

2. Risikoverringerung

56 Die h. M. unterscheidet zwei Konstellationen, bei denen nur in der ersten die objektive Zurechnung entfallen soll.

Dazu *Roxin*, AT I, § 11 Rn. 53 f.; *ders.*, Maiwald-FS, 2010, S. 730 ff.; *W/ Beulke/Satzger*, AT, Rn. 193 ff.; *Kühl*, AT, § 4 Rn. 53 ff.; *Heinrich*, AT, Rn. 246 ff.

57 (1) In der ersten Konstellation beruht der Eintritt des Erfolges in seiner konkreten Gestalt auf einer Täterhandlung, die in einen bereits in Gang befindlichen Kausalverlauf eingegriffen und dadurch bei ein und demselben Opfer einen geringeren als den drohenden schwereren Verletzungserfolg herbeigeführt hat. Diskutiert wird in der Regel folgendes

Beispiel: A kann den drohenden lebensgefährlichen Schlag des T gegen den Kopf des O im allerletzten Moment noch auf die Schulter ablenken.

Die Verneinung bereits der objektiven Zurechnung wird damit begründet, dass das Recht nicht Verhaltensweisen missbilligen könne, welche die Wirkung von Rechtsgutsverletzungen abschwächten.

58 Auch die Kritiker dieser Lehre wollen A nicht bestrafen. Sie halten aber zu Recht die Lösungen für sachgerechter, die sich mit den Regeln der Einwilligung und mutmaßlichen Einwilligung sowie des rechtfertigenden Notstandes ergeben. Dies wird deutlich, wenn man andere Fälle der Schadensabschwächung bildet und etwa annimmt, dass der Betroffene der Umlenkung des Kausalverlaufs ausdrücklich widerspricht oder ihr mutmaßlich widersprechen würde, weil für ihn persönlich z. B. aus beruflichen Gründen die Unversehrtheit der Hand wichtiger ist als vielleicht die drohende Verunstaltung des Gesichts oder der drohende Verlust eines Auges.

Baumann/Weber/Mitsch, AT, § 14 Rn. 65 ff.; LK/*Walter*, 12. Aufl., vor § 13 Rn. 93; *Kindhäuser*, ZStW 2008, 494 ff.; *Brand/Kanzler*, JA 2012, 41 f. mit Falllösung. – *Roxin*, Maiwald-FS, 2010, S. 732 hat die Kritik insoweit aufgegriffen, als er betont, dass die Lebenssituation des Opfers in die Beurteilung der Frage einer Risikoverringerung einzubeziehen sei.

§ 13. Kausalität und objektive Zurechnung   89

Zum im Zusammenhang mit der Risikoverringerung ebenfalls diskutierten Fall der Abstiftung siehe unten § 45 Rn. 43.

(2) Auch nach h. M. ist die objektive Zurechnung zu bejahen, wenn   59
der Täter mit seiner Rettungshandlung den laufenden gefährlichen Kausalprozess in seiner Wirkung nicht nur abschwächt (Risikoverringerung), sondern die davon ausgehende Gefahr beseitigt, indem er eine neue eigenständige Gefahr begründet oder das Risiko auf ein anderes Opfer verschiebt (Risikoersetzung; vgl. *Frisch*, JuS 2011, 117).

Beispiele: (1) Bei einem Brand kann ein Feuerwehrmann M das Leben eines Kindes nur dadurch retten, dass er es durch einen Wurf in das Sprungtuch erheblichen Verletzungsgefahren aussetzt. – In diesem Fall schafft M eine völlig neue Gefahr, die das Recht grundsätzlich auch missbilligt. Als Rechtfertigungsgründe können aber die mutmaßliche Einwilligung (§ 23 Rn. 47 ff.) und der rechtfertigende Notstand des § 34 (§ 19 Rn. 44) eingreifen.
(2) Im Beispiel von Rn. 57 lenkt A den Schlag auf die Schulter einer anderen Person ab. – § 32 deckt nicht Eingriffe in Rechtsgüter unbeteiligter Dritter (§ 18 Rn. 31 f.). Daher kommt nur eine Rechtfertigung gemäß § 34 in Betracht, die in der Tendenz zu bejahen ist, weil die konkrete Lebensgefahr wesentlich mehr wiegt als die Körperverletzung.

VI. Objektive Zurechnung: Realisierung der Gefahr im Erfolg

1. Grundlagen

Die objektive Zurechnung des kausal herbeigeführten Erfolges   60
setzt insbesondere voraus, dass zwischen der geschaffenen Gefahr und dem Erfolg ein – oft so genannter – Risikozusammenhang besteht. Dieser Zusammenhang entfällt, wenn sich im Erfolg nicht das vom Täter gesetzte Ausgangsrisiko, sondern ein anderes Risiko realisiert. Wenn man diese Leitlinie noch um die Stichworte Werk des Täters einerseits bzw. Werk des Zufalls oder Werk des Opfers/Dritter andererseits ergänzt und mit dem Gedanken der Verantwortungsbereiche anreichert (Rn. 77 ff.), hat man ein brauchbares Gerüst zur Lösung der einschlägigen Fälle.

Mit Blick auf die Übersicht im Schema oben in Rn. 50 ist als erstes   61
die große Fallgruppe hervorzuheben, die den Aspekt der (Un-)Voraussehbarkeit des Kausalverlaufs und Erfolgseintritts erfasst. Die Ausführungen zu dieser Fallgruppe (Rn. 62 ff.) sind im Übrigen nicht

90   3. Kapitel. Die Tatbestandsmäßigkeit

nur für das Vorsatz-, sondern auch für das Fahrlässigkeitsdelikt von
Bedeutung (vgl. § 52 Rn. 25). Eine entsprechende übergreifende Bedeutung (vgl. § 52 Rn. 44 ff.) kommt der Fallgruppe zu, in der es um
die Abgrenzung nach Verantwortungsbereichen geht (Rn. 77 ff.,
87 ff.). Was die Fragen des Schutzzweckzusammenhangs betrifft, so
bleibt für diesen Punkt beim Vorsatzdelikt kaum noch etwas, wenn
man die Verantwortungsbereichs-Fälle einem eigenen Punkt zuge-
wiesen hat. Ganz anders liegt es beim Fahrlässigkeitsdelikt. Nur
dort stellen sich die typischen Schutzbereichsfragen um die Reichweite von Sorgfaltsnormen (näher § 52 Rn. 37 ff.).

2. Objektive Voraussehbarkeit des Kausalverlaufs und Erfolgsein-
tritts

62   a) Grundlagen. Auch wenn der Täter eine rechtlich missbilligte
Gefahr geschaffen hat, ist der Erfolgseintritt dann nicht objektiv zurechenbar, wenn der Kausalverlauf so sehr außerhalb der Lebenserfahrung liegt, dass mit ihm vernünftigerweise nicht gerechnet zu werden braucht. Es geht hier um die Aussonderung von Fällen, bei denen
der Erfolg auf einer ganz ungewöhnlichen und unwahrscheinlichen
(atypischen) Verkettung von Umständen beruht. Man spricht daher
auch von atypischen, völlig ungewöhnlichen oder außergewöhnlichen Kausalverläufen. In darauf beruhenden Erfolgseintritten realisiert sich eine andere als die vom Täter geschaffene Ausgangsgefahr.

63   Im Gegensatz dazu erkennen die Rechtsprechung und Kritiker der
objektiven Zurechnungslehre die objektive Voraussehbarkeit nur
beim Fahrlässigkeitsdelikt als objektives Tatbestandsmerkmal an.
Beim Vorsatzdelikt wird in der Frage atypischer Kausalverläufe ein
Vorsatzproblem gesehen und bei wesentlichen, außerhalb der Lebenserfahrung liegenden Abweichungen zwischen vorgestelltem und
tatsächlichem Kausalverlauf ein Tatbestandsirrtum angenommen
(§ 15 Rn. 11 ff.). Die Entscheidungskriterien sind weitgehend
deckungsgleich. Diese Meinung würde in den folgenden Beispielen
für unvoraussehbare bzw. voraussehbare Kausalverläufe wesentliche
bzw. unwesentliche Irrtümer über den Kausalverlauf annehmen.

64   Beispiele (für *unvoraussehbare* Kausalverläufe): Im Fall 2a hat T den Tod
des O zwar verursacht (Rn. 5), doch ist die objektive Voraussehbarkeit zu verneinen. Denn der den konkreten Tod herbeiführende Krankenhausbrand ist
ein außergewöhnliches Ereignis, das zum allgemeinen Lebensrisiko und nicht
zum Ausgangsrisiko gehört. Fall 2b liegt nicht anders; hier beruht der Tod auf

§ 13. Kausalität und objektive Zurechnung 91

einem allgemeinen Straßenverkehrsrisiko (Falllösung bei *Putzke*, ZJS 2011, 522 f.). Genauso wäre die objektive Zurechnung zu verneinen, wenn der Rettungshubschrauber auf Grund eines technischen Versagens oder eines Pilotenfehlers mit tödlichen Folgen für O abstürzen würde. In allen Fällen kommt eine Bestrafung des T aus dem vollendeten Tötungsdelikt nicht in Betracht. T erfüllt nur die §§ 212, (211), 22 i. V. m. §§ 223, 224, und zwar in Tateinheit (unten § 56 Rn. 34 f.).

Demgegenüber muss die Voraussehbarkeit bejaht werden, wenn **65** mit dem Kausalverlauf nach der Lebenserfahrung zu rechnen gewesen ist und sich insoweit im Erfolg (noch) die Ausgangsgefahr realisiert hat.

Beispiele (für *voraussehbare* Kausalverläufe): (1) Im **Fall 2c** verwirklicht **66** sich im Tod des O die erlaubt riskante (vgl. §§ 35, 38 StVO) Rettungsfahrt. Diese gehört wegen der Lebensgefahr zum Ausgangsrisiko, so dass die objektive Voraussehbarkeit bejaht werden muss. T erfüllt daher § 212 I.

(2) Es ist objektiv voraussehbar, dass das auf der Straße schwer verletzt liegende Opfer von einem Dritten, der nicht mehr rechtzeitig bremsen kann, tödlich überfahren wird.

(3) Es liegt im Rahmen der allgemeinen Lebenserfahrung, dass der Tod des Opfers infolge von typischen Verletzungsfolgen oder von verletzungs- und behandlungsbedingten Risiken medizinischer Art eintritt. Beispielhaft genannt seien etwa das Ersticken durch Einatmen von Erbrochenem, Infektionen aller Art und Embolien.

(4) Einem Täter, der in einer bestimmten Weise töten will, ist der Erfolg **67** auch dann als objektiv voraussehbar zuzurechnen, wenn sich Gefahrfaktoren realisieren, die mit der Ausführungsart von vornherein verbunden gewesen sind. Wer sein Opfer durch Karateschläge umbringen oder durch Stoßen von einer hohen Brücke ertrinken lassen will, wird wegen vollendeten Totschlags (Mords) auch bestraft, wenn eine Aufprallverletzung (Boden, Wand, Brückenpfeiler) den Tod herbeiführt.

Wichtiger als Detailwissen dürfte bei der Lösung solcher und wei- **68** terer Fälle im Umfeld der (Un-)Voraussehbarkeit die Besinnung auf den immer wiederkehrenden Grundgedanken sein: Realisiert sich im Erfolg (noch) das vom Täter gesetzte Ausgangsrisiko (Werk des Täters) oder eine andere Gefahr, die den Erfolg als Werk des Zufalls oder anderer erscheinen lässt? Liegt also der Erfolgseintritt in diesem Sinne (noch) im Verantwortungsbereich des Täters? Ob man dann bestimmte Fälle (eher) der Kategorie des atypischen Kausalverlaufs oder, wenn etwa Dritte mitwirken, des Schutzbereichs der Norm zuordnet, ist zweitrangig. Überschneidungen ergeben sich zwangsläufig, weil sich beide Kategorien aus der Grundformel ableiten (vgl. Rn. 48).

92   3. Kapitel. Die Tatbestandsmäßigkeit

69   **b) Die abnorme Konstitution als außergewöhnlicher Kausalfaktor.** Schwierigkeiten bereitet die Beurteilung von Fällen, bei denen der Täter zwar ein lebensgefährliches Risiko setzt, der Tod aber auf Grund eines außergewöhnlichen, unvoraussehbaren Kausalfaktors wie einer abnormen Konstitution eintritt. Typisch dafür ist der

> **Bluter-Fall:** T will B mit Messerstichen töten. Das Messer trifft aber nur den Arm und ruft eine an sich harmlose Wunde hervor. B verblutet aber, weil er an Hämophilie leidet und deshalb die Wunde nicht zum Stillstand gebracht werden kann (*Seher*, Jura 2001, 871).

70   In dem Fall hat T für den Tod des B eine im Sinne der Äquivalenztheorie nicht hinwegdenkbare Ursache gesetzt. Fraglich ist jedoch, ob die objektive Voraussehbarkeit des Erfolges entfällt, wenn dieser letztlich nur deshalb eintritt, weil das Opfer eine abnorme Konstitution aufweist, mit der ein einsichtiger Mensch aus der ex-ante-Perspektive nicht rechnen muss. Das Reichsgericht hat in einem auf der Ebene des § 222 angesiedelten Fall, in dem ein Steinwurf bei einem Bluter eine unerhebliche blutende Verletzung, aber wegen der Blutereigenschaft den Tod verursacht hatte, darauf abgestellt, dass ein Steinwurf lebensgefährlich sei und es insoweit nur auf die allgemeine Voraussehbarkeit des Erfolges ankomme (RGSt 54, 349 ff.). Nach der in der heutigen Rechtsprechung verbreiteten Formel soll grundsätzlich auch die Voraussehbarkeit des Erfolges im Endergebnis genügen und es insoweit nicht auf die Einzelheiten des dahin führenden Kausalverlaufs ankommen, es sei denn, dass der Kausalverlauf so sehr außerhalb aller Lebenserfahrung liegt, dass niemand mit ihm zu rechnen braucht (BGHSt 12, 75, 77 f.; *BGH* NStZ 1992, 333, 335). Wie die Rechtsprechung mit dieser Formel den geschilderten Bluter-Fall lösen würde, ist ungeklärt.

71   Richtigerweise muss sich die Voraussehbarkeit grundsätzlich auch auf den Kausalverlauf erstrecken, da der Kausalzusammenhang wie der Erfolg zum objektiven Tatbestand gehört (Rn. 3). Allerdings brauchen nicht alle, sondern nur die wesentlichen Einzelheiten des Kausalverlaufs von der Voraussehbarkeit umfasst zu sein. Bei wegen ihrer Seltenheit unvoraussehbaren wesentlichen Kausalfaktoren ist die Zurechnung zu verneinen.

72   Mit Blick auf den Bluter-Fall bedeutet dies: Bei einer Wahrscheinlichkeit von 1 zu 10.000, einem Bluter zu begegnen (www.bluter-info.de), kann man von einem solchen außerordentlich seltenen Kausalfaktor ausgehen. Deshalb führt die abnorme Konstitution des B zur Verneinung der objektiven Zurech-

nung. In dem Tod des B hat sich nicht das von T gesetzte tödliche Risiko, sondern die latente Lebensgefahr realisiert, in der B ständig schwebt. Soweit man auf dem Boden insbesondere der Rechtsprechung bei Vorsatzdelikten das Kriterium der objektiven Voraussehbarkeit nicht anerkennt, lassen sich im Rahmen der Vorsatzprüfung nach den Regeln der (un)wesentlichen Abweichung vom Kausalverlauf gleiche Schlussfolgerungen ableiten.

Zumindest im Ergebnis übereinstimmend: *Seher*, Jura 2001, 817; *Frisch*, JuS 2011, 117 f.; *Ebert/Kühl*, Jura 1979, 566, 569; SK/*Hoyer*, Anh. zu § 16 Rn. 85; *Baumann/Weber/Mitsch*, AT, § 14 Rn. 25; a. A. *Heinrich*, AT, Rn. 249.

In der **Fallbearbeitung** kommt es in Fällen wie dem Bluter-Fall auf die **73** überzeugende Argumentation an. Man kann ebenso zu einem gegenteiligen Ergebnis kommen und insoweit etwa darauf abstellen, dass mit bestimmten seltenen Kausalfaktoren nach der Lebenserfahrung zu rechnen bzw. der Kausalfaktor nicht (so) selten sei.

c) Sonderwissen. Falls dem Täter außergewöhnliche Kausalfakto- **74** ren bekannt sind, muss ein solches Sonderwissen bei der Bestimmung der objektiven Voraussehbarkeit berücksichtigt werden (vgl. schon Rn. 54 f.). Dies ist nicht systemwidrig, sondern erklärt sich damit, dass es um das Verbot gefährlicher Handlungen geht und vorhandenes Sonderwissen ein Element des Begriffs der missbilligten Gefahrschaffung ist. Von daher muss etwaiges Sonderwissen in das ex-ante-Urteil über die objektive Gefährlichkeit der Täterhandlung einfließen (*Roxin*, AT I, § 11 Rn. 40, 56 f.).

Beispiele: Der Täter kennt die Blutereigenschaft oder eine extrem seltene Allergie des Opfers.

3. Schutzzweckzusammenhang

Der Erfolgseintritt muss im Schutzbereich der verletzten Norm **75** liegen. Wenn man die Fallgruppe der Abgrenzung nach Verantwortungsbereichen nicht als Unterpunkt des Schutzzweckzusammenhangs einordnet, hat, soweit die objektive Voraussehbarkeit zu bejahen ist, die spezielle Schutzzweckfrage bei Vorsatzdelikten kaum einmal Bedeutung. Denn es versteht sich von selbst, dass der Sinn der Norm des § 212 oder § 223 darin liegt, vorsätzliche Angriffe auf Leib und Leben zu verhindern. – Ein seltenes

Beispiel: Die Straflosigkeit der indirekten Sterbehilfe wird teilweise unter Rückgriff auf den Schutzzweck der §§ 212, 216 damit begründet, dass keine eigentliche gegen das Leben gerichtete Tötungshandlung vorliege (vgl. LK/*Jähnke*, 11. Aufl., vor § 211 Rn. 16; *Fischer*, vor § 211 Rn. 57; näher *Rengier*, BT II, § 7 Rn. 3 f.).

94   3. Kapitel. Die Tatbestandsmäßigkeit

76   Bei Fahrlässigkeitsdelikten haben die Schutzbereichsfragen einen
viel größeren Stellenwert, weil diese Delikte „offen" formuliert sind
und als verletzte Norm viele verschiedene Sorgfaltsnormen in Betracht kommen (näher § 52 Rn. 37 ff.).

4. Abgrenzung nach Verantwortungsbereichen: Verantwortungs-
bereich des Opfers

77   **a) Freiverantwortliche Selbstschädigung und Selbstgefährdung
des Opfers.** Die Unterbrechung des Zurechnungszusammenhangs
durch eine freiverantwortliche bewusste Selbstschädigung oder
Selbstgefährdung des Opfers gehört in der Kategorie der Abgrenzung nach Verantwortungsbereichen zu den häufigsten Fällen. Ausgangspunkt ist die Überlegung, dass die Selbsttötung wie die Selbstverletzung keinen Tatbestand erfüllen, da die §§ 212, 223 nur einen
„anderen" Menschen erfassen. Demnach bleiben gemäß den §§ 26,
27 Anstiftung und Beihilfe zur Selbsttötung und -verletzung mangels
Haupttat straflos (erg. § 45 Rn. 13). Als mittelbarer Täter kann ein
sich beteiligender Hintermann nur erfasst werden, wenn die Selbstschädigung als „unfrei" einzustufen ist (erg. § 43 Rn. 8 ff.).

78   Aus dieser Rechtslage ergibt sich weiter: Tatbeiträge, die als aktive
vorsätzliche Teilnahme an einer freiverantwortlichen Selbsttötung
bzw. Selbstverletzung straflos wären, können „erst recht" nicht bei
einer bloßen (vorsätzlichen und fahrlässigen) Mitwirkung an einer
freiverantwortlichen bewussten Selbstgefährdung als vorsätzliche
bzw. fahrlässige Tötung oder Körperverletzung bestraft werden,
wenn sich infolge der Selbstgefährdung das Verletzungs- oder Todes-
risiko realisiert. In diesen Fällen ist auch nach der Rechtsprechung
der objektive Tatbestand des Tötungs- oder Körperverletzungsdelikts
nicht erfüllt (BGHSt 32, 262; 46, 279, 288 f.; 49, 34, 39).

79   Die Unterbrechung des Zurechnungszusammenhangs durch eine
freiverantwortliche Selbstschädigung des Opfers hängt von zwei Voraussetzungen ab, die hier nicht näher zu erörtern, aber zusammenfassend zu erwähnen sind (näher zum Ganzen *Rengier*, BT II, § 3
Rn. 8 f.; § 8; § 9; § 13 Rn. 3 ff.; § 20):

80   *Erstens* muss eine „freie" Selbsttötung, Selbstverletzung oder
Selbstgefährdung vorliegen. Bei einem „unfreien" Handeln liegt ein
Defizit vor, dessen Ausnutzung oder Erkennbarkeit die Strafbarkeit
eines Hintermanns begründen kann. Die Freiverantwortlichkeit entfällt, wenn

§ 13. Kausalität und objektive Zurechnung   95

(1) der Selbstschädigungsakt, ginge es um dessen Strafbarkeit, entsprechend den §§ 19, 20, 35 StGB, 3 JGG entschuldigt wäre oder

(2) die Selbstschädigungs- bzw. Selbstgefährdungsentscheidung nach Einwilligungsregeln unwirksam wäre, weil sie auf wesentlichen Willensmängeln beruht (Täuschung, Drohung, Irrtum, Unkenntnis von anderen Beteiligten bekannten Risikofaktoren).

Zweitens muss es sich um eine *Selbst*schädigung bzw. -gefährdung **81** handeln, die von der *Fremd*schädigung bzw. -gefährdung abzugrenzen ist, für die andere Regeln gelten. Die Abgrenzung erfolgt nach h. M. danach, wer die Tatherrschaft über den unmittelbar lebensbeendenden bzw. den Verletzungs- oder Gefährdungsakt hat.

Beispiele: (1) Autohalter H stellt dem Erwachsenen E, der wiederholt durch **82** die Fahrprüfung gefallen ist, seinen Pkw für eine Fahrt zur Verfügung. Infolge eines Fahrfehlers verunglückt E tödlich (vgl. *OLG Stuttgart* VRS 67, 429). – H hat zwar den Tod des E verursacht und auch pflichtwidrig gehandelt (vgl. § 21 I Nr. 2 StVG). Doch beteiligt er sich nur an einer freiverantwortlichen Selbstgefährdung des E, die eine objektive Zurechnung des Todes ausschließt. Dabei ist gleichgültig, ob H bezüglich des tödlichen Ausgangs bloß fahrlässig oder sogar – lebensfern aber denkbar – vorsätzlich handelt. H erfüllt allein § 21 I Nr. 2 StVG.

(2) Polizist P lässt seine geladene Dienstpistole entgegen den Dienstvor- **83** schriften frei im Auto oder in seiner Wohnung herumliegen. Seine Bekannte B nimmt die Pistole und bringt sich damit um. – Wegen fahrlässiger oder – bei entsprechender innerer Einstellung – vorsätzlicher (Fremd-)Tötung könnte P nur bestraft werden, wenn die Selbsttötung der B als unfrei eingestuft werden könnte. Liegen dafür keine Anhaltspunkte vor, ist von einem freiverantwortlichen Suizid auszugehen, der bei P eine objektive Zurechnung des von ihm im Sinne der Äquivalenztheorie verursachten Todes ausschließt. Er bleibt straflos. Anders läge es, wenn ein Schuldunfähiger (§§ 19, 20) die Dienstpistole ergreifen und sich töten würde.

(3) Die **Retter-, Verfolger- und Fluchtfälle**, in denen der Täter ein riskantes Verhalten des späteren Opfers herausfordert, werden typischerweise im Zusammenhang mit Fahrlässigkeitsdelikten aktuell und daher dort erörtert (§ 52 Rn. 45 ff.).

b) Sonstiges Opferverhalten. Die soeben erörterte Fallgruppe der **84** freiverantwortlichen Selbstschädigung ist dadurch gekennzeichnet, dass das Opfer seine Schädigung bzw. die dazu führende Gefahr selbst bewusst herbeiführt. Davon muss grundsätzlich die Konstellation unterschieden werden, in der das Tatopfer, *nachdem* es verletzt worden ist, durch nachträgliches Verhalten den weiteren Kausalverlauf der Primärverletzung negativ beeinflusst.

96   3. Kapitel. Die Tatbestandsmäßigkeit

Beispiele: Das verletzte Opfer führt seinen Tod durch unzureichende Wundversorgung oder dadurch herbei, dass es in den Heilungsverlauf eingreift, sich gegen effektive Rettungsbemühungen wehrt oder eine medizinisch indizierte Behandlung wie eine Bluttransfusion, Tetanusimpfung oder Operation ablehnt.

85   Auch hier stellt sich die Frage, wie das Opferverhalten beschaffen sein muss, damit der eingetretene Tod nicht mehr als Werk des Täters erscheint, sondern in den Verantwortungsbereich des Opfers fällt. Die h. M. unterscheidet insoweit zutreffend – parallel zum Drittverhalten (dazu unten Rn. 95 f.) – zwischen bloß fahrlässigem und grob fahrlässigem/vorsätzlichem Fehlverhalten. Grob fahrlässiges und vorsätzliches Opferfehlverhalten unterbricht den Risikozusammenhang und verlagert die Verantwortung auf das Opfer. Dabei kommt es bei bewusstem Fehlverhalten dann zu Überschneidungen mit dem Gedanken der bewussten Selbstgefährdung, wenn das Opfer die Risiken voll erfasst (vgl. Sch/Sch/*Eisele*, vor § 13 Rn. 102 ff.; *Roxin*, AT I, § 11 Rn. 118 ff., 143 f.).

86   **Beispiele:** (1) Wenn T den O mit Tötungsvorsatz verletzt hat, O aber letztlich nur stirbt, weil er grob sachwidrig (leichtfertig) in den Heilungsverlauf eingreift oder ganz unvernünftig die Hinzuziehung eines Arztes, eine Bluttransfusion, Impfung oder Routineoperation ablehnt, so entfällt bezüglich § 212 die objektive Zurechnung. T erfüllt nur die §§ 212, (211), 22, 223, (224), 52. – Wenn T den O nur fahrlässig verletzt hätte, es also um die Strafbarkeit gemäß § 222 ginge, wäre bei gleichem Opferverhalten die objektive Zurechnung genauso zu verneinen. T könnte nur gemäß § 229 bestraft werden. – Die Rechtsprechung würde in der Ersatzvariante einen vorsatzausschließenden Irrtum über den Kausalverlauf annehmen.

(2) Durchaus nachvollziehbar und insofern nicht grob unvernünftig ist es, eine Operation mit einer Mortalitätsquote von 5–15% abzulehnen (*OLG Celle* NJW 2001, 2816).

5. Abgrenzung nach Verantwortungsbereichen: Verantwortungsbereich Dritter

87   Im Folgenden geht es um Konstellationen, die sich auch unter dem Stichwort des „Dazwischentretens Dritter" zusammenfassen lassen. Hier hat das Verhalten Dritter Einfluss auf den vom Täter im Sinne der Äquivalenztheorie verursachten Erfolg.

88   **a) Vorsätzliches Dazwischentreten.** Die Fälle vorsätzlichen Dazwischentretens sind dadurch gekennzeichnet, dass der (in der Regel nachträglich) eingreifende Dritte den Erfolg vorsätzlich herbeiführen

§ 13. Kausalität und objektive Zurechnung 97

will. Pauschale Lösungen im Sinne der alten Lehre vom Regressverbot, wonach das vorsätzliche, erfolgsverursachende Eingreifen eines Dritten in einen Kausalverlauf eine strafrechtliche Haftung des Ersthandelnden für den Erfolg generell ausschließe, sind verfehlt. Vielmehr führt auch hier die **Rückbesinnung auf die Leitlinien der objektiven Zurechnung** zu sachgerechten Ergebnissen: Ist die Tat noch als Werk des Täters anzusehen oder fällt sie infolge des Dazwischentretens in den Verantwortungsbereich des Dritten? Realisiert sich im Erfolg noch die Ausgangsgefahr oder letztlich eine andere, neue Gefahr?

Beispiele: Im **Fall 4** und im Gnadentod-Fall (Rn. 24) ist die objektive Zu- **89** rechnung richtigerweise zu bejahen. Denn hier ordnen sich die Anschlusstäter der Ausgangsgefahr unter und wollen die tödlichen Qualen für das Opfer in einer nicht außerhalb der Lebenserfahrung liegenden Weise verkürzen. Insoweit begehen sowohl der Erst- wie der Zweittäter einen vollendeten Totschlag (*W/Beulke/Satzger*, AT, Rn. 164, 192). Die Rechtsprechung kommt zu keinem anderen Ergebnis. Aus ihrer Sicht liegt eine den Vorsatz nicht berührende unwesentliche Abweichung im Kausalverlauf vor (vgl. *BGH* MDR/D 1956, 526; NStZ 2001, 29).

Dagegen fehlt es an einer solchen Unterordnung unter die Aus- **90** gangsgefahr, wenn Dritte die durch eine Ersttat geschaffene günstige Gelegenheit zu einer Anschlusstat bloß ausnutzen, ansonsten aber eigenständige Ziele verfolgen.

Beispiele: T hat den O mit Tötungsvorsatz schwer verletzt. Im Kranken- **91** haus nutzt ein Arzt A oder ein Verwandter V die Gelegenheit, den hilflosen O durch eine Spritze oder durch Gift zu töten, um unauffällig und „sicher" einen Todfeind loszuwerden oder Erbe zu werden. – Für den konkreten Tod sind A bzw. V gemäß § 212 und § 211 (Heimtücke, Habgier, niedrige Beweggründe) verantwortlich. Was T betrifft, so ist zwar sein Verhalten im Sinne fortwirkender Kausalität für den Tod kausal, so dass kein Fall bereits der Unterbrechung des Kausalzusammenhangs vorliegt (dazu oben Rn. 23 f.). Doch verwirklicht sich im Tod des O nicht mehr das ursprüngliche Risiko, sondern eine neue Gefahr – Tod durch Spritze bzw. Gift –, die A bzw. V unabhängig vom Leidenszustand des O gesetzt hat. Daher entfällt § 212 I. T erfüllt die §§ 212, (211), 22, 223, (224), 52.

Die Beispielsfälle der Rn. 91 zum vorsätzlichen Dazwischentreten **92** Dritter können natürlich auch in der Form auftreten, dass der Ersttäter nur fahrlässig handelt. Wenn T den O bloß fahrlässig lebensgefährlich verletzt und A bzw. V den O dann wie geschildert vorsätzlich getötet hätten, könnte T der tödliche Erfolg ebenso wenig

98   3. Kapitel. Die Tatbestandsmäßigkeit

objektiv zugerechnet werden. Insoweit wäre also bei T § 222 zu verneinen und nur § 229 zu bejahen.

93   Anders liegen nach h. M. die Fahrlässigkeits-Fälle, bei denen der Zweittäter
insbesondere an die Verletzung von Sicherheitsvorschriften durch den Ersttäter und insoweit an die von diesem gesetzte Ausgangsgefahr anknüpft (näher
§ 52 Rn. 57 ff.).

94   Schließlich kann man hier auch noch den Fall der kumulativen
Kausalität einordnen (Rn. 34). Wenn insoweit die h. M. die objektive
Zurechnung mit der Begründung verneint, die gleichzeitige vorsätzliche Gabe eines kumulativ wirkenden Tatmittels durch einen Dritten
sei ein so außergewöhnlicher Umstand, dass der Tod nicht ein Werk
der vom Täter gesetzten Ausgangsgefahr, sondern des Zufalls sei, so
verdient das Zustimmung. Beide Täter können daher nur wegen versuchten Totschlags (ggf. Mordes) in Tateinheit mit § 224 I (Nr. 1, 2
und eventuell 5) bestraft werden.

   W/Beulke/Satzger, AT, Rn. 196; *Satzger*, Jura 2014, 190; *Jäger*, AT, Rn. 61;
Sch/Sch/*Eisele*, vor § 13 Rn. 83; *Joecks*, vor § 13 Rn. 33, 51; zu § 224 siehe
Rengier, BT II, § 14.

95   **b) Sonstiges Dazwischentreten.** In den Fällen des (mit Blick auf
den tatbestandlichen Erfolg) unvorsätzlichen Dazwischentretens
geht es typischerweise darum, inwieweit ein den tödlichen Verlauf
beeinflussendes Fehlverhalten von Ärzten oder anderen Rettern, die
sich um den Verletzten kümmern, die objektive Zurechnung ausschließt. Einzelheiten sind umstritten. Nach zutreffender h. M. realisiert sich in einem fahrlässigen Fehlverhalten immer noch eine Gefahr, mit der man rechnen muss und die deshalb in den
Verantwortungsbereich des Täters fällt. Etwas anderes gilt für grob
fahrlässiges (und erst recht für vorsätzliches) *aktives* Fehlverhalten
Dritter.

96   Etwas schwieriger zu beurteilen ist ein etwaiges *Unterlassen*, so
wenn Ärzte erforderliche Heilmaßnahmen verkennen. Einer Gleich-
behandlung mit dem aktiven Tun könnte die Überlegung entgegenstehen, dass sich beim Unterlassen gerade die vom Täter geschaffene
Gefahr im Erfolg realisiere, weil der Dritte in den Kausalverlauf
überhaupt nicht eingreife. Demgegenüber erscheint es vorzugswürdig, aktives Tun und Unterlassen dann gleich zu behandeln, wenn
der Arzt die Behandlung übernommen hat (*Rengier*, Erfolgsqualifizierte Delikte, S. 162; auf dieser Linie ferner Sch/Sch/*Eisele*, vor § 13
Rn. 102a/b; *Roxin*, AT I, § 11 Rn. 143).

Empfehlungen zur vertiefenden Lektüre:
Rechtsprechung: BGHSt 39, 195 (mehrere todesursächliche Schüsse durch einen Täter).
Literatur: *Geppert*, Zur Unterbrechung des strafrechtlichen Zurechnungszusammenhangs bei Eigenschädigung/-gefährdung des Opfers oder Fehlverhalten Dritter, Jura 2001, 490 ff.; *Kudlich*, Objektive und subjektive Zurechnung von Erfolgen – eine Einführung, JA 2010, 681 ff.; *Rönnau*, Grundwissen – Strafrecht: Sozialadäquanz, JuS 2011, 311 ff.; *Rönnau/Faust/Fehling*, Durchblick: Kausalität und objektive Zurechnung, JuS 2004, 113 ff.; *Satzger*, Kausalität und Gremienentscheidungen, Jura 2014, 186 ff.; *Satzger*, Die sog. „Retterfälle" als Problem der objektiven Zurechnung, Jura 2014, 695 ff.; *Seher*, Die objektive Zurechnung und ihre Darstellung im strafrechtlichen Gutachten, Jura 2001, 814 ff.; *Toepel*, Condicio sine qua non und alternative Kausalität – BGHSt 39, 195, JuS 1994, 1009 ff.

§ 14. Subjektiver Tatbestand: Der Vorsatz

Fall 1: Der Terrorist T will den Politiker P mittels eines an dessen Dienstfahrzeug angebrachten und ferngezündeten Sprengsatzes töten. Das damit zusammenhängende Schicksal des Fahrers F tut ihm sehr leid. Das Risiko für Passanten sieht er, möchte diese aber möglichst nicht gefährden. Daher zündet er den Sprengsatz bewusst zu einem Zeitpunkt, in dem nach seinen Berechnungen der Pkw eine wenig belebte Gegend durchfährt. Durch die Zündung des Sprengsatzes wird neben P und F auch der Jogger J getötet, der sich zufällig auf der Höhe des Fahrzeugs befand. → Rn. 7, 9, 12, 14, 25

Fall 2: Aus einer Entfernung von 80 Schritten zielt Tell (T) mit seiner Armbrust auf den Apfel, der auf dem Kopf seines Sohnes liegt. Dazu hat ihn Gessler (G) gezwungen, der ihn töten, ihm aber das Leben schenken will, wenn er mit dem ersten Schuss den Apfel trifft. Auf die entsetzte Entgegnung T's: „Ich soll mit meiner Armbrust auf das liebe Haupt des eignen Kindes zielen – eher sterb ich!", droht G: „Du schießest oder stirbst mit deinem Knaben." Daraufhin legt T an und trifft mit dem Pfeil den Apfel. Hat T einen tatbestandsmäßigen versuchten Totschlag begangen? → Rn. 36

I. Grundlagen

Der Vorsatz ist Bestandteil des subjektiven Tatbestandes (§ 7 Rn. 2 ff.; § 12 Rn. 11). § 15 enthält die Aussage, dass alle Straftatbestände vorsätzliches Handeln voraussetzen, wenn nicht das Gesetz die Fahrlässigkeitsstrafbarkeit ausdrücklich anordnet. Man vergleiche erneut die §§ 212 I, 223 I, 324 I einerseits und die §§ 222, 229, 324 III andererseits (siehe schon § 11 Rn. 9).

100   3. Kapitel. Die Tatbestandsmäßigkeit

2   Gegenstand oder Bezugspunkt des Vorsatzes sind alle objektiven Tatbestandsmerkmale (vertiefend unten Rn. 37 ff.). Dies ergibt sich im Umkehrschluss aus § 16 I 1, wonach der Vorsatz schon dann entfällt, wenn der Täter bloß *„einen* Umstand nicht kennt, der zum gesetzlichen Tatbestand gehört". Demnach genügt es für das Vorliegen eines vorsatzausschließenden Tatbestandsirrtums, wenn sich der Tätervorsatz nur auf ein einziges von beliebig vielen objektiven Tatbestandsmerkmalen nicht erstreckt (näher unten § 15).

3   Greift § 16 I 1 ein, bleibt freilich noch die Strafbarkeit wegen fahrlässiger Begehung zu bedenken und ggf. zu prüfen (§ 16 I 2).

4   In der **Fallbearbeitung** ist die Feststellung des Vorsatzes oft unproblematisch. In solchen Fällen wäre es verfehlt, den Vorsatz breit zu definieren und zu prüfen. Vielmehr genügt dann ein einfacher Satz etwa der Art, dass der Täter vorsätzlich gehandelt hat. Nähere Ausführungen sind nur notwendig, soweit die Annahme des Vorsatzes nicht ohne weiteres auf der Hand liegt. Umgekehrt werden das Vorsatzdelikt und der Vorsatz überhaupt nicht angesprochen, falls vorsätzliches Handeln eindeutig ausscheidet oder fernliegt.

II. Begriff des Vorsatzes und Vorsatzformen

1. Begriff

5   Kurz lässt sich der Vorsatz als „Wissen und Wollen der Tatbestandsverwirklichung" definieren. Genauer umschrieben bedeutet Vorsatz, dass der Täter den Willen zur Verwirklichung eines Straftatbestandes in Kenntnis aller seiner objektiven Tatbestandsmerkmale hat. Beide Definitionen drücken richtig aus, dass der Vorsatz nach der zutreffenden Rechtsprechung und h. M. ein kognitives *und* ein voluntatives Element enthält. Diese Elemente sind für die Vorsatzformen und die Abgrenzung zur bewussten Fahrlässigkeit wichtig.

2. Vorsatzformen

6   **a) Drei Vorsatzformen.** Man unterscheidet drei Vorsatzformen, nämlich

(1) die **Absicht**, die auch mit dem Begriff des **dolus directus 1. Grades** umschrieben wird;

(2) die **Wissentlichkeit** (auch: **dolus directus 2. Grades** oder **direkter Vorsatz**);

§ 14. Subjektiver Tatbestand: Der Vorsatz   101

(3) den **Eventualvorsatz** (auch: **dolus eventualis** oder **bedingter Vorsatz**).

Bei der **Absicht** kommt es dem Täter im Sinne zielgerichteten 7 Wollens darauf an, den Tatbestand zu verwirklichen, also etwa darauf, einen tatbestandlichen Erfolg herbeizuführen. Auf der kognitiven Seite genügt die Vorstellung, dass es zur Erfüllung des Tatbestandes kommen kann.

> **Beispiel:** Wer sein Opfer mit einem Steinwurf verletzen will, aber wegen der Entfernung einen Fehlwurf einkalkuliert, handelt vorsätzlich in der Form der Verletzungsabsicht. Im **Fall 1** kommt es dem Täter T auf die Tötung des P an; daher hat er den dolus directus 1. Grades.

Absichtlich handelt auch, wer die Tatbestandsverwirklichung als 8 **notwendiges Zwischenziel**, d. h. gleichsam als eine unentbehrliche Plattform anstrebt, um das Endziel erreichen zu können.

> **Beispiel:** Wer als (künftiger) Erbe E den Erblasser R tötet, weil er endlich die Erbschaft antreten will, kann sein (End-)Ziel nur erreichen, wenn R stirbt (Zwischenziel). Also muss es dem E auch auf die Tötung des R ankommen, selbst wenn er ihn eigentlich gerne hat (*Kühl*, AT, § 5 Rn. 35).

Bei der **Wissentlichkeit** sieht der Täter sicher voraus, dass sein 9 Handeln zur Verwirklichung des Tatbestandes führt. Auf der voluntativen Seite spielt es keine Rolle, ob dem Täter das Geschehen erwünscht ist oder nicht, sofern er sich nur damit abfindet. Nicht Gefühle und Wünsche sind entscheidend, sondern der umgesetzte Wille. Man kann auch sagen, dass ein Täter, der trotz für sicher gehaltener Tatbestandsverwirklichung an seinem Handlungswillen festhält, die Folge zwangsläufig in seinen Willen aufnimmt.

> Im **Fall 1** tötet T den F wissentlich. Dass seine Tötung dem T emotional leidtut und unerwünscht ist, lässt den dolus directus 2. Grades unberührt.

Beim **Eventualvorsatz** hält der Täter auf der intellektuellen Seite 10 die Tatbestandsverwirklichung für möglich und findet sich auf der voluntativen Seite mit dem Erfolgseintritt ab. Andere gleichwertige Umschreibungen für das Wollenselement stellen darauf ab, ob der Täter die Erfüllung des Tatbestandes (billigend) in Kauf nimmt oder damit einverstanden ist. Bei diesem voluntativen Element (im Schema der Rn. 13 Punkt 2.b) liegt nach der zutreffenden h. M. der Standort für die wichtige Abgrenzungsfrage zur **bewussten Fahrlässigkeit** (näher unten Rn. 17 ff.).

102   3. Kapitel. Die Tatbestandsmäßigkeit

11   Was die verbreitete und ohne weiteres gestattete Redeweise vom bedingten Vorsatz betrifft, so kann sie zu Missverständnissen Anlass geben, weil der dolus eventualis nicht – wie der bedingte Handlungswille (dazu § 34 Rn. 9 ff.) – vom Eintritt irgendwelcher Bedingungen abhängt. Daher ist es sinnvoller, diesen unglücklichen Sprachgebrauch zu vermeiden (*Roxin*, AT I, § 12 Rn. 24; *Krey/Esser*, AT, Rn. 386; *W/Beulke/Satzger*, AT, Rn. 215).

12   Im **Fall 1** handelt T bezüglich J mit Eventualvorsatz; denn er erkennt die Gefahr für Passanten und nimmt um der Tötung des P willen tödliche Risiken für Unbeteiligte wie den J in Kauf.

13   Zusammenfassend lassen sich die Vorsatzformen mit Hilfe des folgenden Schemas verdeutlichen:

Vorsatzformen

1. Wissen	und	2. Wollen
a) Element dominant: sicheres Voraussehen		a) Element dominant: darauf ankommen
b) Element abgeschwächt: für möglich halten		b) Element abgeschwächt: sich abfinden oder (billigend) in Kauf nehmen oder einverstanden sein

Absicht: Wollen dominant, abgeschwächtes Wissen genügt (2.a + 1.a oder 1.b)

Wissentlichkeit: Wissen dominant, abgeschwächtes Wollen zwangsläufig (1.a + 2.b)

Eventualvorsatz: Wissen und Wollen abgeschwächt (1.b + 2.b)

Bewusste Fahrlässigkeit: Wissen abgeschwächt, Wollen fehlt (nur 1.b)

---

14   **b) Bedeutung der Unterscheidung.** Die Unterscheidung zwischen den Vorsatzformen hat dort keine Bedeutung, wo das Gesetz schlicht vorsätzliches Handeln genügen lässt (§ 15). In diesen überwiegenden Fällen empfiehlt es sich nicht, bei der Feststellung des Vorsatzes die Vorsatzform zu diskutieren. Natürlich muss ggf. zur bewussten Fahrlässigkeit abgegrenzt werden. Und: Wenn eindeutig etwa absichtliches Handeln vorliegt, kann man das auch, wie oben in Rn. 7 zu **Fall 1** geschehen, in der Formulierung zum Ausdruck bringen.

15   Bedeutung erlangt die Unterscheidung bei den insgesamt wenigen Tatbeständen, die die Tatbestandserfüllung auf bestimmte Vorsatzformen einschränken. Solche Tatbestände sind insbesondere daran zu erkennen, dass sie „absichtliches" oder „wissentliches" Handeln (z. B. §§ 145, 258) voraussetzen und insoweit den Eventualvorsatz ausklammern oder zumindest teilweise ein Handeln „wider besseres Wissen" im Sinne der Wissentlichkeit verlangen (z. B. §§ 145d, 164, 187). Der Grund für solche Restriktionen liegt z. B. bei den §§ 145, 145d, 164 vor allem darin, dass niemand bei tatsächlichen Zweifeln von einem Notruf oder einer Anzeige abgehalten werden soll.

Mit der Absicht als Vorsatzform dürfen nicht die Absichtsmerk- **16** male verwechselt werden, die wie die Zueignungsabsicht des § 242, die Bereicherungsabsicht des § 263 und die Täuschungsabsicht des § 267 zu den besonderen subjektiven Tatbestandsmerkmalen gehören (näher unten § 16).

Zum Ganzen auch *D./I. Sternberg-Lieben*, JuS 2012, 976 ff.

III. Abgrenzung zwischen Eventualvorsatz und bewusster Fahrlässigkeit

1. Grundlagen

Die Abgrenzung ist sehr wichtig, weil sie zum einen dort, wo **17** Fahrlässigkeitstatbestände nicht existieren (vgl. § 15), zur Straflosigkeit und im Übrigen in der Regel zu erheblich milderen Strafrahmen führt (vgl. z. B. §§ 212, 211 mit § 222 und §§ 223, 224 mit § 229). Dies erklärt auch, weshalb über den Punkt so intensiv gestritten wird. Andererseits lässt sich bei allen Meinungsunterschieden feststellen, dass die Differenzen im Ergebnis eher gering sind. Von daher darf man den Abgrenzungsaufwand in gewissen Grenzen halten und muss das in der Fallbearbeitung auch tun, da man sonst Gefahr läuft, für andere Probleme nicht mehr genügend Zeit zu haben.

Im Ausgangspunkt lassen sich Lehren, die nur auf das Wissensele- **18** ment abstellen (kognitive oder Wissenstheorien), von solchen unterscheiden, die zusätzlich ein Wollenselement verlangen (volitive oder Willenstheorien). Von den überwiegend genannten und hier aufgegriffenen Abgrenzungstheorien sind die Wahrscheinlichkeits- und Möglichkeitstheorie den kognitiven Theorien zuzuordnen, während die Gleichgültigkeits- sowie die Billigungs- und Ernstnahmetheorie zu den Willenstheorien gehören. Dabei repräsentieren die Billigungs- und Ernstnahmetheorie die heute h. M. Da sich die beiden zuletzt ge-

104 3. Kapitel. Die Tatbestandsmäßigkeit

nannten Theorien inhaltlich nicht mehr unterscheiden, können sie zu *einer* Theorie zusammengefasst werden (vgl. auch *Beulke* I, Rn. 107).

2. Abgrenzungstheorien

19 **a) Kognitive Theorien.** (1) Die **Wahrscheinlichkeitstheorie** beruht auf dem Gedanken, dass die Bejahung des Vorsatzes umso näher liegt, je größer der vorgestellte Wahrscheinlichkeitsgrad des Erfolgseintritts ist. Der Begriff „wahrscheinlich" soll ausdrücken, dass nach der Tätervorstellung die Tatbestandserfüllung mehr als möglich und weniger als überwiegend wahrscheinlich sein muss.

20 Die Wahrscheinlichkeitstheorie verdient keine Zustimmung, weil die Kriterien, die sie zur Grenzziehung anbietet, besonders unsicher und unpraktikabel sind (zur Kritik vgl. *Geppert*, Jura 1986, 611).

21 (2) Die **Möglichkeitstheorie** wäre die weiteste Vorsatztheorie, wenn nach ihr die Vorstellung von der bloßen Möglichkeit der Tatbestandsverwirklichung genügen würde. Dies ist aber nicht (mehr) der Fall. Vielmehr verlangen ihre heutigen Befürworter in der Regel, dass der Täter von der *konkreten* Möglichkeit eines tatbestandsmäßigen Geschehens ausgeht, mit anderen Worten: er muss *bestimmte* Anhaltspunkte dafür haben, dass sich das gesetzte missbilligte Risiko in einem Erfolg realisieren kann. Im Lichte einer solchen Interpretation sieht man im Lager der Möglichkeitstheorie keinen nennenswerten Unterschied zur Billigungs- und Ernstnahmetheorie der h. M. und gesteht der Billigungsformel sogar zu, die Situation des dolus eventualis zutreffend zu umschreiben.

So deutlich *Kindhäuser*, AT, § 14 Rn. 16, 27 ff. und LPK-StGB, § 15 Rn. 113 f., 120 ff.; ferner *Frister*, AT, 11/21 ff.; grundlegend *Schmidhäuser*, JuS 1980, 241 ff.

22 Trotz dieser Annäherung an die noch zu erörternde Billigungs- und Ernstnahmetheorie der h. M. bleibt gegen die Möglichkeitstheorie einzuwenden, dass der Verzicht auf das voluntative Element in der Tendenz zu einer Ausdehnung des Vorsatzbereichs führt und die Gefahr in sich birgt, insbesondere äußerst leichtsinnige, zu Verletzungen führende Verhaltensweisen im Straßenverkehr als Vorsatztaten einzustufen (*W/Beulke/Satzger*, AT, Rn. 217).

23 (3) Es existieren weitere Wissenstheorien, die teilweise unter den Stichworten **Risikotheorien** und **Vermeidungstheorie** diskutiert werden. In Klausuren dürfte ihre Diskussion den sinnvollen Rahmen sprengen. – Näher *Heinrich*,

AT, Rn. 300 f.; *Kindhäuser*, LPK-StGB, § 15 Rn. 116 ff.; *Roxin*, AT, § 12 Rn. 47 ff.; *Hillenkamp*, AT, 1. Problem; *Geppert*, Jura 2001, 56 f.

b) Volitive Theorien. (1) Die **Gleichgültigkeitstheorie** bejaht das **24** voluntative Element, wenn der Täter den Erfolgseintritt aus Gleichgültigkeit in Kauf nimmt (Sch/Sch/*Sternberg-Lieben/Schuster*, § 15 Rn. 82 ff.; *Schroth*, JR 2003, 252 f.). Die Unterschiede zur h. M. sind gering. Auch in der Fallbearbeitung führen Formulierungen der Art: „… dabei war dem Täter gleichgültig (oder egal), ob das oder das passiert …", eher zum dolus eventualis, weil sie vielfach ausdrücken, dass der Täter mit jeder eintretenden Möglichkeit einverstanden ist (vgl. BGHSt 50, 1, 6 f.; *BGH* NStZ-RR 2007, 43, 44).

Gegen die Gleichgültigkeitslehre spricht aber, dass sie den Vorsatz **25** letztlich von Emotionen anstatt von einer willentlichen Stellungnahme zum Erfolgseintritt abhängig macht. Zudem hat das Gleichgültigkeitskriterium teilweise unbefriedigende Ergebnisse zur Folge: Denn einerseits legt es bei unerwünschten Erfolgen – wie dem Tod von F und P im **Fall 1** – die Ablehnung des Vorsatzes nahe, andererseits führt es zu undifferenziert zur Vorsatzbejahung, wenn den Täter bei gegebenem kognitiven Element ein „Egal-Gefühl" beherrscht (vgl. *BGH* NStZ-RR 2007, 43, 44; SK/*Rudolphi/Stein*, § 16 Rn. 27).

(2) Nach der von der h. M. in der Literatur vertretenen **Ernstnah- 26 metheorie** handelt mit **Eventualvorsatz**, wer die Tatbestandsverwirklichung ernsthaft für möglich hält und sich mit ihr um des erstrebten Zieles willen abfindet; dagegen handelt nur **bewusst fahrlässig**, wer ernsthaft darauf vertraut, die als möglich erkannte Tatbestandsverwirklichung werde nicht eintreten (W/*Beulke/Satzger*, AT, Rn. 220 ff.; *Kühl*, AT, § 5 Rn. 85; *Jescheck/Weigend*, AT, § 29 III 3a). Mit dem „Sichabfinden" wird das voluntative Vorsatzelement treffend und am häufigsten umschrieben. Andere gleichwertige Formulierungen sprechen vom Hinnehmen, Inkaufnehmen, Einkalkulieren oder Einverstandensein.

(3) Als Vertreter der **Billigungstheorie** kann man die Rechsprechung **27** ansehen. Man sollte nur gleich wissen, dass sich die Billigungstheorie, so wie die Rechtsprechung sie versteht, von der Ernstnahmetheorie inhaltlich nicht unterscheidet. Von daher kann und sollte man die Billigungs- und Ernstnahmetheorie zu *einer* Theorie vereinigen (vgl. auch *Beulke* I, Rn. 107; *Satzger*, Jura 2008, 118). Jedenfalls fasst der *BGH* die Abgrenzungsformeln, ohne von einer Theorie zu sprechen, wie folgt zusammen:

106   3. Kapitel. Die Tatbestandsmäßigkeit

28   Der Täter handelt „vorsätzlich, wenn er den Eintritt des tatbestandlichen
Erfolges als möglich und nicht ganz fernliegend erkennt und damit in der
Weise einverstanden ist, dass er die Tatbestandsverwirklichung billigend in
Kauf nimmt oder sich um des erstrebten Zieles willen wenigstens mit ihr abfindet, mag ihm auch der Erfolgseintritt an sich unerwünscht sein; bewusste
Fahrlässigkeit liegt hingegen dann vor, wenn der Täter mit der als möglich er-
kannten Tatbestandsverwirklichung nicht einverstanden ist und ernsthaft –
nicht nur vage – darauf vertraut, der tatbestandliche Erfolg werde nicht eintreten" (BGHSt 36, 1, 9 f.; ebenso BGHSt 57, 183, 186).

29   Der Name „Billigungstheorie" rührt von der in der Rechtsprechung beliebten Umschreibung des voluntativen Elements mit dem
„billigenden" Inkaufnehmen her. Letztlich verbirgt sich dahinter
kaum etwas anderes als das Sichabfinden. Jedenfalls versteht *BGH*
NStZ 1988, 175 die billigende Inkaufnahme deutlich in dem Sinne,
dass der Täter den Erfolgseintritt auch akzeptiert, sich innerlich mit
ihm abfinden muss. Zudem erkennt die Rechtsprechung ganz im
Sinne des Sichabfindens an, dass auch ein unerwünschter Erfolg im
Rechtssinne gebilligt werden kann. Das „Billigen" darf also keinesfalls dahingehend missverstanden werden, als ob der Täter die Tatbestandsverwirklichung in einem emotionalen Sinn gutheißen müsse.
Wenn man das beachtet, kann man – trotz des unglücklichen Sprachgebrauchs – mit der Billigungstheorie arbeiten.

30   Für die h. M., also für das voluntative Vorsatzelement im Sinne der
Billigungs- und Ernstnahmetheorie spricht das grundsätzlich restriktive Potential, das in diesem Element steckt. Denn bei einer Abgrenzung nur auf der kognitiven Seite sind die Grenzen zwischen bewusster Fahrlässigkeit und Vorsatz besonders schwer zu ziehen.
Demgegenüber eröffnet das voluntative Element bei der Abwägung
zwischen Sichabfinden/billigender Inkaufnahme einerseits und dem
(ernsthaften) Vertrauen/Hoffen auf einen guten Ausgang andererseits
einen zusätzlichen Wertungsspielraum. So fällt es in dem schon angesprochenen Fall des äußerst leichtsinnigen Autofahrers (Rn. 22)
leicht, sachgerecht den Vorsatz mit der Begründung abzulehnen,
dass ein Täter, der sich im Falle der Verletzung eines anderen selbst
gefährden würde, in der Regel ernsthaft auf einen guten Ausgang vertraut.

31   Den Wertungsspielraum verdeutlicht in gewisser Weise auch der
von der Rechtsprechung nur für den Tötungsvorsatz immer wieder
bemühte – verfehlt oft in den Rang einer „Hemmschwellentheorie"
erhobene – Hemmschwellengedanke, der das voluntative Vorsatzele-

§ 14. Subjektiver Tatbestand: Der Vorsatz   107

ment betrifft und teilweise so verstanden worden ist, dass das billigende Inkaufnehmen des Todes bzw. das Sichabfinden mit dem tödlichen Erfolgseintritt die – aus einer natürlichen Tötungshemmung abgeleitete – Überwindung einer erhöhten inneren Hemmschwelle voraussetze. BGHSt 57, 183, 189 ff. hat in klärender Weise in die Diskussion eingegriffen und viel Zustimmung erfahren: Der *BGH* erteilt dem Gedanken einer tötungsspezifischen Hemmschwellentheorie, die für das voluntative Vorsatzelement strengere Voraussetzungen aufstellt, eine klare Absage und betont, die Bedeutung des Hemmschwellengedankens erschöpfe sich in dem Hinweis, die voluntative Komponente unter Einbeziehung aller Indizien besonders sorgfältig zu prüfen.

Vgl. *Jahn*, JuS 2012, 757 ff.; *Heghmanns*, ZJS 2012, 826 ff.; *Fischer*, § 212 Rn. 16a; erg. *Rengier*, BT II, § 3 Rn. 13. – Zur vorangegangenen Diskussion MüKo/*Schneider*, § 212 Rn. 52 ff.; *Trück*, NStZ 2005, 233 ff.; *Edlbauer*, JA 2008, 725 f.; *Rissing-van Saan*, Geppert-FS, 2011, S. 497 ff., 504 ff. – Zu den Wertungsmöglichkeiten im **Fall 2** siehe unten Rn. 36.

3. Fallbearbeitung

Der Studierende ist sicher gut beraten, wenn er in der Streitfrage **32** der h. M. folgt. Auch die Sachverhalte haben oft die h. M. im Blickfeld, wenn davon die Rede ist, dass der Täter den – für möglich gehaltenen Erfolgseintritt – (billigend) in Kauf nimmt bzw. sich mit ihm abfindet oder mit ihm einverstanden ist. Solche Formulierungen sprechen vor dem Hintergrund, dass die Billigungs- und Ernstnahmetheorie im Prinzip den Anwendungsbereich des dolus eventualis am stärksten einschränkt, mehr oder weniger deutlich dafür, den dolus eventualis zu bejahen, und es besteht dann grundsätzlich kein Anlass, sich näher mit dem Streit um die Abgrenzung von Vorsatz und Fahrlässigkeit zu befassen.

Anders liegt es, wenn der Sachverhalt die voluntative Komponente **33** nicht so deutlich anspricht und etwa nur sagt, dass der Täter die „Möglichkeit" der Tatbestandsverwirklichung erkennt, dass er mit ihr rechnet, dass er sie für „wahrscheinlich" hält oder „sich bewusst ist, dass …". Hier liegt es wesentlich näher, den Meinungsstreit aufzugreifen. Dabei kann man die Theorien in die beiden Blöcke einteilen, entsprechend der vorstehenden Reihenfolge erörtern und am Ende der Diskussion den Vorsatz im Ergebnis oft bejahen wie verneinen.

108 3. Kapitel. Die Tatbestandsmäßigkeit

34 Deutlich in Richtung bewusste Fahrlässigkeit führt die Formulierung, dass der Täter „aber darauf vertraute, …". Eher für Eventualvorsatz spricht hingegen ein Hinweis auf gleichgültiges Verhalten (vgl. schon Rn. 24; zum Ganzen vgl. auch *Kühl*, AT, § 5 Rn. 89).

35 Als Abgrenzungstheorie überholt ist die **Frank'sche Formel,** die freilich als gedankliche Hilfe für die Richtungsanzeige immer noch hilfreich sein kann: Danach handelt mit Eventualvorsatz, wer sich sagt, wenn ich wüsste, dass der Erfolg eintritt, würde ich trotzdem handeln; sagt er sich dagegen, dann hätte ich nicht gehandelt, liegt bewusste Fahrlässigkeit vor.

36 Im **Fall 2** hängt die Frage, ob T tatbestandsmäßig die §§ 212, 22 erfüllt, von der Feststellung seines Tötungsvorsatzes ab. Nach der Wahrscheinlichkeitstheorie müsste dieser bejaht werden. Auch auf dem Boden der Möglichkeitstheorie wird man wohl sagen müssen, dass T angesichts des hohen Risikos die konkrete Möglichkeit des tödlichen Fehlgehens erkennt. Die Gleichgültigkeitstheorie käme zur Verneinung des voluntativen Elements. Auf dem Boden der herrschenden Billigungs- und Ernstnahmetheorie sind beide Lösungen vertretbar: Einerseits kann man argumentieren, dass T auf seine Schießkünste und auch deshalb auf einen guten Ausgang vertraut habe, weil er es ansonsten überhaupt nicht übers Herz gebracht hätte, den riskanten Schuss auf sein eigenes Kind zu wagen. Andererseits könnte man das Sichabfinden damit begründen, dass T, um sein Leben und das des Knaben zu retten, überhaupt keine andere Wahl gehabt und um der Rettung beider willen zugleich den Tod des Sohnes (billigend) in Kauf genommen habe (Falllösung von *Sieg*, Jura 1986, 326 ff.).

IV. Gegenstand des Vorsatzes

37 Bezugspunkte des Vorsatzes sind alle objektiven Tatbestandsmerkmale (zu solchen bereits § 8 Rn. 4 ff.). Dazu gehören auch die Merkmale von Qualifikationen (z. B. §§ 224, 244, 250) und ungeschriebene Tatbestandsmerkmale wie der Kausalverlauf bei Erfolgsdelikten und die Vermögensverfügung des § 263. Die Merkmale „rechtswidrig" und „unbefugt" enthalten oft nur einen (überflüssigen) Hinweis auf die Rechtswidrigkeit als allgemeines Verbrechensmerkmal; insbesondere das „unbefugt" kann aber auch Tatbestandscharakter haben (zur Abgrenzung oben § 8 Rn. 14). Bei den §§ 242, 249, 263 und 253 ist zu beachten, dass dort das „rechtswidrig" bzw. „zu Unrecht" eine andere Bedeutung hat und ein objektives Tatbestandsmerkmal darstellt (näher *Rengier*, BT I, § 2 Rn. 187 ff.).

38 Bei den erfolgsqualifizierten Delikten genügt bezüglich des qualifizierenden Erfolges ausnahmsweise „wenigstens" fahrlässiges (z. B.

§ 14. Subjektiver Tatbestand: Der Vorsatz 109

§§ 226 I, 227 I, 239 IV, jeweils i. V. m. § 18) bzw. „wenigstens" leicht-
fertiges Handeln (z. B. §§ 239a III, 251). Man erkennt diesen Deliktstyp in der Regel gut an der Kombination der Worte: „Verursacht" der
Täter „durch" eine bestimmte Tat/Tathandlung … Von diesem
Sprachgebrauch weicht die wichtige Erfolgsqualifikation des § 226 I
etwas ab („Hat … zur Folge …"). Damit nicht zu verwechseln sind
konkrete Gefährdungsdelikte, die Formulierungen wie „durch die
Tat in die Gefahr bringt" oder „dadurch … gefährdet" verwenden
und bezüglich des konkreten Gefahrerfolgs entsprechend der Regel
des § 15 vorsätzliches Handeln voraussetzen (z. B. §§ 250 I Nr. 1c, II
Nr. 3b, 306a II, 315c I).

Regelbeispiele wie diejenigen der §§ 243, 263 III enthalten be- **39**
nannte Strafzumessungsregeln und keine objektiven Tatbestände.
Doch werden die Regelbeispielsmerkmale wie objektive Tatbestandsmerkmale behandelt, weshalb die Regeln für Vorsatzdelikte, auch die
§§ 15, 16 I 1, entsprechend gelten (*Rengier*, BT I, § 3 Rn. 8).

Nicht vom Vorsatz umfasst zu sein braucht grundsätzlich alles, **40**
was außerhalb des objektiven Tatbestandes liegt, also die objektiven
Bedingungen der Strafbarkeit (dazu oben § 8 Rn. 15; § 12 Rn. 13)
und alle sonstigen Strafbarkeitsvoraussetzungen von der Schuld bis
etwa zum Strafantrag (vgl. das Schema in § 12 Rn. 6). Einen gewissen
Sonderfall stellt der sog. Erlaubnistatbestandsirrtum dar (unten § 30).

V. Zum Wissenselement

Bedeutung und Inhalt des Wollenselements haben sich insbeson- **41**
dere im Zusammenhang mit der Abgrenzung von Vorsatz und Fahrlässigkeit erschlossen (Rn. 17 ff.). Beim Wissenselement geht es, so
wie es § 16 I 1 formuliert, um die Kenntnis der Tatbestandsmerkmale.
Zunächst sei in Erinnerung gerufen, dass die Intensität des Wissens
abgestuft sein kann und insoweit neben dem sicheren Voraussehen
der Tatbestandsverwirklichung auch das bloße Fürmöglichhalten genügt (Rn. 13).

Weiter bedeutet Vorsatzkenntnis nicht unbedingt, dass der Täter **42**
bei Begehung der Tat bewusst reflektierend an das Vorliegen aller
Tatbestandsmerkmale denken muss. Von einer ausreichenden aktuellen Kenntnis ist auch dann auszugehen, wenn dem Täter die Tatumstände im Sinne eines **ständigen Begleitwissens** oder **sachgedankli-
chen Mitbewusstseins**, also als jederzeit verfügbares Wissen präsent

110 3. Kapitel. Die Tatbestandsmäßigkeit

sind, das aus dem Stand reproduziert werden kann (*Rönnau*, JuS 2010, 676).

43 **Beispiele** (vgl. *Roxin*, AT I, § 12 Rn. 123; *Otto*, Jura 1996, 469 f.): Bei Delikten, die eine bestimmte Täterqualifikation voraussetzen (z. B. §§ 203, 266, 266a, 331 f., 339, 340), weiß der den Tatbestand erfüllende Täter um seine Eigenschaft als Arzt, Treupflichtiger, Arbeitgeber, Amtsträger usw., auch wenn er seine besondere Stellung im Augenblick der Tat nicht reflektiert. Wer in einem Geschäft etwas stiehlt (§ 242), erfasst auch ohne nähere Gedanken die Fremdheit der Sache. Einem zum Waffentragen verpflichteten Täter wie einem Polizisten, der routinemäßig bewaffnet einen Diebstahl begeht (§ 244 I Nr. 1a 1. Var.), ist das Beisichführen der Schusswaffe bewusst (h. M.; zur Problematik *Rengier*, BT I, § 4 Rn. 54 ff.; § 13 Rn. 43).

44 Schließlich ergibt sich aus § 16 I 1, dass der Täter die Tatumstände kennen muss (näher dazu und zur Abgrenzung zum Tatbestandsirrtum unten § 15 Rn. 1 ff.).

VI. Dolus cumulativus und dolus alternativus

1. Dolus cumulativus

45 Der Begriff des dolus cumulativus ist nicht wichtig. Denn hinter diesem kumulativen Vorsatz verbirgt sich etwas Selbstverständliches, mit dem man auch ohne den besonderen Begriff richtig umgeht. Gemeint sind Fallkonstellationen, bei denen sich der Tätervorsatz kumulativ darauf erstreckt, durch eine Handlung mehrere Tatbestände und/oder mehrere Erfolge **nebeneinander** zu verwirklichen. Ein solcher Täter wird wegen tateinheitlicher Begehung aller vom Vorsatz umfassten und verwirklichten, ggf. auch bloß versuchten, Tatbestände bestraft.

46 **Beispiele:** (1) A wirft eine Bombe, die, wie er in Kauf nimmt, einige Menschen tötet, einige verletzt und einige fremde Sachen beschädigt. Im Ergebnis erfüllt A § 211 (Heimtücke, gemeingefährliches Mittel), § 224 I Nr. 2, 5 und § 303. Je nach der Zahl der betroffenen Opfer und geschädigten Eigentümer wird jedes Delikt mehrmals in gleichartiger Idealkonkurrenz verwirklicht (§ 52 I 2. Var.). Untereinander konkurrieren die §§ 211, 224, 303 gemäß § 52 I 1. Var. in ungleichartiger Idealkonkurrenz (zu den Konkurrenzfragen erg. § 56 Rn. 15, 47 zu Fall 3).

47 (2) A schießt auf sein Opfer, das hinter einer Scheibe steht. Trifft A den O tödlich, so erfüllt er die §§ 212, (211), 303, 52 I 1. Var. Überlebt O, wird A gemäß den §§ 212, (211), 22, 303, 52 I 1. Var. bestraft.

§ 14. Subjektiver Tatbestand: Der Vorsatz   111

2. Dolus alternativus

Demgegenüber erstreckt sich beim dolus alternativus der Tätervor- 48
satz zwar auch auf die Verwirklichung mehrerer Tatbestände bzw.
Erfolge. Aber der entscheidende Unterschied liegt darin, dass der Täter im Sinne eines Entweder-oder-Verhältnisses annimmt, von den
vorgestellten Tatbeständen/Erfolgen im Ergebnis nur einen herbeiführen zu können.

Beispiel: A wirft nach seinem Nachbarn N, der mal wieder laut sein Auto
reinigt, einen Stein, um ihm einen Denkzettel zu erteilen. A ist es egal, ob er
N oder das Fahrzeug trifft; dass beides passiert, hält er nicht für möglich.

Die Lösung solcher dolus alternativus-Fälle ist umstritten. Die im 49
Ergebnis vorzugswürdige h. M. bestraft wegen aller konstruktiv er-
fassbaren Delikte, also (1) wenn A den N trifft, gemäß den §§ 224 I
Nr. 2, 303, 22, 52 I 1. Var., (2) falls der Stein auf den Pkw prallt, gemäß den §§ 224 I Nr. 2, 22, 303, 52 I 1. Var., und (3) sofern beide
Ziele verfehlt werden, gemäß den §§ 224 I Nr. 2, 22, 303, 22, 52 I
1. Var. Das Problem liegt darin, dass auf dem Boden der h. M. dem
Täter zwei in Tateinheit konkurrierende Vorsatztaten zur Last gelegt
werden, obwohl er es nur zu einer Rechtsgutsverletzung kommen
lassen wollte. Alle angebotenen Lösungen haben ihre Schwächen:

(1) Eine Meinung will nur aus dem vollendeten Delikt bestrafen 50
und hält den Vorsatz bezüglich der versuchten Tat für verbraucht.
Einwand: Es überzeugt nicht, schwereres Versuchsunrecht wie das
der §§ 224, 22 unberücksichtigt zu lassen, sofern das vollendete Delikt (§ 303) geringeres Gewicht hat.

(2) Eine andere Meinung lässt das Versuchsunrecht vorgehen, falls 51
dieses schwerer wiegt. Dagegen spricht: Es stellt ein befremdliches
Ergebnis dar, den Täter nicht wegen des planmäßig verwirklichten
vollendeten Delikts zu bestrafen. Auch kann – in anderen Fallkonstellationen – die Feststellung des „schwereren" Teils erhebliche
Schwierigkeiten bereiten.

(3) Vor diesem Hintergrund verdient die Konkurrenzlösung der 52
h. M. den Vorzug. Für sie spricht ihre Praktikabilität. Zudem macht
sie deutlich, dass sich der Tätervorsatz immerhin auf mehrere Rechtsgutsverletzungen erstreckt. Dem Einwand, damit werde der Unterschied zwischen dem dolus alternativus und dem dolus cumulativus
eingeebnet, kann auf der Strafzumessungsebene Rechnung getragen
werden: Um unbillige Strafschärfungen zu vermeiden, reicht es aus,

112   3. Kapitel. Die Tatbestandsmäßigkeit

den Gedanken, dass es nur zu einer Rechtsgutsverletzung kommen sollte, im Rahmen der Strafzumessung mildernd zu berücksichtigen.

53   Zur h. M. siehe zusammenfassend *Jeßberger/Sander*, JuS 2006, 1065 ff. m. w. N.; *Roxin*, AT I, § 12 Rn. 93 f.; LK/*Hillenkamp*, 12. Aufl., § 22 Rn. 37. Zur Meinung (1) siehe NK/*Zaczyk*, § 22 Rn. 20; zur Meinung (2) *Kühl*, AT, § 5 Rn. 27a/b; Sch/Sch/*Sternberg-Lieben/Schuster*, § 15 Rn. 91; *Kaspar*, AT, Rn. 228. Weiter differenzierend W/*Beulke/Satzger*, AT, Rn. 233 ff.; *Satzger*, Jura 2008, 119; *Heinrich*, AT, Rn. 292 ff.

54   In der **Fallbearbeitung** stellt sich die Frage, wo man die Problematik am besten anspricht. Folgt man der h. M. und konkurrieren ein vollendetes und ein versuchtes Delikt, so dürfte es am geschicktesten sein, mit dem vollendeten Delikt unabhängig von dessen Schwere zu beginnen. Im Zusammenhang mit dem versuchten Delikt greift man dann die Problematik auf, nachdem man das konstruktive Vorliegen eines Versuchs festgestellt hat.

VII. Zeitpunkt des Vorsatzes

55   Aus § 16 I 1 ergibt sich der Umkehrschluss, dass der Vorsatz „bei Begehung der Tat" vorliegen muss. In dieser Formulierung kommt das **Koinzidenz-** oder **Simultaneitätsprinzip** zum Ausdruck, d. h. das Erfordernis, dass die objektive Tatbestandsverwirklichung und der Vorsatz zusammenfallen bzw. gleichzeitig vorliegen müssen. Mit der „Tat" ist der Zeitraum ab dem Überschreiten der Versuchsschwelle (§ 22) bis zur Vollendung gemeint.

56   Unbeachtlich ist demnach ein **dolus antecedens**, d. h. ein vorhergehender Vorsatz.

Beispiele: (1) Wer seinem Feind F auflauern und ihn töten will, erfüllt nicht § 212, wenn er bereits auf dem Weg zum Tatort bei einem normalen Verkehrsunfall den zufällig anwesenden F tötet. In Betracht kommt nur § 222.

(2) Wer sein Opfer lediglich mit Körperverletzungsvorsatz grausam foltert und anschließend aus Mitleid erschießt, tötet nicht grausam, weil das Mordmerkmal bei der (Tötungs-)Tat nicht erfüllt wird (BGHSt 37, 40, 41).

57   Unter Umständen muss in solchen Fällen einer **vorzeitigen Erfolgsherbeiführung** im Rahmen der Vorsatzprüfung eines vollendeten Delikts – an ungewohnter Stelle – näher erörtert werden, ob sich die Tat noch im Vorbereitungsstadium (dann dolus antecedens) oder schon im Versuchsstadium befunden hat.

58   **Beispiele:** (1) T fesselt und knebelt seine Ehefrau F, um sie im Kofferraum seines Pkw zu einem 10 km entfernt liegenden einsamen Platz zu transportie-

§ 14. Subjektiver Tatbestand: Der Vorsatz 113

ren, wo er sie noch zu einer Unterschrift nötigen und dann töten will. Als er nach der Fahrt den Kofferraum öffnet, muss T feststellen, dass F durch die vorangegangene Behandlung bereits tödliche Verletzungen erlitten hat. – Bezüglich § 212 hat T zwar in objektiv zurechenbarer Weise den Tod der F herbeigeführt. Den Tötungsvorsatz „bei Begehung der Tat" könnte man aber nur bejahen, wenn man annähme, T habe bereits mit dem Fesseln, Knebeln und dem Abtransport gemäß § 22 zur Verwirklichung des § 212 unmittelbar angesetzt (näher unten § 34 Rn. 21 ff.). Da dies zu verneinen ist, scheitert die Bejahung des Tötungsvorsatzes am Koinzidenzprinzip. Von daher sind im Ergebnis – in Tateinheit – nur die §§ 227, 239 IV erfüllt; die §§ 223, 224, 222 treten zurück (zum Fall vgl. *BGH* NJW 2002, 1057; *Gaede*, JuS 2002, 1058 ff.; *Sowada*, Jura 2004, 814 ff.).

(2) Zu einem vergleichbaren Fall auf der Ebene des § 306 I Nr. 1 siehe *BGH* NStZ 2010, 503 mit Bspr. *Hecker*, JuS 2010, 1114 ff.

Anders liegt es, wenn der Täter die maßgebliche Ursache für den **59** planwidrig vorzeitigen Erfolgseintritt zu einem Zeitpunkt setzt, in dem er das Versuchsstadium schon erreicht hat. Jetzt kann die Bejahung des Vorsatzes nicht mehr am Koinzidenzprinzip scheitern. Doch stellt sich ein anderes Problem, nämlich ob die Abweichung zwischen dem tatsächlichen und dem vorgestellten Kausalverlauf den Vorsatz ausschließt (näher unten § 15 Rn. 60 ff.).

Aus dem Koinzidenzprinzip folgt weiter, dass auch ein **dolus sub-** **60** **sequens,** also ein der Tatphase nachfolgender Vorsatz, unbeachtlich ist.

Beispiele: Im Beispiel (1) der Rn. 56 ändert sich an der alleinigen Strafbarkeit des Täters gemäß § 222 nichts, wenn er die vorzeitige Tötung des F durch den Verkehrsunfall ausdrücklich begrüßt. Wer versehentlich oder im Glauben, es handle sich um eine eigene Sache (§ 16 I 1), eine fremde Sache zerstört, bleibt bezüglich § 303 I auch dann straflos, wenn er nachträglich das Zerstören billigt.

Umstritten sind bestimmte Fälle der sukzessiven Mittäterschaft und sukzessiven Beihilfe (dazu unten § 44 Rn. 35 ff.; § 45 Rn. 124).

Zu beachten bleibt schließlich, dass der im Versuchsstadium, also **61** bei Begehung der Tat, vorhandene Vorsatz nicht bis zur Vollendung „durchgehalten" werden muss. So kann wegen Totschlags (Mordes) auch bestraft werden, wer nach der todesursächlichen Handlung den Tötungsvorsatz aufgibt und/oder sich erfolglos bemüht, den Erfolgseintritt zu verhindern.

Beispiele: Aus § 24 I 1 2. Var. ergibt sich eindeutig, dass der Täter im Falle **62** eines beendeten Versuchs (dazu § 37 Rn. 110 ff.) aus dem vollendeten Delikt auch dann haftet, wenn er seinen Tatvorsatz zwar aufgegeben hat, der Erfolg

114   3. Kapitel. Die Tatbestandsmäßigkeit

aber trotz seiner Verhinderungsbemühungen eintritt. Erst recht bleibt aus dem
vollendeten Delikt strafbar, wer nach der erfolgsrelevanten Tathandlung (z. B.
Schuss mit Tötungsvorsatz) den Erfolg nicht mehr will und bloß passiv abwartend – im Ergebnis vergeblich – hofft, das Opfer werde die Verletzungen
überleben.
Dazu *Roxin*, AT I, § 12 Rn. 90; *Kühl*, AT, § 5 Rn. 27. – Siehe ergänzend die
unten in § 15 Rn. 51 ff. erörterten umstrittenen dolus generalis-Fälle.

Empfehlungen zur vertiefenden Lektüre:
Rechtsprechung: BGHSt 36, 1 (Abgrenzung von Vorsatz und Fahrlässigkeit bei ungeschütztem Sexualverkehr HIV-Infizierter); *BGH* NStZ 1983,
407 und *BGH* NStZ 1984, 19 (Abgrenzung von Tötungsvorsatz und bewusster Fahrlässigkeit beim Zufahren auf Personen); *BGH* NJW 2002, 1057 (kein
Tötungsvorsatz bei vor dem Eintritt in das Versuchsstadium liegender Erfolgsherbeiführung).
Literatur: *Bloy*, Funktion und Elemente des subjektiven Tatbestands im
Deliktsaufbau, JuS 1989, L 1 ff.; *Gaede*, Mord ohne Leiche? – Koinzidenz, unmittelbares Ansetzen zum Versuch und die Ausschaltung der Verteidigungs-
möglichkeiten des Opfers – BGH, NJW 2002, 1057, JuS 2002, 1058 ff.; *Geppert*, Zur Abgrenzung von Vorsatz und Fahrlässigkeit, insbesondere bei
Tötungsdelikten, Jura 2001, 55 ff.; *Satzger*, Der Vorsatz – einmal näher betrachtet, Jura 2008, 112 ff.; *Sowada*, Der umgekehrte „dolus generalis": Die
vorzeitige Erfolgsherbeiführung als Problem der subjektiven Zurechnung,
Jura 2004, 814 ff.; *D./I. Sternberg-Lieben*, Vorsatz im Strafrecht, JuS 2012,
884 ff., 976 ff.

§ 15. Der Tatbestandsirrtum und seine Grenzen

Fall 1: T hält eine Schaufensterpuppe für eine freche Person und schlägt ihr
ins Gesicht, so dass der Kopf abbricht. → Rn. 3, 25
Fall 2: T ist der Überzeugung, dass die Fische im Aquarium seines Nachbarn N leiden. Daher „befreit" er sie von ihren Leiden, indem er dem Fisch-
futter ein tödliches Gift beimischt. Vorher hat er das StGB gelesen und danach
beruhigt gemeint, sein Verhalten sei strafrechtlich irrelevant. N revanchiert
sich und lässt am Pkw des T fernab von einer Tankstelle die Luft aus allen
Reifen. Als deshalb gegen ihn wegen Sachbeschädigung ermittelt wird, erklärt
N völlig überrascht, er habe Luftherauslassen für einen Scherz, aber nicht für
eine Beschädigungshandlung gehalten. → Rn. 5, 7
Fall 3: In einer Kneipe wird jeder Biergenuss zu Abrechungszwecken mit
einem Strich auf dem Bierdeckel vermerkt. T kann sich nicht vorstellen, dass
es sich dabei um eine Urkunde handelt. Nachdem sich ein anwesender Rechtsanwalt genauso geäußert hat, kratzt T zwei Striche weg, um weniger bezahlen
zu müssen. → Rn. 6, 7

§ 15. Der Tatbestandsirrtum und seine Grenzen   115

Fall 4: T will den O am Rande eines Abgrunds durch kräftige Ohrfeigen bestrafen. O weicht dem ersten Angriff aus, fällt in den Abgrund und zieht sich dabei schwere Verletzungen zu. → Rn. 16
Fall 5: A schlägt mit einer Axt den Schwanz einer lebenden fremden Katze ab, die er im Dunkeln für die eigentlich als Ziel auserkorene Stoffkatze der B hält (*Fahl*, Jura 2005, 274 f.). → Rn. 25

I. Grundlagen

1. Tatsachenirrtum

Der Tatbestandsirrtum ist in § 16 I 1 geregelt. Da er vorsätzliches **1** Handeln ausschließt, muss man ihn im subjektiven Tatbestand prüfen. Die Annahme eines Tatbestandsirrtums führt zu der günstigen Rechtsfolge, dass der Täter nicht aus dem Vorsatzdelikt bestraft werden kann. Selbstverständlich bleibt die Strafbarkeit wegen fahrlässiger Begehung „unberührt" (§ 16 I 2). Dies bedeutet: In jedem Fall bedarf die Fahrlässigkeitstat einer eigenständigen Prüfung. Insoweit muss erstens ein entsprechender Fahrlässigkeitstatbestand überhaupt existieren (§ 15), bejahendenfalls ist zweitens zu prüfen, ob fahrlässiges Verhalten vorliegt.

Unter einem Irrtum versteht man eine Fehlvorstellung von etwas. **2** Ein Irrtum kann sich auf vieles beziehen. Beim Tatbestandsirrtum betrifft die Fehlvorstellung zumindest einen objektiv vorliegenden „Umstand …, der zum gesetzlichen Tatbestand gehört" (§ 16 I 1). Positiv betrachtet liegt also kein Irrtum vor, wenn der Täter alle Tatumstände kennt (zum Wissenselement siehe schon oben § 14 Rn. 5 ff., 13). Diese Kenntnis setzt auf jeden Fall die sinnliche Wahrnehmung aller für jedes Tatbestandsmerkmal erforderlichen tatsächlichen Umstände voraus. Demnach beinhaltet der typische Tatbestandsirrtum einen **Irrtum über merkmalsrelevante Tatsachen**, ist also in diesem Sinne ein „Tatsachenirrtum".

Beispiele: (1) Im **Fall 1** erfüllt T durch den Schlag objektiv § 303 I. Da er **3** jedoch die Puppe als Person ansieht, erkennt er den körperlichen Gegenstand und damit das Tatbestandsmerkmal Sache nicht. Eine etwaige fahrlässige Sachbeschädigung ist nicht strafbar (§ 15). § 223 I ist objektiv nicht erfüllt. Auf der anderen Seite führt die Fehlvorstellung, einen Menschen vor sich zu haben, zur irrigen Annahme des objektiven Tatbestandsmerkmals „Person" („umgekehrter" Tatbestandsirrtum) und insoweit zur Versuchsstrafbarkeit gemäß den §§ 223, 22 (näher unten § 35 Rn. 1 ff.).

116   3. Kapitel. Die Tatbestandsmäßigkeit

(2) Das Merkmal Mensch wird verkannt, wenn ein Fischer einen Taucher für einen großen Fisch hält und mit einer Harpune tötet. In diesem Fall liegt bezüglich § 212 I ein Tatbestandsirrtum vor. Doch muss § 222 gesehen, geprüft und bei – naheliegendem – sorgfaltswidrigem Verhalten bejaht werden (vgl. unten § 52 Rn. 13 ff.).

(3) Wer einen erwachsenen Nichtschwimmer, um ihm einen Schrecken einzujagen, in ein objektiv mehrere Meter tiefes kaltes Gewässer stößt und dadurch in Lebensgefahr bringt, aber in der Vorstellung handelt, das Gewässer habe höchstens eine Tiefe von 1,50 m, hat nicht den Vorsatz zu einer lebensgefährdenden Behandlung gemäß § 224 I Nr. 5.

2. Subsumtionsirrtum

4   a) **Vorhandene Bedeutungskenntnis.** Die Kenntnis der Tatumstände, also das kognitive Vorsatzelement, verlangt nicht, dass der Täter einen ihm bekannten Sachverhalt juristisch exakt unter die gesetzlichen Tatbestandsmerkmale subsumiert. Wäre dem so, könnten zum Teil nur Juristen vorsätzlich handeln. Vielmehr reicht **Bedeutungskenntnis** aus, freilich ist diese auch erforderlich. Bedeutungskenntnis hat, wer aus der Sicht eines Laien den sozialen und rechtlichen Bedeutungsgehalt des objektiven Tatbestandsmerkmals richtig erfasst (sog. **Parallelwertung in der Laiensphäre**). Wer sich trotz Bedeutungskenntnis falsche Vorstellungen von der Einordnung seines Verhaltens unter den objektiven Tatbestand einer Strafnorm macht, unterliegt einem bloßen Subsumtionsirrtum, der den Vorsatz unberührt lässt.

5   Im **Fall 2** erfüllt T objektiv § 303 I in der Form des Zerstörens, da Tiere zu den Sachen im Sinne des StGB gehören (*Rengier*, BT I, § 2 Rn. 7). Doch könnte T einem Tatbestandsirrtum gemäß § 16 I 1 unterliegen, da er offenbar die Fische nicht für Sachen, sondern für besondere Wesen hält. Indes weiß T, dass die Fische dem N gehören und als körperliche Objekte unter dem Schutz der Eigentumsordnung stehen (vgl. §§ 90, 90a BGB). Dies entspricht genau der sozialen Bedeutung des Merkmals Sache in § 303 I. Deshalb hat T die notwendige Bedeutungskenntnis und handelt vorsätzlich. Sein falsches Verständnis des Sachbegriffs ist ein bezüglich § 16 I 1 irrelevanter Subsumtionsirrtum. – Bezüglich N liegt die Problematik gleich. Unter einem Beschädigen versteht man jede körperliche Einwirkung auf eine Sache, durch die ihre bestimmungsgemäße Brauchbarkeit nicht nur unerheblich beeinträchtigt wird. Dies ist hier objektiv der Fall (vgl. *Rengier*, BT I, § 24 Rn. 8, 12). Der Vorsatz des N erfasst den definierten Sinngehalt des Beschädigens genau. Daher lässt seine Fehlvorstellung, nicht zu beschädigen, den Vorsatz unberührt.

6   **Fall 3** enthält ein weiteres typisches Beispiel für einen unbeachtlichen Subsumtionsirrtum. Der Bierdeckel mit den Strichen ist eine Urkunde, weil er

eine verkörperte menschliche Gedankenerklärung enthält, die zum Beweis im Rechtsverkehr geeignet und bestimmt ist und mit der Bedienung bzw. dem Wirt einen Aussteller erkennen lässt (zum Urkundenbegriff *Rengier*, BT II, § 32 Rn. 1 ff.). Von all diesen Begriffselementen, den „Umständen" des Merkmals Urkunde, hat T Kenntnis. Er weiß um die Bedeutung des Bierdeckels als Abrechnungsgrundlage. Daher erfüllt er objektiv und subjektiv § 267 I 2. Var. (genauer dazu *Rengier*, BT II, § 33 Rn. 26 ff., 30). – Zu den Beispielen siehe auch *Roxin*, AT I, § 12 Rn. 100 ff.; *Satzger*, Jura 2008, 114; *Hinderer*, JA 2009, 864 f.

Subsumtionsirrtümer kommen eher im Zusammenhang mit normativen als **7** mit den grundsätzlich leichter fassbaren deskriptiven Tatbestandsmerkmalen vor; doch gibt es fließende Übergänge (vgl. § 8 Rn. 10 ff., 13). – In der **Fallbearbeitung** muss man einen etwaigen Subsumtionsirrtum zunächst bei der Vorsatzprüfung ansprechen. Ist der Irrtum hier unbeachtlich, so darf nicht übersehen werden, dass er noch zum Fehlen des aktuellen Unrechtsbewusstseins (dazu § 31 Rn. 4 ff.) und insoweit auf der Schuldebene zu einem Verbotsirrtum gemäß § 17 führen kann. Im **Fall 3** lässt sich der Irrtum in diesem Sinne interpretieren; freilich ist der Verbotsirrtum vermeidbar (dazu § 31 Rn. 17 ff.). Zu **Fall 2** unten § 31 Rn. 8.

b) Fehlende Bedeutungskenntnis. Aus den vorstehenden Ausfüh- **8** rungen ergibt sich, dass irrige rechtliche Bewertungen durch einen Täter, der die äußeren Tatsachen zutreffend erfasst, die Bejahung seines Vorsatzes oft nicht ausschließen. Man darf das aber keineswegs verallgemeinern und rechtliche Fehlbewertungen stets für vorsatzirrelevant halten. Für die damit angesprochene Abgrenzung zwischen Tatbestandsirrtum und (etwaigem) Verbotsirrtum ist nicht die Unterscheidung zwischen einem „Tatsachenirrtum" und einem „Rechtsirrtum" entscheidend. Vielmehr kommt es darauf an, ob der Täter den sozialen Sinngehalt des Tatumstands richtig erfasst. Daran kann es auch bei Fehlvorstellungen im rechtlichen Bereich fehlen.

Anerkannt ist die Vorsatzrelevanz vor allem für rechtliche Fehl- **9** wertungen im „außerstrafrechtlichen" Bereich. Man spricht insoweit auch von „Vorfeldirrtümern", die typischerweise im Zivilrecht vorkommen.

Beispiele: Wer zu Unrecht glaubt, Eigentum erworben zu haben, handelt im Bereich der §§ 242, 246 bezüglich des Merkmals „fremd" auch dann nicht vorsätzlich, wenn der Irrtum auf einer Verkennung der zivilrechtlichen Rechtslage beruht, wenn also etwa ein Käufer im Falle des Eigentumsvorbehalts (§ 449 BGB) seinen Besitz mit dem Eigentum gleichsetzt (*Satzger*, Jura 2008, 114 f.). Meint jemand in Verkennung der zivilrechtlichen Rechtslage, einen fälligen und einredefreien Anspruch zu haben, so entfällt im Falle der (gewaltsamen) Wegnahme einer fremden Sache der Vorsatz, diese sich „rechtswidrig"

118   3. Kapitel. Die Tatbestandsmäßigkeit

zuzueignen (zu diesem Tatbestandsmerkmal bei den §§ 242, 249 vgl. *Rengier*, BT I, § 2 Rn. 187 ff., § 7 Rn. 39).

10   Doch gibt es auch Irrtümer im strafrechtlichen Bereich, die zu einer fehlenden Bedeutungskenntnis und insoweit zu einem Tatbestandsirrtum führen.

Beispiele: Die Anschlussstraftaten der §§ 257 ff. setzen das Vorliegen einer bestimmten Vortat voraus. Glaubt ein Anschlusstäter, der das tatsächliche Vortatgeschehen kennt, infolge einer irrigen strafrechtlichen Wertung etwa, dass das Verhalten des Vortäters nicht als Diebstahl oder Betrug strafbar sei, so erfasst der Vorsatz nicht den Kerngehalt des Vortatmerkmals „rechtswidrige Tat", einen Straftäter zu begünstigen (dazu auch *Nierwetberg*, Jura 1985, 239; *Roxin*, AT I, § 12 Rn. 103).

II. Sonderfälle

1. Irrtum über den Kausalverlauf

11   Der Kausalverlauf stellt ein ungeschriebenes objektives Tatbestandsmerkmal dar (§ 13 Rn. 3). Also muss sich der Vorsatz auch auf diesen Kausalverlauf erstrecken. Daher kann, sofern der tatsächliche Kausalverlauf von dem vorgestellten abweicht, ein Tatbestandsirrtum gemäß § 16 I 1 vorliegen. Da sich aber alle Einzelheiten des Geschehensablaufs niemals voraussehen lassen, schließen Abweichungen zwischen dem wirklichen und dem vorgestellten Verlauf den Vorsatz dann nicht aus, wenn sie sich noch innerhalb der Grenzen des nach allgemeiner Lebenserfahrung Voraussehbaren halten und keine andere Bewertung der Tat rechtfertigen. Insoweit müssen also unwesentliche und wesentliche, d. h. für den Vorsatz irrelevante und relevante Abweichungen voneinander unterschieden werden.

12   Was das **Verhältnis zur objektiven Zurechnung** betrifft, so kann man grundsätzlich sagen, dass sich das Kriterium „Objektive (Un-) Voraussehbarkeit des Kausalverlaufs und Erfolgseintritts" weitgehend mit dem Kriterium der unwesentlichen bzw. wesentlichen Abweichung zwischen vorgestelltem und tatsächlichem Kausalverlauf deckt.

13   **Beispiele:** Anschauungsmaterial liefern die oben in § 13 Rn. 64 ff. erläuterten Beispiele für unvoraussehbare bzw. voraussehbare Kausalverläufe. Wenn man diese Fälle aus der Vorsatzperspektive nach den Kriterien des Irrtums über den Kausalverlauf löst, so wie es insbesondere die Rechtsprechung tut, gelangt man zu denselben Ergebnissen: So weicht im Fall 2a von § 13 Rn. 64 der tatsächliche Tod durch Brand wesentlich von dem gewollten Tod durch Verlet-

§ 15. Der Tatbestandsirrtum und seine Grenzen   119

zung ab, weshalb sich der Vorsatz nicht auf diesen Kausalverlauf erstreckt. Dagegen hat man es mit unwesentlichen, irrelevanten Abweichungen etwa in den in § 13 Rn. 67 erwähnten Konstellationen mit einer tödlichen Aufprallverletzung zu tun.

Soweit es um voraussehbare Kausalverläufe bzw. unwesentliche Abwei- **14** chungen geht – Schulfall: T will den O mit einem Schuss ins Herz töten, die Kugel trifft aber mit tödlicher Wirkung den Kopf (*Kühl*, AT, § 13 Rn. 41) –, kommt man nach der Bejahung der objektiven Zurechnung nicht umhin, beim Vorsatz die Frage des Kausalverlaufs noch einmal, jetzt unter dem Irrtumsaspekt, (kurz) aufzugreifen und auf die unwesentliche Abweichung hinzuweisen.

Doch stößt man auch auf Konstellationen, in denen bei Abwei- **15** chungen im Kausalverlauf die objektive Zurechnung zu bejahen, der Vorsatz indes zu verneinen oder zumindest zweifelhaft ist.

Beispiele: (1) Im **Fall 4** sind dem T die Verletzungserfolge (§ 223 I 1. und **16** 2. Var.) sicher objektiv zurechenbar. Indes wird man mit Blick auf den Vorsatz kaum sagen können, dass die Sturzverletzungen von den geplanten Verletzungen nur unwesentlich abweichen. Vielmehr legen die Sturzverletzungen ihrer Art und Schwere nach eine andere Bewertung der Tat nahe. Stimmt man dem zu, so gelangt man zu einem vorsatzausschließenden Irrtum über den Kausalverlauf (§ 16 I 1). Von daher erfüllt T nur die §§ 223, 22 in Tateinheit mit § 229.

(2) A und B verfolgen C, um ihn erheblich körperlich zu misshandeln, und **17** versetzen ihn in Angst und Panik. Um sich in Sicherheit zu bringen, tritt C in Todesangst die Glasscheibe einer verschlossenen Haustür ein, steigt hindurch und erleidet eine Schnittverletzung mit tödlicher Blutung (vgl. BGHSt 48, 34). – Der Tod ist A und B objektiv zuzurechnen. Denn bei einem Opfer wie C, das sich in einer Notstandssituation entsprechend § 35 I 1 befindet, liegt ein riskantes Fluchtverhalten auch der Gefahr tödlicher Verletzungen im Rahmen der Lebenserfahrung. Auf alle Einzelheiten braucht sich die Voraussehbarkeit nicht zu erstrecken. Ist daher der Tod objektiv zurechenbar, so muss auch bezüglich der dem Tod vorgelagerten Körperverletzung die objektive Zurechnung bejaht werden. Doch ist der Körperverletzungsvorsatz fraglich. Der *BGH* nimmt, was die §§ 223, 224 I Nr. 4 betrifft, ohne nähere Begründung angesichts der gesamten Tatumstände eine wesentliche Abweichung zwischen vorgestelltem und tatsächlich eingetretenem Kausalverlauf an (BGHSt 48, 34, 37). Dies lässt sich damit begründen, dass die Täter Schlag- und nicht Schnittverletzungen beibringen sowie eigenhändig und nicht mittelbar verletzen wollten. Von daher gelangt man über die §§ 224 I Nr. 4, 22 und § 222 zur Problematik der §§ 227, 22 (erg. *Rengier*, BT II, § 16 Rn. 17 ff., 29 ff.). – Zwingend ist die Annahme einer wesentlichen Abweichung aber nicht (vgl. die Falllösungen bei *Safferling*, Jura 2004, 66; *Müller*, Jura 2005, 636; *Wagner/Drachsler*, ZJS 2011, 530 ff.). Bejaht man daher eine vollendete Körperverletzung, so erfüllen A und B auch § 227 (i. V. m. § 18), hinter den § 222 zurücktritt.

18 Die vorstehenden Vorsatzfragen werden auch unter dem Stichwort der „subjektiven Zurechnung" diskutiert. Die Beispiele zeigen, dass man dazu neigt, in gewissen Konstellationen die subjektive Zurechnung zum Vorsatz enger zu verstehen als die objektive Zurechnung. Die genauen Kriterien sind ungeklärt. Auf jeden Fall handelt es sich um einen Wertungsakt. Ein Auseinanderfallen von objektiver Zurechnung und Zurechnung zum Vorsatz bei Abweichungen im Kausalverlauf wird am ehesten dort vorkommen, wo das Handlungsobjekt „in einer ganz anderen Weise" beeinträchtigt wird, „als es den Intentionen des Täters entsprach" (so *Roxin*, AT I, § 12 Rn. 157). Dies wird weniger bei Todeserfolgen als – wie die beiden vorstehenden Beispiele bestätigen – bei abweichenden Verletzungserfolgen der Fall sein.

19 Eine eigenständige und von der objektiven Zurechnung losgelöste Bedeutung haben die Grundsätze zum Irrtum über den Kausalverlauf ferner in Beteiligungsfällen, die Vorsatzfragen zum Gegenstand haben, die in der Regel unter dem Stichwort „Exzess" erörtert werden. Darauf wird zurückzukommen sein (§ 43 Rn. 71 ff.; § 44 Rn. 23 ff.; § 45 Rn. 55 f.). Hier nur ein

> **Beispiel:** Wenn A den T dazu anstiftet, den O mit einem Schlagring zu verletzen, T aber mit einem Messer auf den O einsticht, stellt sich die Frage, inwieweit sich der Vorsatz des A noch auf diese gefährliche Körperverletzung (§ 224 I Nr. 2) erstreckt. Dies hängt davon ab, ob man in der Verwendung des Messers eine unwesentliche Abweichung sieht, die keine andere Bewertung der Tat rechtfertigt. Im Ergebnis sind beide Wertungen vertretbar, doch liegt die Annahme einer unwesentlichen Abweichung und von daher die Bejahung des Anstiftervorsatzes näher.

20 Als besondere Fälle des Irrtums über den Kausalverlauf stuft man auch die dolus generalis-Konstellationen ein (unten Rn. 51 ff.).

2. Error in persona vel obiecto

21 Beim error in persona vel obiecto – d. h. beim Irrtum über die Person oder das Objekt bzw. die Sache – irrt sich der Täter über die Identität der konkret individualisierten Person oder Sache.

> **Beispiele:** T will den O erschießen (verletzen). In Wirklichkeit erschießt (verletzt) er den X, den er in der Dunkelheit oder aus anderen Gründen für den O hält. D will ein Bild von Monet stehlen, verliest sich aber und nimmt ein Bild von Manet mit. S hält den Pkw eines Gastes G für den Pkw seines Chefs C und lässt, um C zu ärgern, die Luft aus allen Reifen.

§ 15. Der Tatbestandsirrtum und seine Grenzen   121

Nach einhelliger Ansicht berührt in allen Fällen der jeweilige Ver- 22
wechslungsirrtum angesichts der Gleichwertigkeit der Objekte den
Vorsatz nicht. Denn der Täter will die Person oder die Sache, die er
ganz konkret vor sich hat, töten, verletzen, wegnehmen oder beschädigen. Der Vorsatz muss sich nur auf das gesetzliche Tatbestandsmerkmal „Mensch", „Person" oder „fremde Sache" erstrecken. Die
Fehlvorstellung über die Identität bleibt als bloßer Motivirrtum unbeachtlich.

In der **Fallbearbeitung** muss man trotz des einhelligen Meinungsbildes den 23
error in persona vel obiecto als solchen erkennen und die Unbeachtlichkeit
kurz begründen (Falllösung bei *Dohmen*, Jura 2006, 144). Da der Vorsatz
nach seiner Bejahung verbraucht ist, wäre es abwegig, danach noch eine versuchte Tat bezüglich des eigentlichen Zielobjekts zu prüfen.

Die Fälle, in denen das konkret angegriffene (z. B. eine Person) und 24
das verwechselte Objekt (z. B. eine Sache) nicht gleichwertig sind, haben mit einem error in persona vel obiecto überhaupt nichts zu tun
und sind selbstverständlich vorsatzrelevant.

Beispiele: Im **Fall 1** begründet bei T die Verwechslung zwischen Person und 25
Sache bezüglich § 303 I (Puppe) einen Tatbestandsirrtum (Rn. 3). Erfüllt sind
die §§ 223, 22 (zum untauglichen Versuch unten § 35 Rn. 1 ff.).
Fall 5 hat einen interessanten Grenzfall zur Gleichwertigkeit zum Gegen-
stand. Da auch Tiere zu den Sachen im strafrechtlichen Sinn gehören, ist die
Gleichwertigkeit und insoweit der Vorsatz zur Beschädigung einer fremden
Sache zu bejahen (so auch die Falllösung bei *Fahl*, Jura 2005, 274 f.; erg. *Ren-
gier*, BT I, § 2 Rn. 7).

Sehr beliebt ist die Kombination insbesondere eines error in per- 26
sona mit der Frage, wie sich dieser Irrtum auf die Strafbarkeit eines
tatfernen Anstifters oder anderen Beteiligten auswirkt (siehe dazu
die Verweise in Rn. 50).

3. Aberratio ictus

Die Fälle der aberratio ictus (= Abirrung/Fehlgehen des Angriffs) 27
sind dadurch gekennzeichnet, dass der Täter als Ziel seiner Tat ein
konkretes Handlungsobjekt individualisiert hat, der Erfolg aber nicht
bei dem anvisierten, sondern versehentlich bei einem anderen gleichwertigen Objekt eintritt.

Beispiele: T will den O erschießen oder mit einem Steinwurf verletzen. Der 28
Schuss (der Wurf) geht vorbei und trifft den sich in der Nähe aufhaltenden X,

122 3. Kapitel. Die Tatbestandsmäßigkeit

der getötet bzw. von dem Stein am Kopf getroffen wird (Lösung unten in Rn. 37).

29 **Beachte** zunächst: Die Problematik der aberratio ictus stellt sich *nicht*, wenn sich der Vorsatz des T im Sinne eines dolus cumulativus (§ 14 Rn. 45 ff.) oder dolus alternativus (§ 14 Rn. 47 ff.) auf die Tötung – in der Steinwurfvariante auf die Verletzung – des X erstreckt. Dann liegen zu Lasten des X die §§ 212, (211) bzw. §§ 223, 224 I Nr. 2 unproblematisch vor. Bei den Taten gegenüber O gelangt man zu entsprechenden Versuchen; dies gilt nach der vorzugswürdigen h. M. auch im Falle des dolus alternativus.

30 Erst recht hat der Fall mit der aberratio ictus-Frage nichts zu tun, wenn der fehlgehende Schuss bzw. Wurf ein nicht gleichwertiges Objekt wie eine fremde Sache, im Beispielsfall also etwa das Auto eines anderen trifft. Dann kann mit den versuchten Taten gegenüber O – §§ 212, (211,) 22 oder §§ 223, 224 I Nr. 2, 22 – allenfalls § 303 I ideal konkurrieren, falls ein entsprechender Vorsatz vorliegt.

31 Um also zur **Konstellation der aberratio ictus** zu gelangen, muss der in der Nähe befindliche X versehentlich getroffen worden sein. Umstritten ist, ob unter der Voraussetzung, dass die Abweichung im Rahmen des nach allgemeiner Lebenserfahrung Voraussehbaren liegt, T wegen vollendeter Tötung bzw. Körperverletzung bestraft werden kann (so die sog. **Gleichwertigkeitstheorie**), oder ob das Fehlgehen des Angriffs den Tötungs- und Körperverletzungsvorsatz bezüglich X ausschließt mit der Konsequenz, dass hinsichtlich des anvisierten Handlungsobjekts O nur ein Versuch vorliegt, der mit einem Fahrlässigkeitsdelikt gegenüber X in Tateinheit steht (so die sog. **Konkretisierungstheorie** der h. M.).

32 Die Gleichwertigkeitstheorie sieht keinen strukturellen Unterschied zum error in persona und argumentiert auf den ersten Blick scheinbar plausibel, T habe im Ergebnis „einen Menschen" getötet bzw. eine „andere Person" verletzt und genau dies auch gewollt. Ob der Mensch O oder X heiße, sei für das gesetzliche Tatbestandsmerkmal unerheblich; der Vorsatz müsse sich nur auf das Gattungsmerkmal, aber nicht auf eine bestimmte Person erstrecken.

Loewenheim, JuS 1966, 312 ff.; *Puppe*, GA 1981, 1 ff.; *Heuchemer*, JA 2005, 275 ff.; *Frister*, AT, 11/56 ff. Einschränkend NK/*Puppe*, § 16 Rn. 95 ff. Zur Kritik an der Gleichwertigkeitstheorie *Roxin*, AT I, § 12 Rn. 168 f.

33 Die Gleichwertigkeitstheorie nimmt weiter für sich in Anspruch, Strafbarkeitslücken zu vermeiden, falls der Versuch nicht strafbar ist und ein Fahrlässigkeitstatbestand fehlt. Solche Konstellationen sind inzwischen selten. Doch können sie insbesondere noch bei Beleidigungen im Zusammenhang mit Telefongesprächen vorkommen. Freilich sind die Lücken nicht gravierend, zumal in den meisten Situationen, nämlich dann, wenn sich der Täter über die Identität seines Gesprächpartners irrt, ohnehin bloß ein unbeachtlicher error in persona vorliegt.

Speziell zu derartigen Verwechslungskonstellationen am Telefon siehe *Roxin*, AT I, § 12 Rn. 198 f. und die Falllösungen bei *Beulke* III, Rn. 243, 265 ff.; *Fahl*, Jura 2005, 273 ff.

Der Gleichwertigkeitstheorie ist mit der Konkretisierungstheorie **34** aus folgenden Gründen zu widersprechen:

(1) Der Vorsatz bezieht sich immer auf eine konkrete Wirklichkeit und nicht bloß abstrakt auf ein gesetzliches Tatbestandsmerkmal. Sonst könnte man auch auf den Gedanken kommen, dem Täter Erfolge zuzurechnen, die infolge unvoraussehbarer Kausalverläufe eintreten. Hat sich daher der Vorsatz auf die Tötung oder Verletzung einer bestimmten Person konkretisiert, so kann er nicht durch die allgemeine Vorstellung, irgendeinen Menschen töten oder verletzen zu wollen, ersetzt werden.

(2) Überzeugungskraft hat ferner das Notwehrargument. Dazu das **35** folgende

Beispiel: O wird von T so angegriffen, dass er in berechtigter Notwehr mit Tötungsvorsatz auf T schießt. Der Schuss geht aber vorbei und trifft X tödlich. – Die Gleichwertigkeitstheorie müsste hier bezüglich X konsequenterweise einen vollendeten § 212 bejahen, da § 32 Eingriffe in Rechtsgüter unbeteiligter Dritter nicht deckt (§ 18 Rn. 31 f.). Demgegenüber ist das Ergebnis der Konkretisierungslehre sachgerecht: Danach liegt bezüglich X kein Tötungsvorsatz vor. Die §§ 212, 22 gegenüber T sind gemäß § 32 gerechtfertigt. Hinsichtlich der Tötung des X kommt eventuell § 222 in Betracht.

Zur h. M. siehe BGHSt 34, 53, 55; Sch/Sch/*Sternberg-Lieben/Schuster*, § 15 **36** Rn. 57; *Kindhäuser*, AT, § 27 Rn. 57; *Heinrich*, AT, Rn. 1105 ff.; *Hettinger*, JuS 1992, L 73 ff.; *Kühl*, AT, § 13 Rn. 29 ff.

In der **Fallbearbeitung** empfiehlt es sich, beim Vorliegen einer aberratio ic- **37** tus trotz einer klaren h. M. die Streitfrage zu erörtern und die h. M. nicht bloß wiederzugeben. Im Aufbau wird man in den Beispielen von Rn. 28 mit dem vollendeten Delikt zum Nachteil des X beginnen und dabei im Zusammenhang mit der Vorsatzprüfung die Streitfrage aufgreifen. Nach der Verneinung des Vorsatzes und insoweit der §§ 212, (211) bzw. §§ 223, 224 I Nr. 2 ist anschließend das Fahrlässigkeitsdelikt (§ 222 bzw. 229) zu prüfen und in der Re-

124   3. Kapitel. Die Tatbestandsmäßigkeit

gel zu bejahen, bevor man zum Versuch zu Lasten des O gelangt (§§ 212, 211, 22 bzw. §§ 223, 224 I Nr. 2, 22). – Falllösungen bei *Dürre/Wegerich*, JuS 2006, 712 ff.; *Hussels*, Jura 2005, 879 f.

38   Neben der Gleichwertigkeits- und Konkretisierungstheorie wird vereinzelt noch die sog. **materielle Gleichwertigkeitstheorie** vertreten, deren Erörterung nicht so wichtig ist. Diese Theorie folgt bei höchstpersönlichen Rechtsgütern wie Leben und körperliche Unversehrtheit der Konkretisierungstheorie, hält aber bei Rechtsgütern wie Eigentum und Vermögen die Konkretisierung des Vorsatzes für unerheblich. Die Lehre hat kaum Zustimmung erfahren, weil es nicht einleuchtet, den allgemeinen Gedanken der Vorsatzkonkretisierung bei bestimmten, ebenfalls Individualrechtsgüter schützenden, Tatbeständen nicht anzuwenden (zur Kritik *Kühl*, AT, § 13 Rn. 36 ff.; *Schreiber*, JuS 1985, 875; *Geppert*, Jura 1992, 165; *Kindhäuser*, AT, § 27 Rn. 58).

4. Grenzfälle

39   **a) Zusammenfallen von error in persona und aberratio ictus.** Der Fall der aberratio ictus kann zusammen mit einem error in persona in der Kombination auftreten, dass letztlich doch das richtige Opfer getroffen wird.

40   **Beispiel:** T will den O töten, dem er auflauert. Als X erscheint, hält T den X für den O und schießt auf ihn mit Tötungsvorsatz. Der Schuss geht aber daneben und trifft den O tödlich, der kurz nach dem X aufgetaucht war.

41   Auch diese Konstellation ist nach den aberratio ictus-Regeln zu lösen. Zwar mag es nicht unbedingt einleuchten, bezüglich O eine vollendete Tötung zu verneinen. Doch muss man konsequent sein. Zum Tatzeitpunkt der Tötung des O hat sich der Tötungsvorsatz bereits auf eine andere Person, nämlich X, konkretisiert gehabt. Der bezüglich X vorliegende error in persona berührt den Vorsatz, die als Zielobjekt anvisierte Person töten zu wollen, nicht. Wenn somit ein Tötungsvorsatz vorliegt und die §§ 212, (211,) 22 gegenüber X zu bejahen sind, kann O nur noch fahrlässig getötet werden (*W/ Beulke/Satzger*, AT, Rn. 257; *Heinrich*, AT, Rn. 1111; MüKo/*Joecks*, § 16 Rn. 103).

42   **b) Distanzfälle, insbesondere Gift- und Sprengfalle.** In den klassischen aberratio ictus-Konstellationen, deren Lösung von dem Gedanken der Vorsatzkonkretisierung auf ein bestimmtes Zielobjekt getragen wird, hat der Täter sein Opfer optisch vor Augen und nimmt dadurch die Individualisierung selbst vor. Daran fehlt es, wenn der

§ 15. Der Tatbestandsirrtum und seine Grenzen 125

Täter einen anderen aus der Ferne, typischerweise mit Hilfe einer
Gift- oder Sprengfalle, töten will und dabei eine falsche Person erwischt.

Beispiele: (1) **Bombenleger-Fall:** T möchte O töten und bringt an dessen **43**
Pkw eine Bombe an, die beim Anfahren ausgelöst werden soll. Wider Erwarten benutzt aber X das Fahrzeug, der durch die Explosion getötet wird. – *Variante:* T montiert die für O bestimmte Bombe versehentlich am Pkw des
Nachbarn N, der infolgedessen stirbt.
(2) **Schnaps-Fall:** E möchte ihren auf Kur weilenden Mann M loswerden.
Daher schickt sie ihm eine vergiftete Flasche Schnaps mit einem Anhänger:
„Nur für Dich allein!" Planwidrig bietet M zuerst seiner Kurbekanntschaft B
ein Glas an, die stirbt, bevor M von dem Schnaps kostet.

Auf dem Boden der Gleichwertigkeitstheorie versteht es sich von **44**
selbst, dass in allen Beispielen ein unbeachtlicher error in persona angenommen werden muss. Dagegen ist die Lösung im Lager der herrschenden Konkretisierungstheorie umstritten. Im Kern kreist der
Streit darum, ob und inwieweit davon die Rede sein kann, dass sich
der Vorsatz trotz der fehlenden sinnlichen Wahrnehmung auf das –
im Ergebnis verfehlte – Zielobjekt M bzw. O in ausreichender Weise
konkretisiert hat. Geht man von einer fehlenden Individualisierung
aus, so gelangt man zur error in persona-Lösung. Hält man dagegen
die Individualisierung für ausreichend konkret, führt dies zur aberratio ictus-Parallele mit Verneinung des Tötungsvorsatzes. Im Einzelnen lassen sich **drei Ansichten** unterscheiden:

Aberratio ictus-Lösung: Diese Meinung überträgt den Gedanken **45**
der Vorsatzkonkretisierung in der Weise auf die Distanzfälle, dass an
die Stelle der – beim sinnlich wahrgenommenen Opfer maßgeblichen
– visuellen Erfassung die „geistige Identitätsvorstellung" tritt (*Herzberg*, JA 1981, 473). Danach ist in den Beispielsfällen das konkret angegriffene Objekt der Mensch mit der Identität M bzw. O. Das Verfehlen dieser Vorstellung – vor dem geistigen Auge der E bzw. des T
steht nicht der wirklich Getötete – führt bezüglich der getöteten Person zum Vorsatzausschluss, also zur aberratio ictus-Parallele (so auch
Erb, Frisch-FS, 2013, S. 393 ff.). – Gegen diese Meinung spricht, dass
allein eine geistige Vorstellung nicht zu einer ausreichenden Individualisierung führen kann.

Error in persona-Lösung: Sie hält die sinnliche Wahrnehmung für **46**
entscheidend. Wo diese fehle, scheide eine Vorsatzkonkretisierung
aus. Insoweit werden die Distanzfälle in die Fallgruppe des error in
persona eingeordnet. Angriffsobjekt ist von daher die – nicht indivi-

126   3. Kapitel. Die Tatbestandsmäßigkeit

dualisierte – Person, die den Schnaps trinkt oder das Auto in Bewegung setzt (*Prittwitz*, GA 1983, 119, 127 ff., 130). – Diese Ansicht geht mit ihrer pauschalen Abstellung auf den Aspekt der sinnlichen Wahrnehmung zu weit, stimmt freilich in den Ergebnissen oft mit der h. M. überein.

47   Die h. M., die Zustimmung verdient, lässt sich als **Individualisierungs-Lösung** bezeichnen und etwa so zusammenfassen: Ein Täter, der sich nicht selbst um die Individualisierung kümmert, sondern diese dem Zufall überlässt, trägt das Individualisierungsrisiko. Mit anderen Worten: Wer das Tatgeschehen so programmiert, dass nach dem Tatplan und dem gesetzten Ausgangsrisiko auch ein anderer Opfer werden kann, dem wird das Verwechslungsrisiko subjektiv zum Vorsatz zugerechnet, wenn sich beim getroffenen Objekt der Erfolg in der für das eigentliche Zielobjekt vorgesehenen Weise realisiert.

48   Danach ist in beiden Varianten des **Bombenleger-Falles** (Rn. 43) sowohl auf dem Boden der h. M. wie der error in persona-Lösung eine vollendete Tötung zu bejahen. Der *BGH* greift in diesem Fall den Gedanken auf, dass nach dem vorgesehenen Tatablauf der Vorsatz des Täters nur auf die Person konkretisiert sein kann, die zuerst das Auto benutzt (*BGH* NStZ 1998, 294, 295; siehe ferner *Streng*, JuS 1991, 912 f.; *Stratenwerth*, Baumann-FS, 1992, S. 61 f.; Sch/Sch/*Sternberg-Lieben/Schuster*, § 15 Rn. 59; *Kühl*, AT, § 13 Rn. 27; *Roxin*, AT I, § 12 Rn. 197; *Geppert*, JK 98, StGB § 16/4; a. A. *Heinrich*, AT, Rn. 1112, der eine aberratio ictus annimmt). Nach *Toepel* (JA 1996, 893) soll eine ausreichende Individualisierung und Vorsatzkonkretisierung vorliegen, wenn der Täter durch Beobachtung herausgefunden hat, dass der Wagen immer nur von der Zielperson benutzt wird.

49   Die Lösung des **Schnaps-Falles** (Rn. 43) ist umstrittener. Wohl überwiegend und auf dem Boden der Individualisierungs-Lösung zu Recht wird ebenfalls ein vollendeter Totschlag (Mord) bejaht (*Streng*, JuS 1991, 913 mit Fn. 47; *Stratenwerth*, Baumann-FS, 1992, S. 61; *Kühl*, AT, § 13 Rn. 27; a. A. im Sinne der aberratio ictus-Lösung: *Jäger*, AT, Rn. 90; *Krey/Esser*, AT, Rn. 446; *Heinrich*, AT, Rn. 1112).

50   **Beachte** schon hier: Der vorstehende Streit um die Lösung der Distanzfälle wiederholt sich im Wesentlichen in Mehr-Personen-Konstellationen, in denen der Tatnächste einem error in persona vel obiecto unterliegt und sich die Frage stellt, wie sich dieser Irrtum auf die Strafbarkeit des Tatfernen auswirkt (vgl. unten § 43 Rn. 73 f.; § 44 Rn. 30 f.; § 45 Rn. 57 ff.).

5. Die dolus generalis-Fälle

51   Unter dem aus heutiger Sicht überholten Stichwort des dolus generalis (= allgemeiner Vorsatz) werden die beiden folgenden Fallkon-

§ 15. Der Tatbestandsirrtum und seine Grenzen   127

stellationen mit einem zweiaktigen Geschehen diskutiert, in denen
der Täter einem Irrtum über den Vollendungszeitpunkt unterliegt:

a) **Klassischer dolus generalis.** In der ersten Konstellation geht es 52
um den klassischen dolus generalis-Fall: Der Täter glaubt, sein Opfer
schon durch eine Ersthandlung getötet zu haben, tötet es in Wirklichkeit aber erst durch eine Zweithandlung.

Beispiele: Im bekannten Jauchegruben-Fall glaubt die Täterin T, ihr Opfer 53
O bereits erwürgt zu haben, als sie beschließt, die in Wirklichkeit nur bewusstlose O in eine Jauchegrube zu werfen, in der sie ertrinkt (BGHSt 14,
193). – *Varianten:* Ausgehend von dem unverändert bleibenden Erstakt (irr-
tümliche Annahme einer vollendeten vorsätzlichen Tötung) kommen als
Zweithandlungen diverse andere Verdeckungshandlungen in Betracht, die
erst den konkreten Tod verursachen. Man denke etwa an das Versenken der
vermeintlichen Leiche in Gewässern sowie an ihr Verbrennen und Vergraben.
Praktische Bedeutung haben ferner Zweithandlungen, durch die eine Selbsttötung z. B. durch Erhängen oder ein tödlicher Verkehrsunfall vorgetäuscht
werden soll.

Die Lösung dieser Fälle ist umstritten. Im Kern wird der Streit 54
zwischen bestimmten Vollendungslösungen und einer Versuchslösung geführt (zusammenfassend *Sowada*, Jura 2004, 814 ff.; *Valerius*,
JA 2006, 261 ff.):

Nach der in der Literatur verbreiteten **Versuchslösung** müssen die 55
Teilakte getrennt betrachtet werden. Einem Täter, der bei der maßgeblichen Tötungshandlung und insoweit dem Zeitpunkt der „Begehung der Tat" keinen Tötungsvorsatz habe (§ 16 I 1), könne nicht zur
Last gelegt werden, (auch) durch den Erstakt (vorsätzlich) getötet zu
haben. An den Erstakt dürfe nicht angeknüpft werden, wenn ein Täter beim Zweitakt davon ausgehe, dem Tatplan entsprechend den Erfolg bereits herbeigeführt zu haben. Nach dieser Ansicht liegt im ersten Teilakt nur ein – mit den §§ 223, 224 ideal konkurrierender –
versuchter Totschlag (Mord) vor, der mit einer fahrlässigen Tötung
im zweiten Akt in Tatmehrheit steht.

Zur Versuchslösung *Hettinger*, JuS 1992, L 81 ff.; *ders.*, GA 2006, 289 ff.;
Kühl, AT, § 13 Rn. 48; *Kindhäuser*, AT, § 27 Rn. 50 ff.; *Jerouschek/Kölbel*, JuS
2001, 422 ff.; *Oglakcioglu*, JR 2011, 103 ff. – Falllösung bei *Noltensmeier/
Henn*, JA 2007, 773 ff., die schon die objektive Zurechnung verneinen (vgl.
unten Rn. 59).

Demgegenüber bestraft die **Vollendungslösung** gemäß § 212 bzw. 56
§ 211. Dabei besteht Einigkeit darüber, dass die Vollendung nicht

128   3. Kapitel. Die Tatbestandsmäßigkeit

mehr mit dem historisch überholten Begriff des „Generalvorsatzes"
begründet werden kann, mit dem man früher – entgegen dem Koinzidenzprinzip (vgl. § 14 Rn. 55 ff.) – den ursprünglichen Tötungsvorsatz einfach auf spätere Handlungen übertrug. Die Rechtsprechung
und h. M. gelangen aber mit Hilfe der Lehre des Irrtums über den
Kausalverlauf zur Bejahung einer vollendeten Tat. Insoweit knüpft
man an den bei der Ersthandlung vorliegenden Tötungsvorsatz an
und sieht aus dieser Perspektive in der späteren todesursächlichen
Zweithandlung einen Kausalfaktor, der nur eine unwesentliche Abweichung zwischen dem vorgestellten und dem tatsächlichen Kausalverlauf begründet.

57   Diese Ansicht verdient Zustimmung. Wie schon dargelegt wurde,
muss der Tötungsvorsatz nicht bis zum Ende „durchgehalten" werden (§ 14 Rn. 61 f.). Insbesondere liegt es im Rahmen der Lebenserfahrung, dass medizinische Laien bewusstlose Opfer für tot halten
und Täter nach einem Tötungsdelikt durch Anschlusshandlungen
die Tatspuren verwischen wollen. Insgesamt spaltet die Versuchslösung ein einheitliches Tatgeschehen in nicht überzeugender Weise in
zwei Teile auf.

    Zur h. M. siehe BGHSt 14, 193; *BGH* NStZ 1992, 333, 335; *Heinrich*, AT,
    Rn. 1092 ff.; Sch/Sch/*Sternberg-Lieben/Schuster*, § 15 Rn. 58; W/*Beulke/Satz-
    ger*, AT, Rn. 262 ff. Falllösungen bei *Buttel/Rotsch*, JuS 1995, 1097 f.; *Beulke* I,
    Rn. 111 ff.

58   Nach der differenzierenden **Tatplan-Theorie** soll eine unwesentliche Abweichung im Kausalverlauf allein dann vorliegen, wenn sich
die Zweithandlung als Verwirklichung des Tatplans darstellt. Dies
soll nur der Fall sein, wenn der Täter mit Tötungsabsicht und nicht
bloß mit dolus eventualis tötet. Indes überzeugt es nicht, die Frage
der Wesentlichkeit oder Unwesentlichkeit von der Vorsatzform abhängig zu machen.

    Zur Tatplan-Theorie siehe *Roxin*, AT I, § 12 Rn. 174 ff.; *Gropp*, AT, § 5
    Rn. 73a. Zur Kritik *Jäger*, AT, Rn. 87; *Sancinetti*, Roxin-FS, 2001, S. 356 ff.

59   Die Problematik des dolus generalis wird üblicherweise im Rahmen des
Vorsatzes erörtert. In der **Fallbearbeitung** sollte der Studierende von dieser
Gewohnheit nicht abweichen, auch wenn nicht zu übersehen ist, dass die Diskussion im Prinzip bereits im Rahmen der objektiven Zurechnung geführt
werden könnte. Folgt man einer Vollendungslösung, so empfiehlt es sich, die
objektive Zurechnung verhältnismäßig kurz etwa mit der Begründung zu bejahen, dass ungewollte Erfolgseintritte durch Zweithandlungen verhältnismäßig oft vorkommen, somit im Rahmen des nach allgemeiner Lebenserfahrung

§ 15. Der Tatbestandsirrtum und seine Grenzen   129

Voraussehbaren und daher auch im Bereich des durch die Ersthandlung gesetzten Ausgangsrisikos liegen. Auf die Streitfrage geht man dann innerhalb
des subjektiven Tatbestandes ein (vgl. auch *Beulke* I, Rn. 111 ff.; *Jäger*, AT,
Rn. 87; *Buttel/Rotsch*, JuS 1995, 1097 f.).

b) „Umgekehrter" dolus generalis. Von dem klassischen dolus ge- 60
neralis-Fall ist die Konstellation des „umgekehrten" dolus generalis
zu unterscheiden. In dieser im Zusammenhang mit dem dolus antecedens schon angesprochenen Fallgruppe (§ 14 Rn. 59) führt der zur
Tötung entschlossene Täter – wichtig: nachdem er das Versuchsstadium erreicht hat – den Erfolg vorzeitig bereits durch die Ersthandlung und nicht, wie eigentlich geplant, durch die Zweithandlung herbei.

Beispiele: (1) T will sein Opfer töten, indem er es aus einem fahrenden Zug 61
wirft, nachdem er es kurz zuvor betäubt hat. Tatsächlich ist schon die Betäu-
bung und nicht erst der Wurf aus dem Zug tödlich. – (2) A, B und C
wollen den O dadurch töten, dass A ihm mit einer Einwegspritze Luft in eine Arm-
vene injiziert. Um O ruhigzustellen, schlagen B und C auf O ein und halten
ihn mit einem über den Mund geführten Tuch von hinten fest. A setzt die in
seinen Augen tödliche Luftspritze in die linke Armbeuge. Der Tod tritt infolge der Behandlung durch B und C ein. Die injizierte Luftmenge hätte für
die Tötung nicht ausgereicht (*BGH* NStZ 2002, 475). – (3) Wandelt man den
Kofferraum-Fall von § 14 Rn. 58 so ab, dass T die F unmittelbar im Anschluss
an einen kurzen Transport erschießen will, und lässt man von daher den Tötungsversuch bereits mit dem gewaltsamen Verladevorgang beginnen, so hat
man es ebenfalls mit einem „umgekehrten" dolus generalis-Fall zu tun.

Die Rechtsprechung und h. M. bestrafen auch in dieser Konstella- 62
tion aus dem vollendeten Tötungsdelikt. Wiederum stützt man sich
auf die Lehre von der (un)wesentlichen Abweichung im Kausalverlauf. Insoweit nimmt man an, dass die Abweichung zwischen dem
vorgestellten und dem tatsächlichen Kausalverlauf unerheblich ist,
wenn der Täter nach dem Eintritt der Tat in das Versuchsstadium
den Erfolg früher als geplant und nicht erst durch die eigentlich dafür
vorgesehene spätere Handlung herbeiführt.

Nach der engeren Gegenmeinung setzt eine Bestrafung aus dem 63
vollendeten Delikt voraus, dass der die Todesursache setzende Täter
das Stadium eines tauglichen beendeten Versuchs erreicht hat; denn,
so wird gesagt, die Vollendungsstrafe verdiene der Täter nur, wenn
er zum Zeitpunkt der (tauglichen) todesursächlichen Handlung
„Vollendungsvorsatz" gehabt habe.

Für die h. M. spricht, dass die vorzeitige Erfolgsherbeiführung dem 64
Täter unproblematisch objektiv zuzurechnen ist. Außerdem behan-

130   3. Kapitel. Die Tatbestandsmäßigkeit

delt der Gesetzgeber den unbeendeten und beendeten Versuch gleich. Nach der Gegenmeinung könnte ein Täter, der sein Tötungsziel z. B. schon nach drei und nicht erst nach fünf Messerstichen erreicht, nur wegen eines versuchten Tötungsdelikts – in Tateinheit mit § 227 – bestraft werden. Dies leuchtet nicht ein. Auch der unbeendete Versuch wird von dem Tatbestandsverwirklichungswillen getragen. Eine Unterscheidung zwischen einem bloßen Versuchs- und einem speziellen Vollendungsvorsatz ist dem Gesetz fremd.

65   Zur h. M. *BGH* NStZ 2002, 475, 476; *Roxin*, GA 2003, 257 ff.; *ders.*, AT II, § 12 Rn. 185 ff.; *Sowada*, Jura 2004, 816 ff.; *Valerius*, JA 2006, 264 f.; Sch/Sch/ *Sternberg-Lieben/Schuster*, § 15 Rn. 58. – Zur Gegenmeinung siehe *Wolter*, GA 2006, 406 ff.; *ders.*, JA 2007, 357 f.; *Kindhäuser*, AT, § 27 Rn. 47 ff.; LK/ *Schroeder*, 11. Aufl., § 16 Rn. 34.

6. Irrtum über Tatbestandsvarianten

66   In diesen auch unter dem Stichwort des doppelten Tatbestandsirrtums diskutierten (seltenen) Konstellationen dringt z. B. ein Täter in eine Wohnung ein, die er für einen Geschäftsraum hält (§ 123 I 1. Var.), oder vereitelt objektiv die Verhängung einer Strafe (§ 258 I 1. Var.), während er subjektiv glaubt, die Entziehung der Fahrerlaubnis zu verhindern (§ 258 I 2. Var.). Solche Irrtümer sind unbeachtlich, wenn es nur um Auffächerungen eines gemeinsamen Oberbegriffs wie dem der „geschützten Räumlichkeit" in § 123 I geht oder eine **qualitative Gleichwertigkeit** der Varianten wie im Falle des § 258 I besteht.

67   Die Gleichwertigkeit fehlt z. B., wenn jemand mit gemeingefährlichen Mitteln töten will, aber grausam tötet (kein vollendeter, nur versuchter Mord). Wer die Absicht hat, durch Messerstiche zu verunstalten, jedoch Siechtum verursacht, begeht bezüglich § 226 I Nr. 3 1. Var., II nur einen Versuch, während § 226 I Nr. 3 2. Var. nur deshalb vollendet ist, weil hinsichtlich des Erfolges fahrlässiges Handeln genügt (§ 18).

Dazu *Roxin*, AT I, § 12 Rn. 136; *Kühl*, AT, § 13 Rn. 16a; *Kindhäuser*, AT, § 27 Rn. 34; Sch/Sch/*Sternberg-Lieben/Schuster*, § 16 Rn. 12; *Rolofs*, JA 2003, 304 ff.

68   Als weiterer Sonderfall könnte man an dieser Stelle noch **§ 16 II** ansprechen. Dessen Ausbildungsrelevanz beschränkt sich freilich auf § 216. Deshalb liegt es nahe, § 16 II im Zusammenhang mit der Tötung auf Verlangen zu studieren (*Rengier*, BT II, § 6 Rn. 2, 10). – Entsprechendes gilt für die Fragen rund um den **Vorsatzwechsel**, die bei Diebstahl und Raub eine Rolle spielen (*Rengier*, BT I, § 2 Rn. 84 f.; § 3 Rn. 19, 43 ff.; § 4 Rn. 86; § 7 Rn. 28 f., 36 f.).

Empfehlungen zur vertiefenden Lektüre:
Rechtsprechung: BGHSt 14, 193 (vollendete vorsätzliche Tötung trotz Todesverursachung erst durch Beseitigung der vermeintlichen Leiche); *BGH* NStZ 1998, 294 (Personenverwechslung bei Pkw als Sprengfalle); *BGH* NStZ 2002, 475 (unwesentliche Abweichung im Kausalverlauf bei vorzeitigem Erfolgseintritt).
Literatur: *Geppert*, Zum „error in persona vel obiecto" und zur „aberratio ictus", insbesondere vor dem Hintergrund der neuen „Rose-Rosahl-Entscheidung" (= BGHSt 37, 214 ff.), Jura 1992, 163 ff.; *Hettinger*, Der Irrtum im Bereich der äußeren Tatumstände – eine Einführung, JuS 1988, L 71 ff.; 1989, L 17 ff.; 1990, L 73 ff.; 1992, L 65 ff., L 73 ff., L 81 ff.; *Hinderer*, Tatumstandsirrtum oder Verbotsirrtum?, JA 2009, 864 ff.; *Nierwetberg*, Der strafrechtliche Sumbsumtionsirrtum, Jura 1985, 238 ff.; *Schreiber*, Grundfälle zu „error in obiecto" und „aberratio ictus" im Strafrecht, JuS 1985, 873 ff.; *Sowada* (wie zu § 14); *Valerius*, Irrtum über den Kausalverlauf bei mehraktigem Tatgeschehen, JA 2006, 261 ff.

§ 16. Besondere subjektive Tatbestandsmerkmale

I. Grundlagen

Es gibt zahlreiche Vorsatzdelikte, bei denen im subjektiven Tatbestand nach dem Vorsatz noch besondere subjektive Tatbestandsmerkmale geprüft werden müssen. Daher taucht dieser Punkt auch als wichtiger Merkposten in allen Aufbauschemata zum Vorsatzdelikt auf (§ 12 Rn. 6; § 34 Rn. 2; § 49 Rn. 5). Leicht zu erkennen sind die Tatbestände mit Absichtsmerkmalen, bei denen die typischen Formulierungen „in der Absicht, … zu" (z. B. §§ 164, 242 I, 257 I, 263 I) und „um … zu" (z. B. §§ 252, 253 I, 259 I) auf das besondere Absichtserfordernis hinweisen. Eine Ausnahme stellt insoweit das im Sinne einer Täuschungsabsicht zu verstehende „zur Täuschung" im Rechtsverkehr des § 267 I dar. **1**

Während es bei normalen Vorsatzdelikten wie den §§ 212, 223, 224, 306 genügt, wenn der Vorsatz sämtliche objektive Tatbestandsmerkmale umfasst (sog. kongruente Tatbestände), sind bei den Absichtsdelikten der objektive und subjektive Tatbestand nicht deckungsgleich. Vielmehr setzt bei letzteren der subjektive Tatbestand mehr als die bloße Erfassung der objektiven Merkmale voraus. Man spricht deshalb von inkongruenten Tatbeständen oder Delikten mit überschießender Innentendenz (*Samson*, JA 1989, 451 f.). **2**

II. Zur Vorsatzform bei Absichtsmerkmalen

3　Bei den Absichtsdelikten stellt sich die Frage, welche Vorsatzform (dazu § 14 Rn. 6 ff.) die überschießende Innentendenz bezüglich der nur subjektiv anvisierten Erfolge wie den Bereicherungserfolg in § 263 I oder den Täuschungserfolg in § 267 I aufweisen muss. Der erste Gedanke mag dahin gehen, entsprechend dem Sprachgefühl die Absicht stets eng als zielgerichtetes Handeln im Sinne des dolus directus 1. Grades zu verstehen. Wenn man freilich bedenkt, dass sich das Wort „Absicht" von „absehen" ableitet, dann steht der Wortlaut nicht unbedingt einer Auslegung entgegen, die in den Absichtsbegriff wissentliches Handeln und selbst das kognitive Fürmöglichhalten des Eventualvorsatzes einbezieht. Dementsprechend gibt es keine einheitliche Interpretation.

4　Im Einzelnen hängt die Auslegung des Absichtsmerkmals vom jeweiligen Tatbestand des Besonderen Teils ab. In der Regel geht es darum, ob dolus directus 1. Grades erforderlich ist oder auch der dolus directus 2. Grades genügt. Dass es dem Studierenden schwerfällt, die Unterschiede zu begreifen, ist nachvollziehbar. Immerhin lassen sich gewisse Leitlinien aufstellen, die helfen können, manche Differenzierungen besser zu verstehen (vgl. *Lenckner*, NJW 1967, 1890 ff.; *Samson*, JA 1989, 452 f.; *Roxin*, AT I, § 12 Rn. 12 ff.; *Witzigmann*, JA 2009, 490 f.):

5　(1) In der ersten Gruppe von Tatbeständen bezieht sich die Absicht nicht auf die Rechtsgutsverletzung. Hier fällt der Absicht die Funktion zu, eine besondere Tätermotivation zu umschreiben, durch deren Hinzutreten die Rechtsgutsverletzung erst strafwürdig wird. So verletzen zwar die bloße Wegnahme einer fremden Sache und eine schlichte täuschungsbedingte Schädigung Eigentum bzw. Vermögen, doch ihr strafrechtsspezifisches Gepräge erhalten derartige Handlungen erst in Verbindung mit bestimmten Tendenzen (vgl. §§ 242 I, 263 I). In solchen Tatbeständen ist die Absicht im Sinne des dolus directus 1. Grades zu verstehen. Typische Beispiele sind die Absichten der Vermögensdelikte (z. B. §§ 253 I, 259 I, 263 I, auch § 242 I mit seiner Aneignungskomponente).

6　Bei diesen Absichtsmerkmalen kann die Abgrenzung zwischen dem – vom dolus directus 1. Grades erfassten – Streben nach notwendigen Zwischenzielen (§ 14 Rn. 8) und der bloß wissentlichen Herbeiführung notwendiger Nebenfolgen strafbarkeitsentscheidend sein (näher *Rengier*, BT I, § 13 Rn. 238 ff. zu § 263 I und § 20 Rn. 15 ff. zu § 257 I).

(2) In der zweiten Gruppe von Tatbeständen verlagert der Gesetz- 7
geber die Strafbarkeit nach vorne, ohne die Rechtsgutsverletzung abzuwarten. Hier soll die Absicht zumindest die subjektive Beziehung
zur Rechtsgutsverletzung herstellen. Da insoweit die Unterscheidung zwischen dolus directus 1. und 2. Grades unwichtig ist, umfasst das Absichtserfordernis auch den dolus directus 2. Grades,
also wissentliches Handeln. Typische Beispiele sind die §§ 164,
267 I, 274 I, 288 I.

Daran anknüpfend lässt sich auch die Faustregel formulieren (vgl. *D./I.* 8
Sternberg-Lieben, JuS 2012, 977): Wo Bereicherungs- und Zueignungsab-
sichten den Deliktstyp prägen, ist dolus directus 1. Grades erforderlich,
wo die bloße Schädigung überindividueller (z. B. Rechtspflege) oder individueller Interessen im Vordergrund steht, genügt auch dolus directus
2. Grades.

Dass es sich um Leitlinien handelt, zeigt der Fall des § 257 I, der eigentlich
in die zweite Gruppe eingeordnet werden müsste (so *Roxin*, AT I, § 12
Rn. 14). Indes verlangt die h. M. für die „Absicht" der Vorteilssicherung dolus
directus 1. Grades (*Rengier*, BT I, § 20 Rn. 15 ff.). Dies verdient auch Zustimmung, weil dadurch die Reichweite des objektiven Begünstigungstatbestandes
sinnvoll eingeschränkt wird (SK/*Hoyer*, § 257 Rn. 28; NK/*Altenhain*, § 257
Rn. 31; *Witzigmann*, JA 2009, 491; erg. *Samson*, JA 1989, 453 f.).

III. Sonstige subjektive Tatbestandsmerkmale

Neben den erwähnten Absichtsmerkmalen stößt man noch auf 9
weitere subjektive Merkmale, die sich den besonderen subjektiven
Tatbestandsmerkmalen zuordnen lassen. Insoweit sind an erster Stelle
die Mordmerkmale der 1. und 3. Gruppe zu nennen, ferner etwa die
Böswilligkeit des § 225 I und die Rücksichtslosigkeit des § 315c I
Nr. 2.

Andere Stimmen sehen in diesen Merkmalen allerdings Schuld- 10
merkmale (vgl. *Rengier*, BT II, § 4 Rn. 7; § 17 Rn. 7; § 44 Rn. 4, 7).
Dies verdient keine Zustimmung, weil die Einstufung als besonderes
subjektives Tatbestandsmerkmal nicht nur im Aufbau einfacher ist,
sondern auch eine unproblematische Anwendung des § 28 ermöglicht
und von daher Abgrenzungsschwierigkeiten mit § 29 vermeidet (näher unten § 46 Rn. 19).

134   3. Kapitel. Die Tatbestandsmäßigkeit

In der **Fallbearbeitung** bedarf die vorgeschlagene Einordnung der Merkmale keiner besonderen Begründung.

Empfehlungen zur vertiefenden Lektüre:
Literatur: *Witzigmann*, Mögliche Funktionen und Bedeutungen des Absichtsbegriffs im Strafrecht, JA 2009, 488 ff.

4. Kapitel. Das vollendete vorsätzliche Begehungsdelikt: Die Rechtswidrigkeit

§ 17. Allgemeine Fragen

I. Grundlagen

Auf dem Boden des herrschenden und auch hier vertretenen drei- 1
stufigen Verbrechensaufbaus geht es auf der zweiten Stufe, der
Rechtswidrigkeit, darum, das Unwerturteil über die Tat zu fällen.
Eine gerechtfertigte Tat stellt kein Unrecht dar, wird vielmehr von
der Rechtsordnung als legal gebilligt. Bei der „nur" entschuldigten
Tat liegt das anders: Hier missbilligt das Recht die Tat grundsätzlich
und hält sie auch für sozialschädlich, sieht aber mangels Strafbedürf-
tigkeit von einer Sanktion ab. Deshalb gibt es eine Teilnahme an einer
entschuldigten, aber nicht an einer gerechtfertigten Tat (zu den §§ 26,
27 unten § 45).

Die Befürworter eines zweistufigen Verbrechensaufbaus fassen die Stufen 2
der Tatbestandsbestandsmäßigkeit und Rechtswidrigkeit in einem übergeord-
neten Gesamtunrechtstatbestand zusammen, an den sich die Schuld anschließt
(*Otto*, AT, § 5 Rn. 23 ff.). In der zweistufigen Konzeption wird zwar äußerlich
deutlicher sichtbar, dass ein gerechtfertigter Täter kein Unrecht verwirklicht,
doch vernachlässigt sie andere Aspekte, die angesichts verschiedenartiger
Funktionen für eine Selbstständigkeit der Tatbestands- und Rechtswidrig-
keitskategorie sprechen (*Roxin*, AT I, § 10 Rn. 16 ff.).

II. Überblick über die Rechtfertigungsgründe

Die Tat ist nicht rechtswidrig, wenn dem Täter ein Rechtferti- 3
gungsgrund – oder auch: Erlaubnistatbestand – zur Seite steht. Da
nach dem Prinzip der Einheit der Rechtsordnung strafrechtlich nicht
verboten sein kann, was zivil- oder öffentlichrechtlich erlaubt ist,
können Rechtfertigungsgründe nicht nur aus dem Strafrecht, sondern
auch aus dem Zivil- und öffentlichen Recht stammen. Zudem gibt es
keinen abgeschlossenen Katalog. Daher ist es möglich, dass zugunsten des Täters – und daher ohne Verstoß gegen Art. 103 II GG

136 4. Kapitel. Die Rechtswidrigkeit

(oben § 4 Rn. 15, 34) – ungeschriebene Rechtfertigungsgründe anerkannt werden und im Laufe der Zeit zum Gewohnheitsrecht erstar-
ken.

4   Die wichtigsten Rechtfertigungsgründe, die im Folgenden behandelt werden, sind:
– die Notwehr des § 32 (unten § 18);
– der rechtfertigende Notstand des § 34 (unten § 19);
– die zivilrechtlichen Notstände der §§ 904, 228 BGB (unten § 20);
– die zivilrechtlichen Selbsthilferechte der §§ 229, 230, 859 BGB (unten § 21);
– die vorläufige Festnahme gemäß § 127 I 1 StPO (unten § 22);
– die Einwilligung und mutmaßliche Einwilligung (unten § 23).

5   Zu weiteren Rechtfertigungsgründen: Die rechtfertigende Pflichtenkollision wird bei den Unterlassungsdelikten erörtert (unten § 49
Rn. 39 ff.). Besser im Besonderen Teil platziert sind die rechtfertigenden Indikationstatbestände des § 218a II, III, das elterliche Züchtigungsrecht, die Wahrnehmung berechtigter Interessen bei den Belei-
digungsdelikten (§ 193) und die behördliche Genehmigung, die vor
allem bei Umweltdelikten relevant wird (näher *Rengier*, BT II, § 11
Rn. 27 ff.; § 13 Rn. 14; § 29 Rn. 36 ff.; § 47 Rn. 15 ff., 24 ff.; § 48
Rn. 10). Im Rahmen der Eigentumsdelikte wird diskutiert, ob man
§ 241a I BGB als Rechtfertigungsgrund einstufen soll, wenn der Verbraucher bezüglich der unbestellten Sachen Handlungen im Sinne der
§§ 246, 303 begeht (*Rengier*, BT I, § 5 Rn. 15). Schließlich enthalten
all die strafprozessualen Vorschriften Rechtfertigungsgründe, die wie
die §§ 81a, 81c StPO (körperliche Untersuchung, Blutprobe),
§§ 102 ff. StPO (Durchsuchung) und §§ 112 ff. StPO (Untersuchungshaft) tatbestandsmäßige Zwangseingriffe der Strafverfolgungsbehörden legitimieren.

III. Konkurrierende Rechtfertigungsgründe in der Fallbearbeitung

6   Grundsätzlich müssen alle in Betracht kommenden Rechtferti-
gungsgründe erörtert werden. Dabei hat die Notwehr einen gewissen
Vorrang (näher § 18 Rn. 3), während dem rechtfertigenden Notstand
Auffangcharakter zukommt (näher § 19 Rn. 4).

7   Im Übrigen sind bei jedem einschlägigen Tatbestand die Voraussetzungen des jeweiligen Rechtfertigungsgrundes genau zu beachten.

§ 17. Allgemeine Fragen   137

Keinesfalls darf man bei einem Notwehrgeschehen alle verwirklichten Tatbestände mehr oder weniger automatisch nur unter dem Blickwinkel des § 32 betrachten.

Beispiel: Mieter M attackiert in seiner Parterrewohnung die zu Besuch weilende B körperlich. Sie schreit laut um Hilfe, so dass der vorbeikommende N auf das Geschehen aufmerksam wird. N schlägt eine Fensterscheibe ein, um B zu helfen und M den Strafverfolgungsbehörden zu übergeben. Nachdem er in die Wohnung gelangt ist, muss er zunächst den Hund der B erstechen, der ihn in gefährlicher Weise anfällt. Danach versetzt N dem M, der die B unverändert angreift, einen Stich ins Bein.
Bei N sind die §§ 223, 224 I Nr. 2 gegenüber M gemäß § 32 II 2. Var. (Nothilfe) gerechtfertigt. Da N den M auch an die Strafverfolgungsbehörden ausliefern wollte, ist zudem an § 127 I 1 StPO zu denken, der aber solche Gewalthandlungen nicht deckt (dazu § 22 Rn. 15 ff.). Bezüglich der Verletzung des Hausrechts (§ 123 I 1. Var.) greift erneut § 32 ein, da es wieder um ein Rechtsgut des Angreifers geht. Dagegen scheidet hinsichtlich der Fensterscheibe des Vermieters § 32 aus, da das Notwehrrecht nur Eingriffe in Rechtsgüter des Angreifers gestattet (dazu § 18 Rn. 31 f.); insoweit ist § 904 BGB einschlägig, der dem § 34 vorgeht. Die Tötung des Hundes (§ 303 I) kann § 32 schon deshalb nicht legitimieren, weil dafür ein menschlicher Angriff vorausgesetzt wird; es greift aber § 228 BGB ein, hinter den § 34 gleichfalls zurücktritt.

IV. Strukturen der Rechtfertigungsgründe

Alle Rechtfertigungsgründe setzen, parallel zum objektiven und subjektiven Tatbestand, das Vorliegen objektiver und subjektiver Merkmale voraus. Man könnte auch von einem objektiven und subjektiven Rechtfertigungstatbestand sprechen. Dabei fällt der objektiven Rechtfertigungsseite die Funktion zu, den in der Erfüllung des objektiven Tatbestandes liegenden Erfolgsunwert zu kompensieren, während die subjektive Rechtfertigungsseite den Handlungsunwert des subjektiven Tatbestandes beseitigt (vgl. *Kühl*, AT, § 3 Rn. 3 ff., § 6 Rn. 12; *W/Beulke/Satzger*, AT, Rn. 275).

Auch bei den objektiven Rechtfertigungselementen wiederholen sich zum Teil gewisse Strukturen. Besonders deutlich zeigt sich dies bei den §§ 32, 34: (1) Rechtfertigungslage (Notwehrlage bzw. Notstandslage), (2) Rechtfertigungshandlung (Notwehrhandlung bzw. Notstandshandlung) mit den dazugehörigen Rechtfertigungsvoraussetzungen, (3) normative Einschränkungen (Gebotenheit bzw. Angemessenheitsklausel). Vgl. dazu die Aufbauschemata unten § 18 Rn. 4; § 19 Rn. 6.

V. Inhalt des subjektiven Rechtfertigungselements

11   Als **Mindestvoraussetzung** für das subjektive Rechtfertigungselement beim Vorsatzdelikt ist anerkannt, dass als kompensierendes Ge-
genstück zum Tatbestandsvorsatz ein **Rechtfertigungsvorsatz** vorliegen muss. Dafür genügt auf jeden Fall ein Handeln in der sicheren
Kenntnis der objektiven Rechtfertigungsvoraussetzungen. Das bloße
Fürmöglichhalten reicht aus, wenn der Täter auf das Vorhandensein
der Rechtfertigungssituation vertraut und insoweit ihr Fehlen nicht
in Kauf nimmt (so zutreffend Sch/Sch/*Lenckner/Sternberg-Lieben*,
vor § 32 Rn. 14; *Stratenwerth/Kuhlen*, AT, § 9 Rn. 151).

12   Umstritten ist, ob das subjektive Element darüber hinausgehend
bei allen oder zumindest bei bestimmten Rechtfertigungsgründen einen Motivationszusammenhang im Sinne eines **zielgerichteten
Rechtfertigungswillens**, also etwa bei § 32 eine Verteidigungsabsicht
oder bei § 34 eine Rettungsabsicht, voraussetzt. Auf diese Frage, die
richtigerweise zu bejahen ist, wird bei den einzelnen Rechtfertigungsgründen zurückzukommen sein (siehe unten § 18 Rn. 103 ff.; § 19
Rn. 63; § 20 Rn. 5, 8; § 21 Rn. 19; § 22 Rn. 23; § 23 Rn. 38).

VI. Handeln in Unkenntnis der Rechtfertigungssituation

13   Zu den Standardproblemen gehört die Frage, wie sich das Fehlen
des subjektiven Rechtfertigungselements auswirkt. Es fehlt insbesondere dann, wenn ein Täter in Unkenntnis der ihn objektiv rechtfertigenden Situation handelt (Rn. 11).

Beispiele: Die Joggerin J ärgert sich über einen zu nah hinter ihr hechelnden
Läufer L. Daher sprüht sie ihm Pfefferspray ins Gesicht. L gibt hinterher zu,
er habe gerade zu einer sexuellen Attacke auf sie angesetzt. – M schmeißt
nachts mit einem Stein die Fensterscheibe des Zimmers seiner früheren Freundin F ein, um sie zu ärgern. Dadurch rettet er ihr Leben, weil so aus der Wohnung Gas entweichen kann, das F getötet hätte.

14   Hier sind die Taten des § 224 I Nr. 1, 2 bzw. § 303 I objektiv durch
Notwehr bzw. gemäß § 904 BGB gerechtfertigt. Doch fehlt jeweils
der Rechtfertigungsvorsatz. Die Lösung ist streitig:

15   (1) Zur Rechtfertigung und Straflosigkeit gelangt nur, wer mit einer
kaum noch vertretenen Meinung auf dem Boden einer objektiven

§ 17. Allgemeine Fragen   139

Unrechtslehre subjektive Rechtfertigungselemente für entbehrlich hält (zuletzt LK/*Spendel*, 11. Aufl., § 32 Rn. 138 ff.).

(2) Nach der **Vollendungslösung** wird der Täter aus dem vollen- 16 deten Delikt bestraft. Dies lässt sich in der Konstruktion nachvollziehbar damit begründen, dass der Tatbestand objektiv und subjektiv real erfüllt ist und das zur vollen Rechtfertigung erforderliche subjektive Element fehlt.

LK/*Hirsch*, 11. Aufl., vor § 32 Rn. 59 ff.; *Heinrich*, AT, Rn. 326, 390 ff. Die 17 Rechtsprechung ist uneinheitlich: Vgl. einerseits für die Vollendungslösung BGHSt 2, 111, 114 f.; *BGH* NStZ 2005, 332, 334; andererseits für die Versuchslösung BGHSt 38, 145, 155 f. (vgl. *Otto*, JR 1992, 211); *KG* GA 1975, 213, 215 (vgl. auch LK/*Hillenkamp*, 12. Aufl., § 22 Rn. 199); *OLG Celle* bei *Jahn* JuS 2013, 1042 ff.; *OLG Naumburg* NStZ 2013, 718, 719.

(3) Zustimmung verdient die **Versuchslösung** der h. M. Diese 18 knüpft an den Gedanken der Kompensation des tatbestandlichen Handlungsunwerts durch den Rechtfertigungsvorsatz und des tatbestandlichen Erfolgsunwerts durch den objektiv vorliegenden Rechtfertigungssachverhalt an (vgl. Rn. 9): Wenn der Täter objektiv gerechtfertigt einen Straftatbestand erfüllt, liegt objektiv nichts Missbilligenswertes vor, so dass der zum tatbestandsmäßigen Unrecht gehörende Erfolgsunwert entfällt. Übrig bleibt nur der bloßem Versuchsunrecht entsprechende Handlungsunwert, d. h. in den beiden Beispielen der Rn. 13 die Absicht, einen anderen verletzen bzw. eine fremde Sache beschädigen zu wollen. Deshalb ist J gemäß den §§ 224 I Nr. 1, 2, 22 und M gemäß den §§ 303, 22 zu bestrafen.

Wie hier etwa *W/Beulke/Satzger*, AT, Rn. 278 f.; *Kühl*, AT, § 6 Rn. 14 ff.; 19 *Roxin*, AT I, § 14 Rn. 104 f.; LK/*Hillenkamp*, 12. Aufl., § 22 Rn. 199 f.; LK/ *Rönnau*, 12. Aufl., vor § 32 Rn. 90; *ders.*, JuS 2009, 596; *Krey/Esser*, AT, Rn. 465 ff.; *Graul*, JuS 2000, L 41 ff.; *Geppert*, Jura 1995, 105 und Jura 2007, 34. Falllösungen bei *Beulke* I, Rn. 305 ff. und III, Rn. 651 ff.; *Theile*, ZJS 2009, 548 f.; *Ernst*, ZJS 2011, 382 ff.; *Kühl/Hinderer*, Jura 2012, 488, 491 f.

Zweitens fehlt – unter der hier befürworteten Voraussetzung, dass 20 man einen zielgerichteten Rechtfertigungswillen verlangt (Rn. 12) – das subjektive Rechtfertigungselement auch dann, wenn der Täter bloß in Kenntnis der Rechtfertigungssituation, aber ohne besondere Rechtfertigungsabsicht handelt (erg. unten § 18 Rn. 103 ff.).

In der **Fallbearbeitung** ist die Problematik nach der Bejahung der objekti- 21 ven Rechtfertigungsvoraussetzungen beim subjektiven Rechtfertigungselement anzusprechen. Schließt man sich der Versuchslösung an, so scheidet

140 4. Kapitel. Die Rechtswidrigkeit

eine Bestrafung aus dem vollendeten Delikt aus. Die anschließende Versuchsprüfung muss nicht unbedingt unter einer eigenen Überschrift erfolgen und
kann in der Regel kurz ausfallen. Man muss nur noch nicht erörterte Punkte
bedenken, nämlich: Strafbarkeit des Versuchs, Schuld, ggf. Antragsdelikt, unter Umständen auch noch nicht erörterte Qualifikationsmerkmale (dann auf
jeden Fall eigenständige Prüfung).

Empfehlungen zur vertiefenden Lektüre:
Literatur: *Rönnau*, Grundwissen – Strafrecht: Subjektive Rechtfertigungselemente, JuS 2009, 594 ff.

§ 18. Notwehr

Fall 1: a) Die Sportschützin E wird nachts durch verdächtige Geräusche geweckt und stellt fest, dass ihr Laptop im Wert von etwa 1.000 € fort ist. Sie eilt
mit einem Gewehr auf den Balkon und sieht den Dieb D mit ihrem Laptop
davonlaufen. Sie ruft laut: „Halt oder ich schieße!". D rennt weiter. E gibt daraufhin einen Warnschuss ab. Als D immer noch nicht stehenbleibt und in der
Dunkelheit zu verschwinden droht, zielt E auf die Beine des D, um dessen
Flucht zu unterbinden. Sie sieht das Risiko, dass der Schuss den Oberkörper
treffen kann, und nimmt es hin. Der Schuss trifft den D mit tödlichen Folgen
in den Oberkörper. b) *1. Variante:* D erbeutet nur eine zwei Jahre alte Digitalkamera der E im Wert von etwa 100 €. c) *2. Variante:* Statt der E handelt ihr
Freund F. → Rn. 26, 43, 45, 62, 112

Fall 2: P hat in einer Gastwirtschaft maßgeblich eine Schlägerei verursacht,
an der auch A beteiligt gewesen ist. Während A und andere Beteiligte das
Lokal nicht verlassen, geht P nach Hause, kehrt aber erregt mit einem Küchenmesser zurück und bleibt draußen stehen. Als drinnen die Rückkehr
des P bekannt wird, geht A nach draußen, packt den P und fängt an, mit
Fausthieben auf ihn einzuschlagen. P, der genauso stark wie A ist, will sich
auf einen offenen Faustkampf nicht einlassen. Auch nutzt er die Möglichkeit
zum Davonlaufen nicht. P zieht sein Messer aus der Tasche und versetzt A,
um den Angriff abzuwehren, einen Stich in ein Bein (nach BGHSt 26, 143).
→ Rn. 81

Fall 3: A plant, sich an dem hinter ihm gehenden B zu rächen. Um die Ra-
cheaktion vorzubereiten, will A dem B nach einer blitzschnellen Drehung einen wuchtigen Faustschlag versetzen. Doch wehrt B den Faustschlag ab, indem er dem A mit einem Teleskoptotschläger mit voller Wucht auf den Kopf
schlägt. A kommt mit einer schweren Kopfwunde zu Fall und bleibt auf dem
Rücken liegen. Mit den Worten: „Du Schwein, Dich bring ich um!" stürzt
sich B auf den A und holt erneut zum Schlag aus. In Todesangst zieht A eine
Schusswaffe hervor, drückt ab und trifft den B aus 30 cm Entfernung tödlich.
Die – wegen seines Todes theoretische – Strafbarkeit des B ist mit zu prüfen.
→ Rn. 82

I. Grundlagen

Das Notwehrrecht beruht auf zwei Grundgedanken, nämlich dem **1** individualrechtlichen **Schutzprinzip** und dem sozialrechtlichen **Rechtsbewährungsprinzip** (h. M.). Beide „Säulen" sind zum Verständnis des § 32 sehr wichtig, weil sie einerseits die Schärfe des Notwehrrechts erklären und andererseits aus ihnen die Einschränkungen auf der Ebene der Gebotenheit abgeleitet werden. Das Schutzprinzip besagt, dass niemand eine Verletzung seiner Rechtsgüter durch einen Angreifer hinnehmen muss. Zugleich beschränkt es den Rechtfertigungsgrund auf den Schutz von Individualrechtsgütern. Das Rechtsbewährungsprinzip besagt, dass der Notwehrübende auch für den Bestand der Rechtsordnung eintritt, indem er gleichsam stellvertretend für die nicht anwesende Staatsgewalt das Recht gegen das Unrecht verteidigt.

Für die h. M. *Kühl*, JuS 1993, 178 ff.; *ders.*, AT, § 7 Rn. 6 ff.; *Roxin*, AT I, **2** § 15 Rn. 1 ff.; Sch/Sch/*Perron*, § 32 Rn. 1 f. Zu rein individualrechtlichen Interpretationen MüKo/*Erb*, § 32 Rn. 14 ff.; M/R/*Engländer*, § 32 Rn. 3 f. – Für die **Nothilfe**, also das Eingreifen eines Dritten zugunsten des Angegriffenen (unten Rn. 110 ff.), gilt nichts anderes. – Zur Konkretisierung der Grundgedanken vgl. unten Rn. 36 ff., 44 ff., 54 ff.

II. Aufbaufragen

Was das **Verhältnis zu anderen Rechtfertigungsgründen** betrifft, **3** so muss man sehen, dass das Notwehrrecht die weitestgehenden Befugnisse einräumt. Daher ist § 32 vorrangig zu prüfen, sobald die Vorschrift in irgendeiner Hinsicht einschlägig sein könnte. Greift die Notwehr ein, so erübrigt sich insbesondere ein Eingehen auf § 34, der Auffangcharakter hat (unten § 19 Rn. 3 f.). Neben § 32 kann vor allem § 127 StPO anwendbar sein (vgl. § 22 Rn. 2). Zum Vorrang der §§ 229, 230, 859 III BGB bei der Nichterfüllung zivilrechtlicher Ansprüche siehe unten Rn. 18 und § 21 Rn. 3.

4 Die **Struktur des § 32** veranschaulicht das folgende

Aufbauschema zur Notwehr (§ 32)

I. Objektive Rechtfertigungselemente
 1. Notwehrlage
  a) Angriff
  b) Gegenwärtigkeit des Angriffs
  c) Rechtswidrigkeit des Angriffs
 2. Notwehrhandlung
  a) Verteidigung nur gegen Rechtsgüter des Angreifers
  b) Erforderlichkeit der Verteidigungshandlung
   aa) Eignung
   bb) Einsatz des mildesten effektiven Mittels
 3. Gebotenheit der Notwehr (normative Einschränkungen)
  a) Krasses Missverhältnis zwischen angegriffenem Rechtsgut und Verteidigungshandlung (Sonderfall: Unfugabwehr)
  b) Angriffe von schuldlos Handelnden (Kinder, Geisteskranke, Volltrunkene) und von erkennbar Irrenden
  c) Angriffe im Rahmen von engen persönlichen (Garanten-)Beziehungen
  d) Schuldhafte Herbeiführung einer Notwehrlage (Notwehrprovokation)
II. Subjektives Rechtfertigungselement
 Verteidigungsabsicht (vgl. „um"); streitig

Ergänzende Hinweise: In der Fallbearbeitung sind, soweit die jeweilige Vorstufe zu bejahen ist, die Punkte I.1, I.2 und II immer anzusprechen, Fragen der Gebotenheit nur, wenn der Sachverhalt dazu Anlass gibt.
Speziell zur Gebotenheit (I.3): Aufgeführt sind die klassischen Fallgruppen, in denen das Notwehrrecht gewissen Schranken unterliegt. Jenseits dieser klassischen Konstellationen gibt es weitere Fallgruppen, die man bei der Gebotenheit einordnen kann (unten Rn. 90 ff.).
Für die Notwehr in Form der **Nothilfe** gilt das Schema entsprechend.

III. Notwehrlage

5 Die Notwehr setzt gemäß § 32 II einen gegenwärtigen rechtswidrigen Angriff voraus.

§ 18. Notwehr   143

1. Angriff

a) Grundlagen. Nach der allgemein üblichen **Definition** ist unter 6
einem Angriff jedes menschliche Verhalten zu verstehen, das ein
rechtlich geschütztes Individualinteresse bedroht oder verletzt.

Das Verhalten muss **Handlungsqualität** im Sinne des allgemeinen 7
Handlungsbegriffs haben, also vom Willen getragen sein (oben § 7
Rn. 8). Bei Angriffen von Tieren greift § 228 BGB ein (unten § 20
Rn. 2, 7 ff.), es sei denn, dass das Tier wie z. B. ein gehetzter Hund
von einem Menschen gesteuert wird (dann § 32).

Notwehrfähig sind grundsätzlich **alle Individualrechtsgüter.** Auf 8
einen strafrechtlichen Schutz kommt es nicht an. Immer wieder wird
verkannt, dass nicht nur Leib und Leben, die Freiheit und das Eigentum, sondern auch etwa das Hausrecht, der Besitz, die Ehre und bestimmte Ausprägungen des allgemeinen Persönlichkeitsrechts (Art. 2
I i. V. m. Art. 1 I GG) geschützt werden. Insoweit darf das „von sich"
in § 32 II 1. Var. nicht missverstanden werden; es bezieht sich auf den
Angegriffenen als Inhaber eines notwehrfähigen Rechtsguts (*Mitsch*,
JuS 2000, 851). – Ergänzende

Beispiele: Als notwehrfähige Eingriffe in das allgemeine Persönlichkeits- 9
recht kommen Beeinträchtigungen der Intimsphäre und Verletzungen des
Rechts am eigenen Bild durch unbefugtes Fotografieren in Betracht (*OLG
Düsseldorf* NJW 1994, 1971; *OLG Hamburg* BeckRS 2012, 11658 mit Bspr.
Hecker, JuS 2012, 1039 ff.; MüKo/*Erb*, § 32 Rn. 93). Geschützt wird auch die
Verletzung des Besitzes beispielsweise durch eine straflose Gebrauchsanma-
ßung. Genauso ist das werdende Leben ein notwehr- bzw. nothilfefähiges
Rechtsgut (erg. unten Rn. 100). Umstritten, aber zu bejahen ist die Notwehr-
fähigkeit des Gemeingebrauchs etwa an Parkplätzen (*Rengier*, BT II, § 23
Rn. 63a).

Nicht notwehrfähig sind **Rechtsgüter der Allgemeinheit.** In die- 10
sem Sinne gibt es keine „Staatsnothilfe". Zum Sachwalter von Allge-
meininteressen ist der Staat mit seinen Organen berufen. Daher kann
ein Privatmann gegen eine drohende Gewässerverunreinigung, gegen
eine Trunkenheitsfahrt oder gegen ein Fahren ohne Fahrerlaubnis im
Wege des § 32 nur einschreiten, wenn zugleich ein Individualinteresse
betroffen ist (vgl. *BGH* VRS 40, 104, 107; *Roxin*, AT I, § 15 Rn. 36 f.;
Sch/Sch/*Perron*, § 32 Rn. 8; *Heinrich*, AT, Rn. 344; zu § 34 vgl. unten
§ 19 Rn. 8).

Von dem Verbot der „Staatsnothilfe" ist die unproblematische Notwehr- 11
bzw. Nothilfefähigkeit solcher staatlicher Rechtsgüter zu unterscheiden, die

144   4. Kapitel. Die Rechtswidrigkeit

der juristischen Person Staat als Fiskus zustehen (wie Eigentum, Besitz, Vermögen).

12   **b) Scheinangriff.** Der Scheinangriff, d. h. ein Angriff, bei dem objektiv überhaupt kein Individualrechtsgut bedroht oder verletzt wird, ist kein Angriff. Dies gilt auch für einen untauglichen Tötungsversuch, also etwa den Fall, dass ein Täter mit einer vermeintlich geladenen Waffe auf sein Opfer schießt (h. M.). Denn die Frage des Angriffs ist objektiv unter Einbeziehung auch solcher Tatsachen zu beurteilen, die sich erst nachträglich herausstellen. Insoweit liegt der Beurteilung eine ex-post-Perspektive zugrunde. Freilich werden bei einem Scheinangriff zugunsten des (vermeintlich) Notwehr- oder Nothilfeübenden meistens die Regeln über den Erlaubnistatbestandsirrtum eingreifen (unten § 30).

Zum ersten Einstieg in diesen Irrtum eignen sich Fall 1 und Fall 2 von § 30 (mit den dortigen Lösungen in Rn. 21 bzw. 22).

13   **c) Angriff mit Scheinwaffen.** Vom Scheinangriff muss der Angriff mit Scheinwaffen unterschieden werden, bei dem Individualrechte tatsächlich beeinträchtigt werden, freilich nicht so schwer, wie es dem Anschein nach der Fall ist.

Beispiel: Der körperlich schwache T bedroht im Rahmen eines Banküberfalls alle Anwesenden mit einer ungeladenen Schusswaffe und fordert die Herausgabe von Geld. Einem zufällig anwesenden und mitbedrohten, körperlich starken Leibwächter L gelingt es, durch einen Schuss in den Arm des T die Tat zu beenden.

14   Hier liegt objektiv zwar kein Angriff auf das Leben, aber doch ein solcher auf die Willensfreiheit vor. Insoweit muss ein gegenwärtiger rechtswidriger Angriff, also die Notwehrlage, bejaht werden. Bei der anschließenden Prüfung der Notwehrhandlung gelangt man zur Frage der Erforderlichkeit der Verteidigungshandlung und insoweit zum Erforderlichkeitsmaßstab, für den nach h. M. eine ex ante-Perspektive gilt (näher unten Rn. 47 ff.).

15   **d) Angriff durch Unterlassen.** Nach der zutreffenden h. M. kann auch ein Angriff durch Unterlassen die Notwehrlage begründen. Zwar verbindet man mit einem Angriff eher eine aktive Tätigkeit, doch steht der Wortlaut der Einbeziehung des Unterlassens nicht entgegen. Auch durch Nichtstun wie das Liegen- oder Verhungernlassen können rechtlich geschützte Individualinteressen bedroht, also „angegriffen" werden. Freilich muss eine **Rechtspflicht zum Handeln**

§ 18. Notwehr   145

bestehen. Insoweit ist **umstritten**, ob eine Garantenstellung bestehen muss oder auch insbesondere die allgemeine Hilfeleistungspflicht gemäß § 323c genügt.

Beispiele: T hat O bei einem Verkehrsunfall fahrlässig schwer verletzt. Anschließend weigert sich T, eine Verschlimmerung der Leiden hinnehmend, das Unfallopfer mit seinem Pkw ins Krankenhaus zu bringen. Da andere Hilfen nicht schnell genug greifbar sind, fesselt P den T, nimmt ihm das Fahrzeug weg und fährt O ins Krankenhaus. – *Variante:* Ein vorbeikommender Autofahrer A weigert sich, die ihm allein mögliche Fahrhilfe zu leisten; P geht nun gegen A wie im Ausgangsfall beschrieben vor.
Im Ausgangsfall erfüllt T durch das Anfahren § 229 und anschließend die §§ 223, (22), 13 sowie § 323c, der zurücktritt. P verwirklicht den objektiven und subjektiven Tatbestand der §§ 239, 240 und 248b. Da T als Garant aus Ingerenz (§ 50 Rn. 70 ff.) den O durch Unterlassen angreift, ist P als Nothelfer bezüglich aller Taten gemäß § 32 gerechtfertigt.

Zur Streitfrage, ob auch § 323c eine Handlungspflicht begründet, **17** gelangt man in der Variante. Für den Angriffscharakter spricht, dass ebenfalls die A treffende allgemeine Solidaritätspflicht O vor Verletzungen schützen soll. Doch zeigt der geringe Strafrahmen des § 323c, dass die strafbewehrten, auf Erfolgsabwendung gerichteten Handlungspflichten des Garanten nicht auf eine Stufe mit der allgemeinen Hilfeleistungspflicht gestellt werden können. Gegenüber einem bloß gemäß § 323c zur Hilfeleistung Verpflichteten wäre die Zubilligung der weitreichenden Notwehrbefugnisse unangemessen. Daher kann sich P nicht auf den „scharfen" § 32 berufen. Vielmehr richtet sich seine – im konkreten Fall gegebene (vgl. § 19 Rn. 10, 46 zu Fall 2) – Rechtfertigung bezüglich der §§ 239, 240 nach dem Maßstab des § 34 und hinsichtlich des § 248b gemäß § 904 BGB.

Zur Streitfrage wie hier MüKo/*Erb*, § 32 Rn. 70; *Roxin*, AT I, § 15 Rn. 13; *Heinrich*, AT, Rn. 343; M/R/*Engländer*, § 32 Rn. 10; a. A. LK/*Rönnau/Hohn*, 12. Aufl., § 32 Rn. 101 ff.; *Krey/Esser*, AT, Rn. 476; erg. *Kühl*, AT, § 7 Rn. 29 ff. – Ganz gegen die Einbeziehung des Unterlassens *Schumann*, Dencker-FS, 2012, S. 287 ff.

In bestimmten Konstellationen, namentlich bei unbekannten **18** Schuldnern, ist es noch denkbar, in der **Nichterfüllung fälliger und einredefreier zivilrechtlicher Ansprüche** – auf Zahlung, Schadensersatz, Räumung einer Wohnung, Herausgabe einer Sache usw. – einen rechtswidrigen Angriff auf das Vermögen oder ein anderes Individualinteresse des Gläubigers zu sehen. Solche Angriffe sind aber nicht notwehrfähig. Insoweit haben die §§ 229, 230 BGB Vorrang,

146   4. Kapitel. Die Rechtswidrigkeit

die, um das staatliche Vollstreckungsmonopol zu sichern, Selbsthilfe gegenüber Schuldnern nur innerhalb im Vergleich zur Notwehr erheblich engerer Grenzen erlauben.

Roxin, AT I, § 15 Rn. 35; LK/*Rönnau/Hohn*, 12. Aufl., § 32 Rn. 86, 105; SK/*Günther*, § 32 Rn. 32; MüKo/*Erb*, § 32 Rn. 67 f.; *I. Sternberg-Lieben*, JA 1996, 131, 300; nicht überzeugend die Falllösung bei *Brodowski*, JuS 2015, 432 ff., der ein Notwehrrecht gegen auf frischer Tat ertappte, § 142 I Nr. 1 erfüllende fliehende Schuldner anerkennen will. – Zum Selbsthilferecht unten § 21.

2. Gegenwärtigkeit des Angriffs

19   Ein Angriff ist gegenwärtig, wenn er unmittelbar bevorsteht, gerade stattfindet oder noch fortdauert. Der gerade stattfindende Angriff ist unproblematisch. Im Übrigen ist zu merken:

20   a) Bezüglich des **„unmittelbaren" Bevorstehens** kann man sich im Ausgangspunkt an § 22 orientieren. Doch muss man beachten, dass die h. M., um noch eine effektive Abwehr zu ermöglichen, darüber hinausgehend die dem Versuchsbeginn unmittelbar vorgelagerte Endphase des Vorbereitungsstadiums einbezieht. Mit anderen Worten ist eine bedrohliche Lage gemeint, die unmittelbar in eine Verletzungshandlung umschlagen soll (Sch/Sch/*Perron*, § 32 Rn. 14).

21   **Beispiele** für bereits **gegenwärtige** Angriffe: Der Täter greift nach einer Schusswaffe, mit der er anschließend sein Opfer erschießen will (*BGH* NJW 1973, 255). Der Täter geht auf das Opfer zu, um es anzugreifen (BGHSt 25, 229 f.; *BGH* NJW 2013, 2133, 2134).

Für **nicht gegenwärtige** Angriffe: Die Täterin tötet den in unberechenbarer Weise immer wieder gewalttätigen Familientyrannen im Schlaf (BGHSt 48, 255, 257; vertiefend unten § 19 Rn. 18, 25). Die Täter sammeln sich gegen 23.30 Uhr, um eine halbe Stunde später ein Bordell „plattzumachen" (BGHSt 39, 133 ff.).

22   Dass § 32 die gerade erwähnten nicht gegenwärtigen Angriffe als erst künftig drohende Angriffe nicht erfasst, entspricht der h. M. Dagegen wendet sich eine Minderheitsmeinung, die einen Rechtfertigungsgrund der „Präventivnotwehr" oder „notwehrähnlichen Lage" für Fälle anerkennen will, in denen der Angriff später nicht mehr erfolgreich oder nur mit schärferen Mitteln abgewehrt werden kann. Diese Ansicht verdient keinen Beifall, weil sie entgegen dem Wortlaut die Grenze des schneidigen Notwehrrechts aufweicht. Präventives Handeln ist nur in den Grenzen des § 34 erlaubt (unten § 19 Rn. 12 ff.).

§ 18. Notwehr 147

Zum Ganzen siehe *Roxin*, AT I, § 15 Rn. 21 ff.; *Kühl*, AT, § 7 Rn. 40 ff.; *Krey/Esser*, AT, Rn. 486 ff.; LK/*Rönnau/Hohn*, 12. Aufl., § 32 Rn. 143 ff.

b) Der Angriff **dauert fort**, bis die Gefahr abgewendet oder die 23 Rechtsgutsverletzung endgültig eingetreten ist. Es muss auf die andauernde *Rechtsguts*verletzung und nicht auf die Wirkung eines vorangegangenen Angriffs abgestellt werden.

Beispiele: Wer auf ein beleidigendes „Du widerliche Sau!" mit „Du absolu- 24 ter Vollidiot!" antwortet oder eine Ohrfeige mit einer Ohrfeige erwidert, ist nicht gerechtfertigt, weil die jeweilige Rechtsgutsverletzung gleichzeitig mit dem Angriff abgeschlossen ist.
Die Fälle liegen natürlich anders, wenn das Opfer etwa während eines beleidigenden Wortschwalls bzw. im Zuge mehrerer Ohrfeigen reagiert. Typische fortdauernde Angriffe liegen ferner während der Verwirklichung von Dauerdelikten wie der §§ 123 und 239 vor.

Bei Vermögensdelikten dauert der Angriff auf das Eigentum oder 25 Vermögen bis zur Sicherung der gemachten Beute, d. h. so lange an, wie sich die Tat in dem Stadium zwischen Vollendung und Beendigung befindet (vgl. BGHSt 48, 207, 209; *Rengier*, BT I, § 2 Rn. 195). Folglich darf, wer Opfer eines Diebstahls wird und dem Täter nachsetzt, auf jeden Fall so lange Notwehr üben, wie er den Täter nicht aus dem Auge verloren hat.

Zeitlich geht es typischerweise um die Verfolgungsphase nach dem Betref- 26 fen auf frischer Tat (vgl. § 252). Im **Fall 1** liegt in allen drei Varianten eine solche Konstellation mit einem fortdauernden Angriff vor (zur weiteren Lösung Rn. 43, 45, 61, 112).

Hat der Verfolger die Spur des Täters verloren, so dürfte die Beute 27 in der Regel in ausreichender Weise gesichert, von daher die Tat beendet und folglich der Angriff auf das Eigentum nicht mehr gegenwärtig sein. Daher: Wer Stunden später dem Dieb mit der Beute zufällig wieder begegnet und diese mit Gewalt abnimmt, kann sich nicht mehr auf § 32 berufen, sondern nur noch in den Grenzen der §§ 229, 230 BGB handeln (dazu unten § 21 Rn. 15 zu Fall 1).

3. Rechtswidrigkeit des Angriffs

An einem rechtswidrigen Angriff fehlt es, wenn sich der Angreifer 28 seinerseits auf einen Rechtfertigungsgrund berufen kann. Dies steckt hinter dem Schlagwort, dass Notwehr gegen Notwehr nicht zulässig ist. Verallgemeinernd: Notwehr scheidet immer aus, wenn der An-

148   4. Kapitel. Die Rechtswidrigkeit

greifende eine Befugnis hat. Eine solche kann nicht nur das Notwehrrecht verleihen, sondern auch etwa die Einwilligung bei einer einverständlichen Schlägerei, der Aggressivnotstand des § 904 BGB bei der
Beschädigung eines fremden Gegenstandes, § 127 StPO beim Festhalten eines Straftäters oder § 229 BGB bei der Wegnahme einer Sache in
erlaubter Selbsthilfe.

Vgl. hierzu *BGH* NStZ 1990, 435; 2003, 599, 600; NStZ 2012, 144 f. – Ergänzend oben Rn. 16 f.; unten § 19 Rn. 45; § 20 Rn. 6; § 21 Rn. 1; § 22 Rn. 25.

29   Grundsätzlich rechtswidrig ist also jede nicht durch ein Eingriffs-
recht gedeckte (drohende) Rechtsgutsverletzung. Neben diesem Erfolgsunwert verlangt die h. M. in der Literatur für das Rechtswidrigkeitsmerkmal zu Recht noch ein Handlungsunrecht in der Form
eines mindestens objektiv sorgfaltswidrigen Verhaltens. Die Frage
hat kaum praktische Bedeutung. Jedenfalls darf danach von dem
Notwehrrecht nicht gegenüber einem Autofahrer Gebrauch gemacht
werden, der sich pflichtgemäß verhält, aber z. B. wegen unvorherseh-
barer Ohnmacht oder Eisglätte einen Personen- oder Sachschaden
herbeizuführen droht. Die Abwehr der von einem solchen Autofahrer ausgehenden Gefahren kann nur gemäß § 34 gerechtfertigt sein.

Dazu LK/*Rönnau/Hohn*, 12. Aufl., § 32 Rn. 109; *Krey/Esser*, AT,
Rn. 480 ff.; *Roxin*, AT I, § 15 Rn. 14 ff.; erg. *Kühl*, AT, § 7 Rn. 54 ff.

30   Im Übrigen genügt jedes Verhalten mit Angriffscharakter, das der
Rechtsordnung widerspricht. Strafbar muss das Verhalten nicht sein.
Ebenso wenig kommt es nach dem klaren Wortlaut darauf an, ob das
Verhalten schuldhaft ist (h. M.). Freilich kann das Notwehrrecht bei
Angriffen von im Sinne der §§ 19, 20, 35 schuldlos Handelnden ein-
geschränkt sein (unten Rn. 66 f.).

IV. Notwehrhandlung

1. Verteidigung nur gegen Rechtsgüter des Angreifers

31   § 32 rechtfertigt stets *nur* die Verteidigung gegen den *Angreifer*
(vgl. auch § 32 II: „Angriff"). Die rechtfertigende Wirkung des § 32
beschränkt sich also auf tatbestandsmäßige Verletzungen des Angreifers und seiner Rechtsgüter. § 32 gestattet demnach nicht Eingriffe in
Rechtsgüter unbeteiligter Dritter und der Allgemeinheit. Freilich

§ 18. Notwehr   149

können bei solchen Eingriffen andere Rechtfertigungs- oder auch Entschuldigungsgründe eingreifen (siehe nur *Kühl*, AT, § 7 Rn. 84).

Beispiele: (1) Wer in einem Gasthaus angegriffen wird und sich mit einem **32** Bierkrug verteidigt, kann bezüglich der §§ 223, 224 I Nr. 2 gemäß § 32 gerechtfertigt sein. Hinsichtlich der etwaigen Zerstörung des fremden Bierkrugs (§ 303 I) muss § 32 angesprochen, aber abgelehnt werden. Doch greift als Rechtfertigungsgrund § 904 BGB ein (vgl. unten § 20 Rn. 4 ff.).
(2) Die § 316 erfüllende Trunkenheitsfahrt eines Nothelfers, der einem eingesperrten Opfer zur Seite stehen möchte, stellt keine erlaubte Notwehrhandlung dar. Es kommt nur eine Rechtfertigung gemäß § 34 in Betracht (vgl. unten § 19 Rn. 29 f., 45).

Hiermit stimmt die Rechtsprechung grundsätzlich überein. Sie hält **32a** es aber – entgegen der überzeugenderen h. M. (etwa MüKo/*Erb*, § 32 Rn. 123) – für möglich, dass § 32 ausnahmsweise auch Eingriffe in Universalrechtsgüter rechtfertigt, wenn deren Verletzung „untrennbar" mit einer im Sinne des § 32 erforderlichen Verteidigung verbunden ist (*BGH* NJW 2013, 2133, 2136).

Beispiel: So soll die § 315b I Nr. 3 erfüllende (*Rengier*, BT II, § 45 Rn. 3, 23 ff.) und die Sicherheit des Straßenverkehrs beeinträchtigende bewusste Zweckentfremdung eines Fahrzeugs gemäß § 32 gerechtfertigt sein, wenn sich der Täter mit dieser Tat gegen einen Überfall in berechtigter Notwehr verteidigt (*BGH* NJW 2013, 2133, 2136). – Die Argumentation des *BGH* mit dem Gedanken der „Untrennbarkeit" verdient keine Zustimmung. Eher bietet es sich an, entsprechend der Einwilligungsproblematik bei § 315c (*Rengier*, BT II, § 44 Rn. 18 ff.) die Rechtfertigung durch § 32 auf den (Individual-)Gefährdungsteil zu beschränken und von daher § 315b I Nr. 3 zu verneinen (*Mitsch*, JuS 2014, 596). Lehnt man dies ab, kann zugunsten des Täters nur § 34 eingreifen (*Engländer*, HRRS 2013, 393; *Brüning*, ZJS 2013, 517).

2. Erforderlichkeit der Verteidigungshandlung

a) Eignung. Zur Erforderlichkeit gehört zunächst die Eignung der **33** Abwehrhandlung. Geeignet sind auf jeden Fall alle Verteidigungshandlungen, die den Angriff sofort und endgültig beenden können. Angesichts der besonderen Notwehrsituation ist aber auch die Anwendung schwächerer Mittel geeignet, wenn die ergriffene Maßnahme zumindest eine Abschwächung, Verzögerung oder Erschwerung des Angriffs erwarten lässt.

Beispiele: Eine von mehreren Männern vergewaltigte Frau kann sich mit **34** Beißen und Kratzen wehren. Entsprechendes gilt für ein körperlich unterlegenes Opfer, das sich in ähnlich „hilfloser" Weise gegen übermächtige Angreifer

150   4. Kapitel. Die Rechtswidrigkeit

verteidigt. Wer von mehreren Personen zusammengeschlagen wird, darf sich mit Messerstichen wehren, auch wenn er damit höchstens einen Angreifer außer Gefecht setzen kann. – Siehe hierzu Sch/Sch/*Perron*, § 32 Rn. 35; *Kühl*, AT, § 7 Rn. 94 ff.

35   Völlig ungeeignete Notwehrhandlungen kommen kaum vor. Ein solcher Fall läge z. B. vor, wenn bei Maßnahmen gegen einen passiv bleibenden, durch Unterlassen angreifenden Täter (vgl. Rn. 15 ff.) diesem z. B. durch eine Freiheitsberaubung oder Körperverletzung die Möglichkeit zum Eingreifen genommen würde.

In der **Fallbearbeitung** ist die Eignung in der Regel unproblematisch und muss daher selten thematisiert werden.

36   **b) Einsatz des mildesten effektiven Mittels.** Nach der üblichen Definition ist die Verteidigungshandlung erforderlich, die auf die schonendste Weise mit dem mildesten zur Verfügung stehenden Mittel den Angriff effektiv und endgültig abwehren kann, wobei sich der Angegriffene nicht auf das Risiko einer ungenügenden Abwehrhandlung einzulassen braucht. Bei diesem Erforderlichkeitselement handelt es sich um das zentrale Notwehrmerkmal, das das maximal Erlaubte umschreibt. – Siehe auch hilfreich zusammenfassend *BGH* NStZ 2006, 152, 153:

37   „Ob die Verteidigungshandlung ... erforderlich ist, hängt im Wesentlichen von Art und Maß des Angriffs ab. Dabei darf sich der Angegriffene grundsätzlich des Abwehrmittels bedienen, das er zur Hand hat und das eine sofortige und endgültige Beseitigung der Gefahr erwarten lässt. Das schließt auch den Einsatz lebensgefährlicher Mittel ein; ... der Angegriffene (ist) nicht genötigt, auf die Anwendung weniger gefährlicher Verteidigungsmittel zurückzugreifen, wenn deren Wirkung für die Abwehr zweifelhaft ist. Auf einen Kampf mit ungewissem Ausgang braucht er sich nicht einzulassen." – Ergänzend *BGH* NStZ 2005, 31.

38   Die vorstehenden Leitlinien ergeben sich aus dem (Individual-) Schutzprinzip in Verbindung mit der anderen Säule des Notwehrrechts, dem Rechtsbewährungsprinzip (dazu Rn. 1). Daraus folgt die „Schneidigkeit" des Notwehrrechts: Insbesondere findet keine Verhältnismäßigkeitsprüfung oder Güterabwägung statt. Deshalb kann § 32 unter Umständen sogar die Tötung eines fliehenden Diebes rechtfertigen (erg. Rn. 44 ff., 60 ff.). Ferner gehört bei der Notwehr eine – aus der Sicht der Rechtsordnung – „schimpfliche" Flucht oder das Nutzen anderer Ausweichmöglichkeiten grundsätzlich nicht zu den milderen Mitteln. Denn das Recht bewährt sich nicht da-

§ 18. Notwehr   151

durch, dass es den Angegriffenen zum Davonlaufen verpflichtet, sondern indem es ihm erlaubt, den Angriff im Wege sog. Trutzwehr niederzuschlagen. Dies kommt in dem Satz zum Ausdruck: „Das Recht braucht dem Unrecht nicht zu weichen."

Beachte: Der Grundsatz, dass Flucht und Ausweichen nicht zu den milderen Mitteln zählen, ist in den Fällen fehlender Gebotenheit eingeschränkt (Rn. 55). Auch bei § 34 und § 35, die auf ganz anderen Gründen als die Notwehr beruhen, stellt die Ausweichmöglichkeit ein milderes Mittel dar. **39**

Das schonendste von mehreren zur Verfügung stehenden Mitteln ist dasjenige, das die Rechtsgüter des Angreifers am geringsten verletzt oder gefährdet. Dazu gehört auch die Wahl der mildest möglichen Zielrichtung der Abwehrhandlung. Konkretisierend bedeutet dies: **40**

Beim **Gebrauch von gefährlichen Waffen** wie namentlich von Schusswaffen und Messern ist ihr Einsatz grundsätzlich vorher anzudrohen, weil die Androhung erfahrungsgemäß abschreckende Wirkung hat. Freilich muss die Tatsituation die Androhung zulassen, und das heißt: Der Angegriffene braucht weder das Risiko von (weiteren) Rechtsverletzungen noch eine Schwächung seiner Verteidigungssituation noch gar eigene Rechtsverletzungen hinzunehmen. Nach dem etwaigen Fehlschlag der Drohung muss noch genügend Zeit zur Abwendung des Angriffs mittels des effektiven tatsächlichen Waffeneinsatzes bleiben. Speziell bei Schusswaffen *kann* dies – muss aber nicht – ein dreistufiges Vorgehen erfordern: (1) Warnruf, (2) Warnschuss, bevor (3) tatsächlich geschossen werden darf. **41**

Im Fall *BGH* NStZ-RR 2011, 238 (mit Bspr. *Hecker*, JuS 2011, 369 ff.) nahm der später Geschädigte das 30 cm lange Küchenmesser nicht wahr, das der Täter ergriffen und dessen Einsatz er mit schwingenden Bewegungen zuvor konkludent angedroht hatte; der *BGH* betont, dass die mangelnde Wahrnehmung des Messers an der Androhung nichts ändere. Zu einem – auf der Ebene des Erlaubnistatbestandsirrtums liegenden – Fall mit erlaubtem sofortigen Schusswaffeneinsatz des (vermeintlich) Angegriffenen siehe *BGH* NStZ 2012, 272, 273 f. (erg. § 30 Rn. 26). Zu einer Konstellation ohne erforderliche Androhung eines Messereinsatzes *BGH* NStZ-RR 2013, 105 ff. (erg. Rn. 49).

Weiter: Genügt ein Schuss zur Abwehr, darf nicht zweimal geschossen werden. Generell muss bei Schüssen die mildest mögliche Schussrichtung gewählt werden. Um einen fliehenden Dieb oder Räuber zu stoppen, genügen Schüsse, die auf die Beine – und nicht auf den Oberkörper – zielen. Reicht bei einem Kampf zur Abwehr **42**

152   4. Kapitel. Die Rechtswidrigkeit

des Angreifers ein Messerstich in das Bein aus, so handelt der Verteidiger rechtswidrig, wenn er in die Bauchgegend sticht. Wer den Angriff auch auf Grund besonderer körperlicher Stärken und Fähigkeiten ohne gefährliche(re)n Waffeneinsatz endgültig stoppen kann, darf
Waffen nicht einsetzen.

43   Im **Fall 1a/b** steht ein milderes effektives Mittel als der Schusswaffeneinsatz
nicht zur Verfügung. Den tatsächlichen Schuss hat die E zuvor gleichsam
schulmäßig im Sinne des Drei-Stufen-Schemas angekündigt. Sie hat auch die
mildest mögliche Schussrichtung gewählt (zum Fall ferner in Rn. 26, 45, 62,
112). – **Beachte:** Wenn etwa D so schnell davongelaufen wäre, dass er nach
einem Warnruf infolge des mit einem Warnschuss verbundenen Zeitverlustes
längst in der Dunkelheit verschwunden gewesen wäre, entfiele die Erforderlichkeit eines Warnschusses.

      Zum Vorstehenden siehe BGHSt 26, 256, 257; *BGH* NJW 2001, 3200;
NStZ 1994, 581; 2004, 615, 616; 2005, 31; 2005, 85, 86 f.; 2006, 152, 153 f.;
2012, 272, 274; 2015, 151, 152; NStZ-RR 2013, 105, 106; 2013, 139, 140.

44   **c) Verteidigungshandlung.** Abzustellen ist immer auf die Erforderlichkeit der Verteidigungshandlung. Unbeabsichtigte und für die
Beseitigung des Angriffs nicht erforderliche Folgen einer erlaubt riskanten Abwehrhandlung, die sich aus der typischen Gefährlichkeit
des Abwehrmittels ergeben, lassen die Rechtfertigung der Tat unberührt (vgl. *BGH* StV 1999, 143, 145; NStZ 2005, 31, 32).

45   **Beispiele:** Wenn, wie im **Fall 1a/b,** ein erforderlicher, auf die Beine des fliehenden Diebes zielender Schuss mit Eventualvorsatz tödlich den Oberkörper
trifft, so ist dieser Todeserfolg für die erfolgreiche Abwehr eigentlich nicht erforderlich; doch rechtfertigt § 32 den Totschlag (der E) gemäß § 212 I, weil der
tödliche Ausgang mit der erlaubten Gefährlichkeit des Abwehrmittels verbunden war (zum Fall ferner in Rn. 26, 43, 62, 112).

46   Würde im Fall 1a die E ohne Tötungsvorsatz handeln, so wäre § 227 anzusprechen, aber zu verneinen, weil sie das Grunddelikt (§ 223) nicht rechtswidrig verwirklicht hat. Bezüglich § 222 muss gesagt werden, dass der tödliche
Ausgang des tatbestandsmäßigen – weil generell betrachtet pflichtwidrigen –
Handelns die Folge einer erforderlichen Verteidigungshandlung und daher
ebenfalls gemäß § 32 gerechtfertigt ist (erg. unten § 52 Rn. 73 ff.).

47   **d) Erforderlichkeitsmaßstab.** Während das Vorliegen eines Angriffs objektiv aus der ex post-Perspektive beurteilt wird (Rn. 12), ist
bei einer gegebenen Notwehrlage das Maß der erforderlichen Abwehr
nach der zutreffenden h. M. weniger streng aus der ex ante-Perspektive zu bestimmen, und zwar nach dem objektiven Urteil eines besonnenen Drittbeobachters, der über ein etwaiges Sonderwissen des An-

§ 18. Notwehr   153

gegriffenen verfügt. Demnach fließen unerkennbare, erst nachträglich bekannt werdende Umstände nicht in das Erforderlichkeitsurteil ein. Dem tatsächlich Angegriffenen kann nicht mehr Zurückhaltung zugemutet werden, als ein umsichtiger Rechtsgenosse zu leisten im Stande ist. Objektiv unvermeidbare Irrtümer über die Notwendigkeit einer Abwehrmaßnahme gehen damit zu Lasten des Angreifers.

Dazu *BGH* NStZ-RR 2013, 105, 106; 2013, 139, 140; LK/*Rönnau/Hohn*, 12. Aufl., § 32 Rn. 180; MüKo/*Erb*, § 32 Rn. 130 ff.; *Roxin*, AT I, § 15 Rn. 46; *W/Beulke/Satzger*, AT, Rn. 337 f.; *Schröder*, JuS 2000, 239 ff. – Zur Gegenmeinung, die auch hier nachträglich bekannt werdende Umstände einbeziehen will, siehe *Kühl*, AT, § 7 Rn. 107; Sch/Sch/*Perron*, § 32 Rn. 34.

Beispiele: (1) Bedeutung erlangt diese Verteidigerperspektive vor allem im **48** Rahmen von Banküberfällen oder Geiselnahmen, bei denen durch die Verwendung von Schusswaffenattrappen eine besondere Gefährlichkeit vorgetäuscht wird. Hier darf der – tatsächlich bloß in seiner Willens- und/oder Fortbewegungsfreiheit angegriffene – besonnene Verteidiger entsprechend dem erweckten Anschein ohne Verschulden von einer geladenen Schusswaffe ausgehen und danach die Effektivität seiner Abwehrhandlungen beurteilen, ggf. also den Angreifer auch töten.

Folglich agiert im Beispiel von Rn. 13 der L im Rahmen des Erforderlichen, wenn er auf T schießt. Dagegen wäre nach der Gegenmeinung und ihrer ex post-Perspektive der Schuss wegen der körperlichen Überlegenheit des L zwar nicht erforderlich, doch bliebe L ebenfalls straflos, da er einem die Bestrafung aus dem Vorsatzdelikt ausschließenden Erlaubnistatbestandsirrtum unterläge (unten § 30) und ihm fahrlässiges Handeln nicht vorgeworfen werden könnte.

(2) Wenn zwei Täter den ersten von zwei Gegnern durch Schläge und Tritte **49** schwer verletzt und außer Gefecht gesetzt haben, kann der angegriffene zweite Gegner davon ausgehen, dass ihm Gleiches droht (*BGH* NStZ-RR 2013, 105, 106).

e) Vorrang insbesondere staatlicher Hilfe. Steht effektive staatli- **50** che Hilfe zur Verfügung, so ist die Notwehr gegenüber dem staatlichen Schutz subsidiär und folglich nicht erforderlich. Das folgt aus dem staatlichen Gewaltmonopol und gilt für alle Rechtfertigungsgründe mit einem Erforderlichkeitskriterium. Freilich hat dieser Aspekt bei der Notwehr angesichts der Notwendigkeit eines gegenwärtigen Angriffs nur geringe Bedeutung. Soweit aber insbesondere effektive polizeiliche Hilfe präsent ist oder ohne besonderes Risiko herbeigerufen werden kann, darf sich der Angegriffene nicht selbst verteidigen (vgl. *BGH* VRS 30, 281, 282; *OLG Düsseldorf* NJW 1994, 1971, 1972).

154   4. Kapitel. Die Rechtswidrigkeit

51   Inwieweit ein derartiger Vorrang für effektive **private Hilfe** entsprechend gilt, ist umstritten. Auf jeden Fall muss eine solche Hilfe dann in Anspruch genommen werden, wenn sie dem Angegriffenen ausdrücklich oder konkludent angeboten wurde.

Beispiel: Der Angriff kann mit einem im vorstehenden Sinn präsenten Helfer ohne gefährlicheren Waffeneinsatz abgewehrt werden (Sch/Sch/*Perron*, § 32 Rn. 41; MüKo/*Erb*, § 32 Rn. 143 ff.).

3. Antizipierte Notwehr

52   Von einer antizipierten Notwehr spricht man, wenn der (später) Angegriffene versucht, sich und sein Eigentum durch **automatische Verteidigungsanlagen** zu schützen (z. B. frei herumlaufende gefährliche Hunde, Fußangeln, Fallen, Starkstromkontakte, Selbstschussanlagen). Wer sich solcher Schutzvorrichtungen bedient, trägt grundsätzlich das Risiko des Fehlschlagens. Trifft die Anlage tatsächlich einen Angreifer, so handelt es sich nicht um eine Präventivnotwehr (vgl. Rn. 22), sondern um die Abwehr eines gegenwärtigen Angriffs, weil die Anlage erst zum Angriffszeitpunkt wirkt. § 32 greift unter der Voraussetzung ein, dass die sonstigen Notwehrvoraussetzungen vorliegen. Man prüft dies, indem man überlegt, ob das, was die Verteidigungsvorrichtung ohne menschliche Steuerung macht, erforderlich und geboten wäre, wenn statt der Anlage der Angegriffene agieren würde.

53   Unabhängig davon bleibt zu bedenken, dass bei einer Verletzung des Angreifers durch die Verteidigungsanlage bereits die objektive Zurechnung entfallen kann. So gibt es Schutzvorkehrungen, die sozialadäquat sind und folglich schon kein unerlaubtes Risiko schaffen (z. B. hohe Mauer, Zaun mit spitzen Stäben oder Stacheldraht, angeleinter Hund). Ferner kommt eine zurechnungsausschließende eigenverantwortliche Selbstgefährdung in Betracht, sofern der verletzte Angreifer die Risiken etwa infolge von Warnhinweisen erkannt hat.

Näher *Heinrich*, ZIS 2010, 183 ff., 192 ff.; *Roxin*, AT I, § 15 Rn. 51 ff.; MüKo/*Erb*, § 32 Rn. 115, 173 ff.; *Kudlich*, Fälle AT, S. 53 ff.; erg. oben § 13 Rn. 51 ff., 77 ff.

§ 18. Notwehr   155

V. Gebotenheit der Notwehr

1. Grundlagen

Das rigorose Notwehrrecht bedarf in gewissen Fällen normativer 54
Einschränkungen. Dies betrifft insbesondere die anschließend erörterten vier klassischen Fallgruppen. Man spricht auch von den sozialethischen Schranken oder der Schranke des Rechtsmissbrauchs.
Ableiten lassen sich die Restriktionen insbesondere aus dem Rechtsbewährungsprinzip, teilweise auch aus dem Schutzprinzip. Den gesetzlichen Anknüpfungspunkt liefert das Wort „geboten" in § 32 I.

In der **Fallbearbeitung** ist insbesondere darauf zu achten, die Fragen der 55
Erforderlichkeit und Gebotenheit klar zu trennen und etwaige Fragen der Gebotenheit erst im Anschluss an die Notwehrlage und Notwehrhandlung zu erörtern. Bei der Gebotenheit müssen zunächst die Voraussetzungen der Fallgruppe festgestellt werden, bevor man zu den sich daraus ergebenden
Konsequenzen gelangt. – Falllösungen auch zu Fragen der Gebotenheit bei
Dreher, JA 2005, 789 ff.; *Morgenstern*, JuS 2006, 254 f.; *Brüning*, JuS 2007,
255 ff.

Die Einschränkung des Notwehrrechts auf Grund der Gebotenheit 56
liegt typischerweise darin, dass der Angegriffene nicht gleich zur normalerweise erlaubten sog. Trutzwehr, also zu einer aggressiven aktiven Gegenwehr greifen darf, sondern zurückhaltender in **drei Stufen**
vorgehen muss: Auf der ersten Stufe sind alle Flucht- und Ausweichmöglichkeiten auszuschöpfen. Auf der zweiten Stufe muss sich der
Angegriffene bis zur Zumutbarkeitsgrenze auf hinhaltende Schutzwehr beschränken, evtl. auch gewisse Risiken und Beeinträchtigungen hinnehmen, bevor er schließlich zur scharfen Trutzwehr übergehen darf. Unter Umständen kann sogar das Notwehrrecht völlig
ausgeschlossen sein.

Siehe BGHSt 26, 143, 145 f.; 42, 97, 100; *BGH* NStZ 1988, 450 f.; 1989, 113,
114; StV 1996, 87, 88; 2006, 234 mit Anm. *Roxin*.

2. Die vier klassischen Fallgruppen

a) Krasses Missverhältnis zwischen angegriffenem Rechtsgut 57
und Verteidigungshandlung. Als Schulfall dient das folgende

Beispiel: Der gelähmte Bauer B sieht sich mit einem fliehenden oder sitzend
im Baum essenden Obstdieb konfrontiert. Fremde Hilfe steht nicht zur Ver-

156   4. Kapitel. Die Rechtswidrigkeit

fügung. Warnrufe und Warnschüsse verhallen ungehört. In dieser Situation schießt er auf die Beine des Diebes.

58   Da die Notwehrlage und die Erforderlichkeit der Verteidigungshandlung zu bejahen sind, kann nur die Gebotenheit fraglich sein. Diese fehlt in einem solchen klaren Fall eines „krassen" oder auch „unerträglichen" Missverhältnisses. Es geht dabei keineswegs um eine Verhältnismäßigkeitsabwägung, sondern um Fälle „völliger Disproportionalität" (MüKo/*Erb*, § 32 Rn. 215). Eine solche darf man nicht schon allein in dem Missverhältnis zwischen Sach- und Personenwerten sehen (erg. oben Rn. 38 und unten Rn. 60). Vielmehr hat man das absolute Missverhältnis zwischen einer geringfügigen Eigentumsverletzung und dem Leib und Leben gefährdenden schweren Gegenangriff vor Augen. Das Recht bewährt sich nicht, wenn es, salopp formuliert, erlaubt, mit Kanonen auf Spatzen zu schießen. Daher verlangt die Rechtsordnung in solchen Fällen vom Angegriffenen, von seinem Notwehrrecht keinen Gebrauch (mehr) zu machen, falls alle Abwehrmöglichkeiten unterhalb der Missverhältnisgrenze versagen.

59   Wo die Wertgrenze in derartigen Konstellationen liegt, ist ungeklärt. Dass sie eher niedrig ist, deuten Stimmen an, die auf die Geringfügigkeitsgrenze der §§ 243 II, 248a, also in der Tendenz auf etwa 50 Euro, als Orientierungsmaßstab verweisen (MüKo/*Erb*, § 32 Rn. 218; *Roxin*, AT I, § 15 Rn. 91). *BGH* NJW 2003, 1955, 1957 hat jedenfalls in einer zur Rettung von etwa 2.500 Euro erforderlichen Tötung zu Recht keinen einschlägigen „Bagatellfall" gesehen. Die Wertgrenze darf nicht zu hoch angesetzt werden, da dies mehr oder weniger auf einen mit dem Rechtsbewährungsprinzip nicht vereinbaren Freibrief für Diebe hinauslaufen würde. Bei der Grenzbestimmung können auch die Umstände des Einzelfalles unter Einbeziehung der individuellen Vermögensverhältnisse des Betroffenen von Bedeutung sein. Im Ergebnis kann man sich an einer Wertgrenze orientieren, die im Normalfall eher bei 100–200 Euro als bei 500 Euro liegt (vgl. auch *Krey/Esser*, AT, Rn. 548 mit Fn. 186; *Murmann*, GK, § 25 Rn. 68, 98).

60   Mit der Problematik des krassen Missverhältnisses ist oft die Frage verknüpft, ob **Art. 2 EMRK**, wie man aus dessen Abs. 2a ableiten könnte, generell eine **Tötung zur Rettung von Sachwerten** unabhängig von deren Wert verbietet. Rechtsprechung und h. M. verneinen dies zu Recht. Der Anwendung des Art. 2 EMRK steht entgegen,

§ 18. Notwehr   157

dass sich diese Vorschrift nach ihrem Sinn und Wortlaut (vgl. „Vollstreckung eines Todesurteils", „Aufruhr ... niederzuschlagen") allein an Hoheitsträger richtet und nicht das Verhältnis der Staatsbürger untereinander regelt.

In der **Fallbearbeitung** ist ggf. die Frage des Art. 2 EMRK kurz aufzugreifen. Im Aufbau empfiehlt es sich, das Problem bei der Gebotenheit zu verorten und anzusprechen, bevor man eventuell noch das krasse Missverhältnis thematisieren muss (Falllösungen bei *Beulke* I, Rn. 227 ff.; *Käßner/Seibert*, JuS 2006, 814 f., die freilich bei einem Schaden von 500 Euro das krasse Missverhältnis noch nicht einmal ansprechen). – Näher zu Art. 2 EMRK LK/*Rönnau/Hohn*, 12. Aufl., § 32 Rn. 235 ff.; Sch/Sch/*Perron*, § 32 Rn. 62; *Heinrich*, AT, Rn. 365 ff.; *Satzger*, Jura 2009, 762 f.   **61**

Im **Fall 1a** ist also bei der Gebotenheit zunächst festzustellen, dass Art. 2 EMRK das Notwehrrecht bei einer Tötung zur Rettung von Sachwerten nicht einschränkt. Anschließend gelangt man zur Frage eines krassen Missverhältnisses, das bei einem Laptop im Wert von 1.000 Euro nicht vorliegt (zum Fall ferner in Rn. 26, 43, 45, 112).   **62**

Auch im **Fall 1b** geht man zunächst auf Art. 2 EMRK ein. Danach wendet man sich dem Aspekt des krassen Missverhältnisses zu. Im Ergebnis kann man die Notwehr angesichts des geringen Wertes von 100 Euro an der fehlenden Gebotenheit scheitern lassen (a. A. durchaus vertretbar).

Ähnlicher Fall bei *Walter/Schwabenbauer*, JA 2014, 103, 107 ff.

Konstellationen mit einem krassen Missverhältnis kommen typischerweise, aber nicht nur im Bereich von geringfügigen Eigentumsverletzungen vor. Der Bagatellangriff kann sich auch gegen andere Individualrechtsgüter richten, die in der Tatsituation ein besonders geringes Gewicht haben.   **63**

Beispiele: Es ist nicht „geboten", einen Fußgänger, der eine Parklücke reserviert und dadurch das Recht eines anderen auf Gemeingebrauch verletzt, mit dem einfahrbereiten Pkw anzufahren und wegzudrängen (näher *Rengier*, BT II, § 23 Rn. 63a). Wer unter Verletzung des § 123 ein fremdes Grundstück durchquert, den darf der Eigentümer bei der Abwehr des Angriffs auf sein Hausrecht nicht schweren Gesundheits- oder Lebensgefahren aussetzen (LK/*Rönnau/Hohn*, 12. Aufl., § 32 Rn. 233). Kein krasses Missverhältnis liegt vor, wenn der Käufer einer Wurst einen Hund erschlagen muss, um sie vor dem vom Eigentümer gehetzten Tier zu retten (näher unten § 20 Rn. 11 zu Fall 2).   **64**

Ferner wird im Zusammenhang mit dem krassen Missverhältnis immer wieder die **„Unfugabwehr"** genannt. Es geht um Bagatellangriffe, die im Umfeld von noch sozial üblichen Belästigungen liegen (Körperberührungen beim Drängeln, Anleuchten mit der Taschen-   **65**

158   4. Kapitel. Die Rechtswidrigkeit

lampe, lautes Telefonieren). In solchen Fällen fehlt bereits ein rechtswidriger Angriff, soweit es bloß um Belästigungen geht, die sich noch im Rahmen des sozial Üblichen bewegen. Ansonsten hat man es mit besonders klaren Fällen eines krassen Missverhältnisses zu tun.

Dazu MüKo/*Erb*, § 32 Rn. 87, 215; LK/*Rönnau/Hohn*, 12. Aufl., § 32 Rn. 230 f.; *Kühl*, AT, § 7 Rn. 187 ff.; *Otto*, AT, § 8 Rn. 73.

65a   **Abschließendes Beispiel** (nach *AG Erfurt* NStZ 2014, 160): Auf der Tanzfläche einer Diskothek setzt Raucher R, nachdem O ihn vergeblich zur Einhaltung des Rauchverbots aufgefordert hat, dazu an, O aus einer Entfernung von unter einem Meter Zigarettenqualm mit spürbar feuchter, d. h. mit Spuckepartikeln versetzter Atemluft ins Gesicht zu blasen. Um die Attacke zu stoppen, wirft die körperlich unterlegene O ein Glas in Richtung des R und trifft ihn oberhalb des rechten Auges mit der Folge einer Beule. – Die Tat der O gemäß § 224 I Nr. 2 könnte nach § 32 gerechtfertigt sein: Von R geht ein gegenwärtiger Angriff auf die körperliche Unversehrtheit der O aus (erg. Rn. 8 f., 65), auch wenn die Bagatellschwellen des § 223 I nicht überschritten werden (dazu *Rengier*, BT II, § 13 Rn. 9, 12); zudem mag der Angriff beleidigenden Charakter haben. Die Verteidigungshandlung der O ist auch erforderlich. Doch wird man auf der Ebene der Gebotenheit wegen des hohen Gefährdungspotentials des Glaswurfes (eher) ein das Notwehrrecht ausschließendes krasses Missverhältnis anzunehmen haben (vgl. SSW/*Rosenau*, § 32 Rn. 35). – Vgl. auch die berechtigte Kritik von *Jahn*, JuS 2014, 176 ff. und *Jäger*, JA 2014, 472 ff. an *AG Erfurt* NStZ 2014, 160; erg. die Falllösung bei *Reinhardt*, ZJS 2014, 493, 495 ff., der bei einer heftigen Ohrfeige als Reaktion auf einen vergleichbaren Angriff die Gebotenheit unproblematisch bejaht.

66   **b) Angriffe von schuldlos Handelnden (Kinder, Geisteskranke, Volltrunkene) und von erkennbar Irrenden.** Die Einschränkung des Notwehrrechts in dieser Fallgruppe lässt sich besonders gut erklären. Wenn das Recht gegenüber Angriffen von schuldlos Handelnden Nachsicht übt (vgl. §§ 19, 20, 35), dann bedarf es zur Rechtsbewährung keines „schneidigen" Notwehrrechts, um solche Angreifer in ihre Schranken zu verweisen. Vielmehr gebietet es dann die Rechtsordnung, einem Angriff etwa von einem Kind überhaupt nicht oder jedenfalls nicht mit der vollen Schärfe des Notwehrrechts entgegenzutreten. Der Sinn des defensiven dreistufigen Vorgehens des Angegriffenen (Rn. 56) lässt sich am Beispiel des Kindes besonders gut verstehen.

67   Wo freilich keine Ausweichmöglichkeit (mehr) besteht und die zumutbaren Schutzmöglichkeiten ausgeschöpft sind, darf nach den normalen Notwehrregeln zur Trutzwehr bis hin zur ggf. erforderlichen Tötung des schuldlos handelnden Angreifers übergegangen werden.

Beispiele: Man denke an gefährliche körperliche Attacken von Volltrunkenen und Geisteskranken, insbesondere in Räumlichkeiten, die man nicht verlassen kann.

c) Angriffe im Rahmen von engen persönlichen (Garanten-)Beziehungen. Es handelt sich um eine durchaus problematische und daher auch umstrittene Fallgruppe, die hauptsächlich das Notwehrrecht unter Ehegatten und im Eltern-Kind-Verhältnis betrifft. Vor dem Hintergrund der Entscheidung BGHSt 48, 301 muss zunächst bedacht werden, ob die Beziehung noch so intakt ist, dass überhaupt eine Garantenstellung fortbesteht (vgl. unten § 50 Rn. 19 ff.). Ist dies der Fall, so leitet die h. M. aus der Beschützergarantenstellung ein gewisses Solidaritätsverhältnis zum Angreifer ab, das zu einer vorsichtigen Einschränkung des § 32 führt, die über den natürlich auch unter Eheleuten geltenden Gedanken des krassen Missverhältnisses hinausgeht.

Im typischen Fall geht es um die Grenzen der Notwehr einer unter Umständen wiederholt von ihrem Mann geschlagenen Frau. Als Einschränkungen kommen das Ausweichen und bei vereinzelt bleibenden Entgleisungen die Hinnahme leichter Verletzungen in Betracht. Keinesfalls muss die Ehefrau die Gefahr von schwerwiegenden Körperverletzungen hinnehmen. In schweren Attacken kann man auch ein Verhalten sehen, mit dem der Ehepartner die aus dem Solidaritätsverhältnis fließenden Bindungen beseitigt.

Beispiele: Aus der Perspektive der h. M. muss eine Ehefrau vor ehrverletzenden und körperlichen Attacken ihres Mannes möglichst ausweichen. Was sie in vereinzelten Fällen körperlich zu ertragen hat, wenn Ausweich- oder Aussperrmöglichkeiten nicht bestehen, hängt davon ab, wie man die leichte(re) Körperverletzung definiert. Die Hinnahmepflicht im Einzelfall darf aber nicht zu einem Freibrief für körperliche Misshandlungen führen, wenn solche sich wiederholen und immer wieder erduldet werden.

Zur uneinheitlichen Rechtsprechung vgl. *BGH* NJW 1984, 986 mit Anm. *Loos*, JuS 1985, 859 ff.; *BGH* NStZ-RR 2002, 203 mit Anm. *Walther*, JZ 2003, 52 ff. – Zur Linie der h. M. siehe *Roxin*, AT I, § 15 Rn. 93 ff.; *Kühl*, AT, § 7 Rn. 198 ff.; *Heinrich*, AT, Rn. 381; MüKo/*Erb*, § 32 Rn. 219 ff.; LK/*Rönnau/Hohn*, 12. Aufl., § 32 Rn. 238 ff. – Zur Gegenmeinung, die jede besondere Einschränkung ablehnt, *Zieschang*, Jura 2003, 527 ff.; *Kaspar*, AT, Rn. 289 ff.; *Knauer*, Jura 2014, 257 ff. mit Falllösung.

d) Schuldhafte Provokation der Notwehrlage. Innerhalb der Provokationsfälle empfiehlt es sich, die praktisch seltene, doch recht umstrittene Absichtsprovokation auszusondern (unten Rn. 84 ff.) und

160   4. Kapitel. Die Rechtswidrigkeit

von der wichtigen sonst schuldhaften Provokation zu unterscheiden
(*Kühl*, AT, § 7 Rn. 228 ff.).

73   Was letztere betrifft, so verdient die Feststellung ihrer Voraussetzungen besondere Aufmerksamkeit. Allgemein gesprochen muss
zwischen dem provozierenden Vorverhalten und dem dadurch ausgelösten Angriffsverhalten ein **Zurechnungszusammenhang** oder
auch „Provokationszusammenhang" (so *Zaczyk*, JuS 2004, 754) bestehen, in dem die Mitverantwortung des Provokateurs zum Ausdruck kommt (vgl. *Roxin*, JZ 2003, 967). Insoweit muss vor allem geklärt werden, was das **„schuldhaft"** bedeutet:

74   Auf der einen Seite kann ein **rechtlich erlaubtes** oder ein **sozial
übliches Tun** keine Einschränkung des Notwehrrechts auslösen,
auch wenn ein so handelnder Täter wusste oder wissen konnte, dass
andere durch dieses Verhalten zu einem rechtswidrigen Angriff veranlasst werden könnten.

Beispiele: Der sich später Verteidigende hat eine bewaffnete, ihm unbe-
kannte Person (*BGH* NStZ 1993, 332, 333) oder einen Erpresser in seine
Wohnung hineingelassen (*BGH* NJW 2003, 1955, 1958 f.). Einem von einem
Täter T erheblich verletzten Opfer O ist es nicht verwehrt, also erlaubt, seine
Wohnung – mit Bewaffnung – zu verlassen, um nach seiner Freundin zu
schauen, die er in Gefahr vermutet, auch wenn O befürchtet, dem T erneut
zu begegnen (*BGH* NStZ-RR 2011, 238 mit Bspr. *Hecker*, JuS 2011, 369 ff.).
Ebenso darf man bestimmte Orte aufsuchen, die als „gefährlich" gelten.

Selbst wenn derartige Vorverhaltensweisen „im gewissen Maße den
Geboten der Vorsicht und der Lebensklugheit zuwiderlaufen" (*BGH*
NStZ 2011, 82, 83) und vielleicht in hohem Maße unvernünftig und
im Sinne eines Verschuldens gegen sich selbst fahrlässig sind, wohnt
ihnen nichts schuldhaft Provokatives inne, durch das sich der spätere
Angreifer herausgefordert fühlen könnte.

75   Auf der anderen Seite ist klar, dass **rechtswidrige Provokationen**
ausreichen. Dazu gehören insbesondere gegen den späteren Angreifer
gerichtete Straftaten, von denen keine gegenwärtigen Angriffe mehr
ausgehen, sowie andere Verhaltensweisen, die zumindest objektiv
sorgfaltspflichtwidrig sind.

Beispiele: Der durch Fahrerflucht (BGHSt 24, 356), Hausfriedensbruch
(*BGH* StV 2006, 234), Nötigung oder Freiheitsberaubung (BGHSt 26, 256),
Beleidigung oder Körperverletzung provozierte Verletzte greift den Provoka-
teur nach Beendigung der Straftat an.

76   Während die h. M. im Schrifttum *nur* ein rechtswidriges Vorverhalten anerkennt, soll insbesondere nach der Rechtsprechung auch ein

§ 18. Notwehr   161

sozialethisch zu missbilligendes Verhalten genügen (BGHSt 42, 97;
BGH StV 2006, 234). Gemeint sind damit sozial unübliche, störende
Verhaltensweisen wie Taktlosigkeiten, Belästigungen und Hänseleien,
die rechtlich nicht verboten sind (*Kühl*, AT, § 7 Rn. 219).

Beispiel: In BGHSt 42, 97 ff. versuchte ein Bahnfahrer B in einem 1. Klasse-   77
Abteil, einen alkoholisierten Fahrgast F ohne entsprechenden Fahrschein
durch wiederholtes Öffnen des – von F immer wieder geschlossenen – Fens-
ters „hinauszuekeln". Der *BGH* sieht im Verhalten des B ein sozialethisch
vorwerfbares Verhalten, das seinem Gewicht nach einer schweren Beleidigung
gleichkomme und deshalb das Notwehrrecht einschränke.

Für die Ansicht der Rechtsprechung spricht, dass die Frage der   78
Rechtswidrigkeit oder bloßen Sozialwidrigkeit für den realen Provo-
kationseffekt nur eine untergeordnete Rolle spielt. Auf der anderen
Seite lassen sich bei einer Bezugnahme auf die sozialethischen Maßstäbe justiziable Konturen letztlich nicht gewinnen. Von daher besteht die Gefahr, alle irgendwie störenden Verhaltensweisen bis hin
zu lautstarken Auseinandersetzungen als hinreichend provozierend
einzustufen. Im Interesse der Rechtssicherheit verdient daher die ein
rechtswidriges Vorverhalten verlangende h. M. im Schrifttum Zustimmung.

Roxin, StV 2006, 236 f.; *ders.*, AT I, § 15 Rn. 72 ff.; MüKo/*Erb*, § 32 Rn. 234;
LK/*Rönnau/Hohn*, 12. Aufl., § 32 Rn. 255; Sch/Sch/*Perron*, § 32 Rn. 59; *Grü-
newald*, ZStW 2010, 79 ff.; *Müller/Raschke*, Jura 2011, 704 ff. mit Falllösung. –
Dem *BGH* zust. *Heinrich*, AT, Rn. 379 f.; *W/Beulke/Satzger*, AT, Rn. 348.

Neben einem rechtswidrigen Vorverhalten setzt der Provokations-   79
zusammenhang weiter voraus, dass zwischen der Provokation und
dem Angriffsverhalten ein enger zeitlicher und örtlicher Zusammenhang besteht. Außerdem muss die Gegenreaktion bei vernünftiger
Würdigung der gesamten Umstände des Einzelfalls als eine adäquate
und voraussehbare Folge der Pflichtverletzung des Angegriffenen erscheinen. Dass hier Gedankengut der objektiven Zurechnung eine
Rolle spielt, ist nicht zu übersehen (vgl. § 13 Rn. 62 ff., 68).

Beispiel: T hat schon mehrfach Hanfpflanzen aus dem Gewächshaus des G
gestohlen. Ein weiterer Versuch des T misslang, weil G den T mit Pfefferspray
verjagen konnte. Das Fahrrad, das der fliehende T zurückließ, versteckte G in
einem Gebüsch. T informierte zwei Freunde A und B. Alle drei beschlossen,
das Fahrrad zurückzuholen, dem G eine Abreibung zu verpassen und weitere
Hanfpflanzen zu stehlen. Vor dem Gewächshaus packte der körperlich überlegene A den G und würgte ihn so stark, dass G in Todesangst geriet. G ge-

162   4. Kapitel. Die Rechtswidrigkeit

lang es, mit drei Messerstichen den Angriff abzuwehren (*BGH* NStZ 2009,
626 mit Bspr. *Hecker*, JuS 2010, 172ff.). – Nach den Feststellungen des *LG*
hat G den Angriff des A (§ 224 I Nr. 5) in einer im Sinne des § 32 erforderlichen Weise abgewehrt. Mit Blick darauf, dass die Einwirkung des G auf das
Fahrrad des T ein rechtswidriges Vorverhalten darstellt (§§ 858, 854 BGB),
hat das *LG* aber G zu einem defensiveren Verhalten für verpflichtet gehalten
und die Gebotenheit verneint. Dem widerspricht der *BGH* zu Recht und betont, das fragliche Verhalten führe deshalb zu keiner Einschränkung des Notwehrrechts, weil der Angriff des A auf der Entscheidung beruht habe, sich zu
rächen, und daher mit dem Vorverhalten des G in keinem Zusammenhang
stehe.

Ergänzend hierzu BGHSt 27, 336, 338; *BGH* StV 2006, 234; NStZ-RR
1999, 40, 41; 2011, 74 f. mit Bspr. *Kudlich*, JA 2011, 233 ff.; NStZ 2011, 82
mit Bspr. *Hecker*, JuS 2011, 272 ff.; *Oglakcioglou*, HRRS 2010, 106 ff.

80   Ist der Provokationsfall festgestellt, so wird das Notwehrrecht entsprechend dem oben in Rn. 56 schon erläuterten dreistufigen Vorgehen eingeschränkt, das der *BGH* anhand dieser Fallgruppe entwickelt
hat. Darüber hinaus hängt die Frage, wie weit sich der später angegriffene Provokateur bei seiner Abwehr zurückhalten muss, von
dem Gewicht der schuldhaften Verursachung einerseits und dem Gewicht der drohenden Rechtsgutsverletzung andererseits ab. Von daher können sich im Falle einer vorsätzlichen Provokation ähnliche
Einschränkungen wie bei der in Rn. 84 ff. erörterten Absichtsprovokation ergeben (BGHSt 39, 374, 379; *BGH* StV 2006, 234, 235;
NStZ-RR 2011, 305).

81   Im **Fall 2** geht BGHSt 26, 143, 145 mit der Begründung von einer schuldhaften Provokation aus, dass ein Täter wie P, „der so leichtfertig ... einen Angriff auf sich provoziert, ... nicht bedenkenlos von seinem Notwehrrecht Gebrauch machen" darf. Von diesem Standpunkt aus ist die Gegenwehr des P
nicht „geboten", weil er hätte davonlaufen können und sich zudem zunächst
auf einen offenen Faustkampf hätte einlassen müssen, bevor er zur Trutzwehr
mit dem Messer greift. Doch wird man allein in der bewaffneten Rückkehr
zum Schauplatz einer vorangegangenen Auseinandersetzung kaum ein rechtswidriges Verhalten erblicken können (abl. daher *Lenckner*, JR 1984, 209; *Kühl*,
AT, § 7 Rn. 227; *Berz*, JuS 1984, 344 will die Rechtswidrigkeit des Verhaltens
ggf. mit der Absicht einer tätlichen Bedrohung begründen).

82   Im **Fall 3** hat B den die §§ 223, 224 I Nr. 3, 22 erfüllenden Faustschlag-An-
griff des A zunächst im Wege gerechtfertigter Notwehr abgewehrt (§§ 223,
224 I Nr. 2, 5 i. V. m. § 32); denn eine mildere und genauso effektive Verteidi-
gungsvariante, um die Angriffslust des A zu stoppen, stand nicht zur Verfügung. Mit dem anschließenden Gegenangriff auf A beging B einen versuchten
Totschlag. A seinerseits könnte wegen der Tötung des B (§ 212 I) gemäß § 32
gerechtfertigt sein. Was die Erforderlichkeit seiner Verteidigungshandlung be-

trifft, so muss ein Schusswaffeneinsatz grundsätzlich vorher angedroht werden. Doch ließ der drohende Schlag des B dafür überhaupt keine Zeit; eine Vorwarnung hätte die Verteidigungsaussichten des A erheblich verschlechtert. Freilich hat A den Angriff auf sich durch eine vorangegangene Straftat schuldhaft provoziert. Insoweit ist sein Notwehrrecht eingeschränkt. Jedoch geht die Einschränkung des Notwehrrechts nicht so weit, dass der Provokateur die eigene Tötung hinnehmen muss. Daher durfte A sofort zur Trutzwehr greifen und kann sich auf § 32 berufen.

Allerdings glaubt der *BGH,* im Fall 3 an die fahrlässige Provokation des A **83** durch den ersten Angriff anknüpfen und ihn deshalb gemäß § 222 bestrafen zu können (*BGH* NJW 2001, 1075, 1076 f.). Dem ist mit der ganz h. M. zu widersprechen. Denn ein Täter kann nicht ein und denselben Unrechtserfolg, wegen dessen vorsätzlicher Herbeiführung er gerechtfertigt ist, aus der Fahrlässigkeitsperspektive zugleich rechtswidrig herbeiführen. Dies liefe auf eine Vorverlagerung des Rechtswidrigkeitsurteils im Sinne der problematischen – auch vom *BGH* eigentlich abgelehnten – Rechtsfigur der actio illicita in causa hinaus. Außerdem entfällt im Lichte des § 222 die objektive Zurechnung des Erfolges, weil in dem eigenverantwortlichen Dazwischentreten des angreifenden B eine Selbstgefährdung liegt, welche die von A pflichtwidrig gesetzte Ausgangsgefahr verdrängt (zur h. M. *Roxin,* AT I, § 15 Rn. 74 ff.; *ders.,* JZ 2001, 667 f.; *Kühl,* AT, § 7 Rn. 255a; *Krey/Esser,* AT, Rn. 563; *Eisele,* NStZ 2001, 417; *Kudlich,* JA 2014, 591; zum Teil kritisch *Satzger,* Jura 2006, 518 ff.).
Immerhin räumt der *BGH* ein, dass ein etwaiger Fahrlässigkeitsvorwurf nicht an das unerlaubte Mitführen einer Waffe geknüpft werden kann, die der Angegriffene in einer ohne vorwerfbare Provokation entstandenen Notwehrlage in erlaubter Weise eingesetzt hat (*BGH* NStZ 2011, 82, 83 mit Bspr. *Satzger,* JK 5/11, StGB § 32/35).

e) Absichtsprovokation. Eine Absichtsprovokation begeht, wer **84** zielstrebig im Sinne des dolus directus 1. Grades durch ein rechtswidriges Verhalten einen Angriff herausfordert, um den Gegner unter dem Deckmantel der äußerlich gegebenen objektiven Notwehrlage verletzen zu können.

Beispiel: P provoziert den leicht reizbaren A, um ihn verletzen zu können, durch eine strafbare Beleidigung („Du elender Hurensohn!") zu einer körperlichen Attacke, gegen die er sich sofort mit einem Faustschlag wehrt.

Wie bei der normalen schuldhaften Provokation ist zunächst um- **85** stritten, ob als Vorverhalten nur ein rechtswidriges oder auch ein bloß sozialethisch zu missbilligendes Verhalten genügt (vgl. Rn. 76 ff.). Im Beispielsfall spielt dieser Streitpunkt keine Rolle.
Im Übrigen stellt sich der Meinungsstand wie folgt dar: Nach der **86** h. M. ist bei einer Absichtsprovokation das Notwehrrecht zu versa-

164   4. Kapitel. Die Rechtswidrigkeit

gen. Zur Begründung stützt man sich auf den Gedanken des Rechtsmissbrauchs. Danach kann das Rechtsbewährungsprinzip niemandem
Schutz gewähren, der das Recht zu Schädigungszwecken missbraucht. Ferner lässt sich auch der Verteidigungswille verneinen,
weil der Absichtsprovokateur in Wirklichkeit angreifen will.

> Zur h. M. siehe *BGH* NJW 2001, 1075; NStZ-RR 2011, 305; *Heinrich*, AT,
> Rn. 373 ff.; *Roxin*, AT I, § 15 Rn. 65 ff. Problematisch *BGH* NJW 2003, 1955,
> 1958 mit Kritik *Roxin*, StV 2003, 967.

87   Nach einer verbreiteten Gegenmeinung gelten für die Absichtsprovokation keine besonderen Regeln. Diese Ansicht beruft sich erstens
darauf, dass der provozierte Angreifer trotz der Provokation rechtswidrig handle und zudem eigenverantwortlich die Notwehrlage her-
beiführe. Zweitens sei das Notwehrrecht des Absichtsprovokateurs
wie dasjenige anderer Provokateure eingeschränkt: Nach Möglichkeit
müsse er zunächst ausweichen und sei entsprechend dem besonderen
Gewicht seiner gezielten Herausforderung zur äußerst zurückhalten-
den Schutzwehr verpflichtet. Doch dürfe er in der Situation einer
ausweglosen und nicht mehr zumutbaren Gefährdung letztendlich
zur Trutzwehr übergehen und könne insoweit gemäß § 32 gerechtfertigt sein.

> So MüKo/*Erb*, § 32 Rn. 226 f.; Sch/Sch/*Perron*, § 32 Rn. 55 ff.; *Jescheck/
> Weigend*, AT, § 32 III 3a.

88   Der h. M. wird vorgeworfen, sie verpflichte den Provokateur unter
Umständen dazu, sich in einer ausweglosen Lage durch einen eindeutig rechtswidrig handelnden Angreifer widerstandslos schwer verletzen oder gar töten zu lassen. Ob die h. M. wirklich so weit geht, ist
unklar. Jedenfalls wäre dies nicht hinnehmbar. Der Ausschluss des
Notwehrrechts kann sich allein auf die als Folge der absichtlichen
Provokation einkalkulierten Verletzungen und nicht auf darüber hinausgehende Exzesse des Provozierten beziehen. Nur mit dieser Ergänzung, die zu einer Annäherung der Standpunkte führt, verdient
die h. M. Zustimmung (vgl. *Krey/Esser*, AT, Rn. 554 ff.; NK/*Kindhäuser*, § 32 Rn. 121 f.).

89   Im Beispielsfall von Rn. 84 gelangen alle Ansichten zur Strafbarkeit des P,
auch die Gegenmeinung, weil P zunächst hätte ausweichen und sich dann auf
Schutzwehr hätte beschränken müssen. – Falllösungen bei *Keunecke/Witt*, JA
1994, 470, 473 ff.; *Schulz*, JA 1995, 390, 399 ff.; *Ernst*, ZJS 2012, 656 f.

3. Weitere Fallgruppen

a) Schweigegelderpressung (sog. Chantage). In diesem Bereich 90
sind viele Einzelheiten umstritten. Die typische Schweigegelderpressung sieht so aus:

> Der Erpresser droht seinem Opfer mit der Enthüllung kompromittierender
> wahrer Tatsachen – also z. B. mit der Anzeige von Straftaten, mit der Veröffentlichung peinlicher Fotos oder mit der Offenbarung eines außerehelichen
> Verhältnisses – und verlangt für sein Schweigen eine bestimmte Geldsumme.

Bezüglich einer auf § 32 gestützten Gegenwehr des Erpressungsop- 91
fers kommen als geschützte Individualinteressen die Willensfreiheit,
das Vermögen und das persönliche Ansehen in Betracht. Die Gegenwärtigkeit des rechtswidrigen Angriffs liegt in der Aufrechterhaltung
einer permanenten Drohung (BGHSt 48, 207, 212).

Problematisch ist die Erforderlichkeit, weil die Inanspruchnahme 92
staatlicher Hilfe jedenfalls den Angriff auf die Willensfreiheit und
das Vermögen abwenden kann. Doch müsste dann in der Regel die
Aufdeckung der kompromittierenden Tatsachen hingenommen werden. Sieht man darin mit der h. M. schutzwürdige Interessen (a. A.
Kaspar, GA 2007, 43 ff.), so ist der Weg etwa zur Polizei nicht geeignet, den Angriff zu beenden. Von daher bleibt ggf. als letzter effektiver Ausweg nur die Tötung des Erpressers. Da dies unangemessen
erscheint, sucht man spätestens auf der Ebene der Gebotenheit nach
Einschränkungen. Diese lassen sich mit einer Herabsetzung des
Rechtsbewährungs- und des Schutzbedürfnisses begründen, für die
auch die Wertung des § 154c StPO spricht.

Im Ergebnis darf das Opfer seinen Erpresser jedenfalls nicht töten 93
oder schwer verletzen. Erlaubt sind insbesondere Handlungen etwa
gemäß den §§ 123, 201, 240, 242, 263, 303, die der Beweissicherung
und Beschaffung kompromittierender Materialien dienen.

> Zur Linie der h. M. siehe *Roxin*, AT I, § 15 Rn. 100 ff.; *W/Beulke/Satzger*,
> AT, Rn. 348a; erg. LK/*Rönnau/Hohn*, 12. Aufl., § 32 Rn. 92, 151, 203, 261.
> Zur Kritik *Kaspar*, GA 2007, 36 ff.

b) Hoheitsträger und Folter in Nothilfe. Der Entführungsfall *LG* 94
Frankfurt a. M. NJW 2005, 692 ff. hat eine umfangreiche Diskussion
über die Zulässigkeit staatlich legitimierter Folter ausgelöst. Etwas
vereinfacht geht es um folgenden Sachverhalt:

> Der Polizeibeamte D droht einem gefassten Lösegelderpresser Foltermaßnahmen an, um das Versteck des entführten und in Lebensgefahr schweben-

166 4. Kapitel. Die Rechtswidrigkeit

den Kindes zu erfahren und dieses zu retten. D hat Erfolg. – D hat auf jeden Fall den objektiven und subjektiven Tatbestand des § 240 I und möglicherweise sogar den des § 343 I erfüllt.

95 Bevor man zu den Problemen des § 32 gelangt, muss zunächst auf die umstrittene Vorfrage eingegangen werden, ob sich **Hoheitsträger** überhaupt auf das Notwehr- und Nothilferecht berufen dürfen. Die Frage stellt sich typischerweise für Polizeibeamte, weil nach den Polizeigesetzen der Länder die hoheitlichen Eingriffsbefugnisse bei Notwehrlagen teilweise nicht so weit gehen, wie es § 32 erlaubt. Die zutreffende – und auch aus klausurtaktischen Gründen vorzugswürdige – h. M. sieht darin keinen Grund, dem Polizisten die Berufung auf § 32 zu versagen:

96 Für den Fall der Selbstverteidigung leuchtet irgendeine Einschränkung von vornherein nicht ein. Aber auch im Falle einer Nothilfe wäre es nicht plausibel, einem Polizeibeamten Schranken aufzuerlegen, die ein anderer Nothelfer nicht hat; denn ein Polizist ist dazu berufen und in besonderer Weise befähigt, Straftaten zu verhindern. Zudem behandelt das Gesetz Notwehr und Nothilfe gleich. Für die h. M. spricht schließlich, dass die bundesgesetzlich geregelten Rechtfertigungsgründe nicht durch Landesrecht eingeschränkt werden können.

Aus der Rechtsprechung vgl. *BGH* NStZ 2005, 31; *BayObLG* JR 1991, 248 mit Anm. *Rogall*, JuS 1992, 551 ff. und *Otto*, JK 91, StGB, § 32/16. Ausführlich *Roxin*, AT I, § 15 Rn. 108 ff.; *Kühl*, AT, § 7 Rn. 148 ff.; MüKo/*Erb*, § 32 Rn. 186 ff.; *Beaucamp*, JA 2003, 402 ff.; einschränkend *Heinrich*, AT, Rn. 395 ff.; abl. LK/*Rönnau/Hohn*, 12. Aufl., § 32 Rn. 216 ff.

97 Wenn demnach § 32 auf hoheitliches Handeln anwendbar ist, muss er im obigen Folter-Fall näher geprüft werden: Der gegenwärtige rechtswidrige Angriff liegt in der Aufrechterhaltung der fortdauernden Entführung, könnte im Übrigen auch mit einem Angriff durch Unterlassen (Rn. 15 ff.) begründet werden. Stellt sich anschließend auf der Erforderlichkeitsebene die Foltermaßnahme als letztes Rettungsmittel dar, so gelangt man zu der Frage nach normativen Einschränkungen, die auf der Ebene der Gebotenheit ihren Platz haben. Da staatliche Folter gegen die Menschenwürde (Art. 1 I GG) verstößt und sich aus zahlreichen Verboten ihre Ächtung ergibt (z. B. Art. 104 I 2 GG; Art. 3, 15 II EMRK; § 136a I StPO), muss man sie allgemein verbieten. Ausnahmen sind nicht anzuerkennen, weil sie die Gefahr eines Tabu- und Dammbruchs mit sich bringen. Dabei

§ 18. Notwehr 167

spielt es keine Rolle, inwieweit man die bloße Androhung von Foltermaßnahmen unter das Folterverbot oder unter das Verbot unmenschlicher Behandlung subsumiert (vgl. insbesondere Art. 3 EMRK).

So auch die h. M.: *LG Frankfurt a. M.* NJW 2005, 692 ff. mit Anm. *Kudlich*, **98** JuS 2005, 376 ff.; *Roxin*, Nehm-FS, 2006, S. 205 ff.; *ders.*, AT I, § 15 Rn. 103 ff.; *Fischer*, § 32 Rn. 13 ff.; LK/*Rönnau*, 12. Aufl., vor § 32 Rn. 255 ff.; *Norouzi*, JA 2005, 306 ff.; *Jäger*, JA 2008, 678 ff.; *Satzger*, Jura 2009, 764 f. – Für Ausnahmen, wenn die Folter präventiv auf Lebenserhaltung gerichtet ist: *Kühl*, AT, § 7 Rn. 156a; *Lackner/Kühl*, § 32 Rn. 17a; *Erb*, Jura 2005, 24 ff. – Falllösung bei *Böse/Kappelmann*, ZJS 2008, 290 ff.
Eine Rechtfertigung gemäß § 34 scheitert spätestens an der Angemessenheitsklausel (*Roxin*, AT I, § 16 Rn. 96 f.; erg. die Falllösung bei *Ambos*, Jura 2006, 947 f. und unten § 19 Rn. 48 ff.).

c) Folter durch Privatpersonen. Inwieweit das Folterverbot auch **99** für Privatpersonen gilt, ist umstritten und ungeklärt. Für die Übertragung des Verbots werden das Völkerrecht und die Drittwirkung der Menschenwürde angeführt (Sch/Sch/*Perron*, § 32 Rn. 62a; *Perron*, Weber-FS, 2004, S. 150 ff.). Dagegen lässt sich einwenden, dass die Folterverbote an staatliche Organe adressiert sind. Auf jeden Fall wird man Grenzen aus den Schranken der Erforderlichkeit ableiten müssen. Wenn in Folterfällen vorrangige staatliche Hilfe (Rn. 50) zur Verfügung steht, den staatlichen Organen aber aus rechtlichen Gründen die Hände gebunden sind, wird insoweit auch das private Notwehr- bzw. Nothilferecht eingeschränkt; andernfalls ergäben sich problematische Umgehungsmöglichkeiten. Unter Umständen kann aber, so wenn Eltern foltern, um ihr entführtes Kind zu retten, § 35 eingreifen.

Zur Diskussion zusammenfassend *Jäger*, JA 2008, 681; *Fahl*, Jura 2007, 748; zum Erforderlichkeitsaspekt LK/*Rönnau/Hohn*, 12. Aufl., § 32 Rn. 185.

d) Nothilfe beim tatbestandslosen Schwangerschaftsabbruch. **100** Der sog. beratene Schwangerschaftsabbruch gemäß § 218a I weist die Besonderheit auf, dass die Schwangere tatbestandslos handelt, der Abbruch aber rechtswidrig ist (dazu *Rengier*, BT II, § 11 Rn. 25 f.). Daher liegt in einem solchen Abbruch ein grundsätzlich nothilfefähiger gegenwärtiger rechtswidriger Angriff auf die Leibesfrucht. Würde man jedoch einem Dritten erlauben, gegen den rechtswidrigen Abbruch einzuschreiten, so unterliefe dies die Beratungsschutzkonzeption des Gesetzgebers. Folglich muss in den Fällen des § 218a I eine Nothilfe zugunsten des Ungeborenen als nicht geboten

168   4. Kapitel. Die Rechtswidrigkeit

eingestuft werden (*Satzger*, JuS 1997, 800 ff.; Falllösung bei *Beulke* III, Rn. 63 ff.).

4. Abwehrprovokation

101   Unter diesem Stichwort wird noch eine weitere Einschränkung des Notwehrrechts diskutiert, die ein zurückhaltenderes Vorgehen in drei Stufen erfordern könnte (vgl. Rn. 56). Es geht vor allem um Fallkonstellationen, in denen sich der spätere Verteidiger hinsichtlich einer zu erwartenden Notwehrsituation bewusst nicht mit dem ungefährlichsten effektiven Abwehrmittel, z. B. mit einem Messer, ausrüstet, sondern sich „hochrüstet": Er steckt etwa eine Schusswaffe ein, deren Einsatz dann in der konkreten Angriffssituation mangels anderer Möglichkeiten erforderlich, im Vergleich zum daheim gelassenen Messer aber gefährlicher ist.

102   Im Ausgangspunkt gilt hier gleichermaßen der Grundsatz, dass „der Angreifer den Verteidiger so nehmen muss, wie er ihn vorfindet" (MüKo/*Erb*, § 32 Rn. 236). Deshalb kommt es unter dem Blickwinkel des § 32 auch nicht darauf an, ob das Beisichführen der Waffe gegen ein waffenrechtliches Verbot verstößt. Ferner bleibt bei der Abwehrprovokation allein der Angreifer für die Entstehung der Notwehrlage verantwortlich. Im Ergebnis kommt eine Einschränkung des Notwehrrechts nur in Betracht, wenn der „Abwehrprovokateur" gezielt – insoweit parallel zur Absichtsprovokation (Rn. 84 ff.) – das schwächere Abwehrmittel zu Hause gelassen hat, um den erwarteten Angreifer schwerer verletzen zu können.

Sch/Sch/*Perron*, § 32 Rn. 61b; *Küpper*, JA 2001, 440; gegen jede Einschränkung LK/*Rönnau/Hohn*, 12. Aufl., § 32 Rn. 189 f.; MüKo/*Erb*, § 32 Rn. 236.

VI. Subjektives Rechtfertigungselement

103   Umstritten ist, ob für das subjektive Rechtfertigungselement des § 32 ein Handeln in Kenntnis der objektiven Notwehrvoraussetzungen im Sinne eines bloßen Verteidigungsvorsatzes genügt, oder ob darüber hinaus eine zielgerichtete Motivation, also eine Verteidigungs*absicht* notwendig ist (vgl. schon § 17 Rn. 11 f.).

104   Die Rechtsprechung und ein Teil der Literatur vertreten die engere Ansicht und berufen sich insbesondere auf den Wortlaut („um … zu"), dessen Interpretation im Sinne einer Absicht ergänzend auf

§ 18. Notwehr 169

den insoweit deutlicheren § 34 gestützt wird. Dabei betont einschränkend namentlich die Rechtsprechung immer wieder, dass andere Motive wie Hass, Rache, Wut und Eifersucht das Vorhandensein eines Verteidigungswillens nicht ausschließen, solange sie den Verteidigungszweck nicht völlig in den Hintergrund drängen.

BGHSt 5, 245, 247; *BGH* NJW 2013, 2133, 2134 f.; NStZ 1996, 29, 30; 2000, 365, 366; 2005, 332, 334; *Heinrich*, AT, Rn. 386 ff.; *Krey/Esser*, AT, Rn. 458 ff.; *Baumann/Weber/Mitsch*, AT, § 17 Rn. 31 f.; NK/*Paeffgen*, vor § 32 Rn. 100; *Geppert*, Jura 1995, 104 f.

Die in der Literatur wohl herrschende Gegenmeinung stützt sich **105** insbesondere darauf, dass für die Kompensation des durch den Tatbestandsvorsatz geprägten Handlungsunwerts der schlichte Verteidigungsvorsatz genüge. Ferner stelle es reines Gesinnungsstrafrecht dar, jemanden, der etwas Erlaubtes tue, nur deshalb zu bestrafen, weil er nicht den richtigen Zweck verfolge. Insbesondere in Nothilfefällen könne das Absichtserfordernis zu einem Dilemma führen: So müsse vom Standpunkt der Rechtsprechung aus ein Helfer H, der bei einem Angriff auf einen Dritten gemäß § 323c oder als Garant zum Eingreifen verpflichtet sei, einerseits wegen Körperverletzung bestraft werden, falls er in Kenntnis der Rechtfertigungssituation allein aus Rache und ohne Rettungsmotiv den Angreifer in erforderlicher Weise außer Gefecht setze; tue H andererseits gar nichts, drohe ihm die Strafbarkeit zumindest wegen unterlassener Hilfeleistung.

Loos, Oehler-FS, 1985, S. 229 ff.; *Krack*, in: Grundfragen des Strafrechts, 2010, S. 145 ff. (http://webdoc.sub.gwdg.de); *Roxin*, AT I, § 14 Rn. 97 ff.; *Frister*, AT, 14/24 f.; MüKo/*Erb*, § 32 Rn. 241; LK/*Rönnau/Hohn*, 12. Aufl., § 32 Rn. 263 ff.; *Stratenwerth/Kuhlen*, AT, § 9 Rn. 150; Sch/Sch/*Perron*, § 32 Rn. 63.

Zur Diskussion die folgenden **Beispiele:** (1) Abwandlung von Fall 1b: E ist **106** der Verlust der Digitalkamera vollkommen gleichgültig. Sie schießt nach dem vergeblichen Warnruf und Warnschuss nur deshalb auf D, um zu trainieren und D eine Lektion zu erteilen. – (2) Schläger S trifft seinen Gegner G zufällig, nachdem dieser gerade einen Raubüberfall mit geringer Beute auf einen Passanten P begangen hat. S läuft in Kenntnis des Überfalls dem G hinterher und schlägt ihn, völlig gleichgültig gegenüber dem Eigentum des P, allein aus Rache in den Grenzen der Erforderlichkeit des § 32 nieder.

Nach der Literaturmeinung, die sich mit einem Rechtfertigungs- **107** vorsatz begnügt, sind die Taten der E (§ 212 I) im Wege der Notwehr bzw. des S (§ 223 I) im Wege der Nothilfe gerechtfertigt. Aus Sicht

170   4. Kapitel. Die Rechtswidrigkeit

der Rechtsprechung greift dagegen bei beiden Tätern § 32 nicht ein, weil jede Verteidigungsmotivation fehlt; ob sie deshalb aus dem vollendeten oder versuchten Delikt bestraft werden, hängt von der Stellungnahme zum Streit um die Vollendungs- oder Versuchslösung ab (vgl. § 17 Rn. 13 ff.).

108   Für die § 32 bejahende Literaturmeinung scheint ihre dogmatische Schlüssigkeit zu sprechen. Indes: Für die vorzugswürdige Rechtsprechung streiten nicht nur der Wortlaut und das Gerechtigkeitsempfinden, sondern auch der Kompensationsgedanke. Denn bei einem Handeln ohne Verteidigungsabsicht in bloßer Kenntnis des Rechtfertigungssachverhalts steht dem Handlungsunwert auf der Tatbestandsebene (d. h. der aggressiven Verletzungsabsicht) auf der Rechtfertigungsseite keine ausreichende Kompensation gegenüber (vgl. auch *Geppert*, Jura 1995, 105; *Krey/Esser*, AT, Rn. 457 ff.).

109   Im Ergebnis ist die Bedeutung des Streits gering, weil die Rechtsprechung an den Verteidigungszweck zu Recht keine hohen Anforderungen stellt und ein solcher vorliegt, solange er nicht „völlig in den Hintergrund" gedrängt wird (Rn. 104). In der Praxis sind derartige Feststellungen – anders als in den obigen „theoretischen" Beispielen – schwer zu treffen. Daher ist auch die Annahme lebensfremd, in den Nothilfefällen der Rn. 105 könne ein zum Eingreifen verpflichteter und das Handlungsgebot erfüllender Helfer wie H in die Gefahr geraten, mangels irgendeiner Rechtfertigungstendenz wegen Körperverletzung bestraft zu werden (vgl. NK/*Paeffgen*, vor § 32 Rn. 100).

VII. Nothilfe

110   Mit dem Begriff „Nothilfe" – treffender wäre: „Notwehrhilfe" – wird diejenige Notwehr im Sinne des § 32 II 2. Var. bezeichnet, die erforderlich ist, um einen gegenwärtigen rechtswidrigen Angriff von „einem anderen" abzuwenden. Auch diese Formulierung darf nicht missverstanden werden; sie beschränkt sich keineswegs auf Leib und Leben des anderen, sondern meint diesen als Inhaber eines notwehrfähigen Individualrechtsguts (vgl. schon Rn. 8; *Mitsch*, JuS 2000, 851). Der Nothelfer darf grundsätzlich alle – aber auch nur diejenigen – Verteidigungsmaßnahmen ergreifen, die dem Angegriffenen zustehen. Daraus folgt: Der helfende Dritte

111   (1) darf *alle* Individualrechtsgüter des Opfers – auch etwa Eigentum, Besitz, Hausrecht, Persönlichkeitsrecht – verteidigen;
       (2) darf nicht zugunsten von Allgemeininteressen eingreifen;

§ 18. Notwehr   171

(3) unterliegt denselben Grenzen, insbesondere denen der Erforderlichkeit und Gebotenheit;
(4) muss mit dem erforderlichen subjektiven Rechtfertigungselement handeln.

Im **Fall 1c** sind daher bei F genau die gleichen Fragen zu erörtern, die sich   **112**
im Fall 1a und Fall 1b bezüglich E gestellt haben (dazu in Rn. 26, 43, 45, 62).

Weiter ist aus dem Individualschutzprinzip abzuleiten, dass das   **113**
Recht auf Nothilfe nur so weit gehen kann, wie sich der Angegriffene
verteidigen lassen will. Daher scheidet die Rechtfertigung einer **aufgedrängten Nothilfe** grundsätzlich aus. Ein solcher Fall liegt vor,
wenn sich aus dem ausdrücklich oder konkludent geäußerten oder
auch mutmaßlichen Willen des Angegriffenen ein Nothilfeverbot ergibt. Ausnahmen ergeben sich in Anlehnung an die Einwilligungsregeln dort, wo die Einwilligung des Opfers wie in den Fällen der
§§ 216, 228 unwirksam ist.

Vertiefend BGHSt 5, 245, 247 f.; *Roxin*, AT I, § 15 Rn. 1, 116 ff.; MüKo/
Erb, § 32 Rn. 181 ff.; *D./I. Sternberg-Lieben*, JuS 1999, 444 ff.; LK/*Rönnau/
Hohn*, 12. Aufl., § 32 Rn. 204 ff.; M/R/*Engländer*, § 32 Rn. 36; *Kaspar*, JuS
2014, 769 ff.

VIII. Sonstiges

Zu speziellen Fragen der Notwehr im Zusammenhang mit dem   **114**
Fahrlässigkeitsdelikt siehe unten § 52 Rn. 73 ff.

Was **Irrtümer** über das Notwehrrecht betrifft, so ist der – noch nä-   **115**
her zu erörternde (unten § 30) – Erlaubnistatbestandsirrtum schon
angesprochen worden (Rn. 12, 49). Insoweit sollte man sich immer
wieder bewusst machen, dass die ganze Palette der Notwehrfragen
auch im Zusammenhang mit einem bloß vorgestellten Sachverhalt aktuell werden kann **(Putativnotwehr)**. Ein Erlaubnistatbestandsirrtum scheidet aus, wenn bezüglich des hypothetischen Sachverhalts
nicht alle Voraussetzungen des § 32 vorliegen. Eventuell kommt
noch ein Notwehrexzess gemäß § 33 (unten § 27) oder das Vorliegen
eines Verbotsirrtums in Betracht (vgl. unten § 31 Rn. 12 f.).

Empfehlungen zur vertiefenden Lektüre:
Rechtsprechung: BGHSt 24, 356, BGHSt 26, 143, BGHSt 26, 256, BGHSt
42, 97, *BGH* NStZ 1989, 113 und *BGH* StV 2006, 234 (schuldhafte Provokation der Notwehrlage); BGHSt 27, 313 (ungewollte Auswirkungen der Vertei-

digungshandlung); *BGH* NJW 1983, 2267 (Absichtsprovokation); *BGH* StV 1987, 59 (keine aufgedrängte Nothilfe); *BGH* NStZ 1987, 172 und *BGH* NStZ 2012, 272 (Erforderlichkeit des Schusswaffengebrauchs); *BGH* NStZ 1994, 581, *BGH* NStZ 1998, 508, *BGH* NStZ-RR 1999, 40, *BGH* NStZ 2002, 140, *BGH* NStZ 2004, 615 und *BGH* NStZ-RR 2013, 105 (Erforderlichkeitsfragen bei gefährlichen Messereinsätzen); *BGH* NJW 2003, 1955, 1957 ff. und *BGH* NStZ 2015, 151 (diverse Fragen); *BGH* NStZ 2005, 31 (Schusswaffengebrauch durch einen Polizeibeamten in einer Notwehrlage); *KG* GA 1975, 213 (Versuchslösung bei fehlendem subjektiven Rechtfertigungselement); *OLG Düsseldorf* NJW 1994, 1971 (Notwehr gegen Persönlichkeitsrechtsverletzung – unerlaubtes Fotografieren).

Literatur: *Beaucamp*, §§ 32, 34 als Ermächtigungsgrundlagen für polizeiliches Eingreifen, JA 2003, 402 ff.; *Erb*, Notwehr durch Folter, Jura 2005, 24 ff.; *Geppert*, Die subjektiven Rechtfertigungselemente, Jura 1995, 103 ff.; *ders.*, Notwehr und Irrtum, Jura 2007, 33 ff.; *Graul*, Der „umgekehrte Erlaubnistatbestandsirrtum", JuS 2000, L 41 ff.; *Jäger*, Folter und Flugzeugabschuss – rechtsstaatliche Tabubrüche oder rechtsguterhaltende Notwendigkeiten?, JA 2008, 678 ff.; *Kaspar*, Die Strafbarkeit der aufgedrängten Nothilfe, JuS 2014, 769 ff.; *Küpper*, Die „Abwehrprovokation", JA 2001, 438 ff.; *Norouzi*, Folter in Nothilfe – geboten?!, JA 2005, 306 ff.; *Stemler*, Die Notwehr, ZJS 2010, 347 ff.; *I. Sternberg-Lieben*, Allgemeines zur Notwehr, JA 1996, 129 ff.; *I. Sternberg-Lieben*, Voraussetzungen der Notwehr, JA 1996, 299 ff.; *I. Sternberg-Lieben*, Einschränkungen der Notwehr, JA 1996, 568 ff.; *Zaczyk*, Das Mordmerkmal der Heimtücke und die Notwehr gegen eine Erpressung, JuS 2004, 750 ff.; *Zieschang*, Einschränkung des Notwehrrechts bei engen persönlichen Beziehungen?, Jura 2003, 527 ff.

§ 19. Rechtfertigender Notstand

Fall 1: Die F ist erheblich alkoholisiert (2,02 Promille) mit ihrem Pkw von der Fahrbahn abgekommen. Der M hat das beobachtet und fordert F auf, nicht weiterzufahren. Da F dem nicht folgt, versucht M, den Zündschlüssel an sich zu bringen. Dies gelingt ihm auch nach einem Gerangel, bei dem sich F leicht verletzt. Nun steigt F aus und tritt, sich im Recht wähnend, dem M zwischen die Beine, um den Schlüssel zurückzuerlangen, was sie auch schafft. Strafbarkeit der Beteiligten? → Rn. 45

Fall 2: Die Fußgänger A und B sehen morgens um 3 Uhr neben einem zerbeulten Fahrrad den benommenen und am Kopf blutenden Radfahrer R liegen und halten sofortige ärztliche Hilfe für erforderlich. Zufällig kommt der Autofahrer F vorbei und hält an, weigert sich aber, sein Fahrzeug für den Transport zur Verfügung zu stellen. Telefoniermöglichkeiten bestehen nicht. Während A den F festhält, lädt B den R in den Pkw des F ein und fährt R in das nächstgelegene Krankenhaus (nach *Kretschmer*, Jura 2005, 663). Strafbarkeit der Beteiligten? → Rn. 10, 46

§ 19. Rechtfertigender Notstand   173

Fall 3: In das Anwesen und auch das Schlafzimmer der Eheleute M und F ist S mehrmals eingedrungen. Die Eheleute befürchten, dass S es auf Frau F oder die Kinder abgesehen habe. Infolge ihrer sich steigernden Angst gehen sie kaum noch aus und leiden zeitweilig unter Schlafstörungen. M lässt eine Alarmanlage installieren. Diese löst S etwa 5 Monate vor der Tat aus, kann aber flüchten, bevor die telefonisch herbeigerufene Polizei zur Stelle ist. Die Polizei rät zum Erwerb einer Schusswaffe. Am Tattag sieht M am Fußende seines Bettes den S stehen. Der ertappte S läuft sofort aus dem Haus und vom Grundstück. M ergreift eine inzwischen erlangte Schusswaffe, setzt nach und ruft mehrfach: „Halt oder ich schieße!" und schießt schließlich mit Erfolg auf die Beine des weiter Flüchtenden, um endlich der unerträglichen Situation ein Ende zu bereiten (*BGH* NJW 1979, 2053). → Rn. 16, 24, 40

Fall 4: a) Dem als brutal bekannten Zuhälter Z droht die Verurteilung zu einer Freiheitsstrafe. Der Zeugin M „rät" er nachdrücklich, vor Gericht eine für ihn günstige (unwahre) Aussage zu machen, die ihn klar entlaste; ansonsten werde er „aus ihrem schönen Gesicht ein lebenslanges Andenken" machen. Dementsprechend sagt M in der gerichtlichen Hauptverhandlung falsch gemäß § 153 aus. Z wird trotzdem verurteilt. b) *Variante:* M bestätigt ihre Aussage unter Eid (§ 154). Strafbarkeit von M und Z? → Rn. 17, 24, 47, 55

I. Grundlagen

§ 34 wurde aus dem **Prinzip der Interessenabwägung** entwickelt, **1** wonach es für die Rechtfertigung nicht nur auf das abstrakte Rangverhältnis der kollidierenden Rechtsgüter ankommt, sondern darüber hinaus alle widerstreitenden schutzwürdigen Interessen in die Abwägung einzubeziehen sind. Der Grundgedanke der Vorschrift besteht darin, bei einem Konflikt zwischen widerstreitenden rechtlich geschützten Interessen solche Taten zu rechtfertigen, die in ein fremdes Rechtsgut eingreifen, weil anders ein deutlich höherwertiges rechtlich geschütztes Interesse nicht gerettet werden kann (LK/*Zieschang*, 12. Aufl., § 34 Rn. 1 ff.; Sch/Sch/*Perron*, § 34 Rn. 2).

Parallel zur Nothilfe des § 32 II 2. Var. erstreckt sich § 34 auch auf **2** die „Notstandshilfe" (vgl. „von … einem anderen"). Dabei ist mit der Formulierung „Gefahr von sich oder einem anderen" der Inhaber des gefährdeten Rechtsguts gemeint. Dies drückt der Gesetzeswortlaut des § 34, wenn er zuvor von der „Gefahr für … ein anderes Rechtsgut" spricht, etwas deutlicher als § 32 aus (vgl. § 18 Rn. 8, 110).

II. Aufbaufragen

3   Im **Verhältnis zu anderen Rechtfertigungsgründen** hat § 34 Auffangcharakter. Deshalb empfiehlt es sich, bei mehreren in Betracht kommenden Rechtfertigungsgründen den rechtfertigenden Notstand erst zum Schluss zu erörtern. Vorrang hat insbesondere die Prüfung der §§ 228, 904 BGB, die Spezialfälle des § 34 sind. Greift § 228 oder § 904 BGB ein, so genügt bezüglich § 34 ein kurzer Hinweis auf die Spezialität des zivilrechtlichen Notstandes. Die §§ 228, 904 BGB werden hier nur deshalb nach § 34 behandelt (unten § 20), weil man sie besser versteht, wenn man zuvor den allgemeinen rechtfertigenden Notstand kennengelernt hat. Auch die Prüfung der Einwilligung und mutmaßlichen Einwilligung hat Vorrang (näher unten § 23 Rn. 5 f.).

4   Ist § 32 zu bejahen, so erübrigt sich die Erörterung des § 34 (dazu schon § 18 Rn. 3). Entsprechendes gilt, wenn eine Notwehrlage vorliegt, aber § 32 entfällt, weil die Verteidigung nicht erforderlich, nicht geboten oder nicht vom Verteidigungswillen getragen ist; denn insoweit regelt § 32 die Rechtfertigungssituation vorrangig. Wenn dagegen der Regelungsbereich des § 32 die Tatsituation mangels einer Notwehrlage oder wegen eines Eingriffs in Rechtsgüter Dritter überhaupt nicht erfasst, muss nach der Ablehnung des § 32 selbstverständlich an § 34 und die zivilrechtlichen Notstände gedacht werden.

Dazu *Gropengießer*, Jura 2000, 266 f.; *Kühl*, AT, § 8 Rn. 57; MüKo/*Erb*, § 34 Rn. 26 ff.

5   Was das **Verhältnis zu § 35** betrifft, so muss § 34 als Rechtfertigungsgrund vor § 35 als Entschuldigungsgrund geprüft werden. Zu beachten ist, dass § 34 und § 35 jeweils eine „gegenwärtige, nicht anders abwendbare Gefahr" voraussetzen. Demnach stimmen die Bausteine der gegenwärtigen Gefahr und der Erforderlichkeit überein. Ansonsten finden sich Unterschiede, die in der Fallbearbeitung vor allem dann zu § 35 führen, wenn § 34 an der Interessenabwägung scheitert (vgl. unten Rn. 32 ff. und § 26 Rn. 12 ff.).

§ 19. Rechtfertigender Notstand 175

Die **Struktur des § 34** erschließt sich über folgendes 6

Aufbauschema zum rechtfertigenden Notstand (§ 34)

I. **Objektive Rechtfertigungselemente**
  1. **Notstandslage**
    a) Gefahr für irgendein Rechtsgut (= das geschützte Interesse) des Täters oder eines Dritten
    b) Gegenwärtigkeit der Gefahr
  2. **Notstandshandlung**
    a) Eingriff in ein anderes Rechtsgut durch die begangene tatbestandsmäßige Tat (= das beeinträchtigte Interesse)
    b) Erforderlichkeit der Notstandshandlung (= die Gefahr darf „nicht anders abwendbar" sein)
      aa) Eignung
      bb) Einsatz des mildesten effektiven Mittels
  3. **Interessenabwägung:** Das geschützte Interesse muss das beeinträchtigte Interesse wesentlich überwiegen
  4. **Angemessenheit des Mittels** (§ 34 Satz 2). Die Tat ist unangemessen, wenn
    a) der Täter in einem Nötigungsnotstand handelt und dem unbeteiligten Dritten der Eingriff in seine Rechtsgüter nicht zugemutet werden kann (streitig);
    b) die Gefahr einkalkulierte Folge einer gesetzlichen Regelung ist;
    c) die Rechtsordnung zur Abwendung der Gefahr ein rechtlich geordnetes Verfahren vorsieht;
    d) die Menschenwürde, unantastbare Freiheitsrechte oder fundamentale Wertprinzipien der Rechtsordnung verletzt werden (Beispiel der erzwungenen Blutspende);
    e) die Beseitigung der Gefahr Aufgabe der Sozialgemeinschaft ist.

II. **Subjektives Rechtfertigungselement**
  Rettungsabsicht (vgl. „um"); streitig

III. Notstandslage

7   Im Vergleich mit der Notwehrlage des § 32 erfasst die Notstandslage des § 34 im Ausgangspunkt erheblich mehr Rechtfertigungslagen. Dies beruht darauf, dass erstens grundsätzlich auch Rechtsgüter der Allgemeinheit erfasst sind und zweitens im Unterschied zum gegenwärtigen *Angriff* eine gegenwärtige *Gefahr* genügt.

1. Gefahr für irgendein Rechtsgut

8   § 34 schützt zunächst wie § 32 alle rechtlich geschützten Individualinteressen. Die Aufzählung Leben, Leib usw. ist insoweit nicht abschließend. Aus der Formulierung „oder ein anderes Rechtsgut" entnimmt die h. M. ferner zu Recht, dass auch Rechtsgüter der Allgemeinheit einbezogen sind. Praktische Bedeutung hat das vor allem für die Verhinderung von nach § 316 strafbaren Trunkenheitsfahrten (zu Fall 1 näher unten Rn. 45). Im Übrigen werden aber etwaige Gefahren für die Allgemeinheit in der Regel durch die vorrangige Anrufung staatlicher Hilfe anders abwendbar sein (vgl. unten Rn. 23 ff.).

2. Gegenwärtigkeit der Gefahr

9   Unter einer **Gefahr** ist ein Zustand zu verstehen, in dem auf Grund tatsächlicher Umstände bei natürlicher Weiterentwicklung des Geschehens die Wahrscheinlichkeit des Eintritts eines schädigenden Ereignisses besteht. Wahrscheinlichkeit bedeutet dabei, dass der Eintritt eines Schadens nahe liegt. Nach h. M. wird das Gefahrurteil im Wege einer objektiv-nachträglichen Prognose bestimmt. Gemeint ist damit Folgendes: Zur Beurteilung der Gefahr muss man sich in die konkrete Handlungsperspektive ex ante und in die Rolle eines sachverständigen Beurteilers versetzen, der mit etwaigem Sonderwissen des Täters ausgerüstet ist.

10   **Beispiel:** Im **Fall 2** erfüllt A den objektiven und subjektiven Tatbestand des § 239 I und B den des § 248b I (§ 25 II soll offen bleiben). Bezüglich § 34 (bei § 239 I) bzw. § 904 BGB (bei § 248b I) hängt das Vorliegen einer Gefahr davon ab, ob auch ein zuständiger Fachmann (Arzt, Rettungssanitäter) einen sofortigen Transport für erforderlich gehalten hätte, um weiteren Schaden von R abzuwenden. Ist dies nicht der Fall, so liegt keine Gefahr vor. Zugunsten von A und B greifen dann aber die Regeln über den Erlaubnistatbestandsirrtum ein (dazu unten Rn. 65). – Zu dem Fall weiter in Rn. 46.

§ 19. Rechtfertigender Notstand 177

Zum Gefahrbegriff BGHSt 18, 271, 272; 48, 255, 258; *Kretschmer*, Jura **11** 2005, 662 ff.; W/*Beulke/Satzger*, AT, Rn. 303 ff. Enger und für eine Einbeziehung auch der erst ex post feststellbaren tatsächlichen Umstände wie etwa der Harmlosigkeit einer bestimmten Verletzung Sch/Sch/*Perron*, § 34 Rn. 13; LK/ *Zieschang*, 12. Aufl., § 34 Rn. 27 f.; MüKo/*Erb*, § 34 Rn. 63 ff.

Gegenwärtig ist die Gefahr dann, wenn sich die Wahrscheinlich- **12** keit des Schadenseintritts nach dem objektiven Urteil eines sachkundigen Beobachters aus der ex-ante-Sicht so verdichtet hat, dass bei natürlicher Weiterentwicklung der Dinge der Eintritt eines Schadens sicher oder doch höchst wahrscheinlich ist. Es handelt sich also um einen Gefahrzustand, bei dem zum Schutz des bedrohten Rechtsguts Abwehrmaßnahmen sofort eingeleitet werden müssen, um den Eintritt des Schadens sicher zu verhindern. Einbezogen ist auch die sog. **Dauergefahr.** Darunter ist ein Zustand zu verstehen, bei dem die Gefahr jederzeit, also auch alsbald, in einen Schaden umschlagen kann, auch wenn die Möglichkeit offen bleibt, dass der Schadenseintritt noch einige Zeit auf sich warten lässt (BGHSt 48, 255, 259; *BGH* NJW 1979, 2053, 2054; 1989, 176).

Auf den **Ursprung der Gefahr** kommt es nicht an. Sie kann auf **13** Naturereignisse und Unglücksfälle wie auf menschliches Verhalten zurückzuführen sein. Geht sie von Tieren oder Sachen aus, so hat die Spezialregelung des § 228 BGB (unten § 20 Rn. 7 ff.) Vorrang (MüKo/*Erb*, § 34 Rn. 75). – Zum Ganzen einige

Beispiele: (1) Typische Notstandslagen liegen in „Augenblicksgefahren", die **14** namentlich durch Unglücksfälle jeder Art ausgelöst werden (drohendes Verbluten, Ersticken, Ertrinken usw.). Bekannte Beispiele für Zustände mit Dauergefahren sind einsturzgefährdete Gebäude(teile) und der unberechenbar gefährliche Geisteskranke.

(2) Erhebliche Bedeutung haben auch die Konstellationen, die oft unter den **15** Stichworten der „Präventivnotwehr" oder „notwehrähnlichen Lage" diskutiert und von § 32 mangels eines gegenwärtigen *Angriffs* nicht erfasst werden: Es geht um drohende künftige Angriffe, gegen die im Vorfeld der Notwehr reagiert werden muss, um den späteren Angriff abwenden zu können. Man denke etwa an einen Gastwirt in einem einsamen Gasthaus, der, ohne andere Mittel zur Verfügung zu haben, Schlaftabletten in den Getränken von Gästen auflöst, die ihn in zwei Stunden überfallen wollen (*Kühl*, AT, § 8 Rn. 67; erg. oben § 18 Rn. 21 f. und unten § 30 Rn. 24 zu Fall 4). Auch die folgenden Beispiele (3) bis (5) sind im Umfeld der „Präventivnotwehr" anzusiedeln.

(3) Im **Fall 3** kommen als geschützte Individualinteressen insbesondere das **16** Hausrecht und die Intimsphäre in Betracht. Da S zum Zeitpunkt des Schusses das Grundstück verlassen hat, liegt insoweit ein für § 32 erforderlicher gegenwärtiger rechtswidriger Angriff nicht mehr vor. Also stellt sich die Frage, ob

178   4. Kapitel. Die Rechtswidrigkeit

wegen der möglichen Rückkehr des S eine gegenwärtige (Dauer-)Gefahr im Sinne des § 34 angenommen werden kann. Der *BGH* und die h. M. bejahen dies zu Recht, obwohl mit dem erneuten Erscheinen des S nach den bisherigen Erfahrungen frühestens in einigen Wochen zu rechnen war. Für die Annahme einer Dauergefahr genügt es auch, dass der Schadenseintritt erst nach Ablauf einer gewissen Zeit droht, aber sofortiges Handeln angezeigt ist, um den Schaden abwenden zu können (LK/*Zieschang*, 12. Aufl., § 34 Rn. 36 f.; MüKo/*Erb*, § 34 Rn. 82 ff.; NK/*Neumann*, § 34 Rn. 56 f.; Sch/Sch/*Perron*, § 34 Rn. 17; a. A. *Koch*, JA 2006, 808). Zu dem Fall weiter in Rn. 24, 40.

17   (4) Eine klassische Dauergefahr-Konstellation hat **Fall 4a/b** zum Gegenstand. Der bedrohte Zeuge muss im Zusammenhang mit seiner Aussage reagieren, auch wenn die Drohung möglicherweise erst nach der Verbüßung einer (langjährigen) Freiheitsstrafe realisiert werden kann (weiter in Rn. 24, 47, 55).

18   (5) Praktische Bedeutung haben auch (Tötungs-)Taten, die sich insbesondere gegen einen schlafenden **„Familientyrannen"** richten, der immer wieder und in unberechenbarer Weise seine Ehefrau und/oder auch seine Kinder misshandelt. Der Schlafzustand steht der Bejahung einer gegenwärtigen (Dauer-)Gefahr nicht entgegen, da der Mann im wachen Zustand jederzeit wieder gefährlich werden kann (näher BGHSt 48, 255 ff.; *BGH* NStZ 1984, 20 mit Anm. *Rengier*; *Rengier*, NStZ 2004, 233 ff.). – Zu den Problemen dieses Falles weiter unten Rn. 25, 41; § 26 Rn. 32; § 32 Rn. 2; auch schon oben § 18 Rn. 21 f.

3. Die gerechtfertigt geschaffene Notstandslage

19   Wenn Notwehr gegen Notwehr oder gegen einen anderen gerechtfertigten Angriff ausscheidet (§ 18 Rn. 28), so wäre es wertungswidersprüchlich, wenn sich der Angegriffene zu Lasten des rechtmäßigen Angreifers anstatt auf die unzulässige Notwehr auf einen rechtfertigenden Notstand berufen könnte. Rechtlich betrachtet gewähren Rechtfertigungsgründe wie die §§ 32, 34 StGB und §§ 228, 904 BGB zugleich Eingriffsrechte, die dem Betroffenen eine Duldungspflicht auferlegen (h. M.; Sch/Sch/*Lenckner/Sternberg-Lieben*, vor § 32 Rn. 10a; *Roxin*, AT I, § 14 Rn. 108). Man kann in dieser Duldungspflicht auch eine besondere Gefahrtragungspflicht (vgl. unten Rn. 37; LK/*Zieschang*, 12. Aufl., § 34 Rn. 73; § 35 Rn. 58) oder eine einkalkulierte Folge des Rechtfertigungsgrundes sehen (vgl. unten Rn. 56).

IV. Notstandshandlung

20   Die Notstandshandlung besteht im Ausgangspunkt in der Begehung der tatbestandsmäßigen Tat, deren Rechtfertigung geprüft

§ 19. Rechtfertigender Notstand   179

wird. Daher bleibt nur zu erörtern, ob die Gefahr „nicht anders abwendbar" gewesen ist. Diese Notstandsvoraussetzung entspricht
grundsätzlich dem Merkmal der Erforderlichkeit bei der Notwehr
(vgl. § 18 Rn. 33 ff.). Demzufolge ist die begangene Tat erforderlich,
wenn die Handlung erstens geeignet ist, der Gefahr zu begegnen,
und der Täter zweitens das mildeste mögliche Mittel einsetzt, das
die Notstandslage wirksam beseitigt, ohne die Gefahr für den Täter
zwischenzeitlich zu erhöhen oder bloß hinauszuschieben.

Wie bei dem Gefahrurteil (Rn. 9) handelt es sich auch bei der Erforderlich- 21
keitsfrage um eine Prognoseentscheidung, die nach sachverständigem ex-ante-
Urteil in der konkreten Handlungssituation zu treffen ist.

Was die Eignung betrifft, so reicht es aus, dass die Rettungshand- 22
lung zumindest eine geringe Rettungschance verspricht (vgl. *OLG
Karlsruhe* NJW 2004, 3645; *Kühl*, AT, § 8 Rn. 80 ff.; *Krey/Esser*, AT,
Rn. 595). Bezüglich des relativ mildesten Mittels ist, wie es auch der
Wortlaut nahelegt („nicht anders abwendbar"), unbedingt zu beachten, dass bei § 34 **Ausweichmöglichkeiten** wahrgenommen werden
müssen. Denn § 34 beruht nicht wie die Notwehr auf dem Rechtsbewährungsprinzip, vielmehr geht es um die Festlegung der Grenzen,
innerhalb derer ein Notstandstäter in rechtlich geschützte Interessen
unbeteiligter Dritter eingreifen darf (*Kühl*, AT, § 8 Rn. 76 f.).

Eine erheblich größere Bedeutung als bei § 32 kommt der Möglich- 23
keit zu, **vorrangige staatliche Hilfe** in Anspruch zu nehmen. Dies
rührt daher, dass bei einer bloßen Gefahrenlage in der Regel mehr
Zeit zur Abwendung des drohenden Schadens bleibt als bei einem
unmittelbar bevorstehenden Angriff. – Zum Ganzen einige

Beispiele: Als Rettungshandlung ungeeignet ist die Trunkenheitsfahrt eines 24
Arztes, der infolge Alkoholgenusses unfähig ist, das Ziel anzusteuern oder
selbst effektiv zu helfen. Wer gebeten wird, an einen bestimmten Ort zu fahren, um dort Leben zu retten, muss im Falle eigener Fahruntüchtigkeit an Alternativen wie die Fahrt mit einem Taxi oder die Einschaltung der Notruf-
zentrale denken. Im **Fall 3** hat M zuvor polizeiliche Hilfe in Anspruch genommen, die sich als nicht effektiv erwiesen hat; daher steht ihm keine weniger einschneidende und genauso aussichtsreiche Abwehrmaßnahme zur
Verfügung. Im **Fall 4a/b** beseitigen denkbare Auswege – Offenbarung der
Drohung, keine Aussage, wahrheitsgemäße Aussage – die Gefahr nicht, so
dass die Falschaussage nicht anders abwendbar ist (zum Fall ferner in Rn. 17,
47, 55).

Im **Familientyrann-Fall** BGHSt 48, 255 (zusammenfassend *Beckemper*, JA 25
2004, 99 ff.) hat der *BGH* – bezüglich des insoweit übereinstimmenden § 35 I

180 4. Kapitel. Die Rechtswidrigkeit

1 – die Ansicht vertreten, dass die von einem solchen Menschen ausgehende Dauergefahr „regelmäßig" anders als durch Tötung abwendbar sei, und zwar dadurch, dass Hilfe Dritter, namentlich staatlicher Stellen in Anspruch genommen werde (Einschaltung von Behörden, Zuflucht bei der Polizei, Auszug, Übersiedlung in ein Frauenhaus, Scheidung). Dabei ist von dem Notstandstäter zu verlangen, dass er vor seiner Tat zumindest versucht hat, erfolgversprechende Handlungsalternativen zu ergreifen, um so aus der Notstandslage herauszukommen (vertiefend *Rengier*, NStZ 2004, 237 f.). Ist die Tötung ausnahmsweise erforderlich, so kann sie gemäß § 35 I entschuldigt sein (unten § 26 Rn. 32; zum Fall ferner oben Rn. 18 mit Verweisen).

V. Interessenabwägung

26   Bevor man die Interessenabwägung vornimmt, muss man sich klarmachen, worin das geschützte und worin das beeinträchtigte Interesse liegt: Auf der Seite des **geschützten Interesses** stehen diejenigen rechtlich geschützten Interessen, denen gegenwärtige Gefahren drohen; man spricht auch vom **Erhaltungsgut.** Auf der Seite des **beeinträchtigten Interesses** befinden sich diejenigen Interessen und Rechtsgüter, in die durch die Notstandstat eingegriffen wird; insoweit wird auch vom **Eingriffsgut** gesprochen.

27   Was die Abwägungskriterien im Einzelnen betrifft, so liefert das Gesetz in dem mit „namentlich" eingeleiteten Halbsatz immerhin zwei – auch für die Fallbearbeitung hilfreiche – Faktoren. Wenn man diese noch etwas ergänzt, ergeben sich für die erforderliche Gesamtbewertung die folgenden Punkte:

(1) Abwägung der betroffenen Rechtsgüter nach ihrem abstrakten Rangverhältnis;

(2) Abwägung nach dem Grad der drohenden Gefahren;

(3) Ausmaß der drohenden Rechtsgutsverletzungen;

(4) weitere Abwägungsfaktoren;

(5) wesentliches Überwiegen.

1. Abwägung der betroffenen Rechtsgüter nach ihrem abstrakten Rangverhältnis

28   Was das Gewicht der Rechtsgüter betrifft, so hat die Reihenfolge des § 34 Satz 1 eine gewisse Aussagekraft. Ein Indiz für den Rang eines Rechtsguts lässt sich auch aus einem Strafrahmenvergleich ableiten; man vergleiche etwa die Strafdrohung zum Schutze des Hausrechts (§ 123 I) mit dem Strafrahmen des § 223 I. Grundsätzlich

§ 19. Rechtfertigender Notstand   181

stehen Personenwerte über Sach- und Vermögenswerten. Rechtsgütern der Allgemeinheit wie der Rechtspflege kann je nach der Art des Eingriffs ein hoher Rang zukommen, wie die Einstufung der §§ 154, 339 als Verbrechenstatbestände erkennen lässt.

2. Abwägung nach dem Grad der drohenden Gefahren

Der Gefahrengrad lässt viele Abstufungen zu, die grundsätzlich **29** alle abwägungsrelevant sind. Ein relativ eindeutiges Übergewicht ergibt sich, wenn auf der Erhaltungsseite eine **konkrete** Gefahr für ein bestimmtes Rechtsgut (z. B. Leben, Gesundheit) besteht, die durch die Schaffung bloß **abstrakter** Lebens- bzw. Gesundheitsgefahren abgewendet werden soll. Typisch dafür ist die andere Verkehrsteilnehmer abstrakt gefährdende (erforderliche) Trunkenheitsfahrt (Eingriffsgut) eines noch geeigneten Retters, die dazu dient, einer Person zu helfen, die in einen konkret lebensgefährlichen Zustand geraten ist (Erhaltungsgut).

Beachte: Wenn im Falle einer rettungsbedingten Trunkenheitsfahrt die tat- **30** sächlichen Verhältnisse (wie Grad der Alkoholisierung, Verkehrs- und Wetterverhältnisse) aus der ex ante-Perspektive (Rn. 9) so beschaffen sind, dass die Fahrt mit großer Wahrscheinlichkeit zur Gefährdung und Verletzung von Menschen führt, sieht die Wertung anders aus (*Kühl*, AT, § 8 Rn. 117; KK-OWiG/*Rengier*, § 16 Rn. 35; NK/*Neumann*, § 34 Rn. 81). Irrt sich der Täter über solche Verhältnisse, so kommt ein Erlaubnistatbestandsirrtum in Betracht (unten Rn. 65). – Falllösung hierzu bei *Seier/Hembach*, JuS 2014, 35 ff.

3. Ausmaß der drohenden Rechtsgutsverletzungen

Bei Sach- und Vermögenswerten auf der Erhaltungs- wie Eingriffs- **31** seite ist das Wertverhältnis verhältnismäßig leicht festzustellen. Zudem gilt: Die Gefahr einer erheblichen Körperverletzung wiegt mehr als eine leichte Körperverletzung, eine kurze Freiheitsberaubung oder ein Eingriff in das Hausrecht. Im Einzelfall kann auch die Gefahr für einen hohen Sachwert gewichtiger als etwa eine leichte Körperverletzung sein. Eine etwaige besondere individuelle Bedeutung des betroffenen rechtlich geschützten Interesses ist bei der objektiven Abwägung zu berücksichtigen (MüKo/*Erb*, § 34 Rn. 137 ff.).

Leben gegen Leben – d. h. eine Tötung zur Rettung eines oder **32** mehrerer Leben – darf aber weder in qualitativer noch in quantitativer Hinsicht abgewogen werden. Ein nur noch kurzes Leben etwa eines Schwerkranken darf nicht zugunsten des Lebens etwa eines jun-

182   4. Kapitel. Die Rechtswidrigkeit

gen Familienvaters geopfert werden. Ebenso wenig erlaubt es § 34, der Rettung (beliebig) vieler Menschenleben die Tötung „nur" eines oder weniger Leben gegenüberzustellen.

33   **Beispiele:** (1) **Flugzeugabschuss-Fall:** Am 11.9.2001 steuerten Terroristen zwei entführte, voll besetzte Passagierflugzeuge in die beiden Wolkenkratzertürme des World Trade Center in New York und töteten mehrere tausend Menschen. Seitdem wird die Frage diskutiert, inwieweit in einer solchen Konstellation ein möglicher vorheriger Abschuss der Flugzeuge strafbar wäre. – Sicher ist bloß, dass § 32 lediglich die Tötung der angreifenden Terroristen rechtfertigen kann. Was die Aufopferung der Flugpassagiere betrifft, so erlaubt § 34 nicht die Abwägung mit den vielen tausend Menschen in den Wolkenkratzern (h. M.; LK/*Zieschang*, 12. Aufl., § 34 Rn. 17b, 74 f.; *W/Beulke/ Satzger*, AT, Rn. 316 ff.; *Mitsch*, JR 2005, 277; *Pawlik*, JZ 2004, 1049 f.; *Jäger*, JA 2008, 681 ff.; *Streng*, Stöckel-FS, 2010, S. 135 ff.; *Roxin*, ZIS 2011, 552 ff.; für § 34, falls die Getöteten bereits rettungslos dem Tod ausgeliefert waren: MüKo/*Erb*, § 34 Rn. 119 ff.; *Hirsch*, Küper-FS, 2007, S. 149 ff.; *Rogall*, NStZ 2008, 1 ff.).

34   (2) **Euthanasie-Fall:** Im Dritten Reich geschahen Euthanasieaktionen, bei denen Ärzte versuchten, das bedrohte Leben vieler ihnen anvertrauter Geisteskranker etwa dadurch zu retten, dass sie wenige aussonderten und zur Tötung auslieferten. – Auch in diesem Fall scheidet die Annahme eines rechtfertigenden Notstandes aus, weil § 34 eine quantitative Abwägung von Leben nicht erlaubt (*Koch*, JA 2005, 745 ff.).

35   Immerhin befürworten in den vorstehenden Fällen viele die Annahme eines übergesetzlichen entschuldigenden Notstandes (näher unten § 26 Rn. 40 ff.).

4. Weitere Abwägungsfaktoren

36   **a) Schuldhafte Herbeiführung der Notstandslage.** Ein Verschulden des Notstandstäters bezüglich seiner Gefahrenlage schließt, wie man auch einem Umkehrschluss aus § 35 I 2 entnehmen kann, nach der zutreffenden Ansicht die Berufung auf § 34 nicht aus, muss aber bei der Interessenabwägung als negativer Bewertungsfaktor berücksichtigt werden (*Roxin*, AT I, § 16 Rn. 60 ff.; *Heinrich*, AT, Rn. 426; *W/Beulke/Satzger*, AT, Rn. 312; zu § 35 I 2 unten § 26 Rn. 17 ff.).

37   **b) Gefahrtragungspflichten.** Bei der Interessenabwägung weiter zu berücksichtigen sind besondere Gefahrtragungspflichten, die bestimmte Berufsgruppen treffen; insoweit gilt das zu § 35 I 2 Gesagte sinngemäß (vgl. unten § 26 Rn. 23 f.). Durch solche Pflichten kann beim Notstandstäter das Gewicht des rechtlich geschützten Interesses gemindert oder aufgehoben sein.

§ 19. Rechtfertigender Notstand   183

c) Defensivnotstand. Intensiv diskutiert wird vor allem die Kon-   38
stellation des Defensivnotstandes. Bei ihm stammt die Gefahr aus
der Sphäre des Eingriffsopfers. Während für den durch Sachen, insbesondere durch Tiere, ausgelösten Defensivnotstand die spezielle
Vorschrift des § 228 BGB existiert, fehlt für den durch Menschen herbeigeführten Defensivnotstand eine besondere Regelung. Insoweit
gibt es Überlegungen, § 228 BGB entsprechend anzuwenden, dessen
gleichsam umgekehrter Rechtfertigungsmaßstab wesentlich großzü-
giger als der des § 34 ist (vgl. unten § 20 Rn. 8).

Indes überzeugt die Analogie nicht, weil § 228 BGB lediglich er-   39
laubte Eingriffe in Sachwerte regelt und keine Aussage zur Aufopferung höchstpersönlicher Rechtsgüter trifft (MüKo/*Erb*, § 34
Rn. 155 ff.). Doch erkennt die h. M. zu Recht an, dass zumindest der
in § 228 BGB zum Ausdruck kommende Grundgedanke – nämlich:
die geringere Schutzwürdigkeit von Gefahrenquellen – als Abwä-
gungsfaktor in die Interessenabwägung des § 34 einzufließen hat. Dabei erlangt dann auch ein etwaiges Verschulden einer gefährlichen
Person ein besonderes Gewicht. Praktische Bedeutung haben vor allem Konstellationen der von § 32 nicht erfassten Präventivnotwehr.
Dazu die beiden folgenden

Beispiele: (1) Im **Fall 3** (dazu schon Rn. 16, 24) sind auf der Seite des ge-   40
schützten Interesses insbesondere die Bewegungsfreiheit, das Hausrecht, die
Intimsphäre und das Persönlichkeitsrecht in die Waagschale zu werfen. Dem
steht eine gefährliche, wohl schon das Leben gefährdende, Körperverletzung
gegenüber. Außerdem wird S konkret verletzt, während die Gefahren für die
Eheleute zum Tatzeitpunkt eher fern liegen. Daher kann man zu einer Rechtfertigung gemäß § 34 nur gelangen, wenn man, anknüpfend an den Grundgedanken des § 228 BGB, das die Notstandslage allein hervorrufende, schuldhafte Vorverhalten des S interessemindernd so schwer gewichtet, dass sich
unter Einbeziehung der Festnahmesituation (vgl. § 127 I 1 StPO) ein wesentliches Überwiegen der Interessen der Eheleute ergibt (h. M.; Sch/Sch/*Perron*,
§ 34 Rn. 31; *Krey/Esser*, AT, Rn. 620 ff.; *Roxin*, AT I, § 16 Rn. 86; *Koch*, JA
2006, 809; zusammenfassend *Kühl*, AT, § 8 Rn. 136). Nach *BGH* NJW 1979,
2053 spricht für § 34 „nach Lage der Dinge einiges", doch soll auf jeden Fall
gemäß § 35 die Schuld entfallen (zu dieser problematischen Annahme unten
§ 26 Rn. 5 f.). Zu § 127 I 1 StPO, der das gezielte Schießen nicht deckt, unten
§ 22 Rn. 15 ff.

(2) Im **Familientyrann-Fall** (dazu schon Rn. 18, 25) lehnt es die h. M. auch   41
unter dem Aspekt des Defensivnotstandes zu Recht ab, das Leben des gefährlichen Tyrannen in irgendeiner Weise mit den Gefahren für die bedrohten Fa-
milienmitglieder abzuwägen. Die Tötung des Familientyrannen ist also in jedem Fall rechtswidrig (BGHSt 48, 255, 257; *Roxin*, AT I, § 16 Rn. 87; LK/

184   4. Kapitel. Die Rechtswidrigkeit

Zieschang, 12. Aufl., § 34 Rn. 74a; a. A. MüKo/*Erb*, § 34 Rn. 170; zu § 35 unten § 26 Rn. 32; § 32 Rn. 2).

42   **d) Verhältnis zur Angemessenheitsklausel.** Wenn man der Angemessenheitsklausel eine selbstständige Bedeutung abspricht, haben die unten Rn. 48 ff. angesprochenen Punkte ohne inhaltliche Auswirkungen hier bei den Abwägungsfaktoren ihren Platz.

5. Wesentliches Überwiegen

43   Der Wortlaut des § 34 Satz 1 spricht dafür, für das „wesentlich" ein qualifiziertes und nicht bloß ein einfaches Überwiegen genügen zu lassen. Demgegenüber lässt eine verbreitete Gegenmeinung jedes Überwiegen genügen, wenn es nur eindeutig ist.

Wie hier MüKo/*Erb*, § 34 Rn. 108 f.; *Krey/Esser*, AT, Rn. 609; LK/*Zieschang*, 12. Aufl., § 34 Rn. 76. – A. A. Sch/Sch/*Perron*, § 34 Rn. 45 m. w. N.; *Roxin*, AT I, § 16 Rn. 89 f.

6. Interessenkollisionen bei demselben Rechtsgutsträger

44   § 34 gilt grundsätzlich auch, wenn die widerstreitenden Interessen demselben Rechtsgutsträger zustehen, wenn also eine gegenwärtige Gefahr, die einer Person droht, durch eine Tat gegen dieselbe Person abgewendet wird.

Beispiele: Ein Feuerwehrmann versucht, ein dem Flammentod ausgeliefertes Kind aus einem Obergeschoss eines brennenden Hauses dadurch zu retten, dass er es in lebensgefährlicher Weise in ein Sprungtuch wirft (vgl. bereits § 13 Rn. 59). § 34 kann ferner zugunsten eines Täters eingreifen, der einen Suizid gegen den Willen des Geretteten verhindert. – Zu beachten ist, dass die Prüfung der Einwilligung und mutmaßlichen Einwilligung Vorrang hat (dazu und zum Verhältnis mit § 34 unten § 23 Rn. 5 f.).

Vgl. hierzu Sch/Sch/*Perron*, § 34 Rn. 8a, 33; *Roxin*, AT I, § 16 Rn. 101 f.; *W/ Beulke/Satzger*, AT, Rn. 322; *Kühl*, AT, § 8 Rn. 161; *Engländer*, GA 2010, 15 ff.

7. Falllösungen

45   Im **Fall 1** scheidet bei M bezüglich § 223 I eine Rechtfertigung gemäß § 32 aus, da seitens der F allenfalls ein Angriff auf die Sicherheit des Straßenverkehrs, also auf ein nicht notwehrfähiges Rechtsgut der Allgemeinheit, vorliegt (oben § 18 Rn. 10). Demgegenüber bezieht § 34 die von einer Trunkenheitsfahrt (§ 316) ausgehenden Gefahren für die Allgemeinheit ein. Die Wegnahme der Zündschlüssel ist auch geeignet und das mildeste effektive Mittel, um die

§ 19. Rechtfertigender Notstand   185

Fahrt zu unterbinden. Auf der Seite des geschützten Interesses stehen Leib,
Leben und Eigentum vieler Verkehrsteilnehmer. Auch wenn es sich insoweit
bloß um abstrakte Gefahren handelt, überwiegen sie die leichte Verletzung
der F wesentlich. Da demnach zugunsten des M § 34 eingreift, kann sich F
hinsichtlich ihrer Gegenreaktion (§§ 223 I, 240) mangels eines rechtswidrigen
Angriffs nicht auf § 32 berufen. Ihr Glaube, dazu berechtigt zu sein, führt lediglich zu einem (vermeidbaren) Verbotsirrtum gemäß § 17 (zum Fall vgl.
OLG Frankfurt NStZ-RR 1996, 136 mit Anm. *Otto*, JK 96, StGB § 34/2;
zum Verbotsirrtum unten § 31 Rn. 12 f., 17 ff.).

Im **Fall 2** (dazu schon Rn. 10) erfüllt F § 323c. Bei der Strafbarkeit des A ge-   **46**
mäß § 239 I ist zunächst die Streitfrage anzusprechen, ob in dem Unterlassen
des F ein Angriff auf R liegt, der B zur Nothilfe berechtigt (oben § 18
Rn. 15 ff.). Lehnt man dies zutreffend ab, so ist § 34 zu prüfen. Nimmt man
insoweit das Vorliegen einer gegenwärtigen Gefahr zumindest für die körperliche Unversehrtheit des R an (vgl. Rn. 10), so muss man auch das wesentliche
Überwiegen des Erhaltungsguts im Verhältnis zum vorübergehenden Festhalten bejahen. Bezüglich des Eigentumseingriffs durch B (§ 248b I) ist das Überwiegen des Erhaltungsguts noch eindeutiger; insoweit greift freilich § 904 BGB
ein, der gegenüber § 34 die speziellere Norm darstellt (erg. § 20 Rn. 1, 4 ff.).

Im **Fall 4a** (dazu schon Rn. 17, 24) führt die Interessenabwägung zunächst   **47**
zu der Feststellung, dass M Körperverletzungsgefahren drohen, deren Ausmaß unter § 226 fällt. Dem steht als beeinträchtigtes Interesse eine Falschaussage gemäß § 153 gegenüber. Neben dem hohen Rang der körperlichen Unversehrtheit spricht auch der Strafrahmenvergleich zwischen § 226 und § 153
dafür, ein wesentliches Überwiegen des geschützten Interesses zu bejahen. –
Im **Fall 4b** verschieben sich die Gewichte, wie die dem § 226 entsprechende
Einstufung des § 154 als Verbrechenstatbestand zeigt. Von daher ist es zwar
nicht unbedingt notwendig, aber jedenfalls vertretbar, bei einem Meineid das
wesentliche Überwiegen zu verneinen. – Zur weiteren Lösung unten Rn. 55.

VI. Angemessenheit des Mittels

1. Grundlagen

Die Angemessenheitsklausel mit den im Folgenden erörterten – sich   **48**
teilweise überschneidenden – Fallgruppen hat eine ähnlich einschränkende Funktion wie die Stufe der Gebotenheit bei der Notwehr (vgl.
§ 18 Rn. 54 ff.). Meinungsverschiedenheiten bestehen darüber, ob einerseits etwa die oben bei den weiteren Abwägungsfaktoren einge-
ordneten Gefahrtragungspflichten (Rn. 37) eher zur Angemessenheit
gehören oder andererseits die hier als Fallgruppen der Angemessenheitsklausel behandelten Einschränkungen nur konkretisierende und

186   4. Kapitel. Die Rechtswidrigkeit

daher bei der Interessenabwägung zu erörternde Abwägungsfaktoren darstellen.

49   In der **Fallbearbeitung** braucht der Studierende die Einordnung nicht zu begründen. Die Arbeit mit einer eigenständigen Angemessenheitsklausel entspricht dem Willen des Gesetzgebers und empfiehlt sich auch deshalb, weil sich dadurch eine klarere Struktur des § 34 ergibt (BT-Drs. V/4095, S. 15; MüKo/*Erb*, § 34 Rn. 174 ff.; a. A. etwa Sch/Sch/*Perron*, § 34 Rn. 46 f.).

50   Was die anschließend angesprochenen verschiedenen Fallgruppen der Angemessenheitsklausel betrifft, so verdienen vor allem die Fragen des Nötigungsnotstandes und der Blutspende-Fall (Rn. 59 ff.) Beachtung.

2. Fallgruppen

51   **a) Nötigungsnotstand.** Von einem solchen Notstand spricht man, wenn ein Dritter mittels einer Nötigung (§ 240) eine gegenwärtige Gefahr hervorruft, durch die der Genötigte zu einem Eingriff in Rechtsgüter Unbeteiligter gezwungen werden soll. Verhältnismäßig häufig kommt die Bedrohung von Zeugen vor (**Fall 4a/b**). Umstritten ist, inwieweit sich in derartigen Fällen der Genötigte auf § 34 berufen kann, sofern dessen sonstige Voraussetzungen erfüllt sind. Die Anwendung des § 34 hätte zur Folge, dass der betroffene Unbeteiligte wegen der Rechtmäßigkeit des Angriffs keine Notwehr üben dürfte. Im Wesentlichen werden **drei Ansichten** vertreten:

52   Eine Meinung, die als **Rechtfertigungslösung** gekennzeichnet werden kann, will § 34 uneingeschränkt anwenden. Sie stützt sich auf den Wortlaut, der keine Einschränkung erkennen lasse, sowie darauf, dass der Notstandstäter auch als ein genötigter Täter die Solidarität der Rechtsgemeinschaft, d. h. die Opferbereitschaft unbeteiligter Dritter, verdiene.

Frister, AT, 17/18 ff.; *Baumann/Weber/Mitsch*, AT, § 17 Rn. 80 f.; *Stratenwerth/Kuhlen*, AT, § 9 Rn. 105; *Brand/Lenk*, JuS 2013, 883 ff.

53   Der Rechtfertigungslösung widerspricht die in der Literatur wohl noch überwiegende und als **Entschuldigungslösung** charakterisierbare Ansicht. Diese Meinung hält nur eine Entschuldigung für möglich. Sie verweist den Notstandstäter auf § 35 und macht erstens geltend, dass er, wenn auch gezwungenermaßen, bewusst auf die Seite des Unrechts trete. Gewichtiger ist das zweite Argument: Würde man nämlich den Genötigten rechtfertigen, so nähme man einem unbeteiligten Eingriffsopfer, das von dem dazu Genötigten z. B. verprügelt werden soll, in nicht unbedingt einleuchtender Weise die Not-

§ 19. Rechtfertigender Notstand   187

wehrbefugnis. Drittens schließlich wird gegen die Rechtfertigungslösung eingewandt, sie führe im Falle der Nötigung zur Begehung von eigenhändigen Delikten dazu, dass es der – als mittelbarer Täter nicht erfassbare (vgl. § 10 Rn. 30) – nötigende Hintermann selbst in der Hand habe, auch seine Bestrafung als Anstifter (§ 26) auszuschließen, indem er durch möglichst gravierende Drohungen die Voraussetzungen für eine Rechtfertigung der erzwungenen Tat schaffe (vgl. Rn. 55 zu Fall 4a).

Für diese Ansicht jeweils m. w. N. *Sch/Sch/Perron*, § 34 Rn. 41b; *W/Beulke/Satzger*, AT, Rn. 443; *Kühl*, AT, § 8 Rn. 127 ff.

Zustimmung verdient eine **differenzierende Lösung**. Gegen den **54** Gedanken einer reinen Entschuldigungslösung spricht, dass § 35 bezüglich der geschützten Rechtsgüter sowie der einbezogenen dritten Personen enger als § 34 ist (vgl. § 26 Rn. 5 ff.). So erfasst § 35 nicht den Fall, dass jemand genötigt wird, eine Sachbeschädigung zu begehen, um das Leben einer ihm nicht nahestehenden Person zu retten. Gegen die pauschale Rechtfertigungslösung ist einzuwenden, dass sie die Solidaritätspflicht des Unbeteiligten zu weit zieht und ihm das Notwehrrecht auch in Fällen nimmt, in denen ihm Solidarität nicht mehr zugemutet werden kann. Diese Zumutbarkeitsgrenze wird bei gravierenden Beeinträchtigungen von Individualrechtsgütern, also insbesondere dann überschritten, wenn der Genötigte veranlasst werden soll, das Leben des Unbeteiligten oder dessen körperliche Unversehrtheit oder Freiheit erheblich zu beeinträchtigen. In solchen Fällen ist daher unabhängig vom Ausmaß der Nötigung stets ein wesentliches Überwiegen des geschützten Interesses und damit – im Ergebnis mit der Entschuldigungslösung übereinstimmend – eine Rechtfertigung zu verneinen.

Auf dem Boden der hier vertretenen Ansicht ist auch in Nötigungsnotstands-Konstellationen, in denen auf der Seite des geschützten Interesses ein hoher Sachwert und auf der Seite des beeinträchtigten Interesses eine leichte Körperverletzung steht (vgl. Rn. 31), § 34 anzuwenden (a. A. *Bünemann/Hömpler*, Jura 2010, 185 ff., die analog § 35 entschuldigen wollen). – Zu den zunehmenden Stimmen, die – mit Unterschieden im einzelnen – eine differenzierende Lösung befürworten siehe *Roxin*, AT I, § 16 Rn. 67 ff.; NK/*Neumann*, § 34 Rn. 53 ff.; SSW/*Rosenau*, § 34 Rn. 30; MüKo/*Erb*, § 34 Rn. 146 f.; *Kaspar*, AT, Rn. 325 ff. – Falllösungen zum Nötigungsnotstand bei *Seier*, JuS 1994, L 92 ff.; *Swoboda*, Jura 2007, 228; *Kühl*, JuS 2007, 746 f.

Im **Fall 4a** (dazu schon Rn. 17, 24, 47) hat bei der Strafbarkeit der M gemäß **55** § 153 die Prüfung des § 34 ergeben, dass das geschützte Interesse wesentlich

188   4. Kapitel. Die Rechtswidrigkeit

überwiegt. Daher muss man sich der Streitfrage um den Nötigungsnotstand stellen. Nach der Rechtfertigungslösung greift zugunsten der M § 34 ein. Zum selben Ergebnis gelangt die hier befürwortete differenzierende Ansicht, weil M nicht gezwungen wird, in Individualrechtsgüter Dritter einzugreifen. Nach der entschuldigenden Lösung ist die Falschaussage der M „nur" gemäß § 35 I 1 zu entschuldigen; eine Ausnahme ergibt sich auch nicht aus § 35 I 2. Entsprechend verläuft die Prüfung der §§ 258, 22 durch M. – Z erfüllt § 240 und § 241 (i. V. m. § 226). Im Übrigen scheidet bei Z die Begehung des § 153 in mittelbarer Täterschaft aus, da es sich um ein eigenhändiges Delikt handelt (unten § 41 Rn. 1). Gemäß den §§ 153, 26 kann Z allein auf dem Boden der entschuldigenden Lösung bestraft werden, da nach ihr eine rechtswidrige Haupttat vorliegt. Wegen der Beteiligung an den §§ 258, 22 bleibt Z straflos (§ 258 V). – Ähnliche Falllösung bei *Müller*, Jura 2005, 641 f.

Im **Fall 4b** stellt sich bei M die Streitfrage zum Nötigungsnotstand nicht, wenn man schon das wesentliche Überwiegen verneint (vgl. Rn. 47). Entscheidet man sich anders, so verläuft die Lösung – mit § 154 anstatt § 153 – parallel zum Fall 4a.

56   **b) Einkalkulierte Folge einer gesetzlichen Regelung.** Insbesondere der wirtschaftlichen Betätigungsfreiheit sind vielfältige Grenzen z. B. durch arbeits-, steuer-, wirtschafts- und umweltrechtliche Vorschriften gesetzt. Damit verbundene Belastungen müssen hingenommen und dürfen nicht etwa bei drohenden Arbeitsplatzverlusten oder Insolvenzen unter Berufung auf § 34 umgangen werden. Für vom Gesetzgeber nicht einkalkulierte Gefahrenlagen etwa infolge von Unglücken und Unfällen gelten selbstverständlich die normalen Regeln (MüKo/*Erb*, § 34 Rn. 181 ff.; Sch/Sch/*Perron*, § 34 Rn. 35).

57   **c) Rechtlich geordnete Verfahren.** Die Angemessenheit einer Notstandstat entfällt ferner, wenn die Rechtsordnung für die Abwendung der gegenwärtigen Gefahr ein rechtlich geordnetes Verfahren vorsieht. Wer, jeweils zu Unrecht, einer Straftat verdächtigt wird, Untersuchungshaft erleidet, in allen Instanzen verurteilt wird und auch keinen Erfolg mit Wiederaufnahmeverfahren hat, ist stets auf die vorgesehenen Rechtsbehelfe zu verweisen; am Ende muss er die unberechtigte Sanktion hinnehmen und kann allenfalls noch auf eine Begnadigung hoffen. Stellt das Gesetz Genehmigungs-, Erlaubnis-, Verwaltungsverfahren usw. bereit, sind diese dafür geschaffen, etwaige Notlagen zu regeln, und stehen einer Berufung auf § 34 auch dann entgegen, wenn die Genehmigung rechtswidrig versagt, der Prozess zu Unrecht verloren oder das Verfahren erst gar nicht in Anspruch genommen wurde (Sch/Sch/*Perron*, § 34 Rn. 41; *Kühl*, AT, § 8 Rn. 177 f.; *Roxin*, AT I, § 16 Rn. 51 ff.).

§ 19. Rechtfertigender Notstand 189

Bedeutung hat dieser Punkt auch für die Frage, inwieweit § 34 auf **58** **hoheitliches Handeln** anwendbar ist. Grundsätzlich gilt insoweit das zu § 32 Gesagte entsprechend (§ 18 Rn. 95 f.). Soweit aber das Gesetz in Spezialvorschriften wie z. B. den StPO-Vorschriften zur Durchsuchung, Beschlagnahme, Telekommunikationsüberwachung und Verhaftung die Eingriffsgrenzen abschließend regelt, scheidet ein Rückgriff auf § 34 aus.

Vgl. BGHSt 34, 39, 51 f.; *Roxin*, AT I, § 16 Rn. 103 f.; *Kühl*, AT, § 8 Rn. 179 f.; Sch/Sch/*Perron*, § 34 Rn. 7.

d) Menschenwürde, Freiheitsrechte usw.. Nach h. M. muss die **59** Berufung auf § 34 versagt werden, wenn der Eingriff die Menschenwürde, unantastbare Freiheitsrechte oder fundamentale Wertprinzipien der Rechtsordnung verletzen würde. Paradebeispiel ist der

Blutspende-Fall: Für eine das Leben des K rettende Operation benötigt man dringend Blut einer seltenen Blutgruppe. In einer Kartei wird Blutspender S als geeigneter potentieller Spender ausfindig gemacht. Da S eine freiwillige Blutspende verweigert, wird er aufgesucht und ihm gewaltsam Blut abgenommen.

Unterstellt, dass freiwillige Spender und andere mildere Mittel **60** nicht zur Verfügung stehen, ergibt die Interessenabwägung (Leben gegen Freiheit und körperliche Unversehrtheit) zunächst ein wesentliches Überwiegen des geschützten Interesses. Von daher erscheint es vertretbar, eine Rechtfertigung gemäß § 34 zu bejahen. Dem ist jedoch mit der h. M. zu widersprechen. Die zwangsweise Blutentnahme – man stelle sich das Szenario bis hin zu einem gewaltsamen Abtransport zur Blutentnahme vor – verletzt unantastbare Freiheitsrechte und führt zu einer mit der Menschenwürde nicht vereinbaren Instrumentalisierung des menschlichen Körpers. Zudem sind mit Blick auf andere Körperteile Dammbrucheffekte zu befürchten.

Zur h. M. vgl. Sch/Sch/*Perron*, § 34 Rn. 41e m. w. N.; NK/*Neumann*, § 34 Rn. 118. – Zur § 34 bejahenden Gegenmeinung vgl. *Roxin*, AT I, § 16 Rn. 48 f., 92; *Baumann/Weber/Mitsch*, AT, § 17 Rn. 78; *Kühl*, AT, § 8 Rn. 169 ff.

Immerhin gibt es gute Gründe, eine Ausnahme von der strengen **61** Linie der h. M. anzuerkennen und innerhalb von engen Garantenbeziehungen die zwangsweise Blutspende zu rechtfertigen. Dafür spricht nicht nur der Gedanke des § 35 I 2 (vgl. § 26 Rn. 29), sondern auch die Erkenntnis, dass in der Weigerung etwa eines Vaters, durch

190   4. Kapitel. Die Rechtswidrigkeit

eine Blutspende das Leben seines eigenen Kindes zu retten, ein Angriff durch Unterlassen (§ 18 Rn. 15 ff.) liegen kann, der notwehr-
rechtlich die zwangsweise Blutentnahme erlaubt.

Zu dieser wachsenden Meinungsgruppe MüKo/*Erb*, § 34 Rn. 195; *W/
Beulke/Satzger*, AT, Rn. 320; LK/*Zieschang*, 12. Aufl., § 34 Rn. 68; Falllösung
bei *Stoffers/Murray*, JuS 2000, 986 ff., 990 f.

62   **e) Aufgabe der Sozialgemeinschaft.** Hier geht es um Zustände einer allgemeinen oder individuellen Armut, die – etwa durch Sozial-
hilfe – zu beheben in den Verantwortungsbereich der Sozialgemeinschaft fällt. Wo Hilfen nicht greifen, darf ein Betroffener zur
Behebung seiner Notlage nicht in Rechtsgüter Dritter eingreifen.

Beispiele: Wer nichts zum Essen hat, darf nicht stehlen, um seinen Hunger
zu stillen. Wem das Geld oder die Versicherung für eine lebensrettende Operation fehlt, der kann sich die Mittel nicht auf eigene Faust bei einem Reichen
beschaffen (vgl. *Heinrich*, AT, Rn. 427).

VII. Subjektives Rechtfertigungselement

63   Der von § 32 her schon bekannte Streit, ob für das subjektive
Rechtfertigungselement ein bloßer Rechtfertigungsvorsatz genügt
oder darüber hinaus eine besondere Rechtfertigungsabsicht erforderlich ist (§ 18 Rn. 103 ff.), wiederholt sich im Rahmen des § 34. Entsprechend dem Wortlaut des § 34 Satz 1 und parallel zu § 32 verdient
die Ansicht den Vorzug, die zumindest einen nicht ganz in den Hintergrund gedrängten zielgerichteten Rettungswillen verlangt.

Ebenso *BGH* NJW 1979, 2621, 2622; *Baumann/Weber/Mitsch*, AT, § 17
Rn. 84; *Otto*, AT, § 8 Rn. 180; LK/*Zieschang*, 12. Aufl., § 34 Rn. 45 ff.; NK/
Paeffgen, vor § 32 Rn. 100. – A. A. Sch/Sch/*Perron*, § 34 Rn. 48; MüKo/*Erb*,
§ 34 Rn. 201; *Stratenwerth/Kuhlen*, AT, § 9 Rn. 150; *Rönnau*, JuS 2009, 596.
– Auf keinen Fall ist eine pflichtgemäße Prüfung zu fordern (ganz h. M.;
Sch/Sch/*Perron*, § 34 Rn. 49 m. w. N.).

64   Zu den Folgen, wenn das Handeln des Täters objektiv durch § 34
gedeckt ist, aber das subjektive Rechtfertigungselement fehlt, oben
§ 17 Rn. 13 ff.

VIII. Sonstiges

In den Fällen eines (möglichen) Erlaubnistatbestandsirrtums über 65
§ 34 (vgl. Rn. 10, 30) muss man prüfen, ob der Täter sich irrtümlich
einen Sachverhalt vorstellt, der, wenn er vorläge, ihn gemäß § 34
rechtfertigen würde. Ist dies zu bejahen, so kann er aus dem Vorsatzdelikt nicht bestraft werden (näher unten § 30). Ist demgegenüber
§ 34 zu verneinen, glaubt der Täter aber trotzdem, gemäß § 34 gerechtfertigt zu sein, so unterliegt er einem (Verbots-)Irrtum über die
Grenzen des rechtfertigenden Notstands (unten § 31 Rn. 12f.).

Empfehlungen zur vertiefenden Lektüre:
Rechtsprechung: BGHSt 48, 255 (Tötung eines Familientyrannen); *BGH*
NJW 1979, 2053 (Schuss auf einen davonlaufenden, immer wieder auftauchenden Spanner).
Literatur: *Brand/Lenk*, Probleme des Nötigungsnotstands, JuS 2013,
883 ff.; *Bünemann/Hömpler*, Nötigungsnotstand bei Gefahr für nichthöchst-
persönliche Rechtsgüter, Jura 2010, 184 ff.; *Erb*, Der rechtfertigende Notstand,
JuS 2010, 17 ff., 108 ff.; *Jäger* (wie zu § 18), JA 2008, 678, 681 ff.; *Koch*, „Span-
ner-Fall" – Notstandslage bei Dauergefahr, Interessenabwägung im „Defensivnotstand", JA 2006, 806 ff.; *Kretschmer*, Der Begriff der Gefahr in § 34
StGB, Jura 2005, 662 ff.; *Schroeder*, Notstandslage bei Dauergefahr – BGH
NJW 1979, 2053, JuS 1980, 336 ff.

§ 20. Die zivilrechtlichen Notstände (§§ 904, 228 BGB)

Fall 1: Während eines Dorffestes kann B eine von dem wertvollen Rassehund R des E ausgehende drohende Gefahr allein dadurch abwehren, dass er
den Hund mit einem – dabei zerbrechenden – Bierkrug erschlägt. *Vier Varianten:* a) B selbst wird gefährlich angegriffen. b) Opfer des R ist der Hund
des B, eine kleine Promenadenmischung. c) R hat sich eine Jacke des B geschnappt und verteidigt sie knurrend. d) R setzt dazu an, dem B eine gekaufte
Wurst wegzuschnappen. → Rn. 8, 10
Fall 2: Im Fall 1d gehören Hund und Bierkrug dem Wirt W. Der Angriff
des Hundes geht auf einen Befehl des W zurück. → Rn. 11

I. Grundlagen

Die zivilrechtlichen Notstände der §§ 904, 228 BGB stellen Spe- 1
zialfälle des § 34 dar. Besonders deutlich zeigt sich dies beim aggressi-

192   4. Kapitel. Die Rechtswidrigkeit

ven Notstand (§ 904 BGB), der auch den Regelfall des § 34 bildet und so genannt wird, weil hier der Täter „aggressiv" in Rechtsgüter Unbeteiligter eingreift. § 904 BGB regelt den Bereich, in dem der Täter eine gegenwärtige Gefahr durch Eingriffe in fremdes Eigentum bekämpft. Ansonsten stimmen die Rechtfertigungsstrukturen des § 904 BGB mit denen des § 34 – insbesondere Notstandslage, Notstandshandlung und Interessenabwägung – überein; nur der Sprachgebrauch des (älteren) § 904 BGB weicht teilweise ab.

2   Der defensive Notstand (§ 228 BGB) wird so genannt, weil hier der Notstandstäter sich oder einen anderen gegen Gefahren verteidigt, die von Sachen drohen. § 228 BGB schließt von daher eine Lücke, die § 32 mit dem Erfordernis eines *menschlichen* Angriffs hinterlässt. Es handelt sich um einen speziellen – ebenfalls als „Sachwehr" oder „Verteidigungsnotstand" charakterisierten – Rechtfertigungsgrund für die Beschädigung oder Zerstörung von gefährlichen Sachen (vgl. *Jescheck/Weigend*, AT, § 33 II; *Kühl*, AT, § 9 Rn. 14, 16). Auch § 228 BGB und § 34 weisen die gleichen Strukturen auf; wiederum sollte man sich von Formulierungsunterschieden nicht verwirren lassen.

3   Aus dem Spezialcharakter der zivilrechtlichen Notstände folgt für die **Fallbearbeitung**, dass im Falle der Bejahung des § 904 oder § 228 BGB bezüglich § 34 eine eigenständige Erörterung nicht notwendig ist, sondern ein Hinweis auf die Spezialität des BGB-Notstandes genügt.

II. Der Aggressivnotstand (§ 904 BGB)

4

Aufbauschema Aggressivnotstand (§ 904 BGB)

I. **Objektive Rechtfertigungselemente**
1. **Notstandslage**
   Gegenwärtige Gefahr: entspricht der Notstandslage des § 34 (§ 19 Rn. 6 Schemapunkt I.1)
2. **Notstandshandlung**
   a) Einwirkung auf eine fremde Sache
   b) Einwirkung notwendig: entspricht der Erforderlichkeit des § 34 (§ 19 Rn. 6 Schemapunkt I.2.b)

3. Interessenabwägung
Drohender Schaden muss gegenüber entstehendem Schaden unverhältnismäßig groß sein: entspricht dem wesentlichen Überwiegen des § 34 (§ 19 Rn. 6 Schemapunkt I.3)
II. Subjektives Rechtfertigungselement
Rettungsabsicht

Das vorstehende Schema verdeutlicht die Parallelen mit § 34 und bedarf insoweit kaum der ergänzenden Erläuterung. Das die Interessenabwägung betreffende und etwas schwer verständliche „unverhältnismäßig groß" stimmt mit dem wesentlichen Überwiegen des § 34 jedenfalls dann überein, wenn man dafür ein qualifiziertes Überwiegen verlangt (vgl. § 19 Rn. 43). Auch im Übrigen ist dieses „unverhältnismäßig groß" im Lichte des § 34 zu interpretieren mit der Konsequenz, dass die im Rahmen des § 34 diskutierten Aspekte zur Interessenabwägung und Angemessenheitsklausel in den § 904 BGB hineinzuinterpretieren sind (MüKo/*Erb*, § 34 Rn. 15 ff.; *Kindhäuser*, AT, § 17 Rn. 44; h.M.). Beim subjektiven Rechtfertigungselement (vgl. „zur" Abwendung ...) ist eine Rettungsabsicht im Sinne eines zielgerichteten Rettungswillens erforderlich (streitig; vgl. § 17 Rn. 11 f.; § 19 Rn. 63).

Beispiele: Typisch für § 904 BGB ist die schädigende Benutzung eines fremden Gegenstands in einer Notwehrsituation. Bedeutung hat auch die § 248b erfüllende Rettungsfahrt (dazu schon Fall 2 von § 19 Rn. 10, 46). § 904 BGB rechtfertigt ferner einen Wanderer, der in einen Schneesturm gerät und eine Hütte aufbricht (§ 303 I) sowie anschließend Holz verheizt (§ 242), um sich vor dem Erfrieren zu retten; bezüglich des Hausfriedensbruchs (§ 123) ist, da es um das Hausrecht geht, nicht § 904 BGB, sondern § 34 einschlägig (zu dem Fall vgl. *Krey/Esser*, AT, Rn. 580 ff.; *Roxin*, AT I, § 16 Rn. 109). Siehe ferner das Beispiel in § 17 Rn. 8.

III. Der Defensivnotstand (§ 228 BGB)

7 | **Aufbauschema Defensivnotstand (§ 228 BGB)**

I. Objektive Rechtfertigungselemente
   1. Notstandslage
      Von einer Sache ausgehende drohende Gefahr für irgend-ein Rechtsgut
   2. Notstandshandlung
      a) Beschädigung oder Zerstörung der gefährlichen Sache, die
      b) erforderlich ist (entspricht § 19 Rn. 6 Schemapunkt I.2.b)
   3. Interessenabwägung
      Schaden an der gefährlichen Sache darf nicht außer Verhältnis zu der drohenden Gefahr stehen: Die bedrohten Interessen können ein wesentlich geringeres Gewicht als der angerichtete Schaden haben
II. Subjektives Rechtfertigungselement
   Verteidigungsabsicht

8 Ergänzend ist zu bemerken, dass § 228 BGB bezüglich der Notstandslage den Begriff der gegenwärtigen Gefahr nicht aufgreift, sondern – dem Wortlaut nach weitergehend – eine drohende Gefahr genügen lässt. Eine Gefahr droht, wenn nach den tatsächlichen Umständen der Eintritt eines Schadens nahe liegt (vgl. ergänzend § 19 Rn. 9 ff.). Wichtig ist es vor allem, den Maßstab der Interessenabwägung („außer Verhältnis") richtig zu verstehen. Insoweit gilt im Vergleich mit § 904 BGB und § 34 ein gleichsam umgekehrter Proportionalitätsmaßstab, der mit der Notwehrähnlichkeit des § 228 BGB und der geringe(re)n Schutzwürdigkeit der gefahrbringenden Sache zusammenhängt: Das verteidigte geschützte Interesse kann ein wesentlich geringeres Gewicht haben, es darf nur nicht – wie im **Fall 1d** (Rn. 10) – außer jedem Verhältnis stehen. Das subjektive Rechtfertigungselement (vgl. „um" … abzuwenden) setzt eine Verteidigungsabsicht voraus (streitig; vgl. § 17 Rn. 11 f.; § 19 Rn. 63).

9 **Beispiele:** (1) Der Hauptfall des § 228 BGB betrifft die Abwehr von Tierangriffen (vgl. § 90a Satz 3 BGB). Weiter ist an die Zerstörung von Sachen zu

§ 20. Die zivilrechtlichen Notstände   195

denken, die um- oder einzustürzen drohen. Auch Sicherungsmaßnahmen gegen ein führerlos rollendes Kfz gehören hierher.

(2) Zur wichtigen Berücksichtigung des § 228 BGB bei einem durch Menschen ausgelösten Defensivnotstand siehe oben § 19 Rn. 38 ff.

IV. Falllösungen

Fall 1a vereinigt eine typische Konstellation des § 228 BGB (Tötung des   10
Hundes R) mit einer solchen des § 904 BGB (Zerstörung des Bierkrugs eines
Unbeteiligten). Ebenso ist im **Fall 1b** die Tötung des R gemäß § 228 BGB gerechtfertigt, obwohl der Rassehund R objektiv wesentlich wertvoller als die
Promenadenmischung des B sein dürfte; aber dieses Wertverhältnis steht nicht
außer Verhältnis, zumal bei der Interessenabwägung auch ideelle Interessen
wie die Beziehung zu einem Tier zu berücksichtigen sind (vgl. *OLG Koblenz*
NJW-RR 1989, 541; *Ernst*, ZJS 2011, 264 ff. mit Falllösung). **Fall 1c** und **Fall
1d** verdeutlichen bezüglich § 228 BGB die Grenzen dessen, was mit dem „außer Verhältnis ... steht" gemeint ist. Im **Fall 1c** (Jacke) liegt ein entsprechendes
Missverhältnis noch nicht vor, wohl aber bei der Wurst im **Fall 1d** (vgl. *OLG
Hamm* NJW-RR 1995, 279; *Roxin*, AT I, § 16 Rn. 111; *Kühl*, AT, § 9 Rn. 16;
Kindhäuser, AT, § 17 Rn. 46 f.). Was die Zerstörung des Bierkrugs betrifft, so
ist diese nur im **Fall 1d** nicht gemäß § 904 BGB gerechtfertigt, da die Wurst
keinen deutlich höheren Wert als der Bierkrug aufweist.

Im **Fall 2** ist weder § 228 noch § 904 BGB, sondern § 32 einschlägig, weil W   11
den Hund lenkt und ihm Hund und Bierkrug gehören; folglich greift die Verteidigung des B nur in Rechtsgüter des Angreifers ein. Fraglich könnte – unter
dem Aspekt des krassen Missverhältnisses – die Gebotenheit der Notwehr
sein (vgl. § 18 Rn. 57 ff.). Indes hat diese Fallgruppe nicht Konstellationen im
Blickfeld, in denen sich nur unterschiedlich hohe Sachwerte gegenüberstehen.
Insoweit schränken schon die Maßstäbe des § 228 BGB die Verteidigung
kaum ein (vgl. Rn. 8 und Fall 1d). Dann muss im Rahmen der Notwehr, da
bei ihr der Angriff von einem Menschen ausgeht und der Angegriffene deshalb auch im Interesse der Rechtsbewährung handelt, das krasse Missverhältnis deutlich jenseits der Grenze liegen, die § 228 BGB zieht (vgl. LK/*Rönnau/
Hohn*, 12. Aufl., § 32 Rn. 233). Bei der Kollision von Sachwerten wie im Fall 2
kann ein solches Missverhältnis nicht festgestellt werden. Daher ist die Tötung
des Hundes nach § 32 gerechtfertigt.

Empfehlungen zur vertiefenden Lektüre:
Literatur: *Erb*, Der rechtfertigende Notstand, JuS 2010, 17 ff.

§ 21. Die zivilrechtlichen Selbsthilferechte

Fall 1: D hat den „Schönfelder" des E gestohlen. Fünf Stunden später findet E zufällig in der Bibliothek am Arbeitsplatz des D seinen Schönfelder wieder. Da der zur Rede gestellte D einen Diebstahl bestreitet, muss E mit etwas körperverletzender Gewalt nachhelfen, um wieder in den Besitz seiner Gesetzessammlung zu kommen. → Rn. 1, 15

Fall 2: a) F setzt sich ohne Zahlungswillen in ein Taxi. Als der Taxifahrer T am Ende der Fahrt den Fahrpreis in Höhe von 20 € verlangt, läuft F davon. T setzt dem F nach, bekommt ihn zu fassen, dreht ihm schmerzhaft den Arm um und fordert die Bekanntgabe der Personalien. Da F sich weigert, hält T ihn so lange fest, bis die benachrichtigte Polizei eintrifft. b) *Variante:* T kennt Namen und Anschrift des F. Trotzdem hält er ihn wie beschrieben fest, um ihn der Polizei zu übergeben. → Rn. 1, 7, 8, 17, 18

Fall 3: Der unbekannte Gast G hat in dem Restaurant des R bei der Kellnerin K eine Portion Gänsebrust zum Preis von 16 € bestellt. Nachdem K serviert hat, erklärt G, die Portion sei zu klein. K bestreitet dies. G ist nicht bereit, sich auf Diskussionen einzulassen, und steht auf, um das Lokal ohne Bezahlung zu verlassen. K stellt sich in den Weg und hält G am Arm und an seiner Kleidung vorübergehend mit Erfolg fest. Ihr kommt es darauf an, den Preis für die Gänsebrust zu kassieren. Durch einen ruckartigen, für K schmerzhaften Stoß kann sich G befreien und verschwindet. → Rn. 9, 26

I. Das Selbsthilferecht der §§ 229, 230 BGB

1. Grundlagen und Aufbaufragen

1 Die zivilrechtlichen Selbsthilferechte haben zumindest notwehrähnlichen Charakter. Die Notwehrersatzfunktion der §§ 229, 230 BGB zeigt sich vor allem in den Fällen, in denen der bestohlene Eigentümer nach Beendigung der Tat dem Dieb mit der gestohlenen Sache begegnet (**Fall 1**). Eine andere wichtige Fallgruppe betrifft das Festhalten von fluchtverdächtigen unbekannten Personen, die Zahlungsansprüche nicht erfüllen (**Fall 2a**).

In der **Fallbearbeitung** ist zu beachten, dass sich der Schuldner gegen eine erlaubte Selbsthilfe nicht wehren darf. Leistet er dennoch z. B. gegen eine erlaubte Wegnahme Widerstand, so wird darin in der Regel ein das Notwehrrecht auslösender gegenwärtiger Angriff liegen (vgl. *BGH* NStZ 2012, 144; erg. § 18 Rn. 28).

2 Für das Verständnis der §§ 229, 230 BGB und die Erfassung ihrer Reichweite sind drei Punkte wichtig:

§ 21. Die zivilrechtlichen Selbsthilferechte   197

(1) Soweit man in der Nichterfüllung zivilrechtlicher Ansprüche einen rechtswidrigen Angriff durch Unterlassen sehen kann, haben die §§ 229, 230 BGB gegenüber § 32 Vorrang (vgl. bereits § 18 Rn. 18). Man denke an einen Dieb, der nach nicht mehr frischer Tat dem Eigentümer die gestohlene Sache nicht herausgibt oder an einen von Anfang an zahlungsunwilligen anonymen Lokalbesucher oder Fahrgast, der am Ende die Rechnung nicht bezahlt. Solche Angriffe sind nicht notwehrfähig, weil andernfalls die Schranken des Selbsthilferechts unterlaufen würden. Daran ändert sich auch dann nichts, wenn der Eigentümer den Dieb später beim schlichten Gebrauch der Sache – z. B. eines gestohlenen Fahrrads – ertappt; hierin liegt keine selbstständige Eigentumsverletzung, die das Notwehrrecht neu auslösen könnte.

(2) Das Selbsthilferecht gestattet keine eigenmächtige Befriedigung des zivilrechtlichen Anspruchs, sondern nur seine vorläufige Sicherung (vgl. § 230 BGB). 3

(3) Anders als § 127 StPO, an den in Selbsthilfefällen ebenfalls zu denken ist (vgl. Rn. 8, 17, 18), setzt § 229 BGB keinen Zusammenhang mit der Begehung einer Straftat voraus. 4

Einen Überblick über die Struktur verschafft das folgende 5

Aufbauschema zur Selbsthilfe (§§ 229, 230 BGB)

I. **Objektive Rechtfertigungselemente**
  1. **Selbsthilfelage**
    a) Fälliger und einredefreier zivilrechtlicher Anspruch
    b) Keine rechtzeitige obrigkeitliche Hilfe
    c) Gefährdung der Anspruchsverwirklichung
  2. **Selbsthilfehandlung**
    a) Insbesondere Wegnahme einer Sache oder Festnahme des fluchtverdächtigen Verpflichteten
    b) Erforderlichkeit
II. **Subjektives Rechtfertigungselement**
  Selbsthilfeabsicht (vgl. „zum Zwecke"); streitig

---

2. Selbsthilfelage

a) Fälliger Anspruch. Es muss sich um einen **durchsetzbaren, einredefreien Anspruch** handeln, der in den typischen Fällen die He- 6 rausgabe einer weggenommenen Sache oder eine Geldforderung zum Gegenstand hat.

7 **Beispiele:** Ein Fahrgast bezahlt die Taxifahrt nicht (**Fall 2**; vgl. *OLG Düsseldorf* NJW 1991, 2716; *AG Grevenbroich* NJW 2002, 1060); Kontrolleure ertappen einen Schwarzfahrer (*Schauer/Wittig*, JuS 2004, 107 ff.; *D./I. Sternberg-Lieben*, JuS 2002, 576, 578 f.); ein Gastwirt stellt einen Zechbetrüger beim heimlichen Verlassen des Lokals; ein Autofahrer wird beim „Schwarztanken" erwischt (*Krüger*, NZV 2003, 218 ff.); ein im Rahmen eines Handgemenges Geschädigter möchte seinen Schadensersatzanspruch aus § 823 I BGB durchsetzen (*BGH* NStZ 2012, 144).

8 **Beachte:** Bezüglich § 229 BGB kommt es nur auf das Bestehen eines privatrechtlichen Anspruchs und nicht darauf an, ob der Schuldner zuvor wie im **Fall 2a** eine Straftat (§ 263) begangen hat. So würde sich im Fall 2a an dem Selbsthilferecht des T nichts ändern, wenn F den Entschluss zur Nichtzahlung erst nach der Fahrt gefasst und deshalb keinen Betrug begangen hätte. Soweit eine Straftat zur Debatte steht, muss zusätzlich an die Prüfung des § 127 I 1 StPO gedacht werden (vgl. unten § 22 insbesondere Rn. 2, 23).

9 Für die Reichweite des Selbsthilferechts hat ferner der **Auskunftsanspruch** erhebliche Bedeutung, den der Gläubiger gegen einen unbekannten und zahlungsunwilligen Schuldner hat. Dieser selbsthilfetaugliche Anspruch ergibt sich als Nebenanspruch aus dem Vertragsverhältnis und richtet sich auf Bekanntgabe der Personalien. Er besteht auch, wenn die Parteien über die Existenz oder die Höhe der Forderung – z. B. eines Gastwirts (**Fall 3**) oder eines Taxifahrers – streiten und der beanspruchte Schuldner sich der Klärung entziehen will (*BayObLG* NJW 1991, 934, 935; *AG Grevenbroich* NJW 2002, 1060, 1061).

10 Umgekehrt folgt daraus: Kennt der Gläubiger die Personalien des zahlungsunwilligen Schuldners, so verfügt er über alle Informationen, um den Anspruch mit Hilfe der Gerichte durchsetzen zu können. Weitergehende Befugnisse gewähren die §§ 229, 230 BGB normalerweise nicht. Nur in Ausnahmefällen kommt – um die tatsächlichen Voraussetzungen für eine Zwangsvollstreckung nach der Erlangung eines Vollstreckungstitels zu sichern – als weitere Sicherungsmaßnahme insbesondere die Anordnung eines dinglichen Arrests in Betracht (dazu noch Rn. 13 f.).

11 **b) Vorrang obrigkeitlicher Hilfe.** Obrigkeitliche, d. h. staatliche Hilfe hat Vorrang; dazu gehören namentlich Maßnahmen des einstweiligen Rechtsschutzes und Zwangsvollstreckungstätigkeiten.

c) Gefährdung der Anspruchsverwirklichung. Eine solche Ge- 12
fährdung liegt in der Regel vor, wenn es um die Herausgabe gestohle-
ner Sachen durch den Dieb geht, ferner dann, wenn der Schuldner
sich ins Ausland absetzen oder wesentliche Teile seines Vermögens
beiseiteschaffen will oder seine Personalien unbekannt sind. Nachteile und Risiken, die das Gesetz einkalkuliert und der Gläubiger daher zu tragen hat (drohende Insolvenz, Insolvenzverfahren, Dauer
des regulären gerichtlichen Rechtsschutzes), berechtigen nicht zur
Selbsthilfe. Auch in drohenden Beweisschwierigkeiten liegt keine wesentliche Erschwerung der Anspruchsverwirklichung (BGHSt 17,
328, 331).

3. Selbsthilfehandlung

Die in Betracht kommenden Selbsthilfehandlungen sind in § 229 13
BGB genannt. Erforderlich (§ 230 I BGB) ist das mildeste zur Verfügung stehende Mittel, das die Gefahr abwendet und insoweit die Anspruchsverwirklichung sichert. Von einem unbekannten Schuldner
kann der Geschädigte zur eventuellen gerichtlichen Klärung des Anspruchs die Bekanntgabe der Personalien verlangen. Will sich dem
der Schuldner insbesondere durch Flucht entziehen, so darf ihn der
Geschädigte vorübergehend festhalten, um – ggf. bis zum Eintreffen
polizeilicher Hilfe – die Identifizierung mit Namen und ladungsfähi-
ger Anschrift zu ermöglichen (erg. Rn. 16). Zur Sicherung einer
Geldforderung kommt auch die Möglichkeit in Betracht, eine dem
Schuldner gehörende – pfändbare – Sache wegzunehmen; doch setzt
dies gemäß § 230 II BGB die – regelmäßig nicht gegebene (Rn. 14) –
Zulässigkeit des dinglichen Arrests voraus.

Darüber hinaus nimmt der *BGH* offenbar an, dass der Geschädigte
eine Sache auch als bloßes Druckmittel wegnehmen darf, das den
fluchtverdächtigen Schuldner bis zur Feststellung seiner Personalien
am Weglaufen hindern soll (*BGH* NStZ 2012, 144 mit zust. Anm.
Grabow). Das ist mit Blick auf § 230 II BGB nicht unproblematisch,
lässt sich aber mit dem Gedanken des im Vergleich zum Festhalten
milderen Mittels begründen und verschafft dem Gläubiger eine dem
Sinn und Zweck der Selbsthilfe entsprechende weitere Identifizie-
rungsmöglichkeit, die nicht eine oft schwer realisierbare Festnahme
erfordert (*Grabow*, NStZ 2012, 146). Folgt man dem, so kann sich
unter Umständen auch ein Bauer auf § 229 BGB berufen, der das
Fahrrad eines Kirschendiebes auf seinen Traktor lädt und damit zur

200   4. Kapitel. Die Rechtswidrigkeit

Polizei fährt (Südkurier vom 29.6.2011). – Zum Ganzen vgl. Staudinger/*Repgen*, BGB, 2009, § 229 Rn. 29 ff., 35; § 230 Rn. 1 ff.

In Bezug auf die mit der Wegnahme und insbesondere mit einer Festnahme verbundenen mehr oder weniger notwendigen Beeinträchtigungen (Freiheitsberaubung, Nötigung, leichte Körperverletzung) decken sich die Grenzen des Erlaubten mit denen des § 127 I 1 StPO (unten § 22 Rn. 15 ff.).

14   Den vorläufigen Charakter der Selbsthilfe verdeutlichen die Rechtfertigungsschranken des § 230 II, III BGB. § 230 II BGB gebietet, entweder die Zwangsvollstreckung zu erwirken (was einen Vollstreckungstitel voraussetzt) oder gemäß den §§ 916, 917, 920 ZPO den dinglichen Arrest zu beantragen, dessen Anordnung bei Geldforderungen die drohende Verschlechterung der Vermögenslage verlangt (§ 917 ZPO). Diese Voraussetzungen werden in der Regel nicht vorliegen. Umstritten ist, ob auf den dinglichen Arrest ausnahmsweise verzichtet werden kann, wenn der Berechtigte dem Dieb die Sache wieder abnimmt. Dagegen spricht zwar, dass auch in solchen Fällen der Anspruch zweifelhaft sein kann und die Schaffung vollendeter Tatsachen dem Sinn und Zweck der Selbsthilfe widerspricht. Von diesem Standpunkt aus müsste der bestohlene und über die Rückgewinnung frohe Eigentümer mit seiner wiedererlangten Sache unverzüglich (§ 230 IV BGB) zum Amtsgericht gehen. An eine solch lebensfremde Forderung wird er in der Regel nicht denken. Daher sollte darauf verzichtet werden (a. A. MüKo-BGB/*Grothe*, § 230 Rn. 2 m. w. N.).

15   Im **Fall 1** kann sich E bezüglich der §§ 223 I, 240 I nicht auf § 32 berufen, da der Diebstahl des D beendet und dieser Angriff nicht mehr gegenwärtig ist. Der etwaige in der Verweigerung der Herausgabe liegende Angriff ist nicht notwehrfähig. Genauso scheidet § 859 II BGB mangels frischer Tat aus. So bleibt nur das Selbsthilferecht der §§ 229, 230 BGB. Da E einen gefährdeten Herausgabeanspruch hat (§ 985 BGB), der auch mit einfacher körperlicher Gewalt durchgesetzt werden darf, ist allein die Geltung des § 230 II BGB fraglich. Insoweit sollte richtigerweise die Rechtfertigung des E nicht von seinem fernliegenden Willen abhängen, den Schönfelder erst einmal dem dinglichen Arrest zuzuführen. In diesem Ausnahmefall gestattet das Selbsthilferecht eine eigenmächtige Befriedigung.

16   Für das vorübergehende Festhalten eines unbekannten Schuldners zwecks Personalienfeststellung hat die Schranke des § 230 III BGB (i. V. m. den §§ 916, 918, 920 ZPO) keine Bedeutung. Dafür spricht schon der Wortlaut des § 230 III BGB, der den Fall nicht erfasst,

§ 21. Die zivilrechtlichen Selbsthilferechte

dass der Festgenommene „wieder in Freiheit gesetzt" werden soll. Außerdem würde sonst der Auskunftsanspruch leerlaufen (zutreffend *Schauer/Wittig*, JuS 2004, 109 f.; *D./I. Sternberg-Lieben*, JuS 2002, 578 f.; *Schreiber*, Jura 1997, 35).

Im **Fall 2a** verwirklicht F § 263. Sein Angriff auf T's Vermögen, der ausschließlich auf die Vereitelung des Zahlungsanspruchs gerichtet ist, hat keine Notwehrrelevanz. T kann sich daher bezüglich seiner Taten (§§ 223 I, 239 I, 240, 22) nur auf § 229 BGB stützen, dessen Merkmale erfüllt sind und dessen Grenzen er einhält. Ob die – kaum einmal vorliegenden – Voraussetzungen für den persönlichen Sicherheitsarrest (§ 230 III BGB) erfüllt sind, spielt für das bloße Festhalten zur Feststellung der Personalien keine Rolle. Nimmt man an, dass T den F auch der Strafverfolgung zuführen will, sind die Taten ferner gemäß § 127 I 1 StPO gerechtfertigt (vgl. § 22 Rn. 23). **17**

Im **Fall 2b** sind dem T die Personalien bekannt. Demnach scheidet § 229 BGB aus; etwaige mit dem Festhalten erstrebte Beweiserleichterungen hinsichtlich der späteren Durchsetzung des Anspruchs schützt § 229 BGB nicht. Es bleibt nur die mögliche Rechtfertigung gemäß § 127 I 1 StPO. **18**

4. Subjektives Rechtfertigungselement

Entsprechend der zu § 32 und § 34 vertretenen Ansicht (§ 18 Rn. 103 ff.; § 19 Rn. 63) und dem Wortlaut des § 229 BGB („zum Zwecke") ist eine Selbsthilfeabsicht im Sinne eines zielgerichteten Wollens erforderlich. **19**

II. Die Selbsthilferechte des § 859 BGB

§ 859 I BGB (Besitzwehr) und **§ 859 II BGB** (Besitzkehr bei beweglichen Sachen) haben gegenüber § 32 kaum eigenständige Bedeutung. Denn bei der Besitzwehr liegt in der verbotenen Eigenmacht (§ 858 I BGB) ein gegenwärtiger rechtswidriger Angriff auf die Sache. Und bei der Besitzkehr hat man es, solange die Tat – Wegnahme mittels verbotener Eigenmacht – frisch ist, mit einem noch andauernden, also ebenfalls noch gegenwärtigen Angriff im Sinne des § 32 zu tun. Im Übrigen gelten die Grenzen des Notwehrrechts auch für § 859 I, II BGB. **20**

In der **Fallbearbeitung** ist daher neben § 32 die Bedeutung des § 859 I und II BGB gering, so dass diesbezüglich ein kurzer Hinweis genügt. Einen über § 32 hinausgehenden Anwendungsbereich hat § 859 II BGB nur, wenn man der Ansicht des *OLG Schleswig* folgt, wonach eine erst nach 30 Minuten ent- **21**

202   4. Kapitel. Die Rechtswidrigkeit

deckte Wegnahme noch „frisch" sein soll (*OLG Schleswig* NStZ 1987, 75; a. A. *Hellmann*, NStZ 1987, 455 ff.; *Zieschang*, Knemeyer-FG, 2012, S. 454 f.).

22   **§ 859 III BGB** (Besitzkehr bei Grundstücken) betrifft Fälle, in denen sich jemand durch verbotene Eigenmacht Besitz oder Teilbesitz an einem Grundstück verschafft hat.

> **Beispiele:** Ein Vermieter räumt in Abwesenheit des Mieters die vermietete Wohnung aus und versperrt die Zugänge. Obdachlose beziehen eigenmächtig ein leerstehendes Haus. Autos/Fahrräder werden unerlaubt auf fremden Grundstücken abgestellt. – Hier darf sich der Selbsthilfeberechtigte innerhalb der zeitlichen Grenzen des „sofort" den (uneingeschränkten) Besitz eigenmächtig wieder verschaffen und handelt gerechtfertigt, soweit dazu die Begehung von Straftaten erforderlich ist.

23   Das „sofort" versteht man nicht zu eng und bedeutet nicht unverzüglich, sondern so schnell wie nach objektiven Maßstäben möglich (*LG Frankfurt a.M.* NJW-RR 2003, 311; Palandt/*Bassenge*, § 859 BGB Rn. 4). Danach kann die erst nach 14 Tagen erfolgende Entsetzung aus einer besetzten Wohnung in der Regel nicht mehr gemäß § 859 III BGB gerechtfertigt werden. Es verbleiben nur die begrenzten Möglichkeiten des allgemeinen Selbsthilferechts der §§ 229, 230 BGB.

24   Wenig erörtert wird die Frage, ob die grundsätzlich zutreffende Annahme, dass § 32 neben den Besitzschutzvorschriften Anwendung findet (LK/*Rönnau/Hohn*, 12. Aufl., § 32 Rn. 87), auch für das Verhältnis des § 32 zu § 859 III BGB gilt (bejahend *Hellmann*, NStZ 1987, 456). Die Zubilligung einer Notwehrbefugnis könnte die Wertungen des § 859 III BGB unterlaufen. Denn in den obigen Beispielen lässt sich sowohl in der – die „Sofort-Grenze" überschreitenden – andauernden Besitzstörung als auch in dem als Dauerdelikt verwirklichten Hausfriedensbruch der Obdachlosen jeweils ein gegenwärtiger, rechtswidriger Angriff im Sinne des § 32 sehen (vgl. MüKo/*Erb*, § 32 Rn. 92, 112). So betrachtet wäre etwa der Grundstückseigentümer dazu legitimiert, unabhängig von den zeitlichen Grenzen den § 859 III BGB gegen die Hausbesetzer im Wege der Notwehr vorzugehen. Dagegen spricht freilich, dass § 859 III einen speziellen Fall der Selbsthilfe regelt und außerhalb seines Regelungsbereichs unverändert die §§ 229, 230 BGB gelten (MüKo-BGB/*Joost*, § 859 Rn. 12). Dann bleibt es aber auch bei Räumungsansprüchen bei dem schon festgestellten Vorrang der §§ 229, 230 BGB gegenüber § 32 (oben Rn. 3 und § 18 Rn. 18).

§ 21. Die zivilrechtlichen Selbsthilferechte 203

Als **sonstige Selbsthilferechte** sind vor allem noch das Selbsthilfe- 25
recht des Vermieters (§ 562b BGB), des Verpächters (§ 592 Satz 4
i. V. m. § 562b BGB) und des Gastwirts (§ 704 Satz 2 i. V. m. § 562b
BGB) zu nennen.

Fall 3 hat den vieldiskutierten „Gänsebrust-Fall" zum Gegenstand. (1) 26
Strafbarkeit der K: Sie erfüllt den objektiven und subjektiven Tatbestand des
§ 240 I. Was ihre Rechtfertigung gemäß § 32 betrifft, so kann man zwar in der
Nichtzahlung seitens des unbekannten G, soweit der Anspruch besteht, einen
gegenwärtigen Angriff auf das Vermögen erblicken, doch haben insoweit bezüglich der Anspruchsrealisierung die §§ 229, 230 BGB Vorrang. Geht man
von einem existenten Zahlungsanspruch aus, so erlaubt das Selbsthilferecht
nur eine vorläufige Sicherung, und zwar in erster Linie in der Form der Personalienfeststellung. Die Abnahme von Geld wäre allenfalls zulässig, um den
dinglichen Arrest zu beantragen (§ 230 II BGB), dessen Voraussetzungen selten vorliegen dürften (vgl. Rn. 14). K will freilich beides nicht und ist deshalb
auch nicht gerechtfertigt. Hält man den Zahlungsanspruch für zweifelhaft, so
ergibt sich aus dem Vertragsverhältnis ein die Personalien betreffender selbst-
hilfefähiger Auskunftsanspruch, den K indes ebenso wenig geltend macht.
Also handelt sie rechtswidrig und auch verwerflich gemäß § 240 II, weil die
Rechtsordnung den Selbsthilfezweck missbilligt (a. A. *Otto*, JK 91, StGB vor
§ 32/2; vgl. *Rengier*, BT II, § 23 Rn. 61, 63). Da sie offenbar glaubt, im Recht
zu sein, gelangt man zu einem Bewertungsirrtum über die Grenzen des Selbsthilferechts, der gemäß § 17 als (vermeidbarer) Verbotsirrtum einzustufen ist
(vgl. § 31 Rn. 12 f., 17 ff.). – (2) **Strafbarkeit des G:** Seine Tat (§ 223 I) könnte
durch Notwehr gerechtfertigt sein. In der Nötigung durch K liegt ein gegenwärtiger und auch rechtswidriger Angriff, weil sie nicht durch Selbsthilfe gerechtfertigt ist. Doch könnte die Verteidigungshandlung des G nicht erforderlich sein. G kommt vertragswidrig seiner Mitwirkungspflicht bei der Klärung
der Rechtslage nicht nach. Von daher lässt sich in der freiwilligen Offenbarung
der Personalien ein milderes Mittel sehen (so *Joerden*, JuS 1992, 24 f.; *Duttge*,
Jura 1993, 422 f.). Vertretbar wäre es auch, auf Seiten des G von einer schuldhaften Notwehrprovokation ausgehen, die ihn verpflichtet, zunächst zu versuchen, dem Angriff durch Bekanntgabe seiner Personalien zu entgehen. Im Ergebnis ist G also nicht gemäß § 32 gerechtfertigt. – Zu diesem Fall vgl.
BayObLG NJW 1991, 934; *Schreiber*, Jura 1997, 33 ff.; *Otto*, JK 91, StGB
vor § 32/2; *Joerden*, JuS 1992, 23 ff.; *Duttge*, Jura 1993, 416 ff.

Empfehlungen zur vertiefenden Lektüre:
Rechtsprechung: *BGH* NStZ 2012, 144 (Wegnahme eines Mobiltelefons,
um ohne Festnahme die Identifizierung des Schuldners zu ermöglichen);
OLG Düsseldorf NJW 1991, 2716 und *AG Grevenbroich* NJW 2002, 1060
(Festhalten zahlungsunwilliger Fahrgäste durch Taxifahrer).
Literatur: *Hellmann*, Anm. zu *OLG Schleswig* NStZ 1987, 75, NStZ 1987,
455 ff.; *Schauer/Wittig*, Rechtfertigung des Fahrausweisprüfers nach § 127 I 1

StPO oder § 229 BGB?, JuS 2004, 107ff.; *Schreiber*, Die Rechtfertigungsgründe des BGB, Jura 1997, 29ff.

§ 22. Das Recht auf vorläufige Festnahme (§ 127 I 1 StPO)

Fall 1: Der als Ladendetektiv in einem Kaufhaus tätige D glaubt, beobachtet zu haben, wie der Kunde K einige CDs in seine Jackentasche gesteckt hat, ohne diese danach an der Kasse zu bezahlen. Daher stellt sich D hinter der Kasse K in den Weg, weist sich als Detektiv aus, äußert seinen Verdacht und bittet K, zur Klärung des Falles und zur Feststellung der Personalien mit in sein Büro zu kommen. Der größere und stärkere K widersetzt sich aber und ergreift die Flucht, kann aber von D eingeholt, zu Boden geworfen und dort fixiert werden. Dadurch erleidet K Blutergüsse am Körper; ferner wird seine Kleidung verschmutzt. *Drei Varianten:* a) K hat tatsächlich fünf CDs eingesteckt, um sie zu behalten. b) K hat in Wirklichkeit keine CDs eingesteckt; D konnte dies aber trotz sorgfältiger Beobachtung nicht erkennen, da sich K verdächtig wie ein Dieb verhielt. c) Dass K tatsächlich keine CDs entwendet hat, hätte D bei etwas mehr Aufmerksamkeit bemerken können. → Rn. 24

Fall 2: Im Fall 1b wehrt sich K mit Gewalt. Daraufhin versetzt D dem K einen Faustschlag ins Gesicht und kann dem benommenen K Handschellen anlegen. → Rn. 25

I. Grundlagen und Aufbaufragen

1   Anders als das Notwehr- und Selbsthilferecht, die eigene Interessen des Bürgers schützen, dient das Jedermann-Festnahmerecht des § 127 I 1 StPO allein dem öffentlichen Interesse an der Strafverfolgung und der Durchsetzung des staatlichen Strafanspruchs. Dieser Strafanspruch umfasst alle strafrechtlichen Rechtsfolgen, die an die Begehung einer Straftat geknüpft sind. Der Bürger nimmt hier – gleichsam stellvertretend für nicht anwesende Strafverfolgungsorgane – öffentliche Aufgaben wahr. Folglich verlangt das subjektive Rechtfertigungselement die (Mit-)Verfolgung dieses Festnahmeziels.

Beispiele: Wer Zeuge einer beliebigen Straftat, z. B. eines Körperverletzungs- oder Eigentumsdelikts, einer Unfallflucht oder Brandstiftung wird, darf den Straftäter gemäß § 127 I 1 StPO festnehmen, um ihn der Strafverfolgung zuzuführen.

2   Was das **Verhältnis** des § 127 I 1 StPO **zum Notwehr- und Selbsthilferecht** betrifft, so hat die Prüfung des § 32 und der §§ 229,

§ 22. Das Recht auf vorläufige Festnahme   205

230 BGB Vorrang. Im Übrigen ergeben sich Berührungspunkte mit dem Selbsthilferecht schon wegen der parallelen Festnahmebefugnis. In Notwehrfällen kommt die zusätzliche Prüfung des § 127 I 1 StPO in Betracht, wenn der Angreifer festgehalten oder seine Flucht unterbunden wird. Soweit dabei § 32 etwa deshalb entfällt, weil der ertappte Dieb die Beute freigegeben hat, bleibt davon die Anwendung des § 127 I 1 StPO unberührt.

Die Struktur des Rechtfertigungsgrundes verdeutlicht das folgende   3

Aufbauschema zur vorläufigen Festnahme (§ 127 I 1 StPO)

I. **Objektive Rechtfertigungselemente**
   1. **Festnahmelage**
      a) Betreffen oder Verfolgen auf frischer Tat
      b) Festnahmegrund: Fluchtverdacht oder Sicherung der sofortigen Identitätsfeststellung
   2. **Festnahmehandlung**
      Erforderlichkeit und Grenzen
II. **Subjektives Rechtfertigungselement**
   Festnahmeabsicht: Festnahme zum Zwecke der Strafverfolgung

---

II. Festnahmelage

1. Betreffen oder Verfolgen auf frischer Tat

Mit der „Tat" ist eine Straftat gemeint, wozu auch der strafbare   4
Versuch gehört. Ordnungswidrigkeiten sind nicht erfasst (§ 46 III 1 OWiG). Bei einem im Sinne des § 20 schuldlos handelnden Täter genügt eine rechtswidrige Tat (vgl. §§ 63, 64, 69 I, II Nr. 4, 70 I StGB; §§ 126a, 413 ff. StPO). Gegenüber gemäß § 19 strafunmündigen Kindern gilt das Festnahmerecht seinem Zweck nach (Rn. 1) nicht, weil strafrechtliche Reaktionen nicht in Betracht kommen (*Satzger*, Jura 2009, 108 f.; h. M.).

Auf die Schwere der Straftat kommt es nach der zutreffenden h. M.   5
nicht an; für diese Ansicht sprechen der – alle Taten erfassende – Wortlaut des § 127 I 1 StPO, die Regelung des § 127 III 1 StPO, die z. B. den Bagatelldiebstahl einbezieht (vgl. § 248a), und der Zweck der Vorschrift, dem staatlichen Strafanspruch zu dienen.

BGHSt 45, 378, 380f.; *BayObLG* JR 1987, 344, 345; *Satzger*, Jura 2009, 112. Zur Diskussion erg. *Schröder*, Jura 1999, 11f., der nur „Bagatellfälle" ausklammern will.

6 **Auf frischer Tat betroffen** ist, wer während der Tat oder unmittelbar danach am Tatort oder in dessen unmittelbarer Nähe angetroffen wird. Eine **Verfolgung** auf frischer Tat liegt auch dann vor, wenn der Täter nicht am Tatort gestellt wird, aber gegen ihn unmittelbar nach Entdeckung der Tat auf Grund eines konkreten Tatverdachts Maßnahmen zu seiner Ergreifung eingeleitet werden.

7 **Sehr umstritten** ist, ob die **Straftat tatsächlich begangen** worden sein muss (materiellrechtliche Lösung) **oder** ob insoweit ein **dringender Tatverdacht** genügt (prozessuale Lösung). Ein solcher liegt vor, wenn der Festnehmende auf Grund der ihm erkennbaren äußeren Umstände bei pflichtgemäßer Prüfung – also ohne Sorgfaltsverstoß – von einer Straftat ausgehen durfte.

8 Nach der inhaltlich wohl übereinstimmenden, aber ungenaueren Formel der neueren Rechtsprechung kommt es für den dringenden Tatverdacht darauf an, ob die äußeren Umstände nach der Lebenserfahrung ohne vernünftige Zweifel den Schluss auf eine rechtswidrige Tat zulassen (*BayObLG* JR 1987, 344; *OLG Hamm* NStZ 1998, 370).

9 Die materielle Lehre stützt sich zunächst auf den unterschiedlichen Wortlaut von § 127 I 1 und § 127 II StPO. Sie entnimmt dem § 127 II StPO, der – i. V. m. § 112 I 1 StPO – ausdrücklich einen dringenden Tatverdacht ausreichen lässt, die Aussage, dass dann für § 127 I 1 StPO etwas anderes gelten muss. Abgesehen davon sei es sachgerecht, nur den infolge des Legalitätsprinzips zum Eingreifen verpflichteten Strafverfolgungsbeamten (§§ 152, 160, 163 StPO), aber nicht den unerfahrenen Privatmann vom Irrtumsrisiko zu entlasten. Weiter wird darauf verwiesen, dass auch bei anderen Rechtfertigungsgründen wie der Notwehr die Rechtfertigungslage objektiv vorliegen müsse. Außerdem dürfe dem objektiv zu Unrecht Festgenommenen nicht von vornherein sein Notwehrrecht genommen werden. Schließlich werde der Festnehmende durch die Regeln über den Erlaubnistatbestandsirrtum angemessen vor Strafbarkeitsrisiken geschützt (siehe **Fall 1b** unten Rn. 24).

10 Für die vorzugswürdige prozessuale Lösung (inzwischen h. M.) spricht, dass § 127 StPO prozessualen Charakter hat und vorläufige strafprozessuale Ermittlungsmaßnahmen zwangsläufig nur an einen (dringenden) Tatverdacht anknüpfen können. Zudem kann man nicht

die Rechtmäßigkeit der Festnahmehandlung so lange in der Schwebe lassen, bis etwaige Zweifelsfragen bezüglich der Straftat geklärt sind, wie z. B. die mögliche Frage, ob ein Diebstahl oder eine straflose Gebrauchsanmaßung vorliegt. Ferner leuchtet es nicht unbedingt ein, den stellvertretend für die Obrigkeit agierenden Privatmann – also auch private Detektive und Wachleute – schlechter als das Strafverfolgungsorgan zu stellen. Letztlich ist es interessengerechter, den ohne Sorgfaltsverstoß vorläufig festgenommenen, dringend verdächtigen unschuldigen Bürger zur Duldung der Festnahme zu verpflichten, als auf dem Boden der materiellen Lösung die Festnahme für rechtswidrig zu erklären und dadurch zu Lasten des Festnehmenden ein gewisses Notwehrrisiko mit Eskalationspotential zu schaffen. Zudem hält der Verdächtige in vielen Fällen den Schlüssel zur Aufklärung des Tatgeschehens in der Hand und mag zum Teil auch zur Entstehung des Verdachts beigetragen haben. Demgegenüber stehen der pflichtgemäß einen dringenden Tatverdacht bejahenden Privatperson keine weiteren Aufklärungsmöglichkeiten zur Verfügung.

Zu **Fall 2**, der eine Konfrontation zwischen einem Ladendetektiv und einem **11** vermeintlichen Ladendieb zum Gegenstand hat, näher unten Rn. 25. Bei Verkehrsstraftaten wie § 315c und § 316 kann man in der Regel aus den äußeren Umständen keinen dringenden Tatverdacht ableiten, auch nicht hinsichtlich der Fahruntüchtigkeit, es sei denn, dass schwere Ausfallerscheinungen offenkundig sind (*BGH* GA 1974, 177 f.; *OLG Zweibrücken* NJW 1981, 2016).

Wie hier für eine prozessuale Lösung: *BGH* NJW 1981, 745; *OLG Zwei-* **12** *brücken* NJW 1981, 2016; *BayObLG* JR 1987, 344; *OLG Hamm* NStZ 1998, 370; *Borchert*, JA 1982, 339 ff.; LK/*Rönnau*, 12. Aufl., vor § 32 Rn. 268; *Roxin*, AT I, § 17 Rn. 24 f.; *Heinrich*, AT, Rn. 505 ff.; *Kargl/Kirsch*, NStZ 2000, 605; *Bülte*, ZStW 2009, 386 ff.; *Wagner*, ZJS 2011, 468 ff. – Für die materielle Lösung: *KG* VRS 45, 35, 37; *OLG Hamm* NJW 1972, 1826, 1827; 1977, 590; *Satzger*, Jura 2009, 109 f.; *Meyer-Goßner/Schmitt*, StPO, 58. Aufl., 2015, § 127 Rn. 4; *Krey/Esser*, AT, Rn. 643 ff.; *Kühl*, AT, § 9 Rn. 83 ff.; *Beulke* III, Rn. 390 ff.; *Otto*, Jura 2003, 685 f.; *Kaspar*, AT, Rn. 402 f.; *Jahn*, JuS 2015, 566; *Geisler/Meyer*, Jura 2010, 389 f. mit Falllösung.

2. Festnahmegrund

Fluchtverdacht besteht, sofern der Festnehmende mit einer Flucht **13** des Verdächtigen rechnen muss. Die Identität lässt sich in der Regel dann nicht feststellen, wenn der Festgenommene seinen Ausweis nicht vorlegen kann oder will. In diesem Fall muss der Festnehmende die Identitätsfeststellung durch die Staatsanwaltschaft oder Polizei veranlassen (vgl. § 163b StPO).

III. Festnahmehandlung

14 Aus dem allgemeinen Kriterium der Erforderlichkeit ergibt sich zunächst, dass die Festnahmehandlung geeignet und bei mehreren zur Verfügung stehenden Maßnahmen das mildeste Mittel sein muss, mit dem der Festnahmezweck erreicht werden kann.

15 Was die **erlaubten Festnahmemittel** betrifft, so räumt der Wortlaut des § 127 I 1 StPO (nur) die Befugnis ein, den Betroffenen „festzunehmen". Insoweit besteht Einigkeit darüber, dass die Vorschrift jedenfalls die Anwendung aller Mittel gestattet, die mehr oder weniger zwangsläufig mit einer Festnahme verbunden sind.

> **Beispiele:** Gerechtfertigt sind Freiheitsbeeinträchtigungen (§§ 239, 240) sowie das mit einfachen Körperverletzungen (§ 223) oder Beschädigungen der Kleidung (§ 303 I) einhergehende feste Zupacken (*Schröder*, Jura 1999, 12 f.). Auf dieser Linie darf der Festnehmende einen flüchtenden Dieb von hinten anspringen, zu Fall bringen und am Boden fixieren, auch wenn dies unvermeidlich eine – einfache – Körperverletzung zur Folge hat (BGHSt 45, 378, 381 f.).

16 Dagegen legitimiert § 127 I 1 StPO nach h. M. unabhängig von der Schwere der Straftat nicht die Anwendung von Mitteln, die darüber hinausgehend Leib und Leben des Festzunehmenden beeinträchtigen. Diese enge Auslegung ist zutreffend, weil die Vorschrift das staatliche Gewaltmonopol durchbricht. Insbesondere erlaubt das vorläufige Festnahmerecht allenfalls Warnschüsse, aber nicht die gezielte Abgabe von Schüssen durch Privatpersonen auf einen fliehenden Täter, selbst wenn dieser ein Mörder sein sollte.

17 Daher kann auch im oben in § 19 Rn. 16, 24, 40 als Fall 3 erörterten Spanner-Fall die Festnahmeaktion nicht gemäß § 127 I 1 StPO gerechtfertigt sein. Daran würde sich nichts ändern, wenn der fliehende S zuvor eine besonders schwere Straftat wie eine Vergewaltigung oder gar eine vorsätzliche Tötung begangen hätte.

18 Zur h. M. *Meyer-Goßner/Schmitt* (wie Fn. 12), § 127 Rn. 15; *Roxin*, AT I, § 17 Rn. 28; *W/Beulke/Satzger*, AT, Rn. 356; *Borchert*, JA 1982, 343 f.; *Schröder*, Jura 1999, 12 f.; *Satzger*, Jura 2009, 112 f.; *Bülte*, ZStW 2009, 403 ff.

19 Die **Rechtsprechung**, deren Position noch nicht ganz klar ist, stimmt, was den Gebrauch gefährlicher Mittel betrifft, im Ausgangspunkt mit einer restriktiven Interpretation durchaus überein. Jedenfalls hebt sie hervor, dass das angewendete Mittel zum Festnahme-

§ 22. Das Recht auf vorläufige Festnahme   209

zweck in einem angemessenen Verhältnis stehen müsse und es daher „regelmäßig" unzulässig sei, die Flucht eines Straftäters durch Handlungen zu verhindern, die – wie z. B. das lebensgefährdende Würgen eines auf frischer Tat Betroffenen – „zu einer ernsthaften Beschädigung seiner Gesundheit oder zu einer unmittelbaren Gefährdung seines Lebens führen" (BGHSt 45, 378, 381). – Ein weiteres

Beispiel (*BGH* NStZ-RR 1998, 50): Zwei Wachleute stören bei einem Au- **20** todiebstahl mehrere Täter, die daraufhin die Tat aufgeben und mit ihrem eigenen Pkw fliehen. Die Wachleute geben auf die Hinterreifen des davonfahrenden Pkw mindestens zehn Schüsse ab, um die Täter der Polizei übergeben zu können. Ein Projektil trifft einen auf der Rückbank sitzenden Täter tödlich. – Mangels Beute liegt hinsichtlich des § 32 schon kein gegenwärtiger Angriff vor. Bezüglich § 127 I 1 StPO lehnt der *BGH* im konkreten Fall zu Recht eine Rechtfertigung gemäß § 127 I 1 StPO ab, lässt aber offen, ob, was den Schusswaffengebrauch durch Private betrifft, Ausnahmen denkbar sind (dafür *Otto*, Jura 2003, 687 und auch ältere Entscheidungen wie *BGH* MDR/H 1979, 985 f.).

Kann der Festnahmezweck genauso mit einem milderen Mittel als **21** der körperlichen Festnahme erreicht werden, so deckt § 127 I 1 StPO auch dessen Anwendung. Man denke etwa an die Wegnahme eines Personalausweises zur Identitätsfeststellung oder eines Zündschlüssels, um die Flucht eines Straftäters mit seinem Pkw zu verhindern.

Widersetzt sich der dringend verdächtige Festzunehmende mit Ge- **22** walt, so darf der Festnehmende dagegen im Wege der Notwehr vorgehen, da die Gegenwehr einen Angriff darstellt. In diesem Fall ist der Festnehmende nicht mehr an die Schranken des § 127 I 1 StPO gebunden, sondern kann sich auf die weiter reichenden Notwehrbefugnisse berufen (BGHSt 45, 378, 381).

IV. Subjektives Rechtfertigungselement

Im Rahmen des § 127 I 1 StPO ist weitgehend anerkannt, dass die **23** festnehmende Person neben dem Wissen um die Festnahmelage zumindest auch die Absicht – im Sinne des dolus directus 1. Grades – haben muss, den Festgenommenen der Strafverfolgung zuzuführen (Sch/Sch/*Lenckner/Sternberg-Lieben*, vor § 32 Rn. 16; LK/*Rönnau*, 12. Aufl., vor § 32 Rn. 89).

Beispiele: Wenn jemand von einer Privatperson bei einer Schwarzfahrt (§ 265a I 3. Var.), bei der betrügerischen Erlangung einer Leistung oder bei ei-

210   4. Kapitel. Die Rechtswidrigkeit

nem Diebstahl ertappt und deshalb festgehalten wird, kann § 127 I 1 StPO nur
eingreifen, wenn die Person neben etwaigen anderen Interessen das Ziel mit-
verfolgt, den Straftäter der Strafverfolgung auszuliefern (vgl. bereits die Selbst-
hilfefälle in § 21 Rn. 7 f., 17, 18).

V. Falllösungen

24   Im **Fall 1a** hat K § 242 erfüllt. Die §§ 223 I, 239 I, 240 I, II, 303 I durch D
sind nicht nur im Wege der Nothilfe (§ 32 II 2. Var.), sondern auch gemäß
§ 127 I 1 StPO gerechtfertigt, weil die Tatfolgen notwendiger Bestandteil einer
Festnahme sind und subjektiv die Strafverfolgungsabsicht vorliegt.

Im **Fall 1b** scheidet bezüglich der Taten des D mangels objektiver Rechtfertigungslage Nothilfe aus. Ob § 127 I 1 StPO eingreift, ist umstritten und nach
der vorzugswürdigen prozessualen Lösung zu bejahen. Auf dem Boden der
materiellen Lehre gelangt man zu einem Erlaubnistatbestandsirrtum, der die
Bestrafung aus dem Vorsatzdelikt ausschließt und mangels Fahrlässigkeit
auch nicht zu § 229 führt (näher unten § 30).

Im **Fall 1c** entfällt § 127 I 1 StPO auch auf dem Boden der prozessualen Lösung, da D die Tatumstände nicht sorgfältig festgestellt hat. Jetzt gelangt ebenfalls diese Ansicht zu einem Erlaubnistatbestandsirrtum, der im Ergebnis wegen der Fahrlässigkeit des D seine Bestrafung gemäß § 229 zur Folge hat.

25   **Fall 2:** Auf dem Boden der **prozessualen Lösung** wehrt sich der unschul-
dige K gegen eine rechtmäßige vorläufige Festnahme. In seiner Gegenwehr
liegt ein zur Unterlassung der Festnahme nötigender Angriff, der notwehrfähig ist und D daher gemäß § 32 erlaubt, nunmehr ein Mittel wie einen gezielten Faustschlag anzuwenden, den § 127 I 1 StPO jedenfalls bei einem derartigen Diebstahl nicht mehr deckt (vgl. auch die Falllösung bei *Meurer/
Dietmeier*, JuS 2001, L 37, 39 f.). Bei einer solchen Konfrontation zwischen
einem Ladendetektiv und einem vermeintlichen Ladendieb ist es dem objektiv zu Unrecht Verdächtigten, hier K, zuzumuten, einen wenig belastenden
Blick in seine Jackentasche zu erlauben und dadurch die Tatsituation schnell
aufzuklären (vgl. BGHSt 45, 378 ff.; *BayObLG* JR 1987, 344; *OLG Hamm*
NStZ 1998, 370). Demgegenüber hat der schuldlos den dringenden Tatverdacht bejahende Detektiv keine weiteren Aufklärungsmöglichkeiten. – Nach
der **materiellen Lösung** ist D im Fall 2 zwar nicht gerechtfertigt, dennoch
steht K kein Notwehrrecht zu: Da sich D wegen der Unvermeidbarkeit seines Irrtums objektiv nicht pflichtwidrig verhält, liegt schon gar kein rechtswidriger Angriff vor (dazu oben § 18 Rn. 29; *Roxin*, AT I, § 17 Rn. 25). Abgesehen davon dürfte K gegen den erkennbar irrenden D nicht sogleich im
Wege der Trutzwehr vorgehen, sondern müsste sich, was er nicht getan hat,
zunächst „schonend" um eine Aufklärung des Irrtums bemühen (vgl. § 18
Rn. 56, 66 f.). – Im Ergebnis sind daher etwaige Taten des K (§§ 223, 240) sowohl nach der prozessualen als auch der materiellen Lösung nicht gerechtfertigt.

§ 23. Einwilligung und Einverständnis   211

Empfehlungen zur vertiefenden Lektüre:
Rechtsprechung: BGHSt 45, 378 (insbesondere erlaubte Festnahmemittel); *BayObLG* JR 1987, 344 (prozessuale Lösung); *OLG Zweibrücken* NJW 1981, 2016 (dringender Tatverdacht bei Verkehrsstraftaten).
Literatur: *Borchert*, Die vorläufige Festnahme nach § 127 StPO, JA 1982, 338 ff.; *Krüger*, Grund und Grenzen der Festnahmebefugnis des Betreibers einer SB-Tankstelle gegenüber zahlungsunwilligen und/oder -unfähigen Kunden, NZV 2003, 218 ff.; *Otto*, Probleme der vorläufigen Festnahme, § 127 StPO, Jura 2003, 685 ff.; *Satzger*, Das Jedermann-Festnahmerecht nach § 127 I 1 StPO als Rechtfertigungsgrund, Jura 2009, 107 ff.; *Schröder*, Das Festnahmerecht Privater und die Teilrechtfertigung unerlaubter Festnahmehandlungen (§ 127 Abs. 1 S. 1 StPO), Jura 1999, 10 ff.

§ 23. Einwilligung und Einverständnis

Fall 1: Die 15 Jahre alt gewordene J schenkt sich zum Geburtstag ein schlichtes Piercing mit einem Ring in der Nase, das der erfahrene P vornimmt. Außerdem lässt sie sich von dem ebenso erfahrenen T um den Bauchnabel herum eine Tätowierung aufbringen, deren Beseitigung eine aufwendige und teure Behandlung erfordert. P und T haben J vor ihrer Zustimmung über alles Erforderliche aufgeklärt. Sie wissen, dass die Eltern nicht zugestimmt haben. → Rn. 19

Fall 2: Um sich an ihrem Exmann M zu rächen, spiegelt F dem M vor, ihrer Rückkehr zu ihm stehe nur sein Hund im Wege, dessen Gestank sie überhaupt nicht möge. Daraufhin willigt M erwartungsgemäß in die Vergiftung des Hundes durch F ein. → Rn. 34

Fall 3: Radfahrer R benötigt Nachschub für seine Getränkeflasche. In einem Selbstbedienungsgeschäft füllt er vor der Kasse den Inhalt der Flasche, die er kaufen will, in seine Getränkeflasche um, um das Leergut gleich mit abrechnen zu können. Ein eifriger Ladendetektiv stellt R vor der Bezahlung zur Rede. → Rn. 56

I. Grundlagen

Einwilligung und **mutmaßliche Einwilligung** sind gewohnheits-   1 rechtlich anerkannte, ungeschriebene **Rechtfertigungsgründe**. Es handelt sich um Gewohnheitsrecht zugunsten des Täters, das im Lichte des Art. 103 II GG unbedenklich ist (§ 4 Rn. 15). Für die Einstufung auch der Einwilligung als Rechtfertigungsgrund (h. M.) sprechen der Wortlaut des § 228, die typisierende Funktion der Deliktsstufen Tatbestandsmäßigkeit und Rechtswidrigkeit und das damit

212   4. Kapitel. Die Rechtswidrigkeit

übereinstimmende Alltagsverständnis, wonach die Zustimmung des Rechtsgutsinhabers in seine Schädigung nichts an der erlittenen Körperverletzung oder Zerstörung seines Eigentums ändert.

Beispiele für eine **rechtfertigende Einwilligung:** Zustimmung zu einer Körperverletzung oder Sachbeschädigung.

2   Zur h. M. siehe BGHSt 49, 34, 40; 49, 166, 169; *BGH* NStZ 2004, 204, 205; *W/Beulke/Satzger*, AT, Rn. 361 ff.; *Krey/Esser*, AT, Rn. 657 f.; *Kühl*, AT, § 9 Rn. 22; *Otto*, Jura 2004, 679 f.; *Beckert*, JA 2013, 508. – Nach einer verbreiteten Gegenmeinung, die sich auf ein personales Rechtsgutsverständnis stützt, soll die Einwilligung – beachte: nicht die mutmaßliche Einwilligung – bereits tatbestandsausschließend wirken, weil bei einer Zustimmung überhaupt kein rechtsgutsverletzender Eingriff in die körperliche Integrität oder Eigentümerposition vorliege (*Roxin*, AT I, § 13 Rn. 12 ff., § 18 Rn. 3; *ders.*, Amelung-FS, 2009, S. 269 ff.; *Kindhäuser*, AT, § 12 Rn. 4 f., § 19 Rn. 1 f.). Die faktischen Auswirkungen des Streits sind gering. In der **Fallbearbeitung** empfiehlt es sich, im Aufbau der h. M. zu folgen, was keiner näheren Begründung bedarf. Eine Falllösung auf dem Boden der Gegenmeinung findet sich bei *Rönnau/Hohn*, JuS 2003, 1001 f.

3   Von der rechtfertigenden Einwilligung ist das **tatbestandsausschließende Einverständnis** zu unterscheiden. Davon spricht man bei objektiven Tatbestandsmerkmalen, die begrifflich ein Handeln gegen oder ohne den Willen des Berechtigten voraussetzen. Da bei einem solchen Einverständnis schon das Tatbestandsmerkmal nicht vorliegt, entfällt der objektive Tatbestand.

4   **Beispiele,** bei denen die Zustimmung zu einem **tatbestandsausschließenden Einverständnis** führt: Das Eindringen beim Hausfriedensbruch (*Rengier*, BT II, § 30 Rn. 9 ff.); die Wegnahme beim Diebstahl (*Rengier*, BT I, § 2 Rn. 64 ff.); die Ingebrauchnahme gegen den Willen bei § 248b I (*Rengier*, BT I, § 6 Rn. 4); die Pflichtverletzung bei der Untreue (*Rengier*, BT I, § 18 Rn. 39); die §§ 177, 240, 249, 252, 253, 255, weil all diese Tatbestände die Abnötigung einer Handlung und damit ein Handeln gegen den Willen des Verletzten verlangen.

5   Was das **Verhältnis zu § 34** betrifft, so hat die Prüfung der Einwilligung und mutmaßlichen Einwilligung Vorrang. Liegt danach eine Einwilligung vor, so bedarf es des § 34 an sich nicht mehr; doch dürfte es sich im Falle einer mutmaßlichen Einwilligung empfehlen, das Ergebnis ggf. mit einer kurzen Prüfung des § 34 abzusichern. Schwieriger zu beantworten ist die Frage, inwieweit für § 34 Raum bleibt, wenn eine (mutmaßliche) Einwilligung nicht vorliegt. Insoweit gilt: Hat der Rechtsgutsinhaber – z. B. bezüglich bestimmter ärztlicher Behandlungen – die Einwilligung verweigert oder würde er dies

§ 23. Einwilligung und Einverständnis   213

mutmaßlich tun, so darf der (mutmaßliche) Wille nicht durch Heranziehung des § 34 überspielt und dadurch das Selbstbestimmungsrecht umgangen werden (MüKo/*Erb*, § 34 Rn. 35 ff.; *Müller-Dietz*, JuS 1989, 281; *Mitsch*, ZJS 2012, 38).

Davon macht die h. M. im Falle der Lebensrettung eines freiverantwortlich **6** handelnden Suizidenten mit der Begründung eine Ausnahme, dass er nach der Wertung des § 216 nicht aktiv über sein Leben verfügen dürfe (MüKo/*Erb*, § 34 Rn. 35; *Roxin*, AT I, § 16 Rn. 102; a. A. NK/*Neumann*, § 34 Rn. 35; vgl. auch schon § 19 Rn. 44). Diese Ausnahme ist grundsätzlich sinnvoll, weil sie keine Handlungspflicht statuiert, sondern nur eine Befugnis einräumt, die angesichts der eher seltenen freiverantwortlichen Selbsttötungen dem Lebensschutz dient. Doch gibt es auch hier Grenzen, so wenn sich jemand in freier Verantwortung durch Selbsttötung von schweren Leiden erlösen will (*Erb*, Schünemann-FS, 2014, S. 348 f.).

II. Die rechtfertigende Einwilligung

1. Grundlagen und Aufbaufragen

Die Voraussetzungen der Einwilligung sind gesetzlich nicht gere- **7** gelt. Sie erschließen sich aus dem Selbstbestimmungsrecht, das ihr zugrunde liegt und aus der allgemeinen Handlungsfreiheit (Art. 2 I GG) abgeleitet wird. Der Grundsatz: „Volenti non fit iniuria" (dem Einwilligenden geschieht kein Unrecht) hat Tradition. – Die Elemente des Rechtfertigungsgrundes ergeben sich aus dem folgenden

---

Aufbauschema zur rechtfertigenden Einwilligung   **8**

I. **Objektive Rechtfertigungselemente**
   1. Verfügbarkeit des geschützten Rechtsgutes
      a) Nur bei Individual-Rechtsgütern
      b) Einwilligungsschranken der §§ 216 und 228
   2. Verfügungsbefugnis
   3. Einwilligungsfähigkeit
   4. Einwilligungserklärung
   5. Freiheit von Willensmängeln
II. **Subjektives Rechtfertigungselement**
    Handeln in Kenntnis und auf Grund der Einwilligung

---

4. Kapitel. Die Rechtswidrigkeit

2. Verfügbarkeit des geschützten Rechtsgutes

9 Das Rechtsgut muss disponibel sein. Grundsätzlich verfügbar sind nur höchstpersönliche, also Individual-Rechtsgüter wie die körperliche Unversehrtheit und das Eigentum. Demnach setzt die Möglichkeit einer rechtfertigenden Einwilligung die Erfüllung eines Tatbestandes voraus, der eine individuelle Schutzrichtung aufweist. Dabei müssen die **Einwilligungsschranken** der §§ 216 und 228 beachtet werden, die der Verfügbarkeit bedeutende Grenzen setzen (zu diesen Vorschriften näher *Rengier*, BT II, § 6 und § 20 Rn. 1 ff.). Dagegen sind Rechtsgüter der Allgemeinheit und demzufolge Tatbestände, die solche schützen, von vornherein nicht einwilligungsfähig.

10 **Beispiele:** (1) In eine Körperverletzung (§ 223 I) willigt rechtfertigend ein, wer sich tätowieren oder ärztlich behandeln lässt, in eine Verletzung von Privatgeheimnissen (§ 203 I), wer den Berufsträger von seiner Schweigepflicht entbindet, oder in eine Sachbeschädigung (§ 303 I, II), wer etwa eine Bemalung ihm gehörender Flächen zulässt (zu den Graffiti-Fragen näher *Rengier*, BT I, § 24 Rn. 3, 20 ff., 25 ff.).

11 (2) Demgegenüber kann niemand die Rechtswidrigkeit einer Falschaussage vor Gericht (§§ 153, 154), einer Trunkenheitsfahrt (§ 316) oder einer Umweltstraftat (§§ 324 ff.) durch Einwilligung beseitigen.

12 (3) In Einzelfällen kann die Einwilligungsmöglichkeit von einer genauen Rechtsgutsanalyse abhängen, die in den Besonderen Teil gehört. So ist die einfache Sachbeschädigung (§ 303) einwilligungsfähig, die gemeinschädliche des § 304 nicht (*Rengier*, BT I, § 25 Rn. 1). Den § 306 stuft die h. M. trotz seines Standorts bei den gemeingefährlichen Straftaten als einwilligungsfähiges – die §§ 303, 305 qualifizierendes – Sachbeschädigungsdelikt ein, während § 306a als abstraktes Gefährdungsdelikt die Allgemeinheit schützt (*Rengier*, BT II, § 40 Rn. 1, 3, 18). Bei dem zusammengesetzten Delikt des § 315c ist umstritten, ob die Einwilligung des Gefährdeten in seine Individualgefährdung hinsichtlich des Gefährdungsteils rechtfertigenden Charakter hat, oder ob dies der von § 315c (auch) bezweckte Schutz der Sicherheit des Straßenverkehrs ausschließt (*Rengier*, BT II, § 44 Rn. 18 f.).

3. Verfügungsbefugnis

13 Verfügungsbefugt ist der Inhaber des Rechtsguts. Fehlt ihm die Einwilligungsfähigkeit (Rn. 15), so geht die Verfügungsbefugnis auf den gesetzlichen Vertreter über, z. B. auf die Eltern (§§ 1626, 1629 BGB), den Vormund (§ 1793 BGB) oder den Betreuer (§§ 1896 ff. BGB). Bei juristischen Personen obliegt die Erteilung der Einwilligung grundsätzlich dem Vertretungsorgan, bei einer GmbH also dem oder den Geschäftsführern (§ 35 GmbHG).

Soweit nach den Grundsätzen des Missbrauchs der Vertretungs- **14** macht eine Vertretung unwirksam ist, gilt dies auch für die Einwilligung (*BGH* NJW 2003, 1824; Sch/Sch/*Lenckner/Sternberg-Lieben*, vor § 32 Rn. 41c). Bei einem Missbrauch des Sorgerechts in Einwilligungsangelegenheiten kommen Maßnahmen des Familien- und Vormundschaftsgerichts in Betracht (§§ 1666, 1837 IV BGB), beispielsweise die Ersetzung der Einwilligung in eine vom Personensorgeberechtigten abgelehnte Operation (*Roxin*, AT I, § 13 Rn. 92 ff.).

4. Einwilligungsfähigkeit

Die Beurteilung der Einwilligungsfähigkeit richtet sich nicht nach **15** bestimmten Altersgrenzen und den Regeln, die für die zivilrechtliche Geschäftsfähigkeit gelten. Vielmehr kommt es auf die tatsächliche Einsichts- und Urteilsfähigkeit des Rechtsgutinhabers an. Der Einwilligende muss nach seiner geistigen und sittlichen Reife imstande sein, Wesen, Bedeutung und Tragweite des fraglichen Eingriffs zu erkennen und sachgerecht zu beurteilen.

Von der Einsichtsfähigkeit volljähriger Personen (§ 2 BGB) ist aus- **16** zugehen, wenn nicht gegenteilige Anhaltspunkte vorliegen. Bei einem Minderjährigen wird man in der Tendenz die Selbstbestimmungsfähigkeit umso eher bejahen können, je näher er der Volljährigkeitsgrenze und je geringer der Eingriff ist. Kinder unter 14 Jahren sind nicht generell einwilligungsunfähig. Für Jugendliche (§ 1 II JGG) bietet die Leitlinie eine Orientierung, dass bei weniger gravierenden Körperverletzungen die generelle Einsichtsfähigkeit ab 14 bis 15 Jahren, bei gravierenderen ab 16 bis 17 Jahren gegeben ist (so *Schroth*, Volk-FS, 2009, S. 723).

Beispiele: Es gibt keinen Anlass, die rechtfertigende Wirkung der Entschei- **17** dung eines aufgeklärten Erwachsenen in Frage zu stellen, der sich „in laienhaftem Unverstand" entgegen dem ärztlichen Rat alle plombierten Zähne herausoperieren lässt, weil er darin die letzte Möglichkeit sieht, seine Kopfschmerzen loszuwerden (ganz h. M.; *Roxin*, AT I, § 13 Rn. 86 ff.; *Amelung/Eymann*, JuS 2001, 941 f.; a. A. *BGH* NJW 1978, 1206). Bei einem Angetrunkenen kann die Urteilsfähigkeit fehlen (BGHSt 4, 88, 90; *BGH* NStZ 2004, 87, 88). Wirksame Einwilligungen von Kindern sind etwa bei einvernehmlichen Raufereien (bezüglich § 223) und bei Sachbeschädigungen denkbar.

Schwer zu beurteilen ist die Frage, ob ein fast 16-jähriger Jugendlicher, der **18** sich in brutaler Weise zusammenschlagen lässt, um in eine Jugend-Gang aufgenommen zu werden, die erforderliche Einsichtsfähigkeit hat (offen lassend *BayObLG* NJW 1999, 372; bejahend *Hillenkamp*, JuS 2001, 161 mit Fallló-

216   4. Kapitel. Die Rechtswidrigkeit

sung). Bezüglich der Einwilligung einer minderjährigen Schwangeren in den
mit einem legalen Schwangerschaftsabbruch verbundenen Eingriff (vgl.
§ 218a) nimmt man an, dass die Einwilligungsfähigkeit in der Regel bei unter
14-Jährigen fehlt und bei über 16-Jährigen vorliegt (so MüKo/*Gropp*, § 218a
Rn. 19; Sch/Sch/*Eser*, § 218a Rn. 61; a. A. *OLG Hamm* NJW 1998, 3424 – gegen *AG Schlüchtern* NJW 1998, 832 –, das bei Minderjährigen eine Zustimmung des gesetzlichen Vertreters verlangt).

19   Im **Fall 1** gibt es bezüglich der Verfügbarkeit des Rechtsguts keine Zweifel;
auf keinen Fall verstößt die Einwilligung etwa in die Tätowierung gegen § 228
(vgl. *AG Rosenheim* NStZ 2009, 215, 216; *Rengier*, BT II, § 20 Rn. 1 ff.). Doch
sind die Verfügungsbefugnis und Einwilligungsfähigkeit der J fraglich. Orientiert man sich daran, dass im konkreten Fall nicht das Piercing, aber die Tätowierung ein gravierender Eingriff ist, wird man in der Tendenz die Einwilligungsfähigkeit der J bezüglich des Piercings, aber nicht hinsichtlich der
Tätowierung bejahen können. Demnach handelt P gerechtfertigt, während T
dafür die Zustimmung beider Elternteile benötigt hätte.

5. Einwilligungserklärung

20   Bezugspunkt der Einwilligung ist bei Vorsatztaten die Eingriffs-
handlung und der tatbestandsmäßige Erfolg, dessen Eintritt mit dolus
eventualis gebilligt werden muss (LK/*Rönnau*, 12. Aufl., vor § 32
Rn. 164; zum Fahrlässigkeitsdelikt siehe unten Rn. 39).

21   Die Einwilligung kann ausdrücklich oder konkludent kundgetan
werden. Dies setzt im Interesse der Rechtssicherheit eine Kundgabe
nach außen voraus, eine bloß innere Zustimmung genügt dafür nicht.

So die h. M.: Sch/Sch/*Lenckner/Sternberg-Lieben*, vor § 32 Rn. 43; *Ame-
lung/Eymann*, JuS 2001, 941; *Roxin*, AT I, § 13 Rn. 71 ff. – A. A. LK/*Rönnau*,
12. Aufl., vor § 32 Rn. 162; MüKo/*Joecks*, § 223 Rn. 76.

22   Die Einwilligung muss vor der Tat erklärt und darf bis zur Tat
nicht widerrufen worden sein. Eine nachträgliche Genehmigung genügt nicht. Die – eventuell beschränkte – Reichweite der Einwilligung ist zu beachten. Auch kann der Berechtigte die Einwilligung
von Bedingungen abhängig machen (*Kindhäuser*, AT, § 12 Rn. 12,
15, 20).

6. Freiheit von Willensmängeln

23   Die Einwilligung ist unwirksam, wenn sie unter wesentlichen Willensmängeln leidet und in diesem Sinne unfreiwillig erteilt wird.
Wann freilich solche Mängel vorliegen, ist zum Teil sehr umstritten
und auch schwer zu erschließen. In Klausuren kann von dem Studie-

§ 23. Einwilligung und Einverständnis   217

renden die Kenntnis vieler Details nicht erwartet werden. Als Ursachen für Willensmängel kommen Drohung, Gewalt, Täuschung und Irrtum in Betracht. Im Einzelnen:

a) Drohung und Gewalt. Ein wesentlicher Willensmangel liegt **24** vor, wenn die Einwilligung durch Drohung oder Gewalt, also durch eine Nötigung herbeigeführt worden ist. Was den Grad des erforderlichen Nötigungsdrucks betrifft, so müssen nach h. M. die Grenzen einer verwerflichen Nötigung gemäß § 240 I, II überschritten sein.

Lackner/Kühl, § 228 Rn. 8; Sch/Sch/*Lenckner/Sternberg-Lieben*, vor § 32 Rn. 48; *Roxin*, AT I, § 13 Rn. 113 ff.; enger *Joecks*, vor § 32 Rn. 33 f.: Grad des § 35.

b) Täuschungsbedingter Irrtum. Die Behandlung von Einwil- **25** ligungserklärungen, die auf einem täuschungsbedingten Irrtum beruhen, ist umstritten. Der Streit dreht sich um die Frage, ob grundsätzlich alle oder nur Täuschungen einer bestimmten Qualität einwilligungsrelevant sind.

In der **Fallbearbeitung** sind vor allem die Täuschungsfälle problematisch. Daher ist es ratsam, insoweit das Problembewusstsein besonders zu schulen.

Nach der engsten Ansicht beseitigen nur solche Fehlvorstellungen **26** die Wirksamkeit der Einwilligung, die rechtsgutsbezogen sind. Dies ist dann der Fall, wenn der Rechtsgutsinhaber über Art, Umfang, Schwere oder Risiken des Eingriffs irrt.

Beispiele: Das Opfer willigt in eine Heilbehandlung ein, deren Risiken oder gesundheitsschädigende Nebenwirkungen ihm der behandelnde Arzt verheimlicht hat. Der von T über den wahren Wert bestimmter Sachen getäuschte Eigentümer E erlaubt T, die Sachen zu zerstören.

Nach der weitesten und wohl herrschenden Ansicht, der sich auch **27** die Rechtsprechung zuordnen lässt, bedingt grundsätzlich jeder täuschungsbedingte Irrtum einen relevanten Willensmangel. Im Unterschied zur engen Ansicht sind danach auch solche Einwilligungen unwirksam, bei denen sich – wesentliche – Fehlvorstellungen auf die Gegenleistung, den verfolgten Zweck, Motive oder andere Begleitumstände beziehen.

Beispiele: (1) Der Täter erschleicht die Zustimmung zu einer Blutspende, **28** indem er dem Spender die Bereitschaft zur Zahlung von 50 € oder die Verfolgung eines wohltätigen Zwecks vorspiegelt.

218   4. Kapitel. Die Rechtswidrigkeit

(2) Arzt A bringt den Vater V dazu, für seine Tochter T eine Niere oder die Hornhaut eines Auges zu spenden, indem er eine Nieren- bzw. Augenkrankheit der T vortäuscht. In Wirklichkeit will A die Niere bzw. Hornhaut für andere Zwecke verwenden oder den V nur schädigen.

29   Nach der weiten Ansicht ist die Einwilligung auch in den Beispielsfällen der Rn. 28 unwirksam. Demgegenüber müsste die rechtsgutsbezogene Lehre selbst in den Organspende-Fällen zur Straflosigkeit (hier) des A kommen, da V genau weiß, was er preisgibt, und sich folglich nicht rechtsgutsbezogen irrt.

30   Angesichts solcher offensichtlich unbefriedigender Ergebnisse knüpft eine vermittelnde – in sich wiederum uneinheitliche – Ansicht an den Autonomiegedanken an und stellt darauf ab, ob die Einwilligung noch Ausdruck einer selbstbestimmten Entscheidung ist. Bei notstandsähnlichen Zwangslagen (wie im Vater-Tochter-Verhältnis in den Organspende-Fällen; vgl. § 35) und teilweise auch bei der Verfolgung altruistischer Zwecke seitens des Einwilligenden wird das verneint.

31   Die vermittelnde Ansicht erkennt zwar richtig, dass der rechtsgutsbezogene Ansatz den Kreis wirksamer Einwilligungen zu weit zieht, doch leidet sie unter der Unbestimmtheit des Autonomiegedankens. Wenn sich jemand durch eine vorgetäuschte Geldzahlung zu einer Blutspende verleiten lässt, so kann das für seine autonome Entscheidung genauso wichtig sein wie für einen anderen der behauptete wohltätige Zweck. Wandelt man die Organspende-Fälle ab und setzt an die Stelle der Tochter T einen Nachbarn oder Bekannten, so hilft auch der Notstandsgedanke nicht mehr.

32   Im Ergebnis verdient die weiteste Ansicht den Vorzug. Sie wird dem Selbstbestimmungsrecht am besten gerecht. Da dieses auch das Recht umfasst, die Verfügung über seine Rechtsgüter mit bestimmten Zwecken zu verbinden, darf es insbesondere nicht auf das Wissen um die Rechtsgutspreisgabe als solche beschränkt werden.

33   Die einzige – im Lager der weiten Ansicht nicht einheitlich genannte – Restriktion, die man anerkennen sollte, ist die Beschränkung auf „wesentliche" Willensmängel. Dabei lassen sich solche Willensmängel als unwesentlich einstufen, die nicht den vom Einwilligenden verfolgten Zweck berühren. Man denke etwa an die Blutspende für einen guten Zweck, in die der Spender eingewilligt hat, weil ihm vorgegaukelt wurde, auch der Nachbar habe gespendet.

34   Die Vorzugswürdigkeit der weiten Ansicht bestätigt **Fall 2**. Nach der rechtsgutsbezogenen Lehre bleibt F straflos, da ihre Täuschung die Wirksam-

§ 23. Einwilligung und Einverständnis   219

keit der Einwilligung in die Sachbeschädigung nicht berührt und bezüglich § 263 die Bereicherungsabsicht fehlt. Die vermittelnde Ansicht gelangt zu demselben Ergebnis, weil sich M weder in einer Zwangssituation befindet noch uneigennützig handelt. Demgegenüber leidet nach der weiten Meinung die Einwilligung unproblematisch unter einem wesentlichen – den verfolgten Zweck (Rückkehr) betreffenden – Willensmangel, so dass man sachgerecht zur Strafbarkeit der F gemäß § 303 I kommt.

Zur Linie der auch hier vertretenen (wohl) h. M. vgl. BGHSt 16, 309, 310; 35 32, 267, 269 f.; LK/*Hirsch*, 11. Aufl., vor § 32 Rn. 122; LK/*Rönnau*, 12. Aufl., vor § 32 Rn. 198 ff., 206; *ders.*, Jura 2002, 669 ff., 674; *Heinrich*, AT, Rn. 468 ff.; *Kindhäuser*, AT, § 12 Rn. 27; *Baumann/Weber/Mitsch*, AT, § 17 Rn. 109 ff. – Zur rechtsgutsbezogenen Lehre siehe *Arzt*, Willensmängel bei der Einwilligung, 1970, S. 15 ff.; *W/Beulke/Satzger*, AT, Rn. 376a; *Bergmann*, JuS 1989, L 67. – Zu den vermittelnden Lehren *Roxin*, AT I, § 13 Rn. 97 ff.; *Jäger*, AT, Rn. 138 f.; *Lackner/Kühl*, § 228 Rn. 8; *Kühl*, AT, § 9 Rn. 37 ff.; Sch/Sch/*Lenckner/Sternberg-Lieben*, vor § 32 Rn. 47. – Zusammenfassend *Hillenkamp*, AT, 7. Problem.

c) **Sonstiger Irrtum.** Was die übrig bleibenden nicht täuschungs- 36 bedingten Irrtümer betrifft, so führen sie auf jeden Fall dann zur Unwirksamkeit der Einwilligung, wenn den Täter als Garanten eine Aufklärungspflicht trifft. Große Bedeutung hat insoweit die Aufklärungspflicht vor einem ärztlichen Heileingriff, der als vorsätzliche Körperverletzung der Einwilligung bedarf. Insoweit setzt eine wirksame Einwilligung voraus, dass „der Patient in der gebotenen Weise über den Eingriff, seinen Verlauf, seine Erfolgsaussichten, Risiken und mögliche Behandlungsalternativen aufgeklärt worden ist" (*BGH* NStZ-RR 2007, 340, 341; erg. *Rengier*, BT II, § 13 Rn. 15 ff.).

Die Relevanz der verbleibenden Irrtümer, deren Ursache keine 37 Rolle spielt, beschränkt sich – in Übereinstimmung mit der Reichweite von täuschungsbedingten Fehlvorstellungen – nicht auf rechtsgutsbezogene Irrtümer.

Amelung/Eymann, JuS 2001, 943 f.; *Baumann/Weber/Mitsch*, AT, § 17 Rn. 109 ff.; zur Diskussion auch *Kühl*, AT, § 9 Rn. 40.

7. Subjektives Rechtfertigungselement

Bezüglich des subjektiven Rechtfertigungselements wird teilweise 38 nicht nur die Kenntnis der objektiven Rechtfertigungslage, sondern auch ein Handeln „auf Grund" der Einwilligung verlangt (*Jescheck/Weigend*, AT, § 34 V; *W/Beulke/Satzger*, AT, Rn. 379). Im Sinne des gleichfalls bei anderen Rechtfertigungsgründen erforderlichen Moti-

220 4. Kapitel. Die Rechtswidrigkeit

vationszusammenhangs (vgl. § 17 Rn. 12) ist das konsequent. Nennenswerte Bedeutung hat der Punkt nicht, weil „auf Grund" der Einwilligung agiert, wer ohne die Einwilligung nicht gehandelt hätte (LK/*Hirsch*, 11. Aufl., vor § 32 Rn. 57, 126).

8. Einverständliche Fremdgefährdung

39   Die vorstehend erörterten Einwilligungsgrundsätze haben sich an Einwilligungen in Vorsatztaten orientiert. Insoweit ging es um einverständliche Fremd*verletzungen* insbesondere im Zusammenhang mit vorsätzlichen Körperverletzungen. Selbstverständlich muss erst recht eine fahrlässige Körperverletzung (§ 229) einwilligungsfähig sein. Allerdings kann bei Fahrlässigkeitstaten die Einwilligungserklärung naturgemäß nicht auf den tatbestandsmäßigen Erfolg, sondern muss auf das (sich später realisierende) Gefährdungsrisiko bezogen werden. Vor diesem Hintergrund spricht man im Zusammenhang mit Fahrlässigkeitsdelikten von der einverständlichen Fremd*gefährdung*. Ein zentrales Problem betrifft die Frage, ob auch in eine Fremdgefährdung mit tödlichem Ausgang, also in eine fahrlässige Tötung eingewilligt werden kann (näher *Rengier*, BT II, § 20 Rn. 11 ff., 27 ff., auch zur Abgrenzung zur Teilnahme an einer Selbstgefährdung; erg. oben § 13 Rn. 77 ff.).

III. Das tatbestandsausschließende Einverständnis

40   Von der rechtfertigenden Einwilligung muss das tatbestandsausschließende Einverständnis unterschieden werden (dazu bereits mit Beispielen oben in Rn. 3 f.). Die Differenzierung dient auch dem Ziel, gewisse unterschiedliche Voraussetzungen der beiden Rechtsinstitute deutlich werden zu lassen. Diese ergeben sich aus der mehr faktischen Natur des Einverständnisses einerseits und dem rechtlichen Charakter der Einwilligung andererseits. Während man ursprünglich noch glaubte, für alle Einverständnisfälle allgemeine Regeln aufstellen zu können, überwiegt heute zutreffend die Einsicht, dass Pauschalierungen fehl am Platze sind und die Wirksamkeitsvoraussetzungen von der Auslegung des einschlägigen Tatbestandes abhängen. Deshalb gehört die Diskussion eher in den Besonderen Teil.

41   Die diskutierten Unterschiede betreffen vor allem Fragen der Willensmängel, aber auch der Einwilligungsfähigkeit und Einverständniserklärung.

§ 23. Einwilligung und Einverständnis   221

Zur Diskussion vgl. *Kindhäuser*, AT, § 12 Rn. 33 ff.; *Heinrich*, AT, Rn. 440 ff.; *W/Beulke/Satzger*, AT, Rn. 365 ff., 819; *Roxin*, AT I, § 13 Rn. 2 ff.; Sch/Sch/*Lenckner/Sternberg-Lieben*, vor § 32 Rn. 31 ff.

1. Willensmängel

Anders als bei der rechtfertigenden Einwilligung ist in den Fällen **42** des tatbestandsausschließenden Einverständnisses eine etwaige **Täuschung** in der Regel unbeachtlich. Wer täuschungsbedingt eine fremde Sache erlangt, nimmt nicht im Sinne des § 242 I weg, sondern begeht unter Umständen einen Betrug (vgl. *Rengier*, BT I, § 2 Rn. 64; § 13 Rn. 75 ff.). Wer durch Täuschung den Eintritt etwa in eine Wohnung erschleicht, dringt nicht gemäß § 123 I 1. Var. ein (*Rengier*, BT II, § 30 Rn. 10). Bei Nötigungsdelikten wie den §§ 177, 240, 249, 252, 253, 255 kann kein entgegenstehender Wille überwunden werden, wenn das – auch kindliche oder kranke – Opfer mit der Tathandlung täuschungsbedingt einverstanden ist.

Nur wenn das tatbestandsausschließende Einverständnis rechtsge- **43** schäftlichen Charakter hat, ist seine Wirksamkeit nach Einwilligungsregeln zu beurteilen und dann auch eine Täuschung beachtlich. Dies betrifft etwa die Pflichtverletzung in § 266 I (LK/*Rönnau*, 12. Aufl., vor § 32 Rn. 159; *Rengier*, BT I, § 18 Rn. 39) und wohl auch § 248b (*Kindhäuser*, AT, § 12 Rn. 45).

Ein durch eine strafbare **Nötigung** erzwungenes Einverständnis **44** schließt in der Regel – insoweit parallel zur Einwilligung – dessen Wirksamkeit aus. Zu beachten bleiben freilich tatbestandliche Besonderheiten, wie sie vor allem im Verhältnis der §§ 242, 249 zu den §§ 253, 255 bestehen (*Rengier*, BT I, § 2 Rn. 64; § 11 Rn. 13 ff., 30 ff.).

2. Einwilligungsfähigkeit

Wenn beim Diebstahl für die Gewahrsamsbegründung ein „natür- **45** licher" Herrschaftswille genügt, muss auch für die eine Wegnahme ausschließende Gewahrsamsübertragung der faktische natürliche Wille z. B. eines Kindes oder Geisteskranken genügen. Von daher kommt es auf eine besondere Einsichtsfähigkeit nicht an (vgl. Rn. 15 f.).

3. Einverständniserklärung

Aus ihrem faktischen Charakter folgert man überwiegend, dass – **46** im Gegensatz zur Einwilligung (Rn. 21) – die rein innere („stille")

222 4. Kapitel. Die Rechtswidrigkeit

und dem Täter unbekannte Zustimmung genügt (*BayObLG* NJW
1979, 729; *OLG Düsseldorf* NJW 1988, 83; a. A. *Roxin*, AT I, § 13
Rn. 76 f.).

IV. Die mutmaßliche Einwilligung

1. Grundlagen und Aufbaufragen

47 Anders als bei der Einwilligung (Rn. 1 f.) besteht über die Einstufung der mutmaßlichen Einwilligung als Rechtfertigungsgrund kein
grundsätzlicher Streit.

48 Umstritten, aber von zweitrangiger Bedeutung ist lediglich die Frage, ob
insbesondere in den Fällen der §§ 123, 242, 248b parallel zum tatbestandsausschließenden tatsächlichen Einverständnis eine etwaige mutmaßliche Einwilligung in das Eindringen, die Wegnahme bzw. die Ingebrauchnahme als **mutmaßliches Einverständnis** genauso bereits den Tatbestand ausschließt oder
nur rechtfertigenden Charakter haben kann. Für die Parallele zum
tatbestandsausschließenden Einverständnis lässt sich anführen, dass auch bei
einem „mutmaßlichen Einverständnis" letztlich kein entgegenstehender Wille
überwunden wird (*Ludwig/Lange*, JuS 2000, 446 ff.; *Fischer*, vor § 32 Rn. 4a).
Für die überzeugendere Rechtfertigungslösung spricht aber die faktische Natur des tatbestandsausschließenden Einverständnisses; Tatbestandsmerkmale
müssen stets tatsächlich vorliegen, so dass allein ein reales Einverständnis
zum Wegfall der einschlägigen Tatbestandsmerkmale führen kann (LK/*Rönnau*, 12. Aufl., vor § 32 Rn. 216 m. w. N.; *Marlie*, JA 2007, 112 ff.; *Rengier*,
BT II, § 30 Rn. 9a). Im Übrigen unterscheiden sich die mutmaßliche Einwilligung und das etwaige mutmaßliche Einverständnis in ihren Wirksamkeitsvoraussetzungen nicht. Deshalb wird im Folgenden nicht weiter unterschieden.

49 Bei der mutmaßlichen Einwilligung handelt sich um ein Einwilli-
gungssurrogat, bei dem an die Stelle der erteilten Einwilligungserklärung eine angenommene mutmaßliche Erklärung tritt. Im Übrigen
stimmen Einwilligung und mutmaßliche Einwilligung in ihren Voraussetzungen überein. Es ergibt sich folgendes

---

50 ## Aufbauschema zur mutmaßlichen Einwilligung

I. Objektive Rechtfertigungselemente
1. Verfügbarkeit des geschützten Rechtsgutes
2. Verfügungsbefugnis
3. Einwilligungsfähigkeit

§ 23. Einwilligung und Einverständnis

4. Mutmaßliche Einwilligungserklärung
   a) Subsidiarität: Keine (zumutbare) Möglichkeit, die Einwilligung rechtzeitig einzuholen
   b) Übereinstimmung mit dem mutmaßlichen Willen
   c) Entbehrlichkeit der Befragung bei mangelndem Interesse
II. Subjektives Rechtfertigungselement

Beim vergleichenden Blick auf das Schema zur rechtfertigenden Einwilligung (Rn. 8) muss man sich ergänzend bewusst machen, dass der Punkt Willensmängel allein im Zusammenhang mit einer vorhandenen Erklärung Bedeutung erlangen kann.

Ob die Voraussetzungen der mutmaßlichen Einwilligung vorliegen, beurteilt sich auf dem Boden einer ex ante-Perspektive nach den erkennbaren Umständen zum Tatzeitpunkt. Ist danach eine mutmaßliche Einwilligung zu bejahen bzw. zu verneinen, so spielt es insbesondere keine Rolle, ob der Betroffene **nachträglich** dem Eingriff widerspricht oder ihn billigt (*BayObLG* JZ 1983, 268; beachte aber unten Rn. 62).

2. Erscheinungsformen

Die mutmaßliche Einwilligung kommt in zwei Erscheinungsformen vor:

(1) Handeln im materiellen Interesse des Betroffenen: Diese typische Konstellation ähnelt der zivilrechtlichen Geschäftsführung ohne Auftrag. Einschlägige

Beispiele betreffen vor allem unaufschiebbare Operationen von bewusstlosen Patienten. Weitere Fälle spielen im Umfeld des verreisten Bewohners, in dessen Wohnung z. B. ein Nachbar einbricht (§§ 123, 303), weil aus ihr Qualm oder Wasser dringt.

(2) Handeln im eigenen Interesse: In der zweiten Konstellation greift der Täter in fremde Rechtsgüter nicht ein, um sie zu schützen, sondern verfolgt eigene Interessen. Von daher muss man mit der Annahme einer mutmaßlichen Einwilligung zurückhaltend sein.

Zu denken ist zum einen an Fälle, in denen der Betroffene die Zustimmung insbesondere wegen einer Nähebeziehung und/oder wegen der Geringfügigkeit des Eingriffs erteilt hätte.

224   4. Kapitel. Die Rechtswidrigkeit

Beispiele: Der Täter fährt mit dem Fahrrad eines abwesenden Freundes zum Bahnhof, um einen bestimmten Zug und einen wichtigen Termin nicht zu verpassen (§ 248b). Wer das eingezäunte Grundstück von überraschend besuchten, freilich abwesenden Freunden oder Verwandten betritt (§ 123), um die Wartezeit zu überbrücken, kann in der Regel auf deren mutmaßliches Einverständnis bauen.

55   Davon lassen sich – nicht immer eindeutig – **Konstellationen mangelnden Interesses** unterscheiden. Bei ihnen folgt die Übereinstimmung mit dem mutmaßlichen Willen des Rechtsgutsinhabers daraus, dass dieser in der Regel kein Interesse am Schutz des Rechtsguts hat und daher auch nicht besonders gefragt werden muss, selbst wenn dies möglich ist. Über einen erklärten gegenteiligen Willen darf man sich aber auch in den Fällen des mangelnden Interesses nicht hinwegsetzen (LK/*Rönnau*, 12. Aufl., vor § 32 Rn. 228).

56   **Beispiele:** Ein Wanderer kommt an der Obstbaumwiese des Bauern B vorbei und nimmt von dem reichlich vorhandenen Fallobst zwei Äpfel als Wegzehrung mit (§ 242). Ein Geldbote ersetzt ihm anvertrautes Münzgeld durch einen Geldschein, um Kleingeld für Automaten zu erhalten (§ 242 oder § 246).
Im **Fall 3** findet die Übereignung erst mit der Bezahlung an der Kasse statt. Deshalb kann die Wegnahme des Inhalts (§ 242 I) bzw. die Beschädigung der Flasche (§ 303 I) angesichts der Zahlungsbereitschaft des R nur unter dem Aspekt der mutmaßlichen Einwilligung wegen mangelnden Interesses legitimiert werden. Bemüht man bezüglich § 242 I die umstrittene Figur des mutmaßlichen Einverständnisses (Rn. 48), so fehlt es schon an einem „Bruch" fremden Gewahrsams (vgl. auch die Falllösung bei *Heinrich*, Jura 1997, 366 ff.; ferner *ders.*, AT, Rn. 478).

3. Subsidiarität

57   Aus der Subsidiarität der mutmaßlichen Einwilligung folgt, dass eine existierende Erklärung immer Vorrang hat und insoweit auch das Vorliegen einer konkludenten Zustimmung bedacht werden muss. Ist eine Erklärung vorhanden, so darf sie niemals durch eine – objektiv vielleicht vernünftigere – mutmaßliche Erklärung ersetzt werden. Ebenso scheidet eine Ersetzung aus, wenn der Rechtsgutsträger in zumutbarer Weise rechtzeitig befragt werden kann. Insoweit hat BGHSt 45, 219, 223 mit Blick auf Operationen die Leitlinie aufgestellt, dass eine mutmaßliche Einwilligung nur in Betracht kommt, „wenn ohne einen – sofort oder später – erfolgenden Eingriff eine erhebliche Gefahr für Leben oder Gesundheit des Patienten besteht". Allgemeiner formuliert kann man darauf abstellen, ob deshalb sofor-

tiges Handeln geboten ist, weil die Untätigkeit bis zur Befragungs-
möglichkeit den Interessen des Rechtsgutsinhabers mehr schaden als
nützen würde (LK/*Rönnau*, 12. Aufl., vor § 32 Rn. 221).

4. Ermittlung des mutmaßlichen Willens

Da es auch bei der mutmaßlichen Einwilligung um das Selbstbe- 58
stimmungsrecht des Rechtsgutsträgers geht, muss *seine* mutmaßliche
– und nicht die objektiv beste – Antwort ermittelt werden. Hat er
sich vorher mit der Tatsituation auseinandergesetzt, so müssen solche
Äußerungen berücksichtigt werden. Im Übrigen ist der Inhalt des
mutmaßlichen Willens, wie es BGHSt 45, 219, 221 anlässlich eines
Operationsfalles treffend formuliert,

„aus den persönlichen Umständen des Betroffenen, aus seinen individuellen 59
Interessen, Wünschen, Bedürfnissen und Wertvorstellungen zu ermitteln. Objektive Kriterien, insbesondere die Beurteilung der Maßnahme als gemeinhin
vernünftig und normal sowie den Interessen eines verständigen Patienten üblicherweise entsprechend, haben keine eigenständige Bedeutung, sondern dienen lediglich der Ermittlung des individuellen hypothetischen Willens. Liegen
keine Anhaltspunkte dafür vor, dass sich der Patient anders entschieden hätte,
wird allerdings davon auszugehen sein, dass sein (hypothetischer) Wille mit
dem übereinstimmt, was gemeinhin als normal und vernünftig angesehen
wird".

Im Fall BGHSt 45, 219 haben Ärzte im Zusammenhang mit einem Kaiser- 60
schnitt die Mutter ohne deren – während der laufenden Operation unmögliche – Befragung sterilisiert, um mit Blick auf eine künftige Schwangerschaft
das bei etwa 4 % liegende Risiko einer lebensgefährlichen Narbenruptur zu
vermeiden. Der *BGH* widerspricht zu Recht der Annahme einer mutmaßlichen Einwilligung, auch weil insoweit kein sofortiger Handlungsbedarf bestand und die Mutter ohne nennenswerte Nachteile später hätte befragt werden können. – Erhebliche Schwierigkeiten bereitet die Ermittlung des
mutmaßlichen Patientenwillens im Bereich der passiven Sterbehilfe (*Rengier*,
BT II, § 7 Rn. 5 ff.).

5. Subjektives Rechtfertigungselement

Subjektiv muss der Täter die rechtfertigenden Umstände kennen 61
und die Absicht haben, entsprechend dem Willen des Einwilligungs-
berechtigten zu handeln. Eine zusätzliche pflichtgemäße Prüfung aller
Umstände ist hier so wenig notwendig wie bei § 34 (vgl. § 19 Rn. 63).

Zutreffend LK/*Rönnau*, 12. Aufl., vor § 32 Rn. 229 m. w. N.; *Roxin*, AT I,
§ 18 Rn. 29; *Joecks*, vor § 32 Rn. 43 f. – A. A. *OLG Düsseldorf* NZV 1991,
77; Sch/Sch/*Lenckner/Sternberg-Lieben*, vor § 32 Rn. 58 m. w. N.

226   4. Kapitel. Die Rechtswidrigkeit

V. Die hypothetische Einwilligung

62   Das umstrittene Institut der hypothetischen Einwilligung darf auf keinen Fall mit der mutmaßlichen Einwilligung verwechselt werden. Bei der hypothetischen Einwilligung geht es um auf das Arztstrafrecht beschränkte Fälle, in denen eine wirksame Einwilligung in die Operation insbesondere mangels konkreter Aufklärung nicht vorliegt, der Patient aber nach der Operation erklärt, er hätte der Operation auch bei wahrheitsgemäßer Aufklärung zugestimmt (näher *Rengier*, BT II, § 13 Rn. 19).

Empfehlungen zur vertiefenden Lektüre:
Rechtsprechung: BGHSt 45, 219 (mutmaßliche Einwilligung bei Operationserweiterung); *BGH* NJW 2003, 1824 (Unwirksamkeit der Einwilligung bei Missbrauch der Vertretungsmacht); *BayObLG* NJW 1999, 372 (Einwilligungsfähigkeit eines fast 16-Jährigen bei gefährlichem Aufnahmeritual).
Literatur: *Amelung/Eymann*, Die Einwilligung des Verletzten im Strafrecht, JuS 2001, 937 ff.; *Bergmann*, Einwilligung und Einverständnis im Strafrecht, JuS 1989, L 65 ff.; *Bollacher/Stockburger*, Der ärztliche Heileingriff in der strafrechtlichen Fallbearbeitung, Jura 2006, 908 ff.; *Müller-Dietz*, Mutmaßliche Einwilligung und Operationserweiterung – BGH, NJW 1988, 2310 (= BGHSt 35, 246) JuS 1989, 280 ff.; *Otto*, Einwilligung, mutmaßliche, gemutmaßte und hypothetische Einwilligung, Jura 2004, 679 ff.; *Rönnau*, Voraussetzungen und Grenzen der Einwilligung im Strafrecht, Jura 2002, 665 ff.; *Rönnau*, Grundwissen – Strafrecht: Einwilligung und Einverständnis, JuS 2007, 18 ff.

5. Kapitel. Das vollendete vorsätzliche Begehungsdelikt: Die Schuld

§ 24. Grundlagen

I. Schuldprinzip und Schuldbegriff

Die Aussage des **Schuldprinzips**: „Keine Strafe ohne Schuld" (nulla poena sine culpa) hat Verfassungsrang, der seine Grundlage in der Würde und Eigenverantwortlichkeit des Menschen (Art. 1 I und 2 I GG) sowie im Rechtsstaatsprinzip (Art. 20 III GG) hat (BVerfGE 95, 96, 140; 110, 1, 13; BGHSt 50, 40, 49). Während es auf der Ebene der Rechtswidrigkeit um die Frage geht, ob die Rechtsordnung die Tat ausdrücklich billigt und deshalb nicht als etwas Unrechtes einstuft, hat die Schuldstufe die persönliche Vorwerfbarkeit der Tat im Sinne eines „Dafürkönnens" zum Gegenstand. **1**

Dem Täter wird vorgeworfen, dass er sich auf die Seite des Unrechts gestellt und insoweit gegen das Recht entschieden hat. Was die Qualität dieser Entscheidung betrifft, so spielt nach dem von der h. M. vertretenen **normativen Schuldbegriff** der zwischen dem Indeterminismus und dem Determinismus geführte Streit, ob der Mensch in seinem Handeln überhaupt frei oder nicht vielmehr vorbestimmt ist, keine Rolle. Entsprechendes gilt für bestimmte Erkenntnisse der modernen Hirnforschung, wonach Handlungsentscheidungen in unbewussten Prozessen bereits fabriziert worden sind, bevor sie als vermeintlich persönliche Entscheidungen wahrgenommen werden. Denn nach dem normativen (wertenden) Schuldbegriff kommt es auf die Frage der Willens- und Entscheidungsfreiheit nicht an. Maßgeblich ist vielmehr, dass wir uns im Normalfall als frei handelnde Menschen erleben, einvernehmlich unser gesellschaftliches Zusammenleben danach ausrichten und dementsprechend auch daran anknüpfende Sanktionen der Gesellschaft als legitime Reaktionen empfinden. **2**

Zur umfangreichen Diskussion um den Schuldbegriff siehe Sch/Sch/*Eisele*, vor § 13 Rn. 107 ff.; *Lackner/Kühl*, vor § 13 Rn. 23 ff.; *Roxin*, AT I, § 19; *Jescheck/Weigend*, AT, §§ 37, 38; *Herzberg*, GA 2015, 250 ff.; *Schünemann*, GA 2015, 276 ff. – Speziell zur Hirnforschung aus strafrechtlicher Sicht: *Hil-* **3** *lenkamp*, JZ 2005, 313 ff.; *ders.*, JZ 2015, 391 ff.; *ders.*, ZStW 2015, 10 ff.; *Streng*, Jakobs-FS, 2007, S. 675 ff.; *Marlie*, ZJS 2008, 44 ff.; *Jäger*, GA 2013, 3 ff.; *Weißer*, GA 2013, 26 ff. Auf dem Boden des vorstehenden Schuldbegriffs verneint die h. M. die Schuldfähigkeit von juristischen Personen. Der Mangel ließe sich allerdings etwa durch ein Zurechnungsmodell überwinden, das, anknüpfend an § 30 OWiG, die strafrechtliche Verantwortlichkeit des Verbandes auf das Verschulden seiner Organe stützt (*Baumann/Weber/Mitsch*, AT, § 18 Rn. 27; *Laue*, Jura 2010, 345 f.; *Rogall*, GA 2015, 260 ff.; weitere Nachweise zur Diskussion oben § 7 Rn. 9).

II. Schuldfähigkeit

4   Schuldhaftes Handeln setzt Schuldfähigkeit voraus. Nach der unwiderleglichen Vermutung des § 19 sind alle Kinder unter 14 Jahren unabhängig von ihrem Reifegrad schuldunfähig. Bei Jugendlichen – Alter zwischen 14 und 18 Jahren (§ 1 II JGG) – kommt es gemäß § 3 JGG darauf an, ob sie nach ihrer sittlichen und geistigen Entwicklung reif genug sind, das Unrecht der Tat einzusehen und nach dieser Einsicht zu handeln.

5   Alle anderen Personen sind schuldfähig, wenn bei ihnen nicht ausnahmsweise eine anormale Störung im Sinne des § 20 vorliegt. Die Prüfung des § 20 verläuft zweistufig (zum Folgenden MüKo/*Streng*, § 20 Rn. 12 ff., 31 ff., 48 ff.; *Keiser*, Jura 2001, 376 ff.): Auf der ersten Ebene muss ein bestimmter biologischer oder psychologischer Mangel festgestellt werden; man spricht deshalb auch vom **biologisch-psychologischen Stockwerk**.

6   **Beispiele:** Zu den krankhaften seelischen Störungen zählt man Störungen, die auf (vermuteten) körperlichen Prozessen beruhen (z. B. Hirnschwund, Schizophrenie). Zu den tiefgreifenden Bewusstseinsstörungen gehören vorübergehende Zustände wie die Schlaftrunkenheit und Hypnose, ferner auch hochgradige Affektzustände. Von den schweren seelischen Abartigkeiten werden Psychopathien, Neurosen und Triebanomalien erfasst.

7   Auf der zweiten Ebene erfolgt dann die Prüfung, ob der Täter infolge der Störung unfähig war, entweder das Unrecht der Tat einzusehen (Ausschluss der Einsichtsfähigkeit) oder nach dieser Einsicht zu handeln (Ausschluss der Steuerungsfähigkeit); insoweit spricht man vom **psychologisch-normativen Stockwerk**. Der völlige Ausschluss der Einsichts- oder Steuerungsfähigkeit ist in der Praxis eher selten. Wesentlich häufiger führt der Störungszustand bloß zur Annahme einer erheblich verminderten Schuldfähigkeit gemäß § 21.

§ 24. Grundlagen   229

Der **Alkoholrausch** stellt eine vorübergehende Intoxikationspsy- 8
chose dar, den man – wie andere Rauschzustände auch – wegen seiner
körperlichen Ursache überwiegend bei der krankhaften seelischen
Störung und nicht bei der tiefgreifenden Bewusstseinsstörung einordnet (vgl. *Lackner/Kühl*, § 20 Rn. 4). Feste Grenzwerte, ab denen die
Schuldfähigkeit sicher vermindert bzw. ausgeschlossen ist, existieren
nicht, weil jeder auf Alkoholkonsum anders reagiert. Letztlich
kommt es daher im Einzelfall auf eine Gesamtabwägung an, in die
psychodiagnostische Kriterien wie die Alkoholgewöhnung, die körperliche Konstitution, das Täterverhalten (planvolles und zielgerichtetes Agieren; Ausfallerscheinungen) und die Schwere des Delikts
einfließen.

Doch dienen der Rechtsprechung bestimmte **Promillewerte als** 9
Beweiszeichen, die eine Orientierung ermöglichen und Anlass zur
Prüfung des § 21 bzw. § 20 geben. Danach ist in der Tendenz eine
verminderte Schuldfähigkeit ab einem Promillewert von 2,0 und ein
die Schuldfähigkeit ausschließender Rausch ab einem Wert von 3,0
anzunehmen, ein Wert, der sich bei schwerwiegenden Gewalttaten
gegen Leib oder Leben mit Blick auf die Überschreitung einer höheren Hemmschwelle auf 2,2 bzw. 3,3 erhöht. Lässt sich nicht klären,
ob der Täter die Grenze zur verminderten Schuldfähigkeit bzw. zur
Schuldunfähigkeit schon überschritten hat, so muss nach dem
Grundsatz in dubio pro reo § 21 bzw. § 20 angewendet werden.

Vgl. BGHSt 43, 66, 68 ff.; 57, 247, 249 ff.; *BGH* NStZ 1997, 591; 4 StR 397/
14; *Lackner/Kühl*, § 20 Rn. 18, § 21 Rn. 3; MüKo/*Streng*, § 20 Rn. 32, 36,
68 ff.; *Fischer*, § 20 Rn. 19 ff.; *Satzger*, Jura 2013, 346 ff.; erg. *Rengier*, BT II,
§ 41 Rn. 10, 20.

Ein bei Begehung der Tat gemäß § 20 schuldunfähiger Täter kann 10
nach dem verwirklichten Tatbestand nicht bestraft werden. Eine Ausnahme davon wird für die Fälle der actio libera in causa diskutiert
(unten § 25). In Rauschfällen greift in der Regel § 323a ein (näher
Rengier, BT II, § 41). Ansonsten kommen nur Maßregeln der Besserung und Sicherung nach den §§ 63, 64 in Betracht.

III. Die Schuldstufe in der Fallbearbeitung

Die vorstehenden Ausführungen zum Schuldprinzip, zum Schuld- 11
begriff und zur Schuldfähigkeit sind für das allgemeine strafrechtliche

Verständnis wichtig. Für die Fallbearbeitung braucht man zum Schuldprinzip und -begriff kein näheres Wissen, weil die Schuld eine anerkannte gesetzliche Kategorie darstellt. Auch bezüglich § 20 wird kein Detailwissen verlangt, da die sich hier stellenden vielschichtigen Fragen über das Strafrecht hinausreichen und außerdem in der für einen Sachverhalt gebotenen Kürze kaum darstellbar sind. Daher kann sich der Studierende darauf verlassen, dass er im Sachverhalt deutliche Hinweise wie: „Der (wegen ...) schuldunfähige A ..." oder „Der geisteskranke A ..." findet, wenn es dem Aufgabensteller auf das Vorliegen des § 20 ankommt. Keinesfalls sollte man bloße Angaben wie „aus Zorn", „in großer Verwirrung", „in Panik" oder „hochgradig erregt" zum Anlass nehmen, die Voraussetzungen der §§ 20, 21 zu diskutieren (*Kühl*, AT, § 11 Rn. 3).

12 Entsprechendes gilt für allgemeine Angaben zum Alkoholkonsum wie „nach einem Trinkgelage", „betrunken" oder „alkoholisiert". Soweit der Sachverhalt nicht präzise Aussagen zum Zustand des § 20 enthält, führen erst Hinweise auf Promillewerte ab 3,0 (vgl. Rn. 9) oder Umschreibungen der alkoholbedingten Schuldunfähigkeit – „im Zustand der Volltrunkenheit", „völlig betrunken" oder „total berauscht" – Richtung Schuldunfähigkeit. Bei Werten ab 2,0 Promille liegt die Bejahung des § 21 nahe (vgl. Rn. 9).

13 Im Übrigen geht das Gesetz davon aus, dass der Täter im Normalfall voll schuldhaft handelt, es sei denn, dass ausnahmsweise die Schuld ausschließende oder mindernde Gründe eingreifen (vgl. das „fehlt" in § 17 Satz 1 und das „ohne" in den §§ 20, 35 I 1). Daraus folgt: Gibt es nach dem Sachverhalt keine Anhaltspunkte für Zweifel an der Schuldfähigkeit, für einen die Vorsatzschuld beseitigenden Erlaubnistatbestandsirrtum, für das Vorliegen eines Entschuldigungsgrundes oder für fehlendes Unrechtsbewusstsein (zu diesen Prüfungspunkten vgl. § 12 Rn. 6), so beschränkt sich die Schuldprüfung auf eine kurze Feststellung wie „Die Tat ist schuldhaft" oder „A hat schuldhaft gehandelt" (*Werle*, JuS 2001, L 51 f.).

§ 25. Actio libera in causa

Fall 1: a) Der alkoholgewöhnte Zuhälter Z will, um sich Respekt zu verschaffen, ein Exempel statuieren und beschließt, die ihm nicht gehorchende Prostituierte P mit Messerstichen zu töten. Bevor er zur Tat schreitet, trinkt er zur Stärkung in einer Kneipe so lange alkoholische Getränke, bis er, von ihm hingenommen, mit 3,5 Promille Alkohol im Blut betrunken und schuldunfähig ist. Dadurch beflügelt setzt er sich plangemäß in sein Auto und macht sich auf den 5 km langen Weg zur Wohnung der P, die im 4. Stockwerk eines Hochhauses liegt. Nachdem Z gut angekommen ist und unten an der Haustür geklingelt hat, öffnet die ahnungslose P erst die Haus- und dann die Wohnungstür und wird sofort von dem eintretenden Z tödlich niedergestochen. b) *Variante:* P wird, wie von Anfang an geplant, nur mit einem Messer verletzt. → Rn. 5, 33

Fall 2: Im Fall 1a öffnet die zu Besuch weilende Prostituierte X die Wohnungstür, die Z mit P verwechselt und tötet. → Rn. 23

Fall 3: Der zu Gewalttaten neigende Alkoholiker A betrinkt sich häufiger bewusst bis zum Zustand der alkoholbedingten Schuldunfähigkeit. Nachdem er dies auch am Tattag getan hat, fährt er trotz gegenteiliger Vorsätze doch mit seinem Pkw von der Kneipe nach Hause. Ohne den weiteren Verlauf vorausbedacht zu haben, schlägt er infolge seiner Enthemmung auf seine Frau F ein und beschädigt zielgerichtet ihre Bluse; sie war schon öfters Opfer solcher Attacken. → Rn. 26–31

I. Grundlagen

Bei der umstrittenen Rechtsfigur der actio libera in causa (a.l.i.c.) – **1** wörtlich übersetzt: „eine in der Ursache freie Handlung" – geht es darum, inwieweit sich ein Täter, der schuldunfähig eine Straftat begeht, auf diesen Zustand berufen kann, wenn er ihn zuvor „frei", d. h. schuldhaft herbeigeführt hat. Weitgehend Einigkeit besteht nur darüber, dass in Tatsituationen wie im Fall 1, in denen sich der Täter bis zur völligen Betrunkenheit Mut antrinkt und daran anschließend eine vorher schon geplante – insbesondere schwere – Straftat ausführt, die Rechtslage dem ersten Anschein nach höchst unbefriedigend ist: Danach scheint wegen der Schuldunfähigkeit des Z (§ 20) seine Bestrafung nach den §§ 212, 211 bzw. §§ 223, 224 nicht in Betracht zu kommen und lediglich gemäß § 323a möglich zu sein, dessen Höchststrafe erheblich niedriger ist und nur bei fünf Jahren liegt. Der Streit dreht sich um die Frage, inwieweit dieser Strafbarkeitsmangel mit Hilfe der a.l.i.c. oder nur vom Gesetzgeber überwunden werden kann.

Das Sichversetzen in einen Alkoholrausch stellt den klassischen und typi- **2** schen Fall der a.l.i.c. dar. Tatsächlich werden von dieser Rechtsfigur alle Defekte des § 20 erfasst, natürlich auch andere schuldausschließende Rauschzustände, die durch Drogen oder Tabletten und auch kombiniert mit Alkohol herbeigeführt werden (vgl. *BGH* NStZ 2002, 28).

Unterscheiden muss man zwischen der vorsätzlichen und der fahr- **3** lässigen a.l.i.c. Ferner spielt die Unterscheidung zwischen Erfolgsde-

232 5. Kapitel. Die Schuld

likten (z. B. §§ 212, 223) und sog. verhaltensgebundenen Delikten
(z. B. §§ 316, 315c, 153, 154) eine wichtige Rolle. Nach h. M. kommt
allein bei Erfolgsdelikten die Anwendung der besonderen Rechtsfigur in Betracht.

II. Die vorsätzliche actio libera in causa

4   Der Grundsatz der vorsätzlichen a.l.i.c. lautet: Wer im Zustand des
§ 20 eine vorsätzliche Straftat begeht, kann sich nicht auf seine
Schuldunfähigkeit berufen, wenn er den Defektzustand vorsätzlich
herbeigeführt und sich dabei sein Vorsatz auf die später begangene
Vorsatztat erstreckt hat.

1. Bei Erfolgsdelikten

5   a) Einführung. Die Diskussion um die dogmatischen Grundlagen
hat ihren Ausgangspunkt in der Konstellation der vorsätzlichen
a.l.i.c. im Zusammenhang mit Erfolgsdelikten wie den Tötungs- und
Körperverletzungsdelikten (**Fall 1a/b**; erg. § 10 Rn. 3 ff.).

6   In der **Fallbearbeitung** müssen zuerst die Voraussetzungen der
vorsätzlichen a.l.i.c. festgestellt werden, bevor man zum zentralen
Problem ihrer rechtlichen Zulässigkeit kommen kann (vgl. hierzu
Punkt A.III im Aufbauschema unten Rn. 32): Die vorsätzliche a.l.i.c.
setzt zunächst die Begehung eines Vorsatzdeliktes im Zustand der –
typischerweise alkoholbedingten – Schuldunfähigkeit voraus. Weiter
ist ein „Doppelvorsatz" der Art erforderlich, dass erstens der Täter
seine Schuldunfähigkeit vorsätzlich herbeigeführt und zweitens sich
dabei sein Vorsatz auf die im Defektzustand begangene Tat bezogen
hat.

7   Nur wenn diese Voraussetzungen vorliegen, muss man anschließend in die Diskussion um die Zulässigkeit der vorsätzlichen a.l.i.c.
eintreten. Insoweit gibt es verschiedene Begründungsmodelle, von
denen man unbedingt das Ausnahmemodell und das Tatbestandsmodell kennen sollte, während die Erörterung des Ausdehnungsmodells
jedenfalls in Klausuren weniger wichtig ist. Erkennt man ein Begrün-
dungsmodell an, greift im Ergebnis § 20 nicht ein. Es ist aber auch gut
begründbar, allen Modellen die Gefolgschaft zu verweigern und die
Konstruktion der vorsätzlichen a.l.i.c. für unzulässig zu halten, so
dass wegen des Vorsatzdelikts lediglich gemäß § 323a bestraft werden

kann (vgl. Rn. 21). – Zur Diskussion der drei Modelle ist zu bemerken:

b) Das Ausnahmemodell. Diese Lehre ist, etwas genauer bezeichnet, ein Schuld-Ausnahmemodell. Sie knüpft die Strafbarkeit an das tatbestandsmäßige Verhalten im Rauschzustand an, hält es aber für legitim, bei der Schuld eine Ausnahme von dem Koinzidenzprinzip zu machen, wonach die Schuld „bei Begehung der Tat" (§ 20) vorliegen muss (erg. § 14 Rn. 55 ff.). Man nimmt an, dass die bei der Tatbegehung fehlende Schuld durch das schuldhafte Vorverhalten ausgeglichen werde. Ferner stützt man sich auf den Gedanken des Rechtsmissbrauchs und teilweise auch auf eine gewohnheitsrechtliche Anerkennung der a.l.i.c. **8**

W/Beulke/Satzger, AT, Rn. 415; *Beulke* I, Rn. 409 f.; *Kühl*, AT, § 11 Rn. 6 ff.; *Lackner/Kühl*, § 20 Rn. 25; *Krey/Esser*, AT, Rn. 708 ff.

Kritik: Das Ausnahmemodell ist mit Art. 103 II GG nicht vereinbar. Denn es setzt sich über den Wortlaut des § 20 hinweg. Art. 103 II GG, der auch im Bereich des Allgemeinen Teils gilt, verbietet strafbarkeitsbegründendes Gewohnheitsrecht (vgl. § 4 Rn. 13). Abgesehen davon kann angesichts des Streitstands jedenfalls heute nicht mehr von einer entsprechenden allgemeinen Rechtsüberzeugung die Rede sein. **9**

Zur Kritik vgl. BGHSt 42, 235, 241 f.; *Roxin*, Lackner-FS, 1987, S. 309 ff.; *ders.*, AT I, § 20 Rn. 58; *Heinrich*, AT, Rn. 606; *Rönnau*, JA 1997, 713 f.

c) Das Ausdehnungsmodell. Diese Ansicht knüpft ebenfalls an das tatbestandsmäßige Verhalten im Rauschzustand an und versucht, den gegen das Ausnahmemodell im Lichte des Art. 103 II GG und des Koinzidenzprinzips geäußerten Bedenken dadurch zu entgehen, dass sie den Begriff „der Tat" des § 20 nicht im Sinne von zeitlichen Grenzen versteht, deren Anfang und Ende Versuch und Vollendung markieren. Vielmehr soll mit „der Tat" ein darüber hinausreichender Schuldtatbestand gemeint sein, der in Anlehnung an § 17 und § 35 I 2 schuldhaftes Vorverhalten einbezieht (MüKo/*Streng*, § 20 Rn. 128 ff. m. w. N.; *ders.*, JuS 2001, 542 ff.; *Safferling*, JA 2007, 184 f. mit Falllösung). **10**

Kritik: Man kann in dieser Lehre einen „terminologischen Trick" (*Roxin*, AT I, § 20 Rn. 70) sehen, mit dem scheinbar die Koinzidenz von Tatbegehung und Schuld hergestellt werden soll. Zudem leuchtet es nicht ein, den Tatbegriff des § 20 anders als in den §§ 16 und 17 zu **11**

verstehen (BGHSt 42, 235, 240). Letztlich deckt sich die Kritik mit derjenigen am Ausnahmemodell.

12   **d) Das Tatbestandsmodell.** Die Tatbestandslösung (wohl h. M.) – oft auch als „Vorverlagerungstheorie" diskutiert – versucht, dem gegen das Ausnahme- und Ausdehnungsmodell gerichteten Haupteinwand, das Koinzidenzprinzip zu verletzen, dadurch zu entgehen, dass sie bereits das Sichberauschen im Zustand der Schuldfähigkeit für tatbestandsrelevant hält und von daher als Teil der Tatbegehung ansieht. Angeknüpft wird daran, dass das Merkmal „bei Begehung der Tat" nicht das Vorliegen der Schuldfähigkeit während der gesamten Tatausführung verlangt, sondern es ausreicht, wenn der Täter zumindest bezüglich eines Teils der – mit dem Eintritt in das Versuchsstadium beginnenden – Tat schuldfähig gewesen ist.

13   Mit anderen Worten stellt sich die Frage, ob ein Täter, der sich vorsätzlich in den Zustand des § 20 versetzt und dabei die spätere Begehung einer Vorsatztat im Visier hat, schon vor dem Erreichen des Defektzustandes die Schwelle des § 22 überschreitet. Dies ist nach der Tatbestandslösung zu bejahen. Man zieht die Parallele zur mittelbaren Täterschaft und begründet den Versuchsbeginn damit, dass der seine Schuldunfähigkeit bewusst herbeiführende Täter sich selbst als schuldlos handelndes Werkzeug zur Tatbegehung benutzt und es keinen Unterschied macht, ob er sich selbst oder einen schuldunfähigen Dritten als Werkzeug einsetzt. Außerdem lässt sich das Erreichen des Versuchsstadiums auf einen Vergleich mit dem Täter eines beendeten Versuchs stützen, der eine Bombe auf ein bestimmtes Ziel losgeschickt und damit die Herrschaft über den Geschehensverlauf aus der Hand gegeben hat (Belege zur h. M. in Rn. 16; erg. unten § 34 Rn. 51 ff.).

14   **Kritik:** Dem Tatbestandsmodell wird insbesondere vorgeworfen, dass der Vergleich mit der mittelbaren Täterschaft schon deshalb nicht passe, weil § 25 I 2. Var. die Tatbegehung durch einen „anderen" voraussetze. Außerdem überzeuge die Versuchskonstruktion nicht, da das Sichbetrinken eine typische Vorbereitungshandlung darstelle. Wenn bis zur eigentlichen Tatausführung noch eine mehr oder weniger lange Zeitspanne liege und/oder weitere Zwischenakte wie das Aufsuchen des Tatorts und des Opfers erforderlich seien, könne von einem unmittelbaren Ansetzen im Sinne des § 22 nicht die Rede sein (*Kühl*, AT, § 11 Rn. 13; *Rönnau*, JA 1997, 708 ff.).

15   **e) Stellungnahme.** Zustimmung verdient das Tatbestandsmodell. Der Vorwurf, es verletze § 25 I 2. Var., trifft nicht zu. Denn es geht

um die Auslegung des § 22 und die Frage, ob der Versuch schon vor dem Übergang in den Defektzustand beginnt. Um dies zu bejahen, wird nur die Begründungsstruktur der mittelbaren Täterschaft herangezogen und insoweit deutlich gemacht, dass es relativ weit vorverlagerte Versuchsstrafbarkeiten auch in vergleichbaren anderen Konstellationen gibt. Freilich ist einzuräumen, dass die Tatbestandslösung allein bei Erfolgsdelikten passt. Denn nur wenn der wesentliche Unrechtsgehalt in der Verursachung eines Erfolges liegt, kann man sagen, dass auch schon der Beginn der Verursachung eine zum Straftatbestand gehörende Handlung darstellt.

Wie hier etwa *Roxin*, AT I, § 20 Rn. 61 f.; *ders.*, Lackner-FS, 1987, S. 312 ff.; **16** *Jäger*, AT, Rn. 177, 182; *Baumann/Weber/Mitsch*, AT, § 19 Rn. 34 ff.; *Heinrich*, AT, Rn. 602 f.; *Satzger*, Jura 2006, 515 f.; *Hirsch*, Geppert-FS, 2011, S. 235 ff.

Auch die **Rechtsprechung** darf man, obwohl eine klärende Stellungnahme **17** noch fehlt, dem Lager des Tatbestandsmodells zurechnen. Die grundlegende Entscheidung BGHSt 42, 235 hat jedenfalls das Ausnahme- und Ausdehnungsmodell ausdrücklich verworfen. Was die Tatbestandslösung betrifft, so bezieht sich ihre Ablehnung durch BGHSt 42, 235 nur auf die verhaltensgebundenen Delikte. Bezüglich der Erfolgsdelikte lässt BGHSt 42, 235 die Frage offen, jedoch betonen spätere Entscheidungen, dass eine weitergehende Einschränkung des Anwendungsbereichs der vorsätzlichen a.l.i.c. nicht anzuerkennen ist (*BGH* NStZ 2000, 584, 585; ferner NStZ 1997, 230; 2002, 28).

2. Bei verhaltensgebundenen Delikten

Mit der Umschreibung „verhaltensgebundene Delikte" meint man **18** Tatbestände, die eine bestimmte Tätigkeit beschreiben. Wichtigste Beispiele sind die §§ 315c und 316, die vor allem das „Führen" eines Fahrzeugs im Zustand der Fahruntüchtigkeit und damit „ein Verhalten verbieten, das nicht auch als die Herbeiführung eines dadurch verursachten, von ihm trennbaren Erfolges begriffen werden kann" (BGHSt 42, 235, 239). Mit anderen Worten: Wenn der wesentliche Unrechtsgehalt in einer eigenhändigen Tätigkeit liegt, muss das geforderte eigenhändige „Führen" auch schuldhaft erfolgen und kann nicht im Sinne eines „Verursachens des Führens" schon mit dem Sichbetrinken beginnen (vgl. *Hardtung*, NZV 1997, 100; *Satzger*, Jura 2006, 515).

Mit dem Terminus „verhaltensgebundene Delikte" sind vor allem **19** die eigenhändigen und schlichten Tätigkeitsdelikte gemeint, also neben den §§ 315c, 316 etwa auch noch § 21 StVG und die §§ 153, 154. Da bei diesen Tatbeständen die Konstruktion einer mittelbaren Täterschaft nicht möglich ist (§ 10 Rn. 7, 29 f.), leuchtet es ohne Weiteres ein, dass insoweit die den Gedanken des § 25 I 2. Var. aufgreifende Tatbestandslösung nicht herangezogen werden kann. Dieses Ergebnis führt auch nicht zu nennenswerten Strafbarkeitslücken, da in den Fällen der praxisrelevanten §§ 315c, 316 der Strafrahmen des § 323a I, II die Verhängung gleicher Strafen ermöglicht.

20   Die vorstehend in Übereinstimmung mit BGHSt 42, 235 – gegen die frühere Rechtsprechung – propagierte Nichtanwendung der Grundsätze der vorsätzlichen a.l.i.c. auf die §§ 315c, 316 StGB, 21 StVG hat sich im Lager der Befürworter des Tatbestandsmodells durchgesetzt (a. A. freilich *Hirsch*, JR 1997, 391 ff.; *ders.*, Geppert-FS, 2011, S. 239 ff.).

21   **Generell abgelehnt** wird die vorsätzliche a.l.i.c. etwa von: *Salger/Mutzbauer*, NStZ 1993, 561 ff.; *Ambos*, NJW 1997, 2296 ff.; *Rönnau*, JA 1997, 599 ff., 707 ff.; *ders.*, JuS 2000, L 28 ff.; AnwK/*Conen*, § 20 Rn. 100 ff.; *Kaspar*, AT, Rn. 435 ff.; *ders.*, Jura 2007, 70 f. mit Falllösung.

3. Einzelfragen

22   Neben dem Vorsatz, sich in den Zustand der Schuldunfähigkeit zu versetzen, muss der „Doppelvorsatz" bei der Defektherbeiführung darauf gerichtet sein, eine *bestimmte* Straftat auszuführen. Dafür genügt nicht das Wissen des Täters, unter Alkoholeinfluss zu Gewalttaten zu neigen. Vielmehr muss der Tatvorsatz auf die Begehung einer zwar nicht notwendig schon in allen Einzelheiten, aber doch hinreichend konkretisierten Tat gerichtet sein. Stimmen die vorgestellte und die später im Zustand des § 20 durchgeführte Tat nicht überein, so kann der Vorsatz nur bejaht werden, wenn es sich um unwesentliche Abweichungen handelt (vgl. § 15 Rn. 11 ff.; § 45 Rn. 49 ff.).

23   Umstritten ist der Fall, dass der Berauschte einem **error in persona** unterliegt (**Fall 2**). Man kann darin, auf den maßgeblichen Zeitpunkt des Sichbetrinkens bezogen, eine vorsatzausschließende aberratio ictus sehen (*Roxin*, AT I, § 20 Rn. 74; h. M.), man kann ferner von einem unbeachtlichen error in persona ausgehen (BGHSt 21, 381, 383 f.) oder zutreffend die Entscheidung davon abhängig machen, inwieweit der Täter das Individualisierungsrisiko mit in den Rauschzustand genommen hat (MüKo/*Streng*, § 20 Rn. 144; *Kühl*, AT, § 11 Rn. 23; *Kudlich*, AT, Nr. 131b).

24   Letztlich wiederholt sich hier der auch im Zusammenhang mit vergleichbaren anderen Konstellationen geführte Streit (vgl. § 15 Rn. 42 ff.; § 43 Rn. 73 f.; § 44 Rn. 30 f.; § 45 Rn. 57 ff.). Im **Fall 2** wäre es vertretbar, den Faktor „Woh-

nung der P" als einen, was die anvisierte P betrifft, ausreichenden Individualisierungsfaktor und von daher den error in persona des berauschten Z aus der maßgeblichen Perspektive des Sichbetrinkens im Ergebnis wie eine vorsatzausschließende aberratio ictus zu werten (vgl. *Rönnau*, JuS 2000, L 30). So betrachtet entfällt bei Z § 211 (Heimtücke, niedrige Beweggründe) wegen fehlender Schuld, doch sind dann nach der Tatbestandslösung zumindest die §§ 211, 22 zu bejahen (vgl. auch *Schweinberger*, JuS 2006, 507 f.; *Hecker*, JuS 1991, L 85 ff.).

III. Die fahrlässige actio libera in causa

An die Konstellation der fahrlässigen a.l.i.c. ist immer dann zu denken, wenn die Voraussetzungen der vorsätzlichen a.l.i.c. nicht vorliegen, etwa weil der Täter beim Sichversetzen in den totalen Rausch nicht daran gedacht hat, im Zustand des § 20 jemanden zusammenzuschlagen oder eine fremde Sache zu beschädigen. Bei der fahrlässigen a.l.i.c. liegt der **Grundgedanke** darin, dem Täter eines Fahrlässigkeitsdelikts die Berufung auf § 20 zu versagen, sofern er vor dem Erreichen des Defektzustandes den weiteren Verlauf hätte erkennen können. 25

Dazu **Fall 3**: A handelt bezüglich der §§ 223 I, 303 I jeweils schuldlos (§ 20). Nach den Grundsätzen der vorsätzlichen a.l.i.c. kommt eine ausnahmsweise Bejahung der Schuld nicht in Betracht, weil A beim Sichbetrinken nicht an die Begehung dieser Straftaten gedacht hat. Auf keinen Fall darf man jetzt mit Hilfe der fahrlässigen a.l.i.c. die Strafbarkeit aus dem Vorsatzdelikt begründen. 26

Vielmehr muss die Frage gestellt werden, ob der Berauschte als schuldhaft handelnder Fahrlässigkeitstäter unter der Voraussetzung bestraft werden kann, dass ein entsprechender Fahrlässigkeitstatbestand existiert. Insoweit nimmt die heute h. M. zu Recht an, dass es bei fahrlässigen Erfolgsdelikten wie § 229 des Rückgriffs auf die Rechtsfigur der fahrlässigen a.l.i.c. gar nicht bedarf. Denn bei dieser Deliktsgruppe kommt als Gegenstand des strafrechtlichen Vorwurfs jedes objektiv pflichtwidrige Verhalten in Betracht, das den tatbestandsmäßigen Erfolg in objektiv zurechenbarer Weise verursacht. Folglich kann der Fahrlässigkeitsvorwurf – ganz im Sinne des Tatbestandsmodells (Rn. 12) – an das Sichberauschen und insoweit an eine im Vorfeld der eigentlichen Erfolgsherbeiführung liegende, schuldhaft begangene Verhaltensweise angeknüpft werden. 27

238   5. Kapitel. Die Schuld

28   Allgemein denke man an Nachlässigkeiten etwa im Planungsstadium, bei
der Produktion oder Wartung, die sich unter Umständen erst Jahre später in
schlimmen Folgen auswirken. Im **Fall 3** liegt die Pflichtwidrigkeit des A im
schuldhaften Sichbetrinken trotz der ihm bekannten Neigung zu Gewalttaten
im Zustand des § 20. Insoweit muss eine schuldhafte Verwirklichung des § 229
bejaht werden. Hinsichtlich der Sachbeschädigung (Bluse) scheidet aber dieser
Weg aus, weil ihre fahrlässige Begehung nicht unter Strafe steht (§ 15).
   Zur h. M. siehe BGHSt 42, 235, 236 f.; *OLG Nürnberg* NStZ-RR 2006,
248 f.; *Satzger*, Jura 2006, 516; *Heinrich*, AT, Rn. 612 ff.; *Krey/Esser*, AT,
Rn. 713; *Jäger*, AT, Rn. 182.

29   Bei **verhaltensgebundenen Fahrlässigkeitsdelikten** wie § 316 II
ergibt sich aus der Parallele zum Tatbestandsmodell, dass die Konstruktion einer fahrlässigen a.l.i.c. den gleichen Bedenken wie in den
Vorsatzfällen unterliegt (Rn. 18 ff.). Denn die schuldhafte Herbeiführung des Defektzustandes kann nicht als eine objektiv pflichtwidrige
Handlung angesehen werden, die Teil der Tätigkeit des Führens ist.

30   Daraus folgt für **Fall 3**: Bezüglich § 316 I handelt A ohne Schuld (§ 20); für
die Ausnahme der vorsätzlichen a.l.i.c. fehlt es schon an der Voraussetzung
des „Doppelvorsatzes". Was den § 316 II betrifft, so handelt es sich um ein
verhaltensgebundenes Delikt, bei dem das schuldhafte Verhalten nicht mit
Hilfe der fahrlässigen a.l.i.c. auf den Zeitpunkt des Sichbetrinkens vorverlagert
werden darf. Insoweit bleibt nur § 323a i. V. m. § 316 I (weitere Rauschtaten:
§§ 223 I, 303 I).

31   **Zusammenfassung und Ergebnis zu Fall 3** (vgl. auch *Fahl*, JA 1999,
842 ff.): Anzusprechen sind, chronologisch aufbauend, erst § 316 I, dann
§ 316 II, danach § 223 I und § 229, dann § 303 I und schließlich § 323a
(i. V. m. §§ 316 I, 223 I, 303 I). Im Ergebnis ist A, folgt man den vorstehenden
Ausführungen, gemäß den §§ 229, 323a (i. V. m. §§ 316 I, 223 I, 303 I), 52
strafbar.

IV. Aufbaufragen

32   Hat man es in der Fallbearbeitung mit einer Konstellation im Umfeld der vorsätzlichen a.l.i.c. zu tun, so empfiehlt sich, am Erfolgsdelikt dargestellt, die folgende Prüfungsreihenfolge:

§ 25. Actio libera in causa   239

Aufbauschema zur vorsätzlichen a.l.i.c. beim Erfolgsdelikt

A. Vorsatzdelikt (z. B. § 223)
    I. Tatbestandsmäßigkeit
      1. Objektiver Tatbestand
      2. Subjektiver Tatbestand: Vorsatz
    II. Rechtswidrigkeit
    III. Schuld
      1. Schuldunfähigkeit gemäß § 20
      2. Schuldhaftes Handeln nach den Grundsätzen der vorsätzlichen a.l.i.c.
        a) Voraussetzung: Vorliegen des „Doppelvorsatzes"; *wenn ja:*
        b) Rechtliche Zulässigkeit: Diskussion der Begründungsmodelle
      Wenn 2.a oder 2.b nein:
B. Fahrlässigkeitsdelikt (z. B. § 229)
    I. Tatbestandsmäßigkeit
    Insbesondere: „Vorverlagerte" Anknüpfung der objektiven Pflichtwidrigkeit an die Herbeiführung der Schuldunfähigkeit (bei Erfolgsdelikten, aber nicht bei verhaltensgebundenen Delikten möglich)
    II. Rechtswidrigkeit
    III. Schuld: Schuldunfähigkeit gemäß § 20
      1. Bei Erfolgsdelikten: nein, soweit an ein schuldhaftes Verhalten vor dem Eintritt des Defektzustandes angeknüpft werden kann.
      2. Bei verhaltensgebundenen Delikten: ja
C. § 323a
(näher *Rengier*, BT II, § 41 Rn. 4)

Ergänzende Hinweise: Was die Prüfung des Tatbestandsvorsatzes beim Vorsatzdelikt betrifft (Punkt A.I.2), so ist zu beachten, dass der Zustand der Volltrunkenheit weder die Handlungsfähigkeit noch vorsätzliches Handeln ausschließt (ein natürlicher Vorsatz genügt).
Aufbaumäßig wird unter den Befürwortern des auch hier vertretenen Tatbestandsmodells teilweise – straftatsystematisch konsequent – vorgeschlagen, innerhalb des Punktes A.III.2.b nur – ablehnend – das Ausnahme- und Ausdehnungsmodell zu erörtern und anschließend für das Vorsatzdelikt einen neuen Prüfungspunkt (z. B. § 223 i. V. m. vorsätzlicher a.l.i.c. durch das Sichbetrinken) zu bilden (*Jäger*, AT, Rn. 185; *Kindhäuser*,

240　　　　5. Kapitel. Die Schuld

> AT, § 23 Rn. 28; Falllösung bei *Krell*, ZJS 2010, 643 ff.). Dies ist durchaus
> konsequent, da beim Tatbestandsmodell die Strafbarkeitsprüfung einen an-
> deren Anknüpfungspunkt, nämlich das Sichberauschen, hat. Da jedoch
> durch diese Aufteilung der Aufbau und die Diskussion eher unübersicht-
> lich werden, ist die Trennung nicht unbedingt geboten.

33　　Im **Fall 1a** geht es um die vorsätzliche a.l.i.c., und zwar zuerst beim Erfolgsdelikt: Bezüglich der §§ 212, 211 handelt Z objektiv und subjektiv tatbestandsmäßig (Heimtücke, niedrige Beweggründe). Doch fehlt ihm beim Zustechen
die Schuld (§ 20). Indes hat er sich vorsätzlich in den Zustand des § 20 versetzt
und dabei die Tötungstat im Blickfeld gehabt, so dass sich Z möglicherweise
nicht auf § 20 berufen kann. Dies hängt von der Stellungnahme zu den Be-
gründungsmodellen der vorsätzlichen a.l.i.c. ab. Nur wenn man alle Modelle
ablehnt, entfällt eine Strafbarkeit des Z gemäß § 211 wegen Schuldunfähigkeit.
Ansonsten ist, auch auf dem Boden des hier vertretenen Tatbestandsmodells,
eine schuldhafte Verwirklichung des § 211 zu bejahen. Hinsichtlich des weiter
zu prüfenden § 316 I sind die Voraussetzungen der vorsätzlichen a.l.i.c. zwar
auch erfüllt, doch kommt bei einem verhaltensgebundenen Delikt eine Strafbarkeit gemäß § 316 I lediglich nach dem Ausnahmemodell in Betracht. Da
dieses keine Zustimmung verdient, greift bloß § 323a i. V. m. § 316 I ein. Ergebnis: §§ 211, 323a (i. V. m. § 316 I), 52. – Die Lösung im **Fall 1b** verläuft parallel; nur ist § 211 durch § 224 I Nr. 2, 3, 5 zu ersetzen.

V. Actio libera in causa und § 21

34　　Soweit man die Rechtsfigur der a.l.i.c. anerkennt, werden ihre
Grundsätze oft auch auf den Fall der verminderten Schuldfähigkeit
übertragen mit der Folge, dass § 21 schon überhaupt nicht eingreift.
Im Lichte des Tatbestandsmodells (Rn. 12 ff.) wäre das tragfähig,
wenn man auch das Sichversetzen in den Zustand nur des § 21 als Beginn der Tat verstehen könnte; da jedoch der Täter schuldfähig bleibt,
kann er sich selbst kaum zum Werkzeug machen. Unabhängig davon
besteht die Möglichkeit, bei einer vorwerfbaren Alkoholisierung die
*Kann*milderung des § 21 i. V. m. § 49 I zu versagen.

35　　Für die Übertragung der Grundsätze vgl. BGHSt 49, 239, 245; *BGH* NStZ
2000, 584 f.; 2003, 535, 536; Sch/Sch/*Perron/Weißer*, § 21 Rn. 11; *Lackner/
Kühl*, § 21 Rn. 6. – Zur Sicht des Tatbestandsmodells *Roxin*, AT I, § 20
Rn. 69; *Streng*, JuS 2001, 542; *Fischer*, § 21 Rn. 16. – Zur Kannmilderung vgl.
BGHSt 43, 66, 78; 49, 239 ff.; *BGH* NStZ 2006, 274; *Lackner/Kühl*, § 21
Rn. 4a; *Fischer*, § 21 Rn. 25 ff.

36　　Zur mit der a.l.i.c. verwandten **omissio libera in causa** beim Unterlassungsdelikt siehe unten § 49 Rn. 11 f.

§ 26. Entschuldigender Notstand   241

Empfehlungen zur vertiefenden Lektüre:
Rechtsprechung: BGHSt 42, 235 (Grenzen der actio libera in causa).
Literatur: *Fahl*, Actio libera in causa, JA 1999, 842 ff.; *Rönnau*, Grundstruktur und Erscheinungsformen der actio libera in causa, JA 1997, 599 ff.; *Rönnau*, Dogmatisch-konstruktive Lösungsmodelle zur actio libera in causa, JA 1997, 707 ff.; *Rönnau*, Strafrecht: Der volltrunkene Macho, JuS 2000, L 28 ff.; *Rönnau*, Grundwissen – Strafrecht: Actio libera in causa, JuS 2010, 300 ff.; *Salger/Mutzbauer*, Die actio libera in causa – eine rechtswidrige Rechtsfigur, NStZ 1993, 561 ff.; *Satzger*, Dreimal „in causa" – actio libera in causa, omissio libera in causa und actio illicita in causa, Jura 2006, 513 ff.; *Schweinberger*, Actio libera in causa: Folgeprobleme des herrschenden Tatbestandsmodells, JuS 2006, 507 ff.; *Streng*, Actio libera in causa und verminderte Schuldfähigkeit – BGH, NStZ 2000, 584, JuS 2001, 540 ff.

§ 26. Entschuldigender Notstand (§ 35)

Fall 1: a) Der unverschuldet in Seenot geratene Segler S droht zu ertrinken, als er auf den Surfer O stößt, der sich an einem Brett festklammert, damit er ebenfalls nicht ertrinkt. Da das Brett nur eine Person tragen kann, drängt S den O mit Gewalt vom Brett, um sein Leben zu retten. O ertrinkt. b) *Variante:* S droht nur deshalb zu ertrinken, weil er seine Schwimmweste vergessen hat. → Rn. 12, 21

Fall 2: Autofahrer A hat fahrlässig den einjährigen Sohn des T getötet. Um sich zu rächen, will der körperlich überlegene T den A in entsprechender Weise bestrafen und ihn zwingen, seine schlafende einjährige Tochter zu ersticken. Daher sucht T den A in dessen Wohnung auf und prügelt mit den Fäusten so lange und schwer auf ihn ein, bis A, ohne in Lebensgefahr zu schweben, in der ausweglosen Lage die Schläge nicht mehr länger aushält und mit Tötungsvorsatz ein Kissen länger über das Kind drückt. Das Kind überlebt. Strafbarkeit von A und T? → Rn. 16, 22, 31

I. Grundlagen und Aufbaufragen

§ 35 regelt einen Entschuldigungsgrund, der insbesondere darauf   1 Rücksicht nimmt, dass sich der Täter in einer außergewöhnlichen Motivationslage befindet, die ein normgerechtes Verhalten als unzumutbar und damit nicht strafwürdig erscheinen lässt. Das Verhalten bleibt aber rechtswidrig und wird nicht von der Rechtsordnung gebilligt. Wichtige Konsequenzen: Gegen eine bloß entschuldigte Notstandstat darf Notwehr geübt werden; außerdem ist eine Teilnahme

242   5. Kapitel. Die Schuld

möglich, da eine vorsätzliche rechtswidrige Haupttat vorliegt (§§ 26, 27).

2   Weiter müssen die Parallelen und vor allem die Unterschiede zu § 34 richtig erfasst werden. Auf der einen Seite sind bezüglich der Notstandslage die Voraussetzungen des § 35 I 1 in zweifacher Hinsicht enger: Erstens genügt nur eine gegenwärtige Gefahr für Leben, Leib oder Freiheit (und nicht wie bei § 34 für ein beliebiges Rechtsgut). Zweitens kommt eine entschuldigende Notstandshilfe lediglich zugunsten von Angehörigen und anderen nahestehenden Personen in Betracht, während § 34 insoweit jeden Dritten einbezieht. Auf der anderen Seite ist der Entschuldigungsgrund weiter, weil er keine Interessenabwägung verlangt. Einschränkungen ergeben sich freilich aus § 35 I 2.

3   In der **Fallbearbeitung** muss das Vorliegen einer tatbestandsmäßigen und rechtswidrigen Tat – meist mit Erörterung des § 34 und eventuell auch des § 32 – festgestellt worden sein, bevor man zur Prüfung des § 35 auf der Schuldebene gelangt. Dabei empfiehlt es sich, klar zwischen den Voraussetzungen des § 35 I 1 einerseits und etwaigen Einschränkungen gemäß § 35 I 2 andererseits zu trennen. Es ergibt sich folgendes

---

4   **Aufbauschema zum entschuldigenden Notstand (§ 35)**

I. Voraussetzungen (§ 35 I 1)
1. Notstandslage
    a) Gefahr für Leben, Leib oder Freiheit
    b) des Täters, eines Angehörigen oder einer anderen nahestehenden Person
    c) Gegenwärtigkeit der Gefahr
2. Notstandshandlung
    a) Begehung einer rechtswidrigen Tat
    b) Erforderlichkeit („nicht anders abwendbar")
3. Rettungsabsicht
II. Zumutbarkeit der Gefahrhinnahme (§ 35 I 2)
1. Selbstverursachung der Gefahr
2. Bestehen eines besonderen Rechtsverhältnisses
3. Sonstige Fälle (vgl. „namentlich")

II. Voraussetzungen (§ 35 I 1)

1. Notstandslage

Notstandsfähige Rechtsgüter sind allein Leben, Leib und Freiheit. **5** Der Begriff **Leib** bezieht sich auf die körperliche Unversehrtheit im Sinne der §§ 223 ff., meint also (Gefahren für) Körperverletzungen gemäß § 223 I; freilich genügt nicht jede, sondern, um ein gewisses Gleichgewicht zwischen den geschützten Rechtsgütern herzustellen, nur eine erhebliche Leibesgefahr (*BGH* DAR 1981, 226; *Lackner/ Kühl*, § 35 Rn. 3). Mit der **Freiheit** ist die durch § 239 geschützte körperliche Fortbewegungsfreiheit und nicht die allgemeine Handlungsfreiheit gemeint; auch die Freiheitsgefahr muss eine gewisse Erheblichkeit aufweisen.

Die Aufzählung der notstandsfähigen Rechtsgüter ist abschließend. Wenn **6** im Fall 3 von § 19 (§ 19 Rn. 40) der *BGH* den M – ohne nähere Begründung – auf jeden Fall gemäß § 35 entschuldigen will, so lässt sich dies zunächst nicht auf den Aspekt der Leibesgefahr stützen. Insoweit mag man zwar in den Schlafstörungen einen anormalen körperlichen Zustand, d. h. eine Gesundheitsschädigung erblicken können, doch ist die Erheblichkeitsschwelle nicht erreicht. Was das Merkmal der Freiheit betrifft, so wird bei einem Opfer wie M, das aus Angst vor einem immer wieder auftauchenden Eindringling oder Einbrecher seine Wohnung nicht verlässt, nur die Willensfreiheit, aber nicht die Fortbewegungsfreiheit in Mitleidenschaft gezogen. Dies genügt für § 35 I 1 nicht (*Roxin*, AT I, § 22 Rn. 28; LK/*Zieschang*, 12. Aufl., § 35 Rn. 14; h. M.; a. A. *Schroeder*, JuS 1980, 337 f., 340).

Bezüglich dritter Personen beschränkt § 35 I 1 den Schutzbereich **7** auf **Angehörige** (Legaldefinition in § 11 I Nr. 1) und andere dem Täter **nahestehende Personen**. Darunter versteht man solche Personen, die mit dem Täter in ähnlicher Weise wie Angehörige in einer auf eine gewisse Dauer angelegten Beziehung persönlich verbunden sind (z. B. eheähnliche Gemeinschaften und Liebesverhältnisse; enge Freundschaften; ggf. auch Mitglieder von Wohngemeinschaften).

Zum Begriff der **gegenwärtigen Gefahr** siehe § 19 Rn. 9 ff. **8**

2. Notstandshandlung

Die Gefahr, die der Täter durch die Begehung einer rechtswidrigen **9** Tat abwenden will, darf „nicht anders abwendbar" sein. Gemeint ist damit die Erforderlichkeit der Notstandshandlung mit den Kriterien

244　　　　　5. Kapitel. Die Schuld

der Eignung und des mildest möglichen Mittels (entsprechend § 19 Rn. 20 ff.).

10　　Eine Interessenabwägung bzw. eine Abwägung der sich gegenüber stehenden Rechtsgüter findet grundsätzlich nicht statt. Eine berechtigte Ausnahme macht man lediglich für Konstellationen mit einer deutlichen Disproportionalität, die freilich richtigerweise bei § 35 I 2 einzuordnen sind (unten Rn. 30).

3. Rettungsabsicht

11　　Das Erfordernis einer Rettungs*absicht* ist hier – anders als bei den §§ 32, 34 – nahezu unbestritten; ein Handeln in bloßer Kenntnis der Gefahr genügt nicht. Fehlt das subjektive Entschuldigungselement, so wird der Täter, da eine tatbestandsmäßige und rechtswidrige Tat vorliegt, wegen vollendeter Tat bestraft.

Roxin, AT I, § 22 Rn. 32 ff.; *Fischer*, § 35 Rn. 8; zum Absichtserfordernis erg. oben § 18 Rn. 103 ff.; § 19 Rn. 63).

4. Beispiele

12　　**Fall 1a** führt – in Anlehnung an das berühmte „Brett des Karneades" – zur klassischen Konstellation des § 35: Bezüglich § 212 durch S scheidet eine Rechtfertigung gemäß § 34 aus, weil auf der Seite des geschützten wie des beeinträchtigten Interesses jeweils das Leben steht (§ 19 Rn. 32). Doch greift zugunsten des S § 35 ein.

13　　Um eine Kollision „Leben gegen Leben" geht es auch im „Bergsteiger-Fall", in dem zwei Bergsteiger an einem Seil über dem Abgrund hängen und ein Bergsteiger sich nur dadurch retten kann, dass er das Seil zum Kameraden durchschneidet und diesen abstürzen lässt.

14　　Bekannt ist ferner der historische „Mignonette-Fall", in dem in einem Rettungsboot auf dem Meer treibende Schiffbrüchige der gesunkenen Segelyacht „Mignonette" einen Matrosen töten, um ihr Leben dadurch zu retten, dass sie dessen Blut trinken und sich vom Fleisch des Toten ernähren.

Zu den Fällen näher *Küper*, JuS 1981, 785 ff.; *Koch*, JA 2005, 748 f.

15　　Ein wichtiges Anwendungsfeld bildet ferner der **Nötigungsnotstand**. In einschlägigen Fällen wie dem Fall 4 von § 19 muss § 35 erörtert werden, wenn man bei der Prüfung des § 34 zu dem Ergebnis gelangt ist, dass entweder das geschützte Interesse das beeinträchtigte nicht wesentlich überwiegt oder in der konkreten Nötigungsnotstandslage § 34 keine Anwendung findet (näher oben § 19 Rn. 51 ff., 55; Falllösung bei *Müller*, Jura 2005, 641 f.).

§ 26. Entschuldigender Notstand   245

Auch **Fall 2** hat einen Nötigungsnotstand zum Gegenstand. Bevor man   16
dazu kommt, ist bezüglich der §§ 212, 22, 224 I Nr. 2, 5 durch A festzuhalten,
dass eine Rechtfertigung gemäß § 32 ausscheidet, weil die Notwehr gegen die
Körperverletzung des T Eingriffe in Rechtsgüter Dritter nicht gestattet (§ 18
Rn. 31 f.). Bezüglich § 34 kann schon von einem wesentlichen Überwiegen
des geschützten Interesses (körperliche Unversehrtheit des A) nicht die Rede
sein, so dass sich die Streitfrage, inwieweit § 34 den Nötigungsnotstand überhaupt erfasst, nicht stellt. Die Entschuldigungsvoraussetzungen des § 35 I 1
liegen vor. Doch könnte für A die Gefahrhinnahme gemäß § 35 I 2 zumutbar
sein (dazu unten Rn. 22, 31).

III. Zumutbarkeit der Gefahrhinnahme (§ 35 I 2)

Sind die Voraussetzungen für eine Entschuldigung nach § 35 I 1 zu   17
bejahen, so muss anschließend geprüft werden, ob ein Ausnahmefall
des § 35 I 2 vorliegt, in dem es dem Täter zugemutet wird, die Gefahr
hinzunehmen. § 35 I 2 enthält zwei Regelbeispiele und, wie sich aus
dem „namentlich" ergibt, eine allgemeine Zumutbarkeitsklausel, die
in Ausnahmefällen auch die Wertung eines Regelbeispiels korrigieren
kann, und zwar in beide Richtungen (vgl. unten Rn. 28 ff.).

1. Selbstverursachung der Gefahr

Die Auslegung der Formulierung „die Gefahr selbst verursacht   18
hat" ist umstritten. Im Ausgangspunkt besteht heute Einigkeit darüber, dass dafür die bloße Verursachung der Gefahr im Sinne der
Bedingungstheorie (§ 13 Rn. 3 ff.) nicht genügt, da ansonsten auch so-
zialadäquates Verhalten erfasst und dadurch § 35 zu sehr eingeschränkt würde. Auf der anderen Seite ist klar, dass auf jeden Fall
eine schuldhafte Gefahrverursachung ausreicht, der Täter also die
Gefahr hinnehmen muss, wenn er die Konfliktsituation vorsätzlich
oder fahrlässig herbeigeführt hat.

Doch muss das Täterverhalten nach der zutreffenden h. M. nicht   19
unbedingt schuldhaft sein (a. A. Sch/Sch/*Perron*, § 35 Rn. 20; SK/*Rogall*, § 35 Rn. 29 ff.). Gegen das Verschuldenserfordernis spricht schon
der Gesetzeswortlaut. Außerdem geht es um die Zuweisung von Verantwortungsbereichen, die sich auch aus anderen Wertungen ergeben
können. Wer für seine Notstandslage selbst verantwortlich ist, muss
sehen, wie er mit der Gefahr klar kommt und darf den Konflikt
grundsätzlich nicht durch Aufopferung anderer lösen. Daher liegt es
nahe, an den allgemeinen Gedanken der objektiven Zurechnung an-

246   5. Kapitel. Die Schuld

zuknüpfen und die Zumutbarkeit zu bejahen, wenn sich der Täter objektiv pflichtwidrig verhalten und dadurch objektiv voraussehbar die Notstandslage verursacht hat.

20   Den Gedanken der objektiven Zurechnung deuten an: *Hoyer*, AT I, S. 111 und *Kaspar*, Jura 2007, 72 f. mit Falllösung. Die Anknüpfung an die objektive Zurechnung dürfte sich ferner im Wesentlichen mit den Stimmen decken, die fragen, ob der Täter „sich ohne zureichenden Grund in eine Gefahr begeben hat, die voraussehbarerweise zu einer Notstandslage führen könnte" (so *Roxin*, AT I, § 22 Rn. 46; zust. *Lackner/Kühl*, § 35 Rn. 8; *Kühl*, AT, § 12 Rn. 63; *Kindhäuser*, AT, § 24 Rn. 13). Andere Autoren verlangen ausdrücklich lediglich ein objektiv pflichtwidriges Vorverhalten (LK/*Zieschang*, 12. Aufl., § 35 Rn. 49; *W/Beulke/Satzger*, AT, Rn. 441); bei ihnen wird nicht klar, ob irgendein Zurechnungszusammenhang mit der Notstandslage bestehen muss.

21   Im **Fall 1b** hat S unproblematisch gemäß § 35 I 2 die Gefahr zu tragen, da er sie sogar selbst schuldhaft verursacht hat. Daher erfüllt er § 212; immerhin kann nach § 35 I 2 2. Halbs. die Strafe gemildert werden.

22   Im **Fall 2** (dazu schon in Rn. 16) gelangt man im Rahmen des § 35 I 2 zuerst zum Regelbeispiel der Gefahrverursachung. Insoweit genügt die – hier gegebene – schlichte Kausalität nicht. Ein Verschulden des A liegt bezüglich § 222 zwar vor, doch kommt es auf die subjektive bzw. objektive Voraussehbarkeit der späteren Notstandslage an. Davon kann angesichts der ungewöhnlichen Entwicklung, nämlich des eigenverantwortlichen vorsätzlichen Eingreifens von T, keine Rede sein. Ob demgegenüber die Ansicht, die ein objektiv pflichtwidriges Vorverhalten verlangt, auch ohne Zurechnungszusammenhang das Regelbeispiel bejahen würde, ist unklar (zur weiter zu prüfenden Zumutbarkeit unten Rn. 31).

2. Bestehen eines besonderen Rechtsverhältnisses

23   Das zweite Regelbeispiel erfasst in erster Linie Personen, denen auf Grund eines besonderen Rechtsverhältnisses **berufliche oder berufs- ähnliche Schutzpflichten gegenüber der Allgemeinheit** obliegen. Gemeint sind z. B. Soldaten, Polizisten, Feuerwehrleute, Ärzte und Richter, die berufstypisch in besondere Gefahrenlagen geraten können. Daraus resultiert eine erhöhte Gefahrtragungspflicht, die sich freilich auf berufsspezifische Gefahren beschränkt.

24   **Beispiele:** Ein Arzt muss Ansteckungsgefahren auf sich nehmen. Ein Feuer- wehrmann hat das einsatzbedingte Risiko von Gesundheitsschäden durch Rauchvergiftungen zu tragen. Ein Richter darf das Recht nicht beugen (§ 339), wenn er im Sinne des § 35 I 1 bedroht wird. Doch stößt auch die er- höhte Gefahrtragungspflicht an gewisse – vom Einzelfall abhängige – Zumut- barkeitsgrenzen. So muss kein Schutzpflichtiger den sicheren oder höchst-

§ 26. Entschuldigender Notstand 247

wahrscheinlichen Tod auf sich nehmen. Wenn also im Bergsteiger-Fall von Rn. 13 der Bergführer B und der ihm anvertraute Bergsteiger S über dem Abgrund hängen, muss B sein Leben nicht zugunsten des S opfern.
Hierzu *Roxin*, AT I, § 22 Rn. 39 ff.; *Kühl*, AT, § 12 Rn. 69 ff.; Sch/Sch/*Perron*, § 35 Rn. 25; SK/*Rogall*, § 35 Rn. 27 f.

Weiter lassen sich hier mit der h. M. die **gesetzlichen Duldungs-** 25 **pflichten** einordnen (*Kühl*, AT, § 12 Rn. 77 f.). Dabei geht es vor allem um die Pflicht zur Duldung von Zwangsmaßnahmen wie der Untersuchungshaft, die in einem rechtlich geregelten (Straf-)Verfahren angeordnet werden. Solche Maßnahmen muss der Betroffene unabhängig von ihrer Berechtigung ertragen bzw. kann er allein mit den zulässigen Rechtsmitteln angreifen. So steht gegen ein rechtskräftiges Fehlurteil nur das Wiederaufnahmeverfahren zur Verfügung (§§ 359 ff. StPO). Keinesfalls können Straftaten, die ein zu Unrecht Inhaftierter begeht, um seine Freiheit wieder zu erlangen, nach § 35 entschuldigt werden.

Insgesamt sollen diese Duldungspflichten, die teilweise auch der 26 allgemeinen Zumutbarkeitsklausel zugeordnet werden, gewährleisten, dass die im Rahmen des § 34 durch die Angemessenheitsklausel gesetzten Grenzen (§ 19 Rn. 48 ff.) nicht mit Hilfe des § 35 umgangen werden.

In diesen Rahmen gehören auch die Duldungspflichten, die sich 27 aus der Ausübung des Notwehrrechts ergeben. Es gibt keine entschuldigte Gegenwehr gegen berechtigte Notwehr (*Kühl*, AT, § 12 Rn. 85; Sch/Sch/*Perron*, § 35 Rn. 32). Man wird noch einen Schritt weitergehen können: Soweit § 32 bei bestehender Notwehrlage eine Rechtfertigungssituation vorrangig regelt mit der Folge, dass im Falle der Verneinung des § 32 auf § 34 nicht zurückgegriffen werden darf (dazu § 19 Rn. 4), muss auch die Anwendung des § 35 ausscheiden.

3. Sonstige Fälle

Insbesondere zwei Konstellationen sind es, die nach h. M. unter die 28 allgemeine Zumutbarkeitsklausel fallen und folglich von der Strafmilderungsvorschrift des § 35 I 2 2. Halbs. erfasst werden.

Erstens erstreckt sich die Klausel auf Beschützergaranten, denen 29 aus einem privaten – und deshalb nicht unter das Regelbeispiel fallenden (h. M.) – Rechtsverhältnis besondere Obhutspflichten obliegen. Man denke an das Eltern-Kind-Verhältnis, an Gefahrengemeinschaften und an einen privaten Bergführer.

248   5. Kapitel. Die Schuld

30   Zweitens leitet man aus dem Gedanken der Zumutbarkeit ab, dass
eine gewisse Proportionalität gewahrt sein muss. Der dem Not-
standsopfer zugefügte Schaden darf nicht im Sinne eines deutlichen
Missverhältnisses außer jedem Verhältnis zum drohenden Schaden
stehen. Von daher wird man in der Tendenz sagen können, dass zur
Abwendung von Leibes- und Freiheitsgefahren eine Tötung nur in
Ausnahmefällen in Betracht kommt, bei denen besonders schwerwiegende Gefahren für Leib oder Freiheit bestehen (Sch/Sch/*Perron*,
§ 35 Rn. 33; NK/*Neumann*, § 35 Rn. 50; LK/*Zieschang*, 12. Aufl.,
§ 35 Rn. 62 f.).

31   Im **Fall 2** (dazu schon in Rn. 16, 22) stellt sich die Frage, ob die dem ob-
hutspflichtigen Vater A zugefügten und weiter drohenden schweren Misshandlungen schon die Zumutbarkeitsgrenze überschreiten. Da T nur die
Fäuste gebraucht und A nicht in Lebensgefahr schwebt, ist dies eher zu verneinen. – Zur Strafbarkeit des T siehe unten § 43 Rn. 35.

32   Wenn im **Familientyrann-Fall** (dazu bereits § 19 Rn. 18, 25, 41) die Tötung
des Mannes mangels eines anderen Auswegs ausnahmsweise erforderlich ist,
greift § 35 I 1 ein. Was den § 35 I 2 betrifft, so wird die Entschuldigung der
Frau an der allgemeinen Zumutbarkeitsklausel schon deshalb kaum scheitern,
weil die Gefahr von dem Opfer ausgeht (Gedanke des Defensivnotstandes)
und von einem noch bestehenden (Garanten-)Obhutverhältnis schwerlich
die Rede sein kann (vgl. unten § 50 Rn. 19 ff.).

4. Probleme der Notstandshilfe

33   Die Regelbeispiele des § 35 I 2 stellen hinsichtlich der Gefahrverursachung und des besonderen Rechtsverhältnisses auf den Notstandstäter ab. Daraus resultieren gewisse Schwierigkeiten bei der Beurteilung von Notstandshilfefällen. Die Lösung sollte sich daran
orientieren, dass die Regelbeispiele nicht zwingend sind und daher
der einzelne Notstandshilfefall unter Rückgriff auf die übergreifende
Zumutbarkeitsklausel dem Zweck des § 35 entsprechend behandelt
werden kann.

34   **Beispiele:** Im Szenario des Falles 1 ist S zu schwach, um O zu verdrängen,
und droht daher zu ertrinken, da er ein schlechter Schwimmer ist und keine
Schwimmweste hat. Der Vater V des S, ein geübter Schwimmer, kann herbei-
schwimmen und rettet S, indem er O mit Gewalt und tödlicher Folge vom
Brett drängt. *Zwei Varianten:* (1) V hat vor der Segeltour gesagt, bei dem Wet-
ter könne S die Schwimmweste zu Hause lassen. (2) S selbst hat so gedacht
und gehandelt.

35   Obwohl in der Variante (1) der Notstandstäter selbst, nämlich V
den S objektiv zurechenbar in Gefahr gebracht hat, schließt § 35 I 2

§ 26. Entschuldigender Notstand 249

eine Entschuldigung des V nicht aus, da es nicht um sein eigenes Schicksal geht und der Motivationsdruck auf ihn, der ja die Lage des S verschuldet hat, eher besonders groß sein wird (h. M.).

Auch in der Variante (2) sieht die h. M. keinen Anlass, das Selbst- **36** verschulden des S dem V gleichsam zuzurechnen und ihm von daher zuzumuten, die Gefahr für S hinzunehmen; denn für den auf V lastenden Motivationsdruck spielt das Vorverhalten des S keine Rolle. Nach h. M. handelt V in beiden Varianten entschuldigt.

Geraten Berufspersonen infolge besonderer Gefahrtragungspflich- **37** ten in eine gegenwärtige Gefahr für Leben, Leib oder Freiheit, so sind in der Regel auch Angehörige und andere Sympathiepersonen zur Duldung dieser Gefahr verpflichtet, weil die der Allgemeinheit dienende Pflichtenstellung Vorrang hat.

Zur Diskussion der vorstehenden Konstellationen näher *Kühl*, AT, § 12 **38** Rn. 66 ff., 75 f.; *Roxin*, AT I, § 22 Rn. 43, 50 f.; Sch/Sch/*Perron*, § 35 Rn. 20a, 27 ff.; NK/*Neumann*, § 35 Rn. 38 ff., 45 f.; LK/*Zieschang*, 12. Aufl., § 35 Rn. 64 ff.; *Kaspar*, Jura 2007, 72 f. mit Falllösung.

IV. Irrtum (§ 35 II)

§ 35 II regelt den Irrtum über die tatsächlichen Voraussetzungen **39** des entschuldigenden Notstandes. Der Irrtum wird den für den Verbotsirrtum geltenden Regeln unterworfen (vgl. unten § 31 Rn. 17 ff.) und darf auf keinen Fall mit einem Erlaubnistatbestandsirrtum verwechselt werden (vgl. unten § 30), der die Bestrafung aus dem Vorsatzdelikt ausschließt.

V. Übergesetzlicher entschuldigender Notstand

Die Entwicklung des übergesetzlichen entschuldigenden Notstan- **40** des hängt mit den Grenzen zusammen, die sich aus § 35 I 1 – und auch aus § 34 – ergeben. Es handelt sich um einen eigenständigen ungeschriebenen Entschuldigungsgrund, der mit § 35 in einem engen Sachzusammenhang steht. Angestoßen wurde die Diskussion durch Euthanasieaktionen im Dritten Reich und in neuerer Zeit infolge der Terroranschläge vom 11. September 2001 wieder aufgegriffen. Hauptsächlich geht es um den **quantitativen Lebensnotstand** (Tötung von Menschen, um eine größere Anzahl zu retten).

250   5. Kapitel. Die Schuld

41   **Beispiele:** Zum nach dem 11.9.2001 diskutierten **Flugzeugabschuss-Fall** und zum **Euthanasie-Fall** siehe – bezüglich § 34 und auch § 32 – bereits oben § 19 Rn. 33 ff. Im Bergsteiger-Fall (Rn. 13) schneidet ein ungefährdeter Retter das Seil zum verunglückten Bergsteiger durch, um die übrige Seilschaft zu retten. In einem weiteren Fall stößt ein Außenstehender eine Person aus dem Boot, um es vor dem Versinken und dadurch mehrere andere Passagiere zu retten.

42   Die Voraussetzungen des § 35 I 1 liegen in allen Beispielen deshalb nicht vor, weil die Gefahr weder dem Täter selbst noch einer Sympathieperson droht. Gerät aber der Täter in eine mit der Eigen- oder Angehörigengefährdung vergleichbare ausweglose seelische Konfliktsituation, so leuchtet der pauschale Ausschluss einer Entschuldigung nicht unbedingt ein. In den Beispielen befinden sich die Täter in einer genauso außergewöhnlichen Motivationslage, weil ihr Nichtstun zum Tode vieler Menschenleben führen würde, die sie hätten retten können, freilich zu Lasten einer geringeren Anzahl anderer Menschenleben. Darin liegt der besondere ausweglose Konflikt, der grundsätzlich ebenfalls Nachsicht verdient. Im Einzelnen muss nur sichergestellt sein, dass der übergesetzliche Entschuldigungsgrund Ausnahmecharakter behält.

43   Konkretisierend bedeutet dies nach h. M.: Im Ausgangspunkt gelten alle Voraussetzungen und Einschränkungen des § 35 auch für den übergesetzlichen entschuldigenden Notstand (vgl. das Aufbauschema in Rn. 4). Einschränkend genügt bezüglich der Notstandslage grundsätzlich nur eine Lebensgefahr. Diese Gefahr muss den Täter in eine – der Eigen- oder Angehörigengefährdung entsprechende – seelische Konfliktlage bringen. Die als Notstandshandlung begangene rechtswidrige Tat muss das (erforderliche) einzige Mittel sein, um größeres Unheil abzuwenden. – Im Übrigen sind zwei Fallgruppen zu unterscheiden:

44   (1) Verhältnismäßig unproblematisch sind die – teilweise mit dem Stichwort „Gefahrengemeinschaft" gekennzeichneten – Konstellationen der Ausgangsbeispiele (Rn. 41), in denen alle betroffenen getöteten Personen zuvor schon in Todesgefahr schwebten und der Täter sich in dem Sinne für das kleinere Übel entscheidet, dass er bestimmte Personen zur Rettung einer größeren Anzahl dem Tode ausliefert.

45   (2) Problematischer ist, ob der quantitative Aspekt eine notstandsbedingte übergesetzliche Entschuldigung auch dann noch trägt, wenn der rettungswillige Täter Leben opfert, das zuvor noch nicht gefährdet war, und insoweit den Konflikt zu Lasten von Unbeteiligten löst. Die h. M. bejaht auch dies.

Beispiele: Schulbeispiel ist der **Weichensteller-Fall**, in dem ein Bahnangestellter einen Zug, der auf einen wartenden, voll besetzten Personenzug zurast, auf ein anderes Gleis in dem Wissen umlenkt, dass dadurch Gleisarbeiter getötet werden können. Ein vergleichbares Szenario ergibt sich im Flugzeugabschuss-Fall, wenn das Flugzeug über einem (wenig) besiedelten Gebiet abgeschossen wird. **46**

Zur h. M. *Kühl*, AT, § 12 Rn. 92 ff.; Sch/Sch/*Lenckner/Sternberg-Lieben*, vor § 32 Rn. 115 ff.; LK/*Rönnau*, 12. Aufl., vor § 32 Rn. 342 ff. – Eine Gleichwertigkeit des geschützten Interesses lassen genügen, sofern den Täter nur eine besondere seelische Konfliktlage leitet: *Kühl*, AT, § 12 Rn. 100; LK/*Rönnau*, 12. Aufl., vor § 32 Rn. 355. – Gegen eine Entschuldigung bei der Aufopferung von bisher ungefährdeten Menschenleben: *Jäger*, AT, Rn. 208; *W/Beulke/Satzger*, AT, Rn. 452b; *Stübinger*, ZStW 2011, 444 ff.; *Steinberg/Lachenmaier*, ZJS 2012, 651 f. mit Falllösung. **47**

Empfehlungen zur vertiefenden Lektüre:
Literatur: *Bosch*, Grundprobleme des entschuldigenden Notstands, Jura 2015, 347 ff.; *Küper*, Tötungsverbot und Lebensnotstand, JuS 1981, 785 ff.; *Müller-Christmann*, Der entschuldigende Notstand, JuS 1995, L 65 ff.; *Zieschang*, Der rechtfertigende und entschuldigende Notstand, JA 2007, 679 ff.

§ 27. Notwehrexzess (§ 33)

Fall 1: a) Der 18-jährige Schüler S war über einen längeren Zeitraum hin das Ziel provokativer, körperlicher Angriffe seines stärkeren Mitschülers M, so dass S schließlich in permanenter Angst vor ihm lebte. Als am Tattag M wie schon drei Tage vorher erneut mit seinen Fäusten kräftig auf S einschlägt, sticht S mit einem Dolch, den er bei sich zu tragen pflegt, in die Bauchgegend des M und verletzt ihn schwer. In seiner „übersteigerten existenziellen Furcht" hat S die Möglichkeit einer tödlichen Verletzung bedacht, aber nicht, dass ein Stich in den Oberschenkel genügt hätte, um den Angriff des M zu stoppen. b) *Variante:* S sticht wie beschrieben zu, weil er sich in seinem Angstzustand nach den ersten Faustschlägen in vermeidbarer Weise einbildet, dass M ein Messer ergriffen hat und seinen Angriff auch mit diesem fortsetzen will. → Rn. 9, 16a

Fall 2: Im Fall 1 hört M mit seiner Attacke gleich nach dem Stich auf. S bemerkt dies, doch immer noch voller Angst vor M sticht er ein weiteres Mal zu. → Rn. 20, 27

Fall 3: O wird von dem erkennbar betrunkenen T in ein nicht erheblich körperverletzendes Handgemenge verwickelt und gerät dadurch in eine panikartige Verwirrung. Deshalb wehrt O den Angriff durch einen Messerstich in den Arm ab, obwohl er unter Hinnahme weiterer leichter Körperverletzun-

252　　5. Kapitel. Die Schuld

gen a) die Attacke mit einem Faustschlag in den Bauch hätte beenden, b) sich hätte befreien und fliehen können. → Rn. 11, 12

Fall 4: Die Joggerin J stellt den Autofahrer F, über den sie sich geärgert hat, zur Rede und spuckt ihm ins Gesicht. Als daraufhin der große und starke F in Wut gerät, aussteigt, sich vor J aufbaut und mit seinem Arm zu einer kräftigen Ohrfeige ausholt, gerät J in panikartige Verwirrung, greift zu ihrer Pfeffer-spray-Dose und stoppt den Angriff, indem sie F ins Gesicht sprüht. J hätte problemlos davonlaufen können. → Rn. 16

Fall 5: Im Fall 4 tut F nur so, als ob er der J eine schallende Ohrfeige versetzen wollte, ohne dies wirklich vorzuhaben. → Rn. 30

I. Grundlagen und Aufbaufragen

1　　Bei § 33 handelt sich um einen Entschuldigungsgrund, dessen Legitimation sich nach h. M. auf zwei Grundgedanken stützt, die zu einer doppelten Schuldminderung führen: Erstens ist es der Gedanke der Unrechtsminderung, der sich aus der Anknüpfung an eine objektiv gegebene Notwehrlage ergibt und gleichsam als „Teilrechtfertigung" die Schuld reduziert. Der zweite, die Schuld mindernde Grund folgt aus der Erschwerung der normgemäßen Willensbildung infolge eines asthenischen – d. h. auf menschliche Schwäche zurückzuführenden – Affekts (MüKo/*Erb*, § 33 Rn. 2; SK/*Rogall*, § 33 Rn. 1 ff.).

2　　Der Standort des § 33 und seine Bezeichnung als Notwehrexzess könnten dazu verleiten, die Vorschrift als Rechtfertigungsgrund einzustufen. Dies wäre ein schwerer Fehler. Unabhängig davon muss in der **Fallbearbeitung**, bevor man zur Erörterung des § 33 auf der Schuldebene gelangt, § 32 geprüft worden sein. Auf der Schuldstufe ist mit § 33 wegen seiner Nähe zur Notwehr zu beginnen. Greift § 33 ein, braucht eine weitere Entschuldigung gemäß § 35 nicht mehr geprüft zu werden.

3　　Man muss zwischen dem intensiven und dem extensiven Notwehrexzess unterscheiden. Die Bezeichnung „intensiver" Notwehrexzess rührt daher, dass hier der Täter innerhalb einer bestehenden Notwehrlage das angegriffene Rechtsgut mehr als erforderlich oder geboten, also zu intensiv verteidigt. Demgegenüber wird mit dem Stichwort „extensiver" Notwehrexzess eine Tatsituation charakterisiert, in der das angegriffene Opfer die durch das Gegenwärtigkeitserfordernis gesetzten zeitlichen Grenzen der Notwehr überschreitet (*Kühl*, AT, § 12 Rn. 135, 140).

4　　Nach der Rechtsprechung und einem Teil der Literatur erfasst § 33 nur den intensiven Notwehrexzess. Diese oft als h. M. bezeichnete Ansicht darf keinesfalls den Blick dafür verengen, dass die inzwi-

§ 27. Notwehrexzess   253

schen wohl überwiegende Meinung in der Literatur auch den extensiven Notwehrexzess jedenfalls in der Form des nachzeitigen Exzesses anerkennt. Diese Konstellation mit einbezogen ergibt sich folgendes

---

Aufbauschema zum Notwehrexzess (§ 33)   5

I. **Notwehrexzesslage**
  1. Intensiver Notwehrexzess: Notwehrlage (gegenwärtiger rechtswidriger Angriff)
  2. Nachzeitiger extensiver Notwehrexzess *(streitig)*: Zeitliche Phase unmittelbar nach einer Notwehrlage

II. **Notwehrexzesshandlung**
  1. Intensiver Notwehrexzess: Überschreitung der
    a) Erforderlichkeits- oder
    b) Gebotenheitsgrenze
  2. Nachzeitiger extensiver Notwehrexzess: Überschreitung der Gegenwärtigkeitsgrenze

III. **Asthenischer Affekt als Überschreitungsgrund**
  1. Zustand der Schwäche: Verwirrung, Furcht oder Schrecken
  2. (Mit-)Ursächlichkeit des Zustandes („aus")
  3. Problem des bewussten Notwehrexzesses

IV. **Verteidigungswille**
  Verteidigungsabsicht; streitig

Bezüglich Punkt II versteht es sich von selbst, dass parallel zur Notwehrhandlung, die sich nur gegen Rechtsgüter des Angreifers richten darf, auch § 33 keine im asthenischen Affekt erfolgende Eingriffe in Rechtsgüter unbeteiligter Dritter entschuldigen kann.

II. Der intensive Notwehrexzess

Der von § 33 unstreitig erfasste intensive Notwehrexzess setzt erstens das Bestehen einer Notwehrlage im Sinne des § 32 voraus. Zweitens müssen die Grenzen des Notwehrrechts überschritten werden. Dies ist der Fall, wenn die Verteidigungshandlung des Täters im Lichte des § 32 entweder nicht erforderlich oder nicht geboten war. Dabei kann sich der Erforderlichkeits- bzw. Gebotenheitsmangel auf alle einschlägigen Kriterien des § 32 erstrecken (vgl. § 18 Rn. 33 ff.,   6

254   5. Kapitel. Die Schuld

54 ff.). Zur dritten Voraussetzung, dem asthenischen Affekt, näher unten Rn. 22 ff.

7   Der Boden für einen intensiven Notwehrexzess ist vorbereitet, wenn im Rahmen des § 32 die Notwehrlage zu bejahen, aber die Erforderlichkeit oder Gebotenheit der Notwehrhandlung zu verneinen war.

8   Typisch für § 33 ist die **Überschreitung der Erforderlichkeitsgrenze.** Zu dieser Grenze und auch zu den einzelnen Prüfungspunkten

9   **Fall 1a:** Wegen der von M ausgehenden Körperverletzung befindet sich S in einer Notwehrlage, doch scheitert die Rechtfertigung der verwirklichten §§ 212, 22, 224 I Nr. 2, 5 gemäß § 32 an der Erforderlichkeit der Verteidigungshandlung, da S nicht das mildest mögliche Abwehrmittel gewählt hat. Zwar kann man nach dem Sachverhalt davon ausgehen, dass S noch Zeit gehabt hätte, den Messergebrauch vorher anzudrohen; indes hätte er in einer weniger gefährlichen Weise zustechen können. Also entfällt § 32. Bezüglich § 33 und dem intensiven Notwehrexzess sind damit die Notwehrlage und die Überschreitung der Erforderlichkeitsgrenze schon festgestellt. Es fehlt nur noch die – im Fall 1 unproblematische – Erörterung und Bejahung des für die Tat zumindest mitursächlichen asthenischen Affektzustandes (Furcht). Demnach handelt S nach § 33 entschuldigt.

10   Die **Überschreitung der Gebotenheitsgrenze** kommt im Zusammenhang mit § 33 seltener vor. In diesen Konstellationen handelt der Täter auf Grund eines asthenischen Affekts seiner Pflicht zuwider, gewisse Beeinträchtigungen hinzunehmen oder dem Angriff, auch durch Flucht, auszuweichen (vgl. oben § 18 Rn. 54 ff.; MüKo/*Erb*, § 33 Rn. 12).

11   Im **Fall 3a** sieht sich O leichten körperverletzenden Attacken des T ausgesetzt. Der Messerstich des O (§ 224 I Nr. 2) wäre gemäß § 32 als erforderliche Verteidigungshandlung gerechtfertigt, wenn es sich bei T um einen normalen, nüchternen Angreifer handeln würde. Da T aber betrunken ist, gilt das Notwehrrecht des O nur mit gewissen Einschränkungen. „Geboten" gewesen wäre der ungefährlichere Faustschlag, da O die Hinnahme weiterer leichter Verletzungen zugemutet werden konnte. Diese Gebotenheitsgrenze überschreitet O aus Verwirrung. Daher handelt er nur entschuldigt nach § 33.

12   Auch im **Fall 3b** muss bei O – jetzt wegen der Fluchtmöglichkeit – § 32 auf der Ebene der Gebotenheit abgelehnt werden. Ob sich O in dieser Konstellation auf § 33 berufen kann, ist umstritten. Teilweise wird argumentiert, wer eine Ausweichmöglichkeit nutzen müsse, habe kein Notwehrrecht mehr; mit dem Entfallen des § 32 könne ihm auch § 33 nicht mehr zugutekommen (vgl. Sch/Sch/*Perron*, § 33 Rn. 9 i. V. m. § 32 Rn. 56, 60; *Roxin*, AT I, § 22 Rn. 93). Diese Ansicht überzeugt nicht. Die Anwendbarkeit des § 33 wird nicht da-

§ 27. Notwehrexzess   255

durch ausgeschlossen, dass der Exzesstäter die Pflicht gehabt hätte, sich dem Angriff durch Flucht zu entziehen (*BGH* NJW 1995, 973; MüKo/*Erb*, § 33 Rn. 12). Denn auch in diesem Fall ist das Notwehrrecht nicht dem Grunde nach ausgeschlossen, vielmehr befindet sich der Angegriffene objektiv in einer Notwehrlage. Das Übersehen einer Fluchtmöglichkeit „aus" Verwirrung usw. im Fall 3b kann nicht anders beurteilt werden als das Übersehen gewisser Hinnahmepflichten im Fall 3a. Also kommt O in beiden Fällen § 33 zugute.

Eine besondere Diskussion kreist um die Frage, ob es Anlass gibt, **13** den Anwendungsbereich des § 33 parallel zur Konstellation der schuldhaften Notwehrprovokation einzuschränken (vgl. § 18 Rn. 72 ff.). Grundsätzlich ist dies mit der ganz h. M. zu verneinen. Das schuldhaft provozierende Vorverhalten kann – parallel zu den anderen Fallgruppen der Gebotenheit – nur das Notwehrrecht und nicht auch den § 33 einschränken. Es ergibt keinen Sinn, ein bestehendes und bereits eingeschränktes Recht auf einer anderen (Schuld-) Ebene noch weiter einzuschränken. So erklärt es sich auch, weshalb § 33 gerade keine Regelung wie § 35 I 2 enthält, die bei einem Vorverschulden die Berufung auf den Entschuldigungsgrund regelmäßig versagt. Folglich gelten die allgemeinen Regeln des § 33 auch für den Täter, der die Grenzen eines auf Grund einer Provokation eingeschränkten Notwehrrechts aus Verwirrung usw. überschreitet.

Nur wenn dem Provozierenden ausnahmsweise überhaupt kein **14** Notwehrrecht zusteht, kann auch § 33 nicht eingreifen. Dies ist lediglich in den seltenen Fällen der Absichtsprovokation der Fall (vgl. oben § 18 Rn. 84 ff.), aber nicht in den Provokationsfällen, in denen das Notwehrrecht Einschränkungen erfährt und das Ausweichen vor dem Angreifer „geboten" ist.

Auf dieser Linie auch *W/Beulke/Satzger*, AT, Rn. 446a; *Kühl*, AT, § 12 **15** Rn. 151 ff.; MüKo/*Erb*, § 33 Rn. 11; *Müller-Christmann*, JuS 1994, 651 f. – Eine problematische Einschränkung des § 33 will BGHSt 39, 133, 139 f. für den Fall machen, dass sich der Täter planmäßig in eine tätliche Auseinandersetzung mit seinem Gegner eingelassen hat, um unter Ausschaltung der erreichbaren Polizei einen ihm angekündigten Angriff mit eigenen Mitteln abzuwehren. Die h. M. lehnt diese Einschränkung zu Recht als wenig einleuchtend ab (siehe nur *Müller-Christmann*, JuS 1994, 652; *Haft/Eisele*, Jura 2000, 315 f. mit Falllösung). Zustimmung verdient der *BGH* lediglich insoweit, als er hervorhebt, dass bei einem planmäßig die Konfrontation suchenden Täter wenig für eine affektbedingte Überschreitung der Notwehr „aus" Verwirrung, Furcht oder Schrecken spricht (BGHSt 39, 133, 140 f.). Im Übrigen betont eine spätere Entscheidung den Ausnahmecharakter des Falles BGHSt 39, 133 und hält die Anwendung des § 33 auch für möglich, wenn sich der Täter „of-

256   5. Kapitel. Die Schuld

fenen Auges" in eine Auseinandersetzung mit einer äußerst gewalttätigen Gruppe eingelassen hat (*BGH* NJW 1995, 973).

16   Im **Fall 4** erfüllt J durch das Anspucken § 185 2. Var., aber nicht § 223 I 1. Var., da dessen Erheblichkeitsschwelle nicht überschritten wird (hierzu *Rengier*, BT II, § 13 Rn. 9; § 29 Rn. 34). Bezüglich der §§ 223 I, 22 durch F ist an eine Rechtfertigung gemäß § 32 zu denken, doch fehlt eine Notwehrlage, da der Spuckangriff beendet ist. Folglich sieht sich J, als sie Pfefferspray in das Gesicht des F sprüht (§§ 223, 224 I Nr. 1, 2), einem gegenwärtigen rechtswidrigen Angriff ausgesetzt. Auch ist ihre Verteidigungshandlung im Sinne des § 32 erforderlich. Doch ist sie nicht geboten, weil J den Angriff auf sich in strafbarer Weise provoziert hat und deshalb die Fluchtmöglichkeit hätte ergreifen müssen (dazu oben § 18 Rn. 56, 72 ff.). Scheidet demnach § 32 aus, so kommt noch eine Entschuldigung nach § 33 in Betracht, der trotz der Pflicht zum Ausweichen anwendbar bleibt (Rn. 10). Bezüglich § 33 sind die Notwehrlage und die Überschreitung der Gebotenheitsgrenze bereits festgestellt. Da es nach dem Sachverhalt an der weiter erforderlichen affektbedingten Überschreitung der Gebotenheitsgrenze keine Zweifel gibt, kommt J ein entschuldigender intensiver Notwehrexzess zugute. Die Einschränkungen des § 35 I 2 haben keine eigenständige Bedeutung.

16a   § 33 kann auch bei **Fahrlässigkeitsdelikten** eingreifen (vgl. § 52 Rn. 12). Einschlägige Konstellationen betreffen vor allem vermeidbare affektbedingte Irrtümer über die Intensität des Angriffs, die nach den Regeln des vorrangig zu prüfenden Erlaubnistatbestandsirrtums (unten § 30) die Bestrafung aus dem Vorsatzdelikt ausschließen.

Hätte im **Fall 1b** der Angriff des M die vorgestellte Intensität, wäre der Stich des S in die Bauchgegend als erforderliche Verteidigungshandlung einzustufen und S daher gemäß § 32 gerechtfertigt. Also scheidet seine Bestrafung aus den §§ 212, 22, 224 I Nr. 2, 5 aus. Der vermeidbare Irrtum führt dann zu § 229, bei dessen Prüfung § 33 nicht übersehen werden darf. Da S objektiv in einer Notwehrlage agiert und aus Furcht die Grenzen des § 32 überschreitet, greift zu seinen Gunsten § 33 ein.

Hierzu *BGH* NStZ 2011, 630 mit Bspr. *Hecker*, JuS 2012, 465 ff.; *Engländer*, JuS 2012, 408 ff.; *Brüning*, JuS 2007, 255 ff. mit Falllösung.

III. Der extensive Notwehrexzess

17   Beim „extensiven" Notwehrexzess hält sich der Täter nicht an die Gegenwärtigkeitsgrenzen des § 32. Je nachdem, ob der Angegriffene zeitlich schon vor dem Eintritt der Notwehrlage oder erst nach ihrer Beendigung reagiert, spricht man vom „vorzeitigen" oder „nachzeitigen" extensiven Notwehrexzess. Nach der insbesondere von der

Rechtsprechung vertretenen Ansicht erfasst § 33 beide Konstellationen nicht. Zur Begründung stützt man sich hauptsächlich auf den Wortlaut, nach dem von einer Überschreitung der Grenzen der Notwehr nur die Rede sein könne, wenn eine Notwehrlage vorliege. Ferner wird gesagt, dass ohne einen gegenwärtigen rechtswidrigen Angriff die erforderliche Unrechtsminderung fehle (vgl. Rn. 1).

Zu dieser Ansicht BGHSt 39, 133, 138 f.; *BGH* NStZ 1987, 20; 2002, 141; *Fischer*, § 33 Rn. 5; *Jescheck/Weigend*, AT, § 45 II 4; *Jäger*, AT, Rn. 196; *Gropp*, AT, § 7 Rn. 84 ff.

Die extreme Gegenmeinung dazu will § 33 sowohl auf den vorzeitigen als auch auf den nachzeitigen extensiven Notwehrexzess anwenden (*Roxin*, AT I, § 22 Rn. 85 ff.; *Sch/Sch/Perron*, § 33 Rn. 2). Dies verdient hinsichtlich des **vorzeitigen** Exzesses keinen Beifall. Insoweit überzeugt der Wortlauteinwand; denn wenn es überhaupt nicht zu einer Notwehrlage gekommen ist, können auch nicht die Grenzen der Notwehr überschritten werden. Ferner lässt sich mit einem Geschehen im Vorfeld der Notwehrlage und des § 22 keine ausreichende Unrechtsminderung begründen (*Kühl*, AT, § 12 Rn. 141 f.). 18

Soweit dagegen die im Schrifttum inzwischen h. M. den **nachzeitigen** extensiven Notwehrexzess unter der Voraussetzung in den § 33 einbezieht, dass mit der vorangegangenen Notwehrlage noch ein enger zeitlicher Zusammenhang besteht, verdient das Zustimmung. Nach dem Wortlaut des § 33 kann von einem „Überschreiten" der Notwehrgrenzen auch gesprochen werden, wenn sich das angegriffene Opfer gegen den Angreifer erst unmittelbar nach dem beendeten Angriff verteidigt. Außerdem stellt der erforderliche enge Zusammenhang sicher, dass auch beim nachzeitigen extensiven Notwehrexzess die Anknüpfung an die unrechtsmindernde Notwehrlage gewahrt bleibt. Schließlich macht es wertungsgemäß keinen Unterschied aus, ob man in einem asthenischen Affekt innerhalb einer Notwehrlage einmal zu gefährlich zusticht oder kurz danach, geprägt von der Dramatik der Situation, noch ein zweites Mal (*Roxin*, AT I, § 22 Rn. 88). 19

Wie hier *Otto*, Jura 1987, 605 f.; *Joecks*, § 33 Rn. 4 f.; *Heinrich*, AT, Rn. 587; *Kühl*, AT, § 12 Rn. 139 ff.; MüKo/*Erb*, § 33 Rn. 14; *Lackner/Kühl*, § 33 Rn. 2; *Geppert*, Jura 2007, 38. – Falllösungen bei *Rengier/Jesse*, JuS 2008, 47; *Nestler*, JA 2014, 265 f.

In der **Fallbearbeitung** muss man bei einem nachzeitigen extensiven Notwehrexzess darauf achten, die jeweiligen Abwehrhandlungen innerhalb und 20

258   5. Kapitel. Die Schuld

außerhalb der Notwehrlage getrennt zu erörtern (vgl. die Falllösung bei *Rengier/Jesse*, JuS 2008, 46 f.). Im **Fall 2** ergibt sich daraus der Aufbau, erst die Strafbarkeit des S wegen des ersten Stichs (= Fall 1 oben in Rn. 9) und daran anschließend wegen des zweiten Stichs zu untersuchen. Da der zweite Stich zeitlich unmittelbar an den beendeten Angriff des M anknüpft und S dabei furchtbedingt die Gegenwärtigkeitsgrenze des § 32 überschreitet, ist er nach der hier vertretenen Ansicht gemäß § 33 entschuldigt.

21   Weiter ist zu beachten, dass es sich bei dem nachzeitigen extensiven Notwehrexzess typischerweise um einen bewussten Notwehrexzess handelt (dazu noch unten Rn. 26 f.). Denn ist dem Täter der Exzess nicht bewusst, so wird er affektbedingt irrtümlich davon ausgehen, der objektiv beendete Angriff dauere noch an. Dann gelten die Regeln des Erlaubnistatbestandsirrtums (unten § 30), dessen Prüfung Vorrang hat. Soweit danach die Bestrafung aus dem Vorsatzdelikt ausscheidet, spielt § 33 keine Rolle. Beruht allerdings der Irrtum auf Fahrlässigkeit, so muss wie im Fall 1b (Rn. 16a) beim etwaigen Fahrlässigkeitsdelikt an § 33 und das hier einschlägige Problem des extensiven Notwehrexzesses gedacht werden (vertiefend *Engländer*, JuS 2012, 408 ff.).

IV. Asthenische Affekte

22   Die von § 33 allein anerkannten Affekte Verwirrung, Furcht und Schrecken werden „asthenische" Affekte genannt, weil sie auf menschlicher Schwäche beruhen. Im Gegensatz dazu stehen die Kraft ausdrückenden, nicht erfassten „sthenischen" Affekte wie Zorn, Hass und Rache.

23   § 33 verlangt das Überschreiten der Grenzen **„aus"** Verwirrung, Furcht oder Schrecken. Dafür genügt es, dass der asthenische Affekt – neben etwaigen mitwirkenden sthenischen Affekten – für die Notwehrüberschreitung mitursächlich war; er muss nicht die alleinige oder auch nur überwiegende Ursache gewesen sein.

So etwa *BGH* NStZ-RR 1999, 264, 265; NJW 2001, 3200, 3202; *Kühl*, AT, § 12 Rn. 147; LK/*Zieschang*, 12. Aufl., § 33 Rn. 63. – Eine dominierende Motivation durch den asthenischen Affekt verlangen Sch/Sch/*Perron*, § 33 Rn. 5; *Roxin*, AT I, § 22 Rn. 80; MüKo/*Erb*, § 33 Rn. 22.

24   Angesichts der völligen Exkulpierung durch § 33 ist zu beachten, dass insbesondere nicht schon jedes Angstgefühl mit Furcht im Sinne des § 33 gleichgesetzt wird. Vielmehr muss der asthenische Affekt einen Störungsgrad aufweisen, bei dem der Täter das Geschehen nur noch in erheblich reduziertem Maße verarbeiten kann (*BGH* NStZ 1995, 76, 77; NJW 2001, 3200, 3202; StV 2006, 689 f.).

In der **Fallbearbeitung** wird auf das Vorliegen eines Affekts in der Regel **25** verhältnismäßig deutlich hingewiesen, weil Umschreibungen mit anderen als den gesetzlichen Worten schwerfallen. Immerhin kann man die Furcht mit dem Begriff der Angst umschreiben, und wenn von Bestürzung oder Panik die Rede ist, können Zustände der Verwirrung oder des Schreckens gemeint sein.

V. Zum bewussten Notwehrexzess

§ 33 erfasst auch den bewussten Notwehrexzess, also die Konstel- **26** lation, dass der Täter die Überschreitung der Notwehrgrenzen gedanklich erfasst. Dafür spricht schon der Wortlaut des § 33, der nicht zwischen dem bewussten und unbewussten Notwehrexzess differenziert. Ferner bereitet es erhebliche Schwierigkeiten, bei einem von einem Schwächeaffekt angetriebenen Täter zwischen bewusstem und unbewusstem Erleben zu unterscheiden. Für die Unrechts- und Schuldminderung entscheidend sind die Bedrohungslage infolge des gegenwärtigen Angriffs sowie die Beeinflussung durch den asthenischen Affekt. Freilich bedarf beim bewussten Notwehrexzess die Feststellung sowohl dieser Beeinflussung als auch der Verteidigungsabsicht (Rn. 28) besonderer Aufmerksamkeit.

In der **Fallbearbeitung** sollte man ein paar Worte zur Erfassung des be- **27** wussten Notwehrexzesses verlieren, wenn ein einschlägiger Fall vorliegt. Im **Fall 2** bemerkt S vor seinem zweiten Stich, dass M von ihm ablässt. Deshalb ist es naheliegend, von einem bewussten Notwehrexzess auszugehen, der freilich an der Anwendbarkeit des § 33 nichts ändert, weil den S weiterhin die Angst bestimmt.

Hierzu BGHSt 39, 133, 139; *BGH* NStZ 1989, 474, 475; 1995, 76, 77; *Otto*, Jura 1987, 606; *Müller-Christmann*, JuS 1994, 650 f.; *Theile*, JuS 2006, 965 ff.; *Geppert*, Jura 2007, 39; *Roxin*, AT I, § 22 Rn. 82 f.; *Beulke* I, Rn. 398.

VI. Verteidigungswille

Ausgehend von dem Grundgedanken der „Teilrechtfertigung" **28** (Rn. 1) ist es konsequent, auch für § 33 einen Verteidigungswillen zu verlangen. Insoweit wiederholt sich der von § 32 her bekannte Streit (§ 18 Rn. 103 ff.), ob ein bloßer Verteidigungsvorsatz genügt (*Kühl*, AT, § 12 Rn. 149a) oder richtigerweise ein Verteidigungswille im

260   5. Kapitel. Die Schuld

Sinne von Verteidigungsabsicht notwendig ist (*BGH* NJW 2013, 2133, 2134; *Engländer*, HRRS 2013, 392).

VII. Der Putativnotwehrexzess

29   Beim Putativnotwehrexzess stellt sich der Täter im Ausgangspunkt irrtümlich einen Sachverhalt vor, der, wenn er vorläge, zu einer Notwehrexzesslage, d. h. vor allem zu einem gegenwärtigen rechtswidrigen Angriff führen würde. Auf der Basis der vorgestellten Notwehrlage gerät der Täter in einen asthenischen Affekt und überschreitet die Grenzen der Notwehr.

30   Im einschlägigen **Fall 5** kommt bezüglich der §§ 223, 224 I Nr. 1, 2 durch J § 32 schon mangels Notwehrlage nicht in Betracht. Ein Erlaubnistatbestandsirrtum (dazu unten § 30) scheitert daran, dass sich J auf der Basis der vorgestellten Notwehrlage so nicht verteidigen dürfte, sondern ausweichen müsste (Rn. 16). Zur Anwendbarkeit des § 33 könnte man nur gelangen, wenn man allein den Aspekt der herabgesetzten Motivationsfähigkeit für ausschlaggebend hielte. Da § 33 aber auch auf dem Gedanken der objektiven Unrechtsminderung beruht (Rn. 1), lehnt dies die h. M. zu Recht ab (siehe nur *Geppert*, Jura 2007, 39 f.; zur Diskussion Sch/Sch/*Perron*, § 33 Rn. 8; MüKo/ *Erb*, § 33 Rn. 18). So bleibt noch die analoge Anwendung des § 33 denkbar, die von einigen Stimmen für den Fall befürwortet wird, dass der durch den Putativnotwehrexzess Betroffene (hier F) seine Situation insoweit selbst verschuldet hat, als er bei dem Täter (hier J) einen unvermeidbaren Irrtum über die Notwehrlage hervorgerufen hat (MüKo/*Erb*, § 33 Rn. 18; LK/*Zieschang*, 12. Aufl., § 33 Rn. 29; *Roxin*, AT I, § 22 Rn. 96). Ein solcher Irrtum lässt sich bezüglich J bejahen. Dogmatisch überzeugender ist es, das Ergebnis mit der analogen Anwendung des § 35 II zu begründen (*Sauren*, Jura 1988, 572 f.; *Stratenwerth/Kuhlen*, AT, § 10 Rn. 123; *Bachmann*, JA 2009, 511 f.; erg. unten § 32 Rn. 4).

Empfehlungen zur vertiefenden Lektüre:
Rechtsprechung: *BGH* NJW 1980, 2263 (intensiver Notwehrexzess eines immer wieder angegriffenen Schülers); *BGH* NStZ 1989, 474 (bewusstes Überschreiten der Erforderlichkeitsgrenze aus Furcht); *BGH* NStZ-RR 1999, 264 (Anforderungen an den Angstzustand).
Literatur: *Engländer*, Die Entschuldigung nach § 33 StGB bei Putativnotwehr und Putativnotwehrexzess, JuS 2012, 408 ff.; *Geppert*, Notwehr und Irrtum, Jura 2007, 33 ff.; *Müller-Christmann*, Der Notwehrexzess, JuS 1993, L 41 ff.; *Müller-Christmann*, Überschreiten der Notwehr – BGHSt 39, 133, JuS 1994, 649 ff.; *Otto*, Grenzen der straflosen Überschreitung der Notwehr, § 33 StGB, Jura 1987, 604 ff.; *Sauren*, Zur Überschreitung des Notwehrrechts, Jura 1988, 567 ff.; *Theile*, Der bewusste Notwehrexzess, JuS 2006, 965 ff.

§ 28. Weitere Entschuldigungsgründe

I. Unzumutbarkeit normgemäßen Verhaltens

Die zuvor erörterten Entschuldigungsgründe – § 35, übergesetzlicher entschuldigender Notstand und § 33 – stellen Ausprägungen des Gedankens der Unzumutbarkeit normgemäßen Verhaltens dar. Dieser Gedanke darf aber nicht im Sinne eines allgemeinen Entschuldigungsgrundes verallgemeinert werden. Ein genereller Entschuldigungsgrund der Unzumutbarkeit normgemäßen Verhaltens wäre zu konturenlos und verdient daher keine Anerkennung.

Immerhin macht man davon bei den Fahrlässigkeits- und Unterlassungsdelikten eine Ausnahme und erkennt hier die Unzumutbarkeit normgemäßen Verhaltens als Korrektiv und eigenständigen Entschuldigungsgrund an (näher § 49 Rn. 47 ff.; § 52 Rn. 87 f.).

II. Glaubens- und Gewissensfreiheit (Art. 4 I GG)

Inwieweit die Berufung auf Art. 4 I GG die Strafbarkeit wegen einer in den Schutzbereich des Grundrechts fallenden Gewissenstat ausschließen kann, ist umstritten. Die h. M. lässt sich wie folgt skizzieren.

Näher Sch/Sch/*Lenckner/Sternberg-Lieben*, vor § 32 Rn. 118 ff.; *Kühl*, AT, § 12 Rn. 109 ff.; *Roxin*, AT I, § 22 Rn. 100 ff.; *ders.*, GA 2011, 1 ff.; SK/*Rudolphi*, vor § 19 Rn. 7.

Bei einem sich auf seinen Glauben oder sein Gewissen berufenden Täter ist, da es um seine persönlichen inneren Überzeugungen geht, allenfalls an einen besonderen Entschuldigungsgrund zu denken. Bei Begehungsdelikten kommt aber die Anerkennung eines solchen Grundes schon deshalb kaum in Betracht, weil Art. 4 I GG immanenten Schranken unterliegt und Eingriffen in Individualrechtsgüter Dritter aus verfassungsrechtlicher Sicht enge Grenzen gesetzt sind.

Etwas anders liegt es bei den Unterlassungsdelikten. Bei ihnen bietet der Entschuldigungsgrund der Unzumutbarkeit normgemäßen Verhaltens (Rn. 2) ein Einfallstor, um die Ausstrahlungswirkung des Art. 4 I GG in die Schuldprüfung einfließen zu lassen (vgl. BVerfGE 32, 98, 108 ff.). Dieser Ansatz führt vor allem dort zur Verneinung

262   5. Kapitel. Die Schuld

der Zumutbarkeit, wo es, weil das Recht Alternativen zur Verfügung stellt, im Interesse des Rechtsgüterschutzes gar nicht notwendig ist, den Gewissenstäter gegen seinen Willen zur Vornahme der eigentlich gebotenen Handlung zu zwingen.

6   **Beispiel:** Die Eltern des 10-jährigen Kindes K sind überzeugte Angehörige der Glaubensgemeinschaft der Zeugen Jehovas, die bei Operationen lebensrettende Bluttransfusionen ablehnt. Als K operiert werden muss, verweigern sie in Kenntnis aller Risiken aus Glaubens- und Gewissensgründen die Zustimmung zu notwendigen lebenserhaltenden Bluttransfusionen.

Nachdem die sorgeberechtigten Eltern die Einwilligung verweigert haben, kann der behandelnde Arzt, um seinen – eine Körperverletzung darstellenden – Heileingriff zu rechtfertigen (dazu *Rengier*, BT II, § 13 Rn. 15 ff.), entweder wegen missbräuchlicher Ausübung des elterlichen Sorgerechts ersatzweise die Einwilligung des Familiengerichts einholen (§ 1666 I, III BGB) oder sich, wenn Eile geboten ist, auf § 34 stützen. Haben die Eltern dies im Blickfeld, kann und braucht ihnen mit Blick auf die §§ 212, 22, 13, 323c im Lichte des Art. 4 I GG der religiöse Gewissenskonflikt (sündhaftes Verhalten durch Erteilung der Einwilligung oder Rettung des Kindes) nicht zugemutet zu werden.

Eine Strafbarkeit der Eltern gemäß den §§ 212, (22), 13, § 221 I Nr. 2, 323c kommt aber etwa dann in Betracht, wenn sie gar nichts unternehmen und K im Wissen um die notwendigen Bluttransfusionen zu Hause lassen. Insoweit steht ihnen Art. 4 I GG nicht zur Seite, weil sie mit dem Leben des K ein höherwertigeres Individualrechtsgut (Art. 2 II 1 GG) in Gefahr bringen; ihre Gewissensnot kann nur strafmildernd berücksichtigt werden.

Vgl. hierzu auch die Falllösungen bei *Jäger*, AT, Rn. 202 f.; *Stoffers/Murray*, JuS 2000, 986 ff.

6. Kapitel. Irrtum

§ 29. Grundlagen

Unter einem Irrtum versteht man eine Fehlvorstellung von der 1
Wirklichkeit. Mit anderen Worten: Wirklichkeit und Vorstellung fallen auseinander. Typischer Gegenstand eines Irrtums sind in der Regel Tatbestands-, Rechtfertigungs- und Schuldelemente:

(1) **Tatbestandsebene:** Ein Irrtum, der sich auf für objektive Tatbe- 2
standsmerkmale relevante tatsächliche Umstände bezieht, schließt als Tatbestandsirrtum den Vorsatz aus (§ 16 I 1) und ist daher bereits im subjektiven Tatbestand zu prüfen. Hält der Täter infolge einer Fehlwertung ein objektives Tatbestandsmerkmal für nicht gegeben, so muss zum bloßen Subsumtionsirrtum abgegrenzt werden, der lediglich zu einem Verbotsirrtum führt (dazu schon oben § 15 Rn. 4 ff. und erg. unten § 31 Rn. 8, 9, 14).

(2) **Rechtfertigungsebene:** Fehlvorstellungen im Rechtfertigungs- 3
bereich können erstens darauf beruhen, dass der Täter die einem Rechtfertigungsgrund zugrunde liegenden **tatsächlichen Umstände** verkennt, also etwa irrig denkt, er werde unmittelbar angegriffen. Da sich hier gewisse Parallelen zum Tatbestandsirrtum ergeben, spricht man vom **Erlaubnistatbestandsirrtum** (teilweise auch vom Erlaubnistatumstandsirrtum). Nach der heute ganz h. M. schließt ein solcher Irrtum im Ergebnis ebenfalls die Bestrafung aus dem Vorsatzdelikt aus (näher unten § 30).

Zweitens kann es sich bei den Fehlvorstellungen um **Fehlwertun-** 4
gen handeln. Insoweit lassen sich Irrtümer über die Existenz eines Rechtfertigungsgrundes und Irrtümer über die Grenzen eines anerkannten Rechtfertigungsgrundes unterscheiden. Man spricht von **Erlaubnisirrtümern.** Die Differenzierung ist unwichtig, weil in beiden Fällen die rechtlich falsche Wertung lediglich zum Fehlen des Unrechtsbewusstseins und damit zur Anwendung der – die Strafbarkeit selten ausschließenden – Verbotsirrtumsregeln führt (näher unten § 31).

In der **Fallbearbeitung** empfiehlt es sich, bei Irrtümern im Rechtfertigungs- 5
bereich zuerst zu überlegen, ob tatsächliche Umstände betroffen sind, weil

264   6. Kapitel. Irrtum

dann die günstige Rechtsfolge des Erlaubnistatbestandsirrtums – keine Bestrafung aus dem Vorsatzdelikt – eingreifen könnte.

6   (3) **Schuldebene:** Irrtümer im Bereich von Entschuldigungsgründen wie der §§ 33, 35 spielen in der Fallbearbeitung kaum eine Rolle. Ihre rechtliche Relevanz ist auch gering (näher unten § 32 Rn. 1 ff.). Wichtig ist der schon erwähnte, leicht übersehene Verbotsirrtum, der immer dann angesprochen werden muss, wenn der Täter aus irgendeinem Grunde glaubt, sich nicht strafbar zu machen, und ihm deshalb das aktuelle Unrechtsbewusstsein fehlt (näher unten § 31).

Empfehlungen zur vertiefenden Lektüre:
Literatur: *Rönnau/Faust/Fehling*, Durchblick: Der Irrtum und seine Rechtsfolgen, JuS 2004, 667 ff.

§ 30. Der Erlaubnistatbestandsirrtum

Fall 1: Die ängstliche Joggerin J sprüht dem jungen Mann M, der ganz nahe hinter ihr läuft, Pfefferspray ins Gesicht, weil sie etwas voreilig von einer unmittelbar bevorstehenden sexuellen Attacke ausgeht. In Wirklichkeit will sich M die J nur näher anschauen. → Rn. 21

Fall 2: H sieht zufällig, wie T auf O anlegt, um ihn zu erschießen. Mit einem Faustschlag kann H die Attacke beenden. Es stellt sich heraus, dass die Waffe ungeladen oder defekt war. → Rn. 22

Fall 3: Im Fall 1b von § 18 nimmt die E bloß an, D habe eine Digitalkamera im Wert von 100 € gestohlen, während er in Wirklichkeit nichts erbeutet hat. → Rn. 23

Fall 4: Gastwirt M bekommt in seinem einsam gelegenen Gasthof gegen 21 Uhr zufällig mit, dass seine einzigen Gäste, die drei Rocker A, B und C, ihn aus Rache um 24 Uhr töten wollen. Da nach den konkreten Umständen bis zum anderen Morgen keine Auswege (Flucht, Polizei usw.) zur Verfügung stehen, bittet M seine Frau F um Rat. Sie hält die Schilderungen des M für Phantasieprodukte, empfiehlt ihm aber trotzdem, den drei Herren eine mit einem kräftigen Schlafmittel angereicherte Runde Bier zu spendieren. Dementsprechend agiert M, so dass A, B und C gegen 22 Uhr einschlafen und fest bis zum rettenden Morgen durchschlafen. Infolge einer vermeidbaren Unaufmerksamkeit war dem M freilich entgangen, dass C überhaupt nicht mitmachen und das Lokal gegen 23 Uhr verlassen wollte (Falllösung bei *Rengier/Brand*, JuS 2008, 514 ff.). → Rn. 24

Fall 5: Der auf Aids-Fälle spezialisierte Arzt D erhält einen Anruf von der Arbeitgeberin A, die sich als Lebensgefährtin des M ausgibt und D um die Auskunft bittet, ob M positiv getestet worden sei; M selbst wolle ihr nichts sagen, sei aber mit einer Auskunft durch ihn (D) einverstanden. Daraufhin bestätigt der gutgläubige D das Vorliegen einer HIV-Infektion bei seinem Patienten M. Nach dieser Information berücksichtigt A die ihr vorliegende Be-

§ 30. Der Erlaubnistatbestandsirrtum 265

werbung des M um einen Job nicht mehr. Strafbarkeit der Beteiligten gemäß
§ 203 I Nr. 1? → Rn. 25

I. Grundlagen und Aufbaufragen

Es gibt wohl nur wenige Probleme, die in der Fallbearbeitung eine 1
so große Bedeutung wie die Fragen des Erlaubnistatbestandsirrtums
haben. Beim Erlaubnistatbestandsirrtum stellt sich der Täter einen
Sachverhalt vor, der, wenn er vorläge, ihn rechtfertigen würde (typisch dafür Fall 1 unten Rn. 21). Einen Überblick über die Prüfungsschritte verschafft das folgende

---

Aufbauschema zum Erlaubnistatbestandsirrtum 2

A. Strafbarkeit wegen eines (versuchten) Vorsatzdelikts
   I. Tatbestandsmäßigkeit
  II. Rechtswidrigkeit
 III. Erlaubnistatbestandsirrtum
     1. Vorliegen eines Erlaubnistatbestandsirrtums
        a) Voraussetzungen: Täter stellt sich tatsächliche Um-
           stände vor, bei deren Vorliegen er gerechtfertigt
           wäre (hypothetische Rechtfertigungsprüfung)
        b) *Wenn nein:* etwaigen Verbotsirrtum beachten
        c) *Wenn ja:*
     2. Rechtsfolgen des Erlaubnistatbestandsirrtums
        a) Strenge Schuldtheorie (Verbotsirrtumsregeln)
        b) Eingeschränkte Schuldtheorien
           aa) Lehre von den negativen Tatbestandsmerkmalen
              (§ 16 I 1 unmittelbar)
           bb) Vorsatzunrechtverneinende   eingeschränkte
              Schuldtheorie (§ 16 I 1 analog)
           cc) Rechtsfolgenverweisende – genauer: vorsatz-
              schuldverneinende – eingeschränkte Schuldtheo-
              rie (§ 16 I 1 analog)
**B. Strafbarkeit wegen fahrlässiger Begehung (§ 16 I 2 unmittel-
bar oder analog)**
   I. Vorhandener Fahrlässigkeitstatbestand (§ 15) und Erfolgs-
     eintritt
  II. Beruhen des Erlaubnistatbestandsirrtums auf Fahrlässig-
     keit

266   6. Kapitel. Irrtum

3   Um Fehlerquellen zu vermeiden, verdienen die folgenden Punkte besondere Aufmerksamkeit (dazu auch *Gasa*, JuS 2005, 890 ff.):

4   (1) Bevor man zu der speziellen Irrtumsfrage kommt, sollte abgeklärt sein, dass eine **tatbestandsmäßige und rechtswidrige Tat** vorliegt. Vor allem darf sich auf der Rechtfertigungsebene der Blickwinkel nicht auf die – gewiss besonders wichtige – Notwehr verengen. So kann es sein, dass eine Tat zwar nicht gemäß § 32, aber vielleicht nach § 34, den §§ 228, 904 BGB oder § 127 StPO gerechtfertigt ist. Dann hat der Fall mit den Problemen des Erlaubnistatbestandsirrtums nichts zu tun.

5   (2) Große Aufmerksamkeit erfordert die Frage, **ob überhaupt ein Erlaubnistatbestandsirrtum vorliegt**. Bei dieser Prüfung muss man die irrtümlich vorgestellten tatsächlichen Umstände als gegeben unterstellen und dann anhand des hypothetischen Sachverhalts erörtern, inwieweit irgendein Rechtfertigungsgrund eingreift.

Beachte: Auch hier kommen neben § 32 alle anderen Rechtfertigungsgründe bis hin zur Einwilligung in Betracht. Ferner müssen dabei nicht anders als in den normalen Fällen alle Voraussetzungen jedes einschlägigen Rechtfertigungsgrundes geprüft werden, wie z. B. die Erforderlichkeit und Gebotenheit bei der Notwehr oder das wesentliche Überwiegen und die Angemessenheit bei § 34.

6   (3) Ergibt danach die Prüfung, dass die Tat auf der Basis des hypothetischen Sachverhalts nicht gerechtfertigt ist, so liegt auch kein Erlaubnistatbestandsirrtum vor. Anschließend darf ein **möglicher Verbotsirrtum** nicht übersehen werden.

Um einen derartigen Fall geht es auch in der unter dem ungenauen Stichwort Doppelirrtum diskutierten Konstellation (unten § 31 Rn. 15 f.).

7   (4) Ist dagegen ein Erlaubnistatbestandsirrtum zu bejahen, so gelangt man zur umstrittenen **Seite der Rechtsfolgen**. Diesbezüglich genügt es sicher nicht, sich schlicht auf die h. M. zu berufen und mit wenigen Worten die Strafbarkeit nach dem Vorsatzdelikt zu verneinen. Auf der anderen Seite spielt der Meinungsstreit zwischen den – noch zu erörternden (unten Rn. 15 ff.) – **drei eingeschränkten Schuldtheorien** im Ergebnis oft keine Rolle. In solchen Fällen ist es verfehlt, diesen Streit auszubreiten. Man sollte aber zumindest die drei Theorien kurz erwähnen und darauf hinweisen, dass sie alle, wenn auch mit wechselnder Begründung, die Bestrafung aus dem Vorsatzdelikt ausschließen. Gravierender und in der Regel relevanter sind die Meinungsunterschiede zwischen der **strengen Schuldtheorie**

§ 30. Der Erlaubnistatbestandsirrtum   267

und den eingeschränkten Schuldtheorien. Daher gehört diese – gerne vernachlässigte – Auseinandersetzung unbedingt zu einer guten Fallbearbeitung.

(5) Schlussendlich darf die etwaige **Fahrlässigkeitsstrafbarkeit** 8 nicht übersehen werden, die selbstständig geprüft und festgestellt werden muss und sich keineswegs automatisch aus der fehlenden Vorsatzstrafbarkeit ergibt.

(6) Über die richtige **Platzierung des Erlaubnistatbestandsirr-** 9 **tums** in der Fallbearbeitung lässt sich durchaus diskutieren. Meinungsverschiedenheiten rühren von den unterschiedlichen dogmatischen Konstruktionen der eingeschränkten Schuldtheorien her (dazu noch unten Rn. 15 ff.). Insbesondere nach der Lehre von den negativen Tatbestandsmerkmalen, die unmittelbar § 16 I 1 anwendet, scheint eine Erörterung im Rahmen des subjektiven Tatbestandes nahezuliegen. Doch muss man sehen, dass auch diese Lehre nicht das Vorliegen eines (Teil-)Vorsatzes bezüglich der „positiven" Tatbestandsmerkmale – z. B. töten, Gesundheitsschädigung – leugnet. Die „negativen" Tatbestandsmerkmale sind die objektiven Rechtfertigungsmerkmale, die zu einem Gesamtunrechtstatbestand gehören (vgl. oben § 17 Rn. 2). Also müssen selbst von diesem Standpunkt aus die objektiven Rechtfertigungsvoraussetzungen zuvor geprüft worden sein. Daher drängt es sich auf, auch bei einem Erlaubnistatbestandsirrtum mit der üblichen Erörterung der Tatbestandsmäßigkeit und Rechtswidrigkeit zu beginnen und daran anschließend den Irrtum aufzugreifen. Dabei kann man im Prüfungsverlauf wie gewohnt mit der Schuldebene unter der Voraussetzung fortfahren, dass man sich im Ergebnis der rechtsfolgenverweisenden eingeschränkten Schuldtheorie anschließt, welche die Vorsatzschuld verneint. Alternativ bietet sich die gleichsam zwischen Rechtswidrigkeit und Schuld stehende Prüfung unter der neutralen Überschrift „Erlaubnistatbestandsirrtum" an. Dieser Weg erscheint vorzugswürdig, weil er das Ergebnis nicht vorwegnimmt und es außerhalb der Schuldstufe leichter fällt, die Entscheidung zwischen den drei eingeschränkten Schuldtheorien offen zu lassen, wenn es auf den Streit nicht ankommt (vgl. Rn. 7). Der übliche Blick auf die Schuldstufe muss sich dann freilich noch anschließen.

Im Aufbau ebenso etwa *Hecker*, JuS 2011, 370, der den Punkt A.III des 10 Schemas von Rn. 2 „Irrtumsdiagnose" nennt; ferner *Kühl*, AT, § 13 Rn. 77; *Joecks*, § 16 Rn. 50; *Kaspar*, AT, Rn. 651. – Für die Einordnung bei der Schuld *Gasa*, JuS 2005, 891 und die folgenden Falllösungen: *Beulke* I, Rn. 255 ff.;

Dürre/Wegerich, JuS 2006, 716 f.; *Dohmen*, Jura 2006, 146 f.; *Ambos/Rackow*, Jura 2006, 945 f.; *Helmrich*, JA 2006, 356.

II. Die strenge Schuldtheorie

11   Auch wenn die strenge Schuldtheorie nur noch selten vertreten wird (LK/*Schroeder*, 11. Aufl., § 16 Rn. 47 ff.; NK/*Paeffgen*, vor § 32 Rn. 103 ff.), darf sie in der Fallbearbeitung nicht vernachlässigt werden, weil sich nur vor ihrem Hintergrund die eingeschränkten Schuldtheorien erschließen. Nach der (allgemeinen) Schuldtheorie, die dem Gesetz zugrunde liegt (§ 17), ist das – aktuelle oder potentielle – Unrechtsbewusstsein ein selbstständiges Schuldelement und kein Vorsatzbestandteil, so wie es die überholte Vorsatztheorie vertritt.

12   Die Schuldtheorie mit der Trennung von Vorsatz und Unrechtsbewusstsein und der Verlagerung des Vorsatzes von der Schuld in den Tatbestand geht auf die finale Handlungslehre zurück (oben § 7 Rn. 4). Nach der zuvor herrschenden Vorsatztheorie führt fehlendes Unrechtsbewusstsein zur Verneinung des Vorsatzes. Da diese Lehre, letztlich auch in der abgeschwächten Form der „modifizierten" Vorsatztheorie (*Otto*, AT, § 15 Rn. 5 ff.), dem seit 1975 geltenden § 17 widerspricht (zur Kritik *Heinrich*, AT, Rn. 1129 f.), braucht sie in der Fallbearbeitung nicht mehr berücksichtigt zu werden.

13   Die strenge Schuldtheorie hält an der Trennung von Vorsatz und Unrechtsbewusstsein konsequent auch für die Fälle des Erlaubnistatbestandsirrtums fest. Sie sieht angesichts der vorsätzlichen Tatbestandsverwirklichung keinen Anlass, die Strafbarkeit nach dem Vorsatzdelikt generell auszuschließen, und wendet daher „streng" die Verbotsirrtumsregeln an. Insoweit wird der Täter, wenn der (Erlaubnistatbestands-)Irrtum vermeidbar war, aus dem Vorsatzdelikt bestraft. Kriminalpolitisch hat dies den Vorteil, eine Strafe grundsätzlich auch dort verhängen zu können, wo – wie etwa bei der Sachbeschädigung – ein Fahrlässigkeittatbestand nicht existiert.

14   Gegen die strenge Schuldtheorie spricht, dass ein Täter, der sich die tatsächlichen Voraussetzungen eines anerkannten Rechtfertigungsgrundes vorstellt, „an sich rechtstreu" verhalten will (BGHSt 3, 105, 107). Er dehnt nicht durch rechtliche Fehlwertungen die Rechtsordnung zu seinen Gunsten aus, sondern wird von der Appellfunktion des Tatbestandes (unten § 31 Rn. 1) überhaupt nicht erreicht, da er wegen seiner Fehlvorstellungen im tatsächlichen Bereich glaubt, sich

§ 30. Der Erlaubnistatbestandsirrtum   269

völlig rechtmäßig zu verhalten. Der Erlaubnistatbestandsirrtum steht
daher seiner Struktur nach dem Tatbestandsirrtum des § 16 I 1 erheblich näher als dem Verbotsirrtum. Daher muss für diesen Fall in
Übereinstimmung mit der Rechtsprechung und ganz h. M. die Aussage der Schuldtheorie „eingeschränkt" werden.

III. Die eingeschränkten Schuldtheorien

Im Ausgangspunkt besteht im Lager der ganz h. M. Einigkeit da-   15
rüber, dass bei einem Erlaubnistatbestandsirrtum eine Bestrafung aus
dem Vorsatzdelikt ausscheidet. Diese Einsicht steht in einem gewissen Missverhältnis zu dem Aufwand, mit dem der Streit um die „richtige" eingeschränkte Schuldtheorie geführt wird. Dieser „interne"
Streit bedarf in der Fallbearbeitung keiner großen Aufmerksamkeit,
wenn es auf ihn nicht ankommt (vgl. schon Rn. 7). Bedeutung kann
er in Teilnahmefällen erlangen.

1. Die Lehre von den negativen Tatbestandsmerkmalen

Nach dieser Lehre gehört zum objektiven Tatbestand auch die   16
Feststellung, dass *kein* Rechtfertigungsgrund eingreift. Von daher
stellen die objektiven Rechtfertigungsvoraussetzungen negative
Merkmale des objektiven Tatbestandes dar. Danach ist § 223 I 2. Var.
etwa so zu lesen: „Wer eine andere Person an der Gesundheit schädigt, ohne dass rechtfertigende tatsächliche Umstände vorliegen,
wird ... bestraft." Anders betrachtet: Die objektiven Tatbestandsmerkmale bilden zusammen mit den objektiven Rechtfertigungs-
merkmalen einen Gesamtunrechtstatbestand, auf den sich der Vorsatz
erstrecken muss. Stellt sich nun der Täter irrtümlich einen rechtfertigenden Sachverhalt vor, muss der Vorsatz unmittelbar gemäß § 16 I 1
verneint werden, weil der Täter das Vorhandensein rechtfertigender
tatsächlicher Umstände annimmt.

Vertreten etwa von *Schünemann/Greco*, GA 2006, 777 ff.; MüKo/*Schleho-
fer*, vor § 32 Rn. 36 ff., 100 f.; erg. *Kraatz*, Jura 2014, 794 f.

2. Die vorsatzunrechtverneinende eingeschränkte Schuldtheorie

Auch nach dieser Meinung entfällt im Ergebnis der Tatbestands-   17
vorsatz. Sie sieht angesichts der schon geschilderten Nähe des Erlaubnistatbestandsirrtums zum Tatbestandsirrtum (Rn. 14) wertend

270 6. Kapitel. Irrtum

das Unrecht vorsätzlichen Handelns als nicht verwirklicht an. Das Ergebnis wird auf eine *analoge* Anwendung des § 16 I 1 gestützt, da diese Vorschrift mit dem gesetzlichen Tatbestand die Straftatbestände namentlich des Besonderen Teils und nicht die Voraussetzungen etwa der §§ 32, 34 meint.

18   Sch/Sch/*Sternberg-Lieben/Schuster*, § 16 Rn. 17 f. m. w. N.; *Kühl*, AT, § 13 Rn. 71; *Kindhäuser*, AT, § 29 Rn. 26; *Jäger*, AT, Rn. 218; *Kelker*, Jura 2006, 595. – Für die Rechtsprechung gab es bisher noch keinen Anlass, sich zwischen der vorsatzunrecht- und der vorsatzschuldverneinenden Variante zu entscheiden. Häufiger wird im Sinne der ersten Variante Stellung genommen (vgl. BGHSt 31, 264, 286 f.; 45, 219, 224 f.; 49, 34, 44; *BGH* NJW 2014, 1121, 1122); vom Ausschluss der Vorsatzschuld entsprechend § 16 I 1 spricht aber *BGH* NStZ 2012, 272, 273.

3. Die rechtsfolgenverweisende oder vorsatzschuldverneinende eingeschränkte Schuldtheorie

19   Die herkömmlich als „rechtsfolgenverweisende" eingeschränkte Schuldtheorie bezeichnete Lehre hat ihren Namen dadurch erhalten, dass sie den Tatbestandsvorsatz und das Unrecht der Vorsatztat zwar unangetastet lässt, wegen der Vorsatztat aber gegen den Täter keinen Schuldvorwurf erhebt und als Rechtsfolge lediglich eine Bestrafung aus dem Fahrlässigkeitsdelikt für möglich hält. Das dogmatische Fundament liegt in der Einsicht, dass der Vorsatz eine Doppelfunktion hat und auch als Schuldvorsatz existiert, da den Vorsatztäter in der Regel eine höhere Schuld als den Fahrlässigkeitstäter trifft. Dieser Schuldvorsatz ist bei einem Erlaubnistatbestandsirrtum zu verneinen, wiederum analog § 16 I 1, der ausdrücklich nur den Tatbestandsirrtum regelt. Von daher ist die Bezeichnung „vorsatzschuldverneinende" statt „rechtsfolgenverweisende" eingeschränkte Schuldtheorie treffender.

Für diese Lehre W/*Beulke/Satzger*, AT, Rn. 478 f.; *Heinrich*, AT, Rn. 1133 f.; *Jescheck/Weigend*, AT, § 41 IVd; *Fischer*, § 16 Rn. 22d.

4. Stellungnahme

20   Gegen die Lehre von den negativen Tatbestandsmerkmalen spricht der Wortlaut des § 16 I 1 sowie die dreistufige Konzeption des Verbrechensaufbaus (oben § 17 Rn. 1 f.). Der vorsatzschuldverneinenden eingeschränkten Schuldtheorie wird vorgeworfen, die These von der Doppelstellung des Vorsatzes sei eine künstliche Konstruktion und

§ 30. Der Erlaubnistatbestandsirrtum 271

dogmatisch ungereimt. Im Ergebnis verdient diese Lehre dennoch Zustimmung: Der Gedanke einer besonderen Vorsatzschuld ist durchaus plausibel, wie auch die Redeweise von den Schuldformen Vorsatz und Fahrlässigkeit zeigt. Außerdem ist die vorsatzschuldverneinende Theorie systematisch leicht nachvollziehbar, weil sie den gegebenen Tatbestandsvorsatz nicht wieder in Frage stellen muss. Schließlich hat das Teilnahmeargument Gewicht: Bei einem Wegfall allein der Vorsatzschuld liegt eine vorsätzliche rechtswidrige Haupttat vor, die eine durchgehende Erfassung von bösgläubigen Teilnehmern ermöglicht; denn der Weg über die mittelbare Täterschaft versagt bei eigenhändigen und Sonderdelikten (wie im Fall 5 unten Rn. 25 bei A) sowie bei Teilnahmehandlungen ohne Irrtumsherrschaft (wie im Fall 4 unten Rn. 24 bei F).

Auch manche Kritiker der die Vorsatzschuld verneinenden Theorie räumen **20a** die Bedeutung des Teilnahmearguments ein. Sie wollen ihm Rechnung tragen, indem sie bei den §§ 26, 27 den Vorsatz des Haupttäters auf den Vorsatz zur Verwirklichung der objektiven Tatbestandsmerkmale beschränken und hier – wenig konsequent – das Vorsatzunrecht ausblenden, das beim Erlaubnistatbestandsirrtum desselben Haupttäters seine Straflosigkeit bezüglich der Haupttat begründet (vgl. NK/*Puppe*, § 16 Rn. 136; *Roxin*, AT I, § 14 Rn. 77; *Kühl/Hinderer*, Jura 2012, 491 mit Falllösung; erg. *Kühl*, AT, § 20 Rn. 141 f.; *Heinrich*, AT, Rn. 1136 ff.).

IV. Falllösungen

Im **Fall 1** verwirklicht J § 224 I Nr. 1, 2 vorsätzlich und rechtswidrig, da **21** § 32 mangels eines gegenwärtigen Angriffs nicht eingreift. Doch könnte ein Erlaubnistatbestandsirrtum vorliegen. Insoweit müsste sie sich einen Sachverhalt vorstellen, der, wenn er vorläge, sie rechtfertigen würde. Würde sie entsprechend ihrer Vorstellung angegriffen, läge zumindest ein gegenwärtiger rechtswidriger Angriff auf ihre Handlungs- und sexuelle Selbstbestimmungsfreiheit vor. Dann wäre auch die gewählte Verteidigung erforderlich und geboten. Also liegt ein Erlaubnistatbestandsirrtum vor. Nach der strengen Schuldtheorie kommt eine Bestrafung nach § 224 I in Betracht, wenn der Irrtum vermeidbar war (§ 17). Dies ist, da J voreilig handelt, der Fall. Doch verdient die Lösung der strengen Schuldtheorie keine Zustimmung. Nach den drei eingeschränkten Schuldtheorien scheidet eine Bestrafung aus dem Vorsatzdelikt aus. J erfüllt lediglich § 229.

Die Lösung im **Fall 2** verläuft im Wesentlichen parallel zu derjenigen im **22** Fall 1. Der Faustschlag des H (§ 223 I) ist wegen des bloßen Scheinangriffs durch T (untauglicher Versuch der §§ 212, 211, 22) nicht gemäß § 32 gerechtfertigt. Der gegebene Erlaubnistatbestandsirrtum bezieht sich auf das Nothilferecht. Da H die Ungefährlichkeit der Waffe nicht erkennen konnte, kommen im Ergebnis sowohl die strenge Schuldtheorie – wegen der Unvermeidbarkeit des Verbotsirrtums – als auch die eingeschränkten Schuldtheorien – mangels Fahrlässigkeit – zur Straflosigkeit. Von daher braucht der Streit zwischen der strengen und den eingeschränkten Schuldtheorien nicht unbedingt entschieden zu werden.

23   Im **Fall 3** ist auf die genaue Prüfung der Voraussetzungen des Erlaubnistatbestandsirrtums zu achten. Stimmte die Vorstellung der E, dann läge ein noch gegenwärtiger, da noch nicht beendeter, Angriff auf ihr Eigentum vor. Auf der hypothetischen Ebene der Erforderlichkeit hält sie sich an das hinsichtlich des Waffengebrauchs grundsätzlich notwendige dreistufige Vorgehen. Bei der Gebotenheit kommt es darauf an, ob man wegen des relativ geringen Wertes einen Fall des krassen Missverhältnisses annimmt oder nicht (vgl. hierzu § 18 Rn. 57 ff.). Verneint man vertretbar einen solchen Ausnahmefall, so liegt ein Erlaubnistatbestandsirrtum vor und man gelangt zur Erörterung seiner Rechtsfolgenseite.

24   **Fall 4** (Musterlösung bei *Rengier/Brand*, JuS 2008, 514 ff.): (1) **Strafbarkeit von A und B:** Bezüglich der §§ 212, (211), 22 durch A und B liegen die Voraussetzungen des § 22 nicht vor. Daher erfüllen sie nur die §§ 212, (211), 30 II. – (2) **Strafbarkeit des M:** Bei den §§ 223, 224 I Nr. 1, 2, 3, 4 zu Lasten von A und B scheitert § 32 an der Gegenwärtigkeit des Angriffs, doch greift § 34 ein. Hinsichtlich der gefährlichen Körperverletzung gegenüber C entfällt mangels Notstandslage eine Rechtfertigung gemäß § 34. Indes stellt sich M einen Sachverhalt vor, bei dessen Vorliegen das Versetzen des C in den Schlafzustand zwar nicht gemäß § 32, aber nach § 34 gerechtfertigt wäre (Vorliegen eines Erlaubnistatbestandsirrtums). Da der Irrtum vermeidbar war, wäre M nach der strengen Schuldtheorie gemäß § 224 strafbar, während nach den eingeschränkten Schuldtheorien nur § 229 eingreift. – (3) **Strafbarkeit der F:** Was ihre Strafbarkeit als Anstifterin betrifft, so fehlt die vorsätzliche rechtswidrige Haupttat, soweit es um die Tat gegenüber A und B geht. Bezüglich der Tat gegenüber C kann man F auf dem Boden der eingeschränkten Schuldtheorien nach den §§ 224 I, 26 nur bestrafen, wenn man der vorsatzschuldverneinenden Variante folgt. Die anderen eingeschränkten Schuldtheorien, die den Vorsatz bzw. das Vorsatzunrecht verneinen, könnten lediglich dann zu einer Strafbarkeit kommen, wenn eine mittelbare Täterschaft vorläge; doch fehlt F insoweit die Tatherrschaft, da sie nicht einen ihr positiv bekannten Irrtum des M ausnutzt.

25   Im **Fall 5** ist die Verletzung der Schweigepflicht seitens D weder durch eine Einwilligung noch durch § 34 gerechtfertigt. Aber D befindet sich in einem Erlaubnistatbestandsirrtum über die Einwilligung. Nach h. M. führt dies zu seiner Straflosigkeit, da er aus dem Vorsatzdelikt nicht bestraft werden kann und ein Fahrlässigkeitstatbestand nicht existiert. Hingegen könnte die strenge Schuldtheorie wegen der Vermeidbarkeit des Irrtums die Strafbarkeit bejahen.

§ 31. Verbotsirrtum   273

– Was die Strafbarkeit der A anbelangt, so verdeutlicht der Fall die Tragweite des Teilnahmearguments der vorsatzschuldverneinenden eingeschränkten Schuldtheorie. An sich agiert A wie eine typische mittelbare Täterin (Hervorrufen und Ausnutzen eines Irrtums beim Vordermann). Da § 203 aber ein Sonderdelikt darstellt, fehlt ihr die Täterqualität. Eine Anstiftung setzt eine vorsätzliche rechtswidrige Haupttat voraus, die auf dem Boden der vorzugswürdigen vorsatzschuldverneinenden eingeschränkten Schuldtheorie zu bejahen ist.

Im notwehrrelevanten lehrreichen Teil von *BGH* NStZ 2012, 272, **26** 273 f. schoss der Täter zweimal aus der Wohnung heraus auf Personen, die dabei waren, die Haustür aufzubrechen, und ihn seiner Vorstellung nach töten wollten. In Wirklichkeit handelte es sich um Polizisten, die einen Durchsuchungsbeschluss umsetzen wollten. Ein Polizist wurde getötet.

Besprechungen bei *Hecker*, JuS 2012, 263 ff.; *Jäger*, JA 2012, 227 ff.; *Rotsch*, ZJS 2012, 109 ff.; *Engländer*, NStZ 2012, 274 ff.; *Kraatz*, Jura 2014, 787 ff.; Falllösung bei *Esser/Langenauer*, JA 2013, 28 ff.

Empfehlungen zur vertiefenden Lektüre:
Rechtsprechung: *BGH* NJW 1992, 516 (auf Fahrlässigkeit beruhender Erlaubnistatbestandsirrtum eines den Angreifer zu lange würgenden Nothelfers); *OLG Koblenz* NStZ-RR 1998, 273 (Erlaubnistatbestandsirrtum bei einem irrig befürchteten erneuten Angriff).
Literatur: *Gasa*, Die Behandlung des Irrtums über rechtfertigende Umstände im Gutachten – Typische Fehler, JuS 2005, 890 ff.

§ 31. Verbotsirrtum

Fall 1: T unternimmt mit dem zufällig unabgeschlossenen Fahrrad des E ohne dessen Zustimmung eine Testfahrt. Als E Strafantrag stellt, ist T völlig überrascht, dass § 248 b I so etwas bestraft. → Rn. 6
Fall 2: E glaubt zu Unrecht, dass D ihr eine Digitalkamera im Wert von 20 € gestohlen hat. Nach einem Warnruf und einem ebenfalls vergeblichen Warnschuss gibt sie ohne Tötungsvorsatz einen Schuss auf die Beine des fliehenden D ab und trifft. Sie glaubt, ihr Eigentum so verteidigen zu dürfen. → Rn. 16

I. Grundlagen

Die grundlegenden Aussagen des § 17 und der in ihm normierten **1** Schuldtheorie sind schon mehrfach angesprochen worden (vgl. § 24 Rn. 13; § 29 Rn. 6; § 30 Rn. 11 ff.): Erstens ist das Unrechtsbewusst-

274   6. Kapitel. Irrtum

sein ein selbstständiges Schuldelement, das strikt vom (Tatbestands-) Vorsatz getrennt werden muss. Zweitens erfordert schuldhaftes Handeln nicht unbedingt ein aktuelles Unrechtsbewusstsein. Fehlt dieses Bewusstsein, so genügt nach § 17 Satz 1 auch die Fähigkeit, es potentiell erlangen zu können (Schuld als persönliche Vorwerfbarkeit der Tat). Ist der Täter dazu in der Lage, liegt ein vermeidbarer Verbotsirrtum vor, bei dem immerhin eine Strafmilderung in Betracht kommt (§ 17 Satz 2). Dass potentielles Unrechtsbewusstsein für den Schuldvorwurf ausreicht, hängt mit der sog. **Appellfunktion des Tatbestandes** zusammen: Wer vorsätzlich die objektiven Tatbestandsmerkmale eines Straftatbestandes verwirklicht, hat einen hinreichenden Anlass, über die rechtliche Qualität seines Verhaltens nachzudenken oder sich zu informieren.

2   Das gilt jedenfalls für das Kernstrafrecht des StGB. Für die Straftatbestände des Nebenstrafrechts und das Ordnungswidrigkeitenrecht ist dieser Impulsgedanke problematischer (vgl. KK-OWiG/*Rengier*, § 11 Rn. 4 ff., 63 ff.; MüKo/*Joecks*, § 17 Rn. 84 ff.; NK/*Neumann*, § 17 Rn. 90 ff.).

3   In der **Fallbearbeitung** muss beachtet werden, dass Fehlvorstellungen über das Verbotensein der Tat in keiner Weise den Tatbestandsvorsatz berühren. Was den Standort des Verbotsirrtums im Gutachten betrifft, so wird er aufbaumäßig oft vor den Entschuldigungsgründen (§§ 33, 35) eingeordnet (*Kindhäuser*, AT, § 28 Rn. 13; *Heinrich*, AT, Rn. 1476; *W/Beulke/Satzger*, AT, Rn. 872). Sinnvoller ist die umgekehrte Reihenfolge, weil erstens die Bejahung der §§ 33, 35 stets zum Ausschluss der Schuld führt und zweitens Verbotsirrtümer auch aus Fehlvorstellungen bezüglich der §§ 33, 35 entstehen können (vgl. die Reihenfolge im Aufbauschema oben § 12 Rn. 6 und unten § 32 Rn. 4 zu Fall 1).

II. Fehlen des Unrechtsbewusstseins

4   Die Anwendbarkeit des § 17 setzt voraus, dass das Unrechtsbewusstsein fehlt. Positiv formuliert scheidet also die Annahme eines Verbotsirrtums aus, wenn der Täter die Einsicht hat, *Unrecht* zu tun. Dieses Unrechtsmerkmal versteht die h. M. wortlautgetreu im Sinne von „etwas Unrechtes" oder „gegen das Recht verstoßend". Von daher reicht auf der einen Seite das bloße Bewusstsein der Sozialschädlichkeit oder Sittenwidrigkeit des eigenen Verhaltens nicht aus. Auf der anderen Seite liegt die Unrechtseinsicht auf jeden Fall dann vor, wenn der Täter sein Verhalten für sanktionierbar, also für

strafbar oder im Sinne einer Ordnungswidrigkeit zumindest für ahndbar hält.

Umstritten ist, ob das Unrechtsbewusstsein stets die Kenntnis der 5 Sanktionierbarkeit voraussetzt. Eine Minderheitsmeinung bejaht dies (NK/*Neumann*, § 17 Rn. 20 ff.; MüKo/*Joecks*, § 17 Rn. 14 ff.). Dagegen bedeutet nach der vorzugswürdigen h. M. Unrechtsbewusstsein im Ausgangspunkt: „Der Täter weiß, dass das, was er tut, rechtlich nicht erlaubt, sondern verboten ist" (BGHSt 2, 194, 196). Demnach liegt der entscheidende Bezugspunkt in der Kenntnis eines rechtlichen Verbots, das sich auch aus den Normen des Zivil- und Verwaltungsrechts ergeben kann. Dabei genügt freilich nicht ein allgemeines Wissen, etwas Rechtswidriges oder Verbotenes zu tun, vielmehr muss sich das Unrechtsbewusstsein auf die spezifische Rechtsgutverletzung des in Betracht kommenden Tatbestandes beziehen.

Hierzu BGHSt 45, 97, 101; 52, 182, 190 f.; 52, 227, 239 f.; *BGH* NStZ-RR 1996, 24, 25; NJW 2013, 93, 96 f.; *OLG Stuttgart* NStZ 1993, 344, 345; *OLG Karlsruhe* NJW 2003, 1061, 1062.

Beispiele: (1) Im **Fall 1** erfüllt T den objektiven Tatbestand des § 248b I und 6 weiß auch um alle objektiven Tatbestandsmerkmale. Dass er sein Verhalten für nicht strafbar hält, hat mit dem Vorsatz nichts zu tun und kann allein zu einem Verbotsirrtum führen, wenn ihm die Einsicht fehlt, Unrecht zu tun. Nach der Minderheitsmeinung, die eine Kenntnis der Sanktionierbarkeit verlangt, liegt ein, im Ergebnis vermeidbarer, Verbotsirrtum vor. Dagegen ist nach der h. M. ein solcher Irrtum zu verneinen, weil T – zumindest im Sinne eines Mitbewusstseins (entsprechend § 14 Rn. 42 f.) – weiß, dass er verbotene Eigenmacht (§ 858 BGB) ausübt, und deshalb das spezifische Wegnahmeunrecht des § 248b I erfasst (vgl. *Roxin*, AT I, § 21 Rn. 13).

(2) Folgt man der zutreffenden Ansicht, dass ein Vermieter, der bei einer 7 Wohnungsmiete eine Mietkaution entgegen § 551 III BGB verwendet, § 266 I 2. Var. erfüllt (zu dieser Streitfrage *Rengier*, BT I, § 18 Rn. 26), so genügt für das Unrechtsbewusstsein die Kenntnis des § 551 III BGB (BGHSt 52, 182, 190 f.).

(3) Im Fall 2 von § 15 führen die Subsumtionsirrtümer von T und N zur 8 Frage des Verbotsirrtums. Auf dem Boden der h. M. wird man T und N vorhalten können, sie wüssten zumindest um die zivilrechtlichen Verbote (§§ 823 I, 1004 BGB), erfassten daher die von § 303 geschützte Eigentumsverletzung und hätten folglich Unrechtsbewusstsein (vgl. *Kühl*, AT, § 13 Rn. 57 f.). Interpretiert man demgegenüber bei N den Sachverhalt vertretbar so, dass er nur an einen Scherz gedacht und daher auch das zivilrechtliche Unrecht nicht erkannt habe, so muss zwar ein Verbotsirrtum bejaht werden, doch bleiben die praktischen Auswirkungen angesichts seiner Vermeidbarkeit gering (erg. unten Rn. 19 ff.).

276   6. Kapitel. Irrtum

9   Aus der Bezugnahme auf die spezifische Rechtsgutsverletzung er-
     gibt sich zugleich die Möglichkeit der **Teilbarkeit des Unrechtsbe-
     wusstseins.** Damit ist gemeint, dass ein Täter, der in Tateinheit meh-
     rere Straftatbestände verwirklicht, trotz des Wissens um seine
     generelle Strafbarkeit bezüglich eines einzelnen Tatbestandes einem
     Verbotsirrtum unterliegen kann.

     Beispiel: Wenn T in dem Fall 3 von § 15 bei der Abrechnung den gefälsch-
     ten Bierdeckel mit Erfolg vorlegt und dadurch einen Betrug begeht, schließt
     dies bezüglich der Urkundenfälschung einen auf den Subsumtionsirrtum zu-
     rückzuführenden Verbotsirrtum nicht aus (*Roxin*, AT I, § 21 Rn. 23).

III. Erscheinungsformen des Verbotsirrtums

10   Verbotsirrtümer können ihre Ursache in unterschiedlichen Entste-
     hungsgründen haben. Freilich ist es für die Anwendbarkeit des § 17
     und auch für die Fallbearbeitung unerheblich, auf welchen Gründen
     der Verbotsirrtum genau beruht. Man muss ihn nur zutreffend erken-
     nen. Die folgende übliche Klassifizierung der Erscheinungsformen
     zieht keine dogmatischen Konsequenzen nach sich, trägt aber zum
     Verständnis bei.
11   Der **Irrtum über die Existenz eines Verbots** (sog. direkter Ver-
     botsirrtum) ist dadurch gekennzeichnet, dass sich der Täter über das
     Verbotensein schlechthin irrt.

     Beispiele: Der 17-jährige J und die fast 14-jährige M lieben sich sehr und
     haben Geschlechtsverkehr; von § 176 I hat J noch nie etwas gehört. S bricht
     gutgläubig und in völliger Unkenntnis der §§ 218, 218a I ihre Schwangerschaft
     in den ersten 12 Wochen nach der Empfängnis in eigener Verantwortung ab.

12   Der **Irrtum über die Existenz eines Rechtfertigungsgrundes** so-
     wie über die **Grenzen eines anerkannten Rechtfertigungsgrundes**
     (sog. indirekter Verbotsirrtum oder Erlaubnisirrtum) bezieht sich
     auf rechtliche Fehlwertungen im Rechtfertigungsbereich.

13   **Beispiele:** (1) V schlägt im Glauben, dazu als Vater berechtigt zu sein, aus
     erzieherischen Gründen mit einem Rohrstock mehrfach auf das nackte Gesäß
     seines Kindes. Der Verbotsirrtum betrifft die Existenz des Züchtigungsrechts,
     wenn man ein solches überhaupt nicht mehr anerkennt (wie *Rengier*, BT II,
     § 13 Rn. 14 m.w.N.), er betrifft die Grenzen, wenn man es auf maßvolle
     Züchtigungen beschränkt (wie W/*Beulke/Satzger*, AT, Rn. 387 ff.). Die Ein-
     ordnung ist unwichtig.

§ 31. Verbotsirrtum   277

(2) Der Angegriffene glaubt, er dürfe, obwohl ihm genügend Zeit zur Verfügung steht, die Schusswaffe auch ohne Warnruf und/oder Warnschuss einsetzen (vgl. § 18 Rn. 41). Hier bezieht sich der Verbotsirrtum auf die Grenzen der Notwehr.

(3) Der Täter glaubt, die Einwilligung des Opfers könne sich auch auf konkret lebensgefährliche Körperverletzungshandlungen erstrecken (vgl. BGHSt 49, 166, 176; *Rengier*, BT II, § 20 Rn. 1 ff.). Dieser Verbotsirrtum betrifft die Grenzen des § 228.

Der wichtige **Subsumtionsirrtum** kann einen Verbotsirrtum zur   14
Folge haben, muss zuvor aber zum Tatbestandsirrtum abgegrenzt
werden (oben § 15 Rn. 4 ff.).

Unter der wenig hilfreichen und kaum korrekten Bezeichnung   15
Doppelirrtum wird insbesondere die – eigentlich unproblematische
– Konstellation diskutiert, in der ein vermeintlicher Erlaubnistatbestandsirrtum und ein Irrtum über die Grenzen eines Rechtfertigungsgrundes zusammenfallen. Dass hier im Ergebnis bloß ein (vermeidbarer) Verbotsirrtum vorliegen kann, ist unbestritten.

Dazu **Fall 2**: Wendet man sich bei E bezüglich § 224 I Nr. 2, 5 nach der Be-   16
jahung der Rechtswidrigkeit normal weiter prüfend zuerst der Frage des Erlaubnistatbestandsirrtums zu, so muss man feststellen, dass die Voraussetzungen für einen solchen Irrtum überhaupt nicht vorliegen, weil nach dem vorgestellten Sachverhalt § 32 an der Gebotenheit scheitern würde (vgl. § 18 Rn. 57 ff.). Entfällt somit ein Erlaubnistatbestandsirrtum, so kann es auch keinen „doppelten" Irrtum geben. Im nächsten Schritt gelangt man, da E infolge ihrer Fehlvorstellungen kein Unrechtsbewusstsein hat, zu einem vermeidbaren Verbotsirrtum über die Grenzen des § 32. Zu diesem Ergebnis führt die normale Anwendung der Irrtumsregeln. Man braucht dafür nicht die oft gegebene Begründung, dass ein Täter, der sich über die Grenzen eines Rechtfertigungsgrundes irrt und insoweit einem Verbotsirrtum unterliegt, durch einen zusätzlichen Irrtum im tatsächlichen Bereich nicht besser gestellt werden dürfe.

Zur Diskussion um den Doppelirrtum vgl. Sch/Sch/*Sternberg-Lieben*/ *Schuster*, § 17 Rn. 11; W/*Beulke*/*Satzger*, AT, Rn. 485 f.; *Beulke* I, Rn. 270; *Heinrich*, AT, Rn. 1148 ff.; *Britz*, JuS 2002, 466 f. mit Falllösung.

IV. Vermeidbarkeit des Verbotsirrtums

Der verbreitete Satz: „Unwissenheit schützt vor Strafe nicht"   17
stimmt nicht mehr ganz, aber doch in der Regel, weil unvermeidbare
Verbotsirrtümer selten sind. Die Ansicht der Rechtsprechung, wonach der Vermeidbarkeitsmaßstab strenger als der Fahrlässigkeits-

278   6. Kapitel. Irrtum

maßstab sein soll, überzeugt zwar nicht, unterstreicht aber die Richtung.

18   Vgl. BGHSt 4, 236, 243; 21, 18, 20; *OLG Frankfurt* NStZ-RR 2003, 263. – Die h. M. in der Literatur lehnt diesen strengeren Maßstab ab (LK/*Vogel*, 12. Aufl., § 17 Rn. 35 ff.; NK/*Neumann*, § 17 Rn. 60 f.; KK-OWiG/*Rengier*, § 11 Rn. 62; *Roxin*, AT I, § 21 Rn. 45; *Nestler*, Jura 2015, 570 ff.). Die praktische Bedeutung des Streits ist schwer erkennbar. Der Studierende macht keinen Fehler, wenn er sich an Fahrlässigkeitskriterien orientiert.

19   Die maßgeblichen **Vermeidbarkeitskriterien** hat die Rechtsprechung so zusammengefasst:

„Unvermeidbar ist ein Verbotsirrtum, wenn der Täter trotz der ihm nach den Umständen des Falles, seiner Persönlichkeit sowie seines Lebens- und Berufskreises zuzumutenden Anspannung des Gewissens die Einsicht in das Unrechtmäßige seines Handelns nicht zu gewinnen vermochte. Das setzt voraus, dass er alle geistigen Erkenntniskräfte eingesetzt und etwa aufkommende Zweifel durch Nachdenken oder erforderlichenfalls durch Einholung von Rat beseitigt hat" (*BGH* NStZ 2000, 307, 309 unter Bezugnahme auf BGHSt 21, 18, 20).

20   Lässt man den missverständlichen Begriff der „Gewissensanspannung" beiseite, so geht es darum, dass der Täter all seine individuellen Fähigkeiten und Erkenntnismöglichkeiten, die Einholung von vertrauenswürdigen Auskünften eingeschlossen, einsetzen muss, um zur Unrechtseinsicht zu gelangen.

21   In allen in Rn. 11 ff. zum direkten und indirekten Verbotsirrtum sowie zum Subsumtions- und Doppelirrtum angesprochenen Beispielsfällen gibt es an der **Vermeidbarkeit des Irrtums** keine Zweifel. Die Begründung dafür könnte etwa so lauten: Wenn der Täter angestrengt nachgedacht hätte, wäre ihm bewusst geworden, dass die Rechtsordnung die fragliche Verhaltensweise strafrechtlich sanktioniert hat. Zumindest hätten in ihm entsprechende Zweifel geweckt werden können, die ihn verpflichtet hätten, abzuwarten und sich, soweit es die Zeit erlaubt, weiter zu informieren und ggf. eine vertrauenswürdige Auskunft einzuholen, die ihn schlussendlich auf die Strafbarkeit hingewiesen hätte.

22   **Unvermeidbare Verbotsirrtümer** werden vor allem dort vorkommen, wo der Täter, um seinen Erkundigungspflichten zu genügen, eine Auskunft bei einer kompetenten fachkundigen Stelle einholt und dort eine – in den Augen etwa des später urteilenden Gerichts – falsche Rechtsauskunft erhält, auf die er sich verlässt. Als fachkundige

§ 31. Verbotsirrtum 279

Stellen kommen vor allem **zuständige Behörden** und **Rechtsanwälte** in Betracht. Entscheidend ist stets die **Vertrauenswürdigkeit der Auskunft.** Bei Beratern wie Rechtsanwälten bedeutet dies, dass sie zutreffend informiert worden sind, objektiv und sachkundig erscheinen (bei Spezialmaterien also eine besondere Fachkompetenz haben), keine erkennbaren Eigeninteressen verfolgen, die Sach- und Rechtslage pflichtgemäß geprüft und sich verbindlich mit unrechtsverneinendem Inhalt geäußert haben.

Vgl. BGHSt 40, 257, 264; 58, 15, 29 ff.; *BGH* NStZ 2013, 461; *BayObLG* wistra 2002, 396, 398; *KG* BeckRS 2012, 11907 mit Bspr. *Jahn,* JuS 2013, 79 ff.; KK-OWiG/*Rengier,* § 11 Rn. 65 ff.

Genauso wie auf vertrauenswürdige Auskünfte durch Behörden **23** und Rechtskundige darf man sich auf **rechtskräftige Gerichtsentscheidungen** aller Instanzen verlassen. Bei widersprüchlichen Entscheidungen ist in der Regel den Gerichten höherer Ordnung (und den jeweils jüngeren Entscheidungen) die größere Vertrauenswürdigkeit zuzusprechen.

Schwierigkeiten bereitet die Beurteilung von Konstellationen, die **24** unter dem Stichwort des **bedingten Unrechtsbewusstseins** diskutiert werden. Damit ist gemeint: Der Täter hat Unrechtszweifel und hält es für möglich, dass sein Verhalten sowohl erlaubt als auch verboten ist. Problematisch sind die Fälle, in denen die Rechtslage ungeklärt oder z. B. zwischen Gerichten gleicher Ordnung umstritten ist, so dass die Unrechtszweifel durch eine kompetente Auskunft nicht behoben werden können.

Insoweit das Auslegungsrisiko stets dem Betroffenen aufzuerlegen, **25** sieht die h. M. zu Recht als unbillig an, da dies eine zeitlich nicht eingeschränkte Stillhalteverpflichtung bis zur Klärung der Rechtslage beinhalten würde. Nach der vorzugswürdigen Lösung sind die Verbotsirrtumsregeln entsprechend anzuwenden und dabei die Frage der Vermeidbarkeit mit Zumutbarkeitsaspekten zu verknüpfen. Kann dem Betroffenen das Unterlassen der zweifelhaften Handlung etwa aus wirtschaftlichen Gründen nicht zugemutet werden, so gilt der Irrtum als unvermeidbar.

Zur h. M. siehe *OLG Bremen* NJW 1960, 163 f.; KK-OWiG/*Rengier,* § 11 Rn. 53 ff., 86 f.; MüKo/*Joecks,* § 17 Rn. 24 ff., 54 f.; NK/*Neumann,* § 17 Rn. 33 f., 71 f.; Sch/Sch/*Sternberg-Lieben/Schuster,* § 17 Rn. 5a, 21; LK/*Vogel,* 12. Aufl., § 17 Rn. 66 ff.; *Roxin,* AT I, § 21 Rn. 32 ff.; erg. *OLG Stuttgart* NJW 2006, 2422 ff.

280 6. Kapitel. Irrtum

26 Wird einem Täter vorgeworfen, eine Erkundigungspflicht verletzt zu haben, so muss auch festgestellt werden, dass ihm bei einer eingeholten Auskunft die verlässliche Person oder Stelle die richtige Rechtsauskunft erteilt hätte. Andernfalls würde man nämlich die schuldhafte Verletzung der Erkundigungspflicht als solche bestrafen.

So die ganz h. M.: *BayObLG* NJW 1989, 1744, 1745; *OLG Braunschweig* NStZ-RR 1998, 251; *OLG Karlsruhe* NJW 2003, 1061, 1062; *OLG Düsseldorf* NStZ-RR 2007, 214 f.; KK-OWiG/*Rengier*, § 11 Rn. 97 ff.; MüKo/*Joecks*, § 17 Rn. 39, 65; *Fischer*, § 17 Rn. 9b; *Lackner/Kühl*, § 17 Rn. 7; LK/*Vogel*, 12. Aufl., § 17 Rn. 46 ff. – Die gegenteilige ältere Rechtsprechung (insbesondere BGHSt 21, 18, 21) kann man wohl als überholt ansehen (LK/*Vogel*, 12. Aufl., § 17 Rn. 46).

27 Fehlt dem Täter eines Unterlassungsdelikts das Unrechtsbewusstsein, so erkennt er seine Handlungspflicht nicht. Da insoweit ein sanktioniertes Gebot nicht in sein Blickfeld gerät, spricht man auch von einem **Gebotsirrtum** (unten § 49 Rn. 53).

Empfehlungen zur vertiefenden Lektüre:
Rechtsprechung: BGHSt 58, 15, 29 ff., *OLG Braunschweig* NStZ-RR 1998, 251 und *BayObLG* wistra 2002, 396 (Unvermeidbarkeit eines Verbotsirrtums nach anwaltlicher Rechtsberatung).
Literatur: *Neumann*, Der Verbotsirrtum (§ 17 StGB), JuS 1993, 793 ff.; *Nestler*, Gilt für die Vermeidbarkeit des Verbotsirrtums ein „strengerer Maßstab" als für die Tatfahrlässigkeit?, Jura 2015, 562 ff.; *Zaczyk*, Der verschuldete Verbotsirrtum – BayObLG, NJW 1989, 1744, JuS 1990, 889 ff.

§ 32. Sonstige Irrtümer

Fall 1 (BGHSt 35, 347 – Katzenkönig-Fall): Die H und der P wollen Frau N töten, H aus Hass und Eifersucht, während es P darum geht, N's Ehemann als Nebenbuhler loszuwerden. Sie bringen den leicht beeinflussbaren R, mit dem sie in einem von Mystizismus geprägten neurotischen Beziehungsgeflecht zusammenleben, dazu, an die Existenz des bösen „Katzenkönigs" zu glauben, der die Menschheit bedrohe und Millionen von Menschen vernichten werde, falls ihm nicht ein Menschenopfer in Gestalt der N dargebracht werde. R hat Gewissensbisse, lässt sich aber von H und P überzeugen, dass sie alle einen göttlichen Auftrag zu erfüllen hätten und in diesem Fall für sie das Tötungsverbot nicht gelte, da Millionen Menschen zu retten seien. Daher macht sich R auf den Weg, um N zu töten. Beim Zustechen kann R überwältigt werden, ohne dass N verletzt wird. → Rn. 4

§ 32. Sonstige Irrtümer 281

I. Irrtum über Entschuldigungsgründe

Rechtliche Relevanz hat allein der – parallel zum Erlaubnistatbe- **1** standsirrtum (oben § 30) konstruierte – **Entschuldigungstatbestandsirrtum.** Bei ihm stellt sich der Täter irrig tatsächliche Umstände vor, bei deren Vorliegen er insbesondere gemäß § 35, aber ebenso auch nach § 33 oder den Regeln des übergesetzlichen Notstands, entschuldigt wäre. Die Rechtsfolgen regelt § 35 II zwar nur für den entschuldigenden Notstand, doch kann diese Vorschrift auf die anderen Entschuldigungsgründe entsprechend angewendet werden. Nach § 35 II kommt es allein auf die Vermeidbarkeit des Irrtums an. Ist diese zu bejahen, so wird der Täter aus dem Vorsatzdelikt bestraft; dabei muss die Strafe gemäß § 35 II 2 gemildert werden.

Beispiele: Im Brett des Karneades-Fall (§ 26 Rn. 12) verkennt der Täter, dass **2** das Brett in Wirklichkeit zwei Personen trägt (*Stratenwerth/Kuhlen*, AT, § 10 Rn. 122). Im Fall 4 von § 19 (vgl. § 19 Rn. 17, 24, 47, 55; § 26 Rn. 32) bildet sich die falsch aussagende Zeugin M die eigene Bedrohung nur ein, weil sie eine Äußerung des Z völlig missverstanden hat. Hält im Familientyrann-Fall (§ 19 Rn. 18, 25, 41; § 26 Rn. 32) die tötende Frau ihre Situation irrig für ausweglos, so betrifft auch dieser Irrtum den von § 35 II erfassten tatsächlichen Bereich, weil sie real bestehende Alternativen übersieht (BGHSt 48, 255, 261; *Rengier*, NStZ 2004, 239). – Zum Putativnotwehrexzess siehe schon oben § 27 Rn. 28 f.; zum Fall 1 unten Rn. 4.

Demgegenüber unbeachtlich sind auf **rechtlichen Fehlwertungen 3** beruhende Irrtümer über die Existenz oder die Grenzen eines Entschuldigungsgrundes. Diese Erkenntnis legt schon ein Umkehrschluss aus § 35 II nahe. Außerdem liegt die Entscheidung darüber, in welchem Umfang gegenüber dem Täter Nachsicht angebracht ist, beim Gesetzgeber. Immerhin kann ein solcher Entschuldigungsrechtsirrtum unter der Voraussetzung beachtlich sein, dass er bei dem Täter die Vorstellung hervorruft, sein Verhalten stelle kein Unrecht dar, sei also erlaubt; denn dann unterliegt er einem Verbotsirrtum, der ihn im Falle der Unvermeidbarkeit entschuldigt (hierzu Sch/Sch/*Perron*, § 35 Rn. 45; LK/*Zieschang*, 12. Aufl., § 35 Rn. 72, 75; *Roxin*, AT I, § 22 Rn. 62).

Im unter verschiedenen Aspekten lehrreichen **Fall 1** sind die §§ 212, (211), **4** 22 durch R nicht gerechtfertigt, da objektiv weder ein Angriff (§ 32) noch eine gegenwärtige Gefahr (§ 34) vorliegt. Ein Erlaubnistatbestandsirrtum über § 32 scheitert daran, dass es nach dem von R angenommenen Sachverhalt noch

282   6. Kapitel. Irrtum

nicht um einen gegenwärtigen Angriff geht und zudem das Notwehrrecht Eingriffe in Rechtsgüter Dritter nicht gestattet (vgl. § 18 Rn. 31 f.). Ein Erlaubnistatbestandsirrtum über § 34 entfällt, da sich R zwar das Vorliegen einer Notstandslage vorstellt, § 34 aber eine Abwägung von Leben gegen Leben nicht erlaubt (vgl. § 19 Rn. 32 ff.). Eine Entschuldigung nach § 35 scheidet mangels Notstandslage aus. Zu denken ist aber an einen Entschuldigungstatbestandsirrtum (§ 35 II) über die tatsächlichen Umstände des § 35 I; indes nimmt R nicht an, die vom Katzenkönig ausgehende gegenwärtige Gefahr beziehe sich auch auf ihn oder eine Sympathieperson. Doch liegen die Voraussetzungen für einen Irrtum über die tatsächlichen Voraussetzungen des übergesetzlichen entschuldigenden Notstands vor (vgl. § 26 Rn. 40 ff.). Auf diesen Entschuldigungstatbestandsirrtum ist § 35 II analog anzuwenden. Da R freilich den Irrtum vermeiden konnte, wird er aus den §§ 212, (211), 22 bestraft; immerhin *muss* die Strafe nach § 35 II 2 gemildert werden. Schließlich unterliegt R noch einem – von H und P hervorgerufenen – vermeidbaren Verbotsirrtum über die Grenzen des § 34, da er glaubt, zur Rettung der Millionen N töten zu dürfen; indes ist die *Kann*-Milderung des § 17 Satz 2 ungünstiger. – Zur Strafbarkeit von H und P im Katzenkönig-Fall unten § 43 Rn. 40 ff.

II. Weitere Irrtümer

5   Eine gewisse Bedeutung hat noch der **Irrtum über persönliche Strafausschließungsgründe**. Die Diskussion dazu ist teilweise schwer überschaubar. Einschlägige Vorschriften enthalten insbesondere die §§ 36, 173 III, 257 III und 258 V, VI. Im Ausgangspunkt gilt: Da die persönlichen Strafausschließungsgründe außerhalb von Unrecht und Schuld liegen und daher weder vom Vorsatz noch von einem anderen subjektiven Element umfasst zu werden brauchen, ist grundsätzlich allein die objektive Lage maßgeblich.

6   Auf das Vorstellungsbild des Täters kommt es nur dann an, wenn die Vorschrift auf einem notstandsähnlichen Motivationsdruck beruht. Dies betrifft § 258 V und VI. Da freilich § 258 V ohnehin schon auf die subjektive Sicht abstellt ("will"), geht es allein um den Irrtum über das Angehörigenverhältnis des § 258 VI. Richtigerweise ist § 258 VI auch bei einem solchen Irrtum anzuwenden. Dafür sprechen die Nähe zu § 258 V und außerdem ein Vergleich mit § 157 I, der deutlicher die subjektive Sicht betont (vgl. „um" von „einem Angehörigen" …).

7   Im Ergebnis entspricht diese Linie der inzwischen h. M.: *Heinrich*, AT, Rn. 1160 ff.; *W/Beulke/Satzger*, AT, Rn. 498 ff., 833; Sch/Sch/*Sternberg-Lieben/Schuster*, § 16 Rn. 34; *Fischer*, § 16 Rn. 27, § 258 Rn. 39; *Lackner/Kühl*,

§ 258 Rn. 17; SK/*Hoyer*, § 258 Rn. 36. – Für die rein objektive Sicht: RGSt 61, 270f.; MüKo/*Cramer*, § 258 Rn. 55; *Jescheck/Weigend*, AT, § 52 III 1; LK/*Ruß*, 11. Aufl., § 258 Rn. 37. – Zumindest für die analoge Anwendung des § 35 II *Baumann/Weber/Mitsch*, AT, § 24 Rn. 6; *Joecks*, § 258a Rn. 25.

Ohne jede Bedeutung sind Irrtümer über objektive Bedingungen **8** der Strafbarkeit wie z. B. über eine schwere Folge des § 231 (vgl. *Rengier*, BT II, § 18 Rn. 6ff.). Entsprechendes gilt für Irrtümer über Strafverfolgungsvoraussetzungen wie die Verjährung.

Empfehlungen zur vertiefenden Lektüre:
Literatur: *Bachmann*, Irrtümer im Bereich der Schuld, JA 2009, 510ff.

7. Kapitel. Versuch und Rücktritt

§ 33. Grundlagen

I. Einführung

1 Von einem Versuch spricht man, wenn jemand (subjektiv) den Tatbestand eines Strafgesetzes verwirklichen wollte, ihm dies objektiv aber nicht (völlig) gelingt. Das Defizit des Versuchs liegt *nur* im objektiven Bereich. Das Defizit kann auf tatsächlichen oder auf rechtlichen Gründen beruhen.

2 **Beispiele:** Aus tatsächlichen Gründen bleibt die Tat im Versuchsstadium insbesondere stecken, wenn der tatbestandsmäßige Erfolg nicht eintritt, also z. B. der mit Tötungsvorsatz abgegebene Schuss sein Ziel verfehlt oder das Opfer nicht mit tödlicher Wirkung trifft. Etwas schwieriger zu erkennen sind die Versuchskonstellationen, bei denen der tatbestandsmäßige Erfolg eingetreten ist, dem Täter aber aus rechtlichen Gründen nicht zugerechnet werden kann (vgl. unten § 34 Rn. 4).

3 Die zentralen Vorschriften finden sich in den §§ 22 bis 24: § 22 enthält die für den Beginn der Versuchsstrafbarkeit entscheidende Norm. Nach § 22 ist zunächst (subjektiv) von der Vorstellung des Täters auszugehen; anschließend muss auf der Basis des Vorgestellten geprüft werden, ob der Täter objektiv zur Verwirklichung des Tatbestandes unmittelbar angesetzt hat.

4 Die Formel des § 22 trifft zugleich im Sinne der gemischten subjektiv-objektiven Theorie eine Aussage über den **Strafgrund des Versuchs.** Strafgrund ist nach h. M. der rechtserschütternde Eindruck, den die nach außen manifestierte Betätigung des rechtsfeindlichen Willens hinterlässt. Ein solcher betätigter Wille stellt grundsätzlich eine Gefahr für das Rechtsbewusstsein der Bevölkerung sowie den Rechtsfrieden dar und bedarf daher der Sanktion.

Zu den Versuchstheorien, die in der Fallbearbeitung keine unmittelbare Relevanz haben, siehe zusammenfassend *Joecks*, vor § 22 Rn. 7 ff.; *Heinrich*, AT, Rn. 632 ff.; Sch/Sch/*Eser/Bosch*, vor § 22 Rn. 17 ff.

5 Zu § 23: § 23 I regelt die Fälle, in denen der Versuch strafbar ist, nämlich bei Verbrechen stets und bei Vergehen nur, wenn es gesetz-

§ 33. Grundlagen   285

lich bestimmt ist. Hier muss das Zusammenspiel mit § 12 beachtet werden (dazu schon oben § 9 Rn. 3 f.). § 23 II sieht die Möglichkeit einer Strafmilderung vor. § 23 III betrifft bestimmte Konstellationen des untauglichen Versuchs (siehe unten § 35 Rn. 9 ff.).

In § 24 findet sich die sehr wichtige Vorschrift über den Rücktritt, **6** an die im Zusammenhang mit Versuchsfällen immer gedacht werden sollte.

II. Verwirklichungsstufen des Vorsatzdelikts

Betrachtet man das Geschehen einer vorsätzlichen Straftat von ih- **7** ren ersten Anfängen bis zum endgültigen Abschluss, so lassen sich in zeitlicher Hinsicht verschiedene, hintereinander liegende Stufen bilden, die das Delikt durchläuft: Auf die Vorbereitungsphase, die auch den Tatentschluss beinhaltet, folgt mit dem Überschreiten der Schwelle des § 22 der Eintritt in das strafbare Versuchsstadium, das bis zur Vollendung der Tat dauert. Daran kann sich bei manchen Delikten noch eine Beendigungsphase anschließen, die bis zum endgültigen Abschluss der Tat reicht. Im Ganzen lassen sich also drei zeitliche Phasen unterscheiden:

Die grundsätzlich straflose (erste) **Vorbereitungsphase** erfasst im **8** subjektiven Bereich die ersten Gedanken des Täters an eine Straftat bis zur Konkretisierung der Gedanken im Tatentschluss sowie im objektiven Bereich Vorbereitungshandlungen aller Art wie das Besorgen von Waffen oder die Besichtigung des späteren Tatorts. In diesem Stadium ausnahmsweise strafbar ist vor allem die Verbrechensverabredung (§ 30 II 3. Var.; näher unten § 47 Rn. 24 ff.). Ferner müssen besondere Tatbestände beachtet werden, die bestimmte Vorbereitungshandlungen im Vorfeld anderer Delikte eigenständig bestrafen (z. B. §§ 129, 129a, 265, 310). Die Vorbereitungsphase endet mit dem Übergang in das Versuchsstadium (§ 22).

Die aus § 30 folgende Strafbarkeit in der Vorbereitungsphase ist gegenüber **9** der späteren Tatausführung subsidiär. Daher muss in der **Fallbearbeitung** der Blick zuerst darauf gerichtet werden, ob die Tat zumindest versucht worden ist. Soweit das zu bejahen ist, erübrigt es sich, näher auf § 30 einzugehen (unten § 47 Rn. 41).

Mit dem Überschreiten der Strafbarkeitsschwelle des § 22, dem **10** zentralen Punkt des Versuchs (unten § 34), beginnt die zweite Phase; diese endet mit der Vollendung des Delikts, d. h. mit dem Zeitpunkt

286   7. Kapitel. Versuch und Rücktritt

der Verwirklichung aller objektiven Tatbestandsmerkmale. Versuch und Vollendung können zeitlich sehr eng beieinander liegen, so wenn der Schuss auf das Tötungsopfer sofort zum Tode führt, die Zeitspanne kann aber auch sehr lang sein, falls das Opfer infolge der Schussverletzung erst nach Wochen, Monaten oder gar Jahren stirbt. Der in der zweiten Phase erfasste Zeitraum lässt sich, orientiert man sich an den Eckpunkten, je nach Perspektive entweder als **Versuchsphase** oder auch als **Vollendungsphase** (im Sinne der Phase bis zur Vollendung) charakterisieren.

11   Zu beachten ist, dass der Tatbeginn (§ 22) und das Tatende (Vollendung) zwei wichtige Punkte markieren, die immer wieder Bedeutung erlangen, wenn es auf „die Tat", d. h. auf die *strafbare* Tat, ankommt.

12   **Beispiele:** Hingewiesen sei zunächst auf die – das Koinzidenzprinzip betreffenden – Ausführungen zum dolus antecedens und dolus subsequens (§ 14 Rn. 56 ff., 60), ferner auf die teilweise ähnlichen Fragen im Zusammenhang mit der actio libera in causa (§ 25 Rn. 4 ff.). Auf weitere Ausprägungen stößt man im Rahmen der tatbezogenen Mordmerkmale, die wie die Grausamkeit objektiv und subjektiv innerhalb der Vollendungsphase verwirklicht werden müssen (*Rengier*, BT II, § 4 Rn. 45). Bei der Heimtücke entfällt die Arglosigkeit, wenn das Opfer vor dem Zeitpunkt des § 22 den tätlichen Angriff erkennt (*Rengier*, BT II, § 4 Rn. 24).

13   Die dritte zeitliche Phase ist die **Beendigungsphase**, die zwischen der Vollendung und Beendigung der Tat liegt. Die Beendigung tritt mit dem tatsächlichen Abschluss des Tatgeschehens ein. Beendigungsphasen kennt keineswegs jedes Delikt; so fallen etwa bei § 212 und bei einem einzelnen Messerstich (§§ 223, 224 I Nr. 2) der Erfolgseintritt und die Beendigung der Tat zusammen. Ein Beendigungsstadium gibt es insbesondere bei Dauerdelikten wie § 239 (vgl. § 10 Rn. 20 f.), der mit dem Einsperren vollendet und erst mit der Wiedererlangung der Freiheit beendigt ist. Große Bedeutung haben die Beendigungsphasen bei bestimmten Vermögensdelikten wie namentlich den §§ 242, 249, die mit der fremden Gewahrsam brechenden Beuteerlangung in Zueignungsabsicht vollendet sind, deren Beendigung aber erst mit der Beutesicherung eintritt.

14   Diesbezüglich stößt der Studierende spätestens beim Studium der Vermögensdelikte auf zwei wichtige Streitfragen (*Rengier*, BT I, § 2 Rn. 195 ff.): (1) Können dem Täter erst in der Beendigungsphase verwirklichte qualifizierende Tatbestandsmerkmale z. B. der §§ 244, 250 noch zugerechnet werden? (2) Sind in dieser Phase „sukzessive" Mittäterschaft und Beihilfe noch möglich? – Zur Beendigung des § 263 siehe *Rengier*, BT I, § 13 Rn. 275. Weiter hat das Been-

digungsstadium für Konkurrenzfragen (vgl. unten § 56 Rn. 50, 52) und für den Verjährungsbeginn Bedeutung (§ 78a).

§ 34. Der Versuch des Einzeltäters

Fall 1: A und B haben vereinbart, die Filiale der Bank X zu überfallen. Mit ihrem Fahrzeug halten sie vor dem Bankeingang. Anschließend wollen sie die Waffen aus den mitgeführten Tragetaschen hervorholen, ihre Masken überstreifen und dann in die Bank stürmen. Bevor es dazu kommt, werden sie von Polizeibeamten festgenommen (*BGH* MDR/H 1978, 985). → Rn. 32

Fall 2: Die Täter wollen einen Geldboten überfallen und ihm zu diesem Zweck Pfeffer in die Augen streuen. Sie warten in ihrem Pkw nahe an der Straßenbahnhaltestelle, an der das Opfer nach ihrer Berechnung demnächst aussteigen muss. Der Geldbote erscheint aber nicht. → Rn. 37

I. Aufbaufragen

Der Schlüssel zum Verständnis des Versuchsdelikts und der Versuchsprüfung liegt in der inhaltlichen Übereinstimmung des subjektiven Tatbestandes (= des Tatentschlusses) mit dem subjektiven Tatbestand beim vollendeten Delikt. Die Besonderheiten liegen im Folgenden: Erstens muss man beim Versuch im Rahmen der Tatbestandsmäßigkeit mit dem subjektiven Tatbestand beginnen und dabei erkennen, dass der Bezugspunkt des Vorsatzes ein ganz oder zum Teil fiktiver Sachverhalt ist. Zweitens besteht der objektive (Versuchs-)Tatbestand nur aus der Prüfung des unmittelbaren Ansetzens im Sinne des § 22. Drittens ist noch unbedingt auf einen etwaigen Rücktritt zu achten. Im Übrigen bestehen im Vergleich zum vollendeten Delikt keine Besonderheiten; so können die üblichen Rechtfertigungs- und Entschuldigungsgründe auch beim versuchten Delikt die Strafbarkeit ausschließen. – Damit ergibt sich folgendes

288   7. Kapitel. Versuch und Rücktritt

2 | Aufbauschema zum versuchten Begehungsdelikt (Erfolgsdelikt)

Vorprüfung: (1) Keine (zurechenbare) Vollendung; (2) Versuch überhaupt strafbar

I. Tatbestandsmäßigkeit
  1. **Subjektiver Tatbestand** (beim Versuch auch **Tatentschluss** genannt)
      a) Vorsatz bezüglich aller Tatbestandsmerkmale einschließlich der Kausalität und objektiven Zurechnung
      b) Besondere subjektive Tatbestandsmerkmale (z. B. Mordmerkmale der 1. und 3. Gruppe; Zueignungsabsicht bei § 242)
  2. **Objektiver Tatbestand**
      Unmittelbares Ansetzen gemäß § 22
II. Rechtswidrigkeit
  Wie beim vollendeten Delikt (§ 12 Rn. 6)
III. Schuld
  Wie beim vollendeten Delikt (§ 12 Rn. 6)
IV. Strafzumessung
  Benannte Strafzumessungsbeispiele (insbesondere Regelbeispiele z. B. des § 243)
V. Rücktritt gemäß § 24
  Persönlicher Strafaufhebungsgrund (ergänzendes Schema unten in § 37 Rn. 14)
VI. Persönliche Strafmilderungs- und Strafausschließungsgründe
  z. B. §§ 157, 258 V, VI
VII. Prozessvoraussetzungen
  Wie beim vollendeten Delikt (§ 12 Rn. 6)

Ergänzende Hinweise zu IV: Da Tatbestände mit Regelbeispielen eher die Ausnahme sind, spielt dieser Punkt in den meisten Fällen keine Rolle. Dann wendet man sich gleich dem etwaigen Rücktritt zu. Kommen dagegen namentlich bei einem versuchten Diebstahl Regelbeispiele in Betracht, so sind diese selbstverständlich vollständig zu erörtern, wenn anschließend ein Rücktritt verneint werden muss. Aber auch wenn er zu bejahen ist, sollte man in der Tendenz nicht darauf verzichten, sich zuvor mit den möglichen Versuchskonstellationen der Regelbeispiele – ggf. kurz – auseinanderzusetzen (vgl. näher *Rengier*, BT I, § 3 Rn. 50 ff.).

Weitere Aufbauschemata zu Versuchsfällen unten in § 43 Rn. 88; § 49 Rn. 55; ferner in *Rengier*, BT I, § 2 Rn. 5; § 13 Rn. 256; BT II, § 4 Rn. 9.

II. Zur Vorprüfung

Die übliche Nennung der „Vorprüfung" als Aufbaustufe kann zu **3** einer umständlichen Erörterung verleiten. Eine eigenständige Prüfung unter dem Obersatz des vollendeten Delikts sollte in der Regel nur erfolgen, wenn

(1) ein tatbestandsmäßiger Erfolg (z. B. Tod, Vermögensschaden) **4** eingetreten ist, dieser aber nach den Regeln der Kausalität und objektiven Zurechnung nicht zugerechnet werden kann (vgl. die Beispiele oben in § 13 Rn. 22, 64), oder

(2) die Frage der Vollendung Probleme aufwirft, also etwa zu klä- **5** ren ist, ob bestimmte, zur Vollendung gehörende Tatbestandsmerkmale – wie beispielsweise „falsch schwört" (§ 154 I), Vermögensschaden (§§ 253 I, 263 I), „ganz vereitelt" (§ 258 I) oder „in Brand setzt" (§§ 306 I, 306a I) – erfüllt sind.

In allen anderen Fällen, also wenn z. B. das Tötungsopfer überlebt, **6** der Schuss oder Faustschlag vorbeigeht oder keine Beute mitgenommen wird, beginnt man am besten gleich mit der Versuchsprüfung und stellt nach dem Einleitungssatz kurz fest, dass die Tat nicht vollendet ist und sich die Strafbarkeit des Versuchs aus § 23 I i. V. m. § 12 I bzw. § 23 I i. V. m. § 223 II, § 242 II usw. ergibt.

III. Subjektiver Tatbestand (Tatentschluss)

1. Endgültiger Tatentschluss

Vorsätzliches Handeln setzt neben dem Willen zur Tatvollendung **7** (vgl. unten § 45 Rn. 65 ff., 123) stets einen endgültigen – bzw. festen – Tatentschluss voraus, der sich auf alle objektiven Tatbestandsmerkmale beziehen muss. Die Feststellung dieser „Tatentschlossenheit" (LK/*Hillenkamp*, 12. Aufl., § 22 Rn. 40) erlangt insbesondere dort Bedeutung, wo es wie beim Versuch – oder bei der Verbrechensverabredung (unten § 47 Rn. 25) – um die Vorsatzfeststellung hinsichtlich eines (noch) nicht realisierten Geschehens geht.

Vom endgültigen Tatentschluss muss die bloße **Tatgeneigtheit** un- **8** terschieden werden. In diesem Stadium hat der Täter zwar die Möglichkeit der Begehung einer Straftat unter Umständen schon ziemlich konkret ins Auge gefasst, ist aber subjektiv noch unentschlossen. Er

290   7. Kapitel. Versuch und Rücktritt

hat für sich noch nicht endgültig entschieden, „ob" er die Tat durchführen wird.

Beispiel: T plant schon lange einen Banküberfall. Er betritt eine kleine Filiale und schaut sich in dem Bewusstsein um, dass er unter günstigen Umständen den Überfall vielleicht durchführt. – Mehr als zur Tat geneigt ist T nicht. Wegen seines inneren Vorbehalts („vielleicht") hat er das Stadium der definitiven Tatentschlossenheit noch nicht erreicht.

9   Mit der Tatgeneigtheit nicht verwechseln darf man Konstellationen der Tatentschlossenheit auf einer **bewusst unsicheren Tatsachengrundlage.** Hier macht der Täter die Entscheidung zur Tatbegehung, d. h. seinen Handlungswillen, vom Eintritt äußerer Bedingungen abhängig, auf die er *keinen* Einfluss hat (sog. bedingter Handlungswille).

10   **Beispiele:** (1) In dem Beispiel von Rn. 8 will T nach dem Betreten der Filiale zügig den Überfall durchführen, wenn keine Kunden anwesend sind. Da er innen zwei Kunden bemerkt, verschwindet er wieder.

(2) Dieb D will in das Einfamilienhaus des E einbrechen. Wegen eines Wachhundes macht er den Einbruch davon abhängig, ob der Hund die ihm hingeworfene vergiftete Wurst frisst. Da der Hund die Wurst nicht anrührt, gibt D sein Vorhaben auf.

11   In diesen Fällen gibt es keinen *inneren* Vorbehalt mehr. Vielmehr hat der Täter für sich – auf unsicherer Tatsachengrundlage – fest über das „Ob" der Tat entschieden, da er sie ausführen will, falls bestimmte, von ihm nicht beeinflussbare, äußere Umstände eintreten.

12   Demnach muss in den Beispielen der Rn. 10 sowohl der Tatentschluss des T (zur Begehung eines Raubes bzw. einer räuberischen Erpressung) wie der des D (zu einem Diebstahl) bejaht werden. Auf einem anderen Blatt steht, ob auch die Voraussetzungen des § 22 vorliegen (dazu unten Rn. 40, 44).

2. Zur Prüfung in der Fallbearbeitung

13   Für die Feststellung des Vorsatzes sind gemäß § 22 die Tatsachen maßgeblich, die sich der Täter vorstellt. Während sich beim vollendeten Delikt die Bezugspunkte für den Vorsatz aus einem realen Geschehen ergeben, müssen diese beim Versuch ganz oder zumindest teilweise einem vorgestellten Sachverhalt entnommen werden. Das ist aber auch der einzige Unterschied. Ansonsten besteht inhaltliche Übereinstimmung, die freilich immer wieder nicht richtig verstanden wird. Insoweit kann es hilfreich sein, bei der Vorsatzprüfung gedanklich so zu tun, als ob der fiktive Sachverhalt tatsächlich vorläge. Im

§ 34. Der Versuch des Einzeltäters   291

Übrigen ist unbedingt darauf zu achten, dass sowohl die üblichen Vorsatzprobleme einschließlich des Tatbestandsirrtums als auch alle mit den besonderen subjektiven Tatbestandsmerkmalen zusammenhängenden Fragen genauso im subjektiven Tatbestand des Versuchs als Prüfungspunkte auftauchen können (oben §§ 14–16).

Man kann ferner immer wieder feststellen, dass nach der Verneinung einer vollendeten Tat gleichsam automatisch eine Versuchsprüfung erfolgt. Das ergibt dann keinen Sinn und ist überflüssig, wenn sich das objektive Tatgeschehen und der Vorsatz des Täters decken. Beim Versuch muss der Täter mehr wollen, als objektiv geschehen ist, d. h. sein Vorsatz muss sich auf tatbestandsrelevante Umstände erstrecken, die über das tatsächliche objektive Geschehen hinausreichen. Dazu folgendes   **14**

Beispiel: W will den zögernden Jurastudenten S zum Bezug eines Zeitungsabonnements zum üblichen Preis überreden. Daher spiegelt er ihm vor, die Provision komme nicht ihm (W), sondern entlassenen Strafgefangenen zugute. – Wenn S wegen des vorgetäuschten Zwecks die Verpflichtung eingeht, erleidet er keinen Vermögensschaden, da die gegenseitigen Verpflichtungen wirtschaftlich ausgewogen sind; daher scheidet § 263 aus (näher *Rengier*, BT I, § 13 Rn. 163 f., 176 ff.). Da W genau dieses wirtschaftlich ausgewogene Geschäft anstrebt, kann er auch keinen Schädigungsvorsatz haben. – Weitere Beispiele zu § 263 in *Rengier*, BT I, § 13 Rn. 258.   **15**

Soweit einzelne Tatbestände wie die Strafvereitelung (§ 258) einschränkend absichtliches oder wissentliches Handeln voraussetzen, gilt dies auch für die Versuchsebene.   **16**

Weiter muss beachtet werden, dass im Rahmen der Vorsatzprüfung – aus der subjektiven Perspektive des Täters – auch der Tatentschluss bezüglich derjenigen objektiven Tatbestandsmerkmale anzusprechen ist, die der Täter objektiv verwirklicht hat. Soweit solche Merkmale bei einer vorangegangenen Erörterung des vollendeten Delikts schon festgestellt worden sind, kann darauf natürlich – in der Vorsatzprüfung – Bezug genommen werden.   **17**

Beispiele: Prüfung der Heimtücke bei einem hinterhältigen Mordanschlag, den das Opfer überlebt; Prüfung von Täuschung, Irrtum und Vermögensverfügung bei einem Betrug, dessen Vollendung am fehlenden Vermögensschaden scheitert; Prüfung der Garantenstellung bei einem versuchten unechten Unterlassungsdelikt.   **18**

Am Heimtückebeispiel verdeutlicht kann die konkrete Erörterung etwa die folgende Form erhalten: A wollte O töten. Der Vorsatz könnte sich auch auf das Mordmerkmal der Heimtücke erstrecken. Heimtückisch handelt, wer die   **19**

292   7. Kapitel. Versuch und Rücktritt

Arg- und Wehrlosigkeit des Opfers bewusst zur Tötung ausnutzt (*Rengier*, BT II, § 4 Rn. 23 ff.). Nach der Vorstellung des A sollte O in dieser Weise getötet werden. Daher sind die §§ 211, 22 zu bejahen.

20   Im objektiven Tatbestand des versuchten Delikts werden *nur* die Voraussetzungen des § 22, also allein das unmittelbare Ansetzen und keinesfalls erfüllte objektive Tatbestandsmerkmale geprüft.

IV. Objektiver Tatbestand (§ 22)

1. Der Versuchsbeginn – Grundlagen

21   Die Grenzziehung zwischen straflosem Vorbereitungsstadium und strafbarem Versuchsstadium hat große Bedeutung. In der Rechtsprechung und Literatur werden unterschiedliche Kriterien angeboten, die zum Teil auch in das Gewand von Theorien eingekleidet sind. Doch erscheint es nicht sinnvoll, von einem Streit zu sprechen, in diesem Sinne in der Fallbearbeitung namentlich zwischen der Zwischenakts-, Gefährdungs- und Sphärentheorie zu unterscheiden und die Theorien getrennt zu diskutieren. Vielmehr erlaubt es der Meinungsstand, der Interpretation des § 22 die von der Rechtsprechung entwickelten und von der h. M. im Wesentlichen anerkannten Kriterien zugrunde zu legen, die oft als Zwischenaktstheorie in die Diskussion eingeführt werden. Ausgangspunkt ist der Wortlaut des § 22, der ein *unmittelbares* Ansetzen zur Tatbestandsverwirklichung voraussetzt.

22   Nach den Leitlinien der Rechtsprechung liegt ein **unmittelbares Ansetzen** vor, wenn der Täter nach seiner Vorstellung von der Tat die Schwelle zum „jetzt geht es los" überschreitet und objektiv Handlungen vornimmt, die – nach seinem Tatplan – in ungestörtem Fortgang ohne wesentliche Zwischenakte unmittelbar zur Tatbestandserfüllung führen oder in einem unmittelbaren räumlichen und zeitlichen Zusammenhang mit ihr stehen (BGHSt 48, 34, 35 f.; *BGH* NStZ 2013, 156, 157).

23   Bei der Arbeit mit diesen Leitlinien darf die einprägsame Formel vom „jetzt geht es los" nicht isoliert verwendet werden. Als bloßes Schlagwort führt sie kaum weiter und birgt die Gefahr in sich, den Eintritt in das Versuchsstadium zu früh anzusetzen.

24   Um in problematischen Einzelfällen die Grenze konkretisieren zu können, ist es hilfreich, die Aussage der Zwischenaktstheorie um die Gedanken der Gefährdungs- und Sphärentheorie zu ergänzen. Nach

§ 34. Der Versuch des Einzeltäters   293

dem aus dem „unmittelbar" abgeleiteten zentralen Gedanken der Zwischenaktstheorie kommt es darauf an, ob noch ein wesentlicher Zwischenakt erforderlich ist. Die Gefährdungstheorie fragt danach, ob eine unmittelbare Gefährdung des tatbestandlich geschützten Rechtsguts vorliegt, während für die Sphärentheorie die Herstellung einer unmittelbaren Nähe zur Sphäre des Opfers, also eine Einwirkung auf die Opfersphäre entscheidend ist.

Insoweit stehen die Theorien nicht isoliert nebeneinander (vgl. *BGH* NStZ **25** 2006, 331 f.; 2014, 447, 448; *Roxin*, AT II, § 29 Rn. 139 ff.; *Jäger*, AT, Rn. 298 ff.; *Kudlich*, JuS 1998, 600; *ders.*, AT, Nr. 218). Treffender ist von einer „normativen Verfeinerung" der Zwischenaktstheorie durch die Denkansätze der Gefährdungs- und Sphärentheorie zu sprechen (*Geppert*, JK 10/06, StGB § 22/24).

Für eine gute **Fallbearbeitung** sind die Leitlinien der Rechtsprechung und **26** vor allem in Grenzfällen die Anreicherung der Zwischenaktstheorie um die Gedanken der Gefährdungs- und Sphärentheorie wichtig. Ansonsten besteht im Grenzbereich ein erheblicher Argumentationsspielraum, der das Ergebnis zweitrangig werden lässt.

2. Beispielhafte Vertiefung

a) Überblick. Die folgende beispielhafte Konkretisierung der Fra- **27** gen des § 22 greift zunächst zwei Fallgruppen auf, bei denen in der Regel – aber nicht ausnahmslos – ein Versuch zu bejahen ist, nämlich in den Fällen der Vornahme der tatbestandlichen Ausführungshandlung (Rn. 28) und der Teilverwirklichung (Rn. 29). Die typischen Abgrenzungsprobleme zwischen bloßer Vorbereitungshandlung und unmittelbarem Ansetzen stellen sich im davor liegenden Bereich, also bei Handlungen, die der tatbestandlichen Ausführungshandlung vorgelagert sind und in die Erfüllung objektiver Tatbestandsmerkmale einmünden sollen (Rn. 30 ff.).

b) Vornahme der tatbestandlichen Ausführungshandlung. Ein **28** unproblematischer Versuch ist in der Regel gegeben, wenn der Täter die tatbestandliche Handlung, z. B. die Tötungshandlung, ausgeführt hat: Das schwer verletzte Opfer überlebt das Tötungsattentat; der Schlag oder Schuss verfehlt sein Opfer. Es handelt sich um Fälle, in denen der Täter alles getan hat, um die Tatbestandsverwirklichung herbeizuführen. Die Ausnahmekonstellationen mit zweifelhaftem Versuchsbeginn betreffen Distanzdelikte und das Stellen von Fallen (näher unten Rn. 45 ff.).

294   7. Kapitel. Versuch und Rücktritt

29   **c) Teilverwirklichung des objektiven Tatbestandes.** Auch wenn der Täter bereits ein objektives Tatbestandsmerkmal verwirklicht hat, spricht im Regelfall vieles dafür, dass ebenfalls § 22 erfüllt ist: Das mit einer Schusswaffe bedrohte Raub- oder Erpressungsopfer leistet erfolgreich Widerstand; das erfolgreich getäuschte Betrugsopfer nimmt die Verfügung doch nicht vor (vgl. auch *Krey/Esser*, AT, Rn. 1218). Die Bejahung des § 22 beruht aber nicht auf einer Regel „Teilverwirklichung = § 22", sondern rührt daher, dass in solchen Fällen das Ansetzen, so wie es § 22 erfordert, typischerweise bereits auf die Verwirklichung *aller* Tatbestandsmerkmale gerichtet ist. Wo Letzteres nicht der Fall ist, kann auch § 22 nicht bejaht werden, so wenn ein Betrüger mit der Täuschung noch nicht denjenigen Irrtum hervorrufen will, der die schädigende Vermögensverfügung auslösen soll.

So zutreffend die h. M.: Sch/Sch/*Eser/Bosch*, § 22 Rn. 37; *Roxin*, AT II, § 29 Rn. 110 ff.; LK/*Hillenkamp*, 12. Aufl., § 22 Rn. 92 ff.; *Putzke*, JuS 2009, 987; *Bosch*, Jura 2011, 910 f. Speziell zum Betrugsfall *BGH* NStZ 2011, 400 f.; *Rengier*, BT I, § 13 Rn. 263. – Ergänzend unten Rn. 59 ff.

3. Insbesondere Handlungen im Vorfeld der tatbestandlichen Ausführungshandlung

30   Zunächst sollte gesehen werden, dass in diesem Bereich viele **unproblematische Vorbereitungshandlungen** liegen, die grundsätzlich straflos sind.

Beispiele: Besorgen von Tatwaffen; Verstecken von Waffen am Tatort; Auskundschaften des Tatorts; Nachmachen von Schlüsseln für Einbruchzwecke.

31   Die für die Versuchsstrafbarkeit zentrale Frage nach dem Versuchsbeginn im Sinne des § 22 lässt sich bezüglich der Fälle, in denen der Täter noch kein Tatbestandsmerkmal verwirklicht hat, am besten im Zusammenhang mit bestimmten Fallgruppen darstellen:

32   **a) Banküberfälle.** Im **Fall 1** lehnt der *BGH* zu Recht die Bejahung des § 22 ab. Die Täter saßen noch in ihrem Fahrzeug und hatten weder die Waffen hervorgeholt noch sich maskiert. Darin liegen wesentliche Zwischenakte. Die fehlende Einwirkung auf die Opfersphäre bestätigt das Ergebnis. Würde man sich verfehlt auf das subjektive „jetzt geht es los" konzentrieren (vgl. Rn. 22 f.), so könnte man leicht zur Bejahung des § 22 kommen. Erfüllt sind nur die §§ 249 oder 255, 30 II 3. Var. (i. V. m. § 250).

§ 34. Der Versuch des Einzeltäters   295

Ebenso wenig haben Täter das Versuchsstadium schon erreicht, die am **33**
Montagmorgen Angestellte der Bank zur Herausgabe von Geld nötigen wollen und deshalb in der Nacht zum Sonntag in der Bank Überwachungseinrichtungen außer Betrieb setzen, dann aber am Sonntagabend von der Tat Abstand nehmen, weil sie befürchten, entdeckt worden zu sein (*BGH* NStZ 2004, 38).

b) **Schusswaffengebrauch.** Wer das anwesende Opfer mit einer ge- **34**
ladenen Schusswaffe erschießen will, tritt in das Versuchsstadium des
§ 22 ein, wenn er die Waffe aus der Hosentasche hervorzieht oder auf
das Opfer anlegt. In der weiteren Bedienung der Waffe (Entsichern,
Abdrücken) liegen keine wesentlichen Zwischenschritte (*BGH* NStZ
1993, 133).

c) **Haustür-Fälle.** Ein Totschlagsversuch liegt nicht vor, sofern der **35**
Täter eine Person töten möchte, die im 4. Stock eines Wohnblocks
wohnt, und er beim Klingeln unten an der Haustüre festgenommen
wird (*BGH* StV 1984, 420). Dies gilt erst recht, falls das Opfer vorgewarnt und daher mit einem Öffnen der Tür nicht zu rechnen ist.
Dann liegt auch im Klingeln und Trommeln oben an der Wohnungstür kein Versuchsbeginn (*BGH* NStZ-RR 2004, 361, 362).

Anders ist zu entscheiden, wenn der Täter in der Vorstellung an **36**
der Haustür klingelt, dass das anwesende Tötungs- oder Raubopfer
sogleich öffnen wird und unmittelbar danach angegriffen werden
soll; hier ist das Versuchsstadium erreicht (BGHSt 26, 201).

d) **Auflauern.** Von dem Haustür-Fall BGHSt 26, 201 muss die **37**
Auflauerungs-Konstellation im bekannten **Pfeffertüten-Fall** unterschieden werden (*BGH* NJW 1952, 514 – **Fall 2**): Hier hat der *BGH*
zwar einen Versuch bejaht, aber zu einer Zeit, als es den § 22 mit dem
Unmittelbarkeitskriterium nicht gab. Die heute h. M. lehnt zu Recht
ein unmittelbares Ansetzen ab, weil das Opfer nach der Vorstellung
des Täters bloß möglicherweise in der Straßenbahn saß, außerdem
nach dem Tatplan noch identifiziert werden musste (Gedanke der
fehlenden Opfernähe) und von daher nicht unmittelbar gefährdet
war (*Roxin*, AT II, § 29 Rn. 155; *Bosch*, Jura 2011, 912).

Im Fall *BGH* StV 1989, 526 planten die Täter, dem Geschäftsführer eines **38**
Restaurants mit Gewalt die Geldbombe mit den Tageseinnahmen abzunehmen. Sie warteten ab 1.00 Uhr nachts im Innenhof des Restaurants eine Zeitlang auf ihn, der jedoch nicht erschien. Zutreffend hebt der *BGH* die Verurteilung wegen versuchten (schweren) Raubes auf und bestraft nur gemäß den
§§ 249, (250), 30 II 3. Var. Ein Versuch läge nur dann vor, wenn die Täter an-

296   7. Kapitel. Versuch und Rücktritt

genommen hätten, der Geschäftsführer sei nunmehr im Begriff, den Innenhof
zu betreten.

39   e) Eintritt äußerer Bedingungen. In diesen Fällen muss man zunächst sehen, dass ein (endgültiger) Tatentschluss (auf bewusst unsicherer Tatsachengrundlage) vorliegt (Rn. 9 ff.). Da aber die Ausführung des Tatentschlusses vom Eintritt äußerer Bedingungen und
daher noch von gewissen Zwischenakten abhängig ist, bedarf die
Feststellung des § 22 besonderer Aufmerksamkeit. Die Rechtsprechung unterscheidet in der Tendenz zwei Fallkonstellationen:

40   In der ersten, die zur Bejahung des § 22 führt, hängt der Bedin-
gungseintritt nicht von menschlichen Verhaltensweisen ab, sondern
erfolgt automatisiert und soll von daher auch eine gleichsam automatische Reaktion auslösen (vgl. *BGH* NJW 1991, 1963).

   Beispiele: Das klassische Beispiel für einen automatisierten Ablauf ist der
   Fall BGHSt 22, 80, in dem der Täter an den Vorderrädern eines Autos rüttelt,
   das er unmittelbar danach stehlen will, sofern das Lenkradschloss nicht einge-
   rastet ist (Versuchsbeginn mit dem Rütteln). Auch das Wachhund-Beispiel (2)
   von Rn. 10 kann man hier ansiedeln. Der Auto-Diebstahlsfall liegt aber anders, wenn der Täter nach der positiven Voruntersuchung erst noch zum Aufbrechen des Fahrzeugs benötigtes Werkzeug aus seinem Pkw holen und deshalb § 22 verneint werden muss (*OLG Hamburg* StV 2013, 216).

41   In der zweiten Konstellation macht der Täter die Tatdurchführung
von – außerhalb seines Einflussbereiches liegenden – menschlichen
Verhaltensweisen abhängig. Da diese unberechenbarer sind, scheint
die Rechtsprechung von der Vorstellung geleitet zu werden, dass der
Täter sich in solchen Fällen letztlich doch irgendwie abwartend verhält und deshalb seine Reaktion auf das konkrete Verhalten noch in
der Form eines zusätzlichen „Willensimpulses" umsetzen muss, der
erst die Tat in das Versuchsstadium bringt.

42   **Beispiele:** (1) Zwei Täter wollen eine Frau zu erpresserischen Zwecken nur
   unter der Bedingung gewaltsam entführen, dass sie nach dem Klingeln an der
   Tür ohne ihr Kind auf dem Arm erscheint. Als die Mutter mit dem Kind öffnet, brechen sie die Tat ab (*BGH* NStZ 1999, 395, 396). – Nach der Ansicht
   des *BGH* soll hier noch kein unmittelbares Ansetzen zu den §§ 239a I 1. Var.,
   22 vorliegen. Von daher erfüllen die Täter, weil sie einen endgültigen Tatentschluss auf bewusst unsicherer Tatsachengrundlage gefasst haben, allein die
   §§ 239a I 1. Var., 30 II. Freilich kommt noch ein Rücktritt gemäß § 31 I Nr. 3
   in Betracht. Diesbezüglich verhindern die Täter infolge der gemeinsamen Tataufgabe die Vollendung der Tat (erg. unten § 38 Rn. 22 zu Fall 2c). Die verblei-
   bende Frage der Freiwilligkeit hängt davon ab, ob sie in der Anwesenheit des

§ 34. Der Versuch des Einzeltäters   297

Kindes ein der Tatdurchführung entgegenstehendes zwingendes Hindernis sehen (erg. unten § 37 Rn. 91 ff., 107 ff.).

(2) Der *BGH* hat ferner die Voraussetzungen des § 22 in einem Fall der 43 §§ 249, 250 I Nr. 1a 1. Var., 22 verneint, in dem die Täter den bewaffneten Raubüberfall auf den Filialleiter eines Supermarktes davon abhängig machten, ob die Situation in den Geschäftsräumen, namentlich hinsichtlich der Anwesenheit dritter Personen, die Verwirklichung des Vorhabens zuließ, und dann ihr Vorhaben aufgaben, weil zu viel Betrieb herrschte (*BGH* NStZ 1996, 38 f.). Die Täter erfüllen folglich nur die §§ 249, 250 I Nr. 1a 1. Var., 30 II 3. Var. Ein Rücktritt nach § 31 I Nr. 3 scheitert am Freiwilligkeitsmerkmal, weil es ihnen unmöglich erschien, alle Anwesenden in Schach zu halten.

In diesen beiden Beispielsfällen kann man, was § 22 betrifft, den Wertungen 44 des *BGH* durchaus widersprechen (wie *Jäger*, JA 2013, 949 f.). Folgt man aber dem *BGH*, so dürfte auch im Beispiel (1) von Rn. 10 ein Versuch eher abzulehnen sein.

4. Der Versuchsbeginn beim Stellen von Fallen und bei Distanzdelikten

Wenn der Täter die tatbestandliche Ausführungshandlung vorge- 45 nommen, also alles zur Tatbestandsverwirklichung Erforderliche getan hat, liegen die Voraussetzungen des § 22 in der Regel unproblematisch vor (Rn. 28). Die in der Lösung umstrittenen Ausnahmekonstellationen weisen die Besonderheit auf, dass der Täter nach seinem Tatplan die tatbestandlichen Ausführungshandlungen zwar abgeschlossen hat, die Gefährdung des Opfers aber nicht „unmittelbar", sondern erst nach einer unter Umständen langen Zeitspanne eintreten soll. Die einschlägigen Konstellationen werden unter Stichworten wie „Giftfallen", „Sprengfallen" und „Distanzdelikte" diskutiert.

Beispiele (*Roxin*, AT II, § 29 Rn. 192): Der „vergiftete Whisky, den das Op- 46 fer sich nehmen soll, ist bereitgestellt; die Höllenmaschine, durch deren Explosion der Politiker getötet werden soll, ist in dessen Auto eingebaut; der erpresserische Brief ist abgeschickt".

Im Wesentlichen lassen sich drei Ansichten unterscheiden (zusam- 47 menfassend *Roxin*, AT II, § 29 Rn. 192 ff.; *Jäger*, AT, Rn. 305):

(1) Die früher herrschende Ansicht, wonach die Beendigung der 48 Täterhandlung stets den Beginn des Versuchs markiert, wird heute allenfalls noch vereinzelt vertreten. Gegen diese Ansicht spricht, dass sie auch Konstellationen erfasst, in denen der Täter das Geschehen noch wie bei einem unbeendeten Versuch in der Hand hält.

(2) Eine andere Meinung nimmt einen Versuch nur und erst dann 49 an, wenn sich das Opfer in den Wirkungskreis des Tatmittels begibt

298   7. Kapitel. Versuch und Rücktritt

und von daher unmittelbar gefährdet wird. Die Erfassung dieser Konstellation verdient Zustimmung; doch ist es aus kriminalpolitischer Sicht zu eng, bei beendeten Ausführungshandlungen die Fälle des strafbaren Versuchs darauf zu beschränken.

50   Was den Eintritt des Opfers in den Wirkungskreis des Tatmittels betrifft, so ist umstritten, ob das Opfer tatsächlich in den Wirkungskreis geraten muss oder insoweit auch nur die subjektive Vorstellung des Täters maßgeblich sein kann. Da der Zeitpunkt, zu dem sich das Opfer in den Wirkungskreis des Tatmittels begibt, im Augenblick des Täterhandelns aus der Sicht des Täters kaum fixierbar ist, verdient der objektive Ansatz Zustimmung (so auch BGHSt 43, 177, 181, jedenfalls wenn der Täter das Erscheinen des Opfers für lediglich möglich hält; LK/*Hillenkamp*, 12. Aufl., § 22 Rn. 140 f.; a. A. *Kühl*, AT, § 15 Rn. 85d).

51   (3) Die zutreffende h. M. bejaht nicht nur beim objektiven Eintreten des Opfers in den Wirkungskreis des Tatmittels, sondern darüber hinaus auch dann ein unmittelbares Ansetzen gemäß § 22, wenn der Täter die Herrschaft über den Geschehensverlauf aus der Hand gegeben hat.

Grundlegend *Roxin*, Maurach-FS, 1972, S. 213 ff.; *ders.*, AT II, § 29 Rn. 195 ff. Ebenso etwa *BGH* NStZ-RR 2008, 139; W/*Beulke/Satzger*, AT, Rn. 603; *Heinrich*, AT, Rn. 736; *Jäger*, AT, Rn. 305. – Zurück zu den

52   **Beispielen** von Rn. 46: Solange die Frau, die ihren Mann töten will, die zum Trinken bereitgestellte vergiftete Whiskyflasche oder die vergiftete Suppe (die auf dem Herd steht und die der Mann sich abends nach seiner Heimkehr selbst aufzuwärmen pflegt) noch in ihrer Obhut hat, bewegt sich die Tat im straflosen Vorbereitungsstadium. Verlässt sie aber für längere Zeit das Haus, so gibt sie das Geschehen jedenfalls dann eindeutig aus der Hand und erfüllt die §§ 212, (211), 22, wenn sie erst nach der Heimkehr ihres Mannes zurückkommen will. Erreicht die eingebaute Bombe oder der abgesandte Erpresserbrief egal aus welchen Gründen nicht das Ziel, so ändert dies nichts an der Versuchsstrafbarkeit. Anders liegt es wieder, solange der Täter den erpresserischen Brief in seiner Nähe lediglich zum Abholen bereit gelegt hat.

53   Die Gift-, Spreng- und sonstigen Fallen sind dadurch gekennzeichnet, dass der Erfolgseintritt von einer Mitwirkung des gutgläubigen Opfers abhängt. Insoweit liegt es nahe, von einer Selbstschädigung in mittelbarer Täterschaft auszugehen (W/*Beulke/Satzger*, AT, Rn. 539a; *Engländer*, JuS 2003, 331; erg. unten § 43 Rn. 8 ff.).

54   Dies bedeutet aber nicht, dass die Diskussion zum Versuchsbeginn bei der mittelbaren Täterschaft (unten § 36 Rn. 2 ff.) unbesehen übertragen werden kann; denn dort geht es um ein Drei-Personen-Verhältnis und um Konstella-

§ 34. Der Versuch des Einzeltäters   299

tionen, in denen auf das Werkzeug kommunikativ eingewirkt wird (*Joecks*, § 25 Rn. 73 ff.; *Roxin*, AT I, § 29 Rn. 192). Von daher erklärt sich die in der Regel getrennt erfolgende Erörterung der verwandten Fallgruppen.

Die folgenden drei *BGH*-Entscheidungen, die viel Aufmerksam- **55** keit erfahren haben, sind in besonderer Weise geeignet, die Frage des Versuchsbeginns zu verdeutlichen:

BGH NStZ 1998, 294 – **Sprengfalle**: Die Täter bringen am Auto des Op- **56** fers eine Handgranate an, die nach dem Losfahren explodieren soll. Beim Losfahren reißt jedoch die Zugleitung, ohne die Granate zu zünden. – Hier gelangen alle Ansichten zur Bejahung eines Versuchs.

BGH NStZ 2001, 475 – **Elektrofalle**: Um sich nach einer gerichtlich erstrit- **57** tenen Räumung an seinem Vermieter zu rächen, manipuliert der frühere Mieter M die Elektroinstallationen so, dass beim bestimmungsgemäßen Gebrauch der Steckdosen für den Nutzer, von M hingenommen, Lebensgefahr besteht. Die Eingriffe werden vor irgendeiner Nutzung bei einer Überprüfung entdeckt. – Der *BGH* bejaht zu Recht die Voraussetzungen des § 22 und begründet dies damit, dass „bei ungestörtem Fortgang der Dinge alsbald und innerhalb eines überschaubaren Zeitraumes die Nutzung einer der manipulierten Steckdosen ... wahrscheinlich war und nahelag" (*BGH* NStZ 2001, 475, 476). Im Lichte der Kriterien des § 22 überzeugt diese Argumentation nicht unbedingt (erg. unten § 36 Rn. 12 ff.). Besser lässt sich das Ergebnis auf dem Boden der h. M. damit begründen, dass M die Herrschaft über den Geschehensverlauf aus der Hand gegeben hat (ausführlich *Engländer*, JuS 2003, 330 ff.).

BGHSt 43, 177 – **Giftfalle** (zum Sachverhalt erg. *OLG München* NStZ-RR **58** 1997, 71): E rechnet, nachdem Einbrecher bei ihm Diebesgut zurückgelassen haben, mit einem erneuten nächtlichen Wohnungseinbruch und stellt für die Diebe, da sie bei ihrem ersten Besuch zu seinen Getränken gegriffen haben, gegen 13 Uhr eine mit einem tödlichen Gift versehene Schnapsflasche bereit. Er verlässt das Haus. Polizeibeamte, die sich seit 19.30 Uhr absprachegemäß in der Wohnung aufhalten, warnt er um 20 Uhr telefonisch und um 21 Uhr noch einmal am Tatort vor der vergifteten Flasche. Die Einbrecher erscheinen nicht. – Der *BGH* verneint bezüglich der Einbrecher einen strafbaren Tötungsversuch. Dies verdient angesichts der Anwesenheit der von E informierten Polizisten und der dadurch ausgeübten Kontrolle über das Geschehen im Ergebnis Zustimmung (*Roxin*, JZ 1998, 211). Immerhin ist die Argumentation nicht ganz fernliegend, dass die Polizisten in den Wirkungskreis der Gefahr geraten seien (vgl. *Böse*, JA 1999, 346 ff.). Auf jeden Fall überzeugt das vom *BGH* eingeführte subjektive Kriterium nicht, wonach die Bejahung des § 22 davon abhängen soll, ob der Täter sicher mit dem Erscheinen der Einbrecher gerechnet (dann § 22) oder dies bloß für möglich gehalten hat (dann kein § 22). – Zur Kritik und Diskussion *Roxin*, AT II, § 29 Rn. 212 ff.; *ders.*, JZ 1998, 211 f.; *Jäger*, AT, Rn. 305 ff.; *Kudlich*, JuS 1998, 596 ff.

300 7. Kapitel. Versuch und Rücktritt

5. Zusammengesetzte Delikte, Qualifikationen und Regelbeispiele

59 § 22 stellt auf die unmittelbar bevorstehende Verwirklichung des *Tatbestandes* ab. Für das – aus Nötigung (§ 240) und Diebstahl (§ 242) – zusammengesetzte Delikt des § 249 bedeutet dies, dass ein versuchter Raub auch ein unmittelbares Ansetzen zu der raubspezifischen Gewalt oder Drohung voraussetzt und sich daran nach der Tätervorstellung unmittelbar die Wegnahme anschließen muss (*Rengier*, BT I, § 7 Rn. 41; *Bosch*, Jura 2011, 911).

60 Bei **Qualifikationen** ist zu beachten, dass das Grunddelikt, auf dem sie aufbauen, auch zum Versuchstatbestand gehört. Folglich kann sich aus der versuchten oder tatsächlichen Verwirklichung allein eines Qualifikationsmerkmals keine Versuchsstrafbarkeit ergeben. Vielmehr setzt die Strafbarkeit nach einem versuchten qualifizierten Delikt stets voraus, dass nach dem Täterplan auch zum Grundtatbestand unmittelbar angesetzt worden ist.

61 **Beispiele:** Wer sich mit einer geladenen Schusswaffe zu einer Bank begibt, um diese auszurauben, erfüllt nicht die §§ 249, 250 I Nr. 1a 1. Var., 22, wenn er kurz vor der Bank so verunglückt, dass er die Tat nicht mehr durchführen kann (vgl. Rn. 32). Beim Diebstahl und insbesondere den qualifizierenden Handlungsmodalitäten des § 244 I Nr. 3 kommt es für die Frage des Versuchsbeginns auf das unmittelbare Ansetzen zur Wegnahme und folglich darauf an, ob die Suche nach der Beute unmittelbar nach dem Einbrechen, Einsteigen usw. beginnen soll; dies wird normalerweise, muss aber nicht zwingend der Fall sein. Bandenmitglieder, die im Rahmen eines Einbruchsdiebstahls einen Geldausgabeautomaten aufbrechen und leeren wollen, haben das Versuchsstadium der §§ 244a I, 22 mangels unmittelbaren Ansetzens zur Wegnahme noch nicht erreicht, wenn sie, nachdem sie in die Bank eingedrungen sind, zwar für die Tatdurchführung wichtige Aktionen schon abgeschlossen, aber die für das Aufbrechen erforderlichen Werkzeuge noch nicht in die Bank geschafft und/oder erst einmal eine längere Pause eingelegt haben (*BGH* NStZ 2015, 207 mit Bspr. *Kudlich*, JA 2015, 152 ff.).

62 Für die Verwirklichung der qualifikationsähnlichen **Regelbeispiele** insbesondere des § 243 I 2 Nr. 1 gilt Entsprechendes (*Rengier*, BT I, § 3 Rn. 57).
Vgl. zum Ganzen *Kühl*, AT, § 15 Rn. 50 ff.; *W/Beulke/Satzger*, AT, Rn. 605 ff.; *Roxin*, AT II, § 29 Rn. 170 ff.; *Putzke*, JuS 2009, 988 f.

Empfehlungen zur vertiefenden Lektüre:
Rechtsprechung: BGHSt 26, 201 (Versuchsbeginn beim Klingeln an der Haustür); BGHSt 43, 177 (Versuchsbeginn bei einer Giftfalle für Einbrecher); *BGH* StV 1984, 420, *BGH* NStZ-RR 2004, 361 und *OLG Hamm* NStZ-RR 1997, 133 (Versuchsbeginn bei in Wohnungen von Mietshäusern geplanten Taten); *BGH* NStZ 1993, 133 (Versuchsbeginn beim Ziehen einer Schusswaffe);

BGH NStZ 1999, 395 (Versuchsbeginn bei einem vom Verhalten Dritter abhängigen Tatentschluss); *BGH* NStZ 2004, 38 (Versuchsbeginn bei einem Banküberfall).

Literatur: *Baier*, Die versuchte Tötung durch Einsatz einer Giftfalle – BGHSt 43, 177, JA 1999, 771 ff.; *Bosch*, Unmittelbares Ansetzen zum Versuch, Jura 2011, 909 ff.; *Böse*, Der Beginn des beendeten Versuchs: Die Entscheidung des BGH zur „Giftfalle", JA 1999, 342 ff.; *Engländer*, Der Versuchsbeginn bei der Elektrofalle – BGH, NStZ 2001, 475, JuS 2003, 330 ff.; *Kudlich*, Ein Schnäpschen in Ehren – die Giftfalle des Apothekers – *BGH* NJW 1997, 3453 (= BGHSt 43, 177), JuS 1998, 596 ff.

§ 35. Untauglicher Versuch und Wahndelikt

Fall 1: F will ihren Mann M dadurch töten, dass sie aus einer Sprühdose Insektengift zweimal eine Sekunde lang auf sein Vesperbrot sprüht. M spuckt das Brot wegen des Geschmacks nach dem ersten Bissen wieder aus. Die Dose mit 500 ml Inhalt enthält etwa 1 g eines bestimmten Giftes, das erst bei der Einnahme von etwa 40 g tödlich wirkt (BGHSt 41, 96). → Rn. 11

Fall 2: Student S hat sich den „BT I" von R gekauft, den sein Kommilitone K, auch um die Tatbestände der §§ 242, 248b zu studieren, gegen den Willen des S auf eine 14-tägige Reise mitnimmt und anschließend in tadellosem Zustand zurückgibt. S ist empört und erstattet Strafanzeige, die der Polizist P aufnimmt und anschließend vernichtet, weil er den K gut kennt und dessen Bestrafung wegen Diebstahls oder unbefugter Gebrauchsanmaßung verhindern will. → Rn. 28

I. Untauglicher Versuch

Ein untauglicher Versuch liegt vor, wenn der Täter auf Grund von **1** zu seinen Ungunsten vorgestellten Tatsachen glaubt, einen Straftatbestand zu verwirklichen, und demzufolge verkennt, dass der Versuch „überhaupt nicht zur Vollendung führen konnte" (so § 23 III). Die Vorstellung eines solchen Täters entspricht einem „umgekehrten" Tatbestandsirrtum; „umgekehrt" deshalb, weil die Fehlvorstellungen im tatsächlichen Bereich belastend wirken. Die Strafbarkeit des untauglichen Versuchs ergibt sich aus der gemischt subjektiv-objektiven Theorie, die dem § 22 zugrunde liegt (oben § 33 Rn. 4), und wird durch § 23 III bestätigt.

§ 23 III regelt mit den Fällen des „groben Unverstands" (dazu un- **2** ten Rn. 9 ff.) nur einen kleinen Teilbereich des untauglichen Versuchs. Immerhin spricht die Vorschrift deutlich den Versuch am **untaugli-**

302   7. Kapitel. Versuch und Rücktritt

chen **Objekt** („nach der Art des Gegenstands, an dem ...") und den Versuch mit einem **untauglichen Mittel** an („des Mittels, mit dem die Tat begangen werden sollte"). Aber es wäre nicht korrekt, in § 23 III die Strafbarkeit des untauglichen Versuchs geregelt zu sehen.

3   **Beispiele** für **untaugliche Objekte:** T schießt mit Tötungsvorsatz auf den bereits toten O (§§ 212, 22); T ohrfeigt eine als Person angesehene Puppe (§§ 223, 22; oben § 15 Rn. 3 zu Fall 1); E hält nach einem Lokalbesuch seine eigene Jacke für eine fremde und nimmt sie mit, um sie sich zuzueignen (§§ 242, 22; erg. unten Rn. 18, 24). – Für **untaugliche Mittel:** T schießt mit Tötungsvorsatz und einer ungeladenen oder defekten Waffe auf O (§§ 212, 22); F rührt Puderzucker, den sie für ein tödliches Gift hält, in den Kaffee des M, um ihn zu töten (§§ 212, 22). – Strafbar ist auch die **Kombination:** T schießt mit einer ungeladenen Waffe auf den bereits toten O in der Absicht, ihn zu töten. Die genaue Klassifizierung ist aber unwichtig.

4   Nicht in § 23 III angesprochen ist der Versuch des **untauglichen Subjekts.** Einschlägige Fälle sind selten.

5   **Beispiele:** (1) P ist Polizist und lässt sich von einem Straftäter 1.000 € dafür bezahlen, dass er dessen Strafakte vernichtet. Es stellt sich heraus, dass die Ernennung des P zum Beamten nichtig ist. Erfüllt P – neben den gegebenen §§ 258 I, 303 I – auch die §§ 332 I 1 und 3, 22 und §§ 258a I, II, 22?
    (2) *Seier/Gaude*, JuS 1999, 458: Der Bundesliga-Schiedsrichter S erhält 1.000 € dafür, dass er in einem Fußballspiel eine Mannschaft benachteiligt. S ist überzeugt, Amtsträger zu sein. Erfüllt er die §§ 332 I 1 und 3, 22?

6   Richtiger Ansicht nach ist P, aber nicht S wegen der erwähnten Versuchsdelikte strafbar. Denn allein P stellt sich tatsächliche Umstände – nämlich seine wirksame Ernennung – vor, bei deren Vorliegen die Straftatbestände erfüllt wären. Demgegenüber irrt sich S bloß über die rechtliche Reichweite des Amtsträgerbegriffs. Diese Fehlvorstellung führt zu einem straflosen Wahndelikt (vgl. unten Rn. 15 f.).

Seier/Gaude, JuS 1999, 457 f.; *Kühl*, AT, § 15 Rn. 102 ff.; *Baumann/Weber/ Mitsch*, AT, § 26 Rn. 30 f.; *Mitsch*, Jura 2014, 587 ff.; *Heinrich*, AT, Rn. 672, 683; erg. *Valerius*, JA 2010, 115.

7   Schließlich sollte noch erkannt werden, dass sich die Untauglichkeit auf *alle* objektiven Tatbestandsmerkmale beziehen kann, also etwa auch auf Tathandlungen wie das Absetzen und Absetzenhelfen (*Rengier*, BT I, § 22 Rn. 30a) sowie auf Tatsituationen wie die Heimtücke und den hinterlistigen Überfall, so wenn der Täter sein Opfer irrtümlich für arglos hält (*Seier/Gaude*, JuS 1999, 457).

§ 35. Untauglicher Versuch und Wahndelikt   303

Da die Strafbarkeit des untauglichen Versuchs als unbestritten gelten kann, **8**
bedarf in der **Fallbearbeitung** die Tatsache, dass es sich um einen solchen handelt, nicht unbedingt der Erwähnung. Dennoch rundet es die Prüfung ab, wenn man auf die Untauglichkeit und die rechtliche Verankerung des untauglichen Versuchs in den §§ 22, 23 III kurz hinweist, was am Sinnvollsten im Anschluss an die Prüfung des § 22 geschieht (vgl. *Kühl*, AT, § 15 Rn. 95a).

II. Grob unverständiger und abergläubischer Versuch

1. Grober Unverstand (§ 23 III)

§ 23 III regelt, wie schon gesagt, nur einen kleinen Ausschnitt aus **9**
der Gesamtheit der untauglichen Versuche. Grober Unverstand liegt vor, wenn der Täter einfachste naturgesetzliche Zusammenhänge, die jedem Laien bekannt sind, verkennt und demzufolge völlig abwegige Vorstellungen von Kausalzusammenhängen hat.

Beispiele: Die bekannten Schulbeispiele betreffen die Abtreibung mit Ka- **10**
millentee und den Schuss mit einem Luftgewehr auf ein weit außerhalb der Reichweite des Gewehrs fliegendes Flugzeug. Ein weniger bekanntes Beispiel: Der Täter mischt „Delikatess-Hundenahrung" unter das Essen des O in der festen Überzeugung, ihn dadurch zu töten (*Rath*, JuS 1998, 1112).
Im **Fall 1** geht es zwar um einen untauglichen Versuch der §§ 211, 22, aber **11**
nicht um einen solchen des § 23 III. Denn der Irrtum der F betrifft nur die Dosierung und Stärke des Gifts. Sie erkennt, dass das Mittel grundsätzlich tauglich und gefährlich ist. Zudem wäre eine ähnliche Fehleinschätzung auch vielen anderen Laien unterlaufen. Daher scheidet die Annahme groben Unverstands aus (BGHSt 41, 94, 96; *Kudlich*, JuS 1997, L 69 ff. mit Falllösung; h. M.; a. A. LK/*Hillenkamp*, 12. Aufl., § 23 Rn. 70).

In der **Fallbearbeitung** erörtert man § 23 III, da es sich um eine Strafzu- **12**
messungsvorschrift handelt, am besten im Anschluss an die Schuld (*Seier/Gaude*, JuS 1999, 459).

2. Abergläubischer Versuch

Von den Fällen des § 23 III unterscheidet die h. M. den abergläubi- **13**
schen oder irrealen Versuch, den sie außerhalb dieser Vorschrift ansiedelt und von vornherein für straflos hält. Hier glaubt der Täter, mit magischen Kräften, also etwa durch Zaubern, Totbeten oder Verhexen, einen Erfolg herbeiführen zu können. Insoweit wird vielfach zutreffend argumentiert, wer auf übersinnliche Kräfte vertraue, könne ein Tatgeschehen weder wollen noch beherrschen, sondern allenfalls herbeiwünschen.

14   *Rath*, JuS 1998, 1113; *W/Beulke/Satzger*, AT, Rn. 620; LK/*Hillenkamp*, 12. Aufl., § 23 Rn. 50f.; vgl. ferner Sch/Sch/*Eser/Bosch*, § 23 Rn. 13f.; *Heinrich*, AT, Rn. 678ff. – In der **Fallbearbeitung** hat die Frage des abergläubischen Versuchs, folgt man der vorstehenden Argumentation, beim Vorsatz ihren Platz (*Seier/Gaude*, JuS 1999, 459f.).
Zum Ganzen kritisch *Satzger*, Jura 2013, 1017ff.

III. Wahndelikt

15   Vom strafbaren untauglichen Versuch muss das straflose Wahndelikt unterschieden werden, bei dem der Täter die tatsächlichen Umstände völlig richtig erfasst, aber sein Verhalten auf Grund einer fehlerhaften rechtlichen Wertung für strafbar hält. Dabei können sich die Fehlwertungen (1) auf die Existenz einer Strafnorm („umgekehrter direkter Verbotsirrtum"), (2) auf die ungünstige Auslegung eines Tatbestandsmerkmals („umgekehrter Subsumtionsirrtum") oder (3) auf die Grenzen eines Rechtfertigungsgrundes („umgekehrter indirekter Verbotsirrtum") beziehen.

16   **Beispiele** zu (1): Der Täter glaubt, die vorübergehende Entwendung eines gebrauchten Buches (vgl. § 248b; zu § 242 vgl. *Rengier*, BT I, § 2 Rn. 109, 126ff.) oder seine homosexuelle Betätigung sei strafbar. – Zu (2): Ein Erbe schaltet in der Vorstellung, dadurch einen Menschen zu töten, das Beatmungsgerät ab, an das der, wie er weiß, hirntote Erblasser angeschlossen ist (*Roxin*, AT II, § 29 Rn. 384). Ein Verkäufer, der einem Kunden eine Sache zum normalen Ladenpreis verkauft, aber als einmaliges und „wahnsinniges" Sonderangebot anpreist, nimmt an, den Käufer betrügerisch zu schädigen (vgl. *Rengier*, BT I, § 13 Rn. 162). – Zu (3): Im Fall 1a von § 18 denkt E, ihr Eigentum auf so gefährliche Weise nicht verteidigen zu dürfen. – Zum Ganzen auch *Valerius*, JA 2010, 113ff.

IV. Irrtümer im Vorfeld des Tatbestandes

17   Ausgesprochen schwierig zu verstehen und zu beurteilen sind Konstellationen, in denen der Täter im Vorfeld des Straftatbestandes eine fehlerhafte rechtliche Wertung trifft, die ihn zur irrtümlichen Annahme von Tatbestandsmerkmalen führt. Hierbei geht es um die genaue und umstrittene Grenzziehung zwischen untauglichem Versuch und Wahndelikt. Die Diskussion kreist vor allem um die folgenden Fallgruppen (*Roxin*, AT II, § 29 Rn. 388ff.; LK/*Hillenkamp*, 12. Aufl., § 22 Rn. 210):

§ 35. Untauglicher Versuch und Wahndelikt 305

(1) **Irrtum über das Merkmal „fremd":** A hält eine ihm noch gehörende 18
Sache zu Unrecht für fremd (vgl. §§ 242, 246, 249, 303), weil er die zivilrechtlichen Vorschriften über den Eigentumsübergang verkennt, also etwa meint,
das Eigentum gehe schon mit dem Kaufvertrag über (vgl. § 929 BGB). Begeht
A eine versuchte Unterschlagung, wenn er die verkaufte, an den Käufer aber
noch nicht übergebene Sache noch einmal verkauft, weil ihm ein höherer Preis
geboten wird? Oder: Begeht einen versuchten Diebstahl, wer eine herrenlose
Sache wegnimmt, die er irrtümlich für fremd hält (Falllösung bei *Jahn/Ebner*,
JuS 2008, 1087 f.; erg. *Rengier*, BT I, § 2 Rn. 21)?

(2) **Irrtum über das Merkmal „rechtswidrig":** B irrt sich über das objek- 19
tive Tatbestandsmerkmal rechtswidrig (vgl. §§ 242, 246, 249, 253, 263), etwa
weil er einen ihm zustehenden Zahlungsanspruch zivilrechtlich zu Unrecht
für nicht gegeben oder verjährt hält. Erfüllt B die §§ 253, 22 oder §§ 263, 22,
falls er den Anspruch mit erpresserischen oder Täuschungsmitteln durchsetzt
(vgl. *Rengier*, BT I, § 11 Rn. 64a; § 13 Rn. 269)?

(3) **Irrtum über die Zuständigkeit:** C kennt nicht die im Vorfeld des § 154 20
angesiedelten Normen der §§ 161a I 3, 163 III StPO, wonach Staatsanwaltschaft und Polizei zur eidlichen Vernehmung von Zeugen nicht zuständig
sind. Begeht C einen Versuch des § 154, wenn der in seinen Augen jeweils zuständige Staatsanwalt S oder Polizist P den C erfolgreich zur Beeidigung einer
falschen Zeugenaussage auffordert?

(4) **Irrtum über das Vorliegen einer Straftat:** D, ein Polizeibeamter, ver- 21
nichtet alle Unterlagen, mit denen bewiesen werden kann, dass Autofahrer F
mit 0,8 Promille Alkohol im Blut ein Fahrzeug geführt hat. D will F dadurch
vor einer Bestrafung gemäß § 316 schützen. Erfüllt D die §§ 258 I, 258a I, 22,
der verkennt, dass nur eine Ordnungswidrigkeit nach § 24a I StVG vorliegt
(vgl. *Rengier*, BT II, § 43 Rn. 6 ff.)? – Zu Fall 2 unten Rn. 28.

So schwierig in den vorstehenden Konstellationen die Abgrenzung 22
zwischen untauglichem Versuch und Wahndelikt auch sein mag, der
Studierende hat den Vorteil, dass man von ihm angesichts des Mei-
nungsstandes nur ein gewisses Problembewusstsein erwarten kann
und das Ergebnis eher zweitrangig ist.

Man könnte auf der einen Seite in allen Fällen mit der Begründung 23
ein Wahndelikt annehmen, dass auch rechtliche Vorfeldirrtümer mit
einer Überdehnung des strafrechtlichen Schutzbereichs verbunden
seien (*Burkhardt*, JZ 1981, 681 ff.; *Sch/Sch/Eser/Bosch*, § 22 Rn. 89).
Andererseits mag man sagen können, wer im Vorfeld des Strafrechts
irre, erfasse das strafrechtliche Tatbestandsmerkmal durchaus richtig
und begehe daher stets einen untauglichen Versuch (*Herzberg*, JuS
1980, 469 ff.; differenzierender aber in Schlüchter-GS, 2002,
S. 189 ff.).

Die h. M. differenziert stärker, ohne dass freilich über die Kriterien 24
Einigkeit besteht. Immerhin kann man sagen, dass in den Fallgruppen

306   7. Kapitel. Versuch und Rücktritt

(1) und (2) mit der h. M. die Annahme eines untauglichen Versuchs am leichtesten fällt. Begründen lässt sich das am besten wie folgt: Wer das normative Tatbestandsmerkmal „fremd" bzw. „rechtswidrig" – auch infolge einer Fehlwertung – für gegeben hält, will das Eigentum Dritter verletzen bzw. einen ihm nicht zustehenden Anspruch durchsetzen. Insoweit erfasst er im Sinne eines „umgekehrten" Tatbestandsirrtums (Rn. 1) den normativen Sinngehalt des Merkmals genau so, wie es nach den Grundsätzen der Parallelwertung in der Laiensphäre erforderlich ist (vgl. oben § 15 Rn. 4 ff.). So wie die irrige Vorstellung eines Täters, er sei bereits mit Abschluss eines Kaufvertrags Eigentümer der gekauften Sache geworden, hinsichtlich des „fremd" zu einem entlastenden Tatbestandsirrtum führt, belastet ihn die umgekehrte Vorstellung, durch einen bloßen Kaufvertrag sein Eigentum schon verloren zu haben (a. A. erneut *Burkhardt*, GA 2013, 346 ff.).

25   In der Fallgruppe (3) nimmt insbesondere die Rechtsprechung einen untauglichen Versuch an (BGHSt 3, 248, 253 ff.; 12, 56, 58). Dem wird aber überwiegend zu Recht widersprochen. Der Vorsatz muss sich auf eine tatsächlich zuständige Stelle beziehen, wie schon die einfache Überlegung zeigt, dass wohl niemand einen Tatbestandsirrtum bejahen würde, wenn der falsch schwörende Zeuge das objektiv zuständige Gericht trotz Kenntnis aller tatsächlichen Umstände für unzuständig hielte. Die im Vorfeld des § 154 liegenden Zuständigkeitsnormen etwa der StPO füllen das Merkmal der Zuständigkeit aus und müssen daher auch ihrem Sinn nach verstanden sein. Das ist nicht der Fall, wenn man die Normen auf unzuständige Personengruppen ausdehnt. Von daher liegt ein Wahndelikt vor.

Ebenso etwa *Roxin*, AT II, § 29 Rn. 410; *Murmann*, GK, § 28 Rn. 50 ff.; *Schmitz*, Jura 2003, 600; Sch/Sch/*Lenckner/Bosch*, § 154 Rn. 15; *Streng*, GA 2010, 535 f.; Falllösung bei *Laue/Dehne-Niemann*, Jura 2010, 78 f.

26   In der Fallgruppe (4) folgt die h. M. der Rechtsprechung, die einen untauglichen Versuch der §§ 258, 258a, 22 bejaht, wenn der Täter bzw. Amtsträger meint, die Strafverfolgung desjenigen zu vereiteln, „den er irrig – gleichviel, ob aus unzutreffenden tatsächlichen oder falschen rechtlichen Erwägungen – für den Täter einer Straftat hält" (BGHSt 15, 210). Für diese Sicht kann ins Feld geführt werden, dass derjenige, der ein bestimmtes strafbares Geschehen nicht als strafbar wertet, den Sinngehalt des § 258 I nicht erfasst (§ 16 I 1), wohl aber dann derjenige, der umgekehrt von einem solchen Geschehen ausgeht.

Freilich muss auf dem Boden der h. M. noch § 258 III beachtet **27** werden. Aus ihm ergibt sich die Wertung, dass bei einem untauglichen Versuch die Strafe ggf. aus einer vorgestellten milderen Straftat zu entnehmen ist (*Fischer*, § 258 Rn. 38). Gibt es das Delikt wie in der Fallgruppe (4) nicht, bleibt der Täter des § 258 im Ergebnis straflos (*Schmitz*, Jura 2003, 599; NK/*Altenhain*, § 258 Rn. 68). Für Amtsträger, also in den Fällen des § 258a, gilt § 258 III allerdings nicht (§ 258a III).

Demnach bleibt es dabei, dass ein Amtsträger, der eine Ordnungswidrigkeit **28** zu Unrecht als Straftat einstuft und Vereitelungshandlungen vornimmt, sich wegen eines untauglichen Versuchs der §§ 258a, 22 strafbar machen kann (BGHSt 15, 210). Folgt man dem, so ist im **Fall 2** konsequenterweise auch der Amtsträger P gemäß den §§ 258a, 22 bestrafen, obwohl er völlig verfehlt die vorübergehende Wegnahme eines Buches für eine unter § 242 oder § 248b fallende Straftat hält (zu § 242 vgl. *Rengier*, BT I, § 2 Rn. 109, 126 ff.); denn es macht keinen Unterschied aus, ob der Täter ein ordnungswidriges oder ein strafloses Verhalten unter einen existierenden Straftatbestand subsumiert. Die Grenze zum Wahndelikt wird aber überschritten, wenn es die Straftat, die der Amtsträger als erfüllt ansieht, gar nicht gibt, wenn er also z. B. die homosexuelle Betätigung oder den Ehebruch für strafbar halten und einschlägige Vereitelungshandlungen vornehmen würde.

Für die h. M. siehe BGHSt 15, 210, 213; NK/*Puppe*, § 16 Rn. 157; Sch/Sch/ **29** *Stree/Hecker*, § 258 Rn. 33; SK/*Rudolphi*, § 22 Rn. 32a; *Schmitz*, Jura 2003, 598 f.; *Fischer*, § 258 Rn. 37. – Für Wahndelikt *Roxin*, AT II, § 29 Rn. 410; ferner MüKo/*Herzberg/Hoffmann-Holland*, § 22 Rn. 93 f., nach denen die h. M. auch mit § 258 III unvereinbar sein soll.

Empfehlungen zur vertiefenden Lektüre:
Rechtsprechung: BGHSt 41, 94 (kein grober Unverstand bei einem Tötungsversuch mit versprühtem Insektengift).
Literatur: *Seier/Gaude*, Untaugliche, grob unverständige und abergläubische Versuche, JuS 1999, 456 ff.; *Schmitz*, Die Abgrenzung von strafbarem Versuch und Wahndelikt, Jura 2003, 593 ff.; *Valerius*, Untauglicher Versuch und Wahndelikt, JA 2010, 113 ff.

§ 36. Der Versuch: Sonderfälle

Fall 1: a) A will seinen Nebenbuhler N töten, fürchtet aber, entdeckt zu werden, wenn er die Tat selbst ausführt. A heuert daher B und C an und übergibt ihnen eine Plastikflasche, die eine gefährliche Säure enthält, die bei Aufnahme in den Magen tödlich wirkt. A sagt B und C aber, dass die Flasche nur ein Schlafmittel enthalte. B und C sollten N alsbald berauben und ihm – not-

308   7. Kapitel. Versuch und Rücktritt

falls mit Gewalt – das „Schlafmittel" verabreichen. B und C nehmen die Flasche und stimmen zu. Später riechen sie an dem Inhalt der Flasche und merken, dass es sich nicht nur um ein Schlafmittel handeln kann. Sie gehen mit der Flasche zur Polizei. b) *Variante:* A heuert die beiden am Freitag an und rät ihnen, die Tat am Montag durchzuführen; am Samstag gehen sie zur Polizei. → Rn. 14, 15, 16

Fall 2: K klagt auf Rückabwicklung eines Vertrages über den Kauf eines Pkw. Das Landgericht beauftragt den Sachverständigen S, ein Gutachten bezüglich der von K behaupteten Mängel zu erstellen. Da K damit rechnet, dass die festzustellenden Mängel sein Begehren nicht rechtfertigen könnten, schädigt er die Bremsanlage durch einen zusätzlichen Eingriff. Nach der vereinbarten Probefahrt entdeckt S die Manipulation. → Rn. 17

Fall 3: A und B verabreden einen Einbruch in die Wohnung des reichen R. Während A den Plan austüftelt, ist B für die handwerkliche Seite zuständig. B soll die Alarmanlage stilllegen, eine Tür aufbrechen und dann als erstes den Tresor knacken, bevor anschließend die Wohnung durchsucht wird. Danach soll er A anrufen, damit sie gemeinsam die Beute sammeln und abtransportieren. Da B den Tresor nicht knacken kann, verlässt er unverrichteter Dinge die Wohnung und kehrt zu A zurück. → Rn. 23

Fall 4: Im Fall 3 planen A und B einen Raubüberfall auf den allein lebenden R. B soll an der Haustür klingeln und den öffnenden R sofort überwältigen, während A am Gartentor das Geschehen zunächst absichern und nach dem Öffnen der Tür hinzustoßen soll. Dazu kommt es aber nicht, weil B sich zuvor der Polizei anvertraut und ihrem Vorschlag zugestimmt hat, zum Schein den Überfall wie geplant durchzuführen, um nach dem Klingelzeichen den nichts ahnenden A festzunehmen. So geschieht es (BGHSt 39, 236). → Rn. 29

1   Im Folgenden werden einige in jeder Hinsicht prüfungsrelevante Sonderfälle des § 22 angesprochen. Für den Fortgeschrittenen erschließen sich die übergreifenden Zusammenhänge wohl leichter, wenn man die Sonderfälle beieinander lässt und in die unmittelbare Nähe zu den Normalfällen des § 22 rückt. Der Anfänger kann und sollte das Studium dieser besonderen Konstellationen zurückstellen, bis er sich mit der mittelbaren Täterschaft, der Mittäterschaft bzw. dem unechten Unterlassungsdelikt befasst hat.

I. Versuchsbeginn bei mittelbarer Täterschaft

1. Einführung

2   Wann der Versuch bei der mittelbaren Täterschaft beginnt, ist sehr umstritten. Bei der Vielzahl der Meinungen fällt es nicht leicht, Meinungsgruppen zu bilden. Ein weiteres Problem folgt daraus, dass

§ 36. Der Versuch: Sonderfälle 309

man als Werkzeug nicht nur einen vom Täter benutzten Dritten – um diese Fälle geht es im Folgenden –, sondern auch das Opfer ansehen kann, das sich gutgläubig in eine gestellte Falle begibt. Insoweit erge-ben sich zu den beim Versuch des Einzeltäters schon erörterten Konstellationen des Fallenstellens und der Distanzdelikte (§ 34 Rn. 45 ff.) einige – in Einzelheiten ungeklärte – Parallelen (vgl. auch LK/*Schünemann*, 12. Aufl., § 25 Rn. 150).

In der **Fallbearbeitung** folgt der Aufbau dem üblichen Versuchsschema 3 (oben § 34 Rn. 2): Innerhalb der Tatbestandsmäßigkeit ist mit dem subjektiven Tatbestand entsprechend Punkt B.I.2 des Aufbauschemas in § 43 Rn. 5 zu beginnen. Anschließend gelangt man im Rahmen des § 22 zu der hier erörterten Problematik (siehe ergänzend das in § 43 Rn. 88 empfohlene Aufbauschema für die Prüfung eines versuchten Mordes in mittelbarer Täterschaft). – Falllösungen zum Versuchsbeginn bei mittelbarer Täterschaft bei *Rönnau/Nebendahl*, JuS 1990, 746 f.; *Saliger*, JuS 1995, 1008 f.; *Krahl*, JuS 2003, 1190 f.; *Bung*, JA 2007, 870 f.; *Schuster*, Jura 2007, 233.

2. Meinungsgruppen

Im Ausgangspunkt stehen sich zwei Meinungsgruppen gegenüber, 4 die üblicherweise als Gesamtlösung und Einzellösung bezeichnet werden:

a) Gesamtlösung. Nach der Gesamtlösung werden wie bei der 5 Mittäterschaft (vgl. unten Rn. 18 ff.) Täter und Werkzeug zu einer Einheit verbunden, so dass der Versuch erst beginnen kann, wenn das Werkzeug die Schwelle des § 22 überschreitet. Hauptargument dieser Ansicht ist, dass der mittelbare Täter für einen Versuch nicht strenger als ein Anstifter haften dürfe, dessen Haftung streng akzessorisch von der Haupttat abhängig sei.

Die Kritik bestreitet überhaupt nicht, dass (spätestens) mit dem 6 Ansetzen des Tatmittlers zur Tatbestandsverwirklichung ein Versuch vorliegt, hält die Gesamtlösung aber für zu eng. Zu Recht wird bemängelt, dass der mittelbare Täter über das – mittels eines deliktischen Minus – gesteuerte Werkzeug die Tatherrschaft hat und daher eine Vorverlagerung der Strafbarkeit sachgerecht ist. Nur so lassen sich auch bedenkliche Strafbarkeitslücken vermeiden. Zudem kann man der Gesamtlösung vorhalten, dass auf ihrem Boden der Anstiftungsversuch mit Strafe bedroht ist (§ 30 I), während das eigentlich gefährlichere bloße Losschicken eines Tatmittlers straflos bleiben soll.

Vertreter der Gesamtlösung sind: *Kühl*, JuS 1983, 180 ff.; *ders.*, AT, § 20 7 Rn. 90 ff.; *Krey/Esser*, AT, Rn. 1239; ferner *Bung*, JA 2007, 870 f. und *Krack/*

310   7. Kapitel. Versuch und Rücktritt

Schwarzer, JuS 2008, 141 mit Falllösungen. – Zu den Einwänden *Heinrich*, AT, Rn. 748; *Roxin*, AT II, § 29 Rn. 247 ff.

8   **b) (Weite) Einzellösung.** Gleichsam auf der anderen Seite steht die am weitesten gehende Variante der Einzellösung, wonach der Versuch schon mit der Einwirkung auf den Tatmittler beginnen soll. Man beruft sich auf die Parallele zur versuchten Anstiftung. Gegen dieses Argument spricht aber, dass sich die versuchte Anstiftung unter Umständen weit im Vorfeld der ins Auge gefassten Haupttat abspielt. Man kann damit nicht begründen, weshalb beim mittelbaren Täter eine derartige Einwirkung den strafbaren Beginn der Tat selbst markieren soll.

Vertreter der weiten Einzellösung sind: *Baumann/Weber/Mitsch*, AT, § 29 Rn. 155; *Puppe*, Dahs-FS, 2005, S. 173 ff. – Zu den Einwänden *Heinrich*, AT, Rn. 749.

9   Lange in der Diskussion war noch eine „**differenzierende**" **Einzellösung**, die zwischen der **Gut- und Bösgläubigkeit** des Werkzeugs unterschied und bei einem gutgläubigen Tatmittler den Versuchsbeginn wie die weite Einzellösung und bei einem bösgläubigen wie die Gesamtlösung bestimmte. Die Ansicht dürfte überholt sein. Gegen sie spricht, dass auch bei der vollendeten mittelbaren Täterschaft die Differenzierung keine Rolle spielt und es nicht einleuchtet, den Täter bei einem schuldlos, aber bösgläubig handelnden Werkzeug besser zu stellen. – Zur Kritik *Roxin*, AT II, § 29 Rn. 258 f.; *Heinrich*, AT, Rn. 750.

10   **c) „Modifizierte" Einzellösungen.** Die Rechtsprechung und h. M. suchen die Lösung zutreffend zwischen den erwähnten Extremen im Sinne einer – oft so genannten – „modifizierten" Einzellösung. Allerdings ist der Grad der Modifikation wieder umstritten:

11   Eine verbreitete Literaturmeinung überträgt auf den Versuch des mittelbaren Täters die Lösung, die von der h. M. zum Versuchsbeginn beim Stellen von Fallen und bei Distanzdelikten vertreten wird (§ 34 Rn. 45 ff.). Danach beginnt der Versuch des mittelbaren Täters, wenn er den Geschehensverlauf aus der Hand gibt, also in der Regel mit dem Zeitpunkt des Losschickens.

Diese „weite" modifizierte Einzellösung vertreten: *Roxin*, AT II, § 29 Rn. 244 f.; LK/*Schünemann*, 12. Aufl., § 25 Rn. 150 ff., 154, der die Bezeichnung „Freisetzungstheorie" vorschlägt; SK/*Rudolphi*, § 22 Rn. 20a; *Jäger*, AT, Rn. 304; *Heinrich*, AT, Rn. 751; *Murmann*, GK, § 28 Rn. 90.

12   Die engere Variante teilt den Ausgangspunkt insoweit, als sie annimmt, dass mit dem Abschluss der Einwirkungen auf den Tatmittler

§ 36. Der Versuch: Sonderfälle   311

zumindest „regelmäßig" der Versuch beginne (BGHSt 40, 257, 269; *BGH* StV 2001, 272, 273). Im Übrigen bemüht man sich aber mit Blick auf etwaige Zwischenakte des Tatmittlers sowie eine mögliche größere zeitliche Distanz zwischen dem Losschicken und der Tatausführung um eine Lösung, die sich stärker an der allgemeinen Vorschrift des § 22 orientiert.

Die Eingrenzung gegenüber der „weiten" modifizierten Einzellö-   13 sung lässt sich dahingehend umschreiben, dass die Entlassung aus dem Herrschaftsbereich nur dann die Voraussetzungen des § 22 erfüllt, wenn der entlassene Tatmittler die tatbestandsmäßige Handlung im unmittelbaren Anschluss, d. h. in einem engen zeitlichen Zusammenhang, ausführen soll und deshalb wegen der nahen Tatbestandsverwirklichung das geschützte Rechtsgut schon gefährdet ist (BGHSt 30, 363, 365; *BGH* StV 2001, 272, 273; *Kraatz*, Jura 2007, 535). Eine solche Gefährdung hält die Rechtsprechung für gegeben, wenn ein Werkzeug losgeschickt wird, das die Tat „alsbald" begehen soll (BGHSt 30, 363, 366). Dagegen liegt noch kein Versuch vor, sofern der Tatmittler „erst nach einer gewissen Zeitspanne oder zu einem bestimmten späteren Zeitpunkt tätig werden soll" (BGHSt 40, 257, 269; ferner *BGH* StV 2001, 272, 273). Dann beginnt auch für den Hintermann der Versuch erst mit dem unmittelbaren Ansetzen des Tatmittlers.

Neben der Rechtsprechung folgen dieser Linie: *W/Beulke/Satzger*, AT, Rn. 613 ff.; Sch/Sch/*Eser/Bosch*, § 22 Rn. 54a; *Joecks*, § 25 Rn. 70; *Fischer*, § 22 Rn. 24 ff.; *Kraatz*, Jura 2007, 535; *Kaspar*, AT, Rn. 735 f.

Gegen die von der Rechtsprechung geprägte engere Ansicht   14 spricht, dass sie sich nur scheinbar auf der Grundlage des § 22 bewegt (*Roxin*, AT II, § 29 Rn. 260 ff.). Denn natürlich müssen im **Fall 1a** die Tatmittler B und C das Opfer N noch aufsuchen, identifizieren und überfallen, also eigentlich relevante Zwischenakte vornehmen. Lässt sich daher ein „unmittelbares" Ansetzen durch B und C nicht annehmen, so fragt man sich, wie man das gesetzliche Kriterium des § 22 so einfach durch das – zudem schwer feststellbare – Kriterium des „alsbaldigen" Ansetzens ersetzen kann. Nimmt man demgegenüber das „unmittelbar" konsequent ernst (wie LK/*Hillenkamp*, 12. Aufl., § 22 Rn. 157 ff.), gelangt man oft zu Ergebnissen, die der kriminalpolitisch bedenklichen Gesamtlösung entsprechen. Daher verdient die „weite" modifizierte Einzellösung Beifall, zumal sie mit dem Erfordernis des Aus-der-Hand-Gebens eine praktikable Formel anbietet.

312   7. Kapitel. Versuch und Rücktritt

15   Im **Fall 1a** sind B und C von den §§ 249, 250 I Nr. 1b, 30 II gemäß § 31 I Nr. 3 zurückgetreten. Bei A sind die §§ 212, (211), 22, 25 I 2. Var. zu erörtern. B und C sollten hinsichtlich des § 212 als vorsatzlos handelnde Werkzeuge den N töten. Was den § 22 betrifft, so gelangen im Ergebnis alle Einzellösungen zur Bejahung. Nach der Gesamtlösung müsste § 22 abgelehnt werden, so dass A nur wegen versuchter Anstiftung zum schweren Raub zu bestrafen wäre (§§ 249, 250 I Nr. 1b, 30 I).

16   Im **Fall 1b** könnte auch auf dem Boden der engeren modifizierten Einzellösung § 22 zu verneinen sein. Für sie stellt sich die Frage, ob wegen der Zeitspanne von drei Tagen die Voraussetzungen des § 22 noch bejaht werden können. Diesbezüglich muss man sich entscheiden, ob drei Tage – oder ggf. vier, fünf usw. – länger als „alsbald" sind. Solche problematischen Grenzziehungen erspart einem die weite modifizierte Einzellösung.

17   **Fall 2** enthält eine lehrreiche Konstellation zu einem versuchten Prozessbetrug in mittelbarer Täterschaft. Insoweit müssen zunächst der Tatentschluss bezüglich aller Merkmale der §§ 263, 25 I 2. Var. (z. B. Täuschung des Gerichts mittels S) einschließlich der Möglichkeit des Dreiecksbetruges festgestellt werden (vgl. *Rengier*, BT I, § 13 Rn. 93 ff., 112 f.). Dann stellt sich wieder die Streitfrage des § 22. Nach der Einzellösung und ihrer weiten modifizierten Variante liegt ein unmittelbares Ansetzen vor, nach der Gesamtlösung nicht. Ob auf dem Boden der engeren modifizierten Einzellösung die Tat das Versuchsstadium erreicht hat, ist nicht so eindeutig, wird aber überwiegend bejaht (*OLG München* NJW 2006, 3364, 3365; *Fischer*, § 22 Rn. 26; *Bosch*, JA 2007, 153; a. A. *Kraatz*, Jura 2007, 535: § 22 „wohl" noch nicht überschritten). – Falllösungen bei *Kraatz*, Jura 2007, 531 ff.; *Bung*, JA 2007, 868 ff.

II. Versuchsbeginn bei Mittäterschaft

18   Auch bei der Mittäterschaft ist umstritten, wann der Versuch beginnt. Doch ganz anders als bei der mittelbaren Täterschaft streiten sich hier nur zwei Meinungen um die bessere Lösung. Hinzu kommt: Die Argumente, die von der ganz überwiegend vertretenen und zutreffenden Gesamtlösung vorgetragen werden, haben viele so verinnerlicht, dass die abweichende Einzellösung teilweise gar nicht ins Blickfeld gerät.

19   Zur **Fallbearbeitung:** Die Erörterung der Einzellösung wird auf jeden Fall erwartet. Im **Aufbau** beginnt man im Normalfall mit der Person, die, zur Tat entschlossen, eigenhändig gemäß § 22 zur Tatbestandsverwirklichung ansetzt. Bei dem (potentiellen) Mittäter ist dann zu beachten, dass es um eine versuchte Tat geht und folglich mit dem subjektiven Tatbestand begonnen werden muss. Insoweit sind im Rahmen des Tatentschlusses auch die Voraussetzungen des § 25 II und ggf. die Abgrenzung zur Teilnahme zu erörtern.

§ 36. Der Versuch: Sonderfälle   313

Gelangt man zur Mittäterschaft, so muss auf der anschließend zu prüfenden objektiven Ebene des § 22 ggf. der Streit um die Gesamt- oder Einzellösung aufgegriffen werden.

Nach der **Gesamtlösung** beginnt der Versuch für jeden Mittäter, 20 sobald nur einer von ihnen gemäß § 22 zur Tatbestandsverwirklichung ansetzt. Die Plausibilität dieser Ansicht folgt daraus, dass sie konsequent das dem § 25 II zugrunde liegende Prinzip der gegenseitigen Zurechnung aller Tatbeiträge umsetzt.

BGHSt 39, 236, 237 f.; *W/Beulke/Satzger*, AT, Rn. 611; *Heinrich*, AT, Rn. 740 ff.; *Rönnau*, JuS 2014, 109 f. – Eine Falllösung bei *Zopfs*, Jura 2013, 1072 ff.

Demgegenüber ist nach der **Einzellösung** jeder Mittäter getrennt 21 zu betrachten. Er kann nur dann wegen einer versuchten mittäterschaftlichen Tat bestraft werden, wenn er selbst die Schwelle des § 22 überschritten oder im Versuchsstadium zumindest seinen Tatbeitrag erbracht hat (*Roxin*, AT II, § 29 Rn. 297 ff.; SK/*Rudolphi*, § 22 Rn. 19a).

Die Einzellösung ist eng mit der Ansicht verknüpft, dass mittäter- 22 schaftliches Handeln ein Zusammenwirken im Ausführungsstadium verlangt. Lehnt man dies zutreffend ab und hält eine Mittäterschaft auch bei Tatbeiträgen im Vorbereitungsstadium für möglich (unten § 41 Rn. 18 ff.), so wäre es widersprüchlich, einem nur im Vorbereitungsstadium agierenden Mittäter den Eintritt eines Tatgenossen in die Versuchsphase nicht zuzurechnen. Auch deshalb verdient die Gesamtlösung Zustimmung.

Im **Fall 3** erfüllt B die §§ 242, 244 I Nr. 3, 22. Da es A und B nicht nur auf 23 den Inhalt des Tresors abgesehen hatten, kann man im Verhalten des B – Verzicht auf die sonstige Beute – einen strafbefreienden Rücktritt gemäß § 24 II 1 sehen (entsprechend § 38 Rn. 20 zu Fall 2a). Ferner verwirklicht B die §§ 123 I, 303 I. – Bei der Strafbarkeit des A gemäß den §§ 244 I Nr. 3, 22, 25 II ist der subjektive Tatbestand (= Tatentschluss) zu bejahen, da A den Wohnungseinbruchdiebstahl mit B als Mittäter begehen wollte. Anschließend muss man § 22 prüfen, der nach der vorzugswürdigen Gesamtlösung, aber nicht nach der Einzellösung zu bejahen ist. Von daher erfüllt A, da ihm der Rücktritt des B nicht zugutekommt, die §§ 244 I Nr. 3, 22, 25 II. Nach der Einzellösung läge nur eine Beihilfe vor. Ferner verwirklicht A im Lichte der h. M., nach der für mittäterschaftliches Handeln auch eine Mitwirkung im Vorbereitungsstadium genügen kann, die §§ 123 I, 303 I, 25 II.

III. Versuchsbeginn bei vermeintlicher Mittäterschaft

24 In dieser – innerhalb der Rechtsprechung und Gesamtlösung umstrittenen – Konstellation geht es darum, ob das Zurechnungsprinzip der Gesamtlösung auch dann noch eine tragfähige Grundlage hat, wenn ein bloß vermeintlicher Mittäter die ihm zugedachte Handlung ausführt. Der Grund für die vermeintliche Mittäterschaft kann etwa darin liegen, dass

25 – einer von zwei Beteiligten, z. B. ein verdeckter Ermittler, die verabredete Tat nur scheinbar ausführt (Falllösung bei *Otto/Petersen*, Jura 1999, 480 ff.);

 – ein ursprünglicher Mittäter sich heimlich von der Verabredung lossagt, seinen Tatbeitrag aber beispielsweise auf Anraten der Polizei noch erbringt (BGHSt 39, 236, 237; siehe Fall 4 in Rn. 29; Falllösung bei *Gropengießer/Kohler*, Jura 2003, 277 ff.), oder

 – ein Beteiligter irrtümlich von einem verabredeten Betrug ausgeht, während in Wirklichkeit der den Schaden meldende vermeintliche Mittäter gutgläubig agiert (BGHSt 40, 299).

26 Die einen untauglichen mittäterschaftlichen Versuch bejahenden Stimmen berufen sich auf die gemäß § 22 maßgebliche subjektive Tatplanperspektive und die daraus folgende Strafbarkeit des untauglichen Versuchs. Dies erlaube es, dem Täter, der einen Komplizen irrig als Mittäter ansehe, die fremde Versuchshandlung zuzurechnen. Zudem beziehe sich die Zurechnung gemäß § 25 II nur auf objektive Tatbeiträge, und aus der Außensicht trete der vermeintliche Mittäter in das Versuchsstadium ein. Schließlich gebe es keinen Grund, den ursprünglichen Mittäter wegen der aus seiner Sicht zufälligen Willensänderung des Kompagnons besser zu stellen.

BGHSt 40, 299, 302; *BGH* NStZ 2004, 110, 111; *Fischer*, § 22 Rn. 22 ff.; *Heinrich*, AT, Rn. 743 ff.; *Hauf*, NStZ 1994, 263 ff.

27 Die häufiger vertretene und überzeugendere Gegenmeinung hält es zu Recht für unentbehrlich, dass einer der Komplizen den objektiven Versuchstatbestand des § 22 erfüllt. Darauf kann auch im Falle der versuchten vermeintlichen Mittäterschaft nicht verzichtet werden. Das Kriterium des § 22 erlaubt es nicht, sich auf das äußerliche Vorliegen einer Versuchshandlung zu beschränken und die subjektive Vorstellung auszublenden. Ein ohne Tatvorsatz handelnder vermeint-

§ 36. Der Versuch: Sonderfälle   315

licher Mittäter setzt eben gerade nicht zur Tatbestandsverwirklichung an. Ein solches Ansetzen, in dem sich nach außen hin der rechtserschütternde Eindruck dokumentiert, verlangt aber der untaugliche Versuch genauso wie der taugliche. Auch in der Konstellation der vermeintlichen Mittäterschaft kann das tatsächliche Überschreiten der Schwelle des § 22 nicht durch den bloßen Glauben an ein solches Handeln des vermeintlichen Mittäters ersetzt werden. Im Ergebnis liegt daher nur ein Versuch der Beteiligung vor, der lediglich in den Fällen des § 30 strafbar ist.

28 BGHSt 39, 236, 238; *Beulke* II, Rn. 240; LK/*Hillenkamp*, 12. Aufl., § 22 Rn. 175 f.; *Zopfs*, Jura 1996, 19 ff.; *Krack*, NStZ 2004, 697 ff.; Sch/Sch/*Eser/ Bosch*, § 22 Rn. 55a; MüKo/*Herzberg/Hoffmann-Holland*, § 22 Rn. 140 ff.; *Küpper/Mosbacher*, JuS 1995, 488 ff.; *Geppert*, Jura 2011, 37 f.; *Rönnau*, JuS 2014, 110 f.; *Hilgendorf/Valerius*, AT, § 10 Rn. 50. – Auf dem Boden der von *Roxin* und *Rudolphi* vertretenen Variante der Einzellösung (Rn. 21) stellt sich die Problematik nicht.

29 Im **Fall 4** fehlt bei B hinsichtlich der §§ 249, 22, 25 II schon der Tatentschluss. Von den §§ 249, 30 II ist er nach § 31 I Nr. 3 zurückgetreten. Bei A verläuft die Prüfung der §§ 249, 22, 25 II wie folgt: Zuerst muss der Tatentschluss zur mittäterschaftlichen Begehung eines Raubes festgestellt werden. Dann gelangt man zu § 22. Das Verweilen am Gartentor stellt kein eigenes Ansetzen zum Raub dar. Also stellt sich die Frage, ob A ein etwaiges unmittelbares Ansetzen des B zugerechnet werden kann. Um dies grundsätzlich bejahen zu können, muss man zunächst auf den Streit zwischen der Gesamt- und Einzellösung eingehen und sich der vorzugswürdigen Gesamtlösung anschließen. Danach kommt man zu dem Problem, ob es bei A für den Versuchsbeginn genügt, dass der Schein-Mittäter B nach der Vorstellung des A die Schwelle des § 22 überschreitet. Nach der auch hier vertretenen h. M. ist das zu verneinen (Falllösung bei *Krell*, Jura 2012, 150 ff.).

30 In entsprechender Weise kann in den anderen oben in Rn. 25 angesprochenen Konstellationen zu Lasten des Täters, der sich irrig für einen Mittäter hält und nur im Vorbereitungsstadium mitwirkt, ein untauglicher mittäterschaftlicher Versuch nicht damit begründet werden, dass der verdeckte Ermittler einen vorgetäuschten Bankraub begeht oder im Fall BGHSt 40, 299 die Schadensmeldung erfolgt.

31 Auf dem Boden der hier abgelehnten Ansicht entstehen auch Unklarheiten, was mit der Ausführung der „nach dem Tatplan zugedachte(n) Handlung" (*BGH* NStZ 2004, 110, 111) exakt gemeint sein soll.

32 Dazu noch eine **Variante zu Fall 3:** Bevor B vereinbarungsgemäß einbricht, wendet er sich an die Polizei, die ihn mit Zustimmung des R zum Weitermachen auffordert. Muss jetzt B etwa, um eine sichere Strafbarkeit des A zu er-

316   7. Kapitel. Versuch und Rücktritt

reichen, scheinbar den Tresor knacken und das Haus durchsuchen, während R und die Polizei zuschauen? Auf derartige Spielereien kann es nicht ernsthaft ankommen.

IV. Versuchsbeginn beim unechten Unterlassungsdelikt

33   Zu den als umstritten eingestuften Sonderfällen des § 22 gehört ferner die Frage, wann der Versuch beim unechten Unterlassungsdelikt beginnt (zu diesem Deliktstyp und zu der wichtigen Garantenstellung unten §§ 49, 50). Genau betrachtet ist der Meinungsstreit im Wesentlichen überwunden. Doch erwartet man von dem Studierenden immer noch, dass er die drei möglichen Positionen kennt und auch die beiden aktuell kaum noch vertretenen Ansichten im Blickfeld hat.

Zusammenfassend *Heinrich*, AT, Rn. 752 ff.; *Beulke* I, Rn. 315 und III, Rn. 679; *Kudlich*, JA 2008, 603; *Putzke*, JuS 2009, 1084; *Exner*, Jura 2010, 278 f.; *Frisch/Murmann*, JuS 1999, 1199 mit Falllösung.

34   Nach einer Ansicht soll der Versuch beginnen, wenn der Garant die **erste Rettungsmöglichkeit** nicht ergreift. Für diese Meinung mag der Gedanke eines optimalen Rechtsgüterschutzes sprechen. Gegen sie ist aber einzuwenden, dass sie die Strafbarkeit weit in einer mit § 22 kaum vereinbaren Weise nach vorne verlagert und die strafrechtliche Haftung des Garanten früher als die des Begehungstäters einsetzen lässt.

35   Die extreme Gegenmeinung will einen Versuch erst bejahen, wenn der handlungspflichtige Täter die nach seiner Vorstellung **letzte Rettungsmöglichkeit** verstreichen lässt. Gegen diesen Standpunkt spricht, dass hier die Hilfe zu spät einsetzt, weil der Garant selbst dann noch nicht unbedingt eingreifen muss, wenn die Gefahr für das Opfer schon sehr groß ist. Zudem fallen danach entgegen der Konzeption des § 24 in der Regel Beginn und Ende des Versuchs ohne Rücktrittsmöglichkeit zusammen.

36   Daher sehen heute Rechtsprechung (BGHSt 40, 257, 270 f.) und Literatur die Lösung in der einleuchtenden und gesetzeskonformen **sinngemäßen Anwendung des § 22** auf die Unterlassungskonstellation. Der Garant muss dann eingreifen, wenn sich das Opfer in einer Lage befindet, in der für das tatbestandlich geschützte Rechtsgut eine unmittelbare Gefahr entsteht oder eine bestehende Gefahr erhöht wird. Dies ist auch dann zu bejahen, wenn der Garant – parallel zur Formel vom Aus-der-Hand-Geben in den Fällen oben § 34 Rn. 51 f. –

die Obhut über das Opfer aufgibt und es seinem Schicksal überlässt (h. M.; *Roxin*, AT II, § 29 Rn. 271 ff.; a. A. LK/*Hillenkamp*, 12. Aufl., § 22 Rn. 148 f.).

Beispiele: (1) Wenn in dem klassischen Schulfall ein Garant um 19.00 Uhr **37** eine von ihm zu schützende, ohnmächtige Person auf einem Zuggleis sieht und dort in seiner Anwesenheit liegen lässt, um sie durch den um 20.00 Uhr vorbeifahrenden Zug zu töten, beginnt der Versuch des § 212 nach der Lehre von der ersten Rettungsmöglichkeit um 19.00 Uhr, nach derjenigen von der letzten Möglichkeit um ca. 19.58 Uhr und nach der Formel des § 22 vielleicht gegen 19.55 Uhr. Entfernt sich der gleichgültige Garant nach 10-minütiger Bedenkzeit, so beginnt der Versuch um 19.10 Uhr, weil er dann das Opfer sich selbst überlässt.

(2) Beim Verhungernlassen des eigenen Kindes fängt der Tötungsversuch **38** an, wenn der Vater oder die Mutter erkennt, dass das Kind in unmittelbare Lebensgefahr gerät.

(3) Bei einem Täter, der nach einem von ihm verschuldeten Verkehrsunfall **39** sein lebensgefährlich verletztes Opfer mit Tötungsvorsatz liegen lässt, beginnt der Versuch normalerweise mit dem Sichentfernen (*Roxin*, AT II, § 29 Rn. 276; *Frisch/Murmann*, JuS 1999, 1199).

V. Sonstige Fälle

Es gibt weitere Konstellationen, die man als Sonderfälle des Ver- **40** suchs einordnen kann, bei denen es aber nicht oder weniger um Fragen des § 22 geht. So unterscheidet man bei dem häufigen erfolgsqualifizierten Delikt zwischen der **versuchten Erfolgsqualifizierung** und dem **erfolgsqualifizierten Versuch**. Da bei dieser Deliktsgruppe die konkrete Ausgestaltung des Straftatbestandes eine erhebliche Rolle spielt, ist es sinnvoller, die einschlägigen Versuchsfragen im Rahmen des Besonderen Teils zu erörtern (näher *Rengier*, BT I, § 9 Rn. 14 ff.; BT II, § 10 Rn. 21 f.; § 15 Rn. 30 ff.; § 16 Rn. 29 ff.; § 22 Rn. 24; § 40 Rn. 45, 57 f.).

Besondere Fragen stellen sich ferner beim **Versuch des Regelbei- 41 spiels**. Die Problematik wird typischerweise im Zusammenhang mit § 243 aktuell und deshalb auch dort erörtert (*Rengier*, BT I, § 3 Rn. 48 ff.).

Zur **versuchten Anstiftung** (§ 30 I) siehe unten § 47 Rn. 6 ff. **42**

Empfehlungen zur vertiefenden Lektüre:
Rechtsprechung: BGHSt 30, 363 (Versuchsbeginn bei mittelbarer Täterschaft); BGHSt 39, 237 und BGHSt 40, 299 (Versuchsbeginn bei vermeintlicher Mittäterschaft).

318   7. Kapitel. Versuch und Rücktritt

Literatur: *Exner,* Versuch und Rücktritt vom Versuch eines Unterlassensdelikts, Jura 2010, 276 ff.; *Kraatz,* Versuchter Prozessbetrug in mittelbarer Täterschaft, Jura 2007, 531 ff.; *Küpper/Mosbacher,* Untauglicher Versuch bei nur vermeintlicher Mittäterschaft – BGH, NJW 1995, 142 (= BGHSt 40, 299), JuS 1995, 488 ff.; *Rönnau,* Grundwissen – Strafrecht: Versuchsbeginn bei Mittäterschaft, mittelbarer Täterschaft und unechten Unterlassungsdelikten, JuS 2014, 109 ff.; *Zopfs,* Vermeintliche Mittäterschaft und Versuchsbeginn, Jura 1996, 19 ff.

§ 37. Der Rücktritt des Einzeltäters (§ 24 I)

Fall 1: T will O mit mehreren Messerstichen töten. Schon nach dem ersten Messerstich bekommt T Mitleid, gibt sein Vorhaben auf und entfernt sich. O überlebt. *Vier Varianten:* a) Da die Wunde nicht stark blutet, geht T von einer relativ harmlosen Verletzung aus. b) Da die Wunde stark blutet, stellt sich T vor, dass bereits sein erster Stich für O tödlich gewesen sein könnte. c) T hält nach dem ersten Stich inne, den er für harmlos hält. Nach zwei Minuten entfernt er sich. Kurz davor erkennt er noch, wie O ohnmächtig wird und deshalb seiner Einschätzung nach in Lebensgefahr gerät. d) Die stark blutende und in seinen Augen lebensgefährliche Wunde veranlasst T zum Aufhören. In den nächsten zwei Minuten nehmen aber die Blutungen ab und O sagt, er sei nicht schwer verletzt und könne sich selbst helfen. Daraufhin verlässt T den O. → Rn. 37–40

Fall 2: T und O treffen sich täglich um 16 Uhr am Arbeitsplatz zu einer Teestunde. T will O aus Rache heimlich bestrafen und versieht daher dessen Tee mit einem Gift, das erhebliche Schmerzen verursachen soll, als von T klar erkannte Nebenwirkung aber auch den Tod herbeiführen kann. Dem fragenden T berichtet O am nächsten Tag, ihm sei es letzte Nacht ziemlich schlecht gegangen, die Schmerzen würden aber langsam nachlassen. T sieht sein Ziel erreicht. Auf weitere Vergiftungen verzichtet er. → Rn. 70

Fall 3: A will seine geschiedene Frau E und deren Freund F töten. Als A nach Betriebsschluss auf E wartet, erscheint zunächst F, den A gleich mit Tötungsvorsatz durch einen Stich in den Unterleib verletzt. Dem fliehenden F setzt A mit seinem Pkw nach, doch bricht er dann die Verfolgung des in seinen Augen nicht lebensgefährlich verletzten F ab, um nicht E zu verpassen. Am Ausgangsort trifft er sie an und tötet sie (vgl. BGHSt 35, 184). → Rn. 84, 97–100

Fall 4: D will nachts über ein leicht zu öffnendes Fenster im zweiten Stock in die Villa des E gelangen und dort ein wertvolles Gemälde entwenden. Zu diesem Zweck legt er eine Leiter an. Oben angekommen will er gerade das Fenster öffnen, als auf einmal unerwartet der Vollmond leuchtet. Da der Mond die weiße Wand hell erleuchtet und weitere Wolken nicht in Sicht sind, hält D die äußeren Umstände für ungünstig und beschließt daher, die Tat in der nächsten Neumondnacht in 14 Tagen durchzuführen. → Rn. 90, 105

§ 37. Der Rücktritt des Einzeltäters   319

Fall 5: a) M hat in der gemeinsamen Wohnung seine Frau F mit Tötungsvorsatz lebensgefährlich verletzt. Dies erkennend beschließt er, sie mit seinem
Pkw zum 3 km entfernten Krankenhaus zu fahren. Die stark benommene F
kann noch bis zum Auto gehen. Nach der Fahrt lässt M die am Kopf blutende
F etwa 100 m vor dem Eingang aussteigen, allein in Richtung Krankenhaus
gehen und entfernt sich. F wird wenig später 40 m vor dem Eingang bewusstlos im Gebüsch gefunden und dadurch gerettet. b) *Variante:* Beim Pkw angekommen sagt M zu F: „Sieh zu, wie Du zum Krankenhaus kommst!" und
fährt allein davon. F bricht neben dem Gehweg bewusstlos zusammen und
wird dort dank eines aufmerksamen Passanten gefunden, der Hilfe alarmiert
und sie dadurch rettet. → Rn. 125, 126
Fall 6: A versetzt in Gegenwart von Gästen seiner auf der Fensterbank sitzenden Frau F mit Tötungsvorsatz einen Stoß in den Rücken, so dass sie aus
dem Fenster und auf eine 3,40 m tiefer liegende Betonplatte fällt. Danach
schließt A das Fenster und zieht die Vorhänge zu. Erschrocken über seine lebensgefährliche Handlung diskutiert er mit seinen Gästen, bevor er unmittelbar danach die Polizei anruft und um einen Rettungswagen bittet. Indes haben
schon Nachbarn die Polizei verständigt, die für die Rettung der F gesorgt hat
(*BGH* StV 1992, 62). → Rn. 149

I. Grundlagen und Aufbaufragen

1. Grundlagen

Beim Rücktritt handelt es sich nicht etwa um einen Schuldaus- **1**
schließungsgrund, sondern um einen persönlichen Strafaufhebungsgrund (h. M.), an den in Versuchsfällen unbedingt zu denken ist. Aufbaumäßig muss der Rücktritt, der strafbefreiende Wirkung hat, *nach*
der Schuld eingeordnet werden.

Der Rücktritt kommt stets nur dem Zurücktretenden selbst und **2**
nicht etwaigen Beteiligten zugute. Das kann man schon aus dem
Wortlaut des § 24 II („wer", „seiner", „sein") und außerdem aus
dem Rechtsgedanken des § 29 ableiten. Der Rücktritt lässt das Vorliegen einer teilnahmefähigen vorsätzlichen und rechtswidrigen Tat
(§§ 26, 27) unberührt.

Einen Rücktritt nach § 24 kann es immer nur in Verbindung mit **3**
einem nach § 22 strafbaren Versuch geben. Ist die **Tat vollendet**,
kommt **kein Rücktritt** in Betracht.

Beispiel: Der hungrige T verstaut in einem Supermarkt vor dem Kassenbe- **4**
reich Lebensmittel in der Absicht in seiner Jackentasche, diese für sich zu behalten und nicht zu bezahlen. Indes packt ihn kurz vor der Kasse die Vernunft
und er legt alles wieder in die Verkaufsregale zurück. Der Ladendetektiv, der

320   7. Kapitel. Versuch und Rücktritt

das Geschehen beobachtet hat, erstattet mit Zustimmung des Geschäftsinha-
bers Strafanzeige. – Hier sind die Wegnahme und infolgedessen auch der
Diebstahl schon vor dem Passieren der Kasse vollendet gewesen, da die Ja-
ckentaschen zum Tabubereich des T gehören (näher *Rengier*, BT I, § 2
Rn. 47). Damit entfällt die Rücktrittsmöglichkeit. Eine tätige Reue scheidet
auch aus (vgl. unten § 39). Es bleibt nur die Möglichkeit, die Wiedergutma-
chung strafzumessungsrechtlich zu würdigen und das Verfahren gemäß § 153
StPO einzustellen.

5   Für den **Grund der Straflosigkeit** des Rücktritts gibt es verschiedene Erklärungen und Rücktrittstheorien, die untereinander allerer-
dings weniger in einem Streit stehen als sich gegenseitig ergänzen.
Auch wenn die Diskussion überwiegend theoretischen Charakter
hat, so können sich aus ihr doch hilfreiche Aspekte für die Auslegung
des § 24 ergeben (vgl. unten Rn. 99, 118 ff.).

6   Die anschauliche **kriminalpolitische Theorie** geht davon aus, dass
das Gesetz dem Täter eine „goldene Brücke" zurück in die Legalität
bauen will, damit er durch die Aussicht auf Straffreiheit einen Anreiz
hat, von der Vollendung abzusehen, anstatt in der Vorstellung weiter
zu agieren, ein Rücktritt lohne sich nicht, weil sich seine Strafbarkeit
nicht mehr ändern lasse. Bei dieser Theorie lässt sich der – bei allen
Theorien eine Rolle spielende – Gedanke des Opferschutzes besonders gut unterbringen. Je stärker die Anreize für einen Rücktritt
sind, umso besser wird das (potentielle) Opfer geschützt (zu den
Auswirkungen vgl. unten Rn. 24, 47, 62, 88, 124). Gegen die kriminalpolitische Theorie wird eingewandt, dass der Täter im Augenblick
des Tatgeschehens Überlegungen der vorgenannten Art kaum an-
stelle.

7   Die **Verdienstlichkeitstheorie** (oder auch **Gnadentheorie**) nimmt
an, dass der Gesetzgeber den Täter für die Rückkehr in die Legalität
belohnen wolle und als „Verdienst" Straffreiheit gewähre. Auf dem
Boden dieser Theorie kann man die Figur des fehlgeschlagenen Versuchs (unten Rn. 15 ff.) und das Merkmal der Freiwilligkeit (unten
Rn. 91 ff.) gut verstehen (*Kudlich*, JuS 1999, 241).

8   Die verbreitete **Strafzwecktheorie** knüpft an die Gedanken der
General- und Spezialprävention an (oben § 3 Rn. 14 ff.). Sie stützt
sich vor allem darauf, dass bei einem freiwilligen Rücktritt auf den
Täter weder aus spezial- noch aus generalpräventiven Gründen eingewirkt werden müsse.

§ 37. Der Rücktritt des Einzeltäters   321

Zur Diskussion, auch zu weiteren Theorien, ausführlich LK/*Lilie/Albrecht*, **9**
12. Aufl., § 24 Rn. 5 ff. Zusammenfassend *Kudlich*, JuS 1999, 240 f.; W/*Beulke/
Satzger*, AT, Rn. 626; *Heinrich*, AT, Rn. 759 ff.; *Kaspar*, AT, Rn. 758 ff.

2. Aufbaufragen

In der Fallbearbeitung gelangt man nach der Bejahung einer tatbe- **10**
standsmäßigen, rechtswidrigen und schuldhaften versuchten Tat zur
Rücktrittsprüfung gemäß § 24. Bei dieser Vorschrift ist es besonders
wichtig, auf eine genaue Zitierweise zu achten. Als erstes muss entschieden werden, ob es um den Rücktritt eines Einzeltäters (§ 24 I)
oder eines Beteiligten (§ 24 II) geht:

Einzeltäter ist jeder, der die Tatbestandsverwirklichung alleine in **11**
den Händen hält. Dazu gehören neben dem völlig alleine agierenden
Täter nach h. M. grundsätzlich auch der mittelbare Täter (zur Ausnahme unten § 38 Rn. 3) sowie der angestiftete und der von einem
Gehilfen unterstützte Täter.

Beteiligter im Sinne des § 24 II ist vor allem der Mittäter, der An- **12**
stifter und der Gehilfe.

Den Haupttäter, an dessen Tat sich ein Anstifter (§ 26) oder Gehilfe (27) be- **13**
teiligt, könnte man durchaus auch als Beteiligten einstufen (vgl. die Legaldefinition in § 28 II). Richtigerweise fällt aber der Rücktritt des Haupttäters wegen seiner alleinigen Tatherrschaft unter § 24 I (LK/*Lilie/Albrecht*, 12. Aufl.,
§ 24 Rn. 69, 366; *Roxin*, AT II, § 30 Rn. 305 ff.; *Heinrich*, AT, Rn. 788; h. M.).
Freilich: Auch wenn man § 24 II anwendet, kommt man zu keinen anderen
Ergebnissen, weil ein Haupttäter, der von einem unbeendeten Versuch zurücktritt (§ 24 I 1 1. Var.), im Lichte des § 24 II 1 die Vollendung verhindert
(*Loos*, Jura 1996, 518; *Lackner/Kühl*, § 24 Rn. 25; erg. unten § 38 Rn. 21).
Hält man mit der h. M. beim Rücktritt des angestifteten wie des unterstützten
Täters § 24 I für einschlägig, so genügt zur Begründung ein kurzer Hinweis
auf seine Einzeltäterschaft. Zum Aufbauproblem, wenn die Beteiligtenrolle
noch nicht geprüft ist, unten § 38 Rn. 6.

Steht danach der Rücktritt eines Einzeltäters gemäß § 24 I zur De- **14**
batte, so muss man mit der Struktur der Rücktrittsprüfung beim Alleintäter vertraut sein. Dazu das folgende

322   7. Kapitel. Versuch und Rücktritt

Aufbauschema zum Rücktritt des Einzeltäters (§ 24 I)

I. **Kein fehlgeschlagener Versuch**
II. **§ 24 I 1: Abgrenzung zwischen unbeendetem (1. Var.) und beendetem (2. Var.) Versuch nach dem – innerhalb einer Rücktrittseinheit ggf. korrigierten – Rücktrittshorizont**
1. Unbeendeter Versuch: Rücktritt gemäß § 24 I 1 1. Var.
    a) Aufgabe der weiteren Ausführung der Tat
    b) Freiwilligkeit
    oder:
2. Beendeter Versuch: Rücktritt gemäß § 24 I 1 2. Var.
    a) Bewusstes und gewolltes (kausales) Verhindern der Vollendung
    b) Freiwilligkeit
    wenn kein (kausales) Verhindern:
III. **Rücktritt vom beendeten Versuch durch Sichbemühen gemäß § 24 I 2**
1. Nichtvollendung ohne Zutun: Erfasst sind Fälle
    a) nicht kausaler und nicht objektiv zurechenbarer,
    b) ausbleibender oder
    c) unmöglicher
    Vollendung.
2. Sichbemühen: Bewusstes und gewolltes auf Verhindern der Vollendung gerichtetes Tätigwerden
3. Ernsthaftigkeit des Sichbemühens
4. Freiwilligkeit

II. Fehlgeschlagener Versuch

15   Nach der Rechtsprechung und h. M. schließt ein fehlgeschlagener Versuch von vornherein einen Rücktritt aus; dies lässt sich unschwer vor allem aus der Verdienstlichkeits- bzw. Gnadentheorie ableiten (Rn. 7). Deshalb gehört die Prüfung eines solchen Versuchs an den Anfang. Ein Versuch ist fehlgeschlagen, wenn der Täter nach seiner subjektiven Vorstellung die Tat mit den bereits eingesetzten oder den zur Hand liegenden Mitteln nicht mehr ohne zeitliche Zäsur vollenden kann (erg. unten Rn. 36, 49 f.).

§ 37. Der Rücktritt des Einzeltäters 323

BGHSt 34, 53, 56; 35, 90, 94; 39, 221, 228; 41, 368, 369; *BGH* NStZ 2008, 393; 2010, 146; 2010, 690, 691; 2013, 156, 157 f.; 2014, 396; 2015, 26; 2015, 331; NStZ-RR 2012, 239, 240; 2014, 171, 172.

Mit anderen Worten sagt sich der Täter: „Ich kann nicht zum Ziele **16** kommen, selbst wenn ich es wollte." Diese Frank'sche Formel, mit der ihr Urheber die Unfreiwilligkeit des Rücktritts umschreiben wollte, charakterisiert aus heutiger Sicht den fehlgeschlagenen Versuch (*Roxin*, AT II, § 30 Rn. 79; *Joecks*, § 24 Rn. 25).

Wichtig ist, dass es für die Frage des fehlgeschlagenen Versuchs – **17** genauso wie bei der Abgrenzung zwischen unbeendetem und beendetem Versuch und der Freiwilligkeit – allein auf die **subjektive Vorstellung** des Täters ankommt. Deshalb können sich Irrtümer zu Gunsten wie zu Ungunsten des Täters auswirken.

Beispiele: Kein fehlgeschlagener Versuch liegt vor, wenn die Schusswaffe objektiv defekt oder ungeladen ist, der Täter aber denkt, die Waffe sei in Ordnung bzw. noch mit scharfer Munition geladen. Umgekehrt muss ein rücktrittsausschließender Fehlschlag bejaht werden, sofern die Waffe objektiv zwar intakt bzw. scharf geladen ist, der Täter aber vom Gegenteil ausgeht.

Sehr große Bedeutung kommt weiter der Einsicht zu, dass für die **18** subjektive Perspektive, ob ein Fehlschlag vorliegt, in erster Linie der Zeitpunkt des Rücktritts – der sog. **Rücktrittshorizont** – maßgeblich ist. Da dieser Punkt auch für die Abgrenzung zwischen dem unbeendeten und beendeten Versuch entscheidend ist, wird er unten in Rn. 34 ff. erörtert. Fragen des fehlgeschlagenen Versuchs berührt ferner der Streit um die Einzel- oder Gesamtbetrachtung (unten Rn. 41 ff.).

Die zentrale Bedeutung des Rücktrittshorizonts ändert nichts da- **19** ran, dass für die Frage des Fehlschlags auch der Tatplan eine Rolle spielen kann. Erkennt der Täter nach dem Scheitern seiner Bemühungen etwa die Notwendigkeit, Tathandlungen und -ablauf grundlegend zu ändern und eine ganz neue Kausalkette in Gang zu setzen, um den Erfolg noch herbeiführen zu können, so kann dies die Annahme eines Fehlschlags nahelegen (*BGH* NStZ 2008, 393; 2010, 690, 691). In diesem Zusammenhang lassen sich die unten in Rn. 25 f. erörterten „Sinnlosigkeits-Fälle" einordnen.

Roxin sieht in der (Un-)Möglichkeit einer „tatplanentsprechenden" Tatbestandsverwirklichung ein entscheidendes Kriterium des fehlgeschlagenen Versuchs (NStZ 2009, 319).

324   7. Kapitel. Versuch und Rücktritt

20 Die typische Fallgruppe des fehlgeschlagenen Versuchs ist dadurch gekennzeichnet, dass die **Tatbestandserfüllung erkanntermaßen objektiv unmöglich** ist (wobei zu beachten bleibt, dass die bloß vorgestellte Unmöglichkeit auch genügen würde).

21 **Beispiele:** Zu dieser Gruppe gehören alle untauglichen Versuche (§ 35 Rn. 1 ff.), deren Untauglichkeit dem Täter nach dem Eintritt in das Versuchsstadium bewusst wird. Ferner kann sich ein Fehlschlag etwa daraus ergeben, dass alle Schüsse ihr Ziel verfehlen und weitere Munition nicht zur Verfügung steht, die Bombe das Opfer nicht trifft, der zum Eindringen im Sinne des § 243 I 2 Nr. 1 benötigte Nachschlüssel abbricht oder das Objekt des Diebstahls nicht gefunden wird. Auch das Verhalten des Opfers kommt als Ursache für die Unmöglichkeit der Tatbestandserfüllung in Betracht, so wenn es unüberwindbaren Widerstand leistet. Ebenso kann die Unfähigkeit des Täters zu einer fehlgehenden Tat führen: Er erleidet z. B. einen Herzinfarkt oder ist nicht in der Lage, ein bestimmtes Erfolg versprechendes Mittel einzusetzen (vgl. *Roxin*, AT II, § 30 Rn. 85 ff.; LK/*Lilie/Albrecht*, 12. Aufl., § 24 Rn. 117 ff.).

22 Neben der Unmöglichkeit der Tatbestandserfüllung lässt sich als zweite wichtige Fallgruppe des fehlgeschlagenen Versuchs die **nach dem Tatplan sinnlose weitere Tatausführung** nennen (h. M.).

23 **Beispiele:** (1) **Erkannter error in persona bei einem unbeendeten Versuch:** Der Täter T will seinen Feind F verprügeln oder töten. Im unbeendeten Versuchsstadium erkennt er, dass es sich um eine völlig andere Person handelt; daher bricht er die Tat ab. – Die h. M. nimmt hier wegen der auf eine bestimmte Person individualisierten Tat einen fehlgeschlagenen Versuch an (*Roxin*, AT II, § 30 Rn. 94; W/*Beulke/Satzger*, AT, Rn. 628; *Brand/Wostry*, GA 2008, 619 ff.; a. A. *Heinrich*, AT, Rn. 777).

24 (2) **Erkannter error in persona bei einem beendeten Versuch:** T will F töten und erkennt nach einem lebensgefährlichen Angriff, dass er eine falsche Person P erwischt hat. T lässt P nicht sterben, sondern veranlasst ihre Rettung. – In der Literatur hat man bisher bei den error in persona-Konstellationen kaum genau zwischen dem unbeendeten und beendeten Versuch unterschieden. Richtigerweise ist im Falle des beendeten Versuchs kein Fehlschlag anzunehmen und die Rücktrittsmöglichkeit gemäß § 24 I 1 2. Var. anzuerkennen (a. A. *Seier*, JuS 1978, 694 f. mit Falllösung). Zwar wäre es aus der Sicht des Täters „sinnlos", das Opfer sterben zu lassen, doch zwingt ihn niemand, es zu retten. Tut er dies freiwillig, so muss der Rettungsakt im Interesse des Opferschutzes als Rücktrittsleistung honoriert werden (*Brand/Wostry*, GA 2008, 619 ff.; *Brand/Kanzler*, JA 2012, 37 ff. mit Falllösung).

25 (3) **Das Tatobjekt bleibt hinter den Erwartungen des Täters zurück:** Das Paradebeispiel für die Sinnlosigkeit weiteren Täterhandelns betrifft die Konstellation, dass der Täter einen hohen Geldbetrag stehlen will, dann aber in der Kasse oder dem aufgebrochenen Tresor z. B. nur 20 € findet, auf deren Diebstahl er dann „verzichtet". Parallelfälle: Die auserkorene teure Rolex-

Uhr entpuppt sich als billiges Plagiat oder der verlockende Lederfußball als Holzkugel. Doch muss es sich nicht unbedingt um mehr oder weniger krasse Missverhältnisse handeln. Kann z. B. der von Geldsorgen geplagte Räuber mit 1.500 € nichts anfangen, weil er unbedingt sofort 4.000 € braucht, so lässt sich beim Verzicht auf die 1.500 € wegen des klar umrissenen Tatplans mit guten Gründen ein fehlgeschlagener Versuch annehmen (*Hoven*, JuS 2013, 307).

Insbesondere in den Sinnlosigkeits-Fällen sind die engen Bezüge **26** zum (Un-)Freiwilligkeitsmerkmal nicht zu übersehen. Gewiss ist es in diesen Fällen auch vertretbar, auf die Kategorie des fehlgeschlagenen Versuchs gar nicht einzugehen, gleich mit § 24 I 1 zu beginnen, dann gemäß § 24 I 1 1. Var. von einem unbeendeten Versuch auszugehen – der Täter könnte aus seiner Sicht den Tatbestand noch erfüllen – und am Ende mit Hilfe des Sinnlosigkeitskriteriums die Freiwilligkeit der Tataufgabe zu verneinen.

Vgl. *Heger*, StV 2010, 320 f. – Ohnehin gibt es Stimmen, die entgegen der **27** h. M. den fehlgeschlagenen Versuch als eigenständige Rechtsfigur nicht anerkennen. Sie ordnen alle diskutierten Konstellationen beim unbeendeten Versuch des § 24 I 1 1. Var. ein und verneinen ein Aufgeben der Tat oder die Freiwilligkeit (*Baumann/Weber/Mitsch*, AT, § 27 Rn. 12; *Scheinfeld*, JuS 2002, 25 ff.; *Schroeder*, NStZ 2009, 9 ff.; *Fahl*, GA 2014, 469 ff.). Der Studierende sollte jedenfalls darauf achten, dass er nicht vorschnell einen fehlgeschlagenen Versuch bejaht und sich damit den Weg in die Rücktrittsprüfung verbaut. – Zu Fall 4 unten Rn. 90, 105.

Als dritte Fallgruppe des fehlgeschlagenen Versuchs kann man **28** noch die **rechtliche Unmöglichkeit** hervorheben. Hierbei geht es um Tatbestände, deren Erfüllung ein Handeln gegen den Willen des Berechtigten voraussetzt. Sie können demzufolge nach h. M. nicht mehr vollendet werden, wenn im Versuchsstadium das Tatopfer unerwartet sein Einverständnis erteilt, so wenn der Eigentümer dem eingedrungenen Dieb die Beute schenkt oder eine mit sexuellen Absichten angegriffene Frau die sexuelle Handlung mit dem Täter einvernehmlich und ohne Willensmängel durchführt (vgl. BGHSt 39, 244; oben § 23 Rn. 40 ff.).

Dagegen will der *BGH* im Interesse des Opferschutzes die Rück- **29** trittsmöglichkeit etwa aus Scham oder Reue offenhalten und dies damit legitimieren, dass der Täter sein Handlungsziel mit Zwangsmitteln weiter verfolgen könne. Dieses Argument überzeugt aber nicht, weil das Opfer dem Täter die Entscheidung abnimmt. Zudem gehört zum Rücktritt auch die Vorstellung, die „Tat" noch vollenden zu können (Rn. 15). Mit dieser Tat ist nicht ein einzelnes Tatbestands-

326   7. Kapitel. Versuch und Rücktritt

merkmal wie die Gewaltanwendung oder die Drohung gemeint, sondern der gesamte Tatbestand, also z. B. auch die Wegnahme oder die
nötigende Wirkung des Nötigungsmittels. Somit scheidet in den Fällen rechtlicher Unmöglichkeit ein Rücktritt aus.

So auch die h. M.: *Roxin*, AT II, § 30 Rn. 89 ff.; *ders.*, NStZ 2009, 320 f.; LK/
Lilie/Albrecht, 12. Aufl., § 24 Rn. 136 ff.; *Kühl*, AT, § 16 Rn. 14; *Hoven*, JuS
2013, 307. – A. A. BGHSt 39, 244, 245 ff.; *Streng*, NStZ 1993, 582; *Kudlich*,
JuS 1999, 244 f.

III. Abgrenzung zwischen unbeendetem und beendetem Versuch

30   Liegt kein fehlgeschlagener Versuch vor, so muss man sich zuerst
dem § 24 I 1 zuwenden, der den normalen Rücktritt des Einzeltäters
regelt. Dabei ist unbedingt darauf zu achten, dass die Vorschrift zwei
streng zu trennende Varianten enthält, nämlich den Rücktritt vom
unbeendeten Versuch (§ 24 I 1 1. Var.) und vom beendeten Versuch
(§ 24 I 1 2. Var.). Der am Anfang stehenden Abgrenzung kommt
große Bedeutung zu, weil sich die Rücktrittsvoraussetzungen erheblich unterscheiden.

31   Abgegrenzt wird nach der subjektiven Vorstellung des Täters. Der
Versuch ist **unbeendet**, wenn der Täter glaubt, noch nicht alles Erforderliche getan zu haben, um den tatbestandlichen Erfolg herbeizuführen und die Vollendung aus seiner Sicht noch möglich erscheint.
Um Straffreiheit zu erlangen, genügt nach § 24 I 1 1. Var. die schlichte
– freiwillige – Aufgabe der weiteren Tatausführung (näher unten
Rn. 81 ff., 91 ff.).

32   Der Versuch ist **beendet**, wenn der Täter nach seiner subjektiven
Vorstellung alles für die Herbeiführung des tatbestandlichen Erfolges
Erforderliche getan hat und den Erfolgseintritt für möglich hält. In
diesem Fall muss der Einzeltäter gemäß § 24 I 1 2. Var. mehr tun,
nämlich aktiv Gegenmaßnahmen ergreifen und dafür sorgen, dass er
selbst – freiwillig – die Vollendung verhindert (näher unten
Rn. 110 ff., 91 ff., 129).

33   Das zu einem beendeten Versuch führende Fürmöglichhalten des
Erfolges entspricht der kognitiven Seite des dolus eventualis (vgl.
oben § 14 Rn. 10, 13). Nach der Rechtsprechung genügt dafür, namentlich in Fällen mit gefährlichen Gewalthandlungen und mit vom
Täter wahrgenommenen schweren Verletzungen, die Kenntnis der

§ 37. Der Rücktritt des Einzeltäters

tatsächlichen Umstände, die den Erfolgseintritt nach der Lebenserfahrung nahe legen. Ein beendeter Versuch ist ferner anzunehmen, wenn sich der Täter bei der Aufgabe der weiteren Tatausführung keine Vorstellungen über die Folgen seines Tuns gemacht hat; denn ein solcher gleichgültiger Täter rechnet mit dem Ausbleiben wie mit dem Eintritt des Erfolges.

Vgl. BGHSt 33, 295, 300; 39, 221, 231; 40, 304, 306; *BGH* NStZ 2005, 263, 264; 2011, 337, 338; 2014, 143 mit Anm. *Nestler*; 2015, 261 mit Anm. *Becker*; *Fischer*, § 24 Rn. 15 f.; LK/*Lilie/Albrecht*, 12. Aufl., § 24 Rn. 175 ff.

Was den für die subjektive Vorstellung des Zurücktretenden maß- **34** geblichen Zeitpunkt betrifft, so hat sich inzwischen weitgehend die Ansicht durchgesetzt, dass es entgegen der früheren Tatplantheorie nicht auf die Tätervorstellung bei Tatbeginn, sondern auf die Vorstellung nach Abschluss der letzten Ausführungshandlung ankommt (sog. **Rücktrittshorizont**).

Der gegen die Tatplantheorie gerichtete Haupteinwand liegt darin, dass sie **35** den umsichtig planenden und gefährlichen Täter, der von vornherein alle Möglichkeiten des Tatablaufs einkalkuliert, gegenüber dem sich auf eine bestimmte Begehungsweise festlegenden Täter begünstigt (SK/*Rudolphi*, § 24 Rn. 12a; *Heinrich*, AT, Rn. 823; LK/*Lilie/Albrecht*, 12. Aufl., § 24 Rn. 143).

Bezüglich des Rücktrittshorizonts muss weiter beachtet werden, **36** dass er nicht unbedingt einen starren Zeitpunkt markiert, sondern nach der weithin anerkannten Lehre vom **korrigierten Rücktrittshorizont** eine gewisse Beweglichkeit aufweist. Danach kann sich ein beendeter Versuch in einen unbeendeten zurückverwandeln und umgekehrt. „Korrigiert" wird der Rücktrittshorizont, wenn sich im Rahmen einer Handlungseinheit, also im Rahmen eines einheitlichen Geschehens und insoweit innerhalb „der Tat" des § 24 I 1, die Vorstellungen des Täters hinsichtlich des möglichen Erfolgseintritts wandeln. Die unter dieses Geschehen fallende zeitliche Spanne lässt sich mit dem Begriff der „Rücktrittseinheit" charakterisieren.

Rengier, JZ 1988, 932; zust. BGHSt 40, 75, 77; erg. Rn. 49 f. – Zum korrigierten Rücktrittshorizont BGHSt 36, 224, 226; 39, 221, 227 f.; *BGH* NStZ 1998, 614 f.; 2005, 263, 264; 2010, 146; 2014, 569 f.; 2015, 26 f.; NStZ-RR 2015, 106 mit Bspr. *Hecker*, JuS 2015, 657 ff. und *Jäger*, JA 2015, 549 ff.; Rn. 49 ff.

Im **Fall 1a** liegt ein typischer unbeendeter Versuch der §§ 212, (211), 22 vor, **37** von dem T gemäß § 24 I 1 1. Var. wirksam zurückgetreten ist. Da es auf die subjektive Vorstellung ankommt, spielt es für die Wirksamkeit des Rücktritts

328   7. Kapitel. Versuch und Rücktritt

keine Rolle, ob die Verletzung tatsächlich harmlos ist oder O in Wirklichkeit in Lebensgefahr schwebt. Vom Rücktritt unberührt bleibt die Strafbarkeit wegen bereits vollendeter Delikte, hier wegen § 224 I Nr. 2. Insoweit spricht man, in der Terminologie wenig glücklich, von einem sog. qualifizierten Versuch.

38   Im **Fall 1b** muss erkannt werden, dass für die Abgrenzung zwischen der 1. und 2. Var. des § 24 I 1 nicht der ursprüngliche Tatplan (dann käme man zu einem unbeendeten Versuch), sondern der Rücktrittshorizont entscheidend ist. Da T zu diesem Zeitpunkt die Tödlichkeit seines ersten Stichs für möglich gehalten hat, kann er nur gemäß § 24 I 1 2. Var. zurücktreten. Doch hat er aktiv nichts getan, um die Vollendung zu verhindern; daher scheidet ein Rücktritt aus. Ob objektiv wirklich eine Lebensgefahr für O bestanden hat, spielt keine Rolle. Zwischen den §§ 212, (211), 22 und 224 I Nr. 2 besteht Tateinheit (§ 56 Rn. 34 f.).

39   Im **Fall 1c** muss der anfängliche Rücktrittshorizont (unbeendeter Versuch) zu Lasten des T korrigiert werden, da er noch im unmittelbaren Zusammenhang mit der letzten Ausführungshandlung davon ausgeht, dass das Leben des O gefährdet ist (vgl. *BGH* NStZ 1998, 614 f.; 2005, 263, 264). Also liegt ein beendeter Versuch vor (weitere Lösung entsprechend Fall 1b).

40   Im **Fall 1d** muss man den Rücktrittshorizont in der umgekehrten Richtung korrigieren. Die ursprüngliche Vorstellung (beendeter Versuch) ändert sich so, dass T am Ende den O nicht mehr in Lebensgefahr sieht (vgl. BGHSt 36, 224, 226; *BGH* NStZ 2005, 150, 151; 2012, 688, 689). Daher ist von einem unbeendeten Versuch auszugehen (Lösung entsprechend Fall 1a).

IV. Einzel- oder Gesamtbetrachtungslehre

1. Grundlagen

41   Im Zusammenhang mit dem fehlgeschlagenen, unbeendeten und beendeten Versuchs sind Konstellationen umstritten, in denen der erste Versuch fehlschlägt, der Täter dies erkennt und dann entweder von vornherein auf weitere ihm mögliche Ausführungsakte verzichtet oder einen zweiten Versuch unternimmt und von diesem wirksam zurücktritt. Hier streiten eine „rücktrittsfeindliche" Einzelaktstheorie (oder: Einzelbetrachtungslehre) und eine „rücktrittsfreundliche" Gesamtbetrachtungslehre (h. M.) um die richtige Lösung. Der Zugang zur Problematik erschließt sich am besten über die Konstellation mit dem zweiten Versuch, von dem der Täter zurücktritt. Dazu das folgende

42   **Beispiel** (nach BGHSt 34, 53 mit Anm. *Rengier*, JZ 1986, 964 ff.): Wütend darüber, dass sich seine frühere Freundin F von D nach Hause bringen lässt,

§ 37. Der Rücktritt des Einzeltäters 329

beschließt A, F und D mit seinem Pkw zu folgen und D mit Tötungsvorsatz anzufahren. D kann im letzten Moment ausweichen. A erkennt danach, dass sein Plan, D durch Anfahren zu töten, gescheitert ist. Nun stürzt er sich auf D, um ihn zu erwürgen. D gelingt es, sich aus dem Würgegriff zu befreien und A zu überreden, mit seinen Angriffen aufzuhören.

Die **Einzelaktstheorie** betrachtet das Tatgeschehen getrennt. Nach 43 ihr ist jede auf die Tatbestandsverwirklichung gerichtete Handlung selbstständig zu beurteilen. Dabei spielt es keine Rolle, ob der Täter von Anfang an Wiederholungs- oder Fortsetzungsmöglichkeiten in seine Planungen einbezogen hat. Nach dieser Lehre liegt ein fehlgeschlagener Versuch vor, wenn der Täter einen nach seiner subjektiven Vorstellung erfolgstauglichen und in seinen Auswirkungen nicht mehr beherrschbaren Versuch unternommen hat, ohne den Erfolg herbeizuführen, und dessen Scheitern erkennt. Das klassische Beispiel der Einzelbetrachtungslehre für einen fehlgeschlagenen Versuch stellt der mit Tötungsvorsatz abgegebene, das Opfer knapp verfehlende Schuss dar.

Schießt der Täter, ob von Anfang an einkalkuliert oder nicht, z. B. fünfmal knapp vorbei, so hat man es mit fünf fehlgeschlagenen Versuchen zu tun.

Von daher gelangt man im Beispielsfall auf dem Boden der Einzel- 44 aktstheorie im ersten Teil des Geschehens bei A hinsichtlich der §§ 212, (211), 22 zur Annahme eines fehlgeschlagenen Versuchs. Da A im zweiten Teil (Würgen) von den §§ 212, (211), 22 gemäß § 24 I 1 1. Var. freiwillig (unten Rn. 91 ff.) zurücktritt, bleibt es bei der Strafbarkeit wegen des Fehlschlags.

Gegen die Lösung der Einzelaktstheorie spricht schon, dass § 24 I 45 1 2. Var. im Falle eines beendeten erfolgstauglichen Versuchs, also wenn der Täter das Opfer durch die Attacke erkannt lebensgefährlich verletzt hat, die Möglichkeit des Rücktritts durch Erfolgsverhinderung einräumt. Das leugnen auch die Vertreter der Einzelbetrachtung nicht. Weshalb dann aber ein Rücktritt bei einem Täter generell ausgeschlossen sein soll, der nach Vornahme einer erfolgstauglichen Handlung erkennt, dass der Erfolg nicht eintreten kann, und von weiteren ihm möglichen erfolgstauglichen Handlungen absieht, leuchtet nicht ein, weil seine kriminelle Energie eher geringer ist.

Die klar herrschende und überzeugendere **Gesamtbetrachtungs-** 46 **lehre** basiert auf dem zentralen Gedanken, dass die beiden Tötungsversuche des Beispielsfalles Teil eines einheitlichen Geschehens sind. Sie nimmt zu Recht an, dass der Rücktritt im zweiten Teil sich auch

330 7. Kapitel. Versuch und Rücktritt

auf die §§ 212, (211), 22 im ersten Teil erstreckt. Denn das Würgen stellt sich als natürliche Fortsetzung des ursprünglich nur auf das Anfahren gerichteten Tötungsvorsatzes und nicht als neuer Tatentschluss dar. Mit „der Tat" im Sinne des § 24 I 1 ist genau dieser gesamte einheitliche Lebensvorgang gemeint.

47 Dass die „rücktrittsfreundliche" Lösung überzeugender ist, wird bestätigt, wenn man sich als zweiten Akt einen beendeten Versuch vorstellt und der Täter danach sein Opfer rettet (§ 24 I 1 2. Var.); es wäre schwer nachvollziehbar, jetzt trotz einer solchen verdienstvollen Rücktrittsleistung auf den ersten Versuch zurückzugreifen, ihn als Fehlschlag einzustufen und deshalb gemäß den §§ 212, (211), 22 zu bestrafen. Nicht zuletzt dient die Eröffnung der strafbefreienden Rücktrittsmöglichkeit dem Opferschutz, weil der Anreiz zum Rücktritt größer ist, wenn das gesamte Tötungsunrecht getilgt wird und dadurch das Opfer seine gefährliche Rolle als Belastungszeuge verliert.

48 Zur herrschenden Gesamtbetrachtungslehre – mit Unterschieden im Einzelnen – siehe BGHSt 34, 53; 35, 90; 39, 221; 40, 75; *BGH* NStZ 1999, 449; 2005, 151 und 263; 2006, 685; *Kühl*, AT, § 16 Rn. 16 ff., 23 ff., 33 ff.; *Heinrich*, AT, Rn. 818 ff.; *Roxin*, AT II, § 30 Rn. 175 ff.; LK/*Lilie/Albrecht*, 12. Aufl., § 24 Rn. 157 ff.; MüKo/*Herzberg/Hoffmann-Holland*, § 24 Rn. 60 ff.

49 Die Gesamtbetrachtungslehre hängt eng mit der inzwischen anerkannten Lehre vom Rücktrittshorizont zusammen (oben Rn. 34 ff.). Deshalb muss auch die Frage des Fehlschlags aus der Perspektive des Zeitpunkts nach der letzten Ausführungshandlung beurteilt werden. Danach ist ein Versuch erst fehlgeschlagen, wenn der Täter nach seinem Rücktrittshorizont die Tat mit den ihm zur Verfügung stehenden Mitteln nicht mehr ohne zeitliche Zäsur vollenden kann. Sind nach seiner Vorstellung die Mittel erschöpft, andere nicht greifbar oder nicht erfolgversprechend einsetzbar, ist der Versuch fehlgeschlagen (BGHSt 34, 53, 56; 39, 221, 232).

50 Mit dem Merkmal **ohne zeitliche Zäsur** ist die schon angesprochene **Rücktrittseinheit** gemeint, welche die zeitliche Spanne erfasst, innerhalb der die Vornahme weiterer Tathandlungen als Fortsetzung des Anfangsgeschehens erscheint (Rn. 36, 46). „Das, was im Vollendungsfall als einheitliche Tat beurteilt werden würde, soll auch im Rahmen des Versuchs als einheitliches Geschehen betrachtet werden" (*Otto*, Jura 2001, 343). Mit anderen Worten: Voraussetzung ist, dass die „erfolglos gebliebenen Teilakte mit dem neuen Anlauf … einen

§ 37. Der Rücktritt des Einzeltäters   331

einheitlichen Lebensvorgang bilden" (BGHSt 40, 75, 77) oder „in en-
gem räumlichen und zeitlichen Zusammenhang stehen" (BGHSt 41,
368, 369). Festzuhalten ist insbesondere, dass die Rücktrittseinheit
an ihrem äußersten Ende den letzten Zeitpunkt für den – ggf. korrigierten – Rücktrittshorizont markiert (erg. unten Rn. 70 zu Fall 2 sowie Rn. 85 f.).

Folgt man mit der Rechtsprechung und h. M. der Gesamtbetrach- 51
tungslehre, so muss man seinen Blick dafür schärfen, dass sich durch
die Lehre vom Rücktrittshorizont sowie den Gedanken der Rücktrittseinheit das Spektrum der Rücktrittsmöglichkeiten nach einem
(vermeintlichen) Fehlschlag erheblich erweitert.

Beispiel: In Abwandlung des Ausgangsbeispiels von Rn. 42 erkennt A nach 52
dem Scheitern des Tötungsversuchs durch das Anfahren, dass er sich noch auf
D stürzen und ihn erwürgen könnte. Doch kommt er zur Besinnung und lässt
ihn in Ruhe.

Anhand des Ausgangsbeispiels wurde gezeigt, dass nach der Ge- 53
samtbetrachtungslehre der Rücktritt von der beabsichtigten Tötung
mittels Würgens im zweiten Akt des Geschehens auch den ersten Tötungsversuch durch das geplante Anfahren erfasst (Rn. 45 ff.). Konsequenterweise darf A in der Abwandlung, in der er den zweiten Angriff nur in Gedanken durchspielt und danach auf das Würgen
verzichtet (Rücktrittshorizont!), nicht schlechter gestellt werden als
im Ausgangsfall, in dem er die Angriffshandlungen fortsetzt und insoweit eine größere kriminelle Energie offenbart. Also liegt auch in
dem rein gedanklichen Verzicht auf die zweite Attacke ein den ersten
Angriff erfassender Rücktritt vom unbeendeten Versuch gemäß § 24 I
1 1. Var. – Weitere

Beispiele: (1) T will O erschießen, was ihm aber etwa mangels ausreichender 54
Munition nicht gelingt. T erkennt, dass er den bewegungsunfähigen, aber nicht
lebensgefährlich verletzten O mit einem greifbaren Messer, Stein oder Knüppel oder auch mit seinen Händen weiter attackieren könnte, um sein Tötungsziel zu erreichen. Wenn T davon Abstand nimmt, gibt er die weitere Ausführung der Tat auf und erlangt, freiwilliges Handeln unterstellt, wegen des
Tötungsversuchs gemäß § 24 I 1 1. Var. Straffreiheit.

(2) A will B durch *einen* Stich von hinten töten und stößt deshalb ein Mes- 55
ser kräftig in den Nacken des B. Der überraschte B bemerkt das Messer, zieht
es heraus und wirft es zu Boden. A erkennt, dass B offenbar keine erheblichen
Verletzungen erlitten hat. Sofort gibt er seinen Tatvorsatz auf. – Da A nach
seinem Rücktrittshorizont den B nicht in Lebensgefahr sieht, liegt kein beendeter Versuch vor. Daher kommt ein Rücktritt vom unbeendeten Versuch in

332   7. Kapitel. Versuch und Rücktritt

Betracht, der davon abhängt, ob A „die Möglichkeit gehabt hätte, das auf dem Boden liegende Messer erneut zu ergreifen und weiter auf B einzustechen, oder ob ihm sonstige Tötungsmittel (etwa Würgegriffe) zur Verfügung gestanden hätten, die er hätte einsetzen können, aber bewusst nicht eingesetzt hat" (BGHSt 35, 90, 95 mit Anm. *Rengier*, JZ 1988, 931 ff.).

56   Vor allem die in den vorstehenden Beispielen aufgezeigten Konsequenzen sind es, an die Vertreter der Einzelaktstheorie ihre Kritik der Gesamtbetrachtungslehre anknüpfen: Wenn der tötungstaugliche Angriff des Täters fehlgehe, so sei das weder sein Verdienst noch im Nachhinein bei etwaigen weiteren Handlungsmöglichkeiten prämierungswürdig. Der Rücktritt dürfe nicht von den Zufälligkeiten anderweitiger Handlungsalternativen und auch nicht von geschickten Einlassungen bei Vernehmungen abhängig sein.

Zu Vertretern der Einzelaktstheorie vgl. Sch/Sch/*Eser/Bosch*, § 24 Rn. 18a, 20 f.; *Jakobs*, AT, 26/16. – Deren Einwände zusammenfassend *Roxin*, AT II, § 30 Rn. 202; MüKo/*Hoffmann-Holland*, § 24 Rn. 58 f. – Gegen die Gesamtbetrachtungslehre auch *Bosch*, Jura 2014, 395 ff.

57   Darauf ist zu erwidern: Die Abhängigkeit vom Einlassungsgeschick ist der gesamten Rücktrittsregelung immanent und im Übrigen nicht nur beim Rücktritt eine normale Erscheinung. Zudem erbringt auch derjenige, der freiwillig darauf verzichtet, die Tat zu vollenden, eine honorierungswürdige Umkehrleistung. Wenn das Gesetz bei einem lebensgefährlichen Volltreffer die Rücktrittsmöglichkeit eröffnet (§ 24 I 1 2. Var.), leuchtet es nicht ein, bei einem vorbeigehenden Schuss den Rücktritt generell auszuschließen.

Hierzu *Rengier*, JZ 1986, 965; *Roxin*, AT II, § 30 Rn. 203 ff.; *Heinrich*, AT, Rn. 820; LK/*Lilie/Albrecht*, 12. Aufl., § 24 Rn. 96 ff.

2. Rücktrittsmöglichkeit trotz außertatbestandlicher Zielerreichung

58   Besondere Probleme bereiten die – auch innerhalb des Lagers der Gesamtbetrachtungslehre umstrittenen – Fallkonstellationen, bei denen der Täter den Eintritt eines tatbestandlichen Erfolges bloß billigend in Kauf genommen hat und von weiteren ihm möglichen Teilakten absieht, weil er sein eigentliches, außerhalb des gesetzlichen Tatbestandes liegendes, Ziel erreicht hat. Typisch ist der

59   **Denkzettel-Fall:** T stößt O ein Messer in den Leib, um ihm einen Denkzettel zu verpassen und klarzumachen, dass er keine Gegenwehr dulde. Bei dem

§ 37. Der Rücktritt des Einzeltäters 333

Stich nimmt er den Tod des O billigend in Kauf. T zieht das Messer wieder heraus, hält O für nicht lebensgefährlich verletzt und lässt ihn nach dieser Lektion in Ruhe, wobei ihm bewusst ist, dass er noch weiter zustechen könnte (nach BGHSt 39, 221).

Die Einzelaktstheorie gelangt hier unproblematisch zu einem rück- 60 trittsunfähigen fehlgeschlagenen Versuch, weil die konkrete Versuchshandlung erfolgstauglich und der Tatverlauf unbeherrschbar war (vgl. Rn. 43 f.). Auch im Lager der Gesamtbetrachtung hat man vor BGHSt 39, 221 in der Regel angenommen, dass in solchen dolus eventualis-Fällen mit außertatbestandlicher Zielerreichung aus der Perspektive des maßgeblichen Rücktrittshorizonts ein Rücktritt vom unbeendeten Versuch ausgeschlossen sei.

Eine verbreitete Meinung hält dies nach wie vor für richtig: Gegen 61 die Rücktrittsmöglichkeit wird insbesondere angeführt, dass man die weitere Tatausführung nicht aufgeben könne, wenn man sein Ziel bereits erreicht habe, deshalb der Tatvorsatz erloschen sei und somit das Weiterhandeln keinen Sinn ergebe. Ein solcher Täter könne eine honorierungswürdige Rücktrittsleistung nicht erbringen.

Roxin, AT II, § 30 Rn. 47 ff., 58 ff.; *Heinrich*, AT, Rn. 835 ff.; *Kühl*, AT, § 16 Rn. 38 ff.; *Baumann/Weber/Mitsch*, AT, § 27 Rn. 25; *Jäger*, AT, Rn. 318.

Dem widerspricht der Große Senat (BGHSt 39, 221 ff.), dessen 62 Ansicht insgesamt Zustimmung verdient. Er begründet die Rücktrittsmöglichkeit erstens damit, dass der Gesetzeswortlaut des § 24 I 1 1. Var. nicht eine Aufgabe des außertatbestandlichen Ziels, sondern der „Tat", also den Verzicht darauf verlange, den gesetzlichen Straftatbestand mit seinem Erfolg zu verwirklichen. Zweitens betont der Große Senat den Gedanken des Opferschutzes; die Motivation, das Opfer aus irgendwelchen Gründen nicht zusätzlich zu verletzen, sei größer, wenn der Täter noch zurücktreten könne. Drittens spricht für die Einräumung des Rücktrittsrechts, dass dadurch auch die ansonsten bestehende widersprüchliche Besserstellung des Täters vermieden wird, der wissentlich oder absichtlich töten will und eine größere kriminelle Energie aufbringt und trotzdem unbestritten durch Abstandnahme zurücktreten kann, wenn er erkennt, dass sich das Opfer nicht in Lebensgefahr befindet.

Zustimmend auch LK/*Lilie/Albrecht*, 12. Aufl., § 24 Rn. 185 ff.; *Hauf*, JA 63 1995, 776 ff.; *Kudlich*, JuS 1999, 353 f; W/*Beulke/Satzger*, AT, Rn. 635; *Krey/ Esser*, AT, Rn. 1293; *Lettl*, JuS 1998, L 83; *Joecks*, § 24 Rn. 29 f.; zustimmende Falllösungen bei *Hauf*, JuS 1995, 526; *Schuster*, Jura 2008, 231.

334　　7. Kapitel. Versuch und Rücktritt

64　Für den Studierenden liegt die größte Schwierigkeit wohl darin, das Rücktrittsproblem der Denkzettel-Konstellation überhaupt zu erkennen. Dies wiederum dürfte damit zusammenhängen, dass es vom Rechtsgefühl her eher schwerfällt, die Rücktrittsmöglichkeit zu akzeptieren. In anderen Konstellationen mit außertatbestandlicher Zielerreichung mögen derartige Tendenzen und die damit verbundene Gefahr, an § 24 gar nicht zu denken, noch größer sein.

65　Daher sollen **weitere Beispiele** genannt werden, in denen auf dem Boden von BGHSt 39, 221 ein strafbefreiender Rücktritt gemäß § 24 I 1 1. Var. von den §§ 212, (211), 22 zu bejahen ist:

66　(1) Mit Tötungs-Eventualvorsatz sticht T auf O ein, um ihn auszurauben. Eingeschüchtert und verletzt hält O still. T nimmt Geld an sich, sieht, dass es O relativ gut geht, und zieht in dem Bewusstsein von dannen, O noch töten zu können, aber nicht zu wollen (vgl. *BGH* NStZ 1997, 593; *Heinrich*, AT, Rn. 835).

(2) Bewaffnet mit einem Elektroschocker und Pfefferspray betritt A zu Raubzwecken die Wohnung der O. Der körperliche Angriff auf sie mit dem Elektroschocker misslingt zwar, weil das Gerät nicht funktioniert (§§ 224 I Nr. 2, 22), doch leistet O aus Angst keinen weiteren Widerstand, so dass A 2.000 € erbeuten und verschwinden kann. Sofern A während des Tatgeschehens bewusst davon absieht, das Pfefferspray als Verletzungsmittel einzusetzen, tritt er von den §§ 224 I Nr. 2, 22 gemäß § 24 I 1 1. Var. zurück (*BGH* NStZ 2014, 450 mit Anm. *Engländer* und Bspr. *Jäger*, JA 2015, 149 ff.; Falllösung bei *Jäger*, BT, Rn. 299c/d).

67　(3) T schießt mit Tötungs-Eventualvorsatz auf seinen Verfolger O, um ihn abzuschütteln. Als O ungetroffen abdreht, verzichtet T auf ihm mögliche weitere Schüsse (vgl. *BGH* NStZ-RR 1998, 134 f.; *Joecks*, § 24 Rn. 29 f.; *Kudlich*, JuS 1999, 354 f.; *Hauf*, JuS 1995, 524, 526; *Kühl/Schramm*, JuS 2003, 684 mit Falllösung).

68　(4) Um O erlittene Kränkungen heimzuzahlen, stößt T dem O mit Tötungs-Eventualvorsatz und der Bemerkung: „Hier, Du Schlampe" ein Messer in den Unterbauch. T sieht O davongehen und begibt sich selbst nach Hause, ohne, was er könnte, weiter auf O einzustechen (*BGH* NStZ 2009, 25).

69　(5) Der kräftige Zuhälter Z verabreicht der zierlichen und widerspenstigen Prostituierten P gewaltsam ein Schmerzen bereitendes und vorübergehend lebensgefährliches Gift, damit sie ihn in Zukunft respektiert und mehr Geld anschafft. Dabei nimmt er ihren Tod in Kauf. Als sie nicht mehr in Lebensgefahr schwebt und nur noch Qualen erleidet, verlässt er sie nach dieser Lektion, ohne auf sie weiter einzuwirken.

70　Von diesen Beispielen weicht **Fall 2** insoweit ab, als zwischen den beiden Teestunden 24 Stunden liegen. Darin kann man eine zeitliche Zäsur sehen, die es ausschließt, den Verzicht des T am Folgetag zu einer Rücktrittseinheit mit dem in der Giftattacke liegenden Mordversuch zu verbinden (vgl. dazu

Rn. 36, 46, 49 f.). Es ist aber auch vertretbar, die täglichen Teestunden und die noch andauernden Schmerzen als ein Band zu verstehen, das eine Rücktrittseinheit begründet. So betrachtet hat man es wieder mit einer Denkzettel-Konstellation zu tun, bei der auf dem Boden von BGHSt 39, 221 ein gemäß § 24 I 1 1. Var. strafbefreiender Rücktritt des T von dem Mordversuch vorliegt (so die Falllösung von *Perron/Bott/Gutfleisch*, Jura 2006, 712 f.).

3. Grenzen der Gesamtbetrachtung

Auch wenn die vorstehend skizzierte „rücktrittsfreundliche" Gesamtbetrachtungslehre die Rücktrittsmöglichkeiten erweitert, führt sie im Ganzen nicht zu kriminalpolitisch bedenklichen Ergebnissen. So ist stets zu beachten, dass es einen Rücktritt durch Nichtweiterhandeln nur bei einem – aus der Perspektive des Rücktrittshorizonts – unbeendeten Versuch geben kann. Dies schränkt die Reichweite ein, weil in vielen Fällen die oben in Rn. 32 f. erörterten Kriterien für einen beendeten Versuch erfüllt sein werden. 71

Beispiele: Wer einem anderen z. B. ein Messer in den Leib oder Nacken stößt (Rn. 55, 59, 66, 68), wird sein Opfer normalerweise für lebensgefährlich verletzt halten. Dann kann er nur gemäß § 24 I 1 2. Var. oder § 24 I 2 zurücktreten (näher unten Rn. 110 ff., 130 ff.). Ebenso ist von einem beendeten Versuch auszugehen, wenn der Täter sich in solchen Fällen keine Gedanken über die Folgen seines Tuns macht (oben Rn. 33). 72

Weiter sind es insbesondere die Gedanken der zeitlichen Zäsur und der Rücktrittseinheit, die einer Gesamtbetrachtung sinnvolle Grenzen setzen (vgl. Rn. 36, 46, 49 f., 78). 73

4. Aufbaufragen in der Fallbearbeitung

Vor allem in Fällen wie BGHSt 34, 53 (Rn. 42 ff.), die ein mehraktiges tatsächliches Geschehen aufweisen, wird sich die Frage stellen, wo man die Diskussion um die Einzelaktstheorie und Gesamtbetrachtungslehre am besten platziert. Erörterte man die Teilakte getrennt und von daher die §§ 212, (211), 22 zweimal, so müsste man – im Lichte der Gesamtbetrachtung – im Rahmen des ersten Teilakts die Rücktrittsprüfung offen lassen und dann auf die Erörterung im zweiten Teilakt verweisen. 74

Besser ist es, sofern man sich der Gesamtbetrachtungslehre anschließt, beide Teilakte unter dem Obersatz zusammen zu prüfen, dass sich der Täter durch das Anfahren und Würgen wegen versuchten Totschlags bzw. Mordes strafbar gemacht haben könnte. Auf der 75

336   7. Kapitel. Versuch und Rücktritt

Rücktrittsebene stellt sich dann zuerst die Frage des – nur nach der Einzelaktstheorie zu bejahenden – fehlgeschlagenen Versuchs. Lehnt man einen solchen mit der h. M. ab, so gelangt man zur Abgrenzung zwischen unbeendetem und beendetem Versuch. Führt dies zu § 24 I 1 1. Var., so genügt die Aufgabe der weiteren Tatausführung. Am Ende steht das Freiwilligkeitsmerkmal.

Falllösungen bei *Busch*, JuS 1993, 304 ff.; *Beulke* I, Rn. 322 ff.; *Krack/ Schwarzer*, JuS 2008, 143.

76   Spielt der Täter in der Abwandlung zu BGHSt 34, 53 (Rn. 52) den zweiten (Würge-)Akt nur in Gedanken durch und verzichtet er auf seine Vornahme, so verläuft die Prüfung letztlich nicht anders. Im Obersatz fällt allein das Würgen weg. Außerdem muss man sehen, dass die Gesamtbetrachtung jetzt nur an eine vorgestellte Fortsetzung anknüpfen kann. Die Fragestellung lautet dann etwa: Der Täter könnte vom Versuch zurückgetreten sein, indem er darauf verzichtet hat, seine Angriffshandlungen fortzusetzen (es folgen die Auseinandersetzung mit der Einzel- und Gesamtbetrachtung und die Erörterung des § 24 I 1 1. Var.).

77   Eine getrennte Erörterung der Teilakte mit einer zweimaligen Prüfung etwa der §§ 212, (211), 22 empfiehlt sich nur dann, wenn man die Einzelaktstheorie für richtig hält oder es um eine Konstellation geht, in der die Fortsetzung des Angriffs *nicht* mehr innerhalb der Rücktrittseinheit liegt.

78   **Beispiel:** Im Fall BGHSt 34, 53 (Rn. 42 ff.) verliert A nach dem gescheiterten ersten Angriff mit dem Pkw D vorübergehend aus den Augen. Als er ihn zwei Stunden später zusammen mit F wieder trifft, kommt es zu dem zweiten Angriff mit dem Würgen. – Nimmt man an, dass jetzt der zweite Angriff außerhalb der Rücktrittseinheit liegt und daher eine neue Tat darstellt (a. A. vertretbar), wird man mit den §§ 212, (211), 22 (Pkw-Angriff) beginnen und die Frage aufwerfen, ob A von dieser Tat zurückgetreten ist, indem er später den Versuch aufgegeben hat, D durch Würgen zu töten. Bei der Annahme einer zeitlichen Zäsur und neuen Tat ist das ausgeschlossen. Anschließend wird der zweite Angriff geprüft; insoweit tritt A von den §§ 212, (211), 22 gemäß 24 I 1 1. Var. zurück und erfüllt nur die §§ 223, 224. Ergebnis: §§ 212, (211), 22, 224; 53.

79   In den Fällen der außertatbestandlichen Zielerreichung empfiehlt es sich, wie folgt vorzugehen: Zuerst ist die Frage des fehlgeschlagenen Versuchs aufzuwerfen. Verneint man einen solchen mit der Gesamtbetrachtungslehre, so prüft man anschließend das Vorliegen eines unbeendeten Versuchs. Ist er zu bejahen, lässt sich die im Lager der

§ 37. Der Rücktritt des Einzeltäters   337

Gesamtbetrachtung umstrittene Rücktrittsfrage gut beim Merkmal der Aufgabe unterbringen.

So auch die Falllösungen bei *Valerius*, Einführung, S. 151 ff.; *Kühl/ Schramm*, JuS 2003, 684; *Perron/Butt/Gutfleisch*, Jura 2006, 712 f. – *Bock*, JuS 2006, 605 f. spricht die Problematik schon beim fehlgeschlagenen Versuch an.

V. Rücktritt vom unbeendeten Versuch (§ 24 I 1 1. Var.)

Der Versuch ist unbeendet, wenn der Täter glaubt, noch nicht alles 80 Erforderliche getan zu haben, um den tatbestandlichen Erfolg herbeizuführen und die Vollendung aus seiner Sicht noch möglich erscheint. Ein solcher Versuchstäter erlangt gemäß § 24 I 1 1. Var. Straffreiheit, wenn er erstens die weitere Ausführung der Tat aufgibt und zweitens freiwillig handelt.

1. Aufgabe der weiteren Ausführung der Tat

Da der Täter beim unbeendeten Versuch aus seiner Sicht noch 81 nicht alles getan hat, was den tatbestandlichen Erfolg herbeiführen kann, braucht man von ihm, um das Unheil abzuwenden, auch nicht mehr als eine – unter Umständen bloß gedankliche – Abstandnahme zu verlangen. Die weitere Ausführung der Tat gibt auf, wer davon absieht, auf die ihm mögliche Verwirklichung des Tatbestandes weiter hinzuwirken.

Die Merkmale **Aufgabe der Tat** bereiten gewisse Auslegungs- 82 schwierigkeiten. Insoweit lässt sich Folgendes festhalten:

Erstens ist mit „der Tat" die einzelne vorsätzliche rechtswidrige **Tat** 83 **im Sinne des verwirklichten materiellrechtlichen Straftatbestandes** und nicht etwa das Tatgeschehen insgesamt gemeint. Aufgabe der Tat bedeutet also nicht Aufgabe jeder deliktischen Absicht (LK/*Lilie/ Albrecht*, 12. Aufl., § 24 Rn. 214).

Beispiele: (1) Im **Fall 3** gibt A die noch unbeendete versuchte Tötung des F 84 dadurch auf, dass er sich E zuwendet, weil sie ihm wichtiger ist (zur problematischen Freiwilligkeit unten Rn. 97 ff.).

(2) Wer nach einem aus Habgier begangenen unbeendeten Mordversuch von weiteren Tötungshandlungen, aber nicht vom Raub Abstand nimmt, tritt – freiwilliges Handeln unterstellt (dazu unten Rn. 91 ff.) – von den §§ 211, 22 gemäß § 24 I 1 1. Var. zurück und wird nur nach § 249 bestraft.

Zweitens gehören zu „der Tat" auch noch solche Handlungsakte, 85 die aus der Perspektive des Rücktrittshorizonts mit den Ersthandlun-

338   7. Kapitel. Versuch und Rücktritt

gen ein einheitliches Geschehen – die **Rücktrittseinheit** – bilden und daher keine neue Tat darstellen (Rn. 36, 46, 49 f.). Auf das Aufgeben bezogen folgt daraus: Wenn der Täter bloß vorübergehend innehält und sich weitere Ausführungshandlungen vorbehält, die im Falle ihrer Vornahme mit den Ersthandlungen eine Handlungseinheit bilden würden, so gibt er die Tat nicht auf.

86   **Beispiele:** Wenn A im Fall 3 nur eine kurzfristige Unterbrechung des Angriffs auf F anvisieren würde, läge keine Tataufgabe vor. Wer bei einem Einbruchsversuch eine „Pause" einlegt, weil gerade die Entdeckungsgefahr verhältnismäßig groß ist, und vor der Fortsetzung des Versuchs geschnappt wird, kann sich nicht auf § 24 I 1 1. Var. berufen. Entsprechendes gilt für einen Einbrecher, der den Tatort vorübergehend verlässt, um geeignetes Einbruchswerkzeug zu besorgen. Auch im Wechsel bloßer Tatmodalitäten liegt keine Aufgabe, so wenn der Täter nicht, wie geplant, mit der Schusswaffe, sondern mit einem Messer oder durch Würgen tötet.
    Dazu *Joecks*, § 24 Rn. 22 f.; *Roxin*, AT II, § 30 Rn. 158 ff.; LK/*Lilie/Albrecht*, 12. Aufl., § 24 Rn. 217; NK/*Zaczyk*, § 24 Rn. 50.

87   *Drittens* bedarf der Streitpunkt besonderer Aufmerksamkeit, ob das Aufgeben endgültig sein muss oder auch vorläufig sein kann. Nach der inzwischen h. M. reicht eine **vorläufige Aufgabe** in dem Sinn aus, dass der Täter im Rahmen eines einheitlichen Geschehens auf die weitere Ausführung der konkret versuchten Tat verzichtet. Die Gegenmeinung verlangt eine **endgültige Aufgabe** von der Tat. Nach dieser Ansicht kann nicht Straffreiheit erlangen, wer das Tatvorhaben bloß auf einen späteren – bereits feststehenden oder auch noch ungewissen – Zeitpunkt verschiebt. Begründet wird dies damit, dass der Täter bei einem bloßen Aufschub der Tat nicht auf den Boden der Rechtsordnung zurückkehre und weiter gefährlich sei.

88   Doch ist die h. M. überzeugender: Wenn § 24 I 1 1. Var. mit dem Begriff „der Tat" nur ein bestimmtes einheitliches Tatgeschehen meint (Rn. 36, 46, 49 f.), kann der Rücktritt nicht mit Blick auf eine geplante Tatwiederholung verneint werden, die einen neuen Tatentschluss voraussetzt und insoweit mit der ersten Tat nichts mehr zu tun hat. Die Gegenmeinung knüpft die Bestrafung an die bloße Gesinnung an, in Zukunft eine Strafe zu begehen. Richtigerweise muss das Rücktrittsprivileg auch demjenigen zugute kommen, der zumindest vorläufig auf den Boden der Rechtsordnung zurückkehrt. Dafür spricht auch der Gedanke des Opferschutzes; denn für einen Täter, der sich bereits strafbar gemacht hat, ist der Anreiz, auf die Wiederholung zu verzichten, geringer.

§ 37. Der Rücktritt des Einzeltäters   339

Zur h. M. siehe *Heinrich*, AT, Rn. 840 ff.; *Fischer*, § 24 Rn. 26a; *Lackner/* **89**
Kühl, § 24 Rn. 9; *Joecks*, § 24 Rn. 22 f.; LK/*Lilie/Albrecht*, 12. Aufl., § 24
Rn. 208 ff.; *Frister*, AT, 24/23. – Die Gegenmeinung wird vor allem mit Entscheidungen der Rechtsprechung in Verbindung gebracht, die verlangen, dass
der Täter die Durchführung seines kriminellen Entschlusses „im Ganzen und
endgültig" aufgibt (BGHSt 7, 296, 297; 21, 319, 321; *BGH* NStZ 2010, 384;
vgl. ferner SK/*Rudolphi*, § 24 Rn. 18a). Doch geht es in diesen Entscheidungen gar nicht um echte Aufschubfälle. Jedenfalls ist die Verneinung der Rücktrittsmöglichkeit mit der Interpretation des Begriffs „der Tat" durch die
Rechtsprechung seit BGHSt 33, 142 und 35, 184 nicht mehr vereinbar (zutreffend *Fischer*, § 24 Rn. 26a; *Lackner/Kühl*, § 24 Rn. 9; vgl. Rn. 36, 46, 49 f.).
Nach allem kann es nur darauf ankommen, dass der Täter die „konkrete unbeendete versuchte Tat endgültig aufgibt" (LK/*Lilie/Albrecht*, 12. Aufl., § 24
Rn. 208; nicht ganz klar BGHSt 35, 184, 187).

Im **Fall 4** hat D das Stadium der §§ 242, 244 I Nr. 3, 22 erreicht. Was den   **90**
Rücktritt betrifft, so liegt kein fehlgeschlagener Versuch vor. Bezüglich § 24 I
1 1. Var. gibt D auf dem Boden der h. M. die weitere Ausführung des konkret
versuchten Wohnungseinbruchdiebstahls auf. Die Verschiebung der Tat um 14
Tage ändert daran nichts (a. A. die Gegenmeinung). Doch könnte der Rücktritt an der Freiwilligkeit scheitern (dazu unten Rn. 105).

2. Merkmal der Freiwilligkeit

Die von der Rechtsprechung und h. M. vertretene zutreffende psy-   **91**
chologische Betrachtungsweise knüpft an den Wortlaut mit den Sil-
ben „frei" und „willig" an. Danach handelt freiwillig, wer auf Grund
einer freien Willensbildung zurücktritt. Im Ausgangspunkt muss man
zwischen autonomen (selbstgesetzten) und heteronomen (fremdbe-
stimmten) Motiven unterscheiden. Wird der Täter durch äußere Umstände daran gehindert, die Tat zu vollbringen, handelt er unfreiwillig, sofern sich diese Umstände für ihn als zwingendes Hindernis
darstellen. Solange der Täter aber noch „Herr seiner Entschlüsse"
ist, also noch autonome Entscheidungen treffen kann, handelt er freiwillig, wenn er die Tat aufgibt.

Die Differenzierung zwischen autonomen und heteronomen Moti-   **92**
ven darf man nicht in dem Sinne falsch verstehen, dass mehr oder weniger alles, was fremdbestimmt auf den Täter einwirkt, für unfreiwilliges Handeln spricht. Die Annahme von Freiwilligkeit wird nicht
dadurch ausgeschlossen, dass der Anstoß zum Umdenken von außen
gekommen und/oder die Abstandnahme von der Tat etwa nach dem
beruhigenden Einwirken eines Dritten auf den erregten Täter erfolgt
ist. Vielmehr kommt es allein darauf an, ob der Täter *letztlich* einen

340   7. Kapitel. Versuch und Rücktritt

eigenen, freien Entschluss zum Rücktritt setzt. Nochmals: Der Anstoß dazu kann, darf und wird oft von außen kommen (vgl. *BGH*
StV 2012, 15 f.; 2014, 336 f.; NStZ-RR 2014, 241).

93   Ein auf den Täter einwirkender seelischer Druck ist in entsprechender Weise zu beurteilen. Auch eine psychische Einwirkung
kann so stark sein, dass sie die Entschließungsfreiheit beseitigt.

94   Welche Motive den Täter zum selbstgesetzten Aufhören veranlassen, spielt keine Rolle. Sie brauchen nicht ethisch wertvoll oder sittlich billigenswert zu sein. Häufige Motive sind Gewissensbisse,
Scham, Reue, Mitleid und Angst vor (hoher) Strafe einschließlich
der Angst vor dem Widerruf der Bewährung. Zweifel an der Freiwilligkeit sind zugunsten des Täters zu lösen (*BGH* NStZ-RR 2003,
199; 2007, 136, 137). – Zur Freiwilligkeit zunächst zwei

95   **Beispiele:** (1) Wenn man das Szenario von BGHSt 34, 53 (oben Rn. 42) etwas ausschmückt und A mit dem Würgen schließlich deshalb aufhört, weil F
auf ihn eingeredet, ihm die zu erwartende hohe Strafe ins Bewusstsein gerufen
und/oder vielleicht sogar die Rückkehr zu ihm versprochen hat, stellen all
diese Motive und äußeren Faktoren den letztlich freien Rücktrittsentschluss
des A nicht in Frage.

96   (2) Ein Täter, der einen Raubüberfall auf einen Juwelier J, den er gezwungen
hat, wertvollen Schmuck auf den Tresen zu legen, panikartig abbricht, nachdem sich aus seiner Schusswaffe unabsichtlich ein den J schwer verletzender
Schuss gelöst hat, tritt von den §§ 249, 250 I Nr. 1a 1. Var., 22 gemäß § 24 I 1
1. Var. freiwillig zurück.

97   Problematisch sind Fallkonstellationen, in denen der Täter eine
versuchte Tat aufgibt, um eine andere – für ihn wichtigere oder lukra-
tivere – Straftat zu begehen.

So liegt es im **Fall 3** (dazu schon Rn. 84): A gibt im Stadium des Versuchs
die Vornahme weiterer Tötungshandlungen gegenüber F auf, um E zu töten.

98   Nach der psychologischen Betrachtungsweise der h. M. ist A freiwillig zurückgetreten. Es kommt nur auf die Aufgabe der konkreten
Tat im materiellrechtlichen Sinn an, hier also der §§ 212, (211), 22 gegenüber F. Die Freiwilligkeit ergibt sich daraus, dass A bewusst von
der Weiterverfolgung des F abgesehen hat. Das Abstandnehmen stellt
sich als das Ergebnis einer nüchternen Abwägung dar. Auf ein sittlich
billigenswertes Motiv kommt es nicht an (BGHSt 35, 184, 186; dazu
Lampe, JuS 1989, 610 ff.).

99   Kritiker bemängeln, dass das Rücktrittsmotiv auch mit Blick auf
die ratio des § 24 (oben Rn. 5 ff.) bewertet werden müsse: Der Rück-

§ 37. Der Rücktritt des Einzeltäters 341

tritt sei nur dann freiwillig, wenn das Täterverhalten im Lichte der
Strafzwecke den Schluss auf eine Rückkehr in die Legalität zulasse.
Solche **normativen Lehren** werden mit unterschiedlichen Tendenzen
vertreten und sollten in der Fallbearbeitung in Fällen wie BGHSt 35,
184 in die Diskussion einbezogen werden. Gegen die normative Deutung der Freiwilligkeit spricht jedoch der Gesetzeswortlaut (BGHSt
35, 184, 187). Außerdem schränken die normativen Lehren die Rücktrittsmöglichkeiten in der Tendenz ein. Der Gedanke des Opferschutzes spricht aber eher für eine weite Interpretation.

Zur normativen Deutung siehe etwa *Roxin*, AT II, § 30 Rn. 354 ff.; Sch/Sch/ 100
Eser/Bosch, § 24 Rn. 56. Namentlich *Roxin* lehnt im Fall BGHSt 35, 184 einen
freiwilligen Rücktritt ab, da in dem Ablassen von einem Mord, weil ein anderer Mord noch wichtiger sei, keine Rückkehr in die Legalität liege (AT II, § 30
Rn. 359, 384; nicht so klar *Eser*). Nach *Roxin* sollen aber die Fälle anders zu
beurteilen sein, in denen der Täter um eines anderen Deliktes willen zurücktritt, also etwa einen Einbruchsversuch aufgibt, weil er den Eigentümer doch
lieber verprügeln will (AT II, § 30 Rn. 416 ff.).

Unter dem Aspekt der Freiwilligkeit lehrreich und ebenfalls um- 101
stritten sind bestimmte Konstellationen, in denen der Täter einen
Vergewaltigungsversuch aufgibt, nachdem ihm das Opfer, um Zeit
zu gewinnen, listig die Bereitschaft zu einem einvernehmlichen Ge-
schlechtsverkehr an einem anderen Ort oder nach einer Ruhepause
in Aussicht gestellt hat.

Handelt der Täter dabei in der Vorstellung, dass die gewaltsame 102
Erzwingung des Beischlafs noch möglich ist, und behält er sich nicht
vor, im Rahmen eines einheitlichen Geschehens (vgl. Rn. 36, 46, 49 f.)
ggf. doch wieder zur Gewaltanwendung überzugehen, wird man auf
dem Boden der herrschenden psychologischen Lehre freiwilliges
Handeln zu bejahen haben. Demgegenüber neigen die normativen
Lehren zur Verneinung der Freiwilligkeit. Für deren Bejahung
spricht aber, dass die Bereitschaft des Täters, sich auf den einvernehmlichen Verkehr einzulassen, eine geringere Gefährlichkeit erkennen lässt, und die Eröffnung der Rücktrittsmöglichkeit dem Opferschutz dient.

Vgl. hierzu BGHSt 7, 296; 39, 244; *BGH* NStZ 1988, 550; *W/Beulke/Satz-*
ger, AT, Rn. 651; erg. MüKo/*Renzikowski*, § 177 Rn. 93 ff. – Zur normativen
Sicht vgl. *Roxin*, AT II, § 30 Rn. 360 f., 384; Sch/Sch/*Eser/Bosch*, § 24 Rn. 56.

Relativ häufig gibt der Täter die Tatausführung auf, weil die Fort- 103
setzung der Tat mit einer **Risikosteigerung** oder **Entdeckungsgefahr**
verbunden ist. In derartigen Konstellationen nimmt man ein zwin-

342 7. Kapitel. Versuch und Rücktritt

gendes, freiwilliges Handeln ausschließendes Hindernis dann an, wenn der Täter das mit der weiteren Tatbegehung verbundene Risiko als für ihn unvertretbar hoch (so *BGH* NStZ 1992, 536; 2007, 265, 266) bzw. „beträchtlich erhöht" einschätzt (so *BGH* NStZ 1993, 279; 2011, 454, 455).

104   **Beispiele:** Unfreiwillig tritt zurück, wer die Gewissheit erlangt oder das hohe Risiko erkennt, bei weiterem Handeln angezeigt und bestraft zu werden und deshalb aufhört. Ebenso handelt nicht freiwillig, wer auf die Fortführung verzichtet, weil er sich andernfalls unerwartet selbst erheblich gefährden würde.

105   Im **Fall 4** (dazu schon Rn. 90) gibt D den konkreten Diebstahlsversuch wegen des erhöhten Entdeckungsrisikos auf. Aber man wird dieses nicht als so unvertretbar hoch einstufen können, dass es D zur Tatverschiebung gleichsam gezwungen hat. Daher ist er freiwillig zurückgetreten.

106   Zu beachten bleibt, dass eine Risikosteigerung oder Entdeckungsgefahr nur dann zur Unfreiwilligkeit des Rücktritts führt, wenn dieser Aspekt den Täter tatsächlich wie ein „zwingendes" Hindernis motiviert. Pauschalierungen sind daher fehl am Platze. Wer die Tat in Gegenwart von Zeugen begeht und/oder ein bestimmtes (Entdeckungs-)Risiko von vornherein einkalkuliert, weil für ihn die Tat – z.B. in der Form eines Racheaktes – wichtiger ist, und später zurücktritt, ohne dass sich das Risiko erhöht hat, handelt nicht von vornherein unfreiwillig, wenn er etwa im Zusammenhang mit seiner Entdeckung das Vorhaben aufgibt (vgl. *BGH* StV 1993, 189; NStZ-RR 2003, 199; zu Fall 6 unten Rn. 149).

107   Unfreiwilligkeit wegen **psychischen Unvermögens** ist anzunehmen, sofern beim Täter unwiderstehliche innere Hemmungen etwa infolge Schocks oder seelischen Drucks auftreten, die ihn unfähig machen, die Tat weiter auszuführen (*BGH* NStZ 1994, 428, 429; 2004, 324, 325). Die Grenzen zum bereits fehlgeschlagenen Versuch sind fließend (vgl. Rn. 15 ff.).

108   **Beispiele:** (1) *BGH* NStZ 1994, 428: Als M im Begriff ist, mit Tötungsvorsatz auf seine Frau F einzustechen, erscheinen plötzlich die beiden Söhne in der Schlafzimmertür. Daraufhin lässt M von F ab, weil er „emotional und psychisch" unfähig ist, in der Nähe der Kinder weiter auf F einzustechen. – Um einen fehlgeschlagenen Versuch handelt es sich dann nicht, wenn man annimmt, dass M sich in der Lage gesehen hat, die Tat planmäßig zu beenden. Jedenfalls verneint der *BGH* bezüglich § 24 I 1 1. Var. die Freiwilligkeit.

109   (2) Eine bloß seelische Erschütterung schließt freiwilliges Handeln nicht aus, so wenn der Täter nach einer Affekttat beim Anblick des bis dahin Ange-

richteten innehält und voller Entsetzen und erschrocken, aber doch willensgesteuert, von weiteren Tathandlungen Abstand nimmt.

VI. Rücktritt vom beendeten Versuch durch Verhindern der Vollendung (§ 24 I 1 2. Var.)

1. Grundlagen

Ein beendeter Versuch liegt vor, wenn der Täter aus der Perspektive des Rücktrittshorizonts (Rn. 34 ff.) glaubt, alles für die Herbeiführung des tatbestandlichen Erfolges Erforderliche getan zu haben und den Eintritt des Erfolges für möglich hält. Wer aus seiner Sicht einen ohne weiteres Zutun zum Erfolg führenden Kausalverlauf ausgelöst hat, kann das drohende Unheil nicht mehr durch schlichte Abstandnahme beseitigen. Daher setzt § 24 I 1 2. Var. mehr voraus: Der Täter muss, um Straffreiheit zu erlangen, Aktivitäten zur Verhinderung des Erfolges entfalten und mit dieser Gegenbewegung selbst dafür sorgen, dass er – bewusst und gewollt – die Vollendung der Tat verhindert. **110**

2. Verhindern der Vollendung

a) Objektive Voraussetzungen. Objektiv verlangt die Verhinderung der Vollendung, dass der Täter aktiv den zum Erfolg führenden Kausalverlauf unterbricht. Unstreitig muss er mindestens dafür sorgen, dass er durch sein auf Erfolgsverhinderung gerichtetes Verhalten eine „neue Kausalkette in Gang setzt, die für die Nichtvollendung der Tat zumindest mit ursächlich wird" (BGHSt 33, 295, 301; *BGH* NStZ 1999, 128). **111**

Von daher scheidet ein Rücktritt nach § 24 I 1 2. Var. jedenfalls in den folgenden drei Konstellationen aus: **112**

(1) Nach einem beendeten Versuch unternimmt der reumütige Täter alles, um sein Opfer zu retten. Doch tritt am Ende trotz aller Gegenaktivitäten der Erfolg in einer objektiv zurechenbaren Weise ein. In einem solchen Fall wird der Täter aus dem vollendeten Delikt bestraft, da er das **Rücktrittsrisiko** trägt.

(2) Der Täter, der sich nach seiner Vorstellung im Stadium des beendeten Versuchs befindet, entfaltet **keine Gegenaktivitäten** zur Verhinderung des Erfolges, sondern verhält sich passiv (*BGH* NStZ 2004, 324, 325).

(3) Das Ausbleiben des Erfolges ist **nicht (mit-)ursächlich** auf das Täterverhalten zurückzuführen, sondern beruht ausschließlich auf anderen Gründen. Um eine solche Konstellation handelt es sich auch dann, wenn äußerlich betrachtet der tatbestandsmäßige Erfolg, z. B. der Tod, zwar eintritt, dem Täter aber der Erfolg in seiner konkreten Gestalt objektiv nicht zugerechnet werden kann. Typisch dafür sind Erfolgseintritte auf Grund von unvoraussehbaren Kausalverläufen (näher § 13 Rn. 62 ff.). Scheitert hier die Strafbarkeit aus dem vollendeten Delikt an der objektiven Zurechnung, haben deren Kriterien und nicht der rücktrittswillige Täter die Vollendung verhindert. Also scheidet § 24 I 1 2. Var. aus, doch ist an einen Rücktritt gemäß § 24 I 2 zu denken (unten Rn. 130 ff.).

113   Über das Erfordernis der schlichten (Mit-)Ursächlichkeit für die Nichtvollendung hinausgehend sind mit einer verbreiteten Literaturansicht die Rücktrittsvoraussetzungen einschränkend im Sinne der objektiven Zurechnung zu präzisieren, um nicht jeden beliebigen Kausalbeitrag genügen zu lassen. Dies bedeutet (vgl. § 13 Rn. 68): Der rücktrittswillige Täter muss für das von ihm in Gefahr gebrachte Rechtsgut (z. B. Leben) aktiv eine Rettungschance schaffen, die sich in voraussehbarer Weise im Ausbleiben des tatbestandlichen Erfolges (z. B. Tod) realisiert. Dann ist gewährleistet, dass die Verhinderung des Taterfolges als Werk des Täters und nicht als Werk des Zufalls oder Dritter erscheint.

Vgl. *Kühl*, AT, § 16 Rn. 72 ff.; *Engländer*, JuS 2003, 642 ff.; *Murmann*, GK, § 28 Rn. 144; HK-GS/*Ambos*, § 24 Rn. 15; Sch/Sch/*Eser/Bosch*, § 24 Rn. 66. – Ergänzend MüKo/*Herzberg/Hoffmann-Holland*, § 24 Rn. 128 f. – Die Rechtsprechung hat im Zusammenhang mit § 24 I 1 2. Var. den Gedanken der objektiven Zurechnung noch nicht ausdrücklich aufgegriffen, Konstellationen wie die Folgenden aber auch noch nicht zu entscheiden gehabt:

Beispiele: Nach einer mit Tötungsvorsatz erfolgten erkannt lebensgefährlichen Attacke auf O sorgt der rücktrittswillige Täter T für einen Krankentransport. T hätte deshalb das Leben des O gerettet, wenn nicht der Verkehrsteilnehmer V dem Krankenwagen die Vorfahrt genommen oder der operierende Arzt A einen groben Behandlungsfehler begangen und dadurch V bzw. A den Tod des O herbeigeführt hätte. – Bezüglich § 212 durch T entfällt jeweils die objektive Zurechnung (§ 13 Rn. 64, 95). Mit Blick auf die §§ 212, 22, 24 I 1 2. Var. hat T durch seine Rücktrittsbemühungen zwar eine nicht hinwegdenkbare Bedingung für das Ausbleiben einer ihm zurechenbaren Tatvollendung gesetzt; denn wenn er nicht den Transport veranlasst hätte, wäre es nicht zu den Ereignissen gekommen, die eine Bestrafung des T aus dem vollendeten Delikt ausschließen. Doch sind diese Ereignisse das Werk

§ 37. Der Rücktritt des Einzeltäters   345

des Zufalls bzw. Dritter und nicht in der von T geschaffenen Rettungschance angelegt. Daher scheitert die Anwendung des § 24 I 1 2. Var. an der objektiven Zurechnung. Zugunsten des T greift allerdings § 24 I 2 ein (Falllösungen bei *Putzke*, ZJS 2011, 522 ff.; *Böß*, JA 2012, 352 ff.).

Mit dem Gedankengut der objektiven Zurechnung lassen sich **114** ebenfalls die umstrittenen Konstellationen des „halbherzigen" Rücktritts sachgerecht lösen (unten Rn. 123 ff.).

Hat der Täter den gegenläufigen Kausalverlauf aktiv eingeleitet **115** und dadurch das Ausbleiben der Vollendung in objektiv zurechenbarer Weise (mit) bewirkt, so spielt es keine Rolle, ob er im Übrigen selbst für die Erfolgsabwendung gesorgt, sich dazu der Hilfe Dritter bedient oder Rettungsbemühungen des Opfers unterstützt hat.

Beispiele: Der Täter, der sein Opfer erkannt lebensgefährlich verletzt hat, **116** erlangt Straffreiheit gemäß § 24 I 1 2. Var., wenn er es rettet, indem er (freiwillig) selbst durch erste Hilfe den tödlichen Verlauf stoppt, indem er per Notruf oder auf andere Weise für ärztliche Hilfe sorgt, oder indem er sein Telefon dem Opfer reicht, das daher z. B. einen Krankenwagen herbeirufen kann. Wer in Form eines beendeten Versuchs mit Tötungs- oder Körperverletzungsvorsatz eine Gift- oder Sprengfalle platziert hat (vgl. § 34 Rn. 45 ff.), tritt von den §§ 212, (211), 22 bzw. §§ 224 I Nr. 1, 2, 22 nach § 24 I 1 2. Var. zurück, wenn es ihm gelingt, die Falle unschädlich zu machen oder das Opfer rechtzeitig zu warnen.

Zeitliche Schranken für einen Rücktritt vom beendeten Versuch **117** gibt es nicht. Die Chance bleibt dem Täter so lange erhalten, wie er den Erfolg abzuwenden vermag. Gelingt es ihm, die Vollendung der Tat zu verhindern, spielt der Zeitpunkt des Rücktritts keine Rolle (*BGH* NStZ 1981, 388; LK/*Lilie/Albrecht*, 12. Aufl. § 24 Rn. 284a).

b) Subjektive Voraussetzungen. In subjektiver Hinsicht muss der **118** Täter den von ihm in Gang gesetzten Kausalverlauf **bewusst und gewollt** unterbrechen.

So die am häufigsten gebrauchte Formulierung: Vgl. BGH NJW 1989, 2068; NStZ 1999, 300, 301; 2008, 329; Sch/Sch/*Eser/Bosch*, § 24 Rn. 59b; LK/*Lilie/Albrecht*, 12. Aufl., § 24 Rn. 282. – Für das in sachlicher Hinsicht anerkannte subjektive Kriterium gibt es aber keine einheitliche Bezeichnung. Es wird auch vom „Rücktrittsvorsatz", „Rücktrittswillen", „Vereitelungswillen", „Verhinderungsvorsatz" oder „Rettungswillen" gesprochen.

Die Formulierung „bewusst und gewollt" legt es nahe, entspre- **119** chend der üblichen kurzen Definition des Vorsatzes (§ 14 Rn. 5) vom Rücktrittsvorsatz zu sprechen. Mit anderen Worten muss also

346   7. Kapitel. Versuch und Rücktritt

der Entschluss zur Gegensteuerung von einem Rücktrittsvorsatz getragen sein, der wiederum beinhaltet, dass der Täter seinen Vollendungsvorsatz aufgibt und durch den Vorsatz zur Verhinderung des Erfolges ersetzt. All dies lässt sich unproblematisch aus den Rücktrittstheorien (oben Rn. 5 ff.) ableiten.

120   **Beispiele:** (1) T hält O, nachdem er ihn mit Tötungsvorsatz vergiftet hat, irrig für tot und ruft einen Arzt herbei, um den Tod feststellen zu lassen. Der Arzt erkennt den Irrtum und rettet das Leben des O. – Um einen fehlgeschlagenen Versuch kann es nicht gehen, wenn der Täter annimmt, dass der Erfolg eingetreten ist oder eintreten wird. Bei T liegt ein beendeter Versuch der §§ 212, (211), 22 vor, von dem er gemäß § 24 I 1 2. Var. zurückgetreten sein könnte; insoweit erfüllt er zwar dessen objektive Voraussetzungen, handelt aber ohne Rücktrittsvorsatz.

121   (2) Eine die Rettung des vergifteten Opfers veranlassende Äußerung gegenüber der Polizei, „ich habe meine Frau umgebracht, glaube es jedenfalls, man möge schnell kommen", bedarf der Auslegung und kann vom Rücktritts- bzw. Verhinderungsvorsatz getragen sein (*BGH* NStZ-RR 1999, 327).

122   (3) Allgemeiner formuliert fehlt das subjektive Element, wenn der Täter zum Zeitpunkt seines Rücktrittsverhaltens sein Opfer bereits für tot bzw. unrettbar tödlich verletzt oder seine Rettungsmaßnahmen für untauglich oder gescheitert hält. Wer solche Vorstellungen hat, dem helfen zum Schein, namentlich zur Verschleierung seiner Täterschaft, entfaltete Rettungsbemühungen nicht (vgl. BGHSt 48, 147, 149 f.; *BGH* NStZ 1999, 300, 301; 2008, 329 f.; NStZ-RR 1999, 327; 5 StR 250/04; *Fischer*, § 24 Rn. 29; LK/*Lilie/Albrecht*, 12. Aufl., § 24 Rn. 282 ff.).

3. Der „halbherzige" Rücktritt

123   In der Konstellation des oft so bezeichneten „halbherzigen" Rücktritts (*Puppe*, NStZ 1984, 488) geht es um die umstrittenen Anforderungen, die an das die Tatvollendung verhindernde Verhalten zu stellen sind. Während die Rechtsprechung und h. M. grundsätzlich nur verlangen, dass die Rücktrittshandlung des Täters für das Ausbleiben des Erfolges zumindest mit kausal wird, fordert eine engere Gegenmeinung ein Rücktrittsverhalten im Sinne des „ernsthaften" Bemühens von § 24 I 2 (dazu unten Rn. 140 ff.). Diese Ansicht sieht in der Vornahme halbherziger Handlungen kein honorierungswürdiges Rücktrittsverhalten. Außerdem führt sie ins Feld, wenn schon bei einem – stets unter § 24 I 2 fallenden (unten Rn. 130 ff.) – untauglichen Versuch nur ernsthafte Anstrengungen genügten, könne für den Täter eines tauglichen Versuchs nicht weniger gelten.

124   Für die h. M. spricht aber: Mit dem Gesetzeswortlaut und der Gesetzessystematik ist es nicht vereinbar, das Kriterium des ernsthaften

§ 37. Der Rücktritt des Einzeltäters   347

Bemühens von § 24 I 2 in den § 24 I 1 2. Var. hineinzuinterpretieren. Außerdem ist im Interesse des Opferschutzes ein halbherziges Rücktrittsverhalten allemal besser als gar keines. Insoweit verfährt § 24 I 1 2. Var. nach dem Prinzip „Ende gut, alles gut". Einschränkend sind lediglich die Kriterien der objektiven Zurechnung heranzuziehen (Rn. 113).

Beispiele: Im **Fall 5a** kann M nach der Lehre vom optimalen Abwendungs-   **125** verhalten von den §§ 212, (211), 22 nicht gemäß § 24 I 1 2. Var. zurücktreten. Lässt man dagegen für die Erfolgsverhinderung die bloße (Mit-)Kausalität genügen, ist der Rücktritt unproblematisch zu bejahen. Im Ergebnis ändert sich daran nichts, soweit man konkretisierend den Gedanken der objektiven Zurechnung heranzieht; denn wenn auch der Zufall eine gewisse Rolle gespielt hat, so hat M doch die entscheidende reale Rettungschance eröffnet, die voraussehbar zur Einlieferung ins Krankenhaus geführt hat (*Rengier*, JuS 1991, 941 mit Falllösung; *Bloy*, JuS 1987, 535; *Kühl*, AT, § 16 Rn. 76).

Im **Fall 5b** kann man im Lichte der objektiven Zurechnung ähnlich argu-   **126** mentieren, aber auch eher zu einer Ablehnung der Tatverhinderung mit der Begründung kommen, angesichts der geringeren Rettungschance und der größeren Zufallsmomente sei die Rettung nicht mehr voraussehbar gewesen.

Lehrreich ist auch der folgende **Gasexplosions-Fall** (vgl. BGHSt 48, 147;   **127** dazu *Engländer*, JuS 2003, 641 ff.; Falllösungen bei *Haverkamp/Kaspar*, JuS 2006, 898 ff.; *Ladiges/Glückert*, Jura 2011, 556 f.): A öffnet in Selbsttötungsabsicht in einem Mehrfamilienhaus zwei Gashähne. Dass es dadurch zu einer Explosion mit tödlichen Folgen für Hausbewohner kommen könnte, nimmt er billigend in Kauf. Später ruft er bei der Polizei an, erklärt alles, nennt Namen und Anschrift und fordert dazu auf, für die Rettung der Hausbewohner zu sorgen. Der Aufforderung, das Gas abzudrehen, kommt er nicht nach, weil er nach wie vor durch die Gasvergiftung sterben will. Die wenige Minuten später eintreffende Feuerwehr evakuiert das Haus, dreht die Gashähne zu und findet den bewusstlosen A. – Der *BGH* bejaht zu Recht einen Rücktritt von den §§ 211, 22 gemäß § 24 I 1 2. Var. Dass A nicht selbst die Hähne zugedreht und sich insoweit nicht „optimal" verhalten hat, spielt keine Rolle (a. A. die Gegenmeinung).

Zur h. M. vgl. BGHSt 33, 295, 301; 44, 204, 207; 48, 147, 151 f.; *BGH* NStZ 2006, 504, 505; 2008, 508, 509; *Kühl*, AT, § 16 Rn. 72 ff.; *Bloy*, JuS 1987, 533 ff.; SK/*Rudolphi*, § 24 Rn. 27c; *Kudlich*, AT, Nr. 243; W/*Beulke/Satzger*, AT, Rn. 644; Falllösungen bei *Dreher*, JA 2005, 793; *Kubiciel/Stam*, JA 2014, 517 f. – Zur Gegenmeinung *Baumann/Weber/Mitsch*, AT, § 27 Rn. 28; *Puppe*, NStZ 2003, 309 f.; ferner *Roxin*, AT II, § 30 Rn. 237 ff., 246 ff., sofern sich der Versuchstäter auf eine fremdhändige Erfolgsabwendung verlässt.

348   7. Kapitel. Versuch und Rücktritt

4. Der „antizipierte" Rücktritt

128   Die in ähnlicher Weise wie der „halbherzige" Rücktritt umstrittenen Konstellationen des „antizipierten" Rücktritts sind dadurch gekennzeichnet, dass der Täter schon im Vorfeld namentlich einer Tötungstat für den Fall eines beendeten Versuchs Rettungsmaßnahmen
einleitet.

Beispiele: Ein Täter, der illegal Minen legt oder legen lässt, um Fluchtversu-
che aus seinem Land oder einem Gefängnis zu verhindern, ordnet an, dass die
Flüchtlinge bei erlittenen lebensgefährlichen Verletzungen sofort in ärztliche
Behandlung gebracht werden (BGHSt 44, 204 ff.). Ein Täter plant einen möglicherweise tödlichen Racheakt und bestellt zum Tatort einen Arzt, der ggf.
das lebensgefährlich verletzte Opfer retten soll.

Zu Recht erkennt der *BGH* hier die Möglichkeit eines Rücktritts
gemäß § 24 I 1 2. Var. an. Dessen Wortlaut steht einer Auslegung
nicht entgegen, die bezüglich der Erfolgsverhinderung an ein vor
der Tatbegehung liegendes Verhalten anknüpft. Insbesondere spricht
der Gedanke des Opferschutzes dafür, die Rücktrittsleistung zu ho-
norieren. Die einen Rücktritt ablehnende Gegenmeinung sieht ähnlich wie beim halbherzigen Rücktritt kein honorierungswürdiges
ernsthaftes Bemühen, da die Anforderungen an das Rücktrittsverhalten nicht bereits im Vorfeld prognostiziert werden könnten. Indes
setzt § 24 I 1 2. Var. kein ernsthaftes Bemühen voraus (Rn. 123 f.).

Wie hier SSW/*Kudlich/Schuhr*, § 24 Rn. 45, 61; *Rotsch*, JuS 2002, 892 f.; *Sin-
gelnstein*, JA 2011, 761 mit Falllösung. – Zur Gegenmeinung *Scheinfeld*, JuS
2006, 397 ff.; *Murmann*, GK, § 28 Rn. 145 f.

5. Freiwilligkeit

129   Auch der Rücktritt vom beendeten Versuch setzt freiwilliges Handeln voraus. Insoweit gelten die schon beim unbeendeten Versuch erörterten Maßstäbe (Rn. 91 ff.).

VII. Rücktritt vom beendeten Versuch durch ernsthaftes Sichbemühen (§ 24 I 2)

1. Grundlagen

130   In § 24 I 2 geht es um Fälle des beendeten Versuchs, bei denen, egal
aus welchen Gründen, das Ausbleiben der Vollendung(sstrafbarkeit)

§ 37. Der Rücktritt des Einzeltäters 349

anders als im Falle des § 24 I 1 2. Var. objektiv nicht auf einem Verhalten des Zurücktretenden beruht. Vielmehr ist sein aktives Rücktrittsverhalten nur subjektiv darauf gerichtet, die Tatvollendung zu verhindern. Von daher entspricht die Struktur des § 24 I 2 einem Versuch des § 24 I 1 2. Var. (*Baumann/Weber/Mitsch*, AT, § 27 Rn. 32; *Joecks*, § 24 Rn. 41 ff.).

Die Legitimation des § 24 I 2 hat ihren Grund darin, dass es ungerecht und wertungswidersprüchlich wäre, einem Täter, der nicht gemäß § 24 I 1 2. Var. zurücktreten kann, jede andere Rücktrittsmöglichkeit zu versagen. Innerhalb der drei Fallgruppen des § 24 I 2 wird dieser Aspekt in den Fällen des untauglichen Versuchs besonders sichtbar (unten Rn. 136 f.).

2. Nichtvollendung der Tat ohne Zutun

a) **Nicht zurechenbare Vollendung.** Der Täter hat den von ihm anvisierten Erfolg zwar im Sinne der Bedingungstheorie verursacht, doch kann ihm der Erfolgseintritt nicht objektiv oder – nach den Grundsätzen der wesentlichen Abweichung im Kausalverlauf – nicht subjektiv zum Vorsatz zugerechnet werden (vgl. oben § 13 Rn. 62 ff.; § 15 Rn. 11 ff.).

Beispiele: T hat nach einer Auseinandersetzung die F mit Tötungsvorsatz vom Balkon gestoßen und erkannt lebensgefährlich verletzt. Als T das Haus verlässt, ruft er, wie er meint, rettende Hilfe herbei, für die zuvor aber schon Nachbar N gesorgt hat. F stirbt allein deshalb, weil ein Verkehrsteilnehmer dem Krankenwagen die Vorfahrt nimmt oder weil dem operierenden Arzt ein grober Behandlungsfehler unterläuft. Oder sie stirbt, weil sie sich angesichts schwerster Verletzungen selbst tötet oder unvernünftig jede ärztliche Hilfe verweigert.

In allen Beispielen ist, was § 212 betrifft, der tödliche Erfolg T objektiv nicht zurechenbar (§ 13 Rn. 64, 77 ff., 84 ff., 95). Daher kommen nur die §§ 212, (211), 22 in Betracht. Ein Rücktritt gemäß § 24 I 1 2. Var. entfällt, da es nicht T – sondern N bzw. F – gewesen ist, der die Ursache dafür gesetzt hat, dass T nur wegen Versuchs haften kann. T erlangt aber, freiwilliges und ernsthaftes Bemühen unterstellt, Straffreiheit gemäß § 24 I 2.

b) **Ausbleiben der Vollendung.** Hier ist zunächst die leicht erfassbare Konstellation einzuordnen, in welcher der Täter mit seinen Rettungsbemühungen objektiv deshalb zu spät kommt, weil vor ihm bereits Dritte oder das Opfer selbst rettend eingegriffen haben (zu Fall

350 7. Kapitel. Versuch und Rücktritt

6 unten Rn. 149). Ferner bleibt die Vollendung(sstrafbarkeit) aus, wenn ein Dritter den vom Täter in Gang gesetzten Kausalverlauf durch Dazwischentreten unterbricht (oben § 13 Rn. 21 f.).

135 Weiter gehört der Fall hierher, dass die vermeintlich rettende Rücktrittstätigkeit des Täters unnötig ist, da er objektiv entgegen seiner Vorstellung zu wenig getan hat, um den tatbestandlichen Erfolg herbeizuführen.

Beispiel: Der Täter hat sein Opfer mit Tötungsvorsatz und einem Messerstich verletzt, wie er meint lebensgefährlich, in Wirklichkeit aber lediglich harmlos. Danach alarmiert er Hilfe. – Ein Rücktritt gemäß § 24 I 1 2. Var. scheidet aus; denn die Rettungshandlung hat zum Ausbleiben des Erfolgs nichts beigetragen. Daher kann nur § 24 I 2 eingreifen.

136 **c) Unmögliche Vollendung.** Gemeint sind damit alle Fälle des untauglichen Versuchs (oben § 35 Rn. 1 ff.).

Beispiel: T schießt mit Tötungsvorsatz auf den in seinen Augen schlafenden O. Danach packt ihn die Reue und er veranlasst die Einlieferung des nach seiner Einschätzung lebensgefährlich Verletzten in ein Krankenhaus. Dort wird festgestellt, dass O schon vor dem Schuss des T gestorben war.

137 Bei einem untauglichen Versuch gibt es objektiv nichts zu verhindern, so dass ein Rücktritt gemäß § 24 I 1 2. Var. entfällt. Die Lücke, die § 24 I 2 insoweit schließt, wird hier besonders deutlich: Es wäre nicht nachvollziehbar, nur dem Täter eines tauglichen, aber nicht dem – eher ungefährlicheren – Täter eines untauglichen beendeten Versuchs eine Rücktrittsmöglichkeit einzuräumen.

3. Sichbemühen

138 Der rücktrittswillige Täter muss sich bemühen, die Vollendung zu verhindern. Das heißt: Er muss bewusst und gewollt in einer Weise aktiv tätig werden, die zumindest seiner Vorstellung nach geeignet ist, den von ihm in Gang gesetzten Kausalverlauf zu unterbrechen und dadurch die Vollendung zu verhindern. Fehlt das subjektive Rücktrittselement, kann auch § 24 I 2 nicht eingreifen (entsprechend Rn. 118 ff.).

139 Teilweise liest man das subjektive Merkmal in das anschließend erörterte „ernsthafte" Bemühen hinein. Auch wird zwischen den Merkmalen des Sichbemühens und der Ernsthaftigkeit in der Regel nicht klar getrennt. Die Trennung (deutlich *Roxin*, AT II, § 30 Rn. 267 ff.) trägt aber zur besseren Strukturierung der Rücktrittsprüfung bei.

§ 37. Der Rücktritt des Einzeltäters   351

4. Ernsthaftigkeit des Sichbemühens

Dem Kriterium des „ernsthaften" Sichbemühens fällt die Funktion 140
zu, die im Vergleich zu § 24 I 1 2. Var. fehlende objektive Erfolgsverhinderung durch ein äquivalentes Kriterium zu ersetzen. Der genaue
Inhalt des Kriteriums ist nicht ganz leicht zu erfassen. Dies gilt in gewisser Weise ebenso für die im Folgenden wiedergegebenen Leitlinien der neueren Rechtsprechung, in deren Rahmen sich auch die
h. M. bewegt.

Zusammenfassend BGHSt 33, 295, 302; *BGH* NStZ 2008, 329 und 508,
509; erg. LK/*Lilie/Albrecht*, 12. Aufl., § 24 Rn. 336 ff.

Nach diesen **Leitlinien** muss der Täter alles tun, was in seinen 141
Kräften steht und nach seiner Überzeugung zur Erfolgsabwendung
erforderlich ist. Er muss die aus seiner Sicht ausreichenden Verhinde-
rungsmöglichkeiten ausschöpfen, den Zufall dort ausschalten, wo er
ihn vermeiden kann und sich um die bestmögliche Maßnahme für
die Erfolgsabwendung bemühen. Schaltet er Hilfspersonen ein, so
muss er insbesondere bei nicht professionellen Helfern grundsätzlich
darauf achten, dass diese auch tatsächlich die erforderlichen Rettungsmaßnahmen ergreifen. Wenn sich das bisherige Bemühen des
Täters als aussichtslos darstellt, muss er zu neuen Mitteln greifen
(Sch/Sch/*Eser/Bosch*, § 24 Rn. 72).

Im Zusammenhang mit den vorstehenden Leitlinien wird teilweise 142
von der Notwendigkeit eines „optimalen" Rücktrittsverhaltens und
einer „Bestleistungstheorie" gesprochen (vgl. *Roxin*, AT II, § 30
Rn. 237 ff.; *Baumann/Weber/Mitsch*, AT, § 27 Rn. 34; *Heinrich*, AT,
Rn. 800). Dies kann zu Missverständnissen Anlass geben. Man muss
nicht unnötig viel tun, also etwa bei einem lebensgefährlich Verletzten neben der (korrekt aufgeklärten) Polizei auch noch den Notarzt
benachrichtigen. Im Kern geht es darum, dass der Rücktrittswillige,
bezogen auf den Rücktrittszeitpunkt, Rettungsmaßnahmen einleitet,
die aus seiner Sicht geeignet sind, zuverlässig und möglichst schnell
den – auch nur seiner Vorstellung nach – in Gang gesetzten Kausalverlauf zu unterbrechen (vgl. *BGH* NStZ 2012, 28, 29).

Beispiele: (1) Verlagert man den Gasexplosions-Fall von Rn. 127 auf die 143
Ebene des § 24 I 2, indem man annimmt, dass objektiv die von A angenommene Explosionsgefahr nicht besteht, so liegt im Verhalten des A kein ernsthaftes Bemühen, weil er die aus seiner Sicht bessere und schnellere Erfolgsab-
wendungsmöglichkeit, das Zudrehen der Gashähne, nicht gewählt hat.

352　　　　　7. Kapitel. Versuch und Rücktritt

144　　(2) BGHSt 33, 295: A verletzt den Gebrauchtwagenverkäufer K in dessen Bürobaracke durch einen Schuss in den Kopf lebensgefährlich. Er verlässt das Büro, trifft auf zwei Angestellte und sagt ihnen, „sie sollten nach ihrem Chef sehen, diesem sei etwas passiert". Dabei erkennt A nicht, dass die beiden sich schon auf dem Weg zum Büro befinden, weil sie den Schuss gehört haben. Als die Angestellten K sehen, rufen sie sofort einen Krankenwagen herbei. K wird gerettet. – Da A's Aufforderung für die Rettung des K nicht kausal wird, scheidet ein Rücktritt gemäß § 24 I 1 2. Var. aus. Die Anwendung des § 24 I 2 lehnt der *BGH* mit der Begründung ab, A habe die Rettungsmaßnahme den Angestellten des Opfers allein überlassen. Er habe „weder Vorschläge gemacht noch sich vergewissert, ob sie irgendwelche zur Erfolgsabwendung notwendigen Maßnahmen trafen" (BGHSt 33, 295, 302).

145　　(3) A hat seiner Frau F in Tötungsabsicht einen Stich in den Rücken beigebracht und sich entfernt. Nach einigen Minuten kehrt er zurück, um ihr zu helfen und die Lebensgefahr abzuwenden. Nachdem F das Ansinnen, einen Krankenwagen herbeizurufen, abgelehnt hat, stopft er ihr ein Bündel Babywindeln in den Rücken, um die Wunde zu versorgen. Nach einer Stunde erscheint die Polizei und nimmt A fest. F überlebt, ohne dass daran die Windeln einen Anteil haben (*BGH* MDR 1978, 279). – Da mangels (Teil-)Kausalität ein Rücktritt gemäß § 24 I 1 2. Var. entfällt, kommt nur § 24 I 2 in Betracht. Insoweit hat sich A nicht ernsthaft genug bemüht. Die notdürftige Versorgung der Wunde genügt nicht. Er hätte unabhängig von F den Krankenwagen rufen müssen.

146　　(4) Um ein ausreichendes ernsthaftes Bemühen handelt es sich in der Regel, wenn der Täter zuverlässige Dritte, insbesondere professionelle Helfer, einschaltet, die willens und in der Lage sind, den Unglücksort aufzusuchen und den Erfolg abzuwenden. Dabei muss der Helfer hinreichend über die Art der Gefahr und den Ort aufgeklärt werden. Um eine solche Konstellation geht es im Fall 6 (unten Rn. 149).

147　　(5) Im lehrreichen Fall *BGH* NStZ 2008, 329 hat der Täter M seine Tochter T mit Tötungsvorsatz aus dem 4. Stock über 8 m in die Tiefe fallen lassen. Als er im Wohnzimmer an seiner Frau F vorbeiläuft, ruft er ihr zu, sie solle einen Krankenwagen holen, da T sich vom Balkon gestürzt habe. Ohne anzuhalten läuft M weiter, um nach unten zu kommen. Rettungsdienste waren schon von Zeugen herbeigerufen worden. T überlebt, da sie sich nicht lebensgefährlich verletzt hat. – Ein Rücktritt des M nach § 24 I 1 2. Var. scheidet mangels Erfolgsverhinderung eindeutig aus. Das Landgericht hat auch einen Rücktritt gemäß § 24 I 2 mit der Begründung abgelehnt, M habe sich nicht vergewissert, ob F ihn verstanden habe und emotional zu einem Anruf in der Lage gewesen sei; insoweit habe er die Rettung dem Zufall überlassen. Dem widerspricht der *BGH* zu Recht: M habe nach den Umständen davon ausgehen können, dass F der Aufforderung nachkomme und zum rettenden Anruf imstande sei; daher habe er nicht bei ihr verweilen müssen. Der *BGH* hat nur deshalb Zweifel an der Anwendbarkeit des § 24 I 2, weil M möglicherweise bloß zum Schein Rettungsbemühungen entfaltet hat (vgl. oben Rn. 122).

5. Freiwilligkeit

Zur Freiwilligkeit siehe oben Rn. 91 ff. Was die Entdeckung der Tat **148** betrifft, so bestätigt der abschließende Fall 6, dass pauschale Aussagen verfehlt sind (vgl. Rn. 106).

Im **Fall 6** scheidet ein Rücktritt des A von den §§ 212, (211), 22 gemäß § 24 **149** I 1 2. Var. aus, da vor ihm die Nachbarn Hilfe organisiert haben (vgl. Rn. 134). Insoweit ist die Tat ohne sein Zutun nicht vollendet. Folglich kommt nur eine Strafbefreiung gemäß § 24 I 2 in Betracht: Nach der Vorstellung des A hat er als erster, auch vor seinen Gästen, reagiert und geglaubt, durch seinen Anruf bei der Polizei das Leben der F retten zu können. Die Einschaltung professioneller Hilfe stellt ein ernsthaftes Bemühen dar (vgl. Rn. 146). Schließlich hat A trotz der Entdeckung freiwillig gehandelt, da sich die Tat von Anfang an vor den Augen seiner Gäste abgespielt hat (vgl. Rn. 106; *BGH* StV 1992, 62, 63; NStZ 2011, 688). Demnach greift § 24 I 2 ein. A macht sich nur gemäß § 224 I Nr. 5 strafbar.

VIII. Teilrücktritt

Unter dem Stichwort „Teilrücktritt" werden Konstellationen dis- **150** kutiert, in denen der Täter im Versuchsstadium einer Tat freiwillig davon Abstand nimmt, ein bereits erfülltes qualifizierendes Tatbestandsmerkmal weiter zu verwirklichen, bevor er anschließend die Begehung des Grunddelikts fortsetzt. Die typischen Konstellationen tauchen im Zusammenhang mit § 242 (i. V. m. § 244) und den §§ 249, 255 (i. V. m. § 250) auf und betreffen z. B. den Verzicht auf das weitere Beisichführen einer Schusswaffe. Nach der zutreffenden h. M. im Schrifttum verdient ein derartiger Teilrücktritt Anerkennung (näher *Rengier*, BT I, § 4 Rn. 77 ff.; § 8 Rn. 38; § 11 Rn. 73).

Empfehlungen zur vertiefenden Lektüre:
Rechtsprechung: BGHSt 33, 295, BGHSt 48, 147 und *BGH* StV 1992, 62 (Kriterien des Rücktritts vom beendeten Versuch gemäß § 24 I 1 2. Var. und § 24 I 2); BGHSt 34, 53 und *BGH* NStZ 2007, 399 (Rücktritt bei einem mehraktigen Geschehen); BGHSt 35, 90 (Rücktrittshorizont und fehlgeschlagener Versuch); BGHSt 36, 224 (korrigierter Rücktrittshorizont); BGHSt 39, 221 und *BGH* NStZ 2009, 25 (Rücktritt bei außertatbestandlicher Zielerreichung); *BGH* NStZ 2005, 263 (Rücktritt bei einem mehraktigen Geschehen und Kriterien des beendeten Versuchs); *BGH* NStZ 2008, 329 (Anforderungen an das ernsthafte Sichbemühen gemäß § 24 I 2); *BGH* NStZ 2015, 26 (fehlgeschlagener Versuch und korrigierter Rücktrittshorizont).
Literatur: *Beckemper*, Rücktritt vom Versuch trotz Zweckerreichung, JA 1999, 203 ff.; *Engländer*, Die hinreichende Verhinderung der Tatvollendung –

354   7. Kapitel. Versuch und Rücktritt

BGH, NJW 2003, 1058 (= BGHSt 48, 147), JuS 2003, 641 ff.; *Fahl*, Freiwillig-
keit beim Rücktritt, JA 2003, 757 ff.; *Hauf*, Die neuere höchstrichterliche
Rechtsprechung zu Versuch und Rücktritt, JA 1995, 776 ff.; *Heger*, Die neuere
Rechtsprechung zum strafbefreienden Rücktritt vom Versuch (§ 24 StGB),
StV 2010, 320 ff.; *Hover*, Der Rücktritt vom Versuch in der Fallbearbeitung,
JuS 2013, 305 ff., 403 ff.; *Kudlich*, Grundfälle zum Rücktritt vom Versuch,
JuS 1999, 240 ff., 349 ff.; *Lettl*, Der Rücktritt des Alleintäters vom Versuch ge-
mäß § 24 I 1 StGB, JuS 1998, L 81 ff.; *Noltensmeier/Henn*, Der Rücktritt vom
Versuch nach § 24 I 2 StGB, JA 2010, 269 ff.; *Otto*, Rücktritt und Rücktritts-
horizont, Jura 2001, 341 ff.; *Roxin*, Der fehlgeschlagene Versuch – eine kapa-
zitätsvergeudende, überflüssige Rechtsfigur?, NStZ 2009, 319 ff.

§ 38. Der Rücktritt des Beteiligten (§ 24 II)

Fall 1: A und B haben einen Plan ausgearbeitet, um in das Einfamilienhaus
des E einzudringen und Bargeld zu entwenden. A soll etwa eine halbe Stunde
lang in der Wohnung nach Geld suchen und B draußen Schmiere stehen. Die
Beute soll geteilt werden. Nachdem A über ein Fenster in die Wohnung ein-
gestiegen ist, beschließt der draußen stehende B, die Tat doch nicht zu wollen,
und verschwindet, ohne A zu informieren. A hört nach einer halben Stunde
mit der Suche auf, nachdem er kein Bargeld gefunden hat und weiteres Suchen
auch für aussichtslos hält. Strafbarkeit von A und B, wenn a) sie Mittäter sind,
b) B nur Gehilfe ist? → Rn. 19

Fall 2: Nachdem A im Fall 1 etwa 15 Minuten lang erfolglos gesucht hat,
erinnert er sich an seine Bewährungsstrafe, bekommt Angst und läuft unverrichteter Dinge aus dem Haus. Dem B ruft er noch zu: „Ich habe nichts, sondern nur Angst vor dem Gefängnis!" B macht daraufhin auch nichts mehr.
Strafbarkeit von A und B, wenn a) sie Mittäter sind, b) B nur Gehilfe ist, c)
sie einvernehmlich entscheiden, nach 15 Minuten aufzuhören? → Rn. 20, 22

Fall 3: a) F will ihren Mann M umbringen lassen und gewinnt dafür T, der
M lebensgefährliche Messerstiche beibringt. Nachdem T den Tatort verlassen
hat, ruft M seine Frau in Unkenntnis ihrer Beteiligung an und bittet sie um
Hilfe. Um keinen Verdacht zu erwecken, alarmiert sie daraufhin die Polizei
und veranlasst so die Rettung des M. b) *Variante:* Da M der F nicht ganz vertraut, alarmiert er zuerst über die Notrufnummer rettende Hilfe, bevor er zusätzlich F, um sie zu „testen", um Hilfe bittet, die wiederum die Polizei alarmiert. → Rn. 23, 26

I. Grundlagen und Aufbaufragen

1   **Vorbemerkung:** Wegen des Sachzusammenhangs wird hier der Rücktritt
des Beteiligten im Anschluss an den Rücktritt des Einzeltäters erörtert. Um
freilich § 24 II richtig zu verstehen, muss man sich vorher schon mit den Fra-

gen von Täterschaft und Teilnahme befasst haben (unten §§ 40 ff.). Insoweit dürfte es sich ggf. empfehlen, das Studium des § 24 II zurückzustellen.

Sind an der Tat mehrere beteiligt, greift die Rücktrittsregelung des § 24 II ein. Wer zur Gruppe der **Beteiligten** des § 24 II gehört, ist schon erörtert worden (§ 37 Rn. 12 f.): Von dieser Vorschrift erfasst sind auf jeden Fall der Mittäter, der Anstifter und der Gehilfe. 2

Dagegen fällt der **mittelbare Täter** grundsätzlich unter § 24 I, ausnahmsweise aber dann unter § 24 II, wenn er „Täter hinter dem Täter" ist (dazu unten § 43 Rn. 38 ff.); denn in dieser Konstellation des § 25 I 2. Var. sind mehrere *strafbare* Beteiligte im Sinne des § 24 II vorhanden (*Roxin*, AT II, § 30 Rn. 308). 3

Beispiele: Im Katzenkönig-Fall (oben § 32 Fall 1 und unten § 43 Rn. 40 ff.) wäre ein Rücktritt der Hintermänner H und P auch dann anhand des § 24 II zu prüfen, wenn H oder P als Einzeltäter handeln würde, während der die Ausführung der Tat allein beherrschende Vordermann R nach § 24 I 1 zurücktreten könnte. Im Rahmen eines organisierten Machtapparates gelten für den Rücktritt des die Tat ausführenden Befehlsempfängers § 24 I und für den hinter ihm stehenden Befehlsgeber § 24 II (BGHSt 44, 204, 206; erg. unten Rn. 24). 4

Die Voraussetzungen für einen strafbefreienden Rücktritt gemäß § 24 II sind grundsätzlich strenger als beim Einzeltäter. Dies lässt sich mit der **erhöhten Gefährlichkeit** des Tatgeschehens und gewissen gruppendynamischen Kräften begründen, die eine Tatausführung wahrscheinlicher machen (*Kudlich*, JuS 1999, 449). 5

In der **Fallbearbeitung** scheint man sich bei mehreren Beteiligten früh entscheiden zu müssen, ob § 24 I oder § 24 II einschlägig ist. Das kann Aufbauprobleme bereiten, wenn man die Beteiligungsfragen noch gar nicht diskutiert hat. Ist nämlich der zuerst geprüfte Tatnächste angestiftet worden oder wird er von einem Gehilfen unterstützt, so fällt er als das Tatgeschehen allein beherrschender Einzeltäter unter § 24 I (h. M.; dazu bereits § 37 Rn. 11, 13), während für den Anstifter und Gehilfen § 24 II eingreift. Ist dagegen der zuerst geprüfte Tatnächste Mittäter, gilt auch für ihn § 24 II. Im Aufbau kommen drei Möglichkeiten in Betracht: Der drittbeste Weg dürfte sein, die Beteiligungsfrage inzident im Rahmen des Rücktritts zu klären. Ein anderer Weg könnte unter der Voraussetzung, dass man die Beteiligungsfragen bereits durchdacht hat, darin liegen, sich nur der Rücktrittsvorschrift zuzuwenden, die man im Ergebnis für einschlägig hält, und zur Begründung der Beteiligtenrolle auf spätere Ausführungen zu verweisen. Im Regelfall wird es sich eher empfehlen, den Rücktritt sowohl nach § 24 I als auch nach § 24 II zu durchdenken und kurz zu prüfen, um dann festzustellen, dass sich die Rücktrittsvoraussetzungen im Ergebnis nicht unterscheiden und es deshalb im Rahmen 6 des § 24 II auf die Beteiligungsfrage nicht ankommt (*Jäger*, AT, Rn. 329; *Walter/Schneider*, JA 2008, 264; näher unten Rn. 18 ff.). Konkret kann man im Sinne dieser dritten Möglichkeit etwa formulieren, dass der in der Situation eines unbeendeten Versuchs agierende Täter, hinter dem ein Anstifter oder Gehilfe als Beteiligter steht, im Falle der (freiwilligen) Tataufgabe sowohl bei Anwendung des § 24 I 1 1. Var. als auch des § 24 II 1 Straffreiheit erlangt, weil das schlichte Nichtweiterhandeln zugleich den Eintritt des Erfolges verhindert.

II. Anwendungsbereich

7   § 24 II regelt den Rücktritt eines Mittäters, Anstifters oder Gehilfen, der sich an einer gemäß § 22 nur versuchten Tat beteiligt hat. Damit fallen die folgenden Konstellationen aus dem Anwendungsbereich des § 24 II heraus (vertiefend insbesondere *Roxin*, AT II, § 30 Rn. 301 ff., 309 ff.; LK/*Lilie/Albrecht*, 12. Aufl., § 24 Rn. 370 ff.):

1. Keine versuchte (Haupt-)Tat

8   § 24 II ist von vornherein nicht betroffen, wenn die Tat das Versuchsstadium überhaupt nicht erreicht, sondern sich nur im Vorbereitungsstadium abgespielt hat. In solchen Fällen kommt – bei Verbrechen – bloß ein Versuch der Beteiligung gemäß § 30 I, II mit einem etwaigen Rücktritt nach § 31 in Betracht.

2. „Rücktritt" im Vorbereitungsstadium

9   Ebenfalls um keinen Rücktritt gemäß § 24 II handelt es sich, sofern eine versuchte (Haupt-)Tat zwar vorliegt, der Beteiligte aber im Vorbereitungsstadium seine Mitwirkung gegenüber den anderen aufgekündigt *und* seine Tatbeiträge vollkommen neutralisiert hat. Mittäterschaftliches Handeln scheidet unter diesen Umständen schon deshalb aus, weil jedes täterschaftliche Handeln, also auch das bewusste und gewollte Zusammenwirken von Mittätern, vorsätzliches Handeln bei Begehung der Tat voraussetzt und der dafür erforderliche gemeinsame Tatentschluss beim Aussteigenden wegfällt, wenn die anderen Mittäter von der Abstandnahme erfahren (näher unten § 44 Rn. 16 ff.). Was den sich im Vorbereitungsstadium lossagenden Anstifter bzw. Gehilfen betrifft, so muss er dafür sorgen, dass seine Tatbeiträge in der späteren versuchten Haupttat nicht mehr fortwirken. Dies ist der Fall, wenn wegen der Tataufgabe mangels Bestimmens

§ 38. Der Rücktritt des Beteiligten   357

bzw. einer Hilfeleistung schon der objektive Teilnahmetatbestand
nicht bejaht werden kann (vgl. unten § 45 Rn. 24, 83).

Beispiele: (1) A stiftet T zur Begehung eines Raubüberfalls auf den reichen   10
R an, kann T aber vor Tatbeginn die Ausführung der Tat wieder ausreden.
Drei Wochen später raubt T dem O dessen Geldbörse. – Bezüglich der
§§ 249, 26 durch A ist festzustellen, dass T zwar hinsichtlich des O § 249 erfüllt, diese Tat aber auf einen neuen Entschluss des T beruht, den A nicht hervorgerufen hat. Mit Blick auf R hat A immerhin die §§ 249, 30 I erfüllt, doch
ist er von ihnen gemäß § 31 I Nr. 1 zurückgetreten.

(2) G leiht T für einen Einbruchsdiebstahl ein bestimmtes Werkzeug. Vor   11
Tatbeginn (§ 22) lässt sich G das Werkzeug zurückgeben. T bricht unabhängig
davon ein, findet aber nicht das, was er gesucht hat. – T erfüllt die §§ 242, 22
(i. V. m. § 243 I 2 Nr. 1). Da G seinen Tatbeitrag vollkommen rückgängig gemacht hat, leistet er zum versuchten Diebstahl objektiv keine Hilfe gemäß
§ 27. Auch liegt keine psychische Beihilfe vor (dazu unten § 45 Rn. 86 ff.).
Zur Prüfung des § 24 II käme man bei diesem Sachverhalt nur dann, falls G
sich das Werkzeug erst nach dem Eintritt in das Versuchsstadium hätte zurückgeben lassen oder er einen anderen in der Tatausführung fortwirkenden
Tatbeitrag – z. B. in der Form eines guten Tipps – erbracht hätte (erg. das Beispiel unten Rn. 28).

3. Fortwirkung des Tatbeitrags bis zur Vollendung der Haupttat

Um keinen Fall des § 24 II handelt es sich ferner, wenn die Tat voll-   12
endet wird und es dem rücktrittswilligen Beteiligten trotz aller Rück-
trittsabsichten und Verhinderungsbemühungen nicht gelingt, von ihm
erbrachte Tatbeiträge zu neutralisieren. Schlägt sich auf diese Weise
ein weiterwirkender Tatbeitrag des Beteiligten in der Tatvollendung
nieder, so trägt er das (Rücktritts-)Risiko, dass seine Anstrengungen
fehlgehen.

Beispiel: A, B und C haben die Begehung eines – gemeinsam geplanten –   13
Bankraubs verabredet. C soll insbesondere als Fahrer fungieren. Auf dem
Weg zum Überfall hält C zwei Kilometer vor der Bank an und erklärt, er
habe große Angst, steige aus und verschwinde zu Fuß; sie sollten ihre Pläne
auch aufgeben. Doch lassen sich A und B nicht überzeugen, sondern führen
den Bankraub planmäßig trotz des erhöhten Risikos zu zweit mit Erfolg
durch. – A und B erfüllen die §§ 249, 25 II. C kommt als Mittäter nicht in Betracht, da er seinen Tatvorsatz *vor* dem Eintritt in das Versuchsstadium aufgegeben und die Komplizen davon informiert hat. Da aber sein Planungsbeitrag
weiterwirkt und die Haupttat vollendet ist, haftet er als Gehilfe (§§ 249, 27).
Dahinter tritt die ebenfalls vorliegende Verbrechensverabredung (§§ 249, 30
II) im Wege der Subsidiarität zurück; insoweit greift § 31 I Nr. 3 nicht ein.
Würde C erst *nach* dem Eintritt der Tat in das Versuchsstadium aussteigen,

358 7. Kapitel. Versuch und Rücktritt

könnte er grundsätzlich auch als Mittäter des Raubes strafbar sein; die Antwort hinge von der Würdigung seiner verbleibenden Tatbeteiligung ab.

14 Wirkt der Tatbeitrag nur bis zum Versuch, aber nicht bis zur Vollendung fort, so liegt der Rücktrittsfall des § 24 II 2 2. Var. vor (unten Rn. 27 ff.).

III. Die Rücktrittsfälle des § 24 II

1. Verhindern der Vollendung (§ 24 II 1)

15 Zunächst ist zu beachten, dass wie beim Einzeltäter auch im Rahmen des § 24 II bei einem **fehlgeschlagenen Versuch** ein Rücktritt ausscheidet. Der Versuch ist fehlgeschlagen, wenn der jeweilige Beteiligte glaubt, er oder ein anderer Beteiligter könne die Tat mit den zur Verfügung stehenden Mitteln nicht mehr ohne zeitliche Zäsur vollenden (entsprechend oben § 37 Rn. 15 ff.).

16 Zum **Rücktrittsvorsatz** vgl. oben § 37 Rn. 118 f. Er setzt die Vorstellung voraus, die Vollendung der Tat durch die anderen Beteiligten noch verhindern zu können. – Zur **Freiwilligkeit** siehe oben § 37 Rn. 91 ff.

17 § 24 II 1 enthält die parallele Rücktrittsregelung zu § 24 I 1. Die strengeren Voraussetzungen des § 24 II 1 zeigen sich darin, dass die Vorschrift nicht zwischen dem unbeendeten und beendeten Versuch differenziert, sondern vom Beteiligten stets verlangt, dass er die „Vollendung verhindert". Die Formulierung ist vom beendeten Versuch des Einzeltäters (§ 24 I 1 2. Var.) übernommen, dessen wirksamer Rücktritt eine aktive Gegensteuerung verlangt (oben § 37 Rn. 110 f.). Beim *beendeten* Versuch eines Beteiligten kann das naturgemäß nicht anders liegen.

18 § 24 II 1 regelt freilich auch den Rücktritt vom *unbeendeten* Versuch. Insoweit ist zu beachten, dass man das Erfordernis der Gegenaktivität nicht unbedacht übertragen darf. Der zurücktretende Beteiligte muss die „Vollendung verhindern". Gewiss werden dazu auch beim unbeendeten Versuch oft aktive Gegenmaßnahmen erforderlich sein. Zwingend ist dies aber keinesfalls. Das bloße „passive" Aufgeben der weiteren Tatausführung genügt genauso, *wenn* der Beteiligte dadurch effektiv für das Ausbleiben der Vollendung sorgt.

19 Im **Fall 1** erfüllt A – § 123 beiseite gelassen – die §§ 242, 244 I Nr. 3, 22. Als Rücktrittsregelung wäre für ihn im **Fall 1a** § 24 II 1 und im **Fall 1b** § 24 I 1 1. Var. einschlägig. Indes liegt jeweils ein rücktrittsunfähiger fehlgeschlagener Versuch vor, da A annimmt, Bargeld nicht finden zu können. Bei B und den

§ 38. Der Rücktritt des Beteiligten 359

§§ 244 I Nr. 3, 22, 25 II bzw. 27 kommt in beiden Fällen ein Rücktritt gemäß § 24 II 1 in Frage. Um einen fehlgeschlagenen Versuch handelt es sich aus der – allein maßgeblichen – Sicht des B nicht. Ansonsten hat er zwar die weitere Ausführung der Tat aufgegeben, aber nicht (mit) kausal die Vollendung verhindert, wie es die bezüglich des unbeendeten Versuchs strengeren Anforderungen des § 24 II 1 verlangen. Verhinderungsbemühungen gemäß § 24 II 2 1. Var. fehlen ebenfalls.

Im **Fall 2a** kommt für A ein Rücktritt nach § 24 II 1 und im **Fall 2b** nach **20** § 24 I 1 1. Var. in Betracht. Beide Vorschriften sind zu bejahen: § 24 I 1 1. Var. liegt unproblematisch vor; die Angst schließt freiwilliges Handeln nicht aus (vgl. § 37 Rn. 94 f.). Bezüglich § 24 II 1 verdeutlicht Fall 2a, dass es im Rahmen eines unbeendeten Versuchs nicht unbedingt auf das Ergreifen von Gegenmaßnahmen, sondern auf die wirkungsvolle Verhinderung der Vollendung ankommt. Da nur A nach Bargeld suchen sollte, führt seine Aufgabe diesen Verhinderungserfolg herbei. Also bleibt er, abgesehen von § 123, straflos. Aus der Sicht des B hat der Rücktritt des A zur Folge, dass die Tat nicht mehr vollendet werden kann. Daher lässt sich insoweit ein fehlgeschlagener Versuch bejahen. B ist demnach auch im Fall 2 gemäß den §§ 244 I Nr. 3, 22, 25 II bzw. 27 strafbar.

Hielte man im **Fall 1b** und **Fall 2b** bei A, weil er von einem Gehilfen unter- **21** stützt wird, ebenfalls jeweils § 24 II 1 und nicht § 24 I 1 1. Var. für einschlägig (vgl. oben § 37 Rn. 13), verliefe die Argumentation wie im Fall 1a bzw. Fall 2a, ohne dass sich im Ergebnis etwas änderte. Die Überlegung verdeutlicht zugleich, weshalb manche mit Blick auf das oben in Rn. 6 angesprochene Aufbauproblem den Ratschlag erteilen, die Einordnung in § 24 I oder II offen zu lassen.

Fall 2c führt zu der verhältnismäßig häufigen Konstellation, dass Mittäter, **22** Anstifter und Gehilfen von einem unbeendeten Versuch gemäß § 24 II 1 auch dadurch zurücktreten können, dass sie einvernehmlich von weiteren Tathandlungen Abstand nehmen und insoweit jeder für das Ausbleiben der Vollendung mitursächlich wird (BGHSt 42, 158, 162; 44, 204, 208; *BGH* NStZ 2007, 91, 92; 2009, 688, 689; NStZ-RR 2015, 8 f., LK/*Lilie/Albrecht*, 12. Aufl., § 24 Rn. 402).
Entsprechend § 37 Rn. 58 ff. steht in solchen Fällen dem Rücktritt nicht entgegen, dass Mittäter auf weitere (Tötungs-)Handlungen verzichten, weil sie ihre außertatbestandlichen Ziele – wie Rache und Machtdemonstration gegenüber einer verfeindeten Gruppe – erreicht haben (*BGH* StV 2014, 472).

Im **Fall 3a** hat T die §§ 212, (211), 22 erfüllt. F könnte von den §§ 212, **23** (211), 22, 26 gemäß § 24 II 1 zurückgetreten sein. Durch die Alarmierung der Polizei hat sie das Leben des M gerettet und die Tatvollendung verhindert, und zwar bewusst und gewollt, also mit Rücktrittsvorsatz. Ihr Motiv, keinen Verdacht zu erwecken, schließt freiwilliges Handeln nicht aus (*BGH* 5 StR 281/03). Zu Fall 3b unten Rn. 26.

360   7. Kapitel. Versuch und Rücktritt

24   **BGHSt 44, 204** (vgl. schon Rn. 4): Ein Befehlsempfänger, der im Rahmen eines organisierten Machtapparates von einem innerhalb seines Aufgabenbereichs begangenen beendeten Tötungsversuch auftragsgemäß zurücktritt und die Vollendung verhindert, erlangt nach § 24 I 1 2. Var. Straffreiheit. Für den Rücktritt des Auftraggebers von den §§ 212, (211), 22, 25 I 2. Var. gilt § 24 II; zu seinen Gunsten greift § 24 II 1 – als „antizipierter" Rücktritt – auch dann ein, wenn er die befehlsmäßige Anordnung zum Rücktritt schon vor der Tatbegehung erteilt hat.

2. Ernsthaftes Bemühen (§ 24 II 2 1. Var.)

25   Die 1. Variante des § 24 II 2 entspricht der Regelung des § 24 I 2 beim Einzeltäter. Bleibt die Tat ohne Zutun des zurücktretenden Beteiligten nicht vollendet, so erlangt er Straflosigkeit, wenn er sich freiwillig und ernsthaft bemüht, die Vollendung der Tat zu verhindern (hierzu oben § 37 Rn. 130 ff.).

26   Im **Fall 3b** (vgl. schon oben Rn. 23 zu Fall 3a) hat das Opfer selbst seine Rettung veranlasst. Deshalb kann F nicht gemäß § 24 II 1 zurücktreten. Da sie aber glaubt, die Vollendung verhindern zu können, und sich darum durch Einschaltung professioneller Hilfe ernsthaft bemüht, erlangt sie nach § 24 II 2 1. Var. Straflosigkeit.

3. Begehung der Tat unabhängig vom früheren Tatbeitrag (§ 24 II 2 2. Var.)

27   Die 2. Variante des § 24 II 2 enthält eine (scheinbare) Ausnahme von dem Grundsatz, dass es bei einem vollendeten Delikt keinen Rücktritt geben kann. Geregelt ist die Konstellation, dass der Beteiligte mit Vollendungsvorsatz einen Tatbeitrag erbracht hat, der sich nicht in der Vollendung, sondern nur im Versuch des Delikts niederschlägt, und die Tat trotzdem vollendet wird (LK/*Lilie/Albrecht*, 12. Aufl., § 24 Rn. 437).

28   **Beispiel:** G leiht dem T für einen Einbruchsdiebstahl ein Werkzeug, nimmt ihm dieses aber wieder ab, als T damit gerade die Wohnungstür aufbrechen will. T weiß sich anders zu helfen und vollendet die Tat. – Bezüglich der §§ 242, 27 durch G entfällt das Hilfeleisten: G hat seinen physischen Tatbeitrag völlig rückgängig gemacht, da dieser für die Weiterführung der Tat überhaupt keine Bedeutung mehr hat. Insoweit beschränkt sich die Wirkung des Tatbeitrags auf einen Teil der Versuchsphase. Ferner kann nach der Annullierung des Beitrags auch von einer fortwirkenden psychischen Unterstützung nicht mehr die Rede sein. Also liegt nur eine Beihilfe zu den §§ 242, 22, 27 vor, von der G gemäß § 24 II 2 2. Var. zurücktreten kann. Dies setzt ein ernsthaftes Bemühen voraus. Daher kann sich G nicht damit begnügen, sich loszusagen und seinen Tatbeitrag zu neutralisieren, sondern er muss versuchen, T zur Aufgabe zu bewegen, eventuell durch Einschaltung der Polizei oder Drohung mit einer Strafanzeige (*Roxin*, AT II, § 30 Rn. 340). – Weitere Beispiele bei *Kudlich*, JuS 1999, 450 f.; *Roxin*, AT II, § 30 Rn. 303 f.; *Krey/Esser*, AT, Rn. 1324 ff.

§ 24 II 2 2. Var. ist nur so lange einschlägig, wie es sich bei der ohne **29** den früheren Tatbeitrag begangenen Tat um die – in ihren wesentlichen Grundzügen – selbe Tat handelt. Begeht der Täter nach dem Ausscheiden des anderen Beteiligten eine neue oder andere Tat, hat der rücktrittswillige Beteiligte gemäß § 24 II 1 die Vollendung der ursprünglichen Tat verhindert (*Roxin*, AT II, § 30 Rn. 304, 345 ff.; Sch/ Sch/*Eser/Bosch*, § 24 Rn. 91 ff.; *Krey/Esser*, AT, Rn. 1332).

Empfehlungen zur vertiefenden Lektüre:
Rechtsprechung: BGHSt 44, 204 (§ 24 II 1 bei einem mittelbaren „Täter hinter dem Täter"); *BGH* NStZ 1989, 317 (einvernehmliche Tataufgabe bei Mittätern).
Literatur: *Kölbel/Selter*, § 24 II StGB – Der Rücktritt bei mehreren Tatbeteiligten, JA 2012, 1 ff.; *Kudlich*, Grundfälle zum Rücktritt vom Versuch, JuS 1999, 449 ff.

§ 39. Tätige Reue

Einen Rücktritt gemäß § 24 kann es nur bei einem *versuchten* De- **1** likt geben, also bei einer Straftat, deren objektiver Tatbestand nicht vollendet worden, deren Versuch strafbar und die in das Versuchsstadium des § 22 geraten ist. Demgegenüber betrifft der Gedanke der „tätigen Reue" den „Rücktritt" vom *vollendeten* Delikt. Ein Bedürfnis für besondere Regelungen zur tätigen Reue wird insbesondere dort sichtbar, wo der Gesetzgeber aus verschiedenen Gründen die Vollendung der Tat im Vergleich zu Erfolgsdelikten nach vorne verlagert hat und so betrachtet der objektive Tatbestand die Vorbereitungs- und/oder Versuchsphase mit erfasst.

Ein typisches **Beispiel** bilden die sog. echten Unternehmensdelikte (z. B. **2** §§ 81, 82, 307 I, 309 I), bei denen das Merkmal „unternimmt" den Versuch und die Vollendung einbezieht (§ 11 I Nr. 6). Die einschlägigen Vorschriften über die tätige Reue findet man in den §§ 83a I, 314a I, II Nr. 1.

Weiter räumt das StGB die Möglichkeit der tätigen Reue etwa in **3** den §§ 261 IX, 264 V, 264a III, 298 III, 306e, 314a II, III ein. Betrof-

362   7. Kapitel. Versuch und Rücktritt

fen sind typischerweise abstrakte Gefährdungsdelikte (vgl. oben § 10 Rn. 11 ff.), bei denen die (Vollendungs-)Strafbarkeit unter Umständen weit im Vorfeld von Verletzungsdelikten wie den §§ 212, 222, 223, 263 einsetzt.

4   Hinter den vorhandenen Regelungen zur tätigen Reue steckt allerdings kein widerspruchsfreies System. So stößt man auf eine Gruppe sog. unechter Unternehmensdelikte, deren Versuchsstruktur mit den echten Unternehmensdelikten (Rn. 2) vergleichbar ist, da sie eine auf einen Erfolgseintritt gerichtete (Un-)Tätigkeit schon als solche mit Strafe bedrohen. Genannt seien die §§ 257, 265, 316a und 323c. Vorschriften über die tätige Reue sucht man hier vergebens. Daher wird bei diesen Tatbeständen die analoge Anwendung gesetzlicher Regeln zur tätigen Reue diskutiert. Die eine solche Analogie generell ablehnenden Stimmen sehen keine planwidrige Gesetzeslücke. Im Ergebnis verdienen jedoch die „rücktrittsfreundlichen" Befürworter der Analogie grundsätzlich Zustimmung. Freilich kann dieser Analogie im Einzelfall ein erkennbarer gegenteiliger gesetzgeberischer Wille im Wege stehen.

5   So liegt es in den Fällen der §§ 265, 316a (*Rengier*, BT I, § 12 Rn. 36; § 15 Rn. 8 f.). Dagegen ist bei § 257 (*Rengier*, BT I, § 20 Rn. 20) und § 323c (*Rengier*, BT II, § 42 Rn. 20) die Analogie zu befürworten. – Grundsätzlich für eine Analogie auch *Baumann/Weber/Mitsch*, AT, § 8 Rn. 51; *Berz*, Stree/Wessels-FS, 1993, S. 335 ff. – Gegen eine Analogie die h. M.: BGHSt 14, 213, 217; 15, 198, 199 f.; SK/*Rudolphi/Stein*, § 11 Rn. 43, 47; LK/*Hilgendorf*, 12. Aufl., § 11 Rn. 91; MüKo/*Radtke*, § 11 Rn. 115; Sch/Sch/*Eser/Hecker*, § 11 Rn. 46, 49.

8. Kapitel. Täterschaft und Teilnahme

§ 40. Grundlagen

Das deutsche Strafrecht geht bei Vorsatzdelikten von einem **dualis-** **1** **tische Beteiligungssystem** aus, das auf der Tatbestandsebene zwischen Täterschaft und Teilnahme differenziert. Dabei umfasst nach den Legaldefinitionen des § 28 der Begriff des Beteiligten den Täter und Teilnehmer (§ 28 II), während unter den Begriff des Teilnehmers der Anstifter und Gehilfe fallen (§ 28 I). Für dieses System spricht, dass sich die Beteiligungsformen im Unrechts- und Schuldgehalt unterscheiden (vgl. § 27 II 2) und dies auch im Urteilsspruch zum Ausdruck kommen sollte.

Im Gegensatz dazu steht das **Einheitstätersystem**. Nach dem Einheitstäter- **2** gedanken werden alle Beteiligten als Täter behandelt: „Nicht nur der unmittelbare Täter begeht die strafbare Handlung, sondern auch jeder, der einen anderen dazu bestimmt, sie auszuführen, oder der sonst zu ihrer Ausführung beiträgt" (so § 12 des österreichischen StGB). In diesem System spielt das Gewicht der Beteiligung nur und erst bei der Strafzumessung eine Rolle. In Deutschland liegt der Einheitstäterbegriff dem Ordnungswidrigkeitenrecht zugrunde (§ 14 I 1 OWiG). Auch bei den Fahrlässigkeitsdelikten wird nicht zwischen Täterschaft und Teilnahme unterschieden (unten § 53 Rn. 1 f.). – Zu den Beteiligungssystemen *Roxin*, AT II, § 25 Rn. 1 ff.; *Heinrich*, AT, Rn. 1174 ff.; *Bock*, Jura 2005, 673 ff.

Das Gesetz unterscheidet in den §§ 25–27 verschiedene **Beteili-** **3** **gungsformen:** Nach **§ 25 I 1. Var.** ist Täter, wer die Straftat selbst begeht. Diese Vorschrift normiert in erster Linie die typische **Alleintä-** **terschaft**, also den Fall, dass eine Person als alleiniger Täter den Straftatbestand verwirklicht. Daneben erfasst § 25 I 1. Var. auch noch die seltenere **Nebentäterschaft**, bei der zwei oder mehr Täter, ohne Mittäter im Sinne des § 25 II zu sein, für denselben Erfolgseintritt täterschaftlich haften (dazu unten § 42 Rn. 3 ff.).

Nach **§ 25 I 2. Var.** kann Täter ferner sein, wer die Straftat „durch **4** einen anderen" begeht. In dieser Vorschrift ist die sog. **mittelbare Täterschaft** geregelt. Bei ihr agiert der Täter im Hintergrund, indem er sich als „Hintermann" eines Werkzeugs als „Vordermann" bedient, um einen Straftatbestand zu verwirklichen. Im klassischen Fall der

364   8. Kapitel. Täterschaft und Teilnahme

mittelbaren Täterschaft weist das Werkzeug auf einer der drei Stufen ein sog. deliktisches Minus auf und ist deshalb nicht strafbar (unten § 43 Rn. 6 ff.). Anders liegt es in den Sonderfällen des „Täters hinter dem Täter" (unten § 43 Rn. 38 ff.).

5   Die in § 25 II geregelte **Mittäterschaft** ist durch arbeitsteiliges Zusammenwirken gekennzeichnet. Bei ihr tun sich mehrere Personen zusammen, um eine Tat gemeinsam durchzuführen (unten § 44).

6   Die beiden **Teilnahmeformen** der Anstiftung und Beihilfe sind in den §§ 26 und 27 geregelt: Die **Anstiftung (§ 26)** ist dadurch gekennzeichnet, dass der Anstifter im Täter den Entschluss zur Begehung einer Straftat hervorruft (unten § 45 Rn. 1 ff., 23 ff.). Für die **Beihilfe (§ 27)** ist charakteristisch, dass der Gehilfe die Durchführung der Haupttat durch einen untergeordneten Tatbeitrag fördert (unten § 45 Rn. 1 ff., 81 ff.).

7   Die – für die Hervorhebung der Zentralgestalt und die Strafzumessung wichtige – **Abgrenzung zwischen Täterschaft und Teilnahme** kann erhebliche Schwierigkeiten bereiten (unten § 41). Um den richtigen Ansatz streiten vor allem eine subjektive und eine objektive Teilnahmelehre. In der häufigsten Konstellation geht es um die Abgrenzung zwischen Mittäterschaft und Beihilfe. Im Zusammenhang mit der mittelbaren Täterschaft kann vor allem zur Anstiftung abzugrenzen sein.

8   Die **Vorschrift des § 28** erlangt Bedeutung, wenn in Beteiligungsfällen besondere persönliche Merkmale wie die Mordmerkmale der 1. und 3. Gruppe eine Rolle spielen. Die Schwierigkeiten im Umgang mit dieser Vorschrift rühren vor allem daher, dass § 28 II den in den §§ 26, 27 verankerten Grundsatz der limitierten Akzessorietät (unten § 45 Rn. 1, 13 ff.) durchbricht (zu § 28 unten § 46).

Empfehlungen zur vertiefenden Lektüre:
Literatur: *Kühl*, Täterschaft und Teilnahme, JA 2014, 668 ff.

§ 41. Abgrenzung von Täterschaft und Teilnahme

Fall 1: K und W betreiben ein Bordell. Sie planen einen Überfall auf das Bordell des G. K schlägt vor, W solle auf irgendeine Person, die aus dem Haus komme, schießen. Mit diesem Plan begeben sich K und W in die Nähe des Bordells von G und fahren mit ihrem Pkw bis auf Schussweite heran. Als die erste Person aus dem Anwesen herauskommt, sagt K „jetzt"; daraufhin drückt W ab und verletzt das Opfer tödlich (vgl. *BGH* NStZ 1995, 285). → Rn. 22

§ 41. Abgrenzung von Täterschaft und Teilnahme   365

Fall 2: S hat den Plan ausgeheckt, im Internet zum Schein ein Luxusauto zum Preis von 45.000 € anzubieten und einen zur Barzahlung bereiten Kaufinteressenten K am angeblichen Besichtigungsort zu überfallen. Den Raubüberfall auf K sollen A und B durchführen und dafür jeder wie S ein Drittel der Beute erhalten, mit dem sie sich eine Stunde nach dem Überfall an einem anderen Ort treffen wollen. Der Überfall gelingt. Am Tatort hat noch C mitgewirkt, der von dem Überfall auf K gewusst und absprachegemäß 500 € dafür erhalten hat, dass er die Zufahrt zum Tatort überwacht und ein Fluchtfahrzeug gesteuert hat (nach *BGH* NStZ 2006, 94). → Rn. 23 f.

I. Tatbestände mit besonderen Täterqualitäten

Die Abgrenzung zwischen Täterschaft und Teilnahme kann erheb- **1** liche Probleme bereiten. Täterschaftliches Handeln setzt freilich stets voraus, dass man objektiv überhaupt tauglicher Täter des Tatbestandes sein kann. Insoweit muss beachtet werden, dass es Tatbestände gibt, deren Erfüllung eine besondere Täter- oder Subjektqualität voraussetzt. Gemeint sind die Sonderdelikte und eigenhändigen Delikte. Bei solchen Delikten kann ein Außenstehender, der die besondere Täterqualität nicht aufweist, unabhängig vom Gewicht seines Tatbeitrages niemals Täter, mittelbarer Täter oder Mittäter, sondern stets nur Teilnehmer sein (vgl. schon oben § 10 Rn. 25 und § 19 Rn. 55 zu Fall 4a).

In der **Fallbearbeitung** steht daher bei der Prüfung von mittelbarer Täterschaft und Mittäterschaft die Überlegung am Anfang, ob die Erfüllung des Tatbestandes eine besondere Täterqualität voraussetzt (vgl. die Aufbauschemata unten § 43 Rn. 5 und § 44 Rn. 10).

Die Möglichkeit täterschaftlichen Handelns kann ferner deshalb **2** entfallen, weil die Erfüllung des Tatbestandes ein besonderes subjektives Tatbestandsmerkmal verlangt und dieses in der Person des Mittäters oder mittelbaren Täters nicht vorliegt. Auch dann kommt es im Ergebnis auf die folgenden Abgrenzungsprobleme nicht an.

II. Abgrenzungstheorien

Die Kriterien für die Abgrenzung von Täterschaft und Teilnahme **3** sind umstritten. Im Kern dreht sich der Streit um die Frage, ob im Ausgangspunkt von einer objektiven oder subjektiven Teilnahmelehre auszugehen ist.

8. Kapitel. Täterschaft und Teilnahme

1. Überholte Theorien

4   Um den bis heute andauernden Streit zu verstehen, ist es hilfreich, zunächst zwei Positionen in Erinnerung zu rufen, die überholt sind, heute nicht mehr vertreten werden und auch in der Fallbearbeitung keiner Erwähnung mehr bedürfen.

5   Als überholte objektive Theorie ist insoweit die **formal-objektive Theorie** zu nennen, nach der Täter nur sein kann, wer die Tatbestandsmerkmale ganz oder teilweise selbst verwirklicht. Auf dem Boden dieser Theorie lässt sich insbesondere die in § 25 I 2. Var. gesetzlich anerkannte Figur der mittelbaren Täterschaft nicht erklären (*Kühl*, AT, § 20 Rn. 24).

6   Ebenso überholt und mit § 25 I 1. Var. nicht vereinbar ist die **extrem subjektive Theorie**, nach der ein Täter selbst dann bloß Gehilfe sein kann, wenn er alle Tatbestandsmerkmale eigenhändig verwirklicht, sofern er die Tat nur als eine fremde und nicht als eine eigene will. So hat das Reichsgericht im Badewannen-Fall – in dem die Mutter eines nichtehelichen Kindes unmittelbar nach der Geburt ihre Schwester, die das Kind badete, stürmisch so lange bedrängte, es zu ertränken, bis diese schließlich nachgab – die Schwester nur als Gehilfin eines Mordes oder Totschlags angesehen; als Täterin hätte sie, da sie mit Überlegung getötet hat, mit dem Tode bestraft werden müssen (RGSt 74, 84; näher *Hartung*, JZ 1954, 430 f.; M/G/Z/*Renzikowski*, § 47 Rn. 43 f.). Im Staschynskij-Fall hat der *BGH* einen im Auftrag eines Geheimdienstes heimtückisch tötenden Agenten nur wegen Beihilfe zum Mord verurteilt und dadurch mit Hilfe des § 27 II 2 auch die Verhängung der lebenslangen Freiheitsstrafe vermieden (BGHSt 18, 87, 94 f.; *Rengier*, MDR 1980, 5).

2. Tatherrschaftslehre versus gemäßigte subjektive Theorie

7   Die Überschrift führt zu den beiden zentralen Abgrenzungstheorien. Die Vorzüge der Tatherrschaftslehre erschließen sich leichter, wenn man sich zuerst den Aussagen der subjektiven Theorie zuwendet:

8   Die **Rechtsprechung** folgt im Ausgangspunkt auch heute noch einer **subjektiven Teilnahmelehre**, die man als **gemäßigte subjektive Theorie** klassifizieren kann. Danach ist Täter, wer mit seinem Tatbeitrag nicht bloß fremdes Tun fördern will (animus socii), sondern die Tat als eigene will (animus auctoris). Ob ein Beteiligter ein so enges Verhältnis zur Tat hat, dass sich sein Beitrag als Teil einer gemeinschaftlichen Tat darstellt, ist nach den – von seiner Vorstellung umfassten – gesamten Umständen in wertender Betrachtung zu beurteilen. Wesentliche Anhaltspunkte dafür können der Grad des eigenen Interesses am Taterfolg, der Umfang der Tatbeteiligung und die Tatherrschaft oder wenigstens der Wille zur Tatherrschaft sein, so dass

§ 41. Abgrenzung von Täterschaft und Teilnahme   367

Durchführung und Ausgang der Tat maßgeblich auch vom Willen des Beteiligten abhängen.

BGHSt 37, 289, 291; *BGH* NStZ 2008, 273, 275; 2009, 25, 26; 2012, 379; NJW 2011, 2375; NStZ-RR 2010, 236 mit Bspr. *Hecker*, JuS 2010, 738 ff.; NStZ-RR 2013, 40, 41.

Die **Kritik** auch an der gemäßigten subjektiven Theorie richtet sich 9 gegen die Hervorhebung des Tatinteresses als Abgrenzungskriterium. Gerügt wird nicht nur die Unbestimmtheit dieses subjektiven Kriteriums. Insoweit ist tatsächlich eine gewisse Beliebigkeit der Rechtsprechung beim Umgang mit dem Aspekt des eigenen Interesses nicht zu übersehen, eine Beliebigkeit, die auch damit zusammenhängt, dass keine Klarheit über das Gewicht der einzelnen Kriterien herrscht. Kritisiert wird ferner, dass es Tatbestände wie den § 216 (*Rengier*, BT II, § 6) und den fremdnützigen Betrug (*Rengier*, BT I, § 13 Rn. 237) gibt, bei denen täterschaftliches Handeln offensichtlich nicht von der Verfolgung eigener Interessen abhängt und die subjektive Theorie daher nicht passt. Sie hat ferner Schwierigkeiten zu erklären, weshalb der in der Regel eigennützig handelnde Anstifter nicht ohne weiteres Täter ist.

Vor dem Hintergrund solcher Kritik steht die heute im **Schrift-** 10 **tum** ganz h. M. zu Recht auf dem Boden der sog. **Tatherrschafts-lehre.** Ihre Basis bildet eine „materiell"-objektive Theorie, die deshalb so heißt, weil sie Täterschaft und Tatherrschaft nicht formal mit der eigenhändigen Verwirklichung von Tatbestandsmerkmalen verknüpft. Die Tatherrschaftslehre ist aber keine rein objektive Teilnahmelehre, weil zur Tatherrschaft auch subjektive Kriterien gehören.

Kurz charakterisiert ist **Tatherrschaft** das vom Vorsatz umfasste 11 In-den-Händen-Halten des tatbestandsmäßigen Geschehens. Etwas näher umschrieben ist nach der Tatherrschaftslehre derjenige Täter, der als Zentralgestalt des Geschehens die planvoll-lenkende oder mitgestaltende Tatherrschaft besitzt. Tatherrschaft bedeutet, dass der Täter die Tatbestandsverwirklichung nach seinem Willen hemmen oder ablaufen lassen kann. Teilnehmer ist hingegen, wer ohne eigene Tatherrschaft als Randfigur des tatsächlichen Geschehens die Begehung der Tat veranlasst oder sonst fördert. Das subjektive Tatherrschaftskriterium liegt in dem Willen zur Tatherrschaft. Insoweit kann man auch von einer Willensbeteiligung sprechen, aus der sich auf der Basis des gemeinsamen Tatplans Anhaltspunkte dafür ergeben, ob der Be-

8. Kapitel. Täterschaft und Teilnahme

teiligte als gleichberechtigter Partner oder in einer untergeordneten Funktion mitwirkt (W/*Beulke/Satzger*, AT, Rn. 517 f.).

12 Das subjektive Tatinteresse spielt nach der Tatherrschaftslehre keine Rolle und darf nicht mit der willensgesteuerten objektiven Tatbeherrschung verwechselt werden.

13 Entsprechend der gesetzlichen Regelung des § 25 lassen sich drei Formen der Tatherrschaft unterscheiden (*Roxin*, AT II, § 25 Rn. 27 ff.): Tatherrschaft in Form der Handlungsherrschaft hat, wer die Tat eigenhändig vornimmt (Fall des § 25 I 1. Var.). Tatherrschaft in Form der Wissens- oder Willensherrschaft hat, wer den Ausführenden insbesondere durch Täuschung oder Zwang beherrscht (Fall des § 25 I 2. Var.). Funktionelle Tatherrschaft besitzt, wer in arbeitsteiligem Zusammenwirken mit anderen die Durchführung der Tat wesentlich mit beherrscht (Fall des § 25 II).

14 Grundlegend zur Tatherrschaftslehre *Roxin*, Täterschaft und Tatherrschaft, 8. Aufl. 2006; *ders.*, AT II, § 25 Rn. 10 ff., 27 ff. Ferner dazu: *Jescheck/Weigend*, AT, § 61 V; W/*Beulke/Satzger*, AT, Rn. 512 f., 517 f.; *Kühl*, AT, § 20 Rn. 25 ff.; *Krey/Esser*, AT, Rn. 825 ff.

15 Der Streit um die richtige Abgrenzungstheorie betrifft in erster Linie die Abgrenzung zwischen Mittäterschaft und Teilnahme und insoweit hauptsächlich zwischen Mittäterschaft und Beihilfe. Versucht man, die wesentlichen Meinungsdifferenzen hervorzuheben und die Kriterien zu benennen, die zu unterschiedlichen Wertungen führen können, so ist festzuhalten: Nach der Rechtsprechung kann im subjektiven Bereich der Grad des eigenen Interesses am Taterfolg ein besonderes Gewicht haben; für den zur Begründung der Mittäterschaft erforderlichen objektiven Tatbeitrag (erg. unten § 44 Rn. 40 ff.) kann jeder Beitrag genügen, der die Tatbestandserfüllung fördert. Demgegenüber hat nach der Tatherrschaftslehre das subjektive Tatinteresse keine Bedeutung, vielmehr kommt es auf die willensgesteuerte objektive Tatbeherrschung an; dafür ist im Falle der Mittäterschaft ein wesentlicher Tatbeitrag erforderlich.

16 Auf der anderen Seite darf beim Vergleich der beiden Standpunkte nicht übersehen werden, dass sich die Rechtsprechung in erheblicher Weise der Tatherrschaftslehre angenähert hat. Denn auch nach der (gemäßigten) subjektiven Theorie spielen bei der Gesamtbewertung der Umfang der Tatbeteiligung, die Tatherrschaft und der Wille zur Tatherrschaft eine wichtige Rolle (Rn. 8). Deshalb charakterisiert *Ro-*

§ 41. Abgrenzung von Täterschaft und Teilnahme   369

xin den Standpunkt der Rechtsprechung als „normative Kombinationstheorie", also als eine Theorie, welche die subjektive Theorie und die Tatherrschaftslehre zusammenführt (*Roxin*, AT II, § 25 Rn. 22 ff.). Eine neuere Entscheidung (*BGH* NStZ 2008, 273, 275) hält die Willensrichtung des Beteiligten sogar für zweitrangig, wenn er durch einen wesentlichen Tatbeitrag die Tat ermöglicht hat. Umgekehrt schafft im Lichte der Tatherrschaftslehre das Kriterium der Willensbeteiligung auch einen gewissen Raum für subjektive Wertungen.

Die Standpunkte haben sich also angenähert. Soweit sich in der **Fallbearbei-** 17 **tung** keine unterschiedlichen Lösungen ergeben, bedarf der Meinungsstreit keiner Entscheidung. – Zur Abgrenzung zwischen Mittäterschaft und Teilnahme siehe auch Fall 2 (unten Rn. 23 f.) und vertiefend § 44 Rn. 40 ff.

3. Der Streit um die Notwendigkeit einer objektiven Mitwirkung im Ausführungsstadium der Tat

Im Rahmen der Abgrenzung von Mittäterschaft und Teilnahme be- 18 darf ein weiterer Streitpunkt der Beachtung, über den im Lager der Tatherrschaftslehre keine Einigkeit besteht: Umstritten ist, ob Mittäter auch sein kann, wer seinen Tatbeitrag ausschließlich im Vorbereitungsstadium erbringt. Der Streit rührt daher, dass der Begriff der Tatherrschaft einen starken Tatbestandsbezug aufweist. Nach der **„strengen" Tatherrschaftslehre** ist stets eine objektive Mitwirkung im Ausführungsstadium der Tat, d. h. im Stadium zwischen Versuch und Vollendung erforderlich. Begründet wird dies damit, dass man eine Tatbestandsverwirklichung nicht mitbeherrschen könne, wenn man nicht dabei sei.

Roxin, AT II, § 25 Rn. 198 ff.; LK/*Schünemann*, 12. Aufl., § 25 Rn. 182 ff. – Falllösungen in diesem Sinne bei *Saliger*, JuS 1995, 1007; *Buttel/Rotsch*, JuS 1995, 1100 ff.

Überwiegend und zutreffend sieht man innerhalb der Tatherr- 19 schaftslehre jedoch keine Notwendigkeit für eine solche Restriktion. Verlangt wird lediglich, dass der im Vorbereitungsstadium geleistete Tatbeitrag im Ausführungsstadium fortwirkt und das Beteiligungsminus bei der realen Tatausführung durch ein besonderes Gewicht – mit anderen Worten: durch ein „Plus" – bei der Planung der Tat im Vorbereitungsstadium ausgeglichen wird. Diese **„gemäßigte" Tatherrschaftslehre** überzeugt deshalb, weil sie insbesondere den im Hintergrund agierenden Bandenchef, der die Tatdurchführung geplant und

370   8. Kapitel. Täterschaft und Teilnahme

organisiert hat, sachgerecht unabhängig davon als Mittäter bestrafen kann, ob er mit den tatausführenden Genossen zumindest per Handy verbunden ist und auf diese Weise Herrschaft ausübt. Dass Tatherrschaft nicht unbedingt eine reale Mitwirkung bei der Tatausführung voraussetzt, zeigt der auch von der Tatherrschaftslehre anerkannte Fall der mittelbaren Täterschaft.

20   Zur „gemäßigten" Tatherrschaftslehre siehe *W/Beulke/Satzger*, AT, Rn. 529; MüKo/*Joecks*, § 25 Rn. 192 ff.; Sch/Sch/*Heine/Weißer*, § 25 Rn. 66 f.; *Kühl*, AT, § 20 Rn. 110 f.; *Heinrich*, AT, Rn. 1226 ff.; *Rengier*, JuS 2010, 281 f., 283 f.
– Falllösungen in diesem Sinne bei *Radtke*, JuS 1994, 591; *Gaede*, JuS 2003, 776 f.; *Poller/Härtl*, JuS 2004, 1079.

21   Für die Rechtsprechung und ihre subjektive Teilnahmelehre sind, weil sie das subjektive Tatinteresse in den Vordergrund rücken kann, die Ergebnisse der gemäßigten Tatherrschaftslehre ohnehin selbstverständlich.

22   Im **Fall 1** erfüllt W durch eigenhändiges Handeln die §§ 212, (211). Eine etwaige Mittäterschaft des K setzt nicht voraus, dass er selbst geschossen hat. Im Lichte der gemäßigten subjektiven Theorie wird man zur Begründung mittäterschaftlichen Handelns auf das Tatinteresse des K, auf seine Beteiligung am Tatplan und auf seine Tatherrschaft (Anweisung zum Schuss; Möglichkeit, die Tat zu verhindern) abstellen. Die (gemäßigte) Tatherrschaftslehre kann sich, abgesehen vom Tatinteresse, auf die gleichen Argumente stützen und von daher K ebenfalls als Zentralgestalt des Geschehens einstufen. Im Lichte der strengen Tatherrschaftslehre liegt mit der Anweisung zum Schuss ein wesentlicher, ebenfalls mittäterschaftsbegründender Tatbeitrag im Ausführungsstadium vor.

23   Im **Fall 2** erfüllen A und B nach allen Ansichten unproblematisch die §§ 249, 25 II. Fraglich ist, ob auch S als Mittäter des Raubes angesehen werden kann. Für die gemäßigte subjektive Theorie liegt dies auf der Hand, weil S die gesamte Planung durchgeführt hat und an der Beute gleichberechtigt beteiligt ist. Auf dem Boden der Tatherrschaftslehre stellt sich die Streitfrage, ob als objektiver Tatbeitrag eine Mitwirkung im Vorbereitungsstadium genügen kann. Folgt man insoweit der vorzugswürdigen gemäßigten Tatherrschaftslehre, so ist dies grundsätzlich zu bejahen und dann festzustellen, dass bei S seine fehlende Mitwirkung im Ausführungsstadium durch seine herausragende Rolle in der Planungsphase ausgeglichen wird. Folglich ist S ebenso nach der gemäßigten Tatherrschaftslehre als Mittäter einzustufen. Was C betrifft, so lehnt *BGH* NStZ 2006, 94 in einem vergleichbaren Fall die Annahme von Mittäterschaft ab und bejaht nur eine Beihilfe (ähnlich *BGH* NStZ-RR 2010, 139). Zur Begründung weist der *BGH* auf die geringfügige Belohnung und das damit zusammenhängende geringe eigene Tatinteresse hin. Außerdem soll C keine Tatherrschaft gehabt haben. Dies ist indes zweifelhaft, zumal

selbst der *BGH* den Tatbeitrag des C als wichtig einstuft. Folgt man der Tatherrschaftslehre, so ist es, da C am Tatort im Ausführungsstadium mitwirkt, vertretbar, von einem wesentlichen Tatbeitrag des C auszugehen und mittäterschaftliches Handeln zu bejahen (vgl. *Jäger*, AT, Rn. 227c). Anderseits kann man auch argumentieren, dass C nur als „Schmieresteher" und Fahrer fungiert, ohne als gleichberechtigter Partner an der Beute beteiligt zu werden und in die Planung irgendwie eingebunden gewesen zu sein. Folgt man dieser Linie, so gelangt man bei C auch auf dem Boden der Tatherrschaftslehre zu den §§ 249, 27.

Fall 2 verdeutlicht, dass die Größe des Beuteanteils und die Höhe der Belohnung für die Frage einer etwaigen Mittäterschaft nach der subjektiven Theorie eine erhebliche Rolle spielen können, während diese Aspekte nach der Tatherrschaftslehre eine geringere Bedeutung haben. Immerhin zeigen sich gewisse Überschneidungen, weil sich aus der Art und dem Gewicht des finanziellen Anteils Aussagen zur Einstufung als Randfigur oder Zentralgestalt ergeben können.

Empfehlungen zur vertiefenden Lektüre:
Literatur: *Rengier*, Täterschaft und Teilnahme – Unverändert aktuelle Streitpunkte, JuS 2010, 281 ff.; *Rönnau*, Grundwissen – Strafrecht: Mittäterschaft in Abgrenzung zur Beihilfe, JuS 2007, 514 f.; *Wiegmann*, Abgrenzung von (Mit-)Täterschaft und Beihilfe – BGHSt 38, 315, JuS 1993, 1003 ff.

§ 42. Unmittelbare Täterschaft (§ 25 I 1. Var.)

I. Alleintäterschaft

Gemäß § 25 I 1. Var. ist unmittelbarer Täter, wer die Tat „selbst begeht", d. h. wer eigenhändig alle objektiven Tatbestandsmerkmale eines Straftatbestandes verwirklicht. Die Vorschrift regelt vor allem den typischen Fall der Alleintäterschaft. Mit dem 1975 in Kraft getretenen § 25 I 1. Var. sind, wie schon ausgeführt, die Ergebnisse der extrem subjektiven Theorie nicht vereinbar, wonach selbst im Falle einer vollständig eigenhändigen Begehung eine bloße Teilnahme möglich sein soll (§ 41 Rn. 6). Diese Auffassung entspricht der heute ganz h. M.

Für das Schrifttum siehe LK/*Schünemann*, 12. Aufl., § 25 Rn. 53 ff.; *Roxin*, BGH-FG, 2000, S. 188 ff. – Zur Rechtsprechung vgl. BGHSt 38, 315, 316; *BGH* NStZ 1987, 224, 225; wistra 1999, 24. Soweit *BGH* NStZ 1987, 224, 225 für „extreme Ausnahmefälle" ein Hintertürchen offenhält, ist das völlig unklar und für die Fallbearbeitung irrelevant.

372   8. Kapitel. Täterschaft und Teilnahme

II. Nebentäterschaft

3   Mit dem Begriff der – verhältnismäßig seltenen – Nebentäterschaft
wird die Selbstverständlichkeit charakterisiert, dass ein Täter außerhalb einer Mittäterschaft auch „neben" einem oder mehreren anderen
Tätern für denselben Erfolgseintritt täterschaftlich verantwortlich
sein kann. In den Rahmen des § 25 I 1. Var. lässt sich die Nebentäterschaft einordnen, wenn jeder (Neben-)Täter alle Tatbestandsmerkmale selbst erfüllt.

4   **Beispiele:** (1) Bei **mehreren Vorsatztätern** ist die Erscheinung, da es um
denselben Erfolg gehen muss, selten. Nennen lassen sich die in § 13 Rn. 26 ff.,
34 erörterten Konstellationen der kumulativen und alternativen Kausalität.

5   (2) In Verbindung mit **Fahrlässigkeitstaten** kommt die Nebentäterschaft
öfters vor. Man denke etwa an die Fälle, in denen der Täter eines Vorsatzdelikts die Tatbegehung an das vorangegangene fahrlässige Verhalten eines anderen anknüpft, also z.B. ein Mörder eine fremde Waffe, die der Eigentümer
nicht sorgfaltsgemäß aufbewahrt hat, ergreift und damit tötet (dazu § 13
Rn. 93; § 52 Rn. 57 ff.). Am häufigsten freilich handeln mehrere Fahrlässigkeitstäter nebeneinander, so wenn ein folgenreicher Zusammenstoß darauf beruht, dass ein Fahrer die Vorfahrt genommen hat und der andere zu schnell
gefahren ist, oder wenn als Ursache für den Einsturz eines belebten Gebäudes
das Fehlverhalten verschiedener Personen in Betracht kommt (Architekt, Bau-
leiter, Handwerker, Mitarbeiter des Bauamts). – Ergänzend unten § 53 Rn. 1 f.

6   Soweit man den „Täter hinter dem Täter", d. h. die Möglichkeit
anerkennt, dass in bestimmten Fällen neben einem unmittelbar handelnden strafbaren Täter eine andere Person auch als mittelbarer Täter für denselben Erfolg strafrechtlich haften kann (näher unten § 43
Rn. 38 ff.), lässt sich darin ebenfalls eine Nebentäterschaft sehen.

III. Handeln für einen anderen (§ 14)

1. Grundlagen

7   § 14 hat die Funktion, bei gewissen Sonderdelikten (vgl. § 10
Rn. 25 ff.) die Eigenschaft des Normadressaten auf bestimmte unmittelbar handelnde Vertreter überzuwälzen, die selbst das besondere
persönliche Merkmal nicht aufweisen und daher nicht zum Kreis
der tauglichen Täter gehören. Das kriminalpolitische Bedürfnis dafür

§ 42. Unmittelbare Täterschaft 373

ist leicht am Beispiel einer juristischen Person zu verdeutlichen, sofern (auch) sie zum Adressatenkreis des Sonderdelikts gehört:

Der Geschäftsführer G einer GmbH führt entgegen § 266a I vorsätzlich Arbeitnehmeranteile von Beschäftigten nicht an die Einzugsstelle ab. – Arbeitgeber ist die GmbH, die als juristische Person § 266a I nicht in strafbarer Weise erfüllen kann (vgl. oben § 7 Rn. 9; § 24 Rn. 3). Um Strafbarkeitslücken zu vermeiden, ermöglicht es § 14 I Nr. 1 i. V. m. §§ 6, 13, 35 GmbHG, die Arbeitgebereigenschaft auf G als verantwortliche natürliche Person überzuwälzen. Folglich macht er sich gemäß § 266a I strafbar. **8**

Die Arbeitgebereigenschaft stellt also ein besonderes persönliches Merkmal im Sinne des § 14 I dar. Als solche Merkmale kommen, da es um eine (strafbarkeitsausdehnende) Vertreterhaftung geht, nur übertragbare Verhältnisse in Betracht. Von daher darf man auf keinen Fall die besonderen persönlichen Merkmale im Sinne des (strafbarkeitseinschränkenden) § 28 entgegen der dortigen missverständlichen Verweisung mit den persönlichen Merkmalen des § 14 gleichsetzen (zu § 28 unten § 46). **9**

Als für § 14 einschlägige Tatbestände mit einem übertragbaren Status seien neben § 266a I genannt: Die §§ 283, 288 (Schuldnereigenschaft), § 170 (Unterhaltspflicht), § 264 I Nr. 3 (Eigenschaft als Subventionsnehmer), § 327 (Anlagenbetreiber), § 21 I Nr. 2 StVG (Haltereigenschaft). **10**

In der **Fallbearbeitung** ist die Bedeutung des § 14 eher gering. Dies rührt daher, dass die einschlägigen Straftatbestände aus dem normalen Prüfungsstoff vielfach ausdrücklich oder konkludent ausgeklammert sind. Im Nebenstrafrecht einschließlich des Ordnungswidrigkeitenrechts sind Tatbestände mit Statusbezeichnungen wie Arbeitgeber, Unternehmer, Betriebsinhaber oder Gewerbetreibender häufiger anzutreffen. Bedeutung hat § 14 daher vor allem im Wirtschaftsstrafrecht; namentlich die §§ 266a, 283 bestätigen dies. **11**

2. Einzelheiten

§ 14 I Nr. 1 erfasst neben dem Geschäftsführer einer GmbH auch etwa den Vorstand einer AG (§§ 76 ff. AG). In **§ 14 I Nr. 2** geht es vor allem um die Vertreter der OHG und KG (§§ 105, 114, 125, 161 I, II, 170 HGB). Zu den gesetzlichen Vertretern des **§ 14 I Nr. 3** zählen z. B. die Parteien kraft Amtes wie der Insolvenzverwalter (§ 80 I InsO), Eltern (§§ 1626, 1629 BGB) und Vormünder (§§ 1793 ff. BGB). **§ 14 II** ermöglicht es, ein persönliches Statusmerkmal auf gewillkürte Vertreter zu übertragen. **12**

374 8. Kapitel. Täterschaft und Teilnahme

13 Der – insbesondere für die Abgrenzung zwischen § 266 und § 283 relevante – Hauptstreitpunkt des § 14 I kreiste lange um die Frage, ob das Handeln „als" **Organ, Gesellschafter oder gesetzlicher Vertreter** voraussetzt, dass der Vertreter zumindest auch im wirtschaftlichen Interesse namentlich der Gesellschaft gehandelt und nicht ausschließlich eigene Interessen verfolgt hat (so die **Interessentheorie**), oder ob es genügt, wenn zwischen dem Handeln des Vertreters und seinem Aufgaben- und Pflichtenkreis ein funktionaler Zusammenhang besteht (**Funktionstheorie**).

Zur Interessentheorie BGHSt 30, 127, 128 ff.; 34, 221, 223; *BGH* NStZ 2000, 206, 207; *OLG Karlsruhe* NJW 2006, 1364, 1365; *Roxin*, AT II, § 27 Rn. 122 f.; nach wie vor befürwortend: *Hellmann/Beckemper*, Wirtschaftsstrafrecht, 4. Aufl., 2013, Rn. 363 f., 366, 917. – Zur Funktionstheorie Sch/Sch/*Perron*, § 14 Rn. 26.

14 Mit der Entscheidung BGHSt 57, 229 hat die Rechtsprechung endgültig entschieden, dass sie an der Interessenformel nicht mehr festhält, sondern es – im Ansatz überzeugend – für geboten hält, an ein **Zurechnungsmodell** anzuknüpfen, das danach fragt, ob der Vertreter „im Geschäftskreis des Vertretenen" tätig geworden ist. Ein solcher Vertretungsbezug muss bei rechtsgeschäftlichen und faktischen Schädigungshandlungen des Vertreters jedenfalls dann bejaht werden, wenn der Vertretene zivilrechtlich wirksam gebunden wird, seiner tatsächlichen Schädigung zivilrechtlich wirksam zustimmt oder sich zur Erfüllung seiner Pflichten (z. B. § 283 I Nr. 5–7) eines Vertreters bedient (*Brand*, NStZ 2010, 9 ff.; *ders.*, NZWiSt 2012, 64 f.). Insoweit stimmen Funktionstheorie und Zurechnungsmodell überein. Inwieweit auch bei zivilrechtlich unwirksamen, rein tatsächlichen Verhaltensweisen eine Zurechnung nach § 14 in Betracht kommt, ist umstritten und lässt BGHSt 57, 229, 238 offen. Man denke diesbezüglich insbesondere an vom zuständigen Willensbildungsorgan zwar konsentierte, aber etwa wegen Vestoßes gegen § 30 GmbHG nichtige Verfügungen des Vertreters.

Der *BGH* knüpft dabei an das von MüKo/*Radtke*, 1. Aufl., § 14 Rn. 58 ff. entwickelte Zurechnungsmodell an. Der Weiterentwicklung dieses Modells durch *Brand* (Untreue und Bankrott …, 2010, S. 234 ff.), das § 14 auf wirksame Verpflichtungen des Vertretenen beschränkt (*Brand*, NJW 2012, 2366), stimmen MüKo/*Radtke*, 2. Aufl., § 14 Rn. 65 ff. und *Radtke/Hoffmann*, NStZ 2012, 92 f. grundsätzlich zu (a. A. NK/*Böse*, § 14 Rn. 19; Sch/Sch/*Perron*, § 14 Rn. 26). – Falllösungen bei *Eisele/Vogt*, JuS 2011, 441 f.; *Esser*, JA 2011, 519 f. – Zur Gesellschafterzustimmung bei der GmbH vgl. *Rengier*, BT I, § 18 Rn. 42 f.; *Brand*, a. a. O.; *Radtke/Hoffmann*, NStZ 2012, 92 ff.

§ 43. Mittelbare Täterschaft   375

§ 43. Mittelbare Täterschaft (§ 25 I 2. Var.)

Fall 1: D hat ein Kunstgemälde des E im Wert von 100.000 € entwendet, um ein Lösegeld zu erpressen. Er bittet den Rechtsanwalt R, im Namen des D dem E die Rückgabe des Bildes gegen Zahlung von 10.000 € anzubieten, ansonsten sehe er es nicht wieder. R teilt die Botschaft dem E mit, der, wie von D von Anfang an erwartet, zahlt und das Bild zurückerhält. → Rn. 11

Fall 2: T droht O Prügel an, falls er nicht mit einem Stein eine Schaufensterscheibe einwerfe. O gehorcht. → Rn. 34

Fall 3: A beauftragt den 13-jährigen K, für ihn aus einem Laden DVDs zu stehlen. Nachdem K mit einigen DVDs hinter dem Rücken den Kassenbereich unbehelligt passiert hat, stellt sich ihm der Ladendetektiv D in den Weg. K erzwingt die Flucht, indem er D mit einer geladenen Gaspistole bedroht, die er ohne Wissen des A mitgenommen hat. → Rn. 72

I. Grundlagen und Aufbaufragen

Mittelbarer Täter ist, wer die Straftat „durch einen anderen" begeht **1** (§ 25 I 2. Var.). Der mittelbare Täter verwirklicht die Tatbestandsmerkmale nicht eigenhändig, sondern bedient sich dazu ganz (so der Regelfall) oder im Ausnahmefall auch nur teilweise (Rn. 13a/b) eines menschlichen Werkzeugs, über das er kraft überlegenen Wissens oder Wollens die Tatherrschaft ausübt. Dabei pflegt man die benutzte Person nicht nur als „Werkzeug", sondern auch als „Vordermann" oder „Tatmittler" zu bezeichnen. Demgegenüber spricht man beim mittelbaren Täter vom „Hintermann".

Die für die mittelbare Täterschaft charakteristische „Werkzeugqua- **2** lität" des Tatmittlers leitet sich in den Normalfällen aus einem Verantwortungsdefizit des Werkzeugs ab. Gemeint ist damit, dass bei dem Vordermann auf der Tatbestands-, Rechtswidrigkeits- oder Schuldebene ein **deliktisches Minus** vorliegt, d. h. ein Strafbarkeitsmangel (z. B. kein vorsätzliches oder schuldhaftes Handeln), der seine Strafbarkeit ausschließt. Maßgeblicher Leitgedanke ist danach das **Verantwortungsprinzip:** Handelt der Vordermann tatbestandsmäßig, rechtswidrig und schuldhaft, so trägt er die strafrechtliche Verantwortung und beherrscht das tatbestandsmäßige Geschehen, weshalb eine mittelbare Täterschaft mangels unterlegener Stellung grundsätzlich ausscheidet (zu den Ausnahmen des „Täters hinter dem Täter" unten Rn. 38 ff.).

376   8. Kapitel. Täterschaft und Teilnahme

3   Macht sich der Vordermann nicht strafbar, so gründet sich die Tatherrschaft des mittelbaren Täters darauf, dass er den Ausführenden durch Täuschung oder Zwang beherrscht, indem er den vorhandenen oder erzeugten Strafbarkeitsmangel für seine Zwecke planvoll lenkend ausnutzt und auf diese Weise die Tatbestandsverwirklichung in den Händen hält. Insoweit wird die mittelbare Täterschaft auch durch die Formen der Irrtumsherrschaft (mittelbare Täterschaft kraft überlegenen Wissens) und der Nötigungsherrschaft (mittelbare Täterschaft kraft überlegenen Willens) charakterisiert (*Roxin*, AT II, § 25 Rn. 45 ff.; *Koch*, JuS 2008, 400 ff., 496 ff.).

4   In der **Fallbearbeitung** prüft man in der Regel zunächst die Strafbarkeit des Vordermanns als Tatnächsten. Beim Hintermann ist dann im Rahmen des objektiven Tatbestandes insbesondere die Zurechnung der Tathandlungen des Vordermanns gemäß § 25 I 2. Var. zu prüfen. Bei der Prüfung des subjektiven Tatbestandes hat man zu beachten, dass sich der Vorsatz auch auf die Beherrschung des Tatnächsten erstrecken muss (Punkt B.I.1.b des Schemas). Es ergibt sich folgendes

---

5   ### Aufbauschema zur mittelbaren Täterschaft

A. Strafbarkeit des Tatnächsten (d. h. des Vordermanns)
B. Strafbarkeit des Hintermanns
  I. Tatbestandsmäßigkeit
    1. Objektiver Tatbestand
    Überlegung: Handelt es sich um ein Sonderdelikt oder eigenhändiges Delikt (§ 41 Rn. 1), dessen Erfüllung eine besondere Täterqualität voraussetzt, die der Hintermann nicht hat? Wenn ja: Feststellung, dass mittelbare Täterschaft ausscheidet.

      a) Feststellung, dass der Hintermann die objektiven Tatbestandsmerkmale nicht selbst täterschaftlich (vollständig) verwirklicht hat (in der Regel Verweis auf die Prüfung beim Tatnächsten).
      b) Prüfung, ob dem Hintermann die Tathandlungen des Tatnächsten gemäß § 25 I 2. Var. zugerechnet werden können: Erforderlich ist die zurechenbare Verursachung der Tatbestandsverwirklichung durch tatbeherrschende Steuerung des Tatnächsten

§ 43. Mittelbare Täterschaft   377

          aa) im Wege des Ausnutzens eines deliktischen Mi-
             nus (Normalfall) oder
          bb) ausnahmsweise als (mittelbarer) „Täter hinter
             dem Täter",
          cc) wobei ggf. zur Teilnahme, insbesondere bei ei-
             nem schuldlos handelnden Werkzeug, abzu-
             grenzen ist.
    2. Subjektiver Tatbestand
        a) Vorsatz
        b) Besondere subjektive Tatbestandsmerkmale
  II. Rechtswidrigkeit
  III. Schuld

Ergänzende Hinweise: Stellt man bei der Erörterung des Tatnächsten
ein deliktisches Minus fest, so ist die Prüfung an dieser Stelle abzubrechen
und an die Strafbarkeit eines Hintermanns wegen mittelbarer Täterschaft
zu denken. Stellt man kein deliktisches Minus fest, dürfen die Ausnahmefälle des „Täters hinter dem Täter" nicht übersehen werden (unten
Rn. 38 ff.). Erfüllt der Tatnächste eindeutig keinen objektiven Tatbestand
(z. B. Selbstverletzung), so kann auf die eigenständige Prüfung des Vordermanns verzichtet werden.
    Je nach Fallgestaltung kann nach der Strafbarkeit des Hintermanns
nochmals die Strafbarkeit des Tatnächsten, und zwar wegen Teilnahme an
der Tat des Hintermanns, zu prüfen sein (vgl. Fall 1 unten Rn. 11; *Rengier*,
BT I, § 2 Rn. 173 ff.; § 18 Rn. 66 ff.; § 27 Rn. 3 ff.).
    Ergänzende, am Beispiel der §§ 212, 211, (22) konkretisierte Aufbau-
schemata unten in Rn. 87 f.

II. Die Fälle des deliktischen Minus beim Werkzeug

Der Strafbarkeitsmangel kann auf allen drei Stufen des Verbre- **6**
chensaufbaus vorkommen. Je nachdem, wo das Strafbarkeitsdefizit
anzusiedeln ist, spricht man insbesondere vom tatbestandslos, vorsatzlos, gerechtfertigt oder schuldlos handelnden Werkzeug. Bedient
sich jemand eines solchen Werkzeugs, kommt seine Strafbarkeit als
mittelbarer Täter in Betracht.

1. Deliktisches Minus auf der Ebene der Tatbestandsmäßigkeit

Verhältnismäßig unproblematisch sind die Konstellationen des tat- **7**
bestandslos und vorsatzlos handelnden Werkzeugs. Erheblich mehr

378   8. Kapitel. Täterschaft und Teilnahme

Schwierigkeiten bereiten die beiden Sonderfälle des qualifikationslos und des absichtslos handelnden Werkzeugs.

8   **a) Das tatbestandslos handelnde Werkzeug.** Tatbestandslos handelt das Werkzeug, wenn es den objektiven Tatbestand nicht erfüllt, also insbesondere sich selbst verletzt oder tötet oder seine eigene Sache beschädigt (vgl. §§ 223, 212, 303). Führt ein Hintermann eine solche Selbstschädigung herbei, indem er beim Werkzeug einen Irrtum über den selbstschädigenden Charakter hervorruft, macht er sich als mittelbarer Täter strafbar.

9   **Beispiele:** (1) Um sich zu rächen, schenkt T seinem Opfer O eine gute Flasche Wein, in die er eine bestimmte Dosis Gift injiziert hat, die O a) erhebliche Schmerzen bereiten, b) töten soll. – Treten die beabsichtigten Erfolge ein, ist T gemäß den §§ 223, 224 I Nr. 1, 2, 25 I 2. Var. bzw. §§ 212, (211), 25 I 2. Var. strafbar.

10   Beachte: In diesem Beispiel hat man es mit einer Fremdverletzung bzw. Fremdtötung in mittelbarer Täterschaft zu tun, bei der der Täter das sich selbst schädigende Opfer kraft überlegenen Wissens beherrscht. Davon muss unter Umständen die Konstellation der bloßen straflosen Teilnahme an einer freiverantwortlichen Selbstverletzung oder -tötung abgegrenzt werden. Zu einer straflosen Teilnahme gelangt man, wenn erstens die Selbstschädigung freiverantwortlich erfolgt, also insbesondere nicht auf einer Täuschung oder Drohung beruht, und zweitens die sich selbst schädigende Person die Tatherrschaft über den selbstschädigenden Akt hat (dazu näher *Rengier*, BT II, § 8 Rn. 1 ff.; § 13 Rn. 3 ff.).

11   (2) Im schwieriger liegenden **Fall 1** erfüllt R (der als Tatnächster zuerst zu prüfen ist) nicht § 253, da er nur eine Warnung, aber keine Drohung ausspricht. D begeht, da er mit der Rückführung an E rechnet, keinen Diebstahl, aber eine Erpressung in mittelbarer Täterschaft mit Hilfe des R als tatbestandslos handelndem, nämlich nicht drohendem, Werkzeug (zu den Fragen der §§ 242, 253 *Rengier*, BT I, § 11 Rn. 8, 45). Anschließend darf die nochmalige Prüfung des R als Teilnehmer nicht übersehen werden; insoweit ist R bezüglich der §§ 253, 25 I 2. Var. durch D Gehilfe.

12   **b) Das vorsatzlos handelnde Werkzeug.** Für diese Konstellation ist typisch, dass der Hintermann beim Tatmittler einen Tatbestandsirrtum hervorruft und diesen für seine Zwecke ausnutzt.

13   **Beispiel** (Krankenschwester-Fall): Patient P hat den Arzt A aus Dankbarkeit testamentarisch bedacht. A bittet die Krankenschwester S, P zur Schmerzlinderung eine Spritze zu verabreichen, die er mit einem tödlichen Gift versehen hat. S führt den Auftrag durch. P stirbt. – Bei der zuerst zu prüfenden S entfällt § 212 wegen eines Tatbestandsirrtums (§ 16 I 1). An § 222 ist zu denken, doch gibt es nach dem Sachverhalt für ein fahrlässiges Handeln der S

§ 43. Mittelbare Täterschaft 379

keine Anhaltspunkte. A erfüllt die §§ 212, (211), 25 I 2. Var. – Zu Abwandlungen des Falles unten Rn. 73, 78, 81.

Die Konstellationen der mittelbaren Täterschaft sind wie der vorstehende Beispielsfall in der Regel dadurch gekennzeichnet, dass der Tatmittler alle für die Tatbestandsmäßigkeit relevanten Handlungen eigenhändig vornimmt und insoweit der im Hintergrund bleibende Hintermann sich des menschlichen Werkzeugs „ganz" bedient. Erst jüngst ist ein Fall vor den *BGH* gelangt, in dem das Werkzeug nur „teilweise" benutzt wird. **13a**

Beispiel: A veranlasste B und C, O zu überfallen, zu verletzen und zu fesseln, indem er B und C sagte, sein Ziel sei es, O einzuschüchtern und zur Räumung der Wohnung zu bewegen. Als A im Anschluss an die Taten von B und C (§§ 224 I Nr. 4, 239 I, 25 II) absprachegemäß die Wohnung betrat, nahm er wie von Anfang an geplant Geld und Gegenstände des O an sich, um sie zu behalten (*BGH* NStZ 2013, 103). **13b**

Was § 249 durch A und seine final auf Wegnahme gerichtete Raubgewalt betrifft, so hat er diesbezüglich B und C als vorsatzlos handelnde Werkzeuge eingesetzt. Im Lichte der Zurechnungsnorm des § 25 I 2. Var. hat A daher täterschaftlich Raubmittel eingesetzt, die zusammen mit der von ihm selbst vollzogenen Wegnahme seine Strafbarkeit gemäß § 249 – i. V. m. § 250 I Nr. 1b (Fesseln) – in teilweiser mittelbarer Täterschaft begründen.

Auf dieser Linie auch *BGH* NStZ 2013, 103; zust. *Jäger*, JA 2013, 103 f. Mit den §§ 224 I Nr. 4, 239 I, 26 besteht Tateinheit. – Zu Parallelfällen bei der Mittäterschaft siehe § 44 Rn. 8a/b, 29a. Sähe man A als Mittäter der §§ 224 I Nr. 4, 239 I an, könnte die Raubgewalt auch über § 25 II in die Begehung des § 249 integriert werden (§ 44 Rn. 29a).

c) Das qualifikationslos handelnde dolose Werkzeug. In diesem schwierigen und seltenen Unterfall des tatbestandslos handelnden Werkzeugs fehlt dem bösgläubigen und unmittelbar handelnden Werkzeug die besondere Täterqualität, die allein der im Hintergrund agierende Hintermann aufweist. **14**

Beispiel: In einem Strafverfahren verteidigt der in finanziellen Schwierigkeiten steckende V den Politiker P. Während einer Auslandsreise bittet V telefonisch seine Freundin F, die Akte P zu kopieren, mit dem Journalist J Kontakt aufzunehmen und diesem die Kopie zu übergeben, falls er bereit sei, dafür 5.000 € zu zahlen. So geschieht es. **15**

Bei einem Sonderdelikt wie § 203 I kann eine Person wie F, der die Täterqualität fehlt, nicht Täterin sein. Folglich kann V mangels **16**

380   8. Kapitel. Täterschaft und Teilnahme

Haupttat auch nicht als Anstifter bestraft werden. Um die schwer er-
trägliche Straflosigkeit des im Hintergrund agierenden Sonderpflichtigen (hier V) zu vermeiden, werden verschiedene Wege beschritten:

17   (1) Auf dem Boden der subjektiven Teilnahmelehre ließe sich bezüglich § 203 I Nr. 3 eine mittelbare Täterschaft des V durch Benutzung der „qualifikationslos" – d. h. ohne Täterqualität und deshalb
tatbestandslos – handelnden F begründen, wenn man das Tatinteresse
in den Vordergrund rückt.

18   (2) Im Lichte der vorzugswürdigen Tatherrschaftslehre tun sich erhebliche Schwierigkeiten auf, weil nicht der tätertaugliche Hintermann
(V), sondern in erster Linie die eingeweihte täteruntaugliche F das tatbestandsmäßige Geschehen beherrscht. Daher könnte man von einem
rein faktischen Verständnis der Tatherrschaft her eine Strafbarkeit des
V verneinen. Um dies und entsprechende Strafbarkeitslücken zu vermeiden, erkennt die h. M. zu Recht auch die Möglichkeit einer eher
normativ begründeten Tatherrschaft an. Sie ergibt sich daraus, dass
nur der Sonderpflichtige als allein tauglicher Täter die Macht hat, mit
Hilfe eines Außenstehenden die Tatbestandsverwirklichung herbeizuführen, und dies in beherrschender Weise tut (*Jescheck/Weigend*, AT,
§ 62 II 7; *Lackner/Kühl*, § 25 Rn. 4; erg. *Kühl*, AT, § 20 Rn. 54 ff., 56 b).

19   (3) *Roxin* sieht vom Standpunkt der Tatherrschaftslehre aus die
konsequenteste Lösung darin, bei Benutzung eines qualifikationslosen dolosen Werkzeugs sowohl den Vordermann wie den Hintermann straflos zu lassen. Da er freilich ein solches Ergebnis für un-
tragbar hält, hat er ebenfalls mit dem Ziel, Strafbarkeitslücken zu
vermeiden, die Lehre von den Pflichtdelikten entwickelt. Zu derartigen Delikten zählt er Tatbestände wie die §§ 203, 266, 348; bei ihnen
begründet nicht die Tatherrschaft, sondern allein die Verletzung einer
tatbestandsspezifischen Sonderpflicht die Täterschaft des Pflichtigen.

Roxin, AT II, § 25 Rn. 267 ff., 275 ff.; *ders.*, Schünemann-FS, 2014, S. 509 ff.
Zust. etwa *Kindhäuser*, AT, § 39 Rn. 19; Sch/Sch/*Heine/Weißer*, vor § 25
Rn. 82 f.

20   Gegen die Pflichtdeliktslehre spricht freilich, dass sie bei einer Deliktsgruppe das Tatherrschaftskriterium vollkommen aufgibt. Zudem
ignoriert sie die gesetzliche Differenzierung zwischen Täterschaft
und Teilnahme, indem sie alle Sonderpflichtigen, zu denen auch die
Garanten der unechten Unterlassungsdelikte gehören, unabhängig
vom Gewicht ihrer Tatbeiträge stets als Täter einstuft und dadurch
namentlich § 27 II 2 unterläuft (erg. unten § 51 Rn. 16).

§ 43. Mittelbare Täterschaft　　　　381

Zur Kritik vgl. *Zieschang*, Otto-FS, 2007, S. 517; *Otto*, Jura 1987, 257; *Stratenwerth/Kuhlen*, AT, § 12 Rn. 40; MüKo/*Joecks*, § 25 Rn. 185 f.

Um die schwierige Konstellation des qualifikationslosen dolosen 21
Werkzeugs zu erläutern, wird vielfach § 266 herangezogen. Indes
weist die Struktur des Untreuetatbestandes Besonderheiten auf, die
es erlauben, in den fraglichen Fällen eine unmittelbare Täterschaft
des Treuepflichtigen zu begründen (näher *Rengier*, BT I, § 18
Rn. 67 ff.). Oft genannt wird ferner § 288 (dazu *Rengier*, BT I, § 27
Rn. 3 ff.).

d) Das absichtslos handelnde dolose Werkzeug. Die Konstellation 22
wird vor allem im Zusammenhang mit § 242 diskutiert. Dabei geht es
um einen bösgläubigen Vordermann, der im Auftrag eines Hintermanns H eine fremde Sache ohne Zueignungsabsicht wegnimmt.
Die wohl h. M. sieht vom Standpunkt der Tatherrschaftslehre aus
auch hier – wie im Fall des qualifikationslosen dolosen Werkzeugs –
zutreffend eine normative Tatherrschaft des H und bestraft ihn gemäß den §§ 242, 25 I 2. Var. (näher *Rengier*, BT I, § 2 Rn. 173 ff.).

2. Deliktisches Minus auf der Ebene der Rechtswidrigkeit

Bringt der Hintermann einen Vordermann in eine Tatsituation, in 23
der dieser rechtmäßig einen Tatbestand verwirklicht, ist der Hintermann grundsätzlich mittelbarer Täter.

Beispiele: (1) Wer durch eine falsche Zeugenaussage bewirkt, dass der Beschuldigte vorläufig festgenommen (§ 127 II StPO), in Untersuchungshaft gesperrt (§§ 112 ff. StPO) oder zu einer – vollstreckten – Freiheitsstrafe verurteilt wird, erfüllt die §§ 239 I, (III Nr. 1), 25 I 2. Var. Wer vor einem Zivilgericht einen ihm nicht zustehenden Anspruch mit gefälschten Beweismitteln durchsetzt, begeht einen Prozessbetrug in mittelbarer Täterschaft (erg. *Rengier*, BT I, § 13 Rn. 47, 113, 199).

(2) T will den jähzornigen O mit Hilfe des körperlich überlegenen X verletzen und spiegelt O vor, X habe sich an O's Freundin herangemacht. Wie von T geplant greift O den X an, der ihn in berechtigter Notwehr zusammenschlägt. – Grundsätzlich kann mittelbarer Täter sein, wer ein Opfer wie O in eine Notwehrlage hineinmanövriert, um es zu verletzen. Nach der überwiegenden Ansicht reicht es aber für die §§ 223, 25 I 2. Var. durch T gegenüber O nicht aus, dass T sich des X als gerechtfertigt handelndes Werkzeug bedient. Vielmehr muss er das gesamte Geschehen beherrschen, also auch den angreifenden O als Werkzeug lenken. Dafür genügt indes der von T bei O hervorgerufene Motivirrtum nicht (*Kühl*, AT, § 20 Rn. 59; *Jescheck/Weigend*, AT, § 62 II 3; ausführlich *Kudlich*, JuS 2000, L 49 ff.).

382   8. Kapitel. Täterschaft und Teilnahme

26   (3) Ein Unternehmer, der auf Grund einer ihm erteilten rechtswidrigen, ver-
waltungsrechtlich aber wirksamen Genehmigung ein Gewässer verunreinigt,
handelt bezüglich § 324 I gerechtfertigt; der Amtsträger, der ihm diese Genehmigung aus Gefälligkeit bewusst erteilt hat, erfüllt § 324 I im Wege der mittelbaren Täterschaft (h. M.; BGHSt 39, 381, 387 ff.; *Rengier*, BT II, § 47 Rn. 25;
Kühl, AT, § 20 Rn. 60; nach einer Gegenmeinung soll die Erteilung der Er-
laubnis für die Begründung der Tatherrschaft nicht ausreichen, vgl. *Kühl*,
a. a. O.).

3. Deliktisches Minus auf der Ebene der Schuld

27   a) **Schuldausschließende Strafbarkeitsmängel.** Auf der dritten
Stufe geht es um Werkzeuge, die schuldlos oder entschuldigt handeln.
Da solche Tatmittler eine tatbestandsmäßige und rechtswidrige
Haupttat begehen, ist insoweit auch die Abgrenzung zur Teilnahme
im Blick zu behalten (Rn. 28 f., 36). Ohne Schuld handeln zunächst
Kinder (§ 19) und **Schuldunfähige** (§ 20). Bei **Jugendlichen** kommt
es darauf an, ob sie im Sinne des § 3 JGG strafrechtlich nicht verant-
wortlich sind.

28   Umstritten ist, ob auch ein „reifes", z. B. 13-jähriges Kind, das in der Lage
ist, das Unrecht der Tat einzusehen und nach dieser Einsicht zu handeln,
Werkzeugqualität hat. Eine faktische Betrachtungsweise will dies verneinen
(MüKo/*Joecks*, § 25 Rn. 103). Dem ist jedoch mit der h. M. zu widersprechen.
Es besteht kein Anlass, die in § 19 getroffene klare Entscheidung und Verant-
wortungszuweisung des Gesetzgebers in unpraktikabler Weise in Frage zu
stellen (LK/*Schünemann*, 12. Aufl., § 25 Rn. 114; *Murmann*, JA 2008, 324).

29   Daran anknüpfend wird angenommen, dass eine kausale Beteiligung an von Kindern (§ 19) und Schuldunfähigen (§ 20) begangenen
Taten unabhängig von der Qualität des Tatbeitrages stets eine mittelbare Täterschaft begründet, weil der deliktische Wille solcher Werkzeuge nach der gesetzlichen Wertung ganz unbeachtlich ist.

Beispiel: Der gemäß § 20 schuldunfähige schizophrene Täter T will den Politiker P töten. G, der alles weiß, gibt T einen guten Tipp oder besorgt ihm
eine Tatwaffe, mit der er die Tat ausführt. –Trotz seiner eigentlich (eher) untergeordneten Rolle wird G jeweils als mittelbarer Täter des § 212 und nicht
nur als Gehilfe des § 212 eingestuft.
Dazu *Krey/Esser*, AT, Rn. 898 ff.; *Roxin*, AT II, § 25 Rn. 139 ff.; Sch/Sch/
Heine/Weißer, § 25 Rn. 44 ff.; *Frister*, AT, 27/34.

30   Zur mittelbaren Täterschaft führt ferner das Hervorrufen und Ausnutzen eines unvermeidbaren **Verbotsirrtums** (§ 17) beim Vorder-

mann. Problematischer ist die Konstellation mit vermeidbarem Verbotsirrtum (dazu unten Rn. 40 ff.).

Verneint man bei einem **Erlaubnistatbestandsirrtum** mit der 31 Lehre von der Doppelstellung des Vorsatzes den Schuldvorsatz (oben § 30 Rn. 19 f.), so hat man es im Lichte der mittelbaren Täterschaft ebenfalls mit einem deliktischen Minus auf der Schuldebene zu tun, falls der Tatmittler einem solchen Irrtum unterliegt.

Ein für die mittelbare Täterschaft typischer Fall stellt schließlich 32 die Herbeiführung eines **Nötigungsnotstandes** gemäß § 35 dar.

In derartigen Fällen ist zunächst auf der Ebene der Rechtswidrigkeit zu beachten, dass § 32 Eingriffe in Rechtsgüter Dritter nicht erlaubt (§ 18 Rn. 31 f.) und § 34 ausscheidet, soweit man in den Fällen des Nötigungsnotstandes nur eine Entschuldigung gemäß § 35 für möglich hält (näher § 19 Rn. 51 ff.).

Beispiele: (1) H droht V, ihn mit einem Messer zu verletzen, wenn er nicht 33 seinerseits sofort O mit einem Messer verletzt, was V tut. – Die Tat des V (§ 224 I Nr. 2) ist im Ergebnis nach § 35 entschuldigt. H erfüllt die §§ 224 I Nr. 2, 25 I 2. Var.

(2) Auch im **Fall 2** handelt O bezüglich § 303 im Ergebnis als entschuldigtes 34 und nicht als nach § 34 gerechtfertigtes Werkzeug; T erfüllt die §§ 303, 25 I 2. Var. (dazu die Falllösung von *Kühl*, JuS 2007, 746 ff.).

(3) Kann in Fällen des § 35 dem Nötigungsadressaten die Gefahrhinnahme 35 gemäß § 35 I 2 zugemutet werden, scheidet § 35 und deshalb auch eine mittelbare Täterschaft aus. Nimmt man im Fall 2 von § 26 an, dass A die Misshandlungen ertragen muss (dazu § 26 Rn. 28 ff., 31), kann T nicht als mittelbarer Täter der §§ 212, 22, sondern diesbezüglich nur als Anstifter belangt werden. Auch gravierende Nötigungen unterhalb der Schwelle des § 35 sind nicht geeignet, eine mittelbare Täterschaft zu begründen (h. M.; erg. unten Rn. 44 f.).

b) Abgrenzung zur Teilnahme. Entfällt die Strafbarkeit des Tat- 36 nächsten mangels schuldhaften Handelns, so bleibt zu beachten, dass bezüglich des etwaigen Hintermanns neben einer mittelbaren Täterschaft auch eine bloße Teilnahme in Betracht kommt, da eine vorsätzliche und rechtswidrige Haupttat vorliegt (vgl. §§ 26, 27). Die Tatherrschaft des mittelbaren Täters setzt voraus, dass er den Strafbarkeitsmangel planvoll lenkend ausnutzt und dadurch die Tatbestandsverwirklichung in den Händen hält (Rn. 3). Dem Regelfall dürfte es entsprechen, dass der Hintermann den Schuldmangel beim Vordermann genau kennt und ihn zur Tatbegehung veranlasst und in diesem Sinne ausnutzt. Dann ist der Hintermann typischerweise auch mittelbarer Täter und nicht bloß Anstifter.

Vgl. auch die anders liegende Falllösung bei *Rengier/Brand*, JuS 2008, 518 37 mit Fn. 44, wo auf dem Boden der rechtsfolgenverweisenden bzw. vorsatz-

384   8. Kapitel. Täterschaft und Teilnahme

schuldverneinenden eingeschränkten Schuldtheorie (oben § 30 Rn. 19 f.) das
Schulddefizit in einem Erlaubnistatbestandsirrtum liegt. – Zur Abgrenzungsfrage bei Kindern und Schuldunfähigen siehe bereits Rn. 28 f.

III. Die Fälle des „Täters hinter dem Täter"

1. Grundlagen

38   Mit dem Schlagwort des „Täters hinter dem Täter" werden Konstellationen charakterisiert, bei denen es um die Frage geht, ob es
trotz des Verantwortungsprinzips (Rn. 2) einen mittelbaren Täter
hinter einem vollverantwortlichen unmittelbaren Täter geben kann
(*Koch*, JuS 2008, 400). Wer, wie es vereinzelt geschieht, das Verantwortungsprinzip konsequent handhabt, muss in allen folgenden Fällen eine mittelbare Täterschaft ablehnen. Die h. M. erkennt inzwischen aber Ausnahmen an, über deren Reichweite freilich wieder
Streit besteht. Dabei kreist die Diskussion letztlich immer wieder
um die Frage, ob die Irrtums- oder Nötigungsherrschaft so stark ist,
dass das Verantwortungsprinzip überlagert wird (vgl. unten Rn. 42,
45).

39   In der **Fallbearbeitung** muss der Studierende daher beachten, dass es über
die typischen Fälle mit einem deliktischen Minus hinaus einige weitere Fallgruppen gibt, in denen trotz der Strafbarkeit des Vordermanns eine mittelbare
Täterschaft in Betracht kommt und zumindest diskutiert werden muss.

2. Vermeidbarer Verbotsirrtum beim Werkzeug

40   Im Fall 1 von § 32 (Katzenkönig-Fall) macht sich der Vordermann R gemäß
den §§ 212, (211), 22 strafbar. Daran ändert der vermeidbare Verbotsirrtum,
dem er unterliegt, nichts (§ 17). Da H und P diesen Irrtum hervorgerufen haben, stellt sich die Frage, ob sie wegen eines versuchten mittäterschaftlichen
Mordes in mittelbarer Täterschaft oder bloß als Anstifter strafbar sind.

41   Bevor man sich diesem Problem zuwendet, ist es für die **Fallbearbeitung**
hilfreich, sich den Aufbau bei der Prüfung der §§ 212, 211, 25 II, 25 I 2. Var.,
22 zu vergegenwärtigen. Insoweit findet sich unten in Rn. 88 ein ergänzendes
Aufbauschema, in das beim Vorsatz die Prüfungen des § 25 II und der – § 25 I
2. Var. betreffenden – Verbotsirrtumsproblematik zu integrieren sind (im
Schema Punkt B.I.1.a. unter aa bzw. bb).

42   Die Rechtsprechung und h. M. nehmen zu Recht eine mittelbare
Täterschaft und nicht eine Anstiftung an, wenn der Hintermann
beim unmittelbaren Täter einen vermeidbaren Verbotsirrtum planvoll

§ 43. Mittelbare Täterschaft   385

lenkend ausnutzt. Dem steht das Verantwortungsprinzip nicht entgegen. Denn der Vordermann hat – genauso wie der in einem unvermeidbaren Verbotsirrtum Agierende – kein aktuelles Unrechtsbewusstsein. Daher wird er von den Wertungen der Rechtsordnung
nicht mehr erreicht und denkt – ähnlich einem vorsatzlos handelnden
Werkzeug –, nichts Strafbares zu tun. Der Hintermann weiß um diese
Wissenslücke, nutzt sie aus und beherrscht von daher mittels des irrenden Werkzeugs die Tatbestandsverwirklichung. Für die Tatherrschaft des Hintermanns macht es in tatsächlicher und psychologischer Hinsicht keinen Unterschied aus, ob der Verbotsirrtum
vermeidbar ist oder nicht (vgl. Rn. 3).

Zur h. M. siehe BGHSt 35, 347, 351 ff.; *Koch*, JuS 2008, 402; *Roxin*, AT II, **43**
§ 25 Rn. 76 ff.; *Joecks*, § 25 Rn. 36 f.; LK/*Schünemann*, 12. Aufl., § 25 Rn. 89 ff.
– Zu der eine mittelbare Täterschaft ablehnenden Gegenmeinung siehe *Krey/
Esser*, AT, Rn. 924 ff.; *Jescheck/Weigend*, AT, § 62 II 5. – Zusammenfassend
Kühl, AT, § 20 Rn. 77 ff.

3. Ausübung von Zwang unterhalb der Schwelle des § 35

Beispiel (*Seier*, JuS 1994, L 92 ff. mit Falllösung): Im Geschäft hat sich der **44**
Angestellte A schon öfters über seinen Chef C geärgert. Ferner hat A beobachtet, dass der Verkäufer V mehrmals unerlaubt Waren mitgenommen hat,
ohne diese zu bezahlen. Um sich an C zu rächen, tritt A an V heran und kün-
digt an, er (A) werde C über die Diebstähle des V aufklären, falls V nicht innerhalb der nächsten Woche die neuen Reifen am Pkw des C zersteche. V
führt die Tat aus.

Die Sachbeschädigung (§ 303 I) durch V ist weder gemäß § 34 ge- **45**
rechtfertigt noch nach § 35 entschuldigt. A erfüllt unproblematisch
§ 240. Er könnte zudem die §§ 303 I, 25 I 2. Var. verwirklichen. Fraglich ist, ob insoweit auch eine Nötigung ausreicht, die den Vordermann nicht entschuldigt. Von einer Minderheitsmeinung wird dies
mit der Begründung bejaht, dass auch in diesem Falle der Hintermann den Genötigten in ausreichender Weise durch den ausgeübten
Zwang beherrsche. Die h. M. widerspricht dem freilich zu Recht. Sie
weist auf das Verantwortungsprinzip (Rn. 2) und die Wertung des
§ 35 hin, aus der hervorgehe, dass der Vordermann einem unterhalb
der Schwelle des § 35 liegenden Druck standzuhalten und folglich allein die Tatherrschaft inne habe. Für die h. M. spricht ferner der prak-
tikablere Abgrenzungsmaßstab (vgl. § 240 II). Freilich haftet A hinsichtlich des § 303 I als Anstifter.

386   8. Kapitel. Täterschaft und Teilnahme

46   Für die h. M. *Roxin*, AT II, § 25 Rn. 47 ff.; LK/*Schünemann*, 12. Aufl., § 25 Rn. 70; *Koch*, JuS 2008, 496; *Seier*, JuS 1994, L 94, 95. – Die Minderheitsmeinung vertreten SK/*Hoyer*, § 25 Rn. 101 f.; *Frister*, AT, 27/27 ff.; M/R/*Haas*, § 25 Rn. 23; Sch/Sch/*Heine/Weißer*, § 25 Rn. 40.

4. Irrtümer über den konkreten Handlungssinn

47   In dieser Fallgruppe geht es um drei umstrittene Konstellationen, nämlich erstens um die Hervorrufung eines Irrtums über die Unrechtsquantifizierung und zweitens über die Unrechtsqualifizierung sowie drittens um den manipulierten error in persona.

48   **a) Irrtum über die Unrechtsquantifizierung.** Nach einer verbreiteten Meinung soll eine mittelbare Täterschaft dadurch begründet werden können, dass der Hintermann den Vordermann zur Begehung einer Straftat veranlasst, über deren Unrechtshöhe der Vordermann getäuscht wird.

   Beispiel: V zerstört ahnungslos ein wertvolles Gemälde oder eine teure Uhr des E, nachdem ihn H dazu mit der Bemerkung angestachelt hat, so ein billiges Geschmiere oder Plagiat könne man bedenkenlos vernichten.

49   Die Stimmen, die H als Täter der §§ 303 I, 25 I 2. Var. einstufen, begründen dies damit, dass dem V die Tragweite seines Verhaltens verborgen bleibe und H kraft seines überlegenen Wissens die erhebliche Unrechtsquantifizierung steuere. Doch verdient dies keinen Beifall. So ist schon die Differenzierung zwischen erheblichen und nicht erheblichen Unrechtssteigerungen wegen ihrer Unbestimmtheit fragwürdig. Es besteht auch kein Anlass, bei Irrtümern über strafzumessungsrelevante Tatsachen vom Verantwortungsprinzip abzuweichen. Die Herrschaft über das tatbestandsmäßige Geschehen liegt bei V. H ist daher als Anstifter zu bestrafen; sein überschießender Vorsatz kann bei der Strafzumessung berücksichtigt werden.

50   Für Anstiftung auch *Koch*, JuS 2008, 402; *Murmann*, JA 2008, 324; *Stratenwerth/Kuhlen*, AT, § 12 Rn. 61; *Joecks*, § 25 Rn. 45 f. – Für mittelbare Täterschaft *Roxin*, AT II, § 25 Rn. 96 ff.; *Frister*, AT, 27/14 ff.; Sch/Sch/*Heine/Weißer*, § 25 Rn. 23.

51   **b) Irrtum über die Unrechtsqualifizierung.** Die zweite Konstellation betrifft die Ausnutzung von Irrtümern, bei denen sich das überlegene Wissen des Hintermannes in einer Qualifikation niederschlägt, deren Verwirklichung dem Vordermann verborgen bleibt.

§ 43. Mittelbare Täterschaft 387

Beispiel: A bringt aus niedrigen Beweggründen den M dazu, seine Frau F zu töten, indem er wahrheitswidrig F der ehelichen Untreue mit mehreren Männern bezichtigt. Bei der Tat erfüllt M nur § 212.

Hier soll A – parallel zu den Fällen der Unrechtsquantifizierung – 52 als „Mörder hinter dem Totschläger" mittelbarer Täter eines Mordes sein, weil er den M gezielt für eine Tötung aus niedrigen Beweggründen einsetze. Dies überzeugt nicht. Für die Frage der Tatherrschaft spielt es überhaupt keine Rolle, ob es dem A aus niedrigen Beweggründen oder aus anderen Gründen gelingt, M täuschungsbedingt zu manipulieren. Die Tatherrschaft über das Geschehen liegt so oder so bei dem Vordermann. A ist daher als Anstifter zum Mord (§§ 211, 26, 28 II) zu bestrafen.

Rengier, JuS 1991, 939f. mit Falllösung; *Stratenwerth/Kuhlen*, AT, § 12 53 Rn. 62; *Jescheck/Weigend*, AT, § 62 II 2. – Für mittelbare Täterschaft wieder *Roxin*, AT II, § 25 Rn. 99 ff.; LK/*Schünemann*, 12. Aufl., § 25 Rn. 101 ff.

Richtig ist es freilich, mittelbare Täterschaft dann anzunehmen, 54 wenn sich der vom Hintermann beherrschte Irrtum des Vordermanns auf ein qualifizierendes objektives Tatbestandsmerkmal bezieht.

Beispiel: A will sich an seinem Chef C rächen, indem er dessen neuen Pkw 55 beschädigt. Für die Tatausführung gewinnt er den B, dem er eine Flüssigkeit mit der Bemerkung übergibt, B solle sie über den Pkw gießen, um den Lack zu verätzen. Als B die Flüssigkeit über den Pkw gießt, gerät dieser wie von A geplant in Brand. A hat nämlich dem B verschwiegen, dass es sich in Wirklichkeit um eine leicht entflammbare Flüssigkeit handelt.

Blickt man isoliert auf die Sachbeschädigung gemäß § 303 I, so ist 56 B Täter und A Anstifter. Was die Täuschung über das Maß der Schädigung betrifft, so bleibt dem B verborgen, dass er den Pkw in Brand setzt. Da dieses zusätzliche objektive Unrecht vertatbestandlicht ist (§ 306 I Nr. 4), verdient es Zustimmung, diesbezüglich A als mittelbaren Täter anzusehen. Dafür spricht nicht zuletzt die Nähe der Konstellation zum Fall des vorsatzlos handelnden Werkzeugs (vgl. Rn. 12 f.).

c) Manipulierter error in persona. In dieser Konstellation will ein 57 Vordermann V zu einem bestimmten Zeitpunkt an einem bestimmten Ort die Person P erschießen. H erfährt dies zufällig und manövriert statt des P ein anderes Opfer O in die Schusslinie, das erwartungsgemäß von V mit P verwechselt und getötet wird.

388   8. Kapitel. Täterschaft und Teilnahme

58   V erfüllt als Täter die §§ 212, (211); sein error in persona ist unbeachtlich (§ 15 Rn. 21 ff.). Ob und wie sich H strafbar gemacht hat, ist
umstritten. Gegen mittelbare Täterschaft spricht das Verantwortungsprinzip; V beherrscht das Tatgeschehen, der error in persona ändert
daran nichts. Eine Anstiftung scheitert daran, dass V zur Tat schon
entschlossen war (vgl. unten § 45 Rn. 33 ff.) und aus diesem Tatvorsatz heraus den O erschossen hat. Eine Beihilfe könnte man mit der
Begründung annehmen, dass konkret betrachtet H fraglos die Tötung
des O gefördert hat. Zustimmung verdient die Annahme mittelbarer
Täterschaft. Der für V unbeachtliche error in persona ändert nichts
daran, dass H den O planvoll lenkend in die Tatsituation hineinmanövriert und von daher dessen Tötung als „Täter hinter dem Täter"
mit beherrscht.

59   Ebenso *Roxin*, AT II, § 25 Rn. 102 ff.; LK/*Schünemann*, 12. Aufl., § 25
Rn. 104 f.; Sch/Sch/*Heine/Weißer*, § 25 Rn. 24; *Murmann*, JA 2008, 324;
Haft/Eisele, GS-Keller, 2003, S. 99. – Abl. *Koch*, JuS 2008, 402; *Zieschang*,
Otto-FS, 2007, S. 516; MüKo/*Joecks*, § 25 Rn. 111 ff.; *Krey/Esser*, AT,
Rn. 937; M/G/Z/*Renzikowski*, § 48 Rn. 24 f.

5. Organisationsherrschaft

60   **a) Grundlagen.** Eine letzte von der heute h. M. zu Recht anerkannte Fallgruppe des „Täters hinter dem Täter" stellt die Organisationsherrschaft dar. Diese mittelbare Täterschaft kraft organisatori-
scher Machtapparate hat *Roxin* erstmals 1963 zur Diskussion gestellt
und entwickelt, um bei der Bewältigung der Unrechtstaten des NS-
Regimes die befehlsgebenden „Schreibtischtäter" sachgerecht als Täter bestrafen zu können. Der *BGH* hat die Rechtsfigur im Rahmen
der Aufarbeitung des DDR-Unrechts aufgegriffen und ehemalige
DDR-Politfunktionäre, die für den Schießbefehl an der innerdeut-
schen Grenze verantwortlich waren, als mittelbare Täter der von
den Grenzsoldaten an Flüchtlingen begangenen vorsätzlichen Tö-
tungsdelikte angesehen (BGHSt 40, 218, 232 ff.; 45, 270, 296 ff.).

61   Die mögliche Tatherrschaft des Schreibtischtäters ergibt sich aus
der Einsicht, dass man einen Vordermann nicht nur durch Täuschung
und Zwang in den Händen halten kann, sondern auch durch einen
Machtapparat, dessen Struktur und Mitglieder die Begehung einer
angeordneten Straftat mit größerer Sicherheit gewährleisten, als es in
manchen anerkannten Fällen der Ausnutzung eines deliktischen Minus der Fall ist. Die Kriterien, die eine derartige Organisationsherr-

§ 43. Mittelbare Täterschaft
389

schaft begründen, sind freilich auch unter den Befürwortern dieser Rechtsfigur umstritten.

Eine informative Übersicht über die Diskussion ermöglicht das ZIS-Heft 11/2009, das dem Urteil des obersten Gerichtshofs in Peru gegen den Ex-Präsidenten Fujimori gewidmet ist (mit Diskussionsbeiträgen u. a. von *Rotsch*, *Ambos*, *Roxin*, *Schroeder*, *Jakobs*, *Herzberg*).

Nach der einflussreichen Lehre von *Roxin* (präzisierend ZIS 2009, **62** 565 ff.; Krey-FS, 2010, S. 458 ff.) charakterisieren die folgenden vier Kriterien die Organisationsherrschaft:

(1) Anordnungsgewalt des Befehlsgebers in einem hierarchisch strukturierten Machtapparat.

(2) Rechtsgelöstheit des Machtapparates: Das Machtsystem muss sich zumindest im Rahmen der von ihm verwirklichten Straftatbestände vom Recht gelöst haben, so dass in dieser Gegenwelt der Ausführende annehmen kann, er habe keine strafrechtlichen Konsequenzen zu befürchten.

(3) Fungibilität des unmittelbar Ausführenden: Damit ist die beliebige Austauschbarkeit des agierenden Vordermanns durch zur Verfügung stehende andere Exekutoren gemeint.

(4) Wesentlich erhöhte Tatbereitschaft des Ausführenden: Mit diesem Kriterium, das *Roxin* erst in neuerer Zeit im Anschluss an *Schroeder* (zuletzt ZIS 2010, 569 ff.) und BGHSt 40, 218, 236 f. hervorgehoben hat, ist die besondere organisationsspezifische Tatbereitschaft gemeint, welche die Organisationszugehörigkeit erzeugt (*Roxin*, GA 2012, 396, 412 sieht darin kein selbstständiges Kriterium mehr).

Als organisierte Machtapparate kommen nicht nur Unrechtsstaaten **63** in Betracht, in deren Namen Verbrechen begangen werden, sondern auch andere Organisationen mit einer Befehlshierarchie. Man denke an Gangstersyndikate mit mafiaähnlicher Struktur oder bestimmte Terrororganisationen.

Zur h. M. vgl. ferner *Roxin*, AT II, § 25 Rn. 105 ff., 129 ff.; ZIS 2006, 293 ff.; **64** GA 2012, 395 ff.; LK/*Schünemann*, 12. Aufl., § 25 Rn. 122 ff.; Sch/Sch/*Heine/ Weißer*, § 25 Rn. 26 ff.; *Koch*, JuS 2008, 496 ff.

Kritiker der Lehre von der Organisationsherrschaft stellen auf das **65** Verantwortungsprinzip ab und betonen, dass die Tatherrschaft allein beim eigenverantwortlich handelnden Vordermann liege. Auch halten sie die Kriterien der Rechtsgelöstheit und Fungibilität für fragwürdig.

390   8. Kapitel. Täterschaft und Teilnahme

Soweit sie daher den Befehlsgeber wegen Anstiftung bestrafen wollen, wird dies der zentralen Rolle des Schreibtischtäters nicht gerecht. Andere Stimmen meinen, mittäterschaftliches Handeln bejahen zu können; doch kann bei Taten, die infolge von Befehlen ausgeführt werden, schwerlich von einem gemeinsamen Tatentschluss die Rede sein.

66   Zur Gruppe der Kritiker vgl. *Zieschang*, Otto-FS, 2007, S. 514 f.; *Frister*, AT, 27/38 ff.; *Krey/Esser*, AT, Rn. 932 ff.; *Otto*, Jura 2001, 753 ff.; *Jescheck/Weigend*, AT, § 62 II 8; *Brammsen/Apel*, ZJS 2008, 256 ff.; *Rotsch*, JuS 2002, 887 ff. mit Falllösung. – Gegen die Mittäterschaftslösung zu Recht *Roxin*, AT II, § 25 Rn. 120 ff.; *ders.*, ZStrR 2007, 3 ff.; LK/*Schünemann*, 12. Aufl., § 25 Rn. 129.

67   **b) Ausdehnung auf Unternehmen.** Äußerst umstritten und im Ergebnis abzulehnen ist die vom *BGH* grundsätzlich befürwortete Ausdehnung des Gedankens der mittelbaren Täterschaft kraft Organisationsherrschaft auf wirtschaftliche Unternehmen.

Beispiele: Mittelbarer Täter der §§ 263, 25 I 2. Var. soll ein GmbH-Geschäftsführer sein, der seine zahlungsunfähige Gesellschaft entgegen § 15a I, IV InsO weiterlaufen und Warenbestellungen durch einen eingeweihten, daher § 263 erfüllenden, Angestellten tätigen lässt (*BGH* NStZ 1998, 568). Gemäß den §§ 263, 25 I 2. Var. soll ferner strafbar sein, wer die betrügerische Täuschung von Kunden mit Hilfe von durch ihn angeworbenen und instruierten bösgläubigen Vermittlern organisiert (*BGH* wistra 2013, 389). Entsprechendes müsste für den Geschäftsführer oder Inhaber eines Fernsehsenders gelten, der Moderatoren bei betrügerischen Gewinnspielen auftreten lässt (vgl. *Noltenius*, wistra 2008, 288 f.).

68   Die Rechtsprechung zur Organisationsherrschaft in Unternehmen beruht darauf, dass sich BGHSt 40, 218, 232 ff. nicht an den vier oben in Rn. 62 genannten Voraussetzungen für eine solche Herrschaft orientiert hat, sondern sich auf die erste und vierte Voraussetzung stützt, nämlich auf das Ausnutzen regelhafter Abläufe in einer hierarchisch gegliederten Organisation mit dem Ziel, auf diese Weise die erstrebte Tatbestandsverwirklichung zu erreichen (*BGH* NStZ 1998, 568, 569; JR 2004, 245, 246; *Nack*, GA 2006, 342 ff.).

69   Dem ist zu widersprechen. Die Anordnung und Duldung strafbarer Handlungen können als solche keine ausreichende Tatherrschaft begründen, wenn die Organisation auf der Basis des Rechts arbeitet und daher von Mitarbeitern erwartet werden kann, rechtswidrige Anweisungen nicht zu befolgen. Der Mitarbeiter ist auch keineswegs beliebig austauschbar, sondern in die Arbeitsrechtsordnung eingebunden. Im Ergebnis muss demnach die Strafbarkeit des Unternehmers nach den allgemeinen Regeln beurteilt werden.

Zur Kritik an der Rechtsprechung siehe *Roxin*, AT II, § 25 Rn. 129 ff.; *ders.*, ZStrR 2007, 17 ff.; Sch/Sch/*Heine/Weißer*, § 25 Rn. 29 f.; LK/*Schünemann*, 12. Aufl., § 25 Rn. 130 ff.; *Rotsch*, NStZ 2005, 13 ff.; *Koch*, JuS 2008, 498 f. – Dem *BGH* zust. *Hellmann/Beckemper*, Wirtschaftsstrafrecht, 4. Aufl. 2013, Rn. 932 ff.

Beachte: Handeln in einem Unternehmen der Chef und sein Mitarbeiter 70 mittäterschaftlich, so kann auch nach der Rechtsprechung keine mittelbare Täterschaft vorliegen (*BGH* NStZ 2008, 89, 90). Insoweit hat in der **Fallbearbeitung** die Prüfung einer etwaigen Mittäterschaft Vorrang. Zur Strafbarkeit als Unterlassungstäter siehe unten § 50 Rn. 45, 59 ff., 68; § 51 Rn. 11 ff.

IV. Irrtumsfragen

1. Exzess und error in persona

Der Vorsatz des mittelbaren Täters muss sich wie stets auf alle ob- 71 jektiven Tatbestandsmerkmale erstrecken. Dazu gehört zunächst die Feststellung, dass er mit den vom Vordermann verwirklichten objektiven Tatbestandsmerkmalen einverstanden gewesen ist. Tut das Werkzeug mehr als geplant, liegt ein **Exzess** vor, der auf der Seite des Hintermanns zu einem Tatbestandsirrtum gemäß § 16 I 1 führt.

Im **Fall 3** erfüllt K die §§ 242, 244 I Nr. 1a 1. Var., 252, 250 I Nr. 1a 1. Var., 72 240, handelt aber gemäß § 19 jeweils schuldlos (zu den Tatbeständen des BT vgl. *Rengier*, BT I, § 2 Rn. 51 f.; § 4 Rn. 9, 16; § 10 Rn. 4 f.). Da sich der Vorsatz des A nur auf eine Tat nach § 242 bezieht, ist er lediglich nach den §§ 242, 25 I 2. Var. strafbar.

Umstritten ist, wie sich ein **error in persona vel obiecto beim Vor-** 73 **dermann** auf die Strafbarkeit des Hintermanns auswirkt.

Beispiel: Im Krankenschwester-Fall von Rn. 13 gibt die von A auf P angesetzte S die tödliche Spritze versehentlich der Zimmergenossin Z.

Die Lösung verläuft im Wesentlichen parallel zu den in § 15 74 Rn. 42 ff., § 25 Rn. 23 f., § 44 Rn. 30 f. und § 45 Rn. 57 ff. erörterten Fällen (*Haft/Eisele*, Keller-GS, 2003, S. 98 f.). Hält man den error in persona der S auch bezüglich A für unbeachtlich, ändert sich an der Verwirklichung der §§ 212, (211), 25 I 2. Var. durch ihn nichts. Sieht man aus der Sicht des A eine aberratio ictus, ist er nur wegen versuchten Mordes in mittelbarer Täterschaft strafbar. Auf dem Boden

392　　8. Kapitel. Täterschaft und Teilnahme

der vorzugswürdigen Individualisierungs-Lösung hängt die Entscheidung davon ab, in welchem Maße A Verwechslungsrisiken ausgeschlossen und S sich an die Vorgaben gehalten hat.

75　Wer weiteres Anschauungsmaterial haben will, braucht in den Anstiftungsfällen von unten § 45 Rn. 59, 63 aus dem jeweils angestifteten Täter T nur ein schuldlos handelndes Werkzeug zu machen.

2. Irrtümer über das deliktische Minus

76　Da zum objektiven Tatbestand der mittelbaren Täterschaft die tatbeherrschende Steuerung des Vordermanns durch den Hintermann gehört, muss diese Steuerung auch vom Vorsatz umfasst sein. Daraus ergeben sich zwei Irrtumskonstellationen:

77　In der ersten Konstellation liegt beim Vordermann ein deliktisches Minus vor, der Hintermann weiß dies aber nicht.

78　**Beispiele:** (1) Im Krankenschwester-Fall von Rn. 13 nimmt A irrtümlich an, dass S ihn durchschaut, während sie in Wirklichkeit gutgläubig die tödliche Spritze setzt. – Bei A greifen die §§ 212, (211), 25 I 2. Var. im Ergebnis nicht ein, weil ihm der Vorsatz zur tatbeherrschenden Steuerung fehlt. Die §§ 212, (211), 26 scheitern am Erfordernis der vorsätzlichen Haupttat; die Überlegung, A „wie" einen Anstifter zu bestrafen, ist mit dem Wortlaut nicht vereinbar. A kann nur, da es sich um ein Verbrechen handelt, wegen versuchter Anstiftung gemäß den §§ 212, 211, 30 I bestraft werden. Bei Vergehen führt das zur Straflosigkeit (*Kühl*, AT, § 20 Rn. 88 f.; *Lackner/Kühl*, vor § 25 Rn. 10; zu § 30 I unten § 47 Rn. 6 ff.). – Näher zu § 30 I unten § 47 Rn. 6 ff.

79　(2) Handelt im gleichen Fall S zwar bösgläubig, doch von A unerkannt schuldlos, entfällt bei A zwar wieder der Vorsatz, als mittelbarer Täter zu handeln. Da jetzt aber eine vorsätzliche, rechtswidrige Haupttat vorliegt, kann er als Anstifter nach den §§ 212, (211), 26 bestraft werden.

80　In der zweiten Konstellation handelt der Vordermann ohne deliktisches Minus, während der Hintermann ein solches annimmt. Im Zentrum der Diskussion steht das folgende

81　**Beispiel:** Im Krankenschwester-Fall von Rn. 13 durchschaut S den A, lässt sich aber nichts anmerken und tötet auftragsgemäß P. – S erfüllt die §§ 212, (211). Bei A scheitern die §§ 212, (211), 25 I 2. Var. an der objektiv fehlenden Werkzeugeigenschaft von S. Ob sich die heutige Rechtsprechung mit Hilfe der subjektiven Teilnahmelehre über die bei A fehlende tatbeherrschende Steuerung hinwegsetzen würde, ist unklar, aber eher nicht zu vermuten, weil der Aspekt der Tatherrschaft auch für die Rechtsprechung Bedeutung hat (vgl. oben Rn. 1 und § 41 Rn. 6, 8; *Murmann*, JA 2008, 326; *Beulke*, Kühl-FS, 2014, S. 116 f.). Auf jeden Fall begeht A einen versuchten Mord in mittelbarer Täterschaft (zum Aufbau unten Rn. 88, zu § 22 oben § 36 Rn. 2 ff.).

§ 43. Mittelbare Täterschaft   393

Der Streit dreht sich darum, ob A daneben auch wegen vollendeter **82** Anstiftung gemäß den §§ 212, (211), 26 bestraft werden kann. Dagegen spricht, dass eine vorsätzliche, rechtswidrige Haupttat zwar vorliegt, der Anstiftervorsatz des A jedoch nach den allgemeinen Regeln nicht bejaht werden kann, weil er bei S nicht den Vorsatz zur Begehung einer vorsätzlichen Tötung hervorrufen wollte. Nach der verbreiteten Gegenmeinung soll dies aber seiner Bestrafung als Anstifter nicht im Wege stehen. Insbesondere wird das Vorliegen einer Anstiftung damit begründet, dass der Anstiftervorsatz als Minus in dem schwerer wiegenden und weitergehenden Willen zur täterschaftlichen Tatbegehung enthalten sei. Auch wenn die Lösung der Gegenmeinung eine gewisse Plausibilität aufweist, kann ihr mit Blick auf Art. 103 II GG und den Wortlaut des § 26 nicht gefolgt werden (vgl. § 4 Rn. 31).

Zur zweiten Konstellation wie hier *Küper*, Roxin-FS, 2011, S. 910 ff.; **83** *Kretschmer*, Jura 2003, 536 f.; *Seier*, JuS 2000, L 85 ff.; *Kudlich*, JuS 2003, 755 ff.; *Krey/Esser*, AT, Rn. 1093; *Krell*, ZJS 2010, 645 mit Falllösung. – Zur Gegenmeinung *Kühl*, AT, § 20 Rn. 87; *Roxin*, AT II, § 25 Rn. 167; *Beulke* I, Rn. 282 ff. mit Falllösung; *Beulke*, Kühl-FS, 2014, S. 120 ff.

Zu den vergleichbaren Konstellationen im Rahmen der §§ 271, 160 siehe *Rengier*, BT II, § 37 Rn. 8 ff.; § 49 Rn. 54 ff.

V. Sonstiges und weitere Aufbaufragen

Wann bei der mittelbaren Täterschaft der **Versuch** im Sinne des **84** § 22 beginnt, ist umstritten. Die Frage ist bereits im Zusammenhang mit der Versuchslehre erörtert worden (§ 36 Rn. 2 ff.). Zum **Rücktritt** vgl. § 37 Rn. 11; § 38 Rn. 3.

Zu einer etwaigen **mittelbaren Täterschaft durch Unterlassen** **85** siehe unten § 51 Rn. 5 f.

Da der **Aufbau** bei der mittelbaren Täterschaft erfahrungsgemäß **86** besondere Schwierigkeiten bereitet, soll im Folgenden das bereits vorgestellte allgemeine Aufbauschema (Rn. 5) am Beispiel der §§ 212, 211 – insoweit anknüpfend an die Aufbauschemata in *Rengier*, BT II, § 4 Rn. 8, 9 – für die Vollendung und den Versuch konkretisiert werden.

Dies führt hinsichtlich der Prüfung eines **vollendeten** Mordes in **87** mittelbarer Täterschaft zu folgendem

8. Kapitel. Täterschaft und Teilnahme

Aufbauschema (§§ 212, 211, 25 I 2. Var.)

A. **Strafbarkeit des Tatnächsten**
B. **Strafbarkeit des Hintermanns (§§ 212, 211, 25 I 2. Var.)**
   I. **Tatbestandsmäßigkeit**
      1. **Objektiver Tatbestand**
         a) Tötung eines anderen Menschen durch den Tatnächsten (nicht durch den Hintermann als unmittelbaren Täter)
         b) Zurechnung der Tatbestandsverwirklichung gemäß § 25 I 2. Var. (ggf. Abgrenzung zur Teilnahme)
         c) Tatbezogene Mordmerkmale (mit subjektiven Komponenten)
      2. **Subjektiver Tatbestand**
         a) Vorsatz bezüglich 1.a bis c
         b) Täterbezogene Mordmerkmale
   II. **Rechtswidrigkeit**
   III. **Schuld**

---

88   Für die Erörterung eines **versuchten** Mordes in mittelbarer Täterschaft empfiehlt sich als

---

Aufbauschema (§§ 212, 211, 25 I 2. Var., 22)

A. **Strafbarkeit des Tatnächsten**
B. **Strafbarkeit des Hintermanns (§§ 212, 211, 25 I 2. Var., 22)**
   I. **Tatbestandsmäßigkeit**
      1. **Subjektiver Tatbestand (Tatentschluss)**
         a) Vorsatz bezüglich
            aa) der Tötung eines anderen Menschen
            bb) der Tatbestandsverwirklichung als mittelbarer Täter gemäß § 25 I 2. Var. (ggf. Abgrenzung zur Teilnahme)
            cc) tatbezogener Mordmerkmale
         b) Täterbezogene Mordmerkmale
      2. **Objektiver Tatbestand**
      Unmittelbares Ansetzen gemäß § 22
   II. **Rechtswidrigkeit**
   III. **Schuld**

Ergänzende Hinweise: Die Platzierung des § 25 I 2. Var. vor § 22 in der Kette der §§ 212, 211, 25 I 2. Var., 22 ist der umgekehrten Reihenfolge vorzuziehen, weil § 25 I 2. Var. mit seinen Voraussetzungen den objektiven Tatbestand ergänzt und daher wie alle objektiven Tatbestandsmerkmale vor § 22 stehen sollte, der die Versuchskonstellation kennzeichnet. Im Übrigen gilt das Schema für jeden Versuchsfall des § 25 I 2. Var. unabhängig davon, ob sich das Vollendungsdefizit z. B. aus dem ausgebliebenen Todeserfolg oder/und aus der objektiv fehlenden Beherrschung des Tatgeschehens durch den Hintermann ergibt. Um die §§ 212, (211), 25 I 2. Var., 22 und ihre dem üblichen Versuchsaufbau folgende Prüfung geht es also nicht nur in der Konstellation, dass lediglich die Werkzeugeigenschaft entfällt (wie im Krankenschwester-Fall Rn. 81), sondern auch dann, wenn allein der Erfolg nicht eintritt (wie im Katzenkönig-Fall Rn. 40 f.).

Empfehlungen zur vertiefenden Lektüre:
Rechtsprechung: BGHSt 35, 347 (mittelbare Täterschaft bei einem vermeidbaren Verbotsirrtum des Tatmittlers); BGHSt 40, 218, 232 ff. (mittelbare Täterschaft kraft Organisationsherrschaft in der ehemaligen DDR).
Literatur: *Koch*, Grundfälle zur mittelbaren Täterschaft, § 25 I Alt. 2 StGB, JuS 2008, 399 ff., 496 ff.; *Kretschmer*, Mittelbare Täterschaft – Irrtümer über die tatherrschaftsbegründende Situation, Jura 2003, 535 ff.; *Kudlich*, „Zweistufige" mittelbare Täterschaft bei Verursachung einer Notwehrlage?, JuS 2000, L 49 ff.; *Kudlich*, Zur Übung – Strafrecht: Irrtumsprobleme bei der mittelbaren Täterschaft, JuS 2003, 755 ff.; *Murmann*, Grundwissen zur mittelbaren Täterschaft (§ 25 I 2. Alt. StGB), JA 2008, 321 ff.; *Otto*, Täterschaft kraft organisatorischen Machtapparates, Jura 2001, 753 ff.

§ 44. Mittäterschaft (§ 25 II)

Fall 1: A hat die Idee zu einem Straßenraub und gewinnt dafür den kräftigen B. Als Opfer suchen sie sich die reich aussehende ältere Dame D aus. Während B die D von hinten packt und festhält, durchsucht A alle Taschen und findet 1.000 €, die plangemäß geteilt werden. → Rn. 4, 8, 8a

Fall 2: Der „Kopf" K einer Gruppe hat einen erpresserischen Überfall auf einen Geldtransport geplant. Der Überfall scheitert und wird verschoben, weil K in den nächsten Tagen verhindert ist. Ohne Wissen des K nutzen die anderen Gruppenmitglieder den Plan aus und begehen den Überfall zwei Tage später. → Rn. 27

Fall 3: Nach einem entdeckten nächtlichen Einbruchsversuch fliehen A und B zusammen auf die Straße. A bemerkt, dass in etwa 3 m Entfernung eine Person folgt. A wie B führen eine Schusswaffe bei sich und haben vereinbart, auf Verfolger zu schießen, falls eine Festnahme drohe. Daher schießt A mit Tötungsvorsatz auf die Person, die er ohne tödliche Folgen ins Bein trifft. *Drei Varianten:* a) Die Person ist ein Verfolger. b) Bei der Person, die A für einen

396 8. Kapitel. Täterschaft und Teilnahme

Verfolger hält, handelt es sich um den joggenden J. c) Der vermeintliche Verfolger, auf den A schießt, ist in Wirklichkeit der Komplize B. → Rn. 31 ff., 44

Fall 4: Die S hatte ein intimes Verhältnis mit N, das sie im Hinblick auf eine neue Beziehung zu K beendet hat. N will dies nicht hinnehmen. Auf ihre Initiative hin kommen S und K überein, dass K den N erschießen soll, falls dieser sie nicht freigebe. Die drei treffen sich im Auto des N zu einer Aussprache, die – je nach Ausgang des Gesprächs – K die Tat ermöglichen soll. N sitzt am Steuer, S auf dem Beifahrersitz und K hinter dem Fahrer. K ist, wie S weiß, mit einem Revolver bewaffnet. Es kommt zu einem längeren Streitgespräch. Als N den K auffordert, das Fahrzeug zu verlassen, zieht K den Revolver und erschießt N von hinten (*BGH* NStZ-RR 2004, 40). → Rn. 46

Fall 5: Die steckbrieflich gesuchten A und B haben verabredet, sich einer eventuellen Verhaftung mit Waffengewalt zu entziehen und notfalls auch Polizeibeamte zu töten. Von den Beamten P1 und P2 gestellt und aufgefordert, sich auszuweisen, erschießt A sofort P1, der auf B seine Waffe gerichtet hat. B erhebt danach zum Zeichen seiner Aufgabe („ich habe tierische Angst gehabt") gleich beide Hände, lässt sich so rückwärts fallen und bleibt auf dem Boden liegen. A bemerkt dies nicht und erschießt danach P2. Nun springt B auf und rennt davon. A wähnt B immer noch in unmittelbarer Nähe und gibt, um ihre Festnahme zu vermeiden, Schüsse auf zwei weitere Beamte P3 und P4 ab, die aber nicht treffen (BGHSt 37, 289). → Rn. 47

I. Grundlagen

1 Nach § 25 II liegt mittäterschaftliches Handeln vor, wenn zwei oder mehr Personen eine Straftat gemeinschaftlich begehen. Da die Mittäterschaft wie die mittelbare Täterschaft eine Form der Täterschaft darstellt, kommt auch als Mittäter nur in Betracht, wer die Tat als Alleintäter begehen könnte. Soweit daher der Tatbestand wie z. B. bei den §§ 203, 266, 331, 332 eine besondere Täterqualität voraussetzt, die ein potentieller Mittäter nicht hat, scheidet Mittäterschaft von vornherein aus (erg. § 10 Rn. 25 ff.; § 41 Rn. 1).

2 Nach der an § 25 II anknüpfenden üblichen **Kurzdefinition** heißt Mittäterschaft gemeinschaftliche Tatbegehung durch bewusstes und gewolltes Zusammenwirken. Mittäterschaftliches Handeln setzt sich demnach aus einem subjektiven („bewusstes und gewolltes") und einem objektiven Element („Zusammenwirken") zusammen. Daraus folgen die beiden für § 25 II zentralen Prüfungspunkte, nämlich der gemeinsame Tatentschluss/Tatplan und die gemeinsame Tatausführung.

3 Allgemein gesprochen wird die Mittäterschaft durch ein arbeitsteiliges Zusammenwirken charakterisiert, bei dem jeder Beteiligte seinen

§ 44. Mittäterschaft   397

Tatbeitrag als Teil der Tätigkeit des anderen versteht und die Beteiligten sich daher ihre Tatbeiträge wechselseitig zurechnen lassen müssen. Dabei ist zu beachten, dass die gegenseitige Zurechnung Tatbeiträge betrifft, die für die Erfüllung objektiver Tatbestandsmerkmale relevant sind, und keinesfalls bei besonderen subjektiven Tatbestandsmerkmalen möglich ist.

Beispiele: (1) Im typischen **Fall 1** erfüllt isoliert betrachtet B die §§ 239, 240 **4** und A den § 242. § 25 II fügt die Tatbeiträge zusammen mit der Folge, dass A und B gemäß den §§ 249, 25 II strafbar sind (zum Aufbau unten Rn. 8; Falllösung bei *Goeckenjan*, JuS 2001, L 6 f.). – Die seitens A konstruktiv auch vorliegende Anstiftung zum Raub hat keine selbstständige Bedeutung, ist gegenüber der Mittäterschaft subsidiär und braucht in der Fallbearbeitung nicht besonders erwähnt zu werden (Rn. 9).

(2) Im Fall 1b von unten § 53 können A und B isoliert betrachtet nach dem Grundsatz in dubio pro reo (unten § 57 Rn. 1 ff.) nicht wegen vollendeten Totschlags bestraft werden. In diesem Fall ermöglicht es die vorliegende Mittäterschaft, die fehlende feststehende Kausalität des Einzelbeitrags zu überwinden und jeden mit Hilfe des § 25 II gemäß § 212 zu bestrafen.

II. Aufbaufragen

In der Fallbearbeitung ist zunächst darauf zu achten, dass die Prü- **5** fung des § 25 II in die Erörterung des Tatbestandes **integriert** wird und nicht etwa vorneweg erfolgt. Im Übrigen lassen sich folgende **Aufbauempfehlungen** festhalten:

(1) Auch im Falle der Mittäterschaft ist von dem Grundsatz auszugehen, **6** dass die Personen möglichst getrennt zu prüfen sind. Wenn daher ein Beteiligter täterschaftlich einen Tatbestand verwirklicht, so prüft man zuerst diesen tatnächsten Beteiligten wie einen Alleintäter. Für die Feststellung seiner Strafbarkeit spielt die Zurechnungsnorm des § 25 II keine Rolle, der deshalb auch nicht erwähnt wird. Anschließend erörtert man, inwieweit andere Beteiligte als Mittäter in Betracht kommen (zu diesem häufigsten Fall siehe das Aufbauschema in Rn. 10).

(2) Wenn mehrere Personen eindeutig als Mittäter gleichsam wie eine Per- **7** son geschildert werden, kann man die Prüfung von vornherein zusammenfassen und beim ersten Delikt die Mittäterschaft im objektiven Tatbestand feststellen. Doch darf man auf dem eingeschlagenen Weg nicht den Blick für Besonderheiten verlieren, die bei einzelnen Tatbeständen zur Verneinung der Mittäterschaft eines Beteiligten führen können. Man denke etwa an ein entfallendes besonderes subjektives Tatbestandsmerkmal, an einen persönlichen Strafaufhebungsgrund oder an ein Fahrlässigkeitsdelikt, bei dem die Möglichkeit mittäterschaftlichen Handelns umstritten ist (vgl. § 53 Rn. 3 ff.). Soweit

398 8. Kapitel. Täterschaft und Teilnahme

Mittäterschaft ausscheidet, bleibt eine Bestrafung als Teilnehmer oder Nebentäter zu bedenken.

8 (3) Eine gemeinsame Prüfung ist ferner in der Konstellation von **Fall 1** (Rn. 4) sinnvoll, in der jeder Beteiligte nur einen Teil des objektiven Tatbestandes verwirklicht (z. B. der eine Gewalt anwendet und der andere wegnimmt), beide Beteiligte zusammen aber alle Tatbestandsmerkmale (des § 249) erfüllen. Mit Blick auf **Fall 1** wird man insoweit bei der gemeinsamen Prüfung der §§ 249 I, 25 II feststellen, dass niemand alleine den objektiven Tatbestand des § 249 I erfüllt, A und B dies aber zusammen entsprechend den Voraussetzungen des § 25 II tun, der gemäß dem Schemapunkt B.I.2 von Rn. 10 geprüft wird. Ferner ist noch, getrennt für A und B, deren jeweilige Zueignungsabsicht festzustellen.

8a (4) Alternativ kann man in der Konstellation von **Fall 1** die Prüfung auch trennen. Dann beginnt man mit der Strafbarkeit des B gemäß § 249 I und stellt im objektiven Tatbestand zunächst fest, dass B selbst nur Gewalt angewendet, aber nicht weggenommen hat. Anschließend erörtert man, dass dem B die durch A erfolgte Wegnahme nach den Regeln des § 25 II zuzurechnen ist. Danach muss noch die Zueignungsabsicht des B festgestellt werden. Bei A verläuft die Prüfung entsprechend.

8b (5) Die Ausführungen in Rn. 8a machen weiter deutlich: § 25 II ermöglicht es auch, einem Beteiligten wie A ein von einem anderen Beteiligten (B) verwirklichtes einzelnes objektives Tatbestandsmerkmal (Gewalt) zuzurechnen, und zwar unabhängig davon, ob der andere als Mittäter des § 249 I strafbar ist. Wenn man Fall 1 so abwandelt, dass B jede Zueignungsabsicht fehlt, weil es ihm allein darauf ankommt, D zu ärgern, bleibt A gemäß § 249 I strafbar, während B nur Gehilfe ist. Unterstellt man eine unerkannte Schuldunfähigkeit des B, so ändert sich bezüglich A nichts (§ 29; vgl. *Lackner/Kühl*, § 29 Rn. 1; erg. unten Rn. 29a).

9 (6) Da konkurrenzrechtlich die stärkere Teilnahmeform – in der Reihenfolge: Mittäterschaft, Anstiftung, Beihilfe – die schwächere stets im Wege der Subsidiarität verdrängt (unten Rn. 51), wendet man sich bei einem potentiellen Mittäter gleich § 25 II zu. In diese Prüfung fließen alle anderen Tatbeiträge ein. Wird die Mittäterschaft bejaht, so ist eine vorangestellte wie spätere Erörterung von Anstiftung und Beihilfe überflüssig (vgl. bereits Rn. 4 zu Fall 1).

§ 44. Mittäterschaft   399

Für den häufigsten Fall der getrennten Erörterung empfiehlt sich   10
das folgende

Aufbauschema zur Mittäterschaft bei getrennter Prüfung

A. Strafbarkeit des tatnächsten Beteiligten A (Prüfung wie ein Alleintäter)

B. Strafbarkeit des anderen Beteiligten B

   I. Tatbestandsmäßigkeit

     Überlegung: Handelt es sich um ein Sonderdelikt oder eigenhändiges Delikt (§ 41 Rn. 1), dessen Erfüllung eine besondere Täterqualität voraussetzt, die der andere Beteiligte nicht hat? Wenn ja: Feststellung, dass Mittäterschaft ausscheidet. Es kommt dann von vornherein nur Anstiftung oder Beihilfe in Betracht.

     1. Feststellung, dass der andere Beteiligte B die objektiven Tatbestandsmerkmale nicht selbst täterschaftlich (vollständig) verwirklicht hat. Deshalb

     2. Prüfung, ob dem B die Tathandlungen des tatnächsten Beteiligten A nach § 25 II zugerechnet werden können:

       a) Gemeinsamer Tatentschluss/Tatplan: Hier müssen die Verabredung und der Vorsatz (§ 15) zu einer bestimmten Tat geprüft werden. Exzessfragen haben daher an dieser Stelle ihren Platz.

       b) Gemeinsame Tatausführung: Es muss ein – vom Vorsatz umfasster – objektiver Tatbeitrag vorliegen. Hier sind ggf. Abgrenzungsfragen zur Teilnahme rund um die objektive und subjektive Teilnahmelehre zu erörtern.

     3. Besondere subjektive Tatbestandsmerkmale: Das Prinzip der gegenseitigen Zurechnung von Tatbestandsmerkmalen gemäß § 25 II erstreckt sich nur auf objektive Tatbestandsmerkmale. Deshalb müssen besondere subjektive Tatbestandsmerkmale (z. B. Mordmerkmale der 1. und 3. Gruppe, Zueignungsabsicht, Bereicherungsabsicht) jeweils in der Person des Mittäters vorliegen und getrennt geprüft und festgestellt werden.

   II. Rechtswidrigkeit

   III. Schuld

400 8. Kapitel. Täterschaft und Teilnahme

Ergänzende Hinweise:
Zu B.I: Das Aufbauschema verzichtet auf die gewohnte Trennung zwischen objektivem und subjektivem Tatbestand. Eine solche ist nicht sinnvoll und auch sachwidrig, weil § 25 II als Zurechnungsnorm einerseits zum objektiven Tatbestand gehört, andererseits der die Basis des § 25 II bildende Tatentschluss/Tatplan nur Subjektives betrifft. Stellt der gemeinsame Tatentschluss die Basis der gegenseitigen Zurechnung dar, so kann davon der Tatvorsatz (§ 15) nicht abgesondert werden (zutreffend *Kühl*, AT, § 20 Rn. 117 f.; *Krey/Esser*, AT, Rn. 946 ff.; *Seher*, JuS 2009, 3 ff.).
Zu B.I.2.b: Zur Abgrenzung von Täterschaft und Teilnahme siehe bereits oben § 41.
Zu B.I.3: In gewissen Fällen ist es sinnvoller, die Prüfung der besonderen subjektiven Tatbestandsmerkmale bereits im Anschluss an den Punkt B.I.2.a (gemeinsamer Tatentschluss/Tatplan) vorzunehmen. Gemeint sind Konstellationen, in denen beim anderen Beteiligten ein strafbarkeits*begründendes* besonders subjektives Tatbestandsmerkmal wie die Zueignungs- oder Bereicherungsabsicht fehlt. Da dann eine Mittäterschaft in jedem Fall ausscheidet, kann man sich insbesondere nähere Erörterungen zur Abgrenzung von Täterschaft und Teilnahme ersparen.

III. Gemeinsamer Tatentschluss/Tatplan

1. Verabredung

11 Der für mittäterschaftliches Handeln erforderliche gemeinsame Tatentschluss setzt voraus, dass zwei oder mehr Personen (ernsthaft) verabredet haben, im gegenseitigen Einvernehmen gemeinsam bestimmte objektive Tatbeiträge zu verwirklichen und eine bestimmte Vorsatztat zu begehen. Persönlich kennen müssen sich die Beteiligten nicht (*BGH* NStZ 2010, 342, 343). Die Übereinkunft kann ausdrücklich oder konkludent (stillschweigend) getroffen werden.

Beispiele: Zwei Freunde verständigen sich per Blickkontakt oder Handzeichen, einen auftauchenden Passanten zusammenzuschlagen oder auszurauben.

12 Da Mittäterschaft nach dem klaren Wortlaut des § 25 II eine „gemeinschaftliche" Begehung verlangt, kann es eine einseitige mittäterschaftsbegründende Einpassung in ein Tatgeschehen nicht geben.

Beispiel: Vor der Vollendung eines Einbruchsdiebstahls durch D beobachtet G, dass ein Polizist P oder der Eigentümer E die Tat verhindern will. Der Diebstahl gelingt nur deshalb, weil G ohne Wissen des D in der Hoffnung auf Beuteteilung den P bzw. E am Eingreifen hindert. – Das „einseitige Zu-

§ 44. Mittäterschaft   401

sammenwirken" ist nicht geeignet, G trotz seines wesentlichen Tatbeitrages zum Mittäter des § 242 (i. V. m. § 243 I 2 Nr. 1) zu machen. Er ist nur Gehilfe (erg. unten § 45 Rn. 83).

Zutreffend hierzu *Roxin*, AT II, § 25 Rn. 191; LK/*Schünemann*, 12. Aufl., § 25 Rn. 175; *Kühl*, AT, § 20 Rn. 106; Falllösung bei *Knauer*, JuS 2002, 54 f.

Festzuhalten ist ferner, dass der gemeinsame Tatentschluss die Basis 13 des § 25 II bildet und den Tatvorsatz zur Begehung einer konkretisierten Tat beinhaltet. Demzufolge gilt insoweit auch das Koinzidenzprinzip (oben § 14 Rn. 55 ff.). Also muss der gemeinsame Tatentschluss bei Begehung der Tat, d. h. wenn die Tat das Versuchsstadium erreicht, (noch) vorliegen (*Kühl*, AT, § 20 Rn. 105). Wann der mittäterschaftliche Versuch beginnt, richtet sich nach der Gesamtlösung (oben § 36 Rn. 18 ff.).

2. Abstandnahme vom gemeinsamen Tatentschluss

Fraglich ist, wie es sich auswirkt, wenn sich ein (potentieller) Mittä- 14 ter vor der Tatausführung von der Tat lossagt, also seinen Tatvorsatz aufgibt. Die Diskussion dazu leidet an einer gewissen Unübersichtlichkeit. Die folgenden drei Konstellationen sollten unterschieden werden (*Rengier*, JuS 2010, 286 f.):

a) Abstandnahme im Versuchsstadium. In der ersten Konstella- 15 tion sagt sich der Mittäter von der Tat erst los, nachdem die Gesamttat das Versuchsstadium erreicht hat; hier kann er nur unter den Voraussetzungen des § 24 II Straffreiheit erlangen (oben § 38).

b) Abstandnahme im Vorbereitungsstadium mit Unterrichtung 16 **der Mittäter.** In der zweiten Fallgruppe erfolgt die Aufgabe noch im Vorbereitungsstadium, also vor dem Überschreiten der Schwelle des § 22 durch einen Mittäter. Hier scheidet eine mittäterschaftliche Haftung nach der zutreffenden Ansicht dann aus, wenn die anderen Mittäter von dem Ausstieg erfahren. Denn mit einer solchen „Kündigung" entfällt die Verabredung wieder, und ohne fortbestehenden gemeinsamen Tatentschluss fehlt das Fundament, das es ermöglicht, dem Ausscheidenden spätere Tathandlungen anderer Tatgenossen gemäß § 25 II zuzurechnen. Zu beachten bleibt freilich, dass die Bestrafung des Ausscheidenden als Teilnehmer möglich bleibt, sofern sein Tatbeitrag bis zur Vollendung fortwirkt. Ansonsten ist noch an § 30 II zu denken.

402   8. Kapitel. Täterschaft und Teilnahme

16a   Demgegenüber zieht der *BGH* unter der Voraussetzung, dass der Beitrag des „kündigenden" Beteiligten bis zur Vollendung wirksam bleibt, unabhängig vom Ausstieg die allgemeinen Abgrenzungskriterien heran und fragt, ob der Ausscheidende die Tat – im Sinne der Ausführungen in § 41 Rn. 8 – als eigene oder nicht als eigene gewollt habe (vgl. BGHSt 28, 346, 348 f.; *BGH* NStZ 1987, 364; 1999, 449, 450).

17   **Beispiele:** (1) A und B haben einen Überfall auf eine Sozialstation geplant, bei dem A mit einer Waffe die Öffnung des Kassenraums erzwingen und B in der Station A absichern soll. Wenige Meter vor dem Eingang erklärt B, er könne nicht mitkommen, sie sollten es lassen. A geht trotzdem hinein und erbeutet ca. 25.000 €. Aus Neugierde hat B draußen gewartet (vgl. *BGH* NStZ 1987, 364). – A erfüllt die §§ 249, 250 I Nr. 1a 1. Var. Da sich B gegenüber A im Vorbereitungsstadium von der Tat losgesagt hat, kommt er nach der hier vertretenen Ansicht von vornherein nicht als Mittäter in Betracht. B ist aber wegen Beihilfe zum schweren Raub zu bestrafen, weil er seinen Tatbeitrag (Planung) nicht neutralisiert, dieser vielmehr die Tat des A gefördert hat. Die Verbrechensverabredung (§§ 250, 30 II) tritt im Wege der Subsidiarität zurück. Der *BGH* gelangt im Ergebnis auch zur Beihilfestrafbarkeit, grenzt freilich zuvor zu § 25 II ab.

18   (2) Die Geschwister S und B haben verabredet, ihren Vater V zu erstechen. Die S schickt V zu ihrem Bruder B in die Küche, damit er, wie von ihm angekündigt, die Tat ausführe. B gibt aber vor der Schwelle des § 22 das Vorhaben auf, was S akzeptiert. Sie hält aber am Tatplan fest und versetzt später im Wohnzimmer in einem von B unbeobachteten Moment V mit Tötungsvorsatz einen Messerstich, den er überlebt (vgl. *BGH* NStZ 1999, 449). – S erfüllt die §§ 212, (211), 22 in Tateinheit mit 224 I Nr. 2. B scheidet richtigerweise auf jeden Fall als Mittäter aus. Der *BGH* sieht dies anders und stuft B als Mittäter ein; dabei sagt das Gericht nicht, wie sich diese Wertung angesichts der Tataufgabe des B mit dem sonst gerne betonten Gedanken des eigenen Tatinteresses vertragen soll. Nicht ganz selbstverständlich ist auch die weitere Wertung des *BGH*, dass trotz der Übernahme der Tatausführung durch S die Tatidentität bestehen bleibe. Folgt man dem, so haftet B vom hier vertretenen Standpunkt aus als Gehilfe und eventuell auch als Anstifter, falls er den Tatvorsatz der S hervorgerufen hat. Geht man demgegenüber bei S von einem die Tatidentität beseitigenden neuen Tatentschluss aus, können nur die §§ 212, (211), 30 II bejaht werden (vgl. auch *Otto*, JK 00, StGB § 30/6).

19   **c) Abstandnahme im Vorbereitungsstadium ohne Unterrichtung der Mittäter.** Die dritte Konstellation unterscheidet sich von der zweiten dadurch, dass die anderen Mittäter von der Abstandnahme vor Versuchsbeginn nichts erfahren.

Vertritt man die – hier nicht befürwortete – „strenge" Tatherrschaftslehre, so scheidet mittäterschaftliches Handeln von vornherein aus, weil mit der

§ 44. Mittäterschaft   403

Lossagung jede Mitwirkung im Ausführungsstadium entfällt (vgl. § 41 Rn. 18 f.).

Im Übrigen ist umstritten, ob und welche Konsequenzen sich für 20 den gemeinsamen Tatentschluss ergeben. Insoweit verdienen die Stimmen Beifall, die eine mittäterschaftliche Haftung des Aufgebenden bei fehlender Kenntnis der Komplizen von dem Rückzug weiterhin grundsätzlich für möglich halten. Diese Ansicht wird von dem Gedanken getragen, dass man ein einmal erzieltes Einverständnis nicht stillschweigend aus der Welt schaffen und auf diese Weise etwa dem nur im Vorbereitungsstadium aktiven Bandenchef verhältnismäßig leicht die Möglichkeit eröffnen kann, sich seiner mittäterschaftlichen Verantwortung zu entziehen.

Besteht daher bei einer bloß stillen Abstandnahme der gemeinsame 21 Tatplan fort, so kommt er – in Übereinstimmung mit dem Koinzidenzprinzip (Rn. 13) – auch als Basis für eine mittäterschaftliche Zurechnung von weiterwirkenden Beiträgen in Betracht. Freilich bedarf jetzt die Frage besonderer Aufmerksamkeit, ob die im Vorbereitungsstadium erbrachten Tatanteile des Ausgeschiedenen gewichtig genug sind, um den Kriterien der gemeinsamen Tatausführung mit den die Tat durchführenden Komplizen zu genügen. An diesem Punkt wird die Mittäterschaft oft scheitern. Dann ist wieder an die §§ 26, 27 und die Verbrechensverabredung (§ 30 II) zu denken.

Wie hier insbesondere *Graul*, Meurer-GS, 2002, S. 89 ff.; ferner auf dieser 22 Linie *Heinrich*, AT, Rn. 1234 f.; *Baumann/Weber/Mitsch*, AT, § 27 Rn. 40, § 29 Rn. 86; SSW/*Murmann*, § 25 Rn. 40. – Demgegenüber lassen für das Entfallen des § 25 II auch die stillschweigende Abstandnahme vor Versuchsbeginn genügen: *Kühl*, AT, § 20 Rn. 105; *Lackner/Kühl*, § 25 Rn. 10; *Eisele*, ZStW 2000, 748 ff., 761 ff. – Die Rechtsprechung ist unklar und uneinheitlich: Einerseits stellt BGHSt 37, 289, 293 f. auf das Bekanntwerden der „Kündigung" ab; dazu im Widerspruch steht andererseits *BGH* NStZ 1999, 449 = Beispiel von Rn. 18, wo der *BGH* trotz des bekannten Ausstiegs Mittäterschaft für möglich hält (ebenso *BGH* NStZ 1994, 29, 30). – Auf dem Boden der strengen Tatherrschaftslehre (§ 41 Rn. 18) und der Einzellösung (§ 36 Rn. 18 ff.) scheidet in den erörterten drei Konstellationen (versuchtes) mittäterschaftliches Handeln stets aus (*Roxin*, Frisch-FS, 2013, S. 613 ff., 622 ff.). – Zu **Fall 5** unten Rn. 47.

3. Exzessfragen

a) **Grundlagen.** Der gemeinsame Tatplan steckt auch die Grenzen 23 ab, bis zu denen einem Mittäter das zugerechnet werden kann, was

404   8. Kapitel. Täterschaft und Teilnahme

ein anderer tut. Es geht um normale Fragen der Vorsatzlehre. Der Mittäter haftet nur für Taten, die noch im Rahmen des gemeinsamen Tatentschlusses (Tatvorsatzes) liegen. Taten, die nicht mehr vom Tatplan gedeckt sind, begründen die Annahme eines vorsatzausschließenden Exzesses. Abweichungen von der vorgestellten Tat oder dem vorgestellten Kausalverlauf, mit denen nach den Umständen des Falles gewöhnlich zu rechnen ist und die keine andere Bewertung der Tat rechtfertigen, sind unwesentlich und lassen daher im Ergebnis den Vorsatz unberührt, so wenn die verabredete Tatausführung durch eine in ihrer Schwere und Gefährlichkeit gleichwertige ersetzt wird (erg. § 15 Rn. 19; § 43 Rn. 71 ff.; § 45 Rn. 55 f.).

24   Zu beachten bleibt stets, dass der Tatplan eine gewisse Offenheit und Bandbreite aufweisen kann und dann seine Grenzen ausgelotet werden müssen; man denke etwa an die Absprache, nicht „zimperlich" zu sein oder das Opfer „widerstandsunfähig" zu machen. Ähnlich liegt der Fall, wenn es einem Mittäter im Sinne des dolus eventualis gleichgültig ist, was seine Mitgenossen anstellen (vgl. *BGH* NStZ-RR 2005, 71, 72; 2006, 37; *Kühl*, AT, § 20 Rn. 117 f.).

25   **Beispiele:** (1) A und B haben vereinbart, zusammen den O „brutal" zu verprügeln. Dabei zückt B früh ein Messer und sticht damit ohne Tötungsvorsatz einmal in den Oberkörper des O. Außerdem zertrampelt er die Uhr des O, die bei der Aktion auf den Boden gefallen ist. – B erfüllt die §§ 223, 224 I Nr. 2, 4, 5, 303. A verwirklicht mittäterschaftlich sicher die §§ 223, 224 I Nr. 4. Bezüglich § 224 I Nr. 2 (Messer) liegt die Annahme eines Exzesses nahe, weil O „verprügelt" werden sollte. Sieht man in dem Messerstich des B eine lebensgefährdende Behandlung gemäß § 224 I Nr. 5, so kann man darin aus der Perspektive des A wegen der besonderen Gefährlichkeit der Attacke einen Mittäterexzess sehen, aber auch argumentieren, die Abweichung sei unwesentlich, da das vereinbarte „brutale" Verprügeln eine vergleichbare Lebensgefährdung beinhaltet habe. Besonders eindeutig außerhalb des Tatplans liegt die Sachbeschädigung.

26   (2) In *BGH* NStZ-RR 2006, 37 haben die (Mit-)Täter A und B vereinbart, ihr Opfer O zu verprügeln. Während A abredegemäß dafür sorgt, dass sich niemand einmischt, zückt B entgegen dem Tatplan ein Messer und verunstaltet O vorsätzlich gemäß § 226 I Nr. 3. – Es ist klar, dass A bezüglich der von B verwirklichten §§ 224 I Nr. 2, 226 I Nr. 3 der Vorsatz fehlt. Dies gilt aber nicht hinsichtlich der §§ 223, 224 I Nr. 4, 25 II, weil A eine gemeinschaftliche Gesundheitsschädigung gewollt hat und insoweit die Ausführungsart mit dem Messer eine unwesentliche Abweichung darstellt.

27   (3) Im **Fall 2** sollte es eigentlich klar sein, dass K im Lichte der §§ 25 II, 26, 27 nicht bezüglich einer Tat vorsätzlich handeln kann, die er zwar geplant, an deren Durchführung ohne ihn er aber überhaupt nicht gedacht hat (*BGH*

§ 44. Mittäterschaft 405

NStZ 2009, 25 mit Besprechung *Roxin*, NStZ 2009, 7 ff.). Folglich erfüllt K nur die §§ 255, 30 II.

b) Teilweise Mittäterschaft. Hinter der Bezeichnung „teilweise" 28 Mittäterschaft steckt die sich aus den Kriterien des bewussten und gewollten Zusammenwirkens ohne weiteres ergebende Erkenntnis, dass die Mittäterschaft tatbestandsbezogen ist, sich also auch nur auf einen Teil der von anderen verwirklichten Taten beziehen kann. Zu den zutreffenden Ergebnissen gelangt man von alleine, wenn man bei jeder Tatbestandsprüfung auf das Vorliegen aller Voraussetzungen für eine mittäterschaftliche Zurechnung achtet.

Beispiele: Zunächst kann auf die Beispiele von Rn. 25 f. zu den Exzessfragen 29 verwiesen werden. Wer als Täter einen qualifizierten Tatbestand erfüllt (z. B. § 211, § 224, § 244, § 249), kann einen Mittäter haben, der nur aus dem Grunddelikt (§ 212, § 223, § 242, § 240) strafbar ist. Ein Polizist P, der gemeinsam mit M auf einen Demonstranten einschlägt, begeht eine gefährliche Körperverletzung im Amt (§§ 340 I, III i. V. m. 224 I Nr. 4), während M nur bezüglich § 224 I Nr. 4 Mittäter ist, da ihm hinsichtlich des § 340 die Täterqualität fehlt. – Zum Ganzen *Roxin*, AT II, § 25 Rn. 235 f.; *Kühl*, AT, § 20 Rn. 102; LK/ *Schünemann*, 12. Aufl., § 25 Rn. 169, der aber übersieht, dass bei M § 28 II auch eine Beihilfe zu § 340 ausschließt (vgl. unten § 46 Rn. 7 zu Fall 2).

Ebenfalls in die Kategorie der teilweisen Mittäterschaft einordnen 29a lassen sich weniger diskutierte Fälle, in denen das mittäterschaftliche Handeln nicht den Gesamttatbestand erfasst, sondern sich auf Tatbeiträge beschränkt, die nur bestimmte Tatbestandsmerkmale betreffen. Hier geht es darum, ob ein einzelnes Tatbestandsmerkmal (z. B. Gewalt, Drohung, Wegnahme), das ein Täter T nicht selbst, sondern ein Dritter D in mittäterschaftlicher Weise mit T verwirklicht, in das Handeln des T integriert werden kann. Dies muss bejaht werden, weil § 25 II die gegenseitige Zurechnung von mittäterschaftlich verwirklichten Tatbeiträgen, die einzelne objektive Tatbestandsmerkmale erfüllen, auch dann erlaubt, wenn bezüglich des Gesamttatbestandes die Voraussetzungen des § 25 II nicht vorliegen.

Beispiele: (1) T wird bei einem Diebstahl auf frischer Tat betroffen und will sich die Beute erhalten. Er erfüllt § 252, wenn er einen Dritten D veranlasst, in einer ihm (T) gemäß § 25 II zuzurechnenden Weise ein qualifiziertes Nötigungsmittel einzusetzen (*Rengier*, BT I, § 10 Rn. 20).
(2) Im Rahmen eines von T und D gemeinsam durchgeführten Wohnungseinbruchdiebstahls scheitert die Strafbarkeit des D als Mittäter daran, dass er das Opfer nur ärgern will (vgl. *Rengier*, BT I, § 2 Rn. 138 f., 173 ff.). Wenn der mit Zueignungsabsicht agierende T eigenhändig „nur" die Hälfte der Objekte

406   8. Kapitel. Täterschaft und Teilnahme

ins Transportfahrzeug trägt, während D die andere Hälfte wegschafft und zuvor die Tür aufgebrochen hat, erfüllt T bezüglich aller Tatobjekte § 244 I Nr. 3, falls ihm die objektiven Tatbeiträge des D (Wegnahmen, Einbrechen) gemäß § 25 II zugerechnet werden können. – Vertiefend *Rengier*, Puppe-FS, 2011, S. 849 ff.; ebenso *Frister*, AT, 25/23; zum Aufbau Rn. 8 ff. – Ergänzend § 43 Rn. 13a/b.

30   **c) Error in persona des Mittäters.** Auch im Bereich der Mittäterschaft kommt es vor, dass ein Beteiligter einem error in persona unterliegt, der für seinen Vorsatz unbeachtlich ist (§ 15 Rn. 21 ff.). Umstritten sind die Auswirkungen eines solchen Irrtums auf den Tatplan-Vorsatz anderer Mittäter. Die Lösung verläuft weitgehend parallel zu den vergleichbaren Konstellationen in den Distanzfällen (§ 15 Rn. 42 ff.), bei einem Rauschtäter (§ 25 Rn. 23 f.) sowie bei der mittelbaren Täterschaft (§ 43 Rn. 73 f.) und der Anstiftung (§ 45 Rn. 57 ff.).

31   Unter der Voraussetzung, dass man im Fall 3a mit der ganz h. M. eine Mittäterschaft des B bejaht (unten Rn. 44), geht es im **Fall 3b** um eine solche Konstellation: Der agierende A erfüllt die §§ 212, (211), 22, 224 I Nr. 2, 5, 52; sein error in persona schließt vorsätzliches Handeln nicht aus. Komplize B muss nicht nur nach der error in persona-Lösung, sondern auch auf dem Boden der vorzugswürdigen Individualisierungs-Lösung als Mittäter eingestuft werden, weil die Verwechslungsgefahr in der gemeinsamen Abrede angelegt liegt. Folgt man demgegenüber der aberratio ictus-Lösung, so erstreckt sich der Tatplan-Vorsatz des B weder auf die (versuchte) Tötung noch auf die Verletzung des J; es bleiben dann nur die §§ 212, (211), 30 II und das Fahrlässigkeitsdelikt (hier § 229).

32   **d) Error in persona gegen einen Mittäter.** Im **Fall 3c** stellt sich die im Anschluss an BGHSt 11, 268 viel diskutierte Frage, inwieweit die Lösung des Falles 3b auch dann noch gilt, wenn sich der error in persona speziell gegen einen Mittäter richtet. An der Strafbarkeit des A ändert sich überhaupt nichts. Ob B wie im Fall 3b gemäß den §§ 212, (211), 22, 25 II bestraft werden kann, ist umstritten. Die h. M. bejaht dies im Ausgangspunkt zu Recht, und zwar aus folgenden Gründen: A hat sich ebenfalls im Fall 3c im Rahmen des gemeinsamen Tatplans gehalten, auf etwaige Verfolger zu schießen. B hat auch ein ausreichendes Maß an Tatherrschaft (dazu unten Rn. 44 zu Fall 3a). Folglich muss sich B grundsätzlich das Verhalten des A gemäß § 25 II zurechnen lassen.

33   Freilich ergibt sich die Besonderheit, dass die §§ 212, 223 die Selbsttötung bzw. -verletzung nicht erfassen. Für B folgt daraus,

dass er bezüglich der §§ 212, (211), 22, 25 II nur einen untauglichen Versuch begeht und ihm die vollendete gefährliche Körperverletzung nicht zugerechnet werden kann, weshalb auch insoweit nur die §§ 223, 224 I Nr. 2, 5, 22, 25 II eingreifen.

Zur zutreffenden h. M. siehe BGHSt 11, 268; *Kühl*, AT, § 20 Rn. 119 ff.; *Heinrich*, AT, Rn. 1240; *Gropp*, AT, § 10 Rn. 87 ff.; *W/Beulke/Satzger*, AT, Rn. 533; *Kindhäuser*, AT, § 40 Rn. 22; *Streng*, JuS 1991, 915 f.; *Scheffler*, JuS 1992, 920 ff.; Falllösung bei *Sternberg-Lieben/von Ardenne*, Jura 2007, 151 ff.

Die Gegenmeinung, die im Fall 3c B nur gemäß den §§ 212, (211), **34** 30 II bestrafen will, wirft der h. M. vor, die Straflosigkeit der Selbsttötung bzw. -verletzung zu umgehen. Insbesondere wird betont, der gemeinsame Tatplan habe sich nur auf tatsächliche Verfolger und schon gar nicht auf Komplizen als vermeintliche Verfolger erstreckt.

Schreiber, JuS 1985, 876; *Roxin*, AT II, § 25 Rn. 195; *ders.*, JA 1979, 519 f.; *Jäger*, AT, Rn. 226; *Seelmann*, JuS 1980, 572; LK/*Schünemann*, 12. Aufl., § 25 Rn. 177; besonders ausführlich *Dehne-Niemann*, ZJS 2008, 351 ff. – *Krey/Esser*, AT, Rn. 953 stellen die Tatherrschaft in Frage.

4. Sukzessive Mittäterschaft

Was den **Zeitpunkt** der Willensübereinstimmung betrifft, so muss **35** sie nicht unbedingt schon vor Tatbeginn hergestellt werden. Die Einigung kann auch später mit einem Täter erfolgen, der sich bereits im Versuchsstadium befindet oder der – insoweit betritt man freilich ein teilweise umstrittenes Gelände – die Tat schon vollendet hat. Man spricht diesbezüglich von sukzessiver Mittäterschaft und bezeichnet damit den nachträglichen Eintritt in eine zumindest schon begonnene Tatbestandsverwirklichung (*Roxin*, AT II, § 25 Rn. 219).

Unproblematisch ist die Konstruktion der sukzessiven Mittäter- **36** schaft in den folgenden drei Fällen: Der hinzutretende Tatgenosse (1) schließt sich im gegenseitigen Einvernehmen einem Täter an, dessen Tat sich noch in der strafbaren Versuchsphase bewegt, um gemeinsam das Delikt zu vollenden; (2) tut sich mit einem Einzeltäter zusammen, der bereits eine vollendete Tat begangen hat, und verabredet die Durchführung weiterer tatbestandsmäßiger Akte (wobei er dann nur bezüglich dieser Akte Mittäter ist); (3) schließt sich dem Täter eines Dauerdelikts an und hält danach den Zustand mit aufrecht (*Kühl*, AT, § 20 Rn. 126). Dazu die folgenden

Beispiele: (1) Während D nach Diebstahlsbeute sucht (§§ 242, 22), stößt M **37** hinzu; wenn beide vereinbaren, gemeinsam weiter zu suchen, werden sie zu

408   8. Kapitel. Täterschaft und Teilnahme

Mittätern. Dies werden sie auch, falls D schon in einer § 242 erfüllenden Weise Beute gemacht hat und danach mit M zusammen auf Grund eines gemeinsamen Tatentschlusses weitere Objekte stiehlt. – (2) B wird Zeuge, wie A den O verprügelt; nach einer Verständigung mit einem Blick prügeln im weiteren Verlauf A und B gemeinsam auf O ein (§§ 224 I Nr. 4, 25 II). – (3) T hat O eingesperrt; danach kümmert sich M gemeinsam mit T darum, dass O nicht fliehen kann (§§ 239 I, 25 II, eventuell qualifiziert gemäß §§ 239 III Nr. 1, 25 II).

38   Einigkeit besteht ferner darüber, dass für vollständig abgeschlossene Taten das nachträgliche Einverständnis eines Hinzutretenden trotz Kenntnis, Billigung oder Ausnutzung keine strafrechtliche Verantwortlichkeit begründen kann (Gedanke des dolus subsequens; vgl. oben § 14 Rn. 60). So können einem Täter, der nur hinterher dabei hilft, die Spuren vorangegangener Tötungen, Körperverletzungen oder Sachbeschädigungen zu beseitigen, diese Taten nicht im Wege der sukzessiven Mittäterschaft zugerechnet werden. Denkbar bleibt allein eine Strafbarkeit gemäß § 258 I 1. Var. wegen Strafvereitelung (dazu *Rengier*, BT I, § 21).

39   In den umstrittenen Fällen der sukzessiven Mittäterschaft geht es darum, inwieweit einem in ein laufendes Tatgeschehen einvernehmlich eintretenden Beteiligten bereits verwirklichte Tatbestandsmerkmale rückwirkend zugerechnet werden können. Die streitigen Fälle werden typischerweise im Rahmen der §§ 242 ff., 249 ff. aktuell. Bei diesen Delikten schließt sich an die Vollendung der Tat (z. B. Wegnahme der Beute in Zueignungsabsicht) noch ein Beendigungsstadium bis zur Sicherung der Beute an. Insoweit wird erstens die Frage streitig diskutiert, ob ein Täter, der sich erst in der Beendigungsphase an der Tat beteiligt, noch als Mittäter (oder Gehilfe) des bereits vollendeten Diebstahls oder Raubs bestraft werden kann. Zweitens stellt sich das Problem, ob Tätern, die in eine laufende Versuchstat zwecks gemeinsamer Vollendung einsteigen, zuvor verwirklichte Erschwerungsgründe wie ein Einbruch oder eine Gewaltanwendung zugerechnet werden können (näher zum Ganzen *Rengier*, BT I, § 2 Rn. 197; § 7 Rn. 44 ff.; erg. mit Blick auf § 263 *Rengier*, JuS 2010, 282 f.).

IV. Gemeinsame Tatausführung

40   Die zur Begründung von Mittäterschaft erforderliche gemeinsame Tatausführung setzt voraus, dass der jeweilige Beteiligte einen objektiven Tatbeitrag leistet. Während dafür nach der Rechtsprechung je-

der die Tatbestandserfüllung fördernde Beitrag genügen kann, verlangt die Tatherrschaftslehre einen „wesentlichen" Tatbeitrag. Immerhin ist bemerkenswert, dass das Wesentlichkeitskriterium inzwischen teilweise auch in der Rechtsprechung Verwendung findet.

Vgl. *BGH* NStZ-RR 2004, 40, 41; NStZ 2008, 273, 275; *Roxin*, AT II, § 25 **41** Rn. 211 ff.; LK/*Schünemann*, 12. Aufl., § 25 Rn. 188 ff.; *Kühl*, AT, § 20 Rn. 107 ff. – Gelegentlich ist in der Literatur von der Notwendigkeit eines kausalen Tatbeitrages die Rede. Soweit damit eine Mitursächlichkeit im Sinne der Bedingungstheorie (§ 13 Rn. 3 ff.) gemeint sein sollte, ist dem zu widersprechen, da es bei der Mittäterschaft nur auf die Kausalität der Beiträge in ihrer Gesamtheit ankommen kann (*Roxin*, AT II, § 25 Rn. 212 f.).

Was die Wesentlichkeit des Tatbeitrags betrifft, so darf, selbst wenn **42** man einen übereinstimmenden Ausgangspunkt unterstellte, nicht übersehen werden, dass die verschiedenen Teilnahmetheorien (oben § 41) abweichende Antworten darauf geben, nach welchen Kriterien die Bestimmung erfolgt. Die Leitlinien dazu sind schon erörtert worden (§ 41 Rn. 7 ff.). Insoweit geht es an dieser Stelle bloß um eine gewisse Vertiefung. Nach der – hier nicht befürworteten – strengen Tatherrschaftslehre kommen nur Beiträge im Ausführungsstadium in Betracht (§ 41 Rn. 18 f.).

Demgegenüber können nach der gemäßigten subjektiven Theorie **43** der Rechtsprechung und der gemäßigten Tatherrschaftslehre (h. M.) auch Beiträge im Vorbereitungsstadium relevant sein, die in die Tatausführung Eingang finden. Darüber hinaus lässt sich die Leitlinie formulieren, dass Tatbeiträge im Ausführungsstadium grundsätzlich ein größeres Gewicht als solche im Vorbereitungsstadium haben. Auf der anderen Seite kann ein Defizit im Ausführungsstadium durch eine dominierende Rolle beim Zustandekommen des gemeinsamen Tatentschlusses und durch andere gewichtige (z. B. Planungs-)Beiträge in der Vorbereitungsphase ausgeglichen werden. Insgesamt hängt die Antwort von einer Gesamtbewertung der Tatbeiträge ab.

Fall 3a knüpft an die viel diskutierte Entscheidung BGHSt 11, 268 an (= **44** Fall 3c oben Rn. 32 ff.) und bildet gleichsam den „Normalfall", in dem der Mittäter absprachegemäß auf einen tatsächlichen Verfolger schießt. In dieser Konstellation kann die Mittäterschaft allenfalls an der Qualität des objektiven Tatbeitrags scheitern. Indes ist mit der ganz h. M. eine für § 25 II ausreichende Tatherrschaft zu bejahen. Sie ergibt sich daraus, dass B stets in der Nähe des A war und die Möglichkeit gehabt hätte, bis zur Schussabgabe die Abrede durch die Aufforderung rückgängig zu machen, dieses Mal entgegen der Absprache nicht zu schießen (BGHSt 11, 268, 272). Dieser Begründung widerspricht insbesondere *Roxin*, ohne zu einem anderen Ergebnis zu gelangen: Er sieht die

410   8. Kapitel. Täterschaft und Teilnahme

funktionelle Tatherrschaft – im Ausführungsstadium der Tat – darin, dass nach der Aufgabenverteilung einer den anderen decken sollte und jeder die Aufgabe hatte, die Flucht abzusichern (*Roxin*, Täterschaft, S. 312; *ders.*, JA 1979, 524 f.; zust. *Jäger*, AT, Rn. 226; LK/*Schünemann*, 12. Aufl., § 25 Rn. 193 mit Fn. 424; a. A. *Rudolphi*, Bockelmann-FS, 1979, S. 380 f.).

45   Typische **Grenzfälle** im Bereich zwischen Mittäterschaft und Beihilfe betreffen das **Schmierestehen** und das **Fahren eines Fluchtfahrzeuges** im Zusammenhang mit Diebstählen und Überfällen. Eine solche Konstellation ist bereits Gegenstand des Falles 1 von § 41 gewesen; insoweit sei zunächst auf die dortigen Erörterungen verwiesen (§ 41 Rn. 22). Versucht man diese häufigen Konstellationen allgemein zu bewerten, so lässt sich in der Tendenz sagen, dass einem Beteiligten, dessen einziger Tatbeitrag in der geschilderten Rolle liegt, im Vergleich zu den Akteuren, die sich unmittelbar um die Beute kümmern, eher eine unterstützende Funktion zukommt. Auf der anderen Seite kann der Schmiere stehende oder der als Fahrer fungierende Beteiligte so wichtig sein, dass mit ihm die Tatdurchführung steht und fällt; dann wird man eher zur Mittäterschaft gelangen. Als weitere Bewertungskriterien kommen die Nähe zum Tatort und das Maß der Beteiligung an der Tatbeute in Betracht.

Vgl. hierzu *Kühl*, AT, § 20 Rn. 116; MüKo/*Joecks*, § 25 Rn. 217 ff. – Falllösungen bei *Momsen/Sydow*, JuS 2001, 1196; *Gaede*, JuS 2003, 776; *Zöller*, Jura 2007, 311.

V. Falllösungen

46   Im **Fall 4** ruft der *BGH* zunächst seine Leitlinien in Erinnerung (*BGH* NStZ-RR 2004, 40, 41). Danach erfordert die Mittäterschaft einen die Tatbestandserfüllung fördernden Beitrag, der sich auf eine Vorbereitungs- oder Unterstützungshandlung beschränken kann, ohne dass es auf die Eigenhändigkeit der Tatbegehung selbst ausschlaggebend ankommt. Hat ein Beteiligter einen wesentlichen Beitrag geleistet, so ist er als Mittäter anzusehen, wenn er die Tat als eigene gewollt hat. Bei dieser Bewertung spielen als bedeutsame Anhaltspunkte der Umfang der Tatbeteiligung und die Tatherrschaft eine wichtige Rolle (oben § 41 Rn. 8). Der *BGH* begründet – zur Anstiftung abgrenzend – die Mittäterschaft der S nicht nur mit ihrem Tatinteresse, sondern auch damit, dass von ihr die Initiative ausgegangen, sie mit dem Treffen einverstanden gewesen sei und auch Tatherrschaft gehabt habe, da sie angesichts ihrer Anwesenheit während der Tatausführung die Tötung habe verhindern können. Soweit ersichtlich ist diese Entscheidung kaum diskutiert worden. *Roxin* als Hauptvertreter der strengen Tatherrschaftslehre widerspricht ihr, da die Möglichkeit der Tatverhinderung keineswegs eine Tatherrschaft begründe; auch ein Gehilfe und selbst ein überhaupt nicht beteiligter Außenstehender könne eine solche Möglichkeit haben (*Roxin*, Täterschaft, S. 625 f.). Diese Argumentation überzeugt nicht. S hat die Tat verabredet, ist am Tatort unmittelbar anwesend und hat die Bedingungen für den tödlichen Schuss mit abgesprochen. Daraus ergibt sich ihr Wille zur Tatherrschaft. In der Tatsituation kann es nicht darauf ankommen, ob sie etwa durch ein Kopfnicken oder eine verbale Äußerung den Eintritt der Bedingung noch bestätigt. Daher verdient das Tatherrschaftsargument des *BGH* Zustimmung; S hat die Macht, den Tatablauf zu hemmen. Demzufolge lässt sich ihre Mittäterschaft in Verbindung mit den anderen Tatbeiträgen auch auf dem Boden der gemäßigten Tatherrschaftslehre begründen.

Im **Fall 5** (vgl. auch *Krey/Esser*, AT, Rn. 855 ff.) ist A bezüglich P1 **47** und P2 Täter zweier tatmehrheitlich konkurrierender Morde aus niedrigen Beweggründen (zum Mordmerkmal *Rengier*, BT II, § 4 Rn. 19). Hinzu treten ebenfalls in Tatmehrheit die zu Lasten von P3 und P4 begangenen Mordversuche, die untereinander in gleichartiger Idealkonkurrenz (§ 52 I 2. Var.) stehen (zu den Konkurrenzfragen vgl. unten § 56 Rn. 46 f., 68 ff.). – Bei B stellt sich als erstes die Frage, ob er Mittäter des Mordes an P1 ist. Nach dem Sachverhalt ist davon auszugehen, dass er zu diesem Zeitpunkt seinen Tötungsvorsatz noch nicht aufgegeben hat und deshalb der gemeinsame Tatplan noch fortbesteht (Rn. 14 ff.). Der *BGH* begründet die Mittäterschaft damit, dass B nicht nur wegen seines Tatinteresses und seiner psychischen Unterstützung durch Präsenz und Tragen einer Schusswaffe, sondern auch angesichts der beim Herannahen der Beamten noch bestehenden Möglichkeit, A zum Verzicht auf den Schusswaffeneinsatz aufzufordern, für § 25 II ausreichende Tatbeiträge geliefert habe. Dieser Bejahung von Mittäterschaft hat nicht nur *Roxin* mit der Begründung widersprochen, dass die bloße passive Anwesenheit des B nicht als Täterschaft gedeutet werden könne und daher als fortwirkende Beteiligung lediglich eine Bestärkung des Tatentschlusses von A übrigbleibe, die für eine Tatherrschaft nicht ausreiche (*Roxin*, JR 1991, 207; *Erb*, JuS 1992, 199 f.; *Krey/Esser*, AT, Rn. 862). Indes stellt sich wie schon im Fall 4 die Frage, ob diese Kritik, was insbesondere den Tat-

412   8. Kapitel. Täterschaft und Teilnahme

herrschaftsgedanken betrifft, überzeugt. Im Fall des abredegemäß auf
einen tatsächlichen Verfolger schießenden Mittäters leugnet auch *Roxin* die Tatherrschaft nicht (Fall 3a Rn. 44). Die Struktur des Falles 5
unterscheidet sich davon nicht grundlegend. Hier sollen – nicht Verfolger, sondern – vereinbarungsgemäß alle Personen ausgeschaltet
werden, die einer Festnahme im Wege stehen. Und genau dies tut A
in Anwesenheit des B. Insoweit lässt sich bezüglich P1 auch im Lichte
der gemäßigten Tatherrschaftslehre eine Mittäterschaft des B begründen. Anders liegt es hinsichtlich der (versuchten) Morde an P2, P3
und P4. Diesbezüglich stellt sich nach der Aufgabe des B zunächst
die umstrittene Frage, ob überhaupt noch ein gemeinsamer Tatplan
besteht. Bejaht man das wegen der fehlenden Kenntnis seitens A richtigerweise (Rn. 19 ff.), so fehlen für die Annahme von Mittäterschaft
jedenfalls ausreichende objektive Tatbeiträge. Denn B hat sich aus
dem Tatgeschehen ausgeklinkt und läuft sogar davon. Demgegenüber
sieht der *BGH* B auch als Mittäter der (versuchten) Morde an P2, P3
und P4 an, da es dafür genüge, dass aus der Sicht des A der B subjektiv noch präsent gewesen sei und daher dessen Beiträge in den Taten
fortgewirkt hätten (so auch *Heinrich*, AT, Rn. 1234 f.). Dies reicht jedoch nur für die Bejahung einer psychischen Beihilfe aus.

VI. Die Fälle der additiven und alternativen Mittäterschaft

48   Fragen der gemeinsamen Tatausführung werfen auch die besonderen Konstellationen der additiven und alternativen Mittäterschaft auf,
die von der h. M. zu Recht in den Bereich des § 25 II eingeordnet
werden.

Zur Diskussion siehe LK/*Schünemann*, 12. Aufl., § 25 Rn. 191 ff.; *Roxin*,
AT II, § 25 Rn. 229 ff.; *Joecks*, § 25 Rn. 86, 89; MüKo/*Joecks*, § 25 Rn. 224 f.;
Kühl AT, § 20 Rn. 109; Falllösung bei *Müller*, Jura 2005, 640.

49   Mit der **additiven** Mittäterschaft sind Fälle gemeint, in denen sich
mehrere Täter z. B. in Form eines Erschießungskommandos zusam-
mentun, um durch gleichzeitiges Schießen das Gelingen der Tat
wahrscheinlicher zu machen. Aus der ex-ante-Perspektive ist jeder
abgegebene Schuss unabhängig davon wesentlich, ob und wo er das
Opfer getroffen hat oder ob er angesichts der Täteranzahl völlig
überflüssig war. Man sollte sehen, dass § 25 II hier auch über Beweisschwierigkeiten bezüglich der Feststellung der Kausalität einzelner
Beiträge hinweghilft.

§ 45. Anstiftung und Beihilfe   413

Die Konstellation der **alternativen** Mittäterschaft ist dadurch ge- 50
kennzeichnet, dass mehrere Täter ihrem Opfer an verschiedenen Or-
ten – z. B. am linken und rechten Ufer eines Flussweges oder im Lokal X und im Lokal Y – auflauern, um es sicher zu erwischen und
„alternativ" etwa zu erschießen.

VII. Sonstiges

Konkurrenzfragen: Es gilt der Grundsatz, dass die schwächere 51
Teilnahmeform hinter der stärkeren im Wege der Subsidiarität zurücktritt (erg. unten § 45 Rn. 128). Auf die sich daraus mit Blick auf
die §§ 25 ff. für den deliktischen Aufbau ergebenden Konsequenzen
ist schon hingewiesen worden (Rn. 9). Gegenüber den §§ 25 ff. subsidiär ist der Versuch der Beteiligung gemäß § 30 (dazu näher unten
§ 47 Rn. 41 ff.).

Zur umstrittenen – richtigerweise anzuerkennenden – fahrlässigen 52
Mittäterschaft siehe unten § 53 Rn. 3 ff.; zur mittäterschaftlichen An-
stiftung unten § 45 Rn. 74; zur Mittäterschaft bei erfolgsqualifizierten
Delikten und Vorsatz-Fahrlässigkeits-Kombinationen unten § 55
Rn. 4 f., 7.

Empfehlungen zur vertiefenden Lektüre:
Rechtsprechung: *BGH* NStZ-RR 2004, 40 (Abgrenzung zwischen Mittäterschaft und Anstiftung zum Mord); *BGH* NStZ-RR 2006, 37 (Mittäterexzess); *BGH* NStZ 2006, 94 (Schmierestehen und Steuern eines Fluchtfahr-
zeugs als Gehilfentätigkeit).
Literatur: *Geppert*, Die Mittäterschaft (§ 25 Abs. 2 StGB), Jura 2011, 30 ff.;
Otto (wie zu § 43), Jura 1987, 246 ff.; *Rengier* (wie zu § 43), JuS 2010, 281 ff;
Roxin, Die Mittäterschaft im Strafrecht, JA 1979, 519 ff.; *Seelmann*, Mittäterschaft im Strafrecht, JuS 1980, 571 ff.; *Streng*, Die Strafbarkeit des Anstifters
bei error in persona des Täters (und verwandte Fälle) – BGHSt 37, 214, JuS
1991, 910 ff.

§ 45. Teilnahme: Anstiftung (§ 26) und Beihilfe (§ 27)

Fall 1: a) T will O erschießen. Dazu hat ihn A überredet. Die Schüsse töten
O. b) *Variante:* Die Schüsse treffen nicht. → Rn. 19, 20
Fall 2: a) T will O erschießen. Die Schusswaffe hat G in Kenntnis des Tat-
plans besorgt. Die Schüsse töten O. b) *Variante:* Die Schüsse treffen nicht. →
Rn. 21

414   8. Kapitel. Täterschaft und Teilnahme

Fall 3: T überlegt es sich a) im Fall 1a nach dem Tatbeitrag des A, b) im Fall 2a nach dem Tatbeitrag des G doch anders und unternimmt nichts. → Rn. 22

Fall 4: A will ins Ausland fliehen und braucht dafür falsche Papiere. B will dem A helfen und erklärt, das koste etwa 5.000 €. Als B feststellt, dass A nichts hat oder zu Bargeld machen kann, erklärt B: „Dann müsstest Du eine Bank oder Tankstelle machen." Man verabredet ein weiteres Treffen. Am Morgen dieses Tages überfällt A eine Zweigstelle einer Sparkasse, wobei er einen Bankangestellten mit einem Revolver bedroht und auf diese Weise etwa 20.000 € erbeutet (BGHSt 34, 63). → Rn. 53

Fall 5: Vater V will seinen Sohn S töten, sieht sich aber außerstande, die Tat selbst durchzuführen. Gegen das Versprechen einer Geldsumme gelingt es V, den T für die Tötung zu gewinnen. Die Tötung soll im Pferdestall erfolgen, den S bei seiner Heimkehr regelmäßig durchquert; das weitere Vorgehen ist T überlassen. Um Verwechselungen auszuschließen, unterrichtet V den T über die Gewohnheiten und das Aussehen von S. Als am Tattag T auf den S wartet, betritt in der Dunkelheit der Nachbar N den Hof und öffnet die Stalltür. N ähnelt S in der Statur und führt in der Hand eine Tüte mit sich, wie dies auch S zu tun pflegt. In der Annahme, S vor sich zu haben, erschießt T den nichtsahnenden N aus kurzer Entfernung (vgl. BGHSt 37, 214). → Rn. 63

I. Grundlagen

1   Nach den Legaldefinitionen des § 28 I, II sind Anstiftung und Beihilfe besondere Formen der Beteiligung, die als Teilnahme bezeichnet werden. Der Teilnehmer wird dafür bestraft, dass er in einer bestimmten Form an der Begehung einer anderen vorsätzlichen rechtswidrigen Tat mitwirkt. Diese Tat stellt die sog. Haupttat dar, von der die Strafbarkeit des Teilnehmers abhängt, freilich nur begrenzt, da der Haupttäter nicht schuldhaft handeln muss. Daher spricht man vom **Grundsatz der „limitierten" Akzessorietät**. Die Abhängigkeit von der Haupttat verdeutlicht auch, dass die §§ 26, 27 Zurechnungsnormen und keine eigenständigen Straftatbestände sind; es darf also nicht von einer „Strafbarkeit gemäß § 26 bzw. § 27" gesprochen werden.

2   Der **Strafgrund der Teilnahme** leitet sich nicht nur aus der mittelbaren Rechtsgutsverletzung ab, die sich aus der Teilnahme an dem Unrecht der Haupttat ergibt (so die „akzessorietätsorientierte Verursachungstheorie", die auf das Erfolgsunrecht der Haupttat abstellt). Vielmehr setzt das Teilnahmeunrecht zusätzlich einen selbstständigen Rechtsgutsangriff voraus. Ein solcher entfällt namentlich dann, wenn der Haupttäter ein Rechtsgut angreift, das dem Teilnehmer gegenüber nicht geschützt ist (so die inzwischen jedenfalls im Schrifttum herr-

§ 45. Anstiftung und Beihilfe   415

schende „Theorie vom akzessorischen Rechtsgutsangriff", die auch
das Handlungsunrecht des Teilnehmers einbezieht).

Zur h. M. im Schrifttum: *Roxin*, AT II, § 26 Rn. 11 ff.; LK/*Schünemann*, **3**
12. Aufl., § 26 Rn. 1 ff.; MüKo/*Joecks*, vor § 26 Rn. 3 ff.; *Heinrich*, AT,
Rn. 1269 ff.; *Krey/Esser*, AT, Rn. 985 ff.; *Geppert*, Jura 2008, 34 f.; *Satzger*,
Jura 2008, 516 f.; *Kühl*, JA 2014, 679 f. – Die Rechtsprechung bewegt sich
zwar verbal auf dem Boden der Verursachungstheorie (BGHSt 37, 214, 217;
BGH NStZ 1999, 513, 514), doch sind, was die anschließenden Beispiele und
die noch zu erörternde agent-provocateur-Problematik (unten Rn. 69 ff.) betrifft, in inhaltlicher Hinsicht Abweichungen kaum festzustellen.

In der **Fallbearbeitung** spielt der Strafgrund der Teilnahme in den **4**
Normalfällen keine Rolle; dann bedarf er auch keiner Erwähnung.
Demgegenüber einschlägig sind etwa folgende

Beispiele: Überlebt der Lebensmüde die von ihm initiierte Tötung auf Ver- **5**
langen, so kann er nicht nach den §§ 216, 22, 26 strafbar sein, weil er sein eigenes Leben angreift, das ihm gegenüber wegen der Straflosigkeit der Selbsttötung nicht geschützt ist. Wer einem Täter T für eine Körperverletzungstat
ein gefährliches Werkzeug besorgt hat und auf Grund eines error in persona
des T selbst Opfer dieser Tat wird, kann nicht gemäß den §§ 224 I Nr. 2, 27
bestraft werden (*Kudlich*, Fälle AT, S. 189 f.). Wer sich, etwa um in eine Gang
aufgenommen zu werden, im Rahmen einer Mutprobe lebensgefährlich zusammenschlagen lässt, ist nicht als Anstifter oder Gehilfe der – wegen der
Schranke des § 228 rechtswidrigen – ihm gegenüber begangenen Körperver-
zungstat strafbar (zum Fall vgl. *BayObLG* NJW 1999, 372; *Rengier*, BT II,
§ 20 Rn. 9). Der noch so aktiv agierende Schutzbefohlene des § 174 kann nicht
Teilnehmer der Tat sein, weil der Tatbestand die sexuelle Selbstbestimmung
anderer Personen schützt. Ein Gefangener, der sich schlicht befreien lässt,
kommt nicht als Gehilfe des § 120 I 1. Var. in Betracht (ergänzend *Rengier*,
BT II, § 54 Rn. 10).

Weiter wird der Fall diskutiert, dass ein Eigentümer E in der Vorstellung, es **6**
handle sich um eine fremde Sache, einen Täter T zum Diebstahl oder zur Unterschlagung seiner (des E) eigenen Sache anstiftet. Eine Anstiftung des E zur
Tat des T (§ 242 bzw. § 246) scheitert an der fehlenden Rechtsgutsverletzung
durch E. E soll aber nach der überwiegenden Ansicht die §§ 242, 22, 26 bzw.
§§ 246, 22, 26 erfüllen und nicht nur eine straflose – da von § 30 I nicht erfasste – versuchte Anstiftung begehen (*Nowak*, JuS 2004, 197 ff.; *Mitsch*, JuS
1999, 372 ff. mit Falllösung).

Die Diskussion um den Strafgrund der Teilnahme überschneidet **7**
sich teilweise noch mit dem Gedanken der **notwendigen Teilnahme**.
Davon spricht man, wenn ein Straftatbestand notwendigerweise das
Zusammenwirken mehrerer Personen voraussetzt. Hier bleibt bei

den sog. Begegnungsdelikten, bei denen die Personen nicht in der gleichen Richtung (z. B. § 224 I Nr. 4), sondern in entgegengesetzter Richtung auf die Rechtsgutsverletzung hinwirken, der neben dem Täter notwendig Beteiligte straflos, wenn er das notwendige Maß seiner Beteiligung nicht überschreitet.

8 **Beispiele:** Der begünstigte Gläubiger nimmt die ihm unter Verletzung des § 283c gewährte Befriedigung nur entgegen (*Roxin*, AT II, § 26 Rn. 42, 50 ff.; Sch/Sch/*Heine/Schuster*, § 283c Rn. 21). Ebenfalls als notwendige Teilnehmerin straflos ist die Partei, welche die gemäß § 356 parteiverräterischen Dienste eines Anwalts nur annimmt (LK/*Gillmeister*, 11. Aufl., § 356 Rn. 105).

9 **Beachte:** Die in Rn. 5 erwähnten Täter-Opfer-Konstellationen werden oft noch bei der notwendigen Teilnahme mit der Begründung eingeordnet, dass ein solcher Teilnehmer straflos sei, wenn der Tatbestand gerade seinen Schutz bezwecke (vgl. MüKo/*Joecks*, vor § 26 Rn. 33; *Krey/Esser*, AT, Rn. 989, 1031 f.).

II. Aufbaufragen

10 Aus der Akzessorietät der Teilnahme folgt zunächst, dass die Strafbarkeit des Haupttäters unbedingt zuerst geprüft werden muss („Täterschaft vor Teilnahme"), es sei denn, dass er ausnahmsweise nicht zu erörtern oder verstorben ist. Anschließend wendet man sich der Strafbarkeit des Teilnehmers zu. Soweit die Abgrenzung zur Mittäterschaft oder mittelbaren Täterschaft problematisch ist, bildet man dafür am besten einen eigenen Prüfungspunkt (Punkt B des Schemas), bevor man zur Strafbarkeit des Teilnehmers als Anstifter oder Gehilfe gelangt.

11 Diesbezüglich müssen nach den klaren Vorgaben der §§ 26, 27 eine vorsätzliche rechtswidrige Tat als Haupttat und eine bestimmte Teilnahmehandlung vorliegen. Was die Haupttat betrifft, so kann in der Regel auf die vorausgegangene Prüfung beim Haupttäter verwiesen werden. Folglich hat man bei den §§ 26, 27 in den meisten Fällen bloß die jeweilige Teilnahmehandlung näher zu prüfen. Dabei kann, soweit dies nicht bereits geschehen ist, in einfach gelagerten Fällen unter Umständen noch zur Mittäterschaft oder mittelbaren Täterschaft (kurz) abzugrenzen sein. Damit ergibt sich das folgende

§ 45. Anstiftung und Beihilfe 417

Aufbauschema zu Anstiftung und Beihilfe 12

A. Strafbarkeit des Haupttäters

B. Strafbarkeit des Teilnehmers als potentieller Mittäter oder mittelbarer Täter (wenn Abgrenzung zur Teilnahme problematisch)

C. Strafbarkeit des Teilnehmers

   I. Tatbestandsmäßigkeit

      1. Objektiver Tatbestand

         a) Vorliegen einer – zumindest in das strafbare Versuchsstadium (§ 22) gelangten – vorsätzlichen, rechtswidrigen (Haupt-)Tat (in der Regel Verweis auf A)

         b) Teilnahmehandlung

            aa) Bei der *Anstiftung*: Bestimmen zur Haupttat (zumindest mitursächliches Hervorrufen des Tatentschlusses beim Haupttäter)

            bb) Bei der *Beihilfe*: Förderung der Haupttat durch Hilfeleisten (Unterstützungshandlung in Form der physischen oder auch psychischen Beihilfe)

            cc) Ggf. bei der Teilnahmehandlung Abgrenzung zur Mittäterschaft und mittelbaren Täterschaft (soweit noch nicht unter Punkt B erfolgt)

      2. Subjektiver Tatbestand

         a) Der Vorsatz des Teilnehmers muss sich auf alle Merkmale des objektiven Tatbestandes, d. h. auf die Punkte 1.a und 1.b erstrecken (sog. „doppelter" Teilnehmervorsatz).

         b) Der Vorsatz muss auf die Vollendung der Haupttat gerichtet sein.

   II. Rechtswidrigkeit

   III. Schuld

Ergänzende Hinweise: Ggf. muss noch die Prüfung des § 28 (dazu unten § 46) integriert werden. Insoweit ist im Falle des § 28 II Schemapunkt C um den Punkt „I.3. Tatbestandsverschiebung gemäß § 28 II" und im Falle des § 28 I das Schema um den Punkt „IV. Strafrahmenverschiebung gemäß § 28 I" zu ergänzen. Speziell zu den Fragen des § 28 im Zusammenhang mit den §§ 211, 212 siehe *Rengier*, BT II, § 5.

418 8. Kapitel. Täterschaft und Teilnahme

III. Die vorsätzliche rechtswidrige Haupttat

1. Die limitierte Akzessorietät

13 Aus dem Grundsatz der limitierten Akzessorietät (Rn. 1) ergibt sich, dass ohne das Vorliegen einer vorsätzlichen rechtswidrigen (Haupt-)Tat eine strafbare Anstiftung oder Beihilfe ausscheidet. Um eine teilnahmefähige Haupttat zu haben, müssen also zuvor bei der Prüfung des Haupttäters (nur) die Stufen der Tatbestandsmäßigkeit und Rechtswidrigkeit bejaht worden sein. Handelt demnach der Haupttäter tatbestandslos (Selbsttötung, Selbstverletzung), vorsatzlos (Tatbestandsirrtum), ohne ein strafbarkeitsbegründendes besonderes subjektives Tatbestandsmerkmal wie die Zueignungsabsicht zu erfüllen oder gerechtfertigt, so scheidet eine Bestrafung des Teilnehmers als Anstifter oder Gehilfe aus. Möglich ist dann allenfalls eine Bestrafung als mittelbarer Täter (dazu oben § 43) oder wegen versuchter Anstiftung (unten § 47 Rn. 6 ff.).

14 Auf der anderen Seite sollte man seinen Blick unbedingt dafür schärfen, dass die §§ 26, 27 **nicht eine strafbare Haupttat** voraussetzen.

15 Dies bedeutet zum einen, dass bei einem **schuldlos** handelnden Haupttäter zwischen Teilnahme und mittelbarer Täterschaft abgegrenzt werden muss (siehe schon § 43 Rn. 36). Zum anderen darf man auf keinen Fall bei einem strafbefreienden **Rücktritt** des Haupttäters die Möglichkeit der Teilnahmestrafbarkeit übersehen.

16 Unterliegt der Haupttäter einem **Erlaubnistatbestandsirrtum**, so kommt es auf dem Boden der eingeschränkten Schuldtheorien darauf an, welcher Theorie man sich anschließt. Soweit man der – vorzugswürdigen – rechtsfolgenverweisenden oder vorsatzschuldverneinenden Lehre folgt, liegt eine teilnahmefähige vorsätzliche rechtswidrige Haupttat vor (näher § 30 Rn. 19 f.). Zum gleichen Ergebnis gelangt die hier nicht befürwortete Ansicht, die bei den §§ 26, 27 die Anforderungen an den Vorsatz des Haupttäters reduziert (dazu § 30 Rn. 20a).

2. Unterscheidung zwischen erfolgreicher und bloß versuchter (erfolgloser) Teilnahme

17 § 26 und § 27 regeln die *erfolgreiche* Anstiftung bzw. Beihilfe. In diesem Sinne erfolgreich ist die Teilnahme nicht nur dann, wenn der Haupttäter eine vollendete Tat begangen hat, sondern auch, falls diese im strafbaren Versuchsstadium steckengeblieben ist.

§ 45. Anstiftung und Beihilfe   419

Davon muss man – erfahrungsgemäß eine Quelle vieler Fehler – **18**
streng die erfolglose oder misslungene, d. h. im juristischen Sprachgebrauch die bloß *versuchte* Anstiftung/Beihilfe unterscheiden, bei der
der Haupttäter gerade nicht eine zumindest versuchte strafbare Tat
begeht. In diesem Bereich der versuchten Teilnahme ist lediglich die
versuchte Anstiftung – beschränkt auf Verbrechen – strafbar (§ 30 I).

Beispiele (ohne § 211): **Fall 1a** hat den klassischen Anstiftungsfall zum Ge- **19**
genstand; T erfüllt § 212 und A die §§ 212, 26.

Im **Fall 1b** bleibt die Tat des T im Versuchsstadium stecken; T erfüllt also **20**
nur die §§ 212, 22. Dies ändert nichts am Vorliegen einer Haupttat. Freilich:
Wegen der Abhängigkeit der Strafbarkeit des Teilnehmens von der Haupttat
ist A jetzt bloß als – erfolgreicher (!) – Anstifter zu den §§ 212, 22 strafbar.
Insoweit sind die §§ 212, 22, 26 zu zitieren. Mit § 30 I, der die versuchte Anstiftung erfasst, hat der Fall nichts zu tun; es wäre ein Fehler, die Vorschrift
mit zu zitieren.

Fall 2 betrifft parallel zu Fall 1 die Beihilfeebene. Demnach ändert sich bei T **21**
nichts. G erfüllt im **Fall 2a** die §§ 212, 27. Im **Fall 2b** verwirklicht G die
§§ 212, 22, 27; es handelt sich um eine von § 27 erfasste erfolgreiche Beihilfe
zur versucht gebliebenen Haupttat.

Im **Fall 3a** und **Fall 3b** unternimmt T nichts Strafbares, da er weder eine **22**
vollendete noch eine versuchte (Haupt-)Tat begeht; vielmehr bleibt sein Tatvorhaben im Vorbereitungsstadium stecken. Ohne Haupttat kommt eine (erfolgreiche) Teilnahme des A bzw. G gemäß § 26 bzw. § 27 nicht in Betracht.
Aus ihrer Sicht ist es bei dem Willen geblieben, an einer vorsätzlichen rechtswidrigen Tat eines anderen mitzuwirken. Die so betrachtet erfolglose Teilnahme stellt eine bloß *versuchte* Teilnahme dar, die gemäß § 30 I nur als versuchte *Anstiftung* zu einem *Verbrechen* strafbar ist (unten § 47 Rn. 6 ff.). Im
Fall 3a führt das im Ergebnis zur Strafbarkeit des A gemäß den §§ 212, 30 I.
Im **Fall 3b** bleibt die versuchte Beihilfe des G straflos.

IV. Anstiftung (§ 26)

1. Objektiver Tatbestand: Bestimmen

Neben dem Vorliegen der Haupttat (Rn. 1, 11) verlangt der objek- **23**
tive Anstiftungstatbestand weiter, dass der Täter zu der Tat „bestimmt" wird.

a) Definition. Bestimmen im Sinne des § 26 bedeutet das zumin- **24**
dest mitursächliche Hervorrufen des Tatentschlusses beim Haupttäter. Der Anstifter muss also im Sinne der conditio sine qua non (§ 13
Rn. 3 ff.) eine (Mit-)Ursache dafür gesetzt haben, dass der Haupttäter

420   8. Kapitel. Täterschaft und Teilnahme

den Vorsatz zur Begehung einer Straftat gefasst hat (BGHSt 45, 373, 374; *BGH* NStZ 2000, 421 f.; h. M.).

25   **b) Mittel der Anstiftung.** Die Mittel der Willensbeeinflussung sind grundsätzlich nicht beschränkt. Ein konkludentes Verhalten kann genügen (BGHSt 45, 373, 374).

26   In Betracht kommen beispielsweise das Überreden, das Äußern von Wünschen und Bitten, Anregungen, die Zusage einer Belohnung, Bestechung, Drohung und das Hervorrufen falscher Vorstellungen. Zu denken ist auch an Aufforderungen in Frageform, bei denen sich die Frage: „Willst Du auch noch?" je nach Tatsituation etwa auf eine Plünderung, Körperverletzung oder Vergewaltigung bezieht.

27   **c) Kommunikationstheorie versus Verursachungstheorie.** Ein zentraler Streitpunkt kreist um die Frage, ob für das Bestimmen jedes (mit-)kausale Hervorrufen des Tatentschlusses genügt (so die Verursachungstheorie), oder ob die Bestimmungshandlung eine kommunikative Beziehung, einen geistigen Kontakt zum Haupttäter verlangt (so die Kommunikationstheorie). Praktisch geht es um Konstellationen, in denen jemand eine zur Tat provozierende oder verführende Situation schafft.

28   **Beispiele:** Um einen Diebstahl zu provozieren und nach der Tat als Geschädigter Versicherungsleistungen in Anspruch zu nehmen, setzt E gegen Diebstahl versicherte Sachen dem Zugriff Dritter aus, etwa indem er die Balkontür seiner Wohnung offen lässt, seinen Pkw unabgeschlossen und mit steckendem Zündschlüssel abstellt oder sein Fahrrad ungesichert an einer geeigneten Stelle platziert. – Ein Provokateur P legt irgendwohin Geldscheine mit dem Ziel, einen unehrlichen „Finder" wegen Diebstahls überführen zu können (erg. unten Rn. 67). – Räuber R lässt auf der Flucht einen Teil seiner Beute fallen, um Verfolger abzulenken und zur Zueignung zu verleiten.

29   Kommt es zu den Haupttaten (§§ 242, 259, 246), so stellt sich die Frage, ob E, P und R die Täter zur Begehung der Tat bestimmt haben. Die Verursachungstheorie, die dies bejahen will, stützt sich auf den Wortlaut und die Überlegung, dass die gezielte Schaffung tatprovozierender Umstände ein besonderes Maß an krimineller Energie zeige.

30   Diese Lehre verdient aber in Übereinstimmung mit der h. M. keinen Beifall. Nach § 26 wird der Anstifter „gleich einem Täter" bestraft. Daher ist eine restriktive Auslegung des Bestimmens geboten. Bloße (Mit-)Kausalität genügt nicht, vielmehr muss der Teilnehmer, ähnlich wie bei der Mittäterschaft und der Verbrechensverabredung

§ 45. Anstiftung und Beihilfe   421

(§ 30 II), darüber hinaus zumindest einen geistigen Kontakt zum Täter herstellen, mit ihm also in eine ausdrückliche oder konkludente Kommunikation eintreten. Was die Art dieser Kommunikation betrifft, so sind die Antworten nicht ganz einheitlich; insoweit kann man sich daran orientieren, ob die Äußerung Aufforderungscharakter hat.

Demnach scheidet in den Beispielsfällen von Rn. 28 eine Anstiftung aus; es **31** kommt nur eine Beihilfe in Betracht (erg. unten Rn. 67, 85).

Zur Kommunikationstheorie der h. M. siehe *Krüger*, JA 2008, 492 ff.; *Fi-* **32** *scher*, § 26 Rn. 3; *Geppert*, Jura 1997, 303 f.; *W/Beulke/Satzger*, AT, Rn. 568; *Beulke* I, Rn. 161; *Roxin*, AT II, § 26 Rn. 74 ff.; LK/*Schünemann*, 12. Aufl., § 26 Rn. 2 ff.; *Heinrich*, AT, Rn. 1289 ff.; Sch/Sch/*Heine/Weißer*, § 26 Rn. 3; *Krey/Esser*, AT, Rn. 1036 ff.; *Koch/Wirth*, JuS 2010, 240 f. – Die Verursachungstheorie vertreten *Baumann/Weber/Mitsch*, AT, § 30 Rn. 63; *Lackner/ Kühl*, § 26 Rn. 2; *Kühl*, JA 2014, 672; *Kindhäuser*, AT, § 41 Rn. 10; *Hillenkamp*, JR 1987, 256. – Eine weitere, besonders enge Lehre verlangt einen Unrechtspakt (*Puppe*, NStZ 2006, 424 ff.). – Falllösung bei *Amelung/Boch*, JuS 2000, 262 f.

2. Bestimmen bei einem schon zur Tat entschlossenen Täter

a) Der Fall des sog. omnimodo facturus. Mit der Bezeichnung **33** „omnimodo facturus" (= jemand, der die Tat ohnehin begehen wird) wird der aufgeforderte Täter charakterisiert, der bereits vor der Einwirkung des Auffordernden zur Begehung der Tat entschlossen war. Da in einem solchen Fall das Anstifterverhalten für den Tatvorsatz des Haupttäters nicht zumindest (mit-)kausal werden kann, entfällt das Bestimmen im Sinne des § 26 (*BGH* NStZ-RR 1996, 1).

Beispiel: A fordert T auf, O zu töten. Die Aufforderung hört T gerne, sie ist **34** aber unnötig, weil er bereits zuvor zur Tötung des O entschlossen war und die Tat auch begeht. – T erfüllt § 212. Eine erfolgreiche Anstiftung durch A (§§ 212, 26) scheitert am Bestimmen, weil A in T nicht den Tötungsvorsatz hervorgerufen hat. Die weitere Lösung sieht dann so aus: Zunächst muss an die §§ 212, 27 in Form der psychischen Beihilfe gedacht werden, da die Aufforderung des A bestärkend gewirkt hat. Außerdem ist noch eine versuchte Anstiftung gemäß den §§ 212, 30 I zu bejahen, die aber im Verhältnis zur erfolgreichen Beihilfe als subsidiär zurücktritt (Sch/Sch/*Heine/Weißer*, § 30 Rn. 38; erg. unten § 47 Rn. 41 ff.).

b) Der Fall der Aufstiftung. Bei der „Aufstiftung" – auch als **35** „Überstiftung" oder „Übersteigerung" charakterisiert – geht es hauptsächlich um Teilnahmekonstellationen, bei denen jemand, der

422   8. Kapitel. Täterschaft und Teilnahme

zur Begehung eines Grunddelikts fest entschlossen ist, zur **Begehung einer Qualifikation** angestiftet wird.

36   **Beispiele:** (1) T will O verprügeln (§ 223); A empfiehlt die Verwendung eines Schlagrings, was O tut (§ 224 I Nr. 2).

(2) T plant einen Diebstahl aus einer Fabrikhalle (§ 242); A rät mit Erfolg dazu, sicherheitshalber vorher den Nachtwächter bewusstlos zu schlagen (§ 249, § 223).

(3) T ist zu einem Diebstahl (§ 242) oder Raub (§ 249) entschlossen; A motiviert T, eine Schusswaffe mitzunehmen (§ 244 I Nr. 1a 1. Var. bzw. § 250 I Nr. 1a 1. Var.).

37   Die Lösung dieser Fälle ist umstritten. Im Wesentlichen sind zwei Ansichten zu unterscheiden. Eine in der Literatur verbreitete Meinung knüpft konsequent an den Gedanken des „omnimodo facturus" an und verneint die Möglichkeit einer Anstiftung zur Qualifikation, soweit in ihr das Grunddelikt enthalten ist, zu dem der Täter schon entschlossen war. Von daher kommt eine Anstiftung nur bezüglich solcher Übersteigerungen in Betracht, die einen eigenen Tatbestand erfüllen. Im Übrigen kann lediglich eine psychische Beihilfe bejaht werden.

38   Demgegenüber nimmt die von der Rechtsprechung angeführte Meinungsgruppe eine Anstiftung zum Tatganzen an, sofern die Aufstiftung den Unrechtsgehalt der Tat erheblich erhöht (wie es beim Schritt zu einem Qualifikationstatbestand regelmäßig der Fall ist). Diese überzeugendere Ansicht lässt sich von dem Gedanken leiten, dass die Qualifikation nicht von dem Grunddelikt isoliert werden kann, sondern sein Unrecht aufnimmt. Der Schritt zur Qualifikation beinhaltet nicht nur ein Mehr an Unrecht, sondern verändert dieses auch qualitativ. Das wird besonders deutlich, wenn der „Aufstifter" aus dem Dieb einen Räuber macht oder den Gefährlichkeitsgrad der Körperverletzungsattacke erheblich steigert, indem er die Verwendung eines gefährlichen Werkzeugs initiiert.

39   Im Beispiel (1) erfüllt A also auf dem Boden der hier vertretenen Ansicht die §§ 223, 224 I Nr. 2, 26, im Beispiel (2) die §§ 249, 223, 26 und im Beispiel (3) die §§ 242, 244 I Nr. 1a 1. Var., 26 bzw. §§ 249, 250 I Nr. 1a 1. Var., 26. – Die Gegenmeinung käme in den Beispielen (1) und (3) nur zu einer psychischen Beihilfe, im Beispiel (2) würde sie neben den §§ 249, 27 die §§ 223, 26, 240, 26 bejahen.

40   Wie hier BGHSt 19, 339, 340f.; *Roxin*, AT II, § 26 Rn. 102ff.; LK/*Schünemann*, 12. Aufl., § 26 Rn. 31ff.; *Otto*, JuS 1982, 561; *Fischer*, § 26 Rn. 5; *Amelung/Boch*, JuS 2000, 266f. mit Falllösung. – A. A. Sch/Sch/*Heine/Weißer*,

§ 26 Rn. 9; *Heinrich*, AT, Rn. 1298 ff.; *Kühl*, AT, § 20 Rn. 181 ff.; MüKo/ *Joecks*, § 26 Rn. 37 ff.; *Bock*, JA 2007, 602. – Differenzierend *Küpper*, JuS 1996, 24.

Zu weit geht es aber, eine Aufstiftung auch dann noch anzuneh- **41** men, wenn sie sich auf eine erhebliche **Unrechtserhöhung innerhalb desselben Tatbestandes** beschränkt, wenn also beispielsweise der Aufstifter den zu Ohrfeigen entschlossenen Täter zu gefährlicheren Faustschlägen ermuntert oder den Dieb überredet, nicht nur 100 €, sondern 200 € mitzunehmen. Denn hier verändert sich der Vorsatz nur in quantitativer Hinsicht. Zudem käme es zu erheblichen Abgrenzungsschwierigkeiten. Solche Fälle können über die Beihilfestrafbarkeit angemessen erfasst werden.

Abl. auch *Kaspar*, JuS 2004, 411 mit Falllösung. – A. A. *Roxin*, AT II, § 26 Rn. 102, 105; *Hardtung*, Herzberg-FS, 2008, S. 423 ff., 440. – BGHSt 19, 339, 340 f. hält eine Aufstiftung bei einer gefährlicheren Ausführungsart für möglich.

c) Der Fall der Umstiftung. Unter dem Begriff der „Umstiftung" **42** – anschaulicher: „Umstimmung" – werden Konstellationen diskutiert, in der ein zu einer bestimmten Tat entschlossener Täter zur Begehung einer anderen Tat verleitet wird (z. B. Sachbeschädigung statt Diebstahl oder Körperverletzung). Eine andere Tat liegt vor allem dann vor, wenn sich die neue Tat gegen ein anderes Rechtsgut oder gegen eine andere Person richtet. In solchen Fällen ist eine Anstiftung zu bejahen. Wenn der „Umstifter" aber etwa nur eine Veränderung von Tatmodalitäten (Tatzeit, Tatort, Tatmittel) bewirkt, welche die Tat in ihrem Kern nicht berühren, kommt lediglich eine Beihilfe in Betracht.

Hierzu *BGH* NStZ-RR 1996, 1; *Küpper*, JuS 1996, 23 f.; MüKo/*Joecks*, § 26 Rn. 44 ff.; Sch/Sch/*Heine/Weißer*, § 26 Rn. 8; *Roxin*, AT II, § 26 Rn. 91 ff.

d) Der Fall der Abstiftung. Umgekehrt zur Aufstiftung liegt die **43** Konstellation der „Abstiftung". Bei dieser wird der Täter in der Regel veranlasst, statt der Qualifikation (z. B. § 224 I Nr. 2, § 250 I Nr. 1a 1. Var.) nur das leichtere Grunddelikt (§ 223 bzw. § 249) zu begehen. Eine Anstiftung scheidet aus, da der Wille zur Begehung der Qualifikation den Tatvorsatz zur Begehung des Grunddelikts einschließt. Die denkbare psychische Beihilfe zum Grunddelikt wird in der Regel nach den Grundsätzen der Risikoverringerung nicht objektiv zurechenbar bzw. gemäß § 34 gerechtfertigt sein (vgl. oben § 13

424   8. Kapitel. Täterschaft und Teilnahme

Rn. 57 f.); ansonsten würde der aktiv handelnde, größeres Unrecht verhindernde „Abstifter" schlechter gestellt als jemand, der – straflos – untätig bliebe.

Kudlich, JuS 2005, 592 ff.; *Küpper*, JuS 1998, 24; *Kühl*, AT, § 20 Rn. 185; Sch/Sch/*Heine/Weißer*, § 26 Rn. 10; LK/*Schünemann*, 12. Aufl., § 26 Rn. 28 ff.; *Koch/Wirth*, JuS 2010, 207 f.

3. Subjektiver Tatbestand: Vorsatz

44 **a) Grundlagen.** Wie beim normalen Vorsatzdelikt (§ 14 Rn. 2) muss sich auch der Vorsatz des Anstifters auf alle objektiven Tatbestandsmerkmale erstrecken; dolus eventualis genügt. Da der objektive Anstiftungstatbestand mit der Haupttat und dem Bestimmen zwei Bausteine enthält, die Bezugspunkte für den Vorsatz bilden, spricht man vom „doppelten" Teilnehmervorsatz. Eine eigenständige Aussage steckt hinter dieser Terminologie nicht.

45 Wesentlich ist zunächst zu erkennen, dass die Haupttat aus einer tatbestandsmäßigen und rechtswidrigen Vorsatztat besteht. Daher muss sich der Vorsatz des Anstifters auf alle objektiven und subjektiven Merkmale dieser Vorsatztat erstrecken. Bezugspunkte des Anstiftervorsatzes sind demnach (1) alle objektiven Tatbestandsmerkmale der Haupttat, (2) alle Merkmale ihres subjektiven Tatbestandes, nämlich vorsätzliches Handeln und etwaige besondere subjektive Tatbestandsmerkmale wie die Zueignungsabsicht und (3) die Begehung einer „rechtswidrigen" Tat.

46 Fehlt der Vorsatz auch nur bezüglich eines dieser Elemente, so handelt der Anstifter in einem vorsatzausschließenden Tatbestandsirrtum (§ 16 I 1). Selbstverständlich sind dabei die allgemeinen Lehren zum Tatbestandsirrtum und zu seinen Grenzen zu berücksichtigen (oben § 15).

Beispiele: Beim Anstiftervorsatz sind die unten angesprochenen Fragen des Täterexzesses (Rn. 55 f.) und eines error in persona beim Haupttäter (Rn. 57 ff.) zu verorten.

47 Der Vorsatz muss sich weiter auf das Bestimmen, also darauf beziehen, dass der Anstifter im Rahmen eines geistigen Kontakts zumindest mit dolus eventualis den Tatvorsatz beim Haupttäter hervorruft.

48 Dass sich der Anstiftervorsatz schließlich auf die Begehung einer vollendeten Tat zu richten hat, kann, soweit man nur auf die Akzes-

§ 45. Anstiftung und Beihilfe   425

sorietät schaut, leicht übersehen werden. Der Grund für dieses Erfordernis liegt darin, dass auch der Teilnehmer eine Rechtsgutverletzung wollen muss (oben Rn. 2; erg. unten Rn. 65 ff.).

b) Anforderungen an die Bestimmtheit des Anstiftervorsatzes. 49
Fraglich ist, welche Anforderungen an die Bestimmtheit der Haupttat in der Vorstellung des Anstifters zu stellen sind. Klar dürfte sein, dass sich der Vorsatz nicht auf eine in allen Einzelheiten konkretisierte Tat beziehen kann. Denn das (Haupt-)Tatgeschehen liegt notwendigerweise in der Zukunft. Außerdem überlässt der Anstifter die Tatdurchführung einem anderen – er selbst hat die Tatherrschaft nicht inne – und räumt dem Angestifteten einen mehr oder weniger großen Spielraum ein.

Nach den Leitlinien der Rechtsprechung und h. M. muss sich der 50 Vorsatz des Anstifters auf die Ausführung einer zwar nicht in allen Einzelheiten, wohl aber in ihren wesentlichen Merkmalen oder Grundzügen, insbesondere in ihrer Unrechts- und Angriffsrichtung konkretisierten Tat beziehen. Der Vorsatz muss so viele Einzelheiten der auszuführenden Haupttat erfassen, dass die Tat als konkret-individualisierbares Geschehen erkennbar ist. Ob eine derartige Tatindividualisierung stattgefunden hat, hängt von den Umständen des Einzelfalles ab.

Beispiele: (1) Die Aufforderung muss sich an einen oder mehrere bestimmte 51 Täter oder zumindest einen individuell bestimmbaren Personenkreis richten. Daher reicht es nicht aus, wenn jemand im Internet oder in einer Rede allgemein zur Begehung einer Straftat auffordert, z. B. zur Tötung eines Politikers oder zu Diebstählen bei reichen Leuten (vgl. aber § 111).

(2) *BGH*, Urt. v. 11.10.2005, 1 StR 250/05 (insoweit nicht in NStZ 2006, 52 96): M hat S für den Fall des Todes seiner Frau F gemeinsame Lebensperspektiven in Aussicht gestellt. Auf eine Äußerung der S, sie wolle F „am liebsten den Hals umdrehen", erwidert M: „Wieso? Mach's doch! Vielleicht können wir dann zusammenkommen wir zwei. Brauchst es nur mal machen." Nach zahlreichen inhaltlich identischen weiteren Gesprächen besucht eines Tages S die F und tötet sie. – Das Landgericht hat eine Anstiftung zur vorsätzlichen Tötung mangels hinreichender Konkretisierung der Haupttat abgelehnt. Dem widerspricht der *BGH* und führt aus, es genüge, wenn die von M an S gerichteten Aufforderungen zur Tatbegehung die Tat im Kern kennzeichnen würden; eines alle Einzelheiten der Tatausführung festlegenden Tatplans habe es nicht bedurft. Bemerkenswert ist, dass hier eine Anstiftung bejaht wird, obwohl keinerlei Einzelheiten der Tat wie Ort, Zeit und Tötungsweise konkretisiert sind. Die Entscheidung verdient Zustimmung. Bei einem Tötungsdelikt ist die Individualisierung des Opfers das Entscheidende. Die Durchführung

426   8. Kapitel. Täterschaft und Teilnahme

der Tat kann der Anstifter, wie nicht zuletzt das Beispiel des beauftragten Profikillers zeigt, dem Haupttäter überlassen (*Satzger*, JK 7/06, StGB § 211/49 bewertet die Entscheidung als „vergleichsweise extensiv").

53   (3) Im **Fall 4** lehnt der *BGH* demgegenüber zu Recht eine Anstiftung zu dem Raub- oder Erpressungsdelikt ab. Es genüge nicht, dass ein in Betracht kommendes Tatobjekt (Bank, Tankstelle) nur der Gattung nach umrissen werde. Insoweit wendet sich der *BGH* gegen eine Minderheitsmeinung im Schrifttum, die es für den Anstiftervorsatz genügen lässt, wenn er neben dem zu verwirklichenden Tatbestand die wesentlichen Dimensionen des Unrechts erfasst (*Roxin*, AT II, § 26 Rn. 136 ff.). – Parallelfall bei *Koch/Exner*, JuS 2007, 40, 42 f., wo die Freundin dem notleidenden Doktoranden rät, er solle doch „irgendein altes Buch klauen und verkaufen". – Zum jeweiligen Gehilfenvorsatz unten Rn. 120.

54   Zum Ganzen BGHSt 34, 63 ff.; *Geppert*, Jura 1997, 359 f.; *Satzger*, Jura 2008, 518 ff. – Eine neuere Ansicht will, ohne inhaltliche Änderungen, die Fragen der Tatkonkretisierung schon im objektiven Tatbestand beim Bestimmen ansiedeln (etwa *Kühl*, AT, § 20 Rn. 188 ff.; *Kretschmer*, Jura 2008, 265 ff.; *Koch/ Wirth*, JuS 2010, 205 f.). Der Studierende ist gut beraten, der herkömmlichen Einordnung beim Vorsatz zu folgen.

55   **c) Täterexzess.** Fragen des Täterexzesses sind schon im Zusammenhang mit der mittelbaren Täterschaft (§ 43 Rn. 71 ff.) und der Mittäterschaft (§ 44 Rn. 23 ff.) angesprochen worden. Im Prinzip lassen sich die dort gegebenen Beispiele auf das Verhältnis zwischen Anstifter und Haupttäter übertragen, da es um allgemeine Fragen der Vorsatzlehre geht. Dabei kann der Umfang des Anstiftervorsatzes von dem Konkretisierungsgrad der Haupttat abhängen. Je mehr Spielraum der Angestiftete hat und je geringer die Tat konkretisiert ist, umso größer wird die Streubreite dessen sein, was noch vom Anstiftervorsatz umfasst wird.

56   **Beispiel:** Wer jemanden zur Tötung einer bestimmten Person anstiftet und ihm die Einzelheiten der Tatausführung völlig überlässt, dürfte eine heimtückische Begehungsweise in seinen Vorsatz aufgenommen haben (vgl. BGHSt 50, 1, 7; *Jäger*, JR 2005, 478 f.).

4. Der error in persona des Haupttäters

57   Ein viel diskutiertes und beliebtes Problem betrifft die Frage, wie sich ein beim Haupttäter für seinen Vorsatz unbeachtlicher error in persona (vgl. § 15 Rn. 21 ff.) auf den Anstiftervorsatz und die Strafbarkeit des Anstifters auswirkt (BGHSt 37, 214 = **Fall 5**). Die im Zusammenhang mit der Anstiftung besonders häufig behandelte Konstellation weist Parallelen zum error in persona beim Mittäter (§ 44

§ 45. Anstiftung und Beihilfe 427

Rn. 30 f.), beim Werkzeug (§ 43 Rn. 73 f.), bei einem Rauschtäter (§ 25 Rn. 23 f.) und in den Distanzfällen (§ 15 Rn. 42 ff.) auf. Der Streit um den richtigen Lösungsansatz – (1) generelle Unbeachtlichkeit des Irrtums auch für den Anstifter (error in persona-Lösung), (2) Wegfall des Anstiftervorsatzes (aberratio ictus-Lösung) oder (3) Unbeachtlichkeit des Irrtums bei Verwechslungsrisiko (Individualisierungs-Lösung) – wiederholt sich auch hier bzw. hat, genau genommen, von der Anstiftung seinen Ausgang genommen.

Doch bedürfen die diesbezüglichen Ausführungen zu den Distanz- **58** delikten (§ 15 Rn. 42 ff.) noch einer gewissen Konkretisierung, und zwar nicht nur für die error in persona-Konstellation der Anstiftung, sondern auch der mittelbaren Täterschaft (§ 43 Rn. 73 f.) und Mittäterschaft (§ 44 Rn. 30 f.), da insoweit jeweils mehrere Personen beteiligt sind. Im Ausgangspunkt kommt es nach der von der h. M. vertretenen und zutreffenden Individualisierungs-Lösung im Wesentlichen darauf an, inwieweit der Täter Verwechslungsrisiken ausgeschlossen hat. Zunächst konkretisiert für den häufigen Anstiftungsfall heißt dies: Ob der error in persona des Täters auch für Anstifter unbeachtlich ist, hängt davon ab, in welchem Maße der Anstifter dem Täter die Individualisierung überlassen und dieser sich an die Vorgaben gehalten hat (*Lubig*, Jura 2006, 659; *Kindhäuser*, AT, § 41 Rn. 37 ff.). Dazu zwei

Beispiele (*Lubig*, Jura 2006, 658 f.): A stiftet T an, den im Krankenhaus al- **59** lein auf Zimmer 10 liegenden O zu töten, woraufhin T wenige Stunden später (1) im Zimmer 10 den X tötet, weil O in ein anderes Zimmer verlegt worden ist; (2) den Y tötet, weil T die Zimmernummern verwechselt und ins Zimmer 9 geht. – Nach der Individualisierungs-Lösung erfüllt A im ersten Beispiel die §§ 212, (211), 26, während im zweiten T von den Individualisierungsvorgaben so abweicht, dass man zu einem vorsatzausschließenden Täterexzess gelangt; A verwirklicht daher nur die §§ 212, (211), 30 I.

Macht man bei sonst gleichem Sachverhalt aus A und T Mittäter oder aus A **60** einen mittelbaren Täter (mit T etwa als schuldlos handelndem Werkzeug), ändert sich hinsichtlich des Tätervorsatzes von A an der Individualisierungs-Perspektive nichts.

Speziell für die Anstiftungsvariante sind noch die folgenden As- **61** pekte von Bedeutung: Als ein besonderer Grund für die aberratio ictus-Lösung wird immer wieder das „Blutbadargument" ins Feld geführt: Sehe man den Irrtum des Täters als für den Anstifter unbeachtlich an, so müsse der Anstifter konsequenterweise wegen zweifacher Anstiftung zum Mord bestraft werden, wenn der Täter

428   8. Kapitel. Täterschaft und Teilnahme

seinen Irrtum bemerke und anschließend die richtige Person töte; unterliege der Täter ein zweites Mal einem error in persona und töte er erst im dritten Anlauf den Richtigen, müsse sogar eine dreifache Anstiftung zum Mord angenommen werden (usw.), obwohl der Anstiftervorsatz sich nur auf die Tötung einer Person erstreckt habe. Das Blutbadargument überzeugt aber nicht, weil dann, wenn man den Anstiftervorsatz und insoweit eine strafbare Anstiftung bejaht, die Tat trotz der Personenverwechslung dem Anstifter als *seine* Anstiftungstat zugerechnet wird; damit ist *sein* Tötungsvorsatz bezüglich etwaiger weiterer Taten unabhängig davon verbraucht, gegen wen sie sich richten.

62   Auf der anderen Seite ist gegen die aberratio ictus-Lösung einzuwenden, dass sie namentlich bei Vergehen wie § 224 zu Strafbarkeitslücken führt, da eine Strafbarkeit wegen versuchter Anstiftung nur bei Verbrechen in Betracht kommt (§ 30 I). Um diesen Einwand zu entkräften, wollen manche Anhänger der aberratio ictus-Lösung eine (erfolgreiche) Anstiftung zumindest zu einem untauglichen Versuch annehmen. Dieser Versuch soll darin liegen, dass der Haupttäter seiner Vorstellung nach dem vom Anstifter ausgesuchten Opfer aufgelauert habe. Überzeugend ist das nicht. Wenn man beim Täter angesichts des für ihn unbeachtlichen error in persona eine vollendete Tötung und also seinen Tötungsvorsatz bejaht, kann man nicht zusätzlich noch eine zweite, wenn auch nur versuchte Tötung annehmen.

63   Im **Fall 5** erfüllt T die §§ 212, 211 (Heimtücke, Habgier); sein error in persona lässt den Tötungsvorsatz unberührt. Ob V als Anstifter eines heimtückischen Mordes bestraft werden kann, ist umstritten: (1) Überträgt man den Unbeachtlichkeitsgedanken pauschal auf den Anstifter, da er wie der Täter das Risiko einer Personenverwechslung zu tragen habe, so muss das bejaht werden. (2) Folgt man der aberratio ictus-Lösung, entfällt der Anstiftervorsatz. Da die Konstruktion einer Anstiftung zu einem untauglichen Versuch nicht trägt, bleiben lediglich die §§ 211, 30 I. Außerdem kann bei V noch eine fahrlässige Tötung mit der Begründung bejaht werden, dass sein pflichtwidriges Anstifterverhalten voraussehbar zu einer Personenverwechslung geführt habe. (3) Schließt man sich der (vorzugswürdigen) Individualisierungs-Lösung an, so muss man fragen, inwieweit V das Verwechslungsrisiko ausgeschlossen hat. Diesbezüglich hat sich V zwar um gewisse Konkretisierungen bemüht; doch haben diese nicht ausgereicht (a. A. *Baumann/Weber/Mitsch*, AT, § 30 Rn. 90), um Verwechslungsrisiken bei einer nach den Vorgaben des V möglichen Tatbegehung im Dunkeln auszuschließen. Daher erfüllt V ebenfalls auf dem Boden der Individualisierungs-Lösung die §§ 211, 26. – Ob auch

§ 45. Anstiftung und Beihilfe 429

wegen der bei T vorliegenden Habgier eine Anstiftung zum Mord angenommen werden kann, ist umstritten und zu verneinen, da die Habgier unter § 28 II fällt (vgl. unten § 46 Rn. 18 und *Rengier*, BT II, § 5).

Befürworter der **Individualisierungs-Lösung** sind auch *W/Beulke/Satzger*, **64** AT, Rn. 576 ff.; *Kindhäuser*, AT, § 41 Rn. 33 ff.; *Streng*, JuS 1991, 910 ff.; *Haft/ Eisele*, Keller-GS, 2003, 81 ff., 96 f.; *Lubig*, Jura 2006, 658 f.; MüKo/*Joecks*, § 26 Rn. 78 ff.; Falllösungen bei *Beulke* I, Rn. 161 a ff.; *Safferling*, JA 2007, 188 f. – Der Individualisierungs-Lösung nahe steht BGHSt 37, 214, 218, wo auf die **Wesentlichkeit der Kausalabweichung** von dem geplanten Tatgeschehen abgestellt und sie als unbeachtlich angesehen wird, weil sie sich im Rahmen des nach allgemeiner Lebenserfahrung Vorhersehbaren gehalten hat (zust. *Geppert*, Jura 1992, 167 f.; *Krey/Esser*, AT, Rn. 1096; Sch/Sch/*Heine/Weißer*, § 26 Rn. 26). – Die pauschale **error in persona-Lösung** wird seit BGHSt 37, 214 kaum noch vertreten (*Fischer*, § 26 Rn. 14; NK/*Puppe*, § 16 Rn. 108). – Für die **aberratio ictus-Lösung** *Heinrich*, AT, Rn. 1307 ff.; *Jäger*, AT, Rn. 262; Falllösungen bei *Stoffers*, JuS 1993, 839; *Sowada*, Jura 1994, 41 f.; *Schuster*, Jura 2008, 229 f.; *Erb*, Frisch-FS, 2013, S. 398 ff.; im Wesentlichen auch *Roxin*, AT II, § 26 Rn. 117 ff.; LK/*Schünemann*, 12. Aufl., § 26 Rn. 84 ff.

5. Vorsatz zur Begehung einer vollendeten Haupttat

Der Vorsatz des Teilnehmers – des Anstifters wie des Gehilfen – **65** muss stets auf die Begehung einer vollendeten Haupttat gerichtet sein. Weiß der Teilnehmer, dass die Tat trotz seiner Beteiligung nicht vollendet werden kann bzw. fehlt ihm bezüglich der Tatvollendung zumindest der dolus eventualis, so entfällt der Anstifter- bzw. Gehilfenvorsatz. Dieses Ergebnis lässt sich besonders gut aus dem Gedanken ableiten, dass auch das Teilnahmeunrecht eine eigenständige Rechtsgutsverletzung voraussetzt (Rn. 2); nur dann kann der Anstifter „wie ein Täter" (§ 26) bestraft werden (*Geppert*, Jura 1997, 360). Im Bereich der Anstiftung ist es insbesondere der Agent provocateur oder Lockspitzel, der auf diese Weise aus dem Strafbarkeitsbereich fallen kann.

Beispiele: (1) Um eine Diebesbande auf frischer Tat erwischen zu können, **66** gibt ein polizeilicher Lockspitzel L in Absprache mit den berechtigten Eigentümern heiße Tipps, in welchen Wohnungen oder Geschäften man reiche Beute machen kann. Gleich nach dem Eindringen in die Räumlichkeiten werden die Täter plangemäß festgenommen. – Auf den ersten Blick scheint, was die Strafbarkeit des L betrifft, die Konstruktion der §§ 242, 244 I Nr. 2, 22, 26 unproblematisch zu sein. Indes fehlt bei L der auf die Vollendung des Diebstahls gerichtete Vorsatz.

(2) Ebenso liegt die Konstellation der „Diebesfalle": Hier präpariert typi- **67** scherweise ein Polizeibeamter P einen Geldschein des Eigentümers E mit des-

430   8. Kapitel. Täterschaft und Teilnahme

sen – eine Wegnahme ausschließendem (*Rengier*, BT I, § 2 Rn. 64 ff.) – Einverständnis und deponiert ihn an einer bestimmten Stelle, um einen Verdächtigen V überführen zu können. V findet den Schein und eignet ihn sich zu. – Wegen des tatbestandsausschließenden Einverständnisses begeht V einen untauglichen Diebstahlsversuch. Eine Anstiftung des P scheitert spätestens am nicht auf die Vollendung der Tat gerichteten Vorsatz. Lehnt man mit der hier vertretenen h. M. eine Anstiftung bereits mangels kommunikativer Beziehung ab (Rn. 27 ff.), so wird der fehlende Vollendungsvorsatz auf der Ebene der §§ 242, 22, 27 relevant. – Ergänzend das Beispiel bei *Deiters*, JuS 2006, 302 f.

68   (3) Drückt A dem T eine ungeladene Schusswaffe in die Hand und fordert ihn auf, damit O zu erschießen, begeht T, wenn er die Waffe für geladen hält und schießt, einen untauglichen Versuch der §§ 212, (211), 22. A bleibt mangels Anstiftervorsatzes und Rechtsgutsangriffs straflos (*Roxin*, AT II, § 26 Rn. 151).

6. Die problematische Agent-provocateur-Konstellation

69   **Beispiel** (*Deiters*, JuS 2006, 303 f.): Der polizeiliche Lockspitzel L überredet A und B zu einem Einbruch in die Villa des Millionärs M, der in Urlaub gefahren ist. Mit der Polizei ist abgesprochen, dass die Täter im Garten festgenommen werden sollen, nachdem sie mit der Beute in ihren Taschen das Haus verlassen haben. Genau so geschieht es.

70   A und B haben, als sie festgenommen werden, anders als die Täter im Beispiel von Rn. 66 bereits einen vollendeten Diebstahl in Mittäterschaft begangen. Da dieser Geschehensverlauf den Vorstellungen des L entspricht, kann bei ihm nicht der auf die Vollendung der Haupttat gerichtete Vorsatz verneint werden. Von daher ist es vertretbar, L als Anstifter zu bestrafen, wenn nicht besondere Rechtfertigungsgründe eingreifen (*Bock*, JA 2007, 603; *Gropp*, AT, § 10 Rn. 130).

71   Die heute h. M. folgt dieser Ansicht zu Recht nicht mehr. Es gibt ein gewisses Bedürfnis, für den Agent provocateur einen größeren straffreien Raum zu schaffen. Dogmatischer Anknüpfungspunkt ist wieder der Gedanke, dass das Teilnahmeunrecht einen eigenständigen Rechtsgutsangriff voraussetzt (Rn. 2). Ein solcher liegt aber nicht vor, wenn der Wille des Anstifters darauf gerichtet ist, durch rechtzeitiges Eingreifen die materielle Beendigung der Tat oder eine Rechtsgutsverletzung zu verhindern. Da es im Beispielsfall mit dem Willen des L nicht zur Beendigung der Tat und zu keiner dauernden Enteignung des M kommt, entfällt eine Strafbarkeit gemäß den §§ 242, 26.

72   So etwa auch *Deiters*, JuS 2006, 303 f.; *Lackner/Kühl*, § 26 Rn. 4; W/*Beulke*/*Satzger*, AT, Rn. 573; *Geppert*, Jura 1997, 361 f.; Sch/Sch/*Heine*/*Weißer*, § 26 Rn. 21 ff.; *Heinrich*, AT, Rn. 1312 ff.; erg. *Rönnau*, JuS 2015, 20 f. – Der Sache

§ 45. Anstiftung und Beihilfe 431

nach folgt auch die Rechtsprechung dieser Lehre, ohne allerdings auf das Teilnahmeunrecht zu rekurrieren (besonders deutlich *OLG Oldenburg* NJW 1999, 2751 mit Anm. *Geppert*, JK 00, StGB § 26/6; ferner *BGH* NStZ 2008, 41 mit Anm. *Geppert*, JK 6/08, StGB § 26/8).

Anders liegt es bezüglich der Anstiftung zu § 123 und zum möglicherweise auch erfüllten § 303. Bei diesen Tatbeständen kommt es zu einer endgültigen Rechtsgutsverletzung. Insoweit könnte die Strafbarkeit des L (§§ 123, 26 bzw. 303, 26) allenfalls nach § 34 ausgeschlossen sein, dessen Voraussetzungen aber nicht vorliegen (*Deiters*, JuS 2006, 304). 73

7. Beteiligung an der Anstiftung

Im Prinzip kann man sich an der Anstiftung genauso wie an der Täterschaft beteiligen. So ist z. B. eine **mittäterschaftliche Anstiftung** in der Form möglich, dass mehrere „Mitanstifter" gemeinschaftlich auf den Täter einreden und ihn zur Tat bestimmen (*Roxin*, AT II, § 26 Rn. 173 f.). 74

Wohl der häufigste Fall ist die Anstiftung zur Anstiftung (sog. **Kettenanstiftung**). 75

Beispiel: Die von ihrem Mann M permanent gepeinigte F bittet S, jemanden ausfindig zu machen, der M umbringt. S bringt T dazu, M zu töten.

Eine solche Anstiftung zur Anstiftung wird immer als Anstiftung zur Haupttat bestraft. Daher muss sich auch der Anstiftervorsatz auf eine hinreichend konkretisierte Haupttat beziehen. Die Person des Haupttäters braucht der mittelbare Anstifter nicht zu kennen, es genügt, dass er eine bestimmte Einzelperson zu der von ihr zu begehenden Anstiftung eines Dritten bestimmt. Dabei kommt es auf die Zahl der Glieder in der Kette nicht an (BGHSt 6, 359, 360 f.). 76

Im Beispiel erfüllen F wie S die §§ 212, (211), 26. In der **Fallbearbeitung** wäre es verfehlt, F als Anstifterin zur Tat des S mit den §§ 212, (211), 26 als Haupttat zu prüfen. 77

Als weitere Formen der Kettenteilnahme sind eine **Beihilfe zur Anstiftung** und eine **Anstiftung zur Beihilfe** möglich. 78

Beispiele: (1) Im Beispiel von Rn. 75 gibt G in Kenntnis aller Fakten S den Tipp, sich an T zu wenden (Beihilfe des G zur Anstiftung des S).
(2) D sucht für einen Diebstahl noch einen „Schmieresteher", der eine Belohnung erhalten soll. A fordert H auf, den Job zu übernehmen (im Falle der Ausführung der Tat eine Anstiftung des A zur Beihilfe des H).

432   8. Kapitel. Täterschaft und Teilnahme

79   Auch in diesen Fällen gilt das Prinzip, dass es bei einer Kettenteilnahme – hier bei G und A – um eine Teilnahme an der Haupttat geht. Dabei richtet sich die Beteiligungsform stets nach dem schwächsten Glied in der Kette. Daher sind sowohl G als auch A Gehilfen und gemäß den §§ 212, (211), 27 bzw. §§ 242, 27 zu bestrafen.

80   Zum Ganzen vgl. BGHSt 48, 77, 82; *BGH* NStZ 1996, 562, 563; *Geppert*, Jura 1997, 364 f.; *Roxin*, AT II, § 26 Rn. 173 ff.; MüKo/*Joecks*, § 26 Rn. 99 ff.; *Heinrich*, AT, Rn. 1341 ff.; *Hecker*, ZJS 2012, 485 ff.

V. Beihilfe (§ 27)

1. Objektiver Tatbestand: Hilfeleisten

81   **a) Grundlagen.** Wie der objektive Anstiftungstatbestand verlangt auch der objektive Beihilfetatbestand zunächst das Vorliegen einer vorsätzlich begangenen rechtswidrigen Haupttat (Rn. 1, 11). Die Teilnahmehandlung besteht gemäß § 27 I darin, dass der Gehilfe dem Täter „Hilfe geleistet" hat.

82   Als Hilfeleistung ist grundsätzlich jede Handlung anzusehen, welche die Herbeiführung des Taterfolges durch den Haupttäter objektiv fördert oder erleichtert, ohne dass sie für den Erfolg selbst ursächlich sein muss (BGHSt 46, 107, 109). Anders umschrieben genügt jede Handlung, welche „die Haupttat ermöglicht, erleichtert, beschleunigt oder intensiviert hat" (*Jescheck/Weigend*, AT, § 64 III 2c).

83   Die Unterstützung braucht sich nicht auf das Stadium der Tatausführung zu beziehen, sondern kann auch im Vorbereitungsstadium geleistet werden. Dabei ist zu beachten, dass von einer Förderung der Tat nur dann die Rede sein kann, wenn der Gehilfenbeitrag bis zur Vollendung in irgendeiner Weise wirksam ist. Im Übrigen muss der Haupttäter von der Hilfeleistung keine Kenntnis haben; insoweit ist also – abgesehen von den Fällen der psychischen Beihilfe – eine heimliche Beihilfe möglich.

84   Als Mittel der Hilfeleistung kommt, wie es § 49 I a. F. ganz anschaulich formuliert hat, „Rat oder Tat" in Betracht. Insoweit lassen sich die beiden Formen der **physischen** und **psychischen Beihilfe** unterscheiden:

85   Als **physische** Beihilfe kommt jede tätige Mitwirkung am äußeren Tatgeschehen in Betracht; der Gehilfe bringt hier also „Taten" aller Art ein.

§ 45. Anstiftung und Beihilfe 433

Beispiele: Man denke insbesondere an das Besorgen oder Herstellen von die Tatausführung ermöglichenden oder erleichternden Hilfsmitteln (Leiter, Nachschlüssel, Einbruchswerkzeug, Handschuhe, Tatwaffen, Fluchtfahrzeug, usw.). Ferner kommen körperliche Unterstützungen wie das Schmierestehen, das Tragen von Werkzeug und Fahrdienste in Betracht.

Bei der **psychischen** Beihilfe wirkt die Hilfeleistung nur über die **86** Psyche des Täters; deshalb scheidet hier eine heimliche Beihilfe aus (*BGH* NStZ 2012, 347, 348). Zwei Fallgruppen lassen sich unterscheiden:

(1) Als unproblematisch gilt die Form der oft so genannten **techni- 87 schen Rathilfe**. Damit sind insbesondere Ratschläge und Tipps jeder Art gemeint, welche die Tat erleichtern oder ermöglichen (z. B. Beschreibung der Räumlichkeiten, Erklären der Funktionsweise eines Werkzeugs, Wegbeschreibung, usw.).

(2) Darüber hinaus erkennt die inzwischen ganz h. M. zu Recht **88** auch die psychische Beihilfe durch **Bestärkung des Tatentschlusses** an. In dieser Konstellation wird Beihilfe dadurch geleistet, dass der Gehilfe den Haupttäter in seinem schon gefassten Tatentschluss oder in seiner Bereitschaft, ihn weiterzuverfolgen, bestärkt. Das Bestärken kann auch darin liegen, dass dem Täter ein erhöhtes Gefühl der Sicherheit vermittelt wird.

Beispiele für Handlungen, die sich hier einordnen lassen: Unterstützungen, **89** welche die spätere Entdeckung und Überführung des Täters erschweren sollen, wie z. B. die Zusage, ihn nach der Tat zu verstecken, ihm ein Alibi zu verschaffen oder sonst auf der Flucht vor den Strafverfolgungsorganen zu helfen; die Zusage, einen bestimmten Gehilfenbeitrag zu leisten (*BGH* NStZ 1993, 535); die Billigung der Tat, die dem Täter gegenüber zum Ausdruck gebracht wird (*BGH* NStZ 2002, 139); die Einwirkung auf einen „omnimodo facturus" (oben Rn. 33 f.); die Lieferung von Tatmitteln, die schließlich doch nicht genutzt werden oder sich als unbrauchbar erweisen (Rn. 99 f.); objektiv überflüssiges Schmierestehen, freilich nur, wenn der Haupttäter davon weiß (Rn. 86).

Die psychische Beihilfe durch Bestärken des Tatentschlusses hat **90** eine Zeitlang insoweit berechtigte Kritik erfahren, als die Rechtsprechung insbesondere in Fällen der Anwesenheit bei der Tatausführung teilweise zu weitgehend eine strafbare Hilfeleistung bejaht hat. Mittlerweile hat sie aber klargestellt, dass in der bloßen Anwesenheit, auch nicht bei einer inneren Billigung der Tat, keine ausreichende Förderung durch positives Tun liegt. Vielmehr muss der Teilnehmer – was sorgfältiger und genauer Feststellungen bedarf – die Tat in ihrer konkreten Gestalt aktiv objektiv fördern oder erleichtern und sich

434   8. Kapitel. Täterschaft und Teilnahme

dessen bewusst sein. Dafür kann es genügen, wenn der Gehilfe den
Haupttäter begleitet, also etwa mitgeht oder mitfährt, insoweit seine
Anwesenheit gleichsam „einbringt" und dadurch dem Haupttäter ein
stärkendes Gefühl erhöhter Sicherheit verschafft.

91   Dazu *BGH* NStZ 1995, 490 f.; 1998, 622; 2010, 224; 2012, 316 f.; NStZ-RR
1996, 290; *OLG Düsseldorf* NStZ-RR 2005, 336. – Aus der Literatur vgl.
Kühl, AT, § 20 Rn. 226 ff.; LK/*Schünemann*, 12. Aufl., § 27 Rn. 14 ff.; *Krey/Es-
ser*, AT, Rn. 1072 ff.; *Geppert*, Jura 2007, 591.

92   **b) Zur Diskussion um die Kausalität der Beihilfe.** Auf der Basis
der vorstehenden Grundlagen (Rn. 81 ff.) kann der Studierende gut
arbeiten. Als Problem angesprochen wird oft noch die Kausalität der
Beihilfe. Nach der oben wiedergegebenen Förderungsformel der
Rechtsprechung (Rn. 82) braucht die Hilfeleistung für den Erfolg
selbst nicht ursächlich zu sein. Im Schrifttum wird dieser Verzicht
auf die Kausalität des Tatbeitrags kritisiert. Um das Kausalitätskriterium, das die Literatur weitgehend bejaht, kreist eine umfangreiche
Diskussion, deren Sinn sich freilich nicht stets erschließt, weil sich
die Ergebnisse weitgehend decken.

93   Zur Diskussion vgl. etwa LK/*Schünemann*, 12. Aufl., § 27 Rn. 2 ff., 29 ff.;
MüKo/*Joecks*, § 27 Rn. 23 ff.; *Kühl*, AT, § 20 Rn. 214 ff.; *Heinrich*, AT,
Rn. 1325 ff.; *Murmann*, JuS 1999, 548 ff. – Auch der *BGH* hat sich inzwischen
mit der Kritik befasst und festgestellt, dass eine nähere Betrachtung der „auf
den ersten Blick divergierenden Ansichten zeigt …, dass es sich hier weitgehend um einen Streit über dogmatische Begrifflichkeiten handelt" (*BGH*
NJW 2007, 384, 389). Dementsprechend sieht *Roxin* (AT II, § 26 Rn. 187) in
dem Streit „wohl … ein Scheinproblem" und andere haben festgestellt, dass
Rechtsprechung und Schrifttum auf der gleichen Linie liegen (*Geppert*, Jura
1999, 268 und 2007, 590 f.) und der Unterschied zwischen den Auffassungen
„schwer zu begreifen" ist (*Murmann*, JuS 1999, 549).

94   Wenn die Rechtsprechung davon spricht, dass der Tatbeitrag des
Gehilfen nicht kausal sein muss, so meint sie damit offensichtlich
eine Kausalität im Sinne der conditio-sine-qua-non-Formel (vgl. § 13
Rn. 3 ff.). Eine solche Kausalität verlangt aber auch die Literatur in
der Regel nicht. Vielmehr lässt man eine „Zufluss- oder Verstärker-
kausalität" genügen, so dass die Unterschiede zur Förderungsformel
der Rechtsprechung verschwimmen. Denn für die Kausalität der Beihilfe genügt es, dass der Beitrag „die Haupttat ermöglicht, erleichtert,
beschleunigt oder intensiviert" (*Jescheck/Weigend*, AT, § 64 III 2c)
bzw. „den Erfolg in seiner ganz konkreten Gestalt unter Einbeziehung aller zu ihm hinführenden Zwischenglieder beeinflusst" hat

§ 45. Anstiftung und Beihilfe   435

(*Roxin*, AT II, § 26 Rn. 184). Verdeutlichend sehen viele den Gehilfenbeitrag in der kausalen Steigerung der Erfolgschancen für den Täter.

    Zu den vorstehenden Aspekten vgl. *BGH* NJW 2007, 384, 388 f.; *Roxin*, AT **95**
II, § 26 Rn. 184 ff.; LK/*Schünemann*, 12. Aufl., § 27 Rn. 3; *Kühl*, AT, § 20
Rn. 214 ff., 221; *Geppert*, Jura 2007, 589 ff.

    Die anschließenden Beispielsfälle stehen im Mittelpunkt der Dis- **96**
kussion um die Kausalität der Beihilfe. Zusammenfassend kann man
sagen, dass die im Folgenden vertretenen Ergebnisse von allen Ansichten im Wesentlichen geteilt werden.

    Beispiele (vgl. *Geppert*, Jura 1999, 268 ff. und 2007, 590 f.; *Murmann*, JuS **97**
1999, 549 ff.): (1) Wer dem Haupttäter die Leiter zum Tatort trägt, ist unabhängig davon Gehilfe, ob der Täter die Leiter auch selbst hätte tragen können.
Ebenfalls leistet Hilfe, wer dem Einbrecher die Handschuhe besorgt hat, die
dieser beim Einschlagen einer Fensterscheibe benutzt; es spielt keine Rolle,
ob der Täter die Tat auch anders hätte durchführen können.
    (2) Wer als Gehilfe Schmiere steht, bleibt auch dann strafbar, wenn sich **98**
nachträglich herausstellt, dass der Beitrag völlig überflüssig war.
    (3) Viel diskutiert wird der Fall, dass ein (potentieller) Gehilfe dem Haupt- **99**
täter einen Schlüssel oder ein Tatwerkzeug besorgt hat, der Täter aber noch im
Vorbereitungsstadium erkennt, dass er den Schlüssel bzw. das Werkzeug zur
Tatdurchführung nicht benötigt. Hier scheidet eine physische Beihilfe aus,
weil eine Förderung der Tat voraussetzt, dass der Gehilfenbeitrag in irgendeiner Weise bis zur Vollendung wirkt. Insoweit ist die Kritik im Schrifttum, die
freilich Entscheidungen des *RG* betrifft (RGSt 8, 169; 58, 113, 115 f.), berechtigt. Doch bleibt die Möglichkeit der psychischen Beihilfe in Form der Bestärkung des Tatentschlusses zu bedenken, die in der Regel eher zu bejahen sein
wird (*Joecks*, § 27 Rn. 10).
    (4) Stellt sich im vorstehenden Beispiel (3) erst nach dem Eintritt der Tat in **100**
das Versuchsstadium heraus, dass der Schlüssel bzw. das Werkzeug nicht gebraucht wird, so scheidet eine Beihilfe zum vollendeten Delikt wiederum aus,
weil der Tatbeitrag nicht bis zur Vollendung wirkt. Immerhin ist das Mittel
aber im Versuchsstadium verwendet worden, so dass insoweit zumindest eine
physische Beihilfe zum versuchten Delikt bejaht werden kann (*Kühl*, AT, § 20
Rn. 217). Doch kommt es auf diese Konstruktion gar nicht an, wenn man eine
Bestärkung des Tatentschlusses für gegeben hält und von daher eine erfolgreiche psychische Beihilfe bejaht.

2. Die Problematik der neutralen Beihilfe

    Zu den meistdiskutierten Fragen der letzten Zeit gehört das Pro- **101**
blem der „neutralen" Beihilfe. Dabei geht es in erster Linie um die

436   8. Kapitel. Täterschaft und Teilnahme

Strafbarkeit von berufstypischen alltäglichen Verhaltensweisen, welche die Begehung einer Straftat ermöglichen oder erleichtern. Da § 27 die Beihilfe nicht auf bestimmte Mittel beschränkt und für den Gehilfenvorsatz nach der allgemeinen Lehre dolus eventualis ausreicht, ist eine Fülle von einschlägigen Konstellationen denkbar. In den folgenden Beispielen gelangt man zur besonderen Problematik immer dann, wenn der Berufsangehörige zumindest mit dolus eventualis hinnimmt, dass seine Handlung eine andere rechtswidrige Vorsatztat fördert.

102   **Beispiele:** Verkauf eines Brot- oder Taschenmessers oder Werkzeugs (Schraubenzieher, Hammer), das der Käufer zu einer Tötung, Verletzung oder einem Diebstahl benutzt; Verkauf von Streichhölzern an einen späteren Brandstifter; Verkauf eines Getränks, in das Gift gemischt werden soll, um jemanden zu töten; Verkauf von Kleidungsstücken zum Tarnen; Vermietung eines Fahrzeugs an eine Diebesbande oder einen Täter, der damit, um Steuern zu hinterziehen, Gelder ins Ausland transportieren will; Fahrt von Tätern zum Tatort durch einen Taxifahrer; Verlagerung von Kundengeldern ins Ausland durch Bankmitarbeiter, um Steuern zu hinterziehen.

103   Die Diskussion dreht sich um die Frage, ob der Berufsträger schon immer dann der Beihilfestrafbarkeit unterliegt, wenn er es im Sinne des dolus eventualis für möglich hält, dass mit Hilfe seiner Leistung der Kunde eine bestimmte Straftat begeht. Eine Minderheitsmeinung bejaht dies und will keine Ausnahmen für geschäftsmäßige Tätigkeiten anerkennen. Diese Ansicht sieht keinen Anlass, Berufspersonen mit Blick auf strafrelevante Unterstützungshandlungen zu begünstigen, die beim Normalbürger eine Beihilfestrafbarkeit auslösen (*Beckemper*, Jura 2001, 163 ff.; *Heinrich*, AT, Rn. 1331).

104   Demgegenüber hält die h. M. zu Recht eine Einschränkung für erforderlich. Man fragt sich, inwieweit es den Berufsträger überhaupt etwas angeht, was andere mit den von ihm legal und verfassungsrechtlich geschützt (Art. 12 GG) angebotenen Leistungen machen. Auch nimmt man an, dass die uneingeschränkte Strafbarkeit wegen Beihilfe die wirtschaftliche Handlungsfreiheit zu sehr einschränke, da viele Gegenstände der Lebenserfahrung nach stets zu Strafzwecken eingesetzt werden könnten.

105   Vor diesem Hintergrund gibt es eine kaum übersehbare Fülle von Vorschlägen. **Objektive Ansätze** knüpfen insbesondere an die Lehre der objektiven Zurechnung an und wollen berufstypische Handlungen ausscheiden, von denen keine rechtlich missbilligte Gefahr ausgeht (vgl. § 13 Rn. 51 ff.). Um dies zu konkretisieren, werden ver-

§ 45. Anstiftung und Beihilfe 437

schiedene Kriterien wie die Sozialadäquanz, das erlaubte Risiko, die „professionelle Adäquanz", die Abgrenzung nach Verantwortungsbereichen und die Wesentlichkeit des Tatbeitrags bemüht.

Vgl. *Hassemer*, wistra 1995, 41 ff., 81 ff.; *Weigend*, Nishihara-FS, 1998, **106** S. 197 ff., 205 ff.; *Wohlers*, NStZ 2000, 169 ff.; *Lackner/Kühl*, § 27 Rn. 2a; Sch/ Sch/*Heine/Weißer*, § 27 Rn. 9 ff. Zusammenfassend *Ambos*, JA 2000, 721 ff.; *Beckemper*, Jura 2001, 164 ff.; *Kühl*, AT, § 20 Rn. 222 ff.; *Heinrich*, AT, Rn. 1332; *Seher*, JuS 2009, 795 f.

Gegen diese Ansätze spricht, dass auch im beruflichen Leben die **107** Handlungen in einem sozialen Kontext stehen und nicht einseitig aus der beruflichen Perspektive in einem mehr oder weniger großen Umfang für „neutral" und insoweit für straffrei erklärt werden können. Eine solche Sicht widerspricht zudem dem Gedanken der objektiven Zurechnung, dass ein etwaiges Sonderwissen – wozu man auch ein (mögliches) Kundenverhalten zählen kann – die Zurechnungsbasis ändert (§ 13 Rn. 54 f., 74).

Die Rechtsprechung hat die Problematik eines objektiven Ansatzes **108** mit den folgenden Worten festgehalten:

„Eine generelle Straflosigkeit von 'neutralen', 'berufstypischen' oder 'professionell adäquaten' Handlungen kommt ... nicht in Betracht. Weder Alltagshandlungen noch berufstypische Handlungen sind in jedem Fall neutral. Fast jede Handlung kann in einen strafbaren Kontext gestellt werden" (BGHSt 46, 107, 113).

Beifall verdienen daher **subjektive Ansätze**. Dabei kann nach dem **109** gegenwärtigen Meinungsstand der von *Roxin* entwickelten und vom *BGH* übernommenen Lösung zugestimmt werden, die zwei Fallkonstellationen unterscheidet:

Siehe hierzu BGHSt 46, 107, 112; *BGH* wistra 2014, 176, 178; LK/*Roxin*, 11. Aufl., § 27 Rn. 16 ff.; *ders.*, AT II, § 26 Rn. 218 ff., 247 ff. – Auf dieser Linie etwa auch *Amelung*, Grünwald-FS, 1999, S. 9 ff.; *Ambos*, JA 2000, 724 f.; *Gaede*, JA 2007, 759 f.; LK/Schünemann, 12. Aufl., § 27 Rn. 17 ff.; *Krey/Esser*, AT, Rn. 1082 ff. – Falllösung bei *Lotz/Reschke*, Jura 2012, 485 f.

(1) Danach liegt erstens eine strafbare Beihilfe vor, wenn das Han- **110** deln des Haupttäters ausschließlich darauf abzielt, eine strafbare Handlung zu begehen, und dies der Hilfeleistende im Sinne des dolus directus 2. Grades weiß (vgl. § 14 Rn. 9). In einem solchen Fall verliert das Tun des Gehilfen stets seinen „Alltagscharakter", führt zu einer „Solidarisierung" mit dem Täter und kann dann nicht mehr als sozialadäquat angesehen werden.

438   8. Kapitel. Täterschaft und Teilnahme

111   Als sozialadäquat lässt sich nur ein solcher Tatbeitrag einstufen, dem der „deliktische Sinnbezug" fehlt.

Beispiele: Bezweckt der Käufer eines Hammers, damit einen Einbruchsdiebstahl zu begehen, ist der deliktische Sinnbezug unabhängig davon gegeben, ob der Hammer auch als normales Werkzeug benutzt werden kann. Demgegenüber fehlt der deliktische Sinnbezug, wenn sich die Förderung auf eine legale Handlung des Haupttäters bezieht, die als solche sinnvoll ist und nur den Boden für weitere Taten bereitet; man denke an die Bewirtung einer Diebesbande oder die Bezahlung eines Handwerkers, von dem der Auftraggeber weiß, dass er den Lohn nicht versteuert.

112   (2) Hält dagegen zweitens der Hilfeleistende es lediglich für möglich, dass sein Tun zur Begehung einer Straftat genutzt wird, so liegt eine Beihilfe nur dann vor, wenn der Hilfeleistende einen objektiv erkennbar tatgeneigten Täter unterstützt. Dafür bedarf es „konkreter Anhaltspunkte, die die Wahrscheinlichkeit eines deliktischen Verwendungszweckes nahelegen" (*Roxin*, AT II, § 26 Rn. 241).

113   In der **Fallbearbeitung** besteht die große Gefahr, dass man das besondere Problem der neutralen Beihilfe überhaupt nicht erkennt, weil es verhältnismäßig unauffällig daherkommen kann und die Einbeziehung des dolus eventualis dem Normalfall entspricht. Ansonsten hat der Studierende viel Spielraum für eine eigenständige Argumentation (*Kretschmer*, Jura 2008, 270). Im Aufbau lässt sich das Problem an verschiedenen Standorten diskutieren. Empfohlen wird, zuerst zu prüfen, ob man auf dem Boden der allgemeinen Kriterien überhaupt zur Bejahung einer objektiv und subjektiv tatbestandsmäßigen Beihilfe gelangt. Ist das zu bejahen, wirft man die Frage auf, ob sich unter dem Aspekt der neutralen Beihilfe etwas anderes ergibt und diskutiert die verschiedenen Lösungsansätze.

3. Subjektiver Tatbestand: Vorsatz

114   **a) Grundlagen.** Parallel zum Anstiftervorsatz (Rn. 44 ff.) muss der Gehilfenvorsatz, für den dolus eventualis ausreicht, sich auf die objektiven Merkmale der Haupttat und der Hilfeleistung erstrecken sowie auf die Begehung einer vollendeten Tat gerichtet sein. Die Rechtsprechung hat sich insbesondere in Fällen psychischer Beihilfe mehrfach veranlasst gesehen zu betonen, dass dem Gehilfen auch bewusst sein muss, durch ein aktives Verhalten den Haupttäter in seinem Tatentschluss zu bestärken (*BGH* NStZ 1995, 490, 491; 2002, 139).

115   **b) Anforderungen an die Bestimmtheit des Gehilfenvorsatzes.** Um die Anforderungen an die Konkretisierung des Gehilfenvorsat-

§ 45. Anstiftung und Beihilfe 439

zes bezüglich der Haupttat zu umschreiben, greift man im Ausgangspunkt oft auf die schon von der Anstiftung her bekannte Formel zurück, wonach sich der Vorsatz auf die Ausführung einer zwar nicht in
allen Einzelheiten, wohl aber in ihren wesentlichen Merkmalen oder
Grundzügen, insbesondere in ihrer Unrechts- und Angriffsrichtung
konkretisierten Tat beziehen muss (Rn. 49f.; *BGH* NStZ 2011, 399,
400). Der gemeinsame Ansatz darf aber auf keinen Fall den Blick dafür verstellen, dass die Bestimmtheitsanforderungen an den Gehilfenvorsatz geringer sind. Denn (so treffend BGHSt 42, 135, 138):

> „Die unterschiedlichen Teilnahmestrukturen, die verschiedene Nähe zur Tat   **116**
> und die differenzierten Strafdrohungen (für den Anstifter gleich dem Täter,
> für den Gehilfen zwingende Strafmilderung) gebieten es, an den Gehilfenvor-
> satz andere Maßstäbe anzulegen als an den Vorsatz des Anstifters. Der Anstif-
> ter hat eine bestimmte Tat, insbesondere einen bestimmten Taterfolg vor Au-
> gen. Der Gehilfe hingegen erbringt einen von der Haupttat losgelösten
> Beitrag. Er strebt diese nicht notwendigerweise an, weiß aber oder nimmt je-
> denfalls billigend in Kauf, dass sich sein Handeln auch ohne sein weiteres Zu-
> tun als unterstützender Bestandteil einer Straftat manifestieren kann. Beihilfe
> durch Tat kann danach schon begehen, wer dem Täter ein entscheidendes Tat-
> mittel willentlich an die Hand gibt und damit bewusst das Risiko erhöht, dass
> eine durch den Einsatz gerade dieses Mittels typischerweise geförderte Haupt-
> tat verübt wird".

Anders als der Anstiftervorsatz (vgl. Rn. 49 ff.) braucht sich der   **117**
Gehilfenvorsatz also nicht auf ein „konkret-individualisiertes Geschehen" zu beziehen. Von „Einzelheiten der Tat, wann, wo, wem
gegenüber und unter welchen besonderen Umständen die Tat ausgeführt werden wird", muss der Gehilfe keine Vorstellung haben
(*BayObLG* NJW 1991, 2582). Als wesentlich für den Teilnehmervorsatz sind jedenfalls diejenigen Umstände anzusehen, deren Kenntnis
die Begehung der Haupttat hinreichend wahrscheinlich werden lässt
(BGHSt 42, 135, 137 ff.).

Beispiele: (1) Ein vereidigter Sachverständiger S schätzt in seinem Gutach-   **118**
ten Edelsteine des E auf einen Wert von ca. 150.000 €, obwohl sie erkanntermaßen höchstens einen Wert von 20.000 € haben. Zwischen S und E besteht
Einigkeit darüber, dass das Gutachten späteren betrügerischen Zwecken dienen soll. E verpfändet die Steine unter Vorlage des Gutachtens an eine Sparkasse und erlangt so einen Kredit in Höhe von ca. 130.000 €, den er nicht zu-
rückzahlen kann (BGHSt 42, 135). – Der *BGH* bejaht bei S zu Recht eine
Beihilfe zum Betrug, weil er zumindest in Kauf genommen hat, dass mit dem
Gutachten ein Betrug gegenüber einem Kreditgeber begangen werden sollte.

(2) G verkauft T nach erfolgreichen Tests zwei Spezialdrähte zum Auslee-   **119**
ren von Geldspielautomaten. In den folgenden drei Monaten verübt T in

440   8. Kapitel. Täterschaft und Teilnahme

Bayern mit Hilfe der Drähte 21 Diebstähle an Automaten und erbeutet ca. 3.500 € (*BayObLG* NJW 1991, 2582 mit Besprechung *Wild*, JuS 1992, 911 ff.). – In diesem Fall hat das *BayObLG* ebenfalls zu Recht eine Beihilfe des G zu allen Diebstählen bejaht.

120   (3) Der an den Täter gerichtete Rat, er solle doch „irgendein altes Buch klauen und verkaufen" reicht zwar nicht für den Anstiftervorsatz aus (oben Rn. 53), wohl aber, um einen hinreichend bestimmten Gehilfenvorsatz zu begründen (Falllösung bei *Koch/Exner*, JuS 2007, 42 f.). Bezüglich der etwas anders liegenden Äußerung im **Fall 4** „Dann müsstest Du eine Bank oder Tankstelle machen" lässt sich jedenfalls der Vorsatz zur Förderung der Tat nicht feststellen.

121   **c) Täterexzess.** Die Ausführungen zur Anstiftung von Rn. 55 f. gelten für die Beihilfe entsprechend. Was den error in persona des Haupttäters (Rn. 57 ff.) aus der Beihilfeperspektive betrifft, so ergeben sich für die error in persona- wie die aberratio ictus-Lösung keine Änderungen. Bezüglich der Individualisierungs-Lösung gilt dies grundsätzlich auch; nur muss darauf geachtet werden, dass die (individualisierende) Vorsatzperspektive des Gehilfen eine andere als die des Anstifters sein kann (*Haft/Eisele*, Keller-GS, 2003, S. 89 ff.).

122   **Beispiel:** Wenn man im Fall 5 die Individualisierungsbemühungen des V für ausreichend hält und von daher zur Verneinung des Anstiftervorsatzes gelangt, präjudiziert das nicht die Ablehnung einen etwaigen Gehilfenvorsatzes. Käme die Tatwaffe von einem Waffenlieferanten W, der sie „für einen Mord" geliefert hat, so spielte für seinen Vorsatz die Individualisierung keine Rolle. W wäre gemäß den §§ 212, (211), 27 zu bestrafen.

4. Vorsatz zur Begehung einer vollendeten Haupttat

123   Die Ausführungen zur Anstiftung (Rn. 65 ff.) können auf die Beihilfe übertragen werden.

    Beispiel: M will seine Frau F töten und bittet den mit ihm befreundeten Apotheker A, ihm dafür ein Gift zur Verfügung zu stellen. A händigt M ein harmloses Pulver mit der Bemerkung aus, dass er (M) es „mit tödlicher Wirkung in einem Getränk auflösen" könne. M tut das, doch passiert natürlich nichts. – M begeht einen (untauglichen) Versuch der §§ 212, (211), 22. Zu diesem hat A scheinbar Beihilfe geleistet; indes bleibt er straflos, weil er weiß, dass die Tat nicht zur Vollendung gelangen kann.

5. Sukzessive Beihilfe

124   Im Wesentlichen gelten die Ausführungen von § 44 Rn. 35 ff. zur sukzessiven Mittäterschaft sinngemäß. Strafrechtsrelevante Beihilfe-

handlungen können bis zur Vollendung der Tat, bei Dauerdelikten auch noch danach erbracht werden. In den umstrittenen Fällen der sukzessiven Beihilfe geht es entsprechend § 44 Rn. 39 um Fragen, welche in erster Linie die §§ 242 ff., 249 ff. betreffen und deshalb dort erörtert werden (*Rengier*, BT I, § 2 Rn. 197; § 7 Rn. 44 ff.).

Zur **Beteiligung an der Beihilfe** gelten die Rn. 74 ff. sinngemäß. 125

VI. Sonstiges zu §§ 26 und 27

Inwieweit Anstiftung und Beihilfe durch Unterlassen möglich und 126
insbesondere wie Täterschaft und Beihilfe durch Unterlassen abzugrenzen sind, ist umstritten (näher unten § 51 Rn. 11 ff., 28 ff.).

Nicht ganz einfach zu erfassen sind auch die Regeln, die für eine 127
Teilnahme an erfolgsqualifizierten Delikten und Vorsatz-Fahrlässigkeits-Kombinationen gelten (unten § 55 Rn. 4 f., 7).

Was das gegenseitige Verhältnis der Beteiligungsformen betrifft, so 128
geht die stärkere Beteiligungsform vor; die schwächere ist subsidiär. Folglich hat, soweit der Sachverhalt dazu Anlass gibt, die Prüfung der Mittäterschaft gegenüber der Anstiftung und Beihilfe, diejenige der Anstiftung gegenüber der Beihilfe Vorrang. Sind Mittäterschaft bzw. Anstiftung zu bejahen, geht darin die schwächere Beteiligungsform auf, deren eigenständige Erörterung sich dann erübrigt.

Zu weiteren, Anstiftung und Beihilfe betreffenden, Konkurrenz- 129
fragen siehe unten § 47 Rn. 41 ff.; § 56 Rn. 79 ff.

Empfehlungen zur vertiefenden Lektüre:
Rechtsprechung: BGHSt 34, 63 (Anstiftervorsatz und Bestimmtheit der Tat); BGHSt 42, 135 (Gehilfenvorsatz und Bestimmtheit der Tat); BGHSt 46, 107 (neutrale Beihilfe).
Literatur: *Ambos*, Beihilfe durch Alltagshandlungen, JA 2000, 721 ff.; *Beckemper*, Strafbare Beihilfe durch alltägliche Geschäftsvorgänge, Jura 2001, 163 ff.; *Bock*, Grundwissen zur Anstiftung (§ 26 StGB), JA 2007, 599 ff.; *Deiters*, Straflosigkeit des agent provocateurs?, JuS 2006, 302 ff.; *Geppert*, Zum „error in persona vel obiecto" und zur „aberratio ictus", insbesondere vor dem Hintergrund der neuen „Rose-Rosahl-Entscheidung" (= BGHSt 37, 214 ff), Jura 1992, 163 ff.; *Geppert*, Die Anstiftung (§ 26 StGB), Jura 1997, 299 ff., 358 ff.; *Geppert*, Die Akzessorietät der Teilnahme (§ 28 StGB) und die Mordmerkmale, Jura 2008, 34 ff.; *Haft/Eisele*, Wie wirkt sich ein error in persona des Haupttäters auf den Gehilfen aus?, Keller-GS, 2003, S. 81 ff.; *Koch/Wirth*, Grundfälle zur Anstiftung, JuS 2010, 203 ff.; *Kubiciel*, Strafbarkeit des Anstifters bei Personenverwechslung des Täters, JA 2005, 694 ff.; *Küpper*, Besondere Erscheinungsformen der Anstiftung, JuS 1996, 23 ff.; *Lubig*, Die Aus-

442   8. Kapitel. Täterschaft und Teilnahme

wirkungen von Personenverwechslungen auf übrige Tatbeteiligte – Zur Abgrenzung von Motiv- und Tatbestandsirrtümern, Jura 2006, 655 ff.; *Maaß*, Die Behandlung des „agent provocateur" im Strafrecht, Jura 1981, 514 ff.; *Nowak*, Der Tatteilnehmer als sein eigenes Opfer – Zugleich Überlegungen zum Strafzweck der Anstiftung, JuS 2004, 197 ff.; *Rönnau*, Grundwissen – Strafrecht: Agent provocateur, JuS 2015, 19 ff.; *Satzger*, Teilnehmerstrafbarkeit und „Doppelvorsatz", Jura 2008, 514 ff.; *Seher*, Grundfälle zur Beihilfe, JuS 2009, 793 ff.; *Streng*, Die Strafbarkeit des Anstifters bei error in persona des Täters (und verwandte Fälle) – BGHSt 37, 214, JuS 1991, 910 ff.

§ 46. Besondere persönliche Merkmale (§ 28)

Fall 1: M ist alleinverantwortlicher Geschäftsführer eines Ladens. Seine Frau F stiftet ihn an, von den Tageseinnahmen 500 € für eine gemeinsame Reise abzuzweigen, was M tut. → Rn. 3, 5

Fall 2: Polizist P sieht, wie T auf eine Demonstrantin einschlägt, und ermuntert ihn, damit fortzufahren. → Rn. 7

Fall 3: Arzt A erfüllt den Sterbewunsch des Patienten P mit Hilfe einer tödlich wirkenden Spritze. Die Spritze hat in Kenntnis aller Umstände die Krankenschwester S präpariert, um dem A zu gefallen. → Rn. 9

I. Grundlagen

1. Grundgedanke

1   Der Grundgedanke des § 28 liegt darin, dass es in bestimmten Straftatbeständen „besondere persönliche Merkmale" gibt, welche die Höchstpersönlichkeit der Tat so sehr kennzeichnen, dass eine Anwendung der allgemeinen Regeln auf den Beteiligten, bei dem das höchstpersönliche Element fehlt, unbefriedigende Folgen nach sich zöge (*Lackner/Kühl*, § 28 Rn. 1).

Zum Standort des § 28 I bzw. II in der **Fallbearbeitung** siehe im Aufbauschema von § 45 Rn. 12 die ergänzenden Hinweise.

2. Strafrahmenverschiebung gemäß § 28 I

2   § 28 I ordnet eine Strafrahmenverschiebung zugunsten des Teilnehmers an, bei dem ein die Strafbarkeit **begründendes** persönliches Merkmal fehlt.

3   Im **Fall 1** erfüllt M § 266 I 2. Var. Die Vermögensbetreuungspflicht, die dieser Tatbestand voraussetzt, stellt ein besonderes persönliches Merkmal im

§ 46. Besondere persönliche Merkmale   443

Sinne des § 28 dar (*BGH* NStZ-RR 2008, 6; *Rengier*, BT I, § 18 Rn. 66). Da
diese Pflicht die Strafbarkeit gemäß § 266 begründet, gilt für F § 28 I. Sie
wird zwar als Anstifterin zu § 266 bestraft, doch ist ihre Strafe zwingend gemäß § 49 I Nr. 2 zu mildern; denn bei ihr fehlt das den Strafrahmen des § 266
mitprägende persönliche Treueverhältnis. Zu § 246 unten Rn. 6.

3. Tatbestandsverschiebung gemäß § 28 II

§ 28 II regelt im Wesentlichen Fälle der Tatbestandsverschiebung,   4
bei denen die besonderen Merkmale die Strafe **schärfen** oder **mildern**. Das Prinzip ist eigentlich leicht zu verstehen, doch bereitet die
Erfassung der Konstellationen oft Schwierigkeiten, weil die Vorschrift die vertrauten Akzessorietätsregeln außer Kraft setzt.

a) Strafschärfende Merkmale. Es handelt sich um den mit Ab-   5
stand häufigsten Fall, bei dem das Fehlen oder Vorliegen des besonderen persönlichen Merkmals über den Schritt entweder von der
Qualifikation zum Grunddelikt oder umgekehrt vom Grunddelikt
zur Qualifikation entscheidet.

Im **Fall 1** erfüllt M neben § 266 I 2. Var. (Rn. 2) auch den Tatbestand der   6
veruntreuenden Unterschlagung (§ 246 II), der die (einfache) Unterschlagung
des § 246 I qualifiziert. Weil es sich bei dem Anvertrautsein um ein die Strafe
schärfendes besonderes persönliches Merkmal handelt, wird es bei der Prüfung der §§ 246 II, 26 durch F gemäß § 28 II von der Haupttat (§ 246 II)
gleichsam abgezogen, so dass sich die §§ 246 I, 26 ergeben. Insoweit verschiebt § 28 II die Strafbarkeit von der Anstiftung zur veruntreuenden Unterschlagung zu einer Anstiftung zum Tatbestand der einfachen Unterschlagung.
– Zu den hier nicht interessierenden Konkurrenzfragen zwischen § 266 und
§ 246 siehe *Rengier*, BT I, § 5 Rn. 64 ff.; § 18 Rn. 72 f.

Im **Fall 2** erfüllen T § 223 und P jedenfalls die §§ 223, 27. Da § 340 I für   7
Körperverletzungen im Amt eine Qualifikation normiert und die Amtsträgereigenschaft zu den besonderen persönlichen – im Falle des § 340 die Strafe
schärfenden – Merkmalen gehört, ist bei P den §§ 223, 27 gemäß § 28 II die
Amtsträgereigenschaft jetzt gleichsam hinzuzufügen. Hier verschiebt § 28 II
die Strafbarkeit von einer Beihilfe zur einfachen Körperverletzung zu einer
Beihilfe zur Körperverletzung im Amt (§§ 340 I, 27). Vor allem dieser Fall
der Hochstufung kann Verständnisschwierigkeiten hervorrufen, weil als
Haupttat eine Körperverletzung im Amt fehlt.

b) Strafmildernde Merkmale. Hier sind die Eigenschaft als   8
Schwangere (§ 218 III) und nach der zutreffenden h. M. auch die Mit-
leidsmotivation des § 216 einschlägig (*Roxin*, AT II, § 27 Rn. 77;
Kühl, AT, § 20 Rn. 152, 165; *Rengier*, BT II, § 6 Rn. 12).

444   8. Kapitel. Täterschaft und Teilnahme

9   **Beispiele:** Die Schwangere wird bei einem illegalen Schwangerschaftsabbruch gemäß § 218 III bestraft; stiften dazu der Erzeuger oder die Eltern an
bzw. helfen sie dabei, kommt ihnen nach § 28 II diese Privilegierung nicht zugute, so dass sie aus den §§ 218 I, 26 oder 27 zu bestrafen sind. – Im **Fall 3**
verwirklicht A § 216. Bei der Gehilfin S, die nicht durch das Verlangen motiviert ist, führt § 28 II zu den §§ 212, 27; würde sie aus niedrigen Beweggründen handeln, so käme man mittels einer nochmaligen Anwendung des § 28 II
sogar zu den §§ 211, 27, da die täterbezogenen Mordmerkmale nach der zutreffenden Literaturansicht strafschärfende Merkmale sind (unten Rn. 18).

10   **c) Strafausschließende Merkmale.** Die Relevanz der in § 28 II
auch noch aufgeführten strafausschließenden persönlichen Merkmale
ist gering; diesbezüglich genannt werden vor allem die §§ 173 III, 257
III und 258 V, VI.

4. Die Beteiligten

11   § 28 I kann nur für Teilnehmer gelten, weil dann, wenn ein strafbe-
gründendes persönliches Merkmal beim Haupttäter fehlt, überhaupt
keine Haupttat vorliegt. Gehört das Merkmal zur Haupttat, muss es
vom Vorsatz des Teilnehmers umfasst sein. Ist dies nicht der Fall, so
gelangt man gar nicht zu § 28 I, sondern mangels Vorsatzes zur Straflosigkeit.

12   § 28 II gilt nicht nur für den Anstifter und Gehilfen, sondern
grundsätzlich auch für den Mittäter. Doch kommt der Vorschrift
diesbezüglich weitgehend nur eine klarstellende Funktion zu, weil
bereits § 25 II allein die Zurechnung von objektiven Tatbestandsmerkmalen erlaubt (§ 44 Rn. 10).

II. Die besonderen persönlichen Merkmale im Einzelnen

13   Aus der Legaldefinition, auf die § 28 I verweist, lässt sich nicht viel
ableiten. Die h. M. unterscheidet zwischen **täterbezogenen** Merkmalen, die unter § 28 fallen, und außerhalb der Vorschrift liegenden **tatbezogenen** Merkmalen. Dabei werden als täterbezogen solche Merkmale eingestuft, die in erster Linie die Person und die Persönlichkeit
des Täters kennzeichnen, von daher also höchstpersönlichen Charakter haben. Demgegenüber überwiegt bei den tatbezogenen Merkmalen der Unrechtsgehalt, sie charakterisieren die Tat, die Rechtsgutsverletzung; deshalb sind Umstände, die eine besondere Gefährlichkeit
des Täterverhaltens anzeigen oder die Ausführungsart des Delikts be-

§ 46. Besondere persönliche Merkmale 445

schreiben, tatbezogen. Schlagwortartig geht es um die Kennzeichnung der Persönlichkeit oder die Kennzeichnung der Tat.

Vgl. BGHSt 39, 326, 328; 41, 1 f.; *Lackner/Kühl*, § 28 Rn. 4; Sch/Sch/*Heine/* **14** *Weißer*, § 28 Rn. 15 ff. – Kritik an der h. M. etwa bei *Otto*, Jura 2004, 469 ff.; *Roxin*, AT II, § 27 Rn. 28 ff.; LK/*Schünemann*, 12. Aufl., § 28 Rn. 25 ff.

In der **Fallbearbeitung** ist der Studierende gut beraten, wenn er auf dem **15** Boden der h. M. argumentiert. Eine Auseinandersetzung mit den verschiedenen anderen Abgrenzungsversuchen kann jedenfalls in Klausuren nicht erwartet werden.

Der Meinungsstand und im Einzelfall nicht zu leugnende Abgren- **16** zungsschwierigkeiten räumen einen gewissen Argumentationsspielraum ein. Immerhin lassen sich vom Blickwinkel der h. M. aus folgende Leitlinien festhalten:

(1) Bei Sonderdelikten, bei denen die Täterqualität auf einer beson- **17** deren höchstpersönlichen Pflichtenstellung beruht, ist die Eigenschaft „besonderes persönliches Merkmal" zu bejahen. Insoweit sind schon die Vermögensbetreuungspflicht des § 266, das Anvertrautsein des § 246 II und die Amtsträgereigenschaft (z. B. §§ 331 f., 339, 340) genannt worden. Weiter ist auf die schweigepflichtigen Berufsträger des § 203 I hinzuweisen. Umstritten sind die Fälle der Bandenmitgliedschaft (*Rengier*, BT I, § 4 Rn. 106 f.) und der Garantenstellung (unten § 51 Rn. 9).

(2) Weiter gehören Merkmale dazu, die durch eine besondere Mo- **18** tivation oder Gesinnung gekennzeichnet sind. Herausragende Bedeutung haben diesbezüglich die „täterbezogenen" Mordmerkmale der 1. und 3. Gruppe, bei denen allerdings umstritten ist, ob sie unter § 28 II (so zu Recht die Literatur) oder unter § 28 I (so die Rechtsprechung) fallen (ausführlich *Rengier*, BT II, § 5 Rn. 3 ff.). Daran knüpfen die Absichten des § 306b II Nr. 2 an. Ferner lassen sich die Gewerbsmäßigkeit (z. B. §§ 243 I 2 Nr. 3, 260 I Nr. 1, 267 IV) sowie die Böswilligkeit (§ 225 I) und Rücksichtslosigkeit (§ 315c I Nr. 2) anführen.

Die Zuordnung insbesondere der Böswilligkeit und Rücksichtslosigkeit zu **19** den Merkmalen des § 28 ist freilich umstritten. Der Streit stellt sich nur dann nicht, wenn man in der Rücksichtslosigkeit und Böswilligkeit, was vorzugswürdig ist, besondere subjektive Tatbestandsmerkmale sieht (oben § 16 Rn. 9 f.). Zählt man dagegen die beiden Merkmale zu den „speziellen" Schuldmerkmalen, so stellt sich die Streitfrage, ob § 28 oder – wie bei den „allgemeinen" Schuldmerkmale des Allgemeinen Teils (z. B. §§ 19, 20, 35) – § 29 einschlägig ist. Die h. M. wendet insoweit § 28 an. Nach ihr kann daher auch bei

446   8. Kapitel. Täterschaft und Teilnahme

einem strafbegründenden Merkmal wie der Rücksichtslosigkeit ein Teilnehmer gemäß den §§ 315 I Nr. 2, 26 oder 27 (i. V. m. § 28 I) bestraft werden,
der selbst nicht rücksichtslos handelt. Wer § 29 für einschlägig hält, kommt
zur Straflosigkeit eines solchen Teilnehmers (*Kühl*, AT, § 20 Rn. 155 ff.
m. w. N.; a. A. *Roxin*, AT II, § 27 Rn. 5 ff.; Sch/Sch/*Heine/Weißer*, § 28 Rn. 7;
Frister, AT, 25/33). Bei einem strafschärfenden Merkmal wie der Böswilligkeit
wirkt sich der Streit nicht aus, weil sich die Rechtsfolgen des § 28 II und § 29
decken.

20   (3) Keineswegs dürfen alle besonderen subjektiven Tatbestandsmerkmale zu den besonderen persönlichen Merkmalen gerechnet
werden. Namentlich die zahlreichen Zueignungs- und Bereiche-
rungsabsichten (§§ 235 IV Nr. 2, 242, 249, 253, 259, 263) haben nichts
mit § 28 zu tun. Denn sie charakterisieren die Deliktsbeschreibung,
also in erster Linie das Tatunrecht, weil sie auf die Herbeiführung eines tatbezogenen Erfolges gerichtet sind und der Verzicht auf den Erfolgseintritt der bloßen Vorverlagerung des Vollendungszeitpunkts
dient.

BGHSt 55, 229, 231 ff.; *Satzger*, JK 5/11, StGB § 28 II/2; W/*Beulke/Satzger*,
AT, Rn. 558; *Kühl*, AT, § 20 Rn. 159; *Frister*, AT, 25/42.

21   Auf weitere Beispiele zu § 28 wird man beim Studium des Besonderen Teils
stoßen (Verweise in den Stichwortverzeichnissen von *Rengier*, BT I und BT II
unter „Besondere persönliche Merkmale"). Zur beispielhaften Vertiefung der
Fragen des § 28 sei empfohlen: *Rengier*, BT II, § 5 Rn. 3 ff. (i. V. m. den täterbezogenen Mordmerkmalen); § 59 Rn. 1 ff. (i. V. m. der Amtsträgereigenschaft).

Empfehlungen zur vertiefenden Lektüre:
Rechtsprechung: BGHSt 39, 326 und BGHSt 41, 1 (Abgrenzung von täterbezogenen und tatbezogenen Merkmalen).
Literatur: *Engländer*, Die Teilnahme an Mord und Totschlag, JA 2004,
410 ff.; *Fischer/Gutzeit*, Grundfragen zu § 28 StGB, JA 1998, 41 ff.; *Geppert*,
Die Akzessorietät der Teilnahme (§ 28 StGB) und die Mordmerkmale, Jura
2008, 34 ff.; *Valerius*, Besondere persönliche Merkmale, Jura 2013, 15 ff.

§ 47. Versuch der Beteiligung (§§ 30, 31)

Fall 1: a) O hat ausdrücklich und ernstlich um aktive Sterbehilfe gebeten. A,
den die Aussicht auf die Erbschaft motiviert, bittet den Arzt T vergeblich,
dem Verlangen des O zu entsprechen. b) *Variante:* A hat Mitleid mit O und
versucht vergeblich, T für die Tat zu gewinnen, dem er freilich von dem Verlangen gar nichts erzählt. → Rn. 16, 17

§ 47. Versuch der Beteiligung 447

Fall 2: Im Fall 2 von § 41 haben alle Mitwirkenden im Vorfeld der Tat dem Tatplan zugestimmt. Sie werden festgenommen, während sie auf das Erscheinen des K warten. → Rn. 2, 26

Fall 3: A und B haben die Begehung eines Diebstahls geplant und zudem vereinbart, dass sie mögliche Störer fesseln und knebeln sowie auf etwaige Verfolger rücksichtslos schießen. Den Diebstahl führen sie erfolgreich durch, ohne irgendwie behelligt worden zu sein. → Rn. 27, 46

I. Grundlagen

§ 30 enthält eine Zurechnungsnorm, die es ermöglicht, bestimmte **1** **Vorbereitungshandlungen**, die das Stadium des Versuchs (§ 22) nicht erreicht haben, zu pönalisieren; dabei ist die Beschränkung auf **Verbrechen** zu beachten (dazu § 12 I und oben § 9 Rn. 3 f.). Die Rede vom „Versuch" der Beteiligung hängt damit zusammen, dass das Gesetz mit der erfolgreichen Beteiligung die Fälle der §§ 25 bis 27 meint (vgl. § 28 II), Fälle also, bei denen die Haupttat in das Stadium des Versuchs gelangt ist.

In der **Fallbearbeitung** muss die Vorschrift immer in Verbindung mit einem **2** Verbrechenstatbestand erörtert werden (z. B. „Strafbarkeit gemäß §§ 212, 30 I"). Keinesfalls darf man eine „Strafbarkeit gemäß § 30" prüfen. Außerdem ergibt sich sowohl aus der Beschränkung des § 30 auf bestimmte Vorbereitungshandlungen als auch aus dem Anwendungsbereich des § 27, dass es keine strafbare Beihilfe zu den Fällen des § 30, also etwa zur Verbrechensverabredung gibt (zu **Fall 2** unten Rn. 26).

§ 30 I regelt den wichtigen Fall der versuchten – oder erfolglosen – **3** Anstiftung, wobei der Fall der versuchten Kettenanstiftung klarstellend mit angesprochen wird (§ 30 I 1 2. Var.: „oder zu ihm anzustiften").

§ 30 II normiert drei Varianten, von denen die Verbrechensverabre- **4** dung (3. Var.) die mit Abstand bedeutendste ist. Daneben regelt die Vorschrift das Sich-Bereiterklären (1. Var.) und die Annahme des Erbietens (2. Var.).

§ 31 sieht eine besondere Rücktrittsvorschrift vor. Diese ist not- **5** wendig, weil § 24 ausschließlich den Rücktritt von einem in das Versuchsstadium des § 22 gelangten Delikt betrifft.

448   8. Kapitel. Täterschaft und Teilnahme

II. Die versuchte Anstiftung (§ 30 I)

1. Grundlagen und Aufbaufragen

6   Um den Bereich des § 30 I richtig zu erfassen, ist es hilfreich, sich der Vorschrift vom normalen Versuchstatbestand her zu nähern (vgl. § 34 Rn. 2). So wie eine Strafbarkeit wegen Versuchs ausscheidet, wenn der Täter aus dem vollendeten Delikt haftet, entfällt eine versuchte Anstiftung, soweit die Anstiftung erfolgreich – d. h. in diesem Sinne vollendet – war. Insoweit ist in Erinnerung zu rufen, dass eine unter § 26 fallende erfolgreiche Anstiftung ebenfalls dann vorliegt, wenn die Haupttat im Versuchsstadium des § 22 steckengeblieben ist (§ 45 Rn. 17 ff.). Um eine versuchte Anstiftung geht es, wenn die Tat des präsumtiven, d. h. des ins Auge gefassten, Haupttäters die Schwelle des § 22 nicht erreicht hat. Ob dies etwa deshalb geschehen ist, weil der Haupttäter schon gar keinen Tatentschluss gefasst oder einen solchen später nicht ausgeführt hat oder als omnimodo facturus bereits zur Tat entschlossen war, spielt keine Rolle.

7   **Beachte:** Da in der Konstellation des omnimodo facturus eine Haupttat vorliegt, gelangt man nach der Verneinung einer erfolgreichen Anstiftung in der Regel zur Annahme einer psychischen Beihilfe, hinter die dann die versuchte Anstiftung zurücktritt (unten Rn. 41 ff.).

8   Der **Strafgrund** der versuchten Anstiftung liegt darin, dass der Täter einen gefährlichen Kausalverlauf in Gang gesetzt und das angestoßene Geschehen so aus der Hand gegeben hat, dass es sich ohne sein weiteres Zutun bis zur Vollendung der Tat fortentwickeln kann (BGHSt 44, 99, 102 f.; *Geppert*, Jura 1997, 547; *Roxin*, AT II, § 28 Rn. 5, 8, 12).

9   In der **Fallbearbeitung** muss einem klar sein, dass es sich um einen Versuchsfall handelt und sich daher auch der Aufbau nach dem Schema zum Versuch richtet:

§ 47. Versuch der Beteiligung   449

Aufbauschema zur versuchten Anstiftung (§ 30 I)

Vorprüfung (zumindest gedanklich): (1) Nichtvollendung der Tat: Es liegt keine erfolgreiche Anstiftung vor, es sind also weder etwa die §§ 212, 26 noch die §§ 212, 22, 26 erfüllt (ergibt sich oft aus der vorausgegangenen Prüfung); (2) Strafbarkeit der versuchten Anstiftung: nur bei Verbrechen (§ 30 I i. V. m. § 12 I)

I. Tatbestandsmäßigkeit
   1. Subjektiver Tatbestand
      Der („doppelte") Vorsatz muss sich beziehen
      a) auf die Begehung einer tatbestandsmäßigen und rechtswidrigen vollendeten Haupttat, die ein Verbrechen sein muss und
      b) auf die Hervorrufung des Tatvorsatzes zur Begehung dieses Verbrechens.
   2. Objektiver Tatbestand
      Unmittelbares Ansetzen (§ 22) zum Bestimmen
II. Rechtswidrigkeit
III. Schuld
IV. Rücktritt (§ 31)

---

2. Subjektiver Tatbestand: Vorsatz

Was die allgemeinen Vorsatzanforderungen betrifft, so gelten keine 10 Besonderheiten. Wie beim normalen Versuchsdelikt reicht dolus eventualis aus (vgl. § 14 Rn. 10, 17 ff.). Soweit in diesem Zusammenhang teilweise von einem „ernstlichen" Willen gesprochen wird, ist damit nichts anderes gemeint. Der Täter des § 30 I muss also zumindest billigend in Kauf nehmen bzw. sich ernsthaft damit abfinden, dass seine Einwirkung beim Adressaten den Vorsatz zur Begehung eines Verbrechens hervorruft (BGHSt 44, 99; *BGH* NJW 2013, 1106).

Auch bei § 30 I muss sich der Anstiftervorsatz auf eine hinreichend 11 konkretisierte Tat beziehen (zu § 26 oben § 45 Rn. 49 ff.). Er muss darauf gerichtet sein, dem Anzustiftenden so viele Einzelheiten von der Tat mitzuteilen, dass dieser sie begehen könnte, wenn er wollte.

Beispiele: Wenn es um eine bestimmte Person geht, so muss diese individua- 12 lisiert sein (vgl. *BGH* NStZ 1998, 347, 348 mit Anm. *Graul*, JR 1999, 249 ff.).

450   8. Kapitel. Täterschaft und Teilnahme

Die an jemanden gerichtete Frage, ob er ihm den Gefallen tun würde, einen lästigen Menschen aus dem Weg zu räumen, genügt nicht (Falllösung bei *Krack/Schwarzer*, JuS 2008, 140, 144).

13   Der Anstiftervorsatz muss die Begehung eines **Verbrechens** durch den Haupttäter zum Gegenstand haben. Da die Regeln des § 28 (oben § 46) auch im Rahmen des § 30 I gelten (am Beispiel der §§ 212, 211 erörtert bei *Rengier*, BT II, § 5 Rn. 14), stellt sich bei Tatbeständen, die ein strafschärfendes oder strafmilderndes besonderes persönliches Merkmal im Sinne des § 28 II aufweisen, die Streitfrage, ob das Delikt in der Person des Anstifters oder des Angestifteten als Verbrechen strafbar sein muss.

14   Die h. M. im Schrifttum stellt auf den Anstifter ab und fragt, ob er im Falle der Tatdurchführung ein Verbrechen begehen würde. Diese Ansicht lässt sich vor allem von dem Gedanken leiten, dass die Tatbestandsverschiebung des § 28 II, die für die unter § 26 fallende vollendete Anstiftung gilt, sich auch bei der versuchten Anstiftung durchsetzen muss. Außerdem nimmt sie für sich in Anspruch, den Anstifter des § 30 I und den Beteiligten einer Verbrechensverabredung widerspruchsfrei gleich zu behandeln.

15   Wer dagegen wie die Rechtsprechung die Sicht des Angestifteten maßgeblich sein lässt, stützt sich auf den Wortlaut des § 30 I und betont insbesondere den Präventionscharakter des § 30, der besonders schwerwiegende *Taten* verhindern wolle. Diese Meinung verdient auch deshalb Zustimmung, weil es in den Fällen des § 28 I ebenfalls auf den anvisierten Haupttäter ankommt und die Anwendung des § 28 I oder II auf Zufälligkeiten beruhen kann. Allerdings muss einschränkend die Wertung des § 28 II insoweit berücksichtigt werden, als zugunsten des Anstifters die Strafzumessung aus dem milderen Strafrahmen der Privilegierung bzw. des Grunddelikts zu erfolgen hat.

16   Die größte Bedeutung kommt der Streitfrage in den Konstellationen zu, in denen bei einem Beteiligten § 212 und bei dem anderen § 216 einschlägig ist.

17   Im **Fall 1a** ist die Tat in der Person des T kein Verbrechen (§ 216), wohl aber mangels Mitleidsmotivation über § 28 II in der Person des A (§§ 212, 30 I bzw. §§ 211, 30 I, wenn man mit der h. M. wegen der Habgier nochmals § 28 II anwendet; vgl. § 46 Rn. 9). Daher bleibt A nach der hier vertretenen Ansicht straflos, während er nach der Gegenmeinung die §§ 212, (211), 30 I erfüllt.

18   Dagegen ist im **Fall 1b** die geplante Tat bei T ein Verbrechen (§ 212), bei A aber nur ein Vergehen (§§ 216, 28 II). Richtigerweise ist A jetzt gemäß den §§ 212, 30 I strafbar, während die Gegenmeinung zur Straflosigkeit gelangt.

§ 47. Versuch der Beteiligung　　　451

Wie hier BGHSt 6, 308 ff.; 53, 174, 177 f.; *Stratenwerth/Kuhlen*, § 12　**19**
Rn. 173 f.; *Frister*, AT, 29/33; *Hinderer*, JuS 2011, 1073; *Valerius*, Jura 2013,
19 f.; *Thalheimer*, Die Vorfeldstrafbarkeit nach §§ 30, 31 StGB, 2008, S. 46 ff.
– A. A. *Mitsch*, JR 2010, 359 f.; *Kühl*, AT, § 20 Rn. 247; *W/Beulke/Satzger*,
AT, Rn. 562; Sch/Sch/*Heine/Weißer*, § 30 Rn. 13; *Lackner/Kühl*, § 30 Rn. 2;
Geppert, Jura 1997, 549; *Kudlich*, AT, Nr. 310; *Joecks*, § 30 Rn. 10. – Differen-
zierend *Roxin*, AT II, § 28 Rn. 25 ff. – Für das „kumulative" Vorliegen eines
Verbrechens bei jedem Beteiligten *Baumann/Weber/Mitsch*, AT, § 32
Rn. 49 f.; LK/*Schünemann*, 12. Aufl., § 30 Rn. 34 ff., 43; *Dehne-Niemann*,
Jura 2009, 695 ff. – Falllösung bei *Gerhold*, Jura 2014, 861 ff.

Im Übrigen hat die Streitfrage nicht viele Anwendungsfälle. Sie　**20**
kann weiter noch aktuell werden

(1) im Verhältnis von § 260 I Nr. 2 zu § 260a I und von § 263 I zu
§ 263 V bezüglich der Gewerbsmäßigkeit (vgl. BGHSt 53, 174, 177;
Baumann/Weber/Mitsch, AT, § 32 Rn. 49),

(2) im Verhältnis von § 244 zu § 244a bezüglich der Bandenmitgliedschaft, soweit man sie, was streitig ist, unter § 28 II fallen lässt
(dazu *Rengier*, BT I, § 4 Rn. 106 f.) und

(3) im Verhältnis von den §§ 223, 240 zu § 343 bezüglich der Amtsträgereigenschaft, wenn man § 343 als – die §§ 223, 240 qualifizierendes – unechtes Amtsdelikt einstuft (dafür Sch/Sch/*Hecker*, § 343
Rn. 1; erg. *Joecks*, § 343 Rn. 4 f.; *Rengier*, BT II, § 59 Rn. 1 ff.).

3. Objektiver Tatbestand: Unmittelbares Ansetzen

Wann der Bestimmungsversuch des § 30 I beginnt, ist umstritten.　**21**
Die weiteste Auffassung will die allgemeinen Versuchsregeln anwenden und nimmt ein unmittelbares Ansetzen schon mit dem Beginn eines etwaigen „Anstiftungsgesprächs" an. Die engste Meinung verlangt einen Zugang der Anstiftungserklärung zumindest in dem Sinn,
dass der Anzustiftende sie zur Kenntnis nehmen kann; dafür spricht
die Überlegung, der durch § 30 bewirkten Vorverlagerung der Strafbarkeit entgegenzuwirken. Zustimmung verdient die auf einer mittle-
ren Linie liegende h. M., die sich auf den Strafgrund des § 30 I stützt
(Rn. 8) und von daher ähnlich wie bei einem beendeten Versuch verlangt, dass der Auffordernde den Kausalverlauf aus der Hand gegeben
hat. In den Rahmen eines mündlichen Gesprächs übertragen muss danach der Anstifter alle Fakten präsentiert haben, die dem Adressaten
die Tatdurchführung ermöglichen (vgl. *BGH* StV 2008, 248).

Beispiele: Die §§ 212, 30 I sind erfüllt, sobald der Täter die Botschaft mit　**22**
der konkretisierten Tötungsaufforderung, gerichtet an den jeweiligen Adres-

452   8. Kapitel. Täterschaft und Teilnahme

saten, vollständig mündlich geäußert, als Brief abgeschickt oder vom Fenster
eines Gefängnisses aus als Papierflieger auf den Weg gebracht hat (vgl. BGHSt
8, 261 ff.).

23   Zur h. M. vgl. *Kühl*, AT, § 20 Rn. 249 und *Fischer*, § 30 Rn. 9a, die sich auch
auf BGHSt 50, 142, 145 stützen; ferner *Roxin*, AT II, § 28 Rn. 10 ff.; LK/*Schünemann*, 12. Aufl., § 30 Rn. 15 ff.; *Bloy*, JR 1992, 496; *Graul*, JR 1999, 251 f. –
Zur weiten Ansicht Sch/Sch/*Heine/Weißer*, § 30 Rn. 18; *Kindhäuser*, AT, § 43
Rn. 6 ff.; SK/*Hoyer*, § 30 Rn. 32. – Zur engsten Auffassung *Stratenwerth/Kuh-
len*, AT, § 12 Rn. 175.

III. Die Verbrechensverabredung (§ 30 II 3. Var.)

24   Die Verabredung zu einem Verbrechen stellt eine Vorstufe zur Mittäterschaft des § 25 II dar. Die Strafwürdigkeit der Verbrechensverabredung erklärt sich aus der quasi-vertraglichen Willensbindung, die
einen Motivationsdruck erzeugen kann, von dem es nur schwer ein
Zurück gibt und der dadurch die betroffenen Rechtsgüter schon im
Vorfeld des Versuchsstadiums in Gefahr bringt (*BGH* NStZ 2011,
570, 571). Mindestens zwei Personen müssen fest vereinbaren, mittäterschaftlich ein Verbrechen zu begehen (oder zu ihm anzustiften).
Wirken bei der Vereinbarung nur ein Täter und ein Gehilfe mit,
scheidet für jeden § 30 II 3. Var. aus. Sind neben mindestens zwei präsumtiven Mittätern noch andere Personen an der Abrede beteiligt, so
erfasst § 30 II 3. Var. diejenigen nicht, denen nach dem Tatplan nur
eine Teilnahmerolle zukommt.

25   Die Verbrechensverabredung setzt den Vorsatz – oder auch: den
ernstlichen Willen (Rn. 10) – voraus, ein vollendetes Verbrechen auszuführen. Hinsichtlich der Bestimmtheit des Vorsatzes genügt wie
bei der Anstiftung (§ 45 Rn. 49 ff.), dass die Tat in ihren wesentlichen
Grundzügen konkretisiert ist (*BGH* NStZ 2007, 697; 2009, 497 f.;
Falllösung bei *Kühl/Hinderer*, JuS 2010, 699 f.). Der Annahme eines
„festen" Tatentschlusses steht nicht entgegen, dass die Tatdurchführung von Bedingungen abhängig gemacht wird, auf welche die Täter
keinen Einfluss haben (entsprechend § 34 Rn. 9 ff.; *OLG Hamm*
NStZ-RR 1997, 133, 134).

26   **Beispiele:** (1) Im **Fall 2** ist die Verbrechensverabredung von A und B unproblematisch (§§ 249, 30 II). Bezüglich S und C müssen genau die gleichen
Abgrenzungsfragen wie bei der Diskussion ihrer Mittäterschaft aufgeworfen
werden (§ 41 Rn. 23 f.). Nur soweit man sie für den Fall der Tatdurchführung
als Mittäter einstuft, erfüllen sie die §§ 249, 30 II. Ansonsten gelangt man bei S

§ 47. Versuch der Beteiligung   453

immerhin zu den §§ 249, 30 I, während C straflos bleibt, da es eine strafbare Beihilfe zur Verbrechensverabredung nicht gibt (*BGH* NStZ 1982, 244; NStZ-RR 2002, 74, 75; oben Rn. 2).

(2) Im **Fall 3** sind bei A und B die §§ 242, 25 II zu bejahen. Ferner verwirk- **27** lichen sie die §§ 249, 30 II und §§ 212, (211), 30 II; denn sie haben auf einer bewusst unsicheren, da von ihnen nicht beeinflussbaren, Tatsachengrundlage den festen Tatentschluss gefasst, erforderlichenfalls diese Verbrechen zu begehen. Zu den Konkurrenzfragen unten Rn. 41 ff.

(3) Beteiligt sich bei zwei Mitwirkenden einer – z. B. ein polizeilicher Lock- **28** spitzel – nur zum Schein an der Verbrechensverabredung, so kann allein derjenige strafbar sein, der die Tat tatsächlich will. Da allerdings in diesem Fall lediglich ein Mitwirkender den subjektiven Tatbestand erfüllt, fehlt für die Verabredung zu einer mittäterschaftlichen Tat der erforderliche gemeinsame Tatentschluss; folglich können dann nur andere Handlungsmodalitäten des § 30 I, II eingreifen (*Fischer*, § 30 Rn. 12b; *Kühl*, AT, § 20 Rn. 252; *Roxin*, AT II, § 28 Rn. 47 ff.; NK/*Zaczyk*, § 30 Rn. 50; a. A. Sch/Sch/*Heine/Weißer*, § 30 Rn. 29).

(4) Dem Liebesverhältnis von M und L steht die Ehefrau F des M im Wege. **29** M und L kommen überein, sie mit einem Gift zu töten, haben sich aber noch nicht über die restlichen Modalitäten der Tatbegehung einigen können. – Unter der Voraussetzung, dass ein fester Tatentschluss vorliegt, ist die Tat bereits hinreichend konkretisiert und damit eine Strafbarkeit gemäß §§ 212, 211, 30 II 3. Var. gegeben (*BGH* NStZ 2007, 697). – Eine Falllösung zu den §§ 212, 211, 30 II 3. Var. bei *Petermann*, JuS 2009, 1119 ff.

IV. Das Sich-Bereiterklären (§ 30 II 1. Var.)

Wie alle Modalitäten des § 30 setzt auch das Sich-Bereiterklären den **30** Vorsatz oder – mit anderen Worten – den ernstlichen Willen voraus, die Tat zu begehen. Allerdings reicht es nicht aus, dass der Täter seine ernsthafte Bereitschaft, ein Verbrechen zu begehen (oder zu ihm anzustiften), irgendwie zum Ausdruck bringt. Die Gefährlichkeit der 1. Var. liegt in der Willensbindung des präsumtiven Täters gegenüber einer Person, die ihn zur Tat aufgefordert hat oder ihr zustimmen soll. Damit sind die folgenden beiden unterschiedlichen Verhaltensweisen gemeint (*BGH* NJW 2015, 1032, 1033; Sch/Sch/*Heine/Weißer*, § 30 Rn. 22):

(1) Zum einen erfasst die 1. Var. die **Annahme einer Anstiftung**. **31** Der gemäß § 30 I Aufgeforderte fasst den Tatentschluss nicht nur für sich (vgl. Rn. 6), sondern erklärt seine Tatbereitschaft gegenüber dem Anstifter, wobei die Erklärung nicht unbedingt zugegangen sein muss (h. M.; LK/*Schünemann*, 12. Aufl., § 30 Rn. 88).

454 8. Kapitel. Täterschaft und Teilnahme

32 (2) Das **Sich-Erbieten** ist dadurch gekennzeichnet, dass ein tatge-
neigter, also noch nicht zur Tat fest entschlossener, Täter einem anderen die Durchführung eines Verbrechens anbietet und von dessen Zustimmung abhängig macht.

33 **Beispiel** (historischer Auslöser der Vorschrift): Während des von *Bismarck*
gegen die katholische Kirche geführten Kulturkampfes bietet der Belgier *Duchesne* 1873 dem Erzbischof von Paris an, den Reichskanzler gegen eine Geldzahlung zu töten (LK/*Schünemann*, 12. Aufl., vor § 30; *Roxin*, AT II, § 28
Rn. 75; *Dessecker*, JA 2005, 552).

V. Die Annahme des Erbietens (§ 30 II 2. Var.)

34 Die 2. Var. enthält die spiegelbildliche Regelung zum Sich-Bereiterklären in der Form des Sich-Erbietens. Im Beispiel von Rn. 33 hätte
der Erzbischof von Paris die Vorschrift erfüllt, wenn er zugestimmt
hätte. Da er dann zugleich aus dem tatgeneigten *Duchesne* einen zur
Tötung entschlossenen Täter gemacht hätte, verdeutlicht der Blick
auf diesen Fall, dass § 30 II 2. Var. einen Spezialfall der versuchten
Anstiftung regelt (h. M.; *Roxin*, AT II, § 28 Rn. 82).

Umstritten ist, ob die ernst gemeinte Annahme des Erbietens auch dann unter § 30 II 2. Var. fällt, wenn das Sich-Erbieten nicht ernst gemeint war (bejahend BGHSt 10, 388; *Hinderer*, JuS 2011, 1075). Richtigerweise muss dies
mangels einer gefahrstiftenden Willensbindung verneint werden. Unberührt
davon bleibt freilich die Strafbarkeit der Annahme des Schein-Erbietens als
versuchte Anstiftung gemäß § 30 I (LK/*Schünemann*, 12. Aufl., § 30 Rn. 97 f.;
MüKo/*Joecks*, § 30 Rn. 50).

VI. Rücktritt (§ 31)

1. Von der versuchten Anstiftung (§ 31 I Nr. 1)

35 Von einem fehlgeschlagenen, rücktrittsunfähigen Versuch (entsprechend § 37 Rn. 15 ff.) ist auszugehen, wenn der Täter in der Perspektive des Rücktrittshorizonts (§ 37 Rn. 34 ff.) annimmt, dass er den
Tatentschluss beim Anzustiftenden nicht (mehr) hervorrufen kann
(vgl. *BGH* StV 2008, 248).

36 Geht der Anstifter zum Zeitpunkt seines Rücktritts davon aus,
dass seine bisherigen, versuchsbegründenden Aktivitäten (dazu
Rn. 21 f.) noch keinen Tatentschluss hervorgerufen haben und auch

§ 47. Versuch der Beteiligung   455

nicht mehr hervorrufen werden und demzufolge keine Begehungsgefahr besteht, so liegt die Situation eines unbeendeten Versuchs vor.
Dann genügt die schlichte (freiwillige) Aufgabe weiterer entsprechender Bemühungen (*BGH* StV 2008, 248).

Sieht der Täter des § 30 I umgekehrt, dass er eine Begehungsgefahr   37
geschaffen hat, weil der Aufgeforderte den Tatentschluss entweder
bereits gefasst hat oder möglicherweise noch fassen wird, ist der Versuch beendet und der Anstifter muss gemäß § 31 I Nr. 1 die Begehungsgefahr abwenden. Ob eine solche Gefahr besteht, richtet sich –
entsprechend den zu § 24 anerkannten Grundsätzen (§ 37 Rn. 30 ff.) –
nach der subjektiven Vorstellung des Zurücktretenden. Die Abwendung der Gefahr kann geschehen, indem der Anstifter den präsumtiven Haupttäter umstimmt, das Opfer rechtzeitig warnt oder die Polizei benachrichtigt.

Hierzu *Roxin*, AT II, § 28 Rn. 90 ff.; LK/*Schünemann*, 12. Aufl., § 30
Rn. 3 ff.; Sch/Sch/*Heine/Weißer*, § 31 Rn. 3 ff.; *Kühl*, NStZ 2006, 95.

2. Von der Bereiterklärung (§ 31 I Nr. 2)

Parallel zum unbeendeten Versuch des § 24 I 1 1. Var. (§ 37   38
Rn. 80 ff.) genügt es, wenn der tatbereite Täter in der Annahme, die
Tat noch fortführen zu können, das Vorhaben schlicht aufgibt, was
äußerlich nicht erkennbar sein muss (*BGH* NStZ 2011, 570, 572).

3. Von der Verbrechensverabredung und der Annahme des Erbie-
tens (§ 31 I Nr. 3)

Hier muss der Täter des § 30 II parallel zu § 24 II 1 (§ 38 Rn. 15 ff.)   39
dafür sorgen, dass es nicht zur Haupttat kommt. Normalerweise sind
dafür Gegenaktivitäten erforderlich. Doch kann dafür auch im Rahmen des § 31 I Nr. 3 bloßes Untätigbleiben genügen, wenn der Zurücktretende weiß, dass die Tat ohne ihn gar nicht begangen werden
kann, oder wenn alle Mitwirkenden von der geplanten Tatausführung
Abstand nehmen (vgl. *BGH* NStZ 1992, 537 f.; 2007, 287, 288; *Weigend*, NStZ 2011, 573).

4. Freiwilliges und ernsthaftes Bemühen (§ 31 II)

Die Vorschrift knüpft an § 24 I 2 und II 2 an (dazu § 37 Rn. 130 ff.;   40
§ 38 Rn. 25 ff.) und erfasst vor allem den untauglichen Bestimmungsversuch, also z. B. die versuchte Anstiftung eines polizeilichen Lock-

456   8. Kapitel. Täterschaft und Teilnahme

spitzels oder eines zur Tat bereits entschlossenen Täters. Ein ernsthaftes Bemühen liegt vor, wenn der Anstifter alle Kräfte anspannt, um den vermeintlichen Tatentschluss des präsumtiven Täters rückgängig zu machen, und er dadurch die aus seiner Sicht bestehende Gefahr beseitigt, dass der Angestiftete die Tat begeht (BGHSt 50, 142, 146 f.).

VII. Konkurrenzfragen

41   Konkurrenzrechtlich geht die stärkere Beteiligungsform stets der schwächeren vor. Innerhalb des § 30 hat daher die Prüfung der Verbrechensverabredung (§ 30 II 3. Var.) Vorrang vor der des § 30 I. Im Verhältnis des § 30 zu den §§ 25 bis 27 ist § 30 immer dann subsidiär, wenn die Tat in das Versuchsstadium gelangt ist und eine Beteiligung egal welcher Art vorliegt, wenn also z. B. ein Täter der §§ 306a I Nr. 1, 22 zuvor vergeblich versucht hat, einen Bekannten zu der Brandstiftung zu überreden (*BGH* StraFo 2010, 296 mit Bspr. *Kudlich*, JA 2010, 664 ff.).

42   In der **Fallbearbeitung** kann nur empfohlen werden, sich gleich der stärksten Beteiligungsform zuzuwenden. Im Verhältnis zu den §§ 25 ff. sollte man zur Prüfung des § 30 erst gelangen, wenn man festgestellt hat, dass eine Beteiligung gemäß den §§ 25 ff. nicht in Betracht kommt. Die Gefahr, im Aufbau ungeschickt mit § 30 zu beginnen, besteht vor allem in Fällen der §§ 30 II 3. Var., 25 II, in denen im Sachverhalt erst die Verbrechensverabredung und dann die Durchführung der Tat geschildert werden. Hier kostet eine chronologisch vorgehende „Vorabprüfung" des § 30 nur Zeit. Soweit eine Beteiligung gemäß den §§ 25 ff. vorliegt, kann lediglich ein kurzer Hinweis auf die Subsidiarität der Vorfeldstrafbarkeit gemäß § 30 angemessen sein (vgl. auch *Kühl*, JuS 1979, 875 und AT, § 20 Rn. 254).

43   Das subsidiäre Verhältnis des § 30 zu den §§ 25 ff. hat auch für den Rücktritt Bedeutung. Sobald die Tat in das Versuchsstadium geraten ist und ein strafbefreiender Rücktritt gemäß § 24 vorliegt, kann die Straflosigkeit, die sich der Täter durch den Rücktritt vom Versuch verdient hat, nicht zur (Wieder-)Anwendung des § 30 führen, und zwar unabhängig von den Voraussetzungen des § 31 (BGHSt 14, 378 ff.; *BGH* NStZ 1983, 364). Einer eigenständigen Prüfung des § 30 bedarf es auch dann nicht mehr (*Kudlich*, JA 2008, 147).

44   Die dargestellten Grundsätze zur Subsidiarität des § 30 gelten aber nur, soweit sich die ausgeführte Tat und die durch den Anstiftungsversuch oder die Verabredung anvisierte Tat entsprechen. Bleibt dagegen das ausgeführte Unrecht in seiner Schwere hinter dem geplanten Unrecht zurück, so besteht ein echtes Konkurrenzverhältnis.

Beispiele: Hat die versuchte Anstiftung zu einem Meineid oder zu einem 45 heimtückischen Mord nur eine Falschaussage bzw. einen Totschlag zur Folge, so stehen die §§ 153, 26 und §§ 154, 30 I bzw. §§ 212, 26 und §§ 211, 30 I jeweils in Tateinheit. Verabreden Mittäter einen Raub, begehen sie aber nur einen (versuchten) Diebstahl (ggf. mit Rücktritt), so erlangen die §§ 249, 30 II selbstständige Bedeutung; freilich muss dabei stets bedacht werden, ob sich der Verzicht auf die schwerere Ausführung als Rücktritt gemäß § 31 darstellt. – Hierzu LK/*Schünemann*, 12. Aufl., § 30 Rn. 54 f., 81; *Geppert*, Jura 1997, 552.

Im **Fall 3** besteht zwischen den §§ 242, 25 II und den §§ 249, 212, (211), 30 46 II Tatmehrheit.

Empfehlungen zur vertiefenden Lektüre:
Rechtsprechung: BGHSt 44, 99 (Voraussetzungen des § 30 I); BGHSt 50, 142 (Rücktritt gemäß § 31 II bei einem vermeintlich tauglichen Anstiftungsversuch); *BGH* NStZ-RR 2002, 74 (Abgrenzung von Mittäterschaft und Beihilfe im Rahmen der Verbrechensverabredung); *BGH* NStZ 2007, 697 (Konkretisierung der Tat bei der Verbrechensverabredung).
Literatur: *Dessecker*, Im Vorfeld eines Verbrechens: die Handlungsmodalitäten des § 30 StGB, JA 2005, 549 ff.; *Geppert*, Die versuchte Anstiftung (§ 30 Abs. 1 StGB), Jura 1997, 546 ff.; *Hinderer*, Versuch der Beteiligung, § 30 StGB, JuS 2011, 1072 ff.; *Kütterer-Lang*, Versuch der Anstiftung und Rücktritt – BGH, NJW 2005, 2867 (= BGHSt 50, 142), JuS 2006, 206 ff.

9. Kapitel. Das Unterlassungsdelikt

§ 48. Grundlagen

Fall 1: Vater V und sein Freund F schauen trotz zumutbarer Rettungsmöglichkeit tatenlos zu, wie der um Hilfe rufende Sohn des V ertrinkt. → Rn. 7

Fall 2: T lauert O an einem Uferweg auf, um ihn zu töten. Als er mit gezücktem Messer auf ihn zustürzt, erkennt O den Anschlag auf sein Leben gerade noch rechtzeitig und versetzt T einen kräftigen Tritt in den Unterleib, um ihn abzuwehren. T taumelt zur Seite, fällt ins Wasser und droht zu ertrinken. O wirft ihm daraufhin einen an der Kaimauer befindlichen Rettungsring zu. Auf Grund eines Sinneswandels zieht er aber den – auf T sicher und rettend zutreibenden – Ring wieder zurück, bevor dieser in Reichweite des T ist, der daher ertrinkt (nach *Stoffers*, JuS 1993, 837). → Rn. 24, § 50 Rn. 80

I. Echte und unechte Unterlassungsdelikte

1   Es erscheint selbstverständlich, dass man sich nicht nur durch aktives Tun, sondern auch durch Nichtstun oder passives Verhalten (= Unterlassen) strafbar machen kann. Eine Mutter kann ihr Kind durch Füttern mit einem vergifteten Brei aktiv töten, es aber auch passiv verhungern lassen. Man kann einerseits einen Nichtschwimmer mit Tötungsvorsatz in ein Gewässer stoßen, andererseits auch tatenlos zusehen, wie einem Ertrinkenden die Kräfte schwinden und dadurch für seinen Tod verantwortlich sein. Aus solchen Beispielen lässt sich freilich keine Aussage darüber ableiten, wie das Unterlassen im konkreten Fall strafrechtlich zu bewerten ist.

2   Dies hängt davon ab, welche Handlungspflichten dem potentiellen Unterlassungstäter obliegen. Insoweit muss man streng zwischen den echten und unechten Unterlassungsdelikten unterscheiden:

3   (1) **Echte Unterlassungsdelikte** sind solche, bei denen das Gesetz selbst die Gebotsnorm aufstellt und sich das unterlassende Verhalten des Täters im Verstoß gegen diese Gebotsnorm erschöpft. Das strafbare Nichtstun ist hier aus sich heraus verständlich.

Beispiele: Das bekannteste Delikt ist der Tatbestand der unterlassenen Hilfeleistung (§ 323c). Weiter zu nennen sind insbesondere das Sich-nicht-Entfer-

nen gemäß § 123 I 2. Var. und die Nichtanzeige bestimmter geplanter Straftaten (§ 138).

Die Interpretation dieser Tatbestände wirft keine besonderen Pro- **4**
bleme des Allgemeinen Teils auf, sondern gehört in den Besonderen
Teil (siehe daher *Rengier*, BT II, § 30 Rn. 13, 31; § 42; § 52).

(2) **Unechte Unterlassungsdelikte** sind solche, bei denen mit Hilfe **5**
und unter den Voraussetzungen des § 13 jedes Begehungsdelikt in ein
„unechtes" Unterlassungsdelikt umfunktioniert wird. Unechte Unterlassungsdelikte sind also ein Spiegelbild der Begehungsdelikte; deshalb können grundsätzlich alle Straftatbestände namentlich des Besonderen Teils durch Unterlassen verwirklicht werden. Das § 212
betreffende Beispiel der Mutter, die ihr Kind verhungern lässt, veranschaulicht dies.

Wenn man im Allgemeinen Teil das Unterlassungsdelikt im Blick- **6**
feld hat, geht es um die Probleme des unechten Unterlassungsdelikts
und der maßgeblichen „Gleichstellungsvorschrift" des § 13. Denn das
Begehungsdelikt kann *nur* unter den **Voraussetzungen des § 13**
durch Unterlassen verwirklicht werden. § 13 I normiert das zentrale
strafbarkeitseinschränkende Erfordernis der Garantenstellung (unten
§ 50), das die unechten Unterlassungsdelikte zu – allein von Garanten
begehbaren – **Sonderdelikten** macht (vgl. § 10 Rn. 25 ff.). § 13 II sieht
eine Strafmilderungsmöglichkeit vor. Im Vergleich zur Strafbarkeit
eines Nichtgaranten ergeben sich gravierende Unterschiede.

So wird im **Fall 1** V wegen Totschlags und eventuell sogar wegen Mordes
durch Unterlassen gemäß den §§ 212, (211,) 13 – im äußersten Fall mit lebens-
langer Freiheitsstrafe – bestraft, während F lediglich § 323c erfüllt und höchstens eine Freiheitsstrafe von einem Jahr zu erwarten hat.

(3) In den – wegen § 13 II relevanten – **Grenzbereich** zwischen **7**
echten und unechten Unterlassungsdelikten gelangt man, wenn der
Straftatbestand selbst die Unterlassungsstrafbarkeit von Garanten regelt. Hauptbeispiele sind § 221 I Nr. 2 und § 266. Angesichts der
Regelungstechnik müssen diese Tatbestände als echte Unterlassungsdelikte eingestuft werden. Konsequenterweise ist § 13 II nicht anwendbar.

Bezüglich § 221 I Nr. 2 so auch BGHSt 57, 28; *Rengier*, BT II, § 10 Rn. 4
m. w. N. – Bei § 266 soll aber nach einer von BGHSt 36, 227 angeführten Meinung eine Milderung gemäß § 13 II möglich sein (a. A. *Rengier*, BT I, § 18
Rn. 36 ff.).

460   9. Kapitel. Das Unterlassungsdelikt

II. Abgrenzung von Tun und Unterlassen

1. Bedeutung

8   Die Abgrenzung hat besonders große Bedeutung, wenn der Täter keine Garantenstellung inne hat und von daher im Falle des Unterlassens in der Regel nur § 323c in Betracht kommt. Bei Garanten beschränkt sich die Bedeutung auf die nur im Unterlassungsfall eingreifende Milderungsmöglichkeit des § 13 II.

2. Abgrenzungskriterien

9   Die Abgrenzung kann Schwierigkeiten bereiten. Normalerweise können Begehen und Unterlassen anhand des äußeren Erscheinungsbildes unterschieden werden. Wer durch Einsatz körperlicher Energie die Außenwelt verändert, handelt aktiv, wer dem Geschehen seinen Lauf lässt, obwohl er eingreifen könnte, unterlässt. Abgrenzungsschwierigkeiten tauchen auf, wenn ein Verhalten zugleich Tätigkeits- und Unterlassungsmomente aufweist.

10   Die Kriterien für die Abgrenzung sind umstritten. Eine in der Literatur verbreitete Ansicht stellt im Wesentlichen darauf ab, ob der Täter durch einen gewissen **Energieeinsatz** in Richtung des gefährdeten Rechtsguts für den tatbestandlichen Erfolg kausal geworden ist. Auch wenn dem Energiekriterium eine gewisse Bedeutung zukommt, spricht gegen diese Ansicht, dass in Einzelfällen trotz eines gewissen Energieeinsatzes die Unterlassungskomponente gewichtiger sein kann. Deshalb und auch weil sich die Meinungsunterschiede auf die Ergebnisse kaum auswirken, verdient die von der Rechtsprechung angeführte wohl h. M. Zustimmung. Sie sieht in der Abgrenzung ein Wertungsproblem und hält es für entscheidend, wo nach dem sozialen Handlungssinn und den Umständen des Einzelfalles der **Schwerpunkt der Vorwerfbarkeit** liegt. Der Vorteil dieses wertenden Ansatzes liegt auch darin, dass man das Energiekriterium in die Beurteilung mit einfließen lassen kann.

11   Zu den Befürwortern der Schwerpunktformel siehe BGHSt 6, 46, 59; 59, 292, 296 f.; *BGH* NStZ 2003, 657; 2005, 446, 447; *W/Beulke/Satzger*, AT, Rn. 700; *Heinrich*, AT, Rn. 866; *Krey/Esser*, AT, Rn. 1107. – Zur Gegenmeinung etwa *Roxin*, AT II, § 31 Rn. 69 ff., 77 ff.; *Kindhäuser*, AT, § 35 Rn. 4; MüKo/*Freund*, § 13 Rn. 1 ff.; MüKo/*Duttge*, § 15 Rn. 210; *Joecks*, § 13 Rn. 14 ff.

§ 48. Grundlagen   461

In der **Fallbearbeitung** ist zu beachten, dass die Abgrenzungsfrage die Ein- 12
ordnung einer bestimmten konkreten Handlung betrifft. Mehrere Verhaltensweisen dürfen also nicht zu einer Art Gesamtbeurteilung zusammengefügt
werden. So müssen im Fall 1 von § 49 bei T das Anfahren (aktives Tun) und
das Liegenlassen (Unterlassen) von vornherein getrennt gewürdigt werden;
um die Abgrenzung von Tun und Unterlassen geht es dabei nicht.

3. Abgrenzung bei Fahrlässigkeitsdelikten

Besonders häufig stellt sich die Abgrenzungsfrage im Zusammen- 13
hang mit Fahrlässigkeitsdelikten. Das überrascht nicht, weil jede fahrlässige Begehung eine Pflichtverletzung voraussetzt und insoweit
durch ein Unterlassungsmoment geprägt ist (vgl. unten § 52
Rn. 15 ff.).

Beispiele: (1) Ein Fabrikbesitzer F desinfiziert entgegen den Vorschriften 14
Ziegenhaare vor der Ausgabe an Arbeiter nicht gegen eine bestimmte Krankheit. Deshalb stecken sich mehrere Arbeiter an und sterben an der Krankheit
(RGSt 63, 211).
(2) Ein Radfahrer R beleuchtet sein Fahrzeug nicht ordnungsgemäß und
fährt deshalb ein Kind um, das verletzt wird (RGSt 63, 392).
(3) Ein berühmter Herzchirurg H infiziert bei Operationen mehrere Patienten mit Hepatitis B, weil er sich zuvor pflichtwidrig nicht hat untersuchen lassen (*BGH* NStZ 2003, 657). – Ein ergänzendes Beispiel unten § 54 Rn. 6 zu
Fall 1.
(4) Eine Mutter M lässt ihre dreijährige Tochter T für längere Zeit ohne 15
Aufsicht und Vorkehrungen allein in der Wohnung zurück, obwohl sie weiß,
dass T schon früher Herdplatten eingeschaltet hat. Während der Abwesenheit
von M schaltet T erneut eine Platte an und kommt in dem dadurch verursachten Brand um (*BGH* NStZ 1999, 607).

Es besteht weitgehend Einigkeit darüber, dass in den Beispielen (1) 16
bis (3) F, R und H wegen fahrlässiger Tötung durch aktives Tun zu
bestrafen sind. Denn der Schwerpunkt der Vorwerfbarkeit liegt im
aktiven *Ausgeben* der nicht desinfizierten Ziegenhaare, im *Fahren*
ohne Licht bzw. in der *Vornahme* von Operationen ohne vorherige
Untersuchung. Im Lichte des Energiekriteriums, dessen ergänzende
Heranziehung insoweit hilfreich ist, tritt das aktive Tun noch deutlicher hervor.

Im Beispiel (4) liegt dagegen der Schwerpunkt beim Unterlassen 17
(also §§ 222, 13). Denn M ist nicht so sehr vorzuwerfen, dass sie ihr
Kind vorübergehend allein lässt, weil das Weggehen als solches eine
grundsätzlich erlaubte Tätigkeit darstellt. Vorwerfen muss man ihr
aber, dass sie T ohne Aufsicht gelassen bzw. keine technischen Vor-

462   9. Kapitel. Das Unterlassungsdelikt

kehrungen getroffen hat, um das Einschalten des Herdes zu verhindern (im Ergebnis auch *Roxin*, AT II, § 31 Rn. 88 f.).

4. Abbruch fremder Rettungsbemühungen

18   Weitgehende Einigkeit besteht darüber, dass bei einem Täter, der – insbesondere durch Täuschung oder Zwang – aktiv in Rettungsbemühungen Dritter eingreift und dadurch einen mit an Sicherheit grenzender Wahrscheinlichkeit rettenden Kausalverlauf abbricht, der Schwerpunkt der Vorwerfbarkeit im aktiven Tun liegt (erg. oben § 13 Rn. 18 ff.).

19   **Beispiele:** (1) Der rettungswillige R könnte den Ertrinkenden E dadurch retten, dass er per Handy Hilfe herbeiruft, dass er E einen Rettungsring zuwirft oder mit einem Boot zu ihm fährt. Als R zur Tat schreitet, unterbricht T die Rettung, indem er das Rettungsgerät wegnimmt oder es unbrauchbar macht, indem er gegen R Gewalt anwendet oder indem er ihm vorspiegelt, für die Rettung des E sei bereits gesorgt. – Handelt T mit Tötungsvorsatz, so erfüllt er in allen Varianten § 212 durch aktives Tun.

20   (2) Verweigert ein gemäß § 904 BGB duldungspflichtiger Eigentümer E (vgl. oben § 20 Rn. 1, 4 ff.) die Nutzung eines ihm gehörenden Rettungsgeräts (Handy, Pkw, Boot), so wird aus dem Unterlassen ein positives Tun, wenn er sich aktiv gegen die Wegnahme des Geräts durch einen Retter wehrt (*Kudlich*, AT, Nr. 184, 185).

5. Abbruch eigener Rettungsbemühungen

21   Beim Abbruch eigener Rettungsbemühungen stellt sich die Frage, ab welchem Zeitpunkt das Aufhören und etwaige Gegenaktivitäten ihren Charakter als Unterlassen verlieren.

Beispiele: Retter R, der kein Garant ist, könnte den Ertrinkenden E retten, indem er ihm vom Ufer aus an einem Seil einen Rettungsring zuwirft. – R hat die Möglichkeit, von Anfang an gar nichts tun (eindeutiges Unterlassen), er kann den Ring mit Rettungswillen ergreifen und nach ein paar Schritten wieder umkehren, er kann den Ring ins Wasser werfen und gleich wieder herausziehen, nachdem er E als missliebige Person identifiziert hat, oder er zieht den Ring mit einem kräftigen Ruck erst zurück, nachdem ihn der erschöpfte E ergriffen hat, bzw. lässt nach dem Ergreifen das Seil los und liefert so E dem Ertrinkungstod aus.

22   Die h. M. nimmt an, dass der Schwerpunkt der Vorwerfbarkeit so lange beim Unterlassen weiterer Rettungsbemühungen liegt, bis die Rettungsmöglichkeit das Opfer erreicht hat. Das ist der Zeitpunkt, kurz bevor E den Ring ergreifen kann. Nach einer Gegenmeinung

muss der rettende Kausalverlauf beim Opfer nicht unbedingt „angekommen" sein. Sie hält ein aktives Tun bereits dann für gegeben, wenn der Retter einen von ihm in Gang gesetzten hypothetischen Kausalverlauf abbricht, der das Opfer mit an Sicherheit grenzender Wahrscheinlichkeit gerettet hätte.

Zur h. M. siehe *Otto*, AT, § 9 Rn. 6 ff.; *Kühl*, AT, § 18 Rn. 21; W/*Beulke*/ *Satzger*, AT, Rn. 702; *Roxin*, AT II, § 31 Rn. 108 ff. – Zur Gegenmeinung *Baumann*/*Weber*/*Mitsch*, AT, § 15 Rn. 31; *Joecks*, § 13 Rn. 18; SK/*Rudolphi*/*Stein*, vor § 13 Rn. 81.

Zustimmung verdient die Gegenmeinung. Denn sie harmoniert mit **23** der Auffassung, dass ein Täter, der Rettungsbemühungen Dritter und von ihnen ausgehende rettende Kausalverläufe torpediert, wegen aktiven Tuns haftet (Rn. 18 ff.). Für den Fall der Unterbrechung eines selbst eingeleiteten rettenden Kausalverlaufs sollte nichts anderes gelten.

Im **Fall 2** erfüllt O daher auf dem Boden der hier vertretenen Ansicht be- **24** reits § 212 durch aktives Tun. Wer dies mit der h. M. ablehnt, weil der Ring T noch nicht erreicht hat, kann nur § 323c bejahen, es sei denn, es ließe sich eine Garantenstellung des O aus vorangegangenem Tun und insoweit der Schritt zu den §§ 212, 13 bejahen (dazu abl. unten § 50 Rn. 77 ff., 80).

Empfehlungen zur vertiefenden Lektüre:
Rechtsprechung: *BGH* NStZ 2003, 657 (Abgrenzung von Tun und Unterlassen bei einer Operation).

§ 49. Das vorsätzliche unechte Unterlassungsdelikt

Fall 1: T hat infolge Alkoholkonsums den Fußgänger F angefahren. Er steigt aus und erkennt, dass F lebensgefährlich verletzt ist und ärztlicher Versorgung bedarf. Trotz angenommener Rettungsmöglichkeit fährt er tatenlos weiter, um nicht seinen Führerschein zu verlieren. F stirbt. Der Sachverständige S kommt zu dem Ergebnis, dass F bei sofortiger ärztlicher Hilfe a) möglicherweise hätte gerettet werden können, b) zumindest ein paar Stunden länger gelebt hätte. → Rn. 18, 50, 57

Fall 2: Arzt A hat es versäumt, bei seinem wegen Hodenkrebs erkrankten Patienten P die gebotene Bestrahlung anzuordnen. P stirbt etwa 2 Jahre später. Nach dem Sachverständigengutachten hat eine solche Bestrahlung in mindestens 90 % aller Fälle eine nennenswerte Lebensverlängerung zur Folge. → Rn. 18

Fall 3: M sieht eine Frau F ertrinken und könnte ihr mit seinem Boot in rettender Weise zu Hilfe eilen. Er kümmert sich aber nicht um sie, so dass sie

464   9. Kapitel. Das Unterlassungsdelikt

ertrinkt. *Drei Varianten:* a) M wird von der Sonne geblendet und erkennt nicht, dass es sich um seine Ehefrau handelt. b) M erkennt, dass F seine Ehefrau ist, und denkt, nicht zur Rettung verpflichtet zu sein, weil sie in letzter Zeit in ständigem Streit leben. c) Wie Variante b, nur dass M einer Verwechslung unterliegt und F irrtümlich für seine Ehefrau hält. → Rn. 38

I. Grundlagen

1   Dem vollendeten vorsätzlichen Begehungsdelikt entspricht auf der Ebene des unechten Unterlassens das vollendete vorsätzliche unechte Unterlassungsdelikt. Mit Hilfe der Zurechnungsnorm des § 13 kann sich grundsätzlich aus jedem Vorsatzdelikt des Besonderen Teils – wie auch des Nebenstrafrechts – spiegelbildlich eine Strafbarkeit wegen unechten Unterlassens ergeben.

2   Soweit Fahrlässigkeitstatbestände wie die §§ 222, 229 existieren, können diese ebenfalls unter den Voraussetzungen des § 13 durch Unterlassen begangen werden. Die Besonderheiten des **fahrlässigen unechten Unterlassungsdelikts** werden wegen des Sachzusammenhangs im Rahmen der Fahrlässigkeitslehre erörtert (unten § 54).

3   Die Gleichstellung des Begehungsdelikts mit dem unechten Unterlassungsdelikt, die § 13 regelt, wird mit Hilfe zweier Gleichstellungskriterien erreicht: Das erste Erfordernis der Garantenstellung („… rechtlich dafür einzustehen hat") wird wegen seiner zentralen Bedeutung unten in § 50 separat erörtert. Das zweite Kriterium stellt die Entsprechungsklausel dar („… durch ein Tun entspricht"); ihr Stellenwert ist freilich gering (vgl. unten Rn. 30 ff.). Trotz dieser „Gleichstellung" sieht § 13 II noch die Möglichkeit einer Strafmilderung vor.

II. Aufbaufragen

4   Was den Aufbau betrifft, so sind gegenüber dem Begehungsdelikt einige Besonderheiten zu beachten: Zunächst muss überhaupt ein Unterlassen vorliegen und unter Umständen zum Tun abgegrenzt werden (dazu oben § 48 Rn. 8 ff.); ist das Unterlassen unproblematisch, so bedarf die Abgrenzungsfrage keiner besonderen Erwähnung. Dann müssen in das Aufbauschema die beiden Gleichstellungskriterien integriert werden. Ferner ist die „Unterlassung", d. h. die dem Täter physisch-real mögliche Verhinderungshandlung zu konkretisieren. Die Kausalitätsfrage muss, an die Besonderheiten des Unterlassungs-Erfolgsdelikts angepasst, hypothetisch erörtert werden.

§ 49. Das vorsätzliche unechte Unterlassungsdelikt   465

Schließlich muss bei der Schuld insbesondere auf die Zumutbarkeit als weiterer Entschuldigungsgrund geachtet werden. Dies führt zu folgendem

---

Aufbauschema zum vollendeten vorsätzlichen unechten Unterlassungsdelikt (Erfolgsdelikt)   5

Vorprüfung (ggf. nur gedanklich): Abgrenzung zwischen Tun und Unterlassen (§ 48 Rn. 9 ff.). Die konkrete Erörterung kann bereits zuvor bei der Prüfung des Begehungsdelikts erfolgt sein. Ansonsten empfiehlt es sich, die Frage bei der „Unterlassung" (Punkt I.1.b) zu prüfen.

I. Tatbestandsmäßigkeit
  1. Objektiver Tatbestand
   a) Tatbestandsmäßige Situation: Vorliegen der objektiven Tatbestandsmerkmale eines Erfolgsdelikts
   b) Unterlassung einer geeigneten und erforderlichen Verhinderungshandlung trotz physisch-realer individueller Handlungsmöglichkeit
   c) (Hypothetische) Kausalität und objektive Zurechnung
   d) Garantenstellung gemäß § 13 (Garantenposition und Handlungspflicht im konkreten Fall)
   e) Entsprechungsklausel (§ 13 I 2. Halbs.; selten relevant)
  2. Subjektiver Tatbestand
   a) Vorsatz bezüglich aller Merkmale des objektiven Tatbestandes
   b) Besondere subjektive Tatbestandsmerkmale
 II. Rechtswidrigkeit
   Wie beim vollendeten Begehungsdelikt (§ 12 Rn. 6). Besonderheit: Rechtfertigende Pflichtenkollision
III. Schuld
   Wie beim vollendeten Begehungsdelikt (§ 12 Rn. 6). Besonderheiten:
   1. Unzumutbarkeit normgemäßen Verhaltens als weiterer Entschuldigungsgrund (h. M.)
   2. Gebotsirrtum statt Verbotsirrtum in Fällen des § 17

Die Platzierung der Garantenstellung (Punkt I.1.d) hängt damit zusammen, dass man erst einmal wissen will, ob überhaupt etwas passiert ist, was hätte verhindert werden können (*Kühl*, JuS 2007, 499 f.).

466   9. Kapitel. Das Unterlassungsdelikt

III. Objektiver Tatbestand

1. Tatbestandsmäßige Situation: Vorliegen des Tatbestandes eines Erfolgsdelikts

6   Als erstes ist der Anknüpfungspunkt für die Strafbarkeit wegen unechten Unterlassens festzustellen. Es müssen die objektiven Tatbestandsmerkmale eines Erfolgsdelikts vorliegen: Eine Person ist tot (§ 212 I) oder verletzt (§ 223 I), eine fremde Sache ist beschädigt (§ 303 I), ein Opfer ist seiner Freiheit beraubt (§ 239 I), usw.

7   **Beachte:** In der Regel geht es im Zusammenhang mit der Vorschrift des § 13 um klassische Erfolgsdelikte (§ 10 Rn. 3 ff.). Freilich ist der Begriff des Erfolges im Sinne des § 13 nach der zutreffenden h. M. weiter zu verstehen und umfasst jedes tatbestandsmäßige Geschehen. Daher können grundsätzlich auch Tätigkeitsdelikte (§ 10 Rn. 7) durch Unterlassen begangen werden (BGHSt 46, 212, 222; Sch/Sch/*Stree/Bosch*, § 13 Rn. 3; KK-OWiG/*Rengier*, § 8 Rn. 9 ff.).

2. Unterlassung einer Verhinderungshandlung trotz Handlungsmöglichkeit

8   Diesem Gliederungspunkt fällt hauptsächlich die Aufgabe zu, die zur Erfolgsabwendung geeignete(n) und erforderliche(n) Verhinderungs- oder Rettungshandlung(en) zu benennen. Dabei können mehrere Handlungen in Betracht kommen.

9   Im Übrigen setzt eine „Unterlassung" die physisch-reale individuelle Handlungsmöglichkeit voraus. Von daher sind alle Tatsituationen nicht tatbestandsmäßig, in denen der Täter die gebotene Rettungshandlung etwa wegen der räumlichen Entfernung oder mangels persönlicher Fähigkeiten nicht vornehmen kann. Ein Nichtschwimmer kann einen Ertrinkenden nicht retten, indem er in das Wasser springt, wohl aber eventuell z. B. durch einen Notruf.

10   **Beachte:** Da auch das echte Unterlassungsdelikt ein „Unterlassen" voraussetzt, gehört die physisch-reale Handlungsmöglichkeit zum Tatbestand *aller* Unterlassungsdelikte (erg. *Rengier*, BT II, § 42 Rn. 12 zu § 323c).

11   Mit der Rechtsfigur der **omissio libera in causa** (omissio = Unterlassung) wird die Konstellation umschrieben, dass sich der Täter im Vorfeld der Tat vorsätzlich in einen Zustand der Handlungsunfähigkeit versetzt und danach seine Pflichten als Garant nicht mehr erfül-

§ 49. Das vorsätzliche unechte Unterlassungsdelikt   467

len kann. In diesem Fall kann sich nach h. M. der Garant nicht auf seine Handlungsunfähigkeit berufen und haftet für die Folgen aus dem Unterlassungsdelikt. Die Konstruktion ähnelt der actio libera in causa bei fehlender Schuldfähigkeit (oben § 25), ist aber nicht so umstritten. Denn eine mit § 20 vergleichbare Normierung des Koinzidenzprinzips gibt es für die Handlungsfähigkeit nicht. Daher kann die Vorverlagerung mit der Pflicht des Garanten legitimiert werden, seine Handlungsfähigkeit zum Schutz von vorausgesehenen oder voraussehbaren Rechtsgutverletzungen zu erhalten.

Beispiel: Rettungsschwimmer R betrinkt sich im Dienst so, dass ihm ein rettendes Eingreifen unmöglich wird, was ihm egal ist. Daher hilft niemand O, als dieser wegen einer Gegenströmung das Ufer nicht mehr erreichen kann und deshalb ertrinkt. – Die zum Tatzeitpunkt fehlende Handlungsfähigkeit des R wird mit Hilfe der omissio libera in causa auf den Zeitpunkt des Trinkens vorverlegt, so dass R, da er tödliche Folgen in Kauf genommen hat, im Ergebnis die §§ 212, 13 erfüllt.
Hierzu *BGH* NStZ 2014, 158, 159; *Satzger*, Jura 2006, 516 ff.; *Roxin*, AT II, § 31 Rn. 103 ff.; *Kühl*, AT, § 18 Rn. 22; LK/*Weigend*, 12. Aufl., § 13 Rn. 67; *Kudlich*, AT, Nr. 189.

3. (Hypothetische) Kausalität

Die Kausalitätsformel der Bedingungstheorie (§ 13 Rn. 3 ff.) muss **13** für die Unterlassungskonstellation im Sinne einer hypothetischen Kausalität – oder „Quasi-Kausalität" – wie folgt abgewandelt werden: Es ist zu fragen, ob durch die Vornahme der gebotenen Handlung der tatbestandliche Erfolg mit an Sicherheit grenzender Wahrscheinlichkeit nicht eingetreten wäre. Dabei kommt es auch hier auf den Erfolg in seiner konkreten Gestalt an.

Die Ergänzung der Formel um den Zusatz „mit an Sicherheit grenzender **14** Wahrscheinlichkeit" verdeutlicht, dass man bei hypothetischen Kausalverläufen niemals Gewissheit erlangen, sondern nur den Grad der Überzeugungsbildung festlegen kann. Genau betrachtet handelt es sich demnach nicht um ein eigenständiges Kausalitätskriterium, sondern um eine Beweisregel (BGHSt 37, 106, 127; *Engländer*, JuS 2001, 960 f.).

Lässt sich nach dem Sachverhalt nicht mehr aufklären, ob die Vor- **15** nahme der gebotenen Handlung den Erfolgseintritt verhindert hätte, oder enthält er etwa die Angabe, dies sei nur „möglicherweise" der Fall, muss nach dem Grundsatz in dubio pro reo (unten § 57 Rn. 1 ff.) der günstigere tatsächliche Ablauf unterstellt und daher die hypothetische Kausalität verneint werden.

468   9. Kapitel. Das Unterlassungsdelikt

So zutreffend die h. M.: BGHSt 37, 106, 126 f.; *BGH* NStZ 2000, 583; 2007, 469; NStZ-RR 2002, 303; LK/*Weigend*, 12. Aufl., § 13 Rn. 70 ff.; *Engländer*, JuS 2001, 960 f.

16   Demgegenüber überträgt eine Minderheitsmeinung, die gewisse Strafbarkeitslücken sieht, die beim fahrlässigen Begehungsdelikt verhältnismäßig verbreitete – indes auch dort abzulehnende (unten § 52 Rn. 34 f.) – **Risikoerhöhungstheorie** im Sinne einer **Risikoverminderungslehre** auf die Unterlassungskausalität und lässt es genügen, dass die gebotene Handlung das Risiko des Erfolgseintritts gemindert hätte (*Stratenwerth/Kuhlen*, AT, § 13 Rn. 52 ff.; *Greco*, ZIS 2011, 674 ff.). Dagegen ist einzuwenden: Wer die Anforderungen an die Quasi-Kausalität derart lockert, verzichtet in Wirklichkeit auf einen zumindest hypothetischen Kausalzusammenhang und wandelt Verletzungs- in Gefährdungsdelikte um (vgl. *Roxin*, AT II, § 31 Rn. 51).

17   **Beispiele:** (1) Bleibt unklar, ob der mit Tötungsvorsatz untätig bleibende Garant G den ohne Hilfe sicher Ertrinkenden z. B. schwimmend oder mit einem Boot hätte retten können, entfallen die §§ 212, 13 mangels feststellbarer Kausalität des Unterlassens. Geht G von einer Rettungsmöglichkeit aus, liegen die §§ 212, 22, 13 vor (zum Versuch noch näher unten Rn. 54 ff.).

18   (2) Im **Fall 1a/b** muss man zunächst erkennen, dass neben der fahrlässigen Tötung durch das Anfahren mit Blick auf das spätere Liegenlassen eine vorsätzliche Tötung durch Unterlassen in Betracht kommt (zur Garantenstellung des T unten § 50 Rn. 70 ff., 74 und zu weiteren Aspekten dieser häufigen Fallkonstellation *Rengier*, BT II, § 4 Rn. 64). Im **Fall 1a** kann bezüglich der §§ 212, 13 auf dem Boden der h. M. – anders als nach der Risikoerhöhungstheorie – die Quasi-Kausalität nicht bejaht werden (zum Versuch unten Rn. 57). Im **Fall 1b** steht dagegen fest, dass F bei Vornahme der gebotenen Rettungshandlung länger gelebt hätte; deshalb geht der Tod in seiner konkreten Gestalt auf die Unterlassung zurück. Demzufolge sind die §§ 212, (211), 13 zu bejahen; dahinter tritt § 222 als mitbestrafte Vortat im Wege der Subsidiarität zurück (unten § 56 Rn. 44).

    (3) Im **Fall 2** stellt sich bei dem Garanten A das Kausalitätsproblem in Verbindung mit einer fahrlässigen Tötung durch Unterlassen (§§ 222, 13; vgl. unten § 54). Da P zu den 10 % der Patienten gehören könnte, die auf die Bestrahlung nicht ansprechen, hätte A den konkreten Tod nicht mit an Sicherheit grenzender Wahrscheinlichkeit abwenden können und bleibt folglich straflos (*BGH* GA 1988, 184; a. A. die Vertreter der Risikoverminderungslehre).

19   Rechtsprechung und h. M. wenden die vorstehenden Kausalitätsregeln ebenfalls dann an, wenn die Pflichtwidrigkeit eines Täters T, der den Erfolg nicht selbst abwenden kann, darin liegt, die Unterrichtung einer anderen handlungspflichtigen Person P zu unterlassen, von der

§ 49. Das vorsätzliche unechte Unterlassungsdelikt

freilich nicht (sicher) gesagt werden kann, ob sie im Falle ihrer Einschaltung in erfolgsabwendender Weise tätig geworden wäre. Von daher verneint die h. M. die hypothetische Kausalität der Unterlassung des T, sofern auch der zuständige Ansprechpartner P mit an Sicherheit grenzender Wahrscheinlichkeit pflichtwidrig untätig geblieben wäre oder dies nicht ausgeschlossen werden kann. Eine wachsende Gegenmeinung hält es für verfehlt, dass sich ein Unterlassungstäter zu seiner Entlastung auf eine fiktive – noch dazu schwer beweisbare – Pflichtverletzung der zu unterrichtenden Person(en) berufen können soll. Nach dieser Meinung muss im Rahmen der hypothetischen Kausalitätsprüfung von einem pflichtgemäßen (Normal-)Verhalten des bzw. der Adressaten der Unterrichtung ausgegangen werden. Jedoch stellt eine solche Annahme, die hypothetisches menschliches Fehlverhalten ignoriert, ebenso eine Fiktion dar, und zwar eine belastende. Daher verdient die Ansicht der h. M. den Vorzug.

> **Beispiel:** Im Fall *BGH* NJW 2010, 1087 hat ein von der Stadt X beauftragter Bauingenieur B die Dachkonstruktion einer Sporthalle nicht ordnungsgemäß überprüft und daher Mängel nicht entdeckt, die zum Einsturz des Dachs und zum Tode mehrerer Besucher führten. Zutreffend verneint der *BGH* eine Strafbarkeit des B gemäß den §§ 222, 13 für den Fall, dass die pflichtgemäße Überprüfung des Dachs und die korrekte Unterrichtung der Stadt (möglicherweise) keine abhelfenden Reaktionen ausgelöst hätten. – Näher *Rengier*, Wolter-FS, 2013, S. 208 ff.; zur Gegenmeinung vgl. NK/*Puppe*, vor § 13 Rn. 133 ff.; *dies.*, JR 2010, 355 ff.; *Roxin*, Achenbach-FS, 2011, S. 421 ff.; *Lindemann*, ZJS 2008, 407 f.; erg. *Greco*, ZIS 2011, 688 ff. – Vergleichbar etwa *BGH* NJW 2008, 1897 mit Falllösung bei *Jäger*, AT, Rn. 336e/f.

Eine besondere Problematik ergibt sich ferner bei Unterlassungen, die auf einer **Gremienentscheidung** beruhen. 20

> **Beispiel:** Vier gleichberechtigte Geschäftsführer beschließen, ein gesundheitsschädliches Produkt (Lederspray) nicht aus dem Verkehr zu ziehen. Mehrere Verbraucher erleiden deshalb Gesundheitsschäden. Subjektiv ist den Geschäftsführern bezüglich eines Teils der Körperverletzungen Fahrlässigkeit und bezüglich des anderen Teils Vorsatz vorzuwerfen (vgl. BGHSt 37, 106 ff.).

Die Zurechnungsprobleme werden sichtbar, wenn sich jeder Geschäftsführer damit verteidigt, dass seine Stimme nicht den Ausschlag gegeben habe und für den Beschluss deshalb nicht kausal gewesen sei, weil er bei einer Nein-Stimme von den anderen drei überstimmt worden wäre und ein Mehrheitsbeschluss genügt hätte. Eine solche Argumentation ändert aber an der Kausalität der konkreten Ja-Stimme aus den folgenden Gründen nichts:

470   9. Kapitel. Das Unterlassungsdelikt

21   (1) Wenn bei dem Beschluss alle vorsätzlich gehandelt haben, werden die Tatbeiträge gegenseitig mittäterschaftlich zugerechnet, so dass man zu den §§ 223, 224 I Nr. 1, 2, 25 II, 13 gelangt (erg. unten § 51 Rn. 1 ff.).

22   (2) Schwieriger liegt die Fahrlässigkeitskonstellation, da die Möglichkeit einer fahrlässigen Mittäterschaft zwar anzuerkennen, aber umstritten ist (dazu unten § 53 Rn. 3 ff.). Doch lässt sich auch unabhängig davon die hypothetische Kausalität einer jeden Ja-Stimme mit Hilfe der Gedanken von der gesetzmäßigen Bedingung und vom Erfolg in seiner konkreten Gestalt bejahen: Der konkrete hypothetische Kausalverlauf wird ja durch den einstimmig gefassten Beschluss ausgelöst und darf nicht durch eine Ersatzursache, nämlich einen fiktiven Beschluss mit einer 3:1-Mehrheit, ersetzt werden (näher schon oben § 13 Rn. 35 ff.).

Siehe ferner BGHSt 37, 106, 126 ff.; 48, 77, 94 f.; *Beulke/Bachmann*, JuS 1992, 742 ff.; *Meier*, NJW 1992, 3197 f.; *Jähnke*, Jura 2010, 584 f.; *Roxin*, AT II, § 31 Rn. 65 ff.; *Kühl*, AT, § 18 Rn. 39a ff.

23   Nach der vorstehenden Rechtsprechung und h. M. ändert sich an der Unterlassungs-Verantwortlichkeit des einzelnen Geschäftsführers auch dann nichts, wenn der Rückruf einen Mehrheitsbeschluss voraussetzt, aber niemand etwas unternimmt und ein pflichtgemäß auf den Rückruf hinwirkender Geschäftsführer keinen Mehrheitsbeschluss erreicht hätte. Ein anderes Ergebnis hätte die Konsequenz, dass sich bei erforderlichen Kollegialentscheidungen jedes Mitglied des Gremiums „von seiner Haftung allein durch den Hinweis auf die gleichartige und ebenso pflichtwidrige Untätigkeit der anderen freizeichnen könnte … Das dies nicht rechtens sein kann, liegt auf der Hand" (BGHSt 37, 106, 132). In solchen Konstellationen, in denen die Erfolgsabwendung das Zusammenwirken mehrerer Garanten voraussetzt, ist davon auszugehen, dass jeder Garant, der pflichtwidrig seinen Beitrag nicht leistet, eine Ursache für die unterlassene Maßnahme setzt. Aus dogmatischer Sicht bietet es sich an, das Ergebnis mit der sinngemäßen Anwendung des Gedankens der alternativen Kausalität zu begründen: Man kann zwar das pflichtgemäße Verhalten eines einzelnen Garanten, aber nicht dasjenige der Garantengemeinschaft hinzudenken, ohne dass der Erfolg entfiele (vgl. BGHSt 48, 77, 94; *Dreher*, JuS 2004, 18; *Beulke/Bachmann*, JuS 1992, 741; oben § 13 Rn. 26 ff.). Von seiner strafrechtlichen Mitverantwortung wird der Einzelne, der den Rückruf nicht alleine bewirken kann,

§ 49. Das vorsätzliche unechte Unterlassungsdelikt   471

nur befreit, wenn er alles ihm Zumutbare und Mögliche getan hat, um den gebotenen Beschluss zu erwirken (BGHSt 37, 106, 126, 131 f.).

4. Objektive Zurechnung

Die vom Begehungsdelikt her bekannten Gedanken der objektiven **24** Zurechnung (oben § 13 Rn. 46 ff.) sind auf das unechte Unterlassungsdelikt übertragbar. Auf die Unterlassungsebene bezogen lautet die Grundformel: Im Erfolg muss sich die Gefahr realisieren, die der Täter durch die pflichtwidrige Unterlassung der gebotenen Rettungshandlung geschaffen hat.

Beispiele: (1) Man muss sich als Ausgangsfall nur vorstellen, dass im Fall 1 **25** der tatenlos mit Tötungsvorsatz davonfahrende T den lebensgefährlich verletzten F noch hätte retten können und anschließend eine andere Person Rettungsmaßnahmen einleitet. Kommt jetzt F im Krankenwagen bei einem Verkehrsunfall um, stirbt er im Krankenhaus wegen eines Brandes oder tritt der Tod ein, weil einem Arzt ein Behandlungsfehler unterläuft oder F eine Operation verweigert, so ist die Zurechenbarkeit entsprechend den Ausführungen von § 13 Rn. 62 ff., 84 ff., 95 zu beurteilen.

(2) Einem Waffensammler W, der seinen Waffenschrank entgegen den behördlichen Auflagen pflichtwidrig nicht abschließt und dadurch seinem Sohn S die Wegnahme einer Waffe ermöglicht, mit der dieser, nachdem er andere Menschen erschossen hat, sich selbst eigenverantwortlich tötet, wird der Tod des S nicht objektiv zugerechnet (entsprechend § 13 Rn. 77 ff.; erg. *Mitsch*, ZJS 2011, 130; unten § 52 Rn. 57 ff., 62).

5. Garantenstellung

Die Garantenstellung ist *das* entscheidende Gleichstellungsmerk- **26** mal. Ihr kommt eine sehr große Bedeutung zu, weil sie den Garanten – und nur ihn – zum potentiellen Täter aller von jedermann begehbaren vorsätzlichen und fahrlässigen Begehungsdelikte macht. Von daher stellt das unechte Unterlassungsdelikt ein Sonderdelikt dar (§ 10 Rn. 25). Der Sanktionsbereich, der von der Garantenstellung abhängig sein kann, liegt zwischen Mord durch Unterlassen und unterlassener Hilfeleistung (vgl. bereits § 48 Rn. 7 zu Fall 1). Wegen solcher Konsequenzen dürfen Garantenstellungen nicht vorschnell angenommen werden, sondern bedürfen einer besonderen Legitimation.

Die Fragen der Garantenstellung werden wegen ihrer herausragenden Be- **27** deutung unten in § 50 besonders erörtert. Für das erste Verständnis genügt es zu wissen, dass solche Personen eine Garantenstellung innehaben, denen wie

472 9. Kapitel. Das Unterlassungsdelikt

Eltern gegenüber ihren Kindern besondere Schutzpflichten obliegen oder die z. B. als Grundstückseigentümer oder als Halter von Tieren die Ausbreitung von Gefahrenquellen verhindern müssen, die in ihren Verantwortungsbereich fallen.

28 An dieser Stelle soll nur noch der Begriff der Garantenstellung etwas näher erläutert werden. Im Aufbauschema (Rn. 5) findet sich insoweit der Klammerzusatz „Garantenposition und Handlungspflicht im konkreten Fall". Damit ist gemeint, dass aus der „Position" (etwa als Vater oder Arzt) nicht automatisch auch eine Handlungspflicht im konkreten Fall folgen muss, beides aber für das Gleichstellungsmerkmal erforderlich ist (vgl. die Beispiele in § 50 Rn. 39 ff., 64).

29 Manche ziehen wohl deshalb ohne inhaltliche Abweichung die „Garantenpflicht" als Oberbegriff vor (LK/*Weigend*, 12. Aufl., § 13 Rn. 25 ff.; *Heinrich*, AT, Rn. 893 ff.; *Ransiek*, JuS 2010, 585 ff.). Für den üblichen Begriff „Garantenstellung" spricht, dass die (Handlungs-)Pflicht letztlich vom Einzelfall abhängt (*Kölbel*, JuS 2006, 310 mit Fn. 8; erg. BGHSt 37, 106, 126). BGHSt 52, 159 spricht von der Garantenstellung und Garantenpflicht (statt Handlungspflicht).

6. Entsprechungsklausel

30 Die Bedeutung des zweiten Gleichstellungsmerkmals ist gering. Einigkeit besteht darüber, dass die Klausel nicht die Funktion einer Gesamtbewertung hat. Außerdem ist davon auszugehen, dass bei **reinen Erfolgsdelikten** wie den §§ 212, 223, 303 die pflichtwidrige Nichtabwendung des Erfolges durch einen Garanten stets der aktiven Erfolgsherbeiführung entspricht. Insoweit ist der Satz richtig, dass die Entsprechungsklausel für Erfolgsdelikte keine Bedeutung hat.

31 Wer daher in der **Fallbearbeitung** in solchen Fällen die Klausel nicht erwähnt, wird dafür kaum getadelt werden. Wer auf Perfektion Wert legt, fügt den kurzen Satz an, dass die Nichtabwendung eines tatbestandlichen Erfolges durch einen Garanten stets der aktiven Erfolgsherbeiführung entspricht.

32 Von den reinen Erfolgsdelikten müssen freilich die **verhaltensgebundenen Erfolgsdelikte** unterschieden werden, bei denen die h. M. den wichtigsten Anwendungsbereich der Klausel sieht. Damit sind Erfolgsdelikte gemeint, die neben der Erfolgsherbeiführung eine Bewirkung des Erfolges durch eine besondere Handlungsweise voraussetzen.

Beispiele: Genannt werden insbesondere die Heimtücke und Grausamkeit (§ 211), der hinterlistige Überfall (§ 224 I Nr. 3), die rohe Misshandlung (§ 225 I), Gewalt und Drohung (§ 240) sowie die Täuschung (§ 263).

§ 49. Das vorsätzliche unechte Unterlassungsdelikt   473

Bei solchen Handlungsmodalitäten fällt der Entsprechungsklausel **33**
die Funktion zu, eine Modalitätenäquivalenz festzustellen. Dabei empfiehlt es sich, wie folgt zu differenzieren: Ist der Unterlassungstäter
für die Tatmodalität wie z. B. eine Mutter, die ihr Kind grausam verhungern lässt, selbst verantwortlich, steht das Unterlassen dem Handeln in der Regel gleich. Anders liegt die Konstellation, in der ein Garant die Tat eines anderen geschehen lässt. Hier muss unter der
Voraussetzung, dass der Garant überhaupt Täter ist (dazu unten § 51
Rn. 11 ff.), gefragt werden, ob für ihn das Geschehenlassen etwa eines
heimtückischen oder grausamen Mordes oder einer rohen Misshandlung eine dem Tun vergleichbare Prägung besitzt und seinem sozialen
Sinngehalt nach der Tatbestandsverwirklichung durch einen Begehungstäter entspricht. Dies ist mit Blick auf die erwähnte Grausamkeit und „rohe" Misshandlung nicht der Fall, wenn bei dem Unterlassungstäter die besonderen Gesinnungselemente fehlen. Bei der
tatbezogenen Heimtücke ändert sich aber an dem Gefährlichkeitsas-
pekt nichts.

Vgl. hierzu mit Unterschieden im Einzelnen Sch/Sch/*Stree/Bosch*, § 13 **34**
Rn. 4; *Roxin*, AT II, § 32 Rn. 223 ff., 239; LK/*Weigend*, 12. Aufl., § 13 Rn. 77;
Kühl, AT, § 18 Rn. 123; W/*Beulke/Satzger*, AT, Rn. 730; *Grünewald*, Jura
2005, 520 f.; *Satzger*, Jura 2011, 749 ff. – Ergänzend *Rengier*, BT II, § 4
Rn. 31a, 47d, 60 ff. zur Verwirklichung der Mordmerkmale Heimtücke, mit
gemeingefährlichen Mitteln und Verdeckungsabsicht durch Unterlassen.

IV. Vorsatz

Der Vorsatz muss sich wie üblich auf alle objektiven Tatbestands- **35**
merkmale erstrecken. Soweit beim Begehungsdelikt dolus eventualis
ausreicht, gilt dies auch für das Unterlassen. Wer es also für möglich
hält und sich damit abfindet, dass er als Garant durch eine ihm mögliche Rettungshandlung den Eintritt des tatbestandlichen Erfolges
hätte verhindern können, handelt mit Unterlassungsvorsatz.

Das Bewusstsein des Täters braucht sich nicht darauf zu erstrecken, den Er- **36**
folg „mit an Sicherheit grenzender Wahrscheinlichkeit" verhindern zu können, da dies auf eine Verschärfung der Vorsatzanforderungen hinausliefe (vgl.
Engländer, JuS 2001, 960 f., der sich zu Recht auf *BGH* NStZ 2000, 414, 415
stützt; ferner LK/*Vogel*, 12. Aufl., § 15 Rn. 60; Sch/Sch/*Sternberg-Lieben/
Schuster*, § 15 Rn. 94.; *Lackner/Kühl*, § 15 Rn. 23; erg. oben Rn. 14.

Was die Garantenstellung betrifft, so reicht es für den Vorsatz aus, **37**
wenn der Täter die tatsächlichen Umstände erfasst, aus denen sich die

474   9. Kapitel. Das Unterlassungsdelikt

Garantenposition und die Handlungspflicht ergeben; die Unkenntnis solcher Umstände führt zu einem Tatbestandsirrtum (§ 16 I 1). Dagegen begründet die Fehlwertung, kein Garant und nicht handlungspflichtig zu sein, keinen Tatbestandsirrtum, sondern nur – entsprechend zum Verbotsirrtum (oben § 31) – einen Gebotsirrtum (unten Rn. 53); denn die Erfolgsabwendungspflicht betrifft die Gesamtbewertung der Tat und insoweit die Rechtswidrigkeit (BGHSt 16, 155 ff.; *Roxin*, AT II, § 31 Rn. 191; *Kühl*, AT, § 18 Rn. 129).

38   Im **Fall 3a** erkennt M Tatsachen nicht, aus denen sich seine Garantenposition ergibt. Daher unterliegt er bezüglich der §§ 212, 13 einem Tatbestandsirrtum (§ 16 I 1). Die §§ 222, 13 kommen in Betracht, wenn der Irrtum auf Fahrlässigkeit beruhen sollte (§ 16 I 2). Erfüllt ist auf jeden Fall § 323c.

Im **Fall 3b** ergibt sich aus der Streitsituation keine Auflösung der Garantenbeziehung (erg. unten § 50 Rn. 18 ff.). Daher erfasst M alle Umstände, aus denen seine Garantenstellung folgt. Folglich erfüllt er vorsätzlich die §§ 212, 13. Sein Irrtum hinsichtlich der Handlungspflicht führt zu einem schuldhaftes Handeln nicht ausschließenden vermeidbaren Gebotsirrtum gemäß § 17.

Im **Fall 3c** entfallen die §§ 212, 13 mangels einer Garantenstellung des M. Da er sich aber als Opfer seine Ehefrau und insoweit tatsächliche Umstände vorstellt, aus denen sich eine Garantenstellung ergäbe, verwirklicht er die §§ 212, 22, 13. Dahinter tritt § 323c zurück.

Vgl. auch *Kindhäuser*, AT, § 36 Rn. 30 ff.; *Satzger*, Jura 2011, 433 ff.

V. Rechtfertigende Pflichtenkollision

39   Die rechtfertigende Pflichtenkollision ist ein unterlassungsspezifischer Rechtfertigungsgrund, bei dem mehrere rechtliche Handlungspflichten konkurrieren und der Täter den Pflichtenwiderstreit nur so lösen kann, dass er bei der Erfüllung der einen Pflicht zwangsläufig die andere verletzen muss. Zwei Konstellationen lassen sich unterscheiden. Es können entweder **gleichwertige** oder **ungleichwertige** Pflichten miteinander konkurrieren.

40   Was die **Feststellung der (Un-)Gleichwertigkeit** betrifft, so kommt es erstens auf die betroffenen Rechtsgüter und den Grad der ihnen drohenden Gefahren an (entsprechend § 19 Rn. 26 ff. zu § 34). Zweitens muss nach der zutreffenden h. M. auch die Stärke der individuellen Pflichtenbindung – als Garant oder „nur" gemäß § 323c – berücksichtigt werden; dafür spricht schon der Wortlaut des § 323c, der „anderen wichtigen Pflichten", also auch Garantenpflichten, den Vorrang einräumt.

§ 49. Das vorsätzliche unechte Unterlassungsdelikt   475

Treffen danach den Täter zwei **gleichwertige** Handlungspflichten,   41
so hat er die freie Wahl, welche Pflicht er erfüllt. Die Verletzung der
vernachlässigten Pflicht wird durch die Pflichtenkollision gerechtfertigt, weil das Recht nur die Erfüllung einer Pflicht und nichts Unmögliches verlangen kann.

Handelt es sich demgegenüber um **ungleichwertige** Pflichten, so   42
muss der Täter die höherwertige Pflicht befolgen. Nur dann liegt hinsichtlich der vernachlässigten (geringerwertigen) Pflicht eine rechtfertigende Pflichtenkollision vor.

Beispiele: (1) Vater V kann von seinen ertrinkenden Kindern T und S nur   43
eines retten. Er entscheidet sich für T. – Da V die Rettung von S möglich gewesen wäre, handelt er insoweit bezüglich der §§ 212, 13 objektiv und subjektiv tatbestandsmäßig. § 34 scheidet als Rechtfertigungsgrund aus, weil das
Leben des T nicht mehr als das des S wiegt. Doch rechtfertigt V die Pflichtenkollision, weil er sich angesichts der gleichwertigen Pflichten frei für die Rettung von T entscheiden konnte.

(2) *Variante:* Die Entscheidung, T zu retten, beruht darauf, dass S der bes   44
sere Schwimmer ist und daher gewisse Chancen hat, sich selbst zu helfen. S
kann sich aber nicht retten und ertrinkt. – In dieser Variante ist der Grad der
Lebensgefahr, dem die Kinder ausgesetzt sind, unterschiedlich, so dass sich
nicht allein die beiden Leben gegenüber stehen (vgl. § 19 Rn. 29 f., 32). Hält
man die bezüglich T bestehende Lebensgefahr für wesentlich größer, so ist es
vertretbar, eine Rechtfertigung des V auf § 34 zu stützen. Verneint man dies,
greift bezüglich der §§ 212, 13 gegenüber S auf jeden Fall die rechtfertigende
Pflichtenkollision ein, da V die höherwertige Pflicht befolgt hat. – Hätte sich
V demgegenüber dafür entschieden, S sicher zu retten und T ertrinken zu lassen, könnten die §§ 212, 13 gegenüber T nicht gerechtfertigt werden, weil er
nicht die höherwertige Pflicht erfüllt hat.

(3) M sieht, wie seine Frau F und ihre Freundin L in einem Boot kentern   45
und zu ertrinken drohen. Er kann nur eine der Frauen retten und entscheidet
sich für die jüngere L, zu der er eine Liebesbeziehung unterhält. F ertrinkt. –
Bezüglich der §§ 212, 13 gegenüber F handelt M tatbestandsmäßig. Eine
Rechtfertigung gemäß § 34 scheitert an der Gleichwertigkeit der geschützten
Rechtsgüter. Ob mit Blick auf die unterschiedliche Stärke der Pflichtenbindung eine rechtfertigende Pflichtenkollision vorliegt, ist umstritten. Nach der
vorzugswürdigen h. M. entfällt eine Rechtfertigung, da M gegenüber F als Garant und gegenüber L nur gemäß § 323c hilfspflichtig ist. Die Gegenmeinung
hält das Handeln des M mit der Begründung für gerechtfertigt, es dürfe nur
auf die gleichwertigen menschlichen Leben und nicht auf das Maß der Pflichtenbindung abgestellt werden. – Folgt man der h. M., so könnte man auf der
Schuldebene noch an § 35 I 1 denken. Insoweit müsste man in L eine nahestehende Person (dazu § 26 Rn. 7) ohne Garantenverhältnis sehen (da ansonsten
der Fall entsprechend Rn. 43 zu lösen wäre). Im Rahmen des § 35 I 2 wäre
dann aber zu Lasten des M seine Garantenstellung gegenüber F zu würdigen

476   9. Kapitel. Das Unterlassungsdelikt

(vgl. § 26 Rn. 29, 31). Greift § 35 nicht ein, so ist allenfalls an einen Schuldaus-
schluss unter dem Aspekt der Unzumutbarkeit normgemäßen Verhaltens oder
an einen Gebotsirrtum zu denken.

46   Zum herrschenden Verständnis der rechtfertigenden Pflichtenkollision siehe
W/Beulke/Satzger, AT, Rn. 736; *Beulke*, Küper-FS, 2007, S. 1 ff.; *Heinrich*,
AT, Rn. 513 ff.; *Stratenwerth/Kuhlen*, AT, § 9 Rn. 120 ff.; Sch/Sch/*Lenckner/
Sternberg-Lieben*, vor § 32 Rn. 71 ff.; *Roxin*, AT I, § 16 Rn. 115 ff.; *Satzger*,
Jura 2010, 753 ff.; *Rönnau*, JuS 2013, 113 ff. – Zur Gegenmeinung, die nur
den Rechtsgutsaspekt und nicht die Stärke der Pflichtenbindung für relevant
hält, siehe *Joecks*, § 13 Rn. 76 f.; *Kühl*, AT, § 18 Rn. 137.

VI. Schuld

1. Unzumutbarkeit normgemäßen Verhaltens

47   Abweichend vom Begehungsdelikt erkennt die h. M. beim unechten Unterlassungsdelikt die Unzumutbarkeit normgemäßen Verhaltens als besonderen Entschuldigungsgrund an. Die Pflichterfüllung
ist unzumutbar, wenn der Garant durch sie eigene billigenswerte Interessen in erheblichem Umfang gefährden würde und das Gewicht
der Interessen, die der Täter preisgeben soll, dem Gewicht des drohenden Erfolges entspricht; dabei müssen unter Berücksichtigung
der Rettungschancen die widerstreitenden Interessen einschließlich
des Grades der ihnen drohenden Gefahren gegeneinander abgewogen
werden (vgl. BGHSt 41, 113, 117; 43, 381, 399; *BGH* NStZ 1984,
164; 1994, 29).

48   **Beispiele:** (1) Kann T aus dem brennenden Elternhaus entweder nur seinen
jüngeren Bruder B oder seine geliebte Freundin F, die er heiraten möchte, retten und entscheidet er sich für F, ist bezüglich der §§ 212, 13 gegenüber B zunächst an § 34 (der ausscheidet) und an eine rechtfertigende Pflichtenkollision
zu denken, die richtigerweise ebenfalls nicht eingreift (Rn. 43 f.). Anschließend
lässt sich – anders als in Rn. 45 – eine Entschuldigung gemäß § 35 vertreten.
Ansonsten kann man auch die Zumutbarkeit der Rettung von B zu Lasten
der F verneinen (*Kühl*, AT, § 18 Rn. 140; *W/Beulke/Satzger*, AT, Rn. 694,
738, 749 nehmen einen unvermeidbaren Gebotsirrtum an, falls T glaubt, von
Rechts wegen so handeln zu dürfen).

49   (2) Das Eingehen von konkreten Lebensgefahren ist unzumutbar (*BGH*
NStZ 1994, 29). Entsprechendes gilt für konkret drohende schwere Verlet-
zungsrisiken.

50   (3) Relativ häufig geht es um Strafverfolgungsgefahren, die dem Täter bei
Vornahme der gebotenen Rettungshandlung drohen (erg. *Rengier*, BT II, § 42
Rn. 14 ff. zu § 323c). Zumutbar ist das Handeln immer dann, wenn die Straf-

§ 49. Das vorsätzliche unechte Unterlassungsdelikt   477

verfolgungsgefahren – wie im **Fall 1a/b** – mit der eigenen Verstrickung in das Geschehen zusammenhängen. Geht es um die Aufdeckung anderer eigener Straftaten, ist jedenfalls bei drohenden Lebens- und erheblichen Körperverletzungsgefahren die Erfüllung der Garantenpflicht zumutbar.

(4) Werden im Falle der Gebotserfüllung, insbesondere bei einer behördli- **51** chen Anzeige, Angehörige Strafverfolgungsgefahren ausgesetzt, verschieben sich die Gewichte Richtung Unzumutbarkeit. Doch kann auch hier im Einzelfall die Zumutbarkeit zu bejahen sein, so wenn ein gemeinsames Kind von einem Ehepartner wiederholt im Sinne des § 225 I gequält (BGHSt 41, 113, 117) oder gemäß § 174 sexuell schwer missbraucht wird (*BGH* NStZ 1984, 164). Folglich kann sich der andere Partner an solchen Taten in strafbarer Weise durch Unterlassen beteiligen, wenn er, um den Partner und Familienernährer nicht zu verlieren, auf die Einschaltung von Behörden verzichtet und dadurch seine Garanten-Schutzpflicht gegenüber dem Kind verletzt (zur Art der Beteiligung unten § 51 Rn. 11 ff.).

(5) Siehe ferner § 28 Rn. 5 f. zur Ausstrahlungswirkung des Art. 4 I GG auf **52** die Zumutbarkeitsprüfung.

2. Verbotsirrtum bzw. Gebotsirrtum

Die bekannten Grundsätze zum Verbotsirrtum gelten für das Un- **53** terlassungsdelikt sinngemäß. Da bei der Unterlassungstat der Täter, dem das Bewusstsein fehlt, durch sein Unterlassen Unrecht geschehen zu lassen, das Handlungsgebot nicht erkennt, spricht man auch vom Gebotsirrtum. Richtig einordnen muss man vor allem den Irrtum über Merkmale der Garantenstellung: Er stellt einen Tatbestandsirrtum dar, wenn tatsächliche Umstände betroffen sind, und führt zu einem Gebotsirrtum, wenn es nur um Fehlvorstellungen über die Handlungspflicht geht (dazu schon oben Rn. 37 f.).

VII. Versuch und Rücktritt

1. Versuch

Genauso wie das Begehungsdelikt kann auch das unechte Unterlas- **54** sungsdelikt in Versuchsform begangen werden. Der Aufbau richtet sich nach dem allgemeinen Versuchsschema (oben § 34 Rn. 2). Im Rahmen der Tatbestandsmäßigkeit muss also mit dem subjektiven Tatbestand und insoweit mit der Vorsatzprüfung begonnen werden, die alle objektiven Tatbestandsmerkmale, also auch die Garantenstellung, umfasst. Somit ergibt sich folgendes

478   9. Kapitel. Das Unterlassungsdelikt

---

55 | **Aufbauschema zum versuchten unechten Unterlassungsdelikt (Erfolgsdelikt)**

I. Tatbestandsmäßigkeit
  1. Subjektiver Tatbestand
   a) Vorsatz bezüglich
    aa) Eintritt der objektiven Tatbestandsmerkmale eines Erfolgsdelikts
    bb) Unterlassung einer geeigneten und erforderlichen Verhinderungshandlung trotz physisch-realer individueller Handlungsmöglichkeit
    cc) (Hypothetische) Kausalität und objektive Zurechnung
    dd) Garantenstellung gemäß § 13 (Garantenposition und Handlungspflicht im konkreten Fall)
    ee) Entsprechungsklausel (§ 13 I 2. Halbs.; selten relevant)
   b) Besondere subjektive Tatbestandsmerkmale
  2. Objektiver Tatbestand
   Unmittelbares Ansetzen gemäß § 22
II. Rechtswidrigkeit (wie oben Rn. 5)
III. Schuld (wie oben Rn. 5)
IV. Rücktritt gemäß § 24

---

56   In der **Fallbearbeitung** wird die Möglichkeit der Versuchsstrafbarkeit immer wieder übersehen. Dies betrifft insbesondere den häufigen Fall, dass die für die Vollendung notwendige hypothetische Kausalität nicht mit der erforderlichen Sicherheit festgestellt werden kann, der Täter es aber subjektiv zumindest für möglich gehalten hat, das Opfer noch retten zu können (*Kühl*, AT, § 18 Rn. 142; *Kudlich*, JA 2008, 602 f. mit weiteren Beispielsfällen).

57   **Fall 1a** hat eine solche Konstellation zum Gegenstand: Bezüglich der §§ 212, 13 durch T (Liegenlassen) fehlt die Quasi-Kausalität, weil dafür eine bloß „mögliche" Rettung nicht ausreicht (Rn. 13 ff.). Jetzt muss man sehen, dass T den lebensgefährlichen Zustand erkannt und die Rettung des F für möglich gehalten hat. Demzufolge erfüllt T die §§ 212, (211,) 22, 13, da er sich mit dem Eintritt des Erfolges abgefunden hat und untätig geblieben ist sowie mit dem Sichentfernen § 22 erfüllt hat (oben § 36 Rn. 39).

58   Im objektiven Versuchstatbestand sind allein die Voraussetzungen des § 22 zu erörtern. Zur Streitfrage, wann beim unechten Unterlassungsdelikt der Versuch beginnt, siehe bereits oben § 36 Rn. 33 ff.

2. Rücktritt

Parallel zum Begehungsdelikt scheidet bei einem fehlgeschlagenen 59
Versuch ein Rücktritt aus (vgl. § 37 Rn. 15 ff.). Ein solcher liegt vor,
wenn der Unterlassungstäter zum Zeitpunkt des Rücktritts nach seiner Vorstellung durch die Nachholung der ursprünglich gebotenen
Handlung den Eintritt des Erfolges mit den ihm zur Verfügung stehenden Rettungsmitteln nicht mehr abwenden kann, sei es weil schon
andere eingegriffen haben oder die eigenen Rettungsbemühungen zu
spät kämen (*Kudlich/Hannich*, StV 1998, 372).

Liegt kein fehlgeschlagener Versuch vor, ergibt sich beim Rücktritt 60
die Besonderheit, dass der unterlassende Garant, der sich mit dem
Eintritt eines bestimmten Erfolges abgefunden und das Stadium des
§ 22 überschritten hat, sein Opfer stets in einer Gefahrensituation
sieht, in der ohne weiteres Zutun des Täters der tatbestandliche Erfolg eintreten kann. Dies entspricht aus der Sicht des Begehungsdelikts der Lage beim beendeten Versuch. Demzufolge kann es beim
versuchten unechten Unterlassungsdelikt in diesem **Normalfall** einen
Rücktritt vom unbeendeten Versuch durch bloßes Nichtstun nicht
geben. Vielmehr kommt eine Strafbefreiung nur nach den **Regeln
des beendeten Versuchs** in Betracht, d. h. beim Einzeltäter nach
§ 24 I 1 2. Var. und § 24 I 2.

Beispiel: Wenn im Gasexplosions-Fall von § 37 Rn. 127 der Täter A erst 61
nach dem Aufdrehen der Gashähne die Todesgefahr für die anderen Hausbewohner erkennt und danach zunächst untätig bleibt, erfüllt er als Ingerenz-
Garant (unten § 50 Rn. 70 ff.) die §§ 212, (211), 22. Schließen sich daran die be-
schriebenen „halbherzigen" Rücktrittsbemühungen an, ändert sich bezüglich
der Fragen des § 24 I 1 2. Var. und ggf. des § 24 I 2 nichts; insoweit sind die
Ausführungen von § 37 Rn. 110 ff., 123 ff. in jeder Hinsicht übertragbar.

Umstritten ist allerdings, ob die Regeln des beendeten Versuchs 62
uneingeschränkt gelten. Auch wenn Einigkeit darüber besteht, dass
der zurücktretende Unterlassungstäter im Normalfall der Rn. 60 aktiv eingreifen und die bisher unterlassene Rettungshandlung vornehmen muss, soll nach einer Literaturansicht die Unterscheidung zwischen unbeendetem und beendetem Versuch für das Tragen des
Erfolgsabwendungsrisikos relevant sein. Von dieser Ansicht wird
der Unterlassungsversuch als unbeendet angesehen, wenn der Täter
annimmt, den Erfolg noch immer durch die Nachholung der ursprünglich gebotenen Rettungshandlung verhindern zu können; beendet soll er sein, sofern der Täter davon ausgeht, dass zusätzliche
Hilfsmaßnahmen erforderlich sind.

63 **Beispiel:** Die Pflegeeltern A und B vernachlässigen ihr Pflegekind K völlig und erkennen, dass es in Lebensgefahr schwebt. A und B unternehmen einen Monat lang nichts, bevor sie das Kind in dem Glauben, es noch retten zu können, in ein Krankenhaus bringen. K stirbt aber, weil A und B zu lange gewartet haben (nach *BGH* NJW 2000, 1730). – Nach der erwähnten Literaturansicht sollen hier A und B trotz des objektiv zurechenbaren Erfolges mit strafbefreiender Wirkung zurückgetreten sein. Dies verdient keine Zustimmung. Schon die dogmatische Konstruktion ist unklar, da A und B den Tötungserfolg in objektiv zurechenbarer Weise herbeigeführt haben. Vom vollendeten Delikt kann es keinen Rücktritt geben. Richtigerweise müssen die Täter in derartigen Konstellationen wie beim beendeten Versuch des Begehungsdelikts das Erfolgsabwendungsrisiko tragen (vgl. § 37 Rn. 112); denn sie haben gewusst, dass der Erfolg eintreten kann und ihr pflichtwidriges Zuwarten die von ihnen geschaffenen Gefahren für den Erfolgseintritt verstärken.

64 Wie hier die inzwischen h. M.: *BGH* NStZ 1997, 485; 2003, 252, 253; NJW 2000, 1730, 1732; *Roxin*, AT II, § 30 Rn. 136 ff.; NK/*Zaczyk*, § 24 Rn. 47; SK/*Rudolphi*, vor § 13 Rn. 56; LK/*Weigend*, 12. Aufl., § 13 Rn. 81; HK-GS/*Ambos*, § 24 Rn. 18; *Fischer*, § 24 Rn. 14a. – A. A. *Lackner/Kühl*, § 24 Rn. 22a; Sch/Sch/*Eser/Bosch*, § 24 Rn. 28; LK/*Lilie/Albrecht*, 12. Aufl., § 24 Rn. 467 ff.

65 Lange hat man einhellig angenommen, dass ein Rücktritt vom versuchten Unterlassungsdelikt gemäß § 24 I 1 1. Var. durch rein passives Aufgeben der weiteren Tatausführung nicht möglich ist. Für die oben einschränkend nur noch als Normalfall hervorgehobene Konstellation (Rn. 60) stimmt das auch. Doch sind **Ausnahmefälle** denkbar, die sich im Lichte des Gedankens vom korrigierten Rücktrittshorizont und der Gesamtbetrachtungslehre ergeben (§ 37 Rn. 36 ff.).

Beispiele: (1) Auf einer Segeltour fällt die 6-jährige Tochter T des Rabenvaters R über Bord. Danach fasst R den Vorsatz, T ertrinken zu lassen. Er erkennt die Lebensgefahr, in der sie schwebt, so dass die Unterlassungstat das Stadium des § 22 erreicht (vgl. § 36 Rn. 33 ff.). Der um ihr Leben kämpfenden T gelingt es schließlich, ein Tau zu ergreifen und die Schiffswand hochzuklettern. – Hier tritt R von den §§ 212, 22, 13 gemäß § 24 I 1 1. Var. zurück, sofern er darauf verzichtet, T wieder ins Wasser zu stoßen und ihrem tödlichen Schicksal zu überlassen. Diese Unterlassungskonstellation kann rücktrittsmäßig nicht anders behandelt werden als die Begehungsvariante, in der R die T aktiv mit Tötungsvorsatz über Bord stößt und danach das Rücktrittsgeschehen identisch abläuft (*Engländer*, JZ 2012, 130 ff; a. A. *Murmann*, GA 2012, 711 ff.).

(2) Ein Garant A sieht zu, wie Tatgenosse B das Opfer O mit Benzin überschüttet, anzündet und dadurch dessen Leben unmittelbar gefährdet. O gelingt es schließlich, die Flammen zu löschen, ohne, wie A und B danach erkennen, lebensgefährlich verletzt zu sein. – Verzichtet jetzt A wie B freiwillig

darauf, O mit anderen zur Verfügung stehenden Mitteln zu töten, tritt A von den §§ 212, 22, 13 und B von den §§ 212, 22 jeweils gemäß § 24 I 1 1. Var. zurück (MüKo/*Herzberg/Hoffmann-Holland*, § 24 Rn. 83, die in diesem Sinne *BGH* NStZ 2010, 690 zutreffend präzisieren).

Empfehlungen zur vertiefenden Lektüre:
Rechtsprechung: BGHSt 48, 147 und *BGH* NStZ 1997, 485 (Rücktritt beim unechten Unterlassungsdelikt).
Literatur: *Beulke/Bachmann*, Die „Lederspray-Entscheidung" – BGHSt 37, 106, JuS 1992, 737 ff.; *Engländer*, Kausalitätsprobleme beim unechten Unterlassungsdelikt – BGH NStZ 2000, 414, JuS 2001, 958 ff.; *Kudlich*, Der Versuch des unechten Unterlassungsdelikts, JA 2008, 601 ff.; *Kühl*, Die strafrechtliche Garantenstellung – Eine Einführung mit Hinweisen zur Vertiefung, JuS 2007, 497 ff.; *Küpper*, Rücktritt vom Versuch eines Unterlassungsdelikts – BGH, NStZ 1997, 485, JuS 2000, 225 ff.; *Rönnau*, Grundwissen – Strafrecht: Rechtfertigende Pflichtenkollision, JuS 2013, 113 ff.; *Satzger* (wie zu § 25), Jura 2006, 513 ff.; *Satzger*, Die rechtfertigende Pflichtenkollision, Jura 2010, 753 ff.; *Satzger*, Der irrende Garant – zur Abgrenzung von Tatbestands- und Gebotsirrtum beim vorsätzlichen unechten Unterlassungsdelikt, Jura 2011, 432 ff.

§ 50. Die Garantenstellungen

Fall 1: F, die mit M verheiratet ist, hat sich einem anderen Mann, dem T, zugewandt. Nachdem M den T wegen eines Diebstahls angezeigt hat, rächt sich T an M, indem er ihn bis zur Bewusstlosigkeit würgt. Von diesem Vorhaben des T hat F kurz zuvor Kenntnis erlangt, ohne danach M telefonisch zu warnen oder T in irgendeiner Weise von seiner Tat abzuhalten. Vier Wochen vor der Tat ist F mit der Bemerkung aus der Ehewohnung ausgezogen, sie habe die Beziehung zu M endgültig satt. Ob F die Tat hätte verhindern können, lässt sich nicht mehr feststellen. → Rn. 23

Fall 2: a) H geht mit seinem 10 Jahre alten, nicht angeleinten Hund spazieren. Als ihnen der Jogger J entgegenkommt, greift der Hund J an und beißt ihn so ins Bein, dass J zu verbluten droht. H erkennt dies und könnte für rettende Hilfe sorgen, lässt aber den ihm verhassten J liegen, der daher stirbt. Der Hund ist bisher immer frei herumgelaufen und hat noch nie einen Menschen angegriffen. b) *Variante:* Der Hund hat schon öfters Jogger attackiert, aber noch nie so heftig. → Rn. 52, 53

Fall 3: a) T greift O gefährlich an. O gelingt es, den Angriff mit einem – ohne Tötungsvorsatz erfolgten – Messerstich in den Unterleib des T abzuwehren. O und zwei Kumpels K und L erkennen, dass T ohne ärztliche Versorgung sterben wird. Sie unternehmen aber nichts, weil sie dem T sein Schicksal gönnen. Daher stirbt T, der noch hätte gerettet werden können. b) *Variante:* K wehrt T's Angriff auf O in der geschilderten Weise ab. → Rn. 79

482   9. Kapitel. Das Unterlassungsdelikt

Fall 4: Autofahrer A, der sich verkehrsgerecht verhält, fährt einen angetrunkenen Radfahrer R an, der beim Überholen plötzlich nach links schwenkt. R wird schwer verletzt und könnte gerettet werden. A sieht das und lässt R dennoch auf der Fahrbahn liegen, wo dieser später von einem Lkw tödlich erfasst wird (BGHSt 25, 218). → Rn. 83

Fall 5: Autofahrer A fährt auf der Landstraße statt der erlaubten 100 km/h mit 120 km/h und erfasst den Kleinkraftradfahrer K, der beim Überholen unvermittelt ein bis zwei Meter nach links fährt. Mit Tötungsvorsatz kümmert sich A nicht um den schwer verletzten K, der zwei Stunden später infolge Verblutung stirbt. Auch wenn A zum Unfallzeitpunkt erlaubtermaßen 100 km/h gefahren wäre, hätte er den Unfall nicht vermeiden können. Hätte er sofortige ärztliche Hilfe veranlasst, wäre ein Überleben des K nicht ausgeschlossen gewesen (BGHSt 34, 82). → Rn. 88, 90

I. Grundlagen

1   Täter eines unechten Unterlassungsdelikts kann gemäß § 13 I nur sein, wer „rechtlich dafür einzustehen hat", dass der Erfolg nicht eintritt. Mit diesen wenigen Worten wird das für die Gleichstellung von Tun und Unterlassen zentrale Garantenerfordernis in einer Weise umschrieben, die nach BVerfGE 96, 68, 97 ff. den Anforderungen des Bestimmtheitsgrundsatzes (Art. 103 II GG) genügt (vgl. schon oben § 4 Rn. 30; LK/*Weigend*, 12. Aufl., § 13 Rn. 17 ff.).

2   Was die **Entstehungsgründe für Garantenstellungen** betrifft, so hat man sich früher eher an formalen Kriterien und bestimmten Rechtsquellen orientiert (sog. **Rechtsquellenlehre**). Danach können sich Garantenstellungen (1) aus Gesetz, (2) aus Vertrag und tatsächlicher Übernahme, (3) aus engen persönlichen Lebensbeziehungen und Gefahrengemeinschaften sowie (4) aus vorausgegangenem Tun (Ingerenz) ergeben. Von solchen formalen Einteilungen hat man sich heute insoweit gelöst, als man erkannt hat, dass sich aus den Rechtsquellen keine inhaltlichen Aussagen etwa dazu ergeben, welche Gesetze Garantenstellungen begründen können und wie weit die Reichweite von Schutzpflichten geht.

3   Die moderne **Funktionenlehre** stellt daher materielle Kriterien in den Mittelpunkt und führt alle Garantenpositionen auf **zwei Grundtypen** zurück, nämlich die Beschützer- und die Überwachungsgarantenstellung:

4   Bei der **Beschützergarantenstellung** obliegen dem Beschützergaranten besondere Obhutspflichten für ein bestimmtes Rechtsgut, das er gegen alle oder bestimmte von außen kommende Gefahren be-

§ 50. Die Garantenstellungen 483

schützen muss. Beschützergaranten sind gleichsam auf Posten gestellt, das ihnen anvertraute Gut mit ihrem menschlichen Schutzschild zu umgeben. Als zu beschützendes Gut kommen sowohl Personen als auch Sachen in Betracht.

Beispiele: Die Mutter hat ihr Kind, der Rettungsschwimmer den Badegast, 5 der Arzt seinen Patienten zu beschützen. Der Geschäftsführer oder das Wachpersonal einer Firma muss deren Eigentum vor Diebstählen und Unterschlagungen, der zuständige Amtsträger die Umwelt vor Schäden bewahren.

Demgegenüber treffen bei der **Überwachungsgarantenstellung** 6 den Überwachungsgaranten für bestimmte Gefahrenquellen besondere Sicherungspflichten. Hier muss der Überwachungsgarant dafür sorgen, dass sich die „Quelle" nicht ausbreitet und andere schädigt. Als überwachungsbedürftige Gefahrenherde kommen nicht nur Sachen, sondern auch Personen in Betracht.

Beispiele: Der Tierhalter muss sein Tier so halten, dass es nicht für andere 7 gefährlich wird. Der Grundstückseigentümer hat dafür zu sorgen, dass Dritte nicht etwa durch herabfallende Ziegel oder umstürzende Bäume zu Schaden kommen. Aus Aufsichtsverhältnissen kann sich eine Verantwortlichkeit für Personen ergeben, die eine Gefahrenquelle darstellen, weil sie Straftaten begehen wollen.

Der Gewinn der Zweiteilung liegt in der Erkenntnis, dass die Ga- 8 rantenstellung und die aus ihr fließende Handlungspflicht mit realen Schutzpflichten und Verantwortlichkeiten zusammenhängen, die sich aus bestimmten Funktionen und weniger aus formalen Kriterien wie etwa der Verwandtschaft als solcher ergeben. Dieser materielle Aspekt ist in der jüngeren Zeit im Rahmen der Diskussionen um das Ende der Ehegatten-Garantenstellung besonders deutlich hervorgetreten (unten Rn. 19 ff.). Insoweit haben die Garantenstellungen durch die Funktionenlehre ein schärferes Profil erhalten, das es auch leichter macht, Antworten auf neue Fragestellungen zu finden.

Auf der anderen Seite darf man die sich aus der Zweiteilung erge- 9 benden Erkenntnisse nicht überschätzen. So überrascht es nicht, dass die Fallgruppen der Rechtsquellenlehre nach wie vor bei der Konkretisierung der einzelnen Beschützer- und Überwachungsgarantenstellungen eine bedeutende Rolle spielen.

Wie § 13 ausdrücklich sagt, muss es sich stets um rechtlich und 10 nicht nur sittlich begründete Einstandspflichten handeln. Aus echten Unterlassungsdelikten wie den §§ 138, 323c, die sich an jedermann wenden, dürfen auf keinen Fall Garantenstellungen abgeleitet werden.

II. Beschützergaranten

1. Familiäre Verbundenheit

11 **a) Grundlagen.** Die Diskussion der letzten Jahrzehnte mit der Hinwendung zur Funktionenlehre und ihrer Unterscheidung zwischen Beschützer- und Überwachungsgaranten (Rn. 3 ff.) hat ergeben, dass eine Garantenstellung aus familiärer Verbundenheit nicht nur ein bestimmtes formales familienrechtliches Band, sondern auch ein materielles Band, nämlich ein faktisches, auf die Gewährung von Beistand angelegtes, Obhutsverhältnis voraussetzt. Von dieser Basis aus erschließen sich die bestehenden Unklarheiten und Streitpunkte. Diese hängen mit dem jeweiligen Gewicht zusammen, das man dem formalen bzw. materiellen Aspekt zuspricht.

12 Das maßgebliche formale Kriterium ist die Enge der familienrechtlichen Bande (z. B. Eltern-Kind-Verhältnis, Ehe). Das zentrale materielle Kriterium liegt in der Existenz einer familiären Gemeinschaft, für deren Feststellung Aspekte wie die häusliche Gemeinschaft, das Zusammenleben, gegenseitiges Vertrauen und Zerrüttung eine Rolle spielen. Dabei wird man sagen können, dass der Gedanke der familiären Gemeinschaft umso geringer wiegt, je enger die familienrechtliche Bande ist. Im Ganzen zielt die Prüfung auf die Feststellung ab, ob gegenseitige besondere Schutzpflichten (noch) bestehen, aus denen sich für jeden die berechtigte Erwartung ergibt, der andere werde ihm in der Not beistehen.

13 **b) Eltern-Kind-Verhältnisse und Verwandte gerader Linie.** Als unproblematisch ist die Garantenstellung der **Eltern** gegenüber ihren minderjährigen Kindern anzusehen, mit denen sie in einer Familiengemeinschaft leben. Im Verhältnis zu Kleinstkindern zeigt sich der Beschützergedanke besonders deutlich. Für Großeltern, Adoptiv- und Pflegeeltern gilt Entsprechendes.

14 Man wird ferner sagen können, dass **Verwandte gerader Linie** (§ 1589 Satz 1 BGB) jedenfalls solange zu gegenseitigem Beistand verpflichtet sind, wie sie zusammen in einer häuslichen Familiengemeinschaft leben. Umstritten ist, ob bei diesem engsten Verwandtschaftsgrad das formale – und durch die in den §§ 1601, 1618a BGB normierten Pflichten gleichsam verstärkte – Band ausreicht, um auch nach Beendigung der familiären Lebensgemeinschaft wie nach dem

§ 50. Die Garantenstellungen 485

Auszug volljähriger Kinder gegenseitige Garantenstellungen zu legitimieren. Dies ist richtigerweise zu bejahen, soweit die Beziehungen intakt bleiben und von daher die Familiengemeinschaft – nun ohne Hausgemeinschaft – fortbesteht. Anders sieht es aus, wenn der Auszug auf einem Zerwürfnis beruht (vgl. Rn. 19 ff.).

Auf dieser Linie auch BGHSt 48, 301, 304 f.; *Sch/Sch/Stree/Bosch*, § 13 **15** Rn. 19; *W/Beulke/Satzger*, AT, Rn. 718; *Heinrich*, AT, Rn. 929 ff.; *Otto*, Herzberg-FS, 2008, S. 267 f. – A. A. *Kühl*, AT, § 18 Rn. 50; *Roxin*, AT II, § 32 Rn. 39 f.; *Kretschmer*, Jura 2006, 900; LK/*Weigend*, 12. Aufl., § 13 Rn. 26.

c) Geschwister. Eine vergleichbare Diskussion kreist um das Ver- **16** hältnis von Geschwistern zueinander. Im Rahmen einer häuslichen Gemeinschaft besteht grundsätzlich eine Beistandspflicht. Demgegenüber hat es das *LG Kiel* (NStZ 2004, 157) abgelehnt, allein daraus, dass Geschwister in einer Wohngemeinschaft zusammenleben, eine Garantenstellung abzuleiten; es dürfe nur auf das Bestehen eines tatsächlichen Obhutsverhältnisses abgestellt werden. Insoweit wird dem formalen Verwandtschaftsverhältnis überhaupt keine Bedeutung zugemessen. Dies überzeugt nicht.

So auch *Kühl*, AT, § 13 Rn. 60a; *Kindhäuser*, AT, § 36 Rn. 75; *W/Beulke/* **17** *Satzger*, AT, Rn. 718; *Otto*, JK 10/04, StGB, § 13/39; *Roxin*, AT II, § 32 Rn. 44. – A. A. *Nikolaus*, JA 2005, 607; *Kretschmer*, Jura 2006, 903; LK/*Weigend*, 12. Aufl., § 13 Rn. 26.

d) Ehegatten. Aus dem Zweck der auf Lebenszeit geschlossenen **18** Ehe (§ 1353 I 1 BGB) und auch aus § 1353 I 2 BGB, wonach Ehegatten „einander zur ehelichen Lebensgemeinschaft verpflichtet" sind und „füreinander Verantwortung" tragen, lässt sich die besondere Schutzpflicht ableiten, die Eheleute zu gegenseitigen Garanten machen. Dabei kann es auf die Form der Lebensgemeinschaft, also etwa darauf, ob man (schon) einen gemeinsamen Haushalt hat, nicht ankommen. Auch beseitigen Krisen, Streitereien, eine Abkühlung der Beziehung und vorübergehendes Getrenntleben die Garantenstellung nicht.

Freilich stellt sich die bedeutende Frage, wann bei Ehegatten die **19** **Garantenstellung endet.** Nach einer inzwischen kaum noch vertretenen Meinung soll dies erst mit der Auflösung der Ehe durch rechtskräftiges Urteil der Fall sein (§ 1564 Satz 2 BGB). Für diesen rein formalen Standpunkt spricht zwar die damit einhergehende Rechtssicherheit, doch lässt er das erforderliche materielle Fundament der Garantenstellung außer Betracht. Ein berechtigtes Vertrauen des ei-

486   9. Kapitel. Das Unterlassungsdelikt

nen Partners, der andere werde zum Schutz seiner Rechtsgüter bereitstehen, gibt es in der Regel dann nicht mehr, wenn die Eheleute dauernd getrennt leben, sich eventuell neuen Partnern zugewendet haben und aus unterschiedlichen Gründen die Scheidung nicht betreiben. Im Falle eines feindselig geführten Scheidungsverfahrens kann das Ende der Garantenstellung nicht von der Länge des Verfahrens und der Einlegung von Rechtsmitteln abhängig sein.

20   Vor dem Hintergrund solcher Überlegungen hat sich auch der *BGH* in einer grundlegenden Entscheidung für die Einbeziehung der faktischen Situation ausgesprochen und entschieden, dass die „strafrechtliche Garantenpflicht unter Eheleuten endet, wenn sich ein Ehegatte vom anderen in der ernsthaften Absicht getrennt hat, die eheliche Lebensgemeinschaft nicht wieder herzustellen" (BGHSt 48, 301).

21   Die Entscheidung hat wenig Widerspruch erfahren und verdient uneingeschränkten Beifall. Ihre Bedeutung liegt darin, dass sie erstmals klar das garantenpflichtbegründende materielle Kriterium, nämlich die Notwendigkeit anerkennt, dass auch faktisch noch eine gewisse familiäre Gemeinschaft existiert. Diese Aussage ist verallgemeinerungsfähig und genauso für alle anderen Beschützergarantenstellungen von Bedeutung.

22   Die endgültige Trennung setzt nicht unbedingt einen Auszug voraus. Vielmehr kann die Garantenstellung auch entfallen, wenn die Eheleute „nach schweren ein- oder beidseitigen Eheverfehlungen oder Zerwürfnissen in demselben Haus oder in derselben Wohnung getrennt voneinander leben" (BGHSt 48, 301, 305; vgl. auch § 1567 I BGB).

23   Im **Fall 1** erfüllt T die §§ 223, 224 I Nr. 5. Bei F kommt von vornherein nur eine Beihilfe durch Unterlassen in Betracht, weil nicht festgestellt werden kann, dass sie die Tat mit an Sicherheit grenzender Wahrscheinlichkeit hätte verhindern können (vgl. § 49 Rn. 13 ff.; § 51 Rn. 12). Für das Hilfeleisten durch Unterlassen reicht die Feststellung aus, dass F durch die Vornahme zumutbarer Handlungen die Tatdurchführung zumindest erschwert hätte (§ 51 Rn. 13). Da dies anzunehmen ist, hängt die Bejahung der §§ 223, 224 I Nr. 5, 27, 13 von dem Vorliegen einer Garantenstellung ab. Eine solche hat F nicht mehr inne, nachdem sie mit dem Willen zur endgültigen Trennung aus der Ehewohnung ausgezogen ist. Folglich bleibt F straflos.

24   **e) Sonstige Garanten aus familiärer Verbundenheit.** In diese Gruppe lassen sich ferner der Vormund (vgl. §§ 1793, 1800 BGB) und der Betreuer bezüglich seines Aufgabenkreises (vgl. § 1896 BGB) einordnen (*Frister*, AT, 22/40; *Kindhäuser*, AT, § 36 Rn. 76).

§ 50. Die Garantenstellungen 487

Bei Verlobten, bei sonstigen Angehörigen im Sinne des § 11 I Nr. 1a und weiterer Verwandten/Verschwägerten (vgl. §§ 1589, 1590 BGB) ist an die Frage der Garantenstellung zu denken. Man wird sie aber kaum unter dem Aspekt der familienrechtlichen Bande, sondern nur bejahen können, wenn Schutzfunktionen etwa im Rahmen einer häuslichen Gemeinschaft tatsächlich übernommen worden sind (vgl. unten Rn. 28 ff.). Lebenspartner im Sinne des Lebenspartnerschaftsgesetzes – nicht im Sinne des üblichen Sprachgebrauchs (!) – stehen Ehegatten gleich.

2. Enge persönliche Lebensbeziehungen

Eine Beschützergarantenstellung kann auch aus engen persönlichen Lebensbeziehungen erwachsen, bei denen ein mit der familiären Verbundenheit vergleichbares besonderes Näheverhältnis besteht. Man denke an langjährige (auch eheähnliche) Lebens- und Hausgemeinschaften sowie an auf Dauer angelegte Partnerschaften. Maßgebliches Kriterium ist der Umstand, ob sich aus dem Gesamtverhalten der Beteiligten konkludent die Verpflichtung zum Beistand ergibt. Aus mehr oder weniger losen Verbindungen ergeben sich keine Beschützergarantenstellungen. Bloßes Zusammenleben, bloße Freundschaften und Liebesverhältnisse reichen so wenig aus wie schlichte Wohngemeinschaften oder Zech- und Drogengemeinschaften. 25

Vgl. hierzu *BGH* NStZ 1984, 163; 2008, 278; NJW 1987, 850; *OLG Stuttgart* NJW 1981, 182 f.; LK/*Weigend*, 12. Aufl., § 13 Rn. 38 f.; *Kühl*, AT, § 18 Rn. 61 ff.; *Roxin*, AT II, § 32 Rn. 56 ff.

3. Gefahrengemeinschaften

Bei diesen Beschützergaranten geht es um die Mitglieder spezieller Gefahrengemeinschaften, die sich zusammengetan und gegenseitig (konkludent) versprochen haben, auf sie zukommende Gefahren voneinander abzuwenden. 26

Beispiele: Der klassische Fall ist die Bergsteigergemeinschaft. Die Teilnehmer von Expeditionen etwa zum Nord- oder Südpol gehören ebenfalls dazu. Weiter lassen sich hier bestimmte Segeltouren und Abenteuerreisen einordnen.

Aus Unglücks- und Schicksalsgemeinschaften (Schiffbrüchige, Katastrophenopfer) erwachsen – mangels Übernahme einer Beistandspflicht – keine Beschützergarantenstellungen (LK/*Weigend*, 12. Aufl., § 13 Rn. 40; *Roxin*, AT II, § 32 Rn. 63; *Kühl*, AT, § 18 Rn. 67). 27

488   9. Kapitel. Das Unterlassungsdelikt

4. Vertrag und tatsächliche Übernahme

28   Der Aspekt der tatsächlichen Übernahme von Obhutspflichten hat
schon im Zusammenhang mit den vorstehenden Fallgruppen in un-
terschiedlichem Maße eine Rolle gespielt. Der Gedanke ist verallgemeinerungsfähig. Man kann sich auch vertraglich oder faktisch verpflichten, die Funktion eines Beschützergaranten zu übernehmen.
Beruht die Begründung der Beistandspflicht auf einem Vertrag, so
kommt es auf dessen zivilrechtliche Wirksamkeit nicht an. Außerdem
begründet in der Regel nicht schon der Vertragsschluss die Garantenstellung, sondern erst die tatsächliche Übernahme der Funktion. Ausnahmen sind angezeigt, wenn bereits die Zusage der Hilfe das berechtigte Vertrauen in die faktische Übernahme der Schutzfunktion
erzeugt und mit Blick darauf andere Schutzmaßnahmen nicht ergriffen werden.

Hierzu   Sch/Sch/*Stree/Bosch*, § 13 Rn. 27 f.; *W/Beulke/Satzger*, AT,
Rn. 719a f.; *Krey/Esser*, AT, Rn. 1141 ff.; *Kühl*, AT, § 18 Rn. 68 ff.; *Heinrich*,
AT, Rn. 941.

29   **Beispiele:** (1) Ein klassischer Fall stellt die Übernahme der Elternstellung
durch einen Babysitter dar. Ist der Vertrag etwa wegen der Minderjährigkeit
des Babysitters unwirksam, so bleibt davon seine Garantenstellung unberührt.
Erscheint er vertragswidrig nicht, wird er mangels tatsächlicher Übernahme
auch nicht Beschützergarant. Eine Ausnahme ergibt sich, wenn der Babysitter
entgegen seiner Zusage zu einer fest vereinbarten Uhrzeit nicht erscheint und
die Eltern im Vertrauen darauf kurz vorher die Wohnung verlassen haben.

30   (2) Ebenfalls bereits mit der Zusage zu helfen entsteht die Beschützergarantenstellung bei einem Arzt, der sich z. B. telefonisch bereit erklärt, einen Not-
fall zu übernehmen und dann doch nicht kommt (*Kühl*, AT, § 18 Rn. 70; *Roxin*, AT II, § 32 Rn. 70). Zum Schutzgaranten kann ferner werden, wer durch
seine Hilfe die Situation für den Hilfsbedürftigen wesentlich verändert; dies
betrifft insbesondere den Helfer, der bei einem Unglücksfall zusagt, für rettende Hilfe zu sorgen, woraufhin der Verunglückte andere Rettungsmöglich-
keiten preisgibt (*BGH* NJW 1993, 2628; *Roxin*, AT II, § 32 Rn. 61 f.).

31   (3) Als weitere typische Beschützergaranten kraft Übernahme kommen in
Betracht: Kindergärtnerinnen, Bademeister, Rettungsschwimmer, behandelnde
Ärzte, Bereitschaftsärzte, Pflegepersonal, Bergführer, Taxifahrer.

32   (4) Verkäufer sind als Garanten verpflichtet, den Geschäftsinhaber insbesondere vor Diebstahl und Betrug zu schützen (Falllösungen bei *Rotsch*, JuS
2004, 611 f.; *Beulke* III, Rn. 138 ff.). Angehörige von Sicherheitsunternehmen
sind Garanten für Rechtsgüter, zu deren Schutz sie ihr Auftraggeber bestellt
hat (LK/*Weigend*, 12. Aufl., § 13 Rn. 37).

33   (5) Wer als Wohnungsinhaber oder Gastwirt einen Gast in seine Räumlichkeit aufnimmt, erweckt das berechtigte Vertrauen, er werde als Gastgeber den

§ 50. Die Garantenstellungen   489

Gast zumindest vor schwerwiegenden Gefahren schützen, und rückt von daher in eine Beschützergarantenstellung ein. – Zumindest im Ergebnis so auch BGHSt 27, 10, 12 f.; *BGH* NJW 1966, 1763 (näher unten § 51 Rn. 26); *Jäger*, AT, Rn. 370; *Otto/Brammsen*, Jura 1985, 646 ff.; *Heinrich*, AT, Rn. 944. – A. A. *Frister*, AT, 22/49; Sch/Sch/*Stree/Bosch*, § 13 Rn. 54. – Zur Wohnung als Gefahrenquelle unten Rn. 54 ff.

5. Weitere Beschützergaranten, insbesondere Amtsträger

a) Amtsträger. Staatliche Amtsträger können auf verschiedenen 34 Ebenen damit beauftragt sein, zugunsten des Bürgers wie zugunsten staatlicher Interessen besondere Schutzpflichten wahrzunehmen. Auch bei Amtsträgern bedarf die Ableitung einer Garanten-Schutzpflicht einer besonderen Legitimation, die sich in der Regel aus der Zuständigkeit für ganz bestimmte Aufgaben ergibt.

Beispiele: (1) Nach der überzeugenden h. M. haben Polizeibeamte nicht nur 35 die allgemeine Aufgabe, Straftaten zu verhindern, sondern im Rahmen ihrer Zuständigkeit auch die Pflicht, den Bürger vor gegen ihn gerichtete Straftaten zu schützen. Der Leiter eines Polizeireviers hat als Beschützergarant die Pflicht, festgenommene Personen z. B. vor rechtswidrigen Freiheitsentziehungen zu bewahren (BGHSt 59, 292, 297 f.).

Zu beachten ist, dass die Beschützergarantenstellung nur während der Dienstausübung besteht. Erlangt der Polizist privat Kenntnis von andauernden Straftaten, so muss er im Dienst dagegen einschreiten, wenn der Straftat ein besonderes Gewicht zukommt und die Belange der Öffentlichkeit im besonderen Maße berührt sind (BGHSt 38, 388, 391 ff.; näher *Roxin*, AT II, § 32 Rn. 85 ff.; *Kühl*, AT, § 18 Rn. 83 ff.; *Rengier*, BT I, § 21 Rn. 45 f.).

(2) Aus der dienstlichen Stellung von Strafverfolgungsbeamten, namentlich 36 von Staatsanwälten und Polizisten, ergibt sich eine Garantenstellung zum Schutz der staatlichen Strafrechtspflege (BGHSt 43, 82, 84 f.; näher zu den insoweit einschlägigen §§ 258a, 13 *Rengier*, BT I, § 21 Rn. 44 ff.). Bedienstete einer Vollzugsanstalt haben aber keine derartige Schutzfunktion; sie erfüllen daher nicht die §§ 258a, 13, falls sie es unterlassen, der Strafverfolgungsbehörde innerhalb der Anstalt begangene Straftaten zu melden (BGHSt 43, 82; *Rengier*, BT I, § 21 Rn. 16).

(3) Staatliches Aufsichtspersonal (Lehrer in Schulen, Vollzugsbeamte in 37 Haftanstalten) hat die ihm anvertrauten Schüler bzw. Inhaftierten jedenfalls vor erheblichen Angriffen auf Leib und Leben sowie die sexuelle Selbstbestimmung zu schützen. Die Mitarbeiter von kommunalen Jugendämtern und Sozialdiensten sind Beschützergaranten für von ihnen betreute Kinder und Jugendliche (*OLG Stuttgart* NJW 1998, 3131; *Beulke/Swoboda*, Gössel-FS, 2002, S. 73 ff.). Zur Beschützergarantenstellung von Umweltbeamten siehe *Rengier*, BT II, § 47 Rn. 30 ff.

b) Weitere Beschützergaranten. Zu erwähnen sind hauptsächlich 38 noch die Organe juristischer Personen des Privatrechts wie z. B. Ge-

490 · 9. Kapitel. Das Unterlassungsdelikt

schäftsführer einer GmbH (vgl. § 14 I Nr. 1 und dazu oben § 42 Rn. 7 ff.). Solchen Organen obliegt nicht nur eine Vermögensbetreuungspflicht, die durch pflichtwidriges Unterlassen verletzt werden und zur Strafbarkeit gemäß § 266 StGB führen kann (näher *Rengier*, BT I, § 18 Rn. 35 ff.); sie sind darüber hinaus als Beschützergaranten auf Posten gestellt, von der juristischen Person alle drohenden Schäden abzuwenden. Für juristische Personen des öffentlichen Rechts wie Gemeinden und deren (Amtsträger-)Organe bzw. zuständige Vertreter gilt Entsprechendes.

6. Reichweite der Schutzpflicht

39 Die Annahme einer Garantenstellung (Garantenposition) muss nicht stets eine Handlungspflicht (Garantenpflicht) zur Folge haben. Die konkrete Reichweite der Schutzpflicht kann auch je nach Garantenstellung unterschiedlich sein. So können Eltern aus erzieherischen Gründen unter Umständen Kinder gewähren lassen, die sich leichten Körperverletzungsgefahren aussetzen (erg. unten Rn. 64). Eine werdende Mutter trifft als Garantin die Verpflichtung, vom Einsetzen der Geburtswehen an diejenigen Maßnahmen zu treffen, die erforderlich sind, um das Leben des Kindes zu erhalten; diese Leitlinie konkretisierend muss eine Handlungsverpflichtung zur Inanspruchnahme fremder (eventuell ärztlicher) Hilfe bei der Geburt jedenfalls dann angenommen werden, wenn es für die Schwangere im Hinblick auf bekannte Vorerkrankungen oder sonstige Risiken absehbar ist, dass bei der Geburt Gefahren für Leib oder Leben des Kindes entstehen können (*BGH* NStZ 2010, 214 f.).

Garanten aus familiärer Verbundenheit müssen sich grundsätzlich gegenseitig vor Gefahren für Leben, Leib, Freiheit und erhebliche Vermögenswerte schützen. In Gefahrengemeinschaften beschränkt sich die Schutzpflicht auf die Gefahren, die mit der Unternehmung typischerweise verbunden sind.

40 Einschränkungen können sich auch aus dem Gedanken der Eigenverantwortlichkeit ergeben. Aus diesem folgt jedenfalls, dass ein Beschützergarant nicht verpflichtet ist, gegen einen freiverantwortlichen Suizid der unter seiner Obhut stehenden Person einzuschreiten, auch dann nicht, wenn sie bewusstlos geworden ist.

So auch LK/*Weigend*, 12. Aufl., § 13 Rn. 28; *Kühl*, AT, § 18 Rn. 60; *Kindhäuser*, AT, § 36 Rn. 28; *Rengier*, BT II, § 8 Rn. 12 ff. – A. A. BGHSt 32, 367, 373 ff.

§ 50. Die Garantenstellungen   491

Eine Pflicht, Straftaten Dritter zu verhindern, kann nicht aus einer   41
Beschützer-, sondern nur aus einer Überwachungsgarantenstellung
abgeleitet werden (unten Rn. 62 ff.). Insbesondere unter Eheleuten
gibt es solche Überwachungspflichten nicht. Ein Ehepartner ist also
nicht verpflichtet, Straftaten des anderen zu verhindern (LK/*Weigend*, 12. Aufl., § 13 Rn. 28 m. w. N.).

III. Überwachungsgaranten

1. Grundlagen

Bei der Überwachungsgarantenstellung geht es um die Verantwort-   42
lichkeit für bestimmte Gefahrenquellen oder Gefahrenherde. Während der Beschützergarant um das Schutzobjekt einen Schutzschild
bilden muss, um von außen auf das Objekt einwirkende Gefahren abzuwehren, hat das vom Überwachungsgaranten zu bildende Schutzschild die Funktion, den Gefahrenherd zu sichern und die Ausbreitung der von ihm ausgehenden Gefahren zu verhindern.

Drei Entstehungsgründe für Überwachungsgarantenstellungen las-   43
sen sich unterscheiden. Sie erwachsen aus der Verantwortlichkeit (1)
für Sachen als Gefahrenquellen, (2) für (andere) Personen als Gefahrenquellen und (3) für eine von der eigenen Person geschaffene Gefahrenquelle, womit die Garantenstellung aus vorangegangenem ge-
fährdendem Tun (Ingerenz) gemeint ist.

Im Einzelfall kann die Beurteilung Schwierigkeiten bereiten, ob ein   44
Garant als Beschützer- oder Überwachungsgarant anzusehen ist (vgl.
Rn. 33, 65). Für die rechtliche Einstandspflicht kommt es auf die genaue Kategorisierung nicht an. Die Funktion der Zweiteilung liegt
vor allem darin, die materiellen Gründe für die Entstehung von Garantenstellungen schärfer hervortreten zu lassen (Rn. 8). Im Vergleich
zur Beschützergarantenstellung ist der maßgebliche materielle Aspekt
der Überwachungsgarantenstellung, die Sicherungspflicht, griffiger
als die Frage der besonderen Obhutspflicht. Wohl deshalb ist beim
Beschützergaranten das Bedürfnis größer, formale Kriterien wie insbesondere die familienrechtliche Bande einzubeziehen.

2. Verantwortlichkeit für Sachen als Gefahrenquellen

a) Verkehrssicherungspflichten. Anknüpfend an die zivilrechtli-   45
chen Verkehrssicherungspflichten hat jeder Eigentümer und Besitzer

492   9. Kapitel. Das Unterlassungsdelikt

die seinem Herrschaftsbereich unterstehenden beweglichen und unbe-
weglichen Sachen so zu überwachen und zu unterhalten, dass von ihnen keine nahe liegenden Gefahren für andere Rechtsgüter ausgehen.
Typische Inhaber einer derartigen Sachherrschaft sind Grundstückseigentümer, Hausbesitzer, Kfz-Halter, Tierhalter, Betriebsinhaber, Veranstalter und alle Personen, die für die Sicherung von Baustellen und
Anlagen jeder Art verantwortlich sind (z. B. Spiel- und Sportplätze,
Freizeitparks, Skipisten, Rennstrecken, Veranstaltungsorte).

46   Selbstverständlich können die aus einer solchen Überwachungsgarantenstellung fließenden Sicherungspflichten genauso wie die
Schutzpflichten eines Beschützergaranten (Beispiel des Babysitters)
übertragen oder faktisch übernommen werden.

Vgl. BGHSt 19, 286, 289; 47, 224, 228 ff.; 52, 159, 163 f.; 53, 38, 41 f.; *BGH*
NJW 2010, 1087, 1090; *OLG Stuttgart* NStZ 2006, 450; *Lindemann*, ZJS
2008, 405 f.; *Kühl*, AT, § 18 Rn. 119 f.; *W/Beulke/Satzger*, AT, Rn. 723.

47   Praktisch relevant wird die Überwachungsgarantenstellung kraft
Sachherrschaft in der Regel im Zusammenhang mit einer fahrlässigen
Körperverletzung oder Tötung durch Unterlassen.

48   **Beispiele:** (1) Der Hauseigentümer, der sich pflichtwidrig nicht um sein
Dach kümmert, erfüllt die §§ 229, 13 oder §§ 222, 13, wenn deshalb ein Dach-
ziegel herunterfällt und einen Passanten verletzt bzw. tötet. Für einen Hunde-
halter, der vergisst, seinen bissigen Hund zu sichern, gilt Entsprechendes, falls
das Tier einen Menschen angreift.

49   (2) Der Halter eines Kfz muss dafür sorgen, dass sein Fahrzeug stets be-
triebssicher ist. Liegengebliebene Fahrzeuge müssen, auch vom Fahrer, abge-
sichert werden. Ferner trifft den Halter und ggf. auch den Fahrer die Pflicht,
das Fahrzeug gegen führerloses Wegrollen und die unbefugte Inbetriebnahme
durch fahruntüchtige und fahrunkundige Personen zu sichern (hierzu BGHSt
17, 289; 18, 359; *OLG Hamm* NJW 1983, 2456 f.; *OLG Köln* VRS 77, 231,
232 f.; *Roxin*, AT II, § 32 Rn. 112 f.; *Kühl*, AT, § 18 Rn. 107 f.).

50   (3) Bei Veranstaltungen treffen den Veranstalter Verkehrssicherungspflichten
auch gegenüber etwaigen Zuschauern. So muss er etwa bei Auto- oder
Geländerennen Plätze sichern, die bei Unglücken Zuschauer gefährden können. Von dieser Perspektive aus ist der Veranstalter Überwachungsgarant. Da
er aber zugleich das Publikum einlädt und dieses auch einen bestimmten Schutz
erwartet, kann man ihn insoweit ebenso als Beschützergaranten aus Vertrag
oder tatsächlicher Übernahme ansehen. – Zur Garantenstellung des Veranstal-
ters eines Berglaufs siehe die Falllösung bei *Albrecht/Kaspar*, JuS 2010, 1074 f.

51   Umstritten ist, inwieweit dem Überwachungsgaranten eine Garantenpflicht gegenüber einer Person obliegt, die Opfer der Gefahrenquelle geworden ist.

§ 50. Die Garantenstellungen   493

Im **Fall 2a** scheidet bei H bezüglich des Hundebisses § 222 durch Tun oder   52
Unterlassen aus, weil das Nichtanleinen keine Sorgfaltswidrigkeit darstellt.
Doch könnte H die §§ 212, 13 durch das Liegenlassen des J erfüllt haben. Allein fraglich ist die Garantenstellung. Eine Minderheitsmeinung will sie aus
der Überwachungsgarantenstellung ableiten, weil gerade die Gefahrenquelle
die Gefahr verursacht habe (*Heinrich*, AT, Rn. 965; NK/*Wohlers/Gaede,* § 13
Rn. 49). Dies überzeugt nicht. Bei der Überwachungsgarantenstellung geht es
um Sicherungs- und nicht um Rettungspflichten. Überwachungspflichten hat
H nicht verletzt. Eine Ingerenz-Garantenstellung scheidet nach h. M. mangels
eines pflichtwidrigen Vorverhaltens aus (unten Rn. 70 ff.). Folglich erfüllt H
nur § 323c (h. M.; Sch/Sch/*Stree/Bosch,* § 13 Rn. 45/46; SK/*Rudolphi/Stein,*
§ 13 Rn. 31; *Roxin*, AT II, § 32 Rn. 124; *Kühl*, AT, § 18 Rn. 111).

Im **Fall 2b** hat H seine Überwachungspflichten verletzt. Wenn man bezüg-   53
lich des Bisses den Schwerpunkt der Vorwerfbarkeit im Nichtanleinen sieht
(vgl. § 48 Rn. 9 ff.), gelangt man zunächst zur Bejahung der §§ 222, 13. Hinsichtlich der §§ 212, 13 (Liegenlassen) lässt sich auch jetzt die Garantenstellung nicht aus der Verantwortung für den Hund als gefährliche Sache ableiten.
Denn die Gefahren, die J nach dem Biss noch drohen, gehen nicht mehr unmittelbar vom Hund, sondern von der Hilfsbedürftigkeit des J aus. Freilich
ergibt sich eine Garantenstellung aus dem vorangegangenen pflichtwidrigen
Vorverhalten, so dass H die §§ 212, 13 erfüllt (Sch/Sch/*Stree/Bosch,* § 13
Rn. 45/46; näher unten Rn. 70 ff.). Hinter die §§ 212, 13 treten die §§ 222, 13
als subsidiär zurück.

Im **Cleanmagic-Fall** (*BGH* NStZ 2012, 319) brachte A anlässlich eines Be-   53a
suches bei G, die ihm in Hörigkeit und Liebe zugetan war, eine halb gefüllte
Flasche des frei erhältlichen Reinigungsmittels „Cleanmagic" mit, das A sehr
vorsichtig als Drogenersatz benutzte, weil bereits der Konsum von 6 bis 7 ml
zum Tod führt. A stellte die Flasche auf den Wohnzimmertisch; G wusste von
der Gefährlichkeit des Mittels, ohne freilich das gesamte Ausmaß richtig zu
erfassen. Nachdem ihre erneute Hoffnung auf eine gemeinsame Zukunft ge-
platzt war, schüttete sie vor den Augen des A etwa 30 ml aus der Flasche in
ein Glas, fügte ein Getränk hinzu und trank so ca. 15 bis 25 ml des Reinigungsmittels. A blieb passiv, auch als er nach dem Konsum schnell erkannte,
dass G in Lebensgefahr schwebte. G starb und hätte von A durch Herbeiru-
fung des Notarztes gerettet werden können.
Die Cleanmagic-Flasche stellt eine Gefahrenquelle dar, die A als Überwachungsgarant im Sinne der Rn. 45 sichern muss. Der erste Gedanke, schon in
der Mitnahme der Flasche in die Wohnung oder zumindest in ihrer Platzierung auf dem Tisch eine Pflichtwidrigkeit zu sehen, trägt nicht, weil das Rei-
nigungsmittel frei erhältlich ist und die erwachsene G über seine Gefährlichkeit grundsätzlich Bescheid wusste. Als sie aber dazu ansetzte, das Mittel –
wegen ihrer Informationsdefizite nicht in eigenverantwortlicher Weise (vgl.
§ 13 Rn. 77 ff.) – zu trinken, entstand durch die Gefahrenquelle ein neuer akuter Gefahrenherd, den A beseitigen musste. Unter der (vom *BGH* nicht fest-

494   9. Kapitel. Das Unterlassungsdelikt

gestellten) Voraussetzung, dass A durch sofortiges Eingreifen den Konsum einer tödlichen Menge hätte verhindern können, erfüllt er – parallel zu Fall 2b
(Rn. 53) – zu diesem Zeitpunkt die §§ 222, 13 und bezogen auf das weitere
Nichtstun als Ingerenzgarant die §§ 212, 13 (zum Teil ungenau *BGH* NStZ
2012, 319; näher *Rengier*, Kühl-FS, 2014, S. 383 ff.; zur Diskussion ferner
Kudlich, JA 2012, 470 ff.; *Brüning*, ZJS 2012, 691 ff.; *Oglakcioglou*, NStZ-RR
2012, 246 f.; *Kuhli*, HRRS 2012, 331 ff.).

54   **b) Wohnungsinhaber.** Unproblematisch ist seine Garanten-Zu-
ständigkeit für die Sicherung der üblichen Gefahrenquellen in Wohnungen (z. B. schadhafte Stellen). Ferner erkennt die h. M. zu Recht
die oben in Rn. 33 erwähnte Konstellation an, in der ein Wohnungsinhaber einen Gast aufnimmt und dadurch eine Beschützergarantenstellung begründet, für welche die Sachherrschaft über die Wohnung
von zweitrangiger Bedeutung ist.

55   Jenseits dieser Beschützergarantenstellung hat die Frage verhältnismäßig viel Aufmerksamkeit gefunden, inwieweit der Wohnungsinhaber eine Überwachungsgarantenstellung innehat, Straftaten in seinen
Räumlichkeiten zu verhindern. Die klarer gewordene Rechtsprechung geht heute zutreffend davon aus, dass sich allein aus der Stellung als Wohnungsinhaber grundsätzlich keine Garantenstellung ergibt. Ergänzend wird betont, dass für den Vermieter nichts anderes
gilt.

So trifft den Wohnungsinhaber/Vermieter keine Garantenpflicht, gegen die
Nutzung der Wohnung für die Begehung von Betäubungsmitteldelikten einzuschreiten (*BGH* NStZ 2013, 546, 548 f.; NStZ-RR 2012, 58 f.; 2013, 249;
erg. *BGH* wistra 1993, 59).

56   Klärend hat insoweit vor allem die Entscheidung BGHSt 30, 391
gewirkt, die folgenden Fall zum Gegenstand hat:

T entführt zusammen mit anderen Tätern eine junge Frau, um sie zu verge-
waltigen und für eine Heirat gefügig zu machen. Als Tatort suchen sie sich ein
Dachgeschoss aus, über das die Eheleute M und F als Mieter die Verfügungsbefugnis haben. Auch weil das Opfer sich wehrt und laut um Hilfe schreit,
bekommen M und F alles mit, unternehmen aber nichts.

Der *BGH* lehnt – mit Blick auf eine Beihilfe durch Unterlassen
(dazu noch unten § 51 Rn. 11 ff.) – eine Garantenstellung der Eheleute ab, da der Wohnungsinhaber „nicht ohne weiteres rechtlich dafür einzustehen (hat), dass in seinen Räumen durch Dritte keine
Straftaten begangen werden" (BGHSt 30, 391). Dies verdient Zustimmung, weil die Wohnung als solche kein besonderer Gefahrenherd

ist, von dem sich Straftaten ausbreiten, und die Voraussetzungen einer Verantwortlichkeit für Personen als Gefahrenquellen nicht vorliegen (vgl. Rn. 62 ff.).

Demnach kann sich eine auf die Verhinderung von Straftaten gerichtete Überwachungsgarantenstellung des Wohnungsinhabers nur ergeben, „wenn die Wohnung wegen ihrer besonderen Beschaffenheit oder Lage eine Gefahrenquelle darstellt, die er so zu sichern und zu überwachen hat, dass sie nicht zum Mittel für die leichtere Ausführung von Straftaten gemacht werden kann" (BGHSt 30, 391, 396; ferner *BGH* NStZ 2010, 221, 222; h. M.). Da dafür die Eigenschaft als nach außen abgeschirmter Bereich nicht genügt, fragt man sich, „welche speziell verbrechensfördernden Eigenschaften einer Wohnung überhaupt vorstellbar sind".

So LK/*Weigend*, 12. Aufl., § 13 Rn. 52, der selbst den Ausbau eines Kellers **58** zu einem schalldichten Verlies nennt. Nach *W/Beulke/Satzger*, AT, Rn. 720 soll die Erleichterung eines Angriffs durch die Gestaltung der Wohnung genügen. Jedenfalls ist die praktische Bedeutung der Garantenstellung gering. Zudem kommt eine aktive Beteiligung in Betracht, wenn der Wohnungsinhaber seine Wohnung zur Verfügung stellt. – Zur Diskussion erg. *Roxin*, AT II, § 32 Rn. 115 ff.; *Kühl*, AT, § 18 Rn. 112 ff.; *Kretschmer*, JR 2014, 39 ff.

c) Strafrechtliche Produkthaftung. Im Ergebnis weitgehend aner- **59** kannt ist die Garantenstellung des Unternehmers zur Sicherung und Überwachung von ihm hergestellter und vertriebener Produkte. Aus der Verkehrssicherungspflicht folgt, dass nur solche Produkte vertrieben werden dürfen, die nach den anerkannten Regeln der Technik keine Gefahren für die Verbraucher mit sich bringen. Wird diese Pflicht verletzt und stellt sich die Gefährlichkeit eines Produkts heraus, so ergibt sich unter dem Aspekt der Ingerenz (unten Rn. 70 ff.) je nach Sachlage die Garantenpflicht, das Produkt aus dem Verkehr zu ziehen, es zu Reparaturzwecken zurückzurufen bzw. die Verbraucher zu warnen.

Zu beachten ist, dass die Produktüberwachungspflicht auch dann **60** besteht, wenn das Produkt ohne Sorgfaltsverstoß in Verkehr gebracht worden ist. Nur fällt in diesem Fall die Ableitung der Garantenstellung etwas schwerer. Letztlich erweist sich der Gedanke der Verantwortlichkeit für Sachen als Gefahrenquelle als tragend. Der Unternehmer bleibt unabhängig von den Besitz- und Eigentumsverhältnissen für das Produkt verantwortlich, da sich die Fehlerhaftigkeit von Produkten erfahrungsgemäß immer wieder erst nachträglich herausstellt.

496   9. Kapitel. Das Unterlassungsdelikt

In diesem Sinne etwa LK/*Weigend*, 12. Aufl., § 13 Rn. 53. Zur Garantenstellung im Rahmen der strafrechtlichen Produkthaftung siehe vor allem *Beulke/Bachmann*, JuS 1992, 739 f.; ferner BGHSt 37, 106, 114 ff.; *Roxin*, AT II, § 32 Rn. 198 ff.; *Kühl*, AT, § 18 Rn. 103; LK/*Weigend*, 12. Aufl., § 13 Rn. 46; *Heinrich*, AT, Rn. 968.

61   **Beispiele:** Bekannt sind insbesondere Rückrufaktionen der Automobilindustrie. Aus strafrechtlicher Sicht: Sobald der Hersteller zuverlässig erfährt, dass Teile eines Autos mangelhaft sind und Unfälle verursachen können, muss er die Fahrzeuge zurückrufen und den Mangel beseitigen. Ansonsten können die Verantwortlichen hinsichtlich etwaiger Unfallfolgen nicht nur nach den §§ 229, 13 oder §§ 222, 13, sondern auch gemäß den §§ 223, 13 oder §§ 212, 13 strafbar sein, falls sie sich beim Verzicht auf den Rückruf mit solchen Folgen abfinden (so lag es zum Teil in der „Lederspray-Entscheidung" BGHSt 37, 106 ff.; vgl. schon oben § 49 Rn. 20 ff.).

3. Verantwortlichkeit für Personen als Gefahrenquellen

62   Bei dieser Überwachungsgarantenstellung geht es um die Frage, inwieweit man als Garant für Straftaten anderer Personen verantwortlich sein kann. Für den Normalfall ist das zu verneinen; denn aus dem Prinzip der Eigenverantwortung ergibt sich, dass grundsätzlich keine rechtliche Einstandspflicht besteht, andere Menschen an der Begehung von Straftaten zu hindern.

63   Anders liegt es in bestimmten **Aufsichtsverhältnissen**. Insoweit empfiehlt es sich, wie folgt zu unterscheiden:

(1) Aufsichtspersonen sind auf jeden Fall dann verpflichtet, Straftaten von ihnen **unterstellten Personen** zu verhindern, wenn diese **nicht (voll) verantwortlich** handeln. Das betrifft in erster Linie Eltern und Lehrer im Verhältnis zu ihren minderjährigen Kindern und Schülern, gilt aber auch für Anstaltspersonal, dem die Überwachung von Geisteskranken anvertraut ist.

64   Dabei bedarf stets die Frage Aufmerksamkeit, wie weit im Einzelfall die Handlungspflicht reicht. Bei eigenen Kindern kann man sagen, dass die Pflichten mit fortschreitendem Alter schrumpfen und mit der Volljährigkeit enden (Roxin, AT II, § 32 Rn. 129). Eine Strafanzeige ist den Eltern in der Regel nicht zuzumuten (vgl. schon oben § 49 Rn. 51). Die Überwachungsgarantenstellung von Lehrern beschränkt sich auf den Schulbetrieb und schulische Veranstaltungen.

65   Das Beispiel des Lehrers ist zugleich gut geeignet, die teilweise fließenden Übergänge zwischen Beschützer- und Überwachungsgaranten zu verdeutlichen: Ein Lehrer, der die körperliche Attacke eines Schülers S auf einen Mitschüler M unterbinden muss, ist bezüglich des S Überwachungs- und bezüglich des M Beschützergarant (vgl. schon Rn. 37; Falllösung bei *Weißer*, JA

§ 50. Die Garantenstellungen   497

2010, 434 f.). – Am Beispiel des Eltern-Kind-Verhältnisses lassen sich die unterschiedlichen Schutzrichtungen der beiden Garantentypen veranschaulichen: Während die Beschützergarantenstellung möglicherweise ein Leben lang andauert (Rn. 14), endet die Überwachungsgarantenstellung mit dem Eintritt der Volljährigkeit.

(2) Wenn die unterstellten Personen **voll verantwortlich** handeln, **66** setzt die Bejahung einer Überwachungsgarantenstellung ein vergleichbares Aufsichtsverhältnis voraus. Insoweit kommen als Garanten militärische Vorgesetzte, das Aufsichtspersonal in geschlossenen Anstalten (z. B. im Strafvollzug), Betreuer (*OLG Celle* NJW 2008, 1012) und Fahrlehrer in Betracht (Sch/Sch/*Stree/Bosch*, § 13 Rn. 52).

Unter **Ehegatten** gibt es – entgegen überholter älterer Rechtsprechung – **67** keine (Überwachungs-)Pflicht, Straftaten des anderen zu verhindern (siehe bereits Rn. 41). Entsprechendes gilt für das Verhältnis eines Elternteils zu einem volljährigen Kind.

Umstritten ist, ob auch dem **Betriebsinhaber** (Unternehmer, Ge- **68** schäftsherrn) eine Überwachungsgarantenstellung über seine Betriebsangehörigen obliegt. Mit der h. M. muss das bejaht werden. Die Garantenstellung ist aus der betrieblichen Organisationsherrschaft und Weisungsmacht des Geschäftsherrn abzuleiten und erstreckt sich darauf, deliktische Erfolge zu vermeiden, die von betriebsbezogenen Straftaten – wie Bestechungsdelikten (§§ 299, 333 f.) oder Betrügereien gegenüber Kunden – herrühren. Nicht betriebsbezogen sind solche Taten, bei denen ein innerer Zusammenhang mit spezifischen Betriebsgefahren oder dem Tätigkeitsfeld des Mitarbeiters fehlt, Taten also, die ein Mitarbeiter lediglich bei Gelegenheit seiner betrieblichen Tätigkeit gleichsam bloß in einem zeitlichen Zusammenhang mit ihr begeht. In die Überwachungspflicht eingebunden sind die verantwortlichen Vertreter (z. B. Vorgesetzte) und Beauftragten des Betriebsinhabers (zu § 14 vgl. oben § 42 Rn. 7 ff.).

Zur h. M. BGHSt 57, 42 ff. (mit Bspr. *Jäger*, JA 2012, 392 ff.; *Roxin*, JR **68a** 2012, 305 ff.; *Wagner*, ZJS 2012, 704 ff.); *Kühl*, AT, § 18 Rn. 118a ff.; *Schall*, Rudolphi-FS, 2004, S. 267 ff.; *ders.*, Kühl-FS, 2014, S. 417 ff.; *Dannecker/Dannecker*, JZ 2010, 989 ff.; *Rönnau/Schneider*, ZIP 2010, 54 ff.; *Roxin*, Beulke-FS, 2015, S. 239 ff. – Die Überwachungsgarantenstellung des Betriebsinhabers befürwortend wohl auch schon BGHSt 54, 44, 49 f.; denn die dort – ungenau – angenommene Straftatverhinderungspflicht eines betrieblichen Compliance-Beauftragten lässt sich nur auf eine vom Betriebsinhaber abgeleitete und nicht auf eine originäre Garantenstellung stützen (*Rönnau/Schneider*, ZIP 2010, 53 ff.; *Dannecker/Dannecker*, JZ 2010, 990 f.; *Schwarz*, wistra 2012, 13 ff.;

498   9. Kapitel. Das Unterlassungsdelikt

Schmid, JA 2013, 835 ff.). – Die eine Überwachungsgarantenstellung ablehnende Minderheitsmeinung stellt die Eigenverantwortlichkeit der Betriebsangehörigen in den Vordergrund (SK/*Rudolphi/Stein*, § 13 Rn. 35a; LK/*Weigend*, 12. Aufl., § 13 Rn. 56; *Beulke*, Geppert-FS, 2011, S. 23 ff.).

69   In der grundlegenden Entscheidung BGHSt 57, 42 ging es bezüglich der
Betriebsbezogenheit um gegen einen anderen Beschäftigten gerichtete – wie-
derholte – körperliche Misshandlungen am Arbeitsplatz. Der *BGH* hat den
Betriebsbezug verneint, um der Gefahr zu begegnen, dass der Geschäftsherr
für eine straffreie Lebensführung seiner Mitarbeiter während der Arbeitszeit
verantwortlich gemacht wird. Freilich bereitet die Einordnung derartiger Schi-
kanierungen, die im Umfeld des sog. „Mobbing" liegen, Schwierigkeiten. Anhaltspunkte für einen betrieblichen Charakter ergeben sich etwa, wenn das
Fehlverhalten mit unternehmerischen Weisungsbefugnissen zusammenhängt
(BGHSt 57, 42, 46 ff.; *Roxin*, JR 2012, 307; erg. *Kudlich*, HRRS 2012, 177 ff.;
Schramm, JZ 2012, 972; *Schall*, Kühl-FS, 2014, S. 426 f.).
In BGHSt 57, 42 angeklagt war der Vorarbeiter V einer Kolonne einer städ-
tischen Grünflächenabteilung, der während der Arbeitszeit erhebliche körperliche Attacken auf den Mitarbeiter M durch drei andere Mitarbeiter der Kolonne geschehen ließ. BGHSt 57, 42, 44 ff. betont zu Recht, dass V als bloßer
Vorarbeiter ohne Übertragung von Vorgesetztenfunktionen und Überwachungspflichten unabhängig vom Problem des Betriebsbezugs keine Überwachungsgarantenstellung innehaben kann. Von dieser Garantenstellung zu unterscheiden ist die ungeklärte Frage, inwieweit dem Arbeitgeber auch eine –
wiederum übertragbare – Beschützergarantenstellung zum Schutz von Leib
und Leben seiner Arbeitnehmer obliegen kann (vgl. BGHSt 57, 42, 44 f.; *Jäger*,
JA 2012, 394; *Roxin*, JZ 2012, 307 f.; *Wagner*, ZJS 2012, 706 ff.). Im Ergebnis
kommt bei V nur eine Strafbarkeit gemäß § 323c in Betracht.

4. Vorangegangenes gefährdendes Tun (Ingerenz)

70   **a) Grundlagen.** Die Ingerenz-Garantenstellung lässt sich am besten als Überwachungsgarantenstellung verstehen, die sich daraus ergibt, dass der Täter für die Überwachung einer von ihm zuvor selbst
geschaffenen Gefahr verantwortlich ist. Nach h. M. muss das Vorverhalten objektiv pflichtwidrig sein. Vor diesem Hintergrund verkürzt
der Studierende die Ingerenz-Garantenstellung gerne auf die Formel:
Garantenstellung aus einem vorangegangenen gefährdenden pflichtwidrigen Tun. Vor solchen Vereinfachungen muss aus zwei Gründen
gewarnt werden:

71   Erstens ist das Pflichtwidrigkeitskriterium wesentlich problematischer, als es die kurze Formel erkennen lässt. Auch wendet es die
h. M. aus nachvollziehbaren Gründen keineswegs konsequent an (unten Rn. 91 ff.).

§ 50. Die Garantenstellungen   499

Zweitens ist anerkannt, dass keineswegs jedes pflichtwidrige Vor- 72
verhalten eine Garantenstellung begründet; vielmehr muss es bezüglich des konkret untersuchten tatbestandsmäßigen Erfolges die „nahe
Gefahr" seines Eintritts geschaffen haben (*BGH* NStZ 2000, 414).
Präzisieren lässt sich diese Standardformel der Rechtsprechung zur
„nahen Gefahr" mit dem Gedankengut der objektiven Zurechnung
(unten Rn. 96 ff.).

b) Das Kriterium der objektiven Pflichtwidrigkeit. Die Verknüp- 73
fung eines pflichtwidrigen Vorverhaltens mit der Entstehung einer
Ingerenz-Garantenstellung leuchtet unmittelbar ein, wenn ein Täter
durch fahrlässiges oder vorsätzliches Fehlverhalten eine andere Person in eine besondere Gefahrenlage versetzt.

Beispiele: Der typische Fall, dass ein alkoholisierter Autofahrer einen Fuß- 74
gänger (oder Radfahrer) anfährt und anschließend liegen lässt, um etwa seinen
Führerschein nicht zu verlieren, ist schon angesprochen worden (oben § 49
Rn. 18, 50, 57 zu Fall 1; erg. Fall 4 und Fall 5 unten Rn. 83, 88). Wer eine Reparatur nicht fachgerecht durchführt oder seine Pflichten als Überwachungsgarant verletzt, haftet für daraus entstehende Gefahren aus Ingerenz. Wer bewusst oder aus Unaufmerksamkeit eine fremde Sache beschädigt oder zerstört
(z. B. eine Brücke oder Bremsleitungen eines Pkw), kann Täter der §§ 212,
(22), 13 sein, wenn er nachträglich erkennt, dass er durch sein Vorverhalten
eine möglicherweise tödliche Gefahr geschaffen hat. Eine insbesondere be-
trugsrelevante Aufklärungspflicht aus Ingerenz kann nach fahrlässig gemachten Falschangaben entstehen (*Rengier*, BT I, § 13 Rn. 28).

Die Ingerenz-Garantenstellung kann sich also auch aus einem eige- 75
nen strafbaren fahrlässigen oder vorsätzlichen Vorverhalten ergeben.
Eigenständige Bedeutung erlangt ein anschließendes Unterlassen immer dann, wenn die von der Vorhandlung herrührenden Gefahren
über das hinausgehen, was die Vortat erfasst. Ansonsten tritt das Unterlassen hinter das vorausgegangene Begehen als subsidiär zurück,
kann aber immerhin Anknüpfungspunkt für die Strafbarkeit eines
Teilnehmers sein (vgl. unten § 51 Rn. 7 f.; zur Konkurrenzfrage § 56
Rn. 45).

Daher ist es richtigerweise auch denkbar, dass eine vorsätzliche Tö- 76
tung durch aktives Tun von einem anschließenden Mord durch Unterlassen verdrängt wird, sofern der Täter die noch mögliche Rettung
des mit Tötungsvorsatz angegriffenen Opfers unter Erfüllung von
Mordmerkmalen unterlässt. Die insoweit in der älteren Rechtsprechung teilweise vertretene These, dass ein Täter, der den Erfolg vorsätzlich anstrebe, nicht zugleich verpflichtet sei, ihn abzuwenden,

500   9. Kapitel. Das Unterlassungsdelikt

überzeugt nicht. Wenn sich die Ingerenz-Garantenstellung aus einem eigenen fahrlässigen Vorverhalten ergeben kann, so muss dies erst recht für einen Täter gelten, der die Gefahr vorsätzlich geschaffen hat. In diesem Sinne wohl auch *BGH* NStZ 2004, 89 mit Anm. *Schneider*; *Fischer*, § 13 Rn. 55 ff.; *W/Beulke/Satzger*, AT, Rn. 725; *Brunhöber*, JuS 2011, 232 f. mit Falllösung. – A. A. *Hillenkamp*, Otto-FS, 2007, S. 287 ff. – Ergänzend *Rengier*, BT II, § 4 Rn. 65 f.

77   Auf der anderen Seite ist es plausibel und entspricht der ganz h. M., dass aus einem durch Notwehr bzw. Nothilfe gerechtfertigten Vorverhalten keine Ingerenz-Garantenstellung erwachsen kann. Dem Sinn des Notwehrrechts widerspräche es, den Angegriffenen zum Garanten für Leib und Leben des Angreifers zu machen. Es ist ja der Angreifer gewesen, der durch sein rechtswidriges Verhalten den Angriff auf sich herausgefordert hat, während der Angegriffene in unverschuldeter Weise in das Geschehen verstrickt wird. Würde man den Angegriffenen mit einer Garantenstellung belasten, so wäre der Angreifer stärker geschützt als ein ohne eigene oder fremde Schuld Verunglückter. Zudem würde der Angegriffene schärfer haften als etwa ein unbeteiligter Passant, der dem verletzten Angreifer nicht hilft und nur aus § 323c haftet.

78   Eine aktuell kaum noch vertretene Gegenmeinung wendet insbesondere ein, es sei widersinnig, dem Angegriffenen einerseits im Rahmen der Notwehrausübung gewisse Schranken aufzuerlegen und andererseits zuzubilligen, nach der erfolgreichen Verteidigung den Angreifer relativ risikolos seinem Schicksal überlassen zu dürfen (beachte aber § 323c).

79   Im **Fall 3a** ist O bezüglich der §§ 223, 224 I Nr. 2, 5, 227 gemäß § 32 gerechtfertigt (vgl. oben § 18 Rn. 33 ff.). K und L sind auf jeden Fall nur gemäß § 323c strafbar. Für O kann nichts anderes gelten; hinsichtlich der §§ 212, 13 ergibt sich aus seinem Vorverhalten keine Garantenstellung. **Fall 3b** bestätigt die Richtigkeit dieser Ansicht. Es wäre widersinnig, den das Risiko der Nothilfe auf sich nehmenden K für seinen zur Verteidigung der Rechtsordnung erwünschten Einsatz strafrechtlich schärfer haften zu lassen als O und L.

80   Würdigt man im Fall 2 von § 48 das Zurückziehen des Ringes durch O als Unterlassen (dazu oben § 48 Rn. 21 ff.), so stellt sich bei ihm und den §§ 212, 13 ebenfalls die Frage, ob sich aus der Notwehrausübung eine Ingerenz-Garantenstellung ergibt. Da dies zu verneinen ist, erfüllt O im Unterlassungsfall nur § 323c.

81   Zur Ablehnung einer Ingerenz-Garantenstellung infolge Notwehr durch die inzwischen ganz h. M. siehe nur BGHSt 23, 327 f.; *BGH* NStZ 2000, 414;

Heinrich, AT, Rn. 957 ff.; *Roxin*, AT II, § 32 Rn. 181 ff.; *Baumann/Weber/ Mitsch*, AT, § 15 Rn. 66; *W/Beulke/Satzger*, AT, Rn. 726; *Kühl*, AT, § 18 Rn. 94 f. – Zu den Argumenten und Befürwortern der Gegenmeinung siehe zusammenfassend m. w. N. *Heinrich*, AT, Rn. 959; *Kühl*, AT, § 18 Rn. 95.

Die Gedanken, die zur Verneinung einer Ingerenz-Garantenstel- 82 lung in Notwehrfällen führen, lassen sich auf eine weitere Fallgruppe übertragen, in der die h. M. ebenfalls unter Berufung auf die fehlende Pflichtwidrigkeit des Vorverhaltens eine Garantenstellung ablehnt: Auch wer sich sozialadäquat oder als Verkehrsteilnehmer in jeder Hinsicht pflichtgemäß und verkehrsgerecht verhält, hat für Gefahren, die aus einem solchen sozial üblichen und von der Allgemeinheit gebilligten Verhalten entstehen, keine besondere Verantwortung zu tragen. Letztlich realisieren sich insoweit allgemeine Lebensrisiken. Wer solche Risiken schaffen darf, kann nicht daran anknüpfend zum Garanten mit besonderen Verpflichtungen gemacht und dadurch bei einem etwaigen Unterlassen mit einem Begehungstäter gleichgestellt werden.

Dazu **Fall 4:** Durch das Anfahren hat sich A mangels Fahrlässigkeit nicht 83 gemäß § 222 strafbar gemacht. Bezüglich des Liegenlassens kommen je nach innerer Einstellung die §§ 222, 13, §§ 212, 13 und § 221 I Nr. 2, III in Betracht. Indes fehlt bei A die – auch für § 221 I Nr. 2 erforderliche (*Rengier*, BT II, § 10 Rn. 4, 9) – Garantenstellung. Daher macht er sich, abgesehen von § 142 I Nr. 2, nur gemäß § 323c strafbar (BGHSt 25, 218 ff.).

Dass im vorstehenden Fall die Schuld für den Unfall beim Opfer 84 liegt, ist ein Aspekt, der zusätzlich für die Ablehnung einer Garantenstellung spricht. Im Ergebnis kommt es darauf aber nicht an. Dem A würde ebenso dann keine Garantenstellung aus Ingerenz erwachsen, wenn gleichermaßen das Opfer etwa deshalb keine Schuld träfe, weil die Fahrbahn unerkennbar rutschig war.

Zur h. M. vgl. BGHSt 25, 218 ff.; *Baumann/Weber/Mitsch*, AT, § 15 85 Rn. 64 f.; *Roxin*, AT II, § 32 Rn. 165 ff.; LK/*Weigend*, 12. Aufl., § 13 Rn. 45 f.; Sch/Sch/*Stree/Bosch*, § 13 Rn. 35; *Kretschmer*, Jura 2003, 239.

Einwände lassen sich ebenfalls hier formulieren (vgl. *Kühl*, AT, § 18 86 Rn. 101; *W/Beulke/Satzger*, AT, Rn. 727; auch noch *Rengier*, JuS 1989, 807). So mag das Rechtsgefühl für eine besondere, d. h. über diejenige eines beliebigen Dritten hinausgehende, Verantwortlichkeit des Autofahrers sprechen. Auch könnte man mit einer Minderheitsmeinung – parallel zum Tierhalter im Fall 2a (Rn. 52) – die Überwachungsgarantenstellung des Kfz-Halters bzw. Fahrers auf die Abwendung von Gefahren erstrecken, die von der Gefahrenquelle herrühren (abl. oben Rn. 52).

502   9. Kapitel. Das Unterlassungsdelikt

87   Umstritten ist, ob eine Ingerenz-Garantenstellung entsteht, wenn der Täter sich zwar zuvor pflichtwidrig verhalten, sein Sorgfalts- pflichtverstoß sich aber nicht auf die von ihm geschaffene Gefahren- lage ausgewirkt hat.

88   Um eine solche Konstellation geht es im **Fall 5**. Was § 222 durch das Anfah- ren betrifft, so muss man zunächst wissen, dass der Tatbestand trotz des zu schnellen Fahrens entfällt, weil für A der Unfall auch bei ordnungsgemäßem Fahren unvermeidbar gewesen wäre (näher unten § 52 Rn. 26 ff.). Ein vollen- deter Totschlag durch Unterlassen scheitert jedenfalls daran, dass K nicht mit an Sicherheit grenzender Wahrscheinlichkeit hätte gerettet werden können (vgl. § 49 Rn. 13 ff.). So bleiben die §§ 212, 22, 13, sofern A Garant ist.

89   BGHSt 34, 82 bejaht eine Garantenstellung aus vorangegangenem Tun mit der Begründung, dass A sich verkehrswidrig verhalten und dieses Verhalten in einem unmittelbaren Zusammenhang mit dem Unfall gestanden habe. Dem widerspricht die h. M. in der Literatur zu Recht. Die spezielle Rechtpflicht zur Erfolgsabwendung kann nur entstehen, wenn ein Pflichtwidrigkeitszusammenhang besteht, wenn sich also im Erfolg gerade das pflichtwidrige Vorverhalten zu realisieren droht. Es ist widersinnig, bezüglich § 222 eine relevante Auswirkung des verkehrswidrigen Verhaltens zu verneinen, aus die- sem dann aber für die Abwendung desselben Erfolges eine Garanten- stellung aus einem „pflichtwidrigen" Vorverhalten abzuleiten.

Zur Kritik siehe *Sowada*, Jura 2003, 242 f.; *Kühl*, AT, § 18 Rn. 102; *Kind- häuser*, AT, § 36 Rn. 72; *Roxin*, AT II, § 32 Rn. 170; *Jäger*, JA 2013, 395.

90   Daher sind im **Fall 5** die §§ 212, 22, 13 richtigerweise zu verneinen. A erfüllt nur die §§ 323c, 142 I Nr. 2, 52.

91   **c) Ausnahmen vom Pflichtwidrigkeitserfordernis.** Der im Zu- sammenhang mit den Notwehrfällen (Rn. 77 ff.) naheliegende Ge- danke, dass sich aus einem rechtmäßigen bzw. gerechtfertigten Vor- verhalten keine Ingerenz-Garantenstellung ergeben kann, darf nicht verallgemeinert werden. Vielmehr erkennt die h. M. zu Recht gewisse Ausnahmefälle an.

92   Ob hinter diesen „Ausnahme"-Konstellationen ein Beleg dafür steckt, dass die „Regel", nämlich das Erfordernis „pflichtwidrigen" Vorverhaltens, nicht stimmt und es eher um eine Abgrenzung nach Verantwortungsbereichen geht, sei dahingestellt. Die Diskussion um BGHSt 34, 82 (Rn. 87 ff.) könnte solche Überlegungen stützen. Aber man kann wohl sagen, dass das Pflicht- widrigkeitskriterium zumindest einer gewissen Ergänzung um den Gedanken des Verantwortungsbereichs bedarf (LK/*Weigend*, 12. Aufl., § 13 Rn. 44; vgl. auch *Rengier*, JuS 1989, 807).

Weitgehende Einigkeit besteht darüber, dass derjenige, der in gerechtfertigter Weise einen **Dauerzustand** herbeigeführt hat, diesen Zustand als Garant beseitigen muss, sobald der Grund für die Rechtfertigung entfallen ist. Beispielhaft kann man sich die nach § 32 oder § 34 gerechtfertigte Einsperrung eines Randalierers, Betrunkenen oder Einbrechers denken. Denn wenn mit einer solchen Tat der gegenwärtige Angriff gestoppt oder die Gefahr beseitigt ist, wird die Aufrechterhaltung des Dauerzustandes rechtswidrig. Die Verantwortung dafür liegt beim Täter, der sich daher als Garant um die Beseitigung dieses Zustandes – etwa durch Alarmierung der Polizei – kümmern muss.

Ebenso ist Garant, wer im Wege des rechtfertigenden Notstandes eine Gefahr geschaffen hat. Man denke an einen Autofahrer, der, um einen für ihn möglicherweise tödlichen Unfall zu vermeiden, auf den Gehweg ausweicht und einen Fußgänger verletzt. Denn völlig anders als der Angreifer bei der Notwehr muss hier der unbeteiligte Fußgänger im Interesse des Autofahrers ein Sonderopfer erbringen, so dass das Tatgeschehen eher in den Verantwortungsbereich des Fahrers fällt. Der Rechtsgedanke des § 904 Satz 2 BGB stützt die Annahme einer besonderen (Garanten-)Verantwortlichkeit des Notstandstäters.

Hierzu *Sowada*, Jura 2003, 240 ff.; *Roxin*, AT II, § 32 Rn. 186 ff.; *Rengier*, JuS 1989, 806 f.; *Kühl*, AT, § 18 Rn. 96 ff.; Sch/Sch/*Stree/Bosch*, § 13 Rn. 36; LK/*Weigend*, 12. Aufl., § 13 Rn. 46; NK/*Wohlers/Gaede*, § 13 Rn. 45; SK/*Rudolphi/Stein*, § 13 Rn. 40a. – Ein ergänzendes Beispiel zu den §§ 164 I, 13 in *Rengier*, BT II, § 50 Rn. 14 f.

d) Kriterium der „nahen Gefahr" bzw. Zurechnungszusammenhang zwischen geschaffener Gefahr und Erfolg. Oft zu wenig bedacht wird, dass sich allein aus der pflichtwidrigen Schaffung einer Gefahrenlage, die einen bestimmten Erfolg verursacht, noch nicht die strafrechtliche Haftung des Ingerenz-Garanten für diesen Erfolg ergibt. Vielmehr ist im Sinne einer Eingrenzung erforderlich, dass das Vorverhalten die nahe Gefahr des Eintritts gerade des tatbestandsmäßigen Erfolges herbeigeführt hat. Insoweit muss zwischen der Gefahr und dem Erfolg ein Zurechnungszusammenhang bestehen. Dazu gehört, dass die Pflichtwidrigkeit im Sinne eines Schutzzweckzusammenhangs in der Verletzung eines Gebots besteht, das dem Schutz des Rechtsguts zu dienen bestimmt ist.

504   9. Kapitel. Das Unterlassungsdelikt

Hierzu BGHSt 37, 106, 117f.; *BGH* NStZ 1998, 83, 84; 2000, 583; 2008, 276, 277; 2012, 379, 380; NStZ-RR 1997, 292; NJW 1999, 69, 71f.

97   Der Rückgriff der Rechtsprechung auf Gedankengut der Lehre von der objektiven Zurechnung (dazu § 13 Rn. 46ff.) ist nicht zu übersehen, erfolgt aber kaum ausdrücklich. Indes ist es sicher hilfreich und zulässig, in Zweifelsfällen des Zusammenhangs zwischen Gefahr und Erfolg auf Kriterien der objektiven Zurechnung zurückzugreifen (deutlich *Roxin*, AT II, § 32 Rn. 155ff.; *Sowada*, Jura 2003, 243ff.).

98   **Beispiele:** (1) Wer illegal Ausländern zur Einreise nach Deutschland verhilft, wird dadurch nicht zum Ingerenz-Garanten für deren Leib und Leben; denn der verletzte Straftatbestand des Aufenthaltsgesetzes schützt keine Individualrechtsgüter. Wohl aber kann ein solcher Helfer als Beschützergarant eine Schutzfunktion übernehmen (*BGH* NStZ 2008, 276f.).

99   (2) Verhältnismäßig oft stellt sich die Frage, inwieweit sich aus der **Beteiligung an einer Straftat** eine Ingerenz-Verantwortlichkeit für Folgen ergibt, die ein anderer Beteiligter herbeiführt. Wer durch seine Beteiligung etwa an einer vorsätzlichen Körperverletzung oder an einem Raub die Gefahr von Gewalthandlungen mitgeschaffen hat, ist für die Abwendung von Lebensgefahren bei einem Opfer verantwortlich, das ein Mittäter verletzt hat (vgl. *BGH* NStZ 1998, 83, 84; NJW 1999, 69, 71f.).

100   (3) **Exzesshandlungen** eines Mittäters liegen allerdings außerhalb der „nahen Gefahr" und sind daher nicht zuzurechnen. Vereinbaren z. B. die Mittäter A, B und C, eine Frau in ihrer Wohnung auszurauben, und entschließen sich A und B, die Gelegenheit zu einer Vergewaltigung auszunutzen, trifft C keine Garantenpflicht (*BGH* NStZ-RR 1997, 292). Entsprechendes gilt für eine Brandstiftung nach einem gemeinsam begangenen Raub (*BGH* NStZ-RR 2013, 137, 138). Im Fall *BGH* NStZ-RR 2009, 366 führten die Mittäter A und B einen mit dem am Tatort nicht anwesenden Mittäter C vereinbarten Wohnungseinbruch abredewidrig in Anwesenheit des Eigentümers E durch, fesselten ihn und ließen ihn gefesselt liegen; kümmert sich hier der nachträglich informierte C nicht um die Befreiung des O, so kommt er mangels Garanten-Handlungspflicht nicht als Täter der §§ 239 I, 13, sondern allenfalls die § 323c in Betracht. Sehen sollte man, dass hinter dem Aspekt der Exzesshandlung der von der objektiven Zurechnungslehre her bekannte Gedanke des eigenverantwortlichen Handelns Dritter steckt, das die Zurechnung ausschließen kann (vgl. § 13 Rn. 87ff.; *Kühl*, AT, § 18 Rn. 104; *Sowada*, Jura 2003, 245f.).

101   (4) Umstritten ist, inwieweit die **Folgen einer eigenverantwortlichen bewussten Selbstgefährdung** die Annahme einer Ingerenz-Garantenstellung ausschließt. Im typischen Fall geht es um die unterlassene Rettung im Anschluss an die illegale Abgabe von Heroin. Die h. M. im Schrifttum lehnt hier eine Garantenstellung ab (*Kühl*, AT, § 18 Rn. 105; *Heinrich*, AT, Rn. 954; *Ro-*

xin, AT II, § 32 Rn. 175; *Kölbel*, JuS 2006, 314; a. A. *BGH* NStZ 1984, 452; 1985, 319, 320; *Rengier*, BT II, § 9 Rn. 27 f. mit näherer Erörterung).

(5) Einem **Gastwirt** ist es gemäß § 20 Nr. 2 GastG verboten, alkoholische **102** Getränke an „erkennbar Betrunkene" zu verabreichen. Daran anknüpfend kann das Ausschenken alkoholischer Getränke nur dann als pflichtwidriges Vorverhalten angelastet werden, wenn die Trunkenheit des Gastes deutlich erkennbar ist, d. h. einen solchen Grad erreicht hat, dass dieser nicht mehr Herr seiner Entschlüsse ist und nicht mehr eigenverantwortlich handeln kann (BGHSt 26, 35, 38). An diesen Maßstäben ändert sich nichts, wenn das Ausschenken außerhalb der Sperrzeit erfolgt und insoweit ein anderes pflichtwidriges Vorverhalten vorliegt, das aber mit dem Zweck des § 20 Nr. 2 GastG nichts zu tun hat. Für den privaten Gastgeber gilt Entsprechendes (BGHSt 26, 35, 39).

Empfehlungen zur vertiefenden Lektüre:
Rechtsprechung: BGHSt 23, 327 (keine Ingerenz-Garantenstellung bei Notwehr); BGHSt 25, 218 (keine Garantenstellung bei verkehrsgerechtem Verhalten); BGHSt 26, 35 (Garantenstellung des Gastwirts); BGHSt 48, 301 (Garantenstellung unter Eheleuten nach Trennung); BGHSt 57, 42 (Garantenstellung des Betriebsinhabers); *BGH* NStZ 2008, 276 (Garantenstellung beim Einschleusen von Ausländern); *LG Kiel* NStZ 2004, 157 (Garantenstellung unter Geschwistern).
Literatur: *Kühl*, Die strafrechtliche Garantenstellung – Eine Einführung mit Hinweisen zur Vertiefung, JuS 2007, 497 ff.; *Kretschmer*, Die Garantenstellung (§ 13 StGB) auf familienrechtlicher Grundlage, Jura 2006, 898 ff.; *Nikolaus*, Die Begründung und Beendigung der Garantenstellung in der Familie, JA 2005, 605 ff.; *Ransiek*, Das unechte Unterlassungsdelikt, JuS 2010, 585 ff.; *Sowada*, Die Garantenstellung aus vorausgegangenem Tun (Ingerenz), Jura 2003, 236 ff.

§ 51. Täterschaft und Teilnahme beim Unterlassungsdelikt

Fall 1: Im Fall 1 von § 50 ist F vier Wochen vor der Tat mit der Bemerkung ausgezogen, sie brauche etwas Abstand, um Klarheit über ihre Beziehung zu M zu finden. Außerdem steht fest, dass F die Tat durch einen Anruf hätte verhindern können. → Rn. 24

Fall 2: Mutter M ist aus verschiedenen Gründen mit der Versorgung ihrer 3-jährigen Tochter T überfordert und misshandelt das Kind über ein halbes Jahr lang mit zunehmender Heftigkeit und Häufigkeit durch Schläge und Tritte. Nach einem heftigen Schlag ins Gesicht prallt das Kind mit dem Kopf hart auf, erleidet ein schweres Schädelhirntrauma und stirbt wenige Tage später. Der Vater und Ehemann V wusste von einzelnen Vorfällen. Er war nur einmal bei den Misshandlungen zugegen, wobei er mit Erfolg eingriff. Im Übrigen forderte er M erfolglos auf, sie solle weggehen, und beschränkte

506 9. Kapitel. Das Unterlassungsdelikt

sich auf Mahnungen, das Kind nicht mehr zu misshandeln. Ansonsten ver-
brachte er die Zeit üblicherweise außerhalb der Familie (BGHSt 41, 113). →
Rn. 25

I. Mehrere Unterlassende

1 Soweit mehrere Garanten als Unterlassungstäter hinsichtlich desselben Erfolges in Betracht kommen, ergeben sich keine Besonderheiten. Hier haftet jeder täterschaftlich, der die erforderliche Täterqualität hat und durch die Vornahme der gebotenen Handlung den
Erfolgseintritt mit an Sicherheit grenzender Wahrscheinlichkeit hätte
verhindern können.

2 **Beispiel:** Die Eltern M und V lassen ihr Kind verhungern. Auch die bei ihnen lebende Großmutter G schaut tatenlos zu. Jeder hätte den tödlichen Verlauf stoppen können. – Hier erfüllen M, V und G die §§ 212, (211), 13, und
zwar jeder jedenfalls als Nebentäter (vgl. § 42 Rn. 3 ff.). Soweit ein gemeinsamer Tatentschluss und insoweit Mittäterschaft vorliegt, hat diese keine eigenständige Bedeutung.

3 Was die Mittäterschaft betrifft, so liegt es anders, wenn die Unterlassenden eine Pflicht trifft, die sie lediglich gemeinsam erfüllen können. In diesem Fall kann der Erfolg jedem Garanten nur zugerechnet
werden, wenn das Unterlassen auf einem gemeinsamen Tatentschluss
beruht (BGHSt 37, 106, 129; *Kühl*, AT, § 20 Rn. 268; LK/*Weigend*,
12. Aufl., § 13 Rn. 82).

4 **Beispiele:** M und V können ihr ertrinkendes Kind nur durch eine gemeinsame Aktion retten; tun sie einvernehmlich nichts, erfüllen sie die §§ 212,
(211), 13, 25 II. Um ein gefährliches Produkt zurückzurufen, müssen mehrere
Garanten zustimmen; beschließen sie abzuwarten, so können sie etwa gemäß
den §§ 223, 13, 25 II strafbar sein (vgl. bereits oben § 49 Rn. 20 ff.).

II. Mittelbare Täterschaft

5 Ohne nennenswerte Bedeutung ist der Streit, ob es eine mittelbare
Täterschaft durch Unterlassen gibt, wenn ein Garant gegen die Bege-
hungstat eines Werkzeugs nicht einschreitet, so wenn ein Vater sein
13-jähriges Kind eine Straftat begehen oder ein Arzt die gutgläubige
Krankenschwester einen Patienten töten lässt. Die h. M. im Schrifttum lehnt zu Recht die Konstruktion einer mittelbaren Täterschaft
ab, da bei einer bloßen Untätigkeit von einer Steuerung des Gesche-

hens nicht die Rede sein und der unterlassende Hintermann als normaler Täter eingestuft werden kann.

LK/*Weigend*, 12. Aufl., § 13 Rn. 85; *Krey/Esser*, AT, Rn. 1185; *Kühl*, AT, **6**
§ 20 Rn. 267 f.; Sch/Sch/*Heine/Weißer*, § 25 Rn. 57; *Roxin*, AT II, § 31
Rn. 175; *Jäger*, AT, Rn. 366. – A. A. ohne überzeugende Gegengründe BGHSt
48, 77, 89 ff. mit Blick auf den Ausnahmefall der Verantwortlichkeit von Mitgliedern des Politbüros für vorsätzliche Tötungen von Flüchtlingen durch
Grenzsoldaten der ehemaligen DDR; zust. *Dreher*, JuS 2004, 17 f.; *Frister*,
AT, 27/47.

III. Beteiligung eines Nichtgaranten durch aktives Tun am unechten Unterlassungsdelikt

Da das vorsätzliche Unterlassungsdelikt eine normale Straftat wie **7**
das Begehungsdelikt darstellt, gelten für eine aktive Beteiligung am
unechten Unterlassungsdelikt keine Besonderheiten. Wer in einem
Garanten den Entschluss hervorruft, nicht rettend einzugreifen,
bzw. ihn in einem solchen Entschluss bestärkt, ist Anstifter bzw. Gehilfe zu der unechten Unterlassungstat.

Beispiele: F ist in Lebensgefahr geraten. Ihr Mann M will sie retten. Die Ge- **8**
liebte G des M redet ihm das aus (1. Variante) oder sagt bloß, sie zeige ihn
nicht an, falls er F sterben lasse (2. Variante); M greift nicht ein, so dass F
stirbt. – Hier erfüllt M die §§ 212, (211), 13. G haftet in der 1. Variante als Anstifterin und in der 2. Variante als Gehilfin der §§ 212, (211), 13.
Falllösungen dazu bei *Stoffers/Murray*, JuS 2000, 989 f.; *Norouzi*, JuS 2005,
916 f.; *Hinderer*, JA 2009, 26 f.

Ob die Garantenstellung ein besonderes persönliches Merkmal im **9**
Sinne des § 28 darstellt, ist umstritten. Die h. M. bejaht dies zu Recht
mit der Begründung, dass die Garantenstellung sich in erster Linie
aus der – als „täterbezogen" zu verstehenden (vgl. § 46 Rn. 13, 18) –
besonderen individuellen Beziehung des Unterlassenden zu dem
Rechtsgutsobjekt ergebe und weniger an die tatbezogene Funktion
anknüpfe, Begehungs- und Unterlassungsunrecht gleichzustellen.
Demnach muss in den vorstehenden Beispielen die Strafe der G gemäß § 28 I gemildert werden.

Zur h. M. LK/*Weigend*, 12. Aufl., § 13 Rn. 87; Sch/Sch/*Heine/Weißer*, § 28 **10**
Rn. 19; *Heinrich*, AT, Rn. 971; W/*Beulke/Satzger*, AT, Rn. 733; *Hinderer*, JA
2009, 27 f. mit Falllösung. – A. A. *Valerius*, Jura 2013, 18 f.; differenzierend
zwischen der täterbezogenen Beschützer- und tatbezogenen Überwachungsgarantenstellung *Kindhäuser*, AT, § 38 Rn. 64. – BGHSt 41, 1, 4 f. lässt die
Frage offen, sieht aber immerhin einen „starken persönlichen Einschlag".

508   9. Kapitel. Das Unterlassungsdelikt

IV. Beteiligung eines Garanten durch Unterlassen an einem Begehungsdelikt

1. Grundlagen

11 Wenn man von der „Beteiligung durch Unterlassen" spricht, geht es um die Strafbarkeit eines handlungspflichtigen Garanten, der gegen die aktive Begehung einer Straftat durch einen beliebigen anderen nicht einschreitet.

Beispiele: Der Vater schaut zu, wie die Mutter oder eine sonstige Person sein Kind tötet. Der Betriebsinhaber schreitet gegen betrügerische Geschäfte eines Mitarbeiters nicht ein.

12 In solchen Fällen ist sowohl ein täterschaftliches Unterlassen (§§ 212, 13 bzw. 263, 13) als auch eine Beihilfe durch Unterlassen (§§ 212, 27, 13 bzw. §§ 263, 27, 13) denkbar. Zur umstrittenen Abgrenzung (Rn. 15 ff.) kann man freilich nur gelangen, wenn – neben der Garantenstellung und dem Vorsatz – die speziellen sonstigen **Voraussetzungen für eine Unterlassungstäterschaft** vorliegen, nämlich: Der Unterlassende muss (1) bei Sonderdelikten und eigenhändigen Delikten die besondere Täterqualität besitzen, (2) die Möglichkeit gehabt haben, den Erfolgseintritt mit an Sicherheit grenzender Wahrscheinlichkeit zu verhindern, und (3) etwaige besondere subjektive Tatbestandsmerkmale wie die Zueignungs-, Bereicherungs- oder Täuschungsabsicht in seiner Person erfüllen.

13 Für die **Fallbearbeitung** sollte man sich deutlich machen, dass im Ausgangspunkt ein vorsätzliches Begehungsdelikt eines Täters T vorliegen muss, an dem die Beteiligung eines Garanten G durch Unterlassen in Betracht kommt. Dies vor Augen ist zunächst zu fragen, ob bei G die Voraussetzungen für eine etwaige Unterlassungstäterschaft überhaupt gegeben sind. Ist die Frage zu bejahen, so muss man sich dem in Rn. 15 ff. erörterten Streit um die Abgrenzung zwischen Täterschaft und Beihilfe durch Unterlassen stellen.

Ist die Frage zu verneinen, so kommt nur eine **Beihilfe durch Unterlassen** in Betracht. Insoweit muss bei der **Teilnahmehandlung** – gleichsam umgekehrt zur „Förderung" bei der Beihilfe durch aktives Hilfeleisten – geprüft werden, ob der Pflichtige es unterlassen hat, durch die Vornahme der gebotenen Handlung den Ablauf der Tat

§ 51. Täterschaft und Teilnahme beim Unterlassungsdelikt   509

zu verhindern, zu erschweren, abzuschwächen oder für den Täter riskanter zu machen (*BGH* StV 1982, 516 f.; NJW 1998, 1568, 1574).

Eine Orientierung über den Prüfungsablauf ermöglicht auch die   **14**
folgende Übersicht:

Beteiligung durch Unterlassen

A. Vorliegen eines vorsätzlichen Begehungsdelikts
B. Beteiligung eines Garanten durch Unterlassen
  I. Voraussetzungen für eine etwaige Unterlassungstäterschaft
    1. Täterqualität
    2. Möglichkeit der Erfolgsverhinderung
    3. Garantenstellung
    4. Vorsatz
    5. Erfüllung etwaiger besonderer subjektiver Tatbestandsmerkmale
  II. *Wenn B.I ja:* Abgrenzung zwischen Täterschaft und Beihilfe durch Unterlassen
    1. Erörterung der Streitfragen
    2. Rechtswidrigkeit
    3. Schuld
  III. *Wenn B.I.1, 2 oder 5 nein:* Beihilfe durch Unterlassen
    1. Vorsätzliche, rechtswidrige (Haupt-)Tat
    2. Hilfeleisten durch Unterlassen
      a) Möglichkeit, durch die Vornahme der gebotenen Handlung den Ablauf der Tat zu verhindern, zu erschweren, abzuschwächen oder für den Täter riskanter zu machen
      b) Garantenstellung
    3. Vorsatz
    4. Rechtswidrigkeit
    5. Schuld

Zu Punkt B.I siehe ergänzend das Schema in § 49 Rn. 5 und zu Punkt B.III das Schema in § 45 Rn. 5; ferner § 50 Rn. 23 zu Fall 1.

---

510   9. Kapitel. Das Unterlassungsdelikt

2. Abgrenzung zwischen Täterschaft und Beihilfe durch Unterlassen

15   Die Abgrenzung gehört zu den umstrittensten Fragen des Allgemeinen Teils. Vier Meinungsgruppen lassen sich unterscheiden:
(1) Nach einer Ansicht soll der Garant stets nur Gehilfe sein. Sie geht von der Tatherrschaftslehre aus und argumentiert, dass der Unterlassende neben einem aktiv handelnden Täter das Geschehen nicht in der Hand halten, also keine Tatherrschaft haben könne (*Kühl*, AT, § 20 Rn. 229 ff.). Diese Meinung verdient keinen Beifall, weil sie der Wertung des § 13 widerspricht, der die täterschaftliche Unterlassungshaftung nicht an eine aktive Beherrschung des Geschehens anknüpft (LK/*Weigend*, 12. Aufl., § 13 Rn. 90).

16   (2) Die entgegengesetzte Position vertreten die Befürworter der Pflichtdeliktslehre. Davon ausgehend, dass die Tatherrschaft als Täterschaftskriterium nicht passt, sehen sie das maßgebliche Kriterium in der Verletzung der tatbestandsbegründenden Erfolgsabwendungspflicht. Demnach macht die Verletzung der Garantenpflicht den Unterlassenden stets zum Täter, sofern die sonstigen in Rn. 12 genannten Voraussetzungen erfüllt sind. Gegen die – schon in einem anderen Zusammenhang abgelehnte (§ 43 Rn. 19 f.) – Pflichtdeliktslehre spricht, dass sie für den Unterlassungsbereich den im Gesetz angelegten Unterschied zwischen Täterschaft und Beihilfe weitgehend beseitigt.

Zu den Befürwortern der Pflichtdeliktslehre siehe *Roxin*, AT II, § 31 Rn. 140 ff.; NK/*Wohlers/Gaede*, § 13 Rn. 26; *Stratenwerth/Kuhlen*, AT, § 14 Rn. 13, 23; *Bachmann/Eichinger*, JA 2011, 106 ff.; Falllösungen auf dieser Linie bei *Ellbogen/Stage*, JA 2005, 355 f.; *Bosch*, JA 2007, 420 ff.

17   (3) Eine dritte Ansicht knüpft an die Unterscheidung zwischen Beschützer- und Überwachungsgaranten an. Danach soll zumindest in der Regel der – mit dem Schutzobjekt besonders verbundene – Beschützergarant Täter und der Überwachungsgarant Gehilfe sein (*Krey/Esser*, AT, Rn. 1181 ff.; *Seier*, JA 1990, 383 f.). Dieser Standpunkt befriedigt deshalb nicht, weil sich die beiden Garantentypen teilweise nur schwer voneinander unterscheiden lassen (vgl. § 50 Rn. 33, 65) und alle Garantenstellungen grundsätzlich gleichwertig sind. Beispielhaft verdeutlicht: Es überzeugt insbesondere nicht, einerseits den einflussreichen Betriebsinhaber, der – als Überwachungsgarant (§ 50 Rn. 68 f.) – betriebsbezogene Straftaten seiner Mitarbeiter geschehen lässt, stets lediglich als Gehilfen einzustufen und anderer-

§ 51. Täterschaft und Teilnahme beim Unterlassungsdelikt   511

seits dem Vater einer Leibesfrucht, der – als Beschützergarant (§ 15 Rn. 13; *Rengier*, BT II, § 11 Rn. 17, 20) – gegen den illegalen Schwangerschaftsabbruch nicht einschreitet, immer eine Täterrolle zuzuweisen.

(4) Daher verdienen die vermittelnden Ansichten Zustimmung, die **18** auch bei der Beteiligung durch Unterlassen eine Abgrenzung zwischen Täterschaft und Beihilfe für sinnvoll und möglich halten und insoweit auf die allgemeinen Abgrenzungskriterien zurückgreifen.

Soweit dabei die Rechtsprechung im Lichte der von ihr vertretenen subjek- **19** tiven Teilnahmelehre auf die innere Haltung, also insbesondere darauf abstellt, ob der Unterlassende ein eigenes Tatinteresse hat oder sich dem Willen des Begehungstäters unterordnet (*BGH* NStZ 1992, 31; 2009, 321, 322), verdient dieser Ansatz auch hier keinen Beifall (abl. bereits oben § 41 Rn. 9 f.). Doch betont die Rechtsprechung, dass eine (Mit-)Täterschaft des Unterlassenden auch in Betracht kommt, wenn dieser „Herr des Geschehens" war, „also die Tatherrschaft hatte" (*BGH* NStZ 2009, 321, 322).

Auf dem Boden des Tatherrschaftskriteriums lassen sich folgende **20** konkretisierende Aussagen treffen: Ein für die Tatherrschaft sprechender Aspekt kann sich schon beim Begehungsdelikt daraus ergeben, dass man in einen Geschehensablauf nicht eingreift (vgl. § 41 Rn. 11, 22 zu Fall 1; § 44 Rn. 44, 46, 47 zu den Fällen 3a, 4, 5). Allerdings darf eine ausreichende Tatherrschaft des Garanten nicht allein darin gesehen werden, dass er in der Lage gewesen wäre, die Tat des Begehungstäters zu verhindern; denn die Möglichkeit der Erfolgsverhinderung setzt jede Unterlassungstäterschaft voraus.

Es müssen also noch weitere Kriterien herangezogen werden, um **21** entscheiden zu können, ob der Unterlassende das Geschehen als Zentralfigur mit beherrscht oder eher als Randfigur ablaufen lässt. Insoweit kommen in Betracht: Der Grad der tatsächlichen Beherrschung des Geschensverlaufs, also die Frage, wie leicht oder wie schwer es dem Garanten möglich gewesen wäre, den Begehungstäter zu stoppen; die Nähe zum Tatort, zum Schutzobjekt und zur Gefahrenquelle; die Mitwirkung bei der Tatplanung.

Zur Anwendung des Tatherrschaftskriteriums LK/*Weigend*, 12. Aufl., § 13 **22** Rn. 94 f.; Sch/Sch/*Heine/Weißer*, § 25 Rn. 102; *Arzt*, JA 1980, 558 ff.; *Joecks*, § 13 Rn. 84; *Beulke* II, Rn. 29 und III, Rn. 139; *Heinrich*, AT, Rn. 1214.

Beispiele: (1) Ein Geschäftsherr G stimmt betrügerischen Vertriebsmetho- **23** den eines in seinem Unternehmen tätigen Provisionsvertreters P wegen des Gewinns innerlich zu. – Nach der ersten und dritten Ansicht erfüllt G nur

512   9. Kapitel. Das Unterlassungsdelikt

die §§ 263, 27, 13. Hingegen gelangt man nicht nur auf dem Boden der Pflichtdeliktslehre, sondern auch nach der hier vertretenen vermittelnden Ansicht zu
den §§ 263, 13. Denn G hat auf Grund seiner Machtfülle und der betrieblichen
Nähe der Straftaten die Tatherrschaft über das Geschehen (erg. *Ransiek*, JuS
2010, 680 f.). – Sollte G dem P zuvor in irgendeiner Weise seine Zustimmung
signalisiert haben, träte die psychische Beihilfe hinter die §§ 263, 13 zurück.
Sollte ein gemeinsamer Tatentschluss vorliegen, wären G und P Mittäter, und
zwar G als Unterlassungs- und P als aktiver Täter (LK/*Weigend*, 12. Aufl.,
§ 13 Rn. 83; Falllösung bei *Tiedemann/Walter*, Jura 2002, 712 f.).

24   (2) Im **Fall 1** erfüllt T § 224 I Nr. 5. Bei F kommen die §§ 224 I Nr. 5, 13 in
Betracht, weil sie die Tat durch einen Anruf hätte verhindern können und
mangels endgültigen Trennungswillens noch (Beschützer-)Garantin ist. Daher
muss bei ihr zwischen Täterschaft und Beihilfe durch Unterlassen abgegrenzt
werden. Nach der ersten Ansicht ist F sicher Gehilfin, nach der zweiten und
dritten sicher Täterin. Folgt man vermittelnd dem Tatherrschaftsgedanken, so
sprechen die dominierende Rolle des T einerseits, der die Tat geplant, den Tatzeitpunkt bestimmt und sie alleine ausgeführt hat, und die untergeordnete
Mitwirkung der F andererseits, die T nicht beeinflusst hat und nicht am Tatort
weilt, gegen eine Unterlassungstäterschaft und für die Annahme einer Beihilfe
durch Unterlassen (§§ 224 I Nr. 5, 27, 13).

25   (3) Im **Fall 2** erfüllt M im Ergebnis – die §§ 223, 224 I Nr. 5 treten zurück –
die Tatbestände der §§ 225 I (Quälen), 227, 52. Was den insoweit inaktiven V
betrifft, so hätte er durch die Einschaltung von Behörden die Taten verhindern
können. Folglich könnte er Unterlassungstäter sein. Nach der ersten Ansicht
scheidet dies von vornherein aus, nach der zweiten und dritten muss die Täterschaft eindeutig bejaht werden. Auch der *BGH* sieht V als Täter an, wobei
es überrascht, mit welcher Selbstverständlichkeit er dies tut. Denn über die
Möglichkeit einer Beihilfe durch Unterlassen wird kein Wort verloren. Dabei
gibt es überhaupt keine Anhaltspunkte für ein eigenes Tatinteresse des V, so
dass nach der subjektiven Teilnahmelehre die Annahme einer Beihilfe durch
Unterlassen näher gelegen hätte (vgl. Rn. 19). Im Lichte des hier vertretenen
Tatherrschaftskriteriums sprechen die häufige Abwesenheit des V und die
sichtbare Ablehnung der Misshandlungen eher für eine Beihilfe durch Unterlassen. Auf der anderen Seite hat V jederzeit Zugang zum Kind gehabt und
durch seine monatelange Passivität die Misshandlungssituation entscheidend
gefördert. Er hätte die Situation leicht beenden können. Insoweit kann man
ihn im Ergebnis gut als Zentral- und nicht nur als Randfigur des Geschehens
einstufen. Von daher erfüllt V, da ihm die Einschaltung der Behörden auch zuzumuten war (vgl. bereits § 49 Rn. 51), die §§ 225 I, 13. Bezüglich der §§ 227,
13 ist fraglich, ob sich der Vorsatz des V auf Körperverletzungen erstreckt hat,
denen das Risiko des tödlichen Ausgangs anhaftete (vgl. BGHSt 41, 113,
118 f.; *Rengier*, BT II, § 16 Rn. 36).

26   (4) Eine Gastwirtin G billigt belustigt, dass männliche Stammgäste einer
jungen Frau, die mit einem der Männer nicht tanzen will, gewaltsam das
Haupthaar und einen Teil der Schamhaare abschneiden; sie hätte die Tat ohne
fremde Hilfe bei gutem Willen verhindern können (*BGH* NJW 1966, 1763;

§ 51. Täterschaft und Teilnahme beim Unterlassungsdelikt   513

Falllösung bei *Jäger*, AT, Rn. 369 ff.). – Die Beschützergarantin G (§ 50 Rn. 33) könnte die §§ 223, 13 oder §§ 223, 27, 13 erfüllen. Die erste Ansicht (Beihilfe) sowie die zweite und dritte Ansicht (Täterschaft) liefern wieder klare Antworten. Der *BGH* sieht in dem pflichtwidrigen Unterlassen der G ein mittäterschaftliches Unterlassen. Dabei greift er auf die durch die Belustigung sichtbar gewordene Identifizierung mit der Tat zurück; aber die innere Haltung ist kein taugliches Abgrenzungskriterium. Freilich sind auch auf dem Boden des Tatherrschaftskriteriums die Abgrenzungsschwierigkeiten nicht zu übersehen. Da G die Männer offenbar verhältnismäßig leicht hätte stoppen können, sah sie sich keiner nur schwer überwindbaren Männermacht gegenüber. Unter diesem Aspekt lässt sich die Unterlassungstäterschaft bejahen.

(5) Diskussion des Falles *BGH* NStZ 2009, 321 bei *Rengier*, JuS 2010, 284; *Bosch*, JA 2009, 655 ff.

Zur Abgrenzungsproblematik siehe auch die Darstellungen bei *Sowada*, **27** Jura 1986, 401 ff.; *Heinrich*, AT, Rn. 1212 ff.; *Beulke* II, Rn. 29 und III, Rn. 139; LK/*Weigend*, 12. Aufl., § 13 Rn. 89 ff.; *Hoffmann-Holland*, ZStW 2006, 622 ff.; *Wengenroth*, JA 2014, 428 f.; Falllösungen bei *Hohmann*, JuS 1995, 137 f.; *Bosch*, JA 2007, 420 ff.; *Weißer*, JA 2010, 434 ff.; *Ernst*, ZJS 2012, 657 ff.

V. Anstiftung durch Unterlassen

Parallel zur Konstruktion der vorstehend in Rn. 14 ff. erörterten **28** Beihilfe durch Unterlassen ist auch eine Anstiftung durch pflichtwidriges Unterlassen einer unmittelbaren Einwirkung auf einen späteren Begehungstäter denkbar, falls der Unterlassende die Fassung des noch nicht vorhandenen Tatentschlusses hätte verhindern können.

Beispiel: Der Angestellte A betrügt einen Kunden. Der Betriebsinhaber B hat von der Tatgeneigtheit des A zu einem Zeitpunkt erfahren, als er durch Anweisungen die Bildung des Tatentschlusses noch hätte verhindern können; indes hat er nichts unternommen.

In diesem Fall lehnt die h. M. die Konstruktion einer Anstiftung **29** durch Unterlassen zum Betrug des A ab. Zur Begründung stützt man sich auf den fehlenden geistigen Kontakt und beruft sich insoweit auf ein Wesenselement der Anstiftung. Die Übertragung des im Zusammenhang mit der aktiven Anstiftung entwickelten Kommunikationserfordernisses (§ 45 Rn. 27 ff.) auf die Unterlassungskonstellation überzeugt aber nicht, weil man bei einem Garanten auf seine Verpflichtung abstellen muss, den geistigen Kontakt herzustellen, um die Entstehung des Tatentschlusses zu verhindern.

514   9. Kapitel. Das Unterlassungsdelikt

30   Ebenso *Bloy*, JA 1987, 494 ff. – Zu beachten bleibt, dass die Anstiftung durch Unterlassen entsprechend Rn. 11 ff. noch zur Täterschaft durch Unterlassen abgegrenzt werden muss. – Folgt man demgegenüber der h. M. (Nachweise in Rn. 32), so kommt nur eine Beihilfe durch Unterlassen in Betracht, die wiederum der Abgrenzung zur Unterlassungstäterschaft bedarf.

31   Weniger Zweifel erweckt die Konstellation, dass ein Überwachungsgarant die Anstiftungstat einer ihm untergeordneten Person nicht unterbindet.

Beispiel: Anstaltsleiter A hält einen Brief nicht zurück, in dem der Gefangene G den T auffordert, den Belastungszeugen Z zusammenzuschlagen, was T tut. – T erfüllt § 223 und G die §§ 223, 26. Was A betrifft, so wird in dieser Konstellation auch von der h. M. eine Anstiftung durch Unterlassen (hier §§ 223, 26, 13) zu Recht bejaht. Denn ein Überwachungsgarant wie A hat alle Straftaten, also auch Anstiftungstaten zu verhindern.

32   Zur Diskussion um die Anstiftung durch Unterlassen siehe *Geppert*, Jura 1997, 365; *Bock*, JA 2007, 601; LK/*Weigend*, 12. Aufl., § 13 Rn. 88; *Roxin*, AT II, § 26 Rn. 86 f.; *Heinrich*, AT, Rn. 1293; *Otto*, JuS 1982; 560 f.; *Beulke* III, Rn. 298 ff.; *Bloy*, JA 1987, 490 ff.; *Bachmann/Eichinger*, JA 2011, 509 f.

Empfehlungen zur vertiefenden Lektüre:
Literatur: *Bachmann/Eichinger*, Täterschaft beim Unterlassungsdelikt, JA 2011, 105 ff.; *Bachmann/Eichinger*, Teilnahme und Unterlassen, JA 2011, 509 ff.; *Ransiek*, Das unechte Unterlassungsdelikt, JuS 2010, 678 ff.; *Sowada*, Täterschaft und Teilnahme beim Unterlassungsdelikt, Jura 1986, 399 ff.

10. Kapitel. Das Fahrlässigkeitsdelikt

§ 52. Das fahrlässige Begehungsdelikt

Fall 1: a) Lastwagenfahrer F überholt den Radfahrer R mit einem zu geringen Seitenabstand von 75 cm. R stürzt bei dem Überholvorgang mit tödlichen Folgen, da er unter die Räder gerät. Es stellt sich heraus, dass R so betrunken war, dass er mit an Sicherheit grenzender Wahrscheinlichkeit genauso gestürzt wäre, wenn F den vorgeschriebenen Sicherheitsabstand eingehalten hätte. b) *Variante:* R wäre bei Einhaltung des Sicherheitsabstandes nur möglicherweise genauso gestürzt. → Rn. 28, 32 ff.

Fall 2: A fährt mit überhöhter Geschwindigkeit (80 km/h) durch eine geschlossene Ortschaft. Im Ortszentrum überquert F zu Fuß vor A unvorsichtig die Fahrbahn. A bremst sofort und korrekt, kann aber den Zusammenstoß nicht verhindern und verletzt F. Es lässt sich nicht mehr aufklären, ob A den F auch dann angefahren und ebenso verletzt hätte, wenn er zum Unfallzeitpunkt mit den erlaubten 50 km/h gefahren wäre. → Rn. 38

Fall 3: F fährt ohne Führerschein und alkoholisiert (1,2 Promille im Blut) mit an sich erlaubten 100 km/h auf der Landstraße, als er zum Überholen eines langsameren Motorroller-Fahrers ansetzt, der indes plötzlich verkehrswidrig nach links abbiegen will. F erfasst den Rollerfahrer mit tödlichen Folgen. Der Sachverständige kommt zu dem Ergebnis, dass der Unfall auch für einen nüchternen Fahrer mit Führerschein unvermeidbar gewesen wäre. Allerdings hätte F bei einer langsameren, seiner herabgesetzten Reaktionsfähigkeit angepassten (vgl. § 3 I 1, 2 StVO), Fahrt mit höchstens 60 km/h den Unfall vermeiden können. → Rn. 40 f.

Fall 4: T genießt auf der Terrasse einer Konstanzer Gaststätte am Bodensee ein Bier, als sein alter Rivale R vorbeischlendert. Spontan wirft er den Bierkrug in Richtung R, um diesen zu verletzen. Indes verfehlt der Krug sein Ziel, trifft aber den Taschendieb D schmerzhaft am Knie, der gerade dabei war, dem Touristen O seine Geldbörse zu stehlen. Der überraschende Schmerz und der Lärm des zerschellenden Bierkrugs hindern D an der weiteren Tat. Strafbarkeit des T? → Rn. 81

I. Grundlagen

1. Einführung

Fahrlässiges Handeln ist nur dann strafbar, wenn es das Gesetz 1
ausdrücklich mit Strafe bedroht (§ 15). Entsprechende Fahrlässig-

516   10. Kapitel. Das Fahrlässigkeitsdelikt

keitstatbestände enthalten z. B. die §§ 222, 229, 324 III. Nicht strafbar
ist etwa die fahrlässige Sachbeschädigung (vgl. § 303). – Siehe hierzu
bereits oben § 11 Rn. 9.

2   Nach h. M. schließen sich Vorsatz und Fahrlässigkeit im Sinne eines aliud gegenseitig aus. Der Vorsatz stellt also keine qualifizierte
Form der Fahrlässigkeit dar. Daher wäre es verfehlt, nach der Bejahung eines Vorsatzdelikts noch die Strafbarkeit aus dem Fahrlässigkeitstatbestand zu prüfen. Wohl aber stehen Vorsatz und Fahrlässigkeit in einem normativen Stufenverhältnis (zu den Konsequenzen
unten § 57 Rn. 10 f.).

3   Versuch und Teilnahme (§§ 26, 27) setzen vorsätzliches Handeln
voraus und kommen daher in Fahrlässigkeitsfällen nicht in Betracht.
Freilich kann eine pflichtwidrige Teilnahmehandlung zur Fahrlässigkeitsstrafbarkeit als Nebentäter führen (unten § 53 Rn. 1 f.).

4   In der **Fallbearbeitung** muss man insbesondere an die §§ 222, 229 und auch
den § 227 dann denken, wenn zuvor bei den §§ 212, 223 der Tötungs- bzw.
Körperverletzungsvorsatz zu verneinen war. Um solche Konstellationen geht
es auch bei einem Tatbestandsirrtum (vgl. § 16 I 1, 2) und einem Erlaubnistatbestandsirrtum (dazu mit Beispielen oben § 15 Rn. 1, 3, 16, 17 und § 30
Rn. 21, 24). Zu beachten bleibt weiter, dass sich aus der Verneinung der Vorsatzstrafbarkeit nicht gleichsam automatisch die Erfüllung des etwaigen Fahrlässigkeitstatbestandes ergibt; vielmehr müssen die Voraussetzungen der Fahrlässigkeit besonders geprüft und festgestellt werden (vgl. § 16 I 2). Liegt wie
bei einem normalen Verkehrsunfall vorsätzliches Handeln fern oder ist es
nach dem Sachverhalt eindeutig ausgeschlossen, so empfiehlt es sich, gleich
das Fahrlässigkeitsdelikt zu prüfen.

5   Im Gegensatz zum Vorsatzdelikt, bei dem der Täter die Tatbestandsmerkmale bewusst verwirklichen will, ist für den Fahrlässigkeitstäter die auf einem sorgfaltswidrigen Verhalten beruhende (in
der Regel) unbewusste Tatbestandsverwirklichung charakteristisch.
Beide Deliktstypen setzen eine bestimmte Tatbestandsverwirklichung
wie die Tötung oder Verletzung eines Menschen voraus; insoweit unterscheiden sich Vorsatz- und Fahrlässigkeitstat in ihrem **Erfolgsunwert** nicht. Der wesentliche Unterschied liegt, was das tatbestandsmäßige Unrecht betrifft, im **Handlungsunwert**. Dieser ist beim
Vorsatzdelikt in dem auf die Tatbestandsverwirklichung gerichteten
Willen zu sehen, d. h. im Vorsatz, der deshalb zum subjektiven Tatbestand gehört (oben § 17 Rn. 9, 18). Dagegen ist es beim Fahrlässigkeitsdelikt die objektive Sorgfaltspflichtverletzung, die den Handlungsunwert ausmacht.

§ 52. Das fahrlässige Begehungsdelikt   517

Deshalb gibt es im Rahmen des Fahrlässigkeitstatbestandes keinen subjekti-   6
ven Tatbestand (h. M.). Folglich sind auf der Ebene der Tatbestandsmäßigkeit
nur die objektiven Fahrlässigkeitselemente zu prüfen, während die subjektive
Fahrlässigkeit in die Schuldprüfung gehört.

2. Erscheinungsformen der Fahrlässigkeit

Nach der üblichen Kurzformel handelt fahrlässig, wer die im Ver-   7
kehr erforderliche Sorgfalt außer Acht lässt, zu der er nach den konkreten Umständen und nach seinen persönlichen Kenntnissen und
Fähigkeiten verpflichtet und imstande ist und deshalb
– die Möglichkeit der Tatbestandsverwirklichung nicht erkennt (Fall
  der **unbewussten** Fahrlässigkeit) oder
– die Tatbestandsverwirklichung zwar für möglich hält, aber darauf
  vertraut, dass sie nicht eintreten werde (Fall der **bewussten** Fahrlässigkeit, lat. luxuria).

Der typische Fahrlässigkeitstäter handelt unbewusst fahrlässig. Die   8
bewusste Fahrlässigkeit spielt vor allem bei der Abgrenzung zum dolus eventualis eine wichtige Rolle (oben § 14 Rn. 17 ff.). Ansonsten
sind die Kategorien der unbewussten und bewussten Fahrlässigkeit
nur für die Strafzumessung relevant und stellen daher keine besonderen Prüfungspunkte dar.

In der Regel reicht für die Verwirklichung des Fahrlässigkeitstatbe-   9
standes jeder Grad von Fahrlässigkeit aus. In einigen Fällen verlangt
das Gesetz allerdings eine gegenüber der einfachen Fahrlässigkeit
qualifizierte Form von Fahrlässigkeit, nämlich **Leichtfertigkeit**. Sie
stellt keine besondere Form der unbewussten oder bewussten Fahrlässigkeit, sondern eine gesteigerte Form der einfachen Fahrlässigkeit
dar. In diesem Sinne bedeutet Leichtfertigkeit grobe Fahrlässigkeit
und setzt voraus, dass die – noch zu erörternden – Fahrlässigkeitselemente der Pflichtwidrigkeit und Voraussehbarkeit in gesteigerter
(qualifizierter) Form vorliegen. Der Täter muss demnach besonders
sorgfaltswidrig handeln (qualifizierte Pflichtwidrigkeit), also aus besonderer Gleichgültigkeit oder grober Unachtsamkeit (Leichtsinn)
außer Acht lassen, dass bei seinem Handeln der Erfolgseintritt besonders nahe liegt bzw. sich geradezu aufdrängt (qualifizierte Voraussch-
barkeit).

Bei den Tötungs- und Körperverletzungsdelikten spielt die Leichtfertigkeit   10
keine Rolle. Bedeutung hat sie bei zahlreichen todeserfolgsqualifizierten Delikten (z. B. §§ 239a III, 239b II, 251, 306c; siehe etwa *Rengier*, BT I, § 9

518   10. Kapitel. Das Fahrlässigkeitsdelikt

Rn. 10 f. und erg. unten § 55 Rn. 2). Ferner findet man sie vor allem in den
§§ 138 III, 261 V, 264 IV.

II. Aufbaufragen

11   Wie schon erwähnt gibt es beim Fahrlässigkeitsdelikt im Unterschied zum vorsätzlichen Begehungsdelikt (Aufbauschema oben in § 12 Rn. 6 ff. mit ergänzenden Hinweisen) keinen subjektiven Tatbestand. Die besonderen objektiven Fahrlässigkeitselemente, die im Rahmen der Tatbestandsmäßigkeit stets angesprochen werden müssen, sind die objektive Sorgfaltspflichtverletzung, die objektive Voraussehbarkeit des Erfolges und die objektive Vermeidbarkeit des Erfolges (im Schema von Rn. 12 die Punkte I.3, 4.a und 4.b). Auch wenn sich die objektive Sorgfaltspflichtverletzung mit dem zur objektiven Zurechnung gehörenden Kriterium der Schaffung einer rechtlich missbilligten Gefahr überschneidet, sollte sie als Prüfungspunkt hervorgehoben werden, weil sie den entscheidenden Anknüpfungspunkt für die Fahrlässigkeitsstrafbarkeit und für etwaige Fragen des Schutzzweckzusammenhangs liefert. Die Stufe der objektiven Zurechnung ist beim Fahrlässigkeitsdelikt dem Inhalt nach unumstritten; anders als beim Vorsatzdelikt haben im Rahmen der Fahrlässigkeit die Fragen des Pflichtwidrigkeits- und Schutzzweckzusammenhangs erhebliche Bedeutung. Bei der Schuld ist auf die dort einzuordnenden subjektiven Fahrlässigkeitselemente und den besonderen Entschuldigungsgrund der Unzumutbarkeit normgemäßen Verhaltens zu achten. Somit ergibt sich folgendes

12   **Aufbauschema zum fahrlässigen Begehungsdelikt (Erfolgsdelikt)**

I. Tatbestandsmäßigkeit
    1. Vorliegen einer Handlung (= willentliches Verhalten) und Verwirklichung aller deliktsspezifischen objektiven Tatbestandsmerkmale eines Fahrlässigkeitsdelikts (§ 15) einschließlich des tatbestandlichen Erfolges (z. B. Tod)
    2. Kausalität: Verursachung des Erfolges im Sinne der Äquivalenztheorie
    3. Objektive Sorgfaltspflichtverletzung

§ 52. Das fahrlässige Begehungsdelikt 519

4. Objektive Zurechnung: Realisierung der objektiven Sorgfaltspflichtverletzung (= der geschaffenen rechtlich missbilligten Gefahr) im tatbestandlichen Erfolg
  a) Objektive Voraussehbarkeit des Kausalverlaufs und Erfolgseintritts
  b) Pflichtwidrigkeitszusammenhang: Objektive Vermeidbarkeit des Erfolgseintritts bei pflichtgemäßem Alternativverhalten
  c) Schutzzweckzusammenhang: Erfolgseintritt muss im Schutzbereich der verletzten Sorgfaltsnorm liegen
  d) Abgrenzung nach Verantwortungsbereichen

II. Rechtswidrigkeit
1. Objektive Merkmale eines etwaigen Rechtfertigungsgrundes (z. B. §§ 32, 34)
2. Subjektives Merkmal (streitig)

III. Schuld
1. Schuldfähigkeit (§§ 19, 20)
2. Subjektive Fahrlässigkeit
  a) Subjektive Sorgfaltspflichtverletzung (= subjektive Fähigkeit, die Sorgfaltspflicht zu erfüllen)
  b) Subjektive Voraussehbarkeit der Tatbestandsverwirklichung
3. Entschuldigungsgründe
  a) z. B. §§ 33, 35
  b) Unzumutbarkeit normgemäßen Verhaltens

IV. Persönliche Strafausschließungs- und Strafaufhebungsgründe
z. B. §§ 161 II, 306e II, 320 III Nr. 1b

V. Prozessvoraussetzungen
Insbesondere Strafantrag (§ 230), ferner Verjährung

Bei fahrlässigen **Tätigkeitsdelikten** wie den §§ 161 I, 316 II reduziert sich die Prüfung der Tatbestandsmäßigkeit auf die Feststellung der objektiven Tatbestandsmerkmale, der objektiven Sorgfaltspflichtverletzung und der objektiven Voraussehbarkeit der Tatbestandsverwirklichung.

III. Objektive Sorgfaltspflichtverletzung

1. Grundlagen

13 Im Rahmen der Tatbestandsmäßigkeit sind zunächst parallel zum Vorsatzdelikt die objektiven Tatbestandsmerkmale des Fahrlässigkeitsdelikts und die im Sinne der Äquivalenztheorie (§ 13 Rn. 3 ff.) kausale Herbeiführung des Erfolges zu prüfen.

14 Dem anschließenden Punkt der objektiven Sorgfaltspflichtverletzung fällt die Aufgabe zu, den generellen Wertmaßstab für das erforderliche fehlerhafte Verhalten festzulegen. Insoweit ist, anknüpfend an die Grundformel der objektiven Zurechnung, zunächst festzuhalten, dass die Schaffung eines erlaubten Risikos keine Sorgfaltspflichtverletzung beinhalten kann (vgl. § 13 Rn. 51 ff.).

15 Objektiv pflichtwidrig handelt, wer die im Verkehr erforderliche Sorgfalt außer Acht lässt (vgl. § 276 II BGB zum rein objektiven Maßstab des Zivilrechts). Der generelle Sorgfaltsmaßstab ergibt sich aus den Anforderungen, die bei einer ex ante-Betrachtung der Gefahrenlage an einen besonnenen und gewissenhaften Menschen zu stellen sind, der dem Verkehrskreis des Täters angehört und sich in seiner konkreten Lage befindet. Man kann sich also eine Art „Normalmensch" vorstellen, der in die Situation des Täters zurückversetzt wird und zu beurteilen hat, wie sich ein „normaler", d. h. ein gewissenhafter und besonnener, Autofahrer, Radfahrer, Veranstalter, Unternehmer, Arzt, Architekt, Vater, Tierhalter usw. in der konkreten Situation verhalten hätte.

16 Die allgemeinen Sorgfaltsregeln können sich aus geschriebenen und ungeschriebenen Regeln ergeben. Gibt es **geschriebene Regeln** – an die man in der Fallbearbeitung zuerst denken sollte –, so spricht man von **Sondernormen**. Typische Beispiele dafür sind die Normen der StVO, die FIS-Regeln für Skifahrer, DIN- und Unfallverhütungsvorschriften.

17 Freilich legen solche Sondernormen den Verhaltensmaßstab nicht für jeden Einzelfall bindend fest. Im Ausnahmefall kann ein Verhalten trotz des Verstoßes gegen eine Sondernorm sorgfaltsgemäß wie auch umgekehrt trotz Einhaltung der Norm sorgfaltswidrig sein.

> **Beispiele:** Der Täter „missachtet" eine technisch überholte DIN-Vorschrift. Ein Autofahrer darf eine grüne Ampel nicht passieren, wenn sich noch ein Fußgänger auf dem Überweg befindet.

§ 52. Das fahrlässige Begehungsdelikt   521

Fehlen Sondernormen, so muss man auf die **ungeschriebenen** 18
Sorgfaltsregeln der Verkehrsgepflogenheiten und insoweit auf die
Maßstabsfigur des besonnenen und gewissenhaften Menschen aus
dem Verkehrskreis des Täters zurückgreifen. Konkretisierungen liefern allgemeine Erfahrungssätze und die Verkehrssitte. Beispielsweise
ist an die Regeln der Technik und der ärztlichen Kunst zu denken.
Auch in einem Haushalt gibt es allgemeine Erfahrungssätze der Art,
wie etwa gefährliche Gegenstände vor Kindern zu sichern sind. Ein
vernünftiger Bergsteiger, Segler oder Skiwanderer muss sich eventuell
um Wetterwarnungen kümmern. Für Halter von Tieren gibt es Regeln, wie Angriffe auf Menschen verhindert werden können (vgl.
OLG Frankfurt NStZ-RR 2011, 205).

2. Sonderwissen und Sonderkönnen

Die Maßstabsfigur des besonnenen und gewissenhaften Normal- 19
menschen normiert einen Durchschnittsmaßstab, der einer Korrektur
bedarf, wenn der Täter über Sonderwissen oder Sonderkönnen verfügt, das über das vom Normalmenschen Erwartbare hinausgeht:

a) Sonderwissen. Bei der Festlegung des Sorgfaltsmaßstabs muss 20
ein etwaiges Sonderwissen des Täters berücksichtigt werden.

Beispiele: Der Täter weiß von der besonderen Gefährlichkeit einer Kreu-
zung; er weiß zufällig, wo sich auf einem Spielplatz oder im Strandbad
Glasscherben befinden; er kennt besondere körperliche Schwächen einer Person (vgl. bereits oben § 13 Rn. 54 f., 74).

b) Sonderkönnen. Für besondere Fähigkeiten gilt nach h. M. Ent- 21
sprechendes. Dies verdient schon deshalb Zustimmung, weil man
durchschnittliche Fähigkeiten und Sonderfähigkeiten überhaupt nicht
sinnvoll unterscheiden kann und letztlich jeder Mensch ein Indivi-
duum ist.

Beispiele: Ein Rennfahrer muss besondere Fertigkeiten auch im normalen
Straßenverkehr einsetzen, wenn er etwa durch ein vom Normalmenschen
nicht beherrschtes Brems- oder Ausweichmanöver einen Unfall vermeiden
kann. Ein Schwimmweltmeister kann sich als Garant nicht darauf beschränken, zum Ertrinkenden nur mit „durchschnittlicher" Geschwindigkeit zu
schwimmen. Ein besonders begabter Chirurg muss bei Operationen seine gesamte Begabung einsetzen.

Zur h. M. *Heinrich*, AT, Rn. 1038; *Roxin*, AT I, § 24 Rn. 53 ff.; Sch/Sch/
Sternberg-Lieben/Schuster, § 15 Rn. 138 ff.; *Krey/Esser*, AT, Rn. 1349; *Kretsch-*

522　　10. Kapitel. Das Fahrlässigkeitsdelikt

mer, Jura 2000, 271 f.; *Quentin*, JuS 1994, L 50 f.; LK/*Vogel*, 12. Aufl., § 15
Rn. 159 ff.

3. Vertrauensgrundsatz

22　　Der Vertrauensgrundsatz stellt ein Hilfsmittel dar, um den Umfang
der im Verkehr erforderlichen Sorgfalt zu bestimmen. Nach diesem
im Straßenverkehrsrecht entwickelten Institut kann sich ein Verkehrsteilnehmer, der sich selbst verkehrsgerecht verhält, grundsätzlich darauf verlassen, dass sich andere Verkehrsteilnehmer ebenfalls
pflichtgemäß verhalten, wenn nicht konkrete Anhaltspunkte erkennbar sind, die ein solches Vertrauen entfallen lassen. Soweit der Vertrauensgrundsatz reicht, braucht sich der Täter nicht auf sorgfalts-
widriges Verhalten anderer einzustellen.

23　　Der Vertrauensgrundsatz ist auch auf andere Bereiche wie das ar-
beitsteilige Zusammenwirken mehrerer Personen z. B. in Ärzteteams
übertragbar.

Zum Vertrauensgrundsatz siehe etwa *BGH* NJW 1998, 1802, 1803; Sch/
Sch/*Sternberg-Lieben*/*Schuster*, § 15 Rn. 149 ff., 208 ff.; *Kühl*, AT, § 17
Rn. 36 ff.; *Kretschmer*, Jura 2000, 270; LK/*Vogel*, 12. Aufl., § 15 Rn. 224 ff.;
Quentin, JuS 1994, L 57 f.; *Eidam*, JA 2011, 912 ff. – Ergänzend unten
Rn. 65, 68.

4. Übernahmefahrlässigkeit

24　　Eine objektive Sorgfaltspflichtverletzung in Form der Übernahmefahrlässigkeit liegt vor, wenn jemand eine Tätigkeit übernimmt, ohne
die dafür erforderlichen Kenntnisse oder Fähigkeiten zu besitzen,
oder wenn er eine solche Tätigkeit fortsetzt, ohne ihr gewachsen zu
sein.

Beispiele: Ein Arzt übernimmt ohne triftigen Grund eine Operation, für die
seine Fähigkeiten nicht ausreichen, oder führt sie unnötig fort, anstatt etwa einen besser geeigneten Spezialisten hinzuzuziehen. – Dazu *BGH* NJW 1998,
1802, 1803 f.; *Kühl*, AT, § 17 Rn. 35.

IV. Objektive Voraussehbarkeit des Kausalverlaufs und Erfolgseintritts

25　　Die damit zusammenhängenden Fragen sind bereits im Rahmen
der Lehre von der objektiven Zurechnung erörtert worden. Da inso-

weit für das Fahrlässigkeitsdelikt keine Besonderheiten gelten, kann darauf verwiesen werden (§ 13 Rn. 62 ff.).

V. Pflichtwidrigkeitszusammenhang

Objektive Sorgfaltspflichtverletzung und Erfolgsverursachung ste- **26** hen nicht beziehungslos nebeneinander. Der Gedanke der objektiven Zurechnung, wonach sich im tatbestandlichen Erfolg die geschaffene Gefahr realisieren muss (§ 13 Rn. 46 ff.), bedeutet für das Fahrlässigkeitsdelikt, dass sich im Erfolgseintritt gerade die durch die Pflichtwidrigkeit gesetzte Gefahr auswirken muss. Daraus ergibt sich das Erfordernis des Pflichtwidrigkeitszusammenhangs; dem Täter kann der Erfolg nur zugerechnet werden, wenn für ihn der Erfolgseintritt bei pflichtgemäßem Alternativverhalten vermeidbar gewesen wäre. Der Gedanke leuchtet ein; denn es erscheint unbillig, dem Täter ein Fehlverhalten vorzuwerfen, wenn er auch durch korrektes Verhalten den Erfolgseintritt nicht verhindert hätte.

Bei der Prüfung des pflichtgemäßen Alternativverhaltens muss man **27** die konkrete Tatsituation zugrunde legen. Innerhalb dieser darf man lediglich die in Betracht kommende Pflichtverletzung durch das korrespondierende pflichtgemäße Verhalten ersetzen und keine Ersatzursachen hinzudenken (BGHSt 33, 61, 63 f.; 49, 1, 4).

Beispiele: (1) Im **Fall 1a** hat F den Tod des R verursacht und wegen des zu **28** geringen Seitenabstands die Sondernorm des § 5 IV 2 StVO verletzt. Dass eine solche Pflichtverletzung zu einem tödlichen Unfall führen kann, ist objektiv voraussehbar. Doch hat sich der Sorgfaltsverstoß nicht im Erfolg realisiert, da R auch bei einem korrekten Überholvorgang tödlich erfasst worden wäre. Daher entfällt der Pflichtwidrigkeitszusammenhang und insoweit eine Strafbarkeit des F gemäß § 222. Es liegt nur eine – in der Fallbearbeitung nicht zu prüfende – Ordnungswidrigkeit gemäß § 24 StVG i. V. m. § 49 I Nr. 5 und § 5 IV 2 StVO vor. – Dazu BGHSt 11, 1, 7; 33, 61, 63 f.; *Roxin*, AT I, § 11 Rn. 88 ff.

(2) Nicht anders liegt es, wenn ein Autofahrer A mit einem Pkw, dessen **29** Reifen kein Profil mehr haben, trotz sofortiger Vollbremsung einen Fußgänger F erfasst und verletzt, der unvermittelt die Fahrbahn betreten hat und genauso verletzt worden wäre, wenn die Reifen ein ausreichendes Profil aufgewiesen hätten. Auch hier scheidet eine Strafbarkeit gemäß § 229 aus.

(3) Wenn ein untergebrachter Gewaltverbrecher V auf Grund einer fehler- **30** haften Prognose des A Ausgang erhält und einen Mord begeht, entfällt bezüglich § 222 durch A der Pflichtwidrigkeitszusammenhang nicht etwa deshalb, weil V aus der Anstalt leicht hätte ausbrechen können. Solche Ersatzursachen

524 10. Kapitel. Das Fahrlässigkeitsdelikt

dürfen nicht hinzugedacht werden. Es kommt nur darauf an, ob auch im Falle einer korrekten Prognose der Ausgang zum konkreten Zeitpunkt gewährt worden wäre, was zu verneinen ist (BGHSt 49, 1 ff.; *Schatz*, NStZ 2003, 581 ff.; *Magnus*, JuS 2015, 402 f.; erg. unten Rn. 59 zur Frage des Regressverbotes).

31 Nicht nur in der Praxis hat man es in Fällen wie den vorstehenden häufig mit der Konstellation zu tun, dass **Zweifel** bestehen, ob das hypothetische pflichtgemäße Alternativverhalten den Erfolgseintritt verhindert hätte.

32 In der **Fallbearbeitung** werden derartige Zweifel oft in der Weise umschrieben, dass der Erfolg nur „möglicherweise" ausgeblieben wäre bzw. dass dies nicht „sicher" gesagt werden könne oder nicht mehr „aufklärbar" sei. Solche Formulierungen führen zu dem Streit um die Risikoerhöhungstheorie, um den es im **Fall 1b** geht.

33 Nach der zutreffenden Rechtsprechung und h. M. muss die Realisierung der Pflichtwidrigkeit im Erfolg als objektives Zurechnungselement mit an Sicherheit grenzender Wahrscheinlichkeit feststehen. Anders betrachtet: Sobald nach den konkreten Umständen die Möglichkeit besteht, dass der Erfolg auch ohne die Pflichtverletzung eingetreten wäre, muss dies nach dem Grundsatz in dubio pro reo (§ 57 Rn. 1 ff.) zugunsten des Täters angenommen und der Pflichtwidrigkeitszusammenhang verneint werden.

34 Demgegenüber erhebt die **Risikoerhöhungstheorie** gegen die h. M. den Vorwurf, sie schränke die Fahrlässigkeitsstrafbarkeit zu sehr ein. Diese Theorie bejaht den Pflichtwidrigkeitszusammenhang schon dann, wenn das pflichtwidrige Verhalten im Vergleich zum rechtmäßigen Alternativverhalten das Risiko des Erfolgseintritts deutlich erhöht hat. Die Risikoerhöhungslehre argumentiert, dass der Täter den Erfolg verursacht und unerlaubte Gefahren gesetzt habe, die sich im Erfolgseintritt niedergeschlagen hätten. Die Beachtung der Sorgfaltsnormen diene auch dem Zweck, die Gefahren möglichst gering zu halten, um Rettungschancen des Opfers zu erhöhen; daher sei es legitim, den Erfolg einem Täter zuzurechnen, der durch sein pflichtwidriges Verhalten dem Betroffenen konkrete Überlebenschancen entzogen habe.

35 Die Risikoerhöhungslehre verdient keinen Beifall. Für die h. M. spricht, dass der Pflichtwidrigkeitszusammenhang zu den haftungsbegründenden Fahrlässigkeitselementen gehört. Dann verstößt es gegen den Grundsatz in dubio pro reo, bei Erfolgsdelikten wie den §§ 222, 229 dem Täter einen Erfolg zuzurechnen, den er möglicher-

weise genauso herbeigeführt hätte, wenn er sich pflichtgemäß verhalten hätte. Letztlich knüpft die Risikoerhöhungstheorie die Strafbarkeit lediglich an die Sorgfaltspflichtverletzung an und wandelt auf diese Weise Verletzungs- in Gefährdungsdelikte um.

Demnach ist F auch im **Fall 1b** nicht gemäß § 222 strafbar (a. A. die Vertreter der Risikoerhöhungstheorie).

Zur h. M. siehe BGHSt 11, 1 ff.; 33, 61, 63 f.; MüKo/*Duttge*, § 15 Rn. 180 f.; **36** *Beck*, JA 2009, 268; *Eisele*, JA 2003, 47 f.; *Frisch*, JuS 2011, 207 f.; *Heinrich*, AT, Rn. 1041 ff.; W/*Beulke*/*Satzger*, AT, Rn. 681 f.; Sch/Sch/*Sternberg-Lieben*/*Schuster*, § 15 Rn. 177 ff. – Für die Risikoerhöhungstheorie *Roxin*, AT I, § 11 Rn. 88 ff.; *Kühl*, AT, § 17 Rn. 47 ff.; *Lackner*/*Kühl*, § 15 Rn. 44; *Kretschmer*, Jura 2000, 274 f.; *Kaspar*, AT, Rn. 900 ff.; erg. *Magnus*, JuS 2015, 404 f.

VI. Schutzzweckzusammenhang

Wie schon bei der Erörterung der objektiven Zurechnung erwähnt **37** (§ 13 Rn. 76), kommt den Fragen des Schutzzweckzusammenhangs im Rahmen des Fahrlässigkeitsdelikts eine besondere Bedeutung zu. Die objektive Zurechnung entfällt, wenn der Erfolgseintritt außerhalb des Schutzbereichs der übertretenen Sorgfaltsnorm liegt. Insoweit muss durch Auslegung ermittelt werden, ob die verletzte Regel ihrem Sinn und Zweck nach gerade den verwirklichten Erfolg vermeiden soll.

Im **Fall 2** sollte man zunächst erkennen, dass mit Blick auf die konkrete **38** Verkehrssituation nach h. M. eine Strafbarkeit des A gemäß § 229 entfällt, weil er F möglicherweise auch dann genauso verletzt hätte, wenn er die erlaubten 50 km/h gefahren wäre (a. A. die Risikoerhöhungstheorie). Doch könnte man an die Argumentation denken, dass A bei eingehaltenen 50 km/h am Unfallort später angekommen wäre und insoweit den Zusammenstoß hätte vermeiden können. Indes haben Geschwindigkeitsbegrenzungen nicht den Zweck, das Eintreffen des Fahrzeugs an einem bestimmten Ort zeitlich zu verzögern. Vielmehr muss auf die konkrete kritische Verkehrssituation abgestellt werden. – Dazu W/*Beulke*/*Satzger*, AT, Rn. 655, 680, 693a; *Kühl*, AT, § 17 Rn. 68 ff.

Fall 2 läge nicht anders, wenn A korrekt mit 50 km/h gefahren wäre und für **39** ihn unvermeidbar G erfasst hätte, zuvor aber bei „Rot" über eine Ampel gefahren und nur deshalb am Unfallort gewesen wäre. Denn das Rotlicht soll Sicherheit im Bereich der Ampel gewährleisten, aber nicht das frühere Erscheinen an einem anderen Ort verhindern (*Küper*, Lackner-FS, 1987, S. 250 f.; *Joecks*, § 222 Rn. 24; *Kühl*, AT, § 17 Rn. 68 f.). – Ein weiteres Beispiel findet sich in § 54 Rn. 6 zu Fall 1.

526   10. Kapitel. Das Fahrlässigkeitsdelikt

40   Im **Fall 3** verletzt F mit Blick auf § 222 zwei Sondernormen, nämlich erstens
das Verbot des § 316, im Zustand der absoluten Fahruntüchtigkeit zu fahren
(dazu Rengier, BT II, § 43 Rn. 7 f.), und zweitens das Verbot, ohne Fahrerlaubnis ein Fahrzeug zu führen (§ 21 I Nr. 1 StVG). Hätte sich F rechtmäßig verhalten, wäre er gar nicht gefahren und hätte dadurch den Unfall vermieden.
Aber der Schutzzweck der beiden Fahrverbote besteht nicht darin, die Folgen
ordnungsgemäßen Fahrens und alle möglichen Unfälle zu verhindern, sondern
die Verbote wollen Gefahren entgegenwirken, die mit der Alkoholisierung
bzw. mangelnder Fahrkunst zusammenhängen (Sch/Sch/*Sternberg-Lieben*/
Schuster, § 15 Rn. 158). Da im Fall 3 der Unfall auch für nüchterne Fahrer mit
Führerschein unvermeidbar gewesen wäre, besteht zwischen den Pflichtwid-
rigkeiten und dem Erfolg kein Zusammenhang, so dass § 222 zu verneinen ist.

41   Bezüglich des infolge Alkoholgenusses fahruntüchtigen Fahrers argumentiert die Rechtsprechung im Fall 3 allerdings anders (BGHSt 24, 31, 35 ff.;
BGH NStZ 2013, 231, 232). Sie fragt unter Bezugnahme auf § 3 I 1, 2 StVO,
wie schnell der Trunkenheitsfahrer – abgesehen davon, dass er als Fahruntüch-
tiger überhaupt nicht am Verkehr teilnehmen durfte – angesichts einer herabgesetzten Reaktionsfähigkeit noch hätte fahren dürfen, um auf Gefahren in der
gleichen Zeit wie ein nüchterner Fahrer reagieren zu können, und bejaht in einer Konstellation wie im Fall 3 den § 222, falls der Unfall bei der so reduzierten
Geschwindigkeit hätte vermieden werden können. Dieser Vergleichsmaßstab
ist aber verfehlt, weil man einem angetrunkenen Fahrer nicht mehr Pflichten
als einem nüchternen Fahrer auferlegen kann und ein rechtswidriges Verhalten
(Fahren im Zustand der Fahruntüchtigkeit mit an sich erlaubter Höchstge-
schwindigkeit) nicht durch ein anderes rechtswidriges Verhalten (langsameres
Fahren im Zustand der Fahruntüchtigkeit) ersetzt werden darf. Vergleichsmaßstab kann nur ein nüchterner Fahrer in derselben Verkehrssituation sein (*Kühl*,
AT, § 17 Rn. 63; *Hecker*, JuS 2013, 467; *Eisele*, JA 2003, 47 f. mit Falllösung; *W/
Beulke/Satzger*, AT, Rn. 655, 680, 693a zu Fall 15d). – Widersprüchlich
BayObLG NStZ 1997, 388, 389, das bezüglich § 222 dem *BGH* folgt, im Rahmen des § 315c aber den Zurechnungszusammenhang verneint (*Puppe*, NStZ
1997, 389 f.; *Jäger*, JA 2013, 395; erg. Rengier, BT II, § 44 Rn. 23 ff.).

42   Um in erster Linie die §§ 222, 229 betreffende Schutzzweckfragen
geht es in den beiden Fallgruppen der Spätfolgen und Schockschäden:
Von **Spätfolgen** spricht man, wenn beim Opfer nach der Behandlung
einer Primärverletzung ein Schaden zurückbleibt, der die Lebensrisiken erhöht (z. B. Erblindung, Beinamputation, Lähmung). Verunglückt deshalb der Betroffene unter Umständen erst Jahre später, so
kann dafür der Erstschädiger nicht gemäß § 222 oder § 229 bestraft
werden. Begründen lässt sich dies damit, dass die Folgerisiken zum
einen durch die Bestrafung wegen der ersten Tat mit abgegolten werden (vgl. § 46 II) und zum anderen nach dem Abschluss der Behandlung zum – nunmehr erhöhten – Lebensrisiko des Opfers gehören.

§ 52. Das fahrlässige Begehungsdelikt   527

Unter **Schockschäden** versteht man typischerweise Verletzungen 43
bis hin zum tödlichen Zusammenbruch, die andere Personen erleiden, wenn sie etwa vom Unfalltod eines Angehörigen erfahren. Für
solche Folgen haftet der Unfallverursacher nicht, weil die §§ 222,
229 nicht den Zweck haben, andere Personen als das Tatopfer vor
den Folgen von seelischen Erschütterungen zu schützen.

Zu diesen Fallgruppen *Roxin*, AT I, § 24 Rn. 43 ff.; *Sch/Sch/Sternberg-Lie-
ben/Schuster*, § 15 Rn. 162; *Krey/Esser*, AT, Rn. 352; zu den Schockschäden
vertiefend *Sowada*, Beulke-FS, 2015, S. 283 ff.

VII. Abgrenzung nach Verantwortungsbereichen

1. Grundlagen

Die hier einschlägigen Fragen sind schon im Zusammenhang mit 44
der objektiven Zurechnung – schwerpunktmäßig aus dem Blickwinkel des Vorsatzdelikts – angesprochen worden. All dies ist auf das
Fahrlässigkeitsdelikt übertragbar, da der Gedanke der objektiven Zurechnung für Vorsatz- und Fahrlässigkeitstaten gleichermaßen gilt.
Insoweit sei an dieser Stelle zur Konkretisierung zunächst auf das
Überblicksschema in § 13 Rn. 50 mit dem Schemapunkt B.II.3 sowie
auf die Erörterungen dazu in § 13 Rn. 77 ff. verwiesen.

Beispiele zu Fahrlässigkeitstaten, in denen es um die Abgrenzung nach Verantwortungsbereichen geht, finden sich bereits in § 13 Rn. 82, 83, 86, 92.

2. Verantwortungsbereich des Opfers

a) Fallgruppen. Die Unterbrechung des Zurechnungszusammen- 45
hangs durch eine freiverantwortliche bewusste Selbstschädigung und
Selbstgefährdung des Opfers gehört auch bei den Fahrlässigkeitstat-
beständen zu den häufigen Konstellationen. Die wesentlichen Leitlinien dazu sind schon in § 13 Rn. 77 ff. angesprochen worden.

Daher bleiben nur noch drei bisher nicht erwähnte Fallgruppen zu 46
erwähnen. Gemeint sind die **Retter-, Verfolger- und Fluchtfälle**, bei
denen der Täter ein bestimmtes Verhalten des späteren Opfers herausfordert. Verunglückt es dabei, so stellt sich die Frage, ob der Täter für die Folgen gemäß § 222 oder § 229 haftet.

Oft werden diese Konstellationen im Zusammenhang mit todeserfolgsqua- 47
lifizierten Delikten wie insbesondere den §§ 227, 251 und 306c aktuell. Insoweit sei ergänzend auf *Rengier*, BT I, § 9 Rn. 3 ff. (zu § 251) sowie *Rengier*,

528 10. Kapitel. Das Fahrlässigkeitsdelikt

BT II, § 16 Rn. 17 ff. (zu § 227) und § 40 Rn. 57 i. V. m. Rn. 43 ff. (zu § 306c) verwiesen. Zu beachten ist, dass bei den erfolgsqualifizierten Delikten – über die Voraussetzungen des allgemeinen Fahrlässigkeitsdelikts hinausgehend – die Zurechnung des Erfolges einen spezifischen Gefahrverwirklichungszusammenhang und bei den §§ 251, 306c zudem den gesteigerten Fahrlässigkeitsgrad der Leichtfertigkeit voraussetzt (erg. unten § 55 Rn. 2, 4 f.).

48 **b) Retterfälle.** Diese sind dadurch gekennzeichnet, dass ein Täter T das Opfer in eine Gefahrenlage gebracht hat, die – insbesondere nach einer Brandstiftung, aber auch etwa im Zusammenhang mit einem Verkehrsunfall – den Helfer H zu einer Rettungsaktion veranlasst, bei der dieser verletzt oder getötet wird. Die Strafbarkeit des T gemäß § 229 bzw. § 222 hängt davon ab, inwieweit das Verhalten des H als freiverantwortliche Selbstgefährdung eingestuft werden kann. Folglich muss freies und unfreies Eingriffsverhalten voneinander abgegrenzt werden.

49 Von einem „unfreien" Verhalten ist auszugehen, wenn der Retter zum Eingreifen verpflichtet ist. Solche Rettungspflichten können sich aus § 323c, aus einer Garantenstellung und aus außerstrafrechtlichen beruflichen Pflichten ergeben. Soweit – z. B. mangels Zumutbarkeit des Handelns – keine rechtliche Handlungspflicht besteht und trotzdem ein Retter eingreift, ist entsprechend dem Gedanken des § 35 jedenfalls dann von einem unfreien Retterverhalten auszugehen, wenn der Helfer gehandelt hat, um eine gegenwärtige Gefahr für Leben, Leib oder Freiheit eines Angehörigen oder einer anderen ihm nahestehenden Person abzuwenden. Darüber hinausgehend nimmt die h. M. ein unfreiwilliges Opfer-/Retterverhalten auch dann noch an, wenn der Täter ein einsichtiges Motiv für gefährliche Rettungsmaßnahmen geschaffen und der Retter sich nicht unvernünftig riskant verhalten hat.

50 Zur Diskussion siehe BGHSt 39, 322 ff.; *OLG Stuttgart* NJW 2008, 1971 ff.; *Kindhäuser*, AT, § 11 Rn. 56 ff.; Sch/Sch/*Sternberg-Lieben/Schuster*, § 15 Rn. 168; LK/*Walter*, 12. Aufl., vor § 13 Rn. 116 ff.; MüKo/*Duttge*, § 15 Rn. 155 ff.; W/*Beulke/Satzger*, AT, Rn. 192a; *Roxin*, Puppe-FS, 2011, S. 909 ff.; *Satzger*, Jura 2014, 698 ff.

51 **c) Verfolgerfälle.** In den weniger diskutierten Verfolgerfällen geht es um Konstellationen, in denen Polizisten, Detektive, Opfer oder Passanten die Verfolgung von Straftätern aufnehmen und dabei – auch tödlich – verunglücken. Typische Ziele solcher Verfolgungen sind die Festnahme, die Rückgewinnung der Beute nach einem Diebstahl oder Raub und die Sicherung von Ersatzansprüchen. Das

§ 52. Das fahrlässige Begehungsdelikt 529

pflichtwidrige Handeln des Flüchtenden kann sich daraus ergeben, dass er sich weigert, die Beute herauszugeben, und dadurch die Notwehrsituation aufrechterhält, dass er seine Festnahme – sei es gemäß § 127 StPO oder zum Zweck der Selbsthilfe (§ 229 BGB) – nicht duldet, oder dass er Verkehrsregeln verletzt. Soweit es dabei um ein vom Grundsatz der Selbstbelastungsfreiheit gedecktes Verhalten gegenüber staatlichen Organen geht, bleibt zu beachten, dass dem Flüchtenden die Schaffung eines rechtlich missbilligten Risikos nicht zur Last gelegt werden kann.

Die Verfolgerfälle weisen gewisse Parallelen zu den Retterfällen **52** auf. Grundsätzlich kann die pflichtwidrige Schaffung eines zugkräftigen Motivs für Verfolgungsmaßnahmen die strafrechtliche Haftung des Flüchtenden nur für solche Erfolge auslösen, die auf verfolgungstypischen, durch die Ausgangsgefahr gesetzten Risiken beruhen. Dies ist nicht der Fall, wenn der Erfolgseintritt in den Verantwortungsbereich des Verfolgers fällt, etwa weil sich im Erfolg letztlich ein allgemeines Lebensrisiko realisiert oder sich der Verfolger unvernünftig riskant verhalten hat.

Abgesehen davon hat der Flüchtende die verfolgungstypischen Risiken jedenfalls bei Verfolgern zu tragen, die wie z.B. Polizisten in **53** der Regel zum Eingreifen verpflichtet sind (h. M.; a. A. *Buttel/Rotsch*, JuS 1996, 332f. mit Falllösung). Soweit keine rechtliche Handlungspflicht existiert, wird es anders als in den Retterfällen kaum einmal um Gefahrensituationen im Sinne des § 35 gehen. Wohl aber kann der Straftäter ein einsichtiges Motiv für die Verfolgung geschaffen haben (Flucht mit der Beute; Sicherung von Ersatzansprüchen). Ob dieser – wegen der bloßen Vermögensschäden – gegenüber den Retterfällen in der Regel schwächere Motivationsdruck ausreicht, um der Verfolgung den Selbstgefährdungscharakter zu nehmen, ist unklar, aber (eher) zu verneinen.

Vgl. hierzu aus strafrechtlicher Sicht LK/*Walter*, 12. Aufl., vor § 13 Rn. 119; **54** Sch/Sch/*Sternberg-Lieben/Schuster*, § 15 Rn. 168; *Stuckenberg*, Puppe-FS, 2011, S. 1039 ff.; *Müller/Raschke*, Jura 2011, 707 ff. mit Falllösung. – Zur zivilrechtlichen Diskussion dieser „Herausforderungsfälle" vgl. BGHZ 132, 164, 167; *BGH* NJW 2007, 2764, 2765 f.; MüKo-BGB/*Oetker*, § 249 Rn. 170 ff.; MüKo-BGB/*Wagner*, § 823 Rn. 369.

d) Fluchtfälle. Demgegenüber unproblematisch sind die Flucht- **55** fälle. In diesen Konstellationen geht es um die Zurechnung von Flucht- und Ausweichreaktionen des Opfers einer Straftat.

530   10. Kapitel. Das Fahrlässigkeitsdelikt

Beispiele: Das Opfer schlägt aus berechtigter Furcht vor weiteren oder drohenden Misshandlungen einen gefährlichen Fluchtweg ein; deshalb stürzt es oder verletzt sich mit tödlichen Folgen (vgl. BGHSt 48, 34 ff.; *BGH* NJW 1971, 152; NStZ 2008, 278). Das Opfer weicht vor einer drohenden Verletzung durch einen Angreifer oder Autofahrer aus, so dass es den nahen Abgrund hinunterstürzt oder stolpert und sich ein Bein bricht.

56   Solche Folgen werden dem Täter im Rahmen der §§ 222, 229 bei einem – in den Beispielsfällen gegebenen – „unfreien" Opferverhalten zugerechnet; für dessen Feststellung gelten die oben in § 13 Rn. 77 ff. genannten und insoweit hier nicht zu wiederholenden Kriterien (erg. *Rengier*, BT II, § 16 Rn. 17 ff. zu § 227).

3. Verantwortungsbereich Dritter

57   **a) Vorsätzliches Dazwischentreten – Grundlagen.** Beim Fahrlässigkeitsdelikt geht es in der Konstellation des vorsätzlichen Dazwischentretens (dazu schon § 13 Rn. 88 ff.) um die Frage, inwieweit die Strafbarkeit einer fahrlässig handelnden Person ausgeschlossen ist, die eine erste Ursache für den eingetretenen Erfolg gesetzt hat, ansonsten aber im Hintergrund bleibt, weil an ihre Pflichtverletzung die Vorsatztat einer zweiten Person anknüpft. Man spricht diesbezüglich auch vom „Ersttäter" und „Zweittäter". Aus der Perspektive der §§ 26, 27 ist die fahrlässige Mitwirkung des Ersttäters an der Vorsatztat eines Zweittäters straflos, weil der Teilnehmervorsatz fehlt. Immerhin kann man wegen der fahrlässigen Förderung von fahrlässiger Teilnahme sprechen. Freilich kennt das Fahrlässigkeitsdelikt Teilnahmekategorien und die Differenzierung zwischen Täterschaft und Teilnahme nicht. Vielmehr behandelt es im Sinne des sog. Einheitstäterbegriffs jeden Beteiligten als Täter, der eine Pflichtverletzung begeht und dadurch – beim typischen Erfolgsdelikt – in objektiv zurechenbarer Weise den Erfolg verursacht. Zwei Fallgruppen sollte man voneinander unterscheiden:

58   **b) Vorsätzliches Dazwischentreten – Fallgruppe 1.** Zur Einführung in die von der h. M. weitgehend anerkannte erste Fallgruppe das folgende klassische

Beispiel: Der Jäger J hängt bei einem Kneipenbesuch sein geladenes Gewehr an die Garderobe. Als T die Kneipe betritt, sieht er das Gewehr, ergreift es und erschießt damit seinen Feind F **(Jäger-Fall).** – Während T § 212 und ggf. § 211 erfüllt, stellt sich bei J die Frage, ob er als Nebentäter gemäß § 222 bestraft werden kann.

§ 52. Das fahrlässige Begehungsdelikt 531

Die h. M. bejaht dies im Jäger-Fall und in vergleichbaren Konstellationen, in denen es um die **Verletzung von Sicherheitsvorschriften und Garantenpflichten** durch den potentiellen Nebentäter geht, zu Recht. Sie wendet sich gegen pauschale Lösungen rund um den Regressverbotsgedanken, nach dem das vorsätzliche Agieren eines Zweittäters den Zurechnungszusammenhang zum fahrlässig handelnden Ersttäter generell ausschließt. Aktuelle Varianten der alten Lehre vom Regressverbot leiten u. a. aus dem System der §§ 25–27 den Gedanken ab, dass die fahrlässige Teilnahme straflos sein soll. Überzeugend ist das nicht, weil dieses System das Fahrlässigkeitsdelikt überhaupt nicht im Blickfeld hat. Daher sind mit der h. M. die Gedanken der objektiven Zurechnung heranzuziehen.

Für den Jäger-Fall bedeutet dies: Bezüglich der objektiven Voraussehbarkeit ist zunächst festzuhalten, dass die Verletzung von Sicherheitsvorschriften andere Personen erfahrungsgemäß auch zu Vorsatztaten animieren kann. Anschließend muss im Rahmen des Schutzzweckzusammenhangs geprüft werden, ob der Zweck der verletzten Sorgfaltsnorm auch darin liegt, Vorsatztaten Dritter zu verhindern. Bei Sicherheitsvorschriften ist dies in der Regel zu bejahen. Das Ergebnis, wonach in einem solchen Fall der Erfolg angesichts des speziellen Schutzzwecks unabhängig von Einzelheiten des Kausalverlaufs auch im Verantwortungsbereich des J liegt, wird von einer anderen Perspektive aus bestätigt: Als Überwachungsgarant ist J verpflichtet, die Gefahrenquelle Gewehr so zu sichern, dass von ihr keine Gefahren egal welcher Art ausgehen. Aus Garantenpflichten können sich also ebenfalls Pflichten ergeben, Rechtsgutsverletzungen zu vermeiden, die durch das vorsätzliche Verhalten Dritter drohen. Demnach erfüllt J den § 222.

Zur h. M. BGHSt 49, 1, 5 ff.; *Jäger*, AT, Rn. 56 ff., 334; *Heinrich*, AT, Rn. 1050 ff.; *Joecks*, § 222 Rn. 26 ff.; *Krey/Esser*, AT, Rn. 353 f.; *Kindhäuser*, AT, § 11 Rn. 37 ff.; *Frisch*, JuS 2011, 120 f.; *Satzger*, Jura 2014, 701. – Zu Vertretern des Regressverbotsgedankens siehe die – ablehnende – Diskussion bei NK/*Puppe*, vor § 13 Rn. 167 ff., 178 ff.

Weitere vergleichbare Beispiele (in denen § 229 oder § 222 zu bejahen ist): (1) Im Fall von Rn. 30 haftet A wegen seiner fehlerhaften Prognose für vorsätzliche Tötungs- und Körperverletzungsdelikte des V als Fahrlässigkeitstäter (BGHSt 49, 1 ff.; Falllösung bei *Norouzi*, JuS 2007, 147 f.).

(2) Waffensammler W hält seinen Waffenschrank vorschriftswidrig nicht verschlossen; sein Sohn ergreift eine Waffe und tötet damit im Rahmen eines Amoklaufs mehrere Menschen (*BGH* JR 2013, 34, 35 f. mit Anm. *Braun*; Fall-

532   10. Kapitel. Das Fahrlässigkeitsdelikt

lösungen bei *Hussels*, Jura 2005, 882; *Jäger*, AT, Rn. 334; erg. *Mitsch*, ZJS 2011, 128 ff. und oben § 49 Rn. 25).

(3) Apotheker A vergisst pflichtwidrig, den Giftschrank abzuschließen; die Putzfrau entwendet ein Gift und tötet damit ihren Mann. In diesen beiden Fällen ist zusätzlich zu beachten, dass es bei W und A um ein Unterlassen geht und sich daher die Schutzzweckfrage rund um das Regressverbot im Rahmen der §§ 222, 13 stellt (erg. unten § 54).

63   c) **Vorsätzliches Dazwischentreten – Fallgruppe 2.** Weniger Einigkeit besteht darüber, ob und inwieweit das Fahrlässigkeitsdelikt noch andere Konstellationen fahrlässiger Förderung von Vorsatztaten erfasst. Zu dieser zweiten Fallgruppe gehören die folgenden typischen

64   **Beispiele:** (1) In der Entscheidung RGSt 64, 370 haben Ehemann M und seine Geliebte G für den Fall, dass Ehefrau F sterben sollte, schon längere Zeit den Gedanken einer ehelichen Verbindung erörtert und Verhandlungen über die Beschaffung von Gift geführt. Schließlich besorgt G Gift und überlässt es M mit der Bemerkung, er werde doch seiner Frau nichts anhaben wollen. M tötet mit dem Gift F. Eine vorsätzliche Beteiligung der G an den §§ 212, 211 durch M lässt sich nicht feststellen **(Geliebte-Fall).**

(2) Ohne konkrete Hintergedanken äußert Rockerchef C bei einem Treffen, O habe ihre Gruppe schwer beleidigt und gehöre dafür tatkräftig bestraft. Mitglied M möchte sich profilieren und nimmt dies zum Anlass, O zwei Tage später aufzulauern und zu verprügeln **(Rocker-Fall).**

65   Wenn man möglicherweise zögert, G wegen fahrlässiger Tötung der F und C wegen fahrlässiger Körperverletzung des O zu bestrafen, hängt das damit zusammen, dass in dem Regressverbotsgedanken durchaus ein richtiger Kern steckt. Denn begeht jemand, auch wenn er an das fahrlässige Verhalten eines anderen anknüpft, eine Vorsatztat, so spricht im Ausgangspunkt das besondere Gewicht vorsätzlichen Handelns dafür, die Tat grundsätzlich dem Verantwortungsbereich des Vorsatztäters zuzuweisen. Dies lässt sich aus dem Vertrauensgrundsatz ableiten, wonach man im Regelfall darauf vertrauen darf, dass andere keine vorsätzlichen Straftaten begehen (*Roxin*, AT I, § 24 Rn. 26 f.). Aber der Vertrauensgrundsatz gilt nicht uneingeschränkt (vgl. Rn. 22 f.). Auf ihn kann sich nach einer im Lager der h. M. verbreiteten und billigenswerten Ansicht in der zweiten Fallgruppe nicht mehr berufen, wer durch fahrlässiges Verhalten die **erkennbare Tatgeneigtheit** des späteren Vorsatztäters fördert.

66   Zum Kriterium der erkennbaren Tatgeneigtheit *Roxin*, Tröndle-FS, 1989, S. 177 ff.; *ders.*, AT I, § 24 Rn. 26 ff.; *Kühl*, AT, § 4 Rn. 49; MüKo/*Duttge*,

§ 15 Rn. 149; *Frisch*, JuS 2011, 121 (sinngemäß). – Abl. etwa Sch/Sch/*Eisele*, vor § 13 Rn. 101j; LK/*Walter*, 12. Aufl., vor § 13 Rn. 108. – Zum gesamten Streitstand *Hillenkamp*, AT, 32. Problem. – Parallelen zur Diskussion um die neutrale Beihilfe sind nicht zu übersehen (vgl. § 45 Rn. 101 ff., 112).

Im Lichte des Kriteriums der Tatgeneigtheit wird man im Geliebte-Fall zur **67** Bestrafung der G gemäß § 222 gelangen, im Rocker-Fall aber die Erfüllung des § 229 durch C zu verneinen haben.

Zu ergänzen bleibt: Bevor man in der Fallbearbeitung im Rahmen **68** der objektiven Zurechnung zur Abschichtung der Verantwortungs- bereiche unter dem Aspekt der Tatgeneigtheit kommt, kann die im Prinzip vorrangige Frage zu erörtern sein, ob der potentiell fahrlässig handelnde Ersttäter überhaupt die ihm obliegende objektive Sorg- faltspflicht verletzt, d. h. das erlaubte Risiko überschritten hat (vgl. § 13 Rn. 51 ff.; *Roxin*, Tröndle-FS, 1989, S. 186 f.).

Beispiele: Wer gefährliche Gegenstände (Äxte, Messer, Streichhölzer usw.) verkauft, ausleiht oder herumliegen lässt, mit denen Dritte vorsätzliche Straf- taten begehen, darf erlaubt auf das Ausbleiben derartiger Taten vertrauen, so- lange nicht konkrete Anhaltspunkte erkennbar sind, die ein solches Vertrauen erschüttern (erg. Rn. 22 f.).

d) Sonstiges Dazwischentreten. Die Strafbarkeit eines fahrlässig **69** handelnden Ersttäters kann ferner dadurch ausgeschlossen sein, dass an dessen Pflichtverletzung die Fahrlässigkeitstat eines Zweittäters anknüpft (vgl. bereits § 13 Rn. 95 f.). Der Studierende ist auch hier gut beraten, wenn er sich die immer wieder einschlägigen Leitlinien und Fragestellungen der objektiven Zurechnung in Erinnerung ruft (vgl. bereits § 13 Rn. 68, 88): Soll der Schutzzweck der vom Ersttäter verletzten Sorgfaltsnorm auch von einem Zweittäter herbeigeführte Erfolge verhindern? Realisiert sich im vom Zweittäter verursachten Erfolg noch das vom Ersttäter gesetzte Ausgangsrisiko? Ergibt sich daraus und eventuell aus weiteren Gründen, dass der Erfolgseintritt auch (bzw. nicht mehr) im Verantwortungsbereich des Ersthandeln- den liegt?

Beispiele: (1) Wenn A einen Fahrer F zu einem verkehrswidrigen Verhalten **70** anstiftet (Trunkenheitsfahrt, Rotlichtverstoß, zu schnelles Fahren, Fahren ohne Fahrerlaubnis) und F deshalb einen anderen Verkehrsteilnehmer fahrläs- sig verletzt oder tötet, haftet auch A gemäß § 229 bzw. § 222.

(2) Wenn zwei Autofahrer ein unerlaubtes Wettrennen durchführen (§ 29 I **71** StVO), haftet jeder für drittbezogene Fahrlässigkeitstaten des anderen, die im Risikorahmen der vereinbarten Wettfahrt liegen (vgl. BGHSt 53, 55, 58 ff.; *Rengier*, StV 2013, 30 ff.).

534   10. Kapitel. Das Fahrlässigkeitsdelikt

72   (3) Um die Grenzen dieses Risikorahmens ging es auch im Fall *OLG Stutt-gart* StV 2012, 23. Hier rasten die miteinander bekannten Autofahrer H und P verkehrswidrig auf einer Landstraße, wobei P den schnelleren H spielartig un-ter Verstoß gegen das Rechtsfahrgebot so blockierte („Du überholst mich hier nicht"), dass H zunächst nicht überholen konnte. Als ihm dies schließlich doch gelang, wollte er vorne bleiben und fuhr einen Kilometer nach dem Überholvorgang mit mindestens 100 km/h zu schnell in eine Rechtskurve, kam deshalb von der Fahrbahn ab und tötete dadurch einen Wanderer. – Das *LG* hat zwischen dem provozierenden verkehrswidrigen Verhalten des P und der unfallauslösenden überhöhten Geschwindigkeit des H einen ausreichen-den Zurechnungszusammenhang gesehen und die Verurteilung des P gemäß § 222 bestätigt. Demgegenüber weist das *OLG* die Tötungstat allein dem Ver-antwortungsbereich des H zu und spricht P vom Vorwurf der fahrlässigen Tötung frei (ebenso Sch/Sch/*Eisele*, vor § 13 Rn. 101; *ders.*, Kühl-FS, 2014, S. 167 ff.). H sei nämlich nach dem Überholvorgang zeitlich „36 Sekunden später aus einem autonomen Entschluss heraus mit nicht angepasster Ge-schwindigkeit in eine scharfe Kurve" gefahren. Diese im Ergebnis nicht über-zeugende Bewertung vernachlässigt den Schutzzweck des § 29 StVO, der auch verhindern soll, dass sich Rennteilnehmer zu verkehrswidrigem Verhalten hin-reißen lassen (*Puppe*, JR 2012, 166; *Rengier*, StV 2013, 32; *Mitsch*, JuS 2013, 23 f.; *Brand/Hotz*, JuS 2014, 717 f. mit Falllösung).

VIII. Rechtswidrigkeit

1. Rechtfertigungssituationen

73   Auch bei Fahrlässigkeitsdelikten können Rechtfertigungsgründe wie namentlich die §§ 32, 34 und Einwilligung eingreifen. Die Tat ist insbesondere dann gerechtfertigt, wenn der Täter den Tatbestand auch vorsätzlich hätte verwirklichen dürfen (*BGH* NJW 2001, 3200, 3201).

74   **Beispiel:** Ein zu allem entschlossener Angreifer A hat sich auch durch zwei Warnschüsse seines Opfers O nicht abschrecken lassen. Daraufhin feuert O einen dritten Warnschuss ab, der A ungewollt ins Bein trifft. – Da O ohne Körperverletzungsvorsatz geschossen hat, kommt nur § 229 in Betracht. Die objektive Sorgfaltspflichtverletzung ist unabhängig von Rechtfertigungsele-menten festzustellen und folgt daraus, dass ein gewissenhafter und besonnener Normalmensch keine Warnschüsse in der Nähe von Menschen abgibt (vgl. *Heinrich*, AT, Rn. 1039 f.). Daher schafft O aus der Tatbestandsperspektive der objektiven Zurechnung ein unerlaubtes Risiko. Seine Tat ist aber gemäß § 32 durch Notwehr gerechtfertigt, da O den A in dieser Weise auch vorsätz-lich hätte verletzen dürfen. – Ein weiterer Rechtfertigungsfall oben in § 18 Rn. 46.

§ 52. Das fahrlässige Begehungsdelikt 535

Bei der **Notwehr** spielt weiter vor allem die Konstellation eine 75
Rolle, dass eine erforderliche riskante Verteidigungshandlung, z. B.
ein Schlag auf den Kopf, eine ungewollte Auswirkung wie den Tod
des Angreifers hat (näher oben § 18 Rn. 46).

Der **rechtfertigende Notstand** kann etwa im Zusammenhang mit 76
einer fahrlässigen, gemäß § 316 II strafbaren Trunkenheitsfahrt Bedeutung erlangen (vgl. *OLG Koblenz* NZV 2008, 367, 368; oben
§ 19 Rn. 24, 29 f.). § 34 kommt ferner in Betracht, wenn jemand bei
einem Ausweichmanöver, mit dem er von sich eine Lebensgefahr abwenden will, ungewollt einen Unbeteiligten verletzt (vgl. den Fall
von § 50 Rn. 94).

Fragen der **Einwilligung** haben bei den §§ 222, 229 vor allem in 77
den Konstellationen der einverständlichen Fremdgefährdung große
Relevanz; dabei muss oft zur Teilnahme an einer Selbstgefährdung
abgegrenzt werden (dazu oben § 13 Rn. 81, § 23 Rn. 39 und insbesondere *Rengier*, BT II, § 20 Rn. 11 ff., 27 ff.).

2. Subjektives Rechtfertigungselement

Rund um das subjektive Rechtfertigungselement bestehen Mei- 78
nungsverschiedenheiten, die aber im Ergebnis kaum eine Rolle spielen. Erstens geht es um die Frage, ob beim Fahrlässigkeitsdelikt ein
subjektives Rechtfertigungselement überhaupt erforderlich ist. Richtigerweise muss dies grundsätzlich bejaht werden, weil es der Struktur der Rechtfertigungsgründe entspricht und teilweise auch ihr
Wortlaut verlangt. Nur passt auf der Fahrlässigkeitsebene das bei
Vorsatzdelikten befürwortete Kriterium einer Rechtfertigungs*absicht*
nicht (vgl. § 17 Rn. 11 f.; § 18 Rn. 103 ff.; § 19 Rn. 63). Vielmehr genügt beim Fahrlässigkeitsdelikt ein Handeln in Kenntnis der Rechtfertigungssituation.

Zweitens stellt sich die Frage, welche Konsequenzen sich ergeben, 79
wenn der Fahrlässigkeitstäter objektiv gerechtfertigt handelt, aber das
subjektive Rechtfertigungselement fehlt. Parallel zum Vorsatzdelikt
(§ 17 Rn. 9, 18) wird in diesem Fall der Erfolgsunwert des Fahrlässigkeitstatbestandes durch die objektive Rechtfertigungslage kompen-
siert. Daraus folgt für die §§ 222, 229, dass dem Täter der Tötungs-
bzw. Körperverletzungserfolg nicht als von ihm verwirklichtes Unrecht angelastet werden kann. Als Unrecht übrig bleibt somit nur
der Handlungsunwert, die objektive Sorgfaltspflichtverletzung, in
der man einen fahrlässigen Versuch sehen kann, der freilich als solcher nicht strafbar ist.

536   10. Kapitel. Das Fahrlässigkeitsdelikt

80   Auf dieser Linie etwa *Roxin*, AT I, § 24 Rn. 98 ff.; MüKo/*Duttge*, § 15
Rn. 200 f.; *Mitsch*, JuS 2001, 110 f.; *Gropp*, AT, § 12 Rn. 98 ff. – Soweit andere
Stimmen formulieren, beim Fahrlässigkeitsdelikt sei ein subjektives Rechtfertigungselement nicht erforderlich, da es keinen zu kompensierenden strafbaren Handlungsunwert gebe, decken sich die Ergebnisse und die Begründungen ähneln sich (vgl. *Kühl*, AT, § 17 Rn. 80; Sch/Sch/*Lenckner/Sternberg-
Lieben*, vor § 32 Rn. 97 ff.). – In der **Fallbearbeitung** muss man so oder so
eine Begründung dafür liefern, weshalb man trotz des fehlenden subjektiven
Rechtfertigungselements das Fahrlässigkeitsdelikt verneint.

81   Im **Fall 4** führt bei T die aberratio ictus-Konstellation (näher § 15 Rn. 27 ff.)
hinsichtlich des angegriffenen R zur Verneinung der §§ 223, 224 I Nr. 2 und
zur Bejahung der §§ 223, 224 I Nr. 2, 22. Bezüglich D scheidet § 229 aus,
weil seine Verletzung objektiv durch Nothilfe (§ 32) gerechtfertigt ist und es
im Ergebnis auf das fehlende subjektive Rechtfertigungselement nicht ankommt. Was den Bierkrug und § 303 betrifft, so gelangt man zu § 904 BGB
und der Feststellung, dass die Sachbeschädigung objektiv gerechtfertigt ist
(vgl. § 20 Rn. 1, 4 ff.). Der fehlende subjektive Rechtfertigungswille führt
beim Vorsatzdelikt nach der hier vertretenen Ansicht zur Versuchsstrafbarkeit
gemäß den §§ 303, 22 (§ 17 Rn. 9, 18).

IX. Schuld

82   Im Vergleich zum vorsätzlichen Begehungsdelikt sind im Rahmen
der Schuldprüfung zwei Besonderheiten zu beachten:

83   Erstens müssen die Elemente der **subjektiven Fahrlässigkeit** festgestellt werden, die – anders als beim objektiven zivilrechtlichen Begriff (§ 276 II BGB) – zum strafrechtlichen Fahrlässigkeitsbegriff gehören. Die subjektive Fahrlässigkeitsseite erfordert, dass der Täter bei
Begehung der Tat nach seinen persönlichen Kenntnissen und Fähigkeiten in der Lage war, die Sorgfaltspflicht zu erfüllen und die Tatbestandsverwirklichung vorauszusehen. Hilfreich ist die Einsicht, dass
die im Rahmen des Verbotsirrtums erörterten Vermeidbarkeitskriterien (§ 31 Rn. 19 ff.) auch für den persönlichen Fahrlässigkeitsvorwurf
von Bedeutung sind. Zur subjektiven Voraussehbarkeit gehört entsprechend den Kriterien zur objektiven Voraussehbarkeit die individuelle Voraussehbarkeit des Kausalverlaufs mit seinen wesentlichen
Einzelheiten.

84   Kriterien, die zur Verneinung der subjektiven Fahrlässigkeit führen
können, sind insbesondere Intelligenzmängel, Gedächtnisschwächen,
Wissenslücken, Erfahrungsmängel, Altersabbau, plötzliche Leis-
tungsabbrüche, Schrecken und Verwirrung.

§ 52. Das fahrlässige Begehungsdelikt   537

Beispiele: (1) Dass die Einnahme von 0,5 bis 1 g Kochsalz pro Kilogramm Körpergewicht in der Regel zum Tode führt, ist ohne besondere medizinische Sachkenntnis nicht subjektiv voraussehbar (BGHSt 51, 18, 21 f.; *Rengier*, BT II, § 16 Rn. 14).

(2) Eine noch unerfahrene Krankenschwester S wird zum Nachtdienst eingeteilt. Mangels Erfahrung deutet sie ein Alarmsignal nicht richtig, so dass ein Patient stirbt. – Hier verhält sich S zwar objektiv sorgfaltswidrig, weil eine „normale" Krankenschwester mit durchschnittlichen Fähigkeiten anders reagiert hätte. Doch entfällt wegen des Erfahrungsmangels ein individueller Schuldvorwurf. Je nach Sachlage kann die Fahrlässigkeit freilich darin liegen, dass S keine Hilfe herbeigeholt hat.

Zu beachten bleibt, dass in Fällen wie dem Beispiel (2) die Sorg-   85
faltspflichtverletzung und die subjektive Vorwerfbarkeit unter Umständen auf einen früheren Zeitpunkt vorverlegt und insbesondere mit der Übernahme einer Tätigkeit begründet werden kann, der man, subjektiv erkennbar, nicht gewachsen ist (zu dieser Übernahmefahrlässigkeit siehe bereits Rn. 24).

In der **Fallbearbeitung** ist die subjektive Fahrlässigkeit selten problema-   86
tisch. In der Regel kann davon ausgegangen werden, dass das, was objektiv pflichtwidrig und voraussehbar ist, auch subjektiv hätte erkannt werden können. – Zum Vorstehenden vgl. *BayObLG* NJW 1998, 3580; *OLG Karlsruhe* NStZ-RR 2000, 141 ff.; *Jescheck/Weigend*, AT, § 57 II, III; *Nestler*, Jura 2015, 565 ff.

Die zweite Besonderheit liegt darin, dass beim Fahrlässigkeitsdelikt   87
– wie beim unechten Unterlassungsdelikt (§ 49 Rn. 47 ff.) – die **Unzumutbarkeit normgemäßen Verhaltens** als besonderer Entschuldigungsgrund weitgehend anerkannt ist. Die praktische Bedeutung dieses Entschuldigungsgrundes ist freilich gering. Konkret muss dem Täter in Konfliktsituationen die Erfüllung der Sorgfaltspflicht in einem solch außergewöhnlichen Maße erschwert gewesen sein, dass die Unterlassung des sorgfaltswidrigen Verhaltens die Aufopferung eigener billigenswerter Interessen bedingt hätte.

Beispiele: Diskutiert werden insbesondere notstandsähnliche Situationen   88
von Arbeitnehmern, die aus Angst vor dem Verlust ihres Arbeitsplatzes weisungsbedingt bestimmte Sicherheitsregeln nicht beachten. Man denke etwa an Verstöße gegen Lenkzeit- und Unfallverhütungsvorschriften.

Vgl. hierzu *Roxin*, AT I, § 24 Rn. 122 f.; LK/*Vogel*, 12. Aufl., § 15 Rn. 312; MüKo/*Duttge*, § 15 Rn. 206 f.; kritisch *Achenbach*, Jura 1997, 631 ff.

Zur Anwendung des § 33 i. V. m. Fahrlässigkeitsdelikten siehe § 27   89
Rn. 16a, 21.

538 10. Kapitel. Das Fahrlässigkeitsdelikt

Empfehlungen zur vertiefenden Lektüre:
Rechtsprechung: BGHSt 11, 1 (Pflichtwidrigkeitszusammenhang – zu geringer Seitenabstand); BGHSt 24, 31 (Pflichtwidrigkeitszusammenhang – alkoholbedingte Fahruntüchtigkeit); BGHSt 39, 322 (Zurechnung von Retterverhalten); BGHSt 49, 1 (Zurechnung der Folgen von Gewalttaten nach unberechtigter Vollzugslockerung).
Literatur: *Beck*, Achtung: Fahrlässiger Umgang mit der Fahrlässigkeit!, JA 2009, 111 ff., 268 ff.; *Kaspar*, Grundprobleme der Fahrlässigkeitsdelikte, JuS 2012, 16 ff., 112 ff.; *Kretschmer*, Das Fahrlässigkeitsdelikt, Jura 2000, 267 ff.; *Kretschmer*, Notwehr bei Fahrlässigkeitsdelikten, Jura 2002, 114 ff.; *Magnus*, Der Pflichtwidrigkeitszusammenhang im Strafrecht, JuS 2015, 402 ff.; *Quentin*, Fahrlässigkeit im Strafrecht, JuS 1994, L 41 ff., 49 ff., 57 ff.

§ 53. Täterschaft und Teilnahme beim Fahrlässigkeitsdelikt

Fall 1: Um ein Spektakel zu haben, vereinbaren A und B, jeder einen großen Felsbrocken oberhalb eines Flusses einen Abhang hinunterrollen zu lassen. Sie wissen, dass sich am Fluss oft Leute aufhalten. Eine Person wird von einem der Steine tödlich getroffen. Welcher Stein das war, kann nicht mehr festgestellt werden. *Drei Varianten:* a) A und B haben darauf vertraut, dass niemand getroffen wird; b) A und B handeln mit Tötungsvorsatz; c) A und B handeln mit Körperverletzungsvorsatz. → Rn. 7, 8

I. Der Teilnehmer als möglicher Nebentäter

1   Die wesentlichen Punkte sind schon angesprochen worden (§ 42 Rn. 3 ff.; § 52 Rn. 57 ff.). Zusammengefasst: Aus den §§ 26 und 27, nach denen nur die vorsätzliche Teilnahme an einer Vorsatztat strafbar ist, folgt, dass es eine akzessorische fahrlässige Anstiftung oder Beihilfe zu einem wie auch immer gearteten Vorsatz- oder Fahrlässigkeitsdelikt oder eine vorsätzliche Anstiftung oder Beihilfe zu einem Fahrlässigkeitsdelikt nicht gibt.

2   Diese Rechtslage, wonach bei der Fahrlässigkeitstat nicht zwischen verschiedenen Beteiligungsformen differenziert wird, muss aber nicht die Straflosigkeit eines solchen Teilnehmers bedeuten. Vielmehr kann in einer derartigen Teilnahmehandlung eine objektive Sorgfaltspflichtverletzung liegen, die als Anknüpfungspunkt für eine eigenständige Fahrlässigkeitsstrafbarkeit als Nebentäter in Betracht kommt, sofern die sonstigen Voraussetzungen des etwaigen Fahrlässigkeitstatbestandes erfüllt sind. Ist dies der Fall, so hat man es unab-

§ 53. Täterschaft und Teilnahme beim Fahrlässigkeitsdelikt   539

hängig von der Art der Beteiligung immer mit (neben-)täterschaftlichem Handeln zu tun. Daher spricht man vom im Fahrlässigkeitsbereich geltenden Einheitstäterbegriff.

II. Fahrlässige Mittäterschaft

Die Rechtsfigur der fahrlässigen Mittäterschaft ist umstritten, wird **3** aber zunehmend mit Recht anerkannt. Denn anders als bei den §§ 26 und 27 ergibt sich aus dem Wortlaut des § 25 II, der von der gemeinschaftlichen Begehung der Straftat spricht, nicht eindeutig, dass die Mittäterschaft auf das bewusste und gewollte Zusammenwirken bei Vorsatztaten beschränkt ist. Der Meinungsstreit hat freilich eine verhältnismäßig geringe Bedeutung, weil sich die Fahrlässigkeitsstrafbarkeit eines jeden Mitwirkenden in der Regel auch ohne Rückgriff auf den Gedanken der fahrlässigen Mittäterschaft im Wege der Nebentäterschaft konstruieren lässt. Dennoch verdient die Rechtsfigur Anerkennung; denn mit ihrer Hilfe lassen sich bestimmte Ergebnisse zumindest überzeugender begründen.

In dem aus der Schweizer Praxis stammenden **Fall 1a,** der die Diskussion **4** um die fahrlässige Mittäterschaft maßgeblich belebt hat, liegt es nahe, dass sich A und B jeweils darauf berufen, gerade ihr pflichtwidrig ins Rollen gebrachter Stein habe den Tod nicht verursacht; daher seien sie jeweils nach dem Grundsatz in dubio pro reo freizusprechen (vgl. unten § 57 Rn. 1 ff.).

Um dies zu vermeiden, könnte man die objektive Sorgfaltspflicht- **5** verletzung von A wie B darin sehen, dass sie sich an einer gefährlichen Abrede beteiligt haben, die in objektiv und subjektiv voraussehbarer Weise den tödlichen Kausalverlauf ausgelöst hat. So betrachtet könnte man A und B jeweils als Nebentäter (vgl. § 42 Rn. 3 ff.) gemäß § 222 bestrafen.

Greift man demgegenüber mit der inzwischen h. M. im Schrifttum **6** den Aspekt der gemeinschaftlichen fahrlässigen Begehung auf, so gelangt man direkter und überzeugender zur Fahrlässigkeitsstrafbarkeit. Danach liegt eine fahrlässige Mittäterschaft vor, wenn zumindest zwei Beteiligte bewusst und gewollt die gemeinschaftliche Begehung einer objektiv pflichtwidrigen Handlung verabreden, deren Ausführung in zurechenbarer Weise einen bestimmten Erfolg herbeiführt.

Im **Fall 1a** haben A und B die Begehung von zwei pflichtwidrigen Hand- **7** lungen vereinbart und diese dann ausgeführt, so dass sich A wie B die Folgen

540   10. Kapitel. Das Fahrlässigkeitsdelikt

der Handlung des anderen zurechnen lassen muss. Daher sind A und B gemäß
den §§ 222, 25 II zu bestrafen.

8   Dass im **Fall 1a** die Bejahung der fahrlässigen Mittäterschaft gegenüber der Annahme jeweiliger Nebentäterschaft die schlüssigere Lösung darstellt, wird noch deutlicher, wenn man sich den §§ 222, 25 II
von den in den Fällen 1b und 1c gebildeten Varianten aus nähert. In
diesen Varianten hat man es mit anerkannten Mittäterschaftsfällen der
§§ 212, 25 II (**Fall 1b**; dazu schon oben § 44 Rn. 4) bzw. §§ 227, 25 II
(**Fall 1c**) zu tun. Im Zusammenhang mit dem todeserfolgsqualifizierten Delikt (§ 227) zeigt sich zudem, dass die Konstruktion einer fahrlässigen Mittäterschaft kein Fremdkörper ist (zur Struktur der §§ 227,
25 II siehe *Rengier*, BT II, § 16 Rn. 32 ff.). Weshalb dann im **Fall 1a**,
der sich von den Fällen 1b und 1c allein im subjektiven Bereich darin
unterscheidet, dass A und B auf einen guten Ausgang vertrauen, eine
fahrlässige Mittäterschaft ausscheiden soll, leuchtet nicht ein.

9   Für die Anerkennung der fahrlässigen Mittäterschaft spricht ferner,
dass der fragwürdige Weg über die Nebentäterschaft nicht immer
gangbar ist. Wenn im Fall 1 der B zum Hinunterrollen schon entschlossen gewesen wäre (zum omnimodo facturus vgl. § 45
Rn. 33 ff.), bevor A und B das „Zweierspektakel" beschließen, könnte
bei A eine für den Erfolg ursächliche pflichtwidrige Handlung nicht
sicher festgestellt werden.

10   **Weitere Beispiele** zur fahrlässigen Mittäterschaft: Vier Mitglieder eines Gremiums beschließen, ein möglicherweise gesundheitsschädliches Produkt weiter zu vertreiben bzw. nicht vom Markt zurückzurufen; deshalb erleiden Verbraucher Gesundheitsschäden (vgl. bereits § 13 Rn. 35 ff.; § 49 Rn. 20 ff.). – A
und B werfen gemeinsam ohne Tötungs- und Körperverletzungsvorsatz
Steine von einer Brücke auf die Straße und verletzen/töten dadurch einen Autofahrer. – Dachdecker haben sich, um Zeit zu sparen, verständigt, alte Ziegel
und Dachbalken nach unten zu werfen; ein Balken, dessen Werfer nicht ermittelt werden kann, trifft einen Passanten und verletzt ihn schwer. – Zwei Schüler sprühen absprachegemäß Pfefferspray in einen Schulraum, um Unter-
richtsausfall zu erzeugen; dadurch erleiden mehrere Schüler Hautreizungen.

11   Zu den Befürwortern der fahrlässigen Mittäterschaft siehe etwa Sch/Sch/
Heine/Weißer, vor § 25 Rn. 110 ff.; *Otto*, Jura 1990, 47 ff.; *Renzikowski*, Otto-
FS, 2007, S. 423 ff.; M/G/Z/*Renzikowski*, § 49 Rn. 110 ff.; *Küpper*, GA 1998,
526 ff.; *Ransiek*, ZGR 1999, 643 ff.; *Roxin*, AT II, § 25 Rn. 239 ff.; LK/*Schüne-
mann*, 12. Aufl., § 25 Rn. 216 f. m. w. N.; W/*Beulke/Satzger*, AT, Rn. 507, 659;
Frister, AT, 26/4 ff.; im Ergebnis auch *Gropp*, GA 2009, 265 ff. – Abl. SSW/
Murmann, § 25 Rn. 33 f.; *Mitsch*, JuS 2001, 109 f.; *Krey/Esser*, AT, Rn. 1342. –
Zusammenfassend *Fischer*, § 25 Rn. 49 ff.; *Lackner/Kühl*, § 25 Rn. 13.

§ 54. Das fahrlässige unechte Unterlassungsdelikt   541

§ 54. Das fahrlässige unechte Unterlassungsdelikt

Fall 1: Arzt A ist für die Vollnarkose der Patientin P während einer Operation zuständig, die narkosebedingt wegen eines Herzfehlers der P tödlich verläuft. Dass sie etwas am Herzen habe, hat P beim ersten Aufklärungsgespräch dem Arzt V als Vertreter des A mitgeteilt. V hat dies aber versehentlich im Aufklärungsbogen, den A vor der Operation durchgesehen hat, nicht vermerkt. A wäre indes auch beim zweiten von ihm durchgeführten Aufklärungsgespräch verpflichtet gewesen, nach etwaigen Herzbeschwerden zu fragen, was er nicht getan hat. Daher unterblieb die gebotene kardiologische Untersuchung, welche die Operation um eine Woche verschoben hätte. Allerdings wäre bei dieser Untersuchung P's Herzfehler nicht entdeckt worden. → Rn. 6

I. Aufbaufragen

Auch Fahrlässigkeitsdelikte wie namentlich die §§ 222, 229 können **1** unter den Voraussetzungen des § 13 spiegelbildlich durch unechtes Unterlassen verwirklicht werden. Im Aufbau sind Unterlassungs- und Fahrlässigkeitsdelikt zu kombinieren. Insoweit ergeben sich gegenüber dem fahrlässigen Begehungsdelikt (§ 52 Rn. 12) auf der Tatbestandsebene gewisse Besonderheiten, die mit dem Unterlassungscharakter (vgl. § 49 Rn. 4) zusammenhängen:

Aufbauschema zum fahrlässigen unechten Unterlassungsdelikt **2**
(Erfolgsdelikt)

Vorprüfung (ggf. nur gedanklich): Abgrenzung zwischen Tun und Unterlassen. Die konkrete Erörterung kann bereits zuvor bei der Prüfung des Begehungsdelikts erfolgt sein. Ansonsten empfiehlt es sich, die Frage bei der „Unterlassung" (Punkt I.2) zu prüfen. Die Abgrenzungsfrage stellt sich beim fahrlässigen unechten Unterlassungsdelikt besonders oft.

I. Tatbestandsmäßigkeit
    1. Tatbestandsmäßige Situation: Vorliegen der objektiven Tatbestandsmerkmale eines fahrlässigen Erfolgsdelikts
    2. Unterlassung einer geeigneten und erforderlichen Verhinderungshandlung trotz physisch-realer individueller Handlungsmöglichkeit
    3. (Hypothetische) Kausalität
    4. Objektive Sorgfaltspflichtverletzung

542   10. Kapitel. Das Fahrlässigkeitsdelikt

> 5. Objektive Zurechnung
>   a) Objektive Voraussehbarkeit des Kausalverlaufs und Erfolgseintritts
>   b) Pflichtwidrigkeitszusammenhang: Objektive Vermeidbarkeit des Erfolgseintritts bei pflichtgemäßer Vornahme der Verhinderungshandlung
>   c) Schutzzweckzusammenhang: Erfolgseintritt muss im Schutzbereich der verletzten Sorgfaltsnorm liegen
>   d) Abgrenzung nach Verantwortungsbereichen
> 6. Garantenstellung gemäß § 13 (Garantenposition und Handlungspflicht im konkreten Fall)
> **II.–V. Rechtswidrigkeit usw.**
> Wie beim fahrlässigen Begehungsdelikt (§ 52 Rn. 12)
>
> Die Entsprechungsklausel (§ 13 I 2. Halbs.) spielt bei fahrlässigen Erfolgsdelikten keine Rolle (vgl. § 49 Rn. 30 f.); daher kann man sie in diesen Fällen unerwähnt lassen.

II. Fahrlässigkeitskonstellationen

3   Um ein Gefühl für Konstellationen des fahrlässigen unechten Unterlassungsdelikts zu entwickeln, ist es hilfreich, sich zu vergegenwärtigen, welcher Art die objektiven und subjektiven Sorgfaltsmängel sein können, die als Anknüpfungspunkte in Betracht kommen.

4   **Beispiele:** Der Garant verkennt die Gefährlichkeit der tatbestandsmäßigen Situation, z. B. das Glatteis, das seine Streupflicht auslöst, oder die Notwendigkeit, gefährliche Objekte vor dem eigenen Kind oder anderen Personen zu sichern. Der Garant führt die Rettungshandlung mangelhaft aus, etwa indem er einen ungeeigneten Arzt konsultiert. Der Garant verkennt eine effektive Handlungsmöglichkeit, weil er z. B. irrtümlich sein Handy für unbenutzbar hält. Er übersieht aus Unaufmerksamkeit Faktoren, die seine Handlungspflicht betreffen, hält beispielsweise seine in Gefahr geratene Ehefrau für eine fremde Person. – Vgl. hierzu *Jescheck/Weigend*, AT, § 59 VII 2; *Roxin*, AT II, § 31 Rn. 196 ff.; *Murmann*, GK, § 30 Rn. 11.

Ausführlich mit den §§ 222, 13 befasst sich *BGH* NJW 2015, 96, 98 ff. anlässlich des auf mangelnder polizeilicher Überwachung beruhenden Verbrennungstodes einer in Polizeigewahrsam genommenen Person (Falllösung bei *Jäger*, AT, Rn. 336c/d).

§ 55. Vorsatz-Fahrlässigkeits-Kombinationen   543

Im Übrigen gelten im Rahmen der objektiven Zurechnung die all- 5
gemeinen Fahrlässigkeitsgrundsätze. Wenn nach dem Einsturz des
Daches einer Sporthalle Tote und Verletzte zu beklagen sind und
dem Sicherheitsbeauftragten zu Recht vorgeworfen wird, er habe
das Gebäude nicht ausreichend überwacht, erfüllt er mangels Pflichtwidrigkeitszusammenhangs die §§ 222, 13 oder §§ 229, 13 nicht, falls
im Rahmen der gebotenen Kontrollen die für den Einsturz verantwortlichen Mängel nicht entdeckt worden wären.

Fall 1 verdeutlicht die Parallelen zwischen fahrlässigem Begehungs- und 6
Unterlassungsdelikt. Zunächst ist bei A § 222 zu prüfen. Der Schwerpunkt
der Vorwerfbarkeit liegt – entsprechend dem Beispiel (3) von § 48 Rn. 14 –
beim aktiven Tun, nämlich in der Vornahme der Narkose (ohne ausreichendes
Aufklärungsgespräch). Hätte die gebotene kardiologische Untersuchung stattgefunden, wäre P erst später, also nicht zu dem konkreten Zeitpunkt gestorben. Da aber der Herzfehler bei der Spezialuntersuchung nicht entdeckt worden wäre, entfällt der Schutzzweckzusammenhang; denn es ist nicht der Sinn
solcher Untersuchungen, das Leben kurzfristig zu verlängern (*Roxin*, AT I,
§ 11 Rn. 84 ff.; *Jescheck/Weigend*, AT, § 55 II 2b bb; im Ergebnis auch BGHSt
21, 59). – Bei V gelangt man auf der Ebene der §§ 222, 13 zu den gleichen Fragen: Hätte er den Herzfehler im Aufklärungsbogen vermerkt, hätte A dies bemerkt, die kardiologische Untersuchung angeordnet und P wäre erst später
gestorben. Doch entfällt wieder der Schutzzweckzusammenhang.

§ 55. Erfolgsqualifizierte Delikte und andere Vorsatz-Fahrlässigkeits-Kombinationen

I. Erfolgsqualifizierte Delikte

Verhältnismäßig oft stößt man auf sog. erfolgsqualifizierte Delikte, 1
bei denen in der Form einer Vorsatz-Fahrlässigkeits-Kombination die
Strafe erheblich geschärft wird, wenn der Täter im Zusammenhang
mit der Begehung eines bestimmten Vorsatzdelikts (des Grunddelikts) fahrlässig einen qualifizierenden Erfolg, in der Regel den Tod,
herbeiführt. Der Prototyp eines solchen (todes)erfolgsqualifizierten
Delikts ist die Körperverletzung mit Todesfolge, deren Tatbestand
(§ 227) in Verbindung mit § 18 gelesen werden muss und sich aus
§ 223 und § 222 zusammensetzt. Als weitere Beispiele sind insbesondere die §§ 221 III, 239 IV zu nennen.

544   10. Kapitel. Das Fahrlässigkeitsdelikt

2   Eine wichtige Abwandlung dieses klassischen Vorsatz-Fahrlässig-
keits-Musters findet man bei denjenigen (todes)erfolgsqualifizierten
Delikten, bei denen das Gesetz bezüglich der Herbeiführung des To-
deserfolges die qualifizierte Fahrlässigkeitsform der Leichtfertigkeit
(§ 52 Rn. 9) verlangt. Eine derartige Vorsatz-Leichtfertigkeits-Struk-
tur weisen insbesondere der Raub mit Todesfolge (§ 251) sowie ferner
etwa die §§ 178, 239a III, 239b II, 306c, 316a III auf.

3   Eine weitere Variante ergibt sich aus dem „wenigstens", das in § 18
vor der „Fahrlässigkeit" und in den Leichtfertigkeitsqualifikationen
vor dem „leichtfertig" steht und bedeutet, dass sich die Erfolgsquali-
fikationen auch auf die vorsätzliche Erfolgsverursachung erstrecken.

Speziell zu den daraus folgenden Konsequenzen *Rengier*, BT I, § 9 Rn. 2,
12 f., 15; BT II, § 10 Rn. 21, 23; § 15 Rn. 2, 30 f.; § 16 Rn. 25 f.; § 24 Rn. 35;
§ 40 Rn. 57.

4   Zwischen den erfolgsqualifizierten Delikten und Fragen des Allgemeinen Teils gibt es zahlreiche Berührungspunkte. Die wichtigsten
Punkte betreffen
– den spezifischen Gefahrverwirklichungszusammenhang zwischen
   Grunddelikt und Erfolg, ein Erfordernis, das den Zurechnungszusammenhang über die Kriterien der objektiven Zurechnung hinausgehend einschränken soll;
– die Fragen des Versuchs mit der Differenzierung zwischen dem
   „erfolgsqualifizierten Versuch" und der „versuchten Erfolgsqualifizierung";
– die Grundsätze, die für die Prüfung von Mittäterschaft und Teilnahme gelten.

5   All diese Fragen lassen sich insgesamt sachgerechter im Besonderen
Teil im Zusammenhang mit dem jeweiligen erfolgsqualifizierten Delikt erörtern, weil die Antworten auch vom einschlägigen Straftatbestand abhängen.

Siehe daher insbesondere *Rengier*, BT II, § 16 (zu § 227), § 10 Rn. 20 ff. (zu
§ 221 III) und § 22 Rn. 19 ff. (zu § 239 IV). – Zu den Delikten mit Vorsatz-
Leichtfertigkeits-Struktur siehe *Rengier*, BT I, § 9 (zu § 251); BT II, § 24
Rn. 34 ff. (zu den §§ 239a III, 239b II) und § 40 Rn. 57 ff. i. V. m. Rn. 40 ff. (zu
§ 306c). – Ferner *Kühl*, AT, § 17a; *Heinrich/Reinbacher*, Jura 2005, 743 ff.;
Kudlich, JA 2000, 511 ff.; *ders.*, JA 2009, 246 ff.; *Sowada*, Jura 1994, 643 ff.

II. Andere Vorsatz-Fahrlässigkeits-Kombinationen

Gewisse strukturelle Ähnlichkeiten mit den erfolgsqualifizierten **6**
Delikten weisen Kombinationsdelikte wie die §§ 315b, 315c auf, die
sich aus einem Handlungs- und einem Gefährdungsteil zusammen-
setzen. Bei ihnen löst eine näher umschriebene Handlung die Strafbarkeit aus, wenn der Täter dadurch einen bestimmten Erfolg, nämlich eine konkrete Gefahr für Leib, Leben oder fremde Sachen von
bedeutendem Wert, verursacht. Hier *begründet* in der Regel der Erfolgseintritt in der Form eines konkreten Gefahrerfolges die Strafbarkeit.

Soweit der Täter den Handlungsteil vorsätzlich erfüllt und fahrläs- **7**
sig die konkrete Gefahr herbeiführt, tritt das Delikt als Vorsatz-Fahrlässigkeits-Kombination in Erscheinung (§ 315b I, IV, § 315c I, III
Nr. 1). Gemäß § 11 II gilt diese Kombination als Vorsatztat, so dass
insbesondere eine Teilnahme in Betracht kommt (näher *Rengier*, BT
II, § 44 Rn. 28 f.).

Doch können diese Tatbestände auch in den Formen der Vorsatz- **8**
Vorsatz-Kombination (§ 315b I, § 315c I, jeweils i. V. m. § 15) und der
Fahrlässigkeits-Fahrlässigkeits-Kombination (§ 315b I, V, § 315c I, III
Nr. 2) verwirklicht werden. – Näher zu diesen Tatbeständen *Rengier*,
BT II, §§ 44, 45.

Empfehlungen zur vertiefenden Lektüre:
Literatur: *Heinrich/Reinbacher*, Objektive Zurechnung und „spezifischer
Gefahrzusammenhang" bei den erfolgsqualifizierten Delikten, Jura 2005,
743 ff.; *Kudlich*, Die Teilnahme am erfolgsqualifizierten Delikt, JA 2000,
511 ff.; *Kudlich*, Das erfolgsqualifizierte Delikt in der Fallbearbeitung, JA
2009, 246 ff.; *Sowada*, Das sog. „Unmittelbarkeits"-Erfordernis als zentrales
Problem erfolgsqualifizierter Delikte, Jura 1994, 643 ff.

11. Kapitel. Konkurrenzlehre

§ 56. Konkurrenzen

Fall 1: M gibt am 1. Mai aus einem geplanten Hinterhalt mit Tötungsvorsatz einen Schuss auf den Unterleib der F ab und trifft das Knie; das Kniegelenk bleibt steif. → Rn. 15, 34, 77

Fall 2: M wirft am 2. Mai in voller Kenntnis aller Gefahren eine Handgranate auf einen belebten Platz. A und B werden getötet, C und D verletzt, E und F erleiden Sachschäden. → Rn. 15, 47, 77

Fall 3: T hat für eine längere Spazierfahrt den Pkw des E weggenommen. Unterwegs erfasst der enthemmt und unaufmerksam fahrende T zunächst den Fußgänger F, den er verletzt, ohne dies zu bemerken, bevor er wenig später auf einem Zebrastreifen den Passanten P mit tödlichen Folgen anfährt. → Rn. 68

Fall 4: A beauftragt T, gegen eine Belohnung B, C und D zu erschießen. Die Tatwaffe hat der eingeweihte G besorgt. Mit dieser Waffe tötet T erst den B und schießt später auf C, der aber den Treffer überlebt. Danach funktioniert die Waffe nicht mehr. Erst nachdem G sie repariert hat, erschießt T mit ihr D. → Rn. 80

I. Grundlagen

1   **Vorbemerkung:** Der Zugang zu den Konkurrenzfragen bereitet dem Studierenden erfahrungsgemäß große Schwierigkeiten. Dies hängt zum Teil auch damit zusammen, dass es zwar um eine Materie des Allgemeinen Teils geht, die betroffenen Straftatbestände aber naturgemäß dem Besonderen Teil entstammen. Von daher erschließen sich zahlreiche Konkurrenzfragen erst, wenn man mit den Tatbeständen des Besonderen Teils vertraut ist.

2   Zu Konkurrenzfragen gelangt man immer dann, wenn ein Täter mehrere Straftatbestände verwirklicht hat. Der Konkurrenzlehre fällt die Aufgabe zu, das Endergebnis vorzubereiten. Dies geschieht auf zwei Ebenen: Erstens müssen diejenigen zuvor bejahten Straftaten ausgesondert werden, die nicht in das Endergebnis einfließen, weil mit ihnen nur eine scheinbare oder „unechte" Konkurrenz besteht (Fälle der Gesetzeskonkurrenz). Zweitens muss entschieden werden, inwieweit die verbleibenden „echt" konkurrierenden Straftatbestände in Tateinheit (§ 52) oder Tatmehrheit (§ 53) stehen.

§ 56. Konkurrenzen   547

Die Feststellung des Endergebnisses gehört zur Aufgabe des straf- 3
rechtlichen Gutachtens. Für das Verständnis ist es hilfreich, sich die
strafprozessuale Bedeutung dieses Ergebnisses zu vergegenwärtigen.
Es bildet die maßgebliche Grundlage für den Schuldspruch des Urteilstenors (§ 260 IV 1, 2 StPO; unten Rn. 85) und für die Strafzumessung (vgl. §§ 52 ff.). In den Schuldspruch sind alle Straftaten aufzunehmen, die für die volle Erfassung des Unwerts der Tat(en)
Bedeutung haben. Dieser Aspekt ist vor allem für die Abgrenzung
zwischen Gesetzeskonkurrenz und Tateinheit wichtig und gemeint,
wenn von der Klarstellungsfunktion der Tateinheit gesprochen wird:
Im Tenor des Urteils, das im Namen des Volkes verkündet wird,
muss sich „klar" das vom Täter verwirklichte Unrecht widerspiegeln.

Der in § 52 (Tateinheit; auch: Idealkonkurrenz) und § 53 (Tatmehr- 4
heit; auch: Realkonkurrenz) angelegte Ausgangspunkt aller konkur-
renzrechtlichen Überlegungen ist die Unterscheidung zwischen
Handlungseinheit und Handlungsmehrheit. Denn der Konkurrenz-
fall der Tateinheit (§ 52) setzt eine Handlungseinheit, derjenige der
Tatmehrheit (§ 53) eine Handlungsmehrheit voraus. Dabei ist zu beachten, dass die Begriffe „Handlungseinheit" und „Tateinheit" bzw.
„Handlungsmehrheit" und „Tatmehrheit" Unterschiedliches bezeichnen. Die Handlungseinheit und Handlungsmehrheit sind um-
fassender, weil in ihnen auch noch die „unechten" Konkurrenzverhältnisse, nämlich die Fälle der Gesetzeskonkurrenz, enthalten sind;
letztere müssen noch gleichsam aussortiert werden, bevor man zum
Endergebnis mit den „echt" in Tateinheit und Tatmehrheit konkurrierenden Straftaten gelangt.

II. Fallbearbeitung

Bei der Bearbeitung der Konkurrenzfragen geht man stets von der 5
Handlungseinheit aus (Rn. 14 ff.). Soweit eine solche vorliegt, muss
man feststellen, ob der Täter innerhalb einer Handlungseinheit mehrere Straftatbestände verwirklicht hat. Ist dies der Fall, so sind etwaige Fälle der Gesetzeskonkurrenz (Spezialität, Konsumtion, Subsidiarität) auszuscheiden (Rn. 26 ff.). Die danach übrig bleibenden
Straftatbestände stehen gemäß § 52 in Tateinheit (Rn. 46 ff.).

Soweit keine Handlungseinheit vorliegt, gelangt man automatisch 6
zur Handlungsmehrheit. Auch im Rahmen einer Handlungsmehrheit
ist zunächst zu prüfen, ob bestimmte Tatbestände im Wege der Ge-

setzeskonkurrenz (mitbestrafte Vor- oder Nachtat) ausscheiden (Rn. 43 ff.). Die verbleibenden Straftaten stehen gemäß § 53 in Tatmehrheit (Rn. 76 ff.). Von daher ergibt sich folgende

7	**Struktur der Konkurrenzprüfung**

A. Vorliegen einer Handlungseinheit

    I. *Eine* Handlung im natürlichen Sinn (*eine* Willensbetätigung) (Rn. 15)

    II. Mehrere Handlungen (Willensbetätigungen) werden zu einer Handlungseinheit verbunden, wenn:

        1. Iterative oder sukzessive Tatbestandsverwirklichung (Rn. 16 ff.)

        2. Rechtliche Handlungseinheit

          a) Tatbestandliche Handlungseinheit (Rn. 24, 49 ff.)

          b) Verklammerung (Rn. 62 ff.)

          c) Natürliche Handlungseinheit (Rn. 68 ff.)

    III. Soweit innerhalb einer Handlungseinheit mehrere Tatbestände verwirklicht werden:

        1. Ausscheidung etwaiger Fälle der Gesetzeskonkurrenz

          a) Spezialität (Rn. 29)

          b) Konsumtion (Rn. 30 ff.)

          c) Subsidiarität (Rn. 36 ff.)

          d) Jeweilige Folge: Anwendung des vorrangigen Tatbestandes

        2. Ergebnis: Tateinheit (§ 52) zwischen den verbleibenden Tatbeständen

          a) § 52 I 1. Var.: Ungleichartige Tateinheit (Verwirklichung verschiedener Tatbestände)

          b) § 52 I 2. Var.: Gleichartige Tateinheit (mehrmalige Verwirklichung desselben Tatbestandes)

B. Vorliegen einer Handlungsmehrheit

    I. Ausscheidung etwaiger Fälle der Gesetzeskonkurrenz

        1. Mitbestrafte Vortaten (Rn. 43 f.)

        2. Mitbestrafte Nachtaten (Rn. 45)

        3. Jeweilige Folge: Anwendung des vorrangigen Tatbestandes

    II. Tatmehrheit (§ 53) zwischen den verbleibenden Tatbeständen

1. Ungleichartige Tatmehrheit (Verwirklichung verschiedener Tatbestände)
2. Gleichartige Tatmehrheit (mehrmalige Verwirklichung desselben Tatbestandes)

Vgl. auch die Übersichten bei *Seher*, JuS 2004, 484; *Frister*, AT, 31/28; *W/Beulke/Satzger*, AT, Rn. 852; *Heinrich*, AT, Rn. 1409.

Im strafrechtlichen Gutachten knüpft man an die Unterscheidung 8 zwischen Handlungseinheit und Handlungsmehrheit oft mehr oder weniger bewusst durch die Bildung von verschiedenen Handlungsabschnitten an, bei denen es sich im Verhältnis zueinander typischerweise um Handlungsmehrheiten handelt. Freilich lässt sich dies erst im Rahmen der Konkurrenzprüfung genau feststellen.

Zum Umgang mit den Konkurrenzen und zu ihrem Standort in 9 der Fallbearbeitung findet man verschiedene Ratschläge. Grundsätzlich empfiehlt es sich nicht, die gesamten Konkurrenzen erst am Ende der Bearbeitung zu erörtern. Insbesondere in umfangreichen Klausuren besteht dann die Gefahr, dass man beim Zusammenstellen und Zurückblättern den Überblick verliert.

Außerdem kann die am Ende der Bearbeitung in der Regel bestehende Zeitnot dazu führen, dass man zur Behandlung der Konkurrenzen überhaupt nicht mehr kommt. Für die komplette Verlegung ans Ende kann allenfalls sprechen, dass manche Studierende bei einer früheren Erörterung von Konkurrenzfragen möglicherweise zu viel Zeit verlieren, die sie besser anders investiert hätten (vgl. auch *Kühl*, AT, § 21 Rn. 75 ff.).

Abgesehen von solchen taktischen Gedanken ist es vorzugswürdig, 10 die Konkurrenzen zu erörtern, sobald man die Prüfung bestimmter Komplexe abgeschlossen hat. Damit sind Personenkomplexe wie Handlungsabschnitte gemeint. Man sollte dabei nur den Blick nicht dafür verlieren, dass sich Handlungen auch über mehrere Abschnitte erstrecken können und diese Abschnitte daher nicht unbedingt eine Handlungsmehrheit bilden müssen (vgl. *Kühl*, AT, § 21 Rn. 77).

In eindeutigen Fällen von Gesetzeskonkurrenz empfiehlt es sich, 11 die allgemeine Konkurrenzprüfung zu entlasten und das Zurücktreten des Tatbestandes sofort anzusprechen. In der Regel kann dies im Urteilsstil geschehen und insoweit auf eine schulmäßige Erörterung verzichtet werden.

Beispiele: Hat T einen Pkw gestohlen (§ 242), so erfüllt er auch die §§ 246, 12 248b. Insoweit genügt im Anschluss an die Prüfung des § 242 der Satz: Die

550 11. Kapitel. Konkurrenzlehre

ebenfalls vorliegenden §§ 246, 248b treten im Wege gesetzlicher Subsidiarität zurück. Oder: § 239 ist oft eine typische Begleiterscheinung anderer Tatbestandsverwirklichungen (z. B. §§ 223, 239a/b, 249) und tritt dann im Wege der Konsumtion zurück (*Rengier*, BT II, § 24 Rn. 27); entsprechend kurz sollte die Erörterung des § 239 ausfallen.

13   In bestimmten Fällen der materiellen Subsidiarität kann auf die Prüfung der verdrängten Strafnormen ganz verzichtet werden (Rn. 39 ff.).

Zum Ganzen siehe auch *Steinberg/Bergmann*, Jura 2009, 905 ff., die zu den verschiedenen Konkurrenzkonstellationen Beispielsfälle mit konkreten Formulierungsvorschlägen erörtern.

III. Handlungseinheit

14   Der Begriff Handlungseinheit darf nicht dahingehend missverstanden werden, als ob die Annahme einer solchen Einheit nur in Betracht kommt, wenn sich das willentliche Verhalten auf eine einzige Willensbetätigung beschränkt. Vielmehr können, wie es sehr oft auch der Fall ist, mehrere Willensbetätigungen zu einer Handlungseinheit verbunden sein.

1. Eine Handlung im natürlichen Sinn (Willensbetätigung in einem Akt)

15   Mit dem einfachsten Fall der Handlungseinheit hat man es zu tun, wenn der Täter durch eine einzige Willensbetätigung mehrere Straftatbestände verwirklicht.

Beispiele: Um solche Konstellationen geht es im **Fall 1** (unten Rn. 33) und **Fall 2** (unten Rn. 47). – Siehe ferner unten Rn. 79 ff. zur Teilnahme und Rn. 82 ff. zur Unterlassung.

2. Handlungseinheit bei iterativer und sukzessiver Tatbestandsverwirklichung

16   a) Von einer **iterativen (wiederholten) Tatbestandsverwirklichung** spricht man, wenn der Täter innerhalb eines engen räumlichen und zeitlichen Zusammenhangs denselben Tatbestand auf Grund eines einheitlichen Willens mehrfach verwirklicht und dadurch lediglich das Unrecht steigert.

17   **Beispiele:** (1) T verabreicht dem O eine „Tracht Prügel" mit jeweils 10 kräftigen Ohrfeigen, Faustschlägen und Fußtritten. T verletzt O mit mehreren

Messerstichen. T beleidigt O eine Stunde lang mit immer neuen herabsetzenden Kränkungen.

(2) Nehmen Diebe bei der Tatausführung, z. B. bei einem Einbruch in ein Unternehmen, Sachen eines oder verschiedener Eigentümer weg, liegt regelmäßig nur ein Diebstahl vor. Man denke etwa an das Entwenden von mehreren Fahrzeugschlüsseln und das sich daran unmittelbar anschließende Wegfahren der dazu gehörigen Fahrzeuge, die einem oder mehreren Eigentümern gehören (erg. Rn. 44). Entsprechendes gilt, wenn Diebe nur eine Sache wegnehmen und die Wegnahme weiterer Sachen versuchen (hierzu *BGH* NStZ-RR 2009, 278 und 279).

Im Ergebnis besteht weitgehend Einigkeit darüber, dass in diesen **18** Fällen nur *eine* (gefährliche) Körperverletzung, nur *eine* Beleidigung bzw. nur *ein* (Wohnungseinbruch-)Diebstahl vorliegt. Insoweit werden die verschiedenen Willensbetätigungsakte zu einer auf *eine* Tatbestandsverwirklichung gerichteten (natürlichen) Handlungseinheit verbunden. Konkurrenzrechtlich handelt es sich um keinen Fall der Tateinheit gemäß § 52 I 2. Var., weil nicht von einer mehrmaligen Verletzung desselben Strafgesetzes ausgegangen wird (erg. unten Rn. 46 f.).

Vgl. hierzu *W/Beulke/Satzger*, AT, Rn. 763; *Heinrich*, AT, Rn. 1414; *Sowada*, Jura 1996, 247 ff.; *Geppert*, Jura 2000, 600 f.; *Tiedemann*, JuS 1987, L 18.

Dementsprechend prüft man auch in der **Fallbearbeitung** die Einheiten von **19** vornherein zusammen, also z. B. die Körperverletzung „durch das Verprügeln" bzw. „durch die Messerstiche", und trennt nicht etwa zwischen Ohrfeigen und Fußtritten oder bejaht eine Körperverletzung in 30 Fällen bzw. mehrere Wegnahmeakte. – Ein ergänzendes

Beispiel: T hat innerhalb von zwei Minuten fünf Mal versucht, mit einer **20** entwendeten Kreditkarte an demselben Geldautomaten unter Eingabe der Geheimzahl Geld abzuheben; beim ersten Mal erlangte er 500 €, die anderen Versuche scheiterten (*BGH* wistra 2008, 220 f.). Der *BGH* sieht in den gescheiterten Versuchen „unselbstständige Einzelakte" *eines* vollendeten Computerbetrugs.

b) In der Konstellation der **sukzessiven (schrittweisen) Tatbe-** **21** **standsverwirklichung** ist – entsprechend den in Rn. 16 genannten Voraussetzungen – ebenfalls nur *eine* Handlung anzunehmen.

Beispiel: T will O erschießen. Der erste Schuss geht daneben, der zweite trifft ein Bein, der dritte den Oberkörper und erst der vierte tödlich den Kopf. – Hier prüft und bejaht man allein die §§ 212, (211) „durch Erschießen".

552   11. Kapitel. Konkurrenzlehre

22   **Beachte:** Die Frage, wann in solchen Fällen eine Tat im Rechtssinne vorliegt, deckt sich mit der Frage, ob der Täter, wenn er auf die Ausführung des letzten Aktes verzichtet hätte, wegen einer „Rücktrittseinheit" auf dem Boden der Gesamtbetrachtungslehre noch hätte zurücktreten können (dazu oben § 37 Rn. 36, 46, 49 f.; *BGHSt* 41, 368 f.; *BGH* NJW 1998, 619 mit Anm. *Satzger*, JR 1998, 518 ff.).

3. Rechtliche Handlungseinheit

23   Über die iterative und sukzessive Tatbestandsverwirklichung hinaus sind weitere Konstellationen anerkannt, in denen **mehrere Willensbetätigungen** des Täters zu einer – sog. rechtlichen – Handlungseinheit verbunden werden:

24   Der wichtigste Fall stellt die **tatbestandliche Handlungseinheit** dar, bei der man zwei Formen unterscheiden kann. Erstens versteht sich das Vorliegen einer tatbestandlichen Handlungseinheit bei mehraktigen Delikten wie dem Raub von selbst, bei Delikten also, die zwingend die Vornahme mehrerer Handlungen voraussetzen. Zum Teil schwieriger zu erkennen ist die zweite Form, bei der sich die rechtliche Verbindung aus der Teilidentität von Ausführungshandlungen verschiedener Straftatbestände ergibt.

25   Als weitere Fälle der rechtlichen Handlungseinheit sind das **Prinzip der Verklammerung** und die **natürliche Handlungseinheit** zu nennen.

Da die Fallgruppen der Rn. 24 f. in der Regel im Zusammenhang mit der Tateinheit aktuell werden, ist es sinnvoller, sie dort zu erörtern (unten Rn. 49 ff.).

IV. Gesetzeskonkurrenz

1. Grundlagen

26   Mit dem Begriff der Gesetzeskonkurrenz – aber auch mit der Bezeichnung unechte Konkurrenzen, Scheinkonkurrenzen oder Gesetzeseinheit – kennzeichnet man Konkurrenzverhältnisse, bei denen der Unrechtsgehalt einer Straftat X in einer anderen Straftat Y enthalten ist. Dann bestehen weder ein Bedürfnis noch eine Legitimation, neben der Tat Y auch noch die Tat X in das Endergebnis und insoweit in den Schuldspruch einfließen zu lassen (vgl. bereits Rn. 3).

27   In der **Fallbearbeitung** müssen daher die Fälle der Gesetzeskonkurrenz ausgeschieden werden, bevor man zu den für die Tateinheit (§ 52) und Tat-

§ 56. Konkurrenzen 553

mehrheit (§ 53) verbleibenden Tatbeständen gelangt. Sprachlich wird die Gesetzeskonkurrenz ausgedrückt, indem man sagt, dass die Straftat X hinter die Straftat Y z. B. im Wege der Konsumtion „zurücktritt" oder die Straftat Y die Straftat X im Wege der Konsumtion „verdrängt".

Parallel zu den echten Konkurrenzverhältnissen der Tateinheit und 28 Tatmehrheit gibt es unechte (Gesetzes-)Konkurrenzen sowohl in den Bereichen der Handlungseinheit als auch der Handlungsmehrheit.

2. Bereich der Handlungseinheit

a) **Spezialität.** Sie liegt vor, wenn ein Delikt in einem anderen not- 29 wendigerweise enthalten ist. Der speziellere Tatbestand baut auf dem anderen, dem sog. Grunddelikt, vollständig auf, setzt also zwingend dessen Verwirklichung voraus und enthält mindestens ein zusätzliches qualifizierendes Merkmal. Bezüglich des spezielleren Delikts spricht man daher auch von einer Qualifikation.

Beispiele: Im Wege der Spezialität verdrängen § 211 den § 212 (h. M.), § 224 den § 223, § 227 die §§ 222, 223, § 244 den § 242 und § 250 den § 249.

b) **Konsumtion.** Bei der Konsumtion ist ein Tatbestand zwar nicht 30 – wie bei der Spezialität – zwingend in einem anderen enthalten, geht aber regelmäßig und typischerweise mit der Verwirklichung einer anderen Straftat einher, so dass sein Unrechts- und Schuldgehalt von dem anderen Delikt mit umfasst wird. Man spricht auch von typischen Begleittaten.

Um die Grenzen zwischen unechter und echter Konkurrenz, ins- 31 besondere zwischen Konsumtion und Tateinheit, besser zu verstehen, ist es hilfreich, sich die Bedeutung der Konkurrenzfrage für den Schuldspruch des Urteilstenors zu vergegenwärtigen und den Gedanken der Klarstellungsfunktion der Tateinheit in Erinnerung zu rufen (siehe bereits Rn. 3).

Zu beachten bleibt, dass für die Abgrenzung zwischen Konsum- 32 tion und Tateinheit letztlich eine konkrete Betrachtungsweise maßgebend ist. Daher kann im Einzelfall dem normalerweise konsumierten Delikt der typische Begleitcharakter fehlen.

Beispiele: (1) Als klassischer Fall der Konsumtion gilt die Verdrängung der 33 §§ 123, 303 im Zusammenhang mit dem Einbruchsvorgang beim Wohnungseinbruchdiebstahl gemäß § 244 I Nr. 3. Wenn aber im Einzelfall der durch das Einbrechen angerichtete Sachschaden insbesondere wegen seiner Höhe aus dem regelmäßigen Verlauf eines Wohnungseinbruchdiebstahls herausfällt, be-

554   11. Kapitel. Konkurrenzlehre

steht mit § 303 Tateinheit (vgl. *BGH* NJW 2002, 150 ff.; *Rengier*, JuS 2002, 852 f., 854; erg. *Rengier*, BT I, § 4 Rn. 87 i. V. m. § 3 Rn. 60).

34   (2) Im **Fall 1** erfüllt M durch eine Willensbetätigung in einer Handlungseinheit die Tatbestände der §§ 212, 22, 211, 22, 223, 224 I Nr. 2, 3, 5, 226 I Nr. 2 2. Var., Nr. 3 2. Var. (Lähmung). Was die Gesetzeskonkurrenzen betrifft, so werden die §§ 212, 22 und § 223 von den §§ 211, 22 bzw. § 224 im Wege der Spezialität verdrängt. Im Verhältnis des § 224 zu § 226 stellt jedenfalls § 224 I Nr. 2 in der Regel eine typische Begleittat dar, die konsumiert wird. Zwischen § 226 und § 224 I Nr. 5 besteht allerdings, da es auf den konkreten Einzelfall ankommt, Tateinheit; denn man kann nicht sagen, dass die Verwirklichung des § 226 regelmäßig mit einer lebensgefährdenden Behandlung einhergeht (BGHSt 53, 23, 24). Im Verhältnis der §§ 211, 22 zu § 226 und § 224 I Nr. 5 muss ebenfalls Tateinheit angenommen werden, um klarzustellen, dass der Mordversuch mit diesen vollendeten Körperverletzungsdelikten zusammenfällt. Endergebnis im Fall 1: §§ 211, 22, 224 I Nr. 5, 226; 52.

35   (3) Zwischen § 227 und den Tatvarianten des § 224 I nimmt die h. M. in der Regel Konsumtion an. In einer § 224 I Nr. 2, 4, 5 betreffenden Entscheidung begründet der *BGH* die Konsumtion damit, dass die Gefahr für das Leben des Opfers durch den jeweiligen Qualifikationsgrund verursacht worden sei und daher der Unrechtsgehalt des § 224 vom Unrechtsgehalt des § 227 mit umfasst werde (*BGH* NStZ-RR 2007, 76, 77; *Fischer*, § 227 Rn. 12). – Mit den §§ 212, (211), 22 in Tateinheit steht auch eine einfache Körperverletzung gemäß § 223. – Ergänzend *Rengier*, BT II, § 21.

36   **c) Subsidiarität.** Der Grundgedanke der Subsidiarität liegt darin, dass ein Straftatbestand – gleichsam hilfsweise – nur dann zur Anwendung kommen soll, wenn nicht ein anderer vorgeht. Dieser Vorrang beruht insbesondere darauf, dass die vorgehende Strafnorm dasselbe Rechtsgut intensiver verletzt. Die Subsidiarität kommt in zwei Formen vor:

37   Besonders einfach zu erkennen ist die **formelle oder gesetzliche Subsidiarität.** Hier ordnet der Straftatbestand selbst seine bloß hilfsweise Geltung mit der Formel „wenn die Tat nicht in (bestimmten) anderen Vorschriften mit (schwererer) Strafe bedroht ist" an.

38   **Beispiele** finden sich etwa in den §§ 145d I, 246, 248b, 265, 265a, 316. – Bei den §§ 246, 248b, 265a muss die Subsidiarität richtigerweise auf strafbare Taten mit gleicher oder ähnlicher Angriffsrichtung beschränkt werden (zu dieser Streitfrage *Rengier*, BT I, § 6 Rn. 29).

39   Auch die Fälle der **materiellen Subsidiarität** sind oft leicht zu erfassen. Im strafrechtlichen Gutachten brauchen bestimmte verdrängte Strafnormen gar nicht besonders angesprochen zu werden, weil sich der Vorrang der intensiveren Rechtsgutsverletzung von selbst versteht.

§ 56. Konkurrenzen   555

Beispiele: (1) Weil die schwächere Beteiligungsform gegenüber der stärkeren   40
subsidiär ist, prüft man in der Fallbearbeitung zuerst die stärkere Beteiligungsform. Ist diese zu bejahen, so erübrigt es sich, in der stärkeren Form aufge-
hende schwächere Beteiligungsformen gesondert zu erörtern (dazu bereits
oben § 45 Rn. 128; § 47 Rn. 41 ff.).

(2) Entsprechend liegt es in Fällen der Durchgangskausalität. Hier geht es   41
um das Verhältnis von Versuch und Vollendung, von konkreten Gefährdungs-
zu Verletzungsdelikten und von der vollendeten vorsätzlichen Tötung zu mit
verwirklichten Körperverletzungstatbeständen (§§ 223, 224, 227).

(3) Gegenüber einer vorsätzlichen Tötung durch Unterlassen subsidiär ist   42
das weniger intensive Unterlassungsdelikt (§ 323c; § 221 I Nr. 2). In diesem
Fall genügt es, das zurücktretende Unterlassungsdelikt im Sinne der Rn. 11 f.
kurz zu prüfen.

3. Bereich der Handlungsmehrheit

Unechte Konkurrenzverhältnisse gibt es auch im Bereich der   43
Handlungsmehrheit. Man spricht dann von mitbestraften Vortaten
bzw. mitbestraften Nachtaten. Diesen Rechtsfiguren liegen die Gedanken der Subsidiarität und Konsumtion zugrunde.

Beispiele für **mitbestrafte Vortaten:** Eine Verbrechensverabredung (z. B.   44
§§ 249, 30 II 3. Var.) ist gegenüber der späteren Durchführung der Tat
(§§ 249, 25 II) subsidiär. Der Diebstahl des Autoschlüssels tritt zurück, wenn
mit ihm nachher das Fahrzeug gestohlen wird und nicht bereits ein Fall der
iterativen Tatbestandsverwirklichung vorliegt (Rn. 16 f.). Eine fahrlässige Tötung durch aktives Tun tritt hinter eine nachfolgende Verwirklichung der
§§ 212, (211), 13 zurück (vgl. § 49 Rn. 18 zu Fall 1b). § 323a mit § 242 als
Rauschtat wird von einer etwaigen späteren Unterschlagung verdrängt (*Rengier*, BT II, § 41 Rn. 28).

Für **mitbestrafte Nachtaten:** Eine vorsätzliche Tötung durch aktives Tun   45
verdrängt eine spätere Erfüllung der §§ 212, 13 durch Unterlassen (§ 50
Rn. 75 f.). Typisch sind Verwertungstaten wie ein Anschlussbetrug oder eine
Anschlusserpressung nach einem vorangegangenen Aneignungs- oder Berei-
cherungsdelikt (*Rengier*, BT I, § 11 Rn. 53 ff.; § 13 Rn. 270 ff.). Voraussetzung
für die Straflosigkeit der Nachtat ist stets, dass die Geschädigten der beiden
Straftaten identisch sind und die Nachtat kein neues Rechtsgut verletzt sowie
keinen über die Haupttat hinausgehenden Schaden verursacht (*BGH* NStZ
2009, 38).

V. Tateinheit (§ 52)

1. Grundlagen

Bei der Tateinheit, die auch mit dem Begriff der „Idealkonkurrenz"   46
gekennzeichnet wird, unterscheidet das Gesetz zwei Arten. Den Re-

556 11. Kapitel. Konkurrenzlehre

gelfall, nämlich die sog. ungleichartige Tateinheit, regelt § 52 I 1. Var. Im selteneren Fall des § 52 I 2. Var., der sog. gleichartigen Tateinheit, verletzt der Täter durch ein und dieselbe Handlung dasselbe Strafgesetz mehrmals. Gleichartige Tateinheit kommt bei Delikten in Betracht, die sich gegen höchstpersönliche Rechtsgüter verschiedener Rechtsgutsträger richten.

47   Im **Fall 2** liegt nur eine Willensbetätigung des M vor, durch die er – nach Ausscheidung der im Wege der Spezialität zurücktretenden §§ 212, 223 – gegenüber A und B den § 211, gegenüber C und D die §§ 211, 22 und § 224 I Nr. 2, 5 sowie gegenüber E und F den § 303 verwirklicht. Die gegenüber A und B, C und D sowie E und F begangenen selben Taten stehen gemäß § 52 I 2. Var. in „gleichartiger", die übrigen Taten gemäß § 52 I 1. Var. in „ungleichartiger" Tateinheit.

Bei Vermögensdelikten schützen jedenfalls Raub und Erpressung wegen der Nötigungselemente höchstpersönliche Rechtsgüter. Daher können im Rahmen eines einheitlichen Geschehens gegen verschiedene Personen gerichtete Raub- bzw. Erpressungstaten gemäß § 52 I 2. Var. konkurrieren (*BGH* MDR/H 1992, 932; NStZ 2012, 389; erg. *Rengier*, BT I, § 14 Rn. 31).

48   Die **Strafzumessung** richtet sich nach dem **Absorptionsprinzip**. Es wird nur auf eine Strafe erkannt, die nach dem Gesetz bestimmt wird, das die schwerste Strafe androht (§ 52 I, II 1).

2. Tateinheit in Fällen rechtlicher Handlungseinheiten

49   a) **Identität der Ausführungshandlung.** Für das Verständnis der Tateinheit wesentlich ist der Begriff „dieselbe Handlung" in § 52 I. Mit der „Handlung" ist die tatbestandliche Ausführungshandlung gemeint. Die unproblematische Konstellation der Tateinheit durch Identität der Ausführungshandlung ergibt sich, wenn der Täter durch eine einzige Willensbetätigung mehrere Strafgesetze verletzt (vgl. Rn. 15) und man zuvor die im Wege der Gesetzeskonkurrenz zurücktretenden Straftatbestände ausgeschieden hat (siehe Fall 1 und Fall 2 oben Rn. 33 bzw. 47).

50   b) **Teilweise Identität der Ausführungshandlungen.** Darüber hinaus kann bei mehreren Willensbetätigungen eine tatbestandliche Handlungseinheit (vgl. Rn. 24) und von daher Tateinheit durch die teilweise Identität der Ausführungshandlungen begründet werden. Danach reichen für den Schritt zur Tateinheit auch Überschneidungen im Bereich der objektiv tatbestandsmäßigen Ausführungshandlungen aus, wenn die einzelne Handlung der Verwirklichung mehre-

§ 56. Konkurrenzen   557

rer Delikte dient. Dabei ist aus konkurrenzrechtlicher Sicht das Stadium der tatbestandlichen Ausführungshandlung weit zu verstehen. Es reicht richtigerweise vom Versuchsbeginn im Sinne des § 22 bis zur Vollendung der Tat und bezieht darüber hinaus ein etwaiges Beendigungsstadium ein.

Zur Diskussion siehe Sch/Sch/*Sternberg-Lieben/Bosch*, vor § 52 Rn. 88 ff.; § 52 Rn. 10 ff.; *Kühl*, AT, § 21 Rn. 39 ff.; *Roxin*, AT II, § 33 Rn. 89 ff.; *Zieschang*, Rissing-van Saan-FS, 2011, S. 794 ff.

Beispiele: (1) Geht eine iterative Körperverletzung (Rn. 16 f.) mit einer tät- **51** lichen Beleidigung einher, so stehen die §§ 223, 185 2. Var. in Tateinheit, weil die Tätlichkeit zugleich Bestandteil eines Körperverletzungsaktes ist.
(2) Verzichtet der Ladendetektiv D gegenüber dem nach dem Passieren der **52** Kasse gestellten Ladendieb T auf eine Strafanzeige, weil T damit gedroht hat, ansonsten den Hund des D zu vergiften, fällt die – der Beutesicherung dienende – Drohung in das Beendigungsstadium des § 242. Also konkurrieren § 242 und § 240 ideal.
(3) Bei zusammengesetzten Delikten wie dem Raub und der räuberischen **53** Erpressung stehen alle – nicht im Wege der Gesetzeskonkurrenz zurücktretenden – Taten in Tateinheit, die parallel zum gesamten Tatgeschehen vom Versuchsbeginn bis zur Beendigung, eine etwaige Fluchtphase eingeschlossen, verwirklicht werden und der Beuteerlangung und -sicherung dienen (*BGH* NJW 2014, 871). Man denke an die §§ 212, (22), 223, 239 im Rahmen des Einsatzes der qualifizierten Nötigungsmittel und sich daran anschließende Taten wie die §§ 113, 211, 223 ff., 239 a/b, 267 I 3. Var., 315 c, welche die Flucht etwa nach einem Banküberfall ermöglichen sollen.

c) Absichtsdelikte. Nach einer verbreiteten Meinung, die sich teil- **54** weise auf die Rechtsprechung beruft, soll eine tatbestandliche Handlungseinheit auch zwischen einem Absichtsdelikt und dem Tatbestand vorliegen, dessen Begehung der Realisierung der zunächst nur beabsichtigten Handlung dient.

LK/*Rissing-van Saan*, 12. Aufl., vor § 52 Rn. 21, § 52 Rn. 21; *Roxin*, AT II, § 33 Rn. 21, 91; *Seher*, JuS 2004, 394; *Walter*, JA 2004, 574.

Eine solche pauschale Aussage überzeugt nicht und lässt sich auch **55** nicht der Rechtsprechung entnehmen. Wer einen anderen tötet, um in betrügerischer Weise an eine Lebensversicherung zu gelangen oder um zu erpresserischen Zwecken eine Entführung vorzutäuschen, und den Betrug bzw. die räuberische Erpressung später begeht, erfüllt § 211 (Ermöglichungsabsicht) in Tatmehrheit mit § 263 bzw. § 255. Ganz auf dieser Linie bejaht der *BGH* Tatmehrheit zwischen

558 11. Kapitel. Konkurrenzlehre

§ 306b II Nr. 2 und dem späteren, von vornherein beabsichtigten, Betrug gegenüber der Versicherung.

BGHSt 45, 211, 213; *BGH* NStZ 2004, 366; zur Kritik an der Einbeziehung des § 263 *Rengier*, BT II, § 40 Rn. 48 ff.

56 Richtig ist es, Tateinheit anzunehmen, wenn der Täter des § 239a I 1. Var. seine erpresserische Absicht in die Tat umsetzt. Ob freilich in diesem Fall der tragende Grund für die Annahme von Tateinheit in der Umsetzung der Absicht liegt, wie es die h. M. wohl annimmt, muss bezweifelt werden. Überzeugender ist es, die Tateinheit mit dem Dauerdeliktscharakter des § 239a zu begründen, da die Erpressung während der Dauer der Zwangslage (dazu *Rengier*, BT II, § 24 Rn. 14) und daher unter Aufrechterhaltung der Bemächtigungssituation erfolgen muss (vgl. Rn. 57 ff.).

57 **d) Dauerdelikte.** Bei Dauerdelikten wie den §§ 123, 239 (vgl. § 10 Rn. 20 f.) stellt sich die Frage, wie das Konkurrenzverhältnis zu anderen Straftaten beschaffen ist, die während des Dauerzustandes begangen werden. Einigkeit besteht darüber, dass allein die zeitgleiche Verwirklichung nicht ausreicht. Richtig ist es, sich an den Gedanken der Teilidentität der Ausführungshandlungen zu orientieren (Rn. 50 ff.) und Tateinheit anzunehmen, wenn sich die Verwirklichung des Dauerdelikts zumindest mit dem Versuch der anderen Straftat überschneidet oder deren Begehung der Aufrechterhaltung des Dauerzustandes dient. Für die oft unterschiedenen folgenden drei Konstellationen ergibt sich demnach:

58 (1) Tateinheit besteht, soweit das andere Delikt der **unmittelbaren Begründung oder der Aufrechterhaltung** des Dauerzustandes dient.

Beispiele: Aufbrechen der Tür, um in eine fremde Wohnung einzudringen (§§ 303, 123; 52); Anwendung körperverletzender Gewalt, um jemanden einzusperren oder einen Ausbruch zu verhindern (§§ 223, 239; 52). *Nicht:* Aufbrechen der Tür, um zwei Stunden später in die Wohnung einzudringen (§§ 303, 123; 53).

59 (2) Bei Straftaten, die im Sinne einer Mittel-Zweck-Beziehung durch das Dauerdelikt **ermöglicht** werden sollen, stützt sich die h. M., die Tatmehrheit annimmt, auf die fehlende Teilidentität der Ausführungshandlungen. Eine Gegenmeinung plädiert dafür, wegen des von Anfang an anvisierten Zwecks und des Dauerdeliktscharakters Tateinheit anzunehmen. Zustimmung verdient die h. M. mit der

§ 56. Konkurrenzen 559

Einschränkung, dass Tateinheit vorliegt, wenn mit der Begehung des Dauerdelikts die andere Straftat in das Versuchsstadium gelangt.

Überzeugend *Zieschang*, Rissing-van Saan-FS, 2011, S. 794 ff.; zur h. M. BGHSt 18, 29, 32 f.; LK/*Rissing-van Saan*, 12. Aufl., § 52 Rn. 23; *Roxin*, AT II, § 33 Rn. 95; *Geppert*, Jura 2000, 652. – Zur Gegenmeinung *Eisele*, BT I, Rn. 687; A/W/*Weber*, BT, § 9 Rn. 38; auch noch *Rengier*, BT II, 12. Aufl., § 30 Rn. 29.

Beispiele: A dringt in die Wohnung der F ein oder fesselt sie, um sie zu 60 misshandeln, was er danach auch tut. – Nimmt man an, dass A mit dem Eindringen bzw. Fesseln noch nicht zur Tat des § 223 gemäß § 22 angesetzt hat, erfüllt A § 123 bzw. § 239 in Tatmehrheit (§ 53) mit § 223. Demgegenüber ist für die Gegenmeinung stets ein Fall der Tateinheit (§ 52) gegeben.

(3) Mit Straftaten, die zwar zeitgleich, aber **nur gelegentlich** des 61 Dauerdelikts begangen werden, nimmt man allgemein Tatmehrheit an. Dabei heißt „gelegentlich", dass kein Zusammenhang im Sinne einer Teilidentität der Ausführungshandlungen besteht, die Straftat also nicht der Aufrechterhaltung des Dauerdelikts dient (*Zieschang*, Rissing-van Saan-FS, 2011, S. 804 f.).

Beispiele: Der Täter des § 123 oder § 239 beschließt spontan, die Situation zu einem Diebstahl oder Sexualdelikt auszunutzen (§§ 123, 242; 53; usw.).

Zu den Konkurrenzfragen im Rahmen der §§ 316, 315c, 142 siehe 61a *Rengier*, BT II, § 43 Rn. 17 f.; § 44 Rn. 31 ff.; § 46 Rn. 39.

3. Speziell das Prinzip der Verklammerung

Nach dem insbesondere von der Rechtsprechung anerkannten – 62 und von der h. M. im Schrifttum akzeptierten – Gedanken der Klammerwirkung können Straftaten, die untereinander an sich im Verhältnis der Tatmehrheit stehen, dadurch zu einer Tateinheit verbunden werden, dass jede dieser Straftaten mit einem dritten Tatbestand, einem Dauerdelikt, ideal konkurriert.

Die Rechtsprechung hat insoweit im Laufe der Zeit die Vorausset- 63 zungen für die Annahme einer Klammerwirkung gesenkt. Das potentiell verbindende Delikt ist lediglich dann zu schwach, eine Klammer zu bilden, wenn es jeweils weniger schwer als die zu verbindenden Straftaten wiegt. Ansonsten genügt es, dass das „Klammerdelikt" zumindest bezüglich eines Teils der zu verbindenden Taten gleiches Gewicht hat oder schwereres Unrecht enthält. Um das Gewicht des Unrechts festzustellen, ist grundsätzlich auf den Regelstrafrahmen

560   11. Kapitel. Konkurrenzlehre

abzustellen. Im Einzelfall kann davon aber auf Grund einer konkreten Betrachtungsweise abgewichen werden.

64   BGHSt 54, 189, 201 f.; *BGH* NStZ 1993, 133 f.; 2008, 209; NJW 1998, 619, 620; 2014, 871. – Kritisch etwa *Geppert*, Jura 2000, 652; *Bosch*, JK 6/14, StGB § 52/17, da die Klammerwirkung einen Täter begünstige, der zusätzlich zu zwei tatmehrheitlich konkurrierenden Taten ein „verbindendes" drittes Dauerdelikt verwirkliche.

65   **Beispiele:** (1) Der alkoholbedingt fahruntüchtige A ohrfeigt während der Fahrt seine Mitfahrerin F kräftig und beleidigt sie anschließend durch kränkendes Anspucken, das als zu „unerheblich" für die Erfüllung des § 223 I 1. Var. nicht ausreicht (vgl. *Rengier*, BT I, § 13 Rn. 9). – § 316 ist zu schwach, um § 223 (Ohrfeige) und § 185 2. Var. (Anspucken) zu einer Tateinheit zu verklammern. Daher werden § 223 und § 185 2. Var. in Tatmehrheit verwirklicht und stehen jeweils mit § 316 in Tateinheit. Läge aber bloß eine normale Beleidigung vor, griffe die Klammerwirkung wegen des gleichen Strafrahmens von § 316 und § 185 1. Var. ein.

66   (2) Eine Freiheitsberaubung kann eine während ihrer Dauer begangene Vergewaltigung (§ 177 I, III Nr. 2) und gefährliche Körperverletzung (§ 224 I Nr. 2, 5) nicht zu einer Tateinheit verbinden. Vielmehr stehen § 177 und § 224 in Tatmehrheit, wobei jeweils § 239 in Tateinheit hinzutritt (*BGH* NStZ 2008, 209, 210). Wohl aber verklammert § 239 I Taten gemäß § 240 und § 224 zu einer Tateinheit (*BGH* NStZ 2013, 158).

67   (3) Im **Fall 3** stehen § 229 (F) und § 222 (P) eigentlich in Tatmehrheit. Da aber § 229 genauso schwer wiegt wie § 248b, verklammert das Dauerdelikt des § 248b die §§ 229 und 222 zu einer Tateinheit. Ergebnis: §§ 229, 222, 248b; 52.

(4) Bei einem erpresserischen Banküberfall mit anschließender Flucht begründet das durch Anbringen und Gebrauchen falscher Kfz-Kennzeichen begangene einheitliche Delikt der Urkundenfälschung (vgl. *Rengier*, BT II, § 32 Rn. 17 f., § 33 Rn. 37) im Wege der Verklammerung eine Tateinheit zwischen § 267 I und den §§ 255, 250 sowie dem § 315c in der Fluchtphase (*BGH* NJW 2014, 871).

(5) Zur Verklammerung durch § 238 siehe *Rengier*, BT II, § 26a Rn. 16.

4. Speziell die natürliche Handlungseinheit

68   Von einer unproblematischen Form der natürlichen Handlungseinheit war schon im Zusammenhang mit der iterativen und sukzessiven Tatbestandsverwirklichung die Rede (Rn. 18).

69   Demgegenüber ist insbesondere fraglich, inwieweit die Rechtsfigur der natürlichen Handlungseinheit herangezogen werden kann, um mehrere sich nicht überschneidende tatbestandliche Ausführungshandlungen, die sich gegen Rechtsgüter verschiedener Personen rich-

§ 56. Konkurrenzen   561

ten, zu einer Tateinheit zu verbinden. Namentlich die Rechtsprechung bejaht dies, wenn mehrere gleichartige Verhaltensweisen von einem einheitlichen Willen getragen werden und zwischen ihnen ein derart enger räumlicher und zeitlicher Zusammenhang besteht, dass die einzelnen Betätigungsakte auch für einen Dritten objektiv als ein einheitliches zusammengehörendes Tun erscheinen (BGHSt 43, 312, 315; 43, 381, 386 f.; *BGH* NStZ 1996, 493, 494; NStZ-RR 2012, 241, 242 f.; StV 2013, 382, 383).

Beispiele: (1) Die Täter brechen in einer Tiefgarage unmittelbar hintereinan- **70** der mehrere Fahrzeuge auf und eignen sich stehlenswerte Sachen zu. Der *BGH* bejaht zwischen den verschiedenen Diebstahlstaten (§ 242 i. V. m. § 243 I 2 Nr. 1) eine natürliche Handlungseinheit, nimmt insoweit also Tateinheit gemäß § 52 an (*BGH* NStZ 1996, 493, 494). – Im Fall *BGH* NStZ-RR 2011, 111 drangen die Täter im Wege des § 243 I 2 Nr. 1 in die Tiefgarage ein. Hier begründet der *BGH* die Annahme von Tateinheit damit, dass – unabhängig vom Gedanken der natürlichen Handlungseinheit – „jedenfalls" das verwirklichte Regelbeispiel die Einzelakte zu einer tateinheitlichen Handlung verbinde, da eine Teilidentität der Ausführungshandlungen (Rn. 50 ff.) gegeben sei. Das ist konsequent, wenn man es für zulässig erachtet, das Regelbeispiel in die Konkurrenzprüfung einzubeziehen (zum Streitpunkt *Rengier*, BT I, § 3 Rn. 61).

(2) Ein Rechtsanwalt überweist am selben Tag ohne Berechtigung von einem ihm anvertrauten fremden Konto zweimal jeweils 8.000 € auf sein eigenes Konto, um das Geld für sich zu verbrauchen. *BGH* wistra 2010, 345 verbindet die beiden Untreueakte mit Hilfe des Gedankens der natürlichen Handlungseinheit zu einer Untreuetat.

(3) Mutter M verabreicht ihren beiden Kindern ein vergiftetes Getränk, um **71** sie zu töten. Als ein Kind erbricht, kommt ihr der Gedanke, dass die Mischung für die Tötung nicht ausreichen könne. Deshalb erdrosselt sie zunächst das eine, dann das andere Kind. – In diesem Fall lehnt der *BGH* eine natürliche Handlungseinheit ab und nimmt Tatmehrheit an, da höchstpersönliche Rechtsgüter wie das Leben nur ausnahmsweise einer additiven Betrachtungsweise zugänglich seien, wie sie der natürlichen Handlungseinheit zugrunde liege (*BGH* NStZ 1996, 129).

(4) Eine derartige Ausnahme nimmt die Rechtsprechung an, wenn „eine **72** Aufspaltung in Einzeltaten wegen eines außergewöhnlich engen zeitlichen und situativen Zusammenhangs willkürlich und gekünstelt" erscheint (*BGH* NStZ 2005, 262, 263). Insoweit einschlägig sind gegen mehrere Opfer gerichtete Angriffe, die wie Schüsse in eine Menschenmenge zeitgleich und wechselweise erfolgen (*BGH* NStZ 2012, 562; StV 2013, 382, 383 mit Bspr. *Kudlich*, JA 2012, 554 ff.; *Wagemann*, Jura 2006, 582 f.; *Seher*, JuS 2004, 396; abl. und für Tatmehrheit *Roxin*, AT II, § 33 Rn. 38 ff.; *Kühl*, AT, § 21 Rn. 19 f.).

(5) Umstritten ist die Rechtsprechung, die in sog. „Polizeifluchtfällen" an- **73** nimmt, dass der einheitliche Entschluss zur Flucht vor der Polizei mehrere

562   11. Kapitel. Konkurrenzlehre

Unfallgeschehen zu einer natürlichen Handlungseinheit verbinden kann (näher *Rengier*, BT II, § 44 Rn. 32 f.).

74   In der **Fallbearbeitung** ist der Studierende gut beraten, wenn er die wegen ihrer unklaren Grenzen und täterbegünstigenden Wirkung problematische Rechtsfigur der natürlichen Handlungseinheit nur zurückhaltend anwendet. So ist es durchaus vertretbar, in den Beispielen der Rn. 70 entgegen der Rechtsprechung eine natürliche Handlungseinheit abzulehnen und von tatmehrheitlich konkurrierenden Diebstahls- bzw. Untreuetaten auszugehen.

75   Vertiefend zur natürlichen Handlungseinheit *Sowada*, Jura 1995, 245 ff.; *Wagemann*, Jura 2006, 580 ff.; LK/*Rissing-van Saan*, 12. Aufl., vor § 52 Rn. 10 ff.; Sch/Sch/*Sternberg-Lieben/Bosch*, vor § 52 Rn. 22 ff.; *Kühl*, AT, § 21 Rn. 10 ff.; W/*Beulke/Satzger*, AT, Rn. 764 ff.

VI. Tatmehrheit (§ 53)

76   Für die in § 53 geregelte Tatmehrheit ist auch der Begriff „Realkonkurrenz" gebräuchlich. Zur Tatmehrheit zwischen mehreren Straftaten gelangt man gleichsam von alleine, nachdem man zuvor zwei Prüfungsschritte durchlaufen hat: Der erste Schritt betrifft die Feststellung, dass – und inwieweit – die Annahme von Tateinheit ausscheidet; im zweiten geht es um die Aussonderung der Gesetzeskonkurrenzen im Bereich der Handlungsmehrheit (Rn. 43 ff.).

77   Dabei können selbstverständlich auch mehrere Straftatenblöcke in Tatmehrheit stehen, deren Straftaten untereinander ideal konkurrieren. So besteht zwischen den Taten, die M im **Fall 1** am 1. Mai und im **Fall 2** am 2. Mai jeweils in Tateinheit verwirklicht (Rn. 33 bzw. 47), Tatmehrheit gemäß § 53.

78   Die **Strafzumessung** richtet sich bei der Tatmehrheit nach dem **Asperationsprinzip**, das für den Täter ungünstiger ist als das Absorptionsprinzip (vgl. Rn. 48). Zunächst muss der Richter für jede Straftat eine Einzelstrafe auswerfen (vgl. §§ 53 III 1, 54 I 1, II 1). Anschließend wird im Regelfall die Gesamtstrafe durch Erhöhung der verwirkten höchsten Einzelstrafe gebildet (§ 54 I 2).

VII. Beteiligung und Unterlassung

1. Beteiligung

79   Einheit bzw. Mehrheit des Handelns eines bestimmten Beteiligten (Mittäter, Anstifter, Gehilfe) richtet sich nach *seinem* Handeln und

§ 56. Konkurrenzen   563

nicht nach demjenigen eines Mitbeteiligten (Mittäter, Haupttäter). Es kommt also darauf an, ob der Tatbeitrag beispielsweise des Anstifters oder Gehilfen eine einheitliche Handlung darstellt; insoweit ist unbedingt zu beachten, dass die Konkurrenzfragen beim Anstifter bzw. Gehilfen eigenständig geprüft und nicht etwa akzessorisch aus den beim (Haupt-)Täter festgestellten Konkurrenzen abgeleitet werden.

Vgl. BGHSt 40, 307, 314; 49, 306, 316; 56, 170, 172 f.; *BGH* NStZ 1999, 451; 2000, 83; NStZ-RR 2008, 168; wistra 2004, 417; 2006, 226.

Im **Fall 4** stehen bei T der Mord gegenüber B, der versuchte Mord in Tat- 80 einheit mit gefährlicher Körperverletzung gegenüber C und der Mord gegenüber D in Tatmehrheit gemäß § 53. – A hat zu allen Taten angestiftet. Seine Taten: §§ 212, (211), 26 gegenüber B, §§ 212, (211), 22, 26, 224, 26 gegenüber C und §§ 212, (211), 26 gegenüber D stehen in Tateinheit, da sie auf derselben Anstifterhandlung beruhen. – Bei G liegt zwischen den §§ 212, (211), 27 gegenüber B und den §§ 212, (211), 22, 27, 224, 27 gegenüber C Tateinheit vor, da diese Taten auf einer Beihilfehandlung (Besorgen der Tatwaffe) beruhen. Damit konkurrieren die §§ 212, (211), 27 gegenüber D real; denn diese Haupttat hat G mit einer neuen Handlung (Reparatur) unterstützt.

Soweit nur eine Haupttat vorliegt, können auch mehrere Anstif- 81 tungs- bzw. Beihilfehandlungen lediglich ein Teilnahmedelikt darstellen, da sich das Teilnahmeunrecht allein aus der einmalig begangenen Haupttat ableiten lässt (*BGH* NStZ 1999, 513, 514; *Fischer*, § 27 Rn. 31a).

2. Unterlassung

Ist ein Garant in strafbarer Weise für den Eintritt mehrerer Erfolge 82 verantwortlich, so richtet sich die Einheit oder Mehrheit der Unterlassungstaten danach, ob er die Erfolge durch die Vornahme einer Handlung hätte abwenden können (dann Tateinheit) oder dafür mehrere Handlungen möglich und erforderlich gewesen wären (dann Tatmehrheit).

Beispiele: Wer den Tod und/oder die Verletzung mehrerer Menschen da- 83 durch verursacht, dass er fahrlässig als Garant eine Schranke nicht schließt, ein einsturzgefährdetes Gebäude nicht überwacht oder eine Baugrube nicht sichert, erfüllt die jeweiligen Unterlassungstaten (§§ 222, 13 und §§ 229, 13) in Tateinheit. Dagegen liegt Tatmehrheit vor, wenn ein passiv bleibender Garant zwei Personen nacheinander hätte retten können oder wenn Personen in zwei Baugruben stürzen, die der verantwortliche Unterlassungstäter hätte sichern müssen.

84   Hierzu *BGH* NStZ 2000, 83; LK/*Rissing-van Saan*, 12. Aufl., vor § 52
Rn. 84 ff.; Sch/Sch/*Sternberg-Lieben/Bosch*, vor § 52 Rn. 28; W/*Beulke/Satzger*, AT, Rn. 762.

VIII. Zur Tenorierung des Schuldspruchs

85   Mit Tenorierungsfragen braucht der Studierende nicht vertraut zu
sein. Ein gewisses Grundwissen kann aber zum Verständnis der Konkurrenzlehre beitragen. Bei tateinheitlicher Verurteilung gemäß § 52 I
1. Var. erfolgt die Verurteilung etwa wegen Körperverletzung „in Tateinheit mit" versuchtem Totschlag. In den Fällen der gleichartigen
Idealkonkurrenz (§ 52 I 2. Var.) wird die Zahl der Fälle in den
Schuldspruch aufgenommen („wegen Mordes in drei Fällen"). Bei
der Tatmehrheit werden die Straftatbezeichnungen durch das Wort
„und" oder „sowie" verbunden („wegen Körperverletzung und Betruges"). – Dazu zusammenfassend *Meyer-Goßner/Schmitt*, StPO,
58. Aufl., 2015, § 260 Rn. 19 ff., 26.

Empfehlungen zur vertiefenden Lektüre:
Rechtsprechung: BGHSt 53, 23 (Tateinheit zwischen § 226 und § 224 I
Nr. 5); *BGH* NJW 2002, 150 (Konkurrenzen zwischen § 242 i. V. m. § 243 I 2
Nr. 1 und § 303); *BGH* NJW 2014, 871 (Konkurrenzfragen im Zusammenhang mit einem Banküberfall).
Literatur: *Geppert*, Grundzüge der Konkurrenzlehre, Jura 2000, 598 ff.,
651 ff.; *Rengier*, Neues zum Konkurrenzverhältnis zwischen schweren Diebstahlsfällen und §§ 123, 303 StGB – BGH, NJW 2002, 150, JuS 2002, 850 ff.;
Seher, Zur strafrechtlichen Konkurrenzlehre – Dogmatische Strukturen und
Grundfälle, JuS 2004, 392 ff., 482 ff.; *Sowada*, Probleme der natürlichen Handlungseinheit, Jura 1995, 245 ff.; *Steinberg/Bergmann*, Über den Umgang mit
den „Konkurrenzen" in der Strafrechtsklausur, Jura 2009, 905 ff.; *Wagemann*,
Natürliche Handlungseinheit bei Angriffen auf höchstpersönliche Rechtsgüter, Jura 2006, 580 ff.; *Walter*, Zur Lehre der Konkurrenzen: Die Bedeutung
der Konkurrenzen und wie man sie prüft, JA 2004, 133 ff.; *Walter*, Zur Lehre
von den Konkurrenzen: Handlungseinheit und Handlungsmehrheit, JA 2004,
572 ff.; *Walter*, Zur Lehre von den Konkurrenzen: die Gesetzeskonkurrenz,
JA 2005, 468 ff.

§ 57. Konkurrenzfragen bei tatsächlichen Zweifeln

Fall 1: A hat O aus Unachtsamkeit mit dem Pkw angefahren und schwer
verletzt. Der vorbeikommende B möchte O auf jeden Fall sterben sehen und
tritt ihm mit Tötungsvorsatz dreimal fest gegen den Kopf. O stirbt. Im Straf-

§ 57. Konkurrenzfragen bei tatsächlichen Zweifeln   565

verfahren kann nicht mehr geklärt werden, ob der Unfall oder die Tritte den Tod verursacht haben. → Rn. 2

Fall 2: T fügt O zwei Messerstiche zu, den ersten mit Körperverletzungs-, den zweiten mit Tötungsvorsatz. O stirbt. Es lässt sich nicht mehr feststellen, welcher Messerstich den Tod herbeigeführt hat. → Rn. 19

Fall 3: Bei T wird ein Laptop gefunden, der dem Studenten S in der Bibliothek gestohlen worden ist. Ob T die Tat selbst begangen hat (§ 242) oder den Laptop von einem Dritten bösgläubig erworben hat (§ 259), ist nicht mehr aufklärbar. → Rn. 24, 27

I. Grundsatz in dubio pro reo

Gemäß § 261 StPO darf das Gericht den Angeklagten nur verurtei- 1 len, wenn es nach Abschluss der Beweisaufnahme von seiner Schuld überzeugt ist. Kann es eine solche persönliche Gewissheit nicht gewinnen, so muss es nach dem Grundsatz in dubio pro reo – im Zweifel für den Angeklagten – freisprechen. Dieser Grundsatz gilt für alle tatsächlichen Strafbarkeitsvoraussetzungen. Er wird aus Art. 6 II EMRK und Art. 103 II GG abgeleitet und bedeutet, dass bei verbleibenden tatsächlichen Zweifeln zugunsten des Täters von der für ihn günstigeren Variante ausgegangen werden muss.

Beispiele: (1) Im **Fall 1** entfällt bei A § 222, weil zu seinen Gunsten die Tö- 2 tung durch die Tritte des B unterstellt werden muss; es bleibt nur § 229. Bei B scheidet in entsprechender Weise eine Strafbarkeit gemäß § 212 aus; er kann lediglich gemäß den §§ 212, (211), 22, 224 I Nr. 2, 5, 52 bestraft werden.

(2) Kann einem Täter nicht – im Sinne des § 261 StPO – nachgewiesen wer- 3 den, dass er den Stein vorsätzlich auf ein fremdes Auto geworfen hat, muss § 303 I verneint werden.

(3) Soweit nach der Beweiswürdigung unklar bleibt, ob der von A mit ei- 4 nem Fausthieb zu Boden geschlagene B den A zuvor gemäß § 32 angegriffen hat, muss zugunsten des A eine Notwehrsituation angenommen und auf dieser Basis § 32 durchgeprüft werden. Liegen dessen Voraussetzungen vor, ist bei A von einer gerechtfertigten Körperverletzung auszugehen.

II. Fallbearbeitung

Wenn man in der Fallbearbeitung (vgl. auch *Norouzi*, JuS 2008, 18) 5 auf Sachverhalte mit tatsächlichen Zweifeln stößt, führt man in einfach gelagerten Fällen wie den Beispielen in Rn. 2 ff. den Zweifelssatz an der einschlägigen Stelle ein, hält das Ergebnis fest und setzt danach die Prüfung fort. In komplizierteren Fällen, insbesondere in Konstel-

566 11. Kapitel. Konkurrenzlehre

lationen der Wahlfeststellung (Rn. 14 ff.) und teilweise auch bei Stufenverhältnissen (Rn. 7 ff.), muss man jede mögliche Sachverhaltskonstellation getrennt und vollständig erörtern, bevor man sich den Konkurrenzfragen zuwendet.

6 Ergibt sich danach, dass der Täter in einer der möglichen Konstellationen straflos ist, muss er nach dem Grundsatz in dubio pro reo freigesprochen werden. Macht er sich dagegen in jeder Konstellation strafbar, so ist zunächst auf ein etwaiges Stufenverhältnis zwischen den in Betracht kommenden Straftatbeständen zu achten und ggf. in dubio pro reo aus dem milderen Delikt zu bestrafen. Wenn zwischen den möglichen Straftaten kein Stufenverhältnis vorliegt, gelangt man zu den Fragen der Wahlfeststellung.

III. Stufenverhältnisse

7 Bei einem Stufenverhältnis stehen die in verschiedenen, nicht aufklärbaren Sachverhalten jeweils verwirklichten Straftatbestände im Sinne eines Mehr oder Weniger zueinander. Nach dem Zweifelssatz kann die Bestrafung nur auf dem Boden der günstigeren Variante erfolgen. Man unterscheidet zwischen logischen und normativen Stufenverhältnissen (zum Folgenden *Noak*, Jura 2004, 542; *Norouzi*, JuS 2008, 19 ff.; LK/*Dannecker*, 12. Aufl., Anh. § 1 Rn. 72 ff.).

8 Ein **logisches Stufenverhältnis** liegt vor, wenn von zwei alternativ verwirklichten Straftatbeständen der eine den anderen zwingend umfasst, wie es insbesondere im Verhältnis von Grunddelikt und Qualifikation, Privilegierung und Grunddelikt sowie Versuch und Vollendung der Fall ist.

9 **Beispiele:** Bleibt unklar, ob der Täter einer Körperverletzung ein gefährliches Werkzeug verwendet hat (§ 223 oder § 224 I Nr. 2), wird er nur aus dem Grunddelikt des § 223 bestraft. Lässt sich nicht mehr aufklären, ob der Arzt A seinen Patienten auf dessen Verlangen hin von seinem Leiden erlöst hat (§ 216 oder § 212), greift zugunsten des A § 216 ein. Zum Stufenverhältnis zwischen Versuch und Vollendung siehe schon Fall 1 in Rn. 2 zur Strafbarkeit des B.

10 Von einem **normativen Stufenverhältnis** spricht man, wenn sich das Mehr-Weniger-Verhältnis aus einer wertenden Betrachtung, d. h. in erster Linie aus der unterschiedlichen Intensität des Unrechtsgehalts ergibt. Insoweit sind insbesondere zu nennen
– das Verhältnis von Vorsatz und Fahrlässigkeit (h. M.; vgl. die unterschiedlichen Strafrahmen der §§ 212, 222 und §§ 223, 229; nach

§ 57. Konkurrenzfragen bei tatsächlichen Zweifeln   567

LK/*Dannecker*, 12. Aufl., Anh. § 1 Rn. 81 liegt bereits ein logisches Stufenverhältnis vor);
– das Verhältnis von Täterschaft zur Beihilfe und von Anstiftung zur Beihilfe (vgl. § 27 II 2);
– auch das Verhältnis von Täterschaft zur Anstiftung, und zwar – trotz der gleichen Strafrahmen – wegen der Subsidiarität der Teilnahme und der gesetzlichen Unterscheidung zwischen Täterschaft und Teilnahme (*Noak*, Jura 2004, 542; *Norouzi*, JuS 2008, 20; für Wahlfeststellung aber BGHSt 1, 127; offen lassend *BGH* NStZ 2009, 258);
– das Verhältnis von aktivem Tun und unechtem Unterlassen (vgl. § 13 II).

Beispiele: (1) Lässt sich nicht mehr feststellen, ob T das Opfer X durch ei- **11** nen Steinwurf vorsätzlich oder fahrlässig verletzt hat (§ 223 oder § 229) oder das Opfer Y durch Anfahren vorsätzlich oder fahrlässig getötet hat (§ 212 oder § 222), wird T gemäß § 229 bzw. § 222 bestraft.

(2) Nach h. M. besteht auch zwischen der Nichtanzeige einer geplanten **12** Straftat (§ 138) und der Beteiligung an dieser Tat ein normatives Stufenverhältnis (zu dieser von der Rechtsgutsbestimmung des § 138 abhängigen Streitfrage *Rengier*, BT II, § 52 Rn. 10).

(3) Fraglich ist das Verhältnis zwischen § 246 I und anderen Vermögensde- **13** likten wie § 242, 259 und 263. Vor dem 6. StRG 1998 ergangene Entscheidungen nehmen ungleichartige Wahlfeststellung an (BGHSt 16, 184; 25, 182; *OLG Köln* GA 1974, 121; *OLG Saarbrücken* NJW 1976, 65). Doch sprechen die 1998 erfolgte Umgestaltung des 246 I zu einem allgemeinen (subsidiären) Zueignungsdelikt und sein niedrigerer Strafrahmen dafür, nunmehr von einem normativen Stufenverhältnis auszugehen (so im Ergebnis auch Sch/Sch/*Eser/ Hecker*, § 1 Rn. 83). Soweit feststeht, dass in dem alternativ verwirklichten Vermögensdelikt ein subsidiärer § 246 I steckt, lässt sich die alleinige Strafbarkeit gemäß § 246 I auch mit Hilfe der gleichartigen Wahlfeststellung begründen (*Jäger*, JuS 2000, 1171 f.; MüKo/*Hohmann*, § 246 Rn. 63; a. A. *Noak*, JA 2004, 544 f.). – Zu den Formen der Wahlfeststellung anschließend.

IV. Wahlfeststellung

1. Grundlagen

Die Situation der Wahlfeststellung setzt dreierlei voraus (*Lackner/* **14** *Kühl*, § 1 Rn. 10 ff.):

(1) Nach Ausschöpfung aller Erkenntnismöglichkeiten kommen mehrere Geschehensabläufe, in der Regel zwei in Betracht;

568   11. Kapitel. Konkurrenzlehre

(2) der Täter hat sich nach jedem Geschehensablauf strafbar gemacht;

(3) die Straftaten stehen nicht in einem Stufenverhältnis (Rn. 7 ff.).

15   Wenn diese Voraussetzungen vorliegen, ist an die Möglichkeit der Wahlfeststellung zu denken. Insoweit unterscheidet man zwischen der gleichartigen (oder „unechten") und der ungleichartigen (oder „echten") Wahlfeststellung. Bei letzterer liegen die eigentlichen Probleme der Wahlfeststellung.

16   In der **Fallbearbeitung** ist es, wie schon in Rn. 5 erwähnt, für die richtige Erfassung der Situation der Wahlfeststellung besonders wichtig, die Geschehensabläufe getrennt zu prüfen und dann die Ergebnisse zu vergleichen.

2. Gleichartige Wahlfeststellung

17   Bei der gleichartigen Wahlfeststellung beziehen sich die tatsächlichen Zweifel nur darauf, durch welches Verhalten der Täter ein bestimmtes Delikt verwirklicht hat. Fest steht, dass er in allen in Frage kommenden Sachverhaltsalternativen denselben Straftatbestand erfüllt hat. Man spricht deshalb auch von bloßer **Sachverhaltsalternativität**. In solchen Fällen erfolgt eine eindeutige Verurteilung auf einer wahldeutigen Tatsachengrundlage.

18   **Beispiele:** (1) Wenn feststeht, dass D eine bestimmte Sache gestohlen hat, und sich lediglich nicht mehr ermitteln lässt, an welchem Tag eines bestimmten Monats dies geschehen ist, wird D gemäß § 242 verurteilt. Macht der Zeuge Z in der ersten Instanz Aussagen, die seinen Angaben in der zweiten Instanz widersprechen, und kann allein nicht mehr geklärt werden, welche Aussage unzutreffend ist, kann Z nach § 153 bestraft werden.

19   (2) Im **Fall 2** erfüllt T in der Variante, dass der erste Messerstich todesursächlich ist, § 227 (§ 224 I Nr. 2 tritt zurück) und §§ 212, 22. Nach der Sachverhaltsalternative verwirklicht T § 212 (§ 224 I Nr. 2 tritt zurück). Da im vollendeten § 212 sowohl ein Versuch des § 212 als auch der Tatbestand des § 227 enthalten ist (vgl. § 18), liegen in beiden Alternativen nicht nur der zurücktretende § 224 I Nr. 2, sondern auch die §§ 212, 22, 227 vor. Daher ist T – auf einer wahldeutigen Tatsachengrundlage – gemäß den §§ 212, 22 in Tateinheit mit § 227 zu bestrafen. – Siehe ergänzend das Beispiel zu § 246 I in Rn. 13.

20   (3) Ein weiteres Beispiel im Anschluss an *OLG Karlsruhe* NJW 1980, 1859 bei *Norouzi*, JuS 2008, 18 f.

3. Ungleichartige Wahlfeststellung

21   Die ungleichartige Wahlfeststellung unterscheidet sich von der gleichartigen Wahlfeststellung dadurch, dass der Täter auf dem Boden

§ 57. Konkurrenzfragen bei tatsächlichen Zweifeln   569

der in Betracht kommenden Sachverhaltsalternativen *verschiedene* Straftatbestände oder Tatbestandsvarianten desselben Delikts verwirklicht hat, weshalb man von einer **Tatbestandsalternativität** spricht.

Bevor man nun zu den Fragen der Wahlfeststellung gelangt, muss überlegt **22** werden, ob ein Stufenverhältnis besteht (Rn. 7 ff.). Ist dies der Fall, so kann und muss eine eindeutige Verurteilung aus dem milderen Delikt erfolgen.

Soweit dies ausscheidet, müsste der Täter – obwohl feststeht, dass **23** er sich strafbar gemacht hat – stets freigesprochen werden, falls man den Grundsatz in dubio pro reo strikt anwenden würde. Um einerseits die Anzahl solcher Freisprüche einzuschränken und andererseits den Täter nicht mit möglicherweise unverdienten Vorwürfen zu belasten, erlaubt die h. M. zu Recht eine wahldeutige Verurteilung auf wahldeutiger Tatsachengrundlage unter der Voraussetzung, dass die **Straftaten gleichwertig** sind.

Fall 3 enthält ein einführendes Beispiel. Da sich T in beiden Varianten sicher **24** strafbar gemacht hat und die Annahme eines Stufenverhältnisses ausscheidet, gelangt man zur Frage der ungleichartigen Wahlfeststellung.

Nach den von der Rechtsprechung entwickelten Kriterien kommt **25** es darauf an, ob die Straftaten **rechtsethisch und psychologisch gleichwertig** sind. Dabei geht es bei der rechtsethischen Gleichwertigkeit um den gleichartigen Unrechtscharakter der Straftatbestände sowie um die annähernd gleiche Schwere der Schuldvorwürfe. Die psychologische Vergleichbarkeit verlangt eine gleichgeartete seelische Beziehung zu den verschiedenen Verhaltensweisen.

Vgl. BGHSt 9, 390, 394; 21, 152, 153; *BGH* NStZ 1985, 123; 2000, 473; *Baumann/Weber/Mitsch*, AT, § 10 Rn. 41 ff.; *Kühl*, AT, § 21 Rn. 68d; *Heinrich*, AT, Rn. 1470 f.; Sch/Sch/*Eser/Hecker*, § 1 Rn. 70 ff., 98 ff.

Hilfreich erscheint die folgende Präzisierung: Die Gleichwertigkeit **26** ist mit Hilfe eines Vergleichs der Rechtsgüter, des Deliktscharakters (Verbrechen oder Vergehen) und der Strafrahmen sowie der objektiven und subjektiven Angriffsrichtung zu bestimmen.

Norouzi, JuS 2008, 113 f.; *v. Heintschel-Heinegg*, JA 2008, 661. – Soweit eine in der Literatur vertretene Ansicht abweichend von der Rechtsprechung auf die Identität des Unrechtskerns abstellt, ergeben sich keine genaueren Erkenntnisse (vgl. Sch/Sch/*Eser/Hecker*, § 1 Rn. 75).

Im **Fall 3** liegen die Voraussetzungen für eine ungleichwertige Wahlfeststellung vor: Die Tatbestände haben ähnliche Schutzrichtungen (§ 242 ist in § 259 als typische Vortat genannt), kennen beide überschießende Innentendenzen **27**

570 11. Kapitel. Konkurrenzlehre

und weisen gleiche Strafrahmen auf (vgl. *BGH* wistra 1990, 225, 227; NStZ 2000, 473; *Norouzi*, JuS 2008, 114). – Im **Schuldspruch** des Urteilstenors werden bei der Wahlfeststellung beide Straftatbestände bezeichnet und durch das Wort „oder" verbunden („wegen Diebstahls oder Hehlerei").

28 Im Übrigen dürfte es hilfreich sein, sich etwas näher mit der Kasuistik vertraut zu machen.

29 Nach der Rechtsprechung ist eine **Wahlfeststellung zulässig:** Zwischen verschiedenen Tatbestandsvarianten desselben Delikts wie den Begehungsformen des § 211 (BGHSt 22, 12; *BGH* NStZ 2012, 441); zwischen § 242 und § 259, ferner § 242 i. V. m. § 243 I 2 Nr. 3 und § 260 I Nr. 1 sowie § 244 I Nr. 2 und § 260 I Nr. 2 (*BGH* NStZ 2000, 473 f.); zwischen § 242 und § 257 (BGHSt 23, 360); Trickdiebstahl und § 263 (*OLG Karlsruhe* NJW 1976, 902 f.; *Norouzi*, JuS 2008, 114); § 249 und § 255 (BGHSt 5, 280); § 263 und § 259 (*BGH* NJW 1974, 804; offen lassend *BGH* NJW 1989, 1867, 1868); § 263 und § 263a (*BGH* NStZ 2008, 281; *Rengier*, BT I, § 14 Rn. 71); § 263 und § 266 (*BGH* GA 1970, 24); § 164 und § 154 (*BayObLG* MDR 1977, 860).

30 Nach der Rechtsprechung ist eine **Wahlfeststellung unzulässig:** Zwischen § 242 und § 263 (*BGH* NStZ 1985, 123: „regelmäßig"); § 242 und § 253 (*BGH* DRiZ 1972, 30, 31; *OLG Hamm* NStZ-RR 2008, 143); § 258 und Taten nach dem Betäubungsmittelgesetz (BGHSt 30, 77, 78); § 263 und § 267 (*OLG Düsseldorf* NJW 1974, 1833; *Norouzi*, JuS 2008, 114 f.); § 323a und einer im Zustand voller Schuldfähigkeit begangenen Tat (*OLG Köln* VRS 68, 38, 41; *OLG Karlsruhe* NJW 2004, 3356 f.; *Rengier*, BT II, § 41 Rn. 23). – Zur nicht möglichen Wahlfeststellung zwischen § 138 I Nr. 6 und der Beteiligung an der Katalogtat siehe *Rengier*, BT II, § 52 Rn. 10; zur überholten Annahme einer Wahlfeststellung zwischen § 246 I und anderen Vermögensdelikten siehe Rn. 13.

31 Zu beachten bleibt weiter, dass eventuell erst durch eine **Tatbestandsreduktion**, d. h. durch eine Herausfilterung taterschwerender Elemente, die Voraussetzungen für eine Wahlfeststellung geschaffen werden können.

Beispiele: Zwar ist zwischen § 249 bzw. § 244 I Nr. 3 und § 259 keine Wahlfeststellung möglich, wohl aber zwischen dem – in den §§ 249, 244 I Nr. 3 enthaltenen – Diebstahl und § 259 (*BGH* MDR/H 1986, 793; NStZ 2008, 646; *W/Beulke/Satzger*, AT, Rn. 807; *Wachsmuth/Waterkamp*, JA 2005, 512).

31a Nach Ansicht des 2. Strafsenats (*BGH* NStZ 2014, 392) verstößt die Rechtsfigur der ungleichartigen Wahlfeststellung gegen Art. 103 II GG; demzufolge hält er eine wahldeutige Verurteilung z. B. wegen Diebstahls oder Hehlerei für unzulässig. Inzwischen haben alle anderen Senate dem 2. Senat widersprochen (*BGH* NStZ-RR 2014, 307 und 308; 2015, 39 und 40). Daher wird es vermutlich zu einer Entscheidung des Großen Senats kommen (vgl. § 132 III 1 GVG).

§ 57. Konkurrenzfragen bei tatsächlichen Zweifeln   571

V. Postpendenz und Präpendenz

Unter dem Begriff der **Postpendenz** erfasst man Fälle, bei denen – **32** anders als bei der Wahlfeststellung – der Sachverhalt einer Nachtat feststeht. Die tatsächlichen Zweifel beschränken sich darauf, ob der Täter der Nachtat (z. B. einer Hehlerei) schon an der Vortat (z. B. einem Diebstahl) beteiligt gewesen ist. Das Problem liegt darin, dass von der möglichen Vortatbeteiligung die rechtliche Bewertung der Nachtat abhängt (LK/*Dannecker*, 12. Aufl., Anh. § 1 Rn. 105).

> **Beispiel** (*BGH* NStZ 2011, 510): H veräußerte von A und B gestohlenes Buntmetall in deren Interesse an Schrotthändler. Ob H an den Diebstählen mittäterschaftlich beteiligt war, konnte nicht sicher festgestellt werden.

Die h. M. bestraft einen Täter wie H zu Recht gemäß dem sicher **33** festgestellten Nachtatverhalten, also im Beispielsfall wegen Hehlerei (durch Absetzen). Dass er insoweit bei einer mittäterschaftlichen Beteiligung an der Vortat nicht nach § 259 bestraft werden könnte, steht dem nicht entgegen; denn es wäre schwer nachvollziehbar, einen Täter nur deshalb besser zu stellen, weil er möglicherweise noch zusätzliches Unrecht verwirklicht hat.

> Siehe erg. *Rengier*, BT I, § 22 Rn. 43a zu Fall 4b. – Vgl. im Übrigen BGHSt 35, 86, 88 ff.; *Noak*, Jura 2004, 542 f.; *Wachsmuth/Waterkamp*, JA 2005, 510 f.; LK/*Dannecker*, 12. Aufl., Anh. § 1 Rn. 104 ff. – In der **Fallbearbeitung** hat die Prüfung einer etwaigen Postpendenz gegenüber der Wahlfeststellung Vorrang.

Mit dem Begriff **Präpendenz** wird die umgekehrte – unproblemati- **34** schere – Konstellation gekennzeichnet: Hier steht der Sachverhalt des früheren strafrechtlich relevanten Verhaltens fest, während die tatsächlichen Zweifel eine spätere Tat betreffen, bei deren Vorliegen die Vortat keine eigenständige Bedeutung hätte.

> **Beispiel:** Es steht fest, dass A mit B und C die Begehung eines Raubes verabredet hat (§§ 249, 30 II 3. Var.). Ob sich A später an dem von B und C durchgeführten Raub beteiligt hat, kann nicht geklärt werden. – Es versteht sich nahezu von selbst, dass A nach dem Grundsatz in dubio pro reo nur wegen der Verbrechensverabredung bestraft werden kann.

> **Empfehlungen zur vertiefenden Lektüre:**
> **Literatur:** *v. Heintschel-Heinegg*, Besprechung von *BGH* NStZ 2008, 281, JA 2008, 660 ff.; *Noak*, Tatsächlich unklare Sachverhalte im Strafrecht: Zu „in dubio pro reo" sowie eindeutigen und wahldeutigen Straffeststellungen, Jura

2004, 539 ff.; *Norouzi*, Grundfälle zur Wahlfeststellung, Präpendenz und Postpendenz, JuS 2008, 17 ff., 113 ff.; *Stuckenberg*, Wahlfeststellung, JA 2001, 221 ff.; *Wachsmuth/Waterkamp*, Non-liquet-Situationen und ihre materiellrechtliche Lösung, JA 2005, 509 ff.

Stichwortverzeichnis

Die **fett** gesetzten Zahlen verweisen auf die Paragrafen des Buches,
die mageren auf deren Randnummern.

Abbruch
- eigener Rettungsbemühungen **48** 18 ff.
- fremder Rettungsbemühungen **48** 21 ff.
- rettender Kausalverläufe **13** 18 ff.
Abergläubischer Versuch 35 13 f.
Aberratio ictus 15 27 ff.
- in Distanzfällen **15** 42 ff.
- bei einem error in persona eines Vordermanns oder Beteiligten **43** 73 f.; **44** 30 f.; **45** 57 ff.
- Zusammenfallen mit error in persona **15** 39 ff.
Abgebrochene Kausalität 13 21 f.
Abgrenzung zwischen
- Eventualvorsatz und bewusster Fahrlässigkeit **14** 32 ff.
- Täterschaft und Beihilfe durch Unterlassen **51** 14 ff.
- Täterschaft und Teilnahme **40** 7; **41**; **44** 45 ff.
- Tun und Unterlassen **48** 8 ff.
- unbeendetem und beendetem Versuch **37** 30 ff.
- untauglichem Versuch und Wahndelikt **35** 17 ff.
- Vorsatz und Fahrlässigkeit **14** 17 ff.
Absicht 14 6 ff.; **16** 3 ff.
Absichtsprovokation 18 84 ff.
Absolute Straftheorien 3 10 ff.
Absorptionsprinzip 56 48
Abstiftung 45 43
Abstrakte Gefährdungsdelikte 10 11 ff.
Abwehrprovokation 18 101 f.
Actio libera in causa 25

- Aufbau(schema) **25** 32 f.
- Ausdehnungsmodell **25** 10 f.
- Ausnahmemodell **25** 8 f.
- fahrlässige **25** 25 ff.
- Gewohnheitsrecht **4** 13
- Tatbestandsmodell **25** 12 ff.
- verhaltensgebundene Delikte **25** 18 ff.
- vorsätzliche **25** 4 ff.
Adäquanztheorie 13 9
Additive Mittäterschaft 44 49
Agent provocateur 45 69 ff.
Aggressivnotstand 20 1, 4 ff.
Alkoholrausch 24 8 ff.
- und actio libera in causa **25**
Alleintäterschaft 42 1 f.
Allgemeindelikte 10 24
Alternative Kausalität 13 26 ff.
Alternative Mittäterschaft 44 50
Analogieverbot 4 31 ff.
Angemessenheitsklausel 19 48 ff.
Angriff 18 6 ff.
- Gegenwärtigkeit **18** 19 ff.
- Rechtswidrigkeit des Angriffs **18** 28 ff.
- Scheinangriff **18** 12
- mit Scheinwaffen **18** 13 ff.
- schuldloser **18** 66 f.
- durch Unterlassen **18** 15 ff.
Annahme einer Anstiftung 47 31
Anstiftung 45 23 ff.
- Abstiftung **45** 43
- agent provocateur **45** 69 ff.
- Aufstiftung **45** 35 ff.
- Bestimmen **45** 23 ff.
- Bestimmtheit des Anstiftervorsatzes **45** 49 ff.

- Beteiligung an der Anstiftung **45** 74 ff.
- doppelter Anstiftervorsatz **45** 44 ff.
- error in persona des Haupttäters **45** 57 ff.
- Exzess des Haupttäters **45** 55 f.
- Kettenanstiftung **45** 75 ff.
- Kommunikationstheorie **45** 27 ff.
- Konkurrenzfragen **47** 41 ff.; **56** 79 ff.
- mittäterschaftliche Anstiftung **45** 74
- omnimodo facturus **45** 33 ff.
- Strafgrund **45** 2 ff., 65 ff.
- Teilnahme, siehe dort
- Umstiftung **45** 42
- durch Unterlassen **45** 126; **51** 28 ff.
- versuchte Anstiftung **44** 62; **47** 6 ff.
- Verursachungstheorie **45** 27 ff.
Antizipierte Notwehr 18 52 f.
Antizipierter Rücktritt 37 128
Antrag 12 20 f.
Antragsdelikte 12 20 f.
Appellfunktion des Tatbestandes 31 1
Äquivalenztheorie 13 3 ff.
Asperationsprinzip 56 78
Asthenische Affekte 27 22 ff.
Atypischer Kausalverlauf 13 62 ff.
Aufbaufragen und Fallbearbeitung
- abergläubischer Versuch **35** 14
- Abgrenzung zwischen Eventualvorsatz und bewusster Fahrlässigkeit **14** 32 ff.
- actio libera in causa **25** 32 f.
- Anstiftung und Beihilfe **45** 10 ff.
- Beteiligung durch Unterlassen **51** 13 f.
- Einwilligung **23** 8
- entschuldigender Notstand **26** 3 f.
- Erlaubnistatbestandsirrtum **30** 1 ff.
- fahrlässiges Begehungsdelikt **52** 11 f.
- fahrlässiges unechtes Unterlassungsdelikt **54** 1 f.

- Festnahmerecht des § 127 StPO **22** 2 f.
- Geltungsbereich des deutschen Strafrechts **6** 3 ff., 31
- Konkurrenzen **56** 5 ff.
- Mittäterschaft **44** 5 ff.
- mittelbare Täterschaft **43** 4 f., 86 ff.
- mutmaßliche Einwilligung **23** 47 ff.
- Notwehr **18** 3 f.
- Notwehrexzess **27** 1 ff.
- objektive Zurechnung **13** 46 ff.
- Realkonkurrenz **56** 76 ff.
- rechtfertigender Notstand **19** 3 ff.
- Rücktritt **37** 10 ff., 74 ff.; **38** 6
- Unterlassungsdelikt **49** 4 f., 54 ff.; **51** 13 f.; **54** 1 f.
- versuchte Anstiftung **47** 9
- versuchtes Begehungsdelikt **34** 1 ff.
- versuchtes unechtes Unterlassungsdelikt **49** 54 ff.
- vollendetes vorsätzliches Begehungsdelikt **12**
- vorsätzliches unechtes Unterlassungsdelikt **49** 4 f.
Aufgabe des Strafrechts
- Rechtsgüterschutz **3** 1 ff.
- Straftheorien **3** 9 ff.
- Strafzwecke **3** 9 ff.
- ultima-ratio-Funktion **2** 14; **3** 5 ff.
Aufstiftung 45 35 ff.
Ausdehnungsmodell (a.l.i.c.) 25 10 f.
Auslegungsmethoden 5
- Beispiele **5** 16 ff.
- grammatische Auslegung **5** 5 ff.
- historische Auslegung **5** 10 ff.
- Rangfolge **5** 22
- systematische Auslegung **5** 13
- teleologische Auslegung **5** 11, 14
- teleologische Reduktion **5** 27 f.
- unionsrechtskonforme Auslegung **5** 26
- verfassungskonforme Auslegung **5** 24 f.
- Wortlautauslegung **5** 5 ff.
Ausnahmemodell (a.l.i.c.) 25 8 f.

Stichwortverzeichnis 575

Automatisierte Verhaltensweisen 7 16 ff.

Bedingungstheorie 13 3 ff.
Beendigungsphase 33 13 f.
Begehungsdelikte 10 17; **12**
Beihilfe 40 6; **45** 81 ff.
– Abstiftung **45** 43
– zur Anstiftung **45** 78 ff.
– Anstiftung zur Beihilfe **45** 78 ff.
– Bestärkung des Tatentschlusses **45** 88 ff.
– Bestimmtheit des Gehilfenvorsatzes **45** 115 ff.
– Beteiligung an der Beihilfe **45** 125
– doppelter Gehilfenvorsatz **45** 114 ff.
– Hilfeleisten **45** 82 ff.
– Kausalität der **45** 92 ff.
– Konkurrenzfragen **45** 128 f.; **47** 41 ff.; **56** 79 ff.
– neutrale **45** 101 ff.
– physische **45** 85
– psychische **45** 86 ff.
– Strafgrund **45** 2 ff., 123
– sukzessive **45** 124
– Teilnahme, siehe dort
– Umstiftung **45** 42
– durch Unterlassen **45** 126; **51** 11 ff.
Beschützergaranten 50 4 f., 11 ff.
– Amtsträger **50** 34 ff.
– aus engen persönlichen Lebensbeziehungen **50** 25
– aus familiärer Verbundenheit **50** 11 ff.
– aus Gefahrengemeinschaften **50** 26 f.
– Reichweite der Schutzpflicht **50** 39 ff.
– aus Vertrag und tatsächlicher Übernahme **50** 28 ff.
Besondere persönliche Merkmale 40 8; **46**
– strafausschließende Merkmale **46** 10
– strafbegründende Merkmale **46** 2

– strafmildernde Merkmale **46** 8 f.
– Strafrahmenverschiebung **46** 2 f.
– strafschärfende Merkmale **46** 5 ff.
– Tatbestandsverschiebung **46** 4 ff.
– tatbezogene Merkmale **46** 13 ff.
– täterbezogene Merkmale **46** 13 ff.
Besondere subjektive Tatbestandsmerkmale 16
Bestärkung des Tatentschlusses 45 88 ff.
Bestimmen 45 26 ff.
– Kommunikationstheorie **45** 27 ff.
– Verursachungstheorie **45** 27 ff.
Bestimmtheit des Anstiftervorsatzes 45 49 ff.
Bestimmtheit des Gehilfenvorsatzes 45 115 ff.
Bestimmtheitsgebot 4 26 ff.
Bestleistungstheorie 37 142
Beteiligung an der Anstiftung 45 74 ff.
Beteiligung an der Beihilfe 45 125
Bewusste Fahrlässigkeit 14 17 ff.; **52** 7
Bewusster Notwehrexzess 27 26 f.
Billigungstheorie 14 27 ff.
Biologisch-psychologisches Stockwerk 24 5

Chantage 18 90 ff.
Conditio-sine-qua-non-Formel 13 3

Dauerdelikte
– Deliktstyp **10** 20 f.
– Konkurrenzen **10** 21; **56** 57 ff.
– Verjährung **10** 21
Dauergefahr 19 12
Dazwischentreten Dritter 52 57 ff.
Defensivnotstand 19 38 ff.; **20** 2, 7 ff.
Deliktisches Minus 43 6 ff.
Deliktstypen 10
– Allgemeindelikte **10** 24
– Begehungsdelikte **10** 17
– Dauerdelikte **10** 20 f.
– eigenhändige Delikte **10** 29 f.

- Erfolgsdelikte 10 2 ff.; 13 1
- Gefährdungsdelikte 10 8, 10 ff.
- Pflichtdelikte 10 28; 43 19 f.; 51 16
- Sonderdelikte 10 25 ff.; 48 6
- Tätigkeitsdelikte 10 2, 7
- Unterlassungsdelikte 10 17 ff.
- Unternehmensdelikte 39 2
- verhaltensgebundene Delikte 25 18 ff.
- Verletzungsdelikte 10 8 f.
- Zustandsdelikte 10 22

Denkzettelproblematik 37 58 ff.

Deskriptive Tatbestandsmerkmale 8 11

Direkter Verbotsirrtum 31 11

Distanzfälle
- Abgrenzung zwischen aberratio ictus und error in persona 15 42 ff.
- Versuchsbeginn 34 45 ff.

Dolus
- alternativus 14 48 ff.
- antecedens 14 56
- cumulativus 14 45 ff.
- directus 1. Grades 14 6 ff.
- directus 2. Grades 14 6, 9
- eventualis 14 6, 10, 17 ff.
- generalis 15 51 ff.
- subsequens 14 60
- Vorsatz, siehe dort
- Vorsatzformen 14 6 ff.

Doppelbestrafungsverbot 6 28 f.

Doppelirrtum 31 15 f.

Doppelkausalität 13 26 ff.

Doppelter Anstiftervorsatz 45 44 ff.

Doppelter Gehilfenvorsatz 45 114 ff.

Echtes Unterlassungsdelikt 10 19; **48** 3 f.

Eigenhändige Delikte 10 29 f.

Eingeschränkte Schuldtheorien
- siehe Erlaubnistatbestandsirrtum

Einheitstäterprinzip 2 15; **40** 2

Einverständliche Fremdgefährdung 23 39

Einverständnis 23 3 f., 40 ff.

Einwilligung 23
- Aufbau(schema) 23 2, 5, 8
- Einwilligungserklärung 23 20 ff.
- Einwilligungsfähigkeit 23 15 ff.
- Einwilligungssperren 23 9 ff.
- beim Fahrlässigkeitsdelikt 52 65
- hypothetische 23 62
- Irrtümer 23 25 ff.
- mutmaßliche Einwilligung, siehe dort
- subjektives Rechtfertigungselement 23 38
- Unterschied zum tatbestandsausschließenden Einverständnis 23 3 f., 40 ff.
- Verfügbarkeit des Rechtsguts 23 9 ff.
- Verfügungsbefugnis 23 13 f.
- Verhältnis zu anderen Rechtfertigungsgründen 23 5
- Willensmängel 23 23 ff.

Einzelaktstheorie 37 41 ff., 56, 60

Entschuldigender Notstand
- Aufbau(schema) 26 3 f.
- besonderes Rechtsverhältnis 26 23 ff.
- Erforderlichkeit 26 9
- gegenwärtige Gefahr 19 9 ff.; 26 8
- Notstandshandlung 26 9 f.
- Notstandshilfe 26 33 ff.
- Nötigungsnotstand, siehe dort
- Notstandslage 26 5 ff.
- Rechtsgüter 26 5 f.
- Rettungsabsicht 26 11
- übergesetzlicher, siehe dort
- Zumutbarkeit der Gefahrhinnahme 26 17 ff.

Entschuldigungsgründe
- entschuldigender Notstand, siehe dort
- Glaubens- und Gewissensfreiheit 28 3 ff.
- übergesetzlicher Notstand, siehe dort
- Unzumutbarkeit normgemäßen Verhaltens 28 1 f.; 49 47 ff.; 52 75 f.

Entschuldigungstatbestandsirrtum 32 1 f.

Entsprechungsklausel 49 30 ff.

Erfolgsdelikte 10 2 ff.; **13** 1

Erfolgsqualifizierte Delikte 55 1 ff.
- Mittäterschaft und Teilnahme **55** 4 f.
- spezifischer Gefahrverwirklichungszusammenhang **55** 4 f.
- Versuch und Rücktritt **36** 40; **55** 4 f.

Erforderlichkeit 18 33 ff.; **27** 8 f.

Erlaubnisirrtum 31 12 f.

Erlaubnistatbestandsirrtum 29 3; **30**; **43** 31; **45** 16
- Aufbau(schema) **30** 1 ff.
- eingeschränkte Schuldtheorien **30** 15 ff.
- Lehre von den negativen Tatbestandsmerkmalen **30** 16, 20
- rechtsfolgenverweisende oder vorsatzschuldverneinende eingeschränkte Schuldtheorie **30** 19 f.
- strenge Schuldtheorie **30** 7, 11 ff.
- vorsatzunrechtverneinende eingeschränkte Schuldtheorie **30** 17 f.

Erlaubtes Risiko 13 51 ff.

Ernsthaftigkeit des Sichbemühens 37 140 ff.; **38** 25 f.

Ernstnahmetheorie 14 26 ff.

Error in persona vel obiecto 15 21 ff.
- in Distanzfällen **15** 42 ff.
- des Haupttäters bei der Anstiftung **45** 57 ff.
- manipulierter **43** 57 ff.
- eines Mittäters **44** 30 f.
- gegen einen Mittäter gerichteter **44** 32 ff.
- eines Rauschtäters **25** 23 f.
- eines Vordermanns bei der mittelbaren Täterschaft **43** 73 f.
- Zusammenfallen mit aberratio ictus **15** 39 ff.

Ersatzursachen 13 15 ff.

Erst-recht-Schluss 5 29 f.

Eventualvorsatz 14 6, 10, 17 ff.

Extensiver Notwehrexzess 27 3 ff., 17 ff.
- nachzeitiger **27** 19
- vorzeitiger **27** 18

Exterritorialität 6 30

Exzess
- bei Mittäterschaft **44** 23 ff.
- bei mittelbarer Täterschaft **43** 71
- des Täters bei der Anstiftung **45** 55
- des Täters bei der Beihilfe **45** 121 f.

Fahrlässige actio libera in causa 25 25 ff.

Fahrlässiges unechtes Unterlassungsdelikt 54
- Aufbau(schema) **54** 1 f.
- objektive Sorgfaltspflichtverletzung **54** 3 ff.

Fahrlässigkeit(sdelikt)
- Aufbau(schema) **52** 4, 11 f., 32
- Abgrenzung zwischen Tun und Unterlassen **48** 13 ff.
- bewusste Fahrlässigkeit **14** 17 ff.; **52** 7 ff.
- Dazwischentreten Dritter **52** 57 ff.
- fahrlässige Mittäterschaft **49** 23; **53** 3 ff.
- fahrlässiges unechtes Unterlassungsdelikt (siehe dort)
- Fahrlässigkeit **52** 7 ff.
- Fluchtfälle **52** 55 ff.
- Leichtfertigkeit **52** 9 f.
- Notwehrexzess **52** 16a, 21
- objektive Sorgfaltspflichtverletzung **52** 13 ff.; **54** 3 ff.
- objektive Voraussehbarkeit **52** 25
- objektive Zurechnung **52** 26 ff.
- pflichtgemäßes Alternativverhalten **52** 27
- Pflichtwidrigkeitszusammenhang **52** 26 ff.; **54** 5
- Rechtswidrigkeit **52** 73 ff.
- Retterfälle **52** 48 ff.
- Risikoerhöhungstheorie **52** 34 ff.

578 Stichwortverzeichnis

- Schuld **52** 82 ff.
- Schutzzweckzusammenhang **52** 37 ff.
- Sonderwissen und Sonderkönnen **52** 19 ff.
- subjektive Fahrlässigkeit **52** 82 ff.
- subjektives Rechtfertigungselement **52** 78 ff.
- Täterschaft und Teilnahme **53**
- Übernahmefahrlässigkeit **52** 24
- unbewusste Fahrlässigkeit **52** 7
- Verfolgerfälle **52** 51 ff.
- Vertrauensgrundsatz **52** 22 f., 65, 68
- Unzumutbarkeit normgemäßen Verhaltens **52** 87 f.

Fallbearbeitung, siehe Aufbaufragen und Fallbearbeitung

Fehlgeschlagener Versuch 37 15 ff., 41 ff., 60

Festnahmerecht des § 127 StPO 22
- Aufbau(schema) **22** 2 f.
- Einsatz von Schusswaffen **22** 16 ff.
- Festnahmehandlung **22** 14 ff.
- Festnahmelage **22** 4 ff.
- frische Tat **22** 4 ff.
- subjektives Rechtfertigungselement **22** 23
- Tatverdacht **22** 7 ff.

Finale Handlungslehre 7 4

Flaggenprinzip 6 8

Fluchtfälle 52 55 ff.

Folter
- durch Hoheitsträger **18** 94 ff.
- durch Privatpersonen **18** 99

Formelles Strafrecht 2 12 ff.

Fortwirkende Kausalität 13 23 ff.

Freiverantwortliche Selbstschädigung und Selbstgefährdung 13 77 ff.

Freiwilligkeit 37 91 ff.

Garantenstellungen 49 26 ff.; **50**
- Beschützergaranten, siehe dort
- Überwachungsgaranten, siehe dort

Garantiefunktion des Strafrechts, siehe Gesetzlichkeitsprinzip

Gebotenheit der Notwehr 18 54 ff.
- Absichtsprovokation **18** 84 ff.
- Abwehrprovokation **18** 101 f.
- Angriffe von schuldlos Handelnden **18** 66 f.
- Chantage **18** 90 ff.
- enge persönliche Beziehungen **18** 68 ff.
- Folter, siehe dort
- krasses Missverhältnis **18** 57 ff.
- Notwehrexzess **27** 10 ff.
- schuldhafte Provokation **18** 72 ff.
- Schweigegelderpressung **18** 90 ff.
- Überschreitung **27** 10 ff.

Gebotsirrtum 31 27; **49** 53

Gefahr 19 8 ff.
- Dauergefahr **19** 12
- gegenwärtige **19** 9 ff.; **26,** 8
- rechtlich missbilligte **13** 51 ff.

Gefährdungsdelikte
- abstrakte **10** 11 ff.
- konkrete **10** 10
- potentielle **10** 16

Gegenwärtigkeit
- des Angriffs **18** 19 ff.
- der Gefahr **19** 9 ff.

Geltungsbereich des deutschen Strafrechts 6
- Aufbaufragen **6** 3 f., 31
- Exterritorialität **6** 30
- Flaggenprinzip **6** 8
- Kompetenzverteilungsprinzip **6** 28 f.
- bei Mittäterschaft und mittelbarer Täterschaft **6** 10
- Personalitätsprinzip **6** 20 ff.
- Schutzprinzip **6** 25
- Staatsschutzprinzip **6** 25
- Strafanwendungsrecht **6** 1
- Tatort im Internet **6** 14 ff.
- bei Teilnahme **6** 11
- Territorialitätsprinzip **6** 8 ff.
- Ubiquitätsprinzip **6** 8 f.
- Weltrechtsprinzip **6** 26

Stichwortverzeichnis

Gemeinsamer Tatentschluss 44 11 ff.
Gemeinsame Tatausführung 44 40 ff.
Gemeinschaftsrechtskonforme Auslegung 5 26
Generalprävention 3 14 ff.
Gesamtbetrachtungslehre 37 46 ff., 71 ff.
Gesetzeskonkurrenz 56 26 ff.
– Konsumtion **56** 30 ff.
– mitbestrafte Nachtat **56** 45
– mitbestrafte Vortat **56** 44
– Spezialität **56** 29
– Subsidiarität **56** 30 ff.
Gesetzlichkeitsprinzip 4
– Analogieverbot **4** 31 ff.
– Bestimmtheitsgebot **4** 26 ff.
– Gewohnheitsrecht, siehe dort
– Rückwirkungsverbot **4** 11, 16 ff.
Gesetzmäßige Bedingung 13 12 f., 37; **49** 23
Gewohnheitsrecht
– actio libera in causa **4** 13; **25** 8 ff.
– Einwilligung **23** 1
– zugunsten des Täters **4** 15; **23** 1
Gleichgültigkeitstheorie 14 24 f.
Grammatische Auslegung 5 5 ff.
Gremienentscheidungen 13 35 ff.; **49** 20 ff.
Grob unverständiger und abergläubischer Versuch 35 9 ff.

Halbherziger Rücktritt 37 123 ff.
Handeln für einen anderen 42 7 ff.
Handlung im natürlichen Sinn 56 15
Handlungsbegriff 7
– automatisierte Verhaltensweisen **7** 16 ff.
– Definition **7** 8
– Handlungslehren, siehe dort
– negative Funktion **7** 7
– Nicht-Handlungen **7** 7 ff.
– Reflexbewegungen **7** 15
– vis absoluta **7** 11

– vis compulsiva **7** 12
Handlungseinheit 56 14 ff.
– Gesetzeskonkurrenz **56** 26 ff.
– Handlung im natürlichen Sinne **56** 15
– iterative Tatbestandsverwirklichung **56** 16 ff.
– Konsumtion **56** 30 ff.
– rechtliche Handlungseinheit **56** 23 ff.
– Spezialität **56** 29
– Subsidiarität **56** 36 ff.
– sukzessive Tatbestandsverwirklichung **56** 21 f.
Handlungslehren 7
– finale Handlungslehre **7** 4
– kausale Handlungslehre **7** 3
– soziale Handlungslehren **7** 5
Handlungsmehrheit 56 43 ff.
– mitbestrafte Nachtat **56** 43, 45
– mitbestrafte Vortat **56** 43 f.
Hilfeleisten 45 82 ff.
Historische Auslegung 5 10 ff.
– Verhältnis zur teleologischen Auslegung **5** 11
Hypothetische Einwilligung 23 62
Hypothetische Kausalität 49 13 ff.

Idealkonkurrenz 56 46 ff.
Indirekter Verbotsirrtum 31 12 ff.
Individualrechtsgüter 3 3; **18** 8 f.; **23** 9 ff.
In dubio pro reo 49 15; **57** 1 ff.
Ingerenz 50 70 ff.
Intensiver Notwehrexzess 27 3 ff., 6 ff.
Interessenabwägung 19 26 ff.
Irrtum
– über das deliktische Minus **43** 76
– Doppelirrtum **31** 15 f.
– über Entschuldigungsgründe **32** 1 ff.
– Entschuldigungstatbestandsirrtum **32** 1 f.
– Erlaubnisirrtum **31** 12 f.

580 Stichwortverzeichnis

- Erlaubnistatbestandsirrtum, siehe dort
- error in persona vel obiecto, siehe dort
- Gebotsirrtum **31** 27; **49** 53
- über den Kausalverlauf **15** 11 ff.
- über den konkreten Handlungssinn **43** 47 ff.
- Subsumtionsirrtum **15** 4 ff.; **29** 2; **31** 14
- Tatbestandsirrtum (siehe dort)
- über persönliche Strafausschließungsgründe **32** 5 ff.
- über Tatbestandsvarianten **15** 66 ff.
- über die Unrechtsqualifizierung **43** 51 ff.
- über die Unrechtsquantifizierung **43** 48 ff.
- Verbotsirrtum, siehe dort
Iterative Tatbestandsverwirklichung 56 16 ff.

Jedermannsdelikte 10 24

Kausale Handlungslehre 7 3
Kausalität 13 3 ff.
- Abbruch rettender Kausalverläufe **13** 18 ff.
- abgebrochene **13** 21 f.
- Adäquanztheorie **13** 9
- alternative **13** 26 ff.
- Äquivalenztheorie **13** 3 ff.
- Bedingungstheorie **13** 3 ff.
- der Beihilfe **45** 92 ff.
- conditio-sine-qua-non-Formel **13** 3
- Doppelkausalität **13** 26 ff.
- fortwirkende **13** 23 ff.
- gesetzmäßige Bedingung **13** 12 f.
- Gremienentscheidungen **13** 35 ff.
- hypothetische **49** 13 ff.
- Irrtum über den Kausalverlauf **13** 11 ff.
- kumulative **13** 34
- Relevanztheorie **13** 10
- Reserveursachen **13** 15 ff.

- überholende **13** 21 f.
- unechtes Unterlassungsdelikt **49** 13 ff.
- Unterbrechung des Kausalzusammenhangs **13** 21 f.
Kausalzusammenhang, siehe Kausalität
Kettenanstiftung 45 75 ff.
Koinzidenzprinzip 14 55 ff.; **44** 13
Kommunikationstheorie 45 27 ff.
Kompetenzverteilungsprinzip 6 28 f.
Konkrete Gefährdungsdelikte 10 10
Konkurrenzen 56 1 ff.
- Absorptionsprinzip **56** 48
- Aufbaufragen **56** 5 ff.; **57** 5 f.
- bei Dauerdelikten **10** 21; **56** 57 ff., 62 ff.
- Gesetzeskonkurrenz **56** 26 ff.
- Handlungseinheit, siehe dort
- Handlungsmehrheit, siehe dort
- Idealkonkurrenz **56** 46 ff.
- Konsumtion **56** 30 ff.
- mitbestrafte Nachtat **56** 43, 45
- mitbestrafte Vortat **56** 43 f.
- natürliche Handlungseinheit **56** 68 ff.
- Realkonkurrenz **56** 76 ff.
- Spezialität **56** 29
- Stufenverhältnis **57** 7 ff.
- Subsidiarität **56** 36 ff.
- Tateinheit **56** 46 ff.
- Täterschaft **44** 51; **45** 128
- Tatmehrheit **56** 76 ff.
- bei tatsächlichen Zweifeln **57** 1 ff.
- Teilnahme **45** 128; **56** 79 ff.
- Tenor **56** 31, 85
- Unterlassung **56** 82 ff.
- Verklammerung **56** 25, 62 ff.
- Versuch der Beteiligung **47** 41 ff.
- Wahlfeststellung, siehe dort
Konsumtion 56 30 ff.
Kumulative Kausalität 13 34

Legalitätsprinzip 2 13
Leichtfertigkeit 52 9 f.

Stichwortverzeichnis

Limitierte Akzessorietät 45 1, 13 ff.

Materielles Strafrecht 2 1 ff.
- Merkmale
- besondere persönliche **46**
- strafbegründende **46** 2
- strafmildernde **46** 8 f.
- strafschärfende **46** 5 ff.
- tatbezogene **46** 13 ff.
- täterbezogene **46** 13 ff.

Methodik der Fallbearbeitung 11

Mitbestrafte Nachtat 56 43, 45

Mitbestrafte Vortat 56 43 f.

Mittäterschaft 44
- Abgrenzung zur Teilnahme **40** 7; **41**; **44** 45 ff.
- additive **44** 49
- alternative **44** 50
- Aufbau(schema) **44** 5 ff.
- Aufgabe des Tatvorsatzes **44** 14 ff.
- error in persona **44** 30 ff.
- Exzessfragen **44** 23 ff.
- fahrlässige Mittäterschaft **44** 52; **49** 23; **53** 3 ff.
- gemeinsame Tatausführung **44** 40 ff.
- gemeinsamer Tatentschluss **44** 11 ff.
- Konkurrenzfragen **44** 51
- mittäterschaftliche Anstiftung **44** 52; **45** 74
- Rücktritt **38**; **44** 15
- subjektive Theorie **41** 8 f.; **44** 43 f.
- sukzessive **44** 35 ff.
- Tatherrschaftslehre **41** 10 ff., 18 ff.; **44** 40 ff.
- teilweise **44** 28 f.
- Versuchsbeginn **36** 18 ff.

Mittelbare Täterschaft 43
- absichtslos handelndes doloses Werkzeug **43** 22
- Aufbau(schema) **43** 4 f., 86 ff.
- Ausübung von Zwang unterhalb der Schwelle des § 35 **43** 44 ff.
- deliktisches Minus **43** 6 ff.; **43** 23 ff.; **43** 27 ff.

- error in persona vel obiecto **43** 73 f.
- Irrtum über das deliktische Minus **43** 76
- Irrtum über den konkreten Handlungssinn **43** 47 ff.
- Irrtum über die Unrechtsqualifizierung **43** 51 ff.
- Irrtum über die Unrechtsquantifizierung **43** 48 ff.
- Irrtumsfragen **43** 71 ff.
- manipulierter error in persona **43** 57 ff.
- Organisationsherrschaft **43** 60 ff.
- qualifikationslos handelndes doloses Werkzeug **43** 14 ff.
- Rücktritt **37** 11; **38** 3; **43** 84
- tatbestandslos handelndes Werkzeug **43** 8 ff.
- Täter hinter dem Täter **40** 4; **43** 38 ff.
- durch Unterlassen **43** 85; **51** 5 f.
- Verbotsirrtum beim Werkzeug **43** 30, 40 ff.
- Versuchsbeginn **36** 2 ff.; **43** 84
- vorsatzlos handelndes Werkzeug **43** 12 f.

Möglichkeitstheorie 14 21

Mutmaßliches Einverständnis 23 48

Mutmaßliche Einwilligung 23 1, 47 ff.
- Aufbau(schema) **23** 50
- mangelndes Interesse **23** 55 f.
- subjektives Rechtfertigungselement **23** 61
- Subsidiarität **23** 57

Natürliche Handlungseinheit 56 25, 68 ff.

Nebenstrafrecht 2 11

Nebentäterschaft 40 3; **42** 3 ff.; **53** 2 f.

Negative Tatbestandsmerkmale 30 16

Neutrale Beihilfe 45 101 ff.

582 Stichwortverzeichnis

Nichtvollendung der Tat ohne Zutun 37 132 ff.
Normative Tatbestandsmerkmale 8 12 f.
Nothilfe 18 110 ff.
– Folter, siehe dort
– durch Hoheitsträger **18** 95 ff.
– beim Schwangerschaftsabbruch **18** 100
Nötigungsnotstand 19 51 ff.; **26** 15 f.; **43** 32 ff.
Notstand
– Aggressivnotstand **20** 1, 4 ff.
– Defensivnotstand **19** 38 ff.; **20** 2, 7 ff.
– entschuldigender, siehe dort
– Nötigungsnotstand, siehe dort
– rechtfertigender, siehe dort
– übergesetzlicher entschuldigender, siehe dort
Notwehr 18
– Absichtsprovokation **18** 84 ff.
– Abwehrprovokation **18** 101 f.
– Angriff, siehe dort
– antizipierte **18** 52 f.
– Aufbau(schema) **18** 3 f.
– Chantage **18** 90 ff.
– Eignung **18** 33 ff.
– Erforderlichkeit **18** 33 ff.
– Folter, siehe dort
– Gebotenheit, siehe dort
– Nothilfe, siehe dort
– Notwehrhandlung **18** 31 ff.
– Notwehrlage **18** 5 ff.
– Putativnotwehr **18** 115
– Rechtsbewährungsprinzip **18** 1 f.
– Schutzprinzip **18** 1 f.
– Schweigegelderpressung **18** 90 ff.
– subjektives Rechtfertigungselement **18** 103 ff.
– Verhältnis zu anderen Rechtfertigungsgründen **18** 3
Notwehrexzess 27
– asthenische Affekte **27** 6, 22 ff.
– Aufbau(schema) **27** 2 ff., 20
– bewusster **27** 26 f.

– extensiver **27** 3 ff., 17 ff.
– Fahrlässigkeitsdelikt **52** 16a, 21
– intensiver **27** 3 ff., 6 ff.
– Putativnotwehrexzess **27** 28 f.
Notwendige Teilnahme 45 7 ff.

Objektive Bedingungen der Strafbarkeit 8 15; **12** 13; **32** 8
– Irrtum **32** 8
Objektiver Tatbestand 8 4 ff.; **13**
– Inhalt **8** 4 ff.
– Kausalität, siehe dort
– Merkmal rechtswidrig **8** 14
– Merkmal unbefugt **8** 14
– objektive Zurechnung, siehe dort
– Tatbestandsmerkmale **8** 4 ff.
– Tathandlung **8** 7
– Tatobjekt **8** 6
– Tatsubjekt **8** 5
Objektive Zurechnung 13 38 ff.
– Abgrenzung zur Kausalität **13** 38
– Abgrenzung nach Verantwortungsbereichen **13** 48, 77 ff.; **52** 44 ff.
– abnorme Konstitution **13** 69 ff.
– atypischer Kausalverlauf **13** 62 ff.
– Aufbau(schema) **13** 49 f.
– Dazwischentreten Dritter **13** 87 ff.; **52** 57 ff.
– erlaubtes Risiko **13** 51 ff.
– Fluchtfälle **52** 55 f.
– neutrale Beihilfe **45** 105
– objektive Voraussehbarkeit **13** 62 ff.
– Pflichtwidrigkeitszusammenhang **52** 26 ff.; **54** 5
– rechtlich missbilligte Gefahr **13** 51 ff.
– Retterfälle **52** 48 ff.
– Risikoverringerung **13** 56 ff.
– Risikozusammenhang **13** 60 ff.
– Schutzzweckzusammenhang **13** 75 f.; **52** 37 ff.
– Selbstgefährdung **13** 77 ff.
– Selbstschädigung **13** 77 ff.

- Sonderwissen **13** 54 f., 74; **45** 107; **52** 19 f.
- Verantwortungsbereich Dritter **13** 87 ff.
- Verfolgerfälle **52** 51 ff.
- Zumutbarkeit der Gefahrhinnahme **26** 18 ff.

Objektsirrtum, siehe error in persona vel obiecto
Omissio libera in causa 49 11 f.
Omnimodo facturus 45 33 f., 37
Opportunitätsprinzip 2 13
Ordnungswidrigkeitenrecht 2 14 f.
Organisationsherrschaft 43 60 ff.

Personalitätsprinzip 6 20 ff.
Pflichtdelikte 10 28; **43** 19 f.; **51** 16
Pflichtenkollision 49 39 ff.
Pflichtgemäßes Alternativverhalten 52 27
Pflichtwidrigkeitszusammenhang 52 26 ff.; **54** 5
Physische Beihilfe 45 85
Postpendenz 57 32 f.
Potentielle Gefährdungsdelikte 10 16
Präpendenz 57 34
Psychische Beihilfe 45 86 ff.
- Abstiftung **45** 43
Psychologisch-normatives Stockwerk 24 7
Putativnotwehr 18 115
Putativnotwehrexzess 27 28 f.

Qualifikation
- Begriff **8** 19
- Spezialität **56** 29
- Versuchsbeginn **34** 60 f.

Realkonkurrenz 56 76 ff.
Rechtfertigende Pflichtenkollision 49 39 ff.
Rechtfertigender Notstand
- Abstiftung **45** 43
- Aggressivnotstand **20** 1, 4 ff.
- Angemessenheitsklausel **19** 48 ff.

- Aufbau(schema) **19** 3 ff.
- Defensivnotstand **19** 38 ff.; **20** 2, 7 ff.
- Fahrlässigkeitsdelikt **52** 64
- gegenwärtige Gefahr **19** 8 ff.
- Interessenabwägung **19** 26 ff.
- Nötigungsnotstand, siehe dort
- Notstandshandlung **19** 20 ff.
- Notstandslage **19** 7 ff.
- subjektives Rechtfertigungselement **19** 63 f.
- Verhältnis zu anderen Rechtfertigungsgründen **19** 3 ff.
Rechtfertigungsgründe 17 3 ff.
- Aggressivnotstand, siehe dort
- allgemeine Fragen **17**
- Defensivnotstand, siehe dort
- Einwilligung, siehe dort
- Fahrlässigkeitsdelikt **52** 73 ff.
- Festnahmerecht des § 127 StPO, siehe dort
- konkurrierende **17** 6 ff.
- Nothilfe, siehe dort
- Notstand, siehe dort
- Notwehr, siehe dort
- rechtfertigende Pflichtenkollision **49** 39 ff.
- rechtfertigender Notstand, siehe dort
- Selbsthilferechte **21**
- Strukturen **17** 9 f.
- subjektives Rechtfertigungselement, siehe dort
Rechtliche Handlungseinheit 56 23 ff.
Rechtlich missbilligte Gefahr 13 51 ff.
Rechtsbewährungsprinzip 18 1 f.
Rechtsfolgen 1 4; **2** 5 ff.
Rechtsgüter 3 1 ff.; **18** 8 ff.; **23** 9 ff.
Rechtswidrigkeit, siehe Rechtfertigungsgründe
Reflexbewegungen 7 15
Regelbeispiel
- Versuch **36** 41
- Versuchsbeginn **34** 60 ff.

584 Stichwortverzeichnis

Relative Straftheorien 3 14 ff.
Relevanztheorie 13 10
Reserveursachen 13 15 ff.
Risikoerhöhungstheorie 49 16 ff.;
52 34 ff.
Risikoverringerung 13 56 ff.; **45** 43
Risikozusammenhang 13 60 ff.
Rücktritt
– Abgrenzung zwischen unbeende-
tem und beendetem Versuch **37**
30 ff.
– Annahme des Erbietens **47** 39
– antizipierter Rücktritt **37** 128
– Aufbau(schema) **37** 10 ff., 74 ff.; **38**
6
– Aufgabe der weiteren Tatausfüh-
rung **37** 81 ff.
– außertatbestandliche Zielerreichung **37** 58 ff.
– beendeter Versuch **37** 32, 110 ff.,
130 ff.
– Begehung der Tat unabhängig
vom früheren Tatbeitrag **38** 27 ff.
– Bereiterklärung **47** 38
– Bestleistungstheorie **37** 142
– des Beteiligten **38**
– Denkzettelproblematik **37** 58 ff.
– Einzelaktstheorie **37** 41 ff., 56, 60
– des Einzeltäters **37**
– Einzel- und Gesamtbetrachtungslehre **37** 41 ff., 74 ff.
– Ernsthaftigkeit des Sichbemühens
37 140 ff.; **38** 25 f.
– fehlgeschlagener Versuch **37** 15 ff.,
41 f., 60
– Freiwilligkeit **37** 91 ff.
– freiwilliges und ernsthaftes Bemühen **47** 40
– Gesamtbetrachtungslehre **37** 46 ff.,
71 ff.
– Grund der Straflosigkeit **37** 5 ff.
– halbherziger Rücktritt **37** 123 ff.
– bei mittelbarer Täterschaft **37** 11;
38 3; **43** 84
– Nichtvollendung der Tat ohne
Zutun **37** 132 ff.

– Rücktrittshorizont **37** 34 ff., 49 ff.
– Rücktrittsmöglichkeit trotz außertatbestandlicher Zielerreichung **37**
58 ff.
– Rücktrittsrisiko **37** 112; **38** 12 f.
– Rücktrittstheorien **37** 5 ff.
– Sichbemühen **37** 138 f.
– tätige Reue **39**
– Tatplantheorie **37** 34 f.
– Teilrücktritt **37** 150
– unbeendeter Versuch **37** 31, 80 ff.
– unechtes Unterlassungsdelikt **49**
59 ff.
– Verbrechensverabredung **47** 39
– Verhindern der Vollendung **37**
111 ff.; **38** 15 ff.
– versuchte Anstiftung **47** 35 ff.
– im Vorbereitungsstadium **38** 9 ff.
Rückwirkungsverbot 4 11, 16 ff.

**Sachgedankliches Mitbewusstsein
14** 42 f.
Sachverhaltsalternativität 57 17 ff.
Schockschäden 52 42 f.
Schuld
– Entschuldigungsgründe, siehe dort
– Fahrlässigkeitsdelikt **52** 82 ff.
– Fallbearbeitung **24** 11 ff.
– Schuldbegriff **24** 2 f.
– Schuldfähigkeit, siehe dort
– Schuldprinzip **24** 1
– Schuldtheorie(n), siehe dort
– Verbotsirrtum, siehe dort
Schuldfähigkeit 24 4 ff.
– Alkoholrausch **24** 8 ff.
– biologisch-psychologisches Stock-
werk **24** 5 f.
– Jugendliche **24** 4
– Kinder **24** 4
– psychologisch-normatives Stock-
werk **24** 7
Schuldtheorie(n)
– eingeschränkte **30** 7, 15 ff.
– Erlaubnistatbestandsirrtum **30**
– strenge **30** 7, 11 ff.
Schutzprinzip 6 25

Stichwortverzeichnis 585

Schutzzweckzusammenhang **13**
75 f.; **52** 37 ff.
Schweigegelderpressung **18** 90 ff.
Selbstgefährdung **13** 77 ff.
Selbsthilferechte **21**
Selbstschädigung **13** 77 ff.
Sich-Bereiterklären **47** 30
– Annahme einer Anstiftung **47** 31
– Rücktritt **47** 38
– Sich-Erbieten **47** 32 f.
Simultaneitätsprinzip **14** 55
Sonderdelikte **10** 25 ff.; **48** 6
Sonderkönnen **52** 19 ff.
Sonderwissen **13** 54 f., 74; **45** 107; **52**
19 f.
Sorgfaltspflichtverletzung **52** 13 ff.;
54 3 ff.
Sozialadäquate Verhaltensweisen
13 51 ff.; **45** 105
Soziale Handlungslehren **7** 5
Spätfolgen **52** 42
Spezialität **56** 29
Spezialprävention **3** 14, 18 ff.
Spezifischer Gefahrverwirkli-
chungszusammenhang **55** 4 f.
Staatsschutzprinzip **6** 25
Strafandrohung **2** 7 ff.
Strafbegründende Merkmale **46** 2
Strafgrund
– Teilnahme **45** 2 ff., 65 ff., 123
– Versuch **33** 4
Strafmildernde Merkmale **46** 8 f.
Strafprozessrecht **2** 12 f.
Strafrahmenverschiebung **46** 2 f.
Strafrecht
– Aufgabe des Strafrechts **3** 1 ff.
– formelles **2** 12 f.
– Geltungsbereich, siehe dort
– materielles **2** 1 ff.
– Nebenstrafrecht **2** 11
– Ordnungswidrigkeitenrecht **2** 14 f.
– Subsidiarität **3** 6
– ultima-ratio-Funktion **2** 14; **3** 5 ff.
Strafschärfende Merkmale **46** 5 ff.
Straftat
– Lehre von der Straftat **1** 3

– Rechtsfolgen der **1** 4
Straftheorien, siehe Strafzwecke
Strafzumessung **56** 48, 78
Strafzumessungsbeispiele **2** 6
Strafzwecke **3** 9 f.
– absolute Straftheorien **3** 10 ff.
– Generalprävention **3** 14 ff.
– relative Straftheorien **3** 14 ff.
– Spezialprävention **3** 14, 18 ff.
– Sühnetheorie **3** 13
– Vereinigungstheorien **3** 21 ff.
– Vergeltungstheorie **3** 10 ff.
Stufenverhältnisse **57** 7 ff.
– logisches Stufenverhältnis **57**
8 f.
– normatives Stufenverhältnis **57**
10 ff.
Subjektives Rechtfertigungsele-
ment
– Aggressivnotstand **20** 5
– allgemeiner Inhalt **17** 11 f.
– Defensivnotstand **20** 8
– Einwilligung **23** 38
– Fahrlässigkeitsdelikt **52** 78 ff.
– Festnahmerecht des § 127 StPO **22**
23
– mutmaßliche Einwilligung **23** 61
– Notwehr **18** 103 ff.
– rechtfertigender Notstand **19**
63 f.
– Selbsthilferecht **21** 19
Subjektiver Tatbestand
– Aufbau(schema) **12** 6, 11 f.
– besondere subjektive Tatbestands-
merkmale **16**
– dolus, siehe dort
– Inhalt **8** 16 ff.
– subjektive Zurechnung **15** 18
– Tatbestandsirrtum, siehe dort
– Vorsatz, siehe dort
Subsidiarität **3** 6; **56** 30 ff.
Subsumtionsirrtum **15** 4 ff.; **29** 2; **31**
14
Sühnetheorie **3** 13
Sukzessive Beihilfe **45** 124
Sukzessive Mittäterschaft **44** 35 ff.

Sukzessive Tatbestandsverwirklichung 56 21 f.
Systematische Auslegung 5 13

Tatbestand
- Appellfunktion 31 1
- Aufbau 8
- Begriff 8 1 ff.
- Inhalt 8
- objektiver Tatbestand, siehe dort
- Qualifikation, siehe dort
- subjektiver Tatbestand, siehe dort
- Tatbestandsirrtum, siehe dort
- Tatbestandsmerkmale, siehe dort
Tatbestandliche Handlungseinheit 56 24
Tatbestandsalternativität 57 21 ff.
Tatbestandsausschließendes Einverständnis 23 3 f., 40 ff.
Tatbestandsirrtum
- aberratio ictus, siehe dort
- Abgrenzung zum Subsumtionsirrtum 15 4 ff.
- error in persona vel obiecto, siehe dort
- Exzess, siehe dort
- Irrtum über den Kausalverlauf 15 11 ff.
Tatbestandsmerkmale
- besondere subjektive 16
- deskriptive 8 11
- normative 8 12 f.
- objektive 8 4 ff.
- ungeschriebene 8 9; 13 3
Tatbestandsmodell (a.l.i.c.) 25 12 ff.
Tatbestandsverschiebung 46 4 ff.
Tateinheit 56 46 ff.
Tatentschluss 33 7; 34 2, 7 ff.; 44 11 ff.
Täter hinter dem Täter 40 4; 43 38 ff.
Täterschaft und Teilnahme
- Abgrenzung 40 7; 41; 44 45 ff.; 51 14 ff.
- Alleintäterschaft 42 1 f.

- Anstiftung, siehe dort
- Beihilfe, siehe dort
- besondere persönliche Merkmale, siehe dort
- Fahrlässigkeitsdelikt 53
- Handeln für einen anderen 42 7 ff.
- Konkurrenzen 44 51; 45 128; 56 79 ff.
- Mittäterschaft, siehe dort
- mittelbare Täterschaft, siehe dort
- Nebentäterschaft 40 3; 42 3 ff.; 53 2 f.
- subjektive Theorie 41 8 f.; 44 43 f.
- Täter hinter dem Täter 40 4; 43 38 ff.
- Tatherrschaftslehre 41 10 ff., 18 ff.; 44 40 ff.
- Teilnahme, siehe dort
- Unterlassungsdelikt 51
- Versuch der Beteiligung 47
Tatherrschaftslehre 41 10 ff., 18 ff.; 44 40 ff.
Tätige Reue 39
Tätigkeitsdelikte 10 2, 7
Tatmehrheit 56 76 ff.
Tatplantheorie 37 34 f.
Tatumstandsirrtum, siehe Tatbestandsirrtum
Tatverdacht 22 7 ff.
Technischer Behandlungsabbruch 48 25 ff.
Teleologische Auslegung 5 11, 14
Teleologische Reduktion 5 27 f.
Teilnahme
- Anstiftung, siehe dort
- Aufbau(schema) 45 10 ff.
- limitierte Akzessorietät 45 1, 13 ff.
- notwendige Teilnahme 45 7 ff.
- Strafgrund 45 2 ff., 123
- Teilnahme an versuchter Tat 45 17 ff.
- versuchte Teilnahme 45 18 ff.
Teilrücktritt 37 150
Tenor 56 31, 85
Territorialitätsprinzip 6 8 ff.

Übergesetzlicher entschuldigender Notstand 26 40 ff.

Überholende Kausalität 13 21 f.

Überwachungsgaranten 50 6 f., 42 ff.

– Betriebsinhaber **50** 68 f.

– Ingerenz **50** 70 ff.

– Personen als Gefahrenquellen **50** 62 ff.

– Sachen als Gefahrenquellen **50** 45 ff.

– strafrechtliche Produkthaftung **50** 59 ff.

– Verkehrssicherungspflichten **50** 45 ff.

– vorangegangenes gefährdendes Tun **50** 70 ff.

– Wohnungsinhaber **50** 54 ff.

Ubiquitätsprinzip 6 8 f.

Ultima-ratio-Funktion 2 14; **3** 5 ff.

Umgekehrter

– dolus generalis **15** 60 ff.

– Subsumtionsirrtum **35** 15 f.

– Tatbestandsirrtum **35** 1, 24

– Verbotsirrtum **35** 15 f.

Umstiftung 45 42

Unbeendeter Versuch 37 31, 80 ff.

Unbewusste Fahrlässigkeit 52 7

Unechtes Unterlassungsdelikt 48 ff.

– Abbruch eigener Rettungsbemü-hungen **48** 18 ff.

– Abbruch fremder Rettungsbemü-hungen **48** 21 ff.

– Abgrenzung zwischen Täterschaft und Beihilfe durch Unterlassen **51** 14 ff.

– Abgrenzung zwischen Tun und Unterlassen **48** 8 ff.

– Aufbau(schema) **49** 4 f.

– Begriff **48** 5

– Beteiligung durch aktives Tun **51** 7 ff.

– Beteiligung eines Garanten durch Unterlassen am Begehungsdelikt **51** 11 ff.

– Entsprechungsklausel **49** 30 ff.

– fahrlässiges unechtes Unterlas-sungsdelikt **54** 1 ff.

– Garantenstellungen, siehe dort

– Gebotsirrtum **49** 53

– Gremienentscheidungen **13** 35 ff.; **49** 20 ff.

– Handlungsmöglichkeit **49** 8 f.

– hypothetische Kausalität **49** 13 ff.

– in dubio pro reo **49** 15

– Konkurrenzen **56** 82 ff.

– mittelbare Täterschaft **51** 5 f.

– omissio libera in causa **49** 11 f.

– rechtfertigende Pflichtenkollision **49** 39 ff.

– Retterfälle **52** 48 ff.

– Risikoerhöhungstheorie **49** 16 ff.

– Rücktritt **49** 59 ff.

– Sonderdelikt **48** 6

– Täterschaft und Teilnahme **51**

– technischer Behandlungsabbruch **48** 25 ff.

– Unzumutbarkeit normgemäßen Verhaltens **49** 47 ff.

– Verbotsirrtum **49** 53

– Versuch **49** 54 ff.

– Versuchsbeginn **36** 33 ff.

Unionsrechtskonforme Auslegung 5 26

Unrechtsbewusstsein 31 4 ff.

– bedingtes **31** 24 f.

– Fehlen **31** 4 ff.

– potentielles **31** 1

– Schuldelement **24** 13; **30** 11; **31** 1

– Teilbarkeit **31** 9

– Verbotsirrtum, siehe dort

Untauglicher Versuch 35 1 ff., 17 ff.

Unterbrechung des Kausalzusam-menhangs 13 21 f.

Unterlassungsdelikt

– echtes **10** 19; **48** 3 ff.

– unechtes, siehe dort

Unternehmensdelikte 39 2

Unzumutbarkeit normgemäßen Verhaltens 28 1 f.; **49** 47 ff.; **52** 87 f.

Ursachenzusammenhang
- siehe Kausalität

Verbotsirrtum 31
- bedingtes Unrechtsbewusstsein **31** 24 f.
- direkter **31** 11
- Doppelirrtum **31** 15 f.
- Erlaubnisirrtum **31** 12 f.
- Gebotsirrtum **31** 27; **49** 53
- indirekter **31** 12 f.
- umgekehrter **35** 15 f.
- Unrechtsbewusstsein, siehe dort
- Vermeidbarkeit **31** 17 ff.
- beim Werkzeug **43** 30, 40 ff.

Verbrechen
- Begriff **9** 1 ff.
- als Gegenstand der versuchten Anstiftung **47** 13 ff.

Verbrechensverabredung 47 24 ff.
- Rücktritt **47** 39

Verfassungskonforme Auslegung 5 24 f.

Verfolgerfälle 52 51 ff.

Verfügungsbefugnis 23 13 f.

Vergehen 9 1 ff.

Vergeltungstheorie 3 10 f.

Verhaltensgebundene Delikte 25 18 ff.

Verhindern der Vollendung 37 111 ff.; **38** 15 ff.

Verjährung 10 21, 22

Verkehrssicherungspflichten 50 45 ff.

Verklammerung 56 25, 62 ff.

Verletzungsdelikte 10 8 f.

Vermeidbarkeit des Verbotsirrtums 31 17 ff.

Versuch 33 ff.
- abergläubischer **35** 13
- Abgrenzung zwischen untauglichem Versuch und Wahndelikt **35** 17 ff.
- Aufbau(schema) **34** 1 ff.
- Beendigungsphase **33** 13 f.
- der Beteiligung **47**

- erfolgsqualifizierter Versuch **36** 40
- grober Unverstand **35** 9 ff.
- Rücktritt, siehe dort
- Strafgrund **33** 4
- Tatentschluss **33** 7 ff.; **47** 10 ff.
- Teilnahme am Versuch **45** 17, 19 ff.
- unechtes Unterlassungsdelikt **49** 54 ff.
- unmittelbares Ansetzen **34** 21 ff.; **36**; **47** 21 f.
- untauglicher Versuch **35** 1 ff.
- Versuch des Regelbeispiels **34** 62; **36** 41
- Versuchsbeginn bei Mittäterschaft **36** 18 ff.
- Versuchsbeginn bei mittelbarer Täterschaft **36** 2 ff.
- Versuchsbeginn beim Stellen von Fallen und bei Distanzdelikten **34** 45 ff.
- Versuchsbeginn beim unechten Unterlassungsdelikt **36** 33 ff.
- Versuchsbeginn bei vermeintlicher Mittäterschaft **36** 24 ff.
- Versuchsbeginn bei zusammengesetzten Delikten, Qualifikationen und Regelbeispielen **34** 59 ff.
- versuchte Anstiftung, siehe dort
- versuchte Erfolgsqualifizierung **36** 40
- versuchte Teilnahme **45** 17 ff.
- Vorbereitungsphase **33** 8; **34** 21 ff., 30 ff.; **38** 9 ff.
- vorläufige Aufgabe **37** 87
- Vorprüfung **34** 3 ff.
- Wahndelikt **35** 15 ff.

Versuchte Anstiftung
- Aufbau(schema) **47** 6 ff.
- Rücktritt **47** 35 ff.
- Tatentschluss **47** 10 ff.
- unmittelbares Ansetzen **47** 21 f.
- zu einem Verbrechen **47** 13 ff.

Vertrauensgrundsatz 52 22 f., 65, 68

Vis absoluta 7 11

Vis compulsiva 7 12

Vorbereitungsphase 33 8; **34** 21 ff., 30 ff.; **38** 9 ff.
Vorsatz 14
– Abgrenzung zur Fahrlässigkeit **14** 10, 17 ff.
– Absicht **14** 6 ff.
– Begriff **14** 5
– dolus, siehe dort
– Eventualvorsatz **14** 6, 10, 17 ff.
– Gegenstand **14** 37 ff.
– sachgedankliches Mitbewusstsein **14** 42 f.
– Vorsatzformen **14** 6 ff.
– Wissentlichkeit **14** 6, 9
– Zeitpunkt **14** 55 ff.
Vorsatz-Fahrlässigkeits-Kombinationen 55 1 ff., 6 ff.

Wahlfeststellung 57 14 ff.
– gleichartige **57** 17 ff.
– Postpendenz **57** 32 f.
– Präpendenz **57** 34
– ungleichartige **57** 21 ff.
Wahndelikt 35 15 ff.
Wahrscheinlichkeitstheorie 14 19
Weltrechtsprinzip 6 26
Wissentlichkeit 14 6, 9
Wortlautauslegung 5 5 ff.

Zivilrechtliche Notstände 20
– Aggressivnotstand **20** 1, 4 ff.
– Defensivnotstand **20** 2, 7 ff.
Zivilrechtliche Selbsthilferechte 21
Zustandsdelikte 10 22